JUS PRIVATUM

Beiträge zum Privatrecht

Band 184

Sebastian Omlor

Geldprivatrecht

Entmaterialisierung, Europäisierung, Entwertung

Mohr Siebeck

Sebastian Omlor, geboren 1981; Studium der Rechtswissenschaft an der Universität des Saarlandes und der New York University; 2007 Erste Juristische Prüfung; 2009 Promotion; 2010 Zweite Juristische Staatsprüfung; 2013 Habilitation; seit 2013 Akademischer Oberrat a.Z. an der Universität des Saarlandes.

Gedruckt mit Unterstützung der Stiftung Geld und Währung, Essen und der Johanna und Fritz Buch Gedächtnis-Stiftung, Hamburg

ISBN 978-3-16-152981-8
ISSN 0940-9610 (Jus Privatum)

Die Deutsche Nationalbibliothek verzeichnet diese Publikation in der Deutschen Nationalbibliographie; detaillierte bibliographische Daten sind im Internet über *http://dnb.dnb.de* abrufbar.

Das Buch wurde von Computersatz Staiger in Rottenburg/N. aus der Stempel-Garamond gesetzt, von Gulde-Druck in Tübingen auf alterungsbeständiges Werkdruckpapier gedruckt und von der Großbuchbinderei Spinner in Ottersweier gebunden.

Für Melanie

Vorwort

Bei der vorliegenden Arbeit handelt es sich um die aktualisierte Fassung meiner Habilitationsschrift, welche im Sommersemester 2013 Grundlage meines Habilitationsverfahrens an der Universität des Saarlandes war. Entstanden ist sie während meiner Zeit als Assistent und Akademischer Rat auf Zeit am Lehrstuhl von Prof. Dr. Dr. Dr. h.c. mult. Michael Martinek, M.C.J. (NYU). Rechtsprechung und Literatur befinden sich auf dem Stand von Februar 2014; die zitierten Internetquellen wurden zuletzt am 1. März 2014 abgerufen.

Gegenstand der Habilitationsschrift bildet ein überzeitliches Grundlagenthema, dessen historische Wurzeln in die Vor- und Frühzeit zurückreichen, das aber zugleich angesichts der gegenwärtigen Finanz- und Wirtschaftskrise eine herausgehobene Aktualität aufweist. Die rechtliche Erfassung des Phänomens Geld muss dabei notwendig interdisziplinär erfolgen und insbesondere die wirtschaftswissenschaftliche Diskussion zur Geld- und Inflationstheorie einbeziehen. Thematisch erfasst die Arbeit mit dem Geldprivatrecht vier Kernbereiche: Behandelt werden erstens einige Grundfragen, wozu Begriff und Aufgaben des Geldes, die Spezifika von Sach- und Buchgeld sowie die sachenrechtliche Perspektive – das Geldsachenrecht – gehören. Hinzu tritt zweitens ein europarechtlicher Teil zu den privatrechtlich relevanten Aspekten der supranationalen Währungsverfassung; das primärrechtliche Leitmotiv der Preisstabilität wirkt sich auch auf das Geldschuldrecht aus. Der dritte Teil wendet sich dem Allgemeinen Geldschuldrecht zu, das nicht nur das Wesen der Geldschuld, sondern auch den Widerstreit von Nominalismus und Valorismus beleuchtet. Im Besonderen Geldschuldrecht, das den vierten Teil bildet, werden die schuldrechtlichen Bewältigungsansätze für Geldwertveränderungen – sowohl präventive (Wertsicherungsvereinbarungen) als auch reaktive (Aufwertung) – dargestellt.

Das in dieser Schrift entworfene Geldprivatrecht hat sich zum Ziel erhoben, den – zumindest aus Sicht der Mitgliedstaaten des Euroraums – drei zentralen Entwicklungslinien des Geldes rechtsdogmatisch Geltung zu verschaffen: der Entmaterialisierung der Erscheinungsformen des Geldes, der Europäisierung von Geld- und Währungsrecht sowie der Entwertung des Geldes durch Inflation. Diese drei Triebfedern des Geldprivatrechts beruhen nicht nur auf Änderungen im Tatsächlichen, sondern sind zugleich auf gesetzgeberisches Handeln zurückzuführen; daran hat das Europäische Privatrecht erheblichen Anteil. Die damit verbundenen Umwälzungen der vergangenen Jahrzehnte sollen in ein möglichst kohärentes und friktionsfreies System des Geldprivatrechts überführt werden.

Die Drucklegung der Habilitationsschrift wurde durch großzügige Zuschüsse der Stiftung Geld und Währung sowie der Johanna und Fritz Buch Gedächtnis-Stiftung unterstützt. Mein Dank gilt stellvertretend dem Vorstand der Stiftung Geld und Währung sowie Herrn Notar Dr. Axel Pfeifer für die Johanna und Fritz Buch Gedächtnis-Stiftung.

Nicht nur für die Erstellung des Zweitgutachtens, sondern auch für zahlreiche inhaltliche Anregungen schulde ich Herrn Prof. em. Dr. Dr. h.c. Helmut Rüßmann meinen ausdrücklichen Dank. Als mein akademischer Lehrer hat mich Herr Prof. Dr. Dr. Dr. h.c. mult. Michael Martinek, M.C.J. (NYU) bei der Erstellung meiner Habilitationsschrift einschränkungslos unterstützt und mir die praktischen wie intellektuellen Freiräume verschafft, die für die rechtswissenschaftlich-literarische Kärrnerarbeit unabdingbar sind. Gelebte wissenschaftliche Freiheit zeichnet nicht nur unser Lehrer-Schüler-Verhältnis aus, sondern prägt zugleich auch diese Arbeit. Für die jahrelange Förderung, die sich in ihrer Vielfalt einer würdigen Darlegung an dieser Stelle entzieht, bin ich unendlich dankbar.

Gewidmet ist diese Arbeit meiner Verlobten; sie ist für mich Quelle der Inspiration und beständiger Rückhalt.

Saarbrücken/Heidelberg, im Juli 2014 *Sebastian Omlor*

Inhaltsübersicht

Erster Teil:
Grundfragen des Geldes und seiner rechtlichen Erfassung

Zweiter Teil:
Die europäisch-supranationale Währungsverfassung

Dritter Teil:
Allgemeines Geldschuldrecht

Vierter Teil:
Besonderes Geldschuldrecht

Inhaltsverzeichnis

Dritter Teil:
Allgemeines Geldschuldrecht

Vierter Teil:
Besonderes Geldschuldrecht

„Geld ist geprägte Freiheit".

(*Fjodor Michailowitsch Dostojewski*,
Aufzeichnungen aus einem Totenhaus,
Übersetzung von *Dieter Pommerenke*, 1994, S. 25)

Einführung

I.

Kaum ein Begriff unserer Gesellschafts-, Wirtschafts- und Rechtsordnung ist von derart fundamentaler und weitreichender Bedeutung wie der Begriff des Geldes. Kein Buch des Bürgerlichen Gesetzbuches und kein Teil des gesamten Privatrechts kommt ohne ihn aus. Geld gelangt als paradigmatischer Schuldinhalt zum Einsatz: Schadensersatz besteht in den praktisch dominierenden Fällen in einer Geldleistung. Die nicht vertragscharakteristische Gegenleistung der besonderen Schuldvertragstypen ist regelmäßig in Geld zu erbringen; Kauf-, Miet-, Werk- und Dienstverträge weisen die Geldzahlung als typische Gegenleistung auf. Seit 2009 existiert sogar ein eigener Untertitel im BGB zum bargeldlosen Zahlungsverkehr als „Transportrecht des Geldes“. Auch das Verfahrens- und Vollstreckungsrecht greift auf das Geld als Institution zurück; ohne Geld wäre es nicht funktionsfähig. Geld zeichnet sich dabei trotz dieser dominant privatrechtlichen Bezüge als interdisziplinär zu erfassendes Phänomen aus. Damit ist weniger die Befassung des Strafrechts und des Öffentlichen Rechts mit der Materie gemeint, sondern vor allem ist die volkswirtschaftliche Dimension des Begriffs angesprochen.

Trotz dieses immensen – vorstehend nur grob umrissenen – Bedeutungsgehalts des Geldes herrscht bereits auf der Definitonsebene eine schillernde Vielfalt. Was ist Geld? Welche Aufgaben hat es? Bedarf es einer Differenzierung zwischen Geld im volkswirtschaftlichen und Geld im rechtlichen Sinn? Gibt es einen einheitlichen Geldbegriff des BGB? Diese Grundfragen der allgemeinen Geldlehre stellen keinesfalls anwendungs- und praxisferne Theoriekonstrukte dar. Die Tragweite der Antworten zeigt sich zum einen bei einem Blick auf die Bandbreite der gesetzlichen Vorschriften, die von „Geld“ handeln; ihr tatbestandliches Verständnis hängt notwendig mit dem Inhalt des (jeweiligen) Geldbegriffs zusammen. Zum anderen ist „Geld“ naturgemäß das Solutionsmittel für sämtliche Geldschulden. Wie, wann und wo aber sind Geldschulden zu erfüllen? Die höchstrichterliche Rechtsprechung geht von dem Dogma aus, dass „[e]ine Geldschuld ... an sich in bar, d.h. durch Übereignung einer entsprechenden Anzahl von gesetzlichen Zahlungsmitteln, zu erfüllen“[1] sei; eine Be-

[1] BGHZ 87, 156, 162 f.

gründung bleibt sie schuldig. Das Geldprivatrecht kennt vielerorts Dogmen und Grundsätze mit hohem Verbreitungs- und Anerkennungsgrad, die ihre Rechtfertigung jedoch eher aus der Tradition, weniger aber aus der Privatrechtsdogmatik erlangen. Als paradigmatisches Anwendungsfeld erweist sich insofern die Einordnung des materiefreien Buchgeldes.

II.

Das Geldprivatrecht des 21. Jahrhunderts ist aus Perspektive der Mitgliedstaaten im Euroraum von drei elementaren Leitlinien durchzogen: Entmaterialisierung, Europäisierung und Entwertung. Während der Prozess der Entmaterialisierung zuvörderst als ein tatsächlicher und technischer zu charakterisieren ist, auf den die Rechtsordnung im Wesentlichen reagiert, resultieren die Umwälzungen durch die Europäisierung und auf dem Gebiet der Geldentwertung unmittelbar aus einem Handeln des Gesetzgebers. Durch die Einführung des Euro wurde die deutsche Währungsverfassung bis auf einige Durchführungsregelungen durch eine supranationale ersetzt. Das Europäische Privatrecht erlangte in umfangreichem Maß Einfluss auf das nationale Geldschuldrecht. Zugleich erhielt das Recht der vertraglichen Wertsicherungsvereinbarungen eine neuartige normative Grundlage. Im Einzelnen lassen sich somit die drei zentralen Achsen dieser Arbeit wie folgt abgrenzen:

Die Geschichte des Geldes ist erstens die Geschichte seiner *Entmaterialisierung*. Sie nahm ihren Anfang bei primitivem Warengeld, entwickelte sich fort zu technisch anspruchsvollerem Münzgeld, erklomm die Stufe zum substanzwertlosen Papiergeld, um ihren vorläufigen Endpunkt im vollständig dematerialisierten Buchgeld zu nehmen. Unsere Rechtsordnung einschließlich der Privatrechtsordnung hat diesen jahrhundertelangen Prozess bislang nicht hinreichend rezipiert. Paradigmatisch ist die traditionelle Ansicht, welche die Zahlung per Überweisung nicht als Leistung des Geschuldeten nach § 362 Abs. 1 BGB anerkennt. Die vorliegende Arbeit unternimmt den Versuch, das Geld-, Währungs- und Geldschuldrecht mit einem umfassenden abstrakten Geldbegriff in Einklang zu bringen, der sowohl das Sach- als auch das Buchgeld umfasst. Betroffen sind insbesondere die Gefahrtragung, das Geldentwertungs- und das Insolvenzrisiko, der Verzug und die Erfüllung von Geldschulden.

Aus deutscher Sicht stellt sich die jüngere Geschichte des Geldes zweitens als die Geschichte seiner *Europäisierung* dar. Spätestens seit dem Übergang zur dritten Stufe der Wirtschafts- und Währungsunion unterliegen Währungsrecht, Währungspolitik und Geldschuldrecht in Deutschland den Vorgaben des supranationalen Primär- und Sekundärrechts. Die Habilitationsschrift erläutert nicht nur diese – überwiegend neuartigen – europarechtlichen Grundlagen, sondern bezieht sie in die BGB-Dogmatik ein. Sie gibt Antworten auf zentrale Fragen beispielsweise zur Vertragskontinuität infolge der Euro-Einführung, zum Schick- oder Bringschuldcharakter der Geldschuld sowie zur Verbandskompetenz Deutschlands zum Erlass eines nationalen Wertsicherungsrechts.

Die Geschichte des Geldes ist schließlich drittens eine Geschichte der *Geldentwertung* und ihrer rechtlichen Bewältigung. Schon unter dem römischen Kaiser Nero kam es zu Münzverschlechterungen, die letztlich unter Valerian und Gallienus zu einem Zusammenbruch des römischen Währungssystems führten. Aus der jüngeren Geschichte sind vor allem die „große Inflation" der Jahre 1920 bis 1923, aber auch die Befürchtungen um eine schleichende Inflation infolge der Finanzkrise bekannt. Der Einfluss des Geldwerts auf den Inhalt der Geldschuld offenbart sich daher als eine Gretchenfrage des gesamten Geldschuldrechts. Die Arbeit unterzieht nicht nur die einzelnen Geldschuldtypen einer Detailanalyse auf ihre nominalistische oder valoristische Prägung, sondern arbeitet auf Grundlage des reformierten deutschen Schuldrechts die Aufwertungsjudikatur des Reichsgerichts auf und erstellt eine in sich geschlossene Kommentierung des neuen Wertsicherungsrechts in Gestalt des Preisklauselgesetzes (PrKG).

III.

Der Gang der Darstellung implementiert die drei inhaltlichen Achsen Entmaterialisierung, Europäisierung und Entwertung, ohne sie jedoch schlicht gespiegelt in den Aufbau zu übertragen. Statt dessen besteht die Arbeit aus vier Teilen, die – mit Durchbrechungen – allgemeine Vorfragen und rechtliche Rahmenbedingungen vor die Klammer ziehen, um sich sodann den Einzelproblemen des Geldschuldrechts zuzuwenden:

Der *erste Teil* behandelt die Grundfragen des Geldes und seiner rechtlichen Erfassung. Der Blick auf die Geldrechtsgeschichte offenbart drei gedankliche Entwicklungsschritte der Erscheinungsformen des Geldes: ausgehend vom primitiven Naturgeld der Vor- und Frühzeit, fortschreitend zur Münze ab etwa dem siebten vorchristlichen Jahrhundert und dem substanzwertlosen Papiergeld spätestens im Europa der frühen Neuzeit sowie vorläufig endend im materiebefreiten Buchgeld mit seinen Anfängen im Spätmittelalter. Im Lichte der daraus resultierenden Triebfedern der Geldgeschichte – Privateigentum, Arbeitsteilung und Entmaterialisierung – werden die Funktionen des Geldes erläutert. Darauf wiederum baut die Suche nach dem Begriff des Geldes auf, die interdisziplinär die Erkenntnisse der Volkswirtschaftslehre nicht ausblendet. Durchgeführt wird dabei eine normative *„tour d'horizon"* durch die wichtigsten kodifikatorischen Fundstellen des Geldbegriffs. An die begrifflichen Vorklärungen schließt sich die Darstellung der beiden tatsächlichen Erscheinungsformen des Geldes und ihrer zugehörigen Sonderregelungen an. Hierzu zählt auch das

Geldsachenrecht, das die sachenrechtliche Behandlung des Geldes zum Gegenstand hat.

Das Geldprivatrecht befindet sich in einer Wechselbeziehung mit dem Währungsrecht, das in Gestalt der europäisch-supranationalen Währungsverfassung im *zweiten Teil* behandelt wird. Allerdings beschränken sich die Ausführungen auf die für das Geldprivatrecht relevanten Aspekte. Nach einem kurzen Überblick über den Begriff der Währung, die Arten der Währungssysteme und die Entstehungsgeschichte des Euro werden die sechs materiellen Grundprinzipien der unionalen Währungsverfassung beleuchtet. Als deren Leitmotiv fungiert das Ziel der Preisstabilität, womit zugleich die praktische Relevanz des abschließenden vierten Teils der Arbeit – die rechtliche Bewältigung der Geldentwertung – korrespondiert. Sodann wendet sich die Arbeit der prozessualen Durchsetzung der währungsverfassungsrechtlichen Strukturprinzipien vor der supranationalen Gerichtsbarkeit zu. Vervollständigt wird der währungsrechtliche Teil mit einer Darstellung der aus deutscher Sicht maßgeblichen Akteure der Geldpolitik: der Europäischen Zentralbank und der Deutschen Bundesbank, die gemeinsam in das Europäische System der Zentralbanken eingebunden sind.

Der *dritte Teil* wendet sich dem Allgemeinen Geldschuldrecht zu. Dieses umfasst Wesen und Inhalt der Geldschuld sowie die diesbezüglichen gesetzlichen Regelungen. Die Geldschuld bedarf der Abgrenzung namentlich gegenüber den Sach- und Gattungsschulden. Die Bestimmung ihrer betragsmäßigen Höhe fördert den ersten Berührungspunkt zum Widerstreit von Nominalismus und Valorismus zutage. Dabei werden nicht nur die verschiedenen Spielarten des Nominalismus einer Erörterung zugeführt, sondern es wird auch eine systematische Kategorisierung der bedeutsamsten Geldschulden nach ihrem Charakter als Geldwert- oder Geldsummenschuld vollzogen. Es folgen die allgemeinen Regeln des BGB und des Europäischen Privatrechts für die Geldschuld; sie reichen unter anderem von der Rechtzeitigkeit der Leistung, der Zuweisung von Übermittlungsgefahr, Geldentwertungs- und Insolvenzrisiko über das Unmöglichkeits- und Verzugsrecht bis hin zu den Erfüllungsmodalitäten für Geldschulden. Abschließend werden die Auswirkungen eines Währungswechsels auf bestehende Geldschulden am Beispiel der Euro-Einführung aufgezeigt. Weitestgehend ausgeklammert werden Fremdwährungsverbindlichkeiten, die aus konzeptionellen Gründen einer zukünftigen Darstellung an anderer Stelle vorbehalten bleiben müssen.

Der *vierte Teil* der Arbeit – das Besondere Geldschuldrecht – behandelt die beiden Grundkonzepte unserer Privatrechtsordnung zur Bewältigung der Geldentwertung. Eingangs erfolgt eine definitorische Konturierung des Geldwerts aus rechtlicher Sicht; dabei werden zudem die verschiedenen Formen der Inflation einander gegenübergestellt. Sodann wendet sich die Arbeit den präventiv-privatautonomen Formen des Inflationsschutzes zu: den Wertsicherungsvereinbarungen. Im Nachgang zur Euro-Einführung hat das deutsche Wertsicherungsrecht einen vollständig neuen rechtlichen Rahmen in Gestalt des Preisklauselgesetzes erhalten, der einer detailreichen Aufarbeitung harrt. Herausgestellt werden auch die verfassungsrechtlichen und rechtspolitischen Bezüge sowie die einzelnen Rechtsfolgen von gescheiterten Wertsicherungsvereinbarungen. Den Abschluss des vierten Teils und zugleich der gesamten Arbeit markiert die Darstellung der individuellen Aufwertung von Geldschulden auf gesetzlicher Grundlage. Dabei handelt es sich nicht um einen privatautonom-präventiven, sondern um einen gesetzlich-reaktiven Mechanismus. Die sog. Geschäftsgrundlagenlösung wird von den alternativen Rechtsinstituten abgegrenzt. Die maßgeblichen Wertungskriterien der seit der Schuldrechtsreform auf § 313 BGB gestützten Aufwertung werden dargelegt. Bevor sich die Arbeit schließlich einzelnen Problemgruppen von Verträgen zuwendet, enthält sie einen detaillierten Prüfungskatalog für die individuelle Aufwertung von Geldschulden unter Einbeziehung des Rechtsfolgenapparats.

Erster Teil:

Grundfragen des Geldes und seiner rechtlichen Erfassung

Seit Jahrhunderten beschäftigen sich Generationen von Philosophen, Soziologen, Nationalökonomen und Juristen mit dem Phänomen „Geld“, das wie kaum ein anderes sowohl Wirtschaftsgeschehen als auch Lebensalltag prägt, ohne jedoch leichtgängig mit der gesamten Wucht seiner Wesensdimensionen erfasst werden zu können. Diese Komplexität ist Folge der außerordentlichen Interdisziplinarität des Geldes. Es ist seiner Natur nach in verschiedenen Bereichen der Wissenschaft beheimatet. Zahllose klassische Streitstände sind aus diesem Umstand entstanden. Insbesondere Juristen und Nationalökonomen haben sich über viele Jahrzehnte einen teilweise erbitterten Streit um die Vorherrschaft, gewissermaßen das Letztdefinitionsrecht der jeweiligen Fachdisziplin über das Geld und sein Wesen geliefert. Aber auch auf der nachgeordneten Ebene innerhalb einzelner Fachgebiete entwickelten sich Auseinandersetzungen um die inhaltliche Verortung des Geldes. So wurde das Geldrecht zum Spielfeld im Wettstreit zwischen Privatrecht und Öffentlichem Recht um deren Eigenständigkeit voneinander und Dominanz übereinander.[1]

Jede Befassung mit Geld und seinem rechtlichen Rahmen hat ihren – zumindest gedanklichen – Ausgangspunkt in der Jahrtausende überspannenden Entwicklungsgeschichte des Geldes zu nehmen (§ 1). Erst aus ihr heraus lassen sich die geldrechtlichen Problemfelder der Gegenwart erklären und lösen. Zu den Grundlagen des Geldprivatrechts zählt überdies die Suche nach den Funktionen (§ 2) und einem für juristische Zwecke tauglichen Begriff des Geldes (§ 3). Mit der rechtlichen Gelddefinition untrennbar verbunden sind die beiden zentralen Erscheinungsformen des Geldes: das Sach- und das Buchgeld (§ 4). Ihre jeweiligen rechtlichen Spezifika gilt es unter Einbeziehung des Geldsachenrechts (§ 5) ebenfalls im nachfolgenden ersten Teil der Arbeit darzustellen.

---

[1] Vgl. stellvertretend *Jung*, Das privatrechtliche Wesen des Geldes (1926); *Peitmann*, Die privatrechtlichen Grundlagen des Geldes (1941).

§ 1 Historische Prolegomena

Dem Wesen des Geldes vermag sich gerade vor diesem Hintergrund nur zu nähern, wer sich zunächst die geschichtlichen Entwicklungslinien vergegenwärtigt hat. Zudem lassen sich zahlreiche Begrifflichkeiten, die unverändert die geldrechtliche Terminologie bestimmen, erst über den Blick auf die Vergangenheit einordnen. Schließlich eröffnet sich das Bedürfnis für eine Neuinterpration zahlreicher geldschuldrechtlicher Bestimmungen erst aus der geldgeschichtlichen Perspektive.

A. Entwicklungsstufen

I. Primitive Geldformen (insbesondere Vor- und Frühzeit)

Die Entstehung des Geldes ist bereits in ihrer ersten und ursprünglichsten Phase durch die Anerkennung des Privateigentums bedingt. In vielen Naturvölkern herrschte, angetrieben vom damaligen Verständnis eines innerfamiliären Zusammenhalts, eine Vergemeinschaftung von Gütern vor, die sich insbesondere auf solche des täglichen Bedarfs erstreckte.[2] Der Ethnologe H. Schurtz sprach 1898 von einem „Rest des alten Kommunismus“[3], der auf diese Weise fortlebte. Eine dingliche Sonderzuordnung in Form von Privateigentum erfolgte schon früh an Schmuck, der zugleich als einer der ersten Bezugsgegenstände des „Urgeldes“ diente.[4] Damit sollte nicht nur die soziale Stellung innerhalb eines Stammes zum Ausdruck gebracht werden. Vielmehr diente Geld in diesem historischen Kontext auch als Lebenselixier jedes Stammes als politischer Einheit, in welcher der Anführer oder Häuptling einen Teil der erwirtschafteten Vermögenswerte für sich beanspruchte.[5] In gegenständlicher Hinsicht wurde

---

[2] *Schurtz*, Grundriss einer Entstehungsgeschichte des Geldes (1898), S. 7 f.; *Harlandt*, Die Evolution des Geldes (1989), S. 16.

[3] *Schurtz*, Grundriss einer Entstehungsgeschichte des Geldes (1898), S. 7; ähnlich *Helfferich*, Das Geld (6. Auflage 1923), S. 8.

[4] *Schurtz*, Grundriss einer Entstehungsgeschichte des Geldes (1898), S. 86 ff.; *Wagemann*, Allgemeine Geldlehre, Band I (1923), S. 82.

[5] *Schurtz*, Grundriss einer Entstehungsgeschichte des Geldes (1898), S. 15, 19.

auf eine Vielzahl von Dingen zurückgegriffen, die in unterschiedlichem Umfang als „Geld“ Verwendung fanden. Muschelgeld erfreute sich einer erheblichen Beliebtheit auf diversen pazifischen Inseln wie denen Melanesiens oder Mikronesiens nördlich von Australien.[6] In verschiedenen Teilen des Welt, unter anderem in Ostafrika, auf den Philippinen und im heutigen Iran, kursierte das wohl berühmteste Muschelgeld: die Kaurimuschel.[7] Bis in die zweite Hälfte des 20. Jahrhunderts hinein fand sie namentlich auf Inseln des Indischen Ozeans Verwendung.[8] Auf den mikronesischen Karolineninseln wurde hingegen ein gänzlich unhandliches, da zentnerschweres, Steingeld aus Aragonit („*Pálan*“) verwendet, das die Form eines Mühlsteins annahm und von einer benachbarten Insel in einer aufwendigen Prozedur herbeigeschafft werden musste.[9] Mit dem Besitz dieser Steine verband sich hohes soziales Ansehen, jedoch keinerlei praktischer Nutzen.[10] Als weiteres Beispiel werden alte chinesische Porzellangefäße der indigenen Bevölkerung auf der südostasiatischen Insel Borneo genannt, denen eine sakrale Funktion für den Totenkult zukam.[11] Diese Urformen des Geldes lassen sich mit H. Schurtz – in Abgrenzung zu einem auch im Handel verwendeten „Außengeld“ – als „Binnengeld“ kategorisieren.[12] Binnengeld fehlt vor allem die Leichtigkeit hinsichtlich Transport und Übertragung, da es nicht zum Handel zwischen verschiedenen Stämmen oder Völkern verwendet wird.[13] Jedoch wurde es bereits als Wertmesser und Wertbewahrer eingesetzt.

Mit dem Aufkommen des Außenhandels wandelten sich auch der Einsatz und damit das Wesen des Geldes. Es wurde als Tauschmittel genutzt und auf

---

[6] Ausführlich *Schurtz*, Grundriss einer Entstehungsgeschichte des Geldes (1898), S. 86 ff.; *Gerloff*, Die Entstehung des Geldes und die Anfänge des Geldwesens (2. Auflage 1943), S. 91 ff.

[7] *Gerloff*, Die Entstehung des Geldes und die Anfänge des Geldwesens (2. Auflage 1943), S. 93 f.

[8] *Pentzlin*, Das Geld (1982), S. 34.

[9] *Kubary*, Ethnographische Beiträge zur Kenntnis des Karolinen Archipels (1895), S. 3 f.

[10] *Schurtz*, Grundriss einer Entstehungsgeschichte des Geldes (1898), S. 22. *Helfferich* würde in diesem Fall wohl die Geldeigenschaft der Steine ablehnen, da sie ebenso wie die „feinen Matten“ auf Samoa „im allgemeinen nicht als Tauschmittel dienen, sondern sich oft geradezu durch ihre Unveräußerlichkeit auszeichnen“ (*Helfferich*, Das Geld (6. Auflage 1923), S. 17).

[11] *Schurtz*, Grundriss einer Entstehungsgeschichte des Geldes (1898), S. 23 unter Verweis auf *Bock*, Unter den Kannibalen auf Borneo (1882), S. 225; *Grabowsky*, Zeitschrift für Ethnologie 17 (1885) 121; vgl. allgemein zur sakralen Funktion des Urgeldes *Pentzlin*, Das Geld (1982), S. 18 ff.

[12] Nicht zu verwechseln mit der Unterscheidung von Innen- und Außengeld im Lichte der Geldschöpfungsproblematik, vgl. *Kratzmann*, Das Geld: Vertragsobjekt, Rechtskonstrukt und ökonomische Größe (2004), S. 73 ff.

[13] *Schurtz*, Grundriss einer Entstehungsgeschichte des Geldes (1898), S. 22, 27. Die Kaurimuschel dürfte hingegen schon dem Außengeld zuzuordnen sein, da sie auch im Handel mit Europa Verwendung fand.

diese Weise vom schlichten Binnengeld auf die höhere Stufe des „Außengeldes“ gehoben.[14] Eng damit verbunden ist der Wechsel von einer Selbstversorgung des Einzelnen zu einem System der Arbeitsteilung.[15] Die Geschichte des Geldes beginnt nämlich in einer Gesellschaft aus der Vorzeit, die noch ohne Arbeitsteilung auskam. Produzierte jeder die von ihm benötigten Dinge selbst, so war ein Austausch von Gütern und Erzeugnissen obsolet. Ein allgemein akzeptiertes Tauschmittel wurde nicht benötigt. Erst die Erkenntnis, dass aus der Spezialisierung jedes Einzelnen auf bestimmte Güter eine höhere Effizienz und damit ein größerer Wohlstand erzielt werden konnte, führte dazu, dass nicht mehr jedes Individuum sämtliche seiner Bedürfnisse eigenständig befriedigen konnte. Ein Tausch war unabdingbar. Da nicht stets alle Güter mit gleichem Tauschwert ausgestattet waren und die finale Bedürfnisbefriedigung typischerweise mehr als einen Tauschpartner erforderte, kristallisierten sich Tauschmittel als frühe Geldformen heraus. In Mitteleuropa wurde hierzu ursprünglich auf spezielle Alltagsgüter wie Töpferwaren, Metalle und Salz zurückgegriffen.[16]

Arbeitsteilung und Tauschhandel als Oxidantien der Geldentstehung wären allerdings ohne die Anerkennung von Privateigentum nicht denkbar gewesen. Der Geldtheoretiker Karl Helfferich hat schon zu Beginn des 20. Jahrhunderts postuliert, dass zwischen der Herausbildung des Tausches und des Individualeigentums eine sich gegenseitig befruchtende Wechselbeziehung bestand.[17] Zum einen kann ein Austausch von Waren – sei es gegen andere Waren oder gegen das neutrale Tauschmittel Geld – nur erfolgen, sofern die zu übertragenden Gegenstände einem Individuum mit Ausschließlichkeit zugeordnet sind, d.h. Eigentum daran besteht. Zum anderen erlaubt eine solche Eigentumsordnung, begehrte Güter zu erwerben, die im Wege der Selbstversorgung nicht produziert werden könnten. Damit ist auch zugleich wieder die Schnittstelle zur Arbeitsteilung berührt.

II. Die Münze als Zahlungsmittel

Auf das Zeitalter des Primitivgeldes folgte das Zeitalter der Münzprägung, wobei kein trennscharfer oder gar weltweiter Übergang stattgefunden hat. Edelmetalle eigneten sich zur Münzherstellung in idealtypischer Weise. Ausschlaggebend waren ihre allgemeine Beliebtheit, ihre praktisch infinite Haltbarkeit, ihre physische Widerstandsfähigkeit, ihre Seltenheit und ihre Teilbarkeit in na-

---

[14] Definition bei *Schurtz*, Grundriss einer Entstehungsgeschichte des Geldes (1898), S. 75; vgl. auch *Andreae*, Geld und Geldschöpfung (1953), S. 25.

[15] *Maier*, Das Geld und sein Gebrauch (1913), S. 3 ff.; *Pulvermüller*, Rechtsnatur und Behandlung des privatrechtlichen Geldanspruchs (1974), S. 7 ff.

[16] *Sprenger*, Das Geld der Deutschen (3. Auflage 2002), S. 19.

[17] *Helfferich*, Das Geld (6. Auflage 1923), S. 11.

hezu jede erforderliche Größe und Form.[18] Nachdem die Münzprägung Ende des siebten vorchristlichen Jahrhunderts in Kleinasien ihren Anfang genommen hatte,[19] gelangte sie einige Jahrhunderte später auch in den mitteleuropäischen Raum. Edelmetallstücke wurden dabei im Wege der Münzprägung mit einem Stempel versehen, der Gewicht und Feingehalt garantieren sollte.[20] Der sog. Münzfuß legte fest, welche Menge des jeweiligen Edelmetalls in einer bestimmten Münze enthalten sein musste.

1. Das römische Münzwesen

Das römische Geldwesen in den ersten nachchristlichen Jahrhunderten gewährt einen *ex post* aufschlussreichen Ausblick auf in den folgenden Jahrhunderten immer wieder zu beobachtende Verhaltensmuster auf Seiten des Staates, der für die Münzherstellung und -ausgabe verantwortlich war. Nach den Reformen unter Kaiser Augustus stand das Recht zur Prägung von Gold- und Silbermünzen ausschließlich dem Kaiser, nicht mehr aber dem Senat zu.[21] Schon Kaiser Nero senkte den Feinmetallgehalt der Gold- und Silbermünzen unter das ursprüngliche Sollgewicht ab;[22] seine Nachfolger setzten diese Maßnahmen fort.[23] Eine Manipulation des Münzfußes war eine beliebte Option, um die Einnahmen des Staates zu erhöhen. Rom geriet insbesondere im dritten Jahrhundert in permanente Finanznot. In der Folge wurden letztlich Silbermünzen nahezu gänzlich ohne Silber geprägt.[24] Nach anfänglicher Stabilität der römischen Währung kam es daher in den Amtszeiten der Kaiser Valerian und Gallienus zu einem Zusammenbruch des römischen Währungssystems mit massiver Inflation.[25] In den Folgejahrzehnten versuchten die Kaiser Diocletian und Constantin der Große

---

18 *Maier*, Das Geld und sein Gebrauch (1913), S. 4 f.; *Helfferich*, Das Geld (6. Auflage 1923), S. 18 ff.; *Sprenger*, Das Geld der Deutschen (3. Auflage 2002), S. 20.

19 *Helfferich*, Das Geld (6. Auflage 1923), S. 24; *Nau*, Epochen der Geldgeschichte (1972), S. 6; *Alföldi*, Antike Numismatik (1978), S. 71 ff.; beiläufig auch *Oppe*, MDR 1973, 183; für eine frühere Entstehung in China *Gerloff*, Die Entstehung des Geldes und die Anfänge des Geldwesens (2. Auflage 1943), S. 69 ff.; für erste Ursprünge in Griechenland und dem mittleren Osten *Harlandt*, Die Evolution des Geldes (1989), S. 21; *Pentzlin*, Das Geld (1982), S. 35 (Nordsyrien) bzw. in Indien *Maier*, Das Geld und sein Gebrauch (1913), S. 5. Vgl. zur weiteren Fortentwicklung der Münze in der Antike *Giesecke*, Antikes Geldwesen (1938), S. 223 ff.

20 Zum technischen Entstehungsprozess vgl. *Pentzlin*, Das Geld (1982), S. 35.

21 *Beyer*, Geldpolitik in der Römischen Kaiserzeit (1995), S. 38.

22 *Mommsen*, Geschichte des römischen Münzwesens (1860), S. 753 f.; *Giesecke*, Antikes Geldwesen (1938), S. 168; *Hasler*, Studien zu Wesen und Wert des Geldes in der römischen Kaiserzeit (1980), S. 4; *Gaettens*, Geschichte der Inflationen (1982), S. 27; *Pentzlin*, Das Geld (1982), S. 52.

23 *Nau*, Epochen der Geldgeschichte (1972), S. 26; *Hasler*, Studien zu Wesen und Wert des Geldes in der römischen Kaiserzeit (1980), S. 123 ff.; *Pentzlin*, Das Geld (1982), S. 53 f.

24 *Mommsen*, Geschichte des römischen Münzwesens (1860), S. 798 f.

25 Vgl. *Giesecke*, Antikes Geldwesen (1938), S. 171; *Beyer*, Geldpolitik in der Römischen Kaiserzeit (1995), S. 125; *Sprenger*, Das Geld der Deutschen (3. Auflage 2002), S. 32 f. m.w.N.

eine Erneuerung und Stabilisierung der römischen Währung,[26] die jedoch nicht von dauerhaftem Erfolg gekrönt waren.

2. Das mittelalterliche Münzwesen in Mitteleuropa

Nach dem Untergang des Römischen Reichs in der zweiten Hälfte des fünften Jahrhunderts übernahmen die Germanen und insbesondere die Franken zunächst die vorhandenen römischen Münzen als eigenes Geld, bevor vereinzelt eine eigenständige Münzprägung einsetzte.[27] Eine herausragende Zäsur in der Geldgeschichte erfolgte erst im Jahre 751, als der Frankenkönig Pippin das Münzwesen zentralisierte.[28] Der Pfennig (silberner Denar) durfte mit wenigen Ausnahmen nur vom König geprägt werden. Dieses weitgehend ausschließliche Münzrecht hielt sich bis in das 11. Jahrhundert hinein. Danach setzte mit dem Erstarken der Territorialherren eine Regionalisierung und Zersplitterung des Münzwesens im Deutschen Reich ein, die eine größere Vielfalt an Münzsorten mit sich brachten.[29] Die einzelnen regionalen Fürsten missbrauchten das Münzregal zu Münzverschlechterungen, die einen nachhaltigen Vertrauensverlust in den Pfennig nach sich zogen. Ähnlich wie bei der römischen Währungskrise des dritten Jahrhunderts wurde auch im 12. und 13. Jahrhundert schlicht der Edelmetallgehalt der einzelnen Münzen deutlich abgesenkt, um Profite für die Staatskasse zu erwirtschaften. Auch im 14. bis 16. Jahrhundert kam es in verschiedenen europäischen Staaten, unter anderem in Frankreich, England und Preußen, zu Münzverschlechterungen und in der Folge zu Inflation.[30]

Das Spätmittelalter schließlich zeichnete sich durch eine Diversifizierung des Münzwesens aus, das bimetallistisch sowohl auf Gold als auch Silber zurückgriff. Die geographische Zersplitterung des Münzwesens hielt unverändert an. Als Konsequenz daraus versuchten zahlreiche Städte und Territorien, durch Münzverträge die gegenseitige Anerkennung von Münzen zu erreichen und hierzu den Münzfuß festzuschreiben.[31] Doch auch diese Bemühungen konnten letztlich nicht verhindern, dass erneut eine anhaltende Münzverschlechterung einsetzte, um dem Inhaber des Münzregals eine sichere Einnahmequelle zu verschaffen.

---

[26] *Nau*, Epochen der Geldgeschichte (1972), S. 26 f.; *Gaettens*, Geschichte der Inflationen (1982), S. 32 ff.; *Harlandt*, Die Evolution des Geldes (1989), S. 23 f.; vgl. im Einzelnen *Giesecke*, Antikes Geldwesen (1938), S. 180 ff.

[27] *Sprenger*, Das Geld der Deutschen (3. Auflage 2002), S. 40 ff.

[28] *Suhle*, Deutsche Münz- und Geldgeschichte von den Anfängen bis zum 15. Jahrhundert (6. Auflage 1973), S. 27 ff.; *Sprenger*, Das Geld der Deutschen (3. Auflage 2002), S. 47 ff.; vgl. im Einzelnen *Nau*, Epochen der Geldgeschichte (1972), S. 37 ff.

[29] *Sprenger*, Das Geld der Deutschen (3. Auflage 2002), S. 59 ff.

[30] *Spufford*, in: *North* (Hrsg.), Geldumlauf, Währungssysteme und Zahlungsverkehr in Nordwesteuropa 1300–1800 (1989), S. 109 ff.

[31] *Suhle*, Deutsche Münz- und Geldgeschichte von den Anfängen bis zum 15. Jahrhundert (6. Auflage 1973), S. 184 ff.; *Sprenger*, Das Geld der Deutschen (3. Auflage 2002), S. 81 ff.

3. Das Münzwesen zu Beginn der Neuzeit in Mitteleuropa

Nach dem Übergang vom Mittelalter zur Neuzeit waren nach den spätmittelalterlichen Münzverträgen erneute Versuche festzustellen, eine Vereinheitlichung des Münzwesens zu erzielen. Es folgten die erste Reichsmünzordnung Kaiser Karls V. im Jahre 1524 sowie die beiden Augsburger Reichsmünzordnungen von 1551 und 1559, letztere ergänzt durch den Augsburger Reichsabschied von 1566.[32] Das Defizit dieser Münzordnungen für das gesamte Reich bestand darin, dass es an ihrer strikten Umsetzung mangelte. Erneut kam es in der Folge um die Jahrhundertwende und zu Beginn des Dreißigjährigen Kriegs zu Münzverschlechterungen, die sich in diesem Fall zunächst vor allem bei Kleinmünzen abspielten.[33] Nur wenige Jahre nach Beginn des Dreißigjährigen Krieges verursachte die massenhafte Herstellung von „schlechtem" Geld, also von Münzen mit immer geringerem Edelmetallgehalt, die erste große „deutsche" Inflation. Letztere fügte sich ein in die europaweite Preisrevolution des 16. Jahrhunderts.[34] Erst eine Rückkehr zu den Grundsätzen der Augsburger Reichsmünzordnungen vermochte die Situation zu entspannen.[35]

Der gleichzeitige Umlauf von „gutem" und „schlechtem" Geld bildete die Voraussetzungen für das Eingreifen des sog. „Greshamschen Gesetzes"; nach dessen vereinfachter Formulierung wird „gutes Geld durch schlechtes Geld verdrängt".[36] Der Sache nach bedeutet es, dass Münzgeld mit höherem Edelmetallgehalt von den Wirtschaftssubjekten aus dem Umlauf gezogen wird, um das Edelmetall als Ware zu verwenden. Stattdessen wird nur noch das Münzgeld mit geringerem Edelmetallgehalt, aber identischem Nennwert als Geld eingesetzt. Auch das Fehlen eines einheitlichen Münzfußes in unterschiedlichen Staaten befördert Reaktionen, wie sie das „Greshamsche Gesetz" beschreibt.[37] Ob dieser Erfahrungssatz wirklich auf seinen Namensgeber Sir Thomas Gresham, einen Finanzberater der englischen Königin Elisabeth I., zurückgeht oder ob er bereits zuvor aufgestellt worden war, ist allerdings unklar.[38]

Nach einer regionalen bis lokalen Zersplitterung des Geldwesens im Deutschland des ausgehenden 17. und beginnenden 18. Jahrhundert ließ Friedrich II. („Friedrich der Große") im Jahre 1750 in Preußen eine umfassende Neu-

---

[32] Eingehend zu den beiden Augsburger Münzordnungen *Rittmann*, Deutsche Geldgeschichte 1484–1914 (1975), S. 192 ff.

[33] *Pentzlin*, Das Geld (1982), S. 71; *Sprenger*, Das Geld der Deutschen (3. Auflage 2002), S. 104 f.; weiterführend *Roth*, in: *Schremmer* (Hrsg.), Geld und Währung (1993), S. 85 ff.

[34] Vgl. hierzu *Wiebe*, Zur Geschichte der Preisrevolution des XVI. und XVII. Jahrhunderts (1895); *Gerhard*, in: *Schremmer* (Hrsg.), Geld und Währung vom 16. Jahrhundert bis zur Gegenwart (1993), S. 69 ff.

[35] *Sprenger*, Das Geld der Deutschen (3. Auflage 2002), S. 109.

[36] Vgl. grundlegend *Meyer*, Geldwertbewußtsein und Münzpolitik (1957), insbesondere S. 61 ff.

[37] *Meyer*, Geldwertbewußtsein und Münzpolitik (1957), S. 13.

[38] *Meyer*, Geldwertbewußtsein und Münzpolitik (1957), S. 7 ff. m.w.N.

ordnung des Münzwesens besorgen. Durch diese, nach ihrem Architekten benannte Graumannsche Münzreform wurden ausländische Münzen aus Preußen verdrängt, ein einheitlicher Münzfuß und damit eine stabile geldtechnische Basis für Handel und Wirtschaft geschaffen.[39] Der Graumannsche Münzfuß überstand jedoch nur acht Jahre, bis es zu einer Reduzierung des Edelmetallanteils kam. Die Kosten des Siebenjährigen Krieges (1756–1763) mussten gedeckt werden. Hierzu setzten schon 1758 Münzverschlechterungen in Preußen ein.[40] Erst nach Kriegsende wurden die minderwertigen Kriegsmünzen wieder eingezogen, wodurch ein erheblicher Verlust von etwa 75 % für die Inhaber entstand.[41]

Der Reichsdeputationshauptschluß von 1803 führte zum Verlust des Münzregals bei zahlreichen Territorialfürsten und Städten.[42] Damit war eine Tendenz zur Vereinheitlichung des Münzwesens begründet worden, derer sich auch die Gründungsstaaten des Deutschen Zollvereins 1833 annahmen.[43] Doch eine einheitliche Währung wurde auch zu diesem Zeitpunkt noch nicht erreicht. Es mussten noch die Münzverträge der Jahre 1837, 1838 und 1857[44] folgen, um eine Reduzierung auf immerhin sechs verbleibende Münzsysteme in Deutschland herbeizuführen.[45] In technischer Hinsicht erreichte im 19. Jahrhundert die industrielle Revolution auch das Münz- und Geldwesen. Hohe Investitionskosten für moderne Prägemaschinen schufen eine wirtschaftliche Hürde für Kleinstaaten, eine eigene Münzprägung fortzuführen. Zugleich wurde damit der Übergang zur nächsten Stufe auf der Entwicklungsleiter der Geldformen geebnet: dem Papiergeld.

4. Der Goldstandard im Münzwesen

Im 19. Jahrhundert kam in Europa – wenn auch zu unterschiedlichen Zeitpunkten in den einzelnen Staaten – die Idee auf, das Geldsystem auf ein einziges Edelmetall auszurichten: das Gold.[46] In der reinen Form dieses sog. Goldstandards sind allein Kurantmünzen im Umlauf, die aus einer solchen Menge Gold bestehen, wie sie wertmäßig nahezu dem nominalen Kurswert entspricht. Parallel verwendete Silber- oder sonstige Scheidemünzen definieren sich insofern

---

[39] *Rittmann*, Deutsche Geldgeschichte 1484–1914 (1975), S. 361 ff.

[40] *Schrötter*, Das preußische Münzwesen im 18. Jahrhundert (1910), S. 45 ff.; *Rittmann*, Deutsche Geldgeschichte 1484–1914 (1975), S. 386 ff.

[41] *Sprenger*, Das Geld der Deutschen (3. Auflage 2002), S. 136.

[42] *Sprenger*, Das Geld der Deutschen (3. Auflage 2002), S. 148.

[43] *Sprenger*, Währungswesen und Währungspolitik in Deutschland von 1834 bis 1875 (1981), S. 7, 35 ff.

[44] Vgl. ausführlich *Sprenger*, Währungswesen und Währungspolitik in Deutschland von 1834 bis 1875 (1981), S. 43 ff.

[45] *Sprenger*, Das Geld der Deutschen (3. Auflage 2002), S. 160.

[46] Vgl. zur Entwicklung *Sprenger*, Währungswesen und Währungspolitik in Deutschland von 1834 bis 1875 (1981), S. 30 ff.; zur geldpolitischen Debatte um den Sinn des Goldstandards vgl. im Überblick *Robertson*, Das Geld (2. Auflage 1935), S. 140 ff.

ebenfalls über das Gold, als sie jederzeit in dieses umgetauscht werden können. Daran zeigt sich aber, dass der Geldwert strukturell vom Stoffwert getrennt wurde. Den Scheidemünzen wurde ein über ihrem eigentlichen Metallwert liegender Kurswert zuerkannt.

Vorbild für die Entwicklung der Goldwährungen war England, das formell 1816 – faktisch schon früher – eine solche einführte.[47] 1865 folgten Belgien, Frankreich, Griechenland, Italien und die Schweiz dem englischen Beispiel, als sie sich in der Lateinischen Münzunion zusammenschlossen. Mit seiner Gründung im Jahre 1871 übernahm auch das Deutsche Reich den Goldstandard.[48] Eine solche Einheitlichkeit im gesamten Staatsgebiet war durch die Gesetzgebungskompetenz des Reiches aus Art. 4 Nr. 3 der Bismarckschen Reichsverfassung vom 16. April 1871 („Ordnung des Münzsystems") ermöglicht worden. Wenige Monate später trat auf dieser kompetenziellen Grundlage das Gesetz über die Ausprägung von Reichsgoldmünzen[49] in Kraft. In dessen § 2 war festgelegt, dass die neue Währungseinheit Mark dezimal in 100 Pfennige aufgeteilt wurde. Durch das Münzgesetz vom 9. 7. 1873[50] traten neben die Reichsgoldmünzen noch Silber-, Nickel- und Kupfermünzen (Art. 3). Nach Art. 9 des Münzgesetzes waren letztere als Scheidemünzen ausgestattet, denn ein Annahmezwang bestand nur begrenzt bis zu 20 Mark für Silbermünzen und bis zu einer Mark für Nickel- und Kupfermünzen. Dem Drang zum Goldstandard folgten gegen Ende des 19. Jahrhunderts schließlich unter anderem noch die USA, Indien, Russland und Japan.

5. Nachteile von Münzsystemen

In der Entwicklungsgeschichte des Geldwesens stellte die Einführung der Münze anstelle des vorherigen Primitivgeldes zweifelsfrei einen epochalen Fortschritt dar. Allerdings zeigt schon der kursorische Blick auf die Geschichte des Münzwesens, dass zugleich markante Nachteile zu gewärtigen waren.[51] Augenscheinlichstes Funktionsdefizit war die Anfälligkeit des Münzsystems für Manipulationen des Feingehalts der Münzen, um dem Staat bzw. dem Inhaber des Münzrechts fiskalische Vorteile zu verschaffen. Solange sich der Wert des Geldes über den Wert der in der Münze enthaltenen Edelmetalle mitbestimmte, solange führte ein solcher Eingriff in den Münzfuß zu einem notwendigen Wert-

---

[47] Vgl. *Helfferich*, Das Geld (6. Auflage 1923), S. 62; *Wagemann*, Allgemeine Geldlehre, Band I (1923), S. 240 f.; *Pentzlin*, Das Geld (1982), S. 80; *Schremmer*, in: *ders.* (Hrsg.), Geld und Währung (1993), S. 9, 21.

[48] Einschränkend *Wagemann*, Allgemeine Geldlehre, Band I (1923), S. 248 f.; *Sprenger*, Währungswesen und Währungspolitik in Deutschland von 1834 bis 1875 (1981), S. 33.

[49] Gesetz vom 4. 12. 1871, RGBl. S. 404; vgl. ausführlich *Rittmann*, Deutsche Geldgeschichte 1484–1914 (1975), S. 771 ff.

[50] RGBl. S. 233.

[51] Vgl. *Helfferich*, Das Geld (6. Auflage 1923), S. 46 ff.

verlust. Aus der physischen Natur der Münze resultierte zudem eine äußerliche Abnutzung, die sowohl das Gewicht (und damit zugleich den Wert) als auch die Lesbarkeit des Aufgeprägten verringerte. Keine abstrakte Strukturnotwendigkeit eines Münzsystems, aber historische Erfahrungstatsache ist schließlich die Untergliederung der in einem Wirtschaftsraum umlaufenden Münzen in vielzählige Münzsorten eines jeden Edelmetalls. Folge davon waren Einbußen bei der Einfachheit und Einheitlichkeit des Geldwesens.[52]

III. Von der Münze zum Papiergeld

Die Abspaltung des Geldwerts vom Geldstoff hatte bereits in gewissem Umfang durch den Übergang vom Primitivgeld zur Münze stattgefunden. An den zahlreichen Münzverschlechterungen, die nicht unmittelbar und in jedem Falle einen Geldwertverlust nach sich zogen, lässt sich die Fortsetzung dieser Entwicklung eindrucksvoll aufzeigen: Ungeachtet der Substanzveränderungen blieb nämlich den Münzen zumeist ein gewisser Edelmetallgehalt bewahrt, der einen entsprechenden Materialwert schuf. Auch änderte sich durch die Eingriffe in den Münzfuß der Zählwert des Geldes nicht. Die bis zum damaligen Zeitpunkt einschneidendste Abkoppelung des Geldwerts vom Stoffwert erfolgte jedoch durch die Erschaffung von Papiergeld. Es standen sich ab diesem Zeitpunkt ein praktisch gegen Null gehender Stoffwert des Papierscheins und ein bloß aufgedruckter Nennwert gegenüber. Zuvörderst der Staatlichen Theorie des Geldes des Nationalökonomen und Geldtheoretikers Georg Friedrich Knapp[53] ist es zu verdanken, sowohl Trennbarkeit als auch Trennung des Geldwerts vom Stoffwert herausgestellt zu haben. Knapp und seine Anhänger – man kann getrost von einer schulbildenden Kraft Knapps sprechen – sahen den Geltungsgrund des Papiergeldes in einem staatlichen Verleihungsakt, der den nominalen Zählwert des einzelnen Papierscheins festlegte.[54] Mit der Legitimierung von praktisch wertlosen Geldscheinen erklomm in Europa[55] eine Entwicklung ihren vorläufigen Höhepunkt, die mit der Prägung silberloser Silbermünzen im römischen Reich des dritten nachchristlichen Jahrhunderts ihren plakativen Anfang genommen hatte.

---

[52] *Helfferich*, Das Geld (6. Auflage 1923), S. 46.

[53] *Knapp*, Staatliche Theorie des Geldes (4. Auflage 1923), insbesondere S. 1, 20, 26 f., 31, 64.

[54] *Knapp*, Staatliche Theorie des Geldes (4. Auflage 1923), insbesondere S. 1, 27; ähnlich *Helfferich*, Das Geld (6. Auflage 1923), S. 65.

[55] Vgl. zu den Ursprüngen des Papiergeldes in China *Pentzlin*, Das Geld (1982), S. 45 f.; *Harlandt*, Die Evolution des Geldes (1989), S. 53.

1. Papiergeldinflation in Frankreich

Das Papiergeldsystem setzte sich nicht in einem einzigen Anlauf und auch nicht zugleich weltweit durch. Teilweise wird schon in der Verwendung von Wertpapieren im Spätmittelalter in Europa die Einführung von Papiergeld im funktionellen Sinn gesehen.[56] Ein erster Versuch in nennenswertem Umfang und mit staatlicher Initiativkraft wird aus dem Frankreich des Jahres 1720 berichtet.[57] Nach dem Tod von *„le Roi Soleil"* Ludwig XIV. im Jahre 1715 stand Frankreich vor dem Staatsbankrott.[58] Allein die Zinsausgaben für den Schuldendienst überstiegen schon die Einnahmen des Staates. Als Retter der Staatsfinanzen erschien der Schotte John Law, der eine Privatbank gründen durfte, die später zur Staatsbank erhoben wurde.[59] Seine ursprüngliche Idee war es, den französischen Grund und Boden beweglich und nutzbar zu machen, indem Papierscheine auf ihn bezogen wurden. Dadurch sollte sogar eine höhere Wertbeständigkeit als durch Silber erzielt werden. Später jedoch wurden die Lawschen Zettel auch ohne Grunddeckung ausgegeben. Nachdem das Lawsche Papiergeld 1718 zum gesetzlichen Zahlungsmittel bestimmt worden war, nahm die Geldproduktion dramatische Ausmaße an. Das Papiergeld war für fiskalische Zwecke missbraucht worden. Das Lawsche Papiergeldexperiment endete mit hoher Inflation und wurde in der Folge ganz eingestellt. Eine Flucht von ausländischen Kapitalanlegern aus Frankreich schloss sich an.[60]

Frankreich war aber keinesfalls durch die Erfahrungen mit der Lawschen Geldreform auf Abstand zu Papierwährungen und scheinbar unbegrenzter Geldvermehrung „durch Nachdrucken" gegangen. Unmittelbar nach der französischen Revolution führte die französische Nationalversammlung „Assignaten" ein. Ebenso wie das Lawsche Papiergeld sollten die Assignaten auf Grund und Boden „bezogen" sein.[61] Die Assignaten waren eine „Zuweisung" (frz. *assignation*) auf den noch zu erzielenden Verkaufserlös für Grundeigentum.[62]

---

[56] *Henning*, in: *Kellenbenz* (Hrsg.), Weltwirtschaftliche und währungspolitische Probleme seit dem Ausgang des Mittelalters (1981), S. 39, 53.

[57] Vgl. zum Folgenden *Helfferich*, Das Geld (6. Auflage 1923), S. 66 f.; *Wagemann*, Allgemeine Geldlehre, Band I (1923), S. 262; *Walker*, Das Geld in der Geschichte (1959), S. 121 ff.; *North*, Kleine Geschichte des Geldes (2009), S. 132 f.; vgl. zudem zu den theoretischen Hintergründen *Vilar*, Gold und Geld in der Geschichte (1984), S. 227 ff.

[58] *Houtman-De Smedt/van der Wee*, in: *Pohl* (Hrsg.), Europäische Bankengeschichte (1993), S. 142; vgl. zur Vorgeschichte *Gaettens*, Geschichte der Inflationen (1982), S. 100 ff.

[59] *Gaettens*, Geschichte der Inflationen (1982), S. 106; *Pentzlin*, Das Geld (1982), S. 44 f.; *Houtman-De Smedt/van der Wee*, in: *Pohl* (Hrsg.), Europäische Bankengeschichte (1993), S. 143 f.

[60] *North*, Kleine Geschichte des Geldes (2009), S. 133.

[61] *Walker*, Das Geld in der Geschichte (1959), S. 125; *Pentzlin*, Das Geld (1982), S. 45; *North*, Kleine Geschichte des Geldes (2009), S. 136; vgl. die Abbildungen bei *Pick*, Papiergeld (1967), S. 123 und *Gaettens*, Geschichte der Inflationen (1982), S. 180: *„hypothèque sur les domaines nationaux"*.

[62] *Vilar*, Gold und Geld in der Geschichte (1984), S. 277.

Aus verzinslichen Staatsobligationen wurde in kurzer Zeit staatliches Geld, das in erheblichen Mengen auf den Markt geworfen wurde.[63] Innerhalb von nur sechs Jahren entwerteten die Assignaten daher um mindestens 99 %.[64] Auch den „Mandaten", die den Assignaten nachfolgten, war ein ähnliches Schicksal vorgegeben. Eine außerordentliche Geldvermehrung rief eine Geldentwertung um 97 % binnen weniger Monate hervor.[65]

2. Konsolidierungen in England, den USA und Preußen

Nach den kurzen Perioden des Papiergeldeinsatzes in Frankreich kam es zunächst in England zwischen 1797 und 1823 zu einem erfolgreicheren, da – im Ergebnis – inflationsärmeren Testlauf hinsichtlich der systematischen Einführung von Papiergeld.[66] Eine Einlösungspflicht der *Bank of England* bestand wegen der Napoleonischen Kriege nicht. Nach einigen Jahren des Papiergeldeinsatzes stellte sich die Situation ein, dass ein Aufgeld auf Metallgeld (Goldagio) verlangt wurde, das bis zu 40 % erreichte.[67] Durch staatliche Zwangsmaßnahmen konnte der Geldentwertung kein Einhalt geboten werden. Erst nach Kriegsende im Jahre 1815 entspannte sich die geldpolitische Lage und die Wiederaufnahme der Noteneinlösung durch die *Bank of England* wurde in Aussicht gestellt. Das Goldagio – und damit die Entwertung des Papiergeldes – verschwand gänzlich. Während der Handels- und Bankenkrise 1825/26 löste sie sogar die Banknoten, die von insolventen privaten Notenbanken ausgegeben wurden und bis 1833 keine gesetzlichen Zahlungsmittel darstellten, ein;[68] damit war eine weitere Vertrauensbildung zugunsten des Papiergeldes erfolgt.

Erhebliche Auswirkungen hatte die Napoleonische Kriegszeit auch auf das preußische Papiergeld. Im Jahre 1806 emittierte Preußen Tresorscheine, die anfänglich mit einem Garantiekurs ausgestattet waren, deren Kurs später aber freigegeben wurde.[69] Ebenso bestand ursprünglich kein Annahmezwang für Tresorscheine. Durch die „Verordnung über die Annahme der Tresorscheine in Zahlungen (...)" vom 29. 10. 1807[70] wurde hingegen ein solcher angeordnet und zugleich ein zwingender Kurs, der „Normalkurs", vorgegeben. Dessen unge-

---

[63] *Helfferich*, Das Geld (6. Auflage 1923), S. 67.

[64] *Maier*, Das Geld und sein Gebrauch (1913), S. 8; *Wagemann*, Allgemeine Geldlehre, Band I (1923), S. 263; *Walker*, Das Geld in der Geschichte (1959), S. 125; *Helfferich*, Das Geld (6. Auflage 1923), S. 67 spricht hingegen sogar von rund 99,9 % und *North*, Kleine Geschichte des Geldes (2009), S. 137, von 100 %; vgl. die Abbildung bei *Gaettens*, Geschichte der Inflationen (1982), S. 194.

[65] *Walker*, Das Geld in der Geschichte (1959), S. 125 f.

[66] Vgl. dazu *Wagemann*, Allgemeine Geldlehre, Band I (1923), S. 264 f.; *Helfferich*, Das Geld (6. Auflage 1923), S. 67 f.; *Vilar*, Gold und Geld in der Geschichte (1984), S. 283 ff.

[67] *Helfferich*, Das Geld (6. Auflage 1923), S. 67.

[68] *Born*, in: *Albers* (Hrsg.), Handwörterbuch der Wirtschaftswissenschaft (1982), S. 133 f.

[69] *Mieck*, in: *Büsch* (Hrsg.), Handbuch der preußischen Geschichte (1992), S. 123.

[70] Allgemeine Juristische Monatsschrift für die Preußischen Staaten 1807, 181.

achtet sank der Verkehrswert der Tresorscheine – je nach den Kriegserfolgen Frankreichs – um zeitweise 76 % ab.[71] Wie beim englischen Pfund verschwand dieser Abschlag gegenüber dem Metallgeld mit Kriegsende 1815 vollständig.[72]

Eine ähnliche Entwicklung lässt sich in den USA während und nach der Bürgerkriegszeit (1861–1865) nachweisen.[73] Mit Beginn des Sezessionskriegs wurde Papiergeld ausgegeben, das im Verlauf des Krieges durch nicht einlösbare Schatznoten ersetzt wurde. Die Papiergeldmenge wurde während des Krieges stetig erhöht. In der Folge entwickelte sich wie in England zu Beginn des Jahrhunderts ein Goldagio, das auf bis zu 185 % anstieg. Erst die Verringerung der Papiergeldmenge und die Wiederherstellung der Einlösbarkeit nach Kriegsende gewährten der Papiergeldentwertung Einhalt. Mit der Einlösbarkeit im Jahre 1879 sank das Goldagio schließlich auf Null.

3. Papiergeld als gesetzliches Zahlungsmittel in England

Die Dominanz Englands als Handelsnation und der englischen Währung als Weltleitwährung im 19. Jahrhundert führten zu einer Ausrichtung der geldrechtlichen Entwicklung auf England. Dort wurde das Währungswesen im Jahre 1833 grundlegend neugestaltet. Die Banknoten der *Bank of England* wurden zum gesetzlichen Zahlungsmittel in England und Wales erhoben.[74] Es bestand eine Einlösungspflicht der *Bank of England* und eine allgemeine Annahmepflicht für Zahlungen ab 5£. Beginnend mit der Bankenreform des Jahres 1844 wurde nach und nach die Notenemission der privaten Notenbanken zurückgedrängt, bis sie schließlich 1921 gänzlich eingestellt wurde.[75]

4. Reformen im Zuge der Gründung des Deutschen Reiches

Nach den Höhen und Tiefen der preußischen Tresorscheine, die 1825 durch die Cassen-Anweisungen ersetzt wurden, entwickelte sich der Papiergeldeinsatz in den deutschen Staaten nur schleppend.[76] Jedoch gaben im Zuge der Deutschen Revolution von 1848/1849 zahlreiche deutsche Staaten eigenes Papiergeld aus, um sich günstig mit Finanzmitteln zu versorgen. Eine einheitliche Papiergeldemission über die Grenzen einzelner deutscher Staaten hinweg erfolgte bis zur Gründung des Deutschen Reiches nicht.

---

[71] *Wagemann*, Allgemeine Geldlehre, Band I (1923), S. 265; *Rittmann*, Deutsche Geldgeschichte 1484–1914 (1975), S. 502; *Sprenger*, Das Geld der Deutschen (3. Auflage 2002), S. 163.

[72] *Wagemann*, Allgemeine Geldlehre, Band I (1923), S. 265; *Rittmann*, Deutsche Geldgeschichte 1484–1914 (1975), S. 502, 505; *Gaettens*, Geschichte der Inflationen (1982), S. 212; *Sprenger*, Das Geld der Deutschen (3. Auflage 2002), S. 163.

[73] Vgl. im Einzelnen *Wagemann*, Allgemeine Geldlehre, Band I (1923), S. 271 ff.; *Helfferich*, Das Geld (6. Auflage 1923), S. 68 f.

[74] *North*, Kleine Geschichte des Geldes (2009), S. 155 f.

[75] *North*, Kleine Geschichte des Geldes (2009), S. 157 f.

[76] *Sprenger*, Das Geld der Deutschen (3. Auflage 2002), S. 163 f.

Infolge der Reichsgründung von 1871 blieb die Münzreform nicht die einzige geldrechtliche Maßnahme im neuen Deutschen Reich. Auch die Ausgabe von Papiergeld wurde nach der vorherigen Zersplitterung vereinheitlicht.[77] Mit dem Gesetz betreffend die Ausgabe von Reichskassenscheinen vom 30.04.1874[78] wurde festgelegt, dass das seither von den einzelnen Bundesstaaten bereits ausgegebene Papiergeld bis zum 1.7.1875 einzuziehen war (§ 2). Stattdessen wurden neue Reichskassenscheine durch die Bundesstaaten in den Privatverkehr gebracht (§ 1). Ein gesetzlicher Annahmezwang unter Privaten existierte nicht. Die Reichskassenscheine konnten aber „auf Rechnung des Reichs" jederzeit bei allen Kassen des Reichs und bei allen Bundesstaaten in Bargeld, d.h. in Münzen, umgetauscht werden (§ 5). Die praktische Bedeutung der Reichskassenscheine lag in ihrer kleinen Stückelung von 5, 20 und 50 Mark im Vergleich zu den Reichsbanknoten, die zur damaligen Zeit auf eine Stückelung zu 100 und 1000 Mark beschränkt waren.[79] Die Papiergeldreformen nach Gründung des Deutschen Reiches nahmen schließlich mit dem Inkrafttreten des Bankgesetzes[80], das Aufgaben und Rolle der Reichsbank im Verhältnis zu den Privatnotenbanken neuordnete, zum 1.1.1876 ihren Abschluss.

5. Papiergeld nach dem internationalen Goldstandard

a) Von der Goldumlauf- zur Goldkernwährung

Europa kannte zu Beginn des 19. Jahrhunderts drei unterschiedliche Währungssysteme: die Silberwährung, die Goldwährung und die bimetallische Doppelwährung. Letztere zeichnet sich durch eine parallele Verwendung zweier Edelmetalle aus, die über ein festgelegtes Austauschverhältnis verfügen.[81] Im Laufe des 19. Jahrhunderts setzte sich die Goldwährung, ausgehend von England, auf internationaler Ebene durch.[82] Vor Einführung des Papiergeldes bedeutete Goldwährung der Sache nach Gold*umlauf*währung, da das Edelmetall selbst in Form von Goldmünzen in den Verkehr gelangte.[83] Mit Übergang zum Papiergeld war mit diesem Währungssystem die Idee verbunden, dass sämtliches

---

[77] *Maier*, Das Geld und sein Gebrauch (1913), S. 32 f.

[78] RGBl. S. 40.

[79] *Rittmann*, Deutsche Geldgeschichte 1484–1914 (1975), S. 799 f.; *ders.*, Deutsche Geldgeschichte seit 1914 (1986), S. 6.

[80] RGBl. 1975 S. 177; vgl. dazu *Rittmann*, Deutsche Geldgeschichte 1484–1914 (1975), S. 801 ff. und *Siemens*, Das Zettelbankwesen und der Bankgesetz-Entwurf (1874) (2010).

[81] *Schwarzer*, in: *Schremmer* (Hrsg.), Geld und Währung vom 16. Jahrhundert bis zur Gegenwart (1993), S. 191, 196.

[82] *Born*, in: *Pohl* (Hrsg.), Europäische Bankengeschichte (1993), S. 177 ff.; *Wagner-Braun*, in: *Denzel* (Hrsg.), From Commercial Communication to Commercial Integration (2004), S. 249, 262; *Denzel*, Das System des bargeldlosen Zahlungsverkehrs europäischer Prägung vom Mittelalter bis 1914 (2008), S. 372 ff.

[83] *Born*, in: *Pohl* (Hrsg.), Europäische Bankengeschichte (1993), S. 181 f.

umlaufendes Papiergeld durch einen adäquaten Goldbestand der Zentralbank gedeckt war und daher in physisches Gold eingelöst werden konnte. Dadurch sollte der unbegrenzten Geldvermehrung durch das kostengünstige Drucken von weiterem Papiergeld eine gewissermaßen natürliche Grenze gesetzt werden, denn die Verfügbarkeit von physischem Gold war und ist begrenzt.[84] Anschaulich zeigt sich diese Verknüpfung von Papiergeld und Goldeinlösepflicht in dem Aufdruck auf den englischen Pfundscheinen, auf denen es heißt: *„I promise to pay the bearer on demand the sum of…"*. In Abgrenzung zu der Goldumlaufwährung wird von der Gold*kern*währung gesprochen.[85]

Der Goldstandard erschöpfte sich aber keinesfalls in der schlichten Golddeckung, welche das Papiergeld als leicht verkehrsgängigen Stellvertreter des physischen Edelmetalls ansah. Währungsrechtlich gingen damit nach dem US-amerikanischen Ökonomen Barry Eichengreen folgende Grunderfordernisse einher: erstens die freie Ein- und Ausfuhr von Gold über Staatsgrenzen hinweg, zweitens die freie Tauschbarkeit von Geld in Gold und umgekehrt, drittens die feste Bindung der Geldmenge eines Staates an seine physischen Goldreserven.[86] Die Währungen verschiedener, am Goldstandard teilnehmender Staaten waren durch ihren jeweiligen Goldanteil aneinander gekoppelt und sollten daher stabile Wechselkurse aufweisen.[87]

b) Volkswirtschaftliche Funktionsprinzipien nach David Hume

Der volkswirtschaftliche Grundgedanke des Goldstandards ist erstmals von David Hume formuliert worden und findet sich in seinem *„price-specie flow mechanism"*.[88] Zugrunde gelegt hat er die Annahmen, dass zum einen weltweit nur Goldmünzenwährungen existieren und dass zum anderen die Rolle der Banken vernachlässigbar sei. Der gesamte Außenhandel eines Staates werde unter diesen Voraussetzungen in Goldmünzen abgewickelt. Ein Außenhandelsdefizit führe daher zu einem summenmäßigen Abwandern von Goldbeständen, da

---

[84] Zu weiteren Vorteilen vgl. *Machlup*, Die Goldkernwährung (1925), S. 31 ff.

[85] *Schwarzer*, in: *Schremmer* (Hrsg.), Geld und Währung vom 16. Jahrhundert bis zur Gegenwart (1993), S. 191, 195 f.; vgl. zu Begrifflichkeit und Wesensmerkmalen im Einzelnen *Machlup*, Die Goldkernwährung (1925), S. 6 ff.

[86] *Eichengreen*, in: *ders.* (Hrsg.), The Gold Standard in Theory and History (1985), S. 3 f.; ebenso *Wagner-Braun*, in: *Denzel* (Hrsg.), From Commercial Communication to Commercial Integration (2004), S. 249, 263; zustimmend auch *Schwarzer*, in: *Schremmer* (Hrsg.), Geld und Währung vom 16. Jahrhundert bis zur Gegenwart (1993), S. 191, 195.

[87] *Wagner-Braun*, in: *Denzel* (Hrsg.), From Commercial Communication to Commercial Integration (2004), S. 249, 263.

[88] *Hume*, in: *ders.*, Essays and treatises I (1800), S. 327 ff.; abgedruckt auch bei *Eichengreen* (Hrsg.), The Gold Standard in Theory and History (1985), S. 39 ff.; vgl. auch *Schwarzer*, in: *Schremmer* (Hrsg.), Geld und Währung vom 16. Jahrhundert bis zur Gegenwart (1993), S. 191, 217.

die Goldzahlungen für Einfuhren der Wirtschaftssubjekte die Goldeinnahmen für Ausfuhren überstiegen. Die Goldmenge im Inland – aus der Sicht des Staates mit einem Außenhandelsdefizit – nehme ab. Eine solche Abnahme führe zu sinkenden Preisen im Inland. Demgegenüber stiegen die Preise in dem Staat, der über einen Außenhandelsüberschuss und damit über eine steigende Goldmenge verfüge. Das Sinken der Preise im Land mit dem Außenhandelsdefizit und der Preisanstieg im Land mit dem Außenhandelsüberschuss riefen nun eine Reaktion der Nachfrager hervor. Die Nachfrager aus dem Land mit dem Preisanstieg kauften die günstigen Güter aus dem Land mit dem Preisverfall, wohingegen die Nachfrager aus dem Land mit dem Preisverfall weniger Güter aus dem Land mit dem Preisanstieg erwerben. Diese Umstellung des Nachfrageverhaltens erfolge solange, bis ein Außenhandelsgleichgewicht eingetreten sei. Ungeachtet der bestechenden Klarheit der Humeschen Idee war ihre praktische Tauglichkeit dadurch beeinträchtigt, dass sich die Zentralbanken nicht an die *„rules of the game“* hielten, d.h. ihre Politik nicht (allein) auf ausgeglichene Handelsbilanzen ausrichteten.[89]

c) Ende der Golddeckung in Deutschland

Wie häufig in der Geschichte des Geldes steht auch das Ende der Goldwährung in Deutschland, aber ebenso in anderen Ländern als Zäsur setzendes Ereignis im Zusammenhang mit dem Ausbruch eines Krieges – in diesem Fall des Ersten Weltkrieges.[90] Drei Tage nach der Kriegserklärung des Deutschen Reiches an Russland beschloss der Reichstag am 4. 8. 1914 ein Konglomerat von „Kriegsgesetzen“, unter denen sich auch verschiedene geld- und währungsrechtliche befanden.[91] Die Reichsbank wurde von ihrer Rolle als Kreditgeberin in eine neue als „Kriegsbank“ überführt.[92] Waren in den letzten acht Tagen des Juli 1914 im Angesicht des aufziehenden Krieges Goldmünzen im Gesamtwert von über 100 Millionen Mark bei der Reichsbank abgehoben worden, so stellte die Reichsbank die Goldausgabe zur Einlösung ihrer Banknoten am Nachmittag des 31. 7. 1914 gänzlich ein.[93] Legitimiert wurde dieses Vorgehen durch die Gesetzesänderungen vom 4. 8. 1914, durch welche die Einlösepflicht für Banknoten mit Rückwirkung entfiel. Durch das Gesetz betreffend die Reichskassenscheine und Reichsbanknoten[94] wurden die Reichskassenscheine zum gesetzlichen

---

[89] *North*, Das Geld und seine Geschichte (1994), S. 151; *Eichengreen*, Globalizing Capital (2. Auflage 2008), S. 27 ff.

[90] *Denzel*, Das System des bargeldlosen Zahlungsverkehrs europäischer Prägung vom Mittelalter bis 1914 (2008), S. 376 f.

[91] Abgedruckt bei *Sintenis*, Die finanz- und wirtschaftspolitischen Kriegsgesetze 1914/16 (2. Auflage 1916).

[92] *Rittmann*, Deutsche Geldgeschichte seit 1914 (1986), S. 15.

[93] *Elster*, Von der Mark zur Reichsmark (1928), S. 50.

[94] RGBl. S. 347.

Zahlungsmittel erhoben, zugleich aber die Einlösepflicht der Reichshauptkasse gegen Goldmünzen aufgehoben. Infolge der Änderung des Bankgesetzes wurde die unbegrenzte Ausgabe von Noten zulässig.[95] Als neues Papiergeld wurden durch das Darlehenskassengesetz[96] die Darlehenskassenscheine eingeführt, die aber nicht den Status eines gesetzlichen Zahlungsmittels erhielten. Faktisch eröffneten sie eine weitere technische Möglichkeit zur Ausgabe von Reichsbanknoten.[97] Auf diesen gesetzlichen Grundlagen beruhte die erhebliche Expansion der Geldmenge bis zum Ende des Jahres 1918.[98]

6. Die „große Inflation" im Deutschland der Jahre 1918–1923

Auch wenn tiefgreifende inflationäre Entwicklungen zumindest seit der Inflation im römischen Reich des dritten Jahrhunderts durch Münzverschlechterungen historisch überliefert sind, so hat die „große Inflation" der frühen Weimarer Zeit eine – vor allem aus Sicht der deutschen Bevölkerung – vieles überschattende Stellung erlangt. Treffend heißt es in Herbert Rittmanns Deutscher Geldgeschichte, „‚die Inflation' [sei] der Inbegriff dieser Jahre, obschon diese Inflation weder die erste der Geldgeschichte, die erste in Deutschland noch die einzige in einem Land zu jener Zeit war"[99]. Den historischen Vorgängern ungeachtet war das Ausmaß der Geldentwertung in der Zeit zwischen der Abkehr von der Goldwährung und dem Höhepunkt der Inflation Ende 1923 beachtlich. Ausgehend von einem Verbraucherpreisindex von 1 im Jahr 1913 erklomm dieser im Dezember 1920 den noch bescheidenen Wert von 14, schon im Dezember 1923 jedoch rund 1,26 *Billionen*.[100] Zugleich schoss der Gesamtnennwert der im Umlauf befindlichen Reichsbanknoten von etwa 2,5 Milliarden Mark (1913) auf rund 496,5 Billionen Mark (1923) in die Höhe.[101] Notgeld wurde in beträchtlichem Umfang ausgegeben, weil die Reichsbank der Zahlungsmittelknappheit nicht Herr werden konnte.[102]

Bei der Klärung der Ursachen der Inflationen werden verschiedene Argumentationsstränge bemüht.[103] Vorgebracht werden die enormen Reparationszahlungen, die das Deutsche Reich nach dem Ende des Ersten Weltkriegs den alliierten und assoziierten Siegermächten schuldete.[104] In der Tat hatte das

---

95 *Rittmann*, Deutsche Geldgeschichte seit 1914 (1986), S. 15.

96 RGBl. S. 340.

97 *Rittmann*, Deutsche Geldgeschichte seit 1914 (1986), S. 16.

98 *Rittmann*, Deutsche Geldgeschichte seit 1914 (1986), S. 24 f.; *Sprenger*, Das Geld der Deutschen (3. Auflage 2002), S. 198.

99 *Rittmann*, Deutsche Geldgeschichte seit 1914 (1986), S. 58.

100 *Holtfrerich*, Die deutsche Inflation 1914–1923 (1980), S. 15.

101 *Rittmann*, Deutsche Geldgeschichte seit 1914 (1986), S. 526 f.

102 Vgl. dazu *Rittmann*, Deutsche Geldgeschichte seit 1914 (1986), S. 76 ff., 530.

103 Vgl. allgemein *Issing*, Einführung in die Geldpolitik (15. Auflage 2011), S. 210 ff.; zum Ruhrkampf als Auslöser vgl. *Pentzlin*, Das Geld (1982), S. 109.

104 *Schacht*, Die Stabilisierung der Mark (1927), S. 36 ff.; *Gaettens*, Geschichte der Infla-

Deutsche Reich in Art. 231 des Friedensvertrags von Versailles[105] umfangreichen Wiedergutmachungsleistungen zustimmen müssen. Dort erkannte das Deutsche Reich an, „für alle Verluste und Schäden verantwortlich [zu sein], die die alliierten und assoziierten Regierungen und ihre Staatsangehörigen infolge des ihnen durch den Angriff Deutschlands und seiner Verbündeten aufgezwungenen Krieges erlitten haben“[106]. In Art. 262 des Friedensvertrags[107] war im Anschluss daran festgelegt, dass in Mark Gold ausgedrückte Barzahlungsverpflichtungen aus dem Vertrag nach Wahl der Gläubiger in britischen Pfund, in US-amerikanischen Golddollars, in Goldfranken oder in Goldlire zu erfüllen waren. Die Mark geriet in der Folge unter immer stärkeren Abwertungsdruck im Verhältnis beispielsweise zum US-Dollar. Teilweise wird in den Reparationen nicht die primäre Ursache der Hyperinflation gesehen.[108] Die Überforderung von Reichsregierung und Reichsbank, deren „Wursteln von Tag zu Tag“[109] habe der Geldkrise ihr ganzes Ausmaß erst verschafft.[110] Die schrankenlose Geldschöpfung sei zuvörderst als Inflationsverursacher und -beschleuniger zu nennen.[111]

Das Ende der Inflation in den Jahren 1923 und 1924 ist eng verbunden mit den Namen Karl Helfferich, dem Finanzstaatssekretär bis zu seinem Tod im April 1924, und Hjalmar Schacht, dem Reichswährungskommissar und ab Ende 1923 Reichsbankpräsidenten[112]. Auf Grundlage eines Entwurfs von Helfferich kam es im Herbst 1923 zur Einführung der Rentenmark, die neben die bisherigen Geldsorten trat und ohne Annahmepflicht auskam.[113] Die Wertrelation wurde kurze Zeit danach auf 1 Rentenmark = 1 Billion (Papier-) Mark festgesetzt und ein Wechselkurs von 1 US-Dollar = 4,2 Rentenmark angestrebt.[114] Endgültig beendet wurde die deutsche Hyperinflation durch die Einführung der Reichs-

---

tionen (1982), S. 269 f.; *Born*, in: *Ashauer/Aschhoff/Born/Engels, et al.* (Hrsg.), Deutsche Bankengeschichte III (1983), S. 42 f.; *Rittmann*, Deutsche Geldgeschichte seit 1914 (1986), S. 59; vgl. dazu *Holtfrerich*, Die deutsche Inflation 1914–1923 (1980), S. 135 ff.

[105] RGBl. 1919 S. 687; vgl. zum Umfang der Zahlungspflichten *Gaettens*, Geschichte der Inflationen (1982), S. 245 ff.

[106] RGBl. 1919 S. 985.

[107] RGBl. 1919 S. 1071.

[108] *Merkin*, in: *Feldmann/Holtfrerich/Ritter/Witt* (Hrsg.), Die deutsche Inflation – eine Zwischenbilanz (1982), S. 25, 45; *Sprenger*, Das Geld der Deutschen (3. Auflage 2002), S. 208 f.

[109] *Rittmann*, Deutsche Geldgeschichte seit 1914 (1986), S. 60.

[110] Zurückhaltender *Born*, in: *Ashauer/Aschhoff/Born/Engels, et al.* (Hrsg.), Deutsche Bankengeschichte III (1983), S. 43 f.

[111] *Borchardt*, in: *Schlemmer* (Hrsg.), Enteignung durch Inflation? (1972), S. 9, 12 ff.; *Jaksch*, in: *Feldmann/Holtfrerich/Ritter/Witt* (Hrsg.), Die deutsche Inflation – eine Zwischenbilanz (1982), S. 107 f.

[112] Vgl. zur Person *Schachts* stellvertretend *Pentzlin*, Hjalmar Schacht: Leben und Wirken einer umstrittenen Persönlichkeit (1980); *Kopper*, Hjalmar Schacht: Aufstieg und Fall von Hitlers mächtigstem Bankier (2006).

[113] *Elster*, Von der Mark zur Reichsmark (1928), S. 215 ff.

[114] *Elster*, Von der Mark zur Reichsmark (1928), S. 256 f.

mark und Neuordnung des Notenbankwesens. Die gesetzliche Basis formten die Währungsgesetze vom 30. 8. 1924[115]. Zentraler Bestandteil war das Deutsche Bankgesetz[116]. In ihm wurde zum einen die Reichsbank als „eine von der Reichsregierung unabhängige Bank" (§ 1 Abs. 1) organisiert, die das ausschließliche Recht zur Ausgabe von Banknoten in Deutschland hatte. Zum anderen wurde die Reichsmark als gesetzliches Zahlungsmittel eingeführt (§ 3). Die uferlose Geldschöpfung sollte durch § 28 lit. a des Bankgesetzes ausgeschlossen werden; danach war eine Golddeckung der umlaufenden Banknoten von mindestens 30 % vorgeschrieben. Allerdings bestand keine Pflicht der Reichsbank zur Einlösung in Gold, so dass keine Rückkehr zur früheren reinen Goldwährung erfolgt war.[117] In den folgenden Jahren bis zur Weltwirtschaftskrise blieb die Inflation moderat, die Reichsmark dominierte gegenüber Rentenmark und Privatbanknoten immer stärker.[118]

7. Westdeutsche Währungsreform von 1948

Nach den Schrecken des Zweiten Weltkrieges und dem auch wirtschaftlichen Niedergang Deutschlands war ein währungsrechtlicher Neuanfang geboten, der in den verschiedenen Besatzungszonen unterschiedlich vonstatten ging.[119] Das Saarland übernahm die französische Währung, die Sowjetische Besatzungszone unternahm im Juni 1948 eine eigene Währungsreform.[120] In den westlichen Besatzungszonen wurde zunächst im März 1948 die Bank deutscher Länder als nicht weisungsgebundene Körperschaft des öffentlichen Rechts mit Sitz in Frankfurt am Main gegründet.[121] Am 20. Juni 1948 trat sodann das Erste Gesetz zur Neuordnung des Geldwesens (Währungsgesetz)[122] in Kraft. Einleitend bestimmte § 1 Abs. 1:

> „Mit Wirkung vom 21. Juni 1948 gilt die Deutsche-Mark-Währung."

Die Deutsche Mark wurde zum gesetzlichen Zahlungsmittel erklärt. Das Zweite Gesetz zur Neuordnung des Geldwesens (Emissionsgesetz)[123] vom sel-

---

115 Vgl. allgemein *Visscher*, Die jüngsten deutschen Währungsgesetze 1924 (1926).

116 RGBl. S. 235.

117 *Sprenger*, Das Geld der Deutschen (3. Auflage 2002), S. 215.

118 *Sprenger*, Das Geld der Deutschen (3. Auflage 2002), S. 218.

119 Vgl. zur Entwicklung des Bankwesens im Dritten Reich *Wandel*, in: *Ashauer/Aschhoff/Born/Engels, et al.* (Hrsg.), Deutsche Bankengeschichte III (1983), S. 149 ff.

120 *Rittmann*, Deutsche Geldgeschichte seit 1914 (1986), S. 333 ff. und 360 ff.

121 Vgl. Art. I des Gesetzes Nr. 60 (amerikanisches Kontrollgebiet) bzw. der Verordnung Nr. 129 (britisches Kontrollgebiet) / Nr. 203 (französisches Kontrollgebiet) zur Errichtung der Bank deutscher Länder vom 1. bzw. 26. 3. 1948.

122 WiGBl. 1948, Beilage Nr. 5 S. 1; vgl. zur Vorgeschichte *Wandel*, Die Entstehung der Bank deutscher Länder und die deutsche Währungsreform 1948 (1980), S. 95 ff.

123 Gesetz Nr. 62 (amerikanisches und britisches Kontrollgebiet) bzw. Verordnung Nr. 159 (französisches Kontrollgebiet) vom 20. 6. 1948.

ben Tag sprach der Bank deutscher Länder das alleinige Recht zur Ausgabe von Banknoten und Münzen zu. Das Umtauschverhältnis von alter Reichsmark und neuer Deutscher Mark wurde im Dritten Gesetz zur Neuordnung des Geldwesens (Umstellungsgesetz)[124] mit 10 zu 1 festgesetzt, dabei aber die Hälfte der neuen Deutsche Mark zunächst noch auf einem sogenannten Festkonto eingefroren. Von dieser Hälfte wurden durch das Vierte Gesetz zur Neuordnung des Geldwesens[125] 70% gestrichen. Im Ergebnis erfolgte die Umrechnung daher im Verhältnis 10 Reichsmark = 0,65 Deutsche Mark. Eine Erleichterung wurde 1953 für Spareinlagen von vor 1940 eingeführt, die nur im Verhältnis 10 Reichsmark = 2 Deutsche Mark abgewertet wurden.[126] Abweichende Umrechnungsregeln galten für bestimmte Geldleistungen, die aus bestehenden Schuldverhältnissen zu erbringen waren.[127] Da insbesondere Immobilien- und Wareneigentümer von der Abwertung nicht betroffen waren, wurden begleitend verschiedene Lastenausgleichsregelungen mit Sonderabgaben beschlossen.[128] 1957 löste die Deutsche Bundesbank die Bank deutscher Länder ab.[129]

8. Das Weltwährungssystem von Bretton Woods

a) Vorentwürfe von White und Keynes

Schon unmittelbar nach Ausbruch des Zweiten Weltkriegs begannen namentlich in den Vereinigten Staaten und in Großbritannien Überlegungen, auf welche Weise ein Währungssystem der Nachkriegszeit gestaltet werden könnte. Schon 1941 kursierte im US-amerikanischen Finanzministerium ein erster Entwurf von Harry Dexter White, dem Leiter der monetären Forschungsabteilung.[130] Nahezu zeitgleich diskutierte die britische Regierung intern den Plan einer *International Clearing Union (ICU)*, der maßgeblich von John Maynard Keynes aufgestellt worden war. Ferner wurden noch vor Kriegsende Vorschläge von französischer und kanadischer Seite vorgelegt. Sowohl der britische Keynes-Plan als auch der US-amerikanische Gegenvorschlag von White beruhten auf einem System grundsätzlich fester Wechselkurse, von denen nur in Ausnahmefällen abgewichen werden durfte.[131] Auch wollten beide nicht von der vorhe-

---

[124] Vom 27.6.1948, WiGBl. 1948, Beilage Nr. 5, S. 13.

[125] Gesetz Nr. 65 vom 4.10.1948 (amerikanisches und britisches Kontrollgebiet) bzw. Verordnung Nr. 175 vom 30.9.1948 (französisches Kontrollgebiet).

[126] Gesetz zur Milderung von Härten der Währungsreform (Altsparergesetz) vom 14.7.1953, BGBl. I S. 495.

[127] §§ 16, 18 des Umstellungsgesetzes.

[128] *Rittmann*, Deutsche Geldgeschichte seit 1914 (1986), S. 356 f.

[129] Vgl. § 1 des Gesetzes über die Deutsche Bundesbank vom 26.7.1957, BGBl. I S. 745.

[130] *Andersen*, Das internationale Währungssystem zwischen nationaler Souveränität und supranationaler Integration (1977), S. 28.

[131] *Aschinger*, Das Währungssystem des Westens (1971), S. 23.

rigen Stabilisierungsfunktion des Goldes abweichen, das weiterhin als Reserve- und Zahlungsmittel vorgesehen war.[132]

Ungeachtet dieser Gemeinsamkeiten der beiden Vorhaben standen sich auf beiden Seiten des Atlantiks in zentralen Aspekten miteinander unvereinbare Konzeptionen gegenüber. Keynes wollte in Gestalt der *International Clearing Union* ein Verrechnungssystem mit einer eigenen internationalen Rechnungseinheit, dem Bancor, schaffen. In dieses geschlossene System sollten die nationalen Zentralbanken ihre Zahlungssalden einbringen. Der *Clearing Union* käme allein eine Mittlerrolle zwischen den Staaten zu, während diese selbst zu Gläubigern oder Schuldnern – je nach ihrer Zahlungsbilanz – würden.[133] Eine Verschuldungsgrenze für einzelne Staaten sollte sich aus bestimmten Quoten ergeben, die auf Basis der durchschnittlichen jährlichen Im- und Exporte festzulegen waren. Die Grenze für eine Darlehensgewährung durch die Gläubigerländer ergab sich daher erst mittelbar aus besagter Quote, war aber nicht durch Einlageleistungen des Gläubigerstaates der Höhe nach beschränkt. Eine solche unmittelbare Schrankensetzung sah demgegenüber das Konzept von White vor, welches auf die Interessenlage eines wirtschaftlich robusten und über umfangreiche Goldvorräte verfügenden Staates zugeschnitten war.[134] Statt eines Verrechnungssystems favorisierte White einen internationalen Fonds, in den alle beteiligten Staaten Einlagen zu erbringen hätten.[135] Darlehen an einzelne Staaten mit negativer Zahlungsbilanz sollten durch den Fonds selbst vergeben werden, wobei eine höhenmäßige Deckelung auf Grundlage der jeweiligen Einzahlungen bestehen sollte. Damit war das Gesamtkreditvolumen deutlich beschränkter als nach dem Keynes-Plan.

b) Konferenzbeschlüsse

Da die Vorstellungen auf beiden Seiten des Atlantiks vor diesem Hintergrund deutlich auseinander lagen, waren Vorkonsultationen geboten. Im April 1944 veröffentlichte eine Gruppe von Delegierten aus 30 Ländern ein „*Joint Statement by Experts*“, das in vieler Hinsicht entscheidenden Einfluss auf das spätere Beschlussergebnis nahm.[136] Gesucht wurde ein internationales Währungssystem, das in möglichst optimaler Weise zwei teilweise gegenläufige Ziele verwirklicht: den Welthandel zu fördern (positive Funktion) und jedes Land gegenüber schädlichen Einflüssen infolge der globalen Verflechtung zu schützen (negative Funktion).[137]

---

[132] *Aschinger*, Das Währungssystem des Westens (1971), S. 23.

[133] *Pentzlin*, Das Geld (1982), S. 144; *Aschinger*, Das Währungssystem des Westens (1971), S. 20.

[134] *Aschinger*, Das Währungssystem des Westens (1971), S. 24.

[135] *Pentzlin*, Das Geld (1982), S. 145.

[136] *Aschinger*, Das Währungssystem des Westens (1971), S. 25 f.

[137] *Andersen*, Das internationale Währungssystem zwischen nationaler Souveränität und supranationaler Integration (1977), S. 35.

Im Juli 1944 berieten die Vertreter von 44 Staaten im *Mount Washington Hotel* in *Bretton Woods*, einer ländlichen Kleinstadt im US-Bundesstaat *New Hampshire*, über das Weltwährungssystem der Nachkriegszeit. Nach nur drei Wochen waren konsensuale Ergebnisse erreicht, welche das internationale Währungssystem über Jahrzehnte bestimmen sollten. Institutionell wurde zum einen nach dem Vorbild des White-Plans der Internationale Währungsfonds (IWF) bzw. *International Monetary Fund* (IMF) geschaffen, dessen Aufgabe es nach Art. 1 des IWF-Abkommens insbesondere ist, kurzfristige Zahlungsbilanzstörungen zu beheben, den freien Welthandel zu fördern und Stabilität der Wechselkurse zu gewährleisten. Deutschland trat dem IWF im Jahre 1952 bei.[138] Zum anderen schlug die Geburtsstunde der Weltbank, die sich im Kern der Entwicklungshilfe verschrieben hat.[139] Währungsrechtlich erhob die Konferenz von *Bretton Woods* den US-Dollar zur Weltleitwährung, zu dem die übrigen Währungen in einem bestimmten Tauschverhältnis standen. Der US-Dollar wiederum wurde an eine bestimmte Menge Gold gekoppelt; eine Feinunze Gold (ca. 31,1 Gramm) wurde auf 35 US-Dollar taxiert.[140] Die Vereinigten Staaten praktizierten zudem eine tatsächliche Konvertibilität des US-Dollars in Gold nach diesem Wechselkurs.[141] Gold blieb damit auch nach dem Zweiten Weltkrieg eine elementare Bezugsgröße des internationalen Währungssystems.

c) Abschied vom System fester Wechselkurse

Das System fester Wechselkurse mit einer Zentrierung auf den US-Dollar, der in Gold konvertierbar war, geriet im Laufe der Zeit immer massiver in Gefahr. Die einzelnen Volkswirtschaften entwickelten sich in unterschiedlicher Stärke und Geschwindigkeit, wodurch die engen und nur zögerlich fortgeschriebenen Schwankungskorridore der Wechselkurse mit den wirtschaftlichen Realitäten nicht mehr Schritt halten konnten.[142] Das US-Zahlungsbilanzdefizit überstieg deutlich den Umrechnungswert der US-amerikanischen Goldreserven; eine Golddeckung bestand *de facto* nicht mehr.[143] In einer Fernsehansprache verkündete der damalige US-Präsident Richard Nixon am 15. August 1973 die Aufhebung der Goldkonvertibilität des US-Dollar („Nixon-Schock") und setzte damit einseitig einen Schlussstrich unter das System fester Wechselkurse

---

[138] Gesetz über den Beitritt der Bundesrepublik Deutschland zu den Abkommen über den Internationalen Währungsfonds (International Monetary Fund) und über die Internationale Bank für Wiederaufbau und Entwicklung (International Bank for Reconstruction and Development) vom 28.7.1952, BGBl. II S. 637; Beitrittsbekanntmachung in BGBl. II S. 728.

[139] Vgl. grundlegend *Kapur/Lewis/Webb*, The world bank (1997).

[140] *Pentzlin*, Das Geld (1982), S. 146.

[141] *Aschinger*, Das Währungssystem des Westens (1971), S. 108.

[142] *Aschinger*, Das Währungssystem des Westens (1971), S. 321 ff.

[143] Vgl. zur Entwicklung der Goldreserven die statistischen Daten bei *Aschinger*, Das Währungssystem des Westens (1971), S. 112.

nach *Bretton Woods*. Das Gold verlor in der Folge weitgehend seine Rolle als internationales Zahlungsmittel und hat sie seither nicht wieder zurückerlangt.

IV. Der bargeldlose Zahlungsverkehr – das Buchgeld

Ebenso wie das Primitivgeld nicht übergangslos von der Münze abgelöst wurde und das Papiergeld nach wie vor durch das Münzgeld begleitet wird, so vollzieht sich der Übergang zur bislang letzten Entwicklungsstufe des Geldes – dem Buchgeld – nicht mit finaler Trennschärfe. Zu beobachten ist ein Entwicklungsprozess über Jahrhunderte, der auch heute noch nicht abgeschlossen ist. Die Bewirkung eines Geldtransfers, ohne dabei auf Papier- oder Münzgeld zurückzugreifen, entsprang dem Bedürfnis nach Vereinfachung und Beschleunigung. Beide Ziele kulminieren in besonderer Weise in der Person des Kaufmanns. Ein solcher hat bei typisierender Betrachtung einen gegenüber Privatpersonen erhöhten Geldzu- und -abfluss zu bewältigen. Die gewerbliche Tätigkeit bringt überdies auch im besonderen Maße kurze Zeitfenster für Geldzahlungen mit sich. Die historischen Ursprünge des bargeldlosen Zahlungsverkehrs liegen daher im Handel begründet.

1. Anfänge im Spätmittelalter

a) Entstehung des Wechselsystems

Das System des bargeldlosen Zahlungsverkehrs hat seine historischen Wurzeln im Oberitalien der Jahre 1310 bis 1340.[144] Teilweise wird die Entstehung des Buchgelds und seiner Surrogate schon für das 13. Jahrhundert angenommen.[145] Auch in der Folgezeit blieb Italien das Zentrum für diese neue Form des Geldtransfers. Die bargeldlosen Zahlungen wurden bevorzugt mit Wechseln getätigt.[146] Noch Mitte des 15. Jahrhunderts befand sich das dichteste Netz von Wechselplätzen in Italien; im restlichen Europa waren vor allem Brügge, Paris, Montpellier und Genf, daneben noch London, Barcelona und Konstantinopel von Relevanz.[147] Schon im Verlauf des 16. Jahrhunderts verschoben sich aller-

---

[144] *Denzel*, Das System des bargeldlosen Zahlungsverkehrs europäischer Prägung vom Mittelalter bis 1914 (2008), S. 95; vgl. aber auch *Sprandel*, Das mittelalterliche Zahlungssystem (1975), S. 43 zu Anweisungen des mecklenburgischen Herzogs aus dem Jahr 1313.

[145] *Henning*, in: *Kellenbenz* (Hrsg.), Weltwirtschaftliche und währungspolitische Probleme seit dem Ausgang des Mittelalters (1981), S. 39, 51.

[146] Vgl. zu den Ursprüngen und zur damaligen Funktionsweise des Wechselsystems *Parker*, Die Entstehung des modernen Geld- und Finanzwesens in Europa, in: *Cipolla/Borchardt* (Hrsg.), Europäische Wirtschaftsgeschichte (1983), S. 348 ff.; *Körner*, in: *Pohl* (Hrsg.), Europäische Bankengeschichte (1993), S. 68 f.; *Denzel*, Das System des bargeldlosen Zahlungsverkehrs europäischer Prägung vom Mittelalter bis 1914 (2008), S. 72 f.

[147] *Denzel*, Das System des bargeldlosen Zahlungsverkehrs europäischer Prägung vom Mittelalter bis 1914 (2008), S. 110 ff., 127.

dings die Gewichte vom Mittelmeer zu Atlantik und Nordsee. Amsterdam stieg zu einem bedeutenden Finanzplatz auf.[148] Damit einher ging die Gründungswelle von städtischen Banken, die ihren Ausgang zuvörderst in Italien nahmen, jedoch schon 1609 Amsterdam – mit der Gründung der Amsterdamer Wechselbank – erreichte. Nach seiner Ausbreitung in Europa wurde der Wechsel als Zahlungsinstrument in Nordamerika und Asien, in gewissem Umfang auch in Lateinamerika eingeführt.[149]

b) Vom depositum regulare zum depositum irregulare

Der bargeldlose Zahlungsverkehr blieb jedoch nicht auf den Wechselverkehr beschränkt, sondern wurde durch den giralen Verkehr erweitert. Das Girogeschäft hat sich im frühen Hochmittelalter aus dem Depositengeschäft entwickelt.[150] Ursprünglich traf den Bankier die Pflicht, exakt dieselben Gegenstände wieder herauszugeben, die er zuvor erhalten hatte. Bei einem solchen *depositum regulare* hatte der Deponent keinen Anspruch auf eine Zinszahlung durch den Verwahrer, sondern war im Gegenteil zur Zahlung eines Verwahrungsentgelts verpflichtet.[151] Im Laufe der Zeit entwickelte sich die Rückgewährpflicht des Bankiers weiter und statt der identischen Geldstücke durfte auch die gleiche Summe Geldes, d.h. Münzen des gleichen Nennwerts, geleistet werden. Der Vorteil dieses *depositum irregulare* für den Bankier war, dass er während der Verwahrdauer der abstrakten Geldsumme Nutzen aus dieser ziehen konnte, indem er sie beispielsweise darlehensweise an seine anderen Kunden ausreichte. Im Gegenzug musste der Deponent nicht mehr ein Verwahrentgelt zahlen, sondern erhielt für diese Nutzbarkeit einen finanziellen Ausgleich: die Zinsen. Dieses neuartige Verfahren wurde in der Mitte des 13. Jahrhunderts insbesondere in Italien üblich,[152] wurde viele Jahrhunderte zuvor aber auch schon in Rom praktiziert.[153]

c) Aufkommen des Überweisungsverkehrs

Mit dem Entstehen des Girogeschäfts Mitte des 13. Jahrhunderts wurden die Grundlagen zugleich für die Verbreitung der Überweisung gelegt. Zunächst konnten Kunden zugunsten eines Dritten lediglich Einzahlungen auf deren

[148] *Denzel*, Das System des bargeldlosen Zahlungsverkehrs europäischer Prägung vom Mittelalter bis 1914 (2008), S. 176 ff.

[149] *Denzel*, Das System des bargeldlosen Zahlungsverkehrs europäischer Prägung vom Mittelalter bis 1914 (2008), S. 75 ff., 315 ff.

[150] *Klein*, in: *Ashauer/Born/Engels/Klein*, *et al.* (Hrsg.), Deutsche Bankengeschichte (1982), S. 35 f. m.w.N.

[151] *Klein*, in: *Ashauer/Born/Engels/Klein*, *et al.* (Hrsg.), Deutsche Bankengeschichte (1982), S. 35.

[152] *Klein*, in: *Ashauer/Born/Engels/Klein*, *et al.* (Hrsg.), Deutsche Bankengeschichte (1982), S. 35.

[153] *Adams*, SDHI 28 (1962) 360, 361 f., 364 ff. m.w.N.

Konto bei einer Bank vornehmen lassen.[154] In Fortentwicklung hierzu wurde die institutsinterne Überweisung[155] praktiziert, die allerdings aus Gründen der Betrugsprävention ein persönliches Erscheinen des Überweisenden bei seiner Bank erforderte.[156] Erst etwa ein Jahrhundert nach Entstehen der Überweisung konnte diese auch schriftlich getätigt werden.[157] Um diese Zeit sprengte die Überweisung in Oberitalien und den Niederlanden auch den engen Rahmen nur einer einzigen involvierten Bank.[158] Mit dem Aufbau von Verrechnungskonten zwischen den Geldwechslern von Brügge waren die technischen Voraussetzungen für institutsübergreifende Überweisungen geschaffen, bei denen Zahler und Empfänger nicht Kunde bei derselben Bank sein müssen.

2. Ausbreitung des Wechsels als Zahlungsmittel

Noch bevor sich der Giroverkehr in Deutschland und Europa durchsetzen konnte, gelangte schon im 12. Jahrhundert der Wechsel in seiner heutigen Form in Italien zur Entstehung.[159] Erst im 14. Jahrhundert breitete er sich, ausgehend von den Messestädten, auch in Deutschland aus.[160] Der Wechsel als Zahlungsversprechen in Urkundenform ersetzte das Bargeld bei Reisen in fremde Städte.[161] Vorausgesetzt war eine Geschäftsbeziehung zwischen den Bankiers an beiden Orten, damit eine Verrechnung zwischen diesen erfolgen konnte. Der Wechselaussteller musste nicht in Person verreisen, sondern konnte zu der Einlösung auch einen Dritten ermächtigen. Über diese Erweiterung in persönlicher Hinsicht hinaus ging sodann die freie Übertragbarkeit des Wechsels. War ursprünglich die Übertragung des Wechsels noch unüblich, so bewirkte die Herausbildung des Indossaments eine erhebliche Erweiterung des Einsatzgebiets.[162] Ein solcher verkehrsfähiger Wechsel vermochte effektiv Zahlungsfunktionen wahrnehmen.

---

154 *Klein*, in: *Ashauer/Born/Engels/Klein, et al.* (Hrsg.), Deutsche Bankengeschichte (1982), S. 35 f.

155 Vgl. zum Begriff *Omlor*, in: Staudinger, BGB (2012), Vorbem 75 zu §§ 675c-676c.

156 *Klein*, in: *Ashauer/Born/Engels/Klein, et al.* (Hrsg.), Deutsche Bankengeschichte (1982), S. 36; *Parker*, Die Entstehung des modernen Geld- und Finanzwesens in Europa, in: *Cipolla/Borchardt* (Hrsg.), Europäische Wirtschaftsgeschichte (1983), S. 344.

157 *Klein*, in: *Ashauer/Born/Engels/Klein, et al.* (Hrsg.), Deutsche Bankengeschichte (1982), S. 36.

158 *Klein*, in: *Ashauer/Born/Engels/Klein, et al.* (Hrsg.), Deutsche Bankengeschichte (1982), S. 36.

159 *Zerres*, Die Wechselplätze (1977), S. 28 m.w.N.

160 Vgl. zu den einzelnen deutschen Wechselplätzen ausführlich *Zerres*, Die Wechselplätze (1977), S. 44 ff.

161 *Zerres*, Die Wechselplätze (1977), S. 30.

162 *Zerres*, Die Wechselplätze (1977), S. 32 ff.

3. Städtisches Bankwesen

Seit Beginn des 15. Jahrhunderts kam es in Europa zur Gründung von städtischen Giro- und Wechselbanken.[163] Im Jahre 1401 wurde in Barcelona die „*Taula de cambi*" gegründet, die als weltweit erste öffentliche Bank gilt.[164] 1408 folgte die Gründung der „*Casa di San Giorgio*" in Genua.[165]

a) Amsterdamer Wechselbank

Die erste Bank, die sich ausschließlich dem bargeldlosen Zahlungsverkehr widmete, war hingegen die Amsterdamer Wechselbank („*Amsterdamsche Wisselbank*").[166] Als ihr Vorbild fungierte die venezianische „*Banco (della Piazza) di Rialto*", die 1587 gegründet worden war.[167] Sie selbst entwickelte sich zur Vorläuferin der späteren niederländischen Zentralbank.[168] Eigentlicher Gründungszweck der Amsterdamer Bank war es allerdings gewesen, der chaotischen Vielfalt unterschiedlicher Münzsorten Herr zu werden und eine Alternative zu den bei dem Stadtmagistrat in Verruf gekommenen privaten Wechslern zu schaffen.[169] Nun aber entwickelte sich ein lebhafter kostenloser Giroverkehr zwischen den bis zu 2 900 Kontoinhabern.[170] Der Kunde erhielt bei Einzahlung von Münzen einen Buchkredit in entsprechender Höhe, über den er zugunsten von Dritten verfügen konnte. Diese Überweisung wurde schriftlich durch den Kontoinhaber selbst oder einen Bevollmächtigten bei der Amsterdamer Wechselbank eingereicht.[171] Das bei der Amsterdamer Wechselbank geführte Buchgeld erhielt schließlich auch öffentlich-rechtliche Weihen, indem die Münzordnung von 1659 ausdrücklich zwischen Gulden Banco und Kurantgulden unter-

---

163 Vgl. ausführlich *Klein*, in: *Ashauer/Born/Engels/Klein, et al.* (Hrsg.), Deutsche Bankengeschichte (1982), S. 156 ff.

164 *Klein*, in: *Ashauer/Born/Engels/Klein, et al.* (Hrsg.), Deutsche Bankengeschichte (1982), S. 156 f. m.w.N.

165 *Klein*, in: *Ashauer/Born/Engels/Klein, et al.* (Hrsg.), Deutsche Bankengeschichte (1982), S. 158; vgl. ausführlich *Sieveking*, in: *van Dillen* (Hrsg.), History of the Principal Public Banks (1964), S. 15, 20 ff.

166 *Klein*, in: *Ashauer/Born/Engels/Klein, et al.* (Hrsg.), Deutsche Bankengeschichte (1982), S. 165; vgl. weiterführend *van Dillen*, in: *ders.* (Hrsg.), History of the Principal Public Banks (1964), S. 79 ff.

167 *Harlandt*, Die Evolution des Geldes (1989), S. 95. Vgl. allgemein zur Banco della Piazza di Rialto *Houtman-De Smedt/van der Wee*, in: *Pohl* (Hrsg.), Europäische Bankengeschichte (1993), S. 93 ff.

168 *Siemers*, Struktur ausländischer Bankensysteme (1981), S. 20.

169 *Maier*, Das Geld und sein Gebrauch (1913), S. 16 f.; *Andreae*, Geld und Geldschöpfung (1953), S. 33; *Houtman-De Smedt/van der Wee*, in: *Pohl* (Hrsg.), Europäische Bankengeschichte (1993), S. 128 ff.

170 *Houtman-De Smedt/van der Wee*, in: *Pohl* (Hrsg.), Europäische Bankengeschichte (1993), S. 131.

171 *Klein*, in: *Ashauer/Born/Engels/Klein, et al.* (Hrsg.), Deutsche Bankengeschichte (1982), S. 165.

schied.[172] Ab dem 18. Jahrhundert schwand die Bedeutung der Amsterdamer Wechselbank, auch weil sie durch eine umfangreiche Kreditvergabe an die Stadt Amsterdam und die Vereinigte Ostindische Compagnie das Vertrauen der Kunden verloren hatte; im Jahre 1819 wurde sie schließlich geschlossen.[173]

b) Hamburgische Bank

Paradigmatisches Beispiel für eine Bankgründung der frühen Neuzeit und vor allem den Aufbau eines eigenständigen bargeldlosen Zahlungssystems in Deutschland ist die Hamburger Girobank.[174] Hamburg war im 17. und 18. Jahrhundert neben Amsterdam einer der führenden Finanzplätze Europas.[175] Nach dem Vorbild der Amsterdamer Wechselbank eröffnete die Stadt Hamburg am 2. 3. 1619 eine eigene Bank, um das Zahlungswesen in Hamburg angesichts einer Münzverwirrung leichter handhabbar zu gestalten. Die Hamburgische Bank wies zwei Geschäftszweige auf: die Hamburger Girobank und die Hamburger Lehnbank, welche einige Monate nach der Girobank eröffnet wurde. Zähleinheit für das Buchgeld der Hamburger Girobank war die Mark Banco,[176] die später zum Namensgeber für die Reichsmark und im Anschluss für die Deutsche Mark geworden ist.

Praktisch vollzog sich der Giroverkehr bei der Hamburger Girobank auf folgende Weise:[177] Als Kunde zahlte man physisches Silber oder Gold bei der Bank ein. Durch Umschreibung in ihren Büchern verrechnete sodann die Bank die einzelnen Zu- und Abgänge.[178] Die Mark Banco wurde nicht ausgeprägt, sondern entsprach einer bestimmten Menge Edelmetall und diente als Rechnungseinheit für rein buchmäßige Transaktionen. Die Hamburger Girobank war in hohem Maße im bargeldlosen Zahlungsverkehr engagiert, was sich an Daten für die Jahre 1751 und 1752 ablesen lässt. Waren 1752 rund drei Millionen Taler an Münzgeld in Hamburg in Umlauf, so betrug zu dieser Zeit der Umsatz der Bank

---

172 *Klein*, in: *Ashauer/Born/Engels/Klein, et al.* (Hrsg.), Deutsche Bankengeschichte (1982), S. 165.

173 *Siemers*, Struktur ausländischer Bankensysteme (1981), S. 20; *Houtman-De Smedt/van der Wee*, in: *Pohl* (Hrsg.), Europäische Bankengeschichte (1993), S. 134.

174 Vgl. allgemein *Büsch*, Ein Wort zu seiner Zeit über die Hamburgische Bank (1790); *Sieveking*, Zeitschrift des Vereins für Hamburgische Geschichte 23 (1919) 52 ff.; *ders.*, Die Hamburger Bank 1619–1875, in: Festschrift für Werner von Melle (1933), S. 21 ff.; *ders.*, in: *van Dillen* (Hrsg.), History of the Principal Public Banks (1964), S. 125.

175 *Denzel*, Das System des bargeldlosen Zahlungsverkehrs europäischer Prägung vom Mittelalter bis 1914 (2008), S. 206.

176 *Maier*, Das Geld und sein Gebrauch (1913), S. 18; *Andreae*, Geld und Geldschöpfung (1953), S. 33; *Achterberg*, Kleine Hamburger Bankgeschichte (1964), S. 23; *Sprenger*, Währungswesen und Währungspolitik in Deutschland von 1834 bis 1875 (1981), S. 29; *Harlandt*, Die Evolution des Geldes (1989), S. 96.

177 *Zerres*, Die Wechselplätze (1977), S. 21.

178 Vgl. das „Überweisungsformular" bei *Sieveking*, in: *van Dillen* (Hrsg.), History of the Principal Public Banks (1964), S. 125, 142.

182 Millionen Mark.[179] Die Umsätze wurden im quantitativ dominierenden Teil durch den Transfer von Buchgeld vollzogen. Die Abhebung von Bargeld hingegen bereitete der Bank im 17. und 18. Jahrhundert immer wieder Schwierigkeiten, die zu kurzzeitigen Aussetzungen der Barauszahlung führten.[180] Die Hamburgische Bank wurde 1875 geschlossen[181] und im Zuge der Währungsreformen nach Gründung des Deutschen Reiches in die Reichsbank integriert.[182]

4. Giroverkehr der Reichsbank

Seit Inkrafttreten des Bankgesetzes von 1875[183] engagierte sich auch die Reichsbank im Bereich des bargeldlosen Zahlungsverkehrs. Unscheinbar heißt es in dessen § 13:

> „Die Reichsbank ist befugt, folgende Geschäfte zu betreiben: ... 5. ... nach vorheriger Deckung Zahlungen zu leisten und Anweisungen oder Überweisungen auf ihre Zweiganstalten oder Korrespondenten auszustellen; 7. verzinsliche und unverzinsliche Gelder ... im Giroverkehr anzunehmen".

Auf dieser Rechtsgrundlage hatte sich der Giroverkehr zu einem der bedeutsamsten Geschäftszweige der Reichsbank entwickelt.[184] Ein solches Girokonto bei der Reichsbank übernahm bereits eine Vielzahl der Funktionen, die auch modernen Girokonten zueigen sind, auch wenn insbesondere die technische Abwicklung noch wenig fortgeschritten war.[185] Dem Konto wurden Bareinzahlungen und von der Reichsbank diskontierte Schecks und Wechsel ebenso gutgeschrieben wie eingehende Überweisungen Dritter. Zulasten des Kontos konnten ausgehende Überweisungen und Barabhebungen getätigt sowie Schecks ausgestellt werden. Die Verbreitung dieser Girokonten wurde noch dadurch behindert, dass die Reichsbank bestimmte, von Kunde zu Kunde unterschiedliche Mindestguthaben vorschrieb.[186] Diese erreichten eine solche Höhe, dass Reichsbankkonten nur für Banken und größere Unternehmen in Betracht kamen.[187]

---

[179] *Klein*, in: *Ashauer/Born/Engels/Klein*, *et al.* (Hrsg.), Deutsche Bankengeschichte (1982), S. 173.

[180] *Achterberg*, Kleine Hamburger Bankgeschichte (1964), S. 18 f.; *Klein*, in: *Ashauer/Born/Engels/Klein*, *et al.* (Hrsg.), Deutsche Bankengeschichte (1982), S. 173 ff.

[181] *H. Pohl*, in: *Ashauer/Born/Engels/Klein*, *et al.* (Hrsg.), Deutsche Bankengeschichte II (1982), S. 17.

[182] *Achterberg*, Kleine Hamburger Bankgeschichte (1964), S. 17; *Münch*, Das Giralgeld in der Rechtsordnung der Bundesrepublik Deutschland (1990), S. 33; vgl. zur Gründung der Reichsbank *Eckhard*, Banken und Versicherungen im 19. und 20. Jahrhundert (1998), S. 16 ff.

[183] RGBl. 1975 S. 177.

[184] *Hultman*, Die Centralnotenbanken Europas (1912), S. 54.

[185] Vgl. im Einzelnen *Hultman*, Die Centralnotenbanken Europas (1912), S. 54 f.

[186] *Hultman*, Die Centralnotenbanken Europas (1912), S. 54.

[187] *Maier*, Das Geld und sein Gebrauch (1913), S. 50; *Hahn*, Die Postbank (1978), S. 58.

5. Postbank: Vom „Brief mit Bareinzahlung“ zum Postscheck

Die lokalen bis regionalen Abrechnungssysteme der städtischen Banken bis zur Mitte des 19. Jahrhunderts sowie der Giroverkehr der Reichsbank ab 1875 wurden den Bedürfnissen des interregionalen Zahlungsverkehrs nicht gerecht. Privatkunden vermochten zudem wegen der hohen Mindestsummen kein Konto bei der Reichsbank zu erlangen. In diese Dienstleistungslücke sprang die Post ein, die traditionell Transportaufgaben wahrnahm, bislang jedoch nicht im Bereich des Geldtransfers. In Preußen begann die Post schon 1848 damit, über den „Brief mit Bareinzahlung“ eine effizientere Form der Bargeldzahlung anzubieten.[188] Bei seinem örtlichen Postamt zahlte der Schuldner den zu transferierenden Betrag ein und legte einen an den Gläubiger adressierten Briefumschlag bei. Diesem wurde sodann eine sog. „Assignation“ von der Post zugestellt, gegen deren Vorlage die Bargeldauszahlung erfolgte. Hieraus entwickelte sich die Postanweisung, die sich bis 1865 in allen deutschen Staaten durchsetzte.[189] Die Postanweisung wurde zu günstigen Konditionen angeboten, so dass der Bargeldbrief zurückgedrängt und damit auch der Bargeldumlauf verringert wurde.[190] Erst 1871 trat mit dem später „Postauftragsdienst“ genannten Zahlungsverfahren eine Form des Geldtransfers hinzu, die nicht vom Schuldner, sondern vom Gläubiger eingeleitet wurde.[191] Die strukturelle Nähe zur heutigen Lastschrift zeigt sich auch daran, dass der „Postauftragsdienst“ bei seiner Einführung anfänglich als „Postmandat“ bezeichnet wurde.

Eine Ausweitung des Girowesens über den räumlich beschränkten Tätigkeitsbereich der städtischen Banken der Frühneuzeit sowie der ersten Privatbanken und Sparkassen erfolgte in Deutschland erst mit der Begründung des Postscheckdienstes. Die Post gilt daher als „Wegbereiter des bargeldlosen Zahlungsverkehrs“[192] in Deutschland. Der bargeldlose Zahlungsverkehr sollte flächendeckend und für weite Kreise der Bevölkerung zugänglich werden.[193] Hierzu formulierte die nach langen rechtspolitischen Diskussionen[194]

---

[188] *Schwarz*, Der Postanweisungs- und Postscheckdienst in der deutschen Postgeschichte (1937), S. 5 ff.; *Hahn*, Die Postbank (1978), S. 47.

[189] *Krämer*, Jahrbücher für Nationalökonomie und Statistik 33 (1907) 209, S. 209 f.; *Hahn*, Die Postbank (1978), S. 47.

[190] *Krämer*, Jahrbücher für Nationalökonomie und Statistik 33 (1907) 209, 213; Statistik bei *Schwarz*, Der Postanweisungs- und Postscheckdienst in der deutschen Postgeschichte (1937), S. 32.

[191] *Krämer*, Jahrbücher für Nationalökonomie und Statistik 33 (1907) 209, S. 216; *Hahn*, Die Postbank (1978), S. 48 f.

[192] *Zerres*, Die Wechselplätze (1977), S. 24.

[193] *Reichspostministerium* (Hrsg.), Denkschrift aus Anlaß des zehnjährigen Bestehens des Postscheckverkehrs 1909–1919 (1919), S. 11; *Willwater*, Postscheck und Scheckgesetz (1978), S. 3.

[194] Vgl. hierzu *Wollenzien*, Der Postscheck im Deutschen Reiche, in Österreich und in der Schweiz (1917), S. 6 ff.; *Willwater*, Postscheck und Scheckgesetz (1978), S. 3 f.

am 6.11.1908 vom Reichskanzler nach Ermächtigung durch den Reichstag[195] erlassene Postscheckordnung[196] in ihrem § 1:

> „Zur Teilnahme am Post-Überweisungs- und Scheckverkehre wird jede Privatperson, Handelsfirma, öffentliche Behörde, juristische Person oder sonstige Vereinigung oder Anstalt auf Antrag zugelassen."[197]

Auf der Grundlage von § 4 des Postscheckgesetzes von 1914 konnte über das Kontoguthaben sowohl durch Scheckzahlung als auch Überweisung verfügt werden. Erforderlich war dabei eine Mindeststammeinlage von 50 Mark.[198] Damit gelang dem bargeldlosen Zahlungsverkehr endgültig und dauerhaft der Durchbruch, nachdem es schon seit 1848 in Preußen Vorformen des späteren Postscheckwesens gegeben hatte.[199] Die für den Postscheck verwendeten Scheckarten waren der Namensscheck als Rektascheck und der Kassenscheck als Inhaberscheck.[200] Mit der Förderung des bargeldlosen Zahlungsverkehrs war schon vor Beginn des Ersten Weltkriegs der Gedanke verbunden, auf diese Weise den Notenumlauf und zugleich die Inflation gering zu halten.[201] Das Postschecksystem wurde nach seinem Zusammenbruch während des Zweiten Weltkriegs ab den Jahren 1945 bis 1947 wieder weitergeführt, über die Jahrzehnte technisch fortentwickelt[202] und 1984 in Postgirosystem umbenannt.[203]

6. Evolution des Bankwesens 1848–1948

Die Einführung des für seine Zeit fortschrittlichen Postschecksystems wurde vorbereitet und begleitet von tiefgreifenden Umwälzungen des Wirtschaftslebens in Deutschland. Ab etwa Mitte des 19. Jahrhunderts entwickelte sich in Deutschland eine diversifizierte Bankenlandschaft aus dem durch die industrielle Prosperität gestiegenen Kreditbedarf.[204] Diesen konnten einzelne Pri-

---

195 § 2 des Gesetzes betreffend die Feststellung eines zweiten Nachtrags zum Reichshaushaltsetat für das Rechnungsjahr 1908 vom 18.5.1908 (RGBl. 197).

196 RGBl. S. 587.

197 Ähnlich § 1 Postscheckgesetz vom 26.3.1914, RGBl. S. 85; abgedruckt in *Reichspostministerium* (Hrsg.), Denkschrift aus Anlaß des zehnjährigen Bestehens des Postscheckverkehrs 1909–1919 (1919), S. 18 ff.

198 Vgl. zu den Nutzungsmodalitäten im Einzelnen *Reichspostministerium* (Hrsg.), Denkschrift aus Anlaß des zehnjährigen Bestehens des Postscheckverkehrs 1909–1919 (1919), S. 6 ff.; *Schwarz*, Der Postanweisungs- und Postscheckdienst in der deutschen Postgeschichte (1937), S. 215 ff.

199 *Kirchhof*, Tätigkeitsfelder der Deutschen Bundespost POSTBANK (1990), S. 14 f.

200 *Wollenzien*, Der Postscheck im Deutschen Reiche, in Österreich und in der Schweiz (1917), S. 16.

201 *Pfleiderer*, in: *Deutsche Bundesbank* (Hrsg.), Währung und Wirtschaft in Deutschland 1876–1975 (1976), S. 156, 165.

202 *Willwater*, Postscheck und Scheckgesetz (1978), S. 6 ff.

203 *Kirchhof*, Tätigkeitsfelder der Deutschen Bundespost POSTBANK (1990), S. 15 f.

204 *H. Pohl*, in: *ders.* (Hrsg.), Europäische Bankengeschichte (1993), S. 263; vgl. auch *Hen-*

vatbankiers nicht mehr abdecken, da ihnen das Verlustrisiko in eigener Person untragbar schien. Seit 1848 kam es daher zur Gründung von Aktienbanken in Deutschland.[205] 1870 wurden die Commerz- und Disconto-Bank und die Deutsche Bank gegründet, 1872 folgte die Dresdner Bank.[206] Die Errichtung eines Vorschußvereins für Handwerker durch Hermann Schulze-Delitzsch im Jahre 1850 und zuvor schon die Entstehung des „Flammersfelder Hülfsvereins" für Landwirte durch Friedrich Wilhelm Raiffeisen im Jahre 1849 markierten den Startpunkt für die rasante Entwicklung der Genossenschaftsbanken.[207] Weiter zurück reicht die Gründung der „Allgemeinen Versorgungsanstalt" in Hamburg 1778 als erster Sparkasse.[208] In einer ersten Gründungswelle zwischen 1840 und 1860 wurden etwa 800 Sparkassen eröffnet.[209] Ihre Struktur entwickelte sich aber Ende des 19. und zu Beginn des 20. Jahrhunderts erheblich weiter, indem das Sparkassenwesen erstmals eine gesetzliche Regelung erfuhr – ihr Fehlen wurde lange Zeit bemängelt[210] – und sich die ersten Sparkassenverbände bildeten.[211] 1921 stiegen die Sparkassen zu Universalbanken auf, denen alle Bankgeschäfte offen standen.[212] Für die Genese des bargeldlosen Zahlungsverkehrs stellten diese Entwicklungslinien deutscher und europäischer Bankengeschichte ebenfalls Meilensteine dar; der Zustand des Bankwesens und die Fortentwicklung des Zahlungsverkehrs stehen in einer notwendigen Wechselbeziehung.

Einzubeziehen in diese Epoche der europäischen Bankengeschichte ist zudem das Aufkommen und die Etablierung von sog. Universalbanken. Trotz einer gewissen Unschärfe in der Terminologie[213] ist das „Universelle" eines solchen Instituts auf das Leistungsspektrum bezogen. Anhaltspunkte für die Breite der Tätigkeiten lassen sich in der aufsichtsrechtlichen Legaldefinitionen des Bankgeschäfts in § 1 Abs. 1 Satz 2 KWG sowie der Zahlungsdienste in § 1

ning und *Treue*, in: *Coing/Wilhelm* (Hrsg.), Wissenschaft und Kodifikation des Privatrechts im 19. Jahrhundert, Band V (1980), S. 55 ff., 94 ff.

205 *H. Pohl*, in: *ders.* (Hrsg.), Europäische Bankengeschichte (1993), S. 268; *Eckhard*, Banken und Versicherungen im 19. und 20. Jahrhundert (1998), S. 3.

206 *M. Pohl*, in: *Ashauer/Born/Engels/Klein, et al.* (Hrsg.), Deutsche Bankengeschichte II (1982), S. 264 ff.; *H. Pohl*, in: *ders.* (Hrsg.), Europäische Bankengeschichte (1993), S. 265 f.; *Eckhard*, Banken und Versicherungen im 19. und 20. Jahrhundert (1998), S. 10 f.

207 *H. Pohl*, in: *ders.* (Hrsg.), Europäische Bankengeschichte (1993), S. 270 f.

208 *H. Pohl*, in: *ders.* (Hrsg.), Europäische Bankengeschichte (1993), S. 211; *Eckhard*, Banken und Versicherungen im 19. und 20. Jahrhundert (1998), S. 3.

209 *H. Pohl*, in: *Ashauer/Born/Engels/Klein, et al.* (Hrsg.), Deutsche Bankengeschichte II (1982), S. 98 f.

210 *Krämer*, Jahrbücher für Nationalökonomie und Statistik 33 (1907) 209, 223.

211 *H. Pohl*, in: *ders.* (Hrsg.), Europäische Bankengeschichte (1993), S. 271 f.; vgl. *M. Pohl*, in: *Ashauer/Born/Engels/Klein, et al.* (Hrsg.), Deutsche Bankengeschichte II (1982), S. 331 ff.

212 *Born*, in: *Ashauer/Aschhoff/Born/Engels, et al.* (Hrsg.), Deutsche Bankengeschichte III (1983), S. 90.

213 Vgl. dazu *Büschgen*, in: *Ashauer/Aschhoff/Born/Engels, et al.* (Hrsg.), Deutsche Bankengeschichte III (1983), S. 352.

Abs. 2 ZAG finden. Klassischerweise engagieren sich Universalbanken insbesondere im Einlagen-, Kredit-, Wertpapier-, Depot-, Emissions- und Zahlungsdienstegeschäft.[214] Seine Anfänge hat das Universalbankwesen in der ersten Hälfte des 19. Jahrhunderts in Frankreich und Belgien genommen.[215] Die Zulassung von Universalbanken ist Gegenstand einer seit Ende des 19. Jahrhunderts mit unterschiedlicher Intensität andauernden Debatte, welche sich um die Effizienz und Wettbewerbsfähigkeit sowie generell um volkswirtschaftliche Vor- und Nachteile im Vergleich zu Spezialbanken dreht.[216] Dessen ungeachtet besteht das Universalbankensystem *de iure* und *de facto* in Deutschland unverändert fort. Es bildet den institutionellen Rahmen des bargeldlosen Zahlungsverkehrs.

7. Automatisierung und Vereinheitlichung des Zahlungsverkehrs seit 1949

a) Von der Scheck- zur Eurocheque-Karte

Der europäische Einigungsprozess, der 1951 mit der Gründung der Montanunion institutionell begann, hat die Entwicklung des bargeldlosen Zahlungsverkehrs in Europa maßgeblich beeinflusst. In den Anfangszeiten des europäischen Projekts gingen solche Impulse allein von der Banken aus. Von 1969 an emittierten die deutschen Banken die sog. Scheckkarten, deren Vorlage eine höhenmäßig beschränkte Einlösungsgarantie der ausgebenden Bank auslöste.[217] Ab dem Folgejahr konnte die Scheckkarte, die sodann folgerichtig Eurocheque-Karte hieß, auch in anderen europäischen Ländern eingesetzt werden. Der Erfolg des Eurocheque-Systems war außergewöhnlich. Schon 1988 zählte es 42 Millionen Karteninhaber in 19 europäischen Staaten, die ihre Eurocheques bei 220.000 Bankzweigstellen und fünf Millionen sonstigen Annahmestellen einlösen konnten.[218] Der geographische Schwerpunkt des Eurocheque-Systems lag dennoch weiterhin in Deutschland. Um auch den Zahlungsgewohnheiten in den anderen europäischen Staaten gerecht werden zu können, wurde die Eurocheque-Karte 1977 durch eine Kreditkarte – die Eurocard – ergänzt,[219] die in das Mastercard-Kreditkartensystem eingegliedert wurde. Mit Auslaufen der Ein-

---

[214] *Rümker/Winterfeld*, in: *Schimansky/Bunte/Lwowski* (Hrsg.), Bankrechts-Handbuch (4. Auflage 2011), § 124 Rn. 80.

[215] *Büschgen*, in: *Ashauer/Aschhoff/Born/Engels, et al.* (Hrsg.), Deutsche Bankengeschichte III (1983), S. 352 f.

[216] Überblick bei *Büschgen*, Universalbanken oder spezialisierte Banken als Ordnungsalternativen für das Bankgewerbe der Bundesrepublik Deutschland unter besonderer Berücksichtigung der Sammlung und Verwendung von Kapital (1970), S. 44 ff.; *ders.*, in: *Ashauer/Aschhoff/Born/Engels, et al.* (Hrsg.), Deutsche Bankengeschichte III (1983), S. 354 ff.

[217] *Büschgen*, in: *Pohl* (Hrsg.), Europäische Bankengeschichte (1993), S. 476.

[218] *Büschgen*, in: *Pohl* (Hrsg.), Europäische Bankengeschichte (1993), S. 477.

[219] *Büschgen*, in: *Pohl* (Hrsg.), Europäische Bankengeschichte (1993), S. 477.

lösungszusage in Höhe von zuletzt 400 DM endete zum 31.12.2001 auch das Zeitalter der Eurocheque-Verfahrens.[220]

b) Gründung der SWIFT

Sowohl der Internationalisierung als auch der technisch bedingten Effizienzsteigerung des bargeldlosen Zahlungsverkehrs diente die Gründung der *Society for Worldwide Interbank Telecommunication* – kurz: SWIFT – im Jahre 1973. Diese Organisation in der Rechtsform einer Genossenschaft nach belgischem Recht sollte ein Datenfernübertragungssystem zwischen Banken errichten und betreiben.[221] Das anfänglich auf Europa und Nordamerika beschränkte System wurde innerhalb weniger Jahre auf Japan und Südamerika ausgedehnt und letztlich zum globalen Netz erhoben.[222] Mittlerweile dominiert SWIFT den grenzüberschreitenden Überweisungsverkehr. Die Dienstleistung, die SWIFT erbringt, besteht in der strikt standardisierten Übermittlung von Zahlungsdaten mit eigenen Kürzeln und Kontrollverfahren.[223] Beispielsweise registriert SWIFT weltweit die Identifizierungscodes für Konten (*International Bank Account Number*, IBAN) und Banken (*Bank Indentifier Code*, BIC).[224]

c) Der einheitliche Euro-Zahlungsverkehrsraum

Die chronologisch bislang letzte Initiative zur Europäisierung und Automatisierung des bargeldlosen Zahlungsverkehrs ist das von politischer Seite angeregte und im Zusammenspiel mit der Bankwirtschaft umgesetzte Projekt eines einheitlichen Euro-Zahlungsverkehrsraums (*Single Euro Payments Area*, SEPA). [225] Dabei handelt es sich um eine private Initiative der europäischen Kreditwirtschaft, die von politischer Seite durch die sog. Lissabon-Agenda der Europäischen Union angestoßen wurde. Die 31 Teilnehmerländer – damit mehr als die zum Startzeitpunkt 27 Mitgliedstaaten der Europäischen Union – sollten einen einheitlichen Rechtsrahmen für den bargeldlosen Zahlungsverkehr erhalten. Ein zentrales gesetzliches Instrument des SEPA-Prozesses ist die EU-Zahlungsdiensterichtlinie aus dem Jahr 2007[226], die das materielle Privatrecht des bargeldlosen Zahlungsverkehrs in den EU-Mitgliedstaaten weitge-

---

220 Vgl. *Omlor*, in: Staudinger, BGB (2012), § 675f Rn. 23.

221 *Büschgen*, in: *Pohl* (Hrsg.), Europäische Bankengeschichte (1993), S. 478.

222 *Büschgen*, in: *Pohl* (Hrsg.), Europäische Bankengeschichte (1993), S. 478.

223 *Hadding/Häuser/Haug*, in: *Schimansky/Bunte/Lwowski* (Hrsg.), Bankrechts-Handbuch (4. Auflage 2011), § 51a Rn. 19 f.

224 *Omlor*, in: Staudinger, BGB (2012), § 675r Rn. 4.

225 Vgl. zum Folgenden *Bernett/Haug*, in: *Schimansky/Bunte/Lwowski* (Hrsg.), Bankrechts-Handbuch (4. Auflage 2011), § 51 Rn. 31 ff.; *Omlor*, in: Staudinger, BGB (2012), Vorbem 13 zu §§ 675c-676c.

226 Richtlinie 2007/64/EG über Zahlungsdienste im Binnenmarkt vom 13.11.2007, ABl. EU Nr. L 319 S. 1 vom 5.12.2007.

hend vereinheitlicht hat.[227] Ihr Ziel war die Schaffung eines effizienten, modernen Zahlungssystems mit hoher Wettbewerbsfähigkeit und angemessenem Verbraucherschutz.[228] SEPA-Zahlungsinstrumente sind die SEPA-Überweisung (SEPA *Credit Transfer*), die SEPA-Lastschrift (SEPA *Core and Business to Business Direct Debit*), die SEPA-Kartenzahlung (SEPA *for cards*) sowie – daraus entwickelt – weitere Mehrwertdienste, die als „e-SEPA" bezeichnet werden. Koordiniert wird SEPA auf Bankenseite durch das *European Payments Council* (EPC), einem Zusammenschluss der europäischen Kreditwirtschaft in der Rechtsform einer Gesellschaft belgischen Rechts.

8. Statistischer *status quo* des bargeldlosen Zahlungsverkehrs in Deutschland

Der bargeldlose Zahlungsverkehr überwiegt die Nutzung von Bargeld – Münzen und Noten – (nicht nur) in Deutschland signifikant. Nach den statistischen Daten der Deutschen Bundesbank für das Jahr 2012[229] werden jährlich in Deutschland rund 6,2 Milliarden Überweisungen, rund 8,8 Milliarden Lastschriften und rund 3,2 Milliarden Kartenzahlungen getätigt. Mit diesen Transaktionen werden Volumina in Höhe von etwa 57 Billionen Euro bei Überweisungen, etwa 13 Billionen Euro bei Lastschriften und etwa 198 Milliarden Euro bei Zahlungskarten bewegt. Die Gesamtzahl der Zahlungskarten steigt seit Jahren an und belief sich 2012 auf rund 142 Millionen bei einer Bevölkerungszahl von knapp 82 Millionen. Im Vergleich dazu waren im selben Jahr Euro-Banknoten im Gesamtwert von rund 912 Milliarden Euro und Euro-Münzen im Gesamtwert von rund 24 Milliarden Euro in allen Euro-Ländern zusammen im Umlauf.[230] Dieser statistische Blick auf den *status quo* des bargeldhaften und bargeldlosen Zahlungsverkehrs offenbart eine deutlich relativierte Bedeutung des Bargelds und eine sichtbare praktische Dominanz der bargeldlosen Zahlungsmethoden.

B. Leitmotive der Geldgeschichte

Die Geschichte des Geldes ist bei gegenstandsbezogener Betrachtung eine viergliedrige: vom Primitivgeld über das Münzgeld und das Papiergeld zum Buchgeld. Die Entwicklungsstufen sind keineswegs streng chronologisch aneinander

[227] Vgl. zu den Harmonisierungslücken und den Abweichungen in einzelnen EU-Staaten *Omlor*, in: Staudinger, BGB (2012), Vorbem 37 ff. zu §§ 675c-676c.

[228] Vgl. Erwägungsgrund 4 der Richtlinie 2007/64/EG und KOM(2005) 603, S. 2 f.

[229] Vgl. *Deutsche Bundesbank*, Zahlungsverkehrs- und Wertpapierabwicklungsstatistiken in Deutschland 2008–2012 (2013), S. 7 ff., abrufbar unter http://www.bundesbank.de.

[230] *EZB*, Monatliche Statistik zum Umlauf von Banknoten und Münzen, abrufbar unter http://www.ecb.europa.eu/stats/euro/circulation/html/index.en.html.

gereiht, so dass das Aufkommen des Münzgeldes weltweit oder auch nur in einem größeren Gebiet unmittelbar die Nutzung von Primitivgeld beendet hätte. Vielmehr ist ein gleitender und teilweise über Jahrhunderte andauernder Übergang zu beobachten, der – wie im Falle des Münz- und Papiergeldes – auch eine Ergänzung der vorgelagerten Erscheinungsform bedeuten kann. Die bislang letzte Evolutionsstufe nimmt das Buchgeld ein, das seit etwa dem 12. Jahrhundert parallel zum Münzgeld und später auch zum Papiergeld eingesetzt wird.

Aus dieser Skizze der deutschen, europäischen und in Teilen auch weltweiten Geldgeschichte lassen sich Rückschlüsse auf die Entstehungsbedingungen und das Wesen des Geldes ziehen. Wegen der im Wesentlichen historisch-empirischen Grundlage kann allein daraus zwar keine allgemeingültige Definition des Geldes abgeleitet werden; dennoch haben die folgenden Leitlinien der Geldgeschichte in eine solche einzufließen und determinieren zudem maßgeblich die Funktionen des Geldes.

I. Privateigentum

Geld ist unabdingbar mit der Anerkennung von Privateigentum verbunden.[231] In einem sozialen Verbund, in dem keine exklusive Zuordnung einzelner Güter und Gegenstände zu bestimmten Individuen (vgl. § 903 Satz 1 BGB) erfolgt, bedarf es keines Geldes. Ausgehend von der zentralen Funktion des Geldes als Tauschmittel kann es nur Geld geben, sofern ein Tausch von Waren existiert. Tausch wiederum setzt wesensnotwendig voraus, dass beide Beteiligte nicht schon *qua* Sozialordnung ein gemeinschaftliches Zugriffsrecht auf die Sache haben. In einem solchen Fall fehlte es an einem Anlass zum Tausch; der Wunschzustand nach dem Tausch bestünde unabhängig davon schon vor dem Tausch.

Zum Schwur in Sachen Privateigentum und Geld kommt es bereits auf der Entwicklungsstufe des Primitivgeldes bzw. der originären Entstehung von Geld schlechthin. Jegliche Form von Geld, sei es Primitiv-, Münz-, Papier- oder Buchgeld, kann in einer Gesellschaft ohne Privateigentum nicht existieren. Im Falle des gegenständlichen Primitiv-, Münz- und Papiergeldes erhält diese These einen doppelten Bedeutungsgehalt, denn auch das Geld selbst muss einer bestimmten Person exklusiv dinglich zugeordnet werden können, d.h. es muss Eigentum an dem Geldstoff zu erlangen sein. Ist das Geld zur Entstehung gelangt, so ist auch sein weiteres Fortbestehen durch die Existenz des Privateigentums bedingt.

Einschränkend zu beachten ist aus juristischer Sicht, dass die Existenz von Geld nicht notwendigerweise einen hochentwickelten Eigentumsschutz voraussetzt. Das Eigentum wird zwar jenseits des Privatrechts in Deutschland durch

[231] *Helfferich*, Das Geld (6. Auflage 1923), S. 317; *Budge*, Lehre vom Geld (1931), S. 1.

das Grundgesetz[232], die EMRK und das Unionsrecht[233] sowie in rudimentärem Maße auch durch das Völkerrecht[234] geschützt. Eine solche öffentlich-rechtliche Absicherung des Eigentumsrechts kannten die Stammesgemeinschaften der Vor- und Frühzeit augenscheinlich nicht. Auch an den privatrechtlichen Schutz dürfen keine allzu hohen Anforderungen gestellt werden. Jedoch setzt die Anerkennung von Privateigentum ein gewisses Schutzniveau im Verhältnis von Privatrechtssubjekten zueinander voraus, wie es sich grundlegend in einem Herausgabeanspruch des Eigentümers gegen den nicht berechtigten Besitzer zeigt. Erforderlich dürfte die Anerkennung des Eigentums als absolutes Recht sein, wie sie schon im römischen Recht nachweisbar ist.[235]

II. Arbeitsteilung

> „The greatest improvement in the productive powers of labour, and the greater part of the skill, dexterity, and judgment with which it is anywhere directed, or applied, seem to have been the effects of the division of labour."[236]

Dieser berühmte erste Satz des schottischen Ökonomen und Philosophen Adam Smith aus seinem Werk *„An Inquiry into the Nature and Causes of the Wealth of Nations"* kann mit verändertem Blickwinkel auch für die Geldgeschichte fruchtbar gemacht werden. Der Entwicklung des Geldes liegt ein – in der geldrechtlichen Literatur[237] zu Recht immer wieder bemühtes – Entstehungsmodell zugrunde. Die Existenz des Geldes ist danach eng mit der Entstehung der Arbeitsteilung verbunden, auch wenn Arbeitsteilung prinzipiell auch ohne Geld denkbar ist.[238] In einer Gesellschaft, die auf Selbstversorgung jedes Einzelnen setzt und jedes Individuum zum Generalisten seiner Bedürfnisse erklärt, ist Geld im Grunde genommen entbehrlich. Erst der Gütertausch zwischen den Individuen bringt das Bedürfnis nach einem Tauschmittel zur Entstehung. Daraus folgt die elementare Tauschmittelfunktion des Geldes.[239] Ver-

---

232 Zusammenfassend *Papier*, in: *Depenheuer* (Hrsg.), Eigentum (2005), S. 93 ff.

233 Überblick bei *König*, in: *Depenheuer* (Hrsg.), Eigentum (2005), S. 113 ff.

234 Zusammenfassend *Kämmerer*, in: *Depenheuer* (Hrsg.), Eigentum (2005), S. 131 ff.

235 Vgl. *Chiusi*, in: *Eckl/Ludwig* (Hrsg.), Was ist Eigentum? (2005), S. 59, 68.

236 *Smith*, An Inquiry into the Nature and Causes of the Wealth of Nations (1776), S. 7.

237 *Budge*, Lehre vom Geld (1931), S. 1; *Lütge*, Einführung in die Lehre vom Gelde (1948), S. 23 ff.; *Schilcher*, Geldfunktionen und Buchgeldschöpfung (1958), S. 52 f.; *Menger*, in: *Hayek* (Hrsg.), Carl Menger. Gesammelte Werke I (2. Auflage 1968), S. 251; *Sprenger*, Das Geld der Deutschen (3. Auflage 2002), S. 19; *Kratzmann*, ZfgK 2013, 301, 302; wohl auch *von Wieser*, in: *Elster/Weber/von Wieser* (Hrsg.), Handwörterbuch der Staatswissenschaft, Band IV (4. Auflage 1927), S. 681.

238 *Liefmann*, Geld und Gold (1916), S. 35; *Helfferich*, Das Geld (6. Auflage 1923), S. 317; *Gerloff*, Geld und Gesellschaft (1952), S. 172; *Ohler*, JZ 2008, 317; kritisch *Graeber*, Schulden (2011), S. 28 ff.

239 Vgl. im Einzelnen unten, S. 55 ff.

folgt man das Voranschreiten des Geldes von Jahrtausend zu Jahrtausend, von Jahrhundert zu Jahrhundert, so wird offenbar, dass es genau diese Akzessorietät zur Arbeitsteilung ist, die dem Geld als Lebenselixier dient.

Der Geldtheoretiker Friedrich Lütge[240] hat das Zusammenwirken von Arbeitsteilung und Geldentstehung Mitte des 20. Jahrhunderts typisiert in zwei Phasen aufgeteilt, die wiederum in zwei Unterphasen zerfallen. Die erste Entwicklungsstufe ist diejenige der Naturalwirtschaft, die gänzlich ohne Geld auskommt. Dies gilt zuvörderst für die erste Unterstufe der Natural-Eigenwirtschaft, in der sowohl innerhalb eines Stammes als auch zwischen verschiedenen Stämmen kein Tauschverkehr zu beobachten ist. Jedoch auch in der zweiten Unterstufe der Natural-Eigenwirtschaft gelangt kein Geld zur Entstehung. Der Tausch findet unmittelbar und einaktig statt, d.h. ohne Einbeziehung eines „Zwischentauschguts"; getauscht wird Wirtschaftsgut gegen Wirtschaftsgut, also beispielsweise Fisch gegen Fleisch. Daran zeigt sich, dass in dieser Zeitperiode zwar Arbeitsteilung praktiziert, aber dennoch kein Geld verwendet wird.

Erst die zweite Entwicklungsstufe nach der Naturalwirtschaft ändert diesen Ausgangszustand ab; Lütge[241] nennt sie daher Geldwirtschaft. Die Arbeitsteilung ist in der Geldwirtschaft weiter entwickelt als in der Naturalwirtschaft. Hintergrund dieses entscheidenden Systemwechsels ist die erhebliche Vereinfachung des Tauschverkehrs durch die Einbeziehung von Geld, auch wenn es sich zunächst um Primitivgeld handelt. Die Herausforderung des Tausches in einer Naturalwirtschaft liegt darin, stets einen Tauschpartner zu finden, der exakt das erwünschte Gut besitzt und an genau dem zu veräußernden Gut selbst Interesse besitzt.[242] Zudem müssen die Tauschpartner beide Güter als gleichwertig einstufen, um den Handel abzuschließen. Die praktische Komplexität wird noch gesteigert, sofern eine dritte Person einzubeziehen ist. Dies lässt sich an einem Beispiel veranschaulichen: A ist Eigentümer von Fisch, B Eigentümer von Fleisch und C Eigentümer von Holz. A benötigt Fleisch, B hingegen hat kein Interesse an Fisch, sondern an Holz. C wiederum möchte sein Holz nicht gegen Fleisch eintauschen, sondern nur gegen Fisch. Auf diese Problemlagen reagiert die Waren-Geldwirtschaft als nach Lütge erste Unterform der Geldwirtschaft, indem sie bestimmten Gütern „neben ihrem Gutcharakter auch Geldcharakter"[243] zuweist. Als „Zwischentauschgut" – und damit als Geld – könnte in obigem Fall von A, B und C beispielsweise eine bestimmte Menge Tabak Verwendung finden. In der Folge müssten stets nur zwei Personen unmittelbar miteinander in Kontakt treten, um alle Tauschbedürfnisse zu befriedigen.

---

240 *Lütge*, Einführung in die Lehre vom Gelde (1948), S. 23 ff.

241 *Lütge*, Einführung in die Lehre vom Gelde (1948), S. 23.

242 Vgl. *von Wieser, in: Elster/Weber/von Wieser* (Hrsg.), Handwörterbuch der Staatswissenschaft, Band IV (4. Auflage 1927), S. 681.

243 *Lütge*, Einführung in die Lehre vom Gelde (1948), S. 24.

Der Übergang zur zweiten und finalen Unterstufe, der reinen Geldwirtschaft, wird schließlich von Zweckmäßigkeitserwägungen ausgelöst, die an den Eigenschaften des bisherigen Warengeldes ansetzen. Der Geldstoff muss leicht in kleine Einheiten teilbar sein, ohne dabei zerstört zu werden. Sein Gewicht, seine Größe und Form dürfen einem Transport nicht im Wege stehen. Widerstandsfähig und haltbar sollte das Material sein, um Abnutzungserscheinungen gering zu halten. Tabak oder Kaurimuscheln sind hierfür geeigneter als lebende Tiere oder Sklaven. Übertroffen werden sie hingegen von Edelmetallen, die aus diesem Grund das Primitivgeld mit der Zeit ablösten.

Die Bedeutung der Arbeitsteilung wächst in diesen einzelnen Entwicklungsstufen stets weiter an. In der Natural-Eigenwirtschaft mit Selbstversorgern existiert sie gar nicht und entwickelt sich in ihren Grundzügen erst in der Natural-Tauschwirtschaft. Die signifikante Erleichterung des Tauschhandels in der Geldwirtschaft festigt und verfeinert sodann die Rahmenbedingungen für eine funktionierende und fortschrittliche Arbeitsteilung im Smithschen Sinne.

III. Dematerialisierung

Geldgeschichte ist zugleich Technikgeschichte. Sie nahm ihren Anfang bei primitivem Warengeld, das je nach Ausgestaltung – beispielsweise bei lebenden Tieren – gänzlich ohne Bearbeitung des Ursprungsstoffes auskam. Eine gewisse Fortentwicklung lässt sich bereits feststellen, wenn in den frühen Formen der reinen Geldwirtschaft spezielle Tauschmittel geschaffen werden. Stockfisch aus Island[244] diente nicht nur als Nahrungs-, sondern auch als Zahlungsmittel; für seine Herstellung ist eine bestimmte, wenn auch vergleichsweise einfache, Technik erforderlich. Die Anforderungen an die technische Gestaltung des Geldstoffes stiegen mit der Einführung der Münze weiter an. Eine Prägung war ebenso von Nöten wie eine möglichst präzise Echtheits- und Reinheitskontrolle. Überdies musste das verwendete Edelmetall zunächst gewonnen werden, wofür ein eigenständiges technisches Know-how zur Anwendung kam. Papiergeld verfeinerte das technische Niveau nochmals. Nicht nur bedurfte es hinreichender Mengen an qualitativ nutzbarem Papier, sondern auch die Drucktechnik musste erfunden und auf einem ausreichenden Entwicklungsstand angelangt sein. Methoden zur Absicherung gegen Fälschungen waren zu entwickeln und zu implementieren. Buchgeld schließlich als bislang letzte Entwicklungsstufe des Geldes setzt fälschungssichere Abrechnungs- und Verifizierungsmethoden voraus. Die Bank muss auf praktikable Weise sicherstellen, dass der Auftrag tatsächlich vom angegebenen Kunden stammt. Ursprünglich musste der Überweisende hierzu in Person bei der Bank erscheinen. Inzwischen kann im Online-Banking der

---

[244] Beispiel nach *Diehl*, Theoretische Nationalökonomie (1927), S. 243 f.

Überweisungsauftrag nicht nur unter Abwesenden, sondern sogar papierlos erteilt werden. Auch die „Verwahrung“ des Buchgeldes stellt hohe Anforderungen an die Technik, um Fehlbuchungen möglichst auszuschließen.

Mit dem Erreichen höherer technischer Entwicklungsstufen war zugleich schrittweise eine Bedeutungslosigkeit des verwendeten Geldstoffes für die Geldfunktionen verbunden.[245] Hierzu muss nicht auf die geschichtliche Entwicklung der Geldtheorie eingegangen und auf die Loslösung des Wertes vom Stoff im Sinne der Knappschen Staatlichen Theorie des Geldes[246] (Anti-Metallismus) verwiesen werden, auch wenn dieser Prozess die Dematerialisierung einprägsam illustriert. Bereits unabhängig von dem konkreten Geldwert ist bei typisierender Betrachtungsweise eine Entstofflichung zu beobachten, die ihren Anfang bei – im Vergleich zu Tauschmitteln ohne Geldeigenschaft – handlicherem Primitivgeld nahm, einen vorläufigen Höhepunkt mit der Einführung des Papiergeldes und letztlich Absolutheit im Buchgeld erreichte. Die Geldgeschichte ist daher durchzogen von einer Dematerialisierung, die von Zweckmäßigkeitserwägungen getrieben und von den technischen Ressourcen der jeweiligen Zeit ermöglicht und begrenzt wurde.[247]

IV. Internationalisierung?

Bei einem Blick auf die Ursprünge des Geldes in kleinen Stammeseinheiten und auf die heutige Europäisierung des Geldes durch den Euro könnte die Annahme nahe liegen, die Geschichte des Geldes sei eine seiner Internationalisierung und geographischen Entgrenzung. Dieser Gedanke liegt umso weniger fern, als unsere globalisierte Welt mit Kreditkarten Zahlungsmethoden kennt, die nahezu weltweit eingesetzt werden können. Geld könnte sich daher auf dem Weg zu einer länderübergreifenden Geltung befinden, die nationalstaatliche Grenzen in die Irrelevanz drängt. Bei dieser Betrachtung darf allerdings nicht der Begriff der Währung[248] mit dem Begriff des Geldes vermengt werden. Geld als Konzeption und Phänomen ist seit dem Übergang von der Natural- zur Geldwirtschaft insofern „international“, als es weltweit zum Einsatz kommt. Der Euro als Währung eines Teils der EU-Mitgliedstaaten hat insofern nichts daran geändert, dass sämtliche dieser Länder bereits zuvor nationale Währungen hatten und damit Geld verwendeten. Die Internationalisierung und Vereinheitlichung der vergangenen Jahrhunderte ist daher nicht in Bezug auf das Geld, sondern auf die Währungen erfolgt. Daran vermag auch die fast weltweite Nutzbarkeit von Kreditkarten nichts zu ändern. Die Karte selbst ist zum einen nicht Geld,

---

245 *Lütge*, Einführung in die Lehre vom Gelde (1948), S. 27 f.

246 *Knapp*, Staatliche Theorie des Geldes (4. Auflage 1923).

247 Vgl. aus schweizerischer Perspektive *Weber*, ZSR 100 (1981) 165, 166 ff.

248 Vgl. unten, S. 157 ff.

sondern lediglich „Schlüssel" zu Buchgeld. Zum anderen erfolgt die Abrechnung unverändert in nationalen bzw. supranationalen Währungen, d.h. gerade nicht „international". Allgemein ist letztlich zu berücksichtigen, dass Geld als solches auch nicht „national" sein kann, sondern schlicht ein abstraktes Phänomen bezeichnet. Die zu stellende Frage lautet dementsprechend, ob Geld in einem bestimmten Gebiet eingesetzt wird oder ob noch Naturalwirtschaft vorherrscht.

C. Zusammenfassung

Die geldgeschichtlichen Vorüberlegungen haben ergeben, dass die Entstehungsbedingungen des Phänomens Geld in der Anerkennung des Privateigentums und der Praktizierung von Arbeitsteilung liegen. Die nachfolgende Entwicklungsgeschichte des Geldes erweist sich als Dematerialisierungsprozess, der seinen vorläufigen Höhepunkt im Buchgeld gefunden hat. Diese Abkopplung des Geldes von seiner Substanz stellt nicht nur eine empirische Tatsache, sondern zugleich ein zentrales Wesensmerkmal des Geldes unter geldtheoretischen wie geldschuldrechtlichen Gesichtspunkten dar. Erst bei Einbeziehung des entmaterialisierten Charakters des Geldes werden die begriffliche Differenzierung zwischen Geld im konkreten und abstrakten Sinn (vgl. nachfolgend, sub § 3 B II), die komplexe Erfassung des Geldwerts (vgl. nachfolgend, sub § 15) und eine Vielzahl von geldschuldrechtlichen Grundfragen verständlich.

§ 2 Die Funktionen des Geldes

Seit Jahrhunderten bewegt insbesondere Volkswirte und Juristen, aber auch Soziologen und Philosophen die Frage nach den Aufgaben des Geldes. Eng verknüpft ist diese Suche mit der Entstehungsgeschichte des Geldes. Wozu brauchen eine Volkswirtschaft, eine Rechtsordnung und eine Gesellschaft Geld? Bei Aristoteles finden sich die wohl chronologisch ersten Ansätze,[249] die im Laufe der Jahrhunderte nicht allein geblieben sind. Die Funktionen des Geldes sind auch für den Begriff und das Wesen des Geldes von Bedeutung. Erinnert sei nur an die klassische Formel *„money is what money does"*. Die Vielfalt der Vorschläge und Konzeptionen verstellt dabei leicht den Blick auf das Wesentliche. Für die Zwecke dieser Abhandlung soll das Augenmerk vor allem auf die volkswirtschaftlichen und rechtswissenschaftlichen Funktionsbestimmungen gelegt werden. Im Ergebnis wird im Anschluss an eine sowohl in der volkswirtschaftlichen wie juristischen Literatur vertretene Ansicht der Versuch unternommen, die wesentlichen Geldfunktionen durch Kategorisierung und Zusammenfassung inhaltsklar herauszuarbeiten.

---

[249] Vgl. grundlegend *Wittreck*, Geld als Instrument der Gerechtigkeit (2002), S. 165 ff., 211 ff.

A. Konzeptionslinien in Rechtswissenschaft und Volkswirtschaftslehre

I. Klassische Funktionstrias und ihre Erweiterungen

Insbesondere in der älteren Literatur[250] werden – zurückgehend auf Aristoteles[251] und Thomas von Aquin[252] – drei Funktionen des Geldes benannt. Danach dient Geld als Recheneinheit (Wertmesser), Zahlungsmittel (Tauschmittel) und Wertaufbewahrungsmittel. An diese Unterteilung lehnt sich auch der Staatsvertrag zwischen der Bundesrepublik Deutschland und der DDR zur Schaffung einer Wirtschafts-, Währungs- und Sozialunion[253] an, in dessen Art. 10 Abs. 1 Satz 1 es heißt:

> „Durch die Errichtung einer Währungsunion zwischen den Vertragsparteien ist die Deutsche Mark Zahlungsmittel, Rechnungseinheit und Wertaufbewahrungsmittel im gesamten Währungsgebiet."

Eine Funktionenkombination jüngeren Ursprungs hat Stefan Grundmann aufgestellt, indem er vier Hauptfunktionen des Geldes ausmachen will.[254] Die Tauschmittelfunktion sieht Grundmann als „elementare"[255], geht damit aber nicht soweit wie von Wieser[256], der alle anderen davon konsumiert sieht. Daneben erkennt Grundmann die Wertaufbewahrungsfunktion, die er Wertspeicherfunktion nennt, und die Wertmesserfunktion an. Damit deckt sich seine Funktionenbeschreibung inhaltlich mit der klassischen Funktionentrias, jedoch erweitert er diese um eine vierte Aufgabe: diejenige der Wertschöpfung.[257] Da-

---

[250] *Reichert-Facilides*, JZ 1969, 617, 619; *Pulvermüller*, Rechtsnatur und Behandlung des privatrechtlichen Geldanspruchs (1974), S. 19 (vgl. aber auch S. 20 ff.); *Kirchhof*, in: *Isensee/Lecheler* (Hrsg.), Festschrift für Walter Leisner (1985), S. 635, 640; *Czada*, in: *Czada/Tolksdorf/Yenal*, Internationale Währungsprobleme (1988), S. 7; *Gramlich*, Bundesbankgesetz, Währungsgesetz, Münzgesetz (1988), § 1 WährG Rn. 16; *Ebenroth/Bacher*, BB 1990, 2053, 2056; *R. Schmidt*, in: *Isensee/Kirchhof* (Hrsg.), Handbuch des Staatsrechts der Bundesrepublik Deutschland (3. Auflage 2007), § 117 Rn. 6; *Schefold*, in: *Schimansky/Bunte/Lwowski* (Hrsg.), Bankrechts-Handbuch (4. Auflage 2011), § 115 Rn. 9; ähnlich auch *Knies*, Geld und Credit (1873), S. 15; *Nasse*, in: *Schönberg* (Hrsg.), Handbuch der politischen Ökonomie (1890), S. 315 ff.; *Ohler*, JZ 2008, 317, 318, die Tausch- und Zahlungsmittelfunktion teilweise begrifflich, teilweise auch der Sache nach separieren.

[251] Vgl. *Wittreck*, Geld als Instrument der Gerechtigkeit (2002), S. 218 ff.

[252] Vgl. *Wittreck*, Geld als Instrument der Gerechtigkeit (2002), S. 369 ff.

[253] Staatsvertrag über die Schaffung einer Währungs-, Wirtschafts- und Sozialunion zwischen der Bundesrepublik Deutschland und der Deutschen Demokratischen Republik vom 18.5.1990, BGBl. II S. 537.

[254] *Grundmann*, in: MünchKomm BGB (6. Auflage 2012), § 245 Rn. 1 ff.

[255] *Grundmann*, in: MünchKomm BGB (6. Auflage 2012), § 245 Rn. 1.

[256] *von Wieser, in: Elster/Weber/von Wieser* (Hrsg.), Handwörterbuch der Staatswissenschaft, Band IV (4. Auflage 1927), S. 681, 684 ff.

[257] *Grundmann*, in: MünchKomm BGB (6. Auflage 2012), § 245 Rn. 3.

mit zielt er auf die nach Abkehr vom Goldstandard erweiterte Fähigkeit des Staates ab, Geldpolitik zu betreiben und die Geldmenge zur Wachstumsförderung zu verändern. Über das Grundmannsche Funktionenquartett wird teilweise noch hinausgegangen, indem bis zu 13 eigenständige Geldfunktionen abgegrenzt werden.[258]

II. Haupt- und Nebenfunktionen

Die einzelnen Geldfunktionen werden von einer Vielzahl von Autoren gewichtet und in der Folge in Haupt- und Nebenfunktionen eingeteilt. Dabei variiert sowohl die Anzahl der beiden Kategorien zugeordneten Funktionen als auch die Gewichtung untereinander. Die Unterschiede zur klassischen Funktionentrias bestehen zumeist in einer unterschiedlichen Terminologie oder systematischen Einordnung. Stellvertretend seien einige Hauptvertreter dieser Meinungsgruppe mit ihren Kernthesen dargestellt.[259]

1. Funktionsdualismus

Friedrich Karl von Savigny ist in seinem Obligationenrecht von zwei Funktionen des Geldes ausgegangen. Zitiert[260] wird er häufig ausschließlich mit der zweiten von ihm herausgestellten Eigenschaft des Geldes, abstrakte Vermögensmacht zu sein:

> „Das Geld also gewährt seinem Eigenthümer eine allgemeine, auf alle Gegenstände des freien privatrechtlichen Verkehrs anwendbare, Vermögensmacht, und es erscheint in seiner zweiten Funktion als selbständiger Träger dieser Macht (...)."[261]

Diese zweite Aufgabe des Geldes wird auch durch von Savigny eine vorrangige, jedoch keine verdrängende Stellung eingeräumt. Eigenständig daneben verortet er die Funktion, „Werkzeug zur Messung des Werthes der einzelnen Vermögensbestandteile"[262], d.h. absoluter Wertmesser, zu sein.

Der Ökonom und Wirtschaftshistoriker Friedrich Lütge[263] unterscheidet ebenfalls zwei Hauptfunktionen, nämlich die Tauschmittelfunktion und die Funktion als Recheneinheit. Beide müssten erfüllt werden, um von Geld im

---

258 *Schilcher*, Geldfunktionen und Buchgeldschöpfung (1958), S. 44 f.

259 Vgl. ausführlich *Schilcher*, Geldfunktionen und Buchgeldschöpfung (1958), S. 38 ff.

260 Vgl. *Simitis*, AcP 159 (1960) 406, 428.

261 *von Savigny*, Das Obligationenrecht als Theil des heutigen Römischen Rechts, Band I (1851), S. 406.

262 *von Savigny*, Das Obligationenrecht als Theil des heutigen Römischen Rechts, Band I (1851), S. 405.

263 *Lütge*, Einführung in die Lehre vom Gelde (1948), S. 31 ff.; der Sache nach ähnlich *Budge*, Lehre vom Geld (1931), S. 1 ff., 9; *Peitmann*, Die privatrechtlichen Grundlagen des Geldes (1941), S. 24; *Ertl*, Inflation, Privatrecht und Wertsicherung (1980), S. 10 ff.

volkswirtschaftlichen Sinne sprechen zu können. Historisch ordnet er die Verwendung als Recheneinheit als die ältere und ursprünglichere ein. Dies folge daraus, dass – beispielsweise im Ägypten um 2000 vor Christus – Kupfer als Bezugsgröße und Recheneinheit, nicht aber als allgemeines Tauschmittel Verwendung fand.[264] Geld komme auf dieser Entwicklungsstufe als „Binnengeld“[265] mit seiner „inneren Aufgabe“[266] zum Einsatz. Dieser Hauptfunktion stellt er die Tauschmittelfunktion gegenüber.[267] Bei ihr handele es sich um die „äußere Aufgabe“ des Geldes, die sich erst dann entwickele, wenn ein konkretes Gut zum generellen Gut geworden sei, d.h. jedem Gütertausch zwischengeschaltet werde. Diese Tauschmittelfunktion sei vollkommen losgelöst von dem Substanzwert des Geldstoffes zu betrachten.[268] Als untergeordnete Nebenfunktion nennt Lütge zunächst den Geldeinsatz als einseitiges Zahlungsmittel, womit die Aufgabe als Schuldtilgungsmittel gemeint ist. Diese folge schon aus der Tauschmittelfunktion.[269] Gleiches gelte für die Wertaufbewahrungs- bzw. Thesaurierungsfunktion des Geldes. Die Aufbewahrung von Geld sei nichts anderes als die zeitlich versetzte Nutzung des Geldes als Tauschmittel.[270] Ferner erkennt Lütge als Nebenfunktionen die Tauglichkeit als Mittel zur Kapitalübertragung, als Repräsentant des Güterumlaufvolumens und als Preisausdrucksmittel (Wertmesser) an; letztere lasse sich aus der Hauptfunktion als Recheneinheit ableiten, während die ersten beiden aus der Tauschmittelfunktion folgten.

Ebenso wie Lütge war auch der Ökonom Rudolf Schilcher Vertreter eines Funktionsdualismus. Nach einer detailreichen Behandlung der bedeutsamsten Auffassungen zu den Geldfunktionen[271] akzeptiert er lediglich zwei Hauptfunktionen, welche aus ökonomischer Sicht die gesamte Funktionsbreite resorbierten. Geld diene danach als allgemein anerkanntes Zahlungsmittel und als Wertaufbewahrungsmittel.[272] Die besondere Gewichtung der Wertaufbewahrungsfunktion durch Schilcher steht im Zusammenhang mit der Keynesschen Geld- und Wirtschaftslehre, die – wie allerdings verschiedene andere auch[273] – Geld vordringlich als „Verbindungsglied zwischen heute und morgen“[274] sieht. Schlicher positioniert sich damit gegen die These, die Wertaufbewahrungsfunk-

---

264 *Lütge*, Einführung in die Lehre vom Gelde (1948), S. 32 m.w.N.; ähnlich *Forstmann*, Geld und Kredit (1951), S. 51.

265 Begriff nach *Schurtz*, Grundriss einer Entstehungsgeschichte des Geldes (1898), S. 7 ff.

266 Begriff nach *Forstmann*, Volkswirtschaftliche Theorie des Geldes (1943), S. 120 ff.

267 *Lütge*, Einführung in die Lehre vom Gelde (1948), S. 36 ff.

268 *Lütge*, Einführung in die Lehre vom Gelde (1948), S. 38.

269 *Lütge*, Einführung in die Lehre vom Gelde (1948), S. 38.

270 *Lütge*, Einführung in die Lehre vom Gelde (1948), S. 39.

271 *Schilcher*, Geldfunktionen und Buchgeldschöpfung (1958), S. 36 ff.

272 *Schilcher*, Geldfunktionen und Buchgeldschöpfung (1958), S. 49 ff., 80.

273 Nachweise bei *Schilcher*, Geldfunktionen und Buchgeldschöpfung (1958), S. 79.

274 *Keynes*, Allgemeine Theorie der Beschäftigung, des Zinses und des Geldes (11. Auflage Neudruck 2009), S. 145.

tion konsekutiv aus der Tauschmittelfunktion deduzieren zu können. Die Zahlungsmittelfunktion wiederum sei nicht mit der Tauschmittelfunktion identisch, sondern schließe diese ein; hierzu greift er auf einen „ökonomischen" und damit weiten Begriff des Zahlungsmittels zurück.[275]

2. Funktionsmonismus

Der Ökonom Friedrich von Wieser fokussierte im Gegensatz zu Lütge und Schlichter eine einzige Hauptfunktion des Geldes, aus der alle anderen ableitbar seien: Geld diene als Zahlungsmittel, womit gleichbedeutend die Tauschmittelfunktion verbunden sei.[276] Von Wieser sieht die Funktion als abstrakte Recheneinheit in der Zahlungsmittelfunktion enthalten.[277] Auch die Wertaufbewahrung sei allein durch die Nutzbarkeit als Zahlungsmittel zu einem späteren Zeitpunkt bedingt. Damit vertritt von Wieser eine monistische Auffassung, die sich auf eine einzige Hauptfunktion beschränkt.

Auf eine dominierende Hauptfunktion beschränkte sich auch Martin Wolff.[278] In Abgrenzung zur Position des Nationalökonomen von Wieser sprach sich Wolff gegen eine inhaltliche oder begriffliche Gleichsetzung der Tausch- mit der Zahlungsmittelfunktion aus.[279] Die Eigenschaft als Zahlungsmittel sei lediglich eine Folgefunktion, die sich aus der Tauschmittelfunktion ableiten lasse. In seiner Aufgabe als Zahlungsmittel werde das Geld als verbreitetes sowie als allgemeines subsidiäres Schuldobjekt angesehen. Grund hierfür sei, dass Geld „eine Sache [sei], mit der man hoffen darf, Güter beliebiger Art einzutauschen"[280] – die also als allgemeines Tauschmittel diene. Die Wertbewahrungs-, Werttransport-, Wertmaß- und Vermittlerfunktion für den Kapitalverkehr seien ebenfalls bloße Neben- bzw. Folgefunktionen, die sämtlichst auf die Tauschmitteleigenschaft zurückführbar seien.[281]

Spiros Simitis hat nachdrücklich Kritik an der insbesondere bei von Wieser vertretenen Ansicht geübt, die Eigenschaft als (gesetzliches) Zahlungsmittel sei

---

[275] *Schilcher*, Geldfunktionen und Buchgeldschöpfung (1958), S. 58.

[276] *von Wieser, in: Elster/Weber/von Wieser* (Hrsg.), Handwörterbuch der Staatswissenschaft, Band IV (4. Auflage 1927), S. 681, 684 ff., 686; ähnlich *Eckstein*, Geldschuld und Geldwert im materiellen und internationalen Privatrecht (1932), S. 11.

[277] *von Wieser, in: Elster/Weber/von Wieser* (Hrsg.), Handwörterbuch der Staatswissenschaft, Band IV (4. Auflage 1927), S. 681, 687.

[278] *Wolff*, in: *Ehrenberg* (Hrsg.), Handbuch des gesamten Handelsrechts, Band 4/1 (1917), S. 564 ff.

[279] *Wolff*, in: *Ehrenberg* (Hrsg.), Handbuch des gesamten Handelsrechts, Band 4/1 (1917), S. 567 ff.

[280] *Wolff*, in: *Ehrenberg* (Hrsg.), Handbuch des gesamten Handelsrechts, Band 4/1 (1917), S. 569 Fn. 15.

[281] *Wolff*, in: *Ehrenberg* (Hrsg.), Handbuch des gesamten Handelsrechts, Band 4/1 (1917), S. 569 ff.

eine elementare Funktion des Geldes.[282] Es handele sich um eine Leerformel, wenn als Charakteristikum des Geldes aufgeführt werde: Geldschulden könnten mit Geld erfüllt werden.[283] Gleiches habe auch für die daran anknüpfende Auffassung zu gelten, die eine Geldfunktion in der Zwangsvollstreckung als subsidiäres Exekutionsmittel sehe. Diese Aufgabe des Geldes illustriere zwar die Bedeutung des Geldes in der Rechtsordnung, führe aber nicht zu einer Klärung des Wesens des Geldes. Stattdessen erkennt Simitis sowohl die Tauschmittelfunktion als auch die Rolle des Geldes als Wert- und Recheneinheit an.[284] Über diese Funktionen definiert Simitis zugleich Geld als solches:

> „Geld ist das, was als Geld fungiert."[285]

Der Freiburger Nationalökonom Robert Liefmann erhebt die Tauschmitteleigenschaft des Geldes ebenfalls zu dessen „wesentlichste[r] Funktion"[286]. Dabei ergänzt er diese tauschwirtschaftliche um innerwirtschaftliche Aufgaben des Geldes und strukturiert die volkswirtschaftliche Perspektive neu. Als innerwirtschaftliche Aufgaben des Geldes in der Konsumwirtschaft sieht Liefmann die Wertmaßstabsfunktion[287] und damit verbunden die Rolle als Kostengut[288]. In letzterer Funktion ermögliche das Geld, Kosten und Nutzen auf vereinheitlichter Grundlage zu vergleichen.[289] Daneben soll die innerwirtschaftliche Funktion des Geldes in der Erwerbswirtschaft treten, die ebenfalls in seinem Einsatz als Nutzen- und Kostenvergleichsmittel besteht.[290]

III. Abstrakte und konkrete Funktionen

Zurückgehend auf eine Kategorisierung durch den Ökonomen Albrecht Forstmann[291] unterscheiden Teile des wirtschaftswissenschaftlichen[292] wie auch rechtswissenschaftlichen[293] Schrifttums zwischen abstrakten und konkreten

---

[282] *Simitis*, AcP 159 (1960) 406, 410 f.
[283] Ebenso *Forstmann*, Geld und Kredit (1951), S. 57.
[284] *Simitis*, AcP 159 (1960) 406, 415.
[285] *Simitis*, AcP 159 (1960) 406, 418.
[286] *Liefmann*, Geld und Gold (1916), S. 35.
[287] *Liefmann*, Geld und Gold (1916), S. 69.
[288] *Liefmann*, Geld und Gold (1916), S. 70 ff.
[289] *Liefmann*, Geld und Gold (1916), S. 75 f.
[290] *Liefmann*, Geld und Gold (1916), S. 83.
[291] *Forstmann*, Geld und Kredit (1951), S. 53 ff.; der Sache nach zuvor schon *Lukas*, Aufgaben des Geldes (1937), S. 7 ff.
[292] *Veit*, Reale Theorie des Geldes (1966), S. 51 ff.; vgl. auch *Liefmann*, Geld und Gold (1916), S. 94.
[293] *Duden*, Der Gestaltwandel des Geldes und seine rechtlichen Folgen (1968), S. 6; *K. Schmidt*, in: Staudinger, BGB (1997), Vorbem 11 zu §§ 244 ff.; siehe auch BGHSt 32, 198 = NJW 1984, 1311, 1312; der Sache nach ebenso *Crome*, System des deutschen bürgerlichen Rechts (1902), S. 53.

Funktionen des Geldes. Dabei wird dem andernorts herausgearbeiteten Funktionenkatalog keine weitere Funktion hinzugefügt. Vielmehr ist bezweckt, der Geldfunktionsdebatte sichtbare Strukturen zu geben und zugleich eine Verfeinerung der Argumentationslinien zu erreichen. Im abstrakten Sinne diene Geld – genauer: die Geldeinheit[294] – als Recheneinheit und damit gleichbedeutend als Wertmaß oder Wertmesser, als Mittel des Wert-, Kosten- und Preisvergleichs bzw. -ausdrucks. Dem stünden die konkreten Geldfunktionen gegenüber. Sie zeigten das Geld als Tauschmittel, damit zugleich als (gesetzliches) Zahlungs-, Schuldentilgungs-, Wertaufbewahrungs- und Werttransportmittel. Im konkreten Sinne sei „das Geld ein Gut, das mit anderen Gütern konkurriert“[295]. Geld beinhalte maximale Liquidität und höchste Tauscheignung. Die konkreten Funktionen ließen sich sämtlichst auf die Tauschmittelfunktion zurückführen.[296] Geld als gesetzliches Zahlungsmittel anzusehen sei für die volkswirtschaftliche Funktionsbestimmung bedeutungslos.[297] Auch der Ökonom Otto Veit trennt logisch zwar explizit zwischen abstrakten und konkreten Geldfunktionen, gibt aber zu Bedenken, dass in der damals (1966) gegebenen Geldverfassung beide Funktionsarten kaum trennbar gewesen wären.[298]

B. Analyse und Stellungnahme

I. Tauschmittelfunktion und akzessorische Funktionen

Jede Funktionsanalyse des Geldes hat vor dem Hintergrund seiner Entwicklungsgeschichte zu erfolgen und diese als Ausgangspunkt zu nehmen. Aus dieser lässt sich ableiten, dass die Entstehung des Geldes eng verbunden ist mit der Anerkennung des Privateigentums, dem Aufkommen des Tauschhandels und der Arbeitsteilung. Eine Gesellschaft von Selbstversorgern bedarf keines Geldes. Geld dient dabei seit seinen Ursprüngen als neutraler Mittler des Tausches, als Bindeglied und Zwischenstation. Seine zentrale Funktion ist es daher, Tauschmittel zu sein. Die Eigenschaften als Wertaufbewahrungsmittel in zeitlicher Hinsicht und als Werttransportmittel in örtlicher Hinsicht sind bereits in der Tauschmittelfunktion vollständig enthalten. Albrecht Forstmann ist zuzustimmen, dass Geld eine Verknüpfungsaufgabe wahrnimmt. In zeitlicher Hinsicht ermöglicht es einen „gestreckten Tausch“ in Gestalt von zwei getrennten Kauftransaktionen. Die jetzige Veräußerung eines Guts muss nicht mit einem gleichzeitigen Erwerb eines anderen Guts verbunden werden. Eine

[294] *Veit*, Reale Theorie des Geldes (1966), S. 51.
[295] *Veit*, Reale Theorie des Geldes (1966), S. 53.
[296] *Forstmann*, Geld und Kredit (1951), S. 56 f.
[297] *Forstmann*, Geld und Kredit (1951), S. 58.
[298] *Veit*, Reale Theorie des Geldes (1966), S. 53 f.

neutrale Zwischenlagerung des Tauschwerts in Geld lässt es zu, diesen – ganz oder teilweise – zu einem späteren Zeitpunkt zu reinvestieren. Diese Wertaufbewahrungs- oder Wertspeicherfunktion ist aber nichts anderes als die Tauschmittelfunktion in anderem Gewand. Ohne die Aufgabe als Tauschmittel gäbe es keine Wertaufbewahrung. Gleiches gilt auch für den Werttransport zwischen verschiedenen geographischen Orten.

Nicht mit der Tauschmittelfunktion des Geldes verwechselt werden darf seine Eigenschaft als gesetzliches Zahlungsmittel. Staatlicher Annahmezwang ist keine notwendige Voraussetzung für die Geldentstehung. Die Eignung als Mittel zur Erfüllung von Geldschulden ist inhaltsleer und zirkelschlüssig. Mit Aussagewert hingegen ist die Einordnung als subsidiäres Exekutionsmittel verbunden, jedoch beruht diese Verwendung ausschließlich auf der allgemeinen Tauschmittelfunktion.[299] Darauf stützt sich die *ratio legis* jener zwangsvollstreckungsrechtlichen Normen, die einen Übergang von der originären Leistungspflicht zum Geld als subsidiären Zwangsvollstreckungsgegenstand anordnen.

II. Recheneinheitsfunktion und akzessorische Funktionen

Die Entstehungsgeschichte des Geldes lehrt auch eine zweite Funktion des Geldes, nämlich diejenige als Recheneinheit. Auch insofern ist dem Funktionsdualismus in der Ausgestaltung durch Friedrich Lütge zu folgen. Geld erlaubt es, den Wert unterschiedlicher Güter mit neutralem Maßstab zu vergleichen, mit anderen Worten: eine „Rückbeziehung aller Austauschrelationen auf diesen einen Generalnenner“[300] vorzunehmen. Je nach der Perspektive im Produktionsprozess von Gütern kann zur Verdeutlichung auch von Kostenvergleichsmittel – auf der Erzeugerseite – oder von einem Preisvergleichsmittel – auf der Abnehmerseite – gesprochen werden.[301] Die Eigenschaft als Recheneinheit genügt aber noch nicht, um ein bestimmtes Gut als Geld zu bezeichnen; hinzutreten muss zwingend der Einsatz als allgemeiner Tauschmittler.[302]

III. Präzisierung des Gegensatzpaars von abstrakten und konkreten Geldfunktionen

Die beiden Hauptfunktionen des Geldes sind inhaltsgleich mit der Lehre von den abstrakten und konkreten Geldfunktionen, wie sie von Forstmann begründet wurde. Die Funktion als Recheneinheit ist eine abstrakte, die Funktion als

[299] Zutreffend *K. Schmidt*, in: Staudinger, BGB (1997), Vorbem 11 zu §§ 244 ff. m.w.N.

[300] *Lütge*, Einführung in die Lehre vom Gelde (1948), S. 32.

[301] *Forstmann*, Geld und Kredit (1951), S. 53; zweifelnd hingegen *Lütge*, Einführung in die Lehre vom Gelde (1948), S. 33, der die Terminologie für überflüssig hält.

[302] Ebenso *Forstmann*, Geld und Kredit (1951), S. 51.

Tauschmittler hingegen eine konkrete. Es lässt sich fragen, welche Vorteile eine solche Kategorisierung mit sich bringt. Forstmann wollte beide Funktionen „unter dem grundsätzlichen Gesichtspunkt betrachten, (...) ob die einzelnen Funktionen mehr abstrakter Natur sind und daher nicht besonders greifbar in Erscheinung treten, oder ob sie sich greifbar konkretisieren“[303]. Die Umformulierung der verwendeten Begriffe allein vermag den sinnstiftenden Gehalt der Kategorisierung jedoch nicht zu rechtfertigen. Veit greift auf die Forstmannsche Kategorienbildung zurück, „[o]hne näher darauf einzugehen“[304]. Karsten Schmidt[305] wiederum weist nach, dass die beiden Funktionsgruppen der Sache nach bis zu von Savigny und Goldschmidt zurückverfolgt werden können. Jedoch bleibt eine explizite Begründung nachzutragen, worin genau das „Abstrakte“ und das „Konkrete“ an den einzelnen Funktionen liegt.

Trotz dieser terminologischen Erörterungslücken ist der Einteilung in abstrakte und konkrete Funktionen zu folgen. Abstraktion im etymologischen Sinne eines Überführens auf eine allgemeine, vom jeweiligen Sachverhalt losgelöste (lat. *abstractus*) Betrachtungsweise ist bei der Verwendung des Geldes als Recheneinheit insofern festzustellen, als die Wertmessung auf eine vom im Einzelfall veräußerten Gut und vom Substanzwert des Geldzeichens getrennte und losgelöste, d.h. abstrahierte, Weise vollzogen wird. Das Geld tritt als neutrale Rechengröße auf. Das Konkrete an der Tauschmittelfunktion zeigt sich demgegenüber in ihrer festen (lat. *concretus*) Anbindung an ein zu tauschendes bzw. zu veräußerndes Gut; diese Aufgabe aktualisiert sich gewissermaßen im jeweiligen Vollzugsakt. Konkretisierung folgt also aus dem einzelnen Tauschakt. Dennoch ist einschränkend zu berücksichtigen, dass die Funktion als Tauschmittel nicht davon abhängt, ob tatsächlich von der Tauschmitteleigenschaft Gebrauch gemacht wird. Sonst wären eine Wertaufbewahrung oder ein Werttransport nicht vorstellbar.

C. Zusammenfassung

Zu unterscheiden ist zwischen der abstrakten Funktion des Geldes als Recheneinheit (Wertmesser, Wertvergleichsmittel, Kosten-/Preisvergleichsmittel) und der konkreten Funktion als Tauschmittel (Wertaufbewahrungsmittel, Werttransportmittel, Zahlungsmittel, Kapitalübertragungsmittel). Beide Funktionen stellen die Hauptfunktionen des Geldes dar, von denen sich alle anderen als Neben- bzw. Folgefunktionen ableiten lassen. Teilweise ergeben sich scheinbare Unterschiede zwischen den Literaturmeinungen nur aus einer abweichenden

303 *Forstmann*, Geld und Kredit (1951), S. 53.

304 *Veit*, Reale Theorie des Geldes (1966), S. 51.

305 *K. Schmidt*, in: Staudinger, BGB (1997), Vorbem 11 zu §§ 244 ff.

Terminologie. Die Untergliederung in konkrete und abstrakte Funktionsgruppen weist gegenüber den sonstigen dualistischen Funktionstheorien den Vorteil der terminologischen wie inhaltlichen Klarheit auf. Zudem ist sie offen für zukünftige tatsächliche Entwicklungen, welche Einfluss auf den Aufgabenkatalog des Geldes haben können.

§ 3 Der Begriff des Geldes

Die Suche nach „dem" Begriff des Geldes beschäftigt insbesondere Ökonomen und Juristen seit Jahrhunderten.[306] Traditionalisten knüpfen den Geldbegriff an eine bewegliche Sache an und meinen damit letztlich vor allem das als gesetzliches Zahlungsmittel anerkannte Bargeld. Spätestens mit der Staatlichen Theorie Knapps hatte sich diese gegenstandsdeterminierte Geldauffassung von der Vorstellung gelöst, auch der Geldwert sei an die Substanz gebunden bzw. lasse sich aus ihr ableiten. Ökonomen hingegen begreifen Geld nicht selten als bloße Funktion: Geld sei, was als Geld funktioniere. Eine Verkörperung des Geldes ist aus dieser Perspektive irrelevant. Für Funktionalisten und Traditionalisten ist die Buchgeldeinordnung jeweils evident (und mit abweichendem Ergebnis versehen). Das Geldprivatrecht könnte eine differenzierte Lösung gebieten. Zielsetzung ist dabei eine Nominaldefinition des Geldes, die sich an ihrer Zweckmäßigkeit für die Systematisierung und Anwendung geldrechtlicher Normen messen lassen muss.

A. Interdisziplinäre Bestandsaufnahme

Als Ausgangspunkt für die Konturierung eines Rechtsbegriffs des Geldes hat eine Würdigung der wesentlichen in Volkswirtschaftslehre und Rechtswissenschaft vertretenen Definitionsansätze zu dienen.

I. Volkswirtschaftliche Definitionen

1. Chartalismus (Georg Friedrich Knapp)

Die Begriffsbestimmung von Georg Friedrich Knapp leitet sich unmittelbar aus seiner Staatlichen Theorie des Geldes ab. Knapp definiert vor dem Hintergrund seiner omnipräsenten Ausgangsthese, dass Geld ein „Geschöpf der Rechtsordnung"[307] sei. Vorausgesetzt wird von ihm ebenso die Bestimmung

[306] Vgl. aus theologisch-philosophischer Perspektive zur Geldlehre von *Thomas von Aquin* umfassend *Wittreck*, Geld als Instrument der Gerechtigkeit (2002), S. 315 ff.

[307] *Knapp*, Staatliche Theorie des Geldes (4. Auflage 1923), S. 1.

des Zahlungsmittels, da es sich bei Geld lediglich um einen besonderen Anwendungsfall desselben handele.[308] Als Zahlungsmittel erkennt Knapp „eine bewegliche Sache [an], welche von der Rechtsordnung aufgefaßt wird als Trägerin von Werteinheiten“[309]. Geleitet von dem Gedanken einer vollständigen Entmaterialisierung des Geldes fokussiert seine eigentliche Gelddefinition auch nur dieses eine Charakteristikum: Geld sei ein Zahlungsmittel, dessen Wert nicht durch seinen Stoffwert bestimmt werde. In diesem positiven Sinne ist seine lediglich inhaltsarm scheinende Definition zu verstehen:

> „Geld bedeutet stets chartales Zahlungsmittel; jedes chartale Zahlungsmittel heißt bei uns Geld. Die Definition des Geldes ist: chartales Zahlungsmittel.“[310]

2. Beteiligung am Sozialprodukt (Karl Elster)

Als Anhänger der Knappschen Geldlehre versuchte Karl Elster im Jahre 1920, die Staatliche Theorie des Geldes zu einer allgemeinen Theorie des Geldes auszubauen und hierzu insbesondere wirtschaftliche Erwägungen einfließen zu lassen.[311] Elster entwickelt hierzu die Thesen von Knapp und Bendixen[312], dem damaligen Direktor der Hamburgischen Hypothekenbank und Anhänger Knapps[313], weiter und greift zudem auf geldtheoretische Schriften von Joseph A. Schumpeter[314] zurück. Für Elster zeichnet sich Geld vor allem als Beteiligungsmechanismus am Sozialprodukt einer Volkswirtschaft aus.[315] Mit der Zahlung von Geld würden zugleich Beteiligungsmöglichkeiten am Sozialprodukt übertragen.[316] Übergreifend formuliert Elster dreigliedrig:

> „Das Geld ist Beteiligungsmöglichkeit am Sozialprodukte; das Geld ist als Zahlungsmittel das technische Mittel, diese Beteiligungsmöglichkeit auszuüben; und schließlich ist es als Werteinheit (...) auch Beteiligungsmaß am Sozialprodukt.“[317]

---

308 *Knapp*, Staatliche Theorie des Geldes (4. Auflage 1923), S. 2.

309 *Knapp*, Staatliche Theorie des Geldes (4. Auflage 1923), S. 6 unter relativierendem Hinweis auf die Imperfektion seiner Begriffserläuterung; vgl. zu letzterem *Elster*, Die Seele des Geldes (1920), S. 5 ff.; kritisch wegen der Beschränkung auf das Sachgeld *K. Schmidt*, in: *Weber* (Hrsg.), Festschrift für Hugo J. Hahn (1997), S. 81, 86 f.

310 *Knapp*, Staatliche Theorie des Geldes (4. Auflage 1923), S. 31.

311 *Elster*, Die Seele des Geldes (1920), S. 2.

312 Vgl. *Bendixen*, Geld und Kapital (3. Auflage 1922); *ders.*, Das Wesen des Geldes (4. Auflage 1926).

313 Vgl. den Briefwechsel bei *Singer* (Hrsg.), Zur Staatlichen Theorie des Geldes (1958).

314 *Schumpeter*, Archiv für Sozialwissenschaft und Sozialpolitik 44 (1917/18) 641.

315 *Elster*, Die Seele des Geldes (1920), S. 59; ähnlich *Köhler*, JZ 2013, 957, 960 f.; vgl. stellvertretend zur Kritik *Reif*, Die Entwicklung des Chartalismus bei den Nachfolgern G. F. Knapps (1922), S. 113 ff.

316 *Elster*, Die Seele des Geldes (1920), S. 67.

317 *Elster*, Die Seele des Geldes (1920), S. 88.

3. Funktionsdeterminierte Definition

Aus wirtschaftswissenschaftlicher Perspektive wird häufig angenommen, eine Definition des Geldes lasse sich ausschließlich über seine Funktionen erzielen. Üblicherweise wird in diesem Kontext – zumindest der Sache nach – die Formel *„money is what money does"* angeführt: das Wesen des Geldes bestimme sich nach seinen Aufgaben und Funktionen. Diese Kurzformel geht wahrscheinlich zurück auf einen Satz des US-amerikanischen Ökonomen und Juristen Francis Amasa Walker, der Ende des 19. Jahrhunderts schrieb: *„That which the money-work is the money-thing."*[318] Aufbauend darauf will Siegfried Budge alle Güter als Geld anerkennen, die Geldfunktionen ausüben:

> „Dasjenige Gut, bzw. diejenigen Güter, welche innerhalb einer Wirtschaftsgesellschaft als allgemeines Tauschmittel und als allgemeiner Wertmesser anerkannt sind, nennen wir ‚Geld'."[319]

Das gesamte Wesen des Geldes folge aus seinen Funktionen.

Eine Reduktion des Geldbegriffs auf die Geldfunktionen vollzieht ebenfalls Rudolf Schilcher. Aufbauend auf einer Detailanalyse der Geldfunktionen definiert er Geld im ökonomischen Sinne mit einer – sprachlich angepassten – Übersetzung der Formel *„money is what money does"*:

> „Geld ist jenes Gut, welches die Geldfunktionen ausübt."[320]

Nach Einbeziehung der von ihm anerkannten Geldfunktionen erscheine Geld als „jenes Gut, welches in der Verkehrswirtschaft als allgemein anerkanntes Zahlungsmittel und regelmäßig preiskonstantes Wertaufbewahrungsmittel fungiert"[321].

Differenzierender im Detail, aber übereinstimmend in der Grundthese verfolgt auch Karl Helfferich den Gedanken einer Identität von Funktion und Definition des Geldes. Auch nach Helfferich ist ein „bestimmtes Objekt Geld, soweit es Träger gewisser (…) Funktionen ist"[322]. Die Differenzierungsbereitschaft zeigt sich daran, dass er zwischen einem wirtschaftlichen und einem rechtlichen Geldbegriff unterscheiden will. In Ablehnung der Staatlichen Theorie sieht er Geld als im Ursprung nicht rechtliche, sondern wirtschaftliche Institution.[323] Bei solcher wirtschaftlicher Betrachtung sei unter Geld das Tauschmittel in einem bestimmten Wirtschaftsgebiet zu verstehen.[324] Damit

---

[318] *Walker*, Political Economy (3. Auflage 1892), S. 123, zitiert nach *Budge*, Lehre vom Geld (1931), S. 10.

[319] *Budge*, Lehre vom Geld (1931), S. 10.

[320] *Schilcher*, Geldfunktionen und Buchgeldschöpfung (1958), S. 35.

[321] *Schilcher*, Geldfunktionen und Buchgeldschöpfung (1958), S. 91.

[322] *Helfferich*, Das Geld (6. Auflage 1923), S. 260.

[323] *Helfferich*, Das Geld (6. Auflage 1923), S. 320.

[324] *Helfferich*, Das Geld (6. Auflage 1923), S. 263.

führt Helfferich den Begriff des Geldes im Kern ausschließlich auf die Funktion des Geldes, Tauschmittel zu sein, zurück. Auch sein rechtlicher Geldbegriff leitet sich aus der Funktionsbeschreibung ab. Geld im Rechtssinne seien diejenigen „Gegenstände, die von der Rechtsordnung in der ordentlichen Bestimmung, die Uebertragung von Vermögenswerten von Person zu Person zu vermitteln, anerkannt sind“[325]. Beide Gelddefinitionen beruhen auf demselben Fundament – der Funktion als Tauschmittel – und betonen lediglich den wirtschaftswissenschaftlichen bzw. juristischen Blickwinkel.

Ebenso wie Helfferich sieht Friedrich Lütge eine Ursache für die Vielfalt der Gelddefinitionen in den unterschiedlichen Betrachtungsweisen von Ökonomen und Juristen. Die Staatliche Theorie des Ökonomen Knapp habe, aus seiner Sicht zutreffend, eine rechtliche Begriffsbestimmung vorgenommen.[326] Aus wirtschaftswissenschaftlicher Perspektive sei Geld hingegen kein Geschöpf der Rechtsordnung, sondern des Wirtschaftsverkehrs.[327] Zu suchen sei nunmehr ein allgemeiner Begriff des Geldes, den Lütge vor allem aus den Geldfunktionen ableitet:

> „Geld ist ein generelles Gut nominaler Geltung, das im Wirtschaftsleben auf Grund seiner allgemeinen Marktgängigkeit tatsächlich die Rolle des allgemeinen Tauschmittels und der Recheneinheit übernimmt.“[328]

Die Begriffsbestimmung integriert die beiden Aufgaben des Geldes, Tauschmittel und Recheneinheit zu sein. Auch lässt sich ihr ein klares Bekenntnis zum Nominalismus entnehmen. Schließlich grenzt es sich insofern von der Staatlichen Theorie ab, als Geld schon durch eine rein tatsächliche Übung zur Entstehung gelangen könne, also gerade keinen staatlichen Mitwirkungsakt erfordere.

4. Abstrakte Rechnungseinheit und allgemeines Zahlungsmittel (Robert Liefmann)

Ähnlich wie Helfferich bestimmt Robert Liefmann den Begriff des Geldes zweifach, nämlich ökonomisch und juristisch. Dem schickt er jedoch einschränkend voraus, dass Geld „nicht sachlich definiert“[329] werden könne. Liefmann unterscheidet nämlich zwischen einem abstrakt-ökonomischen Begriff des Geldes als Rechnungseinheit und der juristischen Bedeutung als allgemeines Zahlungsmittel.[330] Die Abstraktheit des Geldes als wirtschaftliche Rech-

---

325 *Helfferich*, Das Geld (6. Auflage 1923), S. 324.
326 *Lütge*, Einführung in die Lehre vom Gelde (1948), S. 15.
327 *Lütge*, Einführung in die Lehre vom Gelde (1948), S. 15 f.
328 *Lütge*, Einführung in die Lehre vom Gelde (1948), S. 20.
329 *Liefmann*, Geld und Gold (1916), S. 94.
330 *Liefmann*, Geld und Gold (1916), S. 95 f.

nungseinheit stellt er den gegenständlichen Geldzeichen wie Münzen und Papierscheine gegenüber.

Liefmann steht inhaltlich der funktionsdeterminierten Geldtheorie nahe. Die von ihm als Hauptfunktion des Geldes benannte Tauschmitteleigenschaft spielt deutlich in seinen juristischen Geldbegriff hinein, wenn beide nicht sogar als deckungsgleich angesehen werden können. Die ökonomisch-abstrakte Erfassung des Geldes als Rechnungseinheit spiegelt die – nach hier vertretener Auffassung[331] – zweite und gleichfalls abstrakte Geldfunktion wider. Die Liefmannschen Gelddefinitionen bestätigen damit mittelbar die These der Zweiteilung in abstrakte und konkrete Geldfunktionen.

5. Anonyme Forderungslegitimation (Albrecht Forstmann)

Anders als Liefmann beschränkt sich Albrecht Forstmann in seiner Studie zu den Grundlagen der Geld- und Kredittheorie auf einen volkswirtschaftlichen Begriff des Geldes. Die Existenz eines allgemeinen Geldbegriffs verneint er und verweist so die Begriffsbildung des Ökonomen Knapp in den „juristisch-formalen"[332] Bereich. Im Ausgangspunkt auf der Grundlage der funktionsdominierten Geldtheorie – Begriffsbestimmung nach der „relevanten Funktion des Geldes"[333] – entwickelt Forstmann einen in wesentlichen Teilen darüber hinausführenden Geldbegriff. Für ihn ist Geld „eine in einer Zahlungsgemeinschaft allgemein anerkannte und jederzeit aktivierbare anonyme Forderungslegitimation an das nationale Güter- und Leistungsvolumen, dessen Erzeugung und Verteilung es quantitativ und qualitativ als Recheneinheit und Tauschmittler garantiert"[334]. Hieraus drängt sich im ersten Zugriff eine Parallele zur Geldlehre von Elster auf, der Geld als Beteiligung am Sozialprodukt einer Volkswirtschaft auffasst.[335] Darüber will Forstmann aber hinausgehen; die anonyme Forderungslegitimation soll nicht nur auf das Sozialprodukt, sondern auf das „gesamte nationale Güter- und Leistungsvolumen"[336] bezogen sein. Geld kommt danach eine Stellvertreterposition zu, die als kleines Abbild der Leistungsfähigkeit der jeweiligen Volkswirtschaft *per definitionem* unabhängig vom Stoffwert der Geldzeichen ist. Hinsichtlich der Entmaterialisierung und Loslösung des Geldwerts vom Stoffwert stimmt auch Forstmann daher, wenn auch ohne es zu erwähnen, ausdrücklich mit Knapps Staatlicher Theorie überein.

---

[331] Vgl. oben, S. 56 f.
[332] *Forstmann*, Geld und Kredit (1951), S. 66.
[333] *Forstmann*, Geld und Kredit (1951), S. 66.
[334] *Forstmann*, Geld und Kredit (1951), S. 72.
[335] Vgl. oben, S. 60.
[336] *Forstmann*, Geld und Kredit (1951), S. 72.

II. Juristische Definitionen

1. Ideelle Einheit (Arthur Nussbaum)

Arthur Nussbaum stellt seiner Abhandlung zum Geld in der deutschen und in ausländischen Rechtsordnungen zwar die Einschätzung voran, die geldrechtliche Literatur weise einen (quantitativen) „Primat" der Volkswirtschaftslehre auf.[337] Auch sei eine konkret-individuelle Auslegung des Geldbegriffs in jeder einzelnen Norm geboten, welche die besonderen Zwecke der Bestimmung berücksichtige.[338] Dessen ungeachtet hält Nussbaum eine allgemeine Definition des Geldes für möglich. Geld seien „diejenigen Sachen (...), die im Verkehr nicht als das gegeben und genommen werden, was sie physisch darstellen, sondern lediglich als Bruchteil, Einfaches oder Vielfaches (x-faches) einer ideellen Einheit"[339]. Die Generalität dieser Begriffsbestimmung stellt sich gegen die Auffassung, es sei zwischen einem wirtschaftlichen und einem rechtlichen Geldbegriff zu unterscheiden. Allenfalls lasse sich zwischen einem aktuellen, engeren und einem geldgeschichtlichen, weiteren Begriff differenzieren, um Tauschmittel früherer Zeiten einbeziehen zu können.[340] Der Sache nach sei der Geldbegriff „primär ein rechtlicher"[341]. Unter „ideeller Einheit" will Nussbaum inhaltlich die Eigenschaft des Geldes als abstrakter Recheneinheit verstanden wissen, zieht jedoch eine abweichende Terminologie vor. Damit sei das positive Kriterium des Geldbegriffs herausgestellt, das mit einem negativen zusammenwirke: der Unabhängigkeit der Geltung vom Stoff, die Knapp Chartalität nenne.[342]

2. Privatrechtlicher Annahmezwang (Erich Jung)

In seiner Abhandlung über das „privatrechtliche Wesen des Geldes" stellt Erich Jung[343] den „privatrechtlichen Annahmezwang" in den Mittelpunkt des Geldbegriffs.[344] Darunter versteht er die schlichte Tatsache, dass empirisch betrachtet Geld häufig als Leistungsgegenstand von Gattungsschulden vereinbart

---

[337] *Nussbaum*, Das Geld in Theorie und Praxis des deutschen und ausländischen Rechts (1925), S. XII.

[338] *Nussbaum*, Das Geld in Theorie und Praxis des deutschen und ausländischen Rechts (1925), S. 3.

[339] *Nussbaum*, Das Geld in Theorie und Praxis des deutschen und ausländischen Rechts (1925), S. 6.

[340] *Nussbaum*, Das Geld in Theorie und Praxis des deutschen und ausländischen Rechts (1925), S. 13.

[341] *Nussbaum*, Das Geld in Theorie und Praxis des deutschen und ausländischen Rechts (1925), S. 13.

[342] *Nussbaum*, Das Geld in Theorie und Praxis des deutschen und ausländischen Rechts (1925), S. 7.

[343] Zu seiner Rolle im Dritten Reich vgl. seine damaligen Werke *Jung*, Monatsschrift für das deutsche Volk 21 (1937) 65; *ders.*, Subjektives und objektives Recht (1939).

[344] *Jung*, Das privatrechtliche Wesen des Geldes (1926), S. 6.

werde und in der Folge rechtlich als Erfüllung der Schuld angenommen werden müsse. Die Pflicht zur Annahme von Geld beruhe allein auf einer vorangegangenen Parteivereinbarung.[345] Schon von seiner Wortbedeutung her – „Geld" komme von „gelten" – sei das Wesen des Geldes durch seine Verkehrsgeltung bestimmt.[346] Die Eigenschaft als Wertmesser im Gegensatz zum Annahmezwang sei eine rein wirtschaftliche, die für die juristische Betrachtung außer Betracht zu bleiben habe.[347]

Jungs Begriffsbestimmung räumt der Privatautonomie der Teilnehmer am Wirtschaftsverkehr einen hohen Stellenwert ein. Nicht eine Fremdbestimmung durch öffentlich-rechtliche Vorgaben, sondern der Wille der Parteien soll die Annahmepflicht in Bezug auf Geld auslösen. Allerdings ignoriert Jung damit die bestehenden währungsrechtlichen Regelungen. Auch drohen Schwierigkeiten bei der Grenzziehung, welche Vereinbarungshäufigkeit von bestimmten Leistungsgegenständen bei Gattungsschulden schon zur Annahme von Geld führt und welche (noch) nicht; offen bleibt, wie weit genau die Verkehrsgeltung reichen muss.

3. Gesetzliches Zahlungsmittel (Hans Gerber)

Aus öffentlich-rechtlicher Sicht und damit in Abgrenzung zu Jungs privatrechtlicher Theorie hat Hans Gerber den Geldbegriff beleuchtet. Gerber bedient sich einer zweistufigen Vorgehensweise. Zunächst legt er dar, dass Geld eine Sache und vor allem ein rechtlich bestimmtes Zahlungsmittel sei.[348] Die Frage nach einer Zuordnung des Geldes zu den wirtschaftlichen oder rechtlichen Phänomenen will er schon als solche nicht gelten lassen. Geld sei eine Erscheinung, in der „Recht und Wirtschaft notwendig verbunden"[349] seien. Jedoch erweise sich die rechtliche Natur als bestimmend, da sich daraus seine Eigenschaft als Zahlungsmittel ergebe. Aus diesem Grund könne das Geld auch als „rechtlich bestimmte Wirtschaftssache" charakterisiert werden.[350] Im zweiten Schritt sucht Gerber zu begründen, dass Geld dem Staatsrecht im Sinne der nationalen Rechtsordnung zugehört.[351] Damit soll sowohl eine Abgrenzung zum Privatrecht als auch zum Völkerrecht gezogen werden. Sein Fokus liegt letztlich auf dem Begriff des gesetzlichen Zahlungsmittels, das er mit dem Geldbegriff gleichsetzt.[352] Daher definiert er Geld als „eine als Zahlungsmittel geeignete und zum Zwecke derar-

---

345 *Jung*, Das privatrechtliche Wesen des Geldes (1926), S. 5, 21.

346 *Jung*, Das privatrechtliche Wesen des Geldes (1926), S. 15.

347 *Jung*, Das privatrechtliche Wesen des Geldes (1926), S. 6.

348 *Gerber*, Geld und Staat (1926), S. 29 ff., 52 ff.; ebenso *Hartmann*, Über den rechtlichen Begriff des Geldes und den Inhalt von Geldschulden (1868), S. 12; *Pikart*, WM 1980, 510, 511.

349 *Gerber*, Geld und Staat (1926), S. 58.

350 *Gerber*, Geld und Staat (1926), S. 59.

351 *Gerber*, Geld und Staat (1926), S. 59 ff.

352 *Gerber*, Geld und Staat (1926), S. 90.

tiger wirtschaftlicher Diensthaftigkeit nach zahlenmäßig gestaffelten Werteinheiten benannte Wirtschaftsleistung"[353].

4. Subsidiäres allgemeines Exekutionsmittel (Gustav Hartmann, Walther Burckhardt, Max Frauenfelder)

Die These vom Geld als subsidiärem allgemeinem Tauschmittel wurde besonders pointiert von Max Frauenfelder in seiner Berner Dissertation aus dem Jahre 1938 vertreten.[354] Frauenfelder stellt zunächst dar, dass die häufig unterschiedlichen Geldbegriffe von Ökonomen und Juristen daher resultierten, dass Ökonomen das Geld als „von der Rechtsordnung unabhängige Erscheinung des freien Tauschverkehrs"[355] ansähen. Für Juristen hingegen handele es sich bei Geld um das „vollkommenste Mittel der positiven Erzwingung des Privatrechts"[356]. Grund hierfür sei die Abkehr der modernen Rechtsordnungen von der Personalexekution, in deren Folge in der Zwangsvollstreckung ein umfassender Zugriff auf das Schuldnervermögen zu erfolgen habe.[357] Zudem eigne sich Geld in besonderer Weise als subsidiäres allgemeines Exekutionsmittel, da es eine nachträgliche und daher präzise Festsetzung von Schadensersatz erlaube und rechtssicher Auskunft über die erzwingbare Leistung gebe.[358] Aus dieser Einstufung des Geldes folgert Frauenfelder, dass Geld im Wesentlichen eine rechtliche und keine wirtschaftliche Erscheinung sei.[359] Geldrechtliche Regeln seien, da sie auch für die Privatrechtssubjekte zwingend sein müssten, Teil des öffentlichen Rechts.[360] Eine Definition des Geldes als gesetzliches Zahlungsmittel lehnt Frauenfelder hingegen ab. Es handele sich um eine Tautologie und einen *circulus vitiosus*, Geld als dasjenige Mittel anzusehen, mit dem Geldschulden getilgt werden könnten.[361] Seine in vielen Punkten *de lege ferenda* gehaltenen Ausführungen schließt Frauenfelder mit einer Gelddefinition, die er als „logisches Postulat" und Forderung an den Gesetzgeber einstuft:

> „Das Geld (im Rechtssinn) ist das in einer zwingenden Norm zu bestimmende teilbare, absatzfähige (allgemein begehrte), in seiner durchschnittlichen Kaufkraft (zum mindestens relativ) beständige allgemeine subsidiäre Exekutionsmittel des Privatrechts, d.h. der Rechtsordnung mit Vertragsfreiheit und Privateigentum."[362]

---

353 *Gerber*, Geld und Staat (1926), S. 90.

354 *Frauenfelder*, Das Geld als allgemeiner Rechtsbegriff (1938), S. 120 ff.; zuvor schon *Hartmann*, Über den rechtlichen Begriff des Geldes und den Inhalt von Geldschulden (1868), S. 46 ff.; *ders.*, Internationale Geldschulden (1882), S. 19 ff.

355 *Frauenfelder*, Das Geld als allgemeiner Rechtsbegriff (1938), S. 119.

356 *Frauenfelder*, Das Geld als allgemeiner Rechtsbegriff (1938), S. 123.

357 *Frauenfelder*, Das Geld als allgemeiner Rechtsbegriff (1938), S. 140 f.

358 *Frauenfelder*, Das Geld als allgemeiner Rechtsbegriff (1938), S. 153 f.

359 *Frauenfelder*, Das Geld als allgemeiner Rechtsbegriff (1938), S. 187.

360 *Frauenfelder*, Das Geld als allgemeiner Rechtsbegriff (1938), S. 190 ff.

361 *Frauenfelder*, Das Geld als allgemeiner Rechtsbegriff (1938), S. 173.

362 *Frauenfelder*, Das Geld als allgemeiner Rechtsbegriff (1938), S. 218.

5. Staatlich legitimiertes Tauschmittel (F. A. Mann)

Aus deutsch-britischer Perspektive hat F. A. Mann den Geldbegriff untersucht. Für eine rechtliche Begriffsklärung sei es nicht ausreichend, allein die wirtschaftlichen Funktionen des Geldes einzubeziehen.[363] Dennoch nimmt er die Aufgaben, Universaltauschmittel und Recheneinheit zu sein, in seine Gelddefinition auf.[364] Blickend auf die Entstehungsgeschichte des Geldes und den Erfahrungshorizont der Wirtschaftsteilnehmer müsse Geld eine bewegliche Sache sein.[365] Einzubeziehen sei – ganz im Sinne der Staatlichen Theorie Knapps – die maßgebliche Rolle des Staates und der Rechtsordnung bei der Verleihung des Geldcharakters an bestimmte Sachen.[366] Geld könnten nur solche beweglichen Sachen sein, die vom Staat unmittelbar oder mittelbar als Geld geschaffen worden seien. Zusammenfassend sei die Geldeigenschaft „jeder beweglichen Sache zuzubilligen, die, von Rechts wegen ausgegeben und nach einer Rechnungseinheit gestückelt, dazu bestimmt ist, als Universaltauschmittel zu dienen"[367].

6. Abstrakte und unkörperliche Vermögensmacht (Spiros Simitis)

Ein terminologisch auf von Savigny und Martin Wolff zurückgehender Geldbegriff findet sich bei Spiros Simitis. Unter Geld will er abstrakte, unkörperliche Vermögensmacht verstanden wissen.[368] Die Vermögensmacht bezieht er auf die Leistungsfähigkeit der jeweiligen Volkswirtschaft. Darin findet sich eine Parallele zu den Autoren wie Elster, die Geld als Beteiligungsmöglichkeit am Sozialprodukt auffassen. Die Abstraktheit des Geldes folge daraus, dass die ihm innewohnende Vermögensmacht weder auf eine bestimmte Person noch einen bestimmten Vermögensgegenstand bezogen sei, sondern vielmehr seinem Inhaber absolute Verfügungsfreiheit gewähre.[369] Auch wenn Simitis das Geld als Funktion und nicht als Gegenstand erfasst, ist er – wie sich an seiner Gelddefinition zeigt – nicht der funktionsdeterminierten Geldlehre zuzuordnen. Sein Betonen der Geldfunktionen soll die vollständige Loslösung von jeglicher Sachsubstanz unterstreichen. Insofern legt er – in den Worten Knapps – ein chartales (anti-metallistisches) Geldverständnis zugrunde. Als Folge dieser abstrakten Betrachtungsweise vermag Simitis sowohl das Sach- als auch das Buchgeld seinem Geldbegriff zuzuordnen.[370]

---

[363] *Mann*, Das Recht des Geldes (1960), S. 4 f.
[364] *Mann*, Das Recht des Geldes (1960), S. 19 ff.
[365] *Mann*, Das Recht des Geldes (1960), S. 5.
[366] *Mann*, Das Recht des Geldes (1960), S. 10 f.
[367] *Mann*, Das Recht des Geldes (1960), S. 5.
[368] *Simitis*, AcP 159 (1960) 406, 431.
[369] *Simitis*, AcP 159 (1960) 406, 429 f.
[370] *Simitis*, AcP 159 (1960) 406, 431 ff.

7. Vertretbare Sachen mit allgemeinem Tauschwert (Ernst Wolf)

Bei Ernst Wolf findet sich hingegen eine eher klassische Gelddefinition, die auf dem Begriff der vertretbaren Sache nach § 91 BGB aufbaut. Unter Geld versteht er „eine vertretbare Sache, mit der innerhalb eines Gebiets eine bestimmte Menge an allgemeinem Tauschwert aufgrund einer Währung verbunden ist“[371]. Der Geldbegriff sei ein rechtlicher, kein wirtschaftlicher. Dies folge aus der Bezugnahme auf einen Tauschwert, der auf dem Tausch als vertragsrechtliches Konstrukt basiere. Wolf unterscheidet zwischen staatlichem Geld und Verkehrsgeld.[372] Staatliches Geld sei im Wesentlichen inländisches Währungsgeld, während das Verkehrsgeld als lediglich usuelles Geld in einem bestimmten Gebiet üblicherweise zur Erfüllung von Geldschulden angenommen werde; zumeist handele es sich dabei um ausländisches Geld. Buchgeld sei noch nicht einmal Verkehrsgeld, sondern schlichtes Forderungsrecht und damit kein Geld. Die Verkörperung in einer vertretbaren Sache fehle.

8. Dreigliedriger Geldbegriff (Karsten Schmidt)

Karsten Schmidt geht von einer Relativität des Rechtsbegriffs „Geld“ aus, die sich in einer unterschiedlichen Begriffsverwendung in verschiedenen Rechtsnormen zeige.[373] Dennoch lasse sich eine explizite Begriffsbildung durchführen. Dabei sei der Begriff des Geldes von dessen Aufgaben her zu bestimmen.[374] Dabei folgt Karsten Schmidt nicht der wirtschaftswissenschaftlichen, rein funktionsdeterminierten Auffassung, die Definition und Funktionen gleichsetzt. Für ihn existiert ein dreigliedriger Geldbegriff, der terminologisch eine Vielzahl von Aspekten einbezieht, die in der bisherigen Diskussion aufgekommen waren: die wirtschaftlichen Grundfunktionen des Geldes, die praktisch zunehmende Relevanz des Buchgeldes und die juristisch geläufige Einschränkung des Geldbegriffs auf Geldzeichen. Der Geldbegriff im institutionellen Sinne sei ein abstrakter, indem kein Bezug zu konkreten Gegenständen hergestellt, sondern nach der „Zugehörigkeit einer Forderung, eines Geschäfts, einer Erfüllung etc. zum Geldrecht“ gefragt werde.[375] Im Gegensatz dazu umfasse der gegenständliche Geldbegriff das Sachgeld, dem Karsten Schmidt nicht nur Münzen und Papiergeld, sondern auch Forderungen zuordnet; die „Geldeigenschaft bestimmter Gegenstände“, d.h. der Geldzeichen, stehe insofern in Rede.[376] In Anlehnung an F. A. Mann definiert er Geldzeichen als „bewegliche Sachen, die, nach einer Rechnungseinheit gestückelt, bestimmungsgemäß zum Nominal-

---

371 *Wolf*, Lehrbuch des Schuldrechts (1978), § 4 D II a.

372 *Wolf*, Lehrbuch des Schuldrechts (1978), § 4 D II b.

373 *K. Schmidt*, in: Staudinger, BGB (1997), Vorbem A12 zu §§ 244 ff.

374 *K. Schmidt*, in: Staudinger, BGB (1997), Vorbem A13 zu §§ 244 ff.

375 *K. Schmidt*, in: Staudinger, BGB (1997), Vorbem A15, A18 zu §§ 244 ff.

376 *K. Schmidt*, in: Staudinger, BGB (1997), Vorbem A16, A19 ff. zu §§ 244 ff.

wert als Tauschmittel dienen, als solche von Rechts wegen anerkannt sind und vom Gläubiger nicht abgelehnt werden dürfen"[377]. Mit seinem konkret-funktionellen Geldbegriff zielt er auf „alle bereiten Mittel, die für die Erfüllung von Geldfunktionen gebraucht werden können"[378]. Mit ihm soll der gegenständliche Geldbegriff durch die funktionelle Betrachtungsweise erweitert und vom institutionellen Geldbegriff durch das konkrete Element abgegrenzt werden. Erfasst sei neben dem Sach- auch das Buchgeld.

B. Konturierung einer Nominaldefinition des Geldes

Die bislang veröffentlichten Ansätze des wirtschafts- und rechtswissenschaftlichen Schrifttums, eine – möglichst einheitliche und universale – Definition des Geldes zu formulieren, setzen nahezu ausnahmslos jenseits gesetzlicher Vorgaben an. Sie bemühen sich um eine von konkret-normativen Vorgaben losgelöste Begriffsbildung, um sich nicht dem Vorwurf auszusetzen, die Geltungsreichweite ihrer Gelddefinition sei nur eingeschränkt. Trotz des naturgemäß interdisziplinären Auftrags einer jeden Untersuchung zum Wesen des Geldes bzw. zum Geldrecht muss aus juristischer Sicht doch in diesem Punkt eine Rückbesinnung auf die eigene Disziplin erfolgen. Ein Geldbegriff, der ohne Bezug zu den gesetzlichen Vorgaben und Rahmenbedingungen unserer Wirtschaftsordnung auszukommen versucht, ist rechtswissenschaftlich nicht fruchtbar. Eine eigene Stellungnahme muss daher mit einer kodifikatorischen *„tour d'horizon"* zum Geldbegriff beginnen. Damit soll nur in zweiter Linie belegt werden, dass verschiedenen gesetzlichen Normen verschiedene Gelddefinitionen zugrunde liegen; dies wurde bereits nachgewiesen.[379] Vielmehr sollen die gewonnen Erkenntnisse als normativ-fundierte Grundlage für eine rechtliche Nominaldefinition des Geldes herangezogen werden.[380]

I. Normative Ausgangslage

1. Geldbegriffe im Privatrecht

Geld als Grundsubstanz einer auf Privatautonomie basierenden Wirtschaftsordnung durchzieht nahezu sämtliche Gebiete des Privatrechts. Der bi- und multipolare Rechtsverkehr zwischen den Privatrechtssubjekten zeigt sich vielfältig geprägt vom Phänomen Geld: das Kapital der Kapitalgesellschaft, der in

---

377 *K. Schmidt*, in: Staudinger, BGB (1997), Vorbem A19 zu §§ 244 ff.
378 *K. Schmidt*, in: Staudinger, BGB (1997), Vorbem A17 zu §§ 244 ff.
379 *Isele*, AcP 129 (1928) 129, 184; *Thywissen*, BB 1971, 1347, 1348 f.
380 Eine Nominaldefinition befürwortet auch *R. Schmidt*, in: *Isensee/Kirchhof* (Hrsg.), Handbuch des Staatsrechts der Bundesrepublik Deutschland (3. Auflage 2007), § 117 Rn. 1.

einer Geldsumme bestehende Umfang der Grundpfandrechte, die Hinterlegungsfähigkeit von Geld bis hin zur Zwangsvollstreckung wegen einer Geldforderung oder in eine solche. Es offenbart sich ein schillerndes Pfauenrad der privatrechtlichen Geldbegriffe.

a) Allgemeiner Teil des BGB

Im Allgemeinen Teil des BGB findet sich eine grundlegende Regelung zu Geldschulden in § 270 BGB. Dort wird die Verlust- und Verzögerungsgefahr zwischen Schuldner und Gläubiger aufgeteilt,[381] sofern es sich um die Übermittlung von „Geld“ handelt. § 270 Abs. 1 BGB benennt zwar Geld als Tatbestandsmerkmal, definiert es aber nicht. Einhellig wird angenommen, § 270 BGB gelte sowohl für Geldwert- als auch Geldsummenschulden.[382] Seien hingegen bestimmte Geldstücke geschuldet, handele es sich nicht mehr um eine Geldschuld in diesem Sinne, sondern um eine Sachleistungsschuld.[383] Unanwendbar soll § 270 BGB auf Herausgabeansprüche aus Auftrags- bzw. Geschäftsbesorgungsrecht (§ 667 BGB) und aus Bereicherungsrecht sein.[384] Als unerheblich wird hingegen eingestuft, auf welche Art und Weise das Geld durch den Schuldner übermittelt wird; erfasst seien insbesondere Barzahlung und Überweisung.[385] Der Geldbegriff des § 270 BGB knüpft daher nicht an gegenständlichen Geldzeichen an, sondern erfasst auch den bargeldlosen Zahlungsverkehr und damit das Buchgeld. Eine eigenständige Begriffsbestimmung des Geldes findet sich im Kontext von § 270 BGB zumeist nicht. Allerdings ordnet Karsten Schmidt das Geld im Sinne von § 270 BGB seinem institutionellen Geldbegriff zu.[386]

b) Schadensrecht

Das Schadensrecht verweist den Geschädigten in §§ 249 Abs. 2, 250, 251, 253 BGB auf einen Ersatz in Geld. Die veröffentlichte Literatur und Rechtsprechung konzentrieren sich eher auf die konkrete Berechnung des Integritäts- bzw. Wertinteresses in absoluten Zahlen als auf die Bestimmung des Anspruchsziels – des Geldes. Als aufschlussreich und anschaulich für die Auslegung erweist sich hingegen ein Urteil des III. Zivilsenats des Bundesgerichtshofs aus dem Jahre 1952.[387] Die dortige Klägerin war kurz nach Kriegsende im August 1945 im russischen Sektor von Berlin in ihrem Eigentum geschädigt worden.

---

[381] Vgl. zum strittigen Charakter als modifizierte Bringschuld unten, S. 321 ff.

[382] Statt aller *Bittner*, in: Staudinger, BGB (2009), § 270 Rn. 5; *Krüger*, in: MünchKomm BGB (6. Auflage 2012), § 270 Rn. 3 m.w.N.

[383] *Krüger*, in: MünchKomm BGB (6. Auflage 2012), § 270 Rn. 3.

[384] *Bittner*, in: Staudinger, BGB (2009), § 270 Rn. 6 f. m.w.N.

[385] *K. Schmidt*, in: Staudinger, BGB (1997), Vorbem C21 zu §§ 244 ff.; *Bittner*, in: Staudinger, BGB (2009), § 270 Rn. 13.

[386] *K. Schmidt*, in: Staudinger, BGB (1997), Vorbem A15 zu §§ 244 ff.

[387] BGHZ 5, 138 = NJW 1952, 618.

Nach der Währungsreform verzog sie zunächst nach West-Berlin, danach in die Bundesrepublik. Dort machte sie gerichtlich Schadensersatz geltend, um sich an ihrem neuen Wohnsitz gleichwertige Gegenstände neu beschaffen zu können. Der III. Zivilsenat hatte zu entscheiden, ob der Schädiger in DM-West oder DM-Ost zu leisten hatte. Der erkennende Senat stellte auf eine schadensersatzspezifische Auslegung ab. Ersatz sei als Folge der Differenzhypothese aus § 249 Abs. 1 BGB an dem Ort zu leisten, an dem die Geschädigte die Sache verbracht hätte, wenn das schädigende Ereignis nicht eingetreten wäre.[388] Daher müsse es darauf ankommen, welchen Geldbetrag der Geschädigte an diesem Orte benötigt, um gleichwertige Sachen zu beschaffen. Da am Wohnort der Klägerin im Zeitpunkt der letzten mündlichen Verhandlung die DM-West als gesetzliches Zahlungsmittel gegolten habe, sei der Geldbetrag in dieser Währung zu entrichten.[389] Aus der Entscheidung lässt sich erstens ableiten, dass Geld im Sinne von § 249 BGB im Lichte der Differenzhypothese und des Grundsatzes der Totalreparation auszulegen ist. Sowohl Sach- als auch Buchgeld kann diesen Erfordernissen gerecht werden. Zweitens ist typischerweise die Geldzahlung in der Währung zu leisten, die am Wohnort des Geschädigten gilt. Auf diese Weise wird über den mit ihr verbundenen Annahmezwang die Gewähr dafür übernommen, dass der Geschädigte tatsächlich sein Integritäts- bzw. Wertinteresse befriedigt erhält.

c) *Hinterlegungsrecht*

Eine Sicherheitsleistung nach §§ 232 ff. BGB kann unter anderem durch die Hinterlegung von Geld erfolgen (§ 232 Abs. 1 Var. 1 BGB). Die Hinterlegung von Geld kann auch als Erfüllungssurrogat nach §§ 372, 378 BGB dienen. Die Hinterlegungsgesetze der Länder, nach denen sich solche Hinterlegungen verfahrensrechtlich richten,[390] sehen mit Ausnahme von Bayern ebenfalls die Hinterlegungsfähigkeit von „Geld“ vor,[391] ohne jedoch eine begriffliche Deckungsgleichheit mit § 232 Abs. 1 BGB zu erzielen.[392] Geld im Sinne der §§ 232 Abs. 1 Var. 1, 372 BGB sollen nur gesetzliche Zahlungsmittel sein, wobei es sich nicht notwendigerweise um inländische handeln müsse.[393] Damit scheidet Buchgeld aus.

---

[388] BGHZ 5, 138, 143.

[389] BGH NJW 1952, 618, 619 (insofern nicht in BGHZ 5, 138 abgedruckt).

[390] *Repgen*, in: Staudinger, BGB (2009), § 232 Rn. 3.

[391] Vgl. beispielhaft §§ 6, 11 des saarländischen Hinterlegungsgesetzes vom 18.11.2010, ABl. S. 1409 sowie §§ 6, 11 des baden-württembergischen Hinterlegungsgesetzes vom 11.5.2010, GBl. S. 398 in Abgrenzung zu Art. 9 des bayerischen Hinterlegungsgesetzes vom 23.11.2010, GVBl. S. 738.

[392] *Grothe*, in: MünchKomm BGB (6. Auflage 2012), § 232 Rn. 3.

[393] *Grothe*, in: MünchKomm BGB (6. Auflage 2012), § 232 Rn. 3; *Fetzer*, in: MünchKomm BGB (6. Auflage 2012), § 372 Rn. 3.

Das Ende 2010 in Kraft getretene bayerische Hinterlegungsgesetz (BayHintG)[394] erweitert hingegen den Geldbegriff im Vergleich zur früheren Hinterlegungsordnung des Bundes und zu §§ 232, 372 BGB. Hinterlegungsfähig sind sowohl Geldsummen als auch Geldzeichen (Art. 9 Abs. 1 BayHintG). Fremdwährungen können ebenfalls für Hinterlegungszwecke genutzt werden, jedoch lediglich in Form von Geldzeichen (Art. 9 Abs. 2 BayHintG). Die Hinterlegung von Geldzeichen bewegt sich noch auf den klassischen Pfaden, insofern als sie durch Übergabe an die Hinterlegungsstelle vollzogen wird (Art. 12 Nr. 3 BayHintG). Geldsummen hingegen können durch Gutschrift auf einem Konto der Hinterlegungsstelle eingezahlt werden (Art. 12 Nr. 1 BayHintG). Spiegelbildlich dazu vollzieht sich auch die Herausgabe nach Beendigung der Hinterlegung (Art. 23 Nr. 1 und 3 BayHintG). In der Folge ist in Bayern auch Buchgeld hinterlegungsfähig. Bei Geldsummen muss die Hinterlegungsstelle keineswegs die ursprünglich eingezahlten Geldscheine zurückgewähren, sondern hat lediglich denselben Betrag zu überweisen oder auszuzahlen.

d) Darlehensrecht

aa) Grundlagen

Im Besonderen Teil des Schuldrechts begegnet der Geldbegriff dem Rechtsanwender geradezu paradigmatisch im (Geld-) Darlehensrecht der §§ 488 ff. BGB. Der Darlehensnehmer ist konsensual verpflichtet, einen bestimmten Geldbetrag zur Verfügung zu stellen (§ 488 Abs. 1 Satz 1 BGB). Abzugrenzen ist der Anwendungsbereich des Sachdarlehensvertrages, dessen Gegenstand eine „vertretbare Sache“ (§ 607 Abs. 1 Satz 1 BGB) ist. Da auch Geld diesem Tatbestandsmerkmal unterfallen kann, findet sich eine Subsidiaritätsklausel in § 607 Abs. 2 BGB. Unzweifelhaft wird unter Geld im darlehensrechtlichen Sinne das Bargeld erfasst, das der Darlehensgeber dem Darlehensnehmer durch Übereignung zu verschaffen hat.[395] Allerdings ist der Wortlaut von § 488 Abs. 1 Satz 1 BGB nicht auf eine sachenrechtliche Übereignung festgelegt, da bewusst inhaltlich weiter von einer Zurverfügungstellung gesprochen wird.[396] Daher kann der Darlehensgeber unabhängig von einer etwaigen Abrede seine Hauptpflicht auch durch Buchgeld nach § 362 Abs. 1 BGB erfüllen.[397] Es erfolgt keine Einschränkung auf gesetzliche Zahlungsmittel, sondern eine Gleichstellung von Buch- und Sachgeld. Geld im Sinne von §§ 488 ff. BGB umfasst daher nicht

---

[394] Hinterlegungsgesetz vom 23.11.2010, GVBl. S. 738.

[395] *Freitag/Mülbert*, in: Staudinger, BGB (2011), § 488 Rn. 15.

[396] BT-Drucks. 14/6040, S. 253.

[397] OLG Brandenburg, Urteil vom 4.2.2009 – 4 U 113/08; *Mülbert*, WM 2002, 465, 468; *Freitag/Mülbert*, in: Staudinger, BGB (2011), § 488 Rn. 15; *K. P. Berger*, in: MünchKomm BGB (6. Auflage 2012), § 488 Rn. 29.

nur gesetzliche Zahlungsmittel.[398] Ansonsten wäre Buchgeld nicht erfasst, da nach Art. 10 Satz 2, 11 Satz 2 der Euro-Einführungsverordnung[399] allein das Euro-Bargeld als gesetzliches Zahlungsmittel gilt. Weiterhin kann gemäß § 244 Abs. 2 BGB das Gelddarlehen auch in fremder Währung vereinbart werden.[400]

bb) Pfandbriefdarlehen

Schwierigkeiten bereitet die Einordnung des – praktisch seltenen – Pfandbriefdarlehens, bei dem der Darlehensgeber Hypothekenpfandbriefe statt Sach- oder Buchgeld gewährt und der Darlehensnehmer nach seiner Wahl Pfandbriefe oder Sach-/Buchgeld zurückzahlt. [401] Die überwiegende Ansicht ordnet diese Darlehensart dem Gelddarlehen zu,[402] während die Gegenauffassung wegen des zu überlassenden Gegenstands (vertretbare Sache) das Sachdarlehensrecht heranziehen will.[403] Die Mehrheitsauffassung verweist hingegen auf die Maßgeblichkeit der Rückgewährpflicht des Darlehensnehmers für die vertragstypologische Einordnung.[404] Für die Frage, ob der Geldbegriff der §§ 488, 607 Abs. 2 BGB auch Pfandbriefe umfasst, muss dieser Streit nicht entschieden werden. Beide Meinungsgruppen sehen Pfandbriefe nicht als Geld an, denn selbst die herrschende Meinung stellt auf die Rückgewährpflicht ab, die dem Grunde nach eine Geldschuld[405] mit Ersetzungs- oder Wahlbefugnis des Darlehensnehmers sein soll.

cc) Akzeptkredit

Für die Konturierung des Geldbegriffs im BGB-Darlehensrecht ist weiterhin die Rechtsnatur des Akzeptkredits von Relevanz. Bei einem solchen handelt es sich um einen Haftungskredit, bei dem die Bank einen vom Kunden auf sie gezogenen Wechsel akzeptiert und der Kunde diesen sodann als Haftungs- oder Verwertungsgegenstand für seine Gläubiger oder andere Darlehensgeber verwenden kann.[406] Je nach Ausgestaltung im Einzelfall nutzt der Kreditnehmer den gestellten Wechsel eigenständig oder unter Einbeziehung der Bank zur Be-

---

[398] A.A. wohl *Freitag*, in: Staudinger, BGB (2011), § 607 Rn. 11.

[399] Verordnung (EG) Nr. 974/98 vom 3.5.1998 über die Einführung des Euro, ABl. EG Nr. L139/1 vom 11.5.1998.

[400] *Freitag*, in: Staudinger, BGB (2011), § 607 Rn. 11.

[401] Vgl. allgemein *Focken*, Kreditwesen 1992, 886 sowie zur Reform 2005 *Frank/Glatzl*, WM 2005, 1681.

[402] RGZ 127, 86, 89; *Freitag/Mülbert*, in: Staudinger, BGB (2011), § 488 Rn. 517 m.w.N.; *K. P. Berger*, in: MünchKomm BGB (6. Auflage 2012), § 488 Rn. 48, § 607 Rn. 9.

[403] *Freitag*, in: Staudinger, BGB (2011), § 607 Rn. 16.

[404] *Freitag/Mülbert*, in: Staudinger, BGB (2011), § 488 Rn. 517 m.w.N.

[405] BGH WM 1963, 430, 432.

[406] *Peters*, in: *Schimansky/Bunte/Lwowski* (Hrsg.), Bankrechts-Handbuch (4. Auflage 2011), § 65 Rn. 16; *Freitag/Mülbert*, in: Staudinger, BGB (2011), § 488 Rn. 580.

schaffung von Liquidität, wobei im letzten Fall entweder die Bank lediglich an einen Dritten vermittelt (Fremddiskont) oder selbst den Wechsel diskontiert. Außer bei der Diskontierung durch die Bank selbst erhält der Kreditnehmer von seiner Bank kein Sach- oder Buchgeld, sondern letztlich einen Wechsel als Haftungsmasse zur Verfügung gestellt. Aufgeworfen ist somit die Frage, ob auch darin Geld im Sinne der §§ 488, 607 Abs. 2 BGB zu sehen ist. Die überwiegende Auffassung stellt, zurückgehend auf BGHZ 19, 282, auf die Umstände des Einzelfalls ab, genauer darauf, welches der genannten Abwicklungsmodelle die Parteien wählen.[407] In der Tat wird die Bank als Geschäftsbesorgerin nach §§ 675 Abs. 1, 631 ff. BGB tätig, wenn der Kunde selbst für die Geldbeschaffung verantwortlich ist und von seiner Bank ausschließlich über den Wechsel Haftungsmasse zur Verfügung gestellt bekommt. Ebenfalls liegt kein Darlehens-, sondern ein Geschäftsbesorgungsvertrag vor, wenn die Bank einen Dritten als Darlehensgeber im Wege des Fremddiskonts vermittelt. Allein für die Konstellation, in der die Bank selbst den anschließenden Geldkredit gewährt und eine Eigendiskontierung des Wechsels vornimmt, wird eine darlehensvertragliche Qualifikation angenommen.[408] Folglich bleibt der bloße Haftungskredit aus dem Geldbegriff der §§ 488, 607 Abs. 2 BGB ausgenommen. Liquidität, Haftungsmasse und die Vermittlung von Fremddiskont sind nicht als Geld im darlehensvertraglichen Sinne anzusehen.

dd) Sonstige Einzelfälle

Die weiteren Sonderformen des Gelddarlehens werfen keine Zweifel daran auf, dass dem Gelddarlehensrecht der §§ 488 ff. BGB allein die zeitweise Überlassung von Sach- oder Buchgeld zuzuordnen ist. So erfordert beispielsweise der Lombardkredit lediglich besondere dingliche Kreditsicherheiten.[409] Im Ergebnis lässt sich festhalten, dass unter Geld im Sinne der §§ 488, 607 Abs. 2 BGB Buch- und Sachgeld, auch solches in fremder Währung, verstanden wird.

e) Vertragsstrafeversprechen

Von eingeschränkter rechtspraktischer Bedeutung ist die Unterscheidung zwischen „Geldstrafen“ und „anderen Leistungen“ bei Vertragsstrafenversprechen. Zwar beschränkt sich § 339 Satz 1 BGB zunächst auf die „Zahlung einer Geld-

---

[407] Nachweise bei *Freitag/Mülbert*, in: Staudinger, BGB (2011), § 488 Rn. 581 ff.; *Peters*, in: *Schimansky/Bunte/Lwowski* (Hrsg.), Bankrechts-Handbuch (4. Auflage 2011), § 65 Rn. 17 f.

[408] *Freitag/Mülbert*, in: Staudinger, BGB (2011), § 488 Rn. 585 ff.; *Wunderlich*, in: *Schimansky/Bunte/Lwowski* (Hrsg.), Bankrechts-Handbuch (4. Auflage 2011), § 75 Rn. 43; einschränkend *Peters*, in: *Schimansky/Bunte/Lwowski* (Hrsg.), Bankrechts-Handbuch (4. Auflage 2011), § 65 Rn. 18.

[409] *Wunderlich*, in: *Schimansky/Bunte/Lwowski* (Hrsg.), Bankrechts-Handbuch (4. Auflage 2011), § 75 Rn. 31.

summe" als Strafe, jedoch führt die Erweiterung in § 342 BGB in der Rechtsfolge ebenfalls zur Anwendung der §§ 339 bis 341, 343 bis 345 BGB. Unterschiede ergeben sich allerdings bei der Herabsetzung von nicht teilbaren Strafen sowie insbesondere beim Verhältnis von Strafanspruch zu Schadensersatzansprüchen. In grundsätzlicher Abweichung zu §§ 340 Abs. 2, 341 Abs. 2 BGB besteht nach § 342 Halbsatz 2 BGB bei Nicht-Geldstrafen ein Alternativverhältnis zwischen Strafanspruch und Schadensersatz.[410] Diese Ausnahmeregel folgt daraus, dass das Gesetz eine Bewertung von Nicht-Geldstrafen in Geld dem Rechtsanwender ersparen will.[411] Beide Besonderheiten basieren auf dem Umstand, dass Geld wegen seiner Funktion als Recheneinheit leicht teilbar und anrechenbar ist. Nach dieser *ratio legis* muss als Geld im Sinne der §§ 339, 342 BGB insbesondere Sach- und Buchgeld verstanden werden. Aber auch sonstiges Geld im abstrakten Sinne, das über eine Wertmaßfunktion verfügt (z.B. Wertzeichen, verbriefte Geldforderungen), ist dazu zu zählen.

f) Auftrag

Das Auftragsrecht des BGB ist mit einer Sondervorschrift für Geld ausgestattet, das der Beauftragte nach § 667 BGB an den Auftraggeber herauszugeben hat. § 668 BGB schreibt ergänzend eine Verzinsungspflicht vor, sofern es der Beauftragte für sich verwendet. Über §§ 675 Abs. 1, 681 Satz 2, 687 Abs. 2 Satz 1 BGB findet die Regelung auch Anwendung bei der Geschäftsbesorgung und im Recht der Geschäftsführung ohne Auftrag.[412] Der Beauftragte darf fremdnützig zu verwendendes Geld nicht eigennützig einsetzen und soll keinen Gewinn aus der Auftragsausführung ziehen.[413] Geschieht es dennoch, so trifft ihn eine Verzinsungspflicht. Eine solche kann bereits nach § 667 Alt. 2 BGB bestehen, sofern der Auftraggeber tatsächlich Zinsen von dritter Seite erhält. Die Erweiterung des § 668 BGB besteht darin, dass Zinsen auch dann zu zahlen sind, wenn der Auftraggeber das Geld nicht zinsbringend angelegt hat. Die Zinsen verstehen sich als Mindestausgleich für vom Beauftragten möglicherweise mit dem Geld erzielten Gewinn.[414]

Als Geld in diesem Sinne werden sowohl Sach- als auch Buchgeld,[415] auch in ausländischer Währung,[416] verstanden. Andere Gegenstände wie geldwerte Forderungen sollen hingegen dem Geldbegriff des § 668 BGB nicht unterfal-

---

410 *Rieble*, in: Staudinger, BGB (2009), § 342 Rn. 12.

411 *Rieble*, in: Staudinger, BGB (2009), § 342 Rn. 12.

412 Vgl. zu weiteren Anwendungsfällen *Martinek*, in: Staudinger, BGB (2006), § 668 Rn. 3.

413 *Martinek*, in: Staudinger, BGB (2006), § 668 Rn. 1; dem folgend OLG Düsseldorf NJW-RR 2011, 57, 58.

414 Ähnlich BGH, Urteil vom 5.5.2010 – III ZR 65/09, Rn. 11.

415 *Martinek*, in: Staudinger, BGB (2006), § 668 Rn. 4; der Sache nach ebenso OLG Celle OLGR 2009, 1 f.; OLG Frankfurt, Urteil vom 23.3.2010 – 6 U 21/09.

416 *Seiler*, in: MünchKomm BGB (6. Auflage 2012), § 668 Rn. 2.

len.[417] Ob dieses Verständnis als zu eng abzulehnen ist, hängt davon ab, wieweit der Gesetzeswortlaut („Geld") durch den Gesetzeszweck (effizienter Mindestausgleich) auszudehnen ist. Einzubeziehen als äußerste Grenze ist der allgemeine Zinsbegriff, über den sich bestimmen lässt, welche Arten von Forderungen prinzipiell verzinsbar sind. Zins im Rechtssinne ist „das dem Gläubiger einer auf Geld oder vertretbare Sachen gerichteten Forderung für Kapitalentbehrung zu zahlende Entgelt, das laufzeitabhängig und gewinn- und umsatzunabhängig ist"[418]. Zinsen können daher *per definitionem* auch auf vertretbare Sachen gezahlt werden. Sie müssen nicht mit dem zu verzinsenden Kapital gleichartig sein.[419] Unter dem Gesichtspunkt der Verzinsbarkeit muss der Geldbegriff des § 668 BGB daher nicht auf Sach- und Buchgeld beschränkt werden. Auch sonstige vertretbare Sachen könnten an sich eine Zinszahlungspflicht des Auftragnehmers auslösen. Auch für sie wäre die Zinshöhe nach § 246 BGB zu berechnen.

Teleologisch ist zu fragen, wie weitgehend die Rechtsposition des Auftragnehmers durch § 668 BGB beschnitten und im Gegenzug diejenige des Auftraggebers verbessert werden soll. Im systematischen Vergleich mit § 667 BGB ist zu berücksichtigen, dass es sich bei § 668 BGB um eine Sondervorschrift handelt, deren Wortlaut deutlich enger gefasst ist („alles ... herauszugeben" versus „Geld ... zu verzinsen"). Für eine enge Auslegung spricht zudem, dass § 668 BGB einen Anspruch unabhängig vom Verschulden des Beauftragten und von der Existenz eines Schadens des Auftraggebers gewährt;[420] beides verdeutlicht den Ausnahmecharakter der Vorschrift. Hinzu tritt, dass die Verzinsungspflicht bei einem Verzug mit der Herausgabe von Geld nach § 667 Alt. 2 BGB ebenfalls nur bei Geldschulden im Sinne des § 288 BGB eintritt. Schließlich ist der Auftraggeber nicht schutzlos gestellt, sofern der Beauftragte vertretbare Sachen, die nicht Geld sind, für sich verwendet. Darin liegt eine Verletzung der auftragsrechtlichen Treuepflicht, die zu einem Schadensersatzanspruch führen kann.[421] Folglich erscheint eine Ausdehnung des Geldbegriffes in § 668 BGB auf sonstige vertretbare Sachen nicht geboten. Geld im Sinne dieser Norm ist nur Sach- und Buchgeld in in- oder ausländischer Währung.

g) Verwahrung

Eine mit § 668 BGB ähnliche Regelung findet sich für die Verwahrung in § 698 BGB. Auch diese Vorschrift normiert einen Anspruch auf Ersatz eines verschuldens- und schadensunabhängigen Mindestbetrags. Im Gegensatz zu § 668

---

417 *Martinek*, in: Staudinger, BGB (2006), § 668 Rn. 1.
418 *Blaschczok*, in: Staudinger, BGB (1997), § 246 Rn. 7 m.w.N.
419 *Wolf*, Lehrbuch des Schuldrechts (1978), § 4 E II; *Blaschczok*, in: Staudinger, BGB (1997), § 246 Rn. 16; a.A. *Belke*, BB 1968, 1219, 1221.
420 *Martinek*, in: Staudinger, BGB (2006), § 668 Rn. 2.
421 *Martinek*, in: Staudinger, BGB (2006), § 668 Rn. 4.

BGB ist unter Geld im Sinne des Verwahrungsrechts allein Sachgeld zu verstehen, nicht aber Buchgeld.[422] Der Grund für diese Abweichung liegt im Wesen der Verwahrung: Verwahrungsfähig sind nach § 688 BGB nur bewegliche Sachen. Unerheblich ist jedoch, ob es sich um Sachgeld in- oder ausländischer Währung handelt.[423] Ein identischer Geldbegriff liegt § 702 BGB zugrunde, denn unkörperliches Buchgeld kann nicht „eingebracht" werden im Sinne von § 701 Abs. 2 BGB und auch nicht in einem verschlossenen Behältnis übergeben werden im Sinne von § 702 Abs. 3 Satz 2 BGB.

h) Depositum irregulare

Ebenso wie in §§ 698, 702 BGB ist vom Geldbegriff des § 700 Abs. 1 BGB das Buchgeld nicht erfasst. Bei einem *depositum irregulare* geht das Eigentum an vertretbaren Sachen auf den Verwahrer über; dies ist nur bei Sachgeld denkbar. Findet also das Gelddarlehensrecht über § 700 Abs. 1 Satz 1 BGB Anwendung, so greift nicht die weitere Gelddefinition der §§ 488, 607 Abs. 2 BGB, sondern die engere des § 700 Abs. 1 BGB ein.

i) Zahlungsdiensterecht

aa) Fokussierung auf Buchgeld

Der unbare Zahlungsverkehr ist seit dem Jahr 2009 im BGB nicht mehr kodifikatorisch unscheinbar allein mit der Verweisungsklausel des § 675 Abs. 1 BGB und einigen Spezialvorschriften zur Überweisung in §§ 676a bis 676h BGB a.F. vertreten. Infolge der Umsetzung der EG-Zahlungsdiensterichtlinie[424] finden sich inzwischen detailreiche Regelungen in den §§ 675c bis 676c BGB, die insoweit das allgemeine Geschäftsbesorgungsrecht verdrängen. Der Geldbegriff des Zahlungsdiensterechts ist notwendigerweise nicht auf das Sachgeld beschränkt, sondern fokussiert vielmehr das Buchgeld als schon begriffliches Lebenselixier des bargeldlosen Zahlungsverkehrs.

bb) Miterfassung von Sachgeld

Allerdings zeigt sich schon an einer der Grundnormen des Zahlungsdiensterechts in § 675f BGB, dass sich Zahlungsdienste keinesfalls ausschließlich auf unverkörpertes Giralgeld beziehen. Nach der Legaldefinition des § 675f Abs. 3 Satz 1 BGB, die auf Art. 4 Nr. 5 der Zahlungsdiensterichtlinie zurückgeht, ist Zahlungsvorgang „jede Bereitstellung, Übermittlung oder Abhebung eines

---

422 *Reuter*, in: Staudinger, BGB (2006), § 698 Rn. 1; *Henssler*, in: MünchKomm BGB (6. Auflage 2012), § 698 Rn. 2.

423 *Henssler*, in: MünchKomm BGB (6. Auflage 2012), § 698 Rn. 2.

424 Richtlinie 2007/64/EG über Zahlungsdienste im Binnenmarkt vom 13.11.2007, ABl. EU Nr. L 319 S 1 vom 5.12.2007.

Geldbetrags". Auf eine bestimmte Währung legt sich die Definition nicht fest. Der Begriff zielt auf den tatsächlichen Geldfluss ab[425] und ist bewusst sehr weit gefasst.[426] Nach dem Wortsinn kann eine „Abhebung" von Geld nur in Form von Bargeld erfolgen; ansonsten läge eine Übermittlung vor. Die vorgelagerte Bargeldeinzahlung auf ein Zahlungskonto, d.h. die Umwandlung von Sach- in Buchgeld, adressiert § 675t Abs. 2 BGB.

cc) Fremdwährungskonten

Auch wenn sowohl die Definition des Zahlungskontos in Art. 4 Nr. 14 der Zahlungsdiensterichtlinie als auch diejenige des Zahlungsvorgangs währungsneutral gehalten sind, so finden sich in der deutschen Bankpraxis Einschränkungen. Fremdwährungskonten werden zwar seit der Aufhebung von § 3 Satz 1 WährG a.F. genehmigungsfrei eröffnet.[427] Allerdings werden sie ausschließlich mit Buchgeld geführt. Nach Nr. 10 Abs. 1 Satz 1 AGB-Banken und Nr. 12 AGB-Sparkassen dienen Fremdwährungskonten allein dem bargeldlosen Zahlungsverkehr, so dass Ein- und Auszahlungen von Bargeld ausgeschlossen sind.

dd) Sonderkategorie des elektronischen Geldes

Eine eigenständige Kategorie des Geldes im Gefüge sowohl des materiellen Zahlungsdiensterechts als auch des korrelierenden Aufsichtsrechts bildet das elektronische Geld. § 675c Abs. 2 BGB stellt klarstellend fest, dass das BGB-Zahlungsdiensterecht – mit den in § 675i Abs. 2 und 3 BGB vorgesehenen Ausnahmen – auch auf elektronisches Geld Anwendung findet. Über die Verweisung in § 675c Abs. 3 BGB lässt sich eine Legaldefinition in § 1a Abs. 3 ZAG verorten, deren europarechtliche Grundlage Art. 2 Nr. 2 der (E-Geld-)Richtlinie 2009/110/EG[428] bildet. Danach ist elektronisches Geld „jeder elektronisch, darunter auch magnetisch, gespeicherte monetäre Wert in Form einer Forderung gegenüber dem Emittenten, der gegen Zahlung eines Geldbetrages ausgestellt wird, um damit Zahlungsvorgänge im Sinne des § 675f Absatz 3 Satz 1 des Bürgerlichen Gesetzbuchs durchzuführen, und der auch von anderen natürlichen oder juristischen Personen als dem Emittenten angenommen wird". Diese Begriffsbestimmung ist an die klassischen Gelddefinitionen angelegt und überträgt sie sowohl auf die Buchgeld- als auch elektronische Ebene. Der Charakter als Forderung gegenüber dem Emittenten und die jederzeitige Einsetzbarkeit zu Zahlungszwecken gegenüber Dritten weist das elektronische Geld als Buchgeld

---

[425] BT-Drucks. 16/11643, S. 102.

[426] *Omlor*, in: Staudinger, BGB (2012), § 675f Rn. 31.

[427] *Schefold*, in: *Schimansky/Bunte/Lwowski* (Hrsg.), Bankrechts-Handbuch (4. Auflage 2011), § 116 Rn. 7.

[428] Richtlinie über die Aufnahme, Ausübung und Beaufsichtigung der Tätigkeit von E-Geld-Instituten vom 16.9.2009, ABl. EU Nr. L 267 S. 7 vom 10.10.2009.

aus.[429] Die elektronische Speicherung grenzt das elektronische Geld von sonstigem Buchgeld ab. Eine Verkörperung der gespeicherten Beträge, wie sie etwa bei der Geldkarte erfolgt, ist nicht erforderlich; daher unterfällt auch das Guthaben des Zahlungsdienstes *PayPal* der Legaldefinition aus § 1a Abs. 3 ZAG.[430] Elektronisches Geld ist folglich elektronisches Buchgeld, das eine besondere Speicherart aufweist.

j) Mobiliarsachenrecht

Das Mobiliarsachenrecht enthält mit § 935 Abs. 2 BGB eine prominente Sondervorschrift für Geld. Die Verkehrsfähigkeit von Geld soll über das allgemein für bewegliche Sachen geltende Maß weiter erhöht werden. Aus diesem Grund findet die Begrenzung bei Abhandenkommen nach § 935 Abs. 1 BGB auf Geld keine Anwendung. Schon § 848 des Entwurfs II enthielt eine ähnliche Regelung, die einen im ersten Entwurf enthaltenen Lösungsanspruch des Erwerbers ersetzte.[431] Der Geldbegriff des § 935 Abs. 2 BGB lässt sich aus Systematik und Gesetzeszweck ableiten. Eingrenzend ist systematisch zu berücksichtigen, dass die §§ 929 bis 936 BGB – nicht zuletzt angesichts der amtlichen Überschrift von Titel 3 – ausschließlich auf bewegliche Sachen Anwendung finden. Nichtkörperliches Buchgeld, auch elektronisches, scheidet daher sachnotwendig aus.[432] Erweiternd und einschränkend zugleich wirken andererseits Sinn und Zweck der Norm, die Umlauffähigkeit von Zahlungsmitteln zu gewährleisten. Zum einen kann es nicht darauf ankommen, ob es sich um inländische oder ausländische Zahlungsmittel handelt.[433] Zum anderen muss es sich um Geld in seiner Funktion als Zahlungsmittel und nicht als Ware handeln, so dass schlichte Sammler- oder Anlagemünzen nicht erfasst sind.[434] Folglich können nur gesetzliche Zahlungsmittel als Geld im Sinne von § 935 Abs. 2 BGB angesehen werden, sofern sie auch als solche mit Zahlungsfunktion erworben werden.[435] Wegen der zeitlich unbegrenzten Umtauschpflicht der Deutschen Bundesbank aus § 1 Satz 2 DMBeEndG (= Art. 1 § 1 Satz 2 des Dritten Euro-Einführungsge-

---

429 Vgl. zur Buchgelddefinition unten, S. 131 ff.

430 *Omlor*, in: Staudinger, BGB (2012), § 675c Rn. 4; offen noch *Meder/Grabe*, BKR 2005, 467, 470 f.; a.A. nach früherer Rechtslage *Hoenike/Szodruch*, MMR 2006, 519, 524.

431 *Göhlert*, Der Erwerb unterschlagener bzw. gestohlener Sachen vom Nichtberechtigten (2007), S. 267; vgl. zur Entstehungsgeschichte und *ratio legis Omlor*, Verkehrsschutz im Kapitalgesellschaftsrecht (2010), S. 454 ff.

432 *Wiegand*, in: Staudinger, BGB (2011), § 935 Rn. 24.

433 OLG Naumburg, Urteil vom 5.4.2012 – 10 U 23/11; LG Würzburg NJW 1988, 2191; LG Köln NJW-RR 1991, 868; *Wolff*, in: *Ehrenberg* (Hrsg.), Handbuch des gesamten Handelsrechts, Band 4/1 (1917), S. 563, 625; *Pikart*, WM 1980, 510, 514; *Wiegand*, in: Staudinger, BGB (2011), § 935 Rn. 24 m.w.N.; *Oechsler*, in: MünchKomm BGB (6. Auflage 2013), § 935 Rn. 15.

434 OLG Naumburg, Urteil vom 5.4.2012 – 10 U 23/11; LG Karlsruhe NJW 1977, 1301, 1303; *Pikart*, WM 1980, 510, 514; *Wiegand*, in: Staudinger, BGB (2011), § 935 Rn. 24.

435 Statt vieler *Oechsler*, in: MünchKomm BGB (6. Auflage 2013), § 935 Rn. 15.

setzes[436]) sind auf DM lautende Geldzeichen ausnahmsweise auch erfasst, obwohl sie nicht mehr gesetzliche Zahlungsmittel sind. Dieser Geldbegriff gilt auch für die korrespondierende Regelung in § 1006 Abs. 1 Satz 2 BGB.

k) Immobiliarsachenrecht und Grundpfandrechte

aa) Währungsrechtliche Aufladung des Geldbegriffs?

Ein normierter Geldbegriff findet sich weiterhin im Immobiliarsachenrecht, genauer im Recht der Grundpfandrechte. Den Inhalt der Hypothek bestimmt § 1113 Abs. 1 BGB – ebenso § 1191 Abs. 1 BGB für die Grundschuld und § 1199 Abs. 1 BGB für die Rentenschuld – dahin gehend, dass an den Pfandrechtsgläubiger eine bestimmte „Geldsumme" aus dem Grundstück zu zahlen ist. Daran knüpfen Literatur und Rechtsprechung die Frage an, worin genau der Inhalt des Grundpfandrechts liegt, ob es streng nach dem Gesetzeswortlaut ein Zahlungsanspruch[437] oder lediglich ein Duldungsanspruch[438] ist. Davon unberührt bleibt, was unter „Geld" in diesem Zusammenhang zu verstehen ist, womit genau also das Grundstück belastet werden kann. Die Geldsumme müsse in der Währung bestehen, die im Zeitpunkt der Grundbucheintragung gesetzliches Zahlungsmittel sei.[439] Unerheblich soll aber sein, ob es sich dabei um eine inländische oder ausländische Währung handelt.[440] Einschränkend wirkt allerdings die Ordnungsvorschrift des § 28 Satz 2 Halbsatz 1 GBO, die eine Grundbucheintragung von Auslandswährungen grundsätzlich untersagt. Allerdings ist aufgrund dieser Vorschrift eine Rechtsverordnung erlassen worden, die Ausnahmen für den Euro – inzwischen die inländische Währung –, die Währungen von EU-Mitgliedstaaten ohne Euro sowie die Währungen der Schweiz und der Vereinigten Staaten vorsieht.[441] Materiell-rechtlich hindert ein Verstoß gegen § 28 Satz 2 GBO die Wirksamkeit des Grundpfandrechts allerdings nicht.

Die Konturierung des Geldbegriffs aus § 1113 Abs. 1 BGB unter Rekurs auf den Begriff des gesetzlichen Zahlungsmittels beruht jedoch auf einer unzulässigen Vermischung der Kategorien Geld, Währung und gesetzliches Zahlungsmittel. In ihrer Konsequenz liegt zumindest eine unzureichende terminologi-

---

[436] Drittes Euro-Einführungsgesetz vom 16.12.1999, BGBl. I S. 2402.

[437] *Wolf*, Lehrbuch des Sachenrechts (2. Auflage 1979), § 11 A; *Jost*, JURA 2001, 153; *Wolfsteiner*, in: Staudinger, BGB (2009), Einl 36 ff. zu §§ 1113 ff.; *Eickmann*, in: *Westermann/Gursky/Eickmann* (Hrsg.), Sachenrecht (8. Auflage 2011), § 92; *ders.*, in: MünchKomm BGB (6. Auflage 2013), § 1147 Rn. 4 ff., jeweils m.w.N.

[438] RGZ 93, 236; BGHZ 7, 123, 126; BGHZ 124, 164, 165; *Schapp*, in: *Köbler* (Hrsg.), Freundesgabe für Alfred Söllner (1990), S. 477, 484 ff. m.w.N.

[439] *Wolfsteiner*, in: Staudinger, BGB (2009), Einl 48 zu §§ 1113 ff.

[440] *Wolfsteiner*, in: Staudinger, BGB (2009), Einl 43 ff. zu §§ 1113 ff.; *Eickmann*, in: MünchKomm BGB (6. Auflage 2013), § 1113 Rn. 44.

[441] Verordnung über Grundpfandrechte in ausländischer Währung und in Euro vom 30.10.1997, BGBl. I S. 2683.

sche Präzision, da gesetzliches Zahlungsmittel nach Art. 10 Satz 2, 11 Satz 2 der Verordnung (EG) Nr. 974/98[442] ausschließlich Sach-, nicht aber Buchgeld ist. Die aus dem Grundstück zu zahlende Geldsumme kann jedoch auch in Buchgeld bestehen. Zutreffenderweise kommt es daher nicht darauf an, ob die geschuldete Geldsumme in gesetzlichen Zahlungsmitteln zu erbringen ist.

bb) Funktionsorientierter grundpfandrechtlicher Geldbegriff

Wie im Bereich der Kapitalaufbringung der GmbH ist auch beim grundpfandrechtlichen Geldbegriff eine funktionsorientierte Erörterung zum Wesen des Geldes geboten. Als Ausgangspunkt dienen die besonderen Anforderungen sowohl des materiellen Hypotheken-, Grundschuld- und Rentenschuldrechts als auch – nachrangig – des formellen Grundbuchrechts. Der Haftungsumfang muss zweifelsfrei bestimmt sein; Bestimmbarkeit genügt nicht.[443] Zwar hat die Öffnung für Fremdwährungs-Grundpfandrechte eine gewisse Aufweichung des Bestimmtheitserfordernisses bewirkt, so dass beispielsweise nachrangige Pfandgläubiger wegen Wechselkursschwankungen nicht zweifelsfrei die Maximalhaftung für das vorrangige Pfandrecht dem Grundbuch entnehmen können.[444] In allen anderen – praktisch dominierenden – Fällen gilt der Bestimmtheitsgrundsatz jedoch uneingeschränkt fort. Aus diesem Anforderungsprofil folgt, dass Geld im grundpfandrechtlichen Sinn in besonderem Maße als abstrakte Recheneinheit zu Verwendung kommt; dieses Kriterium erfüllen sowohl Buch- als auch Sachgeld unabhängig von der verwendeten Währung. Die währungstechnischen Einschränkungen des Grundbuchrechts erscheinen eher Praktikabilitätserwägungen geschuldet, um durch Ausschluss von in Deutschland weniger gebräuchlichen Währungen eine effektive und einfache Berechnung der Belastungshöhe sicherzustellen.

l) Zwangsvollstreckungsrecht

Das Zwangsvollstreckungsrecht weist einige Sondervorschriften in Bezug auf die Zwangsvollstreckung in Geld auf. Nach § 808 Abs. 2 ZPO hat der Gerichtsvollzieher an Geld, Kostbarkeiten und Wertpapieren Besitz zu ergreifen und diese sodann wegzuschaffen (vgl. auch § 72 GVO). Als Ausnahme zum normativen wie praktischen Regelfall dürfen diese Gegenstände nicht im Gewahrsam des Vollstreckungsschuldners verbleiben, sofern nicht der Zwangsvollstreckungsgläubiger zustimmt.[445] Grund hierfür ist die typischerweise drohende Gefährdung der Gläubigerbefriedigung, die der Gesetzgeber bei Geld im Sinne

---

[442] Verordnung (EG) Nr. 974/98 über die Einführung des Euro vom 3.5.1998, ABl. EG Nr. L 139 S. 1 vom 11.5.1998.

[443] Vgl. im Einzelnen *Wolfsteiner*, in: Staudinger, BGB (2009), Einl 56 ff. zu §§ 1113 ff.

[444] BGH NJW 2006, 1341 Rn. 16.

[445] *Häde*, KTS 1991, 365, 367.

von § 808 Abs. 2 ZPO fingiert. Bei beweglichen Sachen, die nicht Geld, Kostbarkeiten oder Wertpapiere sind, ist eine Wegnahme nämlich nur dann geboten, wenn eine solche Gefährdung positiv festgestellt wird; ein Beispiel hierfür ist die Gefahr, dass der Vollstreckungsschuldner die Sache beiseiteschafft.[446] Geld wird damit durch § 808 Abs. 2 ZPO eine hohe Verkehrs- und leichte Transportfähigkeit attestiert. Dieser verallgemeinerbaren Erkenntnis steht nicht entgegen, dass der Geldbegriff der Norm auf Geld als bewegliche Sache beschränkt ist, wie sich aus § 808 Abs. 1 ZPO ergibt. Ursache hierfür ist schlicht die ZPO-Systematik im Zwangsvollstreckungsrecht, die sich nach den Zugriffsgegenständen der Zwangsvollstreckung richtet.

Der Geldbegriff des § 808 Abs. 2 ZPO ist nur zum Teil identisch mit demjenigen von § 815 ZPO. Letztere Norm befindet sich systematisch zwar ebenfalls im Untertitel „Zwangsvollstreckung in körperliche Sachen" und ist daher im Ausgangspunkt ebenfalls allein auf körperliches Bargeld bezogen, das im Inland als verkehrsübliches Zahlungsmittel gilt.[447] Der entscheidende Unterschied folgt aus der Gefahrtragungsregel des § 815 Abs. 3 ZPO. Diese wird auch auf Überweisungen, d.h. Zahlungen von Buchgeld, angewendet.[448] Teleologischer Hintergrund von § 815 ZPO ist die Funktion des Geldes als allgemeines Tauschmittel. Daher geht das Gesetz davon aus, dass ein „Umtausch" in ein anderes Wertobjekt im Rahmen der Zwangsvollstreckung nicht geboten ist. Der erweiterte Anwendungsbereich des § 815 Abs. 3 ZPO beruht auf der von der Gegenständlichkeit des Geldzeichens losgelösten *ratio legis*. Daher findet § 815 ZPO auf ausländische Geldzeichen keine Anwendung, die stattdessen wie Wertpapiere nach § 821 ZPO zu verwerten sind.[449]

m) Kapitalgesellschaftsrecht

Der Geldbegriff ist von besonderer Bedeutung im Recht der Körperschaften, genauer im Recht der Kapitalgesellschaften als deren Unterform. Nach kontinentaleuropäischer Rechtstradition ist bei der Gründung von Kapitalgesellschaften ein gewisses Mindestkapital durch die Gesellschafter aufzubringen, das nur eingeschränkt an diese im späteren Verlauf wieder zurückgeführt werden darf.[450] Für die GmbH legt grundsätzlich § 5 Abs. 1 GmbHG fest, dass das Stammkapital der Gesellschaft mindestens 25 000 Euro zu betragen habe. Andernorts ist von „Einzahlungen auf die Geschäftsanteile" die Rede, die nach dem Verhältnis der „Geldeinlagen" zu leisten sind (§ 19 Abs. 1 GmbHG). Aus-

[446] *Münzberg*, in: Stein/Jonas, ZPO (22. Auflage 2002), § 808 Rn. 35.

[447] *Lüke*, in: Wieczorek/Schütze, ZPO (1999), § 815 Rn. 3; *Münzberg*, in: Stein/Jonas, ZPO (22. Auflage 2002), § 815 Rn. 2.

[448] BGHZ 179, 298 Rn. 10 ff.

[449] *Häde*, KTS 1991, 365, 367.

[450] Vgl. grundlegend zu den Begründungsansätzen *Spies*, Unternehmergesellschaft (haftungsbeschränkt) (2010), S. 126 ff.

drücklich von Geld ist in dem Voraussetzungskatalog für die Handelsregisteranmeldung (§ 7 Abs. 2 Satz 2 GmbHG) die Rede. Dem Gesetzestext lässt sich jedoch an keiner Stelle eine abschließende Begriffs- und Inhaltsbestimmung dieser primären Einlagepflicht entnehmen. Lediglich die zwingend zu verwendende Währung – der Euro – wird vorgegeben. In der Kommentarliteratur finden sich lediglich Definitionen, die auf die Relevanz des Stammkapitals bzw. der Stammkapitalziffer für Kapitalaufbringung und -erhaltung ausgerichtet sind, nicht aber auf den originären Leistungsinhalt. Das Stammkapital sei „eine durch den Gesellschaftsvertrag betragsmäßig zu bestimmende feste Größe (...), die die Gesamthöhe der mindestens aufzubringenden Gesellschaftereinlagen" angebe und „zugleich die rechnerische Grenze [sei], unterhalb der das Gesellschaftsvermögen durch Leistungen an die Gesellschafter als solche nicht geschmälert werden darf"[451]. Das Stammkapital, so heißt es zu seinem Gehalte erläuternd, sei nicht mit dem Begriff des Eigenkapitals im bilanzrechtlichen Sinne gleichzusetzen.[452] Es handele sich um einen „Vermögensbetrag", der in Euro festzusetzen sei.[453] Teilweise wird genauer von einer „Geldleistung" in inländischer Währung gesprochen.[454] Die Geldeinlage kann sowohl mit Sach- als auch Buchgeld geleistet werden.[455]

Inhaltliche Präzisierung lässt sich daher vor allem aus der Gegenüberstellung zur Sacheinlage gewinnen. Anschaulich beschrieb § 19 Abs. 5 GmbHG a.F. die Sacheinlage als eine „Leistung auf die Stammeinlage, welche nicht in Geld besteht" – und damit als das Gegenstück zur primären Einlageverpflichtung, als negative Restmenge aller zulässigen Einlageleistungen.[456] Sacheinlagen müssen ihrem Wesen nach zwar „so gut wie Geld"[457] sein, ohne jedoch selbst Geld zu sein. Gefordert wird eine funktionale Gleichwertigkeit zur Geldeinlage.[458] Um diese Voraussetzung zu erfüllen, werden in der gesellschaftsrechtlichen Literatur und Rechtsprechung verschiedene Kriterien diskutiert, die Rückschlüsse auf den zugrunde gelegten Geldbegriff zulassen. Die Sacheinlagefähigkeit erfordert erstens die Feststellbarkeit des wirtschaftlichen Wertes,[459] wie sich für die Aktiengesellschaft unmittelbar aus § 27 Abs. 2 AktG und für die GmbH *e contrario*

---

[451] *Veil*, in: Scholz, GmbHG (11. Auflage 2012), § 5 Rn. 7.

[452] *Veil*, in: Scholz, GmbHG (11. Auflage 2012), § 5 Rn. 7.

[453] *Märtens*, in: MünchKomm GmbHG (2010), § 5 Rn. 27.

[454] *Ulmer*, in: Hachenburg, GmbHG (8. Auflage 1992), § 5 Rn. 11; *Veil*, in: Scholz, GmbHG (11. Auflage 2012), § 5 Rn. 20, 30, 37.

[455] BGH NJW 1991, 1754, 1755; BGH NJW 1992, 2698, 2699; BGH NJW 2001, 3781, 3782; BGH NJW-RR 2005, 338, 339 zu § 19 GmbHG a.F.; OLG Dresden NJW-RR 2000, 112 f. zur Scheckzahlung; vgl. zum Erfordernis der freien Verfügbarkeit *Rezori*, RNotZ 2011, 125, 127 f.

[456] Vgl. zum Begriff der Einlage *Bork*, ZHR 154 (1990) 205, 206 f. m.w.N.

[457] *Knobbe-Keuk*, ZGR 1980, 214, 222 zur Aktiengesellschaft.

[458] *Ulmer*, in: Hachenburg, GmbHG (8. Auflage 1992), § 5 Rn. 36; zustimmend *Märtens*, in: MünchKomm GmbHG (2010), § 5 Rn. 68; *Veil*, in: Scholz, GmbHG (11. Auflage 2012), § 5 Rn. 37.

[459] BGHZ 29, 300, 304; BGH NZG 2004, 910, 911.

aus § 9 Abs. 1 Satz 1 GmbHG entnehmen lässt. Zweitens muss es sich um einen Vermögensgegenstand handeln, der seiner Natur nach verkehrsfähig ist, mit einem gegenwärtigen Vermögenswert ausgestattet ist und in die Gesellschaft zu deren freien Verfügung eingebracht werden kann.[460] Umstritten ist drittens, ob der Sacheinlagegenstand durch die GmbH an Dritte übertragen werden können muss.[461] Aus diesen Merkmalen für eine „Geldähnlichkeit" lassen sich Rückschlüsse für das Geldbegriffsverständnis ableiten, wie es in §§ 5, 7, 19 GmbHG enthalten ist. Die Feststellbarkeit des wirtschaftlichen Werts erinnert an die abstrakte Funktion des Geldes als Recheneinheit. Der Terminus „Vermögensgegenstand" ähnelt der Savignyschen „Vermögensmacht", soll er doch ebenfalls für einen inhärenten Vermögenswert stehen und eine hohe Verkehrsfähigkeit ausweisen. Da die Sacheinlagendefinition auf die spezifischen Bedürfnisses des GmbH-Rechts zugeschnitten ist und damit über ihre Geldverwandtschaft nur bestimmte Aspekte des Geldbegriffs beleuchtet, lässt sich aus dem GmbHG keine vollständige und allgemeingültige Gelddefinition ableiten.

2. Geldbegriffe im Strafrecht

Geld wird in unterschiedlichen Erscheinungsformen durch das Strafrecht geschützt. Eine Untersuchung des Geldbegriffs im Strafrecht darf allerdings nicht das strafrechtliche Sanktionensystem ausblenden, das neben der Freiheitsstrafe auch die Geldstrafe kennt. Deren Inhalt ist insofern von besonderer Relevanz, als er einseitig vom Staat festgelegt wird und verbreitet dem Staat – nicht nur von Knapp – eine herausragende Rolle bei der Geldschöpfung und -definition zugesprochen wird.

a) Geld- und Wertzeichenfälschung

aa) Entwicklungsgeschichte

Der normative Kernbereich des strafrechtlichen Schutzes des Geldes befindet sich im Achten Abschnitt des Strafgesetzbuchs, der mit der amtlichen Überschrift „Geld- und Wertzeichenfälschung" versehen ist. Durch das EGStGB[462] wurde der Abschnitt 1974 vollständig neu gefasst und auch in den späteren Jahren noch weiterentwickelt.[463] Für die Entwicklungsgeschichte nicht nur des strafrechtlichen Geldschutzes ist aufschlussreich, dass bis Ende 1974 der dama-

---

[460] *Veil*, in: Scholz, GmbHG (11. Auflage 2012), § 5 Rn. 37.

[461] Ablehnend *Brandes*, ZGR 1989, 244, 247; *Bork*, ZHR 154 (1990) 205, 227 ff.; *Veil*, in: Scholz, GmbHG (11. Auflage 2012), § 5 Rn. 39; einschränkend *Ulmer*, in: Hachenburg, GmbHG (8. Auflage 1992), § 5 Rn. 35; bejahend *Ekkenga*, ZHR 161 (1997) 599, 620.

[462] Art. 19 Nr. 59 des Einführungsgesetzes zum Strafgesetzbuch vom 2.3.1974, BGBl. I S. 469.

[463] Vgl. im Einzelnen *Ruß*, in: LK-StGB (12. Auflage 2009), Vorbem 1 zu den §§ 146 ff.; *Rudolphi/Stein*, in: SK-StGB (2013), Vor § 146 Rn. 1.

lige § 150 StGB a.F. noch die Münzverringerung sanktionierte. Bestraft wurde nach § 150 Abs. 1 StGB a.F., wer „echte, zum Umlauf bestimmte Metallgeldstücke durch Beschneiden, Abfeilen oder auf andere Art verringert und als vollgültig in Verkehr bringt". Seit der Abkopplung des Münz- vom Materialwert und der Abkehr vom Metallismus ist dieser Straftatbestand gegenstandslos.

bb) Systematische Verortung

Bei den Geld- und Wertzeichenfälschungen handelt es sich nach sowohl in der strafrechtlichen Literatur als auch Rechtsprechung ganz herrschenden Ansicht um Spezialfälle der Urkundenfälschung.[464] Münzen sollen die Erklärung der Zahlungsmitteleigenschaft und des nominellen Werts verkörpern, zum Beweis der münzrechtlichen Annahme- und Umtauschverpflichtung geeignet sein[465] und den Bund als ihren Aussteller erkennen lassen.[466] In entsprechender Weise seien diese strafrechtlichen Urkundenmerkmale auch bei Papiergeld vorhanden.[467] Schutzgut ist die Sicherheit und Funktionsfähigkeit des Geldverkehrs und das Vertrauen in diesen.[468] Damit werde auch die Münzhoheit des Staates geschützt.[469]

cc) Geld als staatliches Zahlungsmittel

Der Bundesgerichtshof definiert – zurückgehend auf die Rechtsprechung des Reichsgerichts[470] – Geld im Sinne der §§ 146 ff. StGB als „jedes vom Staat oder einer durch ihn dazu ermächtigten Stelle als Wertträger beglaubigte, zum Umlauf im öffentlichen Verkehr bestimmte Zahlungsmittel ohne Rücksicht auf einen allgemeinen Annahmezwang"[471]. Über § 152 StGB lässt sich diese Begriffsbestimmung auch auf ausländisches Geld anwenden. Hans-Joachim Rudolphi und Ulrich Stein haben aus der strafrechtlichen Gelddefinition einen zweistufigen Prüfungsmechanismus erarbeitet. Ihnen zufolge betrifft die erste Stufe den Bedeutungsgehalt des Geldes unabhängig von etwaigen konkretisierenden Vorschriften; es komme allein auf den Wortsinn sowie die Funktion des Geldes im Wirtschaftsverkehr und die Funktion des strafrechtlichen Echtheits-

---

[464] BGHSt 23, 229, 231 (für Geldscheine); BGHSt 27, 255, 258 (für Münzen); *Ruß*, in: LK-StGB (12. Auflage 2009), Vorbem 7 zu den §§ 146 ff.; *Rudolphi/Stein*, in: SK-StGB (2013), Vor § 146 Rn. 2.

[465] *Ruß*, in: LK-StGB (12. Auflage 2009), Vorbem 7 zu den §§ 146 ff.

[466] BGHSt 27, 255, 258.

[467] *Rudolphi/Stein*, in: SK-StGB (2013), § 146 Rn. 1.

[468] RGSt 67, 294, 297; BGH NJW 1954, 564; BGHSt 42, 162, 169.

[469] BGHSt 42, 162, 169; OLG Karlsruhe NJW 1971, 1301, 1302.

[470] RGSt 58, 255, 256.

[471] BGHSt 32, 198 unter Verweis auf BGHSt 12, 344, 345 und BGHSt 23, 229, 231; dem grundsätzlich zustimmend BGH NJW 2013, 2888 Rn. 8.

schutzes an.[472] Über diese Anforderungen hinaus erfordere die zweite Stufe, dass die besonderen Anforderungen erfüllt sind, die sich aus den einschlägigen Gesetzen oder Verfügungen ergäben.[473] Hierzu zählten die Vorgaben für die optische und materialtechnische Ausgestaltung von Sachgeld, aber auch das Verfahren der autorisierten Inverkehrbringung und damit der zeitliche Beginn der Geldeigenschaft. Außer Kurs gesetzte Banknoten und Münzen seien kein Geld mehr, da ihnen die Zahlungsmitteleigenschaft fehle.[474] Im Einzelnen werden Sondermünzen als Geld im Sinne des § 146 StGB angesehen,[475] nicht aber südafrikanische Krügerrand-Goldmünzen, da sie nicht zum Umlauf im öffentlichen Zahlungsverkehr bestimmt und geeignet seien.[476]

dd) Erweiterung um amtliche Wertzeichen

Nicht als Geld, sondern als amtliche Wertzeichen kategorisiert das Strafgesetzbuch bestimmte verkörperte Wertträger, die mit öffentlichem Glauben ausgestattet sind. Ihrem Schutz dienen die §§ 148 f. StGB. Die höchstrichterliche Rechtsprechung sieht in ihnen „vom Staat, einer Gebietskörperschaft oder einer sonstigen Körperschaft oder einer Anstalt des öffentlichen Rechts ausgegebene Marken oder ähnliche Zeichen, die Zahlungen gleicher Art (...) vereinfachen oder sicherstellen und nachweisen sollen"[477]. Anwendungsbeispiele seien Gebührenmarken für Gerichts- und Verwaltungsgebühren, Steuerzeichen für die Tabaksteuer und Beitragsmarken für die Sozialversicherung, nicht aber Briefmarken der privatisierten Deutschen Post AG.[478] Wesensmerkmal der mit strafrechtlichem Schutz versehenen Wertzeichen ist nämlich ihr „amtlicher" Charakter, so dass private Wertzeichen nicht als Schutzobjekte des § 148 StGB in Betracht kommen.[479] Ähnlich wie bei der Geldfälschung sollen durch §§ 148 f. StGB die Sicherheit und Funktionsfähigkeit des Rechtsverkehrs mit amtlichen Wertzeichen und das Vertrauen in diesen geschützt werden.[480]

ee) Zahlungskarten als „geldähnliche Zahlungsmittel"

1986 wurden an den Achten Abschnitt des Strafgesetzbuchs zwei zusätzliche Strafvorschriften angefügt, die der Entmaterialisierung und Technisierung des Zahlungsverkehrs Rechnung tragen sollten. Die §§ 152a, 152b StGB fokussieren nicht das gegenständliche Bargeld, sondern neben Schecks und Wechseln vor al-

---

472 *Rudolphi/Stein*, in: SK-StGB (2013), § 146 Rn. 1.
473 *Rudolphi/Stein*, in: SK-StGB (2013), § 146 Rn. 3 f.
474 *Ruß*, in: LK-StGB (12. Auflage 2009), § 146 Rn. 5.
475 BGHSt 27, 255, 259.
476 BGHSt 32, 198, 199 ff.
477 BGHSt 32, 68, 75 f.
478 *Ruß*, in: LK-StGB (12. Auflage 2009), § 148 Rn. 2 m.w.N.
479 RGSt 48, 278, 279 nimmt daher eine Urkundenfälschung nach § 267 StGB an.
480 BGHSt 31, 380, 381.

lem das moderne „Plastikgeld“ in Gestalt von Zahlungskarten. Sinn und Zweck der Vorschriften ist es, „Strafbarkeitslücken im Vorfeld der Urkundendelikte zu schließen und die Sicherheit und Funktionsfähigkeit des Zahlungsverkehrs zu schützen“[481]. Anders als §§ 146 f. StGB enthalten die §§ 152a f. StGB in ihrem Wortlaut nicht den Begriff des Geldes. Als Schutzobjekte werden Zahlungskarten (§ 152a Abs. 1 Nr. 1, Abs. 4 StGB) bzw. Zahlungskarten mit Garantiefunktion (§ 152b Abs. 1 und 4 StGB) benannt. Die Gesetzesbegründung geht dementsprechend davon aus, bei Zahlungskarten handele es sich um „geldähnliche Zahlungsmittel“[482], nicht aber um Geld im strafrechtlichen Sinne. Das qualifizierende Merkmal des § 152b StGB im Vergleich zum Grundtatbestand des § 152a StGB ist die Garantiefunktion der Zahlungskarte.[483] Eine solche weisen Zahlungskarten auf, die auf der Beteiligung von mindestens drei Parteien basieren,[484] wie es beispielsweise bei Universalkreditkarten,[485] Debitkarten[486] und Geldkarten[487] der Fall ist.

b) Betrugs- und untreuenahe Vermögensdelikte

Das Strafrecht schützt auch jenseits der §§ 146 bis 152b StGB einzelne Aspekte des Geldverkehrs. Für den Geldbegriff unergiebig ist der Tatbestand des Computerbetrugs, der in Bezug auf Zahlungskarten[488] und das Online-Banking[489] eingreifen soll. Auch § 266b StGB, der den Missbrauch von Scheck- und Kreditkarten unter Strafe stellt, kommt ohne einen Textbezug auf Geld aus. Schließlich sind die Begriffe des „Arbeitsentgelts“ und des Arbeitnehmerbeitrags in § 266a StGB dem Sozialrecht entlehnt (vgl. §§ 14, 28d ff. SGB IV) und keine originär strafrechtlichen. Das „strafrechtliche Geldrecht“ ist in Bezug auf den Geldbegriff daher primär im Recht der Geld- und Wertzeichenfälschung nach dem Achten Abschnitt des Strafgesetzbuchs zu verorten.

c) Strafrechtliches Sanktionensystem: die Geldstrafe

Die Geldstrafe als zweite Hauptstrafe neben der Freiheitsstrafe begründet keine zivilrechtliche Schuld, sondern eine öffentliche Kriminalstrafe.[490] Abzustellen ist daher auf einen spezifischen Geldbegriff der strafrechtlichen Sanktionenlehre. Eine ausdrückliche Gelddefinition findet sich im Zusammenhang mit

---

481 BGHSt 46, 48, 50.
482 BT-Drs. 13/8587, S. 29.
483 *Ruß*, in: LK-StGB (12. Auflage 2009), § 152a Rn. 3.
484 *Ruß*, in: LK-StGB (12. Auflage 2009), § 152b Rn. 2.
485 Vgl. *Omlor*, in: Staudinger, BGB (2012), Vorbem 130 ff., 179 ff. zu §§ 675c-676c.
486 Vgl. *Omlor*, in: Staudinger, BGB (2012), Vorbem 196 ff., 210 zu §§ 675c-676c.
487 Vgl. *Omlor*, in: Staudinger, BGB (2012), Vorbem 215 ff., 223 zu §§ 675c-676c.
488 Vgl. BGHSt 38, 120; BGHSt 47, 160, 162.
489 Vgl. *Tiedemann/Valerius*, in: LK-StGB (12. Auflage 2012), § 263a Rn. 56 m.w.N.
490 RGSt 2, 33, 41; *Häger*, in: LK-StGB (12. Auflage 2006), Vor § 40 Rn. 20 m.w.N.

der Geldstrafe zwar nicht im Strafgesetzbuch. Allerdings lassen sich entscheidende Anhaltspunkte der Grundnorm des § 40 StGB entnehmen. Nach dessen Absatz 2 gilt das Nettoeinkommensprinzip, d.h. für die Höhe des Tagessatzes ist das durchschnittliche Nettoeinkommen des Täters zugrunde zu legen.[491] Geldstrafen werden in Euro angegeben, da jeder Tagessatz gemäß § 40 Abs. 2 Satz 3 StGB zwischen einem und 30.000 Euro liegen muss. In ausländischer Währung darf daher die Geldstrafe nicht verhängt werden, auch sofern der Täter sein Einkommen nicht in Euro bezieht. Ob der Inhalt der Geldstrafe demzufolge auf inländische *gesetzliche* Zahlungsmittel beschränkt ist, lässt sich erst durch einen Blick auf die Vollstreckung der Geldstrafe klären. Die maßgeblichen Vollstreckungvorschriften sind nach § 459 StPO diejenigen der Justizbeitreibungsordnung (JBeitrO) und der Einforderungs- und Beitreibungsanordnung (EBAO).[492] Nach § 5 Abs. 1 und 4 EBAO kann die Zahlung der Geldstrafe unbar durch Überweisung auf ein Konto der zuständigen Kasse erfolgen. Die Geldstrafe ist folglich nicht allein auf gesetzliche Zahlungsmittel mit Annahmezwang bezogen, sondern kann auch durch Buchgeld beglichen werden. Will man von einem Geldbegriff des strafrechtlichen Sanktionensystems sprechen, so umfasst dieser Sach- und Buchgeld in inländischer Währung.

3. Geldbegriffe im Öffentlichen Recht

a) Europäisches Primärrecht

Der Vertrag über die Europäische Union (EUV) erwähnt „Geld" an keiner Stelle. Demgegenüber spricht der Vertrag über die Arbeitsweise der Europäischen Union (AEUV) vielfach von Geld, wenn auch häufig im Kontext von Geldbußen (Art. 103 Abs. 2 lit. a, 126 Abs. 11, 132 Abs. 3 AEUV), Zwangsgeld (Art. 260 Abs. 2 und 3 AEUV) und Geldwäsche (Art. 75 Abs. 1, 83 Abs. 1 UAbs. 2 AEUV). Die weiteren Vorschriften (Art. 3 Abs. 1 lit. c, 119 Abs. 2, 127 Abs. 2, 141 Abs. 2, 284 Abs. 3 AEUV) befassen sich der Sache nach mit der Währungspolitik. Die Geldpolitik wird teilweise ergänzend genannt, soll aber terminologisch lediglich einen Unterfall der Währungspolitik bilden.[493]

Schrifttum zum Geldbegriff existiert vor allem in Bezug auf die Maßnahmen der Terrorismusbekämpfung[494] nach Art. 75 UAbs. 1 und Art. 215 AEUV.[495] Aufgrund einer darauf gestützten Verordnung dürfen „Gelder" eingefroren werden. Auch wenn neben Geld noch „finanzielle Vermögenswerte" und „wirt-

---

[491] Vgl. im Einzelnen *Häger*, in: LK-StGB (12. Auflage 2006), § 40 Rn. 25 ff. m.w.N.

[492] *Graalmann-Scheerer*, in: Löwe-Rosenberg, StPO (26. Auflage 2010), § 459 StPO Rn. 6.

[493] *Häde*, in: Calliess/Ruffert, EUV/AEUV (4. Auflage 2011), Art. 119 AEUV Rn. 12.

[494] Vgl. zum europarechtlichen Terrorismusbegriff den Rahmenbeschluss 2002/475/JI vom 13.6.2002, ABl. EG Nr. L 164 S. 3 vom 22.6.2002.

[495] Zur Abgrenzung beider Kompetenzgrundlagen vgl. EuGH, Urteil vom 19.7.2012 – Rs. C-130/10 (*Parlament/Rat*), Rn. 50 ff.

schaftliche Erträge" aufgezählt werden, wird teilweise das vorangestellte Geld als Oberbegriff gewertet: Gelder seien „finanzielle Vermögenswerte oder wirtschaftliche Vorteile jeder Art"[496], wozu neben Sach- und Buchgeld auch Schecks, Geldforderungen, Wertpapiere, Wertpapierzertifikate, Pfandbriefe, Derivate, Bürgschaften, Zinsen, Vertragserfüllungsgarantien und sogar Akkreditive gehören sollen.[497] Diese Definition erscheint zu weitgehend und überlädt den Geldbegriff unnötig. Die wegen des Normzwecks gebotene extensive Auslegung der Zugriffsobjekte lässt sich auch dann erreichen, wenn unter Geld nur Sach- und Buchgeld unabhängig von der verwendeten Währung verstanden wird und die übrigen Objekte entweder als „finanzielle Vermögenswerte" oder deren „wirtschaftliche Erträge" aufgefasst werden.

Für Fälle besonders schwerer Kriminalität enthält das EU-Primärrecht die Befugnis, durch Richtlinien gewisse Mindeststandards für alle Mitgliedstaaten festzulegen. Hierzu zählen unter anderem Geldwäsche und Fälschung von Zahlungsmitteln. Anders als die §§ 146 ff. StGB spricht Art. 83 Abs. 1 UAbs. 2 AEUV nicht von *Geld*fälschung, sondern bezieht sich abweichend auf Zahlungsmittel. Auf dieser Weise sollen nicht nur Sachgeld, sondern auch Buchgeld und sogar jegliche Zahlungskarten geschützt sein.[498] Schon vor Inkrafttreten des Vertrags von Lissabon hatte der Rat zur Vorgängerregelung in Art. 31 Abs. 1 lit. e EUV a.F. entsprechende Rahmenbeschlüsse erlassen.[499] Der Geldfälschung sollte in Vorbereitung auf die Euro-Einführung unionsweit mit strafrechtlichen und anderen Sanktionen entgegengewirkt werden. Geld im Sinne dieses Rahmenbeschlusses aus dem Jahr 2000[500] ist ausschließlich Papier- und Metallgeld, das aufgrund gesetzlicher Vorschriften im Umlauf ist (Art. 1 des Rahmenbeschlusses 2000/383/JI). Demgegenüber erfasste der Rahmenbeschluss 2001/413/JI[501] unter dem Begriff des „Zahlungsinstruments" auch unbare Zahlungsmittel. Nach der Legal-

---

[496] *Röben*, in: *Grabitz/Hilf/Nettesheim* (Hrsg.), Das Recht der Europäischen Union (2014), Art. 75 AEUV Rn. 23; ähnlich Art. 1 Nr. 1 der Verordnung (EG) Nr. 881/2002 über die Anwendung bestimmter spezifischer restriktiver Maßnahmen gegen bestimmte Personen und Organisationen, die mit Osama bin Laden, dem Al-Qaida-Netzwerk und den Taliban in Verbindung stehen, vom 27. 5. 2002, ABl. EG Nr. L 139 S. 9 vom 29. 5. 2002.

[497] *Röben*, in: *Grabitz/Hilf/Nettesheim* (Hrsg.), Das Recht der Europäischen Union (2014), Art. 75 AEUV Rn. 23.

[498] *Vogel*, in: *Grabitz/Hilf/Nettesheim* (Hrsg.), Das Recht der Europäischen Union (2014), Art. 75 AEUV Rn. 60.

[499] Überblick bei *Suhr*, in: Calliess/Ruffert, EUV/AEUV (4. Auflage 2011), Art. 83 AEUV Rn. 11.

[500] Rahmenbeschluss 2000/383/JI des Rates vom 29. 5. 2000 über die Verstärkung des mit strafrechtlichen oder anderen Sanktionen bewehrten Schutzes gegen Geldfälschung im Hinblick auf die Einführung des Euro, ABl. EG Nr. L 140 S. 1 vom 14. 6. 2000; geändert durch den Rahmenbeschluss 2001/888/JI des Rates vom 6. 12. 2001, ABl. EG Nr. L 329 S. 3 vom 14. 12. 2001.

[501] Rahmenbeschluss 2001/413/JI des Rates vom 28. 5. 2001 zur Bekämpfung von Betrug und Fälschung im Zusammenhang mit unbaren Zahlungsmitteln, ABl. EG Nr. L 149 S. 1 vom 2. 6. 2001.

definition in Art. 1 des Rahmenbeschlusses fällt darunter ein „körperliches Instrument mit Ausnahme gesetzlicher Zahlungsmittel (Banknoten und Münzen), das aufgrund seiner besonderen Beschaffenheit allein oder in Verbindung mit einem anderen (Zahlungs-)Instrument den Inhaber/Benutzer in die Lage versetzt, Geld oder einen monetären Wert zu übertragen“. Dazu gehören insbesondere Zahlungskarten, Schecks und Wechsel. Der Begriff des Zahlungsmittels in Art. 83 Abs. 1 UAbs. 2 AEUV umfasst somit zusammenfassend nicht nur gesetzliche Zahlungsmittel, sondern auch Buchgeld, Zahlungskarten, Schecks und Wechsel.

b) Europäisches Sekundärrecht

Das Sekundärrecht der Europäischen Union setzt sich mit „Geld“ überwiegend im Kontext von Geldbußen auseinander.[502] Aus diesem Sonderbereich stechen hinsichtlich des Geldbegriffs vor allem die Geldtransferverordnung[503] und die E-Geld-Richtlinie[504] heraus. Der E-Geld-Begriff aus Art. 2 Nr. 2 der Richtlinie wurde in § 1a Abs. 3 ZAG umgesetzt und erfasst das elektronisches Buchgeld, das auf besondere Weise gespeichert wird.

Die Geldtransferverordnung hat ausweislich ihrer Erwägungsgründe 1, 2 und 6 das Ziel, eine lückenlose Rückverfolgbarkeit von Geldtransfers zu Zwecken der Terrorismus- und Geldwäschebekämpfung sicherzustellen. Entsprechend weit ist die Legaldefinition des Geldtransfers in Art. 2 Nr. 7 der Verordnung gefasst. Darunter fällt „jede Transaktion, die im Namen eines Auftraggebers über einen Zahlungsverkehrsdienstleister auf elektronischem Wege mit dem Ziel abgewickelt wird, einem Begünstigten bei einem Zahlungsverkehrsdienstleister einen Geldbetrag zur Verfügung zu stellen, unabhängig davon, ob Auftraggeber und Begünstigter dieselbe Person sind“. Unbestimmt bleibt durch den Definitionskatalog in Art. 2 der Geldtransferverordnung allerdings der Begriff des Geldbetrags. Ausgeschlossen ist nach dem Verordnungswortlaut jegliches Sachgeld, da solches nicht „auf elektronischem Wege“ übertragen werden kann.

---

[502] Vgl. beispielhaft Art. 13, 15, 16 der Verordnung (EG) Nr. 1467/97 vom 7.7.1997 über die Beschleunigung und Klärung des Verfahrens bei einem übermäßigen Defizit, ABl. EG Nr. L 209 S. 6 vom 2.8.1997; Art. 25 der Verordnung (EG) Nr. 216/2008 vom 20.2.2008 zur Festlegung gemeinsamer Vorschriften für die Zivilluftfahrt und zur Errichtung einer Europäischen Agentur für Flugsicherheit, ABl. EU Nr. L 79 S. 1 vom 19.3.2008; Art. 15 der Verordnung (EG) Nr. 80/2009 vom 14.1.2009 über einen Verhaltenskodex in Bezug auf Computerreservierungssysteme, ABl. (EU) Nr. L 35 S. 47 vom 4.2.2009; Art. 6, 8 ff. der Verordnung (EU) Nr. 1173/2011 vom 16.11.2011 über die wirksame Durchsetzung der haushaltspolitischen Überwachung im Euro-Währungsgebiet, ABl. EU Nr. L 306 S. 1 vom 23.11.2011.

[503] Verordnung (EG) Nr. 1781/2006 vom 15.11.2006 über die Übermittlung von Angaben zum Auftraggeber bei Geldtransfers, ABl. EU Nr. L 345 S. 1 vom 8.12.2006.

[504] Richtlinie 2009/110/EG vom 16.9.2009 über die Aufnahme, Ausübung und Beaufsichtigung der Tätigkeit von E-Geld-Instituten, ABl. EU Nr. L 267 S. 7 vom 10.10.2009.

Erfasst ist daher ausschließlich Buchgeld, jedoch wegen des Gesetzeszwecks unabhängig von der verwendeten Währung.

c) Grundgesetz

Unsere Verfassung erwähnt das Geld ausdrücklich nur in der Kompetenznorm des Art. 73 Abs. 1 Nr. 4 GG sowie bei der Finanzverfassung in Art. 104a Abs. 3 und 4 GG. Die grundrechtliche Diskussion wurzelt in der Eigentumsgarantie des Art. 14 GG.

aa) Gesetzgebungskompetenzen

Nach Art. 73 Abs. 1 Nr. 4 GG steht dem Bund die ausschließliche Gesetzgebungskompetenz für das „Währungs-, Geld- und Münzwesen" zu. Zum Teil werden in dieser Aufzählung drei eigenständige Kompetenzbereiche erblickt,[505] während die Gegenauffassung[506] das Geld- und Münzwesen miteinander einheitlich verbunden dem Währungswesen gegenüberstellt. Die allgemeine Ansicht sieht davon unabhängig das Währungswesen als Oberbegriff an, der auch das Geld- und Münzwesen umfasst.[507] Der Begriff des Geldes sei weit auszulegen; hierfür spreche die Bedeutung des Geldes für die Entfaltung individueller Freiheit.[508] Diese Begründung erscheint zweifelhaft, da es sich um eine Kompetenzvorschrift im föderalen System zugunsten des Bundes und nicht um eine individualschützende Grundrechtsverbürgung handelt. Jedenfalls soll sie nach der verfassungsrechtlichen Literatur[509] sowohl Sach- als auch Buchgeld und jegliche Geldsurrogate umfassen. Das Münzwesen hingegen sei auf Münzen beschränkt, die gesetzliche Zahlungsmittel sind.[510] Das Bundesverfassungsgericht hingegen hat sich im Nachgang zur Währungsreform von 1948 nur knapp zur Auslegung von Art. 73 Abs. 1 Nr. 4 GG (Art. 73 Nr. 4 GG a.F.) geäußert. Danach umfasse das Währungs- und Geldwesen „nicht allein die besondere institutionelle Ordnung der Geldrechnung und der in ihr gültigen Zahlungsmittel, sondern auch die tragenden Grundsätze der Währungspolitik"[511]. Der Geldbegriff der Rechtsprechung erscheint somit auf das Sachgeld im Sinne der gesetzlichen Zahlungsmittel beschränkt. Die Bedeutung dieser Kompetenzab-

505 *Uhle*, in: Maunz/Dürig, GG (2013), Art. 73 Rn. 78 m.w.N.

506 *Niedobitek*, in: Bonner Kommentar zum Grundgesetz (2012), Art. 73 Nr. 4 Rn. 48 f.

507 Vgl. die Nachweise bei *R. Schmidt*, in: *Isensee/Kirchhof* (Hrsg.), Handbuch des Staatsrechts der Bundesrepublik Deutschland (3. Auflage 2007), § 117 Rn. 14 und *Herrmann*, Währungshoheit, Währungsverfassung und subjektive Rechte (2010), S. 73.

508 *Uhle*, in: Maunz/Dürig, GG (2013), Art. 73 Rn. 85.

509 *Niedobitek*, in: Bonner Kommentar zum Grundgesetz (2012), Art. 73 Nr. 4 Rn. 56; *Uhle*, in: Maunz/Dürig, GG (2013), Art. 73 Rn. 85, jeweils m.w.N.

510 *Uhle*, in: Maunz/Dürig, GG (2013), Art. 73 Rn. 85.

511 BVerfGE 4, 60, 73.

grenzung zwischen Bund und Ländern und damit innerhalb eines einzelnen EU-Mitgliedstaats hat durch den Eintritt in die finale Stufe der Europäischen Wirtschafts- und Währungsunion (vgl. Art. 3 Abs. 1 lit. c AEUV) erheblich abgenommen.

bb) Finanzverfassung

Geld taucht im Begriff der „Geldleistung" in Art. 104a Abs. 3 und 4 GG auf. Diese Grundgesetzbestimmung regelt die Ausgabenverantwortung im Verhältnis von Bund und Ländern.[512] Nach Art. 104a Abs. 1 GG sind Aufgaben- und Ausgabenverantwortung grundsätzlich miteinander verbunden (sog. Konnexitätsprinzip).[513] Ausnahmen und Modifikationen hierzu enthalten unter anderem die Absätze 3 und 4. Für bestimmte besonders ausgabenlastige Bereich soll eine Entlastung der Länder durch den Bund erfolgen können.[514] Insofern sieht Art. 104a Abs. 3 Satz 1 GG eine fakultative Lastentragung des Bundes vor, falls es sich um ein Geldleistungsgesetz handelt. Die verfassungsrechtliche Literatur äußert sich häufig nicht abschließend zum dabei verwandten Geldbegriff. Johannes Hellermann spricht von einer „geldlichen Zuwendung"[515]. Christian Waldhoff sieht in Geld eine „Verfassungsvoraussetzung"[516]. Verbreitet wird davon ausgegangen, Geldleistungen seien „einmalige oder laufende Zuwendungen aus öffentlichen Mitteln an Dritte, die nicht von einer Gegenleistung abhängig"[517] sind. Beispiele für Geldleistungen sollen Prämien und Förderleistungen sein, auch bei darlehensweiser Gewährung.[518] Damit erfasst seien das Wohngeld, die Wohnungsbauprämie, die Bundesausbildungsförderung und das Erziehungsgeld.[519] Zur Abgrenzung von Geldleistungen zu anderen Leistungen wird auf Art. 104a Abs. 4 GG zurückgegriffen, die daneben von Sach- und Dienstleistungen sprechen; diese unterfielen nicht dem Geldbegriff.[520] Keine Geldleistungen seien daher Kreditsicherheiten wie Bürgschaft und Garantie.[521]

Auch wenn sich das verfassungsrechtliche Schrifttum nicht zum Geldbegriff selbst verhält, sondern Geld letztlich schlicht als „Zuwendung" übersetzt, so besteht dennoch das dogmatische wie praktische Bedürfnis, den Begriff des

---

[512] Statt aller *Waldhoff*, in: *Isensee/Kirchhof* (Hrsg.), Handbuch des Staatsrechts der Bundesrepublik Deutschland (3. Auflage 2007), § 116 Rn. 57.

[513] Statt aller *Hellermann*, in: v. Mangoldt/Klein/Starck, GG (6. Auflage 2010), Art. 104a Rn. 40.

[514] *Hellermann*, in: v. Mangoldt/Klein/Starck, GG (6. Auflage 2010), Art. 104a Rn. 79.

[515] *Hellermann*, in: v. Mangoldt/Klein/Starck, GG (6. Auflage 2010), Art. 104a Rn. 82.

[516] *Waldhoff*, in: *Isensee/Kirchhof* (Hrsg.), Handbuch des Staatsrechts der Bundesrepublik Deutschland (3. Auflage 2007), § 116 Rn. 9.

[517] *Heun*, in: Dreier, GG (2. Auflage 2008), Art. 104a Rn. 26 m.w.N.

[518] *Siekmann*, in: Sachs, GG (6. Auflage 2011), Art. 104a Rn. 27.

[519] *Hellermann*, in: v. Mangoldt/Klein/Starck, GG (6. Auflage 2010), Art. 104a Rn. 82.

[520] *Siekmann*, in: Sachs, GG (6. Auflage 2011), Art. 104a Rn. 28.

[521] *Heun*, in: Dreier, GG (2008), Art. 104a Rn. 27.

Geldes im Sinne von Art. 104a Abs. 3 und 4 GG zu ermitteln. In Abgrenzung zu Sach- und Dienstleistungen und unter Einbeziehung der *ratio legis* der Vorschrift ist sowohl Sach- als auch Buchgeld einbezogen.[522] Es kann nicht ausschlaggebend sein, ob die Zuwendung in bar ausbezahlt oder durch Überweisung vollzogen wird. Wegen der Erfassung von Buchgeld muss es sich also nicht um das gesetzliche Zahlungsmittel in Deutschland handeln. Eine Beschränkung auf die inländische Währung erscheint ebenfalls nicht geboten, auch wenn typischerweise die Zuwendung in dieser erfolgen dürfte. Zahlungen in ausländischer Währung, die beispielsweise bei der Ausbildungsförderung denkbar wären, sind vom Normzweck uneingeschränkt gedeckt. In Abgrenzung zur Sachleistung muss es sich aber um ein allgemein anerkanntes Zahlungsmittel handeln, auch wenn es ohne gesetzlichen Annahmezwang auskommt.

cc) Grundrechte

Die geldrechtliche Gretchenfrage des geltenden Verfassungsrechts ist ungeachtet der staatsorganisationsrechtlichen Bedeutung von Art. 73 Abs. 1 Nr. 4 GG und Art. 104a GG bei der Eigentumsgarantie des Art. 14 GG zu verorten. Die Diskussion dreht sich im Wesentlichen um die Frage, ob und inwieweit der Geldwert grundrechtlichen Schutz genießt.[523] An dieser Stelle ist jedoch allein relevant, von welchem Begriff des Geldes, d.h. welchem sachlichen Schutzbereich, das Eigentumsgrundrecht ausgeht. Das Vermögen als solches genießt keinen eigenständigen Grundrechtsschutz über Art. 14 Abs. 1 GG; es ist nicht Eigentum in diesem Sinne.[524] Hierzu zählt nur die „rechtsatzmäßig geprägte und anerkannte, die zur Rechtstellung erhobene und verdichtete Vermögensposition“[525]. Als solche geschützte Rechtspositionen kommen jegliche rechtliche Zuordnungen eines vermögenswerten Gutes an einen Rechtsträger in Betracht.[526] Darunter fallen insbesondere das privatrechtliche Eigentum an Mobilien[527] und die dingliche Inhaberschaft an Forderungen[528]. Daher werden

---

[522] *Waldhoff*, in: *Isensee/Kirchhof* (Hrsg.), Handbuch des Staatsrechts der Bundesrepublik Deutschland (3. Auflage 2007), § 116 Rn. 9.

[523] Vgl. dazu stellvertretend BVerfGE 97, 350, 370 f.; *Papier*, AöR 98 (1973) 528 ff.; *ders.*, in: Maunz/Dürig, GG (2013), Art. 14 Rn. 184 ff.; *Wolf*, Lehrbuch des Schuldrechts (1978), § 4 D II k; *Kirchhof*, in: *Isensee/Lecheler* (Hrsg.), Festschrift für Walter Leisner (1985), S. 635, 653; *Weikart*, Geldwert und Eigentumsgarantie (1993), S. 205 ff.; *Lepsius*, JZ 2002, 313, 315 ff.; *Häde*, WM 2008, 1717, 1718 ff.

[524] Statt aller *Lepsius*, JZ 2002, 313, 315; *Häde*, WM 2008, 1717, 1721; *Wendt*, in: Sachs, GG (6. Auflage 2011), Art. 14 Rn. 38; *Papier*, in: Maunz/Dürig, GG (2013), Art. 14 Rn. 160.

[525] *Papier*, in: Maunz/Dürig, GG (2013), Art. 14 Rn. 160.

[526] BVerfGE 42, 263, 294; *Wendt*, Eigentum und Gesetzgebung (1985), S. 12 ff., 62 ff.

[527] *Wendt*, in: Sachs, GG (6. Auflage 2011), Art. 14 Rn. 24; *Wieland*, in: Dreier, GG (3. Auflage 2013), Art. 14 Rn. 55.

[528] BVerfGE 42, 263, 294; BVerfGE 45, 142, 179; BVerfGE 68, 193, 222; *Kirchhof*, in: *Isensee/Lecheler* (Hrsg.), Festschrift für Walter Leisner (1985), S. 635, 637.

Sachgeld als Sacheigentum und Buchgeld als Forderungsrecht von Art. 14 Abs. 1 GG (zumindest in ihrem Bestand) geschützt.[529] Paul Kirchhof spricht plastisch vom „Geldeigentum“[530].

Geschützt ist das Recht, dieses Geld zu besitzen, zu nutzen, zu verwalten und über es zu verfügen.[531] Der derart konturierte sachliche Schutzbereich des Art. 14 Abs. 1 GG trägt in besonderer Weise der Aufgabe der Eigentumsgarantie im Gesamtgefüge der Verfassung Rechnung. Nach der klassischen Formel des Bundesverfassungsgerichts soll das Eigentumsgrundrecht seinem Träger einen „Freiheitsraum im vermögensrechtlichen Bereich“ sichern und ihm damit eine „eigenverantwortliche Gestaltung seines Lebens“ eröffnen.[532] Die Tauschbarkeit von Geld in Sachgüter hat das Bundesverfassungsgericht in seiner Entscheidung zum Euro-Beitritt demzufolge als eine „wesentliche Freiheitsgarantie des Eigentums“ eingeordnet; Geld sei „geprägte Freiheit“.[533]

d) Sonstiges Bundesrecht

Jenseits des europäischen Primär- und Sekundärrechts sowie des deutschen Verfassungsrechts existiert eine außerordentliche und schwer überschaubare Vielzahl an öffentlich-rechtlichen Bestimmungen, die einen Begriff des Geldes verwenden. Lediglich einige bedeutsame einfach-gesetzliche Geldbegriffe seien exemplarisch dargestellt. Dabei sollen an dieser Stelle jegliche primär währungsrechtliche und geldpolitische Normen noch unberücksichtigt bleiben.

aa) Baurechtliche Enteignungsentschädigung

Vom Verfassungsrecht durchtränkt sind die Entschädigungsregelungen in §§ 40 Abs. 3, 99 BauGB. In beiden Fällen handelt es sich um Junktimklauseln, die Art und Ausmaß der Entschädigung für eine Enteignung nach Art. 14 Abs. 3 Satz 2 GG festlegen.[534] Die Enteignungsentschädigung soll den Enteigneten in die Lage versetzen, eine vergleichbare Sache zu erwerben.[535] Das Grundgesetz verlangt aber nicht, dass notwendigerweise die Entschädigung in Geld gezahlt

---

[529] BVerfGE 97, 350, 370; *Kirchhof*, in: *Isensee/Lecheler* (Hrsg.), Festschrift für Walter Leisner (1985), S. 635, 638 ff.; *Lepsius*, JZ 2002, 313, 315; *Häde*, WM 2008, 1717, 1719; *Depenheuer*, in: v. Mangoldt/Klein/Starck, GG (6. Auflage 2010), Art. 14 Rn. 157.

[530] *Kirchhof*, in: *Isensee/Lecheler* (Hrsg.), Festschrift für Walter Leisner (1985), S. 635.

[531] BVerfGE 97, 350, 370; ähnlich *Häde*, WM 2008, 1717, 1719 f.

[532] BVerfGE 40, 65, 83; BVerfGE 42, 263, 293; BVerfGE 50, 290, 339; BVerfGE 53, 257, 290; BVerfGE 68, 193, 222; BVerfGE 97, 350, 371.

[533] BVerfGE 97, 350, 371; das Zitat stammt von *Fjodor Michailowitsch Dostojewski*, Aufzeichnungen aus einem Totenhaus, Übersetzung von *Dieter Pommerenke*, 1994, S. 25.

[534] BGHZ 141, 319, 323 ff.; *Paetow*, in: Berliner Kommentar zum BauGB (2014), § 40 Rn. 2; *Streck*, in: Berliner Kommentar zum BauGB (2014), § 99 Rn. 1, jeweils m.w.N.; zweifelnd in Bezug auf § 40 BauGB BVerwG DÖV 1991, 510, 511.

[535] BGHZ 29, 217, 221; BGHZ 44, 53, 54; BVerfG NVwZ 1998, 947, 948.

wird; auch die Bereitstellung von Ersatzland kommt in Betracht.[536] Entsprechend sieht § 99 BauGB die „Entschädigung in Geld“ – so die amtliche Überschrift – nur als Grundsatz vor,[537] zu dem §§ 100 f. BauGB Ausnahmen bei Gewährung von Ersatzland oder anderen dinglichen Rechten vorsieht. Der in §§ 40 Abs. 3, 99 BauGB verwendete Geldbegriff wird hingegen gesetzlich nicht erläutert. Er ist vielmehr aus Sinn und Zweck der beiden Vorschriften und den verfassungsrechtlichen Vorgaben abzuleiten. Teilweise ähnlich zum Schadensrecht der §§ 249 ff. BGB kann Geld im Recht der Enteignungsentschädigung verschiedenen Inhalt haben. Darauf deutet auch die in der Literatur verwendete Umschreibung als „Kapitalbetrag“[538] hin, die inhaltsoffen – in den Worten von Savignys – auf ein bestimmtes Maß an Vermögensmacht verweist. Der von der Enteignung betroffene Eigentümer soll sich adäquaten Ersatz beschaffen können. Hierzu ist es unerheblich, ob Sach- oder Buchgeld bereit gestellt wird. Es muss sich um ein allgemein anerkanntes Tauschmittel handeln, jedoch ist kein gesetzlicher Annahmezwang erforderlich, der beim Buchgeld fehlt. Üblicherweise wird es geboten sein, die Geldentschädigung in inländischer Währung auszuzahlen. Da sich der räumliche Anwendungsbereich des BauGB auf das Inland beschränkt, wird typischerweise eine Ersatzbeschaffung auch in inländischer Währung abgerechnet werden. In praktisch überaus seltenen Ausnahmefällen, in denen der Markt für vergleichbare Sachen ausschließlich in fremder Währung abgewickelt wird, ist eine Geldentschädigung in eben dieser Fremdwährung denkbar.

bb) Polizeirechtliche Entschädigung nach dem Tierseuchenschutzgesetz

Eine „Entschädigung in Geld“ sieht ebenfalls § 66 TierSG vor. Dabei handelt es sich allerdings nicht um eine Enteignungsentschädigung, wie sie in §§ 40 Abs. 3, 99 BauGB enthalten ist.[539] Vielmehr handelt es sich um eine Spezialnormierung eines polizeirechtlichen Entschädigungsanspruchs, welche das Ziel einer effektiven Seuchenbekämpfung hat.[540] Vor diesem Hintergrund kann der Geldbegriff des § 66 TierSG stellvertretend für die bundes- (vgl. § 52 Abs. 3 Satz 1 BPolG) und landesrechtlichen (z.B. § 69 Abs. 3 Satz 1 SPolG) Entschädigungsregelungen behandelt werden. Die Entschädigungshöhe bestimmt sich nach dem Verkehrs- bzw. Verkaufswert des getöteten Tieres (gemeiner Wert, § 9

---

[536] *Wendt*, in: Sachs, GG (6. Auflage 2011), Art. 14 Rn. 169.

[537] BGH NJW 1967, 2011, 2012; BGH WM 1983, 507, 508; *Schmidt-Aßmann/Groß*, in: Ernst/Zinkahn/Bielenberg/Krautzberger, BauGB (2014), § 99 Rn. 6.

[538] *Schmidt-Aßmann/Groß*, in: Ernst/Zinkahn/Bielenberg/Krautzberger, BauGB (2014), § 99 Rn. 5.

[539] BVerwG NVwZ-RR 2005, 446.

[540] BVerfGE 20, 251, 260; BVerwGE 7, 257, 262 f.; BVerwG NVwZ 2005, 446; BGHZ 136, 172, 175 f.

Abs. 2 BewG).[541] Abzustellen ist also auf den üblichen Tauschwert des Tieres im marktüblichen Tauschmittel. Geld in diesem polizeirechtlichen Sinne bedeutet daher ebenso wie im Enteignungsentschädigungsrecht Sach- oder Buchgeld und zwar potentiell in jeglicher Währung. Bei reinen Inlandssachverhalten ist allerdings regelmäßig Entschädigung in inländischer Währung zu leisten.

II. Zweigliedriger Geldbegriff

Der Einblick in den normativen *status quo* unserer Geldrechtsordnung hat die Erkenntnis bestätigt, dass es juristisch-normativ keinesfalls einen statischen und einheitlichen Begriff des Geldes gibt, der sämtlichen einschlägigen Rechtsvorschriften zugrunde läge.[542] Jede einzelne Norm ist individuell auszulegen, wobei insbesondere ihr Sinn und Zweck einzubeziehen sind. Auf diese Weise ergibt sich, dass der mobiliarsachenrechtliche § 935 Abs. 2 BGB nur Geld in Gestalt von beweglichen Sachen, nicht aber Buchgeld erfassen kann. Gelddarlehen können hingegen zweifelsohne auch bargeldlos abgewickelt werden. Zu beobachten ist das Vordringen des Buchgeldes nicht nur in wirtschaftlicher, sondern auch in normativer Hinsicht. War beispielsweise die Hinterlegung von Geld als Sicherheitsleistung nach § 232 Abs. 1 BGB früher auf Bargeld beschränkt, so ist auf Grundlage der Bayerischen Hinterlegungsordnung inzwischen auch eine Hinterlegung von Buchgeld möglich; Ein- und Auszahlung erfolgen durch Überweisung. Gleiches gilt für den Geldbegriff des § 815 Abs. 3 ZPO, welcher nicht gegenständlich ausgestaltet ist und daher auch Zahlungen mit Überweisung erfasst. Die normative Öffnung zugunsten des Buchgeldes lässt sich auch strafrechtlich an den §§ 152a, 152b, 266b StGB ablesen. Schließlich wird es staatsrechtlich sowohl von der Kompetenzzuweisung des Art. 73 Abs. 1 Nr. 4 GG als auch dem sachlichen Schutzbereich von Art. 14 Abs. 1 GG erfasst.

Doch nicht nur in Bezug auf das Buchgeld lassen sich Unterschiede zwischen den einzelnen Gesetzesnormen ausmachen. Den schuldrechtlichen Spezialregelungen für Geld in § 270 BGB liegt ein abstraktes und funktionales Begriffsverständnis zugrunde. Auch bei Vertragsstrafeversprechen nach §§ 339, 342 BGB wird ein solcher weiter Geldbegriff verwendet. Auf physikalisch-greifbarer Begriffsbasis bewegt sich das Geld hingegen bei der Verwahrung (§ 698 BGB) einschließlich des *depositum irregulare* (§ 700 BGB) sowie bei der Gastwirthaftung für eingebrachte Sachen (§ 702 Abs. 3 BGB). Auch diesen Differenzierungen muss ein tauglicher juristischer Geldbegriff gerecht werden.

---

[541] BVerwG NVwZ-RR 2005, 446 f. m.w.N.

[542] Ebenso *Nussbaum*, Das Geld in Theorie und Praxis des deutschen und ausländischen Rechts (1925), S. 3; *Fögen*, Geld- und Währungsrecht (1969), S. 8; *Grothe*, Fremdwährungsverbindlichkeiten (1999), S. 41, jeweils m.w.N.

Im wettbewerblichen Miteinander um das Erstzugriffsrecht auf das Geld und sein Wesen, um die finale Definitionsmacht dieses Zentralbegriffs unserer Wirtschafts-, Rechts- und Sozialordnung haben sich Ökonomen und Juristen lange Zeit um eine „alles oder nichts"-Lösung zugunsten einer der beiden Disziplinen bemüht. Bemerkenswerterweise stammt eine der – zumindest der Form nach – „juristischsten" Konzeptionen von einem Ökonomen: die Staatliche Theorie Knapps. Geld als Phänomen bewegt sich allerdings zwischen beiden Welten. In ihm sind „Recht und Wirtschaft notwendig verbunden"[543]. Der Staatsrechtler Hans Gerber hat Geld daher zutreffend als „rechtlich bestimmte Wirtschaftssache"[544] bezeichnet. Trotz dieser Zwitterstellung des Geldes ist Gegenstand dieser Untersuchung allein der rechtliche Geldbegriff, nicht aber der volkswirtschaftliche. Sein Nutzen hat sich in der juristischen Dogmatik und Rechtsanwendung zu zeigen. Schon Robert Liefmann stellte 1916 die Abgrenzbarkeit eines juristischen und eines ökonomischen Geldverständnisses heraus.[545]

Ungeachtet der bewussten Beschränkung auf die rechtlichen Aspekte dürfen die Geldfunktionen bei der Begriffsfindung nicht ignoriert werden. Mögen sie auch originär dem Wirtschaftsleben entstammen, so sind sie dennoch rechtlich anerkannt und ausgestaltet worden. Das Schadensrecht unter anderem mit § 249 Abs. 2 BGB stellt Geld deshalb als alternatives Ersatz- und Ausgleichsmittel in bestimmten Fällen heraus, weil es allgemein als Tauschmittel akzeptiert wird und an die tatsächliche Höhe des Schadens exakt angepasst werden kann, d.h. Recheneinheit ist. Geld ist in der Tat auch juristisch ein funktionaler Begriff.[546] Geld – insbesondere im rechtlichen Sinn – lässt sich allerdings nicht allein über seine wirtschaftlichen Funktionen definieren.[547] Die These vom *„money is what money does"* verharrt zu sehr an der Oberfläche. Auch verfehlte eine Gleichsetzung von Gelddefinition und Geldfunktionen das Ziel eines eigenständigen rechtlichen Geldbegriffs, der sich von den rein ökonomischen Begriffsbedürfnissen abgrenzt.

Nicht nur im interdisziplinären Diskurs von Wirtschafts- und Rechtswissenschaftlern zeigen sich die vielfältigen Facetten des Geldes, sondern ebenso auf der rein rechtlichen Ebene. Geld ist die nicht materialisierte abstrakte Vermögensmacht, wie sie sich beispielsweise im Schadensrecht oder in § 270 BGB zeigt. Zugleich zeigt sich Geld aber auch als konkretes materialisiertes Geldzeichen, wie es im Sachenrecht oder in den §§ 698, 700, 702 BGB in Erscheinung tritt. Diese normative Vielgestaltigkeit zwingt dazu, den rechtlichen Geldbe-

---

[543] *Gerber*, Geld und Staat (1926), S. 58.

[544] *Gerber*, Geld und Staat (1926), S. 59.

[545] *Liefmann*, Geld und Gold (1916), S. 95 f.

[546] Statt vieler *Mann*, Das Recht des Geldes (1960), S. 5, 19 ff.; *Simitis*, AcP 159 (1960) 406, 416 f.; *K. Schmidt*, in: Staudinger, BGB (1997), Vorbem A13 zu §§ 244 ff.

[547] *Mann*, Das Recht des Geldes (1960), S. 4 f.; ähnlich *Schilcher*, Geldfunktionen und Buchgeldschöpfung (1958), S. 16 („erste … Stufe").

griff aufzugliedern. Eine solche Vorgehensweise ist als solche keineswegs neuartig, sondern wurde unter anderem bereits von Robert Liefmann mit seinem zweigliedrigen und Karsten Schmidt mit seinem dreigliedrigen Geldbegriff[548] eingesetzt. Vor dem Hintergrund des normativen *status quo* erscheint es zureichend und vorzugswürdig, von einem lediglich zweigliedrigen Geldbegriff auszugehen und damit Geld im abstrakten von Geld im konkreten Sinne zu unterscheiden:

1. Geld im abstrakten Sinne

Der abstrakte Geldbegriff kommt immer dann zum Tragen, wenn Geld unabhängig von seiner Verkörperung und einem gesetzlichen Annahmezwang, sondern vielmehr getragen von seinen Funktionen als messbare Vermögensmacht zum Einsatz gelangt. Geld im abstrakten Sinne ist nicht gleichbedeutend mit der Losung „Geld ist, was als Geld funktioniert" und erschöpft sich nicht in einer schlichten Wiederholung der Geldfunktionen in einer Definition. Der abstrakte Geldbegriff ist lediglich von den Geldfunktionen in herausgehobener Weise durchtränkt und charakterisiert.

Der Abstraktionsgedanke findet sich in unterschiedlicher Ausprägung bei verschiedenen Autoren: Liefmann erkennt einen abstrakten Geldbegriff ebenfalls an, ordnet ihn aber als nur unter ökonomischer Perspektive existent ein; juristisch existiere allein ein gegenständlicher Geldbegriff mit Geld als allgemeinem Zahlungsmittel.[549] Dabei übersieht er allerdings, dass von Savigny bereits einige Jahrzehnte zuvor Geld im rechtlichen Sinne als „abstrakte Vermögensmacht"[550] beschrieb und damit zutreffend das enge Korsett einer allein gegenstandsbezogenen Gelddefinition terminologisch sprengte. In seiner Typenlehre der Geldschuld ordnet Hellmut Isele bestimmte „vertretbare Sachen besonderer Art" als „Repräsentationsformen abstrakter Vermögensmacht" ein, darunter Sachgeld, Schecks, Wechsel und Buchgeld als „vertretbare Forderungen".[551] Martin Wolff variiert die Terminologie zu „unkörperliche[r] Vermögensmacht"[552] und Max Kaser spricht von einem „abstrakten Wertträger"[553]. Auch Spiros Simitis betont den abstrakten Charakter des Geldes in sprachlicher Anlehnung an von Savigny.[554] Zutreffend hebt er dabei die vollständige Loslösung des abstrakten Geldes von jeglicher Sachsubstanz hervor. Ebenso handelt

---

548 Anders noch *K. Schmidt*, JuS 1984, 737, 739 f. (zweigliedriger Geldbegriff).

549 *Liefmann*, Geld und Gold (1916), S. 95 f.

550 *von Savigny*, Das Obligationenrecht als Theil des heutigen Römischen Rechts, Band I (1851), S. 406.

551 *Isele*, AcP 129 (1928) 129, 168.

552 *Wolff*, in: *Ehrenberg* (Hrsg.), Handbuch des gesamten Handelsrechts, Band 4/1 (1917), S. 563, 577 f.

553 *Kaser*, AcP 143 (1937) 1, 7.

554 *Simitis*, AcP 159 (1960) 406, 431.

es sich bei Geld im institutionellen Sinne nach Karsten Schmidt ebenfalls um abstraktes Geld. Es sei „Geld ohne Bezug auf konkrete Gegenstände"[555]. Schließlich sieht Horst Kratzmann die Gegenleistungspflichten aus den Vertragsverhältnissen des Besonderen Schuldrechts auf „abstrakte[s] Geld" [556] gerichtet an, dem er das „konkrete" Bargeld gegenüberstellt. Um die Vielfalt der Geldbegriffe nicht weiter zu erhöhen, erscheint es geboten, einheitlich von einem abstrakten Geldbegriff zu sprechen.

Der abstrakte Begriff des Geldes ist der Sache nach ein abstrakt-funktionaler. Die abstrakte Geldfunktion als Recheneinheit bzw. Wertmaß zeigt sich anschaulich bei Bewertungsvorgängen, wie sie beispielhaft im Rahmen von § 738 Abs. 1 Satz 2 BGB vorzunehmen sind. Wird beim Ausscheiden eines Gesellschafters das gesamte Gesellschaftsvermögen einer Bewertung unterzogen[557] und eine Abfindungsbilanz erstellt, so wird die Maßeinheitsfunktion des Geldes fruchtbar gemacht und Geld im abstrakten Sinne bilanzrechtlich verbucht. Gleiches gilt für Bewertungen von Wirtschaftsgütern in der Unternehmensbilanz, der Insolvenz und bei Steuererklärungen.[558]

Der abstrakte Geldbegriff ist, wie bereits von Martin Wolff[559] herausgestellt, unabhängig von der Verkörperung in beweglichen Sachen. Damit ist nicht nur das Sach-, sondern auch Buchgeld vom abstrakten Geldbegriff erfasst. Erst über die Anerkennung von Buchgeld als Geld im abstrakten Sinne lässt sich dogmatisch stimmig die bargeldlose Erfüllung von Geldschulden erfassen. Nach neuerer Ansicht liegt in der Zahlung durch Überweisung keine Leistung an Erfüllungs statt nach § 364 Abs. 1 BGB[560] oder gar erfüllungshalber nach § 364 Abs. 2 BGB, sondern eine Erfüllung durch Erbringung der geschuldeten Leistung nach § 362 Abs. 1 BGB[561] vor. Wird die Geldschuld durch Überweisung von Buchgeld mit der „geschuldeten Leistung" erfüllt, so lässt sich dies nicht erklären, wenn Geld im Rechtssinne stets auf eine Verkörperung in beweglichen Sachen beschränkt und Buchgeld damit ausgeschlossen wäre. Irrelevant ist, dass es sich bei Buchgeld nicht um ein gesetzliches, mit Annahmezwang ausgestattetes und vom Staat ausgegebenes Zahlungsmittel handelt. Die Staatliche Theorie Knapps ist in diesem zentralen Punkt nicht in der Lage, Buchgeld als praktisch

---

555 *K. Schmidt*, in: Staudinger, BGB (1997), Vorbem A15 zu §§ 244 ff.

556 *Kratzmann*, ZfgK 2013, 301, 305.

557 Vgl. zur Ertragswertmethode stellvertretend BGHZ 116, 359, 370; *Hülsmann*, ZIP 2001, 450.

558 Ebenso *K. Schmidt*, in: Staudinger, BGB (1997), Vorbem A18 zu §§ 244 ff. zu seinem institutionellen Geldbegriff.

559 *Wolff*, in: *Ehrenberg* (Hrsg.), Handbuch des gesamten Handelsrechts, Band 4/1 (1917), S. 563, S. 578.

560 So noch BGH NJW 1953, 897; BGHZ 87, 156, 162; offen BGH NJW-RR 2004, 1281.

561 BGH NJW 1996, 1207; OLG Frankfurt NJW 1998, 387; *Dücker*, WM 1999, 1257, 1263; *Gößmann/van Look*, WM 2000, Sonderbeilage Nr. 1, S. 3, 21; *Omlor*, in: Staudinger, BGB (2012), Vorbem 82 zu §§ 675c-676c.

dominierende Geldform rechtlich zu erfassen. Geld im abstrakten Sinne ist mit der Staatlichen Theorie insofern unvereinbar.[562]

Bei sämtlichen Zahlungen mittels Debitkarte, Kreditkarte, Geldkarte oder sonstigen Zahlungskarten wird Geld im abstrakten Sinne transferiert. Ebenso nimmt der Empfänger bei Überweisungen und Lastschriften solches Geld entgegen. Diese Einordnung folgt aus dem Umstand, dass in allen diesen Fällen der bargeldlosen Zahlung Buchgeld zum Einsatz kommt und Buchgeld dem abstrakten Geldbegriff unterfällt. Die Möglichkeit einer Auszahlung von Buchgeldguthaben als Bargeld bleibt insofern unberücksichtigt. Die Zahlung mit einer Zahlungskarte unterfällt schließlich auch nicht deshalb dem konkreten Geldbegriff, weil damit ein körperlicher Gegenstand zum Einsatz gelangt. Die Zahlungskarte fungiert lediglich als Legitimationsmedium, als „Schlüssel" für den Buchgeldtransfer. Die Zahlungskarten weisen keine wie auch immer geartete wertpapierrechtliche Qualität auf, da ihnen die Übertragbarkeit fehlt.[563]

Der abstrakte Geldbegriff liegt weiterhin den schuldrechtlichen Regelungen zum Erfüllungsort und zum Transportrisiko zugrunde.[564] Trotz der fortbestehenden rechtstechnischen und dogmatischen Unterschiede zwischen Sach- und Buchgeld kommt es in § 270 BGB allein auf den Umstand an, dass abstrakte bzw. unkörperliche Vermögensmacht übertragen wird. Daher findet § 270 BGB auch auf Buchgeld Anwendung.[565]

2. Geld im konkreten Sinne

a) Das Erfordernis einer Verkörperung

Trotz aller Entmaterialisierungstendenzen bleibt das Phänomen Geld weiterhin auch in seiner auf einen Körper bzw. einen Gegenstand bezogenen, d.h. konkreten, Gestalt von rechtlicher Bedeutung. Geld im konkreten Sinne ist das Sachgeld (Bargeld). Derartige – im Vergleich zum abstrakten Geldbegriff enge – Gelddefinitionen finden sich in großer Vielzahl in der rechts- wie wirtschaftswissenschaftlichen Literatur und in der Rechtsprechung.[566] Die Staatliche Theorie Knapps sieht im Geld „eine bewegliche Sache, welche von der Rechtsordnung aufgefaßt wird als Trägerin von Werteinheiten"[567]. Infolge der Chartalität des Geldes ist sein Wert vom Stoffwert losgelöst. Robert Liefmann sieht die juristische Bedeutung des Geldes allein in seiner Aufgabe als allgemeines Zahlungsmittel.[568] Auch die Gelddefinition von Hans Gerber basiert auf

562 Ähnlich bereits *Liefmann*, Geld und Gold (1916), S. 96.
563 *Omlor*, in: Staudinger, BGB (2012), Vorbem 132 zu §§ 675c-676c.
564 *Isele*, AcP 129 (1928) 129, 172.
565 *Wolf*, Lehrbuch des Schuldrechts (1978), § 4 D II b.
566 Vgl. im Einzelnen zum Meinungsstand oben, S. 59 ff.
567 *Knapp*, Staatliche Theorie des Geldes (4. Auflage 1923), S. 6.
568 *Liefmann*, Geld und Gold (1916), S. 95 f.

der Annahme, dass Geld eine Sache und ein rechtlich bestimmtes Zahlungsmittel sei.[569] Der konkrete Geldbegriff wird besonders pointiert zudem von F. A. Mann vertreten; Geld könne nur eine bewegliche Sache sein, wobei sie vom Staat geschaffen, nach einer Rechnungseinheit gestückelt und als Universaltauschmittel vorgesehen sein müsse.[570] Schließlich nimmt auch Karsten Schmidt die Formulierung von F. A. Mann auf und erfasst unter seinem gegenständlichen Geldbegriff alle „bewegliche[n] Sachen, die, nach einer Rechnungseinheit gestückelt, bestimmungsgemäß zum Nominalwert als Tauschmittel dienen, als solche von Rechts wegen anerkannt sind und vom Gläubiger nicht abgelehnt werden dürfen“[571].

Geld im konkreten Sinne ist auf bewegliche Sachen beschränkt. Das Buchgeld scheidet damit ebenso aus wie Forderungen, auch wenn sie als Wertpapiere verbrieft sind. Nicht erfasst sind weiterhin Wertzeichen im Sinne von § 807 BGB. Forderungen werden allein vom abstrakten Geldbegriff umfasst. Papiergeld als Teil des konkreten Geldbegriffs verbrieft keine Forderung, insbesondere nicht (mehr) auf Auszahlung von Gold. Daher kann Papiergeld nicht als Wertpapier eingeordnet werden.[572]

b) Beschränkung auf gesetzliche Zahlungsmittel

Geld im konkreten Sinne umfasst ausschließlich gesetzliche Zahlungsmittel.[573] Die pointiert von Martin Wolff[574] geäußerten Bedenken gegen eine solche Einengung des Geldbegriffs beziehen den (insofern weiteren) abstrakten Geldbegriff nicht ein. Wolff kritisiert, dass auch mit ablehnbarem Geld nach § 362 Abs. 1 BGB erfüllt werden könne; es liege keine Leistung an Erfüllungs statt vor. Daher werde in der Lehre von der Geldschuld auch dasjenige als Geld angesehen, was zur Erfüllung von Geldschulden als „geschuldete Leistung“ (§ 362 Abs. 1 BGB) diene, aber nicht gesetzliches Zahlungsmittel sei. Ein modernes Anwendungsbeispiel ist die Überweisung, welche eine Übertragung von Buchgeld und eine Erfüllung nach § 362 Abs. 1 BGB bewirkt. Dennoch handelt es sich bei Buchgeld um kein gesetzliches Zahlungsmittel. Die Lösung der Problematik liegt darin, dass es sich bei Buchgeld um Geld im abstrakten Sinne handelt, mit dem Geldforderungen erfüllt werden können, ohne über einen gesetzlichen Annahmezwang zu verfügen.

---

569 *Gerber*, Geld und Staat (1926), S. 29 ff., 52 ff.

570 *Mann*, Das Recht des Geldes (1960), S. 5 ff.

571 *K. Schmidt*, in: Staudinger, BGB (1997), Vorbem A19 zu §§ 244 ff.

572 *Häde*, Geldzeichen im Recht der Bundesrepublik Deutschland (1991), S. 158.

573 Vgl. ebenso *Gerber*, Geld und Staat (1926), S. 52 ff.; *Mann*, Das Recht des Geldes (1960), S. 14.

574 *Wolff*, in: *Ehrenberg* (Hrsg.), Handbuch des gesamten Handelsrechts, Band 4/1 (1917), S. 563, 573 ff.

c) Unabhängigkeit des Substanzwerts vom Geldwert

Ebenso wie Geld im abstrakten Sinne ist auch Geld im konkreten Sinne – in der Terminologie von Knapp – ein chartales Zahlungsmittel. Chartalität bedeutet insofern schlicht Anti-Metallismus, so dass der Geldwert in keiner Relation zum Stoffwert steht. Im Falle des abstrakten Geldbegriffs liegt dieses Merkmal wesensnotwendig auf der Hand, da er nicht auf einer Verkörperung basiert. Aber spätestens seit der Einführung von Papiergeld und der Abschaffung der Einlösepflicht der Notenbanken in Gold zwingt die Rechtswirklichkeit dazu, Geld stets als chartal einzustufen.[575]

d) Allgemeine Anerkennung als Tauschmittel

Notwendige Wesensmerkmale von Geld im konkreten Sinne sind seine Zweckbestimmung und sein Einsatz als allgemeines Tauschmittel.[576] Angesprochen ist damit zunächst die konkrete Funktion des Geldes, Tauschmittel zu sein. Allerdings darf dieses Tauschmittel nicht nur in bestimmten Verkehrskreisen oder nur gelegentlich als solches eingesetzt werden, sondern auf universelle Weise. Markante Beispiele sind physisches Gold und Briefmarken,[577] denen die allgemeine Anerkennung als Zahlungsmittel fehlt.

Das Erfordernis einer allgemeinen Anerkennung steht allerdings nicht der Einstufung von ausländischen Geldzeichen als Geld im konkreten Sinne entgegen.[578] Auch die gesetzlichen Zahlungsmittel eines ausländischen Staates sind im Inland als Geld anzusehen. Davon unabhängig stellt sich hingegen die Frage, ob eine spezifische Norm ihrem Geldbegriff auch ausländische Währungen zuordnet. Nach Sinn und Zweck ist dies beispielsweise bei der Haftungssumme einer Hypothek, Grund- oder Rentenschuld (§§ 1113, 1191, 1199 BGB) der Fall. Auch § 270 BGB findet auf Geldschulden sowohl in inländischer als auch in ausländischer Währung Anwendung. Gelddarlehen (§§ 488, 607 Abs. 2 BGB) können in jeglicher Währung vereinbart werden. Der Beauftragte hat auch Geld in ausländischer Währung nach § 668 BGB zu verzinsen. Der Verkehrsschutz wird von § 935 Abs. 2 BGB auch für ausländisches Geld erweitert. Demgegenüber ist bei der Hinterlegung zu Sicherheitszwecken nach §§ 232 ff. BGB zu unterscheiden, ob die ausländische Währung in der Sicherungsanordnung als Sicherungswährung anerkannt wurde; ist dies nicht der Fall, wird sie regelmäßig als

---

[575] Vgl. auch unten, S. 386 f.

[576] *Wolff*, in: *Ehrenberg* (Hrsg.), Handbuch des gesamten Handelsrechts, Band 4/1 (1917), S. 563, 564 f.; *Helfferich*, Das Geld (6. Auflage 1923), S. 263; *Lütge*, Einführung in die Lehre vom Gelde (1948), S. 20; *Mann*, Das Recht des Geldes (1960), S. 19 ff.

[577] *Wolff*, in: *Ehrenberg* (Hrsg.), Handbuch des gesamten Handelsrechts, Band 4/1 (1917), S. 563, 565.

[578] *K. Schmidt*, in: Staudinger, BGB (1997), Vorbem A23 zu §§ 244 ff.

Wertpapier mit eigenem Kurswert eingestuft.[579] Im Strafrecht wurde, nicht zuletzt wegen Art. 103 Abs. 2 GG, für ausländische Geldzeichen die erweiternde Vorschrift des § 152 StGB geschaffen.

e) Abgrenzung zu strafrechtlichen Geldbegriffen

Der strafrechtliche Begriff des Geldes in §§ 146 ff. StGB ist nur in Teilen deckungsgleich mit dem zivilrechtlichen Geldbegriff im konkreten Sinne. Die in der höchstrichterlichen Rechtsprechung verwendete strafrechtliche Definition des Geldes[580] beschränkt sich auf staatliche Zahlungsmittel und kommt ohne einen allgemeinen Annahmezwang des gesetzlichen Zahlungsmittels aus. Übereinstimmung besteht mit dem konkreten Geldbegriff des Zivilrechts insofern, als nur bewegliche Sachen erfasst sind, denen der Staat Zahlungsmitteleigenschaft hoheitlich verliehen hat. Allerdings postuliert der Bundesgerichtshof einen vom Annahmezwang unabhängigen strafrechtlichen Geldbegriff. Hintergrund dieser breiter angelegten Begriffsbestimmung ist das Schutzgut der §§ 146 ff. StGB, welches nicht nur gesetzliche Zahlungsmittel erfasst. Vielmehr sollen umfassend die Sicherheit und Funktionsfähigkeit des Geldverkehrs und das Vertrauen in diesen geschützt werden.[581]

f) Ausschluss von Wertpapieren und Geldforderungen

Wertpapiere und Geldforderungen können nicht als gesetzliche Zahlungsmittel[582] und damit nicht als Geld im konkreten Sinne eingeordnet werden.[583] Normative Anhaltspunkte finden sich im Privatrecht unter anderem in §§ 232 Abs. 1, 372 Satz 1, 702 Abs. 2, 783, 935 Abs. 2 BGB und Art. 2 lit. d CISG, die ausdrücklich zwischen Geld und Wertpapieren in ihrem Wortlaut unterscheiden. Vor allem aber sind nach Art. 10 Satz 2 VO (EG) Nr. 974/98[584] und § 14 Abs. 1 Satz 2 BBankG auf Euro lautende Banknoten das einzige unbeschränkte gesetzliche Zahlungsmittel. Diese Abgrenzung ändert jedoch nichts daran, dass Wertpapiere wie der Scheck als Zahlungsmittel ohne Annahmezwang einzustufen sind, die Buchgeld transferieren. Lediglich der konkrete, auf gesetzliche Zahlungsmittel beschränkte Geldbegriff bleibt ihnen wesensmäßig verschlossen.

---

579 *Grothe*, in: MünchKomm BGB (6. Auflage 2012), § 232 Rn. 3 m.w.N.

580 BGHSt 12, 344, 345; BGHSt 23, 229, 231; BGHSt 32, 198.

581 RGSt 67, 294, 297; BGH NJW 1954, 564; BGHSt 42, 162, 169.

582 Statt vieler BGH NJW 1994, 388, 389; BFH NJW 1981, 1471, 1472; BFH DStR 2001, 1028, 1029.

583 Vgl. ebenso *K. Schmidt*, in: Staudinger, BGB (1997), Vorbem A25 ff. zu §§ 244 ff. zum gegenständlichen Geldbegriff; *Kaser*, AcP 143 (1937) 1, 9 und *Wolf*, Lehrbuch des Schuldrechts (1978), § 4 D II c zum Geldbegriff allgemein.

584 Verordnung (EG) Nr. 974/98 vom 3. 5. 1998 über die Einführung des Euro, ABl. EG Nr. L 139 S. 1 vom 11. 5. 1998.

3. Einordnung des Buchgeldes

Der Prozess der Entmaterialisierung des Geldes hat historisch nicht nur die Loslösung des Geldwerts vom Stoffwert mit sich gebracht, sondern in der vorläufigen Endstufe auch die Entstehung vollständig stofflosen Buchgeldes zu Tage gefördert. Werttransfers werden schon seit vielen Jahrzehnten nicht mehr von der Übertragung von Sachgeld, sondern von Buchgeld dominiert. Das gesetzliche Zahlungsmittel ist vom faktischen Regel- zum Ausnahmefall herabgestuft worden. Geld im konkreten Sinne hat für unseren Wirtschaftsverkehr lediglich eine untergeordnete Bedeutung inne. Auch in normativer Hinsicht hat sich ein breit angelegter Bedeutungswandel des Buchgeldes vollzogen. Maßgebliche gesetzliche Vorschriften umfassen sowohl Sach- als auch Buchgeld. Zu nennen sind beispielhaft §§ 232 ff. (in Verbindung mit Art. 9 Abs. 1 BayHintG), 249 ff., 270, 339, 342, 488, 607 Abs. 2, 668, 675c ff. BGB, § 815 Abs. 3 ZPO, §§ 152a, 152b StGB, Art. 73 Abs. 1 Nr. 4 GG und Art. 75 UAbs. 1, 83 Abs. 1 UAbs. 2 AEUV. Nach § 224 Abs. 3 Satz 1 AO sind Zahlungen an die Finanzverwaltung im Regelfall unbar zu leisten. Aufgeworfen ist damit die Frage nach der Rolle des Buchgeldes in unserer Rechtsordnung und insbesondere im Privatrecht.

a) Meinungsstand

Buchgeld besteht aus Guthaben, die bei Banken gehalten werden, nicht in Wertpapieren verkörpert sind und jederzeit zu Zahlungszwecken zur Verfügung stehen.[585] Die frühere geldrechtliche Literatur und Rechtsprechung lehnte den Geldcharakter des Buchgeldes überwiegend prinzipiell ab.[586] F. A. Mann[587] verwies darauf, Bankkonten hätten das gegenständliche Geld, d.h. das Sachgeld, ersetzt; jedoch sei es eine Gewohnheit der Menschen, den Geldbegriff mit bestimmten Symbolen zu verbinden, welche gegenständlich seien. Das Reichsgericht[588] hatte zu entscheiden, ob eine Zahlung per Scheck, d.h. mit Buchgeld, als Einlageleistung eines GmbH-Gesellschafters akzeptiert werden konnte. Eine

---

585 Ähnlich *Pikart*, WM 1980, 510, 511; *Larenz*, Lehrbuch des Schuldrechts I (14. Auflage 1987), § 13 I; *K. Schmidt*, in: Staudinger, BGB (1997), Vorbem A28 zu §§ 244 ff.; *Grundmann*, in: MünchKomm BGB (6. Auflage 2012), § 245 Rn. 6; *Brechtel*, Die Tilgung von Geldforderungen bei Überweisung, Lastschrift- und Kreditkartenzahlung (2013), S. 27; erweiternd *Simitis*, AcP 159 (1960) 406, 423, der auch Festgeld als „potentielles" Geld erfassen will; zu weitgehend auch *Weber*, ZSR 100 (1981) 165, 172; abweichende Terminologie bei *Kratzmann*, Das Geld: Vertragsobjekt, Rechtskonstrukt und ökonomische Größe (2004), S. 58.

586 *Hammer*, Die Hauptprinzipien des Geld- und Währungswesens (1891), S. 13; *Knapp*, Staatliche Theorie des Geldes (4. Auflage 1923), S. 142; *Peitmann*, Die privatrechtlichen Grundlagen des Geldes (1941), S. 21; *Mann*, Das Recht des Geldes (1960), S. 5; *Liesecke*, WM 1975, 214, 215; *Wolf*, Lehrbuch des Schuldrechts (1978), § 4 D II c; unter den Umständen des Einzelfalls auch RGZ 41, 120, 123 f. für eine Scheckzahlung.

587 *Mann*, Das Recht des Geldes (1960), S. 5.

588 RGZ 41, 120.

Gleichbehandlung mit einer Bargeldzahlung wollte es nur anerkennen, sofern das Buchgeld „jeden Augenblick mit zweifelloser Sicherheit in bares Geld umgesetzt werden“[589] könne. Nur in diesem Falle sei eine Zahlung mit Buchgeld gleichwertig mit einer Barzahlung.

Die neuere Gegenauffassung[590] geht von einem weiteren allgemeinen Geldbegriff aus, der sowohl das Sach- als auch das Buchgeld umfasst. In seiner Typenlehre der Geldschuld ordnet Hellmut Isele nicht nur Sachgeld, Schecks und Wechsel seinem abstrakten Geldbegriff zu, sondern auch das Buchgeld als „vertretbare Forderung besonderer Art“.[591] Die Geldschuld sei nicht Sachleistungsverpflichtung, sondern Pflicht zur Übertragung abstrakter Vermögensmacht. Spiros Simitis sieht im Geld „Funktion und nicht Substanz“[592] und verfolgt daher eine stark abstrahierende Ansicht. Die Zuerkennung des Geldcharakters an das Buchgeld bewirke keinesfalls eine rechtliche Gleichbehandlung. Dennoch würden die Aufgaben des Geldes sowohl vom Sach- als auch Buchgeld wahrgenommen („Dualismus der Geldbetrachtung“[593]). Für Simitis steht dem – im Einklang mit Isele[594] – die Gefahr der Zahlungsunfähigkeit der Bank nicht entgegen, da bei Sachgeld entsprechend ein Fälschungsrisiko bestehe.[595] Auch der fehlende gesetzliche Annahmezwang für Buchgeld sei geldschuldrechtlich irrelevant, da die Parteien frei in ihrer Wahl seien, eine Zahlungsmodalität zu wählen. Grundsätzlich sei nämlich der Geldgläubiger bei fehlender Vereinbarung gehalten, auch Buchgeldzahlungen als Erfüllung anzunehmen.[596]

---

589 RGZ 41, 120, 122.

590 *Falcke*, Geld – Wert oder Sache? (1951), S. 21; *Andreae*, Geld und Geldschöpfung (1953), S. 38; *Reinhardt*, in: Festschrift für Gustav Boehmer (1954), S. 60, 71; *Simitis*, AcP 159 (1960) 406, 431 ff.; *Duden*, Der Gestaltwandel des Geldes und seine rechtlichen Folgen (1968), 6 ff.; *Larenz*, Lehrbuch des Schuldrechts I (14. Auflage 1987), § 13 I; *Fögen*, Geld- und Währungsrecht (1969), S. 15; *Thywissen*, BB 1971, 1347, 1349 f.; *Pulvermüller*, Rechtsnatur und Behandlung des privatrechtlichen Geldanspruchs (1974), S. 37, 55; *von Stebut*, JURA 1982, 561, 568 ff.; *Münch*, Das Giralgeld in der Rechtsordnung der Bundesrepublik Deutschland (1990), S. 131 ff.; *K. Schmidt*, in: Staudinger, BGB (1997), Vorbem A17 zu §§ 244 ff. (konkret-funktioneller Geldbegriff); *Haug*, in: *Schimansky/Bunte/Lwowski* (Hrsg.), Bankrechts-Handbuch (4. Auflage 2011), § 123 Rn. 47; *Schefold*, in: *Schimansky/Bunte/Lwowski* (Hrsg.), Bankrechts-Handbuch (4. Auflage 2011), § 115 Rn. 37 f.; *Brechtel*, Die Tilgung von Geldforderungen bei Überweisung, Lastschrift- und Kreditkartenzahlung (2013), S. 29 (Geld im funktionalen Sinn); ebenso aus schweizerischer Sicht *Weber*, ZSR 100 (1981) 165, 171; offen für eine Entmaterialisierung des Geldbegriffs schon *Wolff*, in: *Ehrenberg* (Hrsg.), Handbuch des gesamten Handelsrechts, Band 4/1 (1917), S. 563, 578.

591 *Isele*, AcP 129 (1928) 129, 168.

592 *Simitis*, AcP 159 (1960) 406, 433.

593 *Simitis*, AcP 159 (1960) 406, 442.

594 *Isele*, AcP 129 (1928) 129, 159 f.

595 *Simitis*, AcP 159 (1960) 406, 434.

596 *Simitis*, AcP 159 (1960) 406, 436.

Wenige Jahre nach Simitis hat sich Konrad Duden[597] nicht nur für eine Gleichstellung von Sach- und Buchgeld ausgesprochen, sondern ist sogar darüber hinaus gegangen. Zumindest bei größeren Zahlbeträgen sieht er allein das Buchgeld als unbeschränktes Zahlungsmittel an.[598] Der Gläubiger einer Millionenforderung sei – schon im Jahre 1968 – nicht verpflichtet gewesen, den Betrag in Bargeld statt durch Überweisung entgegenzunehmen.[599] Die Realität des Zahlungsverkehrs habe zu einer Umkehr nicht nur des faktischen, sondern auch des normativen Regel-Ausnahme-Verhältnisses geführt: Die Buchgeldzahlung sei der Grundsatz, die Bargeldzahlung hingegen die Ausnahme.[600] Die Besonderheiten der Abwicklung von Buchgeldzahlungen und der „Verwaltung" von Buchgeld führten dazu, dass Geld nicht mehr schuld- oder sachenrechtlich – etwa durch physisches Gold – gedeckt sei, sondern „unternehmensrechtlich". Die Deckung des Buchgeldes erfolge durch den „richtige[n] Bankbetrieb".[601] Die Validität des Bankgeldes beruhe auf der Seriosität der beteiligten Banken. Das Geld des modernen Zahlungsverkehrs habe sich von der gegenständlichen Kaurimuschel zu einem abstrakten Phänomen entwickelt und sei „bloßes Können, eine Gestaltungsmöglichkeit, ein Gestaltungsrecht"[602]. Für Duden steht dem Buchgeld daher zweifelsfrei der Geldcharakter zu; Buchgeld sei das paradigmatische Geld geworden.

Den Ausführungen von Duden steht auch Dietrich von Stebut nahe. Er wandte sich gegen die Einbeziehung eines gesetzlichen Annahmezwangs in die Gelddefinition.[603] An dessen Stelle könne eine staatliche Anerkennung des Buchgeldes auf andere Weise treten, was besonders eindrucksvoll durch § 224 AO geschehe. Einen gewohnheitsrechtlichen Annahmezwang erkennt von Stebut nicht an. Wie Duden verweist auch von Stebut darauf, dass die Buchgeldschöpfung durch Kreditinstitute keinesfalls zur Schaffung eines Privatgeldes führe, sondern dass es sich wegen der Lenkung und Überwachung dieses Prozesses durch die Währungspolitik der Zentralbank um ein gesamtwirtschaftliches Phänomen handele.

Ein Vertreter des abstrakt-funktionellen Geldbegriffs ist auch Karl Larenz[604] gewesen. Geld will er – in Anlehnung an von Savigny – vorrangig als Träger von Kaufkraft und nicht als Sachsubstanz verstanden wissen. Die Tauschmittelfunktion als prägendes Geldmerkmal sei durch den hohen Verbreitungsgrad von Buchgeld sichergestellt. Auch bestehe „in Zeiten normalen Funktionierens

---

597 *Duden*, Der Gestaltwandel des Geldes und seine rechtlichen Folgen (1968).
598 *Duden*, Der Gestaltwandel des Geldes und seine rechtlichen Folgen (1968), S. 8.
599 Ebenso *Thywissen*, BB 1971, 1347, 1350.
600 *Duden*, Der Gestaltwandel des Geldes und seine rechtlichen Folgen (1968), S. 8.
601 *Duden*, Der Gestaltwandel des Geldes und seine rechtlichen Folgen (1968), S. 10.
602 *Duden*, Der Gestaltwandel des Geldes und seine rechtlichen Folgen (1968), S. 10 f.
603 *von Stebut*, JURA 1982, 561, 570.
604 *Larenz*, Lehrbuch des Schuldrechts I (14. Auflage 1987), § 13 I.

der Wirtschaft"[605] kaum ein nennenswertes Risiko der Zahlungsunfähigkeit eines Kreditinstituts. Der Inhaber von Buchgeld könne daher dieses ebenso leicht in Güter oder Leistungen umsetzen wie der Inhaber von Bargeld. Unerheblich sei der fehlende gesetzliche Annahmezwang; statt dessen bestehe eine Verkehrsübung, Buchgeld zur Erfüllung von Geldschulden anzunehmen, falls nicht ein entgegenstehender Wille des Gläubigers erkennbar sei. Der rechtliche Geldbegriff sei daher nicht auf gegenständliches Geld beschränkt, sondern umfasse auch „Forderungen, deren wirtschaftliche Zweckbestimmung die des Geldes ist"[606] (Buchgeld).

Johann Heinrich Thywissen sah das Buchgeld als Geld im Rechtssinne an, indem er es als gewohnheitsrechtlich anerkanntes Zahlungsmittel einstufte. Geld definiert er zwar unter anderem über das Kriterium, gesetzliches Zahlungsmittel zu sein.[607] Allerdings könne eine solche gesetzliche Anerkennung mit Annahmeobliegenheit auch durch Gewohnheitsrecht festgelegt werden.[608] Ein solches Gewohnheitsrecht existiere in Bezug auf Buchgeld. Es unterfalle somit einem funktional verstandenen rechtlichen Geldbegriff. Daher führe die Zahlung von Buchgeld durch Überweisung nicht zu einer Leistung an Erfüllungs statt, sondern zur Erfüllung nach § 362 BGB.[609]

Eine entmaterialisierte Gelddefinition hat Fritz Pulvermüller in seiner Würzburger Dissertation aufgestellt und damit ebenfalls das Buchgeld als „vollwertiges Geld"[610] erfasst. Zugrunde legt er eine Gelddefinition aus drei Bestandteilen: Geld sei erstens ein feststellbarer Betrag, der zweitens nicht an eine Sachsubstanz gebunden sei und drittens Geldfunktionen, insbesondere die Tauschfunktion, ausübe.[611] Für ihn ist Geld ein funktionaler Begriff, der dennoch nicht allein über seine Funktionen erklärt werden könne. Der Sache nach postuliert Pulvermüller damit einen abstrakt-funktionalen Geldbegriff.

In seiner (ebenfalls) Würzburger Dissertation hat Christof Münch eine umfassende Gleichstellung von Bar- und Sachgeld angenommen. Münch argumentiert vor allem mit der gesetzgeberischen Anerkennung des Buchgeldes als gleichrangig zum Bargeld.[612] Dieser zeige sich erstens im Steuerrecht, da schon § 102 RAO die Erfüllung von Steuerschulden durch Überweisung zuließ und nunmehr § 224 AO eine allgemeine Annahmeobliegenheit für Buchgeld in

---

605 *Larenz*, Lehrbuch des Schuldrechts I (14. Auflage 1987), § 13 I.

606 *Larenz*, Lehrbuch des Schuldrechts I (14. Auflage 1987), § 13 I.

607 *Thywissen*, BB 1971, 1347, 1348.

608 *Thywissen*, BB 1971, 1347, 1349 f.

609 *Thywissen*, BB 1971, 1347, 1350.

610 *Pulvermüller*, Rechtsnatur und Behandlung des privatrechtlichen Geldanspruchs (1974), S. 55.

611 *Pulvermüller*, Rechtsnatur und Behandlung des privatrechtlichen Geldanspruchs (1974), S. 64.

612 Im Einzelnen *Münch*, Das Giralgeld in der Rechtsordnung der Bundesrepublik Deutschland (1990), S. 131 ff.

Steuerschuldverhältnissen vorsehe. Im Sozialrecht seien Geldleistungen nach § 47 SGB I grundsätzlich bargeldlos zu erbringen. Gleiches gelte ausnahmslos für Leistungen zur Ausbildungsförderung nach § 51 Abs. 1 Satz 1 BAföG. Auch die Besoldung gemäß § 17a Satz 1 BBesG werde regelmäßig unbar ausgezahlt, sofern nicht eine Unzumutbarkeit aus wichtigem Grund vorliege. Auch zwangsvollstreckungsrechtlich sei eine Gleichbehandlung von Sach- und Buchgeld festzustellen (vgl. § 850k ZPO a.F.). Dies gelte ebenfalls gebührenrechtlich nach § 22 Abs. 1 Satz 2 BRAGO a.F. (inzwischen Nr. 1009 Abs. 2 der Anlage 1 zu § 2 Abs. 2 RVG), in dem es heiße:

> „Unbare Zahlungen stehen baren Zahlungen gleich."

Münch argumentiert zum anderen mit einer währungspolitischen Gleichbehandlung von Sach- und Buchgeld.[613] Die entsprechenden Instrumente der Deutschen Bundesbank zielten primär auf das Buchgeld ab.[614] Die aktive Buchgeldschöpfung durch die Kreditvergabe der Banken werde durch die Währungspolitik der Zentralbank gelenkt.[615] In der Folge sei die Buchgeldzahlung je nach Umfang der Geldschuld eine gleichberechtigte Erfüllungsmodalität neben der Bargeldzahlung.[616]

b) Stellungnahme: Buchgeld als Geld im abstrakten Sinne

Die rechtliche Einordnung von Buchgeld ist keine rein terminologische Fragestellung. Sie ist bedeutsam für die Erfüllung von Geldschulden, die Annahmeobliegenheiten des Geldgläubigers sowie generell die Anwendbarkeit geldrechtsspezifischer Normen wie § 270 BGB auf Buchgeld. Auf Grundlage des hier vertretenen zweigliedrigen Geldbegriffs kann Buchgeld *per definitionem* kein Geld im konkreten Sinne sein, da es ihm an Körperlichkeit fehlt. Buchgeld ist daher an den Merkmalen des abstrakten Geldbegriffs zu messen.

These 1a: Buchgeld ist ein vom Wirtschaftsverkehr anerkanntes allgemeines Tauschmittel.

Angesichts der mit Buchgeld bewirkten Wertbewegungen, der im Wirtschaftsalltag erreichten Akzeptanzdichte und der allgemeinen Entwicklung zu mehr Automatisierung und Technisierung im Geldverkehr hat sich Buchgeld im Wirtschaftsverkehr zu einem mit Bargeld gleichwertigen Tauschmittel

---

613 Im Einzelnen *Münch*, Das Giralgeld in der Rechtsordnung der Bundesrepublik Deutschland (1990), S. 104 ff.

614 *Münch*, Das Giralgeld in der Rechtsordnung der Bundesrepublik Deutschland (1990), S. 127.

615 *Münch*, Das Giralgeld in der Rechtsordnung der Bundesrepublik Deutschland (1990), S. 130.

616 *Münch*, Das Giralgeld in der Rechtsordnung der Bundesrepublik Deutschland (1990), S. 175 ff., 210 f.

entwickelt. Zahlungen ab einer bestimmten Höhe werden typischerweise ausschließlich unbar abgewickelt, weil die mit dem Transfer von Bargeld verbundenen Risiken – insbesondere das Fälschungs- und Diebstahlsrisiko – und Zusatzkosten – wie die buchhalterische Erfassung – dessen Attraktivität vermindern. Allenfalls für Kleinstbeträge ist eine generelle Präferenz zugunsten des Buchgeldes zumindest in Deutschland noch nicht festzustellen, auch wenn geeignete Zahlungsmethoden wie die Geldkarte[617] bereits den meisten Bankkunden zur Verfügung stehen. Buchgeld verschafft seinem Inhaber eine umfassende neutrale Vermögensmacht, um Güter oder Leistungen beliebiger Art zu erwerben.

These 1b: Buchgeld erfüllt Geldfunktionen in herausragender Weise.
Geld weist die abstrakte Funktion als Recheneinheit und die konkrete Funktion als Tauschmittel auf. Beide Aufgaben erfüllt das Buchgeld in besonders hervorstechender Weise; es kommt zur „Perfektionierung des Geldverkehrs"[618]. Auch Buchgeld ist ein Wertmesser. Die verwendete Recheneinheit ist üblicherweise keine bankinterne mehr, wie es bei der Hamburger Girobank[619] der Fall war, sondern eine allgemeingültige und nicht an einzelne Banken gebundene. Hierin liegt aber kein Abgrenzungsmerkmal zum Bargeld und den gesetzlichen Zahlungsmitteln. Ein solches zeigt sich bei der Tauschmittelfunktion des Buchgeldes. Wegen seiner erleichterten Übertragbarkeit insbesondere bei höheren Beträgen oder über weitere Distanzen ist Buchgeld das bevorzugte oder faktisch häufig einzig akzeptierte Tauschmittel bei bestimmten Geschäftstypen. So sind schon 1968 von Konrad Duden[620] Zweifel geäußert worden, ob der Gläubiger einer Millionenforderung zur Entgegennahme von Bargeld verpflichtet ist. Aus Schuldnerperspektive lässt sich die umgekehrte Frage stellen, ob er zur Leistung von Bargeld gezwungen werden kann. Damit verbunden ist die Konstellation, dass der in Deutschland wohnhafte Schuldner einen beliebigen Euro-Betrag an einen Gläubiger in New York zu transferieren hat: Ist hier – nach deutschem Sachrecht – im Zweifel die Versendung von Bargeld geboten? Ungeachtet dieser geldschuld- und erfüllungsrechtlichen Problemstellungen wird jedenfalls deutlich, dass Buchgeld in zahlreichen Konstellationen faktisch das alleinige Erfüllungsmittel für Geldschulden ist. Dies gilt ebenso für über das Internet abgewickelte Geschäfte, die naturgemäß ohne Bargeldeinsatz auskommen müssen. Der Verkehrsteilnehmer, der Waren auf diesen Wegen erwerben möchte, kann *de facto* nur dann tauschen, wenn er über Buchgeld verfügt. Damit ist Buchgeld ein fungibles Tauschmittel ersten Ranges.

---

617 Vgl. allgemein *Omlor*, in: Staudinger, BGB (2012), Vorbem 215 ff. zu §§ 675c-676c m.w.N.

618 *Pulvermüller*, Rechtsnatur und Behandlung des privatrechtlichen Geldanspruchs (1974), S. 14.

619 Vgl. dazu oben, S. 35.

620 *Duden*, Der Gestaltwandel des Geldes und seine rechtlichen Folgen (1968), S. 8.

Vor dem Hintergrund der herausgehobenen Funktionalität des Buchgeldes zeigt sich, dass Buchgeld ein paradigmatischer Vertreter des abstrakt-funktionellen Geldbegriffs ist. Im Buchgeld verwirklicht sich ungehindert durch die Gegenständlichkeit des Bargelds die Savignysche Terminologie der „abstrakten Vermögensmacht". Im Gleichklang dazu ist die Einstufung von Karl Larenz zu verstehen, das Wesen des Geldes ergebe sich vorrangig aus der Vermittlung von Kaufkraft und nicht aus seiner Sachsubstanz.[621] Es geht nicht an, Buchgeld lediglich als Geldsurrogat einzustufen; es fehlt an hinreichend gewichtigen – und vor allem: funktionsorientierten – Abstufungsmerkmalen. Buchgeld ist idealtypisches Tauschmittel in unserer (Welt-)Wirtschaftsordnung.

These 2: Buchgeld ist von der Rechtsordnung anerkannter Bargeldersatz. Buchgeld ist kein Geldsurrogat, sondern lediglich ein *Bar*geldsurrogat und damit Geld im Rechtssinne. Verwiesen werden kann hierfür zum einen auf die zahllosen Vorschriften wie § 224 Abs. 3 Satz 1 AO, die zumindest eine Gleichwertigkeit von Buch- und Bargeldzahlung anordnen. Zum anderen – und dieser Aspekt wurde in die bisherige Diskussion nicht einbezogen – sind sämtliche bargeldlosen Zahlungsmethoden mit Zahlungskarte dem Paradigma des Bargeldersatzes verpflichtet. Ursprünglich stammt die Bargeldersatzfunktion aus dem Recht der Universalkreditkarte. Alle Beteiligte einer Kreditkartentransaktion sollen so gestellt werden, wie sie bei einer Zahlung mit Bargeld stünden. In der Folge steht dem Karteninhaber nach § 675p Abs. 2 Satz 1 BGB kein Widerrufsrecht mehr zu, sobald er die Kreditkarte zur Zahlung eingesetzt hat. Auch findet ein echter Einwendungsdurchgriff beim Emissionsvertrag wegen der rein zahlungsverkehrstechnischen Zwecksetzung grundsätzlich nicht statt.[622] Zwischen dem Kreditkartenunternehmen und dem Vertragsunternehmen kommt schließlich ein abstraktes Schuldversprechen zustande, das von der Forderung im Deckungsverhältnis losgelöst ist.[623] Aber nicht nur die Universalkreditkarte weist eine solche Bargeldersatzfunktion auf, sondern in noch gesteigerter Form auch das elektronische Kleingeld im Sinne von § 675i Abs. 3 BGB. Da – beispielsweise bei der Geldkarte – die Autorisierung abstrakt-generell im Zeitpunkt des Aufladens erfolgt, nicht aber beim späteren Einsatz, besteht ein Aufwendungsersatzanspruch des Zahlungsdienstleisters auch bei einem Missbrauch durch Dritte.[624] Schließlich unterliegt auch die Zahlung mit Debitkarte im Point-of-Sale-Verfahren (POS) dem Paradigma des Bargeldersatzes. Das POS-Verfahren ist rechtlich sehr stark dem Kreditkartenverfahren angenähert;

---

[621] *Larenz*, Lehrbuch des Schuldrechts I (14. Auflage 1987), § 13 I.

[622] Statt vieler *Omlor*, in: Staudinger, BGB (2012), Vorbem 159 f. zu §§ 675c-676c m.w.N.

[623] Statt vieler BGHZ 150, 286 ff.; *Hadding*, in: *Hofmann* (Hrsg.), Festschrift für Klemens Pleyer (1986), S. 17, 26; *Martinek*, in: *Häuser* (Hrsg.), Festschrift für Walther Hadding (2004), S. 967.

[624] *Omlor*, in: Staudinger, BGB (2012), § 675u Rn. 12.

daher ist ebenfalls kein Weisungswiderruf nach § 675p Abs. 2 Satz 1 BGB möglich und es kommt zwischen Kartenemittent und Vertragsunternehmen ein abstraktes Schuldversprechen zustande.[625]

Auch mit der Überweisung ist ein rechtlicher Bargeldersatz geschaffen worden. Die Überweisung basiert dogmatisch auf dem auftragsrechtlichen Weisungsmodell. Der Überweisende erteilt im Rahmen des bestehenden Girovertrags seiner Bank eine Weisung nach §§ 675c Abs. 1, 665 BGB zum Transfer von Buchgeld auf ein bestimmtes Empfängerkonto.[626] In die Terminologie des BGB-Zahlungsdiensterechts übertragen erteilt der Zahlungsdienstnutzer seinem Zahlungsdienstleister, mit dem er über einen Zahlungsdiensterahmenvertrag verbunden ist, einen Zahlungsauftrag nach § 675f Abs. 3 Satz 2 BGB. Außer bei Terminüberweisungen kann ein Überweisungsauftrag nach Eingang beim sendenden Zahlungsdienstleister nicht mehr widerrufen werden (§ 675p Abs. 1 BGB). Für die Ausführung der Überweisung durch die beteiligten Zahlungsdienstleister und zwischengeschalteten Stellen sind die schuldrechtlichen Beziehungen zwischen Zahler und Empfänger irrelevant;[627] es gilt das Prinzip der formalen Auftragsstrenge.[628] Selbst die Identität des Empfängers ist insofern unbeachtlich, als es für die Erfüllung des Zahlungsauftrags – jenseits des Valutaverhältnisses – nach § 675r Abs. 1 Satz 2 BGB allein auf die angegebene Kundenkennung ankommt.[629] Auch die Zahlungsgeschwindigkeit ist durch die engen Fristen des § 675s BGB insbesondere bei Distanzgeschäften zumindest nicht nachteilig gegenüber Bargeldtransaktionen.

Vergleichbar zur Überweisung lässt sich die Lastschrift als rückläufige Überweisung[630] den bargeldersetzenden Zahlungen zuordnen. Bei ihr wird die Zahlung nicht vom Zahlungspflichtigen, sondern vom Zahlungsempfänger „angestoßen“, so dass es sich um eine „*Pull*-Zahlung“ im Gegensatz zur Überweisung als „*Push*-Zahlung“ handelt. Die Bargeldersatzfunktion basiert zuvörderst auf der bei sämtlichen deutschen Lastschriftverfahren anzutreffenden vorherigen Autorisierung durch den Zahler nach § 675j Abs. 1 Satz 2 Alt. 1 BGB.[631] Allerdings gilt die Bargeldersatzfunktion bei der Lastschrift wegen § 675x Abs. 1 und 2 BGB nur eingeschränkt. Dem Zahler wird durch diese Vorschriften die

---

625 Statt vieler *Omlor*, in: Staudinger, BGB (2012), Vorbem 209 f. zu §§ 675c-676c; *Werner*, in: Soergel, BGB (13. Auflage 2012), § 675f Rn. 75, jeweils m.w.N.

626 Statt vieler BGHZ 10, 319, 322; BGH NJW 1991, 2210; *Hadding/Häuser*, ZHR 145 (1981) 138, 140.

627 BGH WM 1991, 799; BGH WM 1992, 1392.

628 Statt aller BGH NJW 2004, 2517, 2519; *Mayen*, in: *Schimansky/Bunte/Lwowski* (Hrsg.), Bankrechts-Handbuch (4. Auflage 2011), § 49 Rn. 67 ff.

629 *Omlor*, in: Staudinger, BGB (2012), § 675r Rn. 12 m.w.N.

630 Statt aller BGHZ 69, 82, 84; *Hadding/Häuser*, ZHR 145 (1981) 138, 156; *Meder*, JZ 2005, 1089.

631 Vgl. zur Umstellung des Einzugsermächtigungsverfahrens *Omlor*, NJW 2012, 2150, 2151 f.

Möglichkeit eröffnet, innerhalb von acht Wochen nach der Belastungsbuchung (§ 675x Abs. 4 BGB) eine Rückbuchung des Zahlungsbetrags zu verlangen. Für die Einzugsermächtigungslastschrift ergibt sich dieser eigenständige Rückerstattungsanspruch aus § 675x Abs. 2 BGB i.V.m. Nr. 2.5 Abs. 1 der entsprechenden Lastschriftbedingungen. Eine solche Rückholung ist bei der Bargeldzahlung nach der Übereignung gemäß §§ 929 ff. BGB nicht mehr möglich. Dennoch steht dies dem Befund, auch die Buchgeldzahlung mit Lastschrift stelle eine Leistung von Geld im abstrakten Sinn dar, nicht entgegen. Der Zahlungsempfänger erhält eine rückforderungssichere und damit bargeldgleiche Leistung erst mit acht Wochen Verzögerung. Zuvor ist die Gutschrift risikobehaftet und stellt sozusagen eine Art „Anleistung" dar, die jedoch auf eine vertragliche Vereinbarung zwischen Zahler und Zahlungsempfänger zurückgeht. Nach acht Wochen ist der Empfänger vor Rückforderungen nach § 675x BGB geschützt. Spätestens ab diesem Zeitpunkt ist der Empfänger von Lastschriftbuchgeld ähnlich dem Bargeldempfänger rechtlich positioniert.

These 3: Buchgeld bedarf keines gesetzlichen Annahmezwangs.
Der Begriff des Geldes im Rechtssinne darf nicht auf die gesetzlichen Zahlungsmittel beschränkt werden.[632] Die einseitige Orientierung am öffentlichen Währungsrecht und dem öffentlich-rechtlichen Annahmezwang ließe die privatrechtlichen Implikationen des Geldbegriffs außen vor. Ein Geldbegriff, der im Privatrecht nutzbar sein soll, muss auch andere Leistungsgegenstände umfassen, die nicht als gesetzliches Zahlungsmittel mit Annahmezwang ausgestattet sind. Ob beispielsweise auch andere als gesetzliche Zahlungsmittel zur Erfüllung einer Geldschuld nach § 362 Abs. 1 BGB taugen, vermag nicht allein unter Rekurs auf den gesetzlichen Annahmezwang beantwortet zu werden. Welchen Geldbegriff die Parteien ihrer Geldschuld zugrunde legen, ist in letzter Instanz eine Frage der Privatautonomie.[633] Auch die Gefahrtragungsregel des § 270 BGB stellt funktional auf die Bewegung von abstrakter Vermögensmacht und nicht von gesetzlichen Zahlungsmitteln ab. In Übereinstimmung mit von Stebut[634] ist festzustellen, dass bei Buchgeld der gesetzliche Annahmezwang durch seine gesetzliche Anerkennung ersetzt wird. Buchgeld ist kein gesetzliches Zahlungsmittel; dies gilt selbst dann, falls man mit Thywissen[635] einen gewohnheitsrechtlichen Annahmezwang konstruieren würde. Gewohnheitsrecht ist schon begrifflich kein Gesetzesrecht.

Davon ungeachtet hat der Bundesgerichtshof in einer versicherungsrechtlichen Entscheidung aus dem Jahr 1984 das Buchgeld als Zahlungsmittel und sogar als gesetzliches Zahlungsmittel anerkannt. Der IVa. Zivilsenat führte aus:

---

632 *Grothe*, Fremdwährungsverbindlichkeiten (1999), S. 45 f.
633 Zutreffend *Simitis*, AcP 159 (1960) 406, 436.
634 *von Stebut*, JURA 1982, 561, 570.
635 *Thywissen*, BB 1971, 1347, 1349 f.

„Aus rechtlicher Sicht gesehen steht das Bargeld (oder Sachgeld) dem Giralgeld (oder Buchgeld) gegenüber, welches gelegentlich auch als Zahlungsmittel oder sogar gesetzliches Zahlungsmittel angesehen werden kann"[636].

Aus dem Kontext wird nicht zweifelsfrei klar, in welchen Fällen genau der erkennende Senat dem Buchgeld die Eigenschaft eines gesetzlichen Zahlungsmittels zuerkennen will. Jedenfalls spricht die Universalität der Aussage gegen eine Geltungsbeschränkung auf das Privatversicherungsrecht.

These 4: Buchgeld weist ein bargeldäquivalentes Risiko für den Gläubiger auf. Buchgeld weist – jenseits des Rückbuchungsrisikos im Sonderfall des § 675x BGB – keine erhöhten Risiken für den Zahlungsempfänger auf, die einer Einordnung als Geld im Rechtssinne entgegenstünden.[637] Im Gegensatz zu Bargeld kennt das Buchgeld kein Fälschungsrisiko. Lediglich die „Schlüssel" zum Buchgeld sind fälschungsgefährdet. So kann eine Zahlungskarte kopiert und die Unterschrift auf einem Überweisungsauftrag gefälscht werden. Gegen unechte Zahlungskarten vermag sich der Zahlungsempfänger durch das vorgeschaltete Clearingverfahren zu schützen. Der Systembetreiber kann die Sicherheitsmerkmale der Zahlungskarte fortentwickeln, wie dies etwa durch den EMV-Chip geschehen ist. Allerdings wird bei diesen Zugriffen nicht das Buchgeld selbst gefälscht, sondern es findet eher ein Äquivalent zum Diebstahl von Bargeld statt: Es liegt ein unerlaubter Drittzugriff vor. Gleiches gilt auch für unzulässige Eingriffe von Bankmitarbeitern auf Kontobuchungen, die im Übrigen lediglich die Bank, nicht aber den Inhaber des Guthabens letztlich zu schädigen vermögen.

An die Stelle des Fälschungsrisikos beim Bargeld tritt für das Buchgeld in gewisser Weise das Risiko einer Insolvenz der Bank.[638] Auch unter dem Eindruck der 2007 begonnenen Finanzkrise dürfte das Risiko einer Insolvenz von in Deutschland tätigen Banken zumindest nicht höher als das Fälschungsrisiko bei Bargeld sein. Zudem besteht eine vielschichtige Ausfallsicherung zugunsten von Bankkunden. Zunächst sieht die EG-Einlagensicherungsrichtlinie einen EU-weiten Schutz von Bankguthaben bis zur Höhe von 100.000 Euro vor.[639] In Deutschland wurden diese Vorgaben im Einlagensicherungs- und Anlegerentschädigungsgesetz (EAEG)[640] umgesetzt. Daneben treten freiwillige Sicherungseinrichtungen wie der Einlagensicherungsfonds des Bundesverbands

---

636 BGH WM 1984, 944.

637 *Simitis*, AcP 159 (1960) 406, 434; *Larenz*, Lehrbuch des Schuldrechts I (14. Auflage 1987), § 13 I; *Brechtel*, Die Tilgung von Geldforderungen bei Überweisung, Lastschrift- und Kreditkartenzahlung (2013), S. 29 ff.

638 *Isele*, AcP 129 (1928) 129, 168; *Simitis*, AcP 159 (1960) 406, 434.

639 Art. 7 Abs. 1a der Richtlinie 94/19/EG über Einlagensicherungssysteme vom 30.05.1994, ABl. EG Nr. L 135 S. 5 vom 31.05.1994, geändert durch die Richtlinie 2009/14/EG vom 11.03.2009, ABl. EU L 68 S. 3 vom 13.03.2009.

640 BGBl. I 1998 S. 1842, zuletzt geändert durch Art. 13 des Gesetzes vom 9.12.2010 (BGBl. I S. 1900).

deutscher Banken, das kombinierte Sicherungssystem des Bundesverbands der Deutschen Volksbanken und Raiffeisenbanken und das Sicherungssystem der Sparkassenorganisation.[641] Schließlich zielt auch die Bankenaufsicht, beispielsweise durch die Anforderungen an das Eigenkapital, auf eine Stabilität des Bankensektors allgemein und damit auch eine Einlagensicherheit für die Bankkunden ab.

c) Zwischenergebnis

Buchgeld ist Geld im abstrakten Sinne. Es ist paradigmatisches Tauschmittel. Buchgeld ist Bargeldsurrogat, nicht aber schlichtes Geldsurrogat. Ein gesetzlicher Annahmezwang ist nicht erforderlich. Buchgeld und Bargeld bergen keine erheblich unterschiedliche Risikostruktur für den Verwender. Buchgeld kennt keine Geldfälschung, Bargeld keine Zahlungsunfähigkeit der privaten Bank. Beide Ausfallrisiken sind zudem eher gering. Diese Anerkennung von Buchgeld als Geld im Rechtssinne führt nicht zu einer generalisierenden Anwendung rechtlicher Regeln auf sämtliche Spielarten des Geldes, sondern zunächst allein zu einer terminologischen Klärung. Die konkrete Normanwendung knüpft an den beiden Kategorien des abstrakten und konkreten Geldbegriffs an. Anhand dieser lassen sich die geldschuldrechtlichen Fragestellungen beantworten.

C. Zusammenfassung

„Der" Begriff des Geldes ist Gegenstand einer jahrhundertelangen Diskussion insbesondere in den Wirtschafts- und Rechtswissenschaften gewesen. Während ökonomischen Definitionsversuchen häufig eine funktionszentrierte Betrachtungsweise zu eigen ist, beschränkten sich die juristische Begriffsbildungen nicht selten auf spezialgesetzliche Vorgaben (z.B. des Währungsrechts oder des Zwangsvollstreckungsrechts). In der Tat lassen sich der positiven Rechtsordnung die unterschiedlichsten Geldverständnisse entnehmen. Geld im hinterlegungsrechtlichen Sinne unterscheidet sich vom Geldbegriff der strafrechtlichen Sanktionenlehre und der Finanzverfassung des Grundgesetzes. Die normative Vielfalt darf aber nicht darüber hinwegtäuschen, dass sich sämtliche einzelgesetzliche Geldbegriffe in ein zweigliedriges Begriffssystem einordnen lassen. Dem Geld im konkret-gegenständlichen Sinn steht das Geld im abstrakt-funktionalen Sinn gegenüber. Als Geld im abstrakten Sinn ist auch das Buchgeld einzuordnen. Es handelt sich nicht um ein Geldsurrogat, sondern lediglich um ein Bargeldsurrogat. Dies zeigt sich nicht nur an seiner vielgestaltigen gesetzlichen Anerkennung, sondern vor allem an dem Umstand, dass es die beiden

[641] Vgl. hierzu *Fischer*, in: *Schimansky/Bunte/Lwowski* (Hrsg.), Bankrechts-Handbuch (4. Auflage 2011), § 133 Rn. 72 ff.

Geldfunktionen zur Perfektion verwirklicht. Die durch Dematerialisierung geprägte Geldgeschichte finden somit ihren Niederschlag auch in der rechtlichen Definition des Geldes.

§ 4 Erscheinungsformen des Geldes und ihre Sonderregelungen

Von dem begrifflichen Dualismus von Geld im abstrakten und konkreten Sinn konstruktiv zu trennen sind die verschiedenen tatsächlichen Erscheinungsformen des Geldes. Sie zeigen sich im erschöpfenden Gegensatzpaar von Sach- und Buchgeld. Mit ihm verwoben ist zugleich die Entwicklungsgeschichte des Geldes hin zur Entmaterialisierung. Dessen ungeachtet handelt es sich sowohl bei Sach- als auch Buchgeld stets um Geld im Rechtssinne. Der Sache nach liegt Geld lediglich in unterschiedlichen rechtlichen Aggregatszuständen vor. Trotz dieser Parallelitäten bestehen für jede Erscheinungsform gesetzliche Sonderregelungen, die es nachfolgend im Anschluss an eine präzise Kategorienbildung darzulegen gilt.

A. Sachgeld

I. Der Begriff des Geldzeichens

Bereits in der Preußischen Bankordnung von 1846 fand sich der Begriff des Geldzeichens.[642] In der Folgezeit etablierte sich in der Gesetzgebung des Deutschen Reiches und in der rechtswissenschaftlichen Literatur der Sprachgebrauch, unter Geldzeichen den schlichten Gegenbegriff zu Buchgeld zu verstehen.[643] Geldzeichen seien bewegliche Sachen, die nach einer Rechnungseinheit gestückelt und zum Nennwert als allgemeine Tauschmittel dienten.[644] Die Gegenauffassung[645] forderte demgegenüber, dass als Geldzeichen allein gesetzliche Zahlungsmittel mit Annahmezwang anzuerkennen seien. Dieser Streitstand ist

[642] Vgl. *Häde*, Geldzeichen im Recht der Bundesrepublik Deutschland (1991), S. 28.

[643] *Pikart*, WM 1980, 510, 511; *Häde*, Geldzeichen im Recht der Bundesrepublik Deutschland (1991), S. 28 m.w.N.; vgl. auch *Hammer*, Die Hauptprinzipien des Geld- und Währungswesens (1891), S. 13; *Eckstein*, Geldschuld und Geldwert im materiellen und internationalen Privatrecht (1932), S. 5.

[644] *Häde*, Geldzeichen im Recht der Bundesrepublik Deutschland (1991), S. 28; *ders.*, KTS 1991, 365; ähnlich *Nussbaum*, Das Geld in Theorie und Praxis des deutschen und ausländischen Rechts (1925), S. 33 f.; *Reinhardt*, in: Festschrift für Gustav Boehmer (1954), S. 60, 68.

[645] *K. Schmidt*, in: Staudinger, BGB (1997), Vorbem A19, B1 zu §§ 244 ff.

sowohl praktisch als auch dogmatisch von begrenzter Relevanz. Ein „Recht der Geldzeichen"[646] existiert allein als theoretische und gesetzessystematische Kategorie, nicht aber als normativer Tatbestand. So sprechen sowohl das deutsche MünzG als auch § 14 BBankG nicht von „Geldzeichen", sondern jeweils von „Münzen" bzw. „Banknoten". In § 35 Abs. 1 Nr. 1 BBankG, der den Geldzeichenbegriff verwendet, findet sich eine normspezifische Legaldefinition. Zudem sind die Unterschiede zwischen beiden Meinungsgruppen erst im Detail zu finden. Schließlich akzeptiert auch die weite Auffassung, die keinen gesetzlichen Annahmezwang fordert, als Geldzeichen im rechtlichen Sinne nur solches Sachgeld, dem die Geldzeicheneigenschaft vom Staat verliehen wurde.[647] Als Geldzeichen sind zusammenfassend daher solche beweglichen Sachen zu definieren, die aufgrund staatlichen Hoheitsakts Geldfunktionen wahrnehmen und mit einem Nominalwert versehen sind, wobei strittig ist, ob ein gesetzlicher Annahmezwang wesensnotwendig ist.

II. Münzen

Das deutsche Münzwesen ist seit der Einführung des Euro als gemeinsamer Währung in weitem Umfang europarechtlich determiniert. Durch die VO (EG) Nr. 975/98 zur Einführung von Euro-Münzen[648] wurden auf primärrechtlicher Grundlage des heutigen Art. 128 Abs. 2 Satz 2 AEUV die Stückelungen, Formen, Farben und die Zusammensetzung der Euro-Münzen festgelegt. Umgesetzt wurden die sekundärrechtlichen Vorgaben im deutschen Münzgesetz (MünzG), das auf Grundlage von Art. 73 Abs. 1 Nr. 4 GG („Münzwesen") dem Bund die Verantwortung für die Münzprägung überträgt. Die Aufsicht über die Münzprägung ist nach § 6 Abs. 1 Satz 2 MünzG dem Bundesministerium der Finanzen zugewiesen. Für die Ausgabe der Münzen ist hingegen nach Art. 88 Satz 1 GG und § 7 Abs. 1 MünzG (weiterhin) die Bundesbank zuständig, auch wenn die Geld- und Währungspolitik nach Art. 127 ff. AEUV und Art. 88 Satz 2 GG von der Europäischen Zentralbank wahrgenommen werden. Diese innerstaatliche Kompetenzzuweisung bewegt sich im Rahmen von Art. 128 Abs. 2 Satz 1 AEUV. Danach können die Mitgliedstaaten eigenständig die Euro-Münzen ausgeben, müssen den Umfang dieser Ausgabe jedoch von der Europäischen Zentralbank genehmigen lassen. Von den münzrechtlichen Befugnissen der Mitgliedstaaten gedeckt ist beispielsweise die Ausgabe von Ge-

---

[646] So die Überschrift bei *K. Schmidt*, in: Staudinger, BGB (1997), Vorbem B1 ff. zu §§ 244 ff.

[647] *Nussbaum*, Das Geld in Theorie und Praxis des deutschen und ausländischen Rechts (1925), S. 33 ff.; *Pikart*, WM 1980, 510, 511; *Häde*, Geldzeichen im Recht der Bundesrepublik Deutschland (1991), S. 28; *ders.*, KTS 1991, 365 m.w.N.

[648] Verordnung (EG) Nr. 975/98 über die Stückelungen und technischen Merkmale der für den Umlauf bestimmten Euro-Münzen vom 3. 5. 1998, ABl. EG Nr. L 139 S. 6 vom 11. 5. 1998.

denk- und Sammlermünzen, wie es § 2 Abs. 1 MünzG vorsieht. Mangels europarechtlicher Regelung musste ihre Eigenschaft als gesetzliche Zahlungsmittel einzelstaatlich festgelegt werden (§ 2 Abs. 2, § 3 MünzG).

Da es sich bei den Euro-Münzen nach Art. 11 Satz 2 der zweiten Euro-Einführungs-Verordnung Nr. 974/98[649] um gesetzliche Zahlungsmittel handelt, sind diese auch mit einem gesetzlichen Annahmezwang ausgestattet. Allerdings ist dieser Annahmezwang durch Art. 11 Satz 3 der VO (EG) Nr. 974/98 auf 50 Münzen bei einer einzelnen Zahlung beschränkt. Ausgenommen von dieser Einschränkung sind lediglich die ausgebenden Behörden und weitere mitgliedstaatlich bestimmte Stellen. Bei Euro-Münzen besteht daher, anders als beim Euro-Papiergeld, nur ein eingeschränkter gesetzlicher Annahmezwang. Münzen unterfallen zudem dem konkreten Geldbegriff.[650] Dazu müssen sie gesetzliche Zahlungsmittel sein, wie dies typischerweise und insbesondere bei den Euro-Münzen der Fall ist. Auch ausländische Münzen sind im Inland als Geld im konkreten Sinne einzustufen; sie verlieren ihren Status als gesetzliche Zahlungsmittel nicht mit Grenzübertritt.

Euro-Münzen sind vor dem Hintergrund dieser gesetzlichen Vorgaben typische Scheidemünzen; ihr Nennwert lässt sich nicht aus ihrem Substanzwert ableiten. So beläuft sich der Metallwert von 8,5g Kupfer, Nickel und Messing, die nach Art. 1 VO (EG) Nr. 975/98 in der 2 Euro-Münze enthalten sind, nicht – zumindest nicht notwendig – auf besagte 2 Euro. In den Worten Knapps handelt es sich um ein chartales Zahlungsmittel. Solchen Scheidemünzen begrifflich gegenüber stehen die Kurantmünzen; ihr Nennwert folgt aus ihrem Substanzwert.

III. Papiergeld

Infolge der Euro-Einführung wurden auch die rechtlichen Grundlagen des Papiergeldes auf die europarechtliche Ebene erhoben. Art. 128 Abs. 1 Satz 1 AEUV weist der Europäischen Zentralbank die exklusive Befugnis zu, die Ausgabe von Banknoten innerhalb der Europäischen Union zu genehmigen. Die Emission von Euro-Banknoten nimmt die Europäische Zentralbank hingegen nicht selbst vor, auch wenn ihr 8 % der ausgegebenen Banknoten zugerechnet werden.[651] Nach Art. 128 Abs. 1 Satz 2 AEUV und Art. 10 Satz 1 VO (EG) Nr. 974/98 sind sowohl die Europäische Zentralbank als auch die Zentralbanken der Mitgliedstaaten zur Ausgabe der Euro-Banknoten befugt. In Deutschland ist nach § 14 Abs. 1 Satz 1 BBankG die Zuständigkeit zur Notenausgabe

---

[649] Verordnung (EG) Nr. 974/98 über die Einführung des Euro vom 3.5.1998, ABl. EG Nr. L 139 S. 1 vom 11.5.1998.

[650] Vgl. zum Begriff oben, S. 100 ff.

[651] Beschluss EZB/2001/15 vom 6.12.2001, ABl. EG Nr. L337 S. 52 vom 20.12.2001.

ausschließlich der Bundesbank zugewiesen. Als gesetzliche Zahlungsmittel erkennt Art. 10 Satz 2 VO (EG) Nr. 974/98 die Euro-Banknoten an. § 14 Abs. 1 Satz 2 BBankG wiederholt diese Anordnung nochmals deklaratorisch.[652] Die Deutsche Bundesbank hat gemäß § 14 Abs. 1 Satz 3 BBankG die Stückelung und die Unterscheidungsmerkmale der von ihr ausgegebenen Banknoten öffentlich bekannt zu machen. Neben den Euro-Banknoten sind keine anderen Banknoten als gesetzliche Zahlungsmittel in den Euro-Mitgliedstaaten zugelassen (Art. 128 Abs. 1 Satz 3 AEUV).

Die Euro-Banknoten werden mit den Nennwerten von 5, 10, 20, 50, 100, 200 und 500 Euro ausgegeben.[653] Anders als die Euro-Münzen tragen sie keine länderspezifischen Symbole, die auf ihren emittierenden Mitgliedstaat hinweisen. Die erste Serie der Euro-Banknoten wies das einheitliche Thema „Zeitalter und Stile in Europa" auf. Lediglich über den ihrer Seriennummer vorangestellten Buchstaben lässt sich ableiten, welche nationale Zentralbank den Schein ausgegeben hat (z.B. X für Deutschland, U für Frankreich).

Ebenso wie Münzen unterfällt auch Papiergeld dem konkreten Geldbegriff, sofern es sich um gesetzliche Zahlungsmittel handelt. Bei Euro-Banknoten ist dies nach § 14 Abs. 1 Satz 2 BBankG der Fall. Ausländisches Papiergeld, d.h. Banknoten in Nicht-Euro-Währung, ist im Inland ebenfalls als Geld einzustufen; es nimmt seine Geldeigenschaft über die Staatsgrenzen hinweg mit.

IV. Monetisierung und Demonetisierung

1. Entstehung als Geldzeichen (Monetisierung)

Papiergeld und Münzen erhalten ihre Eigenschaft als gesetzliche Zahlungsmittel erst durch einen öffentlich-rechtlichen Akt, der sie originär als Geldzeichen entstehen lässt.[654] Papier wird zu staatlichem Geld; es wird monetisiert oder begeltet.[655] Die Monetisierung erfolgt durch Widmung in der Gestalt eines Verwaltungsakts in Form einer Allgemeinverfügung nach § 35 Satz 2 Var. 2 VwVfG.[656] Dabei handelt es sich allerdings nicht um einen Widmungsakt im

---

[652] *Dittrich*, NJW 2000, 487, 488.

[653] Art. 1 des Beschlusses EZB/2003/4 über die Stückelung, Merkmale und Reproduktion sowie den Umtausch und Einzug von Euro-Banknoten vom 20.3.2003, ABl. EG Nr. L 78 S. 16 vom 25.3.2003.

[654] BGH NJW 2013, 2888 Rn. 10 (zu Münzen); *Hartmann*, Über den rechtlichen Begriff des Geldes und den Inhalt von Geldschulden (1868), S. 79; *Pfennig*, Die Notenausgabe der Deutschen Bundesbank (1971), S. 18 ff., 37 ff.

[655] *Nussbaum*, Das Geld in Theorie und Praxis des deutschen und ausländischen Rechts (1925), S. 35.

[656] *Pfennig*, Die Notenausgabe der Deutschen Bundesbank (1971), S. 38; *Gramlich*, ZfgK 1987, 448, 552; *Häde*, Geldzeichen im Recht der Bundesrepublik Deutschland (1991), S. 84 ff.; *ders.*, WM 2010, 97, 101.

Sinne des öffentlichen Sachenrechts, durch welchen die Geldzeichen zu öffentlichen Sachen würden.[657] Zutreffend hat Karsten Schmidt darauf hingewiesen, dass allein die Institution Geld, nicht aber das konkrete Geldzeichen unmittelbar öffentlichen Zwecken dient.[658] Die einzelnen Geldzeichen stehen nicht jedermann ohne besondere Zulassung, sondern ausschließlich ihrem jeweiligen Eigentümer zur Verfügung.

a) Inverkehrbringung durch zuständige Stelle?

Umstritten ist, welche Voraussetzungen für eine Monetisierung von Geldzeichen zu fordern sind. Der Kern des Streits befasst sich mit der Frage, ob Geldzeichen von der zuständigen Stelle in Verkehr gebracht sein müssen, um die Geldeigenschaft zu erlangen. Die überwiegende Ansicht in der Literatur[659] nimmt an, die Geldeigenschaft werde bereits im Zeitpunkt der physischen Herstellung erlangt. Die Gegenansicht,[660] der sich in neuerer Zeit auch der Hessische Verwaltungsgerichtshof[661] angeschlossen hat, sieht als Entstehungsvoraussetzung auch das Inverkehrbringen durch eine zuständige Stelle zur Verwendung als Zahlungsmittel an.

Der herrschenden Ansicht ist zu folgen; die Monetisierung von Geldzeichen tritt bereits mit deren Herstellung ein. Allerdings lässt sich dieser frühe Entstehungszeitpunkt nicht durch eine Analogie zu § 794 BGB begründen.[662] Es fehlt an einer vergleichbaren Interessenlage. § 794 BGB ergänzt §§ 932, 935 BGB für Inhaberschuldverschreibungen, um Lücken im Verkehrsschutz zu schließen.[663] Der gutgläubige rechtsgeschäftliche Zweiterwerber soll sich auf die §§ 932 ff. BGB berufen können. Ein solcher Gutglaubensschutz ist bei der Monetisierung von Geldzeichen nicht primär und unmittelbar betroffen. Allenfalls bei

---

[657] *Häde*, Geldzeichen im Recht der Bundesrepublik Deutschland (1991), S. 189 f.; *K. Schmidt*, in: Staudinger, BGB (1997), Vorbem A21, B2 zu §§ 244 ff.; a.A. *Pfennig*, Die Notenausgabe der Deutschen Bundesbank (1971), S. 31 ff.

[658] *K. Schmidt*, in: Staudinger, BGB (1997), Vorbem A21 zu §§ 244 ff.; dem (auf Grundlage der Vorauflage) folgend *Häde*, Geldzeichen im Recht der Bundesrepublik Deutschland (1991), S. 190.

[659] *Wolff*, in: *Ehrenberg* (Hrsg.), Handbuch des gesamten Handelsrechts, Band 4/1 (1917), S. 563, 631 f.; *Nussbaum*, Das Geld in Theorie und Praxis des deutschen und ausländischen Rechts (1925), S. 35; *Mann*, WM 1970, 212; *Häde*, Geldzeichen im Recht der Bundesrepublik Deutschland (1991), S. 80 f.; *K. Schmidt*, in: Staudinger, BGB (1997), Vorbem B2 zu §§ 244 ff.; *Häde*, WM 2010, 97, 102.

[660] *Prost*, WM 1969, 786, 787 f.; *Krauskopf*, in: *EZB* (Hrsg.), Liber Amicorum Paolo Zamboni Garavelli (2005), S. 243, 253 f.

[661] ESVGH 58, 102.

[662] *Marburger*, in: Staudinger, BGB (2009), § 794 Rn. 6 m.w.N.; a.A. *Mann*, WM 1970, 212; *Fögen*, JZ 1970, 409; *Gramlich*, ZfgK 1987, 448, 552; für eine unmittelbare Anwendung der Vorschrift *Wolff*, in: *Ehrenberg* (Hrsg.), Handbuch des gesamten Handelsrechts, Band 4/1 (1917), S. 563, 631 f.

[663] Statt aller *Marburger*, in: Staudinger, BGB (2009), § 794 Rn. 1.

der Bestimmung des Geldbegriffs in § 935 Abs. 2 BGB kann eine Verbindung zwischen Monetisierung und Verkehrsschutz durch gutgläubigen Erwerb hergestellt werden. Unmittelbar steht lediglich die Entstehung der Geldeigenschaft in Rede. Diesbezüglich lassen sich § 794 BGB keine Anhaltspunkte entnehmen.

Statt dessen sind sämtliche befugt hergestellten Scheine und Münzen als vom hoheitlichen Widmungsakt umfasst anzusehen.[664] In Bezug auf die noch herzustellenden Stücke liegt eine antizipierte Widmung vor.[665] Durch die Vorwegnahme des Widmungsakts gelangen die gesetzlichen Zahlungsmittel schon mit ihrer Herstellung zur Entstehung. Die Widmung aktualisiert sich gewissermaßen im Herstellungszeitpunkt. In der Annahme einer solchen vorweggenommenen Widmung durch Verwaltungsakt liegt kein Selbstwiderspruch.[666] Zum einen ist die Abgrenzung zwischen Rechtsnormen und Allgemeinverfügungen generell problembehaftet.[667] Es ist in der verwaltungsrechtlichen Literatur umstritten, ob sich die Zuordnung nach formalen oder materiellen Kriterien bestimmt.[668] Zum anderen lässt sich auch die sachbezogene Allgemeinverfügung als generell-konkrete Regelung auf noch herzustellende Banknoten und Münzen beziehen. Die generell-abstrakte Rechtsnorm wird hierzu als Handlungsform nicht benötigt. Abgrenzungsmerkmal ist die Regelung eines konkreten Sachverhalts.[669] Ein solcher kann sich auch auf zukünftige Stücke beziehen, solange sie nur bestimmbar sind.

b) Befugte Herstellung

Ungeachtet der Unerheblichkeit des zielgerichteten Inverkehrbringens durch eine zuständige Stelle für die Entstehung eines gesetzlichen Zahlungsmittels ist es erforderlich, dass die vorherige Herstellung befugt erfolgte.[670] Die unbefugte Herstellung von Münzen oder Banknoten führt nicht zur Entstehung von Geld, sondern von Falschgeld. Der Verkehrsschutz muss in diesem Fall hinter vorrangige geld- und währungsrechtliche Belange der Allgemeinheit zurücktreten. Die antizipierte Widmung umfasst ausschließlich die von der Europäischen Zentralbank oder einer Zentralbank der Euro-Mitgliedstaaten ausgegebenen Banknoten und Münzen. Für Banknoten ergibt sich dieses Erfordernis aus Art. 128

---

664 *K. Schmidt*, in: Staudinger, BGB (1997), Vorbem B2 zu §§ 244 ff.; zustimmend *Marburger*, in: Staudinger, BGB (2009), § 794 Rn. 6.

665 *K. Schmidt*, in: Staudinger, BGB (1997), Vorbem B2 zu §§ 244 ff.

666 A.A. *Häde*, Geldzeichen im Recht der Bundesrepublik Deutschland (1991), S. 67.

667 Vgl. etwa VGH Kassel NJW 1966, 2078; VGH Mannheim NVwZ-RR 2005, 243; *Emmerich-Fritsche*, NVwZ 2006, 762, 763 f.

668 Für eine formelle Betrachtungsweise vgl. stellvertretend BVerwGE 57, 158, 161; dagegen *Schenke*, NVwZ 1990, 1009; ähnlich wohl OVG Saarlouis NVwZ 2011, 190 f.

669 OVG Saarlouis NVwZ 2011, 190, 191.

670 BGHSt 27, 255, 258; *Häde*, Geldzeichen im Recht der Bundesrepublik Deutschland (1991), S. 82 f.; *K. Schmidt*, in: Staudinger, BGB (1997), Vorbem B2 zu §§ 244 ff.

Abs. 1 AEUV und Art. 10 der VO (EG) Nr. 974/98[671], für Münzen aus Art. 128 Abs. 2 Satz 1 AEUV und § 7 Abs. 1 MünzG. Daher ordnet § 35 BBankG die Strafbarkeit der Ausgabe und Verwendung von Falschgeld, d.h. von unbefugt ausgegebenen Geldzeichen, an. Die Deutsche Bundesbank sowie alle Kreditinstitute, „zu deren Aufgaben der Umgang mit und die Ausgabe von Banknoten und Münzen gehört" (Art. 6 Abs. 1 Satz 1 der VO (EG) 1338/2001[672]), sind nach § 36 Abs. 1 BBankG zur Anhaltung von Falschgeld sowie als Falschgeld verdächtigten Stücken verpflichtet. Eine abweichende Terminologie führt Art. 2 des Beschlusses EZB/2003/4[673] ein. Dort ist die Definition einer Reproduktion vorangestellt. Im Kern handelt es sich nach Art. 2 Abs. 1 des Beschlusses der Europäischen Zentralbank bei einer Reproduktion um „jede körperliche oder nicht körperliche Abbildung, in der eine Euro-Banknote (...) vollständig oder teilweise bzw. Teile ihrer einzelnen Gestaltungselemente verwendet werden (...) und die Ähnlichkeit mit einer Euro-Banknote haben könnte oder allgemein den Eindruck einer Euro-Banknote erwecken könnte". Auch danach schließt eine befugte Herstellung der Stücke notwendig eine Reproduktion aus, auch wenn der Wortlaut eine solche Ermächtigung nicht ausdrücklich erwähnt.

2. Untergang als Geldzeichen (Demonetisierung)

a) Demonetisierung im Zuge eines Währungswechsels

Geldzeichen verlieren ihre Eigenschaft als gesetzliche Zahlungsmittel durch einen hoheitlichen Demonetisierungsakt.[674] Als Handlungsformen kommen prinzipiell sowohl die abstrakt-generelle Rechtsnorm als auch der konkret-generelle Verwaltungsakt in der Form der sachbezogenen Allgemeinverfügung in Betracht. Eine gesetzliche Demonetisierung ist bei Einführung einer neuen Währung geboten.[675] In diesem Fall können die bisherigen Geldzeichen als gesetzliche Zahlungsmittel untergehen oder – in Ausnahmefällen – auch fortbestehen. Der Wechsel von der Reichsmark zur Deutschen Mark durch die Währungsreform von 1948 erfolgte auf der rechtlichen Grundlage des Währungsgesetzes der US-amerikanischen, britischen und französischen Militärregierungen (WährG).[676] Nach § 1 Abs. 1 Satz 1, Abs. 2 WährG a.F. wurde die Deutsche Mark alleiniges gesetzliches Zahlungsmittel. Damit wurden die frü-

---

671 Verordnung (EG) Nr. 974/98 über die Einführung des Euro vom 3.5.1998, ABl. EG Nr. L 139 S. 1 vom 11.5.1998.

672 Verordnung (EG) Nr. 1338/2001 zur Festlegung von zum Schutz des Euro gegen Geldfälschung erforderlichen Maßnahmen vom 28.6.2001, Abl. EG Nr. L181 S. 6 vom 4.7.2001.

673 Beschluss EZB/2003/4 über die Stückelung, Merkmale und Reproduktion sowie den Umtausch und Einzug von Banknoten vom 20.3.2003, ABl. EU Nr. L 78 S. 16 vom 25.3.2003.

674 *Nussbaum*, Das Geld in Theorie und Praxis des deutschen und ausländischen Rechts (1925), S. 36; *Mann*, Das Recht des Geldes (1960), S. 16; *Gramlich*, ZfgK 1987, 448, 552 f.

675 *Häde*, Geldzeichen im Recht der Bundesrepublik Deutschland (1991), S. 91.

676 Erstes Gesetz zur Neuordnung des Geldwesens (Währungsgesetz) vom 20.6.1948.

heren Reichsbanknoten und Rentenmarkscheine demonetisiert. Die Altgeldnoten mussten nach §§ 9 ff. WährG a.F. abgeliefert und angemeldet werden. Über sie durfte nach dem Inkrafttreten der Währungsreform am 21.6.1948 nur noch eingeschränkt verfügt werden (§ 8 WährG a.F.).

Das Währungsgesetz von 1948 wurde im Zuge der Euro-Einführung aufgehoben.[677] Der Übergang von der Deutschen Mark zum Euro erfolgte zwei- bzw. dreiphasig und auf Grundlage einer EG-Verordnung.[678] Die Euro-Einführungsverordnung[679] legte in ihren Art. 5 und 9 fest, dass während eines Übergangszeitraums die nationalen Währungen der teilnehmenden Mitgliedstaaten weiterhin als gesetzliche Zahlungsmittel gelten. Als Übergangszeitraum wurde die Zeit vom 1.1.1999 bis zum 31.12.2001 festgelegt (Art. 1 6. Spiegelstrich VO (EG) Nr. 974/98). Mit Wirkung zum 1.1.2002 trat hingegen der Euro nach Art. 3 der Euro-Einführungsverordnung an die Stelle der bisherigen Währungen der teilnehmenden Mitgliedstaaten. Frühestens zu diesem Zeitpunkt trat die Demonetisierung der Geldzeichen ein, die noch in alter Währung ausgestellt worden waren. Nach Art. 10 und 11 der Euro-Einführungsverordnung sind ab dem maßgeblichen Übergangszeitpunkt die Euro-Banknoten und Euro-Münzen die alleinigen gesetzlichen Zahlungsmittel im Euro-Währungsraum. Eine Ausnahme zum strikten Übergang zum 1.1.2002 in Bezug auf Bargeld war für einen weiteren Übergangszeitraum von maximal sechs Monaten durch Art. 15 der Euro-Einführungsverordnung eröffnet. Diese Frist konnte jedoch durch die Mitgliedstaaten verkürzt werden. Durch Art. 1 § 1 Satz 1 des Dritten Euro-Einführungsgesetzes[680] (= § 1 Satz 1 DMBeEndG) entfiel dieser zusätzliche Zeitraum für Deutschland gänzlich; dort heißt es wörtlich:

> „Mit Ablauf des 31. Dezember 2001 verlieren die von der Deutschen Bundesbank ausgegebenen, auf Deutsche Mark lautenden Banknoten und die von der Bundesrepublik Deutschland ausgegebenen, auf Deutsche Mark oder Deutsche Pfennig lautenden Bundesmünzen ihre Eigenschaft als gesetzliches Zahlungsmittel."

b) Demonetisierung einzelner Geldsorten

Der Entzug der Eigenschaft als gesetzliches Zahlungsmittel kann sich demgegenüber – im praktisch häufigeren Fall – auch lediglich auf einzelne Geldsorten beziehen. Eine solche Demonetisierung hat in Deutschland *de lege lata* durch Verwaltungsakt als *actus contrarius* zu erfolgen.[681] Der Rechtsnatur nach handelt es sich um eine sachbezogene Allgemeinverfügung nach § 35 Satz 2 Var. 2

---

677 Art. 7 Nr. 5 Drittes Euro-Einführungsgesetz vom 16.12.1999, BGBl. I S. 2402.

678 Vgl. im Einzelnen unten, S. 171 ff.

679 Verordnung (EG) Nr. 974/98 über die Einführung des Euro vom 3.5.1998, ABl. EG Nr. L 139 S. 1 vom 11.5.1998.

680 Drittes Euro-Einführungsgesetz vom 16.12.1999, BGBl. I S. 2402.

681 *Fögen*, Geld- und Währungsrecht (1969), S. 23; *Pfennig*, Die Notenausgabe der Deutschen Bundesbank (1971), S. 55; *Häde*, Geldzeichen im Recht der Bundesrepublik Deutsch-

VwVfG.[682] Zuständig für die Demonetisierung von Banknoten ist in Deutschland wegen Art. 10 Satz 1 der Euro-Einführungsverordnung und Art. 88 Satz 1 GG die Deutsche Bundesbank. Nach § 14 Abs. 2 BBankG kann sie Banknoten zur Einziehung aufrufen; nach Ablauf der Umtauschfrist werden diese Noten ungültig. Für Münzen weisen hingegen Art. 11 Satz 1 der Euro-Einführungsverordnung und § 9 Abs. 1 MünzG die Befugnis zur Außerkurssetzung der Bundesregierung zu. In beiden Fällen ist für den *actus contrarius* dieselbe staatliche Stelle wie für die Monetisierung berufen. Eine Demonetisierung durch Gewohnheitsrecht, wie sie zu § 146 StGB auch vom Bundesgerichtshof[683] vertreten wurde, ist geld- und währungsrechtlich nicht anzuerkennen. Es gilt der von § 14 Abs. 2 BBankG und § 9 MünzG gesteckte Rechtsrahmen. Die vom Bundesgerichtshof zum strafrechtlichen Geldzeichenbegriff aufgestellten Grundsätze haben normspezifischen Charakter und sind jenseits der §§ 146 ff. StGB nicht anzuwenden.[684]

c) Demonetisierung einzelner Geldzeichen

aa) Grundlagen und Überblick

Die Demonetisierung kann sich nicht nur auf bestimmte Geldsorten, sondern auch auf einzelne Geldzeichen beziehen. Auch sie erfolgt durch sachbezogene Allgemeinverfügung nach § 35 Satz 2 Var. 2 VwVfG.[685] Eine solche Demonetisierung kann infolge eines Umtausches von auf Deutsche Mark lautenden Geldzeichen in Euro-Geldzeichen erfolgen, da Art. 16 der Euro-Einführungsverordnung (EG) Nr. 974/98 eine entsprechende Verpflichtung der nationalen Emittenten zulässt. Allerdings enthält die Vorschrift keine Anspruchsgrundlage, die auf einen Umtausch gerichtet wäre. Vielmehr ergibt sich eine Umtauschpflicht aus den „Gesetzen und Gepflogenheiten" der jeweiligen Mitgliedstaaten. Für Deutschland enthält Art. 1 § 1 Satz 2 des Dritten Euro-Einführungsgesetzes[686] eine entsprechende gesetzliche Regelung. Keine Demonetisierung tritt hingegen bei einer Stilllegung durch die Zentralbank ein.[687] Da es sich bei Geldzeichen nicht um Geldforderungen gegen den Staat oder die Zentralbank handelt, tritt insbesondere kein Erlöschen durch Konfusion ein.[688]

---

land (1991), S. 95; dagegen für eine Demonetisierung durch Rechtsnorm vgl. stellvertretend *Starke*, DÖV 1957, 606, 610 (kein Verwaltungsakt).

[682] So bereits *Häde*, Geldzeichen im Recht der Bundesrepublik Deutschland (1991), S. 96.

[683] BGHSt 32, 198.

[684] *K. Schmidt*, in: Staudinger, BGB (1997), Vorbem B3 zu §§ 244 ff.

[685] *Häde*, Geldzeichen im Recht der Bundesrepublik Deutschland (1991), S. 102.

[686] Gesetz vom 16. 12. 1999, BGBl. I S. 2402.

[687] *Häde*, Geldzeichen im Recht der Bundesrepublik Deutschland (1991), S. 106.

[688] *Häde*, Geldzeichen im Recht der Bundesrepublik Deutschland (1991), S. 106.

bb) Beschädigung und Vernichtung

Eine Demonetisierung einzelner Geldzeichen kommt daneben bei einer Beschädigung oder Vernichtung in Betracht. Zu unterscheiden ist zwischen einer Demonetisierung durch tatsächliche Vorgänge und dem Umtausch beschädigter Banknoten. Beide Konstellationen hängen miteinander zusammen. Im ersteren Fall bedarf es ausnahmsweise keines Verwaltungsakts, der die Demonetisierung anordnet. Der Geldcharakter geht bereits dann verloren, wenn die Stücke als Zahlungsmittel nicht mehr eingesetzt werden können und die Deutsche Bundesbank nicht mehr zum Umtausch verpflichtet ist.[689] Als Abgrenzungskriterium zwischen einer bloßen Beschädigung, wodurch die Geldeigenschaft unberührt bleibt, und einer Vernichtung, die zur Ungültigkeit führt, hat sich eine Substanzerhaltungsquote von 50 % herausgebildet.[690] Zurückzuführen ist dieser Maßstab auf Art. 1 § 2 Satz 2 Alt. 1 des Dritten Euro-Einführungsgesetzes, der – ähnlich wie zuvor § 14 Abs. 3 Satz 2 BBankG a.F. – einen Umtauschanspruch des Inhabers der tatsächlichen Sachherrschaft[691] vorsieht, sofern mehr als die Hälfte der einzelnen Banknote vorgelegt wird. Bei Münzen ergibt sich die Grenze zur Ungültigkeit durch physische Einwirkung aus § 3 Abs. 3 MünzG. Die Eigenschaft als gesetzliches Zahlungsmittel verliert eine Münze danach dann, wenn sie „durchlöchert, verfälscht oder anders als durch den gewöhnlichen Umlauf verändert" ist. Bei einer mutwilligen oder erwartbaren Beschädigung einer Münze besteht auch keine Umtauschpflicht der Deutschen Bundesbank. Letztere Einschränkung wird auch durch die Verordnung (EU) Nr. 1210/2010[692] nicht untersagt, da deren Art. 8 Abs. 2 Satz 2 eine solche ausdrücklich zulässt. Die Gültigkeit als gesetzliches Zahlungsmittel bleibt hingegen von nutzungsüblichen Verschleißerscheinungen unberührt. Art. 8 Abs. 2 Satz 1 der Verordnung (EU) Nr. 1210/2010 spricht insofern von einer fehlenden Eignung für den Umlauf aufgrund langer Umlaufdauer oder eines unerwartbaren Ereignisses; in § 8 MünzG ist entsprechend von erheblichen Einbußen an Erkennbarkeit und Gewicht durch längeren Umlauf und Abnutzung die Rede.[693]

---

689 *K. Schmidt*, in: Staudinger, BGB (1997), Vorbem B7 zu §§ 244 ff.

690 BVerwGE 94, 294, 295; vgl. auch Erwägungsgrund 8 und Art. 3 Abs. 1 des Beschlusses EZB/2003/4 über die Stückelung, Merkmale und Reproduktion sowie den Umtausch und Einzug von Banknoten vom 20. 3. 2003, ABl. EU Nr. L 78 S. 16 vom 25. 3. 2003.

691 BVerwGE 94, 294, 296 ff.

692 Verordnung (EU) Nr. 1210/2010 zur Echtheitsprüfung von Euro-Münzen und zur Behandlung von nicht für den Umlauf geeigneten Euro-Münzen vom 15. 12. 2010, ABl. EU Nr. L 339 S. 1 vom 22. 12. 2010.

693 Vgl. restriktiv schon *Hartmann*, Über den rechtlichen Begriff des Geldes und den Inhalt von Geldschulden (1868), S. 77.

cc) Umtausch und Einziehung

Die Demonetisierung einzelner Geldzeichen findet zudem durch Umtausch oder Einziehung beschädigter, abgenutzter oder verschmutzter Stücke durch die Deutsche Bundesbank statt. Die Entwertung stellt auch in diesem Fall eine sachbezogene Allgemeinverfügung nach § 35 Satz 2 Var. 2 VwVfG dar; sie wird in dem Zeitpunkt wirksam, in dem die Bundesbank ihren Demonetisierungswillen hinreichend manifestiert.[694] Aus Gründen des Verkehrsschutzes muss ein früherer Zeitpunkt ausscheiden. Bei Münzen tritt die Entwertung insbesondere durch physisches und dauerhaftes Verwalzen ein, wie es Art. 8 Abs. 3 der VO (EU) Nr. 1210/2010[695] inzwischen vorsieht.[696] Banknoten verlieren ihre Geldeigenschaft hingegen durch Lochung, ohne dass eine vollständige Vernichtung geboten ist.[697] Ein Anspruch auf Umtausch von nicht mehr umlauffähigen Münzen beinhaltet Art. 8 Abs. 2 Satz 1 der VO (EU) Nr. 1210/2010. Voraussetzung ist, dass die lange Umlaufdauer oder ein unerwartbares Ereignis die Umlauffähigkeit aufgehoben haben. Anspruchsinhaber ist – in Anlehnung an die Rechtsprechung zu § 14 Abs. 3 Satz 2 BBankG a.F.[698] – der Inhaber der tatsächlichen Sachherrschaft. Abweichende Vorgaben lassen sich dem Unionsrecht nicht entnehmen. Nach § 7a MünzG ist die Deutsche Bundesbank zum Umtausch verpflichtet.

Unklarer ist die Rechtslage in Bezug auf Banknoten, da diesbezüglich bislang keine EU-Verordnung existiert, sondern lediglich Beschlüsse der Europäischen Zentralbank. Der frühere § 14 Abs. 3 Satz 2 BBankG wurde mit Wirkung zum 1.1.2002 ersatzlos gestrichen. Die einzige existierende Regelung findet sich in Art. 3 Abs. 2 des Beschlusses EZB/2001/15[699]. Danach erfolgt ein Austausch von Euro-Banknoten durch die nationalen Notenbanken auf Ersuchen des Besitzers. Hiervon sind auch nicht mehr umlauffähige Banknoten erfasst, wie sich im Umkehrschluss aus Art. 3 Abs. 4 Satz 2 lit. a EZB/2001/15 ergibt. Die entscheidende Frage lautet, ob sich aus diesem Beschluss der Europäischen Zentralbank ein Individualanspruch auf Umtausch ableiten lässt. Teilweise wird ein solcher unter Verweis auf den bloßen Binnenrechtscharakter des Beschlusses verneint; es gelte lediglich der Grundsatz der Gleichbehandlung.[700] Das VG Frankfurt

---

[694] *Häde*, Geldzeichen im Recht der Bundesrepublik Deutschland (1991), S. 102.

[695] Verordnung (EU) Nr. 1210/2010 zur Echtheitsprüfung von Euro-Münzen und zur Behandlung von nicht für den Umlauf geeigneten Euro-Münzen vom 15.12.2010, ABl. EU Nr. L 339 S. 1 vom 22.12.2010.

[696] Vgl. zur Münzentwertung durch Münztrennung den Sachverhalt von BGH NStZ 2013, 465.

[697] *Häde*, Geldzeichen im Recht der Bundesrepublik Deutschland (1991), S. 102; inzwischen auch *K. Schmidt*, in: Staudinger, BGB (1997), Vorbem B6 zu §§ 244 ff.

[698] BVerwGE 94, 294, 296 ff.

[699] Beschluss EZB/2001/15 vom 6.12.2001, ABl. EG Nr. L 337 S. 52 vom 20.12.2001.

[700] VG Frankfurt a.M. BKR 2007, 383, 384 f. = WM 2007, 2058; offen VGH Kassel ESVGH 58, 102; a.A. *Häde*, WM 2010, 97, 99.

a.M. verwies auf den Wortlaut von Art. 110 EG a.F., in dem zwar „Entscheidungen“, nicht aber „Beschlüsse“ als Handlungsformen der Europäischen Zentralbank zugelassen waren. Dieser Einwand ist mit dem Inkrafttreten des Vertrags von Lissabon entfallen. In Art. 132 Abs. 1 2. Spiegelstrich AEUV ist nunmehr der Beschluss ausdrücklich als Handlungsform benannt. Nach Art. 288 Abs. 4 Satz 1 AEUV sind Beschlüsse in allen ihren Teilen verbindlich. Dabei kann ein Beschluss auch nur an bestimmte Adressaten gerichtet sein (Art. 288 Abs. 4 Satz 2 AEUV). Die zuvor ohne primärrechtliche Regelung ergangenen Beschlüsse wurden auf diese Weise aufgefangen.[701] Die adressatenbezogenen Beschlüsse können ebenso wie die früheren Entscheidungen unmittelbare Wirkung entfalten.[702] Allgemeine Voraussetzung der unmittelbaren Wirkung ist, dass die maßgebliche Bestimmung „nach Rechtsnatur, Systematik und Wortlaut geeignet ist, unmittelbare Wirkungen in den Rechtsbeziehungen zwischen dem Adressaten der Handlung und Dritten zu begründen“[703]. Der Beschluss EZB/2001/15 ist an die mitgliedstaatlichen Zentralbanken gerichtet und daher ein adressatenbezogener Beschluss nach Art. 288 Abs. 4 Satz 2 AEUV. Seinem Art. 3 Abs. 2 lassen sich sowohl die tatbestandlichen Voraussetzungen („sämtliche Euro-Banknoten auf Ersuchen des Besitzers“) als auch die Rechtsfolge („Austausch in Euro-Banknoten“) des Umtauschanspruchs vollständig entnehmen. Daher entfaltet Art. 3 Abs. 2 des Beschlusses EZB/2001/15 – auch unter dem Blickwinkel der primärrechtlichen (Art. 6 Abs. 1 UAbs. 1 EUV) Eigentumsgarantie aus Art. 17 Charta der Grundrechte – unmittelbare Wirkung und begründet einen sekundärrechtlichen Anspruch auf Umtausch auch von nicht mehr umlauffähigen Euro-Banknoten. Der Anspruch ist gegen die nationalen Zentralbanken gerichtet und steht dem jeweiligen Besitzer, d.h. dem Inhaber der tatsächlichen Sachherrschaft, zu. Die Eigentumslage ist nicht maßgeblich. Ähnlich wie bei § 14 Abs. 3 Satz 2 BBankG a.F. muss es sich aber noch um gültige gesetzliche Zahlungsmittel handeln, bei denen noch keine Demonetisierung durch tatsächliche Vorgänge eingetreten ist. Dieser Vorbehalt lässt sich aus dem Wortlaut, der noch gültige „Euro-Banknoten“ fordert, und der Systematik der Beschlusses EZB/2001/15 ableiten und ist dem Anspruch inhärent.

---

701 *Ruffert*, in: Calliess/Ruffert, EUV/AEUV (4. Auflage 2011), Art. 288 AEUV Rn. 87, 90.

702 Vgl. zur Rechtsform der Entscheidung EuGH, Urteil vom 6. 10. 1970 – Rs. 9/70 (*Grad/Finanzamt Traunstein*), Slg. 1970 S. 825, Rn. 5 f.; EuGH, Urteil vom 10. 11. 1992 – Rs. C-156/91 (*Hansa Fleisch Ernst Mundt*), Slg. 1992 S. I-5567, Rn. 11 ff.

703 EuGH, Urteil vom 6. 10. 1970 – Rs. 9/70 (*Grad/Finanzamt Traunstein*), Slg. 1970 S. 825, Rn. 6.

V. Strafrechtlicher Schutz

Der strafrechtliche Schutz des Geldes basiert auf verschiedenen Schutzgütern, die Sach- und Buchgeld in unterschiedlicher Weise absichern. Allerdings kennt das StGB keine formale Trennung zwischen Sach- und Buchgeld, die sich etwa in entsprechenden Titeln oder Abschnitten niedergeschlagen hätte. Einzig die §§ 146 ff. StGB widmen sich explizit der Geld-, Wertzeichen- und Zahlungskartenfälschung. Als spezielle Schutznormen für Buchgeld können die §§ 152a, 152b StGB sowie ferner §§ 263a, 266b StGB angesehen werden. Davon abgesehen werden Geldzeichen allgemein als bewegliche Sachen gegen Diebstahl (§ 242 StGB), Unterschlagung (§ 246 StGB) und Hehlerei (§ 259 StGB) geschützt. Der Geldbezug des Betrugs (§ 263 StGB) ist hingegen allenfalls ein mittelbarer.[704]

1. Diebstahl

Geldzeichen sind bewegliche Sachen im Sinne des StGB. Dabei kann dahinstehen, welcher Begriff der Sache dem StGB zugrunde liegt,[705] denn Münzen und Banknoten erfüllen augenscheinlich sämtliche Anforderungen. Keine Sachen im strafrechtlichen Sinn sind hingegen Forderungen, so dass Buchgeld mangels Körperlichkeit nicht erfasst ist.[706] Nur wenn sie in einer Urkunde verkörpert sind, erlangen sie die Sacheigenschaft.[707] Geldzeichen können als bewegliche Sachen somit gestohlen werden, § 242 StGB. Auch für die Strafrechtsdogmatik in diesem Zusammenhang von Relevanz ist das Wechseln von Geld, sofern es eigenmächtig erfolgt. Diskutiert wird der Schulfall, dass jemand einen fremden 50 Euro-Schein heimlich in fünf eigene 10 Euro-Schein umtauscht. Die ganz überwiegende Ansicht lehnt eine Bestrafung des Geldwechslers als Dieb des 50 Euro-Scheins ab. Entweder soll die Rechtswidrigkeit der erstrebten Zueignung durch mutmaßliche Einwilligung entfallen[708] oder es soll schon an einer Zueignungsabsicht fehlen (Wertsummentheorie).[709] Andere wollen noch früher ansetzen und schon den Schutzbereich des § 242 StGB als nicht eröffnet ansehen.[710] Vorzugswürdig erscheint eine restriktive Auslegung, welche den Willen

---

704 Vgl. etwa OLG Saarbrücken NJW 1976, 65.

705 Vgl. zum Streitstand RGSt 32, 165, 179; BGHZ 124, 52, 55; OLG Karlsruhe NJW 2001, 2488 (zu Tieren).

706 OLG München JZ 1977, 408, 409.

707 RGSt 61, 126, 127.

708 *Schmitz*, in: MünchKomm StGB (2. Auflage 2012), § 242 Rn. 159.

709 Stellvertretend *Roxin*, in: *Geerds/Naucke* (Hrsg.), Festschrift für Hellmuth Mayer (1966), S. 467, 476; dem folgend etwa OLG Celle NJW 1974, 1833; i.E. ebenso *Ebel*, JZ 1983, 175, 182 f.

710 *Eser/Bosch*, in: Schönke/Schröder, StGB (29. Auflage 2014), § 242 Rn. 6; ähnlich *Kollenberg*, Besondere Probleme bei Geld als Angriffsobjekt im Rahmen von Eigentums- und Vermögensdelikten (1978), S. 69 ff., 112 ff.

des Geldinhabers einbezieht und nicht ausschließlich auf die Vorstellungswelt des Täters abstellt. Handelt es sich bei der Rechtswidrigkeit der beabsichtigten Zueignung um ein normatives Tatbestandsmerkmal[711] und ist dessen Gehalt primär objektiv zu bestimmen,[712] so sollte daher die Bestrafung wegen Diebstahls allein an einer mutmaßlichen Einwilligung scheitern. Nur auf diese Weise ist sichergestellt, dass bei einem für den Täter erkennbaren besonderen Interesse des Geldinhabers an den konkreten Stücken keine Straflosigkeit eintritt.[713] Eine ähnliche Problematik wie beim heimlichen Geldwechseln stellt sich bei der eigenmächtigen Forderungseintreibung durch den Gläubiger. Nimmt dieser fremde Geldzeichen an sich, um sich wegen einer Geldforderung des Eigentümers zu befriedigen, so soll er regelmäßig straflos sein. Die Rechtsprechung[714] geht zwar von einer Absicht rechtswidriger Zueignung aus, nimmt aber einen Tatbestandsirrtum nach § 16 Abs. 1 Satz 1 StGB an.

2. Hehlerei

Die von Claus Roxin[715] formulierte Wertsummentheorie, die Anleihen an die zivilrechtliche Lehre von der vermögensrechtlichen Neutralität des Geldwechselns nimmt, hat nicht nur Auswirkungen auf die Dogmatik des Diebstahls, sondern strahlt auch auf die Hehlerei aus. Tatbestandlicher Anhaltspunkt ist das Merkmal der Identität von gehehlter und durch die Vortat erlangter Sache. Eine Ersatzsache, die lediglich wirtschaftlich an die Stelle der aus der Vortat erlangten Sache getreten ist, kann nicht tauglicher Gegenstand einer Hehlerei sein (sog. Ersatzhehlerei).[716] Diese tatbestandliche Enge führt zu Strafbarkeitslücken, falls der Täter der Vortat Geld wechselt und ein dadurch neu erlangtes Geldzeichen an einen eingeweihten Dritten weitergibt. Die Wertsummenlehre will diese Lücke schließen und wegen des Sichverschaffens der durch die Vortat erlangten Wertsumme nach § 259 StGB bestrafen. Die überwiegende Ansicht lehnt diese Tatbestandsextension unter Verweis auf Art. 103 Abs. 2 GG[717] und das teilweise Eingreifen von § 261 StGB[718] ab.

---

711 Vgl. BGH NJW 1990, 2832; BGHSt 42, 268 = NJW 1997, 750 f.

712 BGHSt 17, 87, 88 f.

713 Vgl. *Häde*, Geldzeichen im Recht der Bundesrepublik Deutschland (1991), S. 140.

714 BGHSt 17, 87, 90 f.; zu den verschiedenen Lösungsansätzen vgl. *Kollenberg*, Besondere Probleme bei Geld als Angriffsobjekt im Rahmen von Eigentums- und Vermögensdelikten (1978), S. 159 ff.

715 *Roxin*, in: *Geerds/Naucke* (Hrsg.), Festschrift für Hellmuth Mayer (1966), S. 467, 469 ff.

716 Stellvertretend BGHSt 9, 137, 138 f.

717 *Kollenberg*, Besondere Probleme bei Geld als Angriffsobjekt im Rahmen von Eigentums- und Vermögensdelikten (1978), S. 192; *Stree/Hecker*, in: Schönke/Schröder, StGB (29. Auflage 2014), § 259 Rn. 13 m.w.N.

718 *Maier*, in: MünchKomm StGB (2. Auflage 2012), § 259 Rn. 55.

3. Unbefugte Ausgabe oder Verwendung von Geldzeichen

Neben den nicht ausschließlich auf Geldzeichen zugeschnittenen §§ 242, 246, 259 StGB existiert noch ein spezielles strafrechtliches Geldzeichenschutzrecht, das zudem teilweise außerhalb des StGB zu verorten ist. Nach § 35 Abs. 1 BBankG wird bestraft, wer unbefugt Geldzeichen ausgibt (Nr. 1) oder solche unbefugt ausgegebene Geldzeichen zu Zahlungszwecken verwendet (Nr. 2). Geldzeichen werden legaldefiniert als „Marken, Münzen, Scheine oder andere Urkunden, die geeignet sind, im Zahlungsverkehr an Stelle der gesetzlich zugelassenen Münzen oder Banknoten verwendet zu werden". Der Tatbestand soll das exklusive Geldausgaberecht der Deutschen Bundesbank aus § 14 Abs. 1 Satz 1 BBankG und des Bundes aus §§ 1 f. MünzG schützen.[719] Ergänzt wird er in Bezug auf Münzen durch die Ordnungswidrigkeitstatbestände in Art. 2 VO (EG) Nr. 2182/2004[720], Art. 3, 12 Abs. 2 VO (EU) Nr. 1210/2010[721] und §§ 11 f. MünzG. Die Deutsche Bundesbank sah Anwendungsfälle für § 35 BBankG bislang beispielsweise bei bestimmten Goldzertifikaten und Serienlohnschecks.[722] Durch den Ordnungswidrigkeitstatbestand des § 36 Abs. 4 und 4a BBankG soll schließlich gewährleistet werden, dass Falschgeld wieder aus dem Verkehr gezogen wird.

4. Geldfälschung

Ein kleines „Geldzeichenstrafrecht" enthalten die §§ 146–152 StGB. Die Vorschriften dienen der Sicherheit und Funktionsfähigkeit des Geldverkehrs.[723] Zugleich sollen wie bei § 35 BBankG auch die staatliche Münzhoheit[724] und das Notenausgabemonopol geschützt werden. Wie bereits dargestellt[725] erfasst die höchstrichterliche Rechtsprechung als Geld im Sinne der §§ 146 ff. StGB „jedes vom Staat oder einer durch ihn dazu ermächtigten Stelle als Wertträger beglaubigte, zum Umlauf im öffentlichen Verkehr bestimmte Zahlungsmittel ohne Rücksicht auf einen allgemeinen Annahmezwang"[726]. Unter Strafe gestellt wird durch § 146 StGB – nicht unähnlich zur Urkundenfälschung des § 267 StGB –

---

[719] *Fögen*, Geld- und Währungsrecht (1969), S. 31; *Häde*, Geldzeichen im Recht der Bundesrepublik Deutschland (1991), S. 191.

[720] Verordnung (EG) Nr. 2182/2004 über Medaillen und Münzstücke mit ähnlichen Merkmalen wie Euro-Münzen vom 6. 12. 2004, ABl. EG Nr. L 373 S. 1 vom 21. 12. 2004.

[721] Verordnung (EU) Nr. 1210/2010 zur Echtheitsprüfung von Euro-Münzen und zur Behandlung von nicht für den Umlauf bestimmten Münzen vom 15. 12. 2010, ABl. EU Nr. L 339 S. 1 vom 22. 12. 2010.

[722] *Häde*, Geldzeichen im Recht der Bundesrepublik Deutschland (1991), S. 192 f. m.w.N.

[723] RGSt 67, 294, 297; BGH NJW 1954, 564; BGHSt 42, 162, 169.

[724] BGHSt 42, 162, 169; OLG Karlsruhe NJW 1971, 1301, 1302.

[725] Vgl. oben, S. 85 f.

[726] BGHSt 32, 198 unter Verweis auf BGHSt 12, 344, 345; BGHSt 23, 229, 231; speziell zu Beginn und Ende der Geldeigenschaft *Geisler*, GA 1981, 497, 510 ff.; vgl. zu Sammlermünzen *Oppe*, MDR 1973, 183, 184.

das Nachmachen, Verfälschen, Sichverschaffen oder als echt Inverkehrbringen von Geld.[727] Die Hürde für eine Falschgeldherstellung ist dabei niedrig angelegt. Nach der Rechtsprechung liegt Falschgeld bereits dann vor, „wenn es den Anschein gültigen Geldes erweckt, also seiner Beschaffenheit nach geeignet ist, im gewöhnlichen Zahlungsverkehr Arglose zu täuschen. Da erfahrungsgemäß selbst mit schlechtesten Fälschungen Täuschungen gelingen, sind dabei an die Ähnlichkeit mit echtem Geld keine allzu hohen Anforderungen zu stellen."[728] Schon im Vorfeld der Geldfälschung sanktionieren § 149 StGB bei Vorsatz (§ 15 StGB) und sonst §§ 127–129 OWiG bestimmte Vorbereitungshandlungen. Um entdecktes Falschgeld aus dem Verkehr zu ziehen, ordnet § 36 Abs. 1 bis 3 BBankG die Pflicht der Deutschen Bundesbank sowie bestimmter Kreditinstitute an, Falschgeld sowie als Falschgeld verdächtige Geldzeichen anzuhalten. Sie werden sodann bei der Deutschen Bundesbank gesammelt, geprüft und – wenn sich der Verdacht bestätigt – nach § 37 BBankG eingezogen.

B. Buchgeld

I. Wesensmerkmale

Buchgeld (Giralgeld) ist Geld im abstrakten Sinne[729] und erfüllt daher beide Geldfunktionen; es dient somit als Recheneinheit und als allgemeines Tauschmittel.[730] Anders als Sachgeld (Bargeld) fehlt es dem Buchgeld an Körperlichkeit und einem gesetzlichen Annahmezwang, der ausschließlich den gesetzlichen Zahlungsmitteln zukommt. Buchgeld besteht in einem Guthaben, das zu Zahlungszwecken eingesetzt werden kann.[731] Seiner Rechtsnatur nach handelt es sich um eine Geldforderung.[732] Um Geld im abstrakten Sinne zu sein, muss sich Buchgeld nicht auf dem Übertragungsweg zu Zahlungszwecken befinden.[733] Auch im „Ruhezustand" auf einem Zahlungskonto besteht die

---

[727] Vgl. zu den einzelnen Tathandlungen *Häde*, Geldzeichen im Recht der Bundesrepublik Deutschland (1991), S. 198 ff.

[728] BGH NStZ 2003, 368, 369.

[729] *Lukas*, Aufgaben des Geldes (1937), S. 270, wenn auch ohne Bezugnahme zur Abgrenzung von Geld im abstrakten und konkreten Sinn; vgl. eingehend oben, S. 104 ff.

[730] *Helbig*, Die Giroüberweisung, deren Widerruf und Anfechtung nach deutschem und schweizerischem Recht (1970), S. 86.

[731] *Münch*, Das Giralgeld in der Rechtsordnung der Bundesrepublik Deutschland (1990), S. 26; ähnlich *Schäfer*, Der Zins im Bereicherungsrecht (2002), S. 52 f.

[732] *Münch*, Das Giralgeld in der Rechtsordnung der Bundesrepublik Deutschland (1990), S. 190 ff.; *Brechtel*, Die Tilgung von Geldforderungen bei Überweisung, Lastschrift- und Kreditkartenzahlung (2013), S. 28.

[733] Ebenso *Robertson*, Das Geld (2. Auflage 1935), S. 51 („brachliegendes Bankgeld"); *Lukas*, Aufgaben des Geldes (1937), S. 266 („ruhendes Giralgeld"); a.A. *K. Schmidt*, in: Staudinger, BGB (1997), Vorbem A32 zu §§ 244 ff.

Geldeigenschaft uneingeschränkt. Grund hierfür ist, dass dem Inhaber auch in diesen Fällen Liquidität und damit abstrakte Vermögensmacht zur Verfügung steht. Insofern besteht eine Parallele zum Bargeld, das ebenfalls situationsunabhängig eine solche Vermögensmacht gewährt. Das Guthaben basiert auf einer Geldforderung, die auf eine Einlösung in Sachgeld gerichtet ist. Für elektronisches Geld findet sich eine explizite Umtauschanordnung in § 23b Abs. 1 Satz 2 ZAG. Danach kann es jederzeit in gesetzliche Zahlungsmittel eingetauscht werden. Die von Rudolf Reinhardt[734] schon in der Mitte des vergangenen Jahrhunderts anvisierte Loslösung des Buchgeldes von einer Forderung („reines Buchgeld“) wäre nur dann denkbar, wenn der Rechtsverkehr auf eine Einlösbarkeit in Bargeld verzichtete; diese Überlegung sind weiterhin als *de lege ferenda* einzuordnen. Zu Geld werden solche durch Geldforderung unterlegte Guthaben allerdings erst durch die Verwendbarkeit zu Zahlungszwecken. Nur unter dieser Voraussetzung erfüllt Buchgeld die zentrale Geldfunktion als allgemeines Tauschmittel. Aus dem Geldbegriff auszuscheiden sind daher solche Guthaben, die sich einer täglichen Verfügbarkeit entziehen (z.B. Spar- und Terminguthaben).[735]

II. Elektronisches Geld

Eine Sonderform des Buchgelds stellt das elektronische Geld dar. Dass es sich dabei ebenfalls um Geld im abstrakten Sinne handelt, lässt sich der Legaldefinition des elektronischen Geldes entnehmen. Zurückgehend auf Art. 2 Nr. 2 der (E-Geld-)Richtlinie 2009/110/EG[736] definiert § 1a Abs. 3 ZAG das elektronische Geld als „jede[n] elektronisch, darunter auch magnetisch, gespeicherte[n] monetäre[n] Wert in Form einer Forderung gegenüber dem Emittenten, der gegen Zahlung eines Geldbetrages ausgestellt wird, um damit Zahlungsvorgänge im Sinne des § 675f Absatz 3 Satz 1 des Bürgerlichen Gesetzbuchs durchzuführen, und der auch von anderen natürlichen oder juristischen Personen als dem Emittenten angenommen wird“. Daran zeigen sich sowohl die Parallelen zum allgemeinen Buchgeldbegriff als auch die leichten Modifikationen. Das Guthaben wird in § 1a Abs. 3 ZAG als „monetärer Wert“ erfasst. Ihm liegt eine „Forderung gegenüber dem Emittenten“ zugrunde. Der Inhaber hat nämlich einen Anspruch aus §§ 675c Abs. 1, 667 Alt. 1 BGB auf Rücktausch des elektroni-

---

[734] *Reinhardt*, in: Festschrift für Gustav Boehmer (1954), S. 60, 71.

[735] *Münch*, Das Giralgeld in der Rechtsordnung der Bundesrepublik Deutschland (1990), S. 26 f.; i.E. ebenso *Lukas*, Aufgaben des Geldes (1937), S. 261 f., 266; a.A. *R. Schmidt*, in: *Isensee/Kirchhof* (Hrsg.), Handbuch des Staatsrechts der Bundesrepublik Deutschland (3. Auflage 2007), § 117 Rn. 2.

[736] Richtlinie 2009/110/EG über die Aufnahme, Ausübung und Beaufsichtigung der Tätigkeit von E-Geld-Instituten vom 16.9.2009, ABl. EU Nr. L 267 S. 7 vom 10.10.2009.

schen Geldes.[737] Dies entspricht den Vorgaben aus Art. 11 der E-Geld-Richtlinie 2009/110/EG, die in § 23b Abs. 1 Satz 2 ZAG umgesetzt wurden und einen Anspruch auf Rücktausch in gesetzlichen Zahlungsmitteln vorschreiben. Das elektronische Geld muss schließlich auch von Dritten angenommen werden, d.h. es ist allgemein als Zahlungsmittel einsetzbar. Praktische Anwendungsfälle für elektronisches Geld sind die Geldkarte[738] und das Bezahlsystem *PayPal*[739].

III. Übertragungsformen

Der Transfer von Buchgeld erfolgt bargeld- und vermehrt auch papierlos. Als klassische Übertragungswege kommen Überweisung, Lastschrift und Kartenzahlung in Betracht. Grundform der Übertragung von Buchgeld ist dabei die Überweisung. Durch Überweisung wird eine Forderung des Zahlers gegen seine Bank, die auf einem girovertraglichen Guthaben oder einem Kredit des Zahlers beruht, im Wege der Belastung des Kontos des Zahlers in eine Forderung des Zahlungsempfängers gegen dessen Bank in Form einer Gutschrift auf dem Empfängerkonto verwandelt.[740] Die wirtschaftliche Vermögensübertragung erfolgt dadurch, dass aus der Forderung des Zahlers gegen seine Bank im Ergebnis eine Forderung des Zahlungsempfängers gegen dessen Bank wird. Eine positiv-rechtliche Kurzformel für eine Buchgeldübertragung findet sich in § 675f Abs. 3 Satz 1 BGB, der als Zahlungsvorgang „jede Bereitstellung, Übermittlung oder Abhebung eines Geldbetrags“ ansieht. Bei der Lastschrift als sog. „*Pull*-Zahlung“, die nicht vom Zahler, sondern vom Empfänger „angestoßen“ wird, handelt es sich konstruktiv um eine rückläufige Überweisung.[741] Die Wertbewegung entspricht daher dem zur Überweisung skizzierten Modell.

Der Einsatz einer Zahlungskarte basiert dem Grunde nach ebenfalls auf einer derartigen Forderungsverschaffung, wobei die Zahlungskarte – unter Umständen in Verbindung mit weiteren Sicherheitsmechanismen – als „Schlüssel“ zum Buchgeld dient. Die Zahlungskarte selbst ist kein Geld, auch nicht in Gestalt von „Plastikgeld“.[742] Die Bezeichnung als Zahlungskarte stellt einen Oberbegriff für eine Reihe von Plastikurkunden im Scheckkarten-Format dar. Sie lässt sich allgemein definieren als Urkunde zur Verwendung im bargeldlosen Zahlungsverkehr und zur Bargeldversorgung, durch deren Einsatz der Karten-

---

737 So zur Geldkarte *Kümpel*, WM 1997, 1037, 1038; *Tegebauer*, Die Geldkarte (2002), S. 42; *Omlor*, in: Staudinger, BGB (2012), Vorbem 227 zu §§ 675c-676c.

738 *Omlor*, in: Staudinger, BGB (2012), § 675c Rn. 4; *Werner*, in: Soergel (2012), § 675i Rn. 3.

739 *Omlor*, in: Staudinger, BGB (2012), § 675c Rn. 4; offen noch nach früherer Rechtslage *Meder/Grabe*, BKR 2005, 467, 470 f.

740 *Omlor*, in: Staudinger, BGB (2012), Vorbem 73 zu §§ 675c-676c.

741 Statt aller BGHZ 69, 82, 84 = WM 1977, 1042; *Hadding/Häuser*, ZHR 145 (1981) 138, 156; *Meder*, JZ 2005, 1089, 1089.

742 *K. Schmidt*, in: Staudinger, BGB (1997), Vorbem A35 zu §§ 244 ff.

inhaber den Kartenaussteller dazu veranlassen kann, einzelne Geldzahlungen an vorher vom Kartenaussteller ausgesuchte Vertragsunternehmen für Rechnung des Karteninhabers oder an den Karteninhaber selbst zu leisten und damit einen geschäftsbesorgungsvertraglichen Aufwendungsersatzanspruch des Kartenausstellers gegen den Karteninhaber zur Entstehung zu bringen.[743] Ein Buchgeldtransfer mittels Zahlungskarte findet daher statt bei Verwendung einer Universalkreditkarte oder einer Debitkarte. Nicht erfasst als Zahlungskarte in diesem Sinne sind schlichte Kundenkreditkarten, da sie auf einem Zweipersonenverhältnis beruhen und sich auf ein darlehensvertragliches Verhältnis beschränken.[744]

IV. Entstehung und Untergang

1. Buchgeldschöpfung

Das Funktionsäquivalent zur Monetisierung von Sachgeld stellt die „Schöpfung" von Buchgeld dar. Diesen Entstehungsakt führt allerdings nicht eine staatliche Stelle aus, sondern er liegt im Verantwortungsbereich der privaten Banken. Buchgeld entsteht, wenn eine Bank einem Kunden eine täglich fällige Forderung auf Bargeld gegen sich selbst (Sichtguthaben) verschafft.[745] Dies ist insbesondere der Fall bei einer Kreditgewährung, welche die praktisch dominierende Form der Buchgeldschöpfung darstellt.[746] Anders als bei gesetzlichen Zahlungsmitteln existiert kein staatliches Ausgabemonopol. Art. 10, 11 der VO (EG) 974/98[747], § 14 Abs. 1 BBankG und § 1 MünzG gelten nicht für Buchgeld. Eine Begrenzung erfährt die Buchgeldschöpfung der Banken hingegen durch Vorgaben der Europäischen Zentralbank zur Unterhaltung von Mindestreserven. Auf der primärrechtlichen Grundlage des Art. 132 Abs. 1 1. Spiegelstrich AEUV hat die Europäische Zentralbank eine – mehrfach geänderte – Verordnung erlassen, die bestimmte Mindestreserven der Kreditinstitute vorschreibt. Die Kreditinstitute im Sinne von Art. 2 der Verordnung (EG) Nr. 1745/2003[748]

---

743 *Omlor*, in: Staudinger, BGB (2012), § 675c Rn. 13.

744 Vgl. *Omlor*, in: Staudinger, BGB (2012), § 675u Rn. 13 ff.

745 *Harlandt*, Die Evolution des Geldes (1989), S. 123; *Kratzmann*, Das Geld: Vertragsobjekt, Rechtskonstrukt und ökonomische Größe (2004), S. 78; vgl. schon *Reinhardt*, in: Festschrift für Gustav Boehmer (1954), S. 60, 71 sowie grundlegend *Schilcher*, Geldfunktionen und Buchgeldschöpfung (1958), S. 108 ff.

746 *Reinhardt*, in: Festschrift für Gustav Boehmer (1954), S. 60, 71 f.; *Fögen*, Geld- und Währungsrecht (1969), S. 19; *Harlandt*, Die Evolution des Geldes (1989), S. 124; *Kratzmann*, ZfgK 2013, 301, 304.

747 Verordnung (EG) Nr. 974/98 über die Einführung des Euro vom 3.5.1998, ABl. EG Nr. L 139 S. 1 vom 11.5.1998.

748 Verordnung (EG) Nr. 1745/2003 über die Auferlegung einer Mindestreservepflicht vom 12.9.2003, ABl. EU Nr. L 250 S. 10 vom 2.10.2003, zuletzt geändert durch die Verordnung (EG) Nr. 1358/2011 vom 14.12.2011, ABl. EU Nr. L 338 S. 51 vom 21.12.2011.

sind verpflichtet, der Höhe nach in Art. 3 und 4 der Verordnung festgelegte Mindestreserven bei den nationalen Zentralbanken zu unterhalten. Derzeit (2014) beträgt der Mindestreservesatz für Sichteinlagen 1,0 %, nachdem er zuvor noch bei 2,0 % gelegen hatte. Daneben müssen die Kreditinstitute „im Interesse der Sicherheit der ihnen anvertrauten Vermögenswerte" (§ 10 Abs. 1 Satz 1 KWG) eine hinreichende Eigenkapitalausstattung aufweisen.[749] Auch haben sie nach Maßgabe von § 11 KWG stets eine hinreichende Liquidität vorzuhalten. Über die Einhaltung dieser aufsichtsrechtlichen Vorgaben wacht die Bundesanstalt für Finanzdienstleistungsaufsicht (BaFin). Die Buchgeldschöpfung unterliegt daher einer staatlichen Kontrolle,[750] die jedoch den Kreditinstituten einen weiten Gestaltungsspielraum belässt. Wegen der bestehenden gesetzlichen Regelungen im Aufsichts- und Währungsrecht, die einer Änderung durch den nationalen bzw. supranationalen Gesetzgeber unterliegen, erlangt die Buchgeldschöpfung zwar keine Legitimation im technischen Sinne des Demokratieprinzips,[751] aber dennoch eine gesetzgeberische Billigung.

2. Untergang als Buchgeld

Auch Buchgeld kennt eine „Demonetisierung" – allerdings eine unkörperliche. Buchgeld geht dann unter, wenn eines der drei Buchgeldkriterien (Guthaben, Geldforderung, Zahlungsmittel) entfällt. Gelangt die Geldforderung zum Erlöschen, so gilt dies auch für das Buchgeld. Beispiele hierfür sind die Bargeldabhebung von einem Girokonto sowie jegliche Belastungsbuchungen, die nicht andernorts Buchgeld in gleicher Höhe wieder entstehen lassen. Bei bloßen Buchgeldtransfers durch Überweisung oder Lastschrift geht zwar Buchgeld auf Seiten des Zahlers unter, aber es entsteht im selben Umfang wieder auf Seiten des Empfängers. Anders ist dies jedoch bei Wertpapierkäufen, die über ein Girokonto abgewickelt werden; für das abgebuchte Guthaben wird kein Buchgeldersatz geschaffen. Auch der Zweck, als Zahlungsmittel jederzeit einsetzbar zu sein, kann entfallen. Diese Nutzbarkeit ist aufgehoben, wenn eine täglich fällige Sichteinlage in gebundenes Termingeld – kein „Geld" im rechtlichen Sinne – oder Sparguthaben verwandelt wird.[752]

---

[749] Vgl. zur sekundärrechtlichen Grundlage die Richtlinie 2006/49/EG über die angemessene Eigenkapitalausstattung von Wertpapierfirmen und Kreditinstituten vom 14.6.2006, ABl. EU Nr. L 177 S. 201 vom 30.6.2006, zuletzt geändert durch die Richtlinie 2009/111/EG vom 16.9.2009, ABl. EU Nr. L 302 S. 97 vom 17.11.2009.

[750] *von Stebut*, JURA 1982, 561, 571.

[751] So aber *Kratzmann*, ZfgK 2013, 301, 305.

[752] *Harlandt*, Die Evolution des Geldes (1989), S. 126.

V. Strafrechtlicher Schutz

1. Diebstahl von Zugangsinstrumenten

Mangels Körperlichkeit und staatlicher Ausgabe greifen die Straftatbestände zum Schutz von Geldzeichen nicht in Bezug auf Buchgeld ein. Daran ändert die Tatsache nichts, dass die Zugangsinstrumente zu Buchgeld häufig verkörpert sind und daher unter anderem gestohlen werden können. Bei der Wegnahme von Debit- oder Kreditkarten kann ein Diebstahl nur angenommen werden, wenn der Täter nicht von vornherein vorhat, die Karte nach ihrer Benutzung – z.B. zum Geldabheben am Automaten – wieder zurückzugeben. Ansonsten fehlt es an der erforderlichen Zueignungsabsicht, da die Möglichkeit zur Bargeldbeschaffung nicht als funktionsspezifischer Sachwert angesehen wird.[753] Etwas anderes gilt jedoch bei der Geldkarte, die infolge ihrer erhöhten Bargeldersatzfunktion einen wertpapierähnlichen Charakter aufweist.[754] Der Diebstahlstatbestand schützt jedoch in diesen Fällen nur reflexartig das Buchgeld und seinen Inhaber.

2. Einsatz von Zugangsinstrumenten

An der Übergangsstelle vom Buch- zum Sachgeld greift der Computerbetrug nach § 263a Abs. 1 Var. 3 StGB ein. Wegen unbefugter Verwendung von Daten wird danach bestraft, wer zur Abhebung von Bargeld an einem Automaten eine gefälschte, manipulierte oder durch verbotene Eigenmacht erlangte Zahlungskarte einsetzt.[755] Die Vorschrift schützt das Vermögen als solches,[756] so dass auch das Buchgeld erfasst ist. Wegen der Betrugsähnlichkeit des Tatbestands[757] scheidet hingegen eine Bestrafung wegen Computerbetrugs aus, wenn der Täter lediglich im Innenverhältnis zur Bank unberechtigt handelt, etwa durch Bargeldabhebung einen ihm nicht zustehenden Überziehungskredit verwendet.[758] Auch bei einer verabredungswidrigen Verwendung von Debitkarte mit PIN durch einen Dritten soll kein Computerbetrug vorliegen, da lediglich die Befugnisse im Innenverhältnis überschritten werden.[759] Um diese Lücke teilweise zu schließen, war § 266b StGB eingefügt worden. In der Regierungsbegrün-

---

[753] BGHSt 35, 152, 156 ff.

[754] *Schnabel*, NStZ 2005, 18, 19 f.; vgl. zur Rechtsnatur der Geldkarte *Pfeiffer*, NJW 1997, 1036 f.; *Omlor*, in: Staudinger, BGB (2012), Vorbem 228 zu §§ 675c-676c m.w.N.

[755] BGHSt 38, 120, 121; BGHSt 47, 160, 161 m.w.N.; restriktiv zum Versuchsbeginn KG MMR 2012, 845.

[756] *Perron*, in: Schönke/Schröder, StGB (29. Auflage 2014), § 263a Rn. 1 m.w.N.

[757] BGHSt 38, 120, 124; *Perron*, in: Schönke/Schröder, StGB (29. Auflage 2014), § 263a Rn. 2 m.w.N.

[758] BGHSt 47, 160, 162 f.

[759] OLG Köln NStZ 1991, 586 f.; *Perron*, in: Schönke/Schröder, StGB (29. Auflage 2014), § 263a Rn. 12 m.w.N.

dung heißt es, der neue Straftatbestand diene dem „Schutze der Funktionsfähigkeit des bargeldlosen Zahlungsverkehrs, der eine volkswirtschaftliche Bedeutung erlangt habe“[760]. Ein Missbrauch von Scheck- und Kreditkarten kann an sich bei der Abhebung von Bargeld an einem Geldautomaten eines dritten Zahlungsdienstdienstleisters durch den Karteninhaber vorliegen. Auch Zahlungsvorgänge im Handel sind davon erfasst. Mit dem Auslaufen der Euroscheck-Garantie Ende 2001[761] unterfallen die modernen Debitkarten nicht mehr dem Begriff der Scheckkarte im Sinne von § 266b StGB.[762] Weiterhin erfasst von § 266b StGB ist hingegen die Universalkreditkarte, nicht aber die Kundenkreditkarte im Zwei-Parteien-System.[763] Umstritten ist, ob die Verwendung der Debitkarte im POS-Verfahren als tatbestandlicher Kreditkarteneinsatz gewertet werden kann.[764]

3. Fälschung von Zugangsinstrumenten

Eine Fälschung von Buchgeld im technischen Sinn in Parallele zu §§ 146 ff. StGB kennt das Strafrecht nicht. Lediglich die Zugangsinstrumente zu Buchgeld werden durch die §§ 152a, 152b StGB vor Eingriffen Dritter geschützt, so dass nur mit einer gewissen Ungenauigkeit von einer „Geldfälschung des bargeldlosen Zahlungsverkehrs“ gesprochen werden kann. Ebenso wie § 266b StGB schützen die §§ 152a, 152b StGB die Sicherheit und Funktionsfähigkeit des bargeldlosen Zahlungsverkehrs.[765] Die normspezifischen Begriffe der Zahlungskarte (mit Garantiefunktion), die nicht mit dem zivilrechtlichen[766] deckungsgleich sind, finden sich legaldefiniert in §§ 152a Abs. 4, 152b Abs. 4 StGB. Erfasst von § 152a Abs. 4 StGB sind Debit-[767] und Universalkreditkarten, wobei eine Kredit- und Garantiefunktion nicht erforderlich sind. Demgegenüber zielt § 152b Abs. 4 StGB nur auf Zahlungskarten mit Garantiefunktion ab; darunter fallen die Universalkreditkarten im Drei-Parteien-System und die Debitkarte bei ihrem Einsatz im POS-Verfahren.[768] Auf eine Nutzung im Rahmen der bestehenden Garantiefunktion des Zugangsinstruments kommt es nicht an.[769] Die strafbaren Handlungen sind das Nachmachen oder Verfälschen von Zahlungs-

---

760 BT-Drucks. 10/5058, S. 32; ebenso BGH NStZ 1993, 283; BGHSt 47, 160, 168.

761 Vgl. *Omlor*, in: Staudinger, BGB (2012), § 675f Rn. 23.

762 *Baier*, ZRP 2001, 454, 455; *Perron*, in: Schönke/Schröder, StGB (29. Auflage 2014), § 266b Rn. 4 m.w.N.

763 Stellvertretend *Brand*, WM 2008, 2194, 2200.

764 Bejahend *Brand*, WM 2008, 2194, 2200 f.; verneinend *Baier*, ZRP 2001, 454, 456.

765 BT-Drucks. 10/5058, S. 26.

766 Vgl. dazu *Omlor*, in: Staudinger, BGB (2012), § 675c Rn. 13.

767 *Baier*, ZRP 2001, 454, 456.

768 BGH NStZ 2012, 318 (zu Debitkarten im Maestro-System); *Perron*, in: Schönke/Schröder, StGB (29. Auflage 2014), § 266b Rn. 5 f. m.w.N.

769 BGH NStZ-RR 2008, 280.

karten sowie das Verschaffen, Feilhalten, Überlassen oder Gebrauchen von falschen Zahlungskarten.

C. Zusammenfassung

Die Kategorisierung der Erscheinungsformen des Geldes in Sach- und Buchgeld erlangt ihre rechtsdogmatische Bedeutung durch die jeweiligen Regelungssysteme, die entweder auf einen körperlichen Gegenstand oder ein materiefreies Recht zugeschnitten sind. Schon in ihrer Entstehung unterscheiden sich Sach- und Buchgeld. Während Sachgeld in unseren modernen Währungsverfassungen eines hoheitlichen Initialaktes (Monetisierung) bedarf, entsteht Buchgeld staatsfern allein infolge seiner „Schöpfung" durch ein Privatrechtssubjekt. Strafrechtlichen Schutz erfahren sowohl Sach- als auch Buchgeld. Bei Sachgeld fokussiert er – im Fall von Diebstahl und Hehlerei – nicht den inhärenten Funktionswert, sondern den körperlichen Gegenstand. Buchgeld wiederum wird mangels Verkörperung im Wesentlichen über seine Zugangsinstrumente strafrechtlich abgesichert.

§ 5 Geldsachenrecht

Das Geldsachenrecht umfasst die Gesamtheit der auf das Sachgeld anwendbaren Regeln des BGB-Sachenrechts. Hierzu zählen sowohl die vereinzelten Spezialvorschriften (z.B. § 935 Abs. 2 BGB) als auch die allgemeinen Regelungen, die auch auf Geldzeichen anzuwenden sind. Dem Geldsachenrecht zuzuordnen sind überdies die klassischen Streitstände um die sachenrechtliche Berücksichtigung der besonderen Funktionsbezogenheit des Geldes.

A. Die sachenrechtliche Rechtsnatur des Bargeldes

I. Entmaterialisierung versus Sachenrecht?

Seit der allgemeinen Anerkennung des Anti-Metallismus und der Loslösung des nominalen Geldwerts von dem Substanzwert existieren ausschließlich – in der Terminologie Knapps – chartale Zahlungsmittel. Die Entwicklungsgeschichte des Geldes ist zugleich eine der fortschreitenden Entmaterialisierung. Geld wird im abstrakten Sinne unter vordringlicher Berücksichtigung seiner Funktionalität charakterisiert. Eine Verkörperung ist irrelevant. Unkörperliches Buchgeld beherrscht den modernen Zahlungsverkehr. Das BGB trägt diesem Umstand durch einen eigenen Untertitel „Zahlungsdienste“ mit 28 Paragraphen (§§ 675c-676c BGB) Rechnung. Auf der anderen Seite steht das historisch noch vor der allgemeinen Anerkennung des Anti-Metallismus entstandene – Knapps Erstauflage seiner Staatlichen Theorie erschien 1905 – Sachenrecht des BGB. Die Sache als Bezugsgegenstand des Sachenrechts umfasst ausschließlich körperliche Gegenstände (§ 90 BGB). Herausgabeansprüche knüpfen in der Folge an der Substanz an, nicht an der abstrakten Vermögensmacht des Geldes. Die Inhaberschaft an Geld wird vom Sachenrecht als Eigentum an konkreten Geldzeichen gedeutet. Das Sachenrecht ignoriert die erfolgte Entmaterialisierung des modernen Geldbegriffs und Zahlungsverkehrs.

Vor diesem Hintergrund hat es in der Literatur nicht an Versuchen gefehlt, die sachenrechtliche Dogmatik mit der geldrechtlichen in Einklang zu bringen.[770] Dabei wurde zumeist ein „Sondersachenrecht der Geldzeichen“ postu-

---

[770] *Kaser*, AcP 143 (1937) 1, 5 ff.; *Falck*, Das Geld und seine Sonderstellung im Sachenrecht

liert, das die sachenrechtlichen Vorgaben zugunsten der geldrechtlichen Bedürfnisse abänderte. Bei Max Kaser heißt es, die Anknüpfung des Vindikationsanspruchs an das Eigentum sei in Bezug auf Geld „bare Willkür“[771]. Kaser möchte statt dessen Geld nicht mehr als Geldstück, sondern als Geldwert erfassen.[772] Den Rechtsrahmen für die Übertragung des Geldes sollen die Besitzvorschriften bilden.[773] Eine rechtsgeschäftliche Einigung mit allen ihren Wirksamkeitsvoraussetzungen sei nicht mehr erforderlich. Beispielsweise genüge statt der Geschäftsfähigkeit die natürliche Willensfähigkeit. Seine Vorschläge stuft Kaser aber als mit der *lex lata* als nicht vereinbar ein und will sie allein rechtspolitisch verstanden wissen.[774] Als Auslegung des geltenden Sachenrechts ordnet hingegen Spiros Simitis seine „Bemerkungen zur rechtlichen Sonderstellung des Geldes“ ein. Geld sei „kein taugliches Objekt der Eigentumsordnung in ihrer gegenwärtigen, auf körperliche Gegenstände beschränkten Form“[775]. Die sachenrechtlichen Ansprüche seien durch den Geldbetrag, nicht durch das Geldstück determiniert. Simitis geht von einer Betrags- oder Wertvindikation aus, die durch ein weitreichendes Surrogationsprinzip zu ergänzen sei.[776] Bei einer Weiterverwendung des Geldes sei der Geldinhaber auf diese Weise zu schützen. Auch die Aufhebung einer Geldvermengung sei als Betragsteilung aufzufassen und nicht durch Rückgabe einzelner Sachen zu bewerkstelligen.[777] Der Gedanke der Wertvindikation geht dabei zurück auf Harry Westermann.[778]

Die vorstehend im Überblick dargestellte, in sich keinesfalls homogene Meinungsgruppe hat sich zu Recht nicht durchzusetzen vermocht. Die überwiegende Auffassung lehnt eine – letztlich rechtsfortbildende – Umschreibung des geltenden Sachenrechts nach geldrechtlichen Vorgaben ab.[779] Das Sachenrecht ist – *nomen est omen* – das dingliche Zuordnungsrecht der körperlichen Gegenstände. Zu seinen Grundprinzipien, die sich aus der gesetzlichen Systema-

---

(1960); *Simitis*, AcP 159 (1960) 406, 454 ff.; *Pulvermüller*, Rechtsnatur und Behandlung des privatrechtlichen Geldanspruchs (1974), S. 65 ff.

[771] *Kaser*, AcP 143 (1937) 1, 5.

[772] *Kaser*, AcP 143 (1937) 1, 10.

[773] *Kaser*, AcP 143 (1937) 1, 12 ff.

[774] *Kaser*, AcP 143 (1937) 1, 5 f.

[775] *Simitis*, AcP 159 (1960) 406, 456.

[776] *Simitis*, AcP 159 (1960) 406, 460 f.; dem folgend *Pulvermüller*, Rechtsnatur und Behandlung des privatrechtlichen Geldanspruchs (1974), S. 133 ff.

[777] *Simitis*, AcP 159 (1960) 406, 462.

[778] *H. Westermann*, Sachenrecht (5. Auflage 1966), § 30 V; ebenso *Falcke*, Geld – Wert oder Sache? (1951), S. 15 f., 51 ff.; *Eichler*, Institutionen des Sachenrechts (1954), S. 84 f.; *Simitis*, AcP 159 (1960) 406, 460.

[779] *Reinhardt*, in: Festschrift für Gustav Boehmer (1954), S. 60, 77 ff., 94 f.; *Falck*, Das Geld und seine Sonderstellung im Sachenrecht (1960), insbesondere S. 204 f.; *Häde*, Geldzeichen im Recht der Bundesrepublik Deutschland (1991), S. 111 ff.; *K. Schmidt*, in: Staudinger, BGB (1997), Vorbem B8 zu §§ 244 ff.; *Gursky*, in: Staudinger, BGB (2012), § 985 Rn. 90; *Baldus*, in: MünchKomm BGB (6. Auflage 2013), § 985 Rn. 41.

tik ergeben, gehört der Bestimmtheitsgrundsatz, dem zufolge dingliche Rechte nur an bestimmten einzelnen Sachen bestehen können.[780] Der „Durchgriff" auf den „hinter dem Gegenstand" befindlichen Wert ist damit nicht in Einklang zu bringen.[781] Der gesetzgeberische Wille, auch das Geld dem allgemeinen sachenrechtlichen Regelungsrahmen zu unterwerfen, kommt hinreichend deutlich in den §§ 935 Abs. 2, 1006 Abs. 1 Satz 2, 1007 Abs. 2 Satz 2 BGB,[782] aber auch in §§ 978 Abs. 3 Satz 1, 981 Abs. 2 Satz 2 BGB zum Ausdruck. Aus besagten partiellen Ausnahmeregelungen lässt sich im Umkehrschluss folgern, dass „Geld" ansonsten durchaus in den Anwendungsbereich der sachenrechtlichen Regelungen fällt. Trotz aller Entmaterialisierungstendenzen in der Praxis des Zahlungsverkehrs und den Effizienzvorteilen von Buchgeldtransfers bieten die sachenrechtlichen Regelungen auch Vorteile etwa im Bereich des Verkehrsschutzes. Aus den Besonderheiten des Geldes können daher lediglich Schlüsse für die sachgerechte Anwendung einzelner sachenrechtlicher Vorschriften abgeleitet werden, die sich jedoch im Rahmen des geltenden Rechts bewegen muss. Es handelt sich um Normanwendungsprobleme.[783]

II. Die „materialistische" Behandlung des Bargeldes im Sachenrecht

1. Bargeld als vertretbare bewegliche Sache

Das Sachenrecht ist die Domäne des Geldes im konkreten Sinne. Geldzeichen in der Gestalt von Münzen und Banknoten sind körperliche Gegenstände und damit Sachen im Sinne von § 90 BGB.[784] Systematisch kann dies allerdings nur eingeschränkt aus § 607 Abs. 2 BGB gefolgert werden, da der darlehensrechtliche Geldbegriff umfassender ist und auch das Buchgeld umfasst.[785] Vielmehr folgt diese Charakterisierung unmittelbar aus § 90 BGB. Geldzeichen sind zudem als vertretbare Sachen nach § 91 BGB einzustufen.[786] Systematisch lässt sich dies

780 Statt aller *Baur/Stürner*, Sachenrecht (18. Auflage 2009), § 4 Rn. 17; *Seiler*, in: Staudinger, BGB (2012), Einl 54 f. zum SachenR.

781 *K. Schmidt*, in: Staudinger, BGB (1997), Vorbem B8 zu §§ 244 ff.

782 *Kaser*, AcP 143 (1937) 1, 6.

783 *K. Schmidt*, in: Staudinger, BGB (1997), Vorbem B8 zu §§ 244 ff.; zustimmend (auf Grundlage der Vorauflage) *Häde*, Geldzeichen im Recht der Bundesrepublik Deutschland (1991), S. 112.

784 BGH NJW 1990, 1913; OLG Saarbrücken NJW 1976, 65; OLG Düsseldorf NJW 1988, 1335, 1336; *Fülbier*, NJW 1990, 2797; *Häde*, Geldzeichen im Recht der Bundesrepublik Deutschland (1991), S. 111; *ders.*, KTS 1991, 365; *Stresemann*, in: MünchKomm BGB (6. Auflage 2012), § 90 Rn. 21.

785 Anders noch *Fülbier*, NJW 1990, 2797 und *Häde*, Geldzeichen im Recht der Bundesrepublik Deutschland (1991), S. 111 zu § 607 Abs. 1 BGB a.F. („Geld oder andere vertretbare Sachen").

786 *Wieacker*, AcP 148 (1943) 57, 71 f.; *Wolf*, Lehrbuch des Schuldrechts (1978), § 4 D II a;

aus § 783 Halbsatz 1 BGB ableiten („Geld ... oder andere vertretbare Sachen"). Die von Pulvermüller[787] vorgebrachte Kritik, Geldeinheiten seien – mit Ausnahme der kleinsten – im Gegensatz zu vertretbaren Sachen stets unterteilbar und damit durch kleinere Stücke ersetzbar, dringt nicht durch. Maßgeblich für den Begriff der vertretbaren Sache sind das Fehlen von Individualisierungsmerkmalen und die daraus folgende Austauschbarkeit untereinander.[788] Pulvermüller legt diese Kriterien zu eng aus, denn nach den allgemeinen Geldfunktionen kommt es (in Bezug auf das Geld einer bestimmten Währung) allein auf die nominale Messgröße und damit auf die „Zahl" im Sinne von § 91 BGB an. Die unterschiedliche Stückelung der Banknoten und Münzen ist *de iure* wie *de facto* unerheblich. Gleiches gilt auch für die Seriennummer der Banknoten.[789] Wegen ihrer Funktion als Tauschmittel sind Geldzeichen zudem verbrauchbare Sachen im Sinne von § 92 Abs. 1 Alt. 2 BGB.[790]

2. Die Unterwerfung des Bargeldes unter den Spezialitätsgrundsatz

An Geldzeichen kann Eigentum im Sinne von § 903 Satz 1 BGB bestehen.[791] Ein davon – auch nur gedanklich – zu trennender Inhaber des Geldzeichens als abstraktem Wertträger existiert nicht. Die (originäre) Verfügungsbefugnis über die Geldzeichen steht einzig und allein ihrem Eigentümer zu. Der Eigentümer darf die Geldzeichen insbesondere übereignen, verpfänden oder auch vernichten (§ 903 Satz 1 BGB). Umgekehrt ist sein Eigentum materiell-rechtlich entscheidend für die Pfändung im Rahmen der Zwangsvollstreckung nach §§ 808 f., 815 ZPO. Zugunsten des Besitzers von Geldzeichen gilt die Eigentumserwerbsvermutung des § 1006 BGB.[792] In Erweiterung des allgemeinen Anwendungsbereichs gilt § 1006 Abs. 1 BGB für Geldzeichen auch gegenüber einem solchen früheren Besitzer, dem die Sache abhanden gekommen war (§ 1006 Abs. 1 Satz 2 Halbsatz 2 BGB).

Häde, Geldzeichen im Recht der Bundesrepublik Deutschland (1991), S. 111; *ders.*, KTS 1991, 365 m.w.N.

[787] *Pulvermüller*, Rechtsnatur und Behandlung des privatrechtlichen Geldanspruchs (1974), S. 86 ff.

[788] BGH NJW 1985, 2403 m.w.N.

[789] *Wolff*, in: *Ehrenberg* (Hrsg.), Handbuch des gesamten Handelsrechts, Band 4/1 (1917), S. 563, 625; *Wolf*, Lehrbuch des Schuldrechts (1978), § 4 D II a; *Häde*, Geldzeichen im Recht der Bundesrepublik Deutschland (1991), S. 111.

[790] Mot. III, S. 35; *Wolff*, in: *Ehrenberg* (Hrsg.), Handbuch des gesamten Handelsrechts, Band 4/1 (1917), S. 563, 628; *Häde*, Geldzeichen im Recht der Bundesrepublik Deutschland (1991), S. 111 f.; *Stresemann*, in: MünchKomm BGB (6. Auflage 2012), § 92 Rn. 4; *Jickeli/Stieper*, in: Staudinger, BGB (2012), § 92 Rn. 2.

[791] *Häde*, Geldzeichen im Recht der Bundesrepublik Deutschland (1991), S. 112.

[792] VGH München NVwZ-RR 2012, 686, 687; *Häde*, Geldzeichen im Recht der Bundesrepublik Deutschland (1991), S. 112; *Söllner*, NJW 2009, 3339, 3340.

Trotz dieser Unterwerfung der Geldzeichen unter das allgemeine Rechtsgewand des Sacheigentums und damit auch des Spezialitätsgrundsatzes ist verschiedentlich versucht worden, ihrem Charakter als abstraktem Wertträger einen Vorrang einzuräumen und in bestimmten Fällen eine dingliche Surrogation zuzulassen.[793] Diese Lehre von den „vermögensrechtlich neutral[en]"[794] Geldzeichen ist mit dem geltenden Sachenrecht nicht vereinbar.[795] Sowohl dem Schuld- als auch dem Sachenrecht ist ein allgemeines Surrogationsprinzip fremd.[796] Eine solche Ersetzung mit dinglicher Wirkung findet lediglich in den gesetzlich geregelten Ausnahmefällen (z.B. §§ 1048 Abs. 1 Satz 2 Halbsatz 2, 1247 Satz 2, 1287 Satz 1, 1473 Abs. 1, 1646, 2019 Abs. 1 BGB) statt. Aus der Existenz dieser Spezialanordnungen lässt sich bereits systematisch ein allgemeines Surrogationsprinzip ablehnen. Der Gesetzgeber hat neben § 935 Abs. 2 BGB keine weiteren sachenrechtlichen Sondervorschriften für die Verfügung über Geldzeichen vorgesehen. Zudem muss derjenige, der die Vorteile der Eigentumsordnung – wie beispielsweise den Verkehrsschutz durch gutgläubigen Erwerb – in Anspruch nehmen möchte, auch die (vermeintlichen) Nachteile – in diesem Fall die „Geldfunktionsblindheit" des Spezialitätsgrundsatzes – akzeptieren.

In der Konsequenz der nicht bestehenden dinglichen Surrogation an Geldzeichen liegt es, dass auch mit fremdem Geld erworbene Güter nicht *ipso iure* dem Geldeigentümer dinglich zustehen.[797] Eigentümer wird nach §§ 929 ff. BGB grundsätzlich derjenige, der mit fremdem Geld erwirbt. Das Trennungs- und Abstraktionsprinzip bleibt durch die Besonderheiten des Geldzeicheneigentums unberührt. Selbst eine ungenügende schuldrechtliche Erfüllung wirkt sich grundsätzlich weder auf den Inhalt noch die Wirksamkeit des dinglichen Gegenleistungsakts aus. Zudem zeigt die den Gutglaubensschutz erweiternde Vorschrift des § 935 Abs. 2 BGB die eindeutige gesetzliche Wertung, dass bei Geldzeichen das Bestandsinteresse des Eigentümers in umfangreichem Maße hinter das Verkehrsinteresse zurücktreten muss. Ein Fortbestehen des Geldzeicheneigentums als Gütereigentum führte zu einer Bevorzugung des Geldzeicheneigentümers, die der von § 935 Abs. 2 BGB anerkannten erhöhten Ver-

---

[793] *Simitis*, AcP 159 (1960) 406, 461; *Falck*, Das Geld und seine Sonderstellung im Sachenrecht (1960), S. 164 ff.; *Gehrlein*, NJW 2010, 3543, 3544; ebenso wohl auch *Wolff*, in: *Ehrenberg* (Hrsg.), Handbuch des gesamten Handelsrechts, Band 4/1 (1917), S. 563, 626 f.; lediglich *de lege ferenda* befürwortend *Reinhardt*, in: Festschrift für Gustav Boehmer (1954), S. 60, 91 ff.

[794] *Gehrlein*, NJW 2010, 3543, 3544.

[795] *K. Schmidt*, in: Staudinger, BGB (1997), Vorbem B10, B19 zu §§ 244 ff. m.w.N.

[796] BGHZ 22, 357, 359; BGHZ 33, 66, 71 f. (zum Erbrecht); *Bollenberger*, Das stellvertretende Commodum (1999), S. 92 ff. (zu § 285 BGB); *Martinek/Omlor*, JZ 2008, 413, 414.

[797] *K. Schmidt*, in: Staudinger, BGB (1997), Vorbem B10 zu §§ 244 ff.; a.A. *Simitis*, AcP 159 (1960) 406, 461; ebenso *de lege ferenda Reinhardt*, in: Festschrift für Gustav Boehmer (1954), S. 60, 92.

kehrsfähigkeit der Geldzeichen zuwiderliefe. Schließlich hätte eine derartige Außerkraftsetzung der §§ 929 ff. BGB bei Verwendung fremden Geldes zur Folge, dass grundsätzlich (vgl. § 362 Abs. 2 BGB) auf schuldrechtlicher Ebene keine Erfüllung einträte, obwohl der Verkäufer seine Gegenleistung erbracht hätte. Der Verkäufer wäre daher entgegen der Wertung des § 935 Abs. 2 BGB mit dem Risiko belastet, ob die erhaltenen Geldzeichen dem Käufer gehören oder nicht.

B. Erwerb und Verlust des Geldeigentums

I. Rechtsgeschäftliche Eigentumsübertragung

Das Eigentum an Geldzeichen wird grundsätzlich nach den allgemein für bewegliche Sachen geltenden Vorschriften übertragen. Die rechtsgeschäftliche Singularsukzession in Geldzeichen richtet sich nach den §§ 929 ff. BGB.[798] Ein gutgläubiger Erwerb ist nach Maßgabe der §§ 932 ff., 935 Abs. 2 BGB eröffnet.[799] Dabei müssen die zu übereignenden Geldzeichen hinreichend bestimmt sein.[800] Der erweiterte Verkehrsschutz des § 935 Abs. 2 BGB kommt Sammlermünzen allerdings nur zu, sofern sie die Eignung und Bestimmung zum Umlauf im öffentlichen Zahlungsverkehr aufweisen.[801] Die §§ 413, 398 ff. BGB finden keine Anwendung, da kein unkörperliches „(Wert-)Recht" übertragen wird, sondern das Eigentum an beweglichen Sachen. Eine Eigentumsübertragung nach § 929 Satz 1 BGB durch Einigung und Übergabe erfolgt auch bei der Einbeziehung von Automaten. Die Eingabe von Geldzeichen in einen Automaten beinhaltet eine durch die ordnungsgemäße Erbringung der Gegenleistung aufschiebend bedingtes Übereignungsangebot des Nutzers, welches antizipiert durch Aufstellen des Automaten angenommen wurde.[802] Bei der Ausgabe von Geldzeichen an einem Geldautomaten ergibt sich aus der Interessenlage von kartenausgebendem Zahlungsdienstleister und Karteninhaber, dass eine Einigung zur Eigentumsübertragung nur mit dem berechtigten Nutzer der Zahlungskarte zustande kommt.[803] Unberechtigt ist auch die Bargeldabhebung mit der zutreffenden Geheimzahl, sofern die Karte zuvor abhanden gekommen war. Die konkludente Übereignungserklärung der Bank ist aus dem objektiven Empfängerhorizont entsprechend auszulegen. Zwar ist die Reichweite des dadurch

---

[798] BGH NJW 1990, 1913; BGH NJW 2010, 3578 Rn. 12; *Pikart*, WM 1980, 510, 513; *Häde*, Geldzeichen im Recht der Bundesrepublik Deutschland (1991), S. 113.
[799] *Falck*, Das Geld und seine Sonderstellung im Sachenrecht (1960), S. 29 f.
[800] *Pikart*, WM 1980, 510, 513.
[801] BGH NJW 2013, 2888 Rn. 7 ff.
[802] OLG Düsseldorf NJW 1988, 1335, 1336.
[803] BGH NJW 1988, 979, 980 f.

erzielten Schutzes gering, da es praktisch nicht selten aussichtslos ist, das Eigentum an den Geldzeichen geltend zu machen. Auch ist die Verkehrsfähigkeit der Geldzeichen durch § 935 Abs. 2 BGB eine gesteigerte. Allerdings bestehen Haftungsrisiken sowohl für den Kartenemittenten (vgl. § 675u Satz 1 BGB) als auch für den Karteninhaber (vgl. § 675y BGB). Um beide Seiten durch möglichst valide Ansprüche gegen den missbrauchenden Dritten abzusichern, ist eine Eigentumsübertragung nur an den berechtigten Kartennutzer intendiert.

II. Gesetzlicher Eigentumserwerb

Das Eigentum an Geldzeichen kann auch auf Grundlage eines gesetzlichen Eigentumserwerbs erlangt werden. Dogmatisch ohne besondere Brisanz stellen sich die Erwerbstatbestände der erbrechtlichen Universalsukzession (§ 1922 Abs. 1 BGB), der Aneignung herrenloser Geldzeichen (§ 958 Abs. 1 BGB), des Fundes (§ 973 Abs. 1 BGB) und des Schatzfundes (§ 984 BGB) dar.[804] Darüber hinaus kann Miteigentum an Geldzeichen auch nach §§ 948 Abs. 1, 947 Abs. 1 BGB durch Vermengung begründet werden.[805] Eine solche Vermengung liegt nur vor, wenn gleichartige Geldzeichen – d.h. mit identischem Nennbetrag – untrennbar vermengt werden. Die individuelle Eigentumszuordnung bleibt hingegen bestehen, sofern unterschiedliche Stücke vermengt werden, wie es beispielsweise bei einem 5 Euro-Schein der Fall ist, der einem Bündel mit 10 Euro-Scheinen hinzugefügt wird. In einer solchen Konstellation ist eine Trennung objektiv möglich.

Nicht anzuwenden auf Geldzeichen ist demgegenüber die Vorschrift des § 947 Abs. 2 BGB, wonach Alleineigentum des Eigentümers einer Hauptsache entsteht.[806] Ansonsten wäre der Alleineigentümer im Insolvenzfall entgegen den Grundgedanken der gesetzlichen Regelung unangemessen bevorzugt, da dem (bisherigen) Eigentümer der anderen vermengten Geldzeichen kein Aussonderungsanspruch zustünde.[807] Auch ließe sich kein generalisierbarer Grenzwert finden, ab welchem eine Hauptsache anzunehmen wäre.[808] Das Wertverhältnis selbst ist irrelevant, da für das Vorliegen einer Hauptsache allein auf die Verkehrsauffassung abzustellen ist.[809] Danach liegt eine Hauptsache vor, wenn

---

[804] *Häde*, Geldzeichen im Recht der Bundesrepublik Deutschland (1991), S. 113.

[805] OLG Celle NJW 1974, 1833; LG Köln NJW-RR 1991, 868.

[806] BGH NJW 2010, 3578 Rn. 13; *Falcke*, Geld – Wert oder Sache? (1951), S. 44 f.; *Falck*, Das Geld und seine Sonderstellung im Sachenrecht (1960), S. 46 ff.; *Gehrlein*, NJW 2010, 3543; a.A. OLG Frankfurt NJW-RR 1987, 310, 311; LG Köln NJW-RR 1991, 868; *Goldberger*, SeuffBl. 72 (1907) 633, 635 f.; *Medicus*, JuS 1983, 897, 899 f.; *Häde*, Geldzeichen im Recht der Bundesrepublik Deutschland (1991), S. 116.

[807] BGH NJW 2010, 3578 Rn. 13.

[808] *Gehrlein*, NJW 2010, 3543.

[809] BGHZ 20, 159, 163.

die übrigen Bestandteile fehlen könnten, ohne dass es zu einer Beeinträchtigung des Wesens der Gesamtsache käme.[810] Diese Voraussetzung kann bei Geldzeichen ihrer Natur nach nicht vorliegen: *„money has no earmark"*. Bei unstreitiger Höhe der Miteigentumsanteile steht jedem Miteigentümer anstelle eines Auseinandersetzungsanspruchs nach § 749 BGB ein einseitiges Teilungsrecht in Höhe seines Anteils in rechtsgedanklicher Anlehnung an § 469 Abs. 3 HGB[811] bzw. nach Treu und Glauben mit Rücksicht auf die Verkehrsanschauung[812] zu. Einer Zustimmung der Miteigentümer bedarf es hierzu nicht.[813]

III. Einzelfälle

1. Wechsel von Bargeld

Das Wechseln von Bargeld erfolgt nach Maßgabe der allgemeinen Rechtsgeschäftslehre und der §§ 929 ff. BGB.[814] Die Geldauswechslung ist kein Realakt,[815] sondern untergliedert sich schuldrechtlich – bei identischer Währung – in einen Tauschvertrag[816] und dinglich in zwei Übereignungsvorgänge von Geldzeichen. Die gegenseitigen Übereignungen sind typischerweise durch aufschiebende Bedingungen (§ 158 Abs. 1 BGB) miteinander verknüpft.[817] Den von Martin Wolff[818] vorgebrachten Bedenken ist auf Normanwendungsebene zu begegnen.[819] Wechselt ein Minderjähriger einen 10 Euro-Schein gegen zwei 5-Euro-Scheine, so erleidet er durch Eigentumsverlust zwar einen rechtlichen Nachteil im Sinne des § 107 BGB. Die Norm ist jedoch teleologisch zu reduzieren, da sie nicht auf die Besonderheiten von Geldzeichen zugeschnitten ist.[820] Rechtsunsicherheiten durch eine solche – ansonsten unzulässige – wirtschaftliche Betrachtung entstehen wegen der fehlenden Individualität der gewechsel-

---

[810] BGHZ 20, 159, 163.

[811] *Gehrlein*, NJW 2010, 3543 m.w.N.

[812] *Falck*, Das Geld und seine Sonderstellung im Sachenrecht (1960), S. 39 f.

[813] *Falck*, Das Geld und seine Sonderstellung im Sachenrecht (1960), S. 40.

[814] *Pulvermüller*, Rechtsnatur und Behandlung des privatrechtlichen Geldanspruchs (1974), S. 206 f.; *Häde*, Geldzeichen im Recht der Bundesrepublik Deutschland (1991), S. 116; a.A. *Wolff*, in: *Ehrenberg* (Hrsg.), Handbuch des gesamten Handelsrechts, Band 4/1 (1917), S. 563, 626 f.; *Simitis*, AcP 159 (1960) 406, 461.

[815] *Pulvermüller*, Rechtsnatur und Behandlung des privatrechtlichen Geldanspruchs (1974), S. 205; *Gehrlein*, NJW 2010, 3543, 3544.

[816] *Falck*, Das Geld und seine Sonderstellung im Sachenrecht (1960), S. 60; *Pulvermüller*, Rechtsnatur und Behandlung des privatrechtlichen Geldanspruchs (1974), S. 206.

[817] OLG Saarbrücken NJW 1976, 65, 66; *K. Schmidt*, in: Staudinger, BGB (1997), Vorbem B15 zu §§ 244 ff. m.w.N.

[818] *Wolff*, in: *Ehrenberg* (Hrsg.), Handbuch des gesamten Handelsrechts, Band 4/1 (1917), S. 563, 626 f.

[819] Ähnlich *K. Schmidt*, in: Staudinger, BGB (1997), Vorbem B15 zu §§ 244 ff.

[820] I.E. ebenso *Pulvermüller*, Rechtsnatur und Behandlung des privatrechtlichen Geldanspruchs (1974), S. 207.

ten Geldzeichen nicht. Eine solche teleologische Reduktion ist auch bei § 181 BGB geboten, denn ein Interessenkonflikt des Vertreters ist nach dem Wesen des Geschäfts *per se* ausgeschlossen.[821] Aus diesem Grund findet auch § 1795 Nr. 1 BGB keine Anwendung bei einer Vertretung des Mündels durch den Vormund. Die Problemlösung setzt daher nicht einen Systembruch im geltenden Sachenrecht durch Einführung einer gesetzlich nicht normierten dinglichen Surrogation voraus.

Einen Sonderfall bildet das Geldwechseln zwischen verschiedenen Währungen. Dabei handelt es sich nicht um einen Tausch-, sondern um einen Kaufvertrag.[822] Sowohl beim seltenen Stückkauf als auch beim Gattungskauf begründet die Lieferung von Falschgeld Gewährleistungsansprüche nach § 437 BGB, sofern eine notwendige Tilgungsbestimmung durch den Verkäufer abgegeben wurde.[823] Eine Nichterfüllung ist nur dann anzunehmen, wenn die Falschgeldlieferung erkennbar nicht Erfüllungszwecken dienen sollte. Liegt ein Mangel vor, so besteht der Anspruch auf Übereignung von gültigen Zahlungsmitteln nur noch als modifizierter Erfüllungsanspruch in Gestalt des Nacherfüllungsanspruchs (§§ 437 Nr. 1, 439 BGB) fort.[824] Erst die regelmäßig erforderliche Fristsetzung eröffnet einen Rücktritt und den Anspruch auf Schadensersatz statt der Leistung (§§ 437 Nr. 2 und 3, 281, 323, 440 BGB).

Die allgemeinen Regeln zum Geldwechsel finden auch dann uneingeschränkt Anwendung, wenn in einer zur Verwaltung von Bareinnahmen bestimmten Kasse eine Auswechslung von Geldzeichen erfolgt, die zwar den Gesamtwert des Bargeldbestands steigert, aber die Entnahme einzelner Geldzeichen erfordert. Eine solche Konstellation liegt stets dann vor, wenn ein Geldzeichen mit einem höheren Nennbetrag als dem Zahlbetrag übereignet wird und in der Folge eine Rückzahlung der Differenz erfolgt. Eine dingliche Surrogation findet auch dann nicht statt, wenn an dem vorherigen Barbestand nach §§ 948 Abs. 1, 947 Abs. 1 BGB Miteigentum bestand.[825] Befinden sich beispielsweise in einer Kasse zehn 100 Euro-Scheine, die zu 1/10 dem A und zu 9/10 dem Kasseninhaber B gehören, so führt die Auswechselung eines 100 Euro-Scheins gegen einen 200 Euro-Schein zu einer Beschränkung des Miteigentums auf die verbliebenen neun 100 Euro-Scheine. Der neue 200 Euro-Schein steht dem Kasseninhaber zu Alleineigentum zu. Im Hinblick auf den aus der Kasse genommenen 100 Euro-Schein kann A gegen B einen Bereicherungsausgleich nach § 816 Abs. 1 BGB geltend machen. Zwar benachteiligt diese schuldrechtliche Rechts-

---

821 Vgl. allgemein BGHZ 56, 97, 102 f.

822 *Pulvermüller*, Rechtsnatur und Behandlung des privatrechtlichen Geldanspruchs (1974), S. 207 f.; *K. Schmidt*, in: Staudinger, BGB (1997), Vorbem B15 zu §§ 244 ff.

823 Vgl. allgemein zu § 434 Abs. 3 Alt. 1 BGB *H. P. Westermann*, in: MünchKomm BGB (6. Auflage 2012), § 434 Rn. 45 ff. m.w.N.

824 Vgl. allgemein BGHZ 189, 196 Rn. 49.

825 A.A. *Gehrlein*, NJW 2010, 3543, 3544.

folge den Miteigentümer A in Zwangsvollstreckung und Insolvenz, jedoch fehlt es an einer gesetzlichen Anordnung für eine dingliche Surrogation in solchen Fällen. Etwaige Praktikabilitätsdefizite durch Schwierigkeiten bei der Miteigentumsberechnung vermögen die *lex lata* nicht abzuändern.[826]

2. Wechsel zwischen Sach- und Buchgeld

Die Umwandlung von Sachgeld in Buchgeld (und umgekehrt) ist kein normativ eigenständig und einheitlich geregelter Vorgang, sondern in seinen technischen Einzelschritten zu betrachten. Die Überführung von Sachgeld in Buchgeld beinhaltet eine Einzahlung von Geldzeichen bei einem Zahlungsdienstleister. Dabei findet eine Übertragung des Eigentums an den Geldzeichen nach §§ 929 ff. BGB auf den Zahlungsdienstleister statt. Auch ein gutgläubiger Eigentumserwerb nach §§ 932 ff., 935 Abs. 2 BGB ist möglich.[827] Die fehlende Berechtigung des Einzahlers kann auch durch eine Genehmigung nach § 185 Abs. 1 BGB überwunden werden.[828] Infolge der Einzahlung erwirbt der Inhaber des Zahlungskontos ein entsprechendes Guthaben in Form einer Forderung gegen seinen Zahlungsdienstleister. Hierfür sind besondere Wertstellungsfristen (vgl. § 675t Abs. 2 BGB) zu beachten. Das Guthaben wird dabei nicht vom (früheren) Eigentümer der Geldzeichen, sondern vom Kontoinhaber, der zumeist auch der Einzahler ist, erworben.[829] Dem (früheren) Eigentümer steht lediglich aus § 816 Abs. 1 BGB ein Anspruch auf Abtretung der Guthabenforderung, nicht aber aus § 985 BGB zu.[830] Eine dingliche Surrogation erfolgt ebenso wenig wie eine Wertvindikation; dem stünde schon das schützenswerte Interesse der Beteiligten des bargeldlosen Zahlungsverkehrs an einer eindeutigen Zuordnung von Guthaben entgegen.[831] Bei der Auszahlung von Bargeld von einem Zahlungskonto, d.h. der Umwandlung von Buch- in Sachgeld, findet sachenrechtlich eine Übereignung der Geldzeichen nach §§ 929 ff. BGB statt. Dem liegt ein Zahlungsauftrag des Kontoinhabers im Sinne von § 675f Abs. 3 Satz 2 BGB zugrunde. Auch bei der Bargeldabhebung am Geldautomaten (GAA) mittels Debitkarte erteilt der Karteninhaber seinem Zahlungsdienstleister einen Zahlungsauftrag, aufgrund dessen sodann die Auszahlung erfolgt.[832] Der Zahlungsdienstleister des Karteninhabers erwirbt infolge der Auszahlung einen Aufwendungsersatzanspruch nach §§ 675c Abs. 1, 670 BGB.

---

826 A.A. *Goldberger*, SeuffBl. 72 (1907) 633, 635; *Medicus*, JuS 1983, 897, 899 f.

827 BGHZ 58, 257, 258; bestätigt durch BGH NJW 2010, 3578 Rn. 14.

828 BGH NJW 2010, 3578 Rn. 14.

829 BGHZ 21, 148, 150; zustimmend *Liesecke*, WM 1975, 214, 217.

830 *Liesecke*, WM 1975, 214, 217.

831 Ähnlich *Falck*, Das Geld und seine Sonderstellung im Sachenrecht (1960), S. 190 ff.

832 *Omlor*, in: Staudinger, BGB (2012), Vorbem 199 zu §§ 675c-676c.

C. Dingliche Ansprüche aus dem Geldeigentum

I. Geldzeichenvindiktion

Dem Geldeigentümer steht gegen den nicht berechtigten Besitzer der Geldzeichen der Vindikationsanspruch aus § 985 BGB zu, da Geldzeichen bewegliche Sachen sind. Tauscht der Besitzer die fremden Geldzeichen in andere Stücke um, so erlischt der Herausgabeanspruch gegen ihn. Als Anspruchsgegner kommt, vorbehaltlich eines gutgläubigen Erwerbs, allein der neue Erwerber der abgegebenen Geldzeichen in Betracht. Auch wenn das Sachgeld durch Einzahlung auf ein Zahlungskonto in Buchgeld umgewandelt wird, entfällt der Vindikationsanspruch des früheren Eigentümers gegen den Einzahler. Dem ursprünglichen Eigentümer bleiben nur schuldrechtliche Ausgleichsansprüche (z.B. aus § 816 Abs. 1 BGB). Bei einer Vermengung von Geldzeichen richtet sich die Rechtsstellung des ursprünglichen Alleineigentümers nach §§ 948 Abs. 1, 947 Abs. 1 BGB, so dass kein Anspruch auf Herausgabe des Geldwerts besteht.

Anspruchsgegenstand des § 985 BGB ist stets das konkrete Geldzeichen als bewegliche Sache.[833] Dennoch ist dem Vindikationsschuldner regelmäßig die Befugnis zuzuerkennen, anstelle der Herausgabe der konkreten Geldzeichen Buchgeld in entsprechender Höhe herauszugeben.[834] Wegen der hohen Vertretbarkeit von Bargeld und der funktionalen Gleichwertigkeit von Buchgeld setzt sich das Bargeld insofern im Buchgeld fort.[835] Dabei handelt es sich allerdings um eine Leistung an Erfüllungs statt nach § 364 Abs. 1 BGB,[836] welche grundsätzlich an eine Erfüllungsvereinbarung der Parteien geknüpft ist. Nach Treu und Glauben und unter Berücksichtigung der Verkehrsanschauung vermag sich der Vindikationsgläubiger jedoch regelmäßig nicht auf das Erfordernis einer Erfüllungsvereinbarung zu berufen. Bar- und Buchgeld sind funktionell gleichwertig. Eine Ausnahme muss jedoch dann gelten, wenn der Vindikationsgläubiger ein besonderes Interesse an der Erlangung der spezifischen Stücke nachweist. Das Eigentum des Vindikationsgläubigers an den herauszugebenden Geldzeichen erlischt *ipso iure* mit der Leistung von Buchgeld in entsprechender Höhe. Eine Benachteiligung des Geldeigentümers ist damit typischerweise nicht gegeben. Auch dem Vindikationsgläubiger dürfte zumeist durch die effektivere bargeldlose Abwicklung gedient sein. Diese Erweiterung der Rechtsstellung des Vindikationsschuldners ist methodisch mit § 985 BGB, der von der Herausgabe „der Sache“ spricht, durchaus vereinbar. Die Ersetzungsbefugnis folgt aus dem allgemeinen Erfüllungsrecht, § 364 Abs. 1 BGB, und lässt daher

---

833 Ebenso aus vollstreckungsrechtlicher Sicht *Häde*, KTS 1991, 365, 370.

834 *Falck*, Das Geld und seine Sonderstellung im Sachenrecht (1960), S. 180 ff.

835 *Falck*, Das Geld und seine Sonderstellung im Sachenrecht (1960), S. 182 f.

836 A.A. *Falck*, Das Geld und seine Sonderstellung im Sachenrecht (1960), S. 182 f.

die sachenrechtlichen Grundlagen unberührt. Schließlich wird durch die Zulassung der Erfüllung mit Buchgeld keinesfalls eine „rote Linie“ zur Lehre von der Geldwertvindikation überschritten. Die Voraussetzungen des § 985 BGB bleiben unter Wahrung des Bestimmtheitsgrundsatzes unberührt.

II. Geldwertvindikation?

Gegen diese ganz überwiegende Ansicht[837] zur Geldzeichenvindiktion hat sich eine von Harry Westermann begründete Meinungsgruppe gewandt, die eine Geldwertvindikation (oder Betragsvindikation) annimmt.[838] Auch in Bezug auf die Geldzeichen sei ein Übergang „von der Sache zur Funktion“[839] zu vollziehen, um dem Charakter des Geldes als „Wertrecht“ Geltung zu verschaffen. Solange der Geldwert noch im Vermögen des (früheren) Besitzers der Geldzeichen noch vorhanden sei, solange soll der aus § 985 BGB folgende Anspruch auf Wertherausgabe bestehen. Der Geldinhaber sei vor der „Zufälligkeit des Formwandels“[840] zu schützen. Gegen die herrschende Ansicht wird schließlich angeführt, auch sie verfolge ihre Linie nicht konsequent, da sie eine Aufrechnung gegen einen Anspruch aus § 985 BGB zulasse.[841]

In der Tat besteht ein Spannungsfeld zwischen den nicht an einen körperlichen Gegenstand gebundenen Funktionen des Geldes und der auf Sachen zugeschnittenen Eigentumsordnung für Geldzeichen. Der BGB-Gesetzgeber kannte allerdings diese Konfliktlage und hat dennoch in den §§ 985 ff. BGB keine Spezialregelungen vorgesehen. Ausweislich des Gesetzeswortlauts ist die Vindikation auf Herausgabe „der Sache“ gerichtet, welche in § 90 BGB als körperlicher Gegenstand legaldefiniert wird. Eine Interpretation als Wertherausgabeanspruch ist daher schon mit dem Wortlaut nicht vereinbar. Auch liefe er dem Bestimmtheitsgrundsatz des Sachenrechts zuwider.[842] Die Zulassung der Geldwertvindikation würde überdies den Verwender von Buchgeld gegenüber

---

[837] Statt vieler *Falck*, Das Geld und seine Sonderstellung im Sachenrecht (1960), S. 12 ff., 64; *Pikart*, WM 1980, 510, 514 f.; *Medicus*, JuS 1983, 897, 900; *K. Schmidt*, JuS 1984, 737, 741; *Häde*, Geldzeichen im Recht der Bundesrepublik Deutschland (1991), S. 119, *ders.*, KTS 1991, 365, 371 ff.; *Baldus*, in: MünchKomm BGB (6. Auflage 2013), § 985 Rn. 41, jeweils m.w.N.

[838] *Falcke*, Geld – Wert oder Sache? (1951), S. 15 f., 51 ff.; *Eichler*, Institutionen des Sachenrechts (1954), S. 85; *Simitis*, AcP 159 (1960) 406, 459 ff.; *H. Westermann*, Sachenrecht (5. Auflage 1966), § 30 V; *Pulvermüller*, Rechtsnatur und Behandlung des privatrechtlichen Geldanspruchs (1974), S. 133 ff.; *de lege ferenda* für eine Wertorientierung auch *Kaser*, AcP 143 (1937) 1, 15 ff.

[839] *Simitis*, AcP 159 (1960) 406, 459.

[840] *Simitis*, AcP 159 (1960) 406, 461.

[841] *Simitis*, AcP 159 (1960) 406, 460; *H. Westermann*, Sachenrecht (5. Auflage 1966), § 30 V 3.

[842] *Medicus*, JuS 1983, 897, 899.

der Bargeldzahlung benachteiligen,[843] obwohl verschiedenen Zahlungskarten wie der Universalkreditkarte, der Debitkarte im POS-Verfahren und der Geldkarte eine ausgeprägte Bargeldersatzfunktion zukommt.[844] Bei einer bargeldlosen Zahlung ist der Zahler auf schuldrechtliche Ansprüche beschränkt. Schließlich würde der Geldeigentümer in der Zwangsvollstreckung und Insolvenz wegen der Verdinglichung seines Anspruchs erheblich privilegiert. Darin liegt ein Kernanliegen der Anhänger einer Geldwertvindikation. Allerdings fehlt es für eine solche Bevorzugung gegenüber den Eigentümer sonstiger Sachen an einer gesetzlichen Legitimation. Eine solche ist insbesondere nicht in § 935 Abs. 2 BGB zu finden.[845] Die Vorschrift schwächt gerade die Rechtsstellung des Geldeigentümers gegenüber dem Eigentümer sonstiger beweglicher Sachen. Eine rechtserweiternde Wirkung kann ihr daher nicht zukommen.[846] Auch die Zulassung der Aufrechnung mit einem Anspruch aus § 985 BGB vermag allenfalls zu belegen, dass es in gewissem Umfang ein Bedürfnis für eine Berücksichtigung der Geldfunktionen im Sachenrecht gibt; eine umfassende Neukonzeption des Vindikationsanspruchs setzte hingegen gesetzgeberische Eingriffe voraus. Zusammenfassend ist daher festzuhalten, dass die Geldwertvindikation mit dem geltenden Sachen-, Zwangsvollstreckungs- und Insolvenzrecht nicht in Einklang zu bringen und daher abzulehnen ist.

III. Aufrechnung mit Zahlungsansprüchen

Gegen den Vindikationsanspruch auf Herausgabe von Geldzeichen ist – nach zutreffender überwiegender Ansicht[847] – die Aufrechnung mit einem Geldzahlungsanspruch zulässig. Dem steht nicht entgegen, dass § 387 BGB nur die Aufrechnung von „ihrem Gegenstand nach gleichartig[en]“ Forderungen zulässt. Der Herausgabeanspruch aus § 985 BGB und der Zahlungsanspruch sind durchaus gleichartig im Sinne des § 387 BGB.[848] Ob eine Gleichartigkeit vorliegt, ist nicht formal, sondern nach der Verkehrsanschauung zu bestimmen.[849] Auf die

[843] *Häde*, Geldzeichen im Recht der Bundesrepublik Deutschland (1991), S. 119 m.w.N.

[844] Vgl. *Omlor*, in: Staudinger, BGB (2012), Vorbem 132, 225 zu §§ 675c-676c m.w.N.

[845] *Häde*, Geldzeichen im Recht der Bundesrepublik Deutschland (1991), S. 119.

[846] I.E. ähnlich *Medicus*, JuS 1983, 897, 899.

[847] *Wolff*, in: *Ehrenberg* (Hrsg.), Handbuch des gesamten Handelsrechts, Band 4/1 (1917), S. 563, 627; *Simitis*, AcP 159 (1960) 406, 460; *Pikart*, WM 1980, 510, 515; *Medicus*, JuS 1983, 897, 902 f.; *Häde*, Geldzeichen im Recht der Bundesrepublik Deutschland (1991), S. 120; *K. Schmidt*, in: Staudinger, BGB (1997), Vorbem B12 zu §§ 244 ff.; *Schlüter*, in: MünchKomm BGB (6. Auflage 2012), § 387 Rn. 30; *Baldus*, in: MünchKomm BGB (6. Auflage 2013), § 985 Rn. 112; a.A. OLG Dresden SeuffA 72, 36, 38; vgl. auch RGZ 160, 52, 60.

[848] *Häde*, Geldzeichen im Recht der Bundesrepublik Deutschland (1991), S. 120; *K. Schmidt*, in: Staudinger, BGB (1997), Vorbem B12 zu §§ 244 ff.; *Gursky*, in: Staudinger, BGB (2011), § 387 Rn. 68.

[849] *Gursky*, in: Staudinger, BGB (2011), § 387 Rn. 67.

Rechtsnatur oder den Schuldgrund kommt es nicht an.[850] Bei der Auslegung des Gleichartigkeitserfordernisses ist zudem die *ratio legis* der Aufrechnung einzubeziehen, ein unwirtschaftliches Hin- und Herschieben von Leistungen zu vermeiden. Insofern handelt es sich um ein normatives Tatbestandsmerkmal.[851] Nach der Verkehrsanschauung besteht kein entscheidungserheblicher Unterschied zwischen einem Anspruch auf Aushändigung bestimmter Geldzeichen und einem Anspruch auf Zahlung von Geld.[852] Regelmäßig vermag auch der Vindikationsgläubiger wegen des hohen Grades an Vertretbarkeit von Geldzeichen keine durchgreifenden Schutzinteressen vorzubringen, die eine Herausgabe der konkreten Geldzeichen rechtfertigen könnten.[853] Eine Ausnahme ist nur in den seltenen Fällen anzuerkennen, in denen der Eigentümer ein besonderes Interesse an den spezifischen Geldzeichen aufweist.[854] In Zulassung der Aufrechnung liegt erst nachrangig ein Zugeständnis an die Lehre von der Geldwertvindikation,[855] sondern zuvörderst eine schlichte teleologische Auslegung des § 387 BGB unter Berücksichtigung der Geldfunktionen. Im Unterschied zur Geldwertvindikation werden hierzu keine methodischen Grenzen der Gesetzesauslegung überschritten.

D. Zusammenfassung

Sachgeld unterliegt dem BGB-Sachenrecht, das die einzelnen Geldzeichen unter weitgehender Ausblendung ihrer Geldfunktionen schlicht als bewegliche Sachen erfasst. Die Übertragung von Bargeld folgt den allgemeinen §§ 929 ff. BGB. Eine Zuordnungstrennung zwischen dem körperlichen Gegenstand und seinem Tauschwert ist ausgeschlossen. Eine Wertvindikation findet angesichts des sachenrechtlichen Bestimmtheitsgrundsatzes ebenfalls nicht statt. Nur in eng begrenztem Umfang, z.B. beim Wechseln von Bargeld oder der Aufrechenbarkeit von Geldzeichenvindikations- und Geldzahlungsanspruch, können die Besonderheiten des Geldsachenrechts durch eine geldspezifische Normauslegung Berücksichtigung finden. Buchgeld hingegen entzieht sich weitgehend den geldsachenrechtlichen Vorschriften. Die Übertragung und Herausgabe von Buchgeld geschieht auf der geschäftsbesorgungsrechtlichen Grundlage des Zah-

---

[850] Mot. II, S. 105; RGZ 52, 303, 306; BGHZ 16, 124, 127.

[851] Vgl. *K. Schmidt*, in: Staudinger, BGB (1997), Vorbem B12 zu §§ 244 ff.

[852] *Gernhuber*, Die Erfüllung und ihre Surrogate sowie das Erlöschen der Schuldverhältnisse aus anderen Gründen (2. Auflage 1994), § 12 III 3; zustimmend *Gursky*, in: Staudinger, BGB (2011), § 387 Rn. 68; ähnlich *Häde*, Geldzeichen im Recht der Bundesrepublik Deutschland (1991), S. 120.

[853] *Häde*, Geldzeichen im Recht der Bundesrepublik Deutschland (1991), S. 120.

[854] *Häde*, Geldzeichen im Recht der Bundesrepublik Deutschland (1991), S. 120; zustimmend *K. Schmidt*, in: Staudinger, BGB (1997), Vorbem B12 zu §§ 244 ff.

[855] So aber *K. Schmidt*, in: Staudinger, BGB (1997), Vorbem B12 zu §§ 244 ff.

lungsdiensterechts, nicht aber nach §§ 929 ff. BGB. Dennoch können im Einzelfall je nach bargeldloser Zahlungsmethode aus deren spezifischer Ausgestaltung und Zielsetzung (Bargeldersatzfunktion) rechtsgedankliche Anlehnungen an einzelne sachenrechtliche Regelungen (z.B. § 935 Abs. 2 BGB) geboten sein.

Zweiter Teil:
Die europäisch-supranationale Währungsverfassung

Das Geldprivatrecht existiert nicht isoliert vom öffentlich-rechtlichen Währungsrecht. Zwischen beiden Rechtsgebieten bestehen funktionsnotwendige gegenseitige Bindungen.[1] Offensichtlich werden diese Wechselbeziehungen besonders im Bereich des gesetzlichen Annahmezwangs. Aber auch die privatrechtliche Geldwertproblematik ist durchtränkt von der jeweiligen Ausrichtung des Währungswesens. Die Stabilität oder Instabilität der Währung ist eine ökonomische Tatsache, die vom Währungsrecht beeinflusst wird und durch das Privatrecht bewältigt werden muss. Die deutsche Währungsverfassung[2] ist seit der Einführung des Euro in erster Linie eine supranationale. Ihre materiellen Grundpfeiler entstammen dem europäischen Primärrecht; dort lassen sich zugleich die prozessualen Absicherungen gegen ihre Verletzung verorten. Auch die Stellung als maßgeblicher Akteur der Währungspolitik kommt nicht mehr der Deutschen Bundesbank, sondern der Europäischen Zentralbank zu. Vor diesem Hintergrund stellt sich das Recht des Geldes nicht als rein privatrechtlich erfassbares Rechtsgebiet dar, das zudem im Deutschland des 21. Jahrhunderts prägenden europäisch-supranationalen Einflüssen ausgesetzt ist. Auch das Geldprivatrecht bedarf mithin einer währungsrechtlichen und damit öffentlich-rechtlichen Grundlegung.

Nach einigen definitorischen Vorbemerkungen zum Begriff der Währung (§ 6) werden zunächst der Entstehungsprozess der europäischen Währungsunion in seinen wesentlichen Phasen nachgezeichnet und die maßgeblichen korrespondierenden Rechtsakte dargestellt (§ 7). Daran schließen sich die materiellen Grundprinzipien der Währungsunion mit der Preisstabilität als Leitmotiv an (§ 8). Ein besonderes Augenmerk wird sodann den prozessualen Möglichkeiten gewidmet, gerichtlich unter Beteiligung der Europäischen Zentralbank in Kläger- oder Beklagtenrolle die Einhaltung der primärrechtlichen Grundprinzipien durchzusetzen (§ 9). Abschließend wendet sich der zweite Teil

---

[1] *K. Schmidt*, in: Staudinger, BGB (1997), Vorbem A48 zu §§ 244 ff.; *Kratzmann*, ZfgK 2013, 301, 305.

[2] Vgl. zum Begriff *Herrmann*, Währungshoheit, Währungsverfassung und subjektive Rechte (2010), S. 147.

den Strukturen und Aufgaben sowohl der Europäischen Zentralbank (§ 10) als auch der Deutschen Bundesbank (§ 11) in ihrer Einbindung in das Europäische System der Zentralbanken zu.

§ 6 Grundlagen

A. Der Begriff der Währung

Die Begriffe des Geldes und der Währung stehen sich nicht nur im normativen Kontext (z.B. in Art. 73 Abs. 1 Nr. 4 GG) gegenüber, sondern symbolisieren auch in besonderer Weise das Zusammenspiel von Privatrecht und öffentlichem Recht in monetären Grundfragen unserer Wirtschaftsordnung. Währungsrecht ist öffentliches Recht,[3] während sich namentlich das Recht der Geldschulden als privatrechtlich geordnet darstellt. Insbesondere von wirtschaftswissenschaftlicher Seite wurde dem Währungsbegriff eine besonders hervorstechende Rolle zuerkannt.[4]

I. Begriffsherkunft und -entwicklung

Der Begriff der Währung wurde teilweise etymologisch auf die Gewähr des Staates für den Feingehalt der Münzen zurückgeführt.[5] Mit dem historischen Übergang zu den „chartalen" Zahlungsmitteln, deren Wert nicht an ihren Substanzwert anknüpft, ist der Wahrheitsgehalt dieses sprachlichen Ursprungs entfallen. Nicht selten wurden unter der Währung die unbeschränkten gesetzlichen Zahlungsmittel verstanden.[6] Art. 73 Abs. 1 Nr. 4 GG benennt enumerativ das „Währungs-, Geld- und Münzwesen" als Gegenstände der ausschließlichen Gesetzgebungskompetenz des Bundes. Die staatsrechtliche Literatur geht überwiegend davon aus, der Begriff des Währungsrechts stelle einen Oberbegriff dar, dem sich das Geldrecht unterordnen lasse.[7] Nicht mit hinreichender Deutlichkeit hat sich das Bundesverfassungsgericht im Jahre 1948 geäußert, wonach

---

[3] *K. Schmidt*, in: Staudinger, BGB (1997), Vorbem A48 zu §§ 244 ff. m.w.N.

[4] So z.B. *Helfferich*, Das Geld (6. Auflage 1923), S. 412: „grundlegende[r] Begriff in der modernen Geldverfassung".

[5] *Nussbaum*, Das Geld in Theorie und Praxis des deutschen und ausländischen Rechts (1925), S. 43; *Hahn/Häde*, Währungsrecht (2. Auflage 2010), § 2 Rn. 1; Nachweise bei *Reinhuber*, Grundbegriffe und internationaler Anwendungsbereich von Währungsrecht (1995), S. 5.

[6] *Nussbaum*, Das Geld in Theorie und Praxis des deutschen und ausländischen Rechts (1925), S. 22.

[7] Vgl. die Nachweise bei *Herrmann*, Währungshoheit, Währungsverfassung und subjektive Rechte (2010), S. 73.

das Währungs- *und* Geldwesen „nicht allein die besondere institutionelle Ordnung der Geldrechnung und der in ihr gültigen Zahlungsmittel, sondern auch die tragenden Grundsätze der Währungspolitik“[8] umfasse.

II. Inhaltliche Zweiteilung

Der moderne Währungsbegriff ist ein zweigliedriger. Zum einen bezeichnet Währung die Geldverfassung eines oder mehrerer Staaten, die ein gemeinsames Währungsgebiet formen.[9] Dieser konkrete Währungsbegriff ist auf ein bestimmtes geographisches Gebiet bezogen.[10] Die Währung im konkreten Begriffssinne ist staatlich legitimiert. Dabei muss die staatliche Legitimation nicht allein auf einen einzelnen Staat zurückzuführen sein, sondern kann auch von einer Mehrzahl von Staaten gewährleistet werden. So bilden die Teilnehmerstaaten des Euro als gemeinschaftlicher Währung einen gemeinsamen exklusiven Währungsraum, der keine einzelstaatliche Parallelwährung zuließe. Auch muss ein Staat nicht eine eigene Währung aufweisen, sondern kann sich einer fremden anschließen; eine solche einvernehmliche Fremdwährungsübernahme wird beispielsweise vom Staat Vatikanstadt[11], der Republik San Marino[12] sowie den Fürstentümern Andorra[13] und Monaco[14] hinsichtlich des Euro praktiziert. Zum anderen steht der Begriff der Währung für die ideelle Einheit eines Geldsystems.[15] Dieser zweite Aspekt ist daher eng verbunden mit der Funktion des Geldes als Recheneinheit.

---

[8] BVerfGE 4, 60, 73.

[9] Ähnlich *Elster*, Die Seele des Geldes (1920), S. 212; *Helfferich*, Das Geld (6. Auflage 1923), S. 412; *Nussbaum*, Das Geld in Theorie und Praxis des deutschen und ausländischen Rechts (1925), S. 44; *Fögen*, Geld- und Währungsrecht (1969), S. 35 („gesamte[s] Geldwesen“); *K. Schmidt*, in: Staudinger, BGB (1997), Vorbem A41 zu §§ 244 ff. („Währung als Funktionsbegriff“); *Reinhuber*, Grundbegriffe und internationaler Anwendungsbereich von Währungsrecht (1995), S. 6; *Hahn/Häde*, Währungsrecht (2. Auflage 2010), § 2 Rn. 2; tendenziell auch *Lütge*, Einführung in die Lehre vom Gelde (1948), S. 110.

[10] *Lütge*, Einführung in die Lehre vom Gelde (1948), S. 108.

[11] Mitteilung 2010/C 28/05, ABl. EU Nr. C 28 S. 13 vom 4. 2. 2010.

[12] Mitteilung 2012/C 121/02, ABl. EU Nr. C 121 S. 5 vom 26. 4. 2012.

[13] Mitteilung 2011/C 369/01, ABl. EU Nr. C 369 S. 1 vom 17. 12. 2011.

[14] Beschluss 2012/C 23/07 vom 28. 11. 2011, ABl. EU Nr. C 23 S. 13 vom 28. 1. 2012.

[15] *Hammer*, Die Hauptprinzipien des Geld- und Währungswesens (1891), S. 16; *Andreae*, Geld und Geldschöpfung (1953), S. 39; *Fögen*, Geld- und Währungsrecht (1969), S. 35; *Reinhuber*, Grundbegriffe und internationaler Anwendungsbereich von Währungsrecht (1995), S. 6; *Hahn/Häde*, Währungsrecht (2. Auflage 2010), § 2 Rn. 2; vgl. auch *Mann*, Das Recht des Geldes (1960), S. 25 ff.

B. Arten von Währungssystemen

In der Entwicklungsgeschichte der Währung lassen sich verschiedene Grundkonzeptionen ausfindig machen, welche eine Kategorisierung erlauben und stets – mehr oder weniger typisiert – ein bestimmtes Modell einer Währungsordnung charakterisieren. Hermann Fögen hat anschaulich von „Wortverbindungen mit dem Ausdruck ‚Währung' zur Kennzeichnung besonderer Merkmale einer Geldordnung"[16] gesprochen. Im Prinzipiellen stehen sich Metallwährungen wie die paradigmatische Goldwährung und die Papierwährungen gegenüber.[17]

I. Metallwährungen

Bei den Metallwährungen besteht eine wie auch immer geartete rechtliche Verknüpfung des Geldes mit einem bestimmten Edelmetall. Bei den Metallumlaufwährungen gelangt das Edelmetall in Gestalt der Münzen in den Bargeldverkehr, befindet sich als im Wortsinne „im Umlauf".[18] Historisches Beispiel war die 1871 eingeführte Reichswährung. Nach § 1 des Reichsgesetzes betreffend die Ausprägung von Reichsgoldmünzen von 1871[19] wurden aus einem Pfund feinen Goldes 139½ Stück Reichsgoldmünzen ausgeprägt; der zehnte Teil einer Reichsgoldmünze wurde nach § 2 dieses Gesetzes Mark genannt. Das physische Edelmetall gelangt bei einer Metallkernwährung hingegen nicht in den Verkehr, sondern lagert bei der Zentralbank und bildet die „Deckung" jedes umlaufenden Geldzeichens mit einer bestimmten Menge Edelmetall.[20] Eine mittelbare Metallkernwährung, die auch als Metalldevisenwährung bezeichnet wird,[21] bezieht ihre Deckung durch eine Koppelung mit einer ausländischen Metallwährung.

II. Papierwährungen

Durch eine – auch heute noch fortschreitende – Entmaterialisierung[22] ist als Gegenmodell die Papierwährung entstanden. Anders als bei den Metallwährungen fehlt es an jeglicher Bezugnahme zu einem Edelmetall. Die Papierwährung

---

16 *Fögen*, Geld- und Währungsrecht (1969), S. 38.

17 Vgl. im Einzelnen *Andreae*, Geld und Geldschöpfung (1953), S. 40 ff.; *Fögen*, Geld- und Währungsrecht (1969), S. 38 f.

18 Vgl. hierzu am Beispiel der Goldumlaufwährungen *Lukas*, Aufgaben des Geldes (1937), S. 155 ff.

19 Reichsmünzgesetz vom 4. 12. 1871, RGBl. S. 404.

20 Differenzierend zur Terminologie *Lukas*, Aufgaben des Geldes (1937), S. 183.

21 *K. Schmidt*, in: Staudinger, BGB (1997), Vorbem A49 zu §§ 244 ff.

22 Vgl. oben, S. 10 ff., 46 f.

existiert im metallfreien Rechtsraum. Weder kennt sie eine Deckung durch die Notenbank noch eine festgelegte Wertrelation zwischen einer Geldeinheit und einer bestimmten Menge Edelmetalls.[23] Neben dem Papiernotengeld sind lediglich Scheidemünzen im Umlauf. Die Papierwährung bietet den Vorzug gegenüber den Metallwährungen, dass der Notenbank ein erweitertes geldpolitisches Instrumentarium zur Verfügung steht. Aus diesem Grund hat der frühere Bundesbankdirektor Fögen den Begriff der „gelenkten" oder „gesteuerten" Währung geprägt.[24] Die als Kehrseite damit einhergehende Gefahr einer manipulierten Inflation[25] lässt sich allein über eine der Währungsstabilität verpflichtete Währungspolitik eindämmen. In diesem Sinne hat das Bundesverfassungsgericht in seiner Entscheidung zum sog. Euro-Rettungsschirm die Währungsunion als „Stabilitätsgemeinschaft" bezeichnet.[26]

C. Währungsänderungen

I. Negative Begriffsabgrenzung

Das Währungssystem kann vielfältigen Änderungen unterworfen sein, die sich jedoch nur zu einem kleinen Teil als Währungsänderungen im eigentlichen[27], äußeren[28] bzw. materiellen[29] Sinne erfassen lassen. Währungsänderungen liegen nicht schon vor, wenn lediglich der Name der Währung geändert wird.[30] Hätte beispielsweise allein Deutschland die D-Mark einseitig in Euro umbenannt und die übrige deutsche Währungsverfassung unangetastet gelassen, so hätte es an einer Währungsänderung im engeren Sinne gefehlt. Historisches Beispiel ist die Wiedereinführung des Namens „Franc" anstelle der Bezeichnung „Nouveau Franc" im Jahre 1963 in Frankreich.[31]

Terminologischer Streit ist hingegen zur Frage entstanden, ob eine Geldentwertung durch Inflation als Währungsänderung „innerer Art"[32] bezeichnet

---

[23] *Fögen*, Geld- und Währungsrecht (1969), S. 39.
[24] *Fögen*, Geld- und Währungsrecht (1969), S. 39.
[25] Begriff nach *K. Schmidt*, in: Staudinger, BGB (1997), Vorbem A49 zu §§ 244 ff.
[26] BVerfGE 131, 195, 243.
[27] So *Fögen*, Geld- und Währungsrecht (1969), S. 46.
[28] So *Mann*, Das Recht des Geldes (1960), S. 44.
[29] So *K. Schmidt*, in: Staudinger, BGB (1997), Vorbem A50 zu §§ 244 ff.
[30] *Fögen*, Geld- und Währungsrecht (1969), S. 41; *Reinhuber*, Grundbegriffe und internationaler Anwendungsbereich von Währungsrecht (1995), S. 42; *K. Schmidt*, in: Staudinger, BGB (1997), Vorbem A50 zu §§ 244 ff.
[31] *Fögen*, Geld- und Währungsrecht (1969), S. 41; *Reinhuber*, Grundbegriffe und internationaler Anwendungsbereich von Währungsrecht (1995), S. 42.
[32] *Mann*, Das Recht des Geldes (1960), S. 43.

werden sollte.[33] Dabei handelt es sich allein um eine Suche nach der sinnhaftesten Begriffsabgrenzung, welche Missverständnissen begegnen soll. Auch F. A. Mann sah durch eine Währungsänderung innerer Art nicht die Identität des Geldsystems als berührt an.[34] Hierin liegt ein gewichtiges und zu eindeutigen Ergebnissen führendes Unterscheidungsmerkmal. Demgegenüber fiele die Abgrenzung bei – auch manipulierter – Inflation schwer. Das Reichsgericht will zwar eine Währungsänderung im Ausnahmefall bei einer „völligen Zerstörung der Währung“[35] annehmen, wie sie durch die „große“ deutsche Inflation zwischen 1920 und 1923 erfolgt sei. F. A. Mann[36] verweist auf US-amerikanische Rechtsprechung[37] aus dem 19. Jahrhundert, die zum gleichen Ergebnis wie das Reichsgericht bei einer Geldentwertung gelangt, bei der „das Gewissen verletzt wird und man in einen Schreckensruf ausbricht“. Objektivierbare Maßstäben lassen sich daraus nicht ableiten, so dass nach anderen Kriterien zu suchen ist. Auch das Reichsgericht formuliert eine eng gefasste Regel:

> „Überhaupt kann die Bewertung eines Geldsystems höchstens einen Hinweis darauf geben, daß möglicherweise ein Währungswechsel eingetreten sei. Für die Entscheidung, ob ein solcher wirklich vorliegt, ist [...] auf die Grundlage des einzelnen Geldsystems zurückzugehen“[38].

II. Währungsänderung im engeren Sinne

Eine Währungsänderung im eigentlichen Sinne setzt einen staatlichen Eingriff in die Verfassung des Geldwesens voraus.[39] Der weitere Begriff des Reichsgerichts, das die „Grundlagen des Geldsystems“ nicht nur *de lege* („der Gesetzgeber bewußt eine neue Geldverfassung auf einer neuen Einheit aufbaut“[40]), sondern auch *de facto* („die Verhältnisse ... die im Gesetz geschaffene Grundlage völlig beseitigen“[41]) als veränderbar ansieht, führt zu erheblichen Abgrenzungsschwierigkeiten. Gesetzgeberische Eingriffe, die zu einer Währungsänderung führen, liegen vor, wenn von einem Währungssystem in ein anderes übergegangen wird.[42] Daher stellt beispielsweise die Loslösung vom Goldstandard, d.h.

---

[33] Dagegen *Fögen*, Geld- und Währungsrecht (1969), S. 41 ff.

[34] *Mann*, Das Recht des Geldes (1960), S. 43 f.

[35] RGZ 142, 23, 31; zustimmend *Mann*, Das Recht des Geldes (1960), S. 46; ablehnend *K. Schmidt*, in: Staudinger, BGB (1997), Vorbem A50 zu §§ 244 ff.

[36] *Mann*, Das Recht des Geldes (1960), S. 46.

[37] *Seymour v. Delancy* (1824), 3 Cowen (N.Y.) 445.

[38] RGZ 142, 23, 31.

[39] *Fögen*, Geld- und Währungsrecht (1969), S. 46; *K. Schmidt*, in: Staudinger, BGB (1997), Vorbem A50 zu §§ 244 ff.

[40] RGZ 142, 23, 31.

[41] RGZ 142, 23, 31.

[42] *Fögen*, Geld- und Währungsrecht (1969), S. 46; *K. Schmidt*, in: Staudinger, BGB (1997), Vorbem A50 zu §§ 244 ff.

der Wechsel von einer Metall- zu einer Papierwährung, eine Währungsänderung dar.[43] Paradigmatische Währungsänderung ist die gesetzliche Einführung einer neuen Währung, welche an die Stelle der bisherigen tritt.[44] Das Schlagwort der „Währungsreform" ist damit nicht identisch.[45] Ein solcher Währungswechsel muss nicht mit einer Namensänderung einhergehen. Auch ein Übergang zu einem anderen Währungssystem ist nicht erforderlich. Entscheidend für einen Währungswechsel ist stattdessen, ob eine Äquivalenz zwischen den Einheiten der bisherigen Geldmenge und den Einheiten der neuen Geldmenge besteht.[46] Eine solche besteht nicht bei einer Verkürzung der vorhandenen Geldmenge nach einem bestimmten Faktor, z.B. „um zwei Nullen".[47] Ein historisch bedeutsamer Währungswechsel der jüngeren Geschichte war mit der Einführung des Euro verbunden, der an die Stelle der früheren mitgliedstaatlichen Währungen trat.[48]

Bei einem Währungswechsel bestimmt das rekurrente Anschlussverhältnis[49] die Modalitäten des Übergangs, namentlich den Umstellungskurs. Davon ist das Umstellungsverhältnis für Geldschulden zu unterscheiden.[50] Das Prinzip des rekurrenten Anschlusses stammt ursprünglich aus der Knappschen Definition der Rechnungseinheit, welche historisch determiniert ist. Die Rechnungseinheit sei allein durch ihre Bezugnahme auf die frühere Währung zu erklären.[51] Der Euro als Rechnungseinheit definiert sich danach durch das Umtauschverhältnis zu den Vorgängerwährungen, d.h. durch seinen rekurrenten Anschluss. Ein Euro wird demzufolge als 1,95583 Deutsche Mark erfasst,[52] welche sich wiederum auf die Reichsmark zurückführen lässt. Währungswechsel sind teilweise mit differenzierten Anschlussverhältnissen verbunden gewesen, welche etwa

---

[43] Anders wohl RGZ 142, 212, 214 zum englischen Pfund; abweichend auch *Reinhuber*, Grundbegriffe und internationaler Anwendungsbereich von Währungsrecht (1995), S. 41.

[44] *Fögen*, Geld- und Währungsrecht (1969), S. 46 f.; *K. Schmidt*, in: Staudinger, BGB (1997), Vorbem A50 zu §§ 244 ff.

[45] *Böhringer*, DNotZ 1999, 692, 695; so wohl auch *Hahn/Häde*, Währungsrecht (2. Auflage 2010), § 14 Rn. 21; ungenau hingegen OGHBrZ NJW 1950, 907.

[46] *Fögen*, Geld- und Währungsrecht (1969), S. 46; dem folgend *K. Schmidt*, in: Staudinger, BGB (1997), Vorbem A50 zu §§ 244 ff.

[47] *Fögen*, Geld- und Währungsrecht (1969), S. 46; *Reinhuber*, Grundbegriffe und internationaler Anwendungsbereich von Währungsrecht (1995), S. 35.

[48] *Hahn*, Europäische Währungsumstellung und Vertragskontinuität (1999), S. 29 ff.; *Hahn/Häde*, Währungsrecht (2. Auflage 2010), § 14 Rn. 21.

[49] Begriff nach *Knapp*, Staatliche Theorie des Geldes (4. Auflage 1923), S. 18, 20.

[50] *Reinhuber*, Grundbegriffe und internationaler Anwendungsbereich von Währungsrecht (1995), S. 39.

[51] *Knapp*, Staatliche Theorie des Geldes (4. Auflage 1923), S. 20.

[52] Umrechnungsverhältnis gemäß Art. 1 der Verordnung (EG) Nr. 2866/98 über die Umrechnungskurse zwischen dem Euro und den Währungen der Mitgliedstaaten, die den Euro einführen vom 31. 12. 1998, ABl. EG Nr. L 359 S. 1 vom 31. 12. 1998.

zwischen Bar- und Buchgeld unterschieden.[53] Bei der Einführung des Euro hingegen galt ein einheitliches Anschlussverhältnis.

D. Zusammenfassung

Der moderne Währungsbegriff weist eine Zweigliedrigkeit auf. Zum einen bezeichnet er die Geldverfassung eines oder mehrerer Staaten, die ein gemeinsames Währungsgebiet formen. Zum anderen ist er synonym mit der ideellen Einheit eines Geldsystems zu gebrauchen. Historisch haben sich zwei Arten von Währungssystemen herausgebildet. Bei den Metallwährungen besteht eine rechtliche Anbindung der Währung an ein Metall; bei Papierwährungen hingegen fehlt eine solche, so dass eine nahezu unbegrenzte Geldvermehrung technisch möglich ist. Währungsänderungen liegen bei einem Übergang von einem Währungssystem zu einem anderen vor und setzen einen staatlichen Eingriff in die Währungsverfassung voraus.

[53] *Fögen*, Geld- und Währungsrecht (1969), S. 47.

§ 7 Die Entstehung des Euro

Die wechselhafte Entstehungsgeschichte der europäischen Gemeinschaftswährung bildet zugleich einen markanten Ausschnitt aus dem europäischen Integrationsprozess insgesamt. Die Währungsunion basiert auf rund fünf Jahrzehnten europäischer Einigung, die in begrenztem Umfang bereits vor Abschluss der Römischen Verträge ihren Ausgangspunkt nahm.[54] Die einzelnen Entwicklungsstadien lassen sich in fünf Phasen zusammenfassen, die kurz nach dem Zweiten Weltkrieg begannen und letztlich mit der Einführung des Euro-Bargeldes am 1.1.2002 endeten.

A. Frühphase (1947–1968)

I. Verrechnungs- und Währungsabkommen

In überaus beschränktem Umfang nahm die europäische Zusammenarbeit in Geld- und Währungsfragen ihren Anfang mit dem Abschluss des ersten multilateralen Verrechnungsabkommens am 18.11.1947.[55] Erstunterzeichner waren Belgien, Luxemburg, Frankreich, Italien und die Niederlande; bald danach traten auch die meisten der übrigen am Wiederaufbauprogramm für Europa beteiligten Staaten bei.[56] Es folgten weitere Zahlungs- und Verrechnungsabkommen, bis schließlich am 19.9.1950 das Abkommen über die Gründung einer Europäischen Zahlungsunion (*European Payment Union* – EPU) unterzeichnet wurde.[57] Durch die Europäische Zahlungsunion sollte ein internationales Verrechnungssystem in Verbindung mit einer Kreditbeschaffungsoption auf internationaler Ebene geschaffen werden.[58] Ihren institutionellen Rahmen bil-

---

[54] Vgl. zu den politischen Hintergründen *Möschel*, JZ 1998, 217, 218 ff.

[55] *Coing*, in: *Schlochauer/Krüger/Mosler/Scheuner* (Hrsg.), Wörterbuch des Völkerrechts (1960), S. 484 f.; *Herrmann*, Währungshoheit, Währungsverfassung und subjektive Rechte (2010), S. 196; vgl. ausführlich *Wahnitz*, Der zwischenstaatliche Zahlungsverkehr auf der Grundlage internationaler Zahlungsabkommen (1955); *Langen*, Internationale Zahlungsabkommen (1958).

[56] *Bank für Internationalen Zahlungsausgleich*, Achtzehnter Jahresbericht (1948), S. 160.

[57] BGBl. 1951 II S. 31.

[58] *Schlochauer*, GRUR 1955, 213, 221; *Coing*, in: *Schlochauer/Krüger/Mosler/Scheuner* (Hrsg.), Wörterbuch des Völkerrechts (1960), S. 485.

dete die damalige Organisation für Europäische Wirtschaftliche Zusammenarbeit (*Organisation for European Economic Cooperation* – OEEC).[59] Nach verschiedenen Modifikationen und Verlängerungen trat das Abkommen zur Europäischen Zahlungsunion zum 15.1.1959 außer Kraft.

Die Europäische Zahlungsunion wurde durch das Europäische Währungsabkommen[60] ersetzt. Das Abkommen selbst wurde bereits 1955 geschlossen, jedoch trat es erst zum 15.1.1959 in Kraft. Auf Grundlage des Europäischen Währungsabkommens wurde ein Fonds gebildet, der nichtautomatische Kredite zur Überwindung vorübergehender Zahlungsbilanzdefizite gewährte.[61] Zudem mussten die Teilnehmerstaaten die Wechselkurse ihrer Währungen festlegen.[62] Den institutionellen Rahmen bildete erneut die OEEC in Zusammenarbeit mit der Bank für Internationalen Zahlungsausgleich. Mit Wirkung zum 31.12.1972 lief das Europäische Währungsabkommen aus und der gebildete Kreditfonds wurde liquidiert.[63]

II. Europäische Wirtschaftsgemeinschaft

Die Gründung der Europäischen Wirtschaftsgemeinschaft durch die Römischen Verträge von 1957 hatte für die spätere Entwicklung zur gemeinschaftlichen Währung vor allem eine institutionelle Bedeutung: Der Grundstein für die sich später beschleunigende europäische Integration war gelegt, welche sich einige Jahrzehnte danach auch in einer Währungsintegration zeigen sollte. Im EWG-Vertrag selbst waren währungsrechtliche Anordnungen nur spärlich vorhanden.[64] Verschiedene instrumentneutral formulierte Zielvorgaben zur Wirtschaftspolitik können auch auf die nationalen Währungen und ihre volkswirtschaftlichen Grundlagen bezogen werden. In Art. 2 EWG-Vertrag war beispielsweise das Ziel der Errichtung eines Gemeinsamen Marktes festgelegt, wozu unter anderem engere Beziehungen zwischen den Mitgliedstaaten gefördert und eine höhere Stabilität erreicht werden sollte. Die Konjunkturpolitik war zwischen den Mitgliedstaaten abzustimmen (Art. 103 EWG-Vertrag). Einige spe-

---

59 *Coing*, in: *Schlochauer/Krüger/Mosler/Scheuner* (Hrsg.), Wörterbuch des Völkerrechts (1960), S. 486.

60 Gesetz über das Europäische Währungsabkommen vom 26.3.1959, BGBl. II S. 293.

61 *Coing*, in: *Schlochauer/Krüger/Mosler/Scheuner* (Hrsg.), Wörterbuch des Völkerrechts (1960), S. 493.

62 *Coing*, in: *Schlochauer/Krüger/Mosler/Scheuner* (Hrsg.), Wörterbuch des Völkerrechts (1960), S. 493; *Herrmann*, Währungshoheit, Währungsverfassung und subjektive Rechte (2010), S. 197.

63 *Herrmann*, Währungshoheit, Währungsverfassung und subjektive Rechte (2010), S. 198.

64 *Nestler*, WM 2001, 2425, 2426; Überblick mit Nachweisen bei *Geiger*, Das Währungsrecht im Binnenmarkt der Europäischen Union (1996), S. 10 ff.; *Herrmann*, Währungshoheit, Währungsverfassung und subjektive Rechte (2010), S. 199 ff.

zifisch währungsrechtliche Bestimmungen fanden sich demgegenüber im Vertragskapitel zur Zahlungsbilanz (Art. 104–109 EWG-Vertrag). Nach Art. 104 EWG-Vertrag – einer Abwandlung des „magischen Vierecks" (vgl. anschaulich § 1 Satz 2 StabG) – hatte die Wirtschaftspolitik eines jeden Mitgliedstaats unter anderem dem Ziel zu dienen, „das Vertrauen in seine Währung aufrechtzuerhalten". Hierzu wurde eine Zusammenarbeit der Zentralbanken vereinbart (Art. 105 Abs. 1 EWG-Vertrag) sowie ein beratender Währungsausschuss eingesetzt (Art. 105 Abs. 2 EWG-Vertrag). Auf dieser Grundlage wurde 1964 durch den Beschluss des Rats 64/300/EWG[65] der „Ausschuß der Präsidenten der Zentralbanken der Mitgliedstaaten der Europäischen Wirtschaftsgemeinschaft" gebildet. Ihm kann eine Vorläuferstellung zum Europäischen System der Zentralbanken zugesprochen werden.[66] Die Zurückhaltung des EWG-Vertrags im Hinblick auf Währungsfragen ist mit der Existenz des Systems fester Wechselkurse (Bretton Woods-System) erklärt worden.[67]

B. Fortentwicklungsphase (1969–1986)

I. Der Werner-Plan (1970)

Noch vor dem Zusammenbruch des Bretton Woods-Systems fester Wechselkurse im Jahr 1973 bemühte sich die Europäische Wirtschaftsgemeinschaft, in der Wirtschafts- und Währungspolitik eine höhere Integrationsstufe zu betreten. Als initiierendes Moment diente der Beschluss der Staats- und Regierungschefs vom Dezember 1969 auf ihrer Konferenz in Den Haag, im folgenden Jahr einen Stufenplan für die Errichtung einer Wirtschafts- und Währungsunion aufzustellen.[68] Eine solche Konzeption wurde im Jahr 1970 durch eine Arbeitsgruppe erstellt. Der nach dem Vorsitzenden dieser Expertengruppe benannte Werner-Plan[69] übte sich in einer Selbstbeschränkung seiner Zielsetzungen. Bezweckt sei nicht, „im Abstrakten ein ideales System zu entwerfen"[70]; vielmehr sollten die „für das Bestehen einer vollständigen Wirtschafts- und Währungs-

[65] Beschluss 64/300/EWG vom 8.5.1964, ABl. EG Nr. 77 S. 1206 vom 21.5.1964.

[66] *Hahn/Häde*, Währungsrecht (2. Auflage 2010), § 13 Rn. 6.

[67] *Hahn/Häde*, Währungsrecht (2. Auflage 2010), § 13 Rn. 8.

[68] *Herrmann*, Währungshoheit, Währungsverfassung und subjektive Rechte (2010), S. 202 f.; vgl. zur Vorgeschichte auch den Abschlussbericht vom 8.10.1970, ABl. EG Nr. C 136 S. 2 vom 11.11.1970.

[69] Bericht vom 8.10.1970, ABl. EG Nr. C 136 S. 1 vom 11.11.1970; vgl. dazu *Selmayr*, Das Recht der Wirtschafts- und Währungsunion (2002), S. 130 ff.; ablehnend *Walter*, in: *Arbeitsgemeinschaft deutscher wirtschaftswissenschaftlicher Forschungsinstitute e.V.* (Hrsg.), Zur Neuordnung des internationalen Währungssystems (1973), S. 115 ff.

[70] Bericht vom 8.10.1970, ABl. EG Nr. C 136 S. 3 vom 11.11.1970.

union unerläßlichen Elemente"[71] aufgezeigt werden. Als Maßnahmen sah der Werner-Plan insbesondere vor:[72] Konvertibilität zwischen den Gemeinschaftswährungen zu festen Kursen (besser: Schaffung einer einzigen Gemeinschaftswährung), zentrale Steuerung der Liquiditätsschöpfung, gemeinschaftliche Währungspolitik sowie Festlegung von Eckwerten der öffentlichen Gesamthaushalte auf Gemeinschaftsebene. Zur Umsetzung wurden drei Entwicklungsstufen skizziert, welche aber letztlich politisch nicht vollständig verwirklicht wurden. Der Rat einigte sich im Frühjahr 1971 auf eine lediglich teilweise Umsetzung und legte sich auf das binnen eines Jahrzehnts zu erreichende Ziel einer Wirtschafts- und Währungsunion fest.[73] Daraufhin wurde der Europäische Wechselkursverbund gebildet.[74]

II. Europäisches Währungssystem (1979)

Auf Initiative von Valéry Giscard d'Estaing und Helmut Schmidt wurde 1979 das Europäische Währungssystem (EWS) geschaffen.[75] Damit schlug die Geburtsstunde der *European Currency Unit* (ECU), einer anteilig aus den mitgliedstaatlichen Währungen zusammengesetzten „Korbwährung".[76] Mangels korrespondierender Währungsverfassung handelte es sich aber um keine Währung im technischen Sinn, sondern lediglich um eine Recheneinheit.[77] Über das Vehikel der ECU wurden Bandbreiten für die Wechselkursschwankungen der mitgliedstaatlichen Währungen zueinander festgelegt. Hierzu kam ein Gitter

---

[71] Bericht vom 8.10.1970, ABl. EG Nr. C 136 S. 3 vom 11.11.1970.

[72] Bericht vom 8.10.1970, ABl. EG Nr. C 136 S. 5 vom 11.11.1970.

[73] Vgl. im Einzelnen *Krägenau/Wetter*, Europäische Wirtschafts- und Währungsunion (1993), S. 98 ff.

[74] *Geiger*, Das Währungsrecht im Binnenmarkt der Europäischen Union (1996), S. 25 ff.; *Nestler*, WM 2001, 2425, 2426 f.; *Selmayr*, Das Recht der Wirtschafts- und Währungsunion (2002), S. 145 ff.; *Hahn/Häde*, Währungsrecht (2. Auflage 2010), § 13 Rn. 9.

[75] Vgl. *Geiger*, Das Währungsrecht im Binnenmarkt der Europäischen Union (1996), S. 29 ff.; *Nestler*, WM 2001, 2425, 2427 ff.; *Schuster*, Die Einführung des Euro und seine zukünftige Rolle im Weltwährungsgefüge (2001), S. 27 ff.; *Selmayr*, Das Recht der Wirtschafts- und Währungsunion (2002), S. 157 ff.; *Manger-Nestler*, Par(s) inter pares? (2008), S. 94 ff.

[76] *Geiger*, Das Währungsrecht im Binnenmarkt der Europäischen Union (1996), S. 35; *Selmayr*, Das Recht der Wirtschafts- und Währungsunion (2002), S. 157; *Manger-Nestler*, Par(s) inter pares? (2008), S. 96; vgl. auch *Gramlich*, Die ECU – Fremdwährung in der Bundesrepublik? (1988). Für eine europäische Parallelwährung anstelle einer einheitlichen Gemeinschaftswährung sprach sich *Walter*, in: *Arbeitsgemeinschaft deutscher wirtschaftswissenschaftlicher Forschungsinstitute e.V.* (Hrsg.), Zur Neuordnung des internationalen Währungssystems (1973), S. 115, 125 ff. aus.

[77] *Pentzlin*, Das Geld (1982), S. 221 ff.; *H. P. Westermann*, in: *Hadding/Hopt/Schimansky* (Hrsg.), Einführung des Euro in der Bank- und Unternehmenspraxis, Bankdienstleistungen im Internet (1998), S. 3, 8.

bilateraler Leitkurse (*parity grid*) zum Einsatz,[78] welches praktisch bedeutsamer als die ECU-Relation war.[79] Als Ankerwährung fungierte die Deutsche Mark,[80] welche 32 % des ECU-Korbes ausmachte.[81] Die ECU wurde daneben offiziell als Recheneinheit der Europäischen Gemeinschaften und auf privater Seite für Kapitaltransaktionen verwendet.[82] Ungeachtet dieser politisch wie praktisch nicht unerheblichen Bedeutung des EWS und der ECU war deren Rechtsgrundlage im Gemeinschaftsrecht insbesondere für die ersten Jahre ihres Bestehens unsicher.[83]

C. Vorbereitungsphase (1987–1998)

I. Die Einheitliche Europäische Akte (1987)

Das politische Ziel des Werner-Plans und seines Umsetzungsbeschlusses, bis 1981 eine Wirtschafts- und Währungsunion zu errichten, konnte nicht erreicht werden. Erst durch die Einheitliche Europäische Akte (EEA) von 1987[84] wurde die Währungsunion wieder auf die politische Agenda gesetzt.[85] Gleich zweifach geht die Präambel der EEA auf sie ein, indem vereinbart wird:

> „IN DER ERWÄGUNG, daß die Staats- und Regierungschefs auf ihrer Pariser Konferenz vom 19. bis 21. Oktober 1972 das Ziel einer schrittweisen Verwirklichung der Wirtschafts- und Währungsunion gebilligt haben,
>
> GESTÜTZT auf den Anhang zu den Schlußfolgerungen des Vorsitzes des Europäischen Rates von Bremen vom 6. und 7. Juli 1978 sowie die Entschließung des Europäischen Rates von Brüssel vom 5. Dezember 1978 über die Errichtung des Europäischen Währungssystems [...]“[86].

Nur eine einzige primärrechtliche Neuerung wurde allerdings in Bezug auf die Wirtschafts- und Währungsunion in der Folge eingefügt. Durch Art. 20 EEA

---

[78] *Nestler*, WM 2001, 2425, 2427; *Selmayr*, Das Recht der Wirtschafts- und Währungsunion (2002), S. 158.

[79] *Hahn/Häde*, Währungsrecht (2. Auflage 2010), § 13 Rn. 16; abweichend *Gramlich*, Die ECU – Fremdwährung in der Bundesrepublik? (1988), S. 11 („Herzstück des EWS“).

[80] *Haller*, in: *Gesellschaft für Rechtspolitik Trier* (Hrsg.), Bitburger Gespräche (1993), S. 1, 3.

[81] *Gramlich*, Die ECU – Fremdwährung in der Bundesrepublik? (1988), S. 9.

[82] *Gramlich*, Die ECU – Fremdwährung in der Bundesrepublik? (1988), S. 15 ff.; *Geiger*, Das Währungsrecht im Binnenmarkt der Europäischen Union (1996), S. 34 ff.

[83] Vgl. im Einzelnen *Selmayr*, Das Recht der Wirtschafts- und Währungsunion (2002), S. 159 ff. m.w.N.

[84] ABl. EG Nr. L 169 S. 1 vom 29. 6. 1987.

[85] Vgl. ausführlich *Selmayr*, Das Recht der Wirtschafts- und Währungsunion (2002), S. 172 ff. m.w.N.

[86] ABl. EG Nr. L 169 S. 2 f. vom 29. 6. 1987.

kam der neue Art. 102a EWG-Vertrag hinzu, dessen erster Absatz im Kern das bisher Erreichte lediglich primärrechtlich absicherte.[87] Immerhin wurde das Ziel einer Wirtschafts- und Währungsunion in das Gemeinschaftsrecht aufgenommen.

II. Der Delors-Plan (1989)

Den konkreten Startpunkt für die Schaffung einer Gemeinschaftswährung markierte der Beschluss des Europäischen Rats in Hannover am 27. und 28. 6. 1988, der zur Einsetzung eines Ausschusses unter dem Vorsitz des damaligen Kommissionspräsidenten Jacques Delors führte.[88] Der im April 1989 vorgelegte sog. Delors-Bericht[89] formulierte drei Stufen der Wirtschafts- und Währungsunion,[90] die von 1990 bis 1999 umzusetzen waren. Der Europäische Rat billigte diese Vorgehensweise auf seinem Gipfeltreffen in Madrid im Juni 1989.[91] In der bis zum 1. 7. 1990 zu verwirklichenden ersten Stufe sollten vor allem sämtliche Beschränkungen des freien Kapitalverkehrs zwischen den Mitgliedstaaten entfallen, die Zusammenarbeit der mitgliedstaatlichen Zentralbanken weiter verstärkt und die freie Verwendbarkeit der ECU sichergestellt werden. Nach dem Inkrafttreten der Kapitalverkehrsrichtlinie[92] wurden zur Umsetzung dieser Ziele auf der ersten Stufe im März 1990 zwei Entscheidungen bzw. Beschlüsse[93] getroffen, welche konkrete Änderungsmaßnahmen enthielten.

Durch den Europäischen Rat auf seinem Sondergipfel in Rom im Oktober 1990 wurde der Beginn der zweiten Stufe der Wirtschafts- und Währungsunion auf den 1. 1. 1994 festgelegt.[94] Dieser Termin wurde später in Art. 109e EGV in der Fassung des Vertrags von Maastricht übernommen. In der zweiten Stufe sollte die wirtschaftliche und währungsrechtliche Konvergenz weiter erhöht

---

[87] *Hahn/Häde*, Währungsrecht (2. Auflage 2010), § 13 Rn. 25.

[88] Vgl. im Überblick *Schmidhuber*, in: *Franz* (Hrsg.), Die Europäische Zentralbank (1990), S. 110, 114 ff.; *Weber*, Die Kompetenzverteilung im Europäischen System der Zentralbanken bei der Festlegung und Durchführung der Geldpolitik (1995), S. 30 ff.

[89] Abgedruckt bei *Krägenau/Wetter*, Europäische Wirtschafts- und Währungsunion (1993), S. 146 ff.

[90] Kritisch zur Unterscheidung zwischen Wirtschafts- und Währungsunion *H. Schmidt*, in: *Franz* (Hrsg.), Die Europäische Zentralbank (1990), S. 101, 108.

[91] Vgl. *Schmidhuber*, in: *Franz* (Hrsg.), Die Europäische Zentralbank (1990), S. 110, 123 f.; *Krägenau/Wetter*, Europäische Wirtschafts- und Währungsunion (1993), S. 157.

[92] Richtlinie 88/361/EWG zur Durchführung von Art. 67 des Vertrages vom 24. 6. 1988, ABl. EG Nr. L 178 S. 5 vom 8. 7. 1988.

[93] Entscheidung 90/141/EWG zur Erreichung einer schrittweisen Konvergenz der Politiken und der wirtschaftlichen Ergebnisse während der ersten Stufe der Wirtschafts- und Währungsunion vom 12. 3. 1990, ABl. EG Nr. L 78 S. 23 vom 24. 3. 1990; Beschluss 90/142/EWG vom 12. 3. 1990, ABl. EG Nr. L 78 S. 25 vom 24. 3. 1990; vgl. dazu *Selmayr*, Das Recht der Wirtschafts- und Währungsunion (2002), S. 179 ff.

[94] *Hahn/Häde*, Währungsrecht (2. Auflage 2010), § 13 Rn. 24.

werden. Hierzu wurde ein Vielzahl von Bestimmungen des EGV zum 1.1.1994 unmittelbar anwendbar; zu nennen sind stellvertretend:[95] Die Kapital- und Zahlungsverkehrsfreiheit nach Art. 73b EGV a.F. (= Art. 63 AEUV) trat als eigenständige Grundfreiheit dem bisherigen Katalog von Grundfreiheiten hinzu. Weder die Europäische Zentralbank noch die nationalen Notenbanken durften eine monetäre Finanzierung von öffentlichen Einrichtungen vornehmen (Art. 109e EGV a.F. = Art. 123 AEUV). Eine Haftung der Gemeinschaft für die Mitgliedstaaten oder der Mitgliedstaaten untereinander war nach Art. 104b EGV a.F. (= Art. 125 AEUV) untersagt („*no bail out*"). Die Gemeinschaft erhielt die ausschließliche Kompetenz zur Kontrolle des Kapital- und Zahlungsverkehrs gegenüber Drittstaaten nach Art. 73f, 73g EGV a.F. (= Art. 66, 75 AEUV). Die Europäische Kommission wurde durch Art. 104c Abs. 2 EGV a.F. (= Art. 126 Abs. 2 AEUV) zur Überwachung von Haushaltslage und Schuldenstand in den Mitgliedstaaten ermächtigt. Schließlich entstand auf Grundlage von Art. 109f Abs. 1 EGV a.F. das Europäische Währungsinstitut.[96] Es löste den Ausschuss der Präsidenten der nationalen Zentralbanken ab und wurde vor dem Übergang zur dritten Phase im Juni 1998 aufgelöst.[97] In der dritten Phase sollte es sodann zum 1.1.1999 zur endgültigen Einführung des Euro als Gemeinschaftswährung kommen.

III. Die Auswahl der Euro-Staaten (1998)

Zuvor musste jedoch der Teilnehmerkreis für die Wirtschafts- und Währungsunion festgesetzt werden. Nach Art. 109j Abs. 4 Satz 2 EGV a.F. oblag es dem Europäischen Rat der Staats- und Regierungschefs, verbindlich zu entscheiden, welche Mitgliedstaaten die notwendigen Voraussetzungen erfüllten.[98] Dabei war nach Art. 109j Abs. 1 Satz 3 EGV a.F. insbesondere zu prüfen, ob der jeweilige Mitgliedstaat ein dauerhaft hohes Maß an Konvergenz erreicht hat; als Kriterien – inzwischen enthalten in Art. 140 Abs. 1 Satz 3 AEUV – wurden benannt:[99]

> „Erreichung eines hohen Grades an Preisstabilität, ersichtlich aus einer Inflationsrate, die der Inflationsrate jener – höchstens drei – Mitgliedstaaten nahekommt, die auf dem Gebiet der Preisstabilität das beste Ergebnis erzielt haben;

---

[95] Vgl. im Einzelnen *Selmayr*, Das Recht der Wirtschafts- und Währungsunion (2002), S. 226 ff. m.w.N.

[96] *Nestler*, WM 2001, 2425, 2432 f.

[97] *Hahn/Häde*, Währungsrecht (2. Auflage 2010), § 13 Rn. 28.

[98] Kritisch zum Verfahren *Meier*, NJW 1996, 1027, 1028 f.

[99] Vgl. detailliert *Hänsch*, Gesamtwirtschaftliche Stabilität als Verfassungsprinzip (2002), S. 229 ff.; *Selmayr*, Das Recht der Wirtschafts- und Währungsunion (2002), S. 315 ff., jeweils m.w.N.

eine auf Dauer tragbare Finanzlage der öffentlichen Hand, ersichtlich aus einer öffentlichen Haushaltslage ohne übermäßiges Defizit im Sinne des Artikels 104c Absatz 6;

Einhaltung der normalen Bandbreiten des Wechselkursmechanismus des Europäischen Währungssystems seit mindestens zwei Jahren ohne Abwertung gegenüber der Währung eines anderen Mitgliedstaats;

Dauerhaftigkeit der von dem Mitgliedstaat erreichten Konvergenz und seiner Teilnahme am Wechselkursmechanismus des Europäischen Währungssystems, die im Niveau der langfristigen Zinssätze zum Ausdruck kommt".

Der Europäische Rat sah diese Vorgaben am 3.5.1998 bei insgesamt elf Mitgliedstaaten als erfüllt an. Vorausgegangen waren Berichte der Kommission und des Europäischen Währungsinstituts über die Einhaltung der Kriterien (Art. 109j Abs. 1 EGV a.F.) und eine Bewertung durch den Europäischen Rat (Art. 109j Abs. 2 EGV a.F.). Mitglieder des einheitlichen Währungsgebiets konnten danach Belgien, Deutschland, Finnland, Frankreich, Irland, Italien, Luxemburg, die Niederlande, Österreich, Portugal und Spanien werden.[100] *Ex ante* betrachtet war die Einbeziehung von Belgien und Italien, *ex post* vor allem der (spätere) Beitritt von Griechenland eine lebhaft diskutierte Frage.[101] Die politischen Spannungen bei der Auswahl lassen sich veranschaulichen durch die Gegenüberstellung der sog. „Ökonomisten" und der sog. „Monetaristen".[102] Die „Ökonomisten" wollen eine Währungsunion nur zulassen, wenn *zuvor* das benötigte Maß an Konvergenz hergestellt ist. Demgegenüber sprechen sich die „Monetaristen" für einen früheren Übergangszeitpunkt aus, da *durch* eine Währungsunion die geforderte Konvergenz herzustellen sei.

IV. Die vorbereitenden Rechtsakte

Schon vor dem Übergang zur dritten Stufe der Wirtschafts- und Währungsunion wurden aus Gründen der Rechtsklarheit und Rechtssicherheit sekundärrechtliche Vorbereitungsmaßnahmen getroffen.[103] Sie wurden durch die Beschlüsse des Europäischen Rates von Madrid vom 15. und 16.12.1995 vorbereitet.[104]

---

[100] Entscheidung 98/317/EG gemäß Artikel 109j Absatz 4 des Vertrags vom 3.5.1998, ABl. EG Nr. L 139 S. 30 vom 11.5.1998; vgl. auch Art. 1 1. Spiegelstrich der Verordnung (EG) Nr. 974/98.

[101] Vgl. auch *Häde*, in: *Weber* (Hrsg.), Festschrift für Hugo J. Hahn (1997), S. 141, 148; *Geiger*, Das Währungsrecht im Binnenmarkt der Europäischen Union (1996), S. 128 ff.

[102] Vgl. *Oppermann/Classen*, NJW 1993, 5, 9; *Weber*, Die Kompetenzverteilung im Europäischen System der Zentralbanken bei der Festlegung und Durchführung der Geldpolitik (1995), S. 38 f.; *Hahn/Häde*, Währungsrecht (2. Auflage 2010), § 14 Rn. 2.

[103] Vgl. Erwägungsgrund 4 der Verordnung (EG) Nr. 1103/97.

[104] Schlussfolgerungen abgedruckt in ABl. EG Nr. C 22 S. 2 vom 26.1.1996.

1. Weichenstellung durch die Verordnung (EG) Nr. 1103/97

Im Juni 1997 wurde zunächst die Verordnung (EG) Nr. 1103/97[105] erlassen. Deren Erwägungsgründe greifen zunächst einige der vorausgegangenen politischen Entscheidungen auf. Praktisch wie rechtsdogmatisch bedeutsam sind insbesondere die Aussagen in Erwägungsgrund 2 zum Namen der neuen Währung. Die Verträge hatten bis zu diesem Zeitpunkt ausschließlich von ECU als Währungsbezeichnung gesprochen. In Bezug auf die Namensgebung heißt es nunmehr:

> „Auf der Tagung des Europäischen Rates in Madrid wurde entschieden, daß der im Vertrag zur Bezugnahme auf die europäische Währungseinheit benutzte Ausdruck ‚ECU' eine Gattungsbezeichnung ist. Die Regierungen der fünfzehn Mitgliedstaaten haben sich darauf geeinigt, daß dieser Beschluß die einvernehmliche endgültige Auslegung der einschlägigen Vertragsbestimmungen darstellt. Der Europäischen Währung wird der Name Euro gegeben."[106]

Diese Vorgehensweise verdeutlicht den politischen Charakter der Namensfindung. Über ihre rechtliche Bewertung besteht keine Einigkeit.[107] Die eigentlichen Regelungsgegenstände der Verordnung Nr. 1103/97 waren allerdings vor allem die „normative Abwicklung" der ECU, die Sicherstellung der Vertragskontinuität und die Umrechnungsmodalitäten. Jegliche Bezugnahmen auf die ECU im Sekundärrecht der Gemeinschaften galten fortan als Bezugnahmen auf den Euro (Art. 2). Die Vertragskontinuität sollte vorbehaltlich abweichender Parteivereinbarung durch die Euro-Einführung unberührt bleiben (Art. 3).[108] Nach Art. 5 der Verordnung war bei der Umrechnung in Euro-Beträge eine Rundung auf zwei Nachkommastellen, d.h. auf volle Cent, vorzunehmen. Ziel war ein möglichst hohes Maß an Genauigkeit bei der Umrechnung.[109]

2. Normativer Vollzug durch die Verordnung (EG) Nr. 974/98

Den eigentlichen gesetzgeberischen Akt der Euro-Einführung enthält die Verordnung (EG) Nr. 974/98[110], welche daher auch als „Euro-Einführungsverordnung" bezeichnet wird. Sie wurde am 3.5.1998 erlassen und beinhaltet die es-

---

[105] Verordnung (EG) Nr. 1103/97 über bestimmte Vorschriften im Zusammenhang mit der Einführung des Euro vom 17.6.1997, ABl. EG Nr. L 162 S. 1 vom 19.6.1997.

[106] Erwägungsgrund 2 der Verordnung (EG) Nr. 1103/97; ebenso Erwägungsgrund 2 der Verordnung (EG) Nr. 974/98.

[107] Für eine Zulässigkeit *Hahn/Häde*, Währungsrecht (2. Auflage 2010), § 14 Rn. 17; dagegen *Smits*, The European Central Bank (1997), S. 491 f.

[108] Einschränkend *Uhl*, Die Einführung des Euro unter den Gesichtspunkten vertraglicher und geldrechtlicher Kontinuität (2003), S. 120 ff.

[109] Vgl. Erwägungsgründe 10 f. der Verordnung (EG) Nr. 1103/97 sowie EuGH, Urteil vom 14.9.2004 – Rs. C-19/03 (*Verbraucherzentrale Hamburg/O2*), Slg. 2004 S. I-8183, Rn. 31 ff.; BGH NZM 2005, 720.

[110] Verordnung (EG) Nr. 974/98 über die Einführung des Euro vom 3.5.1998, ABl. EG Nr. L 139 S. 1 vom 11.5.1998.

sentiellen Anordnungen für den Übergang in die dritte Stufe des Delors-Plans. Nach Art. 109l Abs. 4 Satz 3 EGV a.F. stand es dem Rat zu, alle erforderlichen Maßnahmen – mit Ausnahme der Festlegung der Umrechnungskurse – für die rasche Einführung des Euro zu ergreifen. Die Verordnung bestätigt zunächst einleitend in ihrem Erwägungsgrund 2 die auf dem Europäischen Rat von Madrid beschlossene Namensgebung für die Gemeinschaftswährung, welche die ECU lediglich als Gattungsbezeichnung einstuft und statt dessen die neue Währung als „Euro" bezeichnet. Weiterhin ist eine Übergangszeit für die Einführung des Euro vorgesehen, welche vom 1.1.1999 bis zum 31.12.2001 andauern sollte. Dieses (letzte) retardierende Moment in der Geschichte des Euro bezweckte die Absicherung eines reibungslosen Übergangs insbesondere im Hinblick auf die Bargeldeinführung.[111] Den teilnehmenden Mitgliedstaaten wurde freigestellt, ob sie die Verwendung des Euro in der Übergangszeit in vollem Umfang zulassen.[112] Jedoch mussten Buchgeldtransfers sowohl in der jeweiligen Landeswährung als auch in Euro möglich sein.[113] Gesetzliches Zahlungsmittel mit Annahmezwang sollte der Euro in der Übergangsphase jedoch noch nicht sein. Erst ab dem 1.1. 2002 wurden nach Art. 10 Satz 2, 11 Satz 2 der Verordnung die Euro-Scheine und Euro-Münzen zu gesetzlichen Zahlungsmitteln.

Die Geburtsstunde des Euro als gemeinschaftlicher Währung sahen die Art. 2 ff. der Verordnung allerdings schon für den 1.1.1999 vor. In diesem Zeitpunkt sollte der Euro zwar noch nicht physisch, aber schon rechtlich und mit praktischer Verwendbarkeit entstehen. Im Wortlaut der Verordnung heißt es an entscheidender Stelle:

> „ERSETZUNG DER WÄHRUNGEN DER TEILNEHMENDEN MITGLIEDSTAATEN DURCH DEN EURO
>
> Artikel 2
>
> Ab 1. Januar 1999 ist die Währung der teilnehmenden Mitgliedstaaten der Euro. Die Währungseinheit ist ein Euro. Ein Euro ist in 100 Cent unterteilt.
>
> Artikel 3
>
> Der Euro tritt zum Umrechnungskurs an die Stelle der Währungen der teilnehmenden Mitgliedstaaten.
>
> Artikel 4
>
> Der Euro ist die Rechnungseinheit der Europäischen Zentralbank (EZB) und der Zentralbanken der teilnehmenden Mitgliedstaaten."

---

[111] Erwägungsgrund 8 der Verordnung (EG) Nr. 974/98.
[112] Erwägungsgrund 10 der Verordnung (EG) Nr. 974/98.
[113] Erwägungsgrund 13 der Verordnung (EG) Nr. 974/98.

Die nationalen Währungen der teilnehmenden Mitgliedstaaten blieben nicht neben dem Euro bestehen, sondern wurden durch diesen ersetzt.[114] Art. 3 der Verordnung sieht daher eine Währungsänderung in der Form eines Währungswechsels vor. Jedoch bildeten nach Art. 6 Abs. 1 Satz 1 der Verordnung innerhalb der Übergangsphase die bisherigen nationalen Währungen nichtdezimale Untereinheiten des Euro. Ungeachtet der Ersetzung der nationalen Währungen durch den Euro behielt das mitgliedstaatliche Bargeld nach Art. 9 der Verordnung vorläufig seine Eigenschaft als alleiniges gesetzliches Zahlungsmittel.

Den Wirtschaftsteilnehmern sollte für die Übergangsphase freigestellt werden, ob und in welchem Umfang sie auf den Euro zurückgreifen. Auf dem Europäischen Rat von Madrid war im Dezember 1995 entsprechend beschlossen worden:

> „Die Verordnung wird sicherstellen, daß privaten Wirtschaftsteilnehmern in der Zeit vor dem Ablauf der Frist für die Vollendung der Umstellung die Benutzung des Euro freisteht; es sollte jedoch keine Verpflichtung vorgesehen werden. Im Rahmen des Möglichen sollte ihnen gestattet werden, ihre eigenen Mechanismen für die Anpassung an die Umstellung zu entwickeln; bei der Umsetzung dieser Prinzipien sollte jedoch den Standardisierungspraktiken der Märkte Rechnung getragen werden."[115]

Diese Konzeption liegt Art. 8 der Verordnung zugrunde, welcher in weitem Umfang der Privatautonomie der Vertragsparteien Gestaltungsmacht einräumt. In der komplizierten Sprache von Art. 8 Abs. 1 der Verordnung wird der Sache nach festgelegt, dass grundsätzlich auf die bisherige Landeswährung lautende Vorschriften und Regelungen in der Übergangsphase auch nach dieser Währung abzuwickeln sind. Ebenso sind grundsätzlich auf Euro lautende Vorschriften und Regelungen in Euro durchzuführen. Die Parteien können abweichende Vereinbarungen treffen. Diese Rechtsfolgen lassen sich präziser aus Art. 8 Abs. 1 der Verordnung ableiten. Danach sind Handlungen aufgrund von Rechtsinstrumenten, welche die Verwendung einer mitgliedstaatlichen Währung vorschreiben oder auf sie lauten, in besagter mitgliedstaatlicher Währung auszuführen. Entsprechendes gilt für den Euro. Unter Rechtsinstrumenten versteht die Verordnung ausweislich ihres Art. 1 2. Spiegelstrich umfassend „Rechtsvorschriften, Verwaltungsakte, gerichtliche Entscheidungen, Verträge, einseitige Rechtsgeschäfte, Zahlungsmittel – außer Banknoten und Münzen – sowie sonstige Instrumente mit Rechtswirkung". Eine Einschränkung der privatautonomen Gestaltungsfreiheit sieht Art. 8 Abs. 3 Satz 1 der Verordnung für die Erfüllung von bargeldlos zahlbaren Geldforderungen vor. Ohne vertragliche Abweichungsmöglichkeit kann sowohl mit Buchgeld in Euro oder in nationaler Währungseinheit erfüllt werden, sofern nur die Verbindlichkeit entwe-

[114] *Dierdorf*, NJW 1998, 3145, 3146.

[115] Schlussfolgerung Nr. 9 des Europäischen Rates in Madrid am 15. und 16. 12. 1995, ABl. EG Nr. C 22 S. 2 vom 26. 1. 1996.

der auf Euro oder die nationale Währungseinheit lautete. Schließlich stellt Art. 8 Abs. 6 der Verordnung sicher, dass auf Euro lautende Forderungen mit auf eine nationale Währungseinheit lautendenden verrechnet bzw. aufgerechnet werden können. Probleme bei der Gleichartigkeit nach § 387 BGB sollen auf diese Weise vermieden werden.

3. Umrechnungskurse nach der Verordnung (EG) Nr. 2866/98

Die Verordnung (EG) Nr. 1103/97 hatte ausweislich ihrer Erwägungsgründe 3 und 10 die Festlegung der genauen Umrechnungskurse zwischen den nationalen Währungen der teilnehmenden Mitgliedstaaten und dem Euro noch offen gelassen. Erst am ersten Tag der dritten Stufe sollte nach Art. 109l Abs. 4 Satz 1 EGV a.F. der Rat aufgrund eines einstimmigen Beschlusses der Mitgliedstaaten die Umrechnungskurse mit unwiderruflicher Wirkung annehmen. Am Vorabend der Euro-Einführung hat der Rat dementsprechend in der Verordnung (EG) Nr. 2866/98[116], die noch am selben Tag im Amtsblatt veröffentlicht wurde, auf Vorschlag der Kommission und nach Stellungnahme der Europäischen Zentralbank vom selben Tag[117] die Umrechnungskurse zwischen dem Euro und den Währungen der teilnehmenden Mitgliedstaaten festgelegt. Danach entsprach ein Euro genau 1,95583 Deutsche Mark. Eine Differenzierung zwischen Bar- und Buchgeld war nicht vorgesehen. Im Knappschen Sinne[118] fand der Euro rekurrenten Anschluss an die früheren nationalen Währungen. Der Euro lässt sich danach historisch über seine Bezugnahme unter anderem auf die Deutsche Mark definieren. Wie zeitlich von Art. 109l Abs. 4 Satz 1 EGV a.F. vorgegeben und in Art. 2 der Verordnung (EG) Nr. 2866/98 präzisiert, trat die Verordnung am 1. 1. 1999 in Kraft.

4. Umsetzungsakte in Deutschland

Trotz der unmittelbaren Anwendbarkeit der Verordnungen zur Euro-Einführung bedurfte es vor Beginn der dritten Stufe der Wirtschafts- und Währungsunion zahlreicher gesetzlicher Änderungen in den Rechtssystemen der teilnehmenden Mitgliedstaaten. In Deutschland waren diese Anpassungen gebündelt im Gesetz zur Einführung des Euro (Euro-Einführungsgesetz) vom 9. 6. 1998[119] enthalten. Es enthielt unter anderem Änderungen im Bereich des Prozess-, Gesellschafts-, Bilanz-, Börsen-, Münz- und Preisrechts. Die weiteren Umsetzungsakte ergingen erst während der Übergangsphase von 1999 bis 2001.

---

[116] Verordnung (EG) Nr. 2866/98 über die Umrechnungskurse zwischen dem Euro und den Währungen der Mitgliedstaaten, die den Euro einführen vom 31. 12. 1998, ABl. EG Nr. L 359 S. 1 vom 31. 12. 1998.

[117] ABl. EG Nr. C 142 S. 1 vom 31. 12. 1998.

[118] Vgl. *Knapp*, Staatliche Theorie des Geldes (4. Auflage 1923), S. 18 ff.

[119] BGBl. I S. 1242.

D. Übergangsphase (1999–2001) = die dritte Stufe

I. Anpassungen auf Primär- und Sekundärrechtsebene

Wegen Art. 109j Abs. 4 Satz 1 EGV a.F. begann zum 1. 1. 1999 *ipso iure*[120] die dritte Stufe der Wirtschafts- und Währungsunion. Der Euro als neue Gemeinschaftswährung entstand und ersetzte die Landeswährungen der teilnehmenden Mitgliedstaaten. Der Euroraum war als eigenständiges Währungsgebiet mit eigener Währungsverfassung entstanden. Zu diesem Zeitpunkt existierte der Euro jedoch ausschließlich als Buchgeld, nicht als Sachgeld. Für diese Übergangsphase kamen die Übergangsvorschriften der Art. 6 bis 9 der Verordnung (EG) Nr. 974/98 zur Anwendung. Neben den sekundärrechtlichen Änderungen durch die Verordnungen (EG) Nr. 1103/97 und Nr. 974/98 bewirkte der Übergang zur dritten Stufe zugleich bedeutende primärrechtliche Änderungen:[121] Die Mitgliedstaaten sind zur Vermeidung übermäßiger Defizite verpflichtet (Art. 104c Abs. 1 EGV a.F. = Art. 126 Abs. 1 AEUV). Die Unabhängigkeit der Europäischen Zentralbank, der nationalen Zentralbanken und der Mitglieder ihrer jeweiligen Organe muss durch die Gemeinschaften und die Mitgliedstaaten geachtet werden (Art. 107 EGV a.F. = Art. 130 AEUV). Die ausschließliche Zuständigkeit für die einheitliche Geldpolitik der Teilnehmerländer ist auf die supranationale Ebene übertragen worden (Art. 105 Abs. 2 EGV a.F. = Art. 127 Abs. 2 AEUV). Gleiches gilt für die Wechselkurspolitik (Art. 105 Abs. 2, 109 EGV a.F. = Art. 127 Abs. 2, 131 AEUV). Nur unter den engen Voraussetzungen von Art. 103a Abs. 2 EGV a.F. (= Art. 122 Abs. 2 AEUV) darf einem Mitgliedstaat in notstandsähnlichen Fällen finanzieller Beistand gewährt werden. In institutioneller Hinsicht schließlich wurde der frühere Währungsausschuss durch den Wirtschafts- und Finanzausschuss ersetzt (Art. 109c EGV a.F. = Art. 134 AEUV).

II. Umsetzungsakte in Deutschland

Die Anpassung des nationalen deutschen Rechts an die neue Gemeinschaftswährung wurde im Wesentlichen[122] durch zwei weitere Umsetzungsgesetze gewährleistet. Durch das Gesetz zur Öffnung der Sozial- und Steuerverwaltung

---

[120] *Schorkopf*, NJW 2001, 3734, 3735; *Selmayr*, Das Recht der Wirtschafts- und Währungsunion (2002), S. 242 ff., 247 m.w.N.; *Herrmann*, Währungshoheit, Währungsverfassung und subjektive Rechte (2010), S. 215; wohl auch *Meier*, NJW 1996, 1027, 1028; *Dierdorf*, NJW 1998, 3145; unklar BVerfGE 89, 155, 201.

[121] Vgl. im Einzelnen *Selmayr*, Das Recht der Wirtschafts- und Währungsunion (2002), S. 253 ff.; *Weiß*, EuR 2002, 165, 171 ff. m.w.N.

[122] Vgl. zu den weiteren Umsetzungsakten *Schorkopf*, NJW 2001, 3734, 3740 ff.

für den Euro (Zweites Euro-Einführungsgesetz) vom 24.3.1999[123] wurden die Umsetzungsschritte des Ersten Euro-Einführungsgesetzes fortgeführt und auf die Bereiche des Sozial-, Arbeits- und Steuerrechts ausgeweitet.[124] Es trat rückwirkend zum 1.1.1999 in Kraft.

Im Anschluss an die beiden ersten Euro-Einführungsgesetze wurde am 21.12.1999 das Gesetz über die Änderung währungsrechtlicher Vorschriften infolge der Einführung des Euro-Bargeldes (Drittes Euro-Einführungsgesetz)[125] verkündet. Als Artikelgesetz enthielt es verschiedene Regelungskomplexe.[126] In seinem Art. 1 war das DM-Beendigungsgesetz enthalten. Dieses hob insbesondere die Eigenschaft der auf Deutsche Mark lautenden Geldzeichen als gesetzliche Zahlungsmittel zum Ablauf des 31.12.2001 auf; es kam zum „juristischen Big Bang“[127]. Der für die deutsche Währungsgeschichte einschneidende Art. 1 § 1 Satz 1 lautet:

> „Mit Ablauf des 31. Dezember 2001 verlieren die von der Deutschen Bundesbank ausgegebenen, auf Deutsche Mark lautenden Banknoten und die von der Bundesrepublik Deutschland ausgegebenen, auf Deutsche Mark oder Deutsche Pfennig lautenden Bundesmünzen ihre Eigenschaft als gesetzliche Zahlungsmittel.“

Wegen der bindenden Vorgaben aus Art. 10 Satz 2, 11 Satz 2 der Verordnung (EG) Nr. 974/98 ist die Tatsache, dass die auf Deutsche Mark lautenden Geldzeichen nicht mehr gesetzliche Zahlungsmittel sind, rein deklaratorisch enthalten. Der eigentliche Regelungsgehalt der Vorschrift liegt darin, dass der durch Art. 15 der Verordnung (EG) Nr. 974/98 zugelassene parallele Umlauf von Euro- und DM-Bargeld bis höchstens 30.6.2002 ausgeschlossen wird.[128] Aufgrund einer privaten Übereinkunft der Verbände der Kreditwirtschaft, des Handels und vergleichbarer Dienstleistungen sowie der Automatenwirtschaft vom Oktober 1998 galt jedoch bis zum 28.2.2002 eine sog. „modifizierte Stichtagsregelung“[129]. Danach konnte beispielsweise im Einzelhandel bis zum 28.2.2002 weiterhin mit DM-Bargeld bezahlt werden, obwohl kein gesetzlicher Annahmezwang mehr bestand. Ob die Vereinbarung der Verbände zu einem privatrechtlichen Annahmezwang zulasten auch nur der Verbandsmitglieder geführt hat, ist schon wegen der regelmäßig fehlenden rechtsgeschäftlichen Vertretungsmacht zweifelhaft; die Vereinbarung dürfte eher eine rein appellative Absichtserklärung dargestellt haben.[130]

---

[123] BGBl. I S. 385; vgl. dazu die Gesetzesbegründung in BT-Drucks. 14/229.
[124] Vgl. im Einzelnen *Dittrich*, NJW 1999, 2015.
[125] BGBl. I S. 2402; vgl. dazu die Gesetzesbegründung in BT-Drucks. 14/1673.
[126] Vgl. im Einzelnen *Dittrich*, NJW 2000, 487.
[127] BT-Drucks. 14/1673, S. 8.
[128] *Dittrich*, NJW 2000, 487.
[129] BT-Drucks. 14/1673, S. 8.
[130] Ebenso wohl *Dittrich*, NJW 2000, 487 („faktisch“).

Das Dritte Euro-Einführungsgesetz enthielt in seinem Art. 2 ein vollständig neu gefasstes Münzgesetz, welches das bisherige Münzgesetz zum 1. 1. 2002 ablöste. Damit wurden die mitgliedstaatlichen Befugnisse, die Art. 128 Abs. 2 AEUV belässt, ausgeschöpft und innerstaatlich nach dem Kompetenzgefüge des Grundgesetzes (Art. 73 Abs. 1 Nr. 4 GG) zugewiesen.[131] Weiterhin wurde § 14 BBankG, der die Notenausgabe durch die Deutsche Bundesbank regelt, an die Vorgaben aus Art. 106 Abs. 1 EGV a.F. (= Art. 128 Abs. 1 AEUV) und Art. 10 der Verordnung (EG) Nr. 974/98 angepasst. Die Ausgabe von Euro-Scheinen erfolgt in Deutschland ausschließlich durch die Deutsche Bundesbank mit Genehmigung der Europäischen Zentralbank. Deklaratorisch wiederholt seitdem der neu gefasste § 14 Abs. 1 Satz 2 BBankG die sekundärrechtliche Regelung in Art. 10 Satz 2 der Verordnung (EG) Nr. 974/98, wonach die Euro-Banknoten die einzigen unbeschränkten gesetzlichen Zahlungsmittel sind.

E. Vollendungsphase (seit 2002)

Die Einführung des Euro war zum 1. 1. 2002 mit der Ausgabe des Euro-Bargelds vollendet.[132] Die früheren nationalen Währungen existieren seitdem auch nicht mehr als nichtdezimale Untereinheiten des Euro. Eine gesetzliche Annahmepflicht für die vorherigen mitgliedstaatlichen Währungen besteht spätestens seit dem 30. 6. 2002 in keinem Fall mehr; seit diesem Zeitpunkt ist der Währungswechsel in allen Teilnehmerländern abgeschlossen. Seit dem 1. 3. 2002 wird auch im deutschen Einzelhandel – bis auf marketingbedingte Einzelfälle – kein DM-Bargeld mehr angenommen. Nach Art. 10 Satz 2, 11 Satz 2 der Verordnung (EG) Nr. 974/98 sind allein die Euro-Geldzeichen gesetzliche Zahlungsmittel im Euroraum. Wird in Verträgen, Gesetzen oder sonstigen Rechtsinstrumenten, die am 31. 12. 2001 bestanden, weiterhin auf nationale Währungen verwiesen, so sind diese dennoch in Euro in entsprechend umgerechneten Höhe auszuführen (Art. 14 der Verordnung (EG) Nr. 974/98). Eine Umtausch der alten Geldzeichen in nationaler Währung kann durch die zuständigen Zentralbanken erfolgen (Art. 16 der Verordnung (EG) Nr. 974/98), wozu in Deutschland die Bundesbank zeitlich unbegrenzt verpflichtet ist (§ 1 Satz 2 DMBeEndG). Die neue supranationale Währungsverfassung ist nunmehr vollständig in Kraft. Nicht vollendet ist hingegen die korrespondierende Wirtschaftsunion, die weiterhin ihrer Intensivierung harrt.

---

131 Vgl. im Einzelnen *Dittrich*, NJW 2000, 487, 488.

132 Vgl. zu den Ausgabemodalitäten *Schorkopf*, NJW 2001, 3734, 3742.

F. Zusammenfassung

Bis zum Ende des Zweiten Weltkriegs lassen sich die Ursprünge der europäischen Gemeinschaftswährung zurückverfolgen. Ihren Anfang nahm die Währungsunion in schlichten Zahlungs- und Verrechnungsabkommen. Erst in den 1970er und 1980er Jahren folgten konkrete und weitreichendere Bestrebungen in Gestalt des Werner-Plans und des Europäischen Währungssystems. Die entscheidenden Schritte in Richtung Währungsunion nahmen die Mitgliedstaaten allerdings erst auf Grundlage des Delors-Plans von 1989, der den späteren dreistufigen Übergangsprozess vorzeichnete. Die nationalen Währungen der Euro-Teilnahmestaaten wurden schließlich zum 1.1.1999 im Wege des rekurrenten Anschlusses durch den Euro abgelöst. Ein Vielzahl von Begleitgesetzen gestaltete den Währungswechsel weiter aus, denn dieses originär währungsrechtliche Ereignis warf zugleich geldschuldrechtliche Fragen – etwa zur Vertragskontinuität[133] – auf.

---

[133] Vgl. dazu unten, S. 362 ff.

§ 8 Materielle Grundprinzipien

Die Währungsverfassung der Europäischen Union ist auf sechs elementaren Grundpfeilern aufgebaut, die sich überwiegend aus dem Primär-, teilweise aber auch aus dem Sekundärrecht ergeben. Auszugehen ist von dem Prinzip der Unabhängigkeit der Zentralbank, die dem omnipräsenten Ziel der Preisstabilität dient. Hinzu treten drei Verbote (monetäre Haushaltsfinanzierung, bevorzugter Zugang zu Finanzinstituten, Mithaftung) und ein Gebot (Haushaltsdisziplin). Das Bundesverfassungsgericht hat die materiellen Grundprinzipien der europäisch-supranationalen Währungsverfassung und ihre Auslegung in seiner Rechtsprechung folgendermaßen zusammengefasst:

> „Das geltende Integrationsprogramm gestaltet die Währungsunion als Stabilitätsgemeinschaft aus. Dies ist, wie das Bundesverfassungsgericht wiederholt hervorgehoben hat (vgl. BVerfGE 89, 155 [205]; 97, 350 [369]; 129, 124 [181 f.]), wesentliche Grundlage für die Beteiligung der Bundesrepublik Deutschland an der Währungsunion. Die Verträge laufen dabei nicht nur hinsichtlich der Währungsstabilität mit den Anforderungen des Art. 88 Satz 2 GG, gegebenenfalls auch des Art. 14 Abs. 1 GG, parallel, der die Beachtung der Unabhängigkeit der Europäischen Zentralbank und das vorrangige Ziel der Preisstabilität zu dauerhaft geltenden Verfassungsanforderungen der deutschen Beteiligung an der Währungsunion macht (vgl. Art. 127 Abs. 1, Art. 130 AEUV); auch weitere zentrale Vorschriften zur Ausgestaltung der Währungsunion sichern die verfassungsrechtlichen Anforderungen unionsrechtlich ab. Das gilt insbesondere für das Verbot monetärer Haushaltsfinanzierung durch die Europäische Zentralbank, das Verbot der Haftungsübernahme (Bail-out-Klausel) und die Stabilitätskriterien für eine tragfähige Haushaltswirtschaft (Art. 123 bis Art. 126, Art. 136 AEUV; vgl. BVerfGE 129, 124 [181]).“[134]

---

[134] BVerfGE 131, 195, 243.

A. Währungsunion als „Stabilitätsgemeinschaft" (BVerfG)

I. Preisstabilität als normatives Leitmotiv der Währungsverfassung

Schon im allgemeinen Zielekatalog des EU-Vertrags wird die Preisstabilität als Grundpfeiler des Binnenmarktes verortet (Art. 3 Abs. 3 UAbs. 1 Satz 2 EUV). Speziellere Vorgaben finden sich im Vertrag über die Arbeitsweise der Europäischen Union. Das Europäische System der Zentralbanken (ESZB) unterliegt nach Art. 127 Abs. 1 Satz 1, 282 Abs. 2 Satz 2 AEUV der vorrangigen Pflicht zur Wahrung der Preisstabilität. Diese Zielsetzung ist von den Vertragsparteien ganz an den Anfang des Kapitels zur Währungspolitik im AEUV gestellt worden; sie erhält damit schon systematisch eine besonders herausgehobene Stellung. Aber auch der prägnante Wortlaut („vorrangig") unterstreicht nochmals die Bedeutung der Preisstabilität als Fundament oder „Grundnorm"[135] der unionalen Währungsverfassung.[136] Es gilt das „Primat der Preisstabilität"[137]. Auch aus diesem Grund hat das Bundesverfassungsgericht die Währungsunion als „Stabilitätsgemeinschaft"[138] bezeichnet. Die Kernaufgabe zur Sicherung der Preisstabilität darf auch nicht durch wirtschaftspolitische oder sonstige allgemeinpolitische Erwägungen ausgehebelt werden.[139] Selbst die Wirtschaftspolitik der Union kann durch das ESZB nur dann unterstützt werden, wenn dies ohne Beeinträchtigung der Preisstabilität möglich ist (Art. 127 Abs. 1 Satz 2 AEUV).[140] Ebenso legt Art. 119 Abs. 2 AEUV fest, dass die Geld- und Wechselkurspolitik der Union vorrangig das Ziel der Preisstabilität zu verfolgen hat. Nach Art. 119 Abs. 3 AEUV handelt es sich bei stabilen Preisen um einen „richtungsweisende[n] Grund[satz]" des Unionsrechts. Schließlich unterwirft Art. 219 Abs. 1 UAbs. 1 Satz 1 AEUV auch die Währungsaußenpolitik der Union dem Ziel der Preisstabilität. In diesem umfassenden Sinne äußerte sich schon 1990 der damalige Präsident der *Banque de France*, Jacques de Larosière:

---

[135] *Herrmann*, Währungshoheit, Währungsverfassung und subjektive Rechte (2010), S. 226 m.w.N.; *Kratzmann*, ZfgK 2013, 301, 305.

[136] Konzeptionell kritisch *Simitis*, in: *Kötz/Reichert-Facilides* (Hrsg.), Inflationsbewältigung im Zivil- und Arbeitsrecht (1976), S. 49, 62 ff.; zweifelnd an der praktischen Effektivität der Vertragsbestimmung *Heun*, JZ 1998, 866, 869.

[137] *Palm*, in: *Grabitz/Hilf/Nettesheim* (Hrsg.), Das Recht der Europäischen Union (2014), Art. 282 AEUV Rn. 9 f.

[138] BVerfGE 131, 195, 243; BVerfG EuZW 2014, 192 Rn. 43; vgl. auch *Zeitler*, WM 1995, 1609; *Hänsch*, Gesamtwirtschaftliche Stabilität als Verfassungsprinzip (2002), S. 205.

[139] Ähnlich rechtspolitisch *H. Schmidt*, in: *Franz* (Hrsg.), Die Europäische Zentralbank (1990), S. 101, 107 f.

[140] Ebenso schon zur früherer deutschen Währungsverfassung *Bettermann*, ZRP 1974, 13, 17.

> „Die Erfahrung hat gezeigt, daß es zwischen Wachstum und Inflation keine positive Beziehung gibt und daß stabiles wirtschaftliches Wachstum nur mit Geldwertstabilität zu erreichen ist."[141]

In der Tat wurden die einzelnen Vorzüge von Preisstabilität insbesondere für die Sozialpolitik, die allgemeine wirtschaftliche Entwicklung, ein niedriges langfristiges Zinsniveau und transparente Gütermärkte bereits nachgewiesen.[142]

II. Gebot der Preisstabilität

1. Sachliche Reichweite

Der materielle Gehalt des Stabilitätsziels lässt sich schwieriger fassen als seine normative Verankerung im Primärrecht. Es handelt sich ungeachtet ihrer volkswirtschaftlichen Bezüge[143] um eine juristische Fragestellung, welche durch Auslegung der einschlägigen Bestimmungen des EUV und des AEUV zu beantworten ist. Zunächst ist zu klären, mit welcher Reichweite die Vorgaben zur Preisstabilität als vorrangigem Maßstab versehen sind, d.h. welcher sachliche Anwendungsbereich den Vorschriften zukommt. Verbreitet wird angenommen, allein die Währungspolitik[144] bzw. die Geld- und Wechselkurspolitik[145] seien erfasst, nicht aber andere Tätigkeitsfelder der Union und ihrer Organe. Art. 3 Abs. 3 UAbs. 1 Satz 2 EUV erwähne die Preisstabilität lediglich als ein Ziel unter mehreren.[146] Die Gegenauffassung[147] hat sich für einen weiteren Anwendungsbereich des Vorrangs der Preisstabilität ausgesprochen. Vorzugswürdig dürfte eine vermittelnde Lösung sein, die zwar keinen Vorrang im technischen Sinne der Art. 119 Abs. 2, 127 Abs. 1 Satz 1 AEUV annimmt, dennoch die Preisstabilität nicht nur als ein gleichrangiges allgemeines Ziel des Binnenmarkts aus Art. 3 Abs. 3 UAbs. 1 EUV erfasst. Die besondere Hervorhebung der Preisstabilität gegenüber den übrigen Binnenmarktmaximen folgt aus dem – rechtlich gleichrangigen (Art. 1 UAbs. 3 Satz 2 EUV) – Vertrag über die Arbeitsweise der Europäischen Union. Dort findet sich in Art. 119 Abs. 3 AEUV eine chronologisch erstrangige Benennung der Preisstabilität als einen „richtungsweisenden Grund[satz]" in Bezug auf die gesamte Tätigkeit der Union und der Mit-

---

[141] *Larosière*, in: *Franz* (Hrsg.), Die Europäische Zentralbank (1990), S. 51, 55; ebenso *Hänsch*, Gesamtwirtschaftliche Stabilität als Verfassungsprinzip (2002), S. 269 m.w.N.

[142] *Reumann*, Die Europäische Zentralbank (2001), S. 52 f. m.w.N.

[143] Vgl. etwa *Endler*, Europäische Zentralbank und Preisstabilität (1998), S. 86 ff.

[144] *Beutel/Vedder*, Europäischer Verfassungsvertrag (2007), Art. III-177 Rn. 14; *Hahn/Häde*, Währungsrecht (2. Auflage 2010), § 15 Rn. 14.

[145] *Herrmann*, Währungshoheit, Währungsverfassung und subjektive Rechte (2010), S. 227.

[146] *Hahn/Häde*, Währungsrecht (2. Auflage 2010), § 15 Rn. 14.

[147] *Herdegen*, in: *Breuer* (Hrsg.), Arbeitsmarkt und staatliche Lenkung, VVDStRL 59 (2000), S. 166.

gliedstaaten im Sinne von Art. 3 EUV, wie sie in Art. 119 Abs. 1 AEUV definiert wird. Diese von Art. 3 EUV konturierte Tätigkeit geht deutlich über die Währungspolitik hinaus und erfasst insbesondere auch die Wirtschaftspolitik. Überdies ist nach dem Wortlaut von Art. 119 Abs. 1 und 3 AEUV nicht nur die Union selbst, sondern sind auch die einzelnen Mitgliedstaaten primärrechtlich dem Ziel der Preisstabilität unterworfen (persönlicher Anwendungsbereich: „Tätigkeit der Mitgliedstaaten und der Union").[148]

2. Relatives versus abstraktes Stabilitätsverständnis

Neben dem Anwendungsbereich in sachlicher wie persönlicher Hinsicht ist für den materiellen Gehalt des Ziels der Preisstabilität vor allem entscheidend, unter welchen Voraussetzungen „die Preise stabil", d.h. die Vorgaben inhaltlich einzuhalten sind. In der Literatur stehen sich zwei Meinungsgruppen gegenüber, welche unterschiedliche Folgerungen aus der Systematik der Verträge ableiten:[149] Einerseits wird ein „relativer" Stabilitätsbegriff postuliert, welcher in die Auslegung zugleich die weiteren Ziele aus Art. 3 Abs. 3 UAbs. 1 EUV einbezieht.[150] Andererseits wird eine „abstrakte" Auslegung gefordert, welche eine autarke Bestimmung der Preisstabilität ohne Berücksichtigung der übrigen Zielsetzungen des Binnenmarktes vornimmt.[151] Vorzugswürdig ist letztere Auffassung, da Art. 119 Abs. 2, 127 Abs. 1 AEUV ausdrücklich eine Vorrangstellung der Preisstabilität vorsehen, die ansonsten aufgeweicht würde. Eine Wechselwirkung zwischen den Zielsetzungen ist für den Bereich der Wirtschafts- und Währungspolitik im Sinne der Art. 119–144 AEUV abzulehnen.

3. Maßstab für Preisstabilität

Jedoch bleibt auch bei einer eigenständigen Begriffsauslegung noch zu klären, unter welchen Bedingungen eine Preisstabilität angenommen werden kann. Ausdrückliche Anhaltspunkte in Gestalt von konkreten Prozentsätzen lassen sich den Verträgen nicht entnehmen.[152] Auch eine Definition des „Preises" als Bezugsgröße fehlt im Primärrecht. In einer Marktwirtschaft können darunter

---

[148] A.A. wohl *Herrmann*, Währungshoheit, Währungsverfassung und subjektive Rechte (2010), S. 227.

[149] Ablehnend zu dieser Differenzierung *Reumann*, Die Europäische Zentralbank (2001), S. 62.

[150] *Janzen*, Der neue Artikel 88 Satz 2 des Grundgesetzes (1996), S. 160 unter Verweis auf *Nicolaysen*, Rechtsfragen der Währungsunion (1993), S. 39 f.

[151] *Endler*, Europäische Zentralbank und Preisstabilität (1998), S. 391 ff.; *Schütz*, EuR 2001, 291, 298 f.; *Gaitanides*, Das Recht der Europäischen Zentralbank (2005), S. 17 ff.; *Herdegen*, in: Maunz/Dürig, GG (2013), Art. 88 Rn. 31, jeweils m.w.N.

[152] Vgl. hierzu *de lege ferenda* den Überblick bei *Janzen*, Der neue Artikel 88 Satz 2 des Grundgesetzes (1996), S. 156 ff. m.w.N.

jedenfalls nicht sämtliche Einzelpreise verstanden werden.[153] Die Wortbedeutung von Stabilität könnte auf eine angestrebte Inflationsrate von 0 % hindeuten. Allerdings erscheint eine solche Zielvorgabe als illusionär und marktwirtschaftlich nicht umsetzbar.[154] Zudem zwingt der Wortlaut nicht zu einer 0 %-Grenze, sondern lässt Spielraum für einen – wenn auch engen – Zielkorridor.[155] Die Mitgliedstaaten dürften vor dem Hintergrund der historischen Erfahrungen ebenso eine Null-Inflation nicht im Sinn gehabt haben, als sie sich auf eine Ausrichtung an der Preisstabilität einigten.

Die Europäische Zentralbank geht in Anknüpfung an die frühere Haltung der Deutschen Bundesbank[156] davon aus, dass Preisstabilität bei einer Inflationsrate von unter, aber nahe 2 % vorliegt.[157] Als Maßstab wird der Harmonisierte Verbraucherpreisindex (HVPI) im Sinne der Verordnung (EG) Nr. 2494/95[158] herangezogen.[159] Ein solches Inflationsniveau wurde in den Jahrzehnten vor Eintritt in die dritte Stufe der Wirtschafts- und Währungsunion in Europa nur selten erreicht.[160] Das Europäische Parlament hatte wegen der fehlenden ausdrücklichen Definition in den Verträgen der Europäischen Zentralbank eine Letztentscheidungskompetenz zugesprochen, den Begriff der Preisstabilität verbindlich auszulegen.[161] Dem ist zu widersprechen. Nach dem Kompetenzgefüge der Verträge obliegt es in letzter Instanz dem Europäischen Gerichtshof, die Auslegung von EUV und AEUV vorzunehmen und damit zugleich das Handeln der anderen Unionsorgane zu kontrollieren.[162] Der Gerichtshof hat sich allerdings bislang nicht zur Auslegung des Stabilitätskriteriums geäußert. Angesichts der multikausalen Verursachung von Inflation, die nicht allein auf das Handeln von Staaten und Zentralbanken zurückzuführen ist,[163] lässt sich nicht allein durch die Adressaten der Vorgaben aus Art. 3 Abs. 3 EUV, Art. 119 Abs. 2 und 3, 127 Abs. 1 Satz 1 AEUV ein inflationsfreier Zustand sicherstellen. Lediglich eine Annäherung von oben an die Marke von 0 % kann gefordert werden. Daraus leitet sich die Rechtfertigung ab, Preisstabilität auch bei einer

---

[153] *Endler*, Europäische Zentralbank und Preisstabilität (1998), S. 63.

[154] Ähnlich *Herdegen*, in: Maunz/Dürig, GG (2013), Art. 88 Rn. 33.

[155] *Reumann*, Die Europäische Zentralbank (2001), S. 65.

[156] *Deutsche Bundesbank*, Monatsbericht Mai 1998, S. 60 m.w.N.

[157] *EZB*, Jahresbericht 2011, S. 8, 17; vgl. auch *EZB*, Monatsbericht Januar 1999, S. 50.

[158] Verordnung (EG) Nr. 2494/95 über harmonisierte Verbraucherpreisindizes vom 23.10.1995, ABl. EG Nr. L 251 S. 1 vom 27.10.1995; vgl. dazu *Endler*, Europäische Zentralbank und Preisstabilität (1998), S. 68 ff.

[159] *EZB*, Jahresbericht 2011, S. 8, 17 ff.

[160] *Endler*, Europäische Zentralbank und Preisstabilität (1998), S. 72 f.

[161] EuZW 1998, 454.

[162] Vgl. *Endler*, Europäische Zentralbank und Preisstabilität (1998), S. 513 ff.

[163] Vgl. im Überblick *Herrmann*, Währungshoheit, Währungsverfassung und subjektive Rechte (2010), S. 333 f. m.w.N.

Inflationsrate von über 0 % anzunehmen. Überwiegend wird die vom EZB-Rat proklamierte Grenze von 2 % als noch hinnehmbar erachtet.[164]

B. Verbot monetärer Haushaltsfinanzierung

Schon mit der zweiten Stufe der Wirtschafts- und Währungsunion trat das heute in Art. 123 Abs. 1 AEUV enthaltene Verbot monetärer Haushaltsfinanzierung in Kraft. Im Einzelnen sind danach Überziehungs- und andere Kreditfazilitäten bei der Europäischen oder einer nationalen Zentralbank für bestimmte öffentliche Stellen der Union und der Mitgliedstaaten, insbesondere auch zugunsten der Mitgliedstaaten selbst, ebenso unzulässig wie der unmittelbare Erwerb von Schuldtiteln dieser Stellen durch die Europäische oder eine nationale Zentralbank. Durch dieses Verbot der Haushaltsfinanzierung über die Zentralbank soll sichergestellt werden, dass sich sowohl die Union als auch die Mitgliedstaaten bei ihrer Kreditaufnahme den Gesetzen des Marktes stellen müssen[165] und eine „Staatsentschuldung" durch Inflation infolge beliebiger Geldmengenerhöhung ausgeschlossen ist.[166] Umgehungsversuche mittels funktional äquivalenter Maßnahmen werden von Art. 123 Abs. 1 AEUV nach Sinn und Zweck ebenfalls verboten.[167] Auf die Ermächtigungsgrundlage in Art. 125 Abs. 2 AEUV gestützt wurden zentrale Tatbestandsmerkmale aus Art. 123 Abs. 1 AEUV durch die Verordnung (EG) Nr. 3603/93[168] legaldefiniert. Aufschlussreich – und politisch brisant – sind aber bereits die Erwägungsgründe der Verordnung, welche die Reichweite des Finanzierungsverbots abstecken:

> „Die Mitgliedstaaten müssen geeignete Maßnahmen ergreifen, damit die nach Artikel 104 des Vertrages [= Art. 123 AEUV] vorgesehenen Verbote wirksam und uneingeschränkt angewendet werden und damit insbesondere das mit diesem Artikel verfolgte Ziel nicht durch den Erwerb auf dem Sekundärmarkt umgangen wird."[169]

---

[164] *Endler*, Europäische Zentralbank und Preisstabilität (1998), S. 71, 396; *Reumann*, Die Europäische Zentralbank (2001), S. 65 f.; *Gaitanides*, Das Recht der Europäischen Zentralbank (2005), S. 40; *Ohler*, JZ 2008, 317, 323; *Herrmann*, Währungshoheit, Währungsverfassung und subjektive Rechte (2010), S. 352; *Herdegen*, in: Maunz/Dürig, GG (2013), Art. 88 Rn. 31.

[165] *Gröpl*, Der Staat 52 (2013) 1, 5; *Steinbach*, NVwZ 2013, 918, 919; vgl. auch Erwägungsgrund 8 der Verordnung (EG) Nr. 3603/93.

[166] *Selmayr*, Das Recht der Wirtschafts- und Währungsunion (2002), S. 228.

[167] BVerfG EuZW 2014, 192 Rn. 85 f.

[168] Verordnung (EG) Nr. 3603/93 zur Festlegung der Begriffsbestimmungen für die Anwendung der in Artikel 104 und Artikel 104b Absatz 1 des Vertrages vorgesehenen Verbote vom 13. 12. 1993, ABl. EG Nr. L 332 S. 1 vom 31. 12. 1993.

[169] Erwägungsgrund 7 der Verordnung (EG) Nr. 3603/93.

Entsprechend hat das Bundesverfassungsgericht in seiner Eilentscheidung zum Europäischen Stabilitätsmechanismus[170] zutreffend festgestellt:

> „Denn ein Erwerb von Staatsanleihen am Sekundärmarkt durch die Europäische Zentralbank, der auf von den Kapitalmärkten unabhängige Finanzierung der Haushalte der Mitgliedstaaten zielte, ist als Umgehung des Verbotes monetärer Haushaltsfinanzierung ebenfalls untersagt (...).“[171]

Ergänzend heißt es im nachfolgenden Erwägungsgrund 8 der Verordnung:

> „In den Grenzen dieser Verordnung trägt der direkte Erwerb von handelbaren Schuldtiteln des öffentlichen Sektors eines Mitgliedstaats durch die Zentralbank eines anderen Mitgliedstaats nicht dazu bei, den öffentlichen Sektor den Regeln der Marktmechanismen zu entziehen, sofern ein derartiger Erwerb nur zum Zwecke der Währungsreservenverwaltung vorgenommen wird.“[172]

Umgesetzt wird diese Öffnung für die Währungsreservenbildung durch Art. 2 Abs. 2 der Verordnung (EG) Nr. 3603/93. Die Verordnung geht davon aus, dass solche Formen des Schuldenerwerbs keine Auswirkungen auf die allgemeine Zielsetzung haben, die Union und ihre Mitgliedstaaten den Finanzierungsregeln des Marktes zu unterwerfen. Daraus folgt zugleich die allgemeine *ratio legis* von Art. 123 AEUV. Gegen sie wird verstoßen, wenn die Europäische Zentralbank Schuldentitel von Mitgliedstaaten am Sekundärmarkt aufkauft, um sie von den hohen Finanzierungskosten zu entlasten, die der freie Markt ihnen abverlangt.

Positiv definiert werden die erfassten Kreditinstrumente in Art. 1 Abs. 1 der Verordnung (EG) Nr. 3603/93:

> „Im Sinne von Artikel 104 des Vertrages [= Art. 123 AEUV] gilt als
>
> a) ‚Überziehungsfazilität‘ jede Bereitstellung von Mitteln zugunsten des öffentlichen Sektors, deren Verbuchung einen Negativsaldo ergibt oder ergeben könnte;
>
> b) ‚andere Kreditfazilität‘:
> i) jede am 1. Januar 1994 bestehende Forderung an den öffentlichen Sektor mit Ausnahme der vor diesem Zeitpunkt erworbenen Forderungen mit fester Laufzeit,
> ii) jede Finanzierung von Verbindlichkeiten des öffentlichen Sektors gegenüber Dritten, und,
> iii) unbeschadet der Bestimmung in Artikel 104 Absatz 2 des Vertrages [= Art. 123 Abs. 2 AEUV], jede Transaktion mit dem öffentlichen Sektor, die zu einer Forderung an diesen führt oder führen könnte.“

---

[170] Vgl. allgemein *Piecha*, EuZW 2012, 532, 534 f.

[171] BVerfGE 131, 195, 268; ebenso *Kerber/Städter*, EuZW 2011, 536, 537; *Kratzmann*, ZfgK 2013, 301, 306; *Müller-Graff*, ZHR 176 (2012) 2, 4 und 6; i.E. auch *Seidel*, EuZW 2010, 521 mit Erwiderung von *Herrmann*, EuZW 2010, 645; zu formalistisch hingegen *Sester*, RIW 2013, 451, 454.

[172] Erwägungsgrund 8 der Verordnung (EG) Nr. 3603/93.

Den negativen Anwendungsbereich in Bezug auf Kredite legt unter anderem Art. 4 der Verordnung (EG) Nr. 3603/93 fest; danach sind innerhalb eines Tages gewährte Kredite einer Zentralbank an eine öffentliche Stelle ausgenommen, sofern eine Verlängerung über einen Tag hinaus nicht möglich ist. Die Verordnung geht ausweislich ihres Erwägungsgrundes 10 davon aus, dass solche Kredite das Funktionieren der Zahlungssysteme unterstützen können und daher kein Konflikt mit Art. 123 Abs. 1 AEUV besteht. Als Verbotsadressaten benennt Art. 123 Abs. 1 AEUV ausdrücklich nur die Zentralbanken. Teilweise wird angenommen, aus teleologischen Gründen müssten auch die Mitgliedstaaten selbst davon erfasst sein;[173] damit dürfte aber die äußerste Wortlautgrenze überschritten sein. Den Begünstigtenkreis der Kredite bzw. den Emittentenkreis der Schuldtitel bildet Art. 3 der Verordnung (EG) Nr. 3603/93 ab. Eine dem so definierten öffentlichen Sektor zugehörige Finanzinstitution ist beispielsweise der Europäische Stabilitätsmechanismus (ESM).[174] Die Ausnahmeregelung zugunsten öffentlicher Kreditinstitute aus Art. 123 Abs. 2 AEUV kommt ihm allerdings nicht zugute, da seine Finanzmittel unmittelbar den Mitgliedstaaten zufließen und daher ansonsten das Verbot aus Art. 123 Abs. 1 AEUV umgangen würde.[175] Durch den im Jahr 2012 neu eingefügten Art. 136 Abs. 3 AEUV werden jedoch die Mitgliedstaaten primärrechtlich vom Verbot monetärer Haushaltsfinanzierung freigestellt, soweit ihre Mitwirkung am Europäischen Stabilitätsmechanismus betroffen ist.[176] Trotz Art. 136 Abs. 3 AEUV an die materiellen Vorgaben aus Art. 123 AEUV gebunden sind hingegen die Union selbst und die Europäische Zentralbank.[177]

C. Verbot bevorrechtigten Zugangs zu Finanzinstituten

Der Ausschluss monetärer Haushaltsfinanzierung wird mit gleicher *ratio legis* ergänzt durch das Verbot eines bevorrechtigten Zugangs zu Finanzinstituten. Nach Art. 124 AEUV gilt eine Ausnahme allein bei aufsichtsrechtlichen Maßnahmen. Zur Auslegung der in der Vorschrift enthaltenen *termini* wurde auf

[173] So *Kube/Reimer*, NJW 2010, 1911, 1912; ablehnend EuGH, Urteil vom 27. 11. 2012 – Rs. C-370/12 (*Pringle/Irland*), Rn. 125; *Müller-Graff*, RIW 2013, 111, 114 f.

[174] BVerfGE 131, 195, 267; vgl. zu Entstehung und Funktionsweise *de Gregorio Merino*, CMLR 49 (2012) 1613, 1621 ff.

[175] BVerfGE 131, 195, 267.

[176] *de Gregorio Merino*, CMLR 49 (2012) 1613, 1629; *Kube*, WM 2013, 57, 60; rechtspolitisch und -konstruktiv kritisch *Müller-Graff*, ZHR 176 (2012) 2, 6; vgl. zu den staatsrechtlichen Anforderungen in Deutschland *Gröpl*, Der Staat 52 (2013) 1, 9 ff.

[177] *Kube*, WM 2013, 57, 60 f. m.w.N.

Grundlage von Art. 125 Abs. 2 AEUV die Verordnung (EG) Nr. 3604/93[178] erlassen. Zwar ist die Verordnung nicht Voraussetzung für die unmittelbare Anwendbarkeit von Art. 124 AEUV, jedoch kann sie zur Konkretisierung der dort verwendeten Begriffe herangezogen werden.[179] Die Zielsetzung von Art. 124 AEUV wird in Erwägungsgrund 1 der Verordnung (EG) Nr. 3604/93 zusammengefasst:

> „Das in Artikel 104a des Vertrages [= Art. 124 AEUV] vorgesehene Verbot des bevorrechtigten Zugangs zu den Finanzinstituten trägt wesentlich dazu bei, den öffentlichen Sektor bei seinen Finanzierungsgeschäften der Disziplin der Marktmechanismen zu unterwerfen, und hilft somit, die Haushaltsdisziplin zu stärken. Ferner werden dadurch die Mitgliedstaaten hinsichtlich des Zugangs des öffentlichen Sektors zu den Finanzinstituten gleichgestellt."

Ein bevorrechtigter Zugang ist gemäß Art. 1 Abs. 1 der Verordnung (EG) Nr. 3604/93 erstens anzunehmen, wenn Finanzinstitute durch zwingende Rechtsakte, die in Ausübung öffentlicher Gewalt erlassen wurden, dazu verpflichtet werden, Forderungen gegen öffentliche Stellen zu erwerben oder zu halten. Zweitens liegt ein bevorrechtigter Zugang im Sinne von Art. 124 AEUV auch dann vor, wenn durch einen solchen zwingenden Rechtsakt mit Steuervergünstigungen, die nur Finanzinstituten zugute kommen, oder mit finanziellen Vergünstigungen, die nicht marktwirtschaftlich sind, der Erwerb oder Besitz von Forderungen gegen öffentliche Stellen gefördert werden soll. Eine Ausnahme gilt dann, wenn Verpflichtungen von Finanzinstituten im Rahmen von Vertragsbeziehungen freiwillig eingegangen werden.[180] Als Finanzinstitute erfasst sind nicht nur Kreditinstitute im Sinne von Art. 4 Abs. 1 Nr. 1 der Verordnung (EU) Nr. 575/2013[181], sondern auch Versicherungsunternehmen im Sinne von Art. 1 lit. a der Richtlinien 92/49/EWG[182] und 92/96/EWG[183] sowie Wertpapierfirmen im Sinne von Art. 4 Abs. 1 Nr. 1 der Richtlinie 2004/39/EG[184].

---

[178] Verordnung (EG) Nr. 3604/93 zur Festlegung der Begriffsbestimmungen für die Anwendung des Verbots des bevorrechtigten Zugangs gemäß Artikel 104a des Vertrages vom 13. 12. 1993, ABl. EG Nr. L 332 S. 4 vom 31.12.1993.

[179] *Selmayr*, Das Recht der Wirtschafts- und Währungsunion (2002), S. 230 f.

[180] Erwägungsgrund 6 der Verordnung (EG) Nr. 3604/93.

[181] Verordnung (EU) Nr. 575/2013 über Aufsichtsanforderungen an Kreditinstitute und Wertpapierfirmen vom 26.6.2013, ABl. EU Nr. L 176 S. 1 vom 27.6.2013.

[182] Richtlinien 92/49/EWG zur Koordinierung der Rechts- und Verwaltungsvorschriften für die Direktversicherung (mit Ausnahme der Lebensversicherung) vom 18.06.1992, ABl. EG Nr. L 228 S. 1 vom 11.8.1992.

[183] Richtlinie 92/96/EWG zur Koordinierung der Rechts- und Verwaltungsvorschriften für die Direktversicherung (Lebensversicherung) vom 10.11.1992, ABl. EG Nr. L 360 S. 1 vom 9.12.1992.

[184] Richtlinie 2004/39/EG über Märkte für Finanzinstrumente vom 21.4.2004, ABl. EG Nr. L 145 S. 1 vom 30.4.2004.

D. Haftungsausschluss („*no bail out*")

Dem schon bei Art. 123 und 124 AEUV anzutreffenden Gedanken, die Union und die Mitgliedstaaten den Marktmechanismen zu unterwerfen und auf diese Weise Haushaltsdisziplin zu erzwingen, soll auch der in Art. 125 Abs. 1 AEUV enthaltene Haftungsausschluss Rechnung tragen.[185] Insofern besteht auch ein enger systematischer Zusammenhang mit Art. 126 Abs. 1 AEUV. Eine Haftung der Union für die Mitgliedstaaten oder der Mitgliedstaaten untereinander ist ausgeschlossen. Ein Mitgliedstaat soll sich von seiner finanzpolitischen Verantwortung nicht freikaufen lassen können („*no bail out*"[186]). Jeder Mitgliedstaat ist für seine Haushaltspolitik selbst verantwortlich.[187] Das Verbot aus Art. 125 Abs. 1 AEUV[188] ist – wie deklaratorisch nochmals in Erwägungsgrund 1 Satz 1 der Verordnung (EG) Nr. 3603/93 festgestellt – unmittelbar anwendbar.[189] Im Einzelnen bezieht sich das Haftungsverbot nicht nur auf die Union und die Mitgliedstaaten selbst, sondern auf alle in Art. 125 Abs. 1 AEUV aufgezählten Untergliederungen und Körperschaften von Union und Mitgliedstaaten sowie öffentliche Unternehmen; letztere sind in Art. 8 der Verordnung (EG) Nr. 3603/93 definiert. Ausgeschlossen ist daher auch die Haftung der Mitgliedstaaten untereinander.[190]

Eine eng begrenzte Ausnahme von Art. 125 Abs. 1 AEUV enthält Art. 122 Abs. 2 AEUV. Jedoch auch daran lässt sich die *ratio legis* des Haftungsverbots verdeutlichen: Nur bei außergewöhnlichen Ereignissen in einem Mitgliedstaat, „die sich seiner Kontrolle entziehen" (z.B. Naturkatastrophen), darf finanzieller Beistand geleistet werden.[191] Die eigene Haushaltspolitik entzieht sich naturgemäß nicht der Kontrolle des jeweiligen Mitgliedstaats.[192] Zu einseitig ist daher die Begründung in Erwägungsgrund 2 der Verordnung (EU) Nr. 407/2010[193],

---

185 EuGH, Urteil vom 27.11.2012 – Rs. C-370/12 (*Pringle/Irland*), Rn. 135; *Häde*, EuZW 2009, 399, 402; *Hentschelmann*, EuR 2011, 282, 284 f.; *de Gregorio Merino*, CMLR 49 (2012) 1613, 1625; *Heun/Thiele*, JZ 2012, 973, 978; *Mayer/Heidfeld*, ZRP 2012, 129 f.; *Gröpl*, Der Staat 52 (2013) 1, 5.

186 Kritisch zur Terminologie *Heun/Thiele*, JZ 2012, 973, 978.

187 BVerfG EuZW 2014, 192 Rn. 41; *Geiger*, Das Währungsrecht im Binnenmarkt der Europäischen Union (1996), S. 122; *de Gregorio Merino*, CMLR 49 (2012) 1613, 1626; *Bandilla*, in: *Grabitz/Hilf/Nettesheim* (Hrsg.), Das Recht der Europäischen Union (2014), Art. 125 AEUV Rn. 8; *Müller-Graff*, RIW 2013, 111, 113.

188 Zur Rechtsnatur *Hentschelmann*, EuR 2011, 282, 290 f.

189 *Selmayr*, Das Recht der Wirtschafts- und Währungsunion (2002), S. 231.

190 *Hentschelmann*, EuR 2011, 282, 292 f.; *Steinbach*, JZ 2013, 1148, 1149; vgl. zur Frage der Miterfassung des ESM *de Gregorio Merino*, CMLR 49 (2012) 1613, 1626.

191 Zu extensiv in Bezug auf die Ausnahmeregelung hingegen *Heun/Thiele*, JZ 2012, 973, 979.

192 Ebenso *Kube/Reimer*, NJW 2010, 1911, 1914; *Müller-Graff*, ZHR 176 (2012) 2, 3.

193 Verordnung (EU) 407/2010 zur Einführung eines europäischen Finanzstabilisierungsmechanismus vom 11.5.2010, ABl. EU Nr. L 118 S. 1 vom 12.5.2010.

allein durch „eine ernsthafte Verschlechterung der internationalen Wirtschafts- und Finanzlage" könne eine solche Notlage entstehen.[194] Insbesondere vor dem Hintergrund von Sinn und Zweck des Art. 125 Abs. 1 AEUV bestehen daher erhebliche Zweifel, ob die Maßnahmen des sog. „Euro-Rettungsschirms"– etwa die Darlehensvergabe nach Art. 2 der Verordnung (EU) Nr. 407/2010 – primärrechtskonform sind.[195] Nach dem neu eingefügten Art. 136 Abs. 3 AEUV findet das Verbot aus Art. 125 Abs. 1 AEUV jedoch keine Anwendung auf eine begrenzte Haftungsübernahme durch den Europäischen Stabilitätsmechanismus.[196]

E. Haushaltsdisziplin

I. Normative Grundlagen und Zielsetzung

Die Wirtschafts- und Währungsunion weist eine signifikante Asymmetrie auf, da die Währungspolitik nahezu vollständig auf die Unionsebene gewandert ist, während die Wirtschaftspolitik in der nationalen Kompetenz verblieb.[197] Daraus folgt eine Spannungslage, welche der AEUV zu entschärfen sucht. So werden die Spielräume der Mitgliedstaaten in der Haushalts- und Finanzpolitik durch Art. 126 Abs. 1 AEUV begrenzt. Die Mitgliedstaaten sind danach verpflichtet, übermäßige Haushaltsdefizite zu vermeiden. Die Teleologie der Norm ist eng mit den Art. 123 bis 125 AEUV und dem vorrangigen Ziel der Preisstabilität aus Art. 127 Abs. 1 AEUV verbunden. Das Gebot der Haushaltsdisziplin bezweckt, die Entstehung von Inflationsdruck und von Gefahren für die Unabhängigkeit der Zentralbank schon im Vorfeld zu bekämpfen und im Idealfall erst gar nicht zur Entstehung gelangen zu lassen.[198] Eine laxe Fiskalpolitik und ein in der Folge hoher Schuldenstand können in einem Mitgliedstaat das Bedürfnis auslösen, durch politischen Druck auf die Zentralbank niedrige Zin-

---

[194] *Hentschelmann*, EuR 2011, 282, 297, 303; a.A. *Herrmann*, EuZW 2010, 413, 414.

[195] *Kube/Reimer*, NJW 2010, 1911, 1913 f.; *Horn*, NJW 2011, 1398, 1400; *Knopp*, NVwZ 2011, 1480, 1482 f.; *Weber*, EuZW 2011, 935, 937 f.; *Mayer/Heidfeld*, ZRP 2012, 129, 130 (zu Eurobonds); a.A. EuGH, Urteil vom 27. 11. 2012 – Rs. C-370/12 (*Pringle/Irland*), Rn. 129 ff.; *Herrmann*, EuZW 2010, 413, 414 f.; *Thym*, EuZW 2011, 167, 171; *Heun/Thiele*, JZ 2012, 973, 979; *Bandilla*, in: *Grabitz/Hilf/Nettesheim* (Hrsg.), Das Recht der Europäischen Union (2014), Art. 125 AEUV Rn. 24 ff.; differenzierend *Häde*, EuZW 2009, 399, 401 ff. Vgl. zur EuGH-Entscheidung Pringle/Irland *Hentschelmann*, EuR 2011, 282, 301 f., 306 ff.; *Horn*, NJW 2011, 1398, 1400; *Knopp*, NVwZ 2011, 1480, 1481 f.; *Weber*, EuZW 2011, 935, 937 f.; *Müller-Graff*, RIW 2013, 111, 112 ff.

[196] Einschränkend *Kube*, WM 2013, 57, 61 f.

[197] Statt vieler *Häde*, EuR 2009, 200, 202; zu Auswegen *de lege ferenda Müller-Graff*, ZHR 176 (2012) 2, 12 ff.

[198] *Ohler*, Die fiskalische Integration in der Europäischen Gemeinschaft (1997), S. 256; *Häde*, in: Calliess/Ruffert, EUV/AEUV (4. Auflage 2011), Art. 126 AEUV Rn. 2; vgl. auch *Tietmeyer*, in: *Hahn* (Hrsg.), Geldwertstabilität und Staatsschulden (1993), S. 69, 74 ff.

sen zu erreichen.[199] Zwar müssten die Entscheidungsträger in der Zentralbank trotz ihrer Unabhängigkeit diesem Druck auch tatsächlich nachgeben, jedoch kann ein Schaden für die Glaubwürdigkeit schon durch den Anschein eingeschränkter Unabhängigkeit entstehen; dem soll durch Art. 126 Abs. 1 AEUV entgegengewirkt werden. Die besondere Stellung einer soliden Haushaltspolitik wird schon allgemein in Art. 119 Abs. 3 AEUV deutlich, welcher „gesunde öffentliche Finanzen" zu einem richtungsweisenden Grundsatz für Union und Mitgliedstaaten erklärt.

II. Vorliegen eines „übermäßigen Defizits"

Der Kommission steht eine Überwachungskompetenz in Bezug auf die Haushaltspolitik der Mitgliedstaaten zu. Nach Art. 126 Abs. 2 UAbs. 1 Satz 2 AEUV hat sie sich hierzu an zwei Kriterien zu orientieren: dem Verhältnis erstens des öffentlichen Defizits und zweitens des öffentlichen Schuldenstands zum Bruttoinlandsprodukt. Die genauen Grenzwerte wurden auf Grundlage von Art. 126 Abs. 2 UAbs. 2 AEUV im Protokoll Nr. 12 über das Verfahren bei einem übermäßigen Defizit[200] festgelegt. In dessen Art. 1 ist bestimmt:

> „Die in Artikel 126 Absatz 2 des Vertrags über die Arbeitsweise der Europäischen Union genannten Referenzwerte sind:
> – 3 % für das Verhältnis zwischen dem geplanten oder tatsächlichen öffentlichen Defizit und dem Bruttoinlandsprodukt zu Marktpreisen,
> – 60 % für das Verhältnis zwischen dem öffentlichen Schuldenstand und dem Bruttoinlandsprodukt zu Marktpreisen."

Als Defizit definiert Art. 2 2. Spiegelstrich des Protokolls das Finanzierungsdefizit im Sinne des Europäischen Systems volkswirtschaftlicher Gesamtrechnung. Dennoch wird in der Literatur verbreitet angenommen, die Fokussierung allein auf das Finanzierungsdefizit sei zu eng; statt dessen müsse auch die „Gesamtlage" im Sinne von Art. 126 Abs. 6 AEUV miteinbezogen werden.[201] Die Intention, damit eine auf Dauer angelegte Solidität der Haushaltspolitik anzuregen, entspricht der *ratio legis* des Art. 126 Abs. 1 AEUV. Allerdings darf diese Erweiterung des Beurteilungsgegenstands nicht zu einer Aushöhlung der Pflicht zur Haushaltsdisziplin führen.

---

[199] *Häde*, in: Calliess/Ruffert, EUV/AEUV (4. Auflage 2011), Art. 126 AEUV Rn. 2; vgl. ausführlich zur Inflationsneigung von Staaten *Endler*, Europäische Zentralbank und Preisstabilität (1998), S. 184 ff.

[200] ABl. EU Nr. C 115 S. 279 vom 9. 5. 2008.

[201] *Ohler*, Die fiskalische Integration in der Europäischen Gemeinschaft (1997), S. 297; *Palm*, Preisstabilität in der Europäischen Wirtschafts- und Währungsunion (2000), S. 152; *Häde*, in: Calliess/Ruffert, EUV/AEUV (4. Auflage 2011), Art. 126 AEUV Rn. 11 m.w.N.

III. Ausgestaltung des Defizitverfahrens

Stellt die Kommission ein übermäßiges Defizit in einem Mitgliedstaat fest, so greift ein mehrstufiges Berichts-, Stellungnahme-, Feststellungs- und Sanktionsverfahren nach Maßgabe von Art. 126 Abs. 3 bis 13 AEUV.[202] Zentraler Schritt ist der Beschluss des Rates nach Art. 126 Abs. 6 AEUV, ob ein übermäßiges Defizit besteht. Dabei wird dem Rat ein Ermessen eingeräumt, dessen Ausübung aber gerichtlich überprüfbar ist.[203] Das im AEUV geregelte Defizitverfahren wird durch den sog. Stabilitäts- und Wachstumspakt näher ausgestaltet.[204] Dieser besteht aus der Entschließung des Europäischen Rates vom 17.6.1997,[205] der im Vorfeld des Defizitverfahrens eingreifenden Verordnung (EG) Nr. 1466/97[206] sowie der auf das eigentliche Defizitverfahren abzielenden Verordnung (EG) Nr. 1467/97[207]. Der Haushaltsdisziplin hat der Europäische Rat einen hohen Rang eingeräumt; in seiner Entschließung formulierte er:

> „Auf seiner Tagung in Madrid im Dezember 1995 hat der Europäische Rat bekräftigt, daß die Wahrung der Haushaltsdisziplin in der dritten Stufe der Wirtschafts- und Währungsunion (WWU) von entscheidender Bedeutung ist. Sechs Monate später hat der Europäische Rat in Florenz diese Auffassung erneut geäußert (...). Der Europäische Rat unterstreicht die Bedeutung der Gewährleistung gesunder Staatsfinanzen als Mittel zur Verbesserung der Voraussetzungen für Preisstabilität und für ein starkes, nachhaltiges und der Schaffung von Arbeitsplätzen förderliches Wachstum."

In seiner Entschließung hebt der Europäische Rat auch die Pflicht des Rats zu „einer strikten und rechtzeitigen Durchführung aller in seinen Zuständigkeitsbereich fallenden Bestandteile des Stabilitäts- und Wachstumspaktes" hervor. Dessen ungeachtet hat sich in der Vergangenheit das Beschlusserfordernis aus Art. 126 Abs. 6 AEUV als Hindernis für ein effektives Vorgehen gegen Staaten mit übermäßigem Defizit herausgestellt. So ließ der Rat mit Beschluss vom

---

[202] Vgl. *Hellermann*, EuR 2000, 24, 25 ff. zu den innerstaatlichen Auswirkungen auf die deutschen Bundesländer.

[203] EuGH, Urteil vom 13.7.2004 – Rs. C-27/04 (*Kommission/Rat*), Slg. 2004 S. I-6649, Rn. 81 ff.

[204] EuGH, Urteil vom 13.7.2004 – Rs. C-27/04 (*Kommission/Rat*), Slg. 2004 S. I-6649, Rn. 71: „präzisiert und verstärkt"; vgl. allgemein *Hahn*, JZ 1997, 1133; *Blumenwitz/Schöbener*, Stabilität für Europa (1997); *Hänsch*, Gesamtwirtschaftliche Stabilität als Verfassungsprinzip (2002), S. 282 ff.; *Hentschelmann*, Der Stabilitäts- und Wachstumspakt (2009).

[205] Entschließung 97/C 236/01 vom 17.6.1997, ABl. EG Nr. C 236 S. 1 vom 2.8.1997.

[206] Verordnung (EG) Nr. 1466/97 über den Ausbau der haushaltspolitischen Überwachung und der Überwachung und Koordinierung der Wirtschaftspolitiken vom 7.7.1997, ABl. EG Nr. L 209 S. 1 vom 2.8.1997.

[207] Verordnung (EG) Nr. 1467/97 über die Beschleunigung und Klärung des Verfahrens bei einem übermäßigen Defizit vom 7.7.1997, ABl. EG Nr. L 209 S. 6 vom 2.8.1997.

25.11.2003 das Defizitverfahren gegen Deutschland und Frankreich ruhen.[208] Der Europäische Gerichtshof hat diese Vorgehensweise als rechtswidrig eingestuft.[209] In der Folge wurde die Verordnung (EG) Nr. 1467/97 durch die Verordnung (EG) Nr. 1056/2005[210] geändert und zugleich abgemildert.[211] In der Erklärung zur Schlussakte der Regierungskonferenz, die den Vertrag von Lissabon angenommen hat, wird erneut ein politisches Bekenntnis zum Stabilitäts- und Wachstumspakt abgegeben.[212] Allerdings geht die Erklärung von einer Gleichgewichtigkeit der Ziele einer Steigerung des Wirtschaftswachstums und Gewährleistung solider Haushalte aus, indem sie formuliert:

> „In Bezug auf Artikel 126 bekräftigt die Konferenz, dass die Wirtschafts- und Haushaltspolitik der Union und der Mitgliedstaaten auf die beiden fundamentalen Ziele gerichtet ist, das Wachstumspotenzial zu steigern und eine solide Haushaltslage zu gewährleisten. (...) In diesem Zusammenhang erneuert die Konferenz ferner ihr Bekenntnis zu den Zielen der Lissabonner-Strategie: Schaffung von Arbeitsplätzen, Strukturreformen und sozialer Zusammenhalt. Die Union strebt ein ausgewogenes Wirtschaftswachstum und Preisstabilität an."[213]

Zwar handelt es sich augenscheinlich um einen politischen Kompromiss, der gegenläufigen Interessen der Mitgliedstaaten gerecht werden soll. Dennoch versucht die Erklärung insgesamt, den Stabilitäts- und Wachstumspakt in Teilen neu zu justieren. Sie setzt sich dabei in Widerspruch zur bindenden Vorgabe aus Art. 119 Abs. 3 AEUV, der systematisch sowohl für die Währungs- als auch die Wirtschaftspolitik gilt und der Haushaltsdisziplin eine hervorstechende Rolle zumisst. Die Rechtfertigung einer expansiven Haushaltspolitik durch sozialpolitische Maßnahmen zur Förderung des sozialen Zusammenhalts sehen die Verträge nicht vor.

---

208 Vgl. dazu *Streinz/Ohler/Herrmann*, NJW 2004, 1553, 1554 ff.; *Palm*, EuZW 2004, 71, 72 ff.

209 EuGH, Urteil vom 13.7.2004 – Rs. C-27/04 (*Kommission/Rat*), Slg. 2004 S. I-6649, Rn. 89, 96.

210 Verordnung (EG) Nr. 1056/2005 vom 27.6.2005, ABl. EU Nr. L 174 S. 5 vom 7.7.2005.

211 Ebenso etwa *Herrmann*, EuZW 2010, 413, 236; kritisch *Rotte/Derichs*, Krise und Ende des europäischen Stabilitäts- und Wachstumspaktes (2005), S. 23 ff., 26 ff.

212 Erklärung Nr. 30 zu Art. 126 AEUV, ABl. EU Nr. C 83 S. 335 vom 30.3.2010.

213 Erklärung Nr. 30 zu Art. 126 AEUV, ABl. EU Nr. C 83 S. 335 vom 30.3.2010.

F. Unabhängigkeit des Europäischen Systems der Zentralbanken

I. *Ökonomischer Hintergrund und normative Verankerung*

Empirische Studien haben einen Zusammenhang zwischen der Preisstabilität und der Unabhängigkeit der Zentralbank hergestellt.[214] Europäische Staaten mit einem besonders hohen Grad an Unabhängigkeit ihrer Zentralbanken wie die Schweiz, Deutschland und Österreich wiesen nach Untersuchungen von Alex Cukierman im Zeitraum von 1980 bis 1989 eine deutlich geringere Inflationsrate auf als europäische Staaten mit einer vergleichsweise geringen Unabhängigkeit wie Italien, Spanien und Schweden.[215] Allerdings waren auch – nicht unstrittige[216] – Ausnahmefälle wie Japan und Belgien zu verzeichnen, in denen trotz einer abhängigen Notenbank niedrige Inflationsraten erzielt werden konnten. Die ökonomisch belegte Absicherung der Preisstabilität durch die Unabhängigkeit der Zentralbank liegt den unionalen Gewährleistungen der Autonomie von Europäischer Zentralbank und nationalen Zentralbanken zugrunde.[217] Zunächst normiert Art. 130 Satz 1 AEUV die Unabhängigkeit der Europäischen Zentralbank, der nationalen Zentralbanken und der Mitglieder ihrer jeweiligen Beschlussorgane.[218] Sowohl die Union als auch die Mitgliedstaaten müssen diese Unabhängigkeit achten (Art. 130 Satz 2 AEUV). Eine Parallelregelung für die Europäische Zentralbank findet sich daneben in Art. 282 Abs. 3 Satz 3 und 4 AEUV. Der Pflicht aus Art. 130 Satz 2 AEUV kommt die deutsche Verfassung in Bezug auf die Deutsche Bundesbank und die deutschen Mitglieder im EZB-Rat durch Art. 88 Satz 2 GG nach.[219] Anders als durch § 12 Satz 2 BBankG a.F. (vgl. § 12 Satz 1 BBankG) vor Eintritt in die dritte Stufe der

---

[214] Vgl. ausführlich *Endler*, Europäische Zentralbank und Preisstabilität (1998), S. 214 ff. auf Grundlage von *Cukierman*, Central bank strategy, credibility, and independence (1992), S. 369 ff.; ebenso *Tietmeyer*, in: *Hahn* (Hrsg.), Geldwertstabilität und Staatsschulden (1993), S. 69, 85; *Janzen*, Der neue Artikel 88 Satz 2 des Grundgesetzes (1996), S. 92 f.; *Reumann*, Die Europäische Zentralbank (2001), S. 23 ff.; *Hänsch*, Gesamtwirtschaftliche Stabilität als Verfassungsprinzip (2002), S. 270 m.w.N.

[215] *Cukierman*, Central bank strategy, credibility, and independence (1992), S. 381.

[216] Vgl. zu Erklärungsversuchen und Interpretationsproblemen *Endler*, Europäische Zentralbank und Preisstabilität (1998), S. 218 ff.

[217] BVerfG EuZW 2014, 192 Rn. 59; Schlussantrag des Generalanwalts *Jääskinen* vom 24.5.2012 – Rs. C-62/11 (*Hessen/Feyerbacher*), Rn. 39; *Reumann*, Die Europäische Zentralbank (2001), S. 23 ff.; *Gaiser*, EuR 2002, 517, 519; vgl. auch BVerfGE 89, 155, 208 f. zu Art. 88 GG; *Larosière*, in: *Franz* (Hrsg.), Die Europäische Zentralbank (1990), S. 51, 55 f.; *H. Schmidt*, in: *Franz* (Hrsg.), Die Europäische Zentralbank (1990), S. 101, 106; *Hellmann*, in: *Franz* (Hrsg.), Die Europäische Zentralbank (1990), S. 284, 286.

[218] Vgl. zur ungarischen Notenbank *Häde*, EuZW 2005, 679.

[219] *Herdegen*, in: Maunz/Dürig, GG (2013), Art. 88 Rn. 82.

Wirtschafts- und Währungsunion ist damit die Zentralbankunabhängigkeit auf europäischer Ebene ausdrücklich auch verfassungsrechtlich bzw. primärrechtlich gewährleistet.[220]

II. Materieller Gehalt

Für viele Teilnahmestaaten der Währungsunion stellte die Unabhängigkeit des Europäischen Systems der Zentralbanken Neuland dar.[221] Ein supranational-einheitliches Begriffsverständnis war und ist daher von entscheidender Bedeutung. Die unionale Unabhängigkeitsgarantie weist inhaltlich vier Komponenten auf.[222] Die institutionelle Unabhängigkeit folgt aus der rechtlichen Ausgestaltung ihrer Stellung im Verhältnis zur Exekutive, aber auch zur Legislative.[223] Zuvörderst zeigt sie sich in der Zuerkennung einer eigenen Rechtspersönlichkeit (Art. 282 Abs. 3 Satz 1 AEUV)[224] und eines eigenen Aufgabenkatalogs (Art. 127 ff. AEUV). Auch ist ihre Unabhängigkeit aus Art. 130 AEUV erhöhten Anforderungen für eine Abänderung oder Abschaffung unterworfen.[225] Die persönliche Unabhängigkeit zielt auf die Mitglieder der Beschlussgremien im ESZB ab. Zentrale Grundlage ist die Weisungsunabhängigkeit der handelnden Personen. Hinzu treten die Absicherung gegen politisch motivierte Amtsenthebung durch enge objektive Kriterien (z.B. Art. 11.4 und Art. 14.2 der ESZB-Satzung[226])[227] sowie – hinsichtlich der Mitglieder des EZB-Direkto-

---

[220] Zum Vergleich von § 12 Satz 2 BBankG a.F. und Art. 130 AEUV siehe *Sodan*, NJW 1999, 1521.

[221] *Haller*, in: *Gesellschaft für Rechtspolitik Trier* (Hrsg.), Bitburger Gespräche (1993), S. 1, 6.

[222] *Wahlig*, in: *Weber* (Hrsg.), Festschrift für Hugo J. Hahn (1997), S. 265, 268 ff.; *Reumann*, Die Europäische Zentralbank (2001), S. 19 ff.; *Selmayr*, Das Recht der Wirtschafts- und Währungsunion (2002), S. 294 ff.; *Manger-Nestler*, Par(s) inter pares? (2008), S. 162 ff.; *Hahn/Häde*, Währungsrecht (2. Auflage 2010), § 20 Rn. 10 ff.; abweichend in der Strukturierung *Janzen*, Der neue Artikel 88 Satz 2 des Grundgesetzes (1996), S. 95 ff.; *Endler*, Europäische Zentralbank und Preisstabilität (1998), S. 405 ff.; *Weber*, WM 1998, 1465, 1467 ff.; *Gaitanides*, Das Recht der Europäischen Zentralbank (2005), S. 45 ff.

[223] Ähnlich *Janzen*, Der neue Artikel 88 Satz 2 des Grundgesetzes (1996), S. 95 f.; *Hahn/Häde*, Währungsrecht (2. Auflage 2010), § 20 Rn. 11; teilweise abweichend wohl *Selmayr*, Das Recht der Wirtschafts- und Währungsunion (2002), S. 295; einschränkend *Weber*, WM 1998, 1465, 1469 f.

[224] *Reumann*, Die Europäische Zentralbank (2001), S. 19.

[225] *Reumann*, Die Europäische Zentralbank (2001), S. 19; *Hahn/Häde*, Währungsrecht (2. Auflage 2010), § 20 Rn. 15.

[226] ABl. EU Nr. C 83 S. 230 vom 30.3.2010.

[227] *Janzen*, Der neue Artikel 88 Satz 2 des Grundgesetzes (1996), S. 115 f.; *Geiger*, Das Währungsrecht im Binnenmarkt der Europäischen Union (1996), S. 144; *Weinbörner*, Die Stellung der Europäischen Zentralbank (EZB) und der nationalen Zentralbanken in der Wirtschafts- und Währungsunion nach dem Vertrag von Maastricht (1998), S. 450; *Reumann*, Die Europäische Zentralbank (2001), S. 21.

riums – das Verbot der Wiederernennung (Art. 283 Abs. 2 UAbs. 3 Halbsatz 2 AEUV).[228] Die materielle (funktionelle) Unabhängigkeit einer Zentralbank beschreibt ihre Freiheit von Weisungen[229] bei der Ausübung ihrer Aufgaben.[230] Normativ ist sie deutlich im Wortlaut des Art. 130 Satz 1 AEUV verwurzelt. Teilweise wird die Anordnung in Art. 282 Abs. 3 Satz 3 AEUV wiederholt, ohne jedoch eine Einschränkung zu bewirken.[231] In ihren Aufgaben ist das ESZB auf das vorrangige Ziel der Preisstabilität, nicht aber auf die Unterstützung der Wirtschaftspolitik der Mitgliedstaaten festgelegt (Art. 127 Abs. 1 Satz 2 AEUV). Daran hat auch die Einordnung der Europäischen Zentralbank als Organ der Union nichts geändert.[232] Schließlich gewährleistet die finanzielle (vermögensrechtliche) Unabhängigkeit einer Zentralbank, dass nicht mittelbar im Wege der Mittelverknappung Einfluss auf ihre Entscheidungen genommen wird.[233] Damit ist auch erfasst, dass die Gewinne der Europäischen Zentralbank nicht an die Exekutive, sondern an die nationalen Zentralbanken verteilt werden.[234]

III. Zentralbankunabhängigkeit und Demokratieprinzip

Die Unabhängigkeit der Zentralbank steht in einem natürlichen Spannungsverhältnis zum Demokratieprinzip und zur demokratischen Verantwortung der Regierung. Parlament und Regierung verfügen bei einer unabhängigen Zentralbank über keine Einflussmöglichkeiten auf die Geld- und Währungspolitik. Das Demokratieprinzip ist nicht nur ein unabänderliches Staatsstrukturprin-

---

[228] *Weber*, Die Kompetenzverteilung im Europäischen System der Zentralbanken bei der Festlegung und Durchführung der Geldpolitik (1995), S. 67; *Endler*, Europäische Zentralbank und Preisstabilität (1998), S. 432; *Weber*, WM 1998, 1465, 1468 f.; *Selmayr*, Das Recht der Wirtschafts- und Währungsunion (2002), S. 302; zweifelnd *Möschel*, JZ 1998, 217, 221; *Gaitanides*, Das Recht der Europäischen Zentralbank (2005), S. 82; *Hahn/Häde*, Währungsrecht (2. Auflage 2010), § 20 Rn. 71.

[229] Vgl. zum Begriff *Reumann*, Die Europäische Zentralbank (2001), S. 38 ff.

[230] Statt vieler *Lampe*, Die Unabhängigkeit der Deutschen Bundesbank (2. Auflage 1971), S. 20; *Janzen*, Der neue Artikel 88 Satz 2 des Grundgesetzes (1996), S. 119; *Endler*, Europäische Zentralbank und Preisstabilität (1998), S. 406; *Weber*, WM 1998, 1465, 1467 f.; *Sodan*, NJW 1999, 1521, 1522 f.; *Reumann*, Die Europäische Zentralbank (2001), S. 19; *Gaitanides*, Das Recht der Europäischen Zentralbank (2005), S. 66 f.; *Steinbach*, NVwZ 2013, 918, 920 („sachliche" Unabhängigkeit).

[231] *Häde*, EuR 2009, 200, 214.

[232] *Häde*, EuR 2009, 200, 213 ff. m.w.N.; *Hahn/Häde*, Währungsrecht (2. Auflage 2010), § 20 Rn. 29.

[233] *Heun*, JZ 1998, 866, 874; *Weinbörner*, Die Stellung der Europäischen Zentralbank (EZB) und der nationalen Zentralbanken in der Wirtschafts- und Währungsunion nach dem Vertrag von Maastricht (1998), S. 450; *Reumann*, Die Europäische Zentralbank (2001), S. 21.

[234] *Janzen*, Der neue Artikel 88 Satz 2 des Grundgesetzes (1996), S. 146; *Weber*, WM 1998, 1465, 1469.

zip der Bundesrepublik Deutschland (Art. 20 Abs. 1, 28 Abs. 1 Satz 1, 79 Abs. 3 GG), sondern auch ein Grundwert der Europäischen Union (Art. 2 Satz 1, Art. 10 ff. EUV). Die in Deutschland früher vor allem in Bezug auf die Deutsche Bundesbank geführte Debatte hat sowohl das Bundesverwaltungsgericht[235] als auch das Bundesverfassungsgericht[236] beschäftigt. Beide haben im Einklang mit der überwiegenden Ansicht in der Literatur[237] die Zentralbankunabhängigkeit verfassungsrechtlich gebilligt. In der Maastricht-Entscheidung hat das Bundesverfassungsgericht hinsichtlich der Unabhängigkeit der Europäischen Zentralbank ausgeführt:

> „Die Verselbständigung der meisten Aufgaben der Währungspolitik bei einer unabhängigen Zentralbank löst staatliche Hoheitsgewalt aus unmittelbarer staatlicher oder supranationaler parlamentarischer Verantwortlichkeit, um das Währungswesen dem Zugriff von Interessentengruppen und der an einer Wiederwahl interessierten politischen Mandatsträger zu entziehen (...). Diese Einschränkung der von den Wählern in den Mitgliedstaaten ausgehenden demokratischen Legitimation berührt das Demokratieprinzip, ist jedoch als eine in Art. 88 Satz 2 GG vorgesehene Modifikation dieses Prinzips mit Art. 79 Abs. 3 GG vereinbar. (...) Diese Modifikation des Demokratieprinzips im Dienste der Sicherung des in eine Währung gesetzten Einlösungsvertrauens ist vertretbar, weil es der – in der deutschen Rechtsordnung erprobten und, auch aus wissenschaftlicher Sicht, bewährten – Besonderheit Rechnung trägt, daß eine unabhängige Zentralbank den Geldwert und damit die allgemeine ökonomische Grundlage für die staatliche Haushaltspolitik und für private Planungen und Dispositionen bei der Wahrnehmung wirtschaftlicher Freiheitsrechte eher sichert als Hoheitsorgane, die ihrerseits in ihren Handlungsmöglichkeiten und Handlungsmitteln wesentlich von Geldmenge und Geldwert abhängen und auf die kurzfristige Zustimmung politischer Kräfte angewiesen sind."[238]

Die Einschränkung des Demokratieprinzips – im Sinne einer ununterbrochenen Legitimationskette vom Volk (nach Art. 20 Abs. 2 GG) bis zum Handeln der Zentralbank[239] – durch die Unabhängigkeit der Europäischen Zentralbank und der Deutschen Bundesbank ist aus Sicht des deutschen Verfassungsrechts

---

[235] BVerwGE 41, 334, 354 ff.

[236] BVerfGE 89, 155, 208 f.; BVerfG EuZW 2014, 192 Rn. 59.

[237] *Schuppert*, Die Erfüllung öffentlicher Aufgaben durch verselbständigte Verwaltungseinheiten (1981), S. 354 ff.; *Brosius-Gersdorf*, Deutsche Bundesbank und Demokratieprinzip (1997), S. 389 ff.; *Endler*, Europäische Zentralbank und Preisstabilität (1998), S. 566 f.; *Heun*, JZ 1998, 866, 874; *Sodan*, NJW 1999, 1521 f.; *Reumann*, Die Europäische Zentralbank (2001), S. 26; *R. Schmidt*, in: *Isensee/Kirchhof* (Hrsg.), Handbuch des Staatsrechts der Bundesrepublik Deutschland (3. Auflage 2007), § 117 Rn. 40; *Hahn/Häde*, Währungsrecht (2. Auflage 2010), § 20 Rn. 109 ff.; *Herdegen*, in: Maunz/Dürig, GG (2013), Art. 88 Rn. 62; *Kratzmann*, ZfgK 2013, 301 ff., jeweils m.w.N.; a.A. *Klein*, Die verfassungsrechtliche Problematik des ministerialfreien Raumes (1974), S. 127 ff., 215; kritisch auch *Hänsch*, Gesamtwirtschaftliche Stabilität als Verfassungsprinzip (2002), S. 279 f.

[238] BVerfGE 89, 155, 207 ff.; bestätigt durch BVerfG EuZW 2014, 192 Rn. 59.

[239] *Brosius-Gersdorf*, Deutsche Bundesbank und Demokratieprinzip (1997), S. 41 ff.

durch die vorrangige Regelung in Art. 130 AEUV formal legitimiert;[240] jenseits des Anwendungsbereichs von Art. 130 AEUV greift eine verfassungsunmittelbare Rechtfertigung durch Art. 88 Satz 2 GG ein.[241] Materiell betrachtet sticht vor allem die auch im Maastricht-Urteil angesprochene Erwägung hervor, dass sich eine unabhängige Zentralbank in einer Demokratie durch ihre strikte Verpflichtung auf die Preisstabilität rechtfertigen lässt.[242] Daneben ist darauf zu verweisen, dass die Bundesregierung den Präsidenten der Deutschen Bundesbank bestimmt (§ 7 Abs. 3 Satz 2 BBankG), der wiederum nach Art. 283 Abs. 1 AEUV Mitglied im EZB-Rat ist.[243] Auch die Mitglieder des Direktoriums der Europäischen Zentralbank werden von demokratisch legitimierten Organen gewählt (Art. 283 Abs. 2 UAbs. 2 AEUV). Wegen Art. 88 Satz 2 GG ist letztlich unschädlich, dass insbesondere die Präsidenten der anderen nationalen Zentralbanken und damit der EZB-Rat als Kollegialorgan nicht durch das *deutsche* Volk im Sinne von Art. 20 Abs. 2 GG legitimiert sind.[244] Das Demokratieprinzip ist im Ergebnis durch die Unabhängigkeit der Europäischen Zentralbank und der Deutschen Bundesbank nicht außer Kraft gesetzt, sondern lediglich verfassungsrechtlich gerechtfertigt eingeschränkt. Auch das Rechtsstaatsprinzip wird durch die Unabhängigkeit der Europäischen Zentralbank nicht verletzt, da eine gerichtliche Kontrolle ihres Handelns eröffnet ist.[245]

G. Zusammenfassung

Die europäisch-supranationale Währungsverfassung zeichnet sich durch sechs zentrale Grundprinzipien aus. Eine herausragende und bevorrechtigte Stellung kommt dem Ziel der Preisstabilität zu. Dessen sachlicher Anwendungsbereich ist nicht auf die Währungspolitik beschränkt, sondern umfasst auch die Wirtschaftspolitik. Inhaltlich anzulegen ist ein abstraktes Begriffsverständnis der Preisstabilität, das von den übrigen Zielsetzungen des Binnenmarktes losgelöst ist. Konkret bedeutet dies nach den billigungswürdigen Annahmen der Eu-

---

240 *Ohler*, JZ 2008, 317, 322; ähnlich *Hahn/Häde*, Währungsrecht (2. Auflage 2010), § 20 Rn. 111.

241 *Brosius-Gersdorf*, Deutsche Bundesbank und Demokratieprinzip (1997), S. 377 ff., 389 ff., die jedoch allein auf Art. 88 Satz 2 GG abstellt; a.A. *Hänsch*, Gesamtwirtschaftliche Stabilität als Verfassungsprinzip (2002), S. 280.

242 Ebenso *Endler*, Europäische Zentralbank und Preisstabilität (1998), S. 566 f.; *Ohler*, JZ 2008, 317, 322; ähnlich *Lampe*, Die Unabhängigkeit der Deutschen Bundesbank (2. Auflage 1971), S. 78 f.

243 *Brosius-Gersdorf*, Deutsche Bundesbank und Demokratieprinzip (1997), S. 131 ff., 362; ebenso in Bezug auf den Zentralbankrat der Deutschen Bundesbank *Herdegen*, in: Maunz/Dürig, GG (2013), Art. 88 Rn. 62.

244 *Brosius-Gersdorf*, Deutsche Bundesbank und Demokratieprinzip (1997), S. 362 ff.

245 *Hahn/Häde*, ZHR 165 (2001) 30, 40 f.; vgl. im Einzelnen unten, S. 200 ff.

ropäischen Zentralbank, dass Preisstabilität bei einer Inflationsrate von unter, aber nahe 2% nach Maßgabe des Harmonisierten Verbraucherpreisindex vorliegt. Sowohl das Verbot monetärer Haushaltsfinanzierung, des bevorrechtigten Zugangs zu Finanzinstituten und einer Haftung der Union für einzelne Mitgliedstaaten oder der Mitgliedstaaten untereinander dienen dem gemeinsamen Ziel, die Union und die Mitgliedstaaten den Gesetzes des Marktes zu unterwerfen und somit mittelbaren Druck zur Haushaltsdisziplin zu erzeugen. Letztlich soll auf diesem Weg zugleich die Preisstabilität abgesichert werden. Die Haushaltsdisziplin erlangt über das gesonderte Verbot eines „übermäßigen Defizits" zudem eine eigenständige Normierung. Schließlich tritt als letztes Grundprinzip die Unabhängigkeit des Europäischen Systems der Zentralbanken hinzu, die sich in die vier Ausprägungen einer institutionellen, persönlichen, materiellen und finanziellen Unabhängigkeit untergliedert. Auch die Unabhängigkeit der Zentralbanken im Euroraum bezweckt die Förderung der Preisstabilität. Daher lässt sie sich unter dem Blickwinkel des Demokratieprinzips nicht nur formell wegen ihrer primärrechtlichen Verankerung, sondern auch funktionell rechtfertigen.

§ 9 Judikative Durchsetzung der währungsverfassungsrechtlichen Strukturprinzipien

Für die Durchsetzung der sechs Grundmaximen der europäisch-supranationalen Währungsverfassung kann Rechtsschutz vor dem Europäischen Gerichtshof gesucht werden. Die Europäische Zentralbank ist mit eigener Rechtspersönlichkeit ausgestattetes Organ der Union (Art. 13 Abs. 1 UAbs. 2 EUV, Art. 282 Abs. 3 Satz 1 AEUV) und kann daher vor dem Europäischen Gerichtshof klagen und verklagt werden. In Betracht zu ziehen sind insbesondere Nichtigkeits- und Untätigkeitsklagen nach Art. 263, 265 AEUV. Soll eine Rechtsverletzung der nationalen Zentralbanken gerügt werden, so steht hingegen allein der Weg zu den innerstaatlichen Gerichten offen.[246]

A. Rechtsschutz gegen die Europäische Zentralbank

Nach Art. 35.1 Satz 1 der ESZB-Satzung unterliegen sämtliche Handlungen und Unterlassungen der Europäischen Zentralbank nach Maßgabe der allgemeinen Bestimmungen im AEUV einer gerichtlichen Kontrolle durch den Europäischen Gerichtshof. Diese Unterwerfung unter die Judikative folgt ebenso bereits aus den allgemeinen Vertragsbestimmungen. Ihre Unabhängigkeit schützt sie nicht vor einer gerichtlichen Überprüfung ihrer Maßnahmen.[247] Eine Klage gegen die Europäische Zentralbank kommt in Betracht, wenn sie eine Währungspolitik verfolgt, die gegen das vorrangige Ziel der Preisstabilität (Art. 127 Abs. 1 Satz 1 AEUV) oder das Verbot der monetären Staatsfinanzierung (Art. 123 Abs. 1 AEUV) verstößt, oder wenn sie sich ihrer Unabhängigkeit begibt (Art. 130 Satz 1, 282 Abs. 3 Satz 3 AEUV). Als Klageverfahren stehen sowohl die Nichtigkeitsklage nach Art. 263 AEUV als auch die Untätigkeitsklage nach Art. 265 AEUV zur Verfügung. Nicht als Partei beteiligt ist sie im Vorabentscheidungs-

---

[246] *Hahn/Häde*, Währungsrecht (2. Auflage 2010), § 19 Rn. 17.

[247] BVerfG EuZW 2014, 192 Rn. 60; *Hahn/Häde*, ZHR 165 (2001) 30, 41 ff.; *Reumann*, Die Europäische Zentralbank (2001), S. 216; *Schütz*, EuR 2001, 291, 301; *Kerber/Städter*, EuZW 2011, 536, 538; *Steinbach*, NVwZ 2013, 918, 919.

verfahren nach Art. 267 AEUV, in welchem aber ebenfalls Rechtsfragen der europäischen Währungsverfassung entschieden werden können.[248]

I. Nichtigkeitsklage

1. Angreifbare Handlungen

Die Nichtigkeitsklage ist eine Gestaltungsklage, die sich gegen konkrete Handlungen der Europäischen Zentralbank richtet. Solche Handlungen sind allgemein nicht nur die in Art. 288 UAbs. 2 und 3 AEUV genannten Rechtsakte; vielmehr genügt es, wenn sie Rechtswirkungen nach Außen entfalten.[249] Dabei kommt es nur auf den Inhalt, nicht aber die Form der Handlung an.[250] Keine Außenwirkung kommt regelmäßig bloßen Empfehlungen und Stellungnahmen im Sinne von Art. 288 UAbs. 4 AEUV zu.[251] Die zulässigen Handlungsformen speziell der Europäischen Zentralbank sind in Art. 132 Abs. 1 AEUV aufgelistet. Zulässige Klagegegenstände sind die Verordnung und der Beschluss (Art. 132 Abs. 1 1. und 2. Spiegelstrich AEUV), grundsätzlich nicht aber Empfehlungen und Stellungnahmen (Art. 132 Abs. 1 3. Spiegelstrich AEUV). In Ausnahmefällen können jedoch auch Leitlinien, Weisungen und allgemeine Grundsätze der Europäischen Zentralbank Handlungen mit Außenwirkung darstellen.[252]

Klärungsbedürftig ist, in welchen Fällen geldpolitische Entscheidungen des EZB-Rates mit der Nichtigkeitsklage angreifbare Handlungen darstellen.[253] Entscheidend hierfür ist, welche Handlungsform im Einzelfall gewählt wird. Nach Art. 12.1 der ESZB-Satzung erlässt der EZB-Rat die notwendigen Leitlinien und Beschlüsse, die für seine Aufgabenwahrnehmung erforderlich sind. Für die in Art. 3.1 der ESZB-Satzung genannten Aufgaben – darunter auch die Geldpolitik der Union – ist nach Art. 132 Abs. 1 1. Spiegelstrich AEUV die Handlungsform der Verordnung zulässig. Allerdings dürften Verordnungen zur Geldpolitik selten sein.[254] Verordnungen sind vorgesehen für die Berechnung und Bestimmung des Mindestreservesolls (Art. 19.1 Satz 2 der ESZB-Satzung) sowie in Bezug auf Verrechnungs- und Zahlungssysteme (Art. 22 ESZB-Satzung). Neben Verordnungen sind ebenfalls Beschlüsse im Sinne von Art. 132

---

[248] Vgl. dazu *Hoppe*, Der Rechtsschutz gegen Akte der Währungspolitik (1994), S. 229 ff., 249 f. sowie beispielhaft EuGH, Urteil vom 27. 11. 2012 – Rs. C-370/12 (*Pringle/Irland*).

[249] EuGH, Urteil vom 11. 11. 1981 – Rs. 60/81 (*IBM/Kommission*), Slg. 1981 S. 2639, Rn. 9; EuGH, Urteil vom 22. 6. 2000 – Rs. C-147/96 (*Niederlande/Kommission*), Slg. 2000 S. I-4723, Rn. 25; EuGH, Urteil vom 30. 9. 2003 – Rs. C-76/01 (*Eurocoton/Rat*), Slg. 2003 S. I-10091, Rn. 54.

[250] EuGH, Urteil vom 11. 11. 1981 – Rs. 60/81 (*IBM/Kommission*), Slg. 1981 S. 2639, Rn. 9.

[251] *Cremer*, in: Calliess/Ruffert, EUV/AEUV (4. Auflage 2011), Art. 263 AEUV Rn. 15.

[252] *Hahn/Häde*, Währungsrecht (2. Auflage 2010), § 19 Rn. 5.

[253] *Gaitanides*, Das Recht der Europäischen Zentralbank (2005), S. 256 ff.

[254] *Endler*, Europäische Zentralbank und Preisstabilität (1998), S. 515.

Abs. 1 2. Spiegelstrich AEUV statthafter Gegenstand einer Nichtigkeitsklage, sofern sie eine Außenwirkung erzielen. Geldpolitische Entscheidungen des EZB-Rates ergehen häufig in Beschlussform. So wurde die Entscheidung vom 6.5.2010, die Mindestanforderungen des Eurosystems für Bonitätsschwellenwerte zu senken, in Form eines Beschlusses getroffen.[255] Gleiches gilt für die Entscheidung vom 9.5.2010, den Ankauf von börsengängigen Schuldtiteln von Zentralstaaten und öffentlichen Stellen der Mitgliedstaaten auf dem Sekundärmarkt zuzulassen.[256] Auch nachfolgende Entscheidungen zur Notenbankfähigkeit portugiesischer Schuldtitel,[257] zum Ankauf gedeckter Schuldverschreibungen[258] und zur Refinanzierung im Eurosystem[259] wiesen die Beschlussform auf. Schließlich legt der EZB-Rat durch Beschlüsse die Leitzinssätze des ESZB fest (Art. 12.1 der ESZB-Satzung).[260] Diese geldpolitischen Beschlüsse sind dazu bestimmt, Rechtswirkungen nach Außen zu erzeugen und stellen daher taugliche Gegenstände einer Nichtigkeitsklage dar.[261] Ebenfalls als angreifbare Handlung kommen je nach Einzelfall die Umsetzungshandlungen in Betracht, welche aufgrund der geldpolitischen Beschlüsse getätigt werden (z.B. der Kauf von Staatsanleihen).[262] Jedoch erscheint es aus Klägersicht zweckmäßiger, zumindest auch den Beschluss als Grundlage sämtlicher Umsetzungshandlungen zu beseitigen.

2. Aktive Parteifähigkeit

a) Überblick

Die aktive Parteifähigkeit steht nach Art. 263 Abs. 2 AEUV jedem Mitgliedstaat, dem Europäischen Parlament, dem Rat und der Kommission zu. Diese können unter anderem eine Verletzung der Verträge, einer bei ihrer Durchführung anzuwendenden Rechtsnorm und einen Ermessensmissbrauch rügen,

---

[255] Beschluss 2010/268/EU über temporäre Maßnahmen hinsichtlich der Notenbankfähigkeit der von der griechischen Regierung begebenen oder garantierten marktfähigen Schuldtitel vom 6.5.2010, ABl. EU Nr. L 117 S. 102 vom 11.5.2010, aufgehoben durch den Beschluss 2012/133/EU vom 27.2.2012, ABl. EU Nr. L 59 S. 36 vom 1.3.2012.

[256] Beschluss 2010/281/EU zur Einführung eines Programms für die Wertpapiermärkte vom 9.5.2010, ABl. EU Nr. L 124 S. 8 vom 20.5.2010.

[257] Beschluss 2011/410/EU über temporäre Maßnahmen hinsichtlich der Notenbankfähigkeit der von der portugiesischen Regierung begebenen oder garantierten marktfähigen Schuldtitel vom 7.7.2011, ABl. EU Nr. L 182 S. 31 vom 12.7.2011.

[258] Beschluss 2011/744/EU über die Umsetzung des zweiten Programms zum Ankauf gedeckter Schuldverschreibungen vom 3.11.2011, ABl. EU Nr. L 297 S. 70 vom 16.11.2011.

[259] Beschluss 2011/870/EU über zusätzliche zeitlich befristete Maßnahmen hinsichtlich der Refinanzierungsgeschäfte des Eurosystems und der Notenbankfähigkeit von Sicherheiten vom 14.12.2011, ABl. EU Nr. L 341 S. 65 vom 22.12.2011.

[260] *Hahn/Häde*, Währungsrecht (2. Auflage 2010), § 18 Rn. 13.

[261] *Schütz*, EuR 2001, 291, 302 f.; *Hahn/Häde*, ZHR 165 (2001) 30, 46; wohl auch *Steinbach*, NVwZ 2013, 918, 919.

[262] *Kerber/Städter*, EuZW 2011, 536, 538 f.

ohne dass eine eigene Rechtsverletzung geltend gemacht werden muss. Folglich können auf diese Weise jegliche Verstöße gegen Art. 123 Abs. 1, 127 Abs. 1, 130 Satz 1 AEUV gerügt werden.[263] Diese Privilegierung ist abzugrenzen zum durch Art. 263 Abs. 4 AEUV nur unter engen Voraussetzungen zulässigen Individualrechtsschutz zugunsten von natürlichen und juristischen Personen. Ihnen steht die Nichtigkeitsklage nur zu, soweit sie sich „gegen die an sie gerichteten oder sie unmittelbar und individuell betreffenden Handlungen sowie gegen Rechtsakte mit Verordnungscharakter, die sie unmittelbar betreffen und keine Durchführungsmaßnahmen nach sich ziehen", zur Wehr setzen. Danach besteht eine Klagebefugnis in drei Konstellationen: Adressatenstellung, unmittelbare und individuelle Betroffenheit sowie Rechtsakte mit Verordnungscharakter. Geldpolitische Maßnahmen der Europäischen Zentralbank sind nicht an Individuen gerichtet, so dass die erste Fallgruppe *per se* ausscheidet. Auch die dritte Fallgruppe ist typischerweise nicht einschlägig: Hinsichtlich der vorausgehenden Entscheidung bedarf es eines Umsetzungsakts, wodurch Art. 263 Abs. 4 Var. 3 AEUV aber nach seinem Wortlaut ausgeschlossen wird. In Bezug auf den Umsetzungsakt selbst fehlt es wegen seiner naturgemäßen Einzelfallbezogenheit am erforderlichen Verordnungscharakter;[264] ein solcher erfordert eine Handlung mit allgemeiner Geltung.[265]

b) Individuelle Betroffenheit?

Eine Individualklage gegen geldpolitische Maßnahmen der Europäischen Zentralbank kann folglich ihre Klagebefugnis allein auf die unmittelbare und individuelle Betroffenheit nach Art. 263 Abs. 4 Var. 2 AEUV stützen. Eine individuelle Betroffenheit eines Nicht-Adressaten nimmt der Europäische Gerichtshof seit seiner Entscheidung in der Sache *Plaumann/Kommission* nur dann an, „wenn die Entscheidung ihn wegen bestimmter persönlicher Eigenschaften oder besonderer, ihn aus dem Kreis aller übrigen Personen heraushebender Umstände berührt und ihn daher in ähnlicher Weise individualisiert wie den Adressaten"[266]. Diese restriktive Rechtsprechung ist vielfach kritisiert worden.[267]

---

263 Allgemeine Ansicht, vgl. *Kerber/Städter*, EuZW 2011, 536, 538.

264 *Kerber/Städter*, EuZW 2011, 536, 539.

265 EuG, Beschluss vom 6.9.2011 – Rs. T-18/10 (*Inuit/Parlament*), Slg. 2011 S. II-5599, Rn. 45; vgl. zum strittigen Auslegung des Merkmals „Verordnungscharakter" stellvertretend *Everling*, EuZW 2010, 572, 574 f.; *Frenz/Distelrath*, NVwZ 2010, 162, 165 f.; *Görlitz/Kubicki*, EuZW 2011, 248; *Herrmann*, NVwZ 2011, 1352; *Petzold*, EuR 2012, 443, 445 ff.

266 EuGH, Urteil vom 15.7.1963 – Rs. 25/62 (*Plaumann & Co./Kommission*), Slg. 1963 S. 213; bestätigt in EuGH, Urteil vom 25.7.2002 – Rs. C-50/00 (*Unión de Pequeños Agricultores/Rat*), Slg. 2002 S. I-6677, Rn. 36; EuGH, Beschluss vom 4.6.2012 – Rs. T-381/11 (*Eurofer/Kommission*), Rn. 30 = ZUR 2012, 548; a.A. EuG, Urteil vom 3.5.2002 – Rs. T-177/01 (*Jégo-Quéré/Kommission*), Slg. 2002 S. II-2365, Rn. 49 ff.

267 Vgl. etwa Schlussanträge des Generalanwalts *Jacobs* vom 21.3.2002 – Rs. C-50/00 (*Unión de Pequeños Agricultores/Rat*), Slg. 2002 S. 6677, Rn. 38 ff.; *Calliess*, NJW 2002, 3577,

Bedenken gegen eine übermäßige Verengung des Zugangs zu Individualrechtsschutz könnten aus der Pflicht zur Gewährleistung effektiven Rechtsschutzes gegen Unionsakte resultieren.[268] Eine solche Gewährleistung ist in Art. 47 der Charta der Grundrechte enthalten, welche über Art. 6 Abs. 1 UAbs. 1 EUV verbindliches Primärrecht darstellt. Gleiches gilt für Art. 6 Abs. 1 Satz 1 EMRK, welcher die Union nach Art. 6 Abs. 2 Satz 1 EUV beitritt.[269] Der Europäische Gerichtshof verweist darauf, dass jenseits der insbesondere in Art. 263, 267 und 277 AEUV geregelten Verfahrensarten die Mitgliedstaaten dazu berufen seien, einen effektiven gerichtlichen Rechtsschutz sicherzustellen.[270] Mit diesem Subsidiaritätsverweis verkennt der Gerichtshof allerdings das Bedürfnis nach einem europaweit einheitlichen Rechtsschutzsystem für Individuen gegen generell-abstrakte Normen unionaler Herkunft. Der Verweis auf die nationalen Gerichte ist mit einem Rückverweis auf den Gerichtshof über das Vorlageverfahren verbunden.[271] Diese innerstaatlichen Zwischenstationen stehen einem effektiven Rechtsschutz unter zeitlichen Gesichtspunkten diametral entgegen.[272] Daher ist für eine individuelle Betroffenheit nicht (mehr) zu fordern, dass der Kläger in gleicher Weise wie ein Adressat individualisiert ist.[273] Eine Person ist individuell von einer Vorschrift betroffen, „wenn diese Bestimmung ihre Rechtsposition unzweifelhaft und gegenwärtig beeinträchtigt, indem sie ihre Rechte einschränkt oder ihr Pflichten auferlegt“[274].

Auch nach dem vorzugswürdigen weiten Verständnis der individuellen Betroffenheit ist es keineswegs unproblematisch, ob Individuen eine Nichtigkeitsklage gegen geldpolitische Maßnahmen der Europäischen Zentralbank zulässigerweise erheben können.[275] Die angegriffene Handlung muss eigene Rechte des Klägers einschränken. In Betracht kommen dabei Grundrechte aus

---

3579 ff.; *Dittert*, EuR 2002, 708, 714 ff.; *Lübbig*, EuZW 2002, 415 f.; *Kerber/Städter*, EuZW 2011, 536, 539 f.; a.A. *Hahn/Häde*, ZHR 165 (2001) 30, 48; allgemein zum Streitstand *Hoppe*, Der Rechtsschutz gegen Akte der Währungspolitik (1994), S. 200 ff.; *Borowski*, EuR 2004, 879, 893 ff., jeweils m.w.N.

[268] *Calliess*, NJW 2002, 3577, 3580 f.

[269] Vgl. auch EuGH, Urteil vom 15.5.1986 – Rs. 222/84 (*Johnston/Royal Ulster Constabulary*), Slg. 1986 S. 1651, Rn. 18.

[270] EuGH, Urteil vom 25.7.2002 – Rs. C-50/00 (*Unión de Pequeños Agricultores/Rat*), Slg. 2002 S. I-6677, Rn. 40 f.; zustimmend etwa *Gaitanides*, Das Recht der Europäischen Zentralbank (2005), S. 263 ff.; *Wegener*, EuR 2008, Beiheft 3, S. 45, 48 ff.

[271] Nicht überzeugend daher auch EuG, Beschluss vom 10.12.2013 – Rs. T-492/12 (*Sven A. von Storch u.a./EZB*), Rn. 46.

[272] *Calliess*, NJW 2002, 3577, 3581.

[273] EuG, Urteil vom 3.5.2002 – Rs. T-177/01 (*Jégo-Quéré/Kommission*), Slg. 2002 S. II-2365, Rn. 49.

[274] EuG, Urteil vom 3.5.2002 – Rs. T-177/01 (*Jégo-Quéré/Kommission*), Slg. 2002 S. II-2365, Rn. 51; ähnlich Schlussanträge des Generalanwalts *Jacobs* vom 21.3.2002 – Rs. C-50/00 (*Unión de Pequeños Agricultores/Rat*), Slg. 2002 S. 6677, Rn. 60.

[275] Anders *Kerber/Städter*, EuZW 2011, 536, 539 f.

der Charta der Grundrechte und der EMRK, wobei der Gerichtshof[276] im Bereich des Wettbewerbsrechts auch eine mögliche Verletzung berechtigter Interessen genügen ließ. Das Unionsrecht schützt das Eigentum zweifach (Art. 17 Abs. 1 Charta der Grundrechte, Art. 1 1. Zusatzprotokoll EMRK). Ungeachtet der Frage, ob das Eigentumsgrundrecht überhaupt Schutz vor Inflation bietet, muss die Klagebefugnis von Individuen zumeist auf der faktischen Ebene der Kausalität scheitern: Nur schwerlich dürfte sich nachweisen lassen, dass gerade die angegriffene Maßnahme für eine inflationäre Entwicklung verantwortlich ist.[277] Der eigentliche Grund für die Inflation könnte in einer vorherigen Handlung der Europäischen Zentralbank liegen, gegen die eine Nichtigkeitsklage wegen der kurzen Frist von zwei Monaten ab Bekanntgabe (Art. 263 Abs. 6 AEUV) bereits unzulässig wäre. Zudem sind die Ursachen der Inflation volkswirtschaftlich umstritten.[278] Schließlich kann sich der nicht privilegierte Kläger nicht auf das Interesse der Allgemeinheit an der Einhaltung der Verträge durch die Europäische Zentralbank berufen. Nach der Konzeption des Art. 263 AEUV sind hierzu ausschließlich die privilegierten Kläger befugt. Im Ergebnis scheidet eine Nichtigkeitsklage von Individuen gegen geldpolitische Maßnahmen der Europäischen Zentralbank regelmäßig mangels Klagebefugnis aus.[279]

3. Sonstige Zulässigkeitserfordernisse

Die privilegierten Kläger im Sinne von Art. 263 Abs. 2 AEUV bedürfen keines Rechtsschutzinteresses.[280] Die Nichtigkeitsklage ist gegen die rechtsfähige Europäische Zentralbank zu richten. Die Formvorschriften aus Art. 21 der EuGH-Satzung[281] und Art. 38 der EuGH-Verfahrensordnung[282] sind einzuhalten. Schließlich ist vor allem die Frist von zwei Monaten ab Bekanntgabe oder subsidiär Kenntniserlangung aus Art. 263 Abs. 6 AEUV von Relevanz. Bei im Amtsblatt veröffentlichten Handlungen ist auf den Zeitpunkt des Erscheinens des Amtsblatts abzustellen, wobei nach Art. 81 § 1 der EuGH-Verfahrensordnung die Klagefrist erst vom Ablauf des vierzehnten Tages nach Erscheinen an zu berechnen ist. Diese Fristberechnung ist insbesondere anzuwenden bei

---

[276] EuGH, Urteil vom 28. 1. 1986 – Rs. 169/84 (*Cofaz/Kommission*), Slg. 1986 S. 391, Rn. 28.

[277] So auch *Endler*, Europäische Zentralbank und Preisstabilität (1998), S. 515; ähnlich EuG, Beschluss vom 10. 12. 2013 – Rs. T-492/12 (*Sven A. von Storch u.a./EZB*), Rn. 41.

[278] Nachweise bei *Endler*, Europäische Zentralbank und Preisstabilität (1998), S. 91 ff.

[279] Ebenso EuG, Beschluss vom 10. 12. 2013 – Rs. T-492/12 (*Sven A. von Storch u.a./EZB*), Rn. 34 ff., das sich allerdings ausschließlich mit der unmittelbaren Betroffenheit der Kläger befasst.

[280] EuGH, Urteil vom 26. 3. 1987 – Rs. 45/86 (*Kommission/Rat*), Slg. 1987 S. 1493, Rn. 3; EuGH, Urteil vom 13. 10. 2011 – Rs. C-463/10 und C-475/10 (*Deutsche Post und Bundesrepublik Deutschland/Kommission*), Slg. 2011 S. I-9639, Rn. 36 = EuZW 2012, 148.

[281] ABl. EU Nr. C 83 S. 210 vom 30. 3. 2010.

[282] ABl. EG Nr. L 176 S. 7 vom 4. 7. 1991.

geldpolitischen Beschlüssen des EZB-Rats, welche stets im Amtsblatt veröffentlicht werden.

4. Begründetheit der Nichtigkeitsklage

a) Prüfungsmaßstab

Die Begründetheitsprüfung der Nichtigkeitsklage ist auf eine objektive Rechtmäßigkeitsprüfung ausgerichtet.[283] Eine subjektive Rechtsverletzung ist nicht notwendig. Wegen des engen Verständnisses des Ermessensmissbrauchs im Sinne von Art. 263 Abs. 2 AEUV a.E.[284] ist zumeist ausschließlich eine Verletzung des Vertrages oder einer bei seiner Durchführung anzuwendenden Rechtsnorm zu prüfen. Eine solche Verletzung liegt dann vor, wenn die angegriffene Handlung mit höherrangigem Unionsrecht nicht vereinbar ist.[285] Das gesamte Sekundärrecht ist daher am Primärrecht zu messen. Jegliche Handlungen der Europäischen Zentralbank müssen im Einklang mit den Bestimmungen des AEUV sowie den Grundrechtsverbürgungen aus der Charta der Grundrechte und der EMRK stehen.

b) Vorrang der Preisstabilität

Ein Verstoß gegen höherrangiges Unionsrecht kann sich zunächst aus einer Verletzung der Pflicht zur vorrangigen Ausrichtung der Geldpolitik an dem Ziel der Preisstabilität (Art. 127 Abs. 1 AEUV) ergeben. Ähnlich wie bei der Klagebefugnis von Individuen ist problematisch, ob sich zur Überzeugung des Gerichtshofs nachweisen lässt, dass gerade die angegriffene Handlung als Ursache von Inflation einzustufen ist bzw. präziser: die Preisstabilität nicht vorrangig beachtet. Mit Blick auf die gegenwärtige Inflation gilt, dass ihre Ursachen (allenfalls) in den geldpolitischen Entscheidungen der Vergangenheit liegen und nicht in der Handlung, die aktuell Gegenstand des Klageverfahrens ist.[286] Letztere kann allein Inflation in der Zukunft auslösen. Abgesehen von der Prognoseunsicherheit schmälert ein – wenn auch gerichtlich nachprüfbarer – geldpolitischer Ermessensspielraum der Europäischen Zentralbank die Erfolgschancen einer hierauf gestützten Untätigkeitsklage.[287] Dieses Ermessen ist durch die Zielsetzung aus Art. 127 Abs. 1 AEUV gebunden. Für eine Überschreitung dürfte

---

[283] *Cremer*, in: Calliess/Ruffert, EUV/AEUV (4. Auflage 2011), Art. 263 AEUV Rn. 82.

[284] Vgl. EuGH, Urteil vom 21.6.1984 – Rs. 69/83 (*Lux/Rechnungshof*), Slg. 1984 S. 2447, Rn. 30 m.w.N.; vgl. dazu *Hoppe*, Der Rechtsschutz gegen Akte der Währungspolitik (1994), S. 209.

[285] *Cremer*, in: Calliess/Ruffert, EUV/AEUV (4. Auflage 2011), Art. 263 AEUV Rn. 91.

[286] *Endler*, Europäische Zentralbank und Preisstabilität (1998), S. 515; zustimmend *Schütz*, EuR 2001, 291, 303.

[287] *Geiger*, Das Währungsrecht im Binnenmarkt der Europäischen Union (1996), S. 151; *Endler*, Europäische Zentralbank und Preisstabilität (1998), S. 515; *Reumann*, Die Euro-

aber eine hinreichende Evidenz der Missachtung der Preisstabilität zu fordern sein;[288] eine Beschränkung auf eine bloße Willkürkontrolle ist dagegen nicht erforderlich.

c) Verbot monetärer Haushaltsfinanzierung

Ohne Ermessensimplikationen kommt hingegen das Verbot der monetären Haushaltsfinanzierung aus Art. 123 Abs. 1 AEUV aus. Ein Verstoß ist im Gegensatz zur Gefährdung der Preisstabilität auf tatsächlicher Ebene zweifelsfrei feststellbar. Unerheblich sind seine Auswirkungen auf den Grad der Inflation und die mit ihm verfolgte Zielsetzung. Streitig kann allein die rechtliche Bewertung der angegriffenen Handlung der Europäischen Zentralbank sein. In der Finanzkrise ist vor allem der Ankauf von Staatsanleihen in Finanznot geratener Euro-Staaten auf dem Sekundärmarkt in den Fokus geraten.[289]

d) Unabhängigkeit der Europäischen Zentralbank

Auch ein Verstoß der Europäischen Zentralbank gegen ihre eigene Unabhängigkeit kann Grundlage einer erfolgreichen Nichtigkeitsklage sein.[290] Die Unabhängigkeitsgewährleistung im AEUV dient nur vordergründig der Zentralbank selbst. Durch sie soll die Preisstabilität abgesichert werden. Daher schützt sie die Allgemeinheit und steht nicht zur Disposition der Europäischen Zentralbank. Ist folglich eine Handlung darauf zurückzuführen, dass die Europäische Zentralbank entsprechende Weisungen von unionaler oder mitgliedstaatlicher Seite eingeholt oder entgegengenommen hat, so ist sie mit Art. 130 Satz 1 AEUV unvereinbar und daher nach Art. 264 Abs. 1 AEUV für nichtig zu erklären. Gleiches gilt für Weisungen an Mitglieder von Beschlussorganen der Europäischen Zentralbank. Als Weisungen sind dabei lediglich verbindliche Anordnungen zu verstehen,[291] wobei die subjektive Bewertung als verbindlich durch die Beteiligten genügt.[292] Daher sind öffentliche oder vertrauliche Äußerungen von Politikern ohne Rechtsverbindlichkeit nicht vom Weisungsbegriff umfasst.[293]

---

päische Zentralbank (2001), S. 226 ff.; *Sester*, RIW 2013, 451, 455; *Steinbach*, NVwZ 2013, 918, 920.

[288] *Hoppe*, Der Rechtsschutz gegen Akte der Währungspolitik (1994), S. 212; ähnlich *Sester*, RIW 2013, 451, 455 („ernsthafte drohende Gefahr").

[289] Vgl. oben, S. 185 ff.

[290] *Häde*, in: Calliess/Ruffert, EUV/AEUV (4. Auflage 2011), Art. 130 AEUV Rn. 23.

[291] *Sodan*, NJW 1999, 1521, 1523 m.w.N.

[292] *Häde*, in: Calliess/Ruffert, EUV/AEUV (4. Auflage 2011), Art. 130 AEUV Rn. 14.

[293] *Sodan*, NJW 1999, 1521, 1523.

5. Wirkungen des stattgebenden Urteils

a) Nichtigkeitsanordnung

Ist die Nichtigkeitsklage begründet, so erklärt der Europäische Gerichtshof die angefochtene Handlung nach Art. 264 Abs. 1 AEUV für nichtig. Die Urteilswirkungen sind nicht auf die Beteiligten des Rechtsstreit begrenzt. Vielmehr wirkt die Nichtigkeit *erga omnes*.[294] Auf Grundlage der angefochtenen Handlung ergangene Umsetzungsmaßnahmen sollen nach teilweise vertretener Auffassung von der Nichtigkeitserklärung nicht betroffen sein und einer getrennten Anfechtung unterliegen.[295] Bei geldpolitischen Beschlüssen, welche der Ausführung (z.B. durch den Kauf von Staatsanleihen oder die Entgegennahme von bestimmten Sicherheiten) bedürfen, hätte dies zur Folge, dass die Gültigkeit der Ausführungsmaßnahmen zunächst unberührt bliebe. Innerhalb der Frist von zwei Monaten aus Art. 263 Abs. 6 AEUV – typischerweise ab Kenntnis von den Umsetzungshandlungen – müsste eine weitere Nichtigkeitsklage erhoben werden. Das prozessuale Problem lässt sich allerdings entschärfen, wenn von vornherein sowohl gegen die Grundlagenhandlung als auch die Ausführungshandlung Nichtigkeitsklage erhoben wird.

b) Zeitliche Wirkung

Grundsätzlich wirkt die Nichtigkeitserklärung zurück auf den Zeitpunkt der Entstehung der angegriffenen Handlung (*ex tunc*-Wirkung).[296] Geldpolitische Entscheidungen der Europäischen Zentralbank wirken sich allerdings typischerweise unmittelbar auf das Marktgeschehen aus. Die Geldpolitik der Zentralbank ist ein elementarer Entscheidungspfeiler für zahllose Investitions- und Anlageentscheidungen von Unternehmen und Privaten. Art. 264 Abs. 2 AEUV eröffnet dem Gerichtshof die Option, die Wirkungen der Nichtigkeitserklärung zeitlich zu begrenzen. Dabei kommen insbesondere eine bloße Nichtigkeit für die Zukunft (*ex nunc*-Wirkung) oder eine fortbestehende Wirksamkeit für einen bestimmten Zeitraum in Betracht. Der Europäische Gerichtshof hat eine solche Beschränkung nur dann vorgenommen, wenn „zwingende Erwägungen der Rechtssicherheit es rechtfertigen“[297]. Ausdrücklich will der Gerichtshof dabei die Auswirkungen auf die Wirtschaftsteilnehmer berücksichti-

---

[294] EuGH, Urteil vom 14.9.1999 – Rs. C-310/97 (*Kommission/AssiDomän*), Slg. 1999 S. 5363, Rn. 54; EuGH, Urteil vom 12.2.2008 – Rs. C-199/06 (*CELF*), Slg. 2008 S. I-469, Rn. 61; *Bergmann*, EuR 2006, 101, 105.

[295] *Cremer*, in: Calliess/Ruffert, EUV/AEUV (4. Auflage 2011), Art. 264 AEUV Rn. 2.

[296] EuGH, Urteil vom 12.2.2008 – Rs. C-199/06 (*CELF*), Slg. 2008 S. I-469, Rn. 61; *Paulus*, NJW 2011, 3686, 3688.

[297] EuGH, Urteil vom 22.12.2008 – Rs. C-333/07 (*Régie Networks*), Slg. 2008 S. I-10807, Rn. 121.

gen.[298] Andererseits ist in die Abwägung einzustellen, dass eine Beschränkung der Nichtigkeitswirkungen dem Ziel eines effektiven Rechtsschutzes entgegenlaufen kann. Wenn für den Pflichtengebundenen absehbar ist, dass selbst ein Nichtigkeitsurteil ihm einen faktischen Aktionsradius für einen bestimmten Zeitraum verleiht, dann verliert die Nichtigkeitssanktion ihre abschreckende Wirkung. Auch kann die Schutzwürdigkeit der Marktteilnehmer dadurch verringert sein, dass für sie von Anfang an erkennbar war, dass die Handlung der Europäischen Zentralbank gegen vorrangiges Primärrecht verstieß. Daher ist im Einzelfall je nach Art der angegriffenen Maßnahme abzuwägen, welche Interessen inwieweit überwiegen und ob und in welchem Umfang eine Beschränkung nach Art. 264 Abs. 2 AEUV vorzunehmen ist.

II. Untätigkeitsklage

Bei einer Verletzung des Gebots zur vorrangigen Gewährleistung von Preisstabilität (Art. 127 Abs. 1 Satz 1 AEUV) kann eine Untätigkeitsklage gegen die Europäische Zentralbank nach Art. 265 AEUV erhoben werden. Ferner steht es einem Kreditinstitut offen, die unterlassene Entscheidung über seine Entbindung von der Mindestreservepflicht vorzubringen.[299] Demgegenüber kann auf diesem prozessualen Weg nicht die Verletzung des Verbots der monetären Haushaltsfinanzierung (Art. 123 Abs. 1 AEUV) und der Pflicht zur Unabhängigkeit (Art. 130 Satz 1 AEUV) gerügt werden. In beiden Fällen liegen aktive Handlungen der Zentralbank vor, gegen die vorrangig die Nichtigkeitsklage zu erheben ist.[300] Keine Subsidiarität ist jedoch hinsichtlich der auf die Nichtverfolgung des Ziels der Preisstabilität gerichteten Untätigkeitsklage anzunehmen.[301] Zwar liegen regelmäßige aktive Handlungen der Europäischen Zentralbank vor. Allerdings sind sie effektiv zumeist nicht mit der Nichtigkeitsklage angreifbar, da Einzelmaßnahmen typischerweise nicht als singuläre Ursache von Inflation auszumachen sind. Mit anderen Worten liegt der Schwerpunkt des gerügten Verhaltens in einem Unterlassen von Maßnahmen zugunsten der Preisstabilität und gegen Inflation.

---

[298] EuGH, Urteil vom 30. 9. 2003 – Rs. C-239/01 (*Bundesrepublik Deutschland/Kommission*), Slg. 2003 S. I-10333, Rn. 78.

[299] *Gaiser*, EuR 2002, 517, 259.

[300] Vgl. *Dervisopoulos*, in: *Rengeling/Middeke/Gellermann* (Hrsg.), Handbuch des Rechtsschutzes in der Europäischen Union (3. Auflage 2014), § 8 Rn. 3 m.w.N.

[301] *Endler*, Europäische Zentralbank und Preisstabilität (1998), S. 516 m.w.N.

1. Aktive Parteifähigkeit

Ähnlich wie bei der Nichtigkeitsklage kennt auch die Untätigkeitsklage privilegierte und nicht privilegierte Klägergruppen. Privilegiert sind neben den Mitgliedstaaten die anderen Organe der Union, d.h. das Europäische Parlament, der Europäische Rat, der Rat, die Europäische Kommission und der Rechnungshof (Art. 13 Abs. 1 UAbs. 2 EUV, Art. 265 Abs. 1 Satz 1 AEUV). Nicht privilegierte Kläger sind die natürlichen und juristischen Personen, die sich den Einschränkungen aus Art. 265 Abs. 3 AEUV unterwerfen müssen.

2. Tauglicher Klagegegenstand

Die Untätigkeitsklage der privilegierten Kläger ist auf die Feststellung gerichtet, dass der Beklagte eine Vertragsverletzung begangen hat, indem er einen Beschluss nicht gefasst hat. Der Begriff des Beschlusses ist weit auszulegen und umfasst nach überwiegender Ansicht auch unverbindliche Rechtshandlungen.[302] Unerheblich ist weiterhin, dass sich die unterlassene Handlung der Europäischen Zentralbank nicht auf einen bestimmten Akt konkretisieren lässt, der monokausal eine Inflation verhindert hätte. Der Europäische Gerichtshof lässt es ausreichen, wenn der Beklagte „unterlassen hat, Maßnahmen zu treffen, deren Tragweite sich hinreichend bestimmen lässt, so dass sie konkretisiert werden und Gegenstand eines Vollzugs im Sinne von Artikel 176 [= Art. 266 AEUV] sein können“[303]. In dieser Entscheidung hat der Europäische Gerichtshof eine Klage des Europäischen Parlaments gegen den Rat auf Feststellung für unzulässig erachtet, dass der Rat es unterlassen habe, eine gemeinsame Verkehrspolitik einzuführen. Hinreichend konkret sei hingegen der Antrag festzustellen, es sei vertragswidrig unterlassen worden, die Dienstleistungsfreiheit auf dem Gebiet des internationalen Verkehrs sicherzustellen und spezielle Bedingungen für die Zulassung von Verkehrsunternehmen zum Verkehr festzulegen. Der Unterschied zwischen beiden Anträgen liegt darin, dass nur letzterer das zu erreichende Ergebnis benennt.[304] Bei Anwendung dieser Grundsätze auf den Klagegegenstand „Untätigkeit zur Sicherung der Preisstabilität“ lässt sich ein hinreichend bestimmter Klageantrag bejahen.[305] Das zu erreichende Ergebnis – Preisstabilität und deren vorrangige Stellung – sind eindeutig benennbar. Konkrete Maßnahmen auf dem Weg dahin müssen nicht aufgezeigt werden, da

---

[302] *Cremer*, in: Calliess/Ruffert, EUV/AEUV (4. Auflage 2011), Art. 265 AEUV Rn. 5; *Dervisopoulos*, in: *Rengeling/Middeke/Gellermann* (Hrsg.), Handbuch des Rechtsschutzes in der Europäischen Union (3. Auflage 2014), § 8 Rn. 20 f., jeweils m.w.N.

[303] EuGH, Urteil vom 22.5.1985 – Rs. 13/83 (*Parlament/Rat*), Slg. 1985 S. 1513, Rn. 37.

[304] Vgl. EuGH, Urteil vom 22.5.1985 – Rs. 13/83 (*Parlament/Rat*), Slg. 1985 S. 1513, Rn. 65.

[305] *Endler*, Europäische Zentralbank und Preisstabilität (1998), S. 516 f.; *Schütz*, EuR 2001, 291, 303.

insofern auch Art. 127 Abs. 1 Satz 1 AEUV der Europäischen Zentralbank ein Ermessen einräumt.

Kein tauglicher Klagegegenstand kann in Bezug auf die Wahrung der Preisstabilität demgegenüber von Individuen vorgebracht werden. Ihre fehlende Privilegierung äußert sich unter anderem darin, dass sie nach Art. 265 Abs. 3 AEUV lediglich den Nichterlass eines rechtsverbindlichen Akts an sich selbst rügen können. Individuen sind aber regelmäßig nicht Adressaten von geldpolitischen Maßnahmen. Daher scheiden Untätigkeitsklagen von natürlichen oder juristischen Personen wegen des Unterlassens einer auf vorrangige Preisstabilität gerichteten Geldpolitik mangels tauglichen Klagegegenstands als unzulässig aus. Demgegenüber bildet die Entbindung von der Mindestreservepflicht nach Art. 2 Abs. 2 Satz 2 der Verordnung (EG) Nr. 1745/2003[306] einen tauglichen Klagegegenstand für Individuen.[307]

3. Sonstige Zulässigkeitserfordernisse

Vor Erhebung der Untätigkeitsklage muss das Vorverfahren nach Art. 265 Abs. 2 AEUV durchgeführt worden sein. Hierzu muss die Europäische Zentralbank zum Tätigwerden aufgefordert werden und innerhalb von zwei Monaten keine Stellungnahme[308] abgeben. Innerhalb einer Frist von weiteren zwei Monaten ist dann Untätigkeitsklage zu erheben. Die privilegierten Kläger aus Art. 265 Abs. 1 AEUV müssen weiterhin weder eine Verletzung in eigenen Rechten geltend machen noch über ein besonderes Rechtsschutzinteresse verfügen.[309] Die Untätigkeitsklage ist nach Art. 256 Abs. 1 UAbs. 1 AEUV vor dem Gericht erster Instanz zu erheben. Die Ausnahmen aus Art. 51 der EuGH-Satzung greifen nicht ein. Gegen das erstinstanzliche Urteil des Gerichts kann ein auf Rechtsfragen beschränktes Rechtsmittel zum Europäischen Gerichtshof eingelegt werden (Art. 256 Abs. 1 UAbs. 2 AEUV).

4. Begründetheit der Untätigkeitsklage

a) Prüfungsmaßstab

Die Untätigkeitsklage ist begründet, soweit der Europäischen Zentralbank vertragswidriges Unterlassen vorzuwerfen ist (Art. 266 Abs. 1 AEUV). Abzustellen ist auf die unterlassene Verabschiedung von geldpolitischen Beschlüssen bzw.

---

[306] Verordnung (EG) Nr. 1745/2003 über die Auferlegung einer Mindestreservepflicht vom 12.9.2003, ABl. EG Nr. L 250 S. 10 vom 2.10.2003.

[307] *Hahn/Häde*, ZHR 165 (2001) 30, 52; *Gaiser*, EuR 2002, 517, 529 zur Vorgängerregelung.

[308] Vgl. zum Begriff EuGH, Urteil vom 1.4.1993 – Rs. C-25/91 (*Pesqueras/Kommission*), Slg. 1993 S. I-1719, Rn. 12 m.w.N.

[309] *Cremer*, in: Calliess/Ruffert, EUV/AEUV (4. Auflage 2011), Art. 265 AEUV Rn. 12 f. m.w.N.

Vornahme geldpolitischer Maßnahmen zur Gewährleistung der Preisstabilität. Die Handlungspflicht der Europäischen Zentralbank folgt aus Art. 127 Abs. 1 Satz 1 i.V.m. Abs. 2 1. Spiegelstrich AEUV.[310] Danach besteht eine grundlegende Aufgabe der Europäischen Zentralbank darin, die Geldpolitik der Union festzulegen und auszuführen. Dabei hat sie das vorrangige Ziel der Preisstabilität zu beachten. Diese Festlegung findet sich bestätigend nochmals in Art. 2 Satz 1, Art. 3.1 1. Spiegelstrich der ESZB-Satzung. Die allgemeine Wirtschaftspolitik der Union darf sie nur unterstützen, sofern dies ohne Beeinträchtigung der Preisstabilität umsetzbar ist (Art. 127 Abs. 1 Satz 2 AEUV, Art. 2 Satz 2 der ESZB-Satzung).

b) Geldpolitisches Ermessen der Europäischen Zentralbank

Die Begründetheit einer Untätigkeitsklage gegen die Europäische Zentralbank wegen Verletzung der Gewährleistung von Preisstabilität wird durch zwei sich überschneidende Problemkreise bestimmt: die Bestimmung zum einen der Voraussetzungen von Preisstabilität und zum anderen des Ermessensumfangs der Europäischen Zentralbank[311]. Die Europäische Zentralbank nimmt in Anknüpfung an die frühere Geldpolitik der Deutschen Bundesbank an, dass Preisstabilität bei einer Inflationsrate von unter, aber nahe 2 % vorliege.[312] Als Maßstab wird der Harmonisierte Verbraucherpreisindex (HVPI) im Sinne der Verordnung (EG) Nr. 2494/95[313] herangezogen. Diese Festlegung durch die Europäische Zentralbank, welche sich nicht auf konkrete Vorgaben aus dem Primärrecht stützen kann, ist als von ihrem geldpolitischen Ermessen gedeckt anzusehen.[314] Damit ist das Ermessen im Hinblick auf das zu erreichende Ziel ausgeübt und konkretisiert.

Der zweite Ermessensbestandteil bezieht sich auf die Auswahl der zu treffenden Maßnahmen. Der Europäischen Zentralbank wird teilweise ein erheblicher Ermessensspielraum bei ihrer Geldpolitik eingeräumt, der lediglich einer Willkürkontrolle durch die Rechtsprechung unterliege.[315] Überzeugen-

---

310 *Endler*, Europäische Zentralbank und Preisstabilität (1998), S. 518; *Schütz*, EuR 2001, 291, 303.

311 Vgl. grundlegend zum Verwaltungsermessen im Unionsrecht *Schwarze*, Europäisches Verwaltungsrecht (2. Auflage 2005), S. 280 ff.

312 *EZB*, Jahresbericht 2011, S. 8, 17; vgl. auch *EZB*, Monatsbericht Januar 1999, S. 50.

313 Verordnung (EG) Nr. 2494/95 über harmonisierte Verbraucherpreisindizes vom 23.10.1995, ABl. EG Nr. L 251 S. 1 vom 27.10.1995; vgl. dazu *Endler*, Europäische Zentralbank und Preisstabilität (1998), S. 68 ff.

314 *Endler*, Europäische Zentralbank und Preisstabilität (1998), S. 71, 396; *Schütz*, EuR 2001, 291, 298 f.; *Gaitanides*, Das Recht der Europäischen Zentralbank (2005), S. 39 f.; *Herdegen*, in: Maunz/Dürig, GG (2013), Art. 88 Rn. 31; offen *Herrmann*, Währungshoheit, Währungsverfassung und subjektive Rechte (2010), S. 228.

315 *Endler*, Europäische Zentralbank und Preisstabilität (1998), S. 518 ff., 521; *Schütz*, EuR 2001, 291, 304.

der erscheint eine restriktivere Sichtweise, die zwar einen Ermessensspielraum zuerkennt, nicht aber erst bei Willkür der Zentralbank ein gerichtliches Einschreiten zulässt. Schon bei einem hinreichenden Maß an Evidenz für eine Ermessensüberschreitung muss die Judikative einschreiten können.[316] Mit dem Evidenzkriterium soll die Missbrauchsschwelle gegenüber einer bloßen Willkürkontrolle abgesenkt werden. Auch bei einer „komplexen wirtschaftlichen Situation" im Sinne der Rechtsprechung des Gerichtshofs[317], wie sie Endler[318] und Reumann[319] auch bei der Geldpolitik der Zentralbank annehmen wollen, nimmt ebendiese Judikatur keine bloße Willkür-, sondern eine weitergehende Evidenzkontrolle vor. Beispielhaft formulierte der Gerichtshof in *Roquette Frères/Frankreich* in Bezug auf das Ermessen der Kommission:

> „Da es sich um die Beurteilung eines komplexen wirtschaftlichen Sachverhalts handelt, verfügen die Kommission und der Verwaltungsausschuss in dieser Hinsicht über einen weiten Ermessensspielraum. Bei der Kontrolle über die Rechtmäßigkeit der Ausübung einer solchen Befugnis muss sich der Richter darauf beschränken zu prüfen, ob der Behörde kein offensichtlicher Irrtum oder Ermessensmissbrauch unterlaufen ist oder ob sie die Grenzen ihres Ermessensspielraums nicht offensichtlich überschritten hat."[320]

Hintergrund dieses engeren Maßstabs im Vergleich zur einer Willkürkontrolle sind die rechtsstaatliche Bindung der Europäischen Zentralbank als Unionsorgan an das Primärrecht und der Ausgleich für die Unabhängigkeit der Zentralbank durch eine gerichtliche Kontrolle ihrer Tätigkeit. Der Gefahr, dass die Geldpolitik entgegen Art. 127 Abs. 2 AEUV letztlich durch den Gerichtshof bestimmt würde, besteht nicht, da die Zentralbank in der Wahl ihrer Mittel bis zur Grenze der Evidenz über Ermessen verfügt. Diese „rote Linie" ist nicht generalisiert zeichenbar und nicht in abstrakte Zahlen zu fassen. Ein deutliches und längeres Abweichen von der 2 %-Grenze dürfte im Regelfall aber ein offensichtliches Überschreiten der Ermessensgrenzen indizieren.

5. Wirkungen des stattgebenden Urteils

Ist die Untätigkeit der Europäischen Zentralbank für vertragswidrig erklärt worden, so ist sie nach Art. 266 Abs. 1 AEUV verpflichtet, die sich aus dem Urteil des Gerichtshofs ergebenden Maßnahmen zu ergreifen. Hierfür steht der Europäischen Zentralbank eine angemessene Frist zur Verfügung.[321] Die außer-

---

[316] Ähnlich *Sester*, RIW 2013, 451, 455; zu eng hingegen *Hoppe*, Der Rechtsschutz gegen Akte der Währungspolitik (1994), S. 223.

[317] EuGH, Urteil vom 12.7.1979 – Rs. 166/78 (*Italien/Rat*), Slg. 1979 S. 2575, Rn. 14.

[318] *Endler*, Europäische Zentralbank und Preisstabilität (1998), S. 520.

[319] *Reumann*, Die Europäische Zentralbank (2001), S. 227.

[320] EuGH, Urteil vom 20.10.1977 – Rs. 29/77 (*Roquette Frères/Frankreich*), Slg. 1977 S. 1835, Rn. 19 f.

[321] Ständige Rechtsprechung, vgl. stellvertretend EuGH, Urteil vom 5.7.1995 – Rs. C-21/94 (*Parlament/Rat*), Slg. 1995 S. 1827, Rn. 33.

vertragliche Amtshaftung der Union für Handlungen der Europäischen Zentralbank wird durch das Urteil nicht berührt; dies stellt ausdrücklich Art. 266 Abs. 2 AEUV klar.

III. Zusammenfassung

Der gerichtliche Rechtsschutz gegen die Europäische Zentralbank ist auf einen engen Bereich beschränkt. Begrenzend wirken zum einen die Zulässigkeitsvoraussetzungen von Nichtigkeits- und Untätigkeitsklage. Danach müssen Individualklagen gegen die Geldpolitik regelmäßig ausscheiden. Die Nichtigkeitsklage gegen Einzelakte scheitert häufig daran, dass die Klagefrist von zwei Monaten abgelaufen ist, wenn sich beispielsweise einige Zeit später die Inflationsrisiken verwirklichen. Zum anderen werden die Erfolgsaussichten auf Begründetheitsebene durch das weite Ermessen der Zentralbank im Bereich der Geldpolitik deutlich geschmälert. Hinzu kommt, dass auf einen Verstoß gegen die Pflicht zur vorrangigen Gewährleistung der Preisstabilität gestützte Nichtigkeitsklagen typischerweise am unmöglichen Kausalitätsnachweis scheitern dürften.

Vor diesem Hintergrund bestehen nennenswerte Erfolgsaussichten für Klagen gegen die Europäische Zentralbank zur Durchsetzung der währungs- und geldpolitischen Grundprinzipien – abhängig von den Umständen des Einzelfalls – vor allem in folgenden Konstellationen: Nichtigkeitsklage von privilegiert Klageberechtigten gegen Handlungen, welche eine verbotene monetäre Staatsfinanzierung anordnen oder umsetzen; Nichtigkeitsklage von privilegiert Klageberechtigten gegen Handlungen, welche auf einem Verstoß gegen die Zentralbankunabhängigkeit beruhen; Untätigkeitsklage von privilegiert Klageberechtigten, sofern eine evident nicht an der Preisstabilität orientierte Geldpolitik verfolgt wird.

B. Rechtsschutz für die Europäische Zentralbank

Zur Sicherung ihrer Unabhängigkeit, ihrer geldpolitischen Befugnisse sowie bestimmter Grundprinzipien der europäischen Währungsverfassung stehen der Europäischen Zentralbank verschiedene Klagewege offen. Sie fungiert als „Hüterin der Europäischen Währungsverfassung“[322]. Art. 35.1 Satz 2 der ESZB-Satzung sieht vor, dass die Europäische Zentralbank nach den allgemeinen Vorschriften der Verträge klageberechtigt ist. Nach Art. 263 Abs. 3 AEUV kann sie Nichtigkeitsklage als teilprivilegierte Klägerin zur Wahrung ihrer eigenen

---

[322] *Weber*, WM 1998, 1465, 1466.

Rechte erheben. Eine Untätigkeitsklage steht ihr als privilegierte Klägerin nach Art. 265 Abs. 1 Satz 1 AEUV offen. Hinzu treten zwei spezielle Rechtsbehelfe, die auf das Europäische System der Zentralbanken zugeschnitten sind: Innerhalb dieses Systems können bestimmte Rechtsverletzungen der nationalen Notenbanken durch die Europäische Zentralbank gerichtlich nach Art. 271 lit. d AEUV i.V.m. Art. 35.6 der ESZB-Satzung geltend gemacht werden. Zudem kann gegen die Entlassung des Präsidenten einer nationalen Zentralbank nach Art. 14.2 Satz 3 der ESZB-Satzung geklagt werden. Intern entscheidet nach Art. 35.5 der ESZB-Satzung der EZB-Rat über eine Klageerhebung.

I. Nichtigkeitsklage

Mit der Nichtigkeitsklage vermag die Europäische Zentralbank gegen Gesetzgebungsakte und bestimmte Handlungen von Rat, Kommission, Parlament, Europäischem Rat sowie sonstigen Einrichtungen und Stellen der Union vorzugehen.

1. Aktive Parteifähigkeit

Die Europäische Zentralbank kann die Nichtigkeitsklage nach Art. 263 Abs. 3 AEUV ebenso wie der Rechnungshof und der Ausschuss der Regionen als teilprivilegierte Klägerin erheben. Anders als den (voll-)privilegierten Klägern im Sinne von Art. 263 Abs. 2 AEUV ist ihr die Nichtigkeitsklage ausschließlich zur Wahrung ihrer eigenen Rechte eröffnet. Sie fungiert nicht im Allgemeininteresse als „Hüterin der Verträge". Anders als Individuen unterliegt sie aber nicht den engen Zulässigkeitsvoraussetzungen aus Art. 263 Abs. 4 AEUV und muss daher insbesondere keine individuelle Betroffenheit geltend machen.

2. Klagebefugnis

Als teilprivilegierte Klägerin kann die Europäische Zentralbank lediglich die Verletzung eigener Rechte geltend machen. Die Nichtigkeitsklage ist daher nur zulässig, „sofern diese Klage lediglich auf den Schutz [ihrer] Befugnisse gerichtet ist und nur auf Klagegründe gestützt wird, mit denen die Verletzung dieser Befugnisse geltend gemacht wird"[323]. Die Europäische Zentralbank muss als Zulässigkeitsvoraussetzung eine solche Verletzung schlüssig darlegen.[324] Ob sie tatsächlich vorliegt, ist hingegen Gegenstand der Begründetheitsprüfung. Als eigene Befugnisse aus den Verträgen kommen insbesondere Verstöße gegen die

[323] EuGH, Urteil vom 2.3.1994 – Rs. C-316/91 (*Parlament/Rat*), Slg. I-1994 S. 625, Rn. 12 m.w.N. (zum vormals teilprivilegierten Europäischen Parlament).

[324] EuGH, Urteil vom 2.3.1994 – Rs. C-316/91 (*Parlament/Rat*), Slg. I-1994 S. 625, Rn. 13.

Unabhängigkeit der Zentralbank (Art. 130 Satz 2 AEUV)[325], die Anhörungs- und Beteiligungsrechte (z.B. Art. 127 Abs. 4 UAbs. 1 1. Spiegelstrich AEUV)[326] und das Teilnahmerecht aus Art. 284 Abs. 2 AEUV[327] in Betracht.

3. Sonstige Zulässigkeitserfordernisse

Im Übrigen gelten die allgemeinen Zulässigkeitsvoraussetzungen für teilprivilegierte Nichtigkeitsklagen. So muss sich die Klage gegen eine Handlung mit Außenrechtswirkung im Sinne von Art. 263 Abs. 1 AEUV richten. Die Klagefrist von zwei Monaten aus Art. 263 Abs. 6 AEUV ist einzuhalten. Zuständig ist in erster Instanz das Gericht nach Art. 256 Abs. 1 UAbs. 1 AEUV, da keine der Ausnahmeregelungen aus Art. 51 der EuGH-Satzung eingreift. Gegen die Entscheidung des Gerichts kann ein auf Rechtsfragen beschränktes Rechtsmittel zum Gerichtshof eingelegt werden (Art. 256 Abs. 1 UAbs. 2 AEUV).

4. Begründetheit und Urteilswirkungen

Die Nichtigkeitsklage ist begründet, soweit die angefochtene Handlung einen der in Art. 263 Abs. 2 AEUV genannten Mängel aufweist, insbesondere gegen höherrangiges Recht verstößt.[328] Auch bei Nichtigkeitsklagen von teilprivilegierten Klägern findet eine umfassende objektive Rechtmäßigkeitskontrolle statt. Hat die Nichtigkeitsklage Erfolg, so erklärt der Gerichtshof nach Art. 264 Abs. 1 AEUV die angefochtene Handlung rechtsgestaltend für nichtig. Die Nichtigkeit wirkt grundsätzlich auf die Entstehung bzw. Vornahme der Handlung zurück (*ex tunc*-Wirkung).[329] Eine beschränkte Ausnahme hiervon lässt aus Gründen der Rechtssicherheit Art. 264 Abs. 2 AEUV zu.[330]

II. Untätigkeitsklage

Mit der Untätigkeitsklage kann die Europäische Zentralbank vertragswidrige Unterlassungen von anderen Unionsorganen (Art. 265 Abs. 1 Satz 1 AEUV) sowie von sonstigen Stellen und Einrichtungen der Union (Art. 265 Abs. 1 Satz 2

---

[325] *Gaiser*, EuR 2002, 517, 519; *Gaitanides*, Das Recht der Europäischen Zentralbank (2005), S. 185; *Hahn/Häde*, Währungsrecht (2. Auflage 2010), § 19 Rn. 42.

[326] *Gaiser*, EuR 2002, 517, 519; *Gaitanides*, Das Recht der Europäischen Zentralbank (2005), S. 186; *Hahn/Häde*, Währungsrecht (2. Auflage 2010), § 19 Rn. 40.

[327] *Hahn/Häde*, Währungsrecht (2. Auflage 2010), § 19 Rn. 41.

[328] Vgl. im Einzelnen *Dervisopoulos*, in: *Rengeling/Middeke/Gellermann* (Hrsg.), Handbuch des Rechtsschutzes in der Europäischen Union (3. Auflage 2014), § 7 Rn. 104 ff.

[329] EuGH, Urteil vom 12.2.2008 – Rs. C-199/06 (*CELF*), Slg. 2008 S. I-469, Rn. 61; *Paulus*, NJW 2011, 3686, 3688.

[330] Vgl. oben, S. 208 f.

AEUV) rügen. Materielle Voraussetzung ist eine entsprechende Handlungspflicht des jeweils Beklagten.[331]

1. Aktive Parteifähigkeit

Die Europäische Zentralbank ist als Organ der Europäischen Union (Art. 13 Abs. 1 UAbs. 2 EUV) privilegierte Klägerin einer Untätigkeitsklage nach Art. 265 Abs. 1 AEUV. Seit dem Inkrafttreten des Vertrags von Lissabon ist die Europäische Zentralbank nicht mehr bloße teilprivilegierte Klägerin, die eine Untätigkeitsklage nur erheben kann, wenn ihr Zuständigkeitsbereich betroffen ist.[332] Ebenso wie die Mitgliedstaaten und die anderen Unionsorgane kann die Europäische Zentralbank das Unterlassen jeglicher Beschlussfassung durch das Europäische Parlament, den Europäischen Rat, den Rat oder die Kommission rügen.

2. Sonstige Zulässigkeitserfordernisse

Tauglicher Klagegegenstand ist die unterlassene Fassung eines Beschlusses. Der Begriff des Beschlusses ist weit auszulegen und umfasst nach überwiegender Ansicht auch unverbindliche Rechtshandlungen.[333] Nach der Rechtsprechung des Europäischen Gerichtshofs sind solche Maßnahmen betroffen, „deren Tragweite sich hinreichend bestimmen lässt, so dass sie konkretisiert werden und Gegenstand eines Vollzugs im Sinne von Artikel 176 [EWG-Vertrag = Art. 266 AEUV] sein können“[334]. Weiterhin sind das Vorverfahren und die sich anschließende Klagefrist nach Art. 265 Abs. 2 AEUV zu beachten. Erstinstanzlich zuständig ist das Gericht nach Art. 256 Abs. 1 UAbs. 1 AEUV, da sich aus Art. 51 der EuGH-Satzung keine abweichende Regelung ergibt. Gegen die Entscheidung des Gerichts ist ein auf Rechtsfragen beschränktes Rechtsmittel zum Gerichtshof statthaft (Art. 256 Abs. 1 UAbs. 2 AEUV).

3. Begründetheit und Urteilswirkungen

Die Untätigkeitsklage ist begründet und führt zum Erfolg, soweit der Beklagte vertragswidrig einen Beschluss nicht gefasst hat (Art. 265 Abs. 1 Satz 1, 266 Abs. 1 AEUV). Erforderlich ist eine korrelierende Pflicht zum Tätigwerden. Anders als der Wortlaut von Art. 265 Abs. 1 Satz 1 AEUV („Feststellung“) nahelegt, verpflichtet ein stattgebendes Urteil den Beklagten positiv zum Ergrei-

---

[331] *Gaitanides*, Das Recht der Europäischen Zentralbank (2005), S. 187.

[332] *Hahn/Häde*, Währungsrecht (2. Auflage 2010), § 19 Rn. 48; vgl. zur früheren Rechtslage *Gaiser*, EuR 2002, 517, 520.

[333] *Cremer*, in: Calliess/Ruffert, EUV/AEUV (4. Auflage 2011), Art. 265 AEUV Rn. 5; *Dervisopoulos*, in: *Rengeling/Middeke/Gellermann* (Hrsg.), Handbuch des Rechtsschutzes in der Europäischen Union (3. Auflage 2014), § 8 Rn. 20 f., jeweils m.w.N.

[334] EuGH, Urteil vom 22. 5. 1985 – Rs. 13/83 (*Parlament/Rat*), Slg. 1985 S. 1513, Rn. 37.

fen von Maßnahmen. Damit gehen die Urteilswirkungen über eine schlichte Feststellung der Vertragswidrigkeit hinaus.

III. Aufsichtsklage gegen eine nationale Notenbank

Der Europäische Zentralbank kommt die Rolle einer „Wächterin der Verträge" in Bezug auf die europäische Währungsverfassung zu. Diese Aufgabe übt sie gegenüber den nationalen Notenbanken aus. Aus Art. 271 lit. d Satz 2 AEUV wird deutlich, dass sie insofern an die Stelle der Kommission tritt. Art. 14.3 der ESZB-Satzung unterwirft die nationalen Notenbanken den Leitlinien und Weisungen der Europäischen Zentralbank. Um die Einhaltung dieser Leitlinien und Weisungen sicherzustellen, ist der EZB-Rat mit der Befugnis ausgestattet, die notwendigen Maßnahmen zu ergreifen. Vor diesem Hintergrund ist die Aufsichtsklage der Europäischen Zentralbank gegen eine nationale Zentralbank nach Art. 271 lit. d AEUV i.V.m. Art. 35.6 der ESZB-Satzung zu sehen, mit welcher gegen die Nichterfüllung von Verpflichtungen aus den Verträgen und der ESZB-Satzung vorgegangen werden kann.

1. Verhältnis zum Vertragsverletzungsverfahren

Verstößt ein Mitgliedstaat gegen eine Verpflichtung aus den Verträgen, so steht der Kommission als „Wächterin der Verträge" ein Klagerecht aus Art. 258 AEUV zu. Das allgemeine Vertragsverletzungsverfahren wird aber durch die speziellere Aufsichtsklage nach Art. 271 lit. d AEUV verdrängt, soweit dessen Anwendungsbereich eröffnet ist.[335] Dieses systematische Verhältnis beider Klagearten folgt nicht nur aus dem *lex specialis*-Grundsatz, sondern auch aus Wortlaut sowie Sinn und Zweck des Art. 271 lit. d AEUV. Im Vertragstext werden dem Rat der Gouverneure der Europäischen Zentralbank dieselben Befugnisse zugesprochen, „die der Kommission in Artikel 258 gegenüber den Mitgliedstaaten eingeräumt werden". Schon daraus wird die partielle Substituierung der Kommissionsrolle deutlich. Hinzu tritt die *ratio legis*, unter Wahrung der Unabhängigkeit der nationalen Zentralbanken die Gesetzmäßigkeit deren Handelns sicherzustellen.[336] Die Unabhängigkeit der nationalen Zentralbanken ließe sich nicht aufrechterhalten, sofern ihr Verhalten den Mitgliedstaaten zugerechnet würde, um ein Vertragsverletzungsverfahren durchführen zu können. Im Gegenzug müssten den Mitgliedstaaten rechtliche Einflussmöglichkeiten auf die Zentralbanken zugesprochen werden, um den Pflichten aus einem stattgebenden Urteil nachkommen zu können. Auch wenn es an einer ausdrückli-

---

[335] *Gaiser*, EuR 2002, 517, 523.

[336] *Weinbörner*, Die Stellung der Europäischen Zentralbank (EZB) und der nationalen Zentralbanken in der Wirtschafts- und Währungsunion nach dem Vertrag von Maastricht (1998), S. 398 f.

chen Anordnung in Art. 271 lit. d AEUV fehlt, so muss aus denselben Gründen ebenfalls ein Vertragsverletzungsverfahren zwischen Mitgliedstaaten wegen des unionsrechtswidrigen Verhaltens einer nationalen Zentralbank ausscheiden.[337]

2. Aktive und passive Parteifähigkeit

Als Klägerin der Aufsichtsklage nach Art. 271 lit. d AEUV kann ausschließlich die Europäische Zentralbank auftreten. Sie verdrängt insofern die Kommission aus ihrer Rolle als „Wächterin der Verträge“.[338] Intern ist nach Art. 35.5 der ESZB-Satzung der EZB-Rat für die Entscheidung über eine Klageerhebung zuständig. Verklagt werden kann nach Art. 271 lit. d AEUV nicht der Mitgliedstaat, dessen Zentralbank gegen ihre Verpflichtungen verstoßen haben soll, sondern die nationale Zentralbank selbst.[339] Grund hierfür ist die Unabhängigkeit der nationalen Zentralbank, welche sich unionsrechtlich aus Art. 130 Satz 1 AEUV ergibt. Eine Zurechnung an den betreffenden Mitgliedstaat findet nicht statt.[340]

3. Vorverfahren

Ebenso wie bei einem Vertragsverletzungsverfahren muss die Europäische Zentralbank zunächst erfolglos ein außergerichtliches Vorverfahren durchlaufen haben.[341] Dieses wird durch eine mit Gründen versehene Stellungnahme der Europäischen Zentralbank eingeleitet, nachdem sie zuvor der nationalen Zentralbank Gelegenheit zur Äußerung gegeben hat (Art. 271 lit. d i.V.m. Art. 258 Abs. 1 AEUV, Art. 35.6 Satz 2 der ESZB-Satzung). Die Europäische Zentralbank kann sodann die Aufsichtsklage erheben, wenn die nationale Zentralbank innerhalb der gesetzten Frist die Vertrags- oder Satzungsverletzung nicht behoben hat. Zielsetzungen dieses Vorverfahrens sind es, eine vorgerichtliche Streitbeilegung zu fördern und zugleich den Verfahrensgegenstand festzulegen.[342] Es soll vermieden werden, dass die nationale Notenbank bei Klageerhebung erstmals mit dem Vorbringen konfrontiert wird und keine Gelegenheit zur rechtzeitigen Abhilfe erhält.

---

[337] *Goetze*, Die Tätigkeit der nationalen Zentralbanken in der Wirtschafts- und Währungsunion (1999), S. 175 f.; *Gaiser*, EuR 2002, 517, 523 m.w.N.

[338] *Geiger*, Das Währungsrecht im Binnenmarkt der Europäischen Union (1996), S. 151.

[339] *Koenig*, EuZW 1993, 661, 663; *Weber*, Die Kompetenzverteilung im Europäischen System der Zentralbanken bei der Festlegung und Durchführung der Geldpolitik (1995), S. 87 f.; *Geiger*, Das Währungsrecht im Binnenmarkt der Europäischen Union (1996), S. 151; *Hahn/Häde*, Währungsrecht (2. Auflage 2010), § 16 Rn. 128.

[340] *Gaiser*, EuR 2002, 517, 523.

[341] *Gaiser*, EuR 2002, 517, 522; *Hahn/Häde*, Währungsrecht (2. Auflage 2010), § 16 Rn. 125 ff.

[342] *Hahn/Häde*, Währungsrecht (2. Auflage 2010), § 16 Rn. 126.

4. Sonstige Zulässigkeitsvoraussetzungen

Zuständig für Klagen nach Art. 271 lit. d AEUV ist der Europäische Gerichtshof. Diese Zuweisung folgt aus dem Wortlaut von Art. 271 AEUV, dem Verweis auf Art. 258 AEUV sowie der fehlenden Erwähnung dieses Klageverfahrens in Art. 256 Abs. 1 UAbs. 1 AEUV. Einzuhalten sind ferner die allgemeinen Formvorschriften.

5. Begründetheit der Aufsichtsklage

Die Aufsichtsklage ist begründet, soweit die nationale Zentralbank gegen Verpflichtungen aus den Verträgen oder der ESZB-Satzung verstoßen hat. Zu diesen Verpflichtungen sind auch die Leitlinien und Beschlüsse des EZB-Rates (Art. 12.1 UAbs. 1 der ESZB-Satzung) und die Weisungen des Direktoriums (Art. 12.1 UAbs. 2 Satz 2 der ESZB-Satzung) zu zählen.[343] Hierfür spricht nicht nur der umfassende Wortlaut von Art. 271 lit. d AEUV, der keine Einschränkungen erkennen lässt. Vor allem ist aber die Funktion der Aufsichtsklage zu berücksichtigen, die gerichtliche Durchsetzung des Weisungsrechts der Europäischen Zentralbank gegenüber den nationalen Zentralbanken abzusichern.[344]

6. Wirkungen des stattgebenden Urteils

Die nationale Zentralbank wird bei einer Niederlage vor dem Gerichtshof gezwungen, die sich aus dem Urteil ergebenden Maßnahmen zu ergreifen (Art. 271 lit. d Satz 3 AEUV). Ähnlich wie bei der Untätigkeitsklage steht einer solchen Handlungspflicht nicht entgegen, dass die Klage – in einem ersten Schritt – nur auf Feststellung gerichtet ist.[345] Im Unterschied zum Vertragsverletzungsverfahren nach Art. 258 AEUV kann gegen die Beklagte keine Geldbuße verhängt werden.[346] Auch eine analoge Anwendung des Art. 260 Abs. 2 AEUV kommt mangels planwidriger Regelungslücke nicht in Betracht. Angesichts des auf Art. 258 AEUV beschränkten Verweises in Art. 271 lit. d Satz 2 AEUV hätte eine Zahlungspflicht gesondert angeordnet werden müssen.[347]

---

[343] Ebenso *Weber*, Die Kompetenzverteilung im Europäischen System der Zentralbanken bei der Festlegung und Durchführung der Geldpolitik (1995), S. 88; *Weinbörner*, Die Stellung der Europäischen Zentralbank (EZB) und der nationalen Zentralbanken in der Wirtschafts- und Währungsunion nach dem Vertrag von Maastricht (1998), S. 399; *Gaiser*, EuR 2002, 517, 521 f.; vgl. zu konkreten Anwendungsfällen *Weinbörner*, Die Stellung der Europäischen Zentralbank (EZB) und der nationalen Zentralbanken in der Wirtschafts- und Währungsunion nach dem Vertrag von Maastricht (1998), S. 399 f.

[344] Ähnlich *Koenig*, EuZW 1993, 661, 663.

[345] *Weber*, Die Kompetenzverteilung im Europäischen System der Zentralbanken bei der Festlegung und Durchführung der Geldpolitik (1995), S. 90 f.

[346] *Gaiser*, EuR 2002, 517, 522; *Hahn/Häde*, Währungsrecht (2. Auflage 2010), § 16 Rn. 130 f.

[347] Ähnlich *Hahn/Häde*, Währungsrecht (2. Auflage 2010), § 16 Rn. 131.

IV. Klage wegen Entlassung eines Notenbankpräsidenten

Neben die Nichtigkeits-, Untätigkeits- und Aufsichtsklage tritt mit engerem Anwendungsbereich die Klage nach Art. 14.2 Satz 3 der ESZB-Satzung, welche die Rechtsposition der Präsidenten der nationalen Zentralbanken prozessual absichern soll.[348] Ihre Entlassung ist nur unter den alternativen Voraussetzungen zulässig, dass sie die Voraussetzungen für die Ausübung ihres Amtes nicht mehr erfüllen oder eine schwere Verfehlung begangen haben (Art. 14.2 Satz 2 der ESZB-Satzung). Verstößt die Entlassung gegen die Verträge oder eine bei ihrer Durchführung zu beachtenden Rechtsnorm, so kann nicht nur der betroffene Präsident der nationalen Zentralbank, sondern auch die Europäische Zentralbank dagegen vor dem Gerichtshof klagen. Diese Klage wegen Amtsenthebung stellt eine Mischform zwischen der Nichtigkeits- und der Aufsichtsklage nach Art. 271 lit. d AEUV dar. Ähnlich wie die Nichtigkeitsklage richtet sie sich gegen eine bestimmte Handlung (Art. 14.2 Satz 3 der ESZB-Satzung: „Beschluss"), die in diesem Fall jedoch nicht der Union zugerechnet werden kann. Wie die Aufsichtsklage soll sie die Vereinbarkeit des Handelns der nationalen Notenbanken mit supranationalem Währungsrecht sicherstellen; allerdings richtet sich die Klage nicht gegen die nationale Zentralbank selbst, sondern gegen den betreffenden Mitgliedstaat.[349] Die Verwandtschaft zur Nichtigkeitsklage zeigt sich auch in der Berechnung der Klagefrist, welche in Art. 14.2 Satz 4 der ESZB-Satzung parallel zu Art. 263 Abs. 6 AEUV ausgestaltet ist. Vor diesem Hintergrund können auch die Urteilswirkungen der Nichtigkeitsklage aus Art. 264 Abs. 1, 266 Abs. 1 AEUV in Analogie fruchtbar gemacht werden, so dass die Entlassung rückwirkend unwirksam ist.

V. Weitere Klageverfahren

Die primärrechtlichen Vorgaben zur europäischen Währungsverfassung können auch im Rahmen eines Vorlageverfahrens vor den supranationalen Gerichten zur Prüfung anstehen. Die übrigen Klageverfahren dienen nicht der Sicherung der europäischen Währungsverfassung. So kann die Europäische Zentralbank an einem Verfahren vor den europäischen Gerichten auch aufgrund einer Schiedsklausel beteiligt sein. Eine solche Klausel muss gemäß Art. 35.4 der ESZB-Satzung in einem von der Europäischen Zentralbank oder für ihre Rechnung abgeschlossenen Vertrag enthalten sein. Der Vertrag kann sowohl öffentlich-rechtlichen als auch privatrechtlichen Charakters sein. Auch Streitigkeiten zwischen der Europäischen Zentralbank und ihren Beschäftigten werden vor dem Gerichtshof ausgetragen (Art. 36.2 der ESZB-Satzung). Die Europäische

---

[348] Vgl. dazu *Gaiser*, EuR 2002, 517, 523 f.

[349] *Gaiser*, EuR 2002, 517, 523.

Zentralbank kann weiterhin, da sie auch in allen Mitgliedstaaten Rechtspersönlichkeit besitzt, zivilrechtliche Klagen vor den Gerichten der Mitgliedstaaten erheben. Art. 35.2 der ESZB-Satzung begrenzt diese Zuständigkeit lediglich für solche Konstellationen, die bereits durch die supranationalen Klageverfahren vor den Unionsgerichten erfasst sind.

VI. Zusammenfassung

Der Europäischen Zentralbank stehen vielfältige Rechtsschutzmöglichkeiten offen, um ihre eigenen Befugnisse zu schützen und um die Durchsetzung der Prinzipien der europäischen Währungsverfassung sicherzustellen. Die Verträge räumen ihr hierzu eine teilprivilegierte Klägerstellung bei der Nichtigkeitsklage und eine uneingeschränkt privilegierte Klägerstellung bei der Untätigkeitsklage ein. Bei der Aufsichtsklage nach Art. 271 lit. d AEUV wird ihr sogar für den Bereich der Währungsverfassung gegenüber den nationalen Zentralbanken die Aufgabe der Kommission als „Hüterin der Verträge" übertragen. Selbst gegen die unzulässige Abberufung des Präsidenten einer nationalen Zentralbank kann sie vor dem Gerichtshof klagen. Die sonstigen Klagerechte – insbesondere für die Geltendmachung zivilrechtlicher Ansprüche – sind letztlich weniger Ausfluss der Gesetzmäßigkeitskontrolle der Geld- und Währungspolitik, sondern eher der Rechtspersönlichkeit der Europäischen Zentralbank.

§ 10 Die Europäische Zentralbank

A. Grundachse, Impulsgeber und Wächter des Europäischen Systems der Zentralbanken

I. Föderale Elemente

Die europäische Wirtschafts- und Währungsunion braucht sie verkörpernde und umsetzende Institutionen in Gestalt von Notenbanken. Auch ihre dritte Stufe vom 1.1.1999 hat allerdings nicht zur Abschaffung der nationalen Notenbanken im Euroraum geführt, sondern vielmehr ein kooperatives System – einen „Verantwortungsverbund“[350] oder ein organisatorisches „Dach“[351] – aus Europäischer Zentralbank und nationalen Zentralbanken geschaffen. Ähnlichkeiten im Hinblick auf die dezentrale Struktur[352] bestehen zur Bank deutscher Länder und den einzelnen Landeszentralbanken.[353] Die Mitgliedstaaten haben sich für ein föderales System entschieden, das die Entscheidungskompetenzen zentralisiert und die Durchführungskompetenzen der nachgeordneten Ebene zuweist.[354] Damit unterscheidet sich das supranationale Zentralbankwesen von den typischen nationalen Systemen, wie sie in zahlreichen teilnehmenden Mitgliedstaaten existent waren.[355] Entsprechend spricht Art. 282 Abs. 1 Satz 2 AEUV die Befugnis zum Betreiben der Euro-Währungspolitik der Europäischen Zentralbank und den nationalen Zentralbanken gemeinsam zu. Diese Zusammenarbeit zeigt sich in personeller Hinsicht an der Zusammensetzung des EZB-Rates.[356] In ihm sind nicht nur die Mitglieder des Direktoriums der Europäischen Zentralbank vertreten, sondern sämtliche na-

---

[350] *Seiler*, EuR 2004, 52.

[351] *Häde*, WM 2006, 1605.

[352] *Louis*, CML Rev. 35 (1998) 33, 50 ff.; *Zimmermann*, Die nationalen Zentralbanken als Bestandteile des Europäischen Systems der Zentralbanken (2000), S. 41 ff.; *Geerlings*, DÖV 2003, 322, 326; *Seiler*, EuR 2004, 52, 64 f.; *Krauskopf/Steven*, CML Rev. 46 (2009) 1143, 1159 ff.

[353] *Weber*, Die Kompetenzverteilung im Europäischen System der Zentralbanken bei der Festlegung und Durchführung der Geldpolitik (1995), S. 172; *Manger-Nestler*, EuR 2008, 577, 578; *Hahn/Häde*, Währungsrecht (2. Auflage 2010), § 16 Rn. 11.

[354] *Weber*, WM 1998, 1465, 1472; *Manger-Nestler*, EuR 2008, 577, 581 f.

[355] *Seidel*, EuZW 2000, 552 f.

[356] *Weber*, Die Kompetenzverteilung im Europäischen System der Zentralbanken bei der Festlegung und Durchführung der Geldpolitik (1995), S. 75.

tionale Zentralbankpräsidenten der teilnehmenden Mitgliedstaaten (Art. 283 Abs. 1 AEUV). Die Kooperation manifestiert sich zudem anschaulich im Bereich der Ausgabe von Euro-Papiergeld.[357] Zur Emission von Euro-Banknoten sind zuvörderst die nationalen Zentralbanken berufen. Die in Art. 128 Abs. 1 Satz 2 AEUV anklingende Doppelzuständigkeit von nationalen Zentralbanken und Europäischer Zentralbank besteht praktisch nicht, da sich die Europäische Zentralbank auf eine koordinierende und genehmigende (vgl. Art. 128 Abs. 1 Satz 1 AEUV) Rolle zurückgezogen hat.[358] Die Europäische Zentralbank wacht über die Einhaltung eines gemeinsamen äußeren Erscheinungsbildes und einer einheitlichen Stückelung, während die Herstellung und Ausgabe den nationalen Zentralbanken obliegt. Nicht auf eine Kooperation innerhalb des Europäischen Systems der Zentralbanken geht hingegen die Ausgabe der Euro-Münzen zurück. Letztere liegt ausweislich des Art. 128 Abs. 2 Satz 1 AEUV in der Kompetenz der Mitgliedstaaten und nicht der nationalen Zentralbanken.

II. Zentralistische Elemente

Trotz dieser Kooperationslösung gehen die maßgeblichen Leitlinien und Impulse für die Geldpolitik institutionell von der Europäischen Zentralbank aus. Sie ist das „Herzstück“[359] des Europäischen Systems der Zentralbanken. Dabei ist zu beachten, dass die originäre Entscheidungsmacht dem EZB-Rat übertragen ist, der mehrheitlich aus den Präsidenten der nationalen Zentralbanken besteht. Das Europäische System der Zentralbanken selbst ist nicht mit Rechtspersönlichkeit ausgestattet[360] und kann in der Folge als solches nicht selbst die Geldpolitik gestalten. Im Europäischen System der Zentralbanken führen die nationalen Notenbanken die Weisungen der Europäischen Zentralbank aus (Art. 14.3 der ESZB-Satzung). Ihre Befolgung kann notfalls mit der Aufsichtsklage nach Art. 271 lit. d AEUV vor dem Gerichtshof durchgesetzt werden. Auch darüber hinaus übernimmt die Europäische Zentralbank – untechnisch gesprochen – die Vertretung des Europäischen Systems der Zentralbanken innerhalb der Union. Auch im Bereich der internationalen Zusammenarbeit be-

---

[357] Vgl. *Seidel*, EuR 2000, 861, 867 ff.; *Seiler*, EuR 2004, 52, 66 ff.

[358] *Seiler*, EuR 2004, 52, 67 f.

[359] EuGH, Urteil vom 10.7.1992 – Rs. C-11/00 (*Kommission/EZB*), Slg. 2003 S. I-7147, Rn. 92.

[360] *Koenig*, EuZW 1993, 661, 663; *Weber*, Die Kompetenzverteilung im Europäischen System der Zentralbanken bei der Festlegung und Durchführung der Geldpolitik (1995), S: 50; *Geiger*, Das Währungsrecht im Binnenmarkt der Europäischen Union (1996), S. 139; *Heun*, JZ 1998, 866, 867; *Weber*, WM 1998, 1465; *Häde*, WM 2006, 1605; *Manger-Nestler*, EuR 2008, 577, 578; *Krauskopf/Steven*, CML Rev. 46 (2009) 1143, 1144.

schließt die Europäische Zentralbank, wie das Europäische System der Zentralbanken vertreten wird (Art. 6.1 der ESZB-Satzung).[361] Die nationalen Zentralbanken dürfen sich nur mit Zustimmung der Europäischen Zentralbank an internationalen Währungseinrichtungen beteiligen (Art. 6.2 der ESZB-Satzung). Der Europäischen Zentralbank stehen die entscheidenden Klagerechte für eine Nichtigkeits- oder Untätigkeitsklage gegen andere Unionsorgane zu. Die nationalen Zentralbanken sind hingegen selbst keine Organe der Union[362] und daher nicht privilegiert klageberechtigt. Die Beteiligungs- und Anhörungsrechte aus Art. 48 EUV und Art. 66, 127 Abs. 4, 282 Abs. 5, 284 Abs. 2 und 3 AEUV stehen allein der Europäischen Zentralbank und nicht den nationalen Zentralbanken zu. Die Rechtsstellung der Europäischen Zentralbank innerhalb der Europäischen Union war bis zum Inkrafttreten des Vertrags von Lissabon umstritten.[363] Inzwischen ordnet sie Art. 13 Abs. 1 UAbs. 2 6. Spiegelstrich EUV ausdrücklich als Organ der Union ein.[364] Danach kommt ihr eine Doppelrolle – als Zentralbank und als normsetzendes Organ der Union – zu.[365]

B. Organe der Europäischen Zentralbank

Beschluss- und Leistungsorgane der Europäischen Zentralbank sind der EZB-Rat und das Direktorium (Art. 129 Abs. 1 AEUV). Durch die Zweiteilung der Leitungsaufgaben auf EZB-Rat und Direktorium wird ein institutionelles Gleichgewicht innerhalb des Europäischen Systems der Zentralbanken angestrebt.[366] Als drittes Beschlussorgan fungiert für eine Übergangszeit, bis alle Mitgliedstaaten den Euro eingeführt haben, der Erweiterte Rat der Europäischen Zentralbank (Art. 141 AEUV, Art. 44 der ESZB-Satzung).

---

[361] Vgl. zur Außenwährungspolitik der Europäischen Zentralbank *Weiß*, EuR 2002, 165, 186 ff.; *Stumpf*, ZaöRV 2003, 1075, 1082 ff.

[362] *Krauskopf/Steven*, CML Rev. 46 (2009) 1143, 1145; *Hahn/Häde*, Währungsrecht (2. Auflage 2010), § 16 Rn. 106.

[363] Vgl. zusammenfassend *Häde*, WM 2006, 1605 m.w.N.

[364] Vgl. zur früheren Rechtslage *Weber*, WM 1998, 1465 f.

[365] *Papathanassiou*, in: *Schimansky/Bunte/Lwowski* (Hrsg.), Bankrechts-Handbuch (4. Auflage 2011), § 134 Rn. 35.

[366] *Weber*, WM 1998, 1465, 1466.

I. Der Rat der Europäischen Zentralbank

1. Zuständigkeiten

Das zentrale Beschlussorgan der Europäischen Zentralbank ist der EZB-Rat.[367] Trotz seiner gleichberechtigten Aufzählung in Art. 129 Abs. 1 AEUV und Art. 8 und 9.3 der ESZB-Satzung kommt ihm die primäre und exklusive[368] Befugnis zu, die Geldpolitik des Europäischen Systems der Zentralbanken zu bestimmen.[369] Diese Aufgabenverteilung zeigt sich an Art. 11.6 und 12 der ESZB-Satzung. Danach führt das Direktorium erstens die laufenden Geschäfte der Europäischen Zentralbank und zweitens die Geldpolitik „gemäß den Leitlinien und Beschlüssen des EZB-Rates" (Art. 12.1 UAbs. 2 Satz 1 der ESZB-Satzung)[370] aus. Das Direktorium bereitet die Sitzungen des EZB-Rates lediglich vor. Andererseits sind sämtliche Mitglieder des Direktoriums zugleich „geborene" Mitglieder des EZB-Rates. Sie repräsentieren die supranationale Komponente im EZB-Rat gegenüber den mitgliedstaatlichen Notenbankpräsidenten, da sie vom Europäischen Rat ausgewählt und ernannt werden (Art. 283 Abs. 2 UAbs. 2 AEUV). Über die Ausführung der dem Europäischen System der Zentralbanken durch die Verträge und die ESZB-Satzung zugesprochenen Aufgaben entscheidet nach Art. 12.1 UAbs. 1 Satz 1 der ESZB-Satzung der EZB-Rat. Daher legt er die Geldpolitik der Union fest, nicht aber das Direktorium. Dem EZB-Rat wird teilweise eine Auffangkompetenz für alle nicht gesondert in den Verträgen oder der ESZB-Satzung geregelten Bereiche zugesprochen.[371]

2. Zusammensetzung und Stimmrecht

Mitglieder im EZB-Rat sind die sechs Direktoren sowie die Präsidenten der nationalen Zentralbanken der Mitgliedstaaten im Euroraum. Darin liegt eine Parallele zum früheren Zentralbankrat der Deutschen Bundesbank, welcher sich aus dem Direktorium und den Präsidenten der Landesbanken zusammen-

---

[367] *Geiger*, Das Währungsrecht im Binnenmarkt der Europäischen Union (1996), S. 140; *Weber*, WM 1998, 1465, 1466; *Weinbörner*, Die Stellung der Europäischen Zentralbank (EZB) und der nationalen Zentralbanken in der Wirtschafts- und Währungsunion nach dem Vertrag von Maastricht (1998), S. 378; *Zimmermann*, Die nationalen Zentralbanken als Bestandteile des Europäischen Systems der Zentralbanken (2000), S. 58 f.

[368] *Manger-Nestler*, Par(s) inter pares? (2008), S. 203 ff.

[369] Ebenso *Weber*, Die Kompetenzverteilung im Europäischen System der Zentralbanken bei der Festlegung und Durchführung der Geldpolitik (1995), S. 82; *Weinbörner*, Die Stellung der Europäischen Zentralbank (EZB) und der nationalen Zentralbanken in der Wirtschafts- und Währungsunion nach dem Vertrag von Maastricht (1998), S. 380; *Seiler*, EuR 2004, 52, 56; *Krauskopf/Steven*, CML Rev. 46 (2009) 1143, 1153.

[370] Vgl. zu den Ausführungsleitlinien *Weber*, Die Kompetenzverteilung im Europäischen System der Zentralbanken bei der Festlegung und Durchführung der Geldpolitik (1995), S. 148 ff.

[371] *Krauskopf/Steven*, CML Rev. 46 (2009) 1143, 1154.

setzte.[372] Der EZB-Rat beschließt grundsätzlich mit einfacher Mehrheit, wobei bei Stimmengleichheit die Stimme des Präsidenten der Europäischen Zentralbank den Ausschlag gibt (Art. 10.2 UAbs. 4 der ESZB-Satzung). Jedem Mitglied steht eine Stimme zu (Art. 10.2 UAbs. 1 Satz 1 der ESZB-Satzung). Es gilt der Grundsatz *„one member – one vote“*[373], wegen der Unabhängigkeit der Zentralbankpräsidenten und ihrer nationalen Zentralbanken nicht *„one country – one vote“*[374]. Begründet wird diese Ausblendung materieller Vergleichskriterien wie Wirtschaftskraft oder Einwohnerzahl der einzelnen Mitgliedstaaten mit dem integrativen Ansatz als übergeordnetem politischen Ziel.[375]

Dieser formale Gleichbehandlungsgrundsatz wird allerdings durchbrochen, sobald mehr als 18 Mitgliedstaaten dem Euroraum beigetreten sind. Diese Situation soll am 1.1.2015 mit dem Beitritt von Litauen eintreten. Auf der Grundlage von Art. 10.2 UAbs. 1 6. Spiegelstrich der ESZB-Satzung hat der EZB-Rat beschlossen, nicht schon bei mehr als 15 Teilnahmestaaten – wie in der ESZB-Satzung ursprünglich vorgesehen – die Stimmrechtsverteilung zu ändern.[376] Das Abweichen vom Grundsatz, dass jedem Notenbankpräsidenten stets eine Stimme zusteht, dient zum einen der Sicherstellung der effizienten Arbeitsfähigkeit des Gremiums und zum anderen der Bewahrung des Stimmengewichts des Direktoriums.[377] Mit Beitritt des 19. Mitgliedstaats zum Euroraum tritt die erste Stufe des in Art. 10.2 UAbs. 1 Satz 2 und 3 der ESZB-Satzung näher ausgestalteten Rotationssystems ein.[378] Das Stimmengewicht der Präsidenten der nationalen Notenbanken insgesamt wird eingefroren. Zwei Gruppen von Zentralbankpräsidenten werden gebildet: In die erste Gruppe gelangen die Präsidenten der Zentralbanken der fünf wirtschaftlich bedeutendsten Mitgliedsstaaten (nach Bruttoinlandsprodukt und aggregierter Bilanz der monetären Finanzinstitute), in die zweite Gruppe alle übrigen Präsidenten. Der ersten Gruppe werden vier und der zweiten Gruppe elf Stimmrechte zugesprochen. Im Ergebnis sollen die Präsidenten der Zentralbanken der fünf wirtschaftlich bedeutendsten Mitgliedstaaten häufiger stimmberechtigt sein als die anderen Notenbankpräsidenten. Die zweite Stufe des

---

[372] *Geerlings*, DÖV 2003, 322, 324.

[373] *Weber*, Die Kompetenzverteilung im Europäischen System der Zentralbanken bei der Festlegung und Durchführung der Geldpolitik (1995), S. 79.

[374] So aber *Potacs*, EuR 1993, 23, 32; *Heun*, JZ 1998, 866, 868.

[375] *Heun*, JZ 1998, 866, 868; *Weber*, WM 1998, 1465, 1466.

[376] Art. 1 des Beschlusses 2009/5/EG über die Verschiebung des Beginns des Rotationssystems im EZB-Rat vom 18.12.2008, ABl. EU Nr. L 3 S. 4 vom 7.1.2009.

[377] *Hahn/Häde*, Währungsrecht (2. Auflage 2010), § 16 Rn. 42 ff.; skeptisch wegen Art. 20 Abs. 2 Satz 1 GG hingegen *Geerlings*, DÖV 2003, 322, 325.

[378] Zu den Hintergründen des Rotationssystems vgl. Empfehlung 2003/C 29/07 gemäß Artikel 10.6 der Satzung des Europäischen Systems der Zentralbanken und der Europäischen Zentralbank für einen Beschluss des Rates über eine Änderung des Artikels 10.2 der Satzung des Europäischen Systems der Zentralbanken und der Europäischen Zentralbank vom 3.2.2003, ABl. EG Nr. C 29 S. 6 vom 7.2.2003; Einzelheiten bei *Krauskopf/Steven*, CML Rev. 46 (2009) 1143, 1164 ff.

Rotationssystems tritt nach Art. 10.2 UAbs. 1 2. Spiegelstrich der ESZB-Satzung ein, sobald 22 Zentralbankpräsidenten Mitglieder im EZB-Rat sind. Ab diesem Zeitpunkt werden die Zentralbankpräsidenten in drei statt zwei Gruppen eingeteilt, wobei im Übrigen wie in der zweiten Stufe verfahren wird.

II. Das Direktorium der Europäischen Zentralbank

1. Bestimmung der Mitglieder

Das Direktorium ist neben dem EZB-Rat das zweite dauerhafte Beschlussorgan der Europäischen Zentralbank. Es besteht insgesamt aus sechs Mitgliedern: dem Präsidenten und dem Vizepräsidenten der Europäischen Zentralbank sowie aus vier weiteren Personen (Art. 283 Abs. 2 UAbs. 1 AEUV). Das Auswahl- und Ernennungsverfahren wird in letzter Instanz vom Europäischen Rat entschieden. In Abweichung von Art. 112 Abs. 2 lit. b EGV a.F. ist inzwischen keine Einstimmigkeit im Europäischen Rat mehr erforderlich, sondern es genügt eine qualifizierte Mehrheit (Art. 283 Abs. 2 UAbs. 2 AEUV). Von nationalen Interessen geleitete Blockaden sollen auf diese Weise verhindert werden.[379] Das Auswahlverfahren wird durch den Rat eingeleitet, der dem Europäischen Rat seine Vorschläge unterbreitet. Dabei werden das Europäische Parlament und der EZB-Rat angehört. Die endgültige Entscheidung obliegt jedoch dem Europäischen Rat der Staats- und Regierungschefs. Die Verträge äußern sich nur vage zum Anforderungsprofil an die Kandidaten in persönlicher Hinsicht. Als formale Voraussetzung wird die Staatsangehörigkeit eines Mitgliedstaats (Art. 283 Abs. 2 UAbs. 4 AEUV), welcher Mitglied im Euroraum ist (Art. 139 Abs. 2 UAbs. 1 lit. h AEUV), gefordert. Hinzu tritt ein materielles Auswahlkriterium; das Direktoriumsmitglied muss „aus dem Kreis der in Währungs- oder Bankfragen anerkannten und erfahrenen Persönlichkeiten" (Art. 283 Abs. 2 UAbs. 2 AEUV) stammen. Die Umsetzbarkeit und Sinnhaftigkeit eines spezifischeren Kriteriums ist bezweifelt worden.[380] Diese Vorgaben vermögen in ihrer Unbestimmtheit lediglich gröbste Missbräuche auszuschließen.[381] Nur eine unterste Grenzlinie wird für das Auswahlermessen des Rates und des Europäischen Rates gezogen. Dennoch sind diese materiellen Mindestanforderungen gerichtlich kontrollierbar,[382] wobei die Ermessensspielräume der auswählenden Unionsorgane zu berücksichtigen sind.

---

[379] *Häde*, EuR 2009, 200, 215 m.w.N.

[380] *Heun*, JZ 1998, 866, 867.

[381] Ähnlich *Stadler*, Die rechtliche Handlungsspielraum des Europäischen Systems der Zentralbanken (1996), S. 140; *Hahn/Häde*, Währungsrecht (2. Auflage 2010), § 16 Rn. 18; positiver hingegen *Weber*, Die Kompetenzverteilung im Europäischen System der Zentralbanken bei der Festlegung und Durchführung der Geldpolitik (1995), S. 67.

[382] Zweifelnd *Stadler*, Die rechtliche Handlungsspielraum des Europäischen Systems

2. Ausscheiden aus dem Direktorium

Ein Ausscheiden aus dem Amt erfolgt regulär durch Ablauf der Amtszeit. Die auf acht Jahre festgelegte Amtszeit der Direktoriumsmitglieder darf nicht verlängert werden (Art. 283 Abs. 2 UAbs. 3 AEUV). Auf diese Weise soll ihre Unabhängigkeit von den für die Auswahl zuständigen Unionsorganen – und mittelbar über den Europäischen Rat auch von den Mitgliedstaaten – geschützt werden. Ausnahmen von der achtjährigen Dauer der Amtszeit durften nur bei der erstmaligen Besetzung vorgesehen werden, um ein zeitlich gestaffeltes Neubesetzungsverfahren für die Zukunft zu ermöglichen.[383] Einem irregulären Ausscheiden können ein Rücktritt oder der Tod eines Mitglieds sowie die in Art. 11.4 der ESZB-Satzung genannten Tatbestände zugrunde liegen. Ein freiwilliger Rücktritt ist ausdrücklich weder in den Verträgen noch in der ESZB-Satzung geregelt. Seine Zulässigkeit folgt in erster Linie daraus, dass er den *actus contrarius* zum Einverständnis in die ursprüngliche Ernennung darstellt. Daher bedarf es auch keines besonderen oder sogar wichtigen Grundes für einen Rücktritt; er trägt seine Rechtfertigung in sich selbst. Für den Sonderfall, dass eine der in Art. 11.4 der ESZB-Satzung genannten Voraussetzungen erfüllt ist, kann das Rücktrittsrecht zudem als in der Satzung enthaltenes *Minus* zur gerichtlichen Amtsenthebung angesehen werden. Wird ein Sitz im Direktorium frei, so ist er durch Ernennung eines neuen Mitglieds wieder zu besetzen (Art. 11.7 der ESZB-Satzung).

Das förmliche Amtsenthebungsverfahren durch den Gerichtshof stellt sich demgegenüber als *ultima ratio* dar. In der Amtsenthebung von Mitgliedern der Kommission nach Art. 247 AEUV findet es eine Entsprechung.[384] Es kann sowohl durch den EZB-Rat als auch durch das Direktorium eingeleitet werden. Nach Art. 4.6 Satz 3 und Art. 7.3 der EZB-Geschäftsordnung[385] nimmt das betroffene Direktoriumsmitglied an diesen Entscheidungen nicht teil. Im EZB-Rat erfolgt diese Abstimmung nach Art. 4.6 Satz 2 der EZB-Geschäftsordnung zudem geheim. Für die entsprechende Beschlussfassung im Direktorium fehlt es an einer korrelierenden Regelung in der EZB-Geschäftsordnung. Die endgültige Entscheidung trifft der Gerichtshof nach Maßgabe der in Art. 11.4 der ESZB-Satzung vorgesehenen objektiven Kriterien. Die exklusive Entscheidungsbefugnis des Gerichtshofs und die Aufstellung hoher inhaltlicher Hürden sichern die Unabhängigkeit der Direktoriumsmitglieder vor politischer Einflussnahme. Als Voraussetzung für die Ausübung des Amtes lässt sich vor allem die ge-

---

der Zentralbanken (1996), S. 140; *Hahn/Häde*, Währungsrecht (2. Auflage 2010), § 16 Rn. 18 („kaum justitiabel").

[383] *Heun*, JZ 1998, 866, 867.

[384] *Gaiser*, EuR 2002, 517, 526.

[385] Beschluss 2004/257/EG zur Verabschiedung der Geschäftsordnung der Europäischen Zentralbank vom 19.2.2004, ABl. EU Nr. L 080 S. 33 vom 18.3.2004, geändert durch Beschluss 2009/328/EG vom 19.3.2009, ABl. EU Nr. L 100 S. 10 vom 18.4.2009.

sundheitliche Befähigung einstufen.[386] Daneben sind aber auch das zwingende Staatsangehörigkeitserfordernis aus Art. 283 Abs. 2 UAbs. 4 AEUV[387] und das vage materielle Anforderungsprofil aus Art. 283 Abs. 2 UAbs. 2 AEUV zu berücksichtigen; der letztere Amtsenthebungsgrund dürfte kaum praktisch relevant werden. Auch eine schwere Verfehlung eines Direktoriumsmitglieds kann eine Amtsenthebung rechtfertigen. Rechtmäßige Handlungen, die im Einklang mit den Verträgen und der ESZB-Satzung stehen, kommen als solche nicht in Betracht. Eine schwere Verfehlung kann sowohl innerhalb als auch außerhalb des dienstlichen Tätigkeitsbereichs begangen werden. Hierzu zählen insbesondere Straftaten von erheblichem Gewicht. Auch bewusste Verstöße gegen die Unabhängigkeitspflicht aus Art. 130 Satz 1 AEUV können je nach Intensität und Häufigkeit eine schwere Verfehlung begründen.[388]

3. Befugnisse und Stellung innerhalb der Europäischen Zentralbank

Das Direktorium fungiert als Exekutivorgan der Europäischen Zentralbank.[389] Vier Gruppen von Aufgaben sind zu unterscheiden: Das Direktorium führt erstens die laufenden Geschäfte der Europäischen Zentralbank (Art. 11.6 der ESZB-Satzung). Die Sitzungen des EZB-Rates werden zweitens durch das Direktorium vorbereitet (Art. 12.2 der ESZB-Satzung). Drittens führt das Direktorium die Geldpolitik gemäß den Leitlinien und Beschlüssen des EZB-Rates aus und erteilt den nationalen Zentralbanken die hierfür erforderlichen Weisungen (Art. 12.1 UAbs. 2 der ESZB-Satzung).[390] Hinzu treten viertens die ihm vom EZB-Rat übertragenen Befugnisse (Art. 12.1 UAbs. 2 Satz 3 der ESZB-Satzung). Diese Kompetenzübertragung kann nicht schrankenlos erfolgen, was aus einer systematischen Auslegung der ESZB-Satzung unter Einbeziehung der Verträge folgt. Im Ausgangspunkt legen Art. 129 Abs. 1 AEUV und Art. 9.3 der ESZB-Satzung fest, dass es zwei (dauerhafte) Beschlussorgane der Europäischen Zentralbank gibt. Beide müssen wesensnotwendigerweise mit eige-

---

386 *Hahn/Häde*, Währungsrecht (2. Auflage 2010), § 20 Rn. 77.

387 Ebenso zum insofern parallelen Art. 247 AEUV *Martenczuk*, in: *Grabitz/Hilf/Nettesheim* (Hrsg.), Das Recht der Europäischen Union (2014), Art. 247 AEUV Rn. 2.

388 Ähnlich *Stadler*, Die rechtliche Handlungsspielraum des Europäischen Systems der Zentralbanken (1996), S. 149 f.; *Reumann*, Die Europäische Zentralbank (2001), S. 233.

389 *Weber*, Die Kompetenzverteilung im Europäischen System der Zentralbanken bei der Festlegung und Durchführung der Geldpolitik (1995), S. 83; *Heun*, JZ 1998, 866, 868; *Weber*, WM 1998, 1465, 1467; *Weinbörner*, Die Stellung der Europäischen Zentralbank (EZB) und der nationalen Zentralbanken in der Wirtschafts- und Währungsunion nach dem Vertrag von Maastricht (1998), S. 376 f.; *Zimmermann*, Die nationalen Zentralbanken als Bestandteile des Europäischen Systems der Zentralbanken (2000), S. 59; *Papathanassiou*, in: *Schimansky/Bunte/Lwowski* (Hrsg.), Bankrechts-Handbuch (4. Auflage 2011), § 134 Rn. 46.

390 Vgl. umfassend zum Weisungsrecht *Weber*, Die Kompetenzverteilung im Europäischen System der Zentralbanken bei der Festlegung und Durchführung der Geldpolitik (1995), S. 168 ff.

nen Befugnissen ausgestattet sein. Darauf aufbauend fixieren Art. 11.6, 12.1 und 12.2 der ESZB-Satzung die grundlegende Aufgabenteilung zwischen EZB-Rat und Direktorium. Auch durch die Übertragung von Einzelbefugnissen darf die Grundentscheidung nicht umgangen werden, dem EZB-Rat die Geldpolitik anzuvertrauen und demgegenüber das Direktorium als ausführendes und vorbereitendes Organ auszugestalten. Daraus leitet sich die Anforderung ab, dass dem EZB-Rat der wesensgebende Kern seiner Aufgaben verbleiben muss.[391] Diese objektive Grenze, die zwar einer Einzelfallbetracht anheim steht, ist gerichtlich überprüfbar und wird nicht durch die Selbsterhaltungskräfte des EZB-Rates obsolet.[392] Die Einhaltung der ESZB-Satzung, welche nach Art. 51 EUV Bestandteil der Verträge und damit des Primärrechts ist, unterliegt nicht der Prärogative der Europäischen Zentralbank. Auch nicht gesondert einem Organ vorbehaltene Aufgaben der Europäischen Zentralbank sind nach der Grundkonzeption dem EZB-Rat als Leitungs- oder dem Direktorium als Exekutivorgan zuzuweisen.[393]

4. Sonderstellung des Präsidenten

Der Präsident der Europäischen Zentralbank ist durch die Verträge und die ESZB-Satzung mit einer Sonderstellung ausgestattet, die ihn gegenüber den übrigen Mitgliedern des Direktoriums und des EZB-Rates abhebt. In den Beschlussorganen der Europäischen Zentralbank führt er, sofern er nicht verhindert ist, den Vorsitz (Art. 13.1, 45.1 der ESZB-Satzung). Seine Stimme entscheidet im Direktorium und im EZB-Rat bei Stimmengleichheit (Art. 10.2 UAbs. 4 Satz 2, 11.5 Satz 3 der ESZB-Satzung); für den Erweiterten Rat fehlt es hingegen sowohl in Art. 45 der ESZB-Satzung als auch in seiner Geschäftsordnung[394] an einer solchen Regelung. Der Präsident vertritt grundsätzlich die Europäische Zentralbank nach außen (Art. 13.2 der ESZB-Satzung). Die Sitzungen des Erweiterten Rates bereitet nicht das ganze Direktorium vor, sondern allein der Präsident (Art. 45.3 der ESZB-Satzung). Neben dem Vizepräsidenten ist er als einziges Direktoriumsmitglied im Erweiterten Rat stimmberechtigt (Art. 44.2 der ESZB-Satzung). Repräsentativ- und Vertretungsfunktionen nimmt der Präsident der Europäischen Zentralbank wahr, wenn er auf Einladung an einer Sitzung des Rates teilnimmt (Art. 284 Abs. 2 AEUV) oder den Jahresbericht der Zentralbank dem Rat und dem Europäischen Parlament vorlegt (Art. 284 Abs. 3 UAbs. 1 Satz 2 AEUV). Keine Besonderheiten bestehen in Bezug auf die Anhörungsrechte in den Ausschüssen des Europäischen Parlaments (Art. 284

---

[391] *Krauskopf/Steven*, CML Rev. 46 (2009) 1143, 1158.

[392] Teilweise abweichend *Hahn/Häde*, Währungsrecht (2. Auflage 2010), § 16 Rn. 32.

[393] *Weber*, WM 1998, 1465, 1467.

[394] Beschluss 2004/526/EG zur Verabschiedung der Geschäftsordnung des Erweiterten Rates der EZB vom 17.6.2004, ABl. EU Nr. L 230 S. 61 vom 30.6.2004.

Abs. 3 UAbs. 2 AEUV), da die gleichen Rechte und Pflichten auch den übrigen Direktoriumsmitgliedern zustehen.

Jenseits dieser Sonderregelungen kommt dem Präsidenten die gleiche Stellung wie den übrigen Direktoriumsmitgliedern zu. Die Geldpolitik des Europäischen Systems der Zentralbanken wird nicht durch ihn bestimmt, sondern durch den EZB-Rat, in dem er grundsätzlich die gleichen Stimmrechte wie die übrigen Mitglieder besitzt. Seine Amtszeit beträgt bei Verbot der Wiederwahl ebenfalls acht Jahre. Aus den in Art. 11.4 der ESZB-Satzung genannten Gründen kann er seines Amtes enthoben werden. In Art. 129 Abs. 1 AEUV und Art. 9.3 der ESZB-Satzung ist der Präsident zudem nicht als eigenständiges Organ der Europäischen Zentralbank aufgeführt. Im Wesentlichen ist er nach seiner Rechtsstellung *primus inter pares* mit bestimmten Repräsentativ-, Vertretungs- und bei Stimmengleichheit erhöhten Abstimmungsrechten.

III. Der Erweiterte Rat der Europäischen Zentralbank

1. Existenzberechtigung

Die europäische Währungsunion umfasst derzeit nicht alle Mitgliedstaaten der Europäischen Union. Die Mitwirkung der nicht teilnehmenden Mitgliedstaaten an der Wirtschafts- und Währungspolitik ist nach Maßgabe von Art. 139 Abs. 2 bis 4 AEUV eingeschränkt. Auch sind ihre nationalen Notenbankpräsidenten nicht mit einem Sitz im EZB-Rat versehen (Art. 283 Abs. 1 AEUV). Dennoch ist die Wirtschafts- und Währungsunion ausweislich von Art. 119 Abs. 1 und 2 AEUV langfristig auf eine Einbeziehung sämtlicher Mitgliedstaaten der Union ausgelegt.[395] Ein Informationsaustausch zwischen dem Euroraum und den übrigen Mitgliedstaaten ist daher erforderlich. Die Beitrittskandidaten für den Euroraum können zudem dem Wechselkursmechanismus II beitreten, dessen Existenz in den Konvergenzkriterien aus Art. 140 Abs. 1 UAbs. 1 Satz 3 3. Spiegelstrich AEUV vorausgesetzt wird. Für die Zusammenarbeit zwischen den Mitgliedstaaten mit und ohne Euro ist primärrechtlich ein drittes Gremium im Europäischen System der Zentralbanken vorgesehen: der Erweiterte Rat der Europäischen Zentralbank. In ihm findet der frühere Rat des Europäischen Währungsinstituts in Teilbereichen einen Nachfolger.[396]

---

[395] *Häde*, in: *Weber* (Hrsg.), Festschrift für Hugo J. Hahn (1997), S. 141, 150.

[396] *Weinbörner*, Die Stellung der Europäischen Zentralbank (EZB) und der nationalen Zentralbanken in der Wirtschafts- und Währungsunion nach dem Vertrag von Maastricht (1998), S. 409; *Krauskopf/Steven*, CML Rev. 46 (2009) 1143, 1155; vgl. zur vorbereitenden Rolle des Europäischen Währungsinstituts *Potacs*, EuR 1993, 23, 27; *Louis*, CML Rev. 35 (1998) 33, 35 ff.; *Weinbörner*, Die Stellung der Europäischen Zentralbank (EZB) und der nationalen Zentralbanken in der Wirtschafts- und Währungsunion nach dem Vertrag von Maastricht (1998), S. 260 ff.

2. Zusammensetzung und interne Organisation

Der Erweiterte EZB-Rat setzt sich aus dem Präsidenten und Vizepräsidenten der Europäischen Zentralbank sowie den Präsidenten der nationalen Notenbanken aller Mitgliedstaaten zusammen (Art. 44.2 der ESZB-Satzung). Anders als im EZB-Rat ist nicht das gesamte Direktorium mit Stimmrechten vertreten. Ein bloßes Teilnahmerecht billigt Art. 45.2 der ESZB-Satzung auch dem Präsident des Rates und einem Mitglied der Kommission zu. Die Sitzungen bereitet der Präsident der Europäischen Zentralbank vor; er führt auch den Vorsitz (Art. 45.1 und 45.3 der ESZB-Satzung).

3. Zuständigkeiten

Der Erweiterte EZB-Rat wird von Art. 141 Abs. 1 AEUV als transitorisches Organ der Europäischen Zentralbank eingerichtet.[397] Seine Existenzberechtigung erlischt, sobald sämtliche Mitgliedstaaten der Europäischen Union den Euro als alleiniges gesetzliches Zahlungsmittel eingeführt haben. Für diese Übergangszeit nimmt der Erweiterte EZB-Rat die in Art. 141 Abs. 2 AEUV allgemein beschriebenen und in Art. 46 der ESZB-Satzung im Einzelnen aufgezählten Befugnisse wahr. Letztere Kompetenzliste ist im Sinne eines *numerus clausus* zu verstehen, worauf Art. 44.3 der ESZB-Satzung ausdrücklich hinweist.[398] Konkret übt der Erweiterte EZB-Rat die in Art. 141 Abs. 2 AEUV genannten Funktionen aus, die früher das Europäische Währungsinstitut innehatte (Art. 46.1 1. Spiegelstrich der ESZB-Satzung). Der Erweiterte EZB-Rat berät den Rat bei der Vorbereitung zur Aufhebung von Ausnahmeregelungen nach Art. 140 Abs. 2 AEUV. Eine Beratungsfunktion hat der Erweiterte Rat zudem bei der Bankenaufsicht und den in Art. 4 der ESZB-Satzung genannten Gegenständen, insbesondere bei die Geld- und Währungspolitik betreffenden Gesetzesvorhaben der Union (Art. 46.1 2. Spiegelstrich der ESZB-Satzung). Weitere Mitwirkungsrechte betreffen die Erhebung statistischer Daten, die Berichtstätigkeit der Europäischen Zentralbank nach Art. 15 der ESZB-Satzung, den Jahresabschluss, die Schlüssel für die Zeichnung des EZB-Kapitals sowie die Beschäftigungsbedingungen für das EZB-Personal (Art. 46.2 der ESZB-Satzung). An den Vorarbeiten für die Festlegung der endgültigen Wechselkurse zwischen der nationalen Währung eines Beitrittslandes und dem Euro ist der Erweiterte Rat ebenfalls beteiligt (Art. 46.3 der ESZB-Satzung). Schließlich stehen ihm ein Unterrichtsrecht in Bezug auf die Beschlüsse des EZB-Rates (Art. 46.4 der ESZB-Satzung) sowie die Befugnis zur Verabschiedung einer eigenen Geschäftsordnung (Art. 45.4 der ESZB-Satzung) zu. Nicht in den Verträgen oder der ESZB-Satzung enthalten ist die Einbeziehung des Erweiterten

[397] Vgl. *Louis*, CML Rev. 35 (1998) 33, 67 f.

[398] *Krauskopf/Steven*, CML Rev. 46 (2009) 1143, 1155.

EZB-Rates in die Durchführung des Wechselkursmechanismus II. Insofern ist auf ein Abkommen zwischen der Europäischen Zentralbank und den nationalen Notenbanken der Mitgliedstaaten ohne Euro[399] zu verweisen. Dessen Art. 16 weist dem Erweiterten EZB-Rat die Rolle als Forum, Koordinator, Verwaltungs- und Überwachungsorgan zu.

C. Aufgaben und Befugnisse im Europäischen System der Zentralbanken

Die supranationale Aufgabe der Euro-Währungspolitik wird von Art. 282 Abs. 1 AEUV nicht der Europäischen Zentralbank allein oder unmittelbar zugewiesen, sondern dem Europäischen System der Zentralbanken. Zentralisierend wirkt dabei der Umstand, dass die nationalen Zentralbanken ihre Mitentscheidungsbefugnisse für die Währungspolitik im institutionellen Rahmen der Europäischen Zentralbank ausüben (vgl. Art. 10.1, 12.1 der ESZB-Satzung). Den dezentralisierenden Gegenpol begründet die Festlegung aus Art. 12.1 UAbs. 3, 14.3 der ESZB-Satzung, aus welchen sich die Durchführung der Aufgaben des Europäischen Systems der Zentralbanken durch die nationalen Zentralbanken ableiten lässt. In diesem Spannungsfeld von Zentralisierung der Entscheidungs- und Dezentralisierung der Ausführungskompetenz bewegen sich die wesentlichen Zuständigkeitsbereiche der Europäischen Zentralbank.

I. Zuständigkeitsquartett aus Art. 127 Abs. 2 AEUV

Art. 127 Abs. 2 AEUV enthält enumerativ die vier grundlegenden Befugnisse des Europäischen Systems der Zentralbanken: die Festlegung und Ausführung der Geldpolitik der Union, die Durchführung von Devisengeschäften, das Halten und Verwahren der offiziellen Währungsreserven der Mitgliedstaaten sowie die Förderung des reibungslosen Funktionierens der Zahlungssysteme.

1. Geldpolitik der Union

Nach der Systematik des AEUV umfasst der Begriff der Währungspolitik zum einen die Geldpolitik, die das Währungsgebiet in seinem internen Bereich erfasst (z.B. Art. 127 Abs. 2 1. Spiegelstrich AEUV), und zum anderen die äußere Währungspolitik gegenüber fremden Währungen, welche insbesondere die

---

[399] Abkommen vom 16.3.2006 zwischen der Europäischen Zentralbank und den nationalen Zentralbanken der nicht dem Euro-Währungsgebiet angehörenden Mitgliedstaaten über die Funktionsweise eines Wechselkursmechanismus in der dritten Stufe der Wirtschafts- und Währungsunion, ABl. EU Nr. C 73 S. 21 vom 25.3.2006.

Wechselkurspolitik einbezieht.[400] Die Dopplung in Art. 31.2 der ESZB-Satzung („Wechselkurs- und [...] Währungspolitik") steht dieser Begriffsbildung nicht entgegen, sondern dient lediglich Klarstellungszwecken. Die Festlegung der Geldpolitik erfolgt durch den EZB-Rat, ihre Ausführung regelmäßig durch die nationalen Zentralbanken. Bei der Ausgestaltung der Geldpolitik muss sich die Europäische Zentralbank am vorrangigen Ziel der Preisstabilität orientieren und sich zudem an den Regeln einer offenen Marktwirtschaft mit freiem Wettbewerb ausrichten (Art. 127 Abs. 1 AEUV). Die Einhaltung beider Prinzipien unterliegt ungeachtet eines nicht unerheblichen Ermessensspielraums gerichtlicher Kontrolle.[401] Die Europäische Zentralbank ist schließlich kein eigenständiger Akteur einer europäischen Wirtschaftspolitik auf Grundlage von Art. 119 Abs. 1 AEUV.[402] Wie aus dem spezielleren Art. 127 Abs. 1 Satz 2 AEUV folgt, darf sie insofern lediglich unterstützend wirken.

Die Europäische Zentralbank hat die Grundlagen der einheitlichen Geldpolitik der Union in einer Leitlinie festgelegt, die derzeit in der Fassung vom 20. 11. 2011 vorliegt.[403] Danach operiert das Eurosystem mit drei geldpolitischen Instrumenten: der Durchführung von Offenmarktgeschäften (vgl. auch Art. 18.1 der ESZB-Satzung), dem Anbieten von ständigen Fazilitäten und der Festlegung von Mindestreserven für Kreditinstitute (vgl. auch Art. 19 der ESZB-Satzung). Zentrales und bedeutsamstes geldpolitisches Instrument des Eurosystems ist die Offenmarktpolitik;[404] sie dient zur Steuerung von Liquidität und Zinssätzen am Markt sowie zur Setzung von Signalen bezüglich des geldpolitischen Kurses.[405] Im Wege der Offenmarktpolitik vermag eine Zentralbank die Geldmenge zu kontrollieren.[406] Hierzu führt sie An- und Verkaufstransaktionen mit Geschäftsbanken über bestimmte Wertpapiere durch. Hauptinstrument der Geldpolitik insgesamt sind dabei die sog. Haupttender mit einer Regellaufzeit von einer Woche. Die Durchführung der Offenmarktpolitik obliegt regelmäßig den nationalen Zentralbanken. Vorbilder für die herausragende Rolle der Offenmarktgeschäfte für die Geldpolitik sind die *Federal Reserve* und die Deutsche Bundesbank.[407]

---

[400] *Hahn/Häde*, Währungsrecht (2. Auflage 2010), § 2 Rn. 4 m.w.N.

[401] Offen *Hahn/Häde*, Währungsrecht (2. Auflage 2010), § 17 Rn. 8 f.

[402] BVerfG EuZW 2014, 192 Rn. 39 und 68 zum sog. OMT-Beschluss der Europäischen Zentralbank.

[403] Leitlinie 2011/817/EU über geldpolitische Instrumente und Verfahren des Eurosystems vom 20. 9. 2011, ABl. EU Nr. L 331 S. 1 vom 14. 12. 2011.

[404] *Heun*, JZ 1998, 866, 871.

[405] Nr. 1.3.1 der Leitlinie 2011/817/EU über geldpolitische Instrumente und Verfahren des Eurosystems vom 20. 9. 2011, ABl. EU Nr. L 331 S. 1 vom 14. 12. 2011.

[406] Vgl. Nr. 1.3.1, Kapitel 3 und 5 der Leitlinie 2011/817/EU über geldpolitische Instrumente und Verfahren des Eurosystems vom 20. 9. 2011, ABl. EU Nr. L 331 S. 1 vom 14. 12. 2011.

[407] *Heun*, JZ 1998, 866, 871.

Fünf verschiedene Transaktionsarten sind den Offenmarktgeschäften zuzurechnen. Zuvörderst zu nennen sind befristete Transaktionen, daneben stehen „endgültige Käufe bzw. Verkäufe, die Emission von EZB-Schuldverschreibungen, Devisenswapgeschäfte und die Hereinnahme von Termineinlagen“[408]. Je nach Laufzeit, Zielsetzung und Verfahren wird zudem zwischen Hauptrefinanzierungsgeschäften (Laufzeit: zumeist eine Woche), längerfristigen Refinanzierungsgeschäften (Laufzeit: zumeist drei Monate), Feinsteuerungsoperationen und strukturellen Operationen unterschieden.[409] Durch das Anbieten von ständigen Fazilitäten soll Übernachtliquidität zur Verfügung gestellt oder absorbiert werden.[410] Auf diese Weise werden nicht nur Signale hinsichtlich des allgemeinen Kurses der Geldpolitik gesetzt, sondern auch Unter- und Obergrenzen für Tagesgeldsätze festgelegt. Abzugrenzen sind die Spitzenrefinanzierungsfazilität (Darlehen von Kreditinstituten bei der Zentralbank) und die Einlagefazilität (Einlage von Kreditinstituten bei der Zentralbank). Als Rechtsgrundlage dient Art. 18.1 der ESZB-Satzung.[411] Da die ständigen Fazilitäten ihrem Wesen nach nicht die Grundversorgung mit Zentralbankgeld sicherstellen, sondern lediglich Liquiditätsspitzen auffangen sollen, besteht ein bedeutender Unterschied zu den früheren Diskont- und Lombardkrediten der Deutschen Bundesbank.[412] Schließlich sollen durch die Mindestreservepolitik die Geldmarktzinsen stabilisiert und eine strukturelle Liquiditätsknappheit herbeigeführt werden.[413] Erfasst sind Kreditinstitute im Euro-Währungsgebiet. Berechnet wird die Höhe der Mindestreserve nach bestimmten Bilanzpositionen. Ausgestaltet werden die Detailanforderungen durch eine Verordnung der Europäischen Zentralbank,[414] welche ständigen Anpassungen unterliegt.

---

[408] Nr. 1.3.1 der Leitlinie 2011/817/EU über geldpolitische Instrumente und Verfahren des Eurosystems vom 20.9.2011, ABl. EU Nr. L 331 S. 1 vom 14.12.2011.

[409] Vgl. im Einzelnen Nr. 1.3.1 und 3.1 der Leitlinie 2011/817/EU über geldpolitische Instrumente und Verfahren des Eurosystems vom 20.9.2011, ABl. EU Nr. L 331 S. 1 vom 14.12.2011.

[410] Vgl. im Einzelnen Nr. 1.3.2 und Kapitel 4 der Leitlinie 2011/817/EU über geldpolitische Instrumente und Verfahren des Eurosystems vom 20.9.2011, ABl. EU Nr. L 331 S. 1 vom 14.12.2011.

[411] *Heun*, JZ 1998, 866, 872.

[412] *Heun*, JZ 1998, 866, 872.

[413] Vgl. im Einzelnen Nr. 1.3.3 und Kapitel 7 der Leitlinie 2011/817/EU über geldpolitische Instrumente und Verfahren des Eurosystems vom 20.9.2011, ABl. EU Nr. L 331 S. 1 vom 14.12.2011.

[414] Verordnung (EG) Nr. 1745/2003 über die Auferlegung einer Mindestreservepflicht vom 12.9.2003, ABl. EU Nr. L 250 S. 10 vom 2.10.2003.

2. Durchführung von Devisengeschäften

Eng mit der Geldpolitik verbunden ist die Aufgabe des Europäischen Systems der Zentralbanken, nach Art. 127 Abs. 2 2. Spiegelstrich AEUV Devisengeschäfte durchzuführt.[415] Dabei sind etwaige förmliche Vereinbarungen des Rates über ein Wechselkurssystem nach Art. 219 Abs. 1 AEUV zu berücksichtigen. Wurde ein solches Abkommen nicht geschlossen, kann der Rat dennoch nach Art. 219 Abs. 2 AEUV „allgemeine Orientierungen" für die Wechselkurspolitik gegenüber bestimmten Fremdwährungen aufstellen. Dabei hat er sich wie die Europäische Zentralbank dem Primat der Preisstabilität zu unterwerfen (Art. 219 Abs. 1 UAbs. 1 Satz 1, Abs. 2 Satz 2 AEUV). Die Einbindung der Exekutive in die Wechselkurspolitik wird auch in den USA praktiziert und war zuvor schon aus Deutschland bekannt.[416] Bislang ist der Rat allerdings nicht entsprechend tätig geworden.[417] In der Folge können die Devisengeschäfte durch die Zentralbanken derzeit noch ungeachtet des Art. 219 AEUV durchgeführt werden.

3. Halten und Verwalten der offiziellen Währungsreserven

Währungsreserven dienen als Grundlage für Intervention der Zentralbanken an den Devisenmärkten.[418] Innerhalb des Europäischen Systems der Zentralbanken stehen sowohl der Europäischen Zentralbank als auch den nationalen Zentralbanken jeweils eigene Währungsreserven zu. Die Währungsreserven der Europäischen Zentralbank werden von den nationalen Zentralbanken nach Maßgabe ihres Anteils am gezeichneten Kapital der Europäischen Zentralbank gestellt (Art. 30.1 und 30.2 der ESZB-Satzung). Sämtliche Währungsreserven werden jedoch von den nationalen Zentralbanken im Wege der offenen Stellvertretung[419] verwaltet. Die Europäische Zentralbank hat in einer Leitlinie[420] genaue Vorgaben zur Verwaltung der Währungsreserven und zu den Dokumentationspflichten festgelegt. Danach werden Geschäfte der nationalen Zentralbanken mit den supranationalen Währungsreserven im Auftrag und auf Rechnung der Europäischen Zentralbank durchgeführt.[421] Die nationalen Zen-

---

[415] *Heun*, JZ 1998, 866, 870.

[416] *Heun*, JZ 1998, 866, 870.

[417] *Papathanassiou*, in: *Schimansky/Bunte/Lwowski* (Hrsg.), Bankrechts-Handbuch (4. Auflage 2011), § 134 Rn. 17.

[418] *Papathanassiou*, in: *Schimansky/Bunte/Lwowski* (Hrsg.), Bankrechts-Handbuch (4. Auflage 2011), § 134 Rn. 19.

[419] *Papathanassiou*, in: *Schimansky/Bunte/Lwowski* (Hrsg.), Bankrechts-Handbuch (4. Auflage 2011), § 134 Rn. 23.

[420] Leitlinie 2008/596/EG über die Verwaltung von Währungsreserven der Europäischen Zentralbank durch die nationalen Zentralbanken sowie über die Rechtsdokumentation bei Geschäften mit den Währungsreserven der Europäischen Zentralbank vom 20. 6. 2008, ABl. EG Nr. L 192 S. 63 vom 19. 7. 2008.

[421] Art. 2 Abs. 2 der Leitlinie 2008/596/EG über die Verwaltung von Währungsreserven der Europäischen Zentralbank durch die nationalen Zentralbanken sowie über die Rechtsdo-

tralbanken haben vorrangig die Interessen der Europäischen Zentralbank zu beachten.[422] Sowohl die Europäische Zentralbank als auch die nationalen Notenbanken müssen bei der Verwaltung der Währungsreserven der Europäischen Zentralbank bestimmte Mindeststandards einhalten, wozu beispielsweise Maßnahmen zur Abwehr von Interessenkonflikten und Korruption gehören; die Einzelheiten sind in einer Leitlinie der Europäischen Zentralbank[423] geregelt. Daneben halten und verwalten die nationalen Zentralbanken auch ihre eigenen Währungsreserven, wie sich aus Art. 31.2 der ESZB-Satzung ergibt. Dabei müssen sie ab einem bestimmten Umfang die Zustimmung der Europäischen Zentralbank einholen, um Konflikte mit der unionalen Wechselkurs- und Währungspolitik zu vermeiden.

4. Förderung des Zahlungsverkehrs

Die Europäische Zentralbank kann ebenso wie die nationalen Zentralbanken Einrichtungen zur Verfügung stellen, um den Zahlungsverkehr intra- und transunional zu gewährleisten. Zudem steht der Europäischen Zentralbank zu diesem Zwecke eine Kompetenz zum Erlass von Verordnungen zu (Art. 22 der ESZB-Satzung). Eine Einrichtung zur Förderung von Individualzahlungen stellt das Clearingssystem TARGET2 (*TransEuropean Automated Real-time Gross settlement Express Transfer system*) dar.[424] Zum 19. 11. 2007 hat TARGET2 das frühere TARGET-System ersetzt. TARGET2 stellt ein transeuropäisches automatisiertes Echtzeit-Brutto-Express-Zahlungsverkehrssystem dar, das auf einer einheitlichen Plattform – der sog. *Single Shared Platform* (SSP) – basiert.[425] Dabei kommt der Europäischen Zentralbank, genauer dem EZB-Rat, die oberste Zuständigkeit für TARGET2 zu.[426] Die nationalen Zentralbanken bilden eine ergänzende zweite Ebene. Den technisch-organisatorischen Unter-

---

kumentation bei Geschäften mit den Währungsreserven der Europäischen Zentralbank vom 20. 6. 2008, ABl. EG Nr. L 192 S. 63 vom 19. 7. 2008.

[422] Art. 2 Abs. 3 der Leitlinie 2008/596/EG über die Verwaltung von Währungsreserven der Europäischen Zentralbank durch die nationalen Zentralbanken sowie über die Rechtsdokumentation bei Geschäften mit den Währungsreserven der Europäischen Zentralbank vom 20. 6. 2008, ABl. EG Nr. L 192 S. 63 vom 19. 7. 2008.

[423] Leitlinie 2002/777/EG über die für die EZB und die nationalen Zentralbanken bei der Durchführung von geldpolitischen Geschäften und Devisengeschäften mit den Währungsreserven der EZB sowie der Verwaltung der Währungsreserven der EZB geltenden Mindeststandards vom 26. 9. 2002, ABl. EG Nr. L 270 S. 14 vom 8. 10. 2002.

[424] Vgl. allgemein *Karpf/Wagner*, Bank-Archiv 57 (2009) 13.

[425] Art. 1 Abs. 1 und Erwägungsgrund 3 der Leitlinie 2013/47/EU über ein transeuropäisches automatisiertes Echtzeit-Brutto-Express-Zahlungsverkehrssystem vom 5. 12. 2012, ABl. EU Nr. L 30 S. 1 vom 30. 1. 2013.

[426] Art. 7 Abs. 1 und Erwägungsgrund 4 der Leitlinie 2013/47/EU über ein transeuropäisches automatisiertes Echtzeit-Brutto-Express-Zahlungsverkehrssystem vom 5. 12. 2012, ABl. EU Nr. L 30 S. 1 vom 30. 1. 2013.

bau des TARGET2-Systems stellen die einzelnen Zentralbanken zur Verfügung, indem die Zentralbanken des Eurosystems jeweils eigene TARGET2-Komponenten-Systeme betreiben.[427] Das TARGET2-Komponenten-System der Europäischen Zentralbank ist als „TARGET2-EZB", dasjenige der Deutschen Bundesbank als „TARGET2-Bundesbank" benannt. Die Bedingungen für TARGET2-EZB sind in einem mehrfach geänderten Beschluss der Europäischen Zentralbank enthalten.[428] Bei Abschluss einer entsprechenden Vereinbarung mit den Zentralbanken des Eurosystems können auf einer dritten Ebene auch die Zentralbanken aus nicht am Euro teilnehmenden Mitgliedstaaten am TARGET2-System partizipieren. Die Funktionsweise im Einzelnen ist in einer mehrfach geänderten Leitlinie[429] festgelegt worden.

II. Sonstige Aufgaben und Befugnisse

Neben den währungspolitischen Kernaufgaben aus Art. 127 Abs. 2 AEUV kommen dem Europäischen System der Zentralbanken, intern zumeist dem EZB-Rat als Entscheidungsinstanz zugewiesen (Art. 12.1 der ESZB-Satzung), weitere vorwiegend ergänzende Befugnisse zu. So darf die Europäische Zentralbank mit Drittstaaten außerhalb der Union und mit internationalen Organisationen Beziehungen aufnehmen (Art. 23 der ESZB-Satzung). Weiterhin stehen der Europäischen Zentralbank wohl nach US-amerikanischem Vorbild[430] Anhörungsrechte bei Gesetzesvorhaben der Union und der nationalen Behörden zu, sofern sie ihren Zuständigkeitsbereich betreffen (Art. 127 Abs. 4 AEUV).[431] Schließlich lässt sie bestimmte statistische Daten, die für ihre Aufgabenerfüllung notwendig sind, durch die nationalen Zentralbanken einholen (Art. 5 der ESZB-Satzung).

Im Bereich der Bankenaufsicht war ihre Kompetenz bislang auf eine bloße Beratung des Rates, der Kommission und der zuständigen Behörden der Mitgliedstaaten beschränkt (Art. 25.1 der ESZB-Satzung). Die Kommission hatte jedoch im September 2012 einen auf Art. 127 Abs. 6 AEUV gestützten Verordnungsvorschlag[432] vorgelegt, welcher eine Zuweisung weitreichender aufsichts-

---

[427] Art. 7 und Erwägungsgrund 4 der Leitlinie 2013/47/EU über ein transeuropäisches automatisiertes Echtzeit-Brutto-Express-Zahlungsverkehrssystem vom 5. 12. 2012, ABl. EU Nr. L 30 S. 1 vom 30. 1. 2013.

[428] Beschluss 2007/601/EG über die Bedingungen von TARGET2-EZB vom 24. 7. 2007, ABl. EU Nr. L 237 S. 71 vom 8. 9. 2007.

[429] Leitlinie 2013/47/EU über ein transeuropäisches automatisiertes Echtzeit-Brutto-Express-Zahlungsverkehrssystem vom 5. 12. 2012, ABl. EU Nr. L 30 S. 1 vom 30. 1. 2013.

[430] *Heun*, JZ 1998, 866, 874.

[431] Vgl. *Reumann*, Die Europäische Zentralbank (2001), S. 185 ff.

[432] KOM 2012(511); vgl. dazu *Brandi/Gieseler*, BB 2012, 2646; *Herdegen*, WM 2012, 1889 ff.; *Dinov*, EuR 2013, 593, 598 f.

rechtlicher Zuständigkeiten an die Europäische Zentralbank vorsieht. Im April 2013 haben sich das Europäische Parlament, der Rat und die Kommission auf die Schaffung eines Einheitlichen Aufsichtsmechanismus (*Single Supervisory Mechanism* – SSM) für systemrelevante Banken unter dem organisatorischen Dach der Europäischen Zentralbank geeinigt.[433] Nach Verhandlungen über die parlamentarische Kontrolle der Aufsichtstätigkeit stimmte im September 2013 auch das Europäische Parlament zu. Im November 2013 trat sodann die endgültige Verordnung (EU) Nr. 1024/2013 in Kraft,[434] auf deren Grundlage die Europäische Zentralbank die sog. SSM-Rahmenverordnung erlassen hat.[435] Die von der Kommission herangezogene Ermächtigungsgrundlage genügte zwar für eine vollständige Verlagerung der Bankenaufsicht auf die supranationale Ebene nicht.[436] Dies folgt schon aus dem engen Wortlaut, der lediglich von „besonderen Aufgaben im Zusammenhang mit der Aufsicht über Kreditinstitute" spricht. Allerdings führt der einheitliche Aufsichtsmechanismus keinesfalls zu einer uneingeschränkten supranationalen Aufsichtskompetenz. Vielmehr erhält die Europäische Zentralbank im Lichte des Subsidiaritätsprinzips (Art. 5 Abs. 1 Satz 2, Abs. 3 EUV) Zuständigkeiten lediglich für Banken „mit EU-Relevanz", sei es wegen ihrer wirtschaftlichen Größe oder wegen des Empfangs von EU-Finanzhilfen.[437]

D. Zusammenfassung

Die europäischen Verträge haben die Euro-Währungspolitik nicht einer zentralistisch strukturierten Zentralbank zugewiesen, sondern einem föderalistisch geprägten Verbund der nationalen Zentralbanken mit der Europäischen Zentralbank. Verwirklichung finden in dieser Konstruktion der unionsrechtliche Subsidiaritätsgedanke, aber auch das deutsche Vorbild der früheren Bank deutscher Länder. Der föderale Charakter zeigt sich beispielhaft an der personellen Zusammensetzung des EZB-Rats als zentralem Beschlussorgan der Europäischen Zentralbank, dem sämtliche Präsidenten der nationalen Zentral-

---

433 Ratsdokument 7776/1/13 REV 1; vgl. dazu *Dinov*, EuR 2013, 593, 601 ff.

434 Verordnung (EU) Nr. 1024/2013 zur Übertragung besonderer Aufgaben im Zusammenhang mit der Aufsicht über Kreditinstitute auf die Europäische Zentralbank vom 15. 11. 2013, ABl. EU Nr. L 287 S. 63 vom 29. 10. 2013.

435 Verordnung (EU) Nr. 468/2014 zur Errichtung eines Rahmenwerks für die Zusammenarbeit zwischen der Europäischen Zentralbank und den nationalen zuständigen Behörden und den nationalen benannten Behörden innerhalb des einheitlichen Aufsichtsmechanismus (SSM-Rahmenverordnung) vom 16.4.2014, ABl. EU Nr. L 141 S. 1 vom 14.5.2014.

436 *Geerlings*, DÖV 2003, 322, 328; *Brandi/Gieseler*, BB 2012, 2646, 2650; *Dinov*, EuR 2013, 593, 603 f., jeweils m.w.N.

437 Vgl. *Ceyssens*, NJW 2013, 3704, 3706; jegliche Ermächtigungsgrundlage für die Unionsebene hingegen ablehnend *Sacarcelik*, BKR 2013, 353, 356 f.

banken des Euroraums mit grundsätzlich gleichem Stimmrecht angehören. Das Direktorium der Europäischen Zentralbank nimmt hingegen vor allem exekutive Aufgaben wahr. Der auf Einbeziehung sämtlicher EU-Mitgliedstaaten ausgerichteten Zielsetzung der Währungsunion trägt als ergänzendes Organ der sog. Erweiterte Rat der Europäischen Zentralbank Rechnung. Insgesamt zeigt sich in der Konstruktion des Europäischen Systems der Zentralbanken das Bemühen, sowohl die Einhaltung der materiellen Grundprinzipien der supranationalen Währungsverfassung sicherzustellen als auch dem mitgliedstaatlichen Bedürfnis nach Dezentralität entgegenzukommen.

§ 11 Die Deutsche Bundesbank in der deutschen und europäischen Währungsverfassung

Der Übergang zu einem einheitlichen europäischen Währungsraum hat nicht nur zum Untergang der vorherigen nationalen Währungen der teilnehmenden Mitgliedstaaten geführt. Auch die nationalen Zentralbanken verloren entscheidende Teile ihrer früheren Kompetenzen. Seit Inkrafttreten der dritten Stufe der Wirtschafts- und Währungsunion sind sie auch für das Gebiet ihres jeweiligen Mitgliedstaats nur noch über das Europäische System der Zentralbanken für die Geld- und Währungspolitik zuständig. Diese Entwicklung hat auch die Deutsche Bundesbank genommen.[438] Ihre Stellung, Aufgaben und Strukturen lassen sich seither ausschließlich unter Einbeziehung der europäischen Perspektive einordnen.

A. Von der Bank deutscher Länder zum Europäischen System der Zentralbanken

I. Die Bank deutscher Länder

Nach der faktischen Handlungsunfähigkeit der Reichsbank mit Beendigung des Zweiten Weltkriegs[439] – die Reichsbank ging als juristische Person erst 1961 unter[440] – errichteten die Alliierten der westlichen Besatzungszonen ein US-amerikanisch inspiriertes System von Notenbanken.[441] Es basierte auf der Zusammenarbeit von rechtsfähigen und eigenständigen Notenbanken in den einzelnen Ländern (Landeszentralbanken) und einer von den Landeszentralbanken getragenen gemeinsamen Notenbank (Bank deutscher Länder). Die einzelnen No-

---

[438] Vgl. zum Aufgabenwandel der Bundesbank in der ersten und zweiten Stufe *Potacs*, EuR 1993, 23, 24 ff.; *Nestler*, WM 2001, 2425, 2429 ff.

[439] Vgl. zur Entstehungsgeschichte der Reichsbank *Geerlings*, DÖV 2003, 322 f.

[440] § 1 Abs. 1 des Gesetzes über die Liquidation der Deutschen Reichsbank und der Deutschen Golddiskontbank vom 2.8.1961, BGBl. I S. 1165; vgl. *Prost*, Wandlungen im deutschen Notenbankwesen (1972), S. 50.

[441] *Prost*, Wandlungen im deutschen Notenbankwesen (1972), S. 52 f.; vgl. im Einzelnen *Wandel*, Die Entstehung der Bank deutscher Länder und die deutsche Währungsreform 1948 (1980), S. 48 ff.

tenbanken waren juristische Personen des öffentlichen Rechts. Die Bank deutscher Länder fungierte keinesfalls als dominierende oder vorgesetzte „Bank des Bundes“, sondern stellte sich – *nomen est omen* – als „Bank der Länder“ dar, insofern die Landeszentralbanken alleinige Anteilseigner des Grundkapitals der Bank deutscher Länder waren.[442] Eine Weisungsbefugnis der Bank deutscher Länder gegenüber den Landeszentralbanken bestand nicht. Verbindende Institution dieses Zentralbanksystems war der Zentralbankrat, der sich aus den Präsidenten der einzelnen Landeszentralbanken und dem Präsidenten des Direktoriums der Bank deutscher Länder zusammensetzte. Der Präsident des Direktoriums und der Präsident des Zentralbankrats waren nicht personenidentisch, so dass die Bank deutscher Länder über eine Doppelspitze verfügte.[443] Die Bank deutscher Länder hatte im Zuge der Währungsreform nach Art. III Nr. 8 des Gesetzes Nr. 60 über die Errichtung der Bank deutscher Länder (BdL-Gesetz)[444] die ausschließliche Kompetenz zur Ausgabe von Banknoten und Münzen erhalten. Sie bestimmte die gemeinsame Bankpolitik und wirkte auf die größtmögliche Übereinstimmung in der Bankpolitik der einzelnen Länder hin (Art. III Nr. 10 BdL-Gesetz).

II. Gründung der Deutschen Bundesbank

Auf der verfassungsrechtlichen Grundlage von Art. 88 GG a.F. errichtete die Bundesrepublik nach langwierigen politischen Diskussionen zum 1.8.1957 die Deutsche Bundesbank. Als Rechtsgrundlage diente das Gesetz über die Deutsche Bundesbank vom 26.7.1957[445]. Die Struktur der Bundesbank ist gekennzeichnet durch das Bemühen, die föderale Gliederung des Zentralbanksystems unter der Bank deutscher Länder fortzuführen und zugleich den Vorgaben aus Art. 88 GG a.F. zur Errichtung einer „Bank des Bundes“ gerecht zu werden.[446] Das neu geschaffene System sicherte eine einheitliche Geld- und Währungspolitik für die gesamte Bundesrepublik. Zugleich ließ es die Landeszentralbanken als eigenständige Einheiten bestehen. Über den Zentralbankrat der Bundesbank wirkten sie mit gleichem Stimmrecht an der Geldpolitik mit („ein Mitglied – eine Stimme“). Im Gegensatz zum Zentralbankrat der Bank deutscher Länder war

[442] *Prost*, Wandlungen im deutschen Notenbankwesen (1972), S. 53.

[443] *Prost*, Wandlungen im deutschen Notenbankwesen (1972), S. 54.

[444] Gesetz Nr. 60 über die Errichtung der Bank deutscher Länder vom 1.3.1948 (US-amerikanisches Kontrollgebiet); Verordnung Nr. 129 über die Errichtung der Bank deutscher Länder vom 1.3.1948 (britisches Kontrollgebiet); Verordnung Nr. 203 über die Errichtung der Bank deutscher Länder vom 26.3.1949 (französisches Kontrollgebiet), jeweils aufgehoben durch § 43 des Gesetzes über die Deutsche Bundesbank vom 26.7.1957, BGBl. I S. 745.

[445] BGBl. I S. 745; vgl. auch *Kümpel*, WM 1992, Sonderbeilage Nr. 1, S. 1 ff.

[446] *Prost*, Wandlungen im deutschen Notenbankwesen (1972), S. 64 f.; *Manger-Nestler*, Par(s) inter pares? (2008), S. 36.

nicht nur der Präsident, sondern waren sämtliche Mitglieder des Direktoriums der Bundesbank zugleich „geborene" Mitglieder im Zentralbankrat. Auch war alleiniger Anteilseigner der Bundesbank der Bund, so dass es sich wirtschaftlich um eine dem Bund gehörende Bundesbank handelte.

III. Die Deutsche Bundesbank nach der Euro-Einführung

Mit dem Übergang in die dritte Stufe der Wirtschafts- und Währungsunion zum 1.1.1999 haben sich Rolle und Aufgaben der Deutschen Bundesbank grundlegend gewandelt. Die mehr als vier Jahrzehnte andauernde Epoche einer autonomen und einzelstaatlichen Geld- und Währungspolitik ging zu Ende. Die Bundesbank wurde *eine* nationale Zentralbank im Europäischen System der Zentralbanken. Die Leitungsfunktion innerhalb dieses Verbundes nimmt seitdem die Europäische Zentralbank durch den EZB-Rat als vorrangiges Entscheidungsorgan ein. Trotz dieser Kompetenzverlagerung auf die supranationale Ebene lassen sich vielfältige Parallelen struktureller Art zwischen dem Europäischen System der Zentralbanken und dem Zentralbanksystem unter der Bank deutscher Länder ausmachen,[447] welches auch auf die spätere Bundesbank und ihr Verhältnis zu den Landeszentralbanken einwirkte. Im Europäischen System der Zentralbanken behalten die nationalen Zentralbanken ihre rechtliche Eigenständigkeit, ebenso wie dies auch bei den Landeszentralbanken der Fall war. Die Europäische Zentralbank ist in Parallele zur Bank deutscher Länder mit Rechtspersönlichkeit ausgestattet. Die Europäische Zentralbank und die nationalen Zentralbanken bilden, wie es Art. 282 Abs. 1 Satz 1 AEUV pointiert formuliert, gemeinsam das Europäische System der Zentralbanken. Ihnen steht als kooperative Gesamtheit die Währungspolitik der Union zu. Ebenso wie dem Zentralbanksystem aus den Landeszentralbanken und der Bank deutscher Länder kommt auch dem Europäischen System der Zentralbanken keine eigenständige Rechtsfähigkeit zu. Beide Kooperationsverbünde agieren vielmehr aus der institutionellen Verknüpfung im Zentralbankrat heraus: dem Zentralbankrat der Bank deutscher Länder und dem EZB-Rat. In beiden Gremien haben sowohl die Präsidenten der Notenbanken der kleineren Einheiten als auch Vertreter der zentralen Notenbank einen Sitz, wobei ein deutliches Stimmenübergewicht der Notenbankpräsidenten zu verzeichnen ist. Die Europäische Zentralbank wird von ihrem Direktorium als Exekutivorgan geleitet; auch die Bank deutscher Länder verfügte über ein solches. Schließlich wurde das Grundkapital der Europäische Zentralbank ausschließlich von den nationalen Zentralbanken gestellt (Art. 28.2 der ESZB-Satzung). Auch insofern besteht ein Gleichlauf zur Bank deutscher Länder.

---

447 Vgl. zur Bank deutscher Länder *Manger-Nestler*, Par(s) inter pares? (2008), S. 32 ff.; *dies.*, EuR 2008, 577, 578.

Die vielfältigen Parallelen zwischen dem föderalen deutschen Zentralbankwesen und dem supranationalen der Union, das dem Subsidiaritätsprinzip verpflichtet ist, dürfen aber über einzelne Unterschiede im Detail nicht hinwegtäuschen. Beispielhaft zu nennen ist die divergierende personelle Zusammensetzung des Zentralbankrats. Die Bank deutscher Länder verfügte über eine Doppelspitze, da der Präsident ihres Direktoriums vom Präsidenten des Zentralbankrats personenverschieden war. Auch war nicht das gesamte Direktorium automatisch auch Mitglied im Zentralbankrat. Im EZB-Rat hingegen haben sämtliche Mitglieder des Direktoriums der Europäischen Zentralbank einen Sitz. Der Präsident der Europäischen Zentralbank führt den Vorsitz in beiden Gremien, die über keinen zusätzlichen Repräsentanten verfügen.

B. Organisation und Stellung der Deutschen Bundesbank

I. Rechtsnatur, Grundkapital und Sitz

Die Deutsche Bundesbank ist eine bundesunmittelbare juristische Person des öffentlichen Rechts (§ 2 Satz 1 BBankG) und hat die Stellung einer obersten Bundesbehörde (§ 29 Abs. 1 Satz 1 BBankG). Die Position eines Verfassungsorgans kommt ihr nicht zu.[448] Sie ist anders als die Bank deutscher Länder keine Körperschaft, da sie keine Mitglieder mehr hat; statt dessen ist sie als atypische Anstalt des öffentlichen Rechts einzuordnen.[449] Trotz ihrer Einbindung in das Europäische System der Zentralbanken bleibt sie Teil der deutschen Staatsorganisation.[450] Für sie gilt das deutsche allgemeine Verwaltungsrecht einschließlich des Verwaltungsorganisationsrechts, welches dabei im Einklang mit den unionsrechtlichen Vorgaben stehen muss.[451] Alleiniger Anteilseigner der Deutschen Bundesbank ist der Bund, der das gesamte Grundkapital von 2,5 Milliarden Euro hält (§ 2 Satz 2 BBankG). Darin zeigt sich ein bedeutender Unterschied sowohl zur Bank deutscher Länder als auch zur Europäischen Zentralbank, deren Grundkapital jeweils von den Nationalbanken der kleineren Einheiten gezeichnet war bzw. ist. Sitz der Bundesbank ist Frankfurt am Main (§ 2 Satz 3 BBankG).

---

448 *Geerlings*, DÖV 2003, 322, 323.

449 *Fögen*, Geld- und Währungsrecht (1969), S. 103.

450 *Weber*, Die Kompetenzverteilung im Europäischen System der Zentralbanken bei der Festlegung und Durchführung der Geldpolitik (1995), S. 53; *Manger-Nestler*, Par(s) inter pares? (2008), S. 192 f.; *dies.*, EuR 2008, 577, 583 m.w.N.

451 *Weber*, WM 1998, 1465, 1472.

II. Innere Ordnung

Im Zuge der Euro-Einführung und der Verlagerung zentraler geldpolitischer Kompetenzen auf die europäische Ebene ist auch die Struktur der Deutschen Bundesbank umgestaltet worden.[452] Der zuvor föderale Aufbau mit Landeszentralbanken wurde im Zuge der Novelle des BBankG von 2002[453] grundlegend verändert. Seither ist der Vorstand der Bundesbank nach § 7 Abs. 1 Satz 1 BBankG ihr einziges Organ. Er ist das oberste Leitungsgremium der Bundesbank (§ 7 Abs. 1 Satz 2 BBankG), bestimmt ihre Geschäftspolitik und vertritt sie gerichtlich wie außergerichtlich (§ 11 Abs. 1 Satz 1 BBankG). Der Vorstand besteht aus dem Präsidenten, einem Vizepräsidenten und seit 2007[454] vier weiteren Mitgliedern. Sämtliche Vorstandsmitglieder müssen eine besondere fachliche Eignung aufweisen (§ 7 Abs. 2 Satz 2 BBankG). Ähnlich wie bei den gesetzlichen Qualifikationsanforderungen für die Mitglieder des Direktoriums der Europäischen Zentralbank nach Art. 283 Abs. 2 UAbs. 2 AEUV ist der Aussagegehalt von § 7 Abs. 2 Satz 2 BBankG begrenzt. Vor allem Evidenzfälle dürften sich über diese vagen Mindestvorgaben abgrenzen lassen; *de lege lata* ist diese gesetzliche Zurückhaltung hinzunehmen.

Bestellt werden sämtliche Mitglieder durch den Bundespräsidenten. Das eigentliche Personalvorschlagsrecht steht in Bezug auf den Präsidenten, den Vizepräsidenten und ein weiteres Mitglied der Bundesregierung, in Bezug auf die übrigen drei Mitglieder dem Bundesrat zu, welcher aber das Einvernehmen mit der Bundesregierung herzustellen hat (§ 7 Abs. 3 BBankG). Die Amtszeit der Mitglieder beträgt grundsätzlich acht Jahre, wobei eine Absenkung auf nicht weniger als fünf Jahre zulässig ist. Diese untere Grenze wird für die Amtszeit des Präsidenten auch durch Art. 14.2 Satz 1 der ESZB-Satzung vorgeschrieben. Ähnlich wie im Direktorium und im Rat der Europäischen Zentralbank ist die Stellung des Präsidenten dadurch gestärkt, dass er nicht nur den Vorsitz innehat, sondern zudem seine Stimme bei Stimmengleichheit den Ausschlag gibt (§ 7 Abs. 5 Satz 3 BBankG). Bei der Verteilung von Zuständigkeiten im Vorstand hat der Präsident ein Veto-Recht (§ 7 Abs. 5 Satz 4 BBankG). Überdies ist der jeweilige Präsident der Bundesbank qua Amtes „geborenes" Mitglied im EZB-Rat.

Auch wenn die Deutsche Bundesbank ihren gesetzlichen Sitz in Frankfurt am Main hat (§ 2 Satz 3 BBankG), verfügt sie dennoch über Hauptverwaltungen und Filialen im gesamten Bundesgebiet. Die Hauptverwaltungen sind jeweils für ein bis drei Bundesländer zuständig (z.B. für das Saarland und Rhein-

[452] Vgl. zur Entwicklung *Haug*, in: *Schimansky/Bunte/Lwowski* (Hrsg.), Bankrechts-Handbuch (4. Auflage 2011), § 123 Rn. 28 ff.

[453] Siebentes Gesetz zur Änderung des Gesetzes über die Deutsche Bundesbank vom 23.3.2002, BGBl. I S. 1159.

[454] Achtes Gesetz zur Änderung des Gesetzes über die Deutsche Bundesbank vom 16.7.2007, BGBl. I S. 1382.

land-Pfalz). Sie haben die Stellung von Bundesbehörden (§ 29 Abs. 1 Satz 2 BBankG) und werden von einem Präsidenten geleitet, der dem Vorstand der Bundesbank untersteht (§ 8 Abs. 2 BBankG). An der Aufgabenerfüllung durch die Hauptverwaltungen wirken Beiräte mit, welche sich aus Vertretern des Kreditgewerbes und verschiedener anderer Berufsgruppen (z.B. Handel, freie Berufe, Versicherungswirtschaft) zusammensetzt.

III. Unabhängigkeit

1. Normative Verankerung

Die Stellung der Deutschen Bundesbank sowohl im supranationalen wie im nationalen Kontext erhält ihr prägendes Wesensmerkmal durch ihre Unabhängigkeit von äußeren Einflussnahmen, insbesondere von Seiten der Politik.[455] Verschiedene Rechtsgrundlagen existieren für die Unabhängigkeitsgewährleistung auf den einzelnen Ebenen. Soweit die Deutsche Bundesbank Befugnisse oder Aufgaben wahrnimmt, die ihr durch die europäischen Verträge oder die ESZB-Satzung übertragen wurden, wird ihre Unabhängigkeit durch Art. 130 AEUV und Art. 7 der ESZB-Satzung geschützt. Beide Gewährleistungen sind Teil des unionalen Primärrechts und überlagern jede nationale Bestimmung im Sinne eines Anwendungsvorrangs.

Jenseits der europäischen Vorgaben ist umstritten, ob die Unabhängigkeit der Bundesbank verfassungsrechtlich – vorkonstitutionell[456] oder durch Art. 88 GG – verbürgt[457] oder lediglich einfach-gesetzlich durch § 12 Satz 1 BBankG angeordnet ist.[458] Vorzugswürdig dürfte es sein, die Unabhängigkeit schon in Art. 88 GG zu verorten und § 12 Satz 1 BBankG als teilweise klarstellende Wiederholung einzustufen. Hierfür spricht, dass die Geldwertstabilität ein Gut von Verfassungsrang ist, welches durch eine unabhängige Notenbank maßgeblich gefördert und abgesichert wird.[459] Zudem deutet der Wortlaut von Art. 88 Satz 1 GG auf eine notwendig unabhängige Bundesbank hin, da eine „Wäh-

---

[455] Vgl. grundlegend *Uhlenbruck*, Die verfassungsmäßige Unabhängigkeit der Deutschen Bundesbank und ihre Grenzen (1968); *Lampe*, Die Unabhängigkeit der Deutschen Bundesbank (2. Auflage 1971); *Issing*, in: *Willms/Klatt* (Hrsg.), Festschrift für Fritz Voigt (1975), S. 365 ff.; *Bonin*, Zentralbanken zwischen funktioneller Unabhängigkeit und politischer Autonomie (1979).

[456] BT-Drs. II/2781, S. 24 f.

[457] Etwa *Uhlenbruck*, Die verfassungsmäßige Unabhängigkeit der Deutschen Bundesbank und ihre Grenzen (1968), 24 ff.; *Herdegen*, in: Maunz/Dürig, GG (2013), Art. 88 Rn. 63 f.; so wohl auch BVerfGE 62, 169, 183.

[458] BVerwGE 41, 334, 354 ff.; *Sodan*, NJW 1999, 1521; *Geerlings*, DÖV 2003, 322, 323; *Manger-Nestler*, Par(s) inter pares? (2008), S. 39 f.; *Haug*, in: *Schimansky/Bunte/Lwowski* (Hrsg.), Bankrechts-Handbuch (4. Auflage 2011), § 132 Rn. 21.

[459] *Herdegen*, in: Maunz/Dürig, GG (2013), Art. 88 Rn. 63.

rungsbank" wesensgemäß ihrer verfassungsrechtlichen Aufgabe nur bei Zusicherung ihrer Unabhängigkeit von der Regierung ausführen kann.[460] Die ausdrückliche Erwähnung der Unabhängigkeit für die Europäische Zentralbank in Art. 88 Satz 2 GG steht daher systematisch der Einbeziehung auch in Art. 88 Satz 1 GG nicht entgegen. Folge dieser verfassungsrechtlichen Verankerung ist, dass jenseits des Art. 130 AEUV die Unabhängigkeit der Bundesbank allein unter Berücksichtigung von Art. 79 Abs. 1 und 2 GG verändert werden kann. In diesem Sinne schützt die verfassungsrechtliche Unabhängigkeitsgarantie die Bundesbank auch vor dem (deutschen) Gesetzgeber, der zwar in § 12 Satz 1 BBankG, nicht aber ohne verfassungsändernde Mehrheit in Art. 88 GG eingreifen könnte.[461]

2. Materieller Gehalt

Die Unabhängigkeit der Bundesbank aus Art. 88 GG umfasst ihren verfassungsrechtlichen Zuständigkeitsbereich als Währungs- und Notenbank.[462] Auch nach § 12 Satz 1 BBankG ist ihr Schutz vor äußeren Einwirkungen auf die „Ausübung ihrer Befugnisse, die ihr nach diesem Gesetz zustehen", beschränkt. Ebenso nehmen die Gesetzesmaterialien von 1953 zum BBankG eine Einschränkung auf die „währungspolitischen Entscheidungen"[463] vor. Die Zentralbankunabhängigkeit ist daher funktions- und aufgabenakzessorisch limitiert auf die Ausübung geld- und währungspolitischer Befugnisse. Die Mitwirkung der Bundesbank bei der Bankenaufsicht nach § 7 KWG ist daher nicht erfasst.[464] Nicht völlig losgelöst ist die Bundesbank von der Wirtschaftspolitik der Bundesregierung, wie sich einschränkend aus § 12 Satz 2 BBankG ergibt.[465] Allerdings setzen die Art. 119 Abs. 2, 127 Abs. 1 AEUV Grenzen, soweit es um eine Tätigkeit innerhalb des Europäischen Systems der Zentralbanken geht. Eine Förderung der Wirtschaftspolitik ist nur zulässig, soweit dies ohne Beeinträchtigung des vorrangigen Ziels der Preisstabilität möglich ist.

Inhaltlich bedeutet die Unabhängigkeit der Bundesbank, dass sie von Weisungen frei ist, d.h. weder der Fach- noch der Rechtsaufsicht unterliegt.[466] Nach der Gesetzesbegründung zum BBankG[467] umfasst die Unabhängigkeit der Bun-

[460] *Uhlenbruck*, Die verfassungsmäßige Unabhängigkeit der Deutschen Bundesbank und ihre Grenzen (1968), S. 26 ff.

[461] Vgl. auch *Uhlenbruck*, Die verfassungsmäßige Unabhängigkeit der Deutschen Bundesbank und ihre Grenzen (1968), S. 36.

[462] *Herdegen*, in: Maunz/Dürig, GG (2013), Art. 88 Rn. 65.

[463] BT-Drucks. II/3603, S. 5.

[464] *Haug*, in: *Schimansky/Bunte/Lwowski* (Hrsg.), Bankrechts-Handbuch (4. Auflage 2011), § 132 Rn. 23.

[465] Vgl. *Uhlenbruck*, Die verfassungsmäßige Unabhängigkeit der Deutschen Bundesbank und ihre Grenzen (1968), S. 55 ff.

[466] *Herdegen*, in: Maunz/Dürig, GG (2013), Art. 88 Rn. 65.

[467] BT-Drucks. II/3603, S. 5.

desbank die Freiheit von parlamentarischer Kontrolle, von Weisungen der Bundesregierung und von Einflüssen „potentieller Interessenten" einer expansiven Geldpolitik. Die persönliche Unabhängigkeit der Mitglieder des Vorstands der Bundesbank wird unter anderem durch ihre lange Amtsdauer und ihre Unabrufbarkeit gewährleistet.[468] Gänzlich in einer einflussfreien Sphäre bewegt sich die Bundesbank allerdings – ebenso wie die Europäische Zentralbank – nicht. Der Vorstand der Bundesbank wird hälftig auf Vorschlag von Bundesregierung und Bundesrat ernannt, wobei die Auswahl des Präsidenten und des Vizepräsidenten der Bundesregierung zustehen (§ 7 Abs. 3 BBankG).[469] Die vage Vorgabe aus § 7 Abs. 2 Satz 2 BBankG, wonach die Vorstandsmitglieder über „besondere fachliche Eignung" verfügen müssen, belässt einen nicht unerheblichen Entscheidungsspielraum bei der Bundesregierung. Ähnlich stellt sich die Rechtslage in Bezug auf die Mitglieder des Direktoriums der Europäischen Zentralbank dar (vgl. Art. 283 Abs. 2 UAbs. 2 AEUV). Eine verantwortungsvolle Personalpolitik von Bundesregierung und Bundesrat bildet daher die Grundlage einer funktionsfähigen Bundesbank.

C. Aufgaben und Befugnisse

I. Einbindung in das Europäische System der Zentralbanken

Die Deutsche Bundesbank nimmt die Aufgabe einer nationalen Zentralbank im Europäischen System der Zentralbanken wahr (vgl. § 3 Satz 1 BBankG). Die nationalen Zentralbanken sind dessen „integraler Bestandteil" (Art. 14.3 Satz 1 der ESZB-Satzung). Zentrale Befugnisse in der Geld- und Währungspolitik hat sie mit Inkrafttreten der dritten Stufe der Wirtschafts- und Währungsunion zum 1. 1. 1999 an die Europäische Zentralbank abgegeben. Verfassungsrechtliche Grundlage hierfür ist Art. 88 Satz 2 GG. Ihr kommen in diesem Bereich nur noch Durchführungs- und Mitwirkungsaufgaben zu.[470] Die Geldpolitik aktiv mitzugestalten vermag sie allein über den Sitz und das Stimmrecht ihres Präsidenten im EZB-Rat. Bei Maßnahmen der Geldpolitik hat der Bundesbankpräsident allerdings das gleiche Stimmgewicht wie die Präsidenten aller anderen nationalen Notenbanken, unabhängig von der Größe und wirtschaftlichen Bedeutung ihres Landes (vgl. Art. 10.2 UAbs. 1 Satz 1 der ESZB-Satzung). Die

---

[468] BT-Drucks. II/3603, S. 5; vgl. zur Grund und Grenzen der Unabrufbarkeit *Häde*, WM 2005, 205 ff. mit kritischer Erwiderung durch *Krauskopf/Freimuth*, WM 2005, 1297 ff.

[469] Vgl. dazu auf Grundlage der früheren Gesetzesfassung *Gramlich*, Bundesbankgesetz, Währungsgesetz, Münzgesetz (1988), § 12 BbkG Rn. 14.

[470] *R. Schmidt*, in: *Isensee/Kirchhof* (Hrsg.), Handbuch des Staatsrechts der Bundesrepublik Deutschland (3. Auflage 2007), § 117 Rn. 41; *Manger-Nestler*, EuR 2008, 577, 585 f.

rechtlichen Einfluss- und Gestaltungsmöglichkeiten der Bundesbank werden auf diese Weise deutlich relativiert.

Die Deutsche Bundesbank muss die Leitlinien und Weisungen der Europäischen Zentralbank auf dem Gebiet der Geldpolitik befolgen (Art. 14.3 Satz 1 der ESZB-Satzung). Diese werden durch den EZB-Rat festgelegt und durch das Direktorium der Europäischen Zentralbank ausgeführt. Die Bundesbank trifft eine Informationspflicht gegenüber dem EZB-Rat, damit dieser die Einhaltung seiner Vorgaben überwachen kann (Art. 14.3 Satz 3 der ESZB-Satzung). Im Streitfall kann die Europäische Zentralbank, nachdem sie eine mit Gründen versehene Stellungnahme abgegeben und der Bundesbank Gelegenheit zur Vorlage von Bemerkungen gegeben hat, gegen die Bundesbank vor dem Gerichtshof Klage wegen Verletzung einer Verpflichtung aus den Verträgen oder der ESZB-Satzung erheben (Art. 35.6 der ESZB-Satzung).

Im Einzelnen wirkt die Bundesbank im Bereich der Geldpolitik bei den Offenmarktgeschäften[471], der Bereitstellung ständiger Fazilitäten und der Entgegennahme der Mindestreserven mit.[472] Ständige Fazilitäten untergliedern sich in Einlagefazilitäten und Spitzenrefinanzierungsfazilitäten. Die Geschäftsbanken können bis zum Beginn des nächsten Geschäftstags Einlagen bei der Bundesbank anlegen oder einen Übernachtkredit in Anspruch nehmen. Dabei können Signale für die allgemeine Geldpolitik der Notenbank ausgesandt und einen Rahmen für die Tagesgeldzinsen gesetzt werden.[473] Ihrer Mindestreservepflicht kommen die Geschäftsbanken durch Unterhaltung eines entsprechenden Guthabens bei einer nationalen Zentralbank, z.B. der Deutschen Bundesbank, nach. Allgemein dient die Mindestreservepolitik der Zentralbank dazu, eine Stabilisierung der Geldmarktzinsen und eine strukturelle Liquiditätsknappheit zu erreichen.[474]

II. Zahlungsverkehr

Der Deutschen Bundesbank obliegt die bankmäßige Abwicklung des Zahlungsverkehrs im Inland und mit dem Ausland; zudem trägt sie Sorge für die Stabilität der Zahlungs- und Verrechnungssysteme (§ 3 Satz 2 BBankG). Eingerahmt ist die Zuständigkeit von Art. 127 Abs. 2 4. Spiegelstrich AEUV, wonach es zu den Aufgaben des Europäischen Systems der Zentralbanken gehört, das Funktionieren der Zahlungssysteme zu unterstützen. Der Bundesbank kommt

[471] Vgl. dazu oben, S. 235 f.

[472] *Haug*, in: *Schimansky/Bunte/Lwowski* (Hrsg.), Bankrechts-Handbuch (4. Auflage 2011), § 123 Rn. 68 ff.

[473] Nr. 1.3.2 und Kapitel 4 der Leitlinie 2011/817/EU über geldpolitische Instrumente und Verfahren des Eurosystems vom 20. 9. 2011, ABl. EU Nr. L 331 S. 1 vom 14. 12. 2011.

[474] Nr. 1.3.3 und Kapitel 7 der Leitlinie 2011/817/EU über geldpolitische Instrumente und Verfahren des Eurosystems vom 20. 9. 2011, ABl. EU Nr. L 331 S. 1 vom 14. 12. 2011.

hierbei eine ausführende Rolle zu, indem sie für Individualzahlungen das Clearingssystem TARGET2 (*TransEuropean Automated Real-time Gross settlement Express Transfer system*) in Deutschland zur Verfügung stellt. TARGET2 beruht auf einer einheitlichen europäischen Plattform, wird aber von den einzelnen Notenbanken in der jeweiligen nationalen Rechtsform angeboten.[475] Der deutsche Ableger trägt die Bezeichnung „TARGET2-Bundesbank". Daneben wickelt die Bundesbank auch Massenzahlungen elektronisch ab. Hierbei kommt ein Datenaustauschverfahren im Elektronischen Massenzahlungsverkehr (EMZ) zur Anwendung.[476] Weiterhin bietet die Bundesbank für ihre eigenen Kunden noch ein Hausbankverfahren (HBV) an, das einen Zugang zu TARGET2 gewährt.[477] Schließlich ist die Bundesbank vertraglich an den meisten deutschen Interbankenabkommen beteiligt.

III. Verwaltung der Währungsreserven

Die Deutsche Bundesbank ist für die Verwaltung der Währungsreserven der Bundesrepublik Deutschland verantwortlich (§ 3 Satz 2 BBankG). Auch die dritte Stufe der Wirtschafts- und Währungsunion hat diese Aufgabe im Grundsätzlichen unberührt gelassen. Darin kommt die föderale und dezentrale Struktur des Europäischen Systems der Zentralbanken zum Ausdruck. Zwar stehen der Europäischen Zentralbank eigene Währungsreserven von bis zu 50 Milliarden Euro zu, welche die nationalen Notenbanken anteilig stellen (Art. 30 der ESZB-Satzung). Diese verwalten jedoch die nationalen Notenbanken.[478] Auch bleibt die Befugnis der nationalen Notenbanken unberührt, eigene Währungsreserven anzulegen und einzusetzen (Art. 31.2 der ESZB-Satzung). Allerdings muss unionsrechtlich sichergestellt werden, dass diese Tätigkeit nicht in Konflikt mit der Wechselkurs- und Währungspolitik der Union gerät. Hierzu hat der EZB-Rat auf Grundlage von Art. 31.3 der ESZB-Satzung entsprechende Leitlinien[479] erlassen.

---

[475] *Maihold*, in: *Schimansky/Bunte/Lwowski* (Hrsg.), Bankrechts-Handbuch (4. Auflage 2011), § 52 Rn. 5; vgl. zudem oben, S. 238.

[476] *Haug*, in: *Schimansky/Bunte/Lwowski* (Hrsg.), Bankrechts-Handbuch (4. Auflage 2011), § 123 Rn. 56.

[477] *Haug*, in: *Schimansky/Bunte/Lwowski* (Hrsg.), Bankrechts-Handbuch (4. Auflage 2011), § 123 Rn. 58.

[478] Vgl. Erwägungsgrund 2 der Leitlinie 2008/596/EG über die Verwaltung von Währungsreserven der Europäischen Zentralbank durch die nationalen Zentralbanken sowie über die Rechtsdokumentation bei Geschäften mit den Währungsreserven der Europäischen Zentralbank vom 20.6.2008, ABl. EG Nr. L 192 S. 63 vom 19.7.2008.

[479] Leitlinie 2008/596/EG über die Verwaltung von Währungsreserven der Europäischen Zentralbank durch die nationalen Zentralbanken sowie über die Rechtsdokumentation bei Geschäften mit den Währungsreserven der Europäischen Zentralbank vom 20.6.2008, ABl. EG Nr. L 192 S. 63 vom 19.7.2008.

IV. Mitwirkung bei der Bankenaufsicht

Die Deutsche Bundesbank wirkt nach Maßgabe von § 7 KWG an der deutschen Bankenaufsicht mit.[480] Dabei handelt es sich um eine „andere ... Aufgabe" im Sinne von Art. 14.4 der ESZB-Satzung, welche nicht der Weisungsbefugnis der Europäischen Zentralbank unterworfen ist.[481] Im Bereich der Bankenaufsicht kam bislang der Europäischen Zentralbank lediglich eine beratende Stellung zu (Art. 25.1 der ESZB-Satzung). Jedoch können ihr nach Art. 127 Abs. 6 AEUV weitere Befugnisse im Bereich der Bankenaufsicht übertragen werden, sofern der Rat eine entsprechende Verordnung in einem besonderen Gesetzgebungsverfahren erlässt. Einen darauf gestützten Verordnungsvorschlag hat die Kommission im September 2012 vorgelegt.[482] Er sah vor allem die Zuweisung weitreichender und ausschließlicher Befugnisse zur Bankenaufsicht an die Europäische Zentralbank vor. Der ECOFIN-Rat und in der Folge auch der Rat der Europäischen Union haben sich im Dezember 2012 auf die Schaffung eines Einheitlichen Bankenaufsichtsmechanismus (EBA) geeinigt.[483] Umgesetzt wurden die Pläne schließlich im November 2013 in der Verordnung (EU) Nr. 1024/2013[484]. Danach ist bei der Europäischen Zentralbank eine europäische Bankenaufsicht grundsätzlich nur für wirtschaftlich „bedeutendere" Kreditinstitute angesiedelt,[485] wobei eine strikte Trennung von Aufsicht und Geldpolitik angestrebt wird.

Gegen die rechtstechnische Verwendung einer EU-Verordnung anstelle einer durch Bundesgesetz umzusetzenden EU-Richtlinie sind unter Verweis auf Art. 23 Abs. 1 Satz 2 GG verfassungsrechtliche Bedenken erhoben worden.[486] In der Tat legitimierte Art. 127 Abs. 6 AEUV keine vollständige Übertragung der Bankenaufsicht auf die supranationale Ebene, sondern lediglich einzelner Zuständigkeiten.[487] Auch auf Art. 352 AEUV ließe sich eine solche nicht stützen.[488] Erforderlich wäre hierfür eine Änderung der Verträge gewesen,[489] bei-

---

[480] Vgl. im Einzelnen *Häde*, JZ 2001, 105 ff.; *Hagemeister*, WM 2002, 1773, 1779 f.; *Geerlings*, DÖV 2003, 322, 326 ff.

[481] *Geerlings*, DÖV 2003, 322, 326; *Manger-Nestler*, EuR 2008, 577, 586.

[482] KOM 2012(511); vgl. dazu *EZB*, Stellungnahme CON/2012/96 vom 27.11.2012; *Brandi/Gieseler*, BB 2012, 2646; *Herdegen*, WM 2012, 1889 ff.; *Dinov*, EuR 2013, 593, 598 f.

[483] Vgl. Verordnungsvorschlag vom 14.12.2012, Ratsdokument 17812/12.

[484] Verordnung (EU) Nr. 1024/2013 zur Übertragung besonderer Aufgaben im Zusammenhang mit der Aufsicht über Kreditinstitute auf die Europäische Zentralbank vom 15.11.2013, ABl. EU Nr. L 287 S. 63 vom 29.10.2013.

[485] Zu den erfassten Kreditinstituten vgl. im Einzelnen Art. 4 Abs. 4 der Verordnung (EU) Nr. 1024/2013 sowie *Ceyssens*, NJW 2013, 3704, 3706 f.

[486] *Brandi/Gieseler*, BB 2012, 2646, 2650 m.w.N.

[487] *Smits*, The European Central Bank (1997), S. 356; *Geerlings*, DÖV 2003, 322, 328; *Brandi/Gieseler*, BB 2012, 2646, 2650; *Herdegen*, WM 2012, 1889, 1892 m.w.N.

[488] *Herdegen*, WM 2012, 1889, 1892 f.

[489] In diese Richtung auch *Herdegen*, WM 2012, 1889, 1895.

spielsweise in Gestalt einer Erweiterung von Art. 127 Abs. 6 AEUV. Allerdings steht der supranationalen Bankenaufsicht keine umfassende Alleinkompetenz zu, sondern sie ist beschränkt auf Banken mit – zumindest potentiell – europaweiter wirtschaftlicher Bedeutung und solche, die EU-Finanzhilfen erhalten haben. Unter diesen Bedingungen trägt Art. 127 Abs. 6 AEUV als Ermächtigungsgrundlage die europäische Bankenaufsicht.[490]

Die Einbeziehung der Bundesbank in die Bankenaufsicht ist kompetenzrechtlich unter dem Blickwinkel von Art. 87 Abs. 3 GG nicht zu beanstanden, da Art. 88 Satz 1 GG als *lex specialis* vorgeht und die Bankenaufsicht noch in den Geschäftskreis einer Noten- und Währungsbank fällt.[491] Um diesen Geschäftskreis zu bestimmen, stellte das Bundesverfassungsgericht auf das „vorverfassungsmäßige Bild der deutschen Währungs- und Notenbank"[492] ab. Die Notenbank sei von den Anfängen einer deutschen Bankenaufsicht an hierin einbezogen gewesen. Neuerdings wird eine Einbeziehung von Art. 127 Abs. 6 AEUV in die Auslegung von Art. 88 Satz 1 GG gefordert.[493] Könnten der Europäischen Zentralbank Befugnisse aus dem Bereich der Bankenaufsicht übertragen werden, so müsse dies auch für die Bundesbank auf nationaler Ebene gelten. Allerdings lässt sich diese Folgerung nicht zwangsläufig ziehen, da die europarechtliche Aufgabenzuweisung an die Europäische Zentralbank allein die Zuständigkeiten aus dem Unionsrecht, gerade aber nicht die „andere[n] ... Aufgaben" (Art. 14.4 der ESZB-Satzung) betrifft.

V. Bargeldausgabe

Der föderal-kooperative Charakter des Europäischen Systems der Zentralbanken wird auch im Bereich der Bargeldausgabe deutlich. Nach Art. 128 Abs. 1 Satz 1 AEUV ist allein die Europäische Zentralbank zur Genehmigung der Ausgabe von Euro-Banknoten befugt, was sich bestätigend auch aus Art. 16 der ESZB-Satzung ergibt. Die Ausgabe der Banknoten erfolgt *in praxi* entgegen der offenen Formulierung des Art. 128 Abs. 1 Satz 2 AEUV ausschließlich durch die nationalen Zentralbanken.[494] In Deutschland ist die Deutsche Bundesbank sowohl für die Ausgabe als auch die Einziehung von Euro-Banknoten ausschließlich zuständig (§ 14 Abs. 1 Satz 1, Abs. 2 Satz 1 BBankG). In Bezug auf die Euro-Münzen weist Art. 128 Abs. 2 Satz 1 AEUV die Emissionsbefugnis den Mitgliedstaaten zu. Staatsintern ist in Deutschland hierfür die Bundes-

---

490 *Ceyssens*, NJW 2013, 3704, 3706; *Dinov*, EuR 2013, 593, 604; a.A. *Sacarcelik*, BKR 2013, 353, 356.

491 BVerfGE 14, 197, 215 ff.; *Hirdina*, BKR 2001, 135, 137 f.

492 BVerfGE 14, 197, 216.

493 *Hirdina*, BKR 2001, 135, 138 f.

494 *Heun*, JZ 1998, 866, 869; *Seiler*, EuR 2004, 52, 68.

regierung zuständig (§ 1 MünzG). Die Inverkehrbringung und Einziehung der Euro-Münzen übernimmt für Rechnung des Bundes jedoch die Bundesbank (§ 7 Abs. 1, § 8 MünzG). Schließlich führt die Bundesbank auch die Echtheitsprüfung der Euro-Münzen nach § 7a MünzG i.V.m. Art. 6 Verordnung (EU) Nr. 1210/2010[495] aus.

VI. Beteiligungen an internationalen Währungseinrichtungen

Im Bereich der internationalen Zusammenarbeit sind sowohl die Europäische Zentralbank als auch mit deren Zustimmung die nationalen Notenbanken berechtigt, sich an internationalen Währungseinrichtungen zu beteiligen (Art. 6.2 der ESZB-Satzung). Innerstaatlich besteht eine solche Befugnis der Deutsche Bundesbank aufgrund eigener Entscheidungsmacht lediglich hinsichtlich ihrer Beteiligung an der Bank für Internationalen Zahlungsausgleich (BIZ) mit Sitz in Basel. Anderen internationalen Einrichtungen, die zur Förderung ihrer Aufgaben insbesondere auf dem Gebiet der Währungspolitik sowie des internationalen Zahlungs- und Kreditverkehrs geeignet sind, darf sie nur nach Zustimmung der Bundesregierung beitreten (§ 4 BBankG).

D. Zusammenfassung

Die Deutsche Bundesbank hatte – wie alle anderen nationalen Zentralenbanken im Euroraum auch – mit Inkrafttreten der dritten Stufe der Währungsunion einen epochalen Kompetenzverlust zu verbuchen. Sie wurde herabgestuft auf die Rolle *einer* nationalen Zentralbank unter vielen im Europäischen System der Zentralbanken. Allerdings erlangte sie im Gegenzug auch währungspolitische Zuständigkeit außerhalb des deutschen Staats- und Währungsgebiets. Zudem profitiert sie von der dezentralen Aufgabenstruktur des Europäischen Systems der Zentralbanken, welche ihr auf Grundlage des Subsidiaritätsprinzips insbesondere hinsichtlich der Ausführung der Währungspolitik nennenswerte Befugnisse belässt. Unter anderem auf ihrer Unabhängigkeit schließlich gründet sich das Leitmotiv der europäisch-supranationalen Währungsverfassung: das Ziel der Preisstabilität.

[495] Verordnung (EU) Nr. 1210/2010 zur Echtheitsprüfung von Euro-Münzen und zur Behandlung von nicht für den Umlauf geeigneten Euro-Münzen vom 15.12.2010, ABl. EU Nr. L 339 S. 1 vom 22.12.2010.

Dritter Teil: Allgemeines Geldschuldrecht

Die rechtswissenschaftliche Befassung mit dem Phänomen Geld umkreist in ihrem materiellen Schwerpunkt das Recht der Geldschuld. Der geldrechtsdogmatische Diskurs der vergangenen Jahrhunderte konzentrierte sich überwiegend auf diese schuldrechtliche Komponente. Auch bei dieser Prioritäten- und Zielsetzung offenbart sich die Sachnotwendigkeit, zunächst die allgemein-theoretischen Grundlagen unserer Geldrechtsordnung (im ersten Teil der Arbeit) und ihre währungsrechtlichen Rahmenbedingungen (im zweiten Teil der Arbeit) abzustecken. Nur wer zu definieren weiß, was Geld im Rechtssinne ist, vermag auch den Inhalt der Geldschuld zu bestimmen. Ebenso verschließt sich das Erfüllungsrecht der Geldschuld, sofern nicht die währungsrechtlichen und geldrechtsgeschichtlichen Bezüge hergestellt werden. Schließlich besteht ein rechtlicher wie tatsächlicher Zusammenhang zwischen dem – dominant auf Sicherung der Geldwertstabilität ausgerichteten – Euro-Währungsrecht und der privatrechtlichen Bewältigung von Geldwertschwankungen.

Der nachfolgende dritte Teil der Arbeit behandelt das Allgemeine Geldschuldrecht. Darunter sind diejenigen Rechtsregeln zu fassen, die das Wesen der Geldschuld in Abgrenzung zu sonstigen Schuldtypen mit deren jeweiligen Schuldinhalten ausmachen. Dazu zählt auch die geldschuldinhärente Anbindung oder Abkoppelung von der Entwicklung des Geldwerts, d.h. die nominalistische oder valoristische Prägung der einzelnen Geldschuldtypen. Gegenstand des Allgemeinen Geldschuldrechts sind daher sowohl Geldwert- als auch Geldsummenschulden. Das Besondere Geldschuldrecht, das Gegenstand des vierten Teils der Arbeit ist, wendet sich hingegen einem geldschuldrechtlichen Spezialthema zu, das anderen Schuldarten in diesem Zuschnitt fremd und nicht für sämtliche Geldschulden von Relevanz ist: den rechtlichen Präventions- und Reaktionsmechanismen auf die Geldentwertung, die nicht bereits aus dem Schuldinhalt selbst folgen und damit lediglich Geldsummenschulden betreffen.

Im umfangreichen Eingangsabschnitt des § 12 wird das Wesen der Geldschuld behandelt. Dazu zählt nicht nur ihr charakteristischer Schuldinhalt in Abgrenzung zu anderen Schuldtypen, sondern auch die innere Abhängigkeit der Geldschuld von Geldwertänderungen: Ein umfangreicher Katalog der dogmatisch wie praktisch bedeutsamsten Geldschulden wird dabei auf seine nominalistische (Geldsummenschulden) oder valoristische (Geldwertschulden) Prägung hin untersucht. Es schließt sich eine Analyse des allgemeinen Rechtsgewands der Geldschuld an; beleuchtet werden namentlich die Unmöglichkeits-, Erfüllungs-, Gefahrtragungs- und Verzugsregeln (§ 13). Sodann findet das Allgemeine Geldschuldrecht seine Abrundung in dem Rechtsrahmen, innerhalb dessen bestehende Geldschulden durch den Währungswechsel zum Euro geleitet worden sind (§ 14).

§ 12 Das Wesen der Geldschuld

A. Wertverschaffung als Schuldinhalt

I. Leistungsgegenstand

Die Geldschuld ist auf die Verschaffung von unkörperlicher Vermögensmacht im Sinne des abstrakten Geldbegriffs gerichtet.[1] Im Einzelfall kann der Leistungsgegenstand der Geldschuld in Sach- oder Buchgeld bestehen. Diese inhaltliche Offenheit ist unabhängig davon, dass ein gesetzlicher Annahmezwang nur für Euro-Bargeld nach Maßgabe von Art. 10 Satz 2, 11 Satz 2 der Verordnung (EG) Nr. 974/98[2] besteht. Geldschulden sind abzugrenzen von Sachschulden, die sich gegenständlich auf bestimmte Stücke beziehen, nicht aber unmittelbar auf den darin verkörperten Wert.[3] Aus diesem Grund stellt die Geldschuld auch keine Wahlschuld im Sinne von § 262 BGB dar, die mit Geldzeichen nach Wahl des Schuldners zu erfüllen wäre. Da sich der Geldschuldinhalt aus dem abstrakten Geldbegriff speist und in einer Summe von Geldeinheiten besteht, kann die Geldschuld auch als Wertverschaffungsschuld bezeichnet werden.[4] Diese Begrifflichkeit dient der Gegenüberstellung zur Sachschuld, nicht zur Implementierung von valoristischen Zügen in die Geldschulddefinition. Ist die Verbindlichkeit auf die Verschaffung konkreter Geldzeichen gerichtet, so handelt es sich nicht um eine Geldschuld.[5]

---

[1] BAGE 97, 150, 152; *Simitis*, AcP 159 (1960) 406, 443.

[2] Verordnung (EG) Nr. 974/98 über die Einführung des Euro vom 3.5.1998, ABl. EG Nr. L 139 S. 1 vom 11.5.1998.

[3] A.A. *Fülbier*, NJW 1990, 2797 f.

[4] BVerwG NVwZ 2006, 835, 837; OLG Düsseldorf NJW-RR 1992, 493; OLG Frankfurt, Urteil vom 8.7.2005 – 10 U 11/05; KG, Urteil vom 4.4.2011 – 24 U 81/10; LG Bonn IStR 2004, 423; *K. Schmidt*, JuS 1984, 737, 741; *Schefold*, in: *Schimansky/Bunte/Lwowski* (Hrsg.), Bankrechts-Handbuch (4. Auflage 2011), § 115 Rn. 44; ähnlich *Crome*, System des deutschen bürgerlichen Rechts (1902), S. 53.

[5] *Nussbaum*, Das Geld in Theorie und Praxis des deutschen und ausländischen Rechts (1925), S. 88.

II. Geldschuld versus Sachschuld

1. Gegenständliche Abstraktheit der Geldschuld

Geldschulden sind auf die Verschaffung von abstrakter Vermögensmacht,[6] nicht aber von bestimmten Gegenständen gerichtet. Dem liegt der abstrakte Begriff des Geldes zugrunde. Aus ihm ergibt sich der Leistungsgegenstand der Geldschuld. Geld zeichnet sich danach nicht durch eine bestimmte Form der Verkörperung aus, wie sie für das Geld im konkreten Sinne kennzeichnend ist. Angesichts der fortschreitenden Dematerialisierung des Geldes erschiene eine solche Annahme anachronistisch. Die Erfüllung mit Buchgeld ließe sich nicht schlüssig in das allgemeine Geldschuldrecht einordnen. Geldschulden sind daher keine Sachschulden.[7] Die Erfüllung einer Geldschuld kann mit jedem gültigen gesetzlichen Zahlungsmittel und grundsätzlich auch mit Buchgeld vorgenommen werden. Der Geldschuldgläubiger hat keinen Anspruch auf Übereignung bestimmter Geldzeichen.[8] Geldschulden werden nach §§ 803 ff. ZPO vollstreckt (vgl. 8. Buch 2. Abschnitt der ZPO: „Zwangsvollstreckung wegen Geldforderungen"), nicht aber nach §§ 883 ff. ZPO, welche unter anderem die Herausgabe von Sachen zum Regelungsgegenstand haben.[9] Entsprechend interpretiert § 67 Abs. 1 Satz 1 GVGA den Begriff der Geldforderung im Sinne der §§ 803 ff. ZPO als „jede Forderung, die auf Leistung einer bestimmten Wertgröße in Geld gerichtet ist". Pfändet der Gerichtsvollzieher nach § 815 ZPO im Gewahrsam des Zwangsvollstreckungsschuldners befindliches Bargeld und liefert es an den Zwangsvollstreckungsgläubiger ab, so tritt Erfüllung unabhängig von der Identität der gepfändeten Geldzeichen ein.

---

[6] RGZ 101, 312, 313; BAGE 97, 150, 152; *Wolff*, in: *Ehrenberg* (Hrsg.), Handbuch des gesamten Handelsrechts, Band 4/1 (1917), S. 563, 637 (unkörperliche Vermögensmacht); *Simitis*, AcP 159 (1960) 406, 443; *Larenz*, Lehrbuch des Schuldrechts I (14. Auflage 1987), § 13 III; *K. Schmidt*, JuS 1984, 737, 740; *Grothe*, Fremdwährungsverbindlichkeiten (1999), S. 46 f.

[7] *Nussbaum*, Das Geld in Theorie und Praxis des deutschen und ausländischen Rechts (1925), S. 88; *Simitis*, AcP 159 (1960) 406, 443; *von Maydell*, Geldschuld und Geldwert (1974), S. 8 ff.; *Larenz*, Lehrbuch des Schuldrechts I (14. Auflage 1987), § 13 III; *Gruber*, Geldwertschwankungen und handelsrechtliche Verträge in Deutschland und Frankreich (2002), S. 75; *Heermann*, Geld und Geldgeschäfte (2003), § 3 Rn. 2; der Sache nach auch BGHZ 165, 298 Rn. 10; BGHZ 167, 268 Rn. 14; OLG Naumburg NJOZ 2007, 4157, 4160.

[8] *Crome*, System des deutschen bürgerlichen Rechts (1902), S. 53; *Wolff*, in: *Ehrenberg* (Hrsg.), Handbuch des gesamten Handelsrechts, Band 4/1 (1917), S. 563, 636.

[9] Vgl. LG Frankfurt a.M. NJW 1956, 65, 66.

2. Abgrenzung zur Gattungsschuld

Die Geldschuld verpflichtet dazu, eine in Geldeinheiten ausgedrückte abstrakte Vermögensmacht zu verschaffen.[10] Sie bezieht sich nicht auf bestimmte Stücke, sondern weist einen unkörperlichen Leistungsgegenstand auf. Die Unterscheidung der einzelnen Stücke einer Geldart ist „juristisch sowohl unmöglich, als gleichgültig“[11]. Geld ist in besonderer Weise einer funktionalen Betrachtung zugänglich, die eine gegenstandsbezogene Einordnung des Geldschuldinhalts verbietet. Geld dient in seiner abstrakten Funktion als Recheneinheit und in seiner konkreten Funktion als Tauschmittel. Beide Aufgaben sind nicht an spezifizierte Gegenstände gebunden, sondern basieren auf einer wertorientierten Skalierung. Dabei geht es nicht um die Unterscheidung zwischen Geldwert- und Geldsummenschulden. Auch Geldsummenschulden verpflichten zur Leistung eines bestimmten Vermögenswerts, dessen Höhe allerdings nominal und unabhängig von externen Güterwerten bestimmt wird. Wegen der funktionellen Determinierung von Geld im abstrakten Sinne, welches der Geldschuld zugrunde liegt, stellen Geldschulden keine Gattungsschulden dar.[12] Infolge der funktionellen Gleichheit aller Geldeinheiten einer bestimmten Währung kommt § 243 Abs. 1 BGB nicht zur Anwendung.[13]

Die kaum noch vertretene Gegenauffassung[14] legt ein überkommenes Geldverständnis zugrunde, das die durch das Buchgeld perfektionierte Entmaterialisierung noch nicht einbezogen hat. Diese Entwicklung hat nicht zuletzt mittelbare Anerkennung durch den Gesetzgeber gefunden, der die frühere Fassung des § 607 BGB a.F. („Geld oder andere vertretbare Sachen“) im Zuge der normativen Trennung von Geld- und Sachdarlehensrecht aufgehoben hat. Schon zuvor konnte darin kein Beleg dafür gesehen werden, die Geldschuld als Gattungsschuld einzustufen, da sie den Geldbegriff anachronistisch auf Geld im konkret-gegenständlichen Sinne einschränkte.[15] Zudem kennt das BGB keinen

---

[10] Ähnlich zur Geldsummenschuld *Larenz*, Lehrbuch des Schuldrechts I (14. Auflage 1987), § 13 III.

[11] *von Savigny*, Das Obligationenrecht als Theil des heutigen Römischen Rechts, Band I (1851), S. 440 f.

[12] I.E. ebenso *Crome*, System des deutschen bürgerlichen Rechts (1902), S. 53; *Isele*, AcP 129 (1928) 129, 172 (keine Gattungssachschuld); *Simitis*, AcP 159 (1960) 406, 445; *Pulvermüller*, Rechtsnatur und Behandlung des privatrechtlichen Geldanspruchs (1974), S. 97 ff., 100 f.; *von Maydell*, Geldschuld und Geldwert (1974), S. 11; *Medicus*, JuS 1983, 897, 902; *Larenz*, Lehrbuch des Schuldrechts I (14. Auflage 1987), § 13 III; *Heermann*, Geld und Geldgeschäfte (2003), § 3 Rn. 3; *Martens*, JuS 2014, 105, 108.

[13] I.E. ebenso *Larenz*, Lehrbuch des Schuldrechts I (14. Auflage 1987), § 13 III; *Heermann*, Geld und Geldgeschäfte (2003), § 3 Rn. 4.

[14] *Wolf*, Lehrbuch des Schuldrechts (1978), § 4 D I; unklar BGHZ 83, 293, 300. Nachweise aus der älteren Literatur bei *Larenz*, Lehrbuch des Schuldrechts I (14. Auflage 1987), § 13 III Fn. 3.

[15] A.A. *Fülbier*, NJW 1990, 2797: „Geld ist eine Sache i.S. der §§ 90 ff., 929 ff. BGB.“

einheitlichen Geldbegriff,[16] so dass sich eine pauschale Verallgemeinerung eines in § 607 BGB a.F. enthaltenen Begriffsverständnisses verbot.

III. Wichtige Einzelfälle

1. Geldstückschulden

Sachschulden können sich dennoch auf Sachgeld beziehen, begründen in diesen Fällen aber keine Geldschuld im technischen Sinne. Wird, namentlich aus einem Kauf- oder Tauschvertrag (§§ 480, 433 Abs. 1 BGB), die Verschaffung einer bestimmten Münze oder eines bestimmten Geldscheins geschuldet, dann findet das Allgemeine Geldschuldrecht auf diese Verbindlichkeit keine Anwendung. Es handelt sich um eine Geldstückschuld, die keine Geldschuld ist.[17] Eine solche Geldstückschuld liegt vor, wenn es den Parteien nicht auf die Verwendung des Geldzeichens in seiner konkreten Funktion als Tauschmittel ankommt, sondern der rechtsgeschäftliche Wille spezifisch auf die Identität bestimmter Stücke gerichtet ist. Dies ist bei einem Erwerb von Sammler- (z.B. Krügerrand) oder Sondermünzen der Fall. Irrelevant ist es für das Vorliegen einer Geldstückschuld, ob die geschuldeten Geldzeichen bereits demonetisiert sind oder noch die Geldeigenschaft aufweisen.[18]

2. Echte und unechte Geldsortenschulden

Um keine Geldschuld handelt es sich zudem bei der echten Geldsortenschuld.[19] Geschuldet ist die Verschaffung von Geldzeichen einer bestimmten Gattung. Die Geldsortenschuld ist daher Sachschuld.[20] Die Vollstreckung einer echten Geldsortenschuld richtet sich nicht nach §§ 803 ff. ZPO, sondern nach §§ 883 ff. ZPO.[21] Entsprechend legt § 67 Abs. 2 GVGA fest, dass die Zwangsvollstreckung nach den Vorschriften über die Herausgabe beweglicher Sachen erfolgt, sofern die Leistung von „Stücke[n] einer bestimmten Münzsorte" tituliert wurde. Anwendungsfall der echten Geldsortenschuld ist der Erwerb von Sammlermün-

---

[16] Vgl. im Einzelnen oben, S. 69 ff.

[17] *Falcke*, Geld – Wert oder Sache? (1951), S. 13 f.; *Fögen*, Geld- und Währungsrecht (1969), S. 112; *Pulvermüller*, Rechtsnatur und Behandlung des privatrechtlichen Geldanspruchs (1974), S. 68 f.; *Larenz*, Lehrbuch des Schuldrechts I (14. Auflage 1987), § 13 III; *Schäfer*, Der Zins im Bereicherungsrecht (2002), S. 125.

[18] *K. Schmidt*, in: Staudinger, BGB (1997), Vorbem C4 zu §§ 244 ff.

[19] *K. Schmidt*, in: Staudinger, BGB (1997), Vorbem C6 zu §§ 244 ff.

[20] *Maier-Reimer*, NJW 1985, 2049 f.; *Gernhuber*, Die Erfüllung und ihre Surrogate sowie das Erlöschen der Schuldverhältnisse aus anderen Gründen (2. Auflage 1994), § 11 I 1.

[21] RGZ 106, 74, 77; OLG Düsseldorf NJW 1988, 2185; LG Frankfurt a.M. NJW 1956, 65, 66; *Schefold*, in: *Schimansky/Bunte/Lwowski* (Hrsg.), Bankrechts-Handbuch (4. Auflage 2011), § 115 Rn. 377.

zen zum Zwecke der numismatischen Liebhaberei oder der Geldanlage. Im Unterschied zur Geldstückschuld handelt es sich um eine Gattungsschuld, die mit Stücken „mittlerer Art und Güte" (§ 243 Abs. 1 BGB) erfüllt werden kann. Eine Geldschuld liegt hingegen bei der unechten Geldsortenschuld im Sinne des § 245 BGB vor.[22] Bei ihr ist die Erfüllung lediglich mit einer bestimmten Geldsorte möglich.

3. Valutakauf

Ein Kaufvertrag in Gestalt eines Valutakaufs ist gegeben, wenn ausländische Geldsorten im Inland gekauft oder verkauft werden.[23] Die ausländischen Geldzeichen werden nicht als Zahlungsmittel für das konkrete Geschäft erworben, sondern dienen nach dem Parteiwillen als Ware.[24] Die konkrete Geldfunktion als Tauschmittel kommt für die Parteien erst mittelbar zum Tragen, wenn der Erwerber der ausländischen Geldzeichen diese im Zahlungsverkehr zum Einsatz bringt. Auch beim Valutakauf wird aus diesem Grund keine Geldschuld begründet.[25]

4. Herausgabeansprüche

Herausgabeansprüche kennt das BGB sowohl bei vertraglichen (z.B. § 667 Alt. 2, § 675u Satz 2 BGB) wie gesetzlichen Schuldverhältnissen (z.B. §§ 681 Satz 2, 667 Alt. 2, §§ 812, 816, §§ 861, 985, 1007 BGB). Ihrem Leistungsgegenstand nach können sie entweder gegenstands- oder wertbezogen sein. Zugleich existieren Mischfälle, in denen ein Übergang von einer gegenstandsbezogenen zu einer wertbezogenen Betrachtungsweise erfolgen kann. Aus diesem Unterscheidungskriterium folgt, ob es sich bei Herausgabeansprüchen um Geld- oder Sachschulden handelt.[26] Sofern vertraglich ein Herausgabeanspruch vereinbart wurde, ist dementsprechend im Einzelfall durch Auslegung (§§ 133, 157 BGB) zu ermitteln, ob dieser auf konkrete Stücke oder auf Wertzahlung ausgerichtet ist.

---

[22] *Wolff*, in: *Ehrenberg* (Hrsg.), Handbuch des gesamten Handelsrechts, Band 4/1 (1917), S. 563, 645; *Larenz*, Lehrbuch des Schuldrechts I (14. Auflage 1987), § 13 III; *Pulvermüller*, Rechtsnatur und Behandlung des privatrechtlichen Geldanspruchs (1974), S. 70; *Gernhuber*, Die Erfüllung und ihre Surrogate sowie das Erlöschen der Schuldverhältnisse aus anderen Gründen (2. Auflage 1994), § 11 I 1.

[23] BGH NJW 2002, 1357, 1358; *Maier-Reimer*, NJW 1985, 2049, 2050.

[24] *Nussbaum*, Das Geld in Theorie und Praxis des deutschen und ausländischen Rechts (1925), S. 201.

[25] *Grothe*, in: MünchKomm BGB (6. Auflage 2013), § 244 Rn. 11.

[26] *K. Schmidt*, in: Staudinger, BGB (1997), Vorbem C3 zu §§ 244 ff.

a) Auftrag, Geschäftsführung ohne Auftrag und Geschäftsbesorgung

Der Auftragnehmer muss nach § 667 BGB das zur Auftragsausführung Erhaltene (Alt. 1) und das aus der Auftragsausführung Erlangte (Alt. 2) an den Auftraggeber herausgeben; gleiches gilt nach § 675 Abs. 1 BGB für den Geschäftsbesorger und nach § 681 Satz 2 BGB bei berechtigter oder genehmigter Geschäftsführung ohne Auftrag.[27] Eine besondere Ausprägung des § 667 Alt. 1 BGB findet sich zudem im Zahlungsdiensterecht als besonderem Geschäftsbesorgungsrecht, sofern der Zahlungsdienstleister einen Zahlungsbetrag für einen unautorisierten Zahlungsvorgang erlangt hat (§ 675u Satz 2 BGB).[28] Die Auftragsausführung soll für das Vermögen des Auftragnehmers im Ergebnis neutral ausgestaltet sein.[29] Ihm sollen keine Vorteile wirtschaftlicher Art aus der Auftragsausführung erwachsen, die eigentlich dem Auftraggeber zustehen.[30]

Der Herausgabeanspruch ist in seinem Gegenstand gegenständlich-objektiv formuliert und nicht lediglich auf den Ausgleich des wirtschaftlichen Wertes gerichtet.[31] Diese Gegenstandsbezogenheit des auftragsrechtlichen Herausgabeanspruchs gilt auch, wenn er sich auf Geld bezieht.[32] Zurückzugewähren ist „in Natur"[33]. Bei Geld ist daher zu unterscheiden: Wurde Eigentum und Besitz an Bargeld erlangt, so ist nicht eine gleiche Anzahl an Geldeinheiten (d.h. ihr nominaler Wert) herauszugeben, sondern der Anspruch bezieht sich konkret auf die erlangten Geldzeichen.[34] Hat der Auftragnehmer (Geschäftsbesorger, Zahlungsdienstleister) dagegen durch Gutschrift auf einem Zahlungskonto Buchgeld erlangt, dann trifft ihn die Pflicht zur Rückgewähr von Buchgeld.[35] Diese kann er insbesondere durch Überweisung erfüllen.[36] Für das Zahlungsdiensterecht schreibt § 675u Satz 2 BGB diese Spiegelbildlichkeit zwischen Erlangtem und Herauszugebendem ausdrücklich fest.

Das Wesen des Geldes als abstrakte Vermögensmacht und unkörperlicher Wertträger vermag den auftragsrechtlichen Herausgabeanspruch nicht in einen Wertherausgabeanspruch umzugestalten. Es liegt – in den Worten des Bundesgerichtshofs – keine „gewöhnliche Geldschuld"[37] vor. Die Entgegenständlichung und damit abstrakte Wertorientierung des Herausgabeanspruchs

---

[27] RG WarnR 1927 Nr. 57.

[28] *Omlor*, in: Staudinger, BGB (2012), § 675u Rn. 18.

[29] *Martinek*, in: Staudinger, BGB (2006), § 667 Rn. 2.

[30] BGH NJW-RR 2001, 560, 561.

[31] *Martinek*, in: Staudinger, BGB (2006), § 667 Rn. 11.

[32] BGHZ 143, 373, 379; BGHZ 165, 298 Rn. 10; *Martinek*, in: Staudinger, BGB (2006), § 667 Rn. 22.

[33] BGH NJW 1997, 47, 48.

[34] *Omlor*, in: Staudinger, BGB (2012), § 675u Rn. 18; a.A. *K. Schmidt*, in: Staudinger, BGB (1997), Vorbem C3 zu §§ 244 ff.

[35] BGH NZI 2009, 378, 379; *Omlor*, in: Staudinger, BGB (2012), § 675u Rn. 18.

[36] In diesem Sinne auch BGH NJW 2005, 3709, 3710 m.w.N.

[37] BGHZ 28, 123, 128; BGHZ 143, 373, 378; BGHZ 165, 298 Rn. 10.

bewirkte eine Verlagerung des Verlustrisikos zulasten des Auftragnehmers, welche über das gesetzlich vorgesehene Maß hinausginge. Allein die Besonderheiten von Geld als Leistungsgegenstand vermögen eine verschärfte Haftung des Auftragnehmers nicht zu begründen. Nach der gesetzlichen Wertung bezieht sich der verschuldensunabhängige Herausgabeanspruch lediglich auf die erlangten Gegenstände; bei Nichtherausgabe oder Unmöglichkeit greifen die verschuldensabhängigen Schadensersatzansprüche aus §§ 280, 281, 283 BGB ein.[38] Der Beauftragte ist nicht gehalten, der Herausgabepflicht mit seinem sonstigen (Geld-) Vermögen nachzukommen;[39] hierfür spricht auch § 668 BGB.[40] Dem steht nicht entgegen, dass eine Aufrechnung einer Geldschuld mit einem Geldherausgabeanspruch nicht an einer fehlenden Gleichartigkeit scheitert.[41] Auch entsteht kein Widerspruch zur gesetzlichen Risikoverteilung, wenn den Auftragnehmer eine Verzinsungspflicht aus § 288 Abs. 1 BGB trifft.[42]

b) Sachenrecht

Gegenstandsbezogene Herausgabeansprüche lassen sich auch dem possessorischen Besitzschutzrecht und dem Eigentümer-Besitzer-Verhältnis entnehmen. Nach § 861 Abs. 1 BGB kann der frühere Besitzer, dem sein Besitz durch verbotene Eigenmacht entzogen wurde, von dem ihm gegenüber fehlerhaft Besitzenden die Wiedereinräumung des Besitzes verlangen. Auch die petitorischen Ansprüche aus § 1007 Abs. 1 und 2 BGB sind auf dasselbe Ziel gerichtet.[43] Der Besitzschutz aus §§ 861 Abs. 1, 1007 Abs. 1 und 2 BGB besteht nicht mehr, sobald die Geldzeichen sich nicht mehr im Besitz des fehlerhaft Besitzenden befinden. In Betracht kommen dann allenfalls Schadensersatzansprüche auf anderer Rechtsgrundlage.[44] Eine subsidiäre Wertherausgabe widerspräche dem sachbezogenen Besitzschutzsystem. Der Vindikationsanspruch aus § 985 BGB ist ebenfalls auf den körperlichen Gegenstand bezogen, der im Eigentum des Anspruchsinhabers und im Besitz des Anspruchsgegners steht. Eine Geldwertvindikation findet nicht statt.[45] Scheidet eine Herausgabe wegen Unmöglichkeit aus, so greifen die §§ 989, 990 BGB ein. Der Besitzer muss nicht verschuldensunabhängig den nominalen Geldbetrag ersetzen. Ebenso wie bei § 667 BGB würde ansonsten die gesetzliche Risikoverteilung zwischen Herausgabeberech-

---

[38] *Martinek*, in: Staudinger, BGB (2006), § 667 Rn. 1, 21 m.w.N.

[39] BGH NJW 2005, 3709.

[40] *Martinek*, in: Staudinger, BGB (2006), § 667 Rn. 22.

[41] Zur Aufrechnung BGHZ 71, 380, 382; BGH NJW 1993, 2041, 2042; BGH NJW 2005, 3709; BGH NZI 2005, 681 f. (implizit); *Gursky*, in: Staudinger, BGB (2011), § 387 Rn. 84 m.w.N.

[42] BGH NJW 2005, 3709, 3710.

[43] *Gutzeit*, in: Staudinger, BGB (2012), § 861 Rn. 28.

[44] *Gutzeit*, in: Staudinger, BGB (2012), § 861 Rn. 8.

[45] Vgl. oben, S. 150 f.

tigtem und -verpflichtetem einseitig zulasten des Letzteren verschoben. Zusammenfassend liegen daher bei den sachenrechtlichen Herausgabeansprüchen aus §§ 861, 985, 1007 BGB keine Geldschulden vor.[46]

c) Bereicherungsrecht

Inwieweit bereicherungsrechtliche Ansprüche eine Geldschuld des Bereicherungsschuldners begründen, hängt von dem jeweiligen Gegenstand der Kondiktion ab. Mit Reuter/Martinek[47] ist zwischen den verschiedenen Kondiktionstypen zu differenzieren. Bei der Leistungskondiktion (§§ 812 Abs. 1 Satz 1 Alt. 1, 817 Satz 1 BGB) ist der Bereicherungsanspruch primär auf den erlangten Gegenstand gerichtet. Eigentum und Besitz an Bargeld ist daher entsprechend zurückzugewähren, wobei die Verpflichtung auf die erlangten Stücke beschränkt ist.[48] Erst wenn und soweit die Herausgabe unmöglich geworden ist, besteht nach § 818 Abs. 2 BGB eine Wertersatzpflicht. Die Unmöglichkeit kann beispielsweise durch Vermengung mit anderen Geldzeichen eintreten. Diese gesetzliche Chancen- und Risikoverteilung würde umgangen, wenn der Herausgabeanspruch bei Bargeld unmittelbar auf dessen nominalen Wert gerichtet wäre. Zum Schwur kommt es insbesondere bei der prozessualen und zwangsvollstreckungsrechtlichen Durchsetzung von Bereicherungsansprüchen. Während ein Wertersatzanspruch aus § 818 Abs. 2 BGB als Geldschuld nach den §§ 803 ff. ZPO zu vollstrecken ist, kann ein auf bestimmte Stücke bezogener Herausgabeanspruch ausschließlich nach §§ 883 ff. ZPO zwangsweise durchgesetzt werden. Scheitert die Herausgabevollstreckung wegen sich im Vollstreckungsverfahren herausstellender Unmöglichkeit der Herausgabe, so muss der Bereicherungsgläubiger einen neuen Titel erwirken, der nunmehr auf Geldzahlung gerichtet ist. Anders ist die Rechtslage, wenn der Bereicherungsschuldner Buchgeld, d.h. einen Anspruch gegen seinen Zahlungsdienstleister auf Gutschrift (§ 675t Abs. 1 BGB) bzw. danach aus der Gutschrift (§§ 780, 781 BGB), erlangt hat. Da die regelmäßig in ein Kontokorrent gestellte Forderung nicht abtretbar ist, kommt lediglich ein Wertersatz nach § 818 Abs. 2 BGB in Betracht.[49] Der auf Übereignung und Besitzverschaffung gerichtete Anspruch aus Leistungskondiktion ist sachbezogen und daher keine Geldschuld. Der aus § 818 Abs. 2 BGB resultierende Wertersatzanspruch hingegen begründet eine Geldschuld des Bereicherungsschuldners.

---

[46] *K. Schmidt*, in: Staudinger, BGB (1997), Vorbem C3 zu §§ 244 ff.

[47] *Reuter/Martinek*, Ungerechtfertigte Bereicherung (1983), S. 520 ff.

[48] OLG Zweibrücken WM 2006, 1102, 1103; *Wilhelm*, AcP 183 (1983) 1, 10 f.; *S. Lorenz*, in: Staudinger, BGB (2007), § 818 Rn. 50; a.A. *K. Schmidt*, in: Staudinger, BGB (1997), Vorbem C3 zu §§ 244 ff.; offen BVerwG NVwZ 2006, 835, 837.

[49] OLG Zweibrücken WM 2006, 1102, 1103; *Wilhelm*, AcP 183 (1983) 1, 10 f.; *S. Lorenz*, in: Staudinger, BGB (2007), § 818 Rn. 50; vgl. auch *Omlor*, in: Staudinger, BGB (2012), § 675z Rn. 35 zur Lastschrift.

Die aus der Sachbezogenheit der Leistungskondiktion resultierenden Rechtsfolgen sind in der Literatur teilweise als wertungswidersprüchlich dargestellt worden. Es sei nicht nachvollziehbar, aus welchem Grund den redlichen Bereicherungsschuldner nach § 818 Abs. 1 BGB die Pflicht zur Herausgabe tatsächlich erhaltener Zinsen treffen soll, während der verschärft haftende lediglich den unter Umständen niedrigeren gesetzlichen Zinssatz nach §§ 818 Abs. 4, 819, 291, 288 BGB zu zahlen habe.[50] Die skizzierte Konstellation wirkt überkonstruiert. Der Verzugszinssatz beträgt fünf Prozentpunkte über dem Basiszinssatz (§ 288 Abs. 1 Satz 2 BGB), bei fehlender Verbraucherbeteiligung sogar acht Prozentpunkte darüber (§ 288 Abs. 2 BGB). Der Basiszinssatz ist am jeweiligen Zinsniveau, genauer an der jüngsten Hauptrefinanzierungsoperation der Europäischen Zentralbank, ausgerichtet.[51] Da auf diese Weise das allgemeine Zinsniveau mit einem Sicherheitsaufschlag von fünf bis acht Prozentpunkten wiedergespiegelt wird, erscheinen solche Fälle als praktisch selten, in denen der tatsächlich erzielte Zinssatz höher lag. Mit Einzelfällen darf aber kein genereller Bruch mit der allgemeinen Bereicherungsdogmatik gerechtfertigt werden.

Die allgemeine Eingriffskondiktion (§ 812 Abs. 1 Satz 1 Alt. 2 BGB) begründet, sofern sie auf Zahlung von Geld und nicht auf Eigentumsverschaffung an Bargeld gerichtet ist, eine Geldschuld. Bei den Ansprüchen aus §§ 816 Abs. 1 Satz 1, Abs. 2 BGB entsteht – ihrem auf dem Surrogationsgedanken[52] fußenden Ausnahmecharakter folgend – primär ein Anspruch auf Zahlung eines bestimmten Geldbetrags, nicht aber gegenständlich auf Herausgabe von einzelnen Geldzeichen.[53] Gleiches gilt bei der Kondiktion aus §§ 951 Abs. 1, 812 Abs. 1 Satz 1 Alt. 2 BGB wegen ihrer Funktion als Rechtsfortwirkungsanspruch.

B. Umfang der Wertverschaffungspflicht: schuldimmanente Auswirkungen von Geldwertänderungen

Kaum eine Fragestellung ist von derart grundlegender Bedeutung für das private Geldrecht wie die Unterscheidung zwischen Geldwert- und Geldsummenschuld. In ihr ist der Mittelpunkt jeder Suche nach dem originären Inhalt der Geldschuld zu finden. Zu trennen sind davon die im vierten Teil der Arbeit zu behandelnden Geldwerteinflüsse, welche von außen – entweder präventiv durch

---

[50] *Wendehorst*, in: BeckOK BGB (2014), § 818 Rn. 88.

[51] *Grundmann*, in: MünchKomm BGB (6. Auflage 2012), § 247 Rn. 7.

[52] RGZ 88, 351, 359; BGHZ 29, 157, 159 ff.; BGHZ 75, 203, 206; *Wilburg*, AcP 163 (1964) 346, 349; *Reuter/Martinek*, Ungerechtfertigte Bereicherung (1983), S. 321 f.; a.A. *von Caemmerer*, in: *Dölle* (Hrsg.), Festschrift für Ernst Rabel (1954), S. 333, 356 ff.; *Larenz*, in: *Ficker* (Hrsg.), Festschrift für Ernst von Caemmerer (1978), S. 209, 228 ff.

[53] *K. Schmidt*, in: Staudinger, BGB (1997), Vorbem C3 zu §§ 244 ff.

die Parteien oder reaktiv durch die Judikative – der einzelnen Geldschuld angeheftet werden. Die zur Klärung erforderlichen dogmatischen Streifzüge durch das Recht der Geldschuld führen zunächst zu einem Problemfeld, das auf der einen Seite vorgelagert ist, auf der anderen Seite aber die unmittelbarste Grundlage der Differenzierung zwischen Geldwertschuld und Geldsummenschuld bildet: der Antagonismus zwischen Valorismus und Nominalismus.

I. Terminologische Grundlegung

Mit der weitreichenden Bedeutung der Gegenüberstellung von Valorismus und Nominalismus geht auch eine begriffliche Vielfalt und Uneinheitlichkeit einher.[54] Eine grundlegende Kategorisierung hat von Maydell versucht, indem er einen geldtheoretischen und einen geldschuldrechtlichen Nominalismus konturierte und postulierte.[55] In teilweiser Übereinstimmung unterscheidet auch Karsten Schmidt zwischen dem technischen, dem schuldrechtlichen und dem währungspolitischen Nominalismus.[56] Auf diesen Konzepten baut auch die vorliegende Darstellung auf, indem sie den geldtheoretischen, den geldschuldrechtlichen und den funktionalen Nominalismus voneinander abgrenzt.

1. Geldtheoretischer Nominalismus

Der geldtheoretische Nominalismus beschreibt das Wesen des Geldes, nicht auch zugleich der Geldschuld. Er geht von einer Abstrahierung des Geldwerts von jeglichem Substanzwert aus.[57] Allen nominell gleichwertigen Geldzeichen kommt der gleiche Wert zu.[58] Eine Unveränderlichkeit der Recheneinheit wird durch den Nominalismus in geldtheoretischer bzw. technischer Hinsicht bewirkt. Nussbaum zog es daher vor, von einer „Numeralität" des Geldes zu sprechen.[59] Insofern liegt ihm im Sinne der Staatlichen Theorie Knapps ein chartales

---

[54] *von Maydell*, Geldschuld und Geldwert (1974), S. 54 ff.; *Stützel*, Das Mark-gleich-Mark-Prinzip und unsere Wirtschaftsordnung (1979), S. 21 ff.

[55] *von Maydell*, Geldschuld und Geldwert (1974), S. 59 ff., 68 ff.; ebenso *Ertl*, Inflation, Privatrecht und Wertsicherung (1980), S. 24 ff.; *Weber*, ZSR 100 (1981) 165, 175; *Grothe*, Fremdwährungsverbindlichkeiten (1999), S. 71 ff.; *Kirchhoff*, Wertsicherungsklauseln für Euro-Verbindlichkeiten (2006), S. 96 ff.; vgl. auch die Abgrenzung bei *Eckstein*, Geldschuld und Geldwert im materiellen und internationalen Privatrecht (1932), S. 2 f.

[56] *K. Schmidt*, in: Staudinger, BGB (1997), Vorbem D23 ff., D28 ff., D38 ff. zu §§ 244 ff.; dem folgend *Heermann*, Geld und Geldgeschäfte (2003), § 3 Rn. 77 ff.; vgl. schon *K. Schmidt*, ZIP 1983, 639, 640.

[57] *Fögen*, Geld- und Währungsrecht (1969), S. 137; *K. Schmidt*, ZIP 1983, 639, 640; *Grothe*, Fremdwährungsverbindlichkeiten (1999), S. 71.

[58] *Kirchhoff*, Wertsicherungsklauseln für Euro-Verbindlichkeiten (2006), S. 96; *Häde*, DVBl. 2008, 1465.

[59] *Nussbaum*, Das Geld in Theorie und Praxis des deutschen und ausländischen Rechts (1925), S. 9.

Geldverständnis zugrunde. Der Nominalismus ist zugleich ein Gegenentwurf zur metallistischen Ableitung des Geldwerts vom Substanzwert. Geldtheoretischer Nominalismus und Chartalismus sind dennoch keineswegs deckungsgleich und lediglich begriffliche Dopplungen. Knapps Chartalismus lehnte einen eigenständigen Geldwert gänzlich ab.[60] Demgegenüber zwingt der geldtheoretische Nominalismus nicht zu einem solchen Schluss.

Eine chartale Papierwährung, die wie der Euro keine Deckung in Edelmetall aufweist, kann nicht unter Bezugnahme auf eine bestimmte Menge an Edelmetall definiert werden.[61] Eine Einheit einer solchen Währung verkörpert kein fixiertes Maß an Kaufkraft.[62] Vielmehr kommt die abstrakte Funktion des Geldes als neutrale Recheneinheit zur Geltung.[63] Der geldtheoretische Nominalismus fungiert als „Spiegelbild"[64] der abstrakten Geldfunktion. Die Währungseinheit, die keinen realen Wert in Bezug nimmt, stellt eine „bloße Bezeichnung dar, ein Nomen"[65]. In diesem Sinne ist Geld nominal. Darin liegt zugleich die eigentliche Bedeutung des Prinzips „Mark gleich Mark",[66] welches sich inhaltsgleich auch in das Euro-Zeitalter („Euro gleich Euro") oder in andere Währungsräume übertragen ließe. Dem Inhalt nach besagt es, dass die Identität einer Währungseinheit von der damit verbundenen Kaufkraft unabhängig ist.[67] Der Wert eines Geldzeichens besteht in dem ihm aufgedruckten Nennwert.[68] Bei einer Währungsänderung bestimmt sich die Überführung einer Altverbindlichkeit in das neue Währungssystem nicht nach externen Güterwerten und der mit einer Währungseinheit verbundenen Kaufkraft, sondern im Wege des rekurrenten Anschlusses nach dem staatlich festgelegten Umrechnungskurs. Den Übergang von der D-Mark zum Euro im Zuge der dritten Stufe der Wirtschafts- und Währungsunion regelte die Verordnung (EG) Nr. 2866/98[69], aus welcher sich das Verhältnis von 1 Euro = 1,95583 D-Mark ergibt.

---

[60] Vgl. *Nussbaum*, Das Geld in Theorie und Praxis des deutschen und ausländischen Rechts (1925), S. 9 m.w.N.

[61] *von Maydell*, Geldschuld und Geldwert (1974), S. 60.

[62] *Ertl*, Inflation, Privatrecht und Wertsicherung (1980), S. 25; *Grothe*, Fremdwährungsverbindlichkeiten (1999), S. 72.

[63] *K. Schmidt*, in: Staudinger, BGB (1997), Vorbem D24 zu §§ 244 ff.

[64] *K. Schmidt*, in: Staudinger, BGB (1997), Vorbem D24 zu §§ 244 ff.; *Heermann*, Geld und Geldgeschäfte (2003), § 3 Rn. 78.

[65] *von Maydell*, Geldschuld und Geldwert (1974), S. 60.

[66] *von Maydell*, Geldschuld und Geldwert (1974), S. 61; dem folgend *K. Schmidt*, in: Staudinger, BGB (1997), Vorbem D24 zu §§ 244 ff.; vgl. auch BGHZ 61, 31, 38; *Stützel*, Das Mark-gleich-Mark-Prinzip und unsere Wirtschaftsordnung (1979), S. 21.

[67] Vgl. auch *Bettermann*, RdA 1975, 2 f.

[68] *Reinhuber*, Grundbegriffe und internationaler Anwendungsbereich von Währungsrecht (1995), S. 8.

[69] Verordnung (EG) Nr. 2866/98 über die Umrechnungskurse zwischen dem Euro und den Währungen der Mitgliedstaaten, die den Euro einführen vom 31. 12. 1998, ABl. EG Nr. L 359 S. 1 vom 31. 12. 1998.

Neben den Vorschriften zur Festlegung von Umrechnungskursen bei Währungswechseln finden sich weitere normative Belege für den geldtheoretischen Nominalismus in unserer Rechtsordnung. In § 2 des Währungsgesetzes von 1948[70] war bestimmt, dass an die Stelle der Rechnungseinheit Reichsmark die neue Rechnungseinheit Deutsche Mark trat. Art. 3 der „Euro-Einführungsverordnung" (EG) Nr. 974/98[71] ordnete an, dass der Euro die Währungen der teilnehmenden Mitgliedstaaten zum Umrechnungskurs surrogierte. Der auf diese Weise bewirkte rekurrente Anschluss folgt im Sinne Knapps[72] der historischen Definition des Geldes.

2. Geldschuldrechtlicher Nominalismus

a) Begriff und Inhalt

Von der geldtheoretischen Aufgabe, welchen Einfluss das Nominalprinzip auf das Wesen des Geldes hat, zu trennen ist die Rolle des Nominalismus im Bereich der Geldschuld. Der geldtheoretische Nominalismus fokussiert das Wesen des Geldes aus theoretisch-konstruktiver Perspektive. Der geldschuldrechtliche Nominalismus wirft hingegen die Frage nach dem Inhalt der Geldschuld auf. Beide Aspekte sind miteinander verwandt,[73] aber nicht identisch.[74] An dieser Stelle wird die Unterscheidung zwischen Geldsummen- und Geldwertschulden relevant. Dabei lässt sich die Geldsummenschuld als „Spiegelbild"[75] des geldtheoretischen Nominalismus im geldschuldrechtlichen Sinne einordnen. Im Einklang damit führte Knapp in seiner Staatlichen Theorie des Geldes – trotz Leugnung der Existenz eines Geldwerts – in Bezug auf die Auswirkungen des Nominalismus auf Geldschulden aus:

> „Nominalschulden sind Schulden, die in dem jeweiligen Zahlungsmittel tilgbar sind; ihr Betrag in jetzigen Zahlungsmitteln, also in jetzigen Werteinheiten, wird berechnet nach dem rekurrenten Anschluß."[76]

---

[70] Erstes Gesetz zur Neuordnung des Geldwesens (Währungsgesetz), Gesetz Nr. 61 = Verordnung Nr. 158 vom 20.6.1948.

[71] Verordnung (EG) Nr. 974/98 über die Einführung des Euro vom 3.5.1998, ABl. EG Nr. L 139 S. 1 vom 11.5.1998.

[72] *Knapp*, Staatliche Theorie des Geldes (4. Auflage 1923), S. 1.

[73] *Horn*, Geldwertveränderungen, Privatrecht und Wirtschaftsordnung (1975), S. 25; *Reinhuber*, Grundbegriffe und internationaler Anwendungsbereich von Währungsrecht (1995), S. 8.

[74] *Grothe*, Fremdwährungsverbindlichkeiten (1999), S. 71; *Kirchhoff*, Wertsicherungsklauseln für Euro-Verbindlichkeiten (2006), S. 101.

[75] *K. Schmidt*, in: Staudinger, BGB (1997), Vorbem D29 zu §§ 244 ff.; ähnlich *Reinhuber*, Grundbegriffe und internationaler Anwendungsbereich von Währungsrecht (1995), S. 8; *Heermann*, Geld und Geldgeschäfte (2003), § 3 Rn. 81; *Kirchhoff*, Wertsicherungsklauseln für Euro-Verbindlichkeiten (2006), S. 98.

[76] *Knapp*, Staatliche Theorie des Geldes (4. Auflage 1923), S. 12.

Der Bundesfinanzhof[77] hat – unter Zustimmung des Bundesgerichtshofs[78] – den Nominalismus im Geldschuldrecht dahingehend definiert, dass bei Geldschuldverhältnissen der Nennwert schuldbestimmend ist. Im Valorismus sieht er den Gegenbegriff, „der auf den Kurswert oder Verkehrswert, insbesondere den Kaufkraftwert des Geldes abstellt"[79]. Das Bundesverwaltungsgericht definierte den geldschuldrechtlichen Nominalismus – ein „grundlegendes, unverzichtbares Prinzip unserer Rechts- und Wirtschaftsordnung"[80] – dahingehend, dass

> „für den Zahlungswert des Geldes nicht sein Substanzwert, sondern sein Nennwert maßgebend [ist]; die Höhe betragsmäßig festgelegter Geldschulden bleibt von der Veränderung des Geldwerts grundsätzlich unberührt. Der Schuldner befreit sich durch Zahlung des Nennwertes der Schuld."[81]

Der geldschuldrechtliche Nominalismus löst den Leistungsgegenstand der Geldschuld von dem sog. inneren Wert des Geldes los.[82] Dieser basiert auf dem Substanzwert des Geldes, welcher für den Geldbegriff wie auch den Geldwert ohne Belang ist.[83] Martin Wolff zielte auf diese Übertragung des Knappschen Chartalismus in das Geldschuldrecht, wenn er als Leistungsgegenstand die „Verschaffung einer unkörperlichen Vermögensmacht von bestimmter rechnerischer Größe oder (…) eines bestimmten ‚Wertes'"[84] ansah. Der Bundesfinanzhof hat – unter Zustimmung des Bundesarbeitsgerichts[85] – im Einklang damit formuliert, dass „bei Währungsschuldverhältnissen (…) keine (…) unmittelbare rechtliche Folgerung aus einer Veränderung des inneren Geldwerts gezogen werden darf"[86]. Unabhängig ist der Umfang von Geldschulden unter Geltung des Nominalprinzips von der jeweiligen Kaufkraft des Geldes.[87] Inflation vermag den Inhalt der Geldschuld nicht *eo ipso* abzuändern. Korrekturen aus Treu und Glauben (§§ 242, 313 BGB) greifen von außen in die Geldschuld ein, ohne eine inhärente Anpassung an die Kaufkraftverhältnisse darzustellen.[88]

---

[77] BFHE 89, 422, 434.

[78] BGHZ 61, 31, 38.

[79] BFHE 89, 422, 434.

[80] BVerwGE 41, 1, 5.

[81] BVerwGE 41, 1, 5.

[82] *Mann*, Das Recht des Geldes (1960), S. 63; *Fögen*, Geld- und Währungsrecht (1969), S. 138 f.; *Larenz*, Lehrbuch des Schuldrechts I (14. Auflage 1987), § 13 III.

[83] *Nies*, BB 1966, 455.

[84] *M. Wolff*, in: *Ehrenberg* (Hrsg.), Handbuch des gesamten Handelsrechts, Band 4/1 (1917), S. 637.

[85] BAGE 25, 146, 158 f.

[86] BFHE 92, 561, 565.

[87] *Mann*, Das Recht des Geldes (1960), S. 63 ff.; *Reichert-Facilides*, JZ 1969, 617, 618; *Bettermann*, RdA 1975, 2; *Ebenroth/Bacher*, BB 1990, 2053, 2057; *Häde*, DVBl. 2008, 1465.

[88] Vgl. *Nussbaum*, Das Geld in Theorie und Praxis des deutschen und ausländischen Rechts (1925), S. 125 zur reichsgerichtlichen Aufwertungsrechtsprechung.

b) Strikter Nominalismus

Der geldschuldrechtliche Nominalismus kann in einer strikten Ausprägung vorliegen.[89] Eine solche zeigt sich in Rechtsnormen, die generell eine Anpassung von Geldschulden an Geldwertänderungen verbieten.[90] Schon eine teilweise Zulassung von Wertsicherungsvereinbarungen durchbricht das Prinzip des strikten Nominalismus.[91] Unter Geltung des strikten Nominalismus ist auch eine richterrechtliche Korrektur über § 242 BGB oder die Störung der Geschäftsgrundlage an sich ausgeschlossen.[92] Die Bedeutung einer solchen engen Konturenziehung darf allerdings nicht überbewertet werden; sie ist im Wesentlichen terminologischer Klarheit geschuldet. Ausnahmsweise zugelassene Wertsicherungsvereinbarungen oder Billigkeitskorrekturen stehen lediglich der uneingeschränkten Geltung des strikten Nominalismus entgegen, nicht aber dem Nominalprinzip als solchem.[93] Ein Anwendungsfall des strikten Nominalismus fand sich in Art. II Nr. 4 des sog. Mark-gleich-Mark-Gesetzes[94], in dem eine Maßgeblichkeit des Nennwerts angeordnet wurde:

> „Eine Verbindlichkeit, (...) die auf Reichsmark, Rentenmark, irgendein anderes auf Mark lautendes gesetzliches Zahlungsmittel, auf Goldmark oder Mark lautet, deren Nennwert unter Benützung einer (...) Goldklausel oder (...) Wertbeständigkeitsklauseln bestimmt ist, ist bei Fälligkeit (...) durch Zahlung – Mark für Mark – von Reichsmark oder Alliierten Militärmarknoten erfüllbar. (...) Der Gläubiger ist in allen Fällen verpflichtet, Reichsmark- und Alliierte Militär-Marknoten zu ihrem Nennwert in Erfüllung der Verbindlichkeit anzunehmen."

Eine Anordnung von vergleichbarer Ausdrücklichkeit für den geldschuldrechtlichen Nominalismus kennt die deutsche Rechtsordnung nicht mehr. Statt dessen statuieren § 1 Abs. 2 und 3, §§ 3–7 PrKG praktisch bedeutsame Freiräume für vertragliche Wertsicherungsklauseln.[95] Das grundsätzliche Verbot von Wertsicherungsklauseln aus § 1 Abs. 1 PrKG wird mit zahlreichen Legalausnahmen versehen und damit großflächig perforiert. Die deutsche Geldrechtsordnung zeichnet sich daher weniger durch einen „strikten Nominalismus mit Ausnahmen", sondern der Sache nach eher durch einen „(einfachen) Nominalis-

---

[89] *Ertl*, Inflation, Privatrecht und Wertsicherung (1980), S. 34, 41 ff. spricht von einem „verstärkten" Nominalismus.

[90] *von Maydell*, Geldschuld und Geldwert (1974), S. 66 Fn. 1; *Ertl*, Inflation, Privatrecht und Wertsicherung (1980), S. 34; *Reinhuber*, Grundbegriffe und internationaler Anwendungsbereich von Währungsrecht (1995), S. 13 f.; vgl. auch BVerwGE 41, 1, 5 f.

[91] A.A. *Kirchhoff*, Wertsicherungsklauseln für Euro-Verbindlichkeiten (2006), S. 106.

[92] *Grothe*, Fremdwährungsverbindlichkeiten (1999), S. 71; offener wohl *K. Schmidt*, in: Staudinger, BGB (1997), Vorbem D36 zu §§ 244 ff.

[93] Ähnlich *Fögen*, Geld- und Währungsrecht (1969), S. 141.

[94] Gesetz Nr. 51 der Militärregierung in der Fassung des Ersten Änderungsgesetzes zum Gesetz Nr. 51 vom 1. 7. 1947, Bay. GVBl. S. 161.

[95] Vgl. im Einzelnen unten, S. 402 ff.

mus mit Verstärkungen" aus. § 1 Abs. 1 PrKG ist Ausdruck eines solchen geldschuldrechtlichen Nominalismus.[96]

3. Funktionaler Nominalismus

Die Ebene der schuldrechtlichen Dogmatik wird verlassen, sofern der Nominalismus aus rechtspolitischer, funktionaler[97] bzw. währungspolitischer[98] Sicht betrachtet wird. Der Sache nach handelt es sich um keine dritte Begriffsebene neben dem geldtheoretischen und geldschuldrechtlichen Nominalismus, sondern um die inhaltliche Rechtfertigung des Nominalismus aus währungspolitischer und wirtschaftswissenschaftlicher Perspektive. Zur Begründung des Nominalismus – insbesondere auch in einer „strikten" Form, welche Wertsicherungsklauseln verbietet – sind auch Gründe der Zweckmäßigkeit und Rechtsklarheit vorgebracht worden;[99] zuvörderst wurden aber stabilitätspolitische Aspekte geltend gemacht.[100] So wird in der Gesetzesbegründung zum Preisklauselverbot aus § 1 Abs. 1 PrKG[101] die Gefahr einer Inflationsförderung zur Rechtfertigung benannt. Auch die Europäische Zentralbank hatte sich zuvor in einer Stellungnahme zu einem französischen Gesetzesvorhaben[102] warnend geäußert und eine Befeuerung inflationärer Tendenzen befürchtet:

> „In particular, widespread indexation in wage and price setting may generate excessive rigidity in the relative price system and would risk fuelling inflation spirals. Although the demand for indexation clauses, in the current environment of low inflation, appears relatively limited, it cannot be fully excluded that households when faced with an increased debt-service burden, as a result of inflation rising faster than wages, would request that their wages be more closely indexed to prices. Similarly, certain firms might be tempted to pass any nominal increase in their debtburden on to the prices they charge to consumers. If the economy were hit by a persistent inflationary shock, in case of widespread indexation, it would be very difficult to reduce the use of indexation clauses once inflation rates have passed a certain threshold."[103]

Die Europäische Zentralbank beschreibt eine mögliche Inflationsspirale, die durch die Reaktionen der einzelnen Wirtschaftsteilnehmer auf beginnende in-

---

[96] *Horn*, Geldwertveränderungen, Privatrecht und Wirtschaftsordnung (1975), S. 21 zu § 3 WährG a.F.

[97] *von Maydell*, Geldschuld und Geldwert (1974), S. 87.

[98] *K. Schmidt*, in: Staudinger, BGB (1997), Vorbem D38 ff. zu §§ 244 ff.

[99] *Reichert-Facilides*, JZ 1969, 617, 620.

[100] BVerwGE 41, 1, 5; BGH NJW 1959, 2203, 2204; *Fögen*, Geld- und Währungsrecht (1969), S. 140 f.; *Reuter*, ZHR 137 (1973) 482, 484 ff. m.w.N. auch zur Gegenansicht; *Papier*, JuS 1974, 477, 480; *Mann*, NJW 1974, 1297, 1298; vgl. den Meinungsstand bei *Horn*, Geldwertveränderungen, Privatrecht und Wirtschaftsordnung (1975), S. 24 ff.

[101] BT-Drucks. 16/4391, S. 27.

[102] Vgl. zur Geschichte von Indexklauseln in Frankreich *Mezger*, in: *Kötz/Reichert-Facilides* (Hrsg.), Inflationsbewältigung im Zivil- und Arbeitsrecht (1976), S. 25.

[103] Nr. 5 der Stellungnahme CON/2004/20 vom 3.6.2004.

flationäre Tendenzen angetrieben würde.[104] Empfänger von Löhnen und Gehältern neigten dazu, eine drohende oder bereits begonnene Inflation durch Forderungen nach einer inflationsindexierten Steigerung ihrer Einkommen kompensieren zu wollen. Auch die Anbieter von Gütern ließen sich dazu verleiten, Steigerungen in ihrer Schuldentragungslast unmittelbar auf die Preise für die Abnehmerseite abzuwälzen. Beide Automatismen ließen sich bei einer Zulassung von Wertsicherungsklauseln und damit einer Abkehr vom strikten Nominalismus nur schwerlich verhindern. Dieter Reuter fasste diesen Prozess als „Verteilungskampf der sozialen Gruppen“[105] zusammen.

Aus der stabilitätspolitischen Komponente wird zugleich eine fördernde Wirkung des Nominalismus für das Wirtschaftswachstum abgeleitet.[106] Der Valorismus erhöhe das Unternehmerrisiko erheblich und begründe daher die volkswirtschaftliche Gefahr, dass unternehmerische Initiativkraft nachlasse.[107] In der Tat kann ein Unternehmer einem volkswirtschaftlich unerwünschten Übermaß an Risiko ausgesetzt sein, wenn durch ein valoristisches Verständnis der Geldschuld seine eigenen Darlehensverbindlichkeiten mit einem anderen Faktor angepasst werden als seine Einnahmen. Dieses Szenario tritt ein, sofern die Einnahmen etwa durch den Verkauf bestimmter Güter sich nicht im gleichen Maße verändern wie die mittlere Inflationsrate, welche für die Darlehensschulden maßgeblich wäre.[108] Gewisse volkswirtschaftliche Fehlsteuerungen werden hingegen dem nominalistischen Prinzip zugeschrieben. Unternehmen, deren Kostenseite vor allem durch langfristige Darlehen gebildet werde, erlangten einen nicht leistungsbedingten Vorteil gegenüber Unternehmen mit hohen Rohstoffkosten.[109] Zu Recht hat allerdings Dieter Reuter[110] darauf hingewiesen, dass auch der geldschuldrechtliche Valorismus kein wirksames Gegenmodell darstellt; so weichen die Teuerungsraten für einzelne Güter typischerweise von der mittleren Preissteigerungsrate ab, wodurch der Effekt der Fehlallokation auch im valoristischen Modell hervorgerufen wird. Schließlich könnte der geldschuldrechtliche Valorismus nicht von einer Volkswirtschaft im Alleingang eingeführt werden, um keine signifikanten Störungen des Außenwirtschaftsverkehrs auszulösen.[111]

Nicht hinreichend berücksichtigt wurde in der rechtspolitischen Diskussion um die nominale Geltung des Geldes seine Notwendigkeit für die Verwirk-

---

[104] Ähnlich schon *Fögen*, Geld- und Währungsrecht (1969), S. 140 f. zu früheren Indexklauseln in Frankreich und Finnland.

[105] *Reuter*, ZHR 137 (1973) 482, 486.

[106] Vgl. den Überblick bei *Reuter*, ZHR 137 (1973) 482, 488 ff. m.w.N.

[107] *Reuter*, ZHR 137 (1973) 482, 489; zustimmend *Papier*, JuS 1974, 477, 480.

[108] *Reuter*, ZHR 137 (1973) 482, 489.

[109] *Reuter*, ZHR 137 (1973) 482, 490.

[110] *Reuter*, ZHR 137 (1973) 482, 490 f.

[111] *Sieber*, Wirtschaft und Recht 1966, 137, 153 f.; zustimmend *Reuter*, ZHR 137 (1973) 482, 491; *Papier*, JuS 1974, 477, 480.

lichung der abstrakten Geldfunktion als Wertmesser oder Wertvergleichsmittel.[112] Das Geld tritt in seiner abstrakten Funktion als neutrale Rechengröße auf, deren Wert nicht vom korrespondierenden Tauschgegenstand oder der Substanz eines Geldzeichens abhängt. Diese allgemein anerkannte Aufgabe des Geldes ließe sich auf valoristischer Grundlage nicht umsetzen. Valorismus versteht sich definitionsgemäß als Gegenpol zur Loslösung des Geldes von einem Güter- oder Warenwert.

Neuerdings soll das Nominalprinzip auch für den Verbraucherschutz fruchtbar gemacht werden. Es bestünde aus „verbraucherpolitischen Gründen ein Interesse daran, auch zukünftig auf Grenzen für eine Indexierung nicht zu verzichten“[113]. An dieser Begründungslinie bestehen ebenso Zweifel wie an der Förderbarkeit von „sozialer Gerechtigkeit“ durch den Nominalismus. Geldgläubiger und Geldschuldner lassen sich nicht pauschalierend bestimmten sozialen Gruppen zuordnen, um das Risiko der Geldentwertung „sozial gerecht“ aufteilen zu können.[114] Allenfalls als Rechtsreflex lässt sich der Nominalismus dem Verbraucherschutz zuordnen, sofern ihm eine inflationshemmende und wachstumsfördernde Wirkung zuerkannt wird. Der Verbraucher profitiert davon jedoch in gleichem Maße wie jeder andere Wirtschaftsteilnehmer ohne Verbrauchereigenschaft auch.

II. Nominalprinzip in der Rechtsordnung

1. Geldtheoretischer Nominalismus

Als normative Fundstellen des geldtheoretischen Nominalprinzips sind zunächst die Vorschriften zu einem rekurrenten Anschluss bei einem Währungswechsel anzuführen.[115] Der Euro ist nach Art. 3 der „Euro-Einführungsverordnung“ (EG) Nr. 974/98[116] an die Stelle der nationalen Währungen der teilnehmenden Mitgliedstaaten getreten. Ein Ausgleichsfaktor für Kaufkraftunterschiede wurde dabei nicht einbezogen. Neben diese währungsrechtliche Anordnung treten jedoch zahlreiche originär privatrechtliche. Eine ausdrückliche Normierung kennt das geltende deutsche Privatrecht – anders als das Sächsische BGB von 1865 in seinem § 666 Satz 1 – nicht. Jenseits gesetzlicher Vorgaben

---

[112] Vgl. allerdings *K. Schmidt*, in: Staudinger, BGB (1997), Vorbem D40 zu §§ 244 ff.

[113] BT-Drucks. 16/4391, S. 27.

[114] *Simitis*, in: *Kötz/Reichert-Facilides* (Hrsg.), Inflationsbewältigung im Zivil- und Arbeitsrecht (1976), S. 49, 72; dem folgend *K. Schmidt*, in: Staudinger, BGB (1997), Vorbem D40 zu §§ 244 ff.; a.A. *Reuter*, ZHR 137 (1973) 482, 492.

[115] *Gruber*, Geldwertschwankungen und handelsrechtliche Verträge in Deutschland und Frankreich (2002), S. 95; vgl. abweichend *Eckstein*, Geldschuld und Geldwert im materiellen und internationalen Privatrecht (1932), S. 23 zum geldschuldrechtlichen Nominalismus.

[116] Verordnung (EG) Nr. 974/98 über die Einführung des Euro vom 3.5.1998, ABl. EG Nr. L 139 S. 1 vom 11.5.1998.

lässt sich das geldtheoretische Nominalprinzip bereits aus der grundlegenden abstrakten Funktion des Geldes ableiten, nominelle Recheneinheit zu sein.[117] Allerdings folgt der Grundsatz auch aus verschiedenen Gesetzesnormen.[118] Zu unterscheiden sind im Wesentlichen drei Kategorien: gesetzliche Haftungsobergrenzen, Grenzwerte im Zivilprozess- und Zwangsvollstreckungsrecht sowie Mindestkapitalanforderungen im Gesellschaftsrecht.

a) Gesetzliche Haftungsobergrenzen

Bei völkervertraglichen oder gesetzlichen Haftungshöchstgrenzen erfolgt eine Bemessung durch Festlegung einer nominalen Geldsumme, die sich nicht im Laufe der Zeit der Kaufkraftentwicklung anpasst. Nach Art. 23 Abs. 3 und 7 des Übereinkommens über den Beförderungsvertrag im internationalen Straßengüterverkehr (CMR)[119] ist die Haftung des Frachtführers auf 8,33 Sonderziehungsrechte (SZR) des Internationalen Währungsfonds je Kilogramm Rohgewicht begrenzt. Durch die Bezugnahme auf die SZR anstelle einer einzelnen Währung sollten Wechselkursschwankungen aufgefangen werden.[120] Auch in den CMR-Vertragsstaaten, die das Genfer Protokoll zur CMR vom 5. 7. 1978 nicht ratifiziert haben, existiert eine nominale Haftungshöchstgrenze, insofern dort die früheren 25 Goldfranken je Kilogramm Rohgewicht weiterhin Anwendung finden.[121]

Die Gefährdungshaftung von pharmazeutischen Unternehmern wird durch § 88 AMG in der Höhe begrenzt, beispielsweise bei der Tötung oder Verletzung eines Menschen auf einen „Kapitalbetrag von 600.000 Euro" oder einen Rentenbetrag von 36.000 Euro im Jahr. Der Inhaber einer Anlage haftet für Schäden aus einer einheitlichen Umwelteinwirkung nach § 15 UmweltHG bei Personen- und Sachschäden jeweils nur „bis zu einem Höchstbetrag von 85 Millionen Euro". Der Schadensersatz bei automatisierter Datenverarbeitung durch öffentliche Stellen ist „insgesamt auf einen Betrag von 130 000 Euro begrenzt" (§ 8 Abs. 3 Satz 1 BDSG). Der Betreiber haftet für Schäden durch einen Organismus, die auf gentechnische Arbeiten zurückgehen, „bis zu einem Höchstbetrag von 85 Millionen Euro" (§ 33 Satz 1 GenTG). Ähnliche Haftungsobergrenzen

---

[117] *K. Schmidt*, in: Staudinger, BGB (1997), Vorbem D26 zu §§ 244 ff.; vgl. abweichend *Eckstein*, Geldschuld und Geldwert im materiellen und internationalen Privatrecht (1932), S. 13 zum geldschuldrechtlichen Nominalismus.

[118] Vgl. zum Folgenden *Reuter*, ZHR 137 (1973) 482, 493 ff.; *K. Schmidt*, in: Staudinger, BGB (1997), Vorbem D26 zu §§ 244 ff.

[119] BGBl. 1961 II S. 1120.

[120] *Otte*, in: *Ferrari/Kieninger/Mankowski/Otte, et al.* (Hrsg.), Internationales Vertragsrecht (2. Auflage 2012), Art. 23 CMR Rn. 26.

[121] Vgl. zu Letzterem *Otte*, in: *Ferrari/Kieninger/Mankowski/Otte, et al.* (Hrsg.), Internationales Vertragsrecht (2. Auflage 2012), Art. 23 CMR Rn. 26.

für eine Gefährdungshaftung finden sich in § 12 StVG und § 37 LuftVG.[122] Eine vertragliche Haftungsobergrenze lässt § 675z Satz 2 Halbsatz 1 BGB zu; danach kann der Zahlungsdienstleister seine Verschuldenshaftung für bestimmte Pflichtverletzungen[123] vertraglich auf 12 500 Euro beschränken.

b) Grenzwerte im Zivilprozess- und Zwangsvollstreckungsrecht

Aus Gründen der Rechtsklarheit und Rechtssicherheit[124] sind auch die geldbetragsmäßigen Grenzen der Zuständigkeitsnormen im Verfahrensrecht nominalistisch ausgestaltet. Nach § 511 Abs. 2 Nr. 1, Abs. 4 Satz 1 Nr. 2 ZPO muss der Wert des Beschwerdegegenstands für eine Berufung mindestens 600 Euro betragen. Die erstinstanzliche sachliche Zuständigkeit in bürgerlichen Streitigkeiten richtet sich gemäß §§ 23 Nr. 1, 71 Abs. 1 GVG allein danach, ob der Streitwert 5 000 Euro übersteigt oder nicht. Auch die Pfändungsfreigrenzen, etwa für Arbeitseinkommen nach § 850c ZPO, basieren auf dem nominalistischen Grundprinzip.[125] Daher werden sie im Abstand von zwei Jahren an den Grundfreibetrag aus § 32a Abs. 1 EStG angepasst (§ 850c Abs. 2a ZPO). Wie bei den gesetzlichen Haftungshöchstgrenzen bedarf es somit auch im Verfahrensrecht eines gesetzgeberischen Willensakts, um auf inflationäre Entwicklung zu reagieren.

c) Mindestkapitalanforderungen im Gesellschaftsrecht

Der geldtheoretische Nominalismus kommt schließlich bei der Berechnung des Mindestkapitals von GmbH, Unternehmergesellschaft (haftungsbeschränkt), Aktiengesellschaft (AG) und Kommanditgesellschaft auf Aktien (KGaA) zum Tragen.[126] Die jeweiligen Beträge müssen vom Gesetzgeber jeweils an Geldentwertungen angepasst werden. Ein Automatismus besteht nicht. Angesichts der umstrittenen Sinnhaftigkeit des Mindestkapitals[127] war es daher möglich, allein durch gesetzgeberisches Abwarten die tatsächlich-finanzielle Schwelle für die Gründer im Laufe der Zeit abzusenken. Der zahlenmäßige Betrag des Mindestkapitals blieb hingegen unberührt. Das Mindestkapital soll vielmehr durch eine eindeutige Summe rechtssicher und eindeutig handhabbar sein. In den Gesetzesmaterialien zum GmbHG vom 20. 4. 1892 wird hervorgehoben, es müsse sich um ein „bestimmte[s], jedermann kenntliche[s] Gesellschaftskapital"[128] handeln. Bei der Einbringung des Mindestkapitals durch die Gründungsgesell-

---

[122] *K. Schmidt*, in: Staudinger, BGB (1997), Vorbem D26 zu §§ 244 ff.

[123] Zu den erfassten Tatbeständen vgl. *Omlor*, in: Staudinger, BGB (2012), § 675z Rn. 7.

[124] *Reuter*, ZHR 137 (1973) 482, 494.

[125] *Reuter*, ZHR 137 (1973) 482, 494; dem folgend *K. Schmidt*, in: Staudinger, BGB (1997), Vorbem D26 zu §§ 244 ff.

[126] *Rabel*, Das Recht 27 (1923) 137, 139; *Reuter*, ZHR 137 (1973) 482, 494.

[127] Vgl. ausführlich *Spies*, Unternehmergesellschaft (haftungsbeschränkt) (2010), S. 126 ff. m.w.N.

[128] Entwurfsbegründung GmbHG 1892, in: Stenographische Berichte über die Verhand-

schafter soll zudem eine Werthaltigkeitsprüfung durch das Registergericht obsolet sein, welche bei Sacheinlagen einen im Einzelfall erheblichen finanziellen Aufwand abverlangt. Für die Unternehmergesellschaft (haftungsbeschränkt) verzichtet § 5a Abs. 2 Satz 2 GmbHG gänzlich auf Sacheinlagen.[129] Die numerisch-abstrakte Fixierung des Mindestkapitals korreliert zudem mit der Ablehnung (oder zumindest Zurückdrängung auf Extremfälle) einer Haftung für materielle Unterkapitalisierung.[130]

2. Geldschuldrechtlicher Nominalismus

Eine ausdrückliche Anordnung des Nominalismus für das Recht der Geldschulden existiert in Deutschland nicht. Dennoch ist er sowohl in den kontinentaleuropäischen Rechtsordnungen als auch im Rechtskreis des *common law* allgemein anerkannt.[131] Die französische Rechtsordnung hingegen enthält eine solche normative Verankerung in Art. 1895 *Code Civil*,[132] in dem es heißt:

> „L'obligation qui résulte d'un prêt en argent n'est toujours que de la somme énoncée au contrat.
>
> S'il y a eu augmentation ou diminution d'espèces avant l'époque du paiement, le débiteur doit rendre la somme prêtée, et ne doit rendre que cette somme dans les espèces ayant cours au moment du paiement."

Danach bestimmt sich der Leistungsgegenstand einer Geldschuld stets ausschließlich nach der vertraglich vereinbarten Geldsumme. Geldwertveränderungen vor dem Zeitpunkt der Zahlung bleiben außer Betracht. Eine ähnliche Regelung findet sich für das niederländische Privatrecht in Art. 6:111 *Burgerlijk Wetboek*, der grundsätzlich die Erfüllung von Geldschulden nach ihrem Nennwert vorschreibt:

> „Een verbintenis tot betaling van een geldsom moet naar haar nominale bedrag worden voldaan, tenzij uit wet, gewoonte of rechtshandeling anders voortvloeit."

a) §§ 244, 245 BGB?

Demgegenüber ist die kodifikatorische Verortung des Nominalismus in der deutschen Zivilrechtsordnung umstritten. Die Motive zum BGB erachteten eine ausdrückliche Normierung angesichts der währungsrechtlichen Vorgaben

lungen des Reichstages, 8. Legislaturperiode, I. Session 1890/92, Fünfter Anlagenband, S. 3729 f.

[129] Vgl. dazu *Spies*, Unternehmergesellschaft (haftungsbeschränkt) (2010), S. 150 ff.; einschränkend für eine den Betrag des Mindestkapitals nach § 5 Abs. 1 GmbHG erreichende oder übersteigende Stammkapitalerhöhung BGHZ 189, 254 Rn. 13 ff.

[130] Vgl. dazu BGHZ 176, 204 Rn. 17 ff. („*Gamma*").

[131] *Horn*, SchiedsVZ 2006, 17, 19 m.w.N.

[132] Vgl. dazu *Gruber*, Geldwertschwankungen und handelsrechtliche Verträge in Deutschland und Frankreich (2002), S. 83 ff.

als überflüssig.[133] Im Ausgangspunkt ist festzustellen, dass er sich nicht auf die §§ 244, 245 BGB zurückführen lässt.[134] Allenfalls könnte in § 244 Abs. 2 BGB ein Anhaltspunkt zugunsten des Valorismus gesehen werden.[135] Letztlich ist die Anordnung einer Umrechnung von Fremdwährungsverbindlichkeiten nach dem Kurswert am Zahlungsort zur Zeit der Zahlung eine abwicklungstechnische Notwendigkeit. Sie steht dem Antagonismus von Nominalismus und Valorismus neutral gegenüber. Gleiches gilt für § 245 BGB, welcher zu verhindern sucht, dass die unechte Geldsortenschuld stets den Unmöglichkeitsregeln unterfällt, wenn die vereinbarte Münzsorte nicht mehr im Umlauf ist.[136] Einen Wertsicherungsaspekt weist sie nicht auf.[137]

b) § 607 Abs. 1 Satz 2 BGB?

Teile der geldrechtlichen Literatur hatten versucht, § 607 Abs. 1 BGB a.F. als *sedes materiae* für den Nominalismus im Geldschuldrecht heranzuziehen.[138] Ebenso wie in § 607 Abs. 1 Satz 2 BGB n.F. wird der Sachdarlehensnehmer zur Rückgewähr von Sachen „gleicher Art, Güte und Menge" verpflichtet. Dieser dreigliedrige Anforderungskatalog für den Gegenstand des Rückgewähranspruchs nimmt Bezug auf die ursprünglich überlassene vertretbare Sache. Daraus könnte sich in Bezug auf Geld ableiten, dass die gleiche Art auf die identische Währungseinheit und die gleiche Menge auf die identische Summe hindeute. Da insofern der Geldwert außer Betracht bliebe, ließe sich auf diese Weise die nominalistische Auffassung belegen.[139] Zugleich verpflichtet § 607 Abs. 1 Satz 2 BGB den Darlehensnehmer allerdings auf die Rückkehr von Sachen gleicher Güte. Der Begriff findet sich parallel in § 243 Abs. 1 BGB.[140] Als Qualitätszeichen des Geldes könnte nach Abkehr vom Metallismus dessen Kaufkraft in Betracht kommen, womit ein Beleg für den Valorismus gefunden wäre.[141] Unge-

---

133 Mugdan II S. 7: „Die Geldschuld ... erfordert wegen ihrer Eigenthümlichkeit besondere Vorschriften. Zu solchen ist jedoch auf dem Boden des durch die Reichsmünzgesetzgebung eingeführten gesetzlichen Währungssystems nur in sehr beschränktem Maße Raum und Bedürfnis."

134 *von Maydell*, Geldschuld und Geldwert (1974), S. 94 f.; *Schmalz*, Die Stabilität des Geldwerts als Problem des Privatrechts (1986), S. 167; *Gruber*, Geldwertschwankungen und handelsrechtliche Verträge in Deutschland und Frankreich (2002), S. 75 f.; *Grothe*, Fremdwährungsverbindlichkeiten (1999), S. 75.

135 Zutreffend *von Maydell*, Geldschuld und Geldwert (1974), S. 94.

136 *Nussbaum*, Das Geld in Theorie und Praxis des deutschen und ausländischen Rechts (1925), S. 84 f.; ebenso zur *ratio legis Larenz*, Lehrbuch des Schuldrechts I (14. Auflage 1987), § 12 III.

137 *K. Schmidt*, in: Staudinger, BGB (1997), § 245 Rn. 4.

138 *Eckstein*, Geldschuld und Geldwert im materiellen und internationalen Privatrecht (1932), S. 32; *Bettermann*, RdA 1975, 2, 6.

139 *von Maydell*, Geldschuld und Geldwert (1974), S. 95.

140 *Freitag*, in: Staudinger, BGB (2011), § 607 Rn. 42.

141 RGZ 107, 78, 91; *von Maydell*, Geldschuld und Geldwert (1974), S. 96.

achtet dieser Auslegungsbemühungen zum Sachdarlehensvertrag scheitert eine Ankopplung des geldschuldrechtlichen Nominalismus an § 607 BGB an dessen Subsidiaritätsklausel im zweiten Absatz:

> „Die Vorschriften dieses Titels finden keine Anwendung auf die Überlassung von Geld."

Der stattdessen heranzuziehende § 488 Abs. 1 Satz 2 Alt. 2 BGB spricht von einer Rückzahlung des „zur Verfügung gestellten Darlehens". Ihm können keinerlei qualitative und damit valoristische Usancen entnommen werden. Im Ergebnis taugt § 607 BGB daher nicht als normativer Anker in der Nominalismusdebatte.[142]

c) Gegenleistungspflichten im Besonderen Schuldrecht?

Ungeachtet der Unergiebigkeit der §§ 244, 245, 607 BGB für das Nominalprinzip soll dieses dem BGB an vielen Stellen zugrunde liegen.[143] Die in Geld zu bewirkende Gegenleistungspflicht des Käufers verpflichtet diesen zur Zahlung des „vereinbarten Kaufpreises" (§ 433 Abs. 2 BGB). Der Mieter hat die „vereinbarte Miete" (§ 535 Abs. 2 BGB) zu entrichten. Der Dienstleistende und der Besteller haben jeweils die „vereinbarte Vergütung" (§ 611 Abs. 1 Halbsatz 2, 631 Abs. 1 Halbsatz 2 BGB) zu leisten. Der Reisende hat an den Reiseveranstalter den „vereinbarten Reisepreis" (§ 651a Abs. 1 Satz 2 BGB) zu zahlen. Der Zahlungsdienstnutzer ist verpflichtet, dem Zahlungsdienstleister das „vereinbarte Entgelt" (§ 675f Abs. 4 Satz 1 BGB) zu gewähren. In diesen Vertragstypen des Besonderen Schuldrechts fehlt es an einer Bezugnahme auf den objektiven Zeitwert der charakteristischen Hauptleistung, d.h. von Eigentum und Besitz am Kaufgegenstand, der Überlassung des Mietgegenstands oder des zu erbringenden Werkes. Dennoch sind die jeweiligen gesetzlichen Regelungen zur Gegenleistungspflicht auf dem Boden der Privatautonomie an sich inhaltsoffen für valoristische vertragliche Vereinbarungen. Dem steht nicht entgegen, dass der vertragliche Inhalt der Gegenleistungspflicht im Zeitpunkt des Vertragsschlusses festgelegt wird.[144] Der Gesetzeswortlaut ließe es zu, bei Vertragsschluss eine sich an den Zeitwert anpassende Höhe der Geldleistungspflicht zu vereinbaren.

---

[142] I.E. ebenso zu § 607 BGB a.F. *Schwander*, Die Lehren vom Inhalt der Geldschuld (1937), S. 88 ff.; *von Maydell*, Geldschuld und Geldwert (1974), S. 96; *Simitis*, in: *Kötz/Reichert-Facilides* (Hrsg.), Inflationsbewältigung im Zivil- und Arbeitsrecht (1976), S. 49, 52 f.; *Schmalz*, Die Stabilität des Geldwerts als Problem des Privatrechts (1986), S. 168 f.; *Kirchhoff*, Wertsicherungsklauseln für Euro-Verbindlichkeiten (2006), S. 104; offen *Gruber*, Geldwertschwankungen und handelsrechtliche Verträge in Deutschland und Frankreich (2002), S. 77 f.; vgl. zu Art. 312 OR *von Castelberg*, Der Geldwert als Rechtsproblem insbesondere bei Verkehrsgeschäften (1953), S. 84 ff.

[143] *K. Schmidt*, in: Staudinger, BGB (1997), Vorbem D31 zu §§ 244 ff.

[144] A.A. *K. Schmidt*, in: Staudinger, BGB (1997), Vorbem D31 zu §§ 244 ff.

Ein zwingendes Indiz lässt sich daher den §§ 433 Abs. 2, 535 Abs. 2, 611 Abs. 1, 631 Abs. 1, 651a Abs. 1 Satz 2, 675f Abs. 4 Satz 1 BGB nicht entnehmen.

d) Währungsrecht?

Jenseits des BGB ist der Versuch unternommen worden, den geldschuldrechtlichen Nominalismus aus dem Währungsrecht abzuleiten.[145] Teilweise wurde auf den gesetzlichen Annahmezwang rekurriert, welcher besage, dass gesetzliche Zahlungsmittel zu ihrem jeweiligen Nennwert als Erfüllung anzunehmen seien.[146] Eine solche Begründung trägt allerdings angesichts der begrenzten Reichweite der einen Annahmezwang anordnenden Regelungen nicht. In Art. 10 Satz 2, 11 Satz 2 der Verordnung (EG) Nr. 974/98[147] – korrespondierend in § 14 Abs. 1 Satz 2 BBankG – ist lediglich festgelegt, dass die Euro-Geldzeichen die „Eigenschaft eines gesetzlichen Zahlungsmittels" haben. Keinesfalls ist damit vorgegeben, wie viele Einheiten dieses Zahlungsmittels zu bewirken sind.[148] Andernorts wurde auf den im Zuge der Euro-Einführung aufgehobenen § 3 WährG verwiesen, dessen Nachfolgeregelung sich in § 1 PrKG befindet. Die Regelung sei ohne die Geltung des Nominalprinzips unverständlich[149], beruhe auf ihr[150], sei in ihr verankert[151] bzw. finde in ihr ihren Ausdruck[152]. Diese These ist insofern zutreffend, als das Preisklauselverbot die Zulässigkeit von vertraglichen Abweichungen vom geldschuldrechtlichen Nominalismus betrifft. Preisklauseln werden im Wege der Legalausnahme von § 1 Abs. 2, §§ 3 ff. PrKG in bestimmten Fällen anerkannt. Ein wirtschaftlicher Sinn kommt ihnen nur unter Geltung des nominalistischen Prinzips zu. In diesem Sinne beruht § 1 PrKG auf der Anerkennung des geldschuldrechtlichen Nominalismus. Einschränkend ist jedoch zu bedenken, dass § 1 PrKG unmittelbar keine Aussage dazu entnehmen lässt, welche rechtlichen Konsequenzen

---

[145] *Heck*, AcP 122 (1924) 203, 214 f.; *Nies*, BB 1966, 455; allgemein *Reuter*, ZHR 140 (1976) 73, 81 („währungsrechtlich vorgegeben"); tendenziell auch *Reinhuber*, Grundbegriffe und internationaler Anwendungsbereich von Währungsrecht (1995), S. 13; vgl. im Überblick *von Maydell*, Geldschuld und Geldwert (1974), S. 62 ff. m.w.N.

[146] In diese Richtung *Larenz*, Lehrbuch des Schuldrechts I (14. Auflage 1987), § 12 III.

[147] Verordnung (EG) Nr. 974/98 über die Einführung des Euro vom 3.5.1998, ABl. EG Nr. L 139 S. 1 vom 11.5.1998.

[148] *von Maydell*, Geldschuld und Geldwert (1974), S. 66; *Bettermann*, RdA 1975, 2, 4; *Schmalz*, Die Stabilität des Geldwerts als Problem des Privatrechts (1986), S. 173; im Ergebnis ebenso *von Castelberg*, Der Geldwert als Rechtsproblem insbesondere bei Verkehrsgeschäften (1953), S. 53 ff. (zum schweizerischen Währungsrecht); *Inzitari*, RabelsZ 45 (1981) 705, 707; a.A. *K. Schmidt*, in: Staudinger, BGB (1997), Vorbem D31 zu §§ 244 ff.

[149] *K. Schmidt*, in: Staudinger, BGB (1997), Vorbem D31 zu §§ 244 ff.; *Kirchhoff*, Wertsicherungsklauseln für Euro-Verbindlichkeiten (2006), S. 102 f.

[150] *Nies*, BB 1966, 455; *Bettermann*, RdA 1975, 2, 5.

[151] *Fischer/Klanten*, ZBB 1996, 1, 5.

[152] BVerwGE 41, 1, 5.

beim Fehlen einer Preisklausel geldschuldrechtlich eintreten.[153] Zudem hatte der geldschuldrechtliche Nominalismus schon vor Einführung von § 3 WährG a.F. Anerkennung gefunden.[154]

e) *Gewohnheitsrecht*

Mangels einer hinreichend deutlichen gesetzlichen Grundlage kann der geldschuldrechtliche Nominalismus allein als Bestandteil des Gewohnheitsrechts allgemeine Geltung beanspruchen.[155] Unschädlich ist, dass der Detailgehalt des geldschuldrechtlichen Nominalprinzips umstritten ist.[156] Als Gewohnheitsrecht sind solche Rechtsregeln anzusehen, „die nicht von einem Gesetzgeber statuiert sind, bei denen vielmehr die Überzeugung der Mitglieder der Rechtsgemeinschaft von ihrer Geltung unmittelbar in deren Verhalten (Übung, Gewohnheit) zum Ausdruck kommt"[157]. Zu fordern ist danach – im Einklang mit der gemeinrechtlichen Doktrin[158] – zweigliedrig eine Überzeugung der Rechtsverbindlichkeit (*opinio iuris*) verbunden mit einer lang anhaltenden, allgemeinen, gleichförmigen Übung (*longa consuetudo*). Das BGB lässt die Bildung von Gewohnheitsrecht in seinem Anwendungsbereich zu.[159] Die historische Entwicklung des Nominalismus und seine Festigung in Deutschland gehen zumindest auf das 19. Jahrhundert zurück. Infolge der Geldtheorie von Hartmann[160] wurden die Konsequenzen aus dem geldtheoretischen Nominalismus für das Geldschuldrecht schon im 19. Jahrhundert gezogen.[161] Auch der historische Ge-

---

[153] *Beisse*, WM 1969, Sonderbeilage Nr. 1, S. 8 f.; dem folgend *von Maydell*, Geldschuld und Geldwert (1974), S. 68; *Schmalz*, Die Stabilität des Geldwerts als Problem des Privatrechts (1986), S. 171.

[154] *Bettermann*, RdA 1975, 2, 4.

[155] *Honsell*, in: *Medicus* (Hrsg.), Festschrift für Hermann Lange (1992), S. 509, 513; *K. Schmidt*, in: Staudinger, BGB (1997), Vorbem D31 zu §§ 244 ff.; *Gruber*, Geldwertschwankungen und handelsrechtliche Verträge in Deutschland und Frankreich (2002), S. 81 ff.; der Sache nach auch *Horn*, Geldwertveränderungen, Privatrecht und Wirtschaftsordnung (1975), S. 23 f.; a.A. *Heck*, AcP 122 (1924) 203, 205 und 208 („Rechtsübung"); *von Maydell*, Geldschuld und Geldwert (1974), S. 97 ff. (zum strikten Nominalismus); *Weber*, ZSR 100 (1981) 165, 176 (Vertragstreue); *Schmalz*, Die Stabilität des Geldwerts als Problem des Privatrechts (1986), S. 181 f.; offen *Simitis*, in: *Kötz/Reichert-Facilides* (Hrsg.), Inflationsbewältigung im Zivil- und Arbeitsrecht (1976), S. 49, 53; *Grothe*, Fremdwährungsverbindlichkeiten (1999), S. 76; *Kirchhoff*, Wertsicherungsklauseln für Euro-Verbindlichkeiten (2006), S. 104.

[156] *Gruber*, Geldwertschwankungen und handelsrechtliche Verträge in Deutschland und Frankreich (2002), S. 82; a.A. *von Maydell*, Geldschuld und Geldwert (1974), S. 97 ff. in Bezug auf den strikten Nominalismus; *Schmalz*, Die Stabilität des Geldwerts als Problem des Privatrechts (1986), S. 181.

[157] *Honsell*, in: Staudinger, BGB (2013), Einl 234 zum BGB.

[158] *Honsell*, in: Staudinger, BGB (2013), Einl 234 zum BGB.

[159] *Honsell*, in: Staudinger, BGB (2013), Einl 235 zum BGB.

[160] *Hartmann*, Über den rechtlichen Begriff des Geldes und den Inhalt von Geldschulden (1868).

[161] *K. Schmidt*, in: Staudinger, BGB (1997), Vorbem D25 zu §§ 244 ff.

setzgeber ging von einer Geltung des geldschuldrechtlichen Nominalprinzips aus.[162] Das Bundesverfassungsgericht ordnete den (geldtheoretischen) Nominalismus als „tragendes Ordnungsprinzip der geltenden Währungsordnung"[163] ein. Noch weitergehend postulierte der Bundesfinanzhof[164], das Nominalprinzip könne „rechtlich nicht in Frage gestellt werden"[165] und habe eine „tragende Bedeutung ... für das Rechts- und Wirtschaftsleben". Die Vertragspraxis in Deutschland implementiert den geldtheoretischen Nominalismus.

Aus dem Rückgriff des Schuldrechts auf die Institution Geld kann die Geltung des geldschuldrechtlichen Nominalismus hingegen nicht zwangsläufig abgeleitet werden.[166] So ist die kaufrechtliche Gegenleistungspflicht (§ 433 Abs. 2 BGB) der Höhe nach offen und stünde – gäbe es § 1 PrKG nicht – einer valoristischen Auslegung neutral gegenüber. Letztlich ist es eine Gesamtschau der rechtlichen Vorgaben – einschränkender etwa aus § 1 PrKG, neutraler unter anderem aus § 433 Abs. 2 BGB –, welche auf die tatsächliche Übung der Verkehrsteilnehmer einwirkt. Letztere ist es aber, nicht die Existenz von gesetzlichen Normen, worauf sich die Entstehung von Gewohnheitsrecht gründet. Erst die faktische Anerkennung des geldschuldrechtlichen Nominalismus lässt ihn als Satz des Gewohnheitsrechts entstehen.

C. Kategorisierung der Geldschulden

I. Unterteilung in Geldwert- und Geldsummenschulden

Unter dem Gesichtspunkt von Geldwertänderungen lassen sich Geldschulden in Geldwert- und Geldsummenschulden unterteilen. Die Existenz dieser Gruppenbildung findet ihre Wurzeln in der Zeit der deutschen Hyperinflation der 1920er Jahre.[167] Bei Geldsummenschulden muss der Schuldner „eine feste oder bestimmte Geldsumme"[168] leisten, d.h. einen vom Geldwert abstrahierten nominalen Betrag. Die Schuldhöhe ist auf das Vielfache einer Währungseinheit fixiert.[169] Der Gläubiger trägt das Risiko von Geldwertverlusten, der Schuldner

---

[162] Mugdan II, S. 7: „Für im Inland zahlbare Geldschulden folgt ... schon aus dem eingeführten Währungssysteme, daß der Werth einer in Reichswährung ausgedrückten Schuld der Nennwerth ist ...".

[163] BVerfGE 50, 57, 92.

[164] BFHE 89, 422, 436.

[165] Offener *Behrends*, NJW 1988, 2862, 2863, insofern als auf die Frage nach der Handhabung des Nominalismus „achtbare Juristen und achtbare Rechtsordnungen durchaus verschiedene Antworten bieten" könnten.

[166] A.A. *K. Schmidt*, in: Staudinger, BGB (1997), Vorbem D31 zu §§ 244 ff.

[167] *Mann*, NJW 1960, 825.

[168] *Mann*, Das Recht des Geldes (1960), S. 56.

[169] OLG Hamm NJW-RR 1991, 966, 967.

von Geldwertsteigerungen. Geldsummenschulden bilden den normativ-systematischen Regelfall der Geldschuld, da sie dem gewohnheitsrechtlich anerkannten nominalistischen Prinzip unterliegen.[170] Geldwertschulden – im Sinne eines geldschuldrechtlichen Valorismus – sind ihrer Höhe nach hingegen vom jeweiligen Geldwert und der geltenden Währung im Zeitpunkt ihrer Erfüllung abhängig.[171] Ihr Wert lässt sich erst über den Geldwert anderer Güter ermitteln.[172] Von Währungswechseln sind Geldwertschulden unabhängig,[173] da sie ihren Ausdruck in einer festen Anzahl von bestimmten Währungseinheiten erst bei ihrer Erfüllung finden. Ihre Rechtfertigung finden Geldwertschulden in ihrem Schuldzweck[174] bzw. dem Ausgleichszweck[175]. Der Schuldner trägt dann das Risiko von Geldwertsteigerungen, der Gläubiger von Geldwertverlusten. Da empirisch ein Geldwertverlust die dominierende Geldwertveränderung darstellt, sind typischerweise für den Gläubiger Geldwertschulden und für den Schuldner Geldsummenschulden vorteilhafter.

Die Unterteilung in Geldwert- und Geldsummenschulden ist heute ganz herrschend[176] und hat sich gegen Kritik aus dem Schrifttum[177] durchzusetzen vermocht. Durch die Bildung von Geldschuldtypen nach Maßgabe des Einflusses von Geldwertveränderungen wird keineswegs, wie von Maydell[178] mo-

---

[170] Ähnlich OLG Köln NJW 1960, 388; *Nussbaum*, Das Geld in Theorie und Praxis des deutschen und ausländischen Rechts (1925), S. 80; *Mann*, Das Recht des Geldes (1960), S. 56; *Larenz*, Lehrbuch des Schuldrechts I (14. Auflage 1987), § 13 III („normale Geldschuld").

[171] Ähnlich *Rötelmann*, NJW 1951, 710; *Kirchhoff*, Wertsicherungsklauseln für Euro-Verbindlichkeiten (2006), S. 93; *Mittelbach*, Wertsicherungsklauseln in Zivil- und Steuerrecht (4. Auflage 1980), S. 40.

[172] OLG Düsseldorf NJW 1951, 362; OLG Hamm NJW-RR 1991, 966, 967; *Szagunn*, NJW 1957, 342; *Mittelbach*, Wertsicherungsklauseln in Zivil- und Steuerrecht (4. Auflage 1980), S. 40.

[173] BGHZ 123, 65, 75.

[174] *K. Schmidt*, in: Staudinger, BGB (1997), Vorbem D42 zu §§ 244 ff.

[175] BGHZ 123, 65, 75.

[176] Vgl. beispielhaft BGHZ 9, 56, 60; BGH NJW 1957, 342, 343; BFHE 68, 515, 517; OLG Düsseldorf NJW 1951, 362; OLG Stuttgart NJW 1959, 50, 51; OLG Köln NJW 1960, 388 ff.; OLG Neustadt/Weinstraße NJW 1960, 2058; OLG München NJW-RR 1988, 1019, 1020; OLG Hamm NJW-RR 1991, 966, 967; OLG Frankfurt NJW 2012, 1153, 1155; *Rötelmann*, NJW 1951, 710; *Reinicke/Reinicke*, MDR 1953, 387, 387; *Szagunn*, NJW 1957, 343; *Mann*, Das Recht des Geldes (1960), S. 56, 61; *Bohndorf*, Wertsicherungsklauseln (1966), S. 11 f.; *Gerke*, Gleitklauseln im Geld- und Kapitalverkehr (1980), S. 29 ff.; *Mittelbach*, Wertsicherungsklauseln in Zivil- und Steuerrecht (4. Auflage 1980), S. 40; *Immenga/Schwintowski*, NJW 1983, 2841 ff.; *K. Schmidt*, JuS 1984, 737, 744; *Bräutigam*, Die währungsrechtliche Zulässigkeit von Wertsicherungsklauseln (1984), S. 96 ff.; *Larenz*, Lehrbuch des Schuldrechts I (14. Auflage 1987), § 13 III; *Grothe*, Fremdwährungsverbindlichkeiten (1999), S. 76 ff.; *Heermann*, Geld und Geldgeschäfte (2003), § 3 Rn. 16 ff.; *Kirchhoff*, Wertsicherungsklauseln für Euro-Verbindlichkeiten (2006), S. 93 f.; *Grundmann*, in: MünchKomm BGB (6. Auflage 2012), § 244 Rn. 86; *Martens*, JuS 2014, 105, 107.

[177] Vor allem *von Maydell*, Geldschuld und Geldwert (1974), S. 106 f.

[178] *von Maydell*, Geldschuld und Geldwert (1974), S. 106.

nierte, das Untersuchungsergebnis vorweggenommen. Die zu lösende Problemstellung liegt darin, ob Geldwertänderungen Auswirkungen auf den Inhalt von Geldschulden haben. Eine solche – vereinfachte – Ausgangsfrage lässt auch eine verkürzende „Alles-oder-Nichts"-Antwort zu. Welche Auswirkungen der Geldwertentwicklung im Einzelnen zukommen, ist auf diese Weise keinesfalls pauschalisierend nivelliert. Da die Überführung einer Geldschuld von einem Geldwert- zu einem Geldsummencharakter (oder umgekehrt) möglich ist, kann eine Feinabstimmung auch auf Grundlage der Einteilung in Geldsummen- und Geldwertansprüchen durchgeführt werden.

Auf der Grundlage dieser Typendefinitionen und der Gegenüberstellung von Valorismus und Nominalismus im Geldschuldrecht lässt sich eine Kategorisierung einer Auswahl von dogmatischen oder praktisch bedeutsamen Geldschulden vornehmen. Hierbei wird aus Gründen der Übersichtlichkeit nach Rechtsgebieten in loser Orientierung am pandektistischen Aufbau des BGB gegliedert. Da sich nicht sämtliche Geldschulden auf der gesamten Zeitachse ihrer unerfüllten Existenz ausschließlich der einen oder anderen Typengruppe zuordnen lassen, finden sich auch Überschneidungen und Doppelzuweisungen.

II. Allgemeiner Teil des Schuldrechts

1. Schadensrecht

a) Restitution

Das allgemeine Schadensrecht der §§ 249 ff. BGB dient der korrigierenden Gerechtigkeit[179] und soll dem Geschädigten einen Ersatz für ihm zugefügte Einbußen gewähren. Dieser Ersatz soll derart bemessen sein, dass ein Zustand hypothetischer Schadensfreiheit entsteht. Grundnorm des gesamten Schadensersatzrechts ist daher § 249 Abs. 1 BGB, dem ein doppelter Aussagegehalt zukommt:[180] Nach dem Grundsatz der Totalreparation ist der hypothetische schadensfreie Zustand ungeschmälert herzustellen; zugleich folgt aus dem (Natural-)Restitutionsprinzip, dass die Herstellung „in Natur" zu erfolgen hat. Lediglich subsidiär zur Restitution (vgl. § 251 Abs. 1 Halbsatz 1 BGB) ist die Kompensation eröffnet. Der Ersatz der Herstellungskosten nach § 249 Abs. 2 BGB stellt sich systematisch-normativ als schlichter Sonderfall der Naturalherstellung gemäß § 249 Abs. 1 BGB dar.[181] Beide Ausprägungen des Herstellungsanspruchs schützen das Integritätsinteresse des Geschädigten. Eine Zahlung der Herstellungskosten bewahrt den Geschädigten davor, dem Schädiger

[179] *Schiemann*, in: Staudinger, BGB (2005), Vorbem 3 zu §§ 249 ff. m.w.N.
[180] *Schiemann*, in: Staudinger, BGB (2005), § 249 Rn. 1.
[181] *Schiemann*, in: Staudinger, BGB (2005), § 249 Rn. 1, 210.

die Herstellung anzuvertrauen. Verlangt der Geschädigte Ersatz der Herstellungskosten, so macht er von einer Ersetzungsbefugnis (*facultas alternativa*) Gebrauch.[182] Ausgangspunkt für die Berechnung des Umfangs von Vermögensschäden ist die Differenzhypothese.[183] Vorzunehmen ist ein Vergleich zwischen der durch das schädigende Ereignis eingetretenen Vermögenslage mit derjenigen, die ohne dieses Ereignis eingetreten wäre.[184] Mitumfasst von der Differenzhypothese ist das Erfordernis der kausalen Bewirkung der Vermögensminderung (gerade) durch das schädigende Ereignis.[185]

aa) Naturalrestitution (§ 249 Abs. 1 BGB)

Im Regelfall ist der Anspruch auf Naturalherstellung aus § 249 Abs. 1 BGB nicht auf Geld gerichtet. Die Naturalrestitution ist in diesen Fällen rechtlich autark gegenüber Geldwertveränderungen.[186] Ihre Abwicklung erfolgt in tatsächlicher Hinsicht, z.B. durch Reparatur oder Rückgabe einer Sache. Der mit diesem Vorgang verbundene Kostenaufwand ist für das Schadensrecht irrelevant. Allein die internen Herstellungskosten des Schädigers mögen zwischen dem Zeitpunkt der schädigenden Handlung und der Durchführung der Herstellung einer Veränderung unterlegen haben. Lediglich in dieser mittelbaren Hinsicht trägt der Schädiger das Risiko von Geldwertveränderungen auch im Rahmen von § 249 Abs. 1 BGB. Allerdings modifiziert eine Geldwertveränderung nicht den geschuldeten Leistungsgegenstand selbst. So können die Kosten des Schädigers für die Beschaffung von Reparaturutensilien oder für die Entlohnung von Dritten gestiegen sein. Dieses Risiko weist § 249 Abs. 1 BGB dem Schädiger zu; begrenzt wird es allein durch § 251 Abs. 2 BGB bei Unverhältnismäßigkeit der Aufwendungen.

In Ausnahmefällen bezieht sich auch der Restitutionsanspruch aus § 249 Abs. 1 BGB unmittelbar auf Geld, ohne damit jedoch eine Geldschuld zu begründen. Ein solcher Anspruch ist auf die Herstellung einer bestimmten Besitzlage an den Geldzeichen durch Herausgabe, nicht aber auf Wertverschaffung gerichtet. Hierzu muss sich die schädigende Handlung zuvor auf Geld – im Sinne von Sach- oder Buchgeld – bezogen haben. Dies ist der Fall bei einem Diebstahl von Geldzeichen[187] oder bei einem sonstigen Verlust von Geld[188]. Zu

---

[182] BGHZ 5, 105, 109; BGH NZV 1993, 305; BGH NJW 2007, 2918, 2919; BGH NJW 2010, 2722, 2723.

[183] BGHZ 27, 181, 183 f.; BGHZ 40, 345, 347; BGHZ 98, 212, 217; BGHZ 99, 182, 196; BGH NJW 2012, 3165 Rn. 42; vgl. stellvertretend zur Kritik *Keuk*, Vermögensschaden und Interesse (1972), S. 20 ff.

[184] Stellvertretend BGHZ 98, 212, 217; BGH NJW 2012, 3165 Rn. 42.

[185] BGHZ 99, 182, 196; BGH WM 2009, 1376 Rn. 18.

[186] *von Maydell*, Geldschuld und Geldwert (1974), S. 322.

[187] *von Maydell*, Geldschuld und Geldwert (1974), S. 322.

[188] *Schiemann*, in: Staudinger, BGB (2005), § 249 Rn. 190.

einem solchen Geldverlust kann es beispielsweise kommen, wenn infolge eines Internetangriffs auf die Sicherheit des Online-Bankings (z.B. durch *Phishing, Pharming, Keylogging, Man-in-the-Middle-Angriff, Man-in-the-Mobile-Angriff*)[189] eine nicht autorisierte Überweisung veranlasst wird. Der Schädiger hat in diesem Fall – sofern er ausfindig gemacht werden kann – dem Geschädigten die entwendete nominale Summe Buchgelds zurückzugewähren. Ein Ausgleich für einen in der Zwischenzeit entstandenen Geldwertverlust findet grundsätzlich nicht statt. Lediglich wenn der Geschädigte nachzuweisen vermag, dass er sein Geld inflationsschützend angelegt hätte, kommt ausnahmsweise auch ein Ersatz eines Geldentwertungsschadens in Betracht.[190] Der Herstellungsanspruch aus § 249 Abs. 1 BGB ist weiterhin auch dann in Geld zu erfüllen, wenn der Geschädigte mit Geldausgaben belastet worden ist.[191]

bb) Zahlung der Herstellungskosten (§ 249 Abs. 2 BGB)

Vor allem durch die höchstrichterliche Rechtsprechung ist die praktische Bedeutung des § 249 Abs. 2 BGB gegenüber der Grundnorm in § 249 Abs. 1 BGB und gegenüber der Kompensation nach § 251 BGB deutlich gesteigert worden.[192] Grund hierfür ist im Wesentlichen die Anerkennung einer fiktiven Schadensberechnung.[193] Der Geschädigte vermag danach Ersatz der Herstellungskosten auch dann zu erlangen, wenn er die Restitution gar nicht vornimmt. Ausnahmen sollen bei Nichtvermögensschäden gelten.[194] Der Gesetzgeber hat die fiktive Schadensberechnung durch § 249 Abs. 2 Satz 2 BGB im Grundsatz anerkannt.[195] Auch bei der Zahlung der Herstellungskosten durch den Schädiger gilt das Ziel der Totalrestitution. Der Geschädigte soll durch die Geldzahlung in die Lage versetzt werden, den hypothetischen Zustand der Schadensfreiheit selbst herzustellen.

Die Geldwertproblematik kommt für die Entwicklungen im Zeitraum zwischen dem schädigenden Ereignis und der tatsächlichen Herstellung des hypothetischen Zustands zum Tragen. Schon aus dem in § 249 BGB verwendeten Schadensbegriff folgt, dass bis zum Vollzug der Restitution das Geldwertrisiko dem Schädiger zugewiesen ist.[196] Es liegt ein Geldwertanspruch vor.[197] Fällt

---

[189] Vgl. dazu *Omlor*, in: Staudinger, BGB (2012), § 675l Rn. 8.

[190] *von Maydell*, Geldschuld und Geldwert (1974), S. 322.

[191] *Schiemann*, in: Staudinger, BGB (2005), § 249 Rn. 190.

[192] Vgl. im Einzelnen *Picker*, Die Naturalrestitution durch den Geschädigten (2003), S. 9 ff. m.w.N.

[193] Grundlegend BGHZ 66, 239, 241 ff.

[194] BGHZ 97, 14, 18 ff.

[195] BT-Drucks. 14/7752, S. 13.

[196] *Nussbaum*, Das Geld in Theorie und Praxis des deutschen und ausländischen Rechts (1925), S. 146; *von Maydell*, Geldschuld und Geldwert (1974), S. 323.

[197] BGHZ 123, 65, 75; *Horn*, Geldwertveränderungen, Privatrecht und Wirtschaftsordnung (1975), S. 12; *Weber*, ZSR 100 (1981) 165, 177 (zum schweizerischen Privatrecht); *Larenz*,

die Kaufkraft des Geldes und steigt damit die Zahl der aufzuwendenden Währungseinheiten für die Herstellung, so trägt dieses Risiko der Schädiger. Im Gegenzug kommt ihm aber auch zugute, wenn – wie nur in seltenen Fällen – der innere Wert des Geldes steigt und damit eine geringere Anzahl von Währungseinheiten für die Herstellung benötigt wird. Das Geldwertrisiko geht im Zeitpunkt der Vornahme der Restitutionshandlung vom Schädiger auf den Geschädigten über. Die Höhe des Schadensersatzes wird in diesem Moment eingefroren. Geldschuldrechtlich vollzieht sich der Übergang von einer Geldwert- zu einer Geldsummenschuld.[198] Die *ratio* dieser einseitigen Belastung des Schädigers deckt sich mit der Zielsetzung des Schadensersatzrechts, einen Ausgleich für erlittene Verluste zu gewähren.

Der Geschädigte kann dem Schädiger zur Herstellung nach § 249 Abs. 1 BGB eine angemessene Frist setzen und nach deren erfolglosem Ablauf Ersatz in Geld verlangen (§ 250 BGB). Wegen der Ausweitung des Anwendungsbereichs von § 249 Abs. 2 Satz 1 BGB und der alternativen Kompensation nach § 251 BGB spielt diese Form der Schadensberechnung keine nennenswerte praktische Rolle. Dogmatisch umstritten ist, ob sich § 250 BGB am Integritätsinteresse des § 249 Abs. 2 BGB[199] oder am Wertinteresse des § 251 BGB[200] ausrichtet. Nach beiden Auffassungen ist eine Geldwertschuld anzunehmen.[201] Der Schadensumfang ist daher akzessorisch zur Entwicklung des Geldwerts.

b) Kompensation

Der Anspruch auf Kompensation steht in Alternativität zur Restitution, wobei ausweislich des Gesetzeswortlauts (§ 251 Abs. 1 BGB: „Soweit ...“) auch bei nur einem schädigenden Ereignis eine teilweise Abwicklung nach §§ 249, 250 BGB und zu anderem Teil nach § 251 BGB erfolgen kann. Kompensation tritt an die Stelle der Restitution, soweit letztere nicht möglich oder nicht zumutbar (§ 251 Abs. 1 BGB) oder nur mit unverhältnismäßigen Kosten durchführbar (§ 251 Abs. 2 BGB) ist. Geschützt wird durch § 251 BGB allein das Wert-, nicht aber das Integritätsinteresse des Geschädigten.[202] Verbildlicht bedeutet dies, dass das Vermögen des Geschädigten nur seinem Wert und nicht seiner konkreten Zusammensetzung nach Schutzgegenstand ist.[203] Eine Korrelation zu den Herstellungskosten besteht konstruktiv nicht. Eine Ausnahme greift dann ein, wenn ein geldbezogener Schaden eingetreten ist, d.h. Geld (Buch- oder

---

Lehrbuch des Schuldrechts I (14. Auflage 1987), § 13 VI; *Grothe*, Fremdwährungsverbindlichkeiten (1999), S. 78; *Martens*, JuS 2014, 105, 107.

[198] *K. Schmidt*, in: Staudinger, BGB (1997), Vorbem D54 f. zu §§ 244 ff.

[199] Stellvertretend *Frotz*, JZ 1963, 391; *Rüßmann*, in: AK-BGB (1980), §§ 249–250 Rn. 1.

[200] Stellvertretend *Larenz*, Lehrbuch des Schuldrechts I (14. Auflage 1987), § 28 II.

[201] *K. Schmidt*, in: Staudinger, BGB (1997), Vorbem D55 zu §§ 244 ff.

[202] BGHZ 142, 172, 183 f. m.w.N.

[203] Statt vieler *Schiemann*, in: Staudinger, BGB (2005), § 251 Rn. 2.

Sachgeld) oder Geldeinnahmen verloren gegangen sind oder eine Belastung mit Geldausgaben erfolgte.[204] In diesen Fällen laufen Restitution und Kompensation parallel.

Anders als die Restitution nach § 249 Abs. 1 BGB ist die Kompensation nach § 251 BGB ausschließlich und *ab initio* auf eine Entschädigung in Geld gerichtet. Der zu leistende Ersatz bemisst sich nach der Differenz „zwischen dem Wert des Vermögens, wie es sich ohne schädigendes Ereignis darstellen würde, und dem durch das schädigende Ereignis verminderten Wert"[205]. Für die Differenzberechnung kommt es nicht auf den Zeitpunkt des schädigenden Ereignisses an. Abzustellen ist vielmehr auf den Zeitpunkt der Entschädigungsleistung[206] bzw. in prozessualer Perspektive auf den Schluss der letzten mündlichen Verhandlung vor dem Tatsachengericht[207]. Diese Fixierung in zeitlicher Hinsicht ist allerdings insofern zukunftsoffen, als die zu diesem Zeitpunkt bereits zu erwartende weitere Schadensentwicklung in die Berechnung einzubeziehen ist.[208] Aus diesen Grundlegungen folgt, dass es sich bei dem Kompensationsanspruch nach Maßgabe des § 251 BGB um eine Geldwertschuld handelt, die sich Geldwertänderungen anpasst.[209] Auch bei einem Währungswechsel ist auf den Betrag in der neuen Währung abzustellen, der nunmehr zum Ausgleich erforderlich ist.[210]

c) Entgangener Gewinn (§ 252 BGB)

Eine Spezialanordnung in Bezug auf die Ersatzfähigkeit des entgangenen Gewinns (*lucrum cessans*) enthält § 252 BGB. Seinem Satz 1 kommt gegenüber § 249 Abs. 1 BGB allein eine deklaratorische Bedeutung zu, da sich die prinzipielle Ersatzfähigkeit bereits aus der Differenzhypothese ergibt.[211] Auch § 252 Satz 2 BGB weist keine materiell-rechtliche Bedeutung auf,[212] sondern dient in Form einer widerlegbaren Vermutung als Beweiserleichterung für den Geschädigten.[213] Die für die Gewinnerzielbarkeitsprognose einzunehmende Perspektive ist eine nachträgliche, nicht diejenige zum Zeitpunkt des schädigenden Er-

---

[204] *Schiemann*, in: Staudinger, BGB (2005), § 249 Rn. 190, § 251 Rn. 2.

[205] OLG Saarbrücken NJW-RR 2006, 1528, 1529.

[206] *von Maydell*, Geldschuld und Geldwert (1974), S. 325.

[207] BGHZ 5, 138, 142; OLG Saarbrücken NJW-RR 2006, 1528, 1530; a.A. noch RGZ 101, 418, 420 (Zeitpunkt der Urteilsverkündung).

[208] BGHZ 27, 181, 188.

[209] RGZ 101, 418, 420; RGZ 119, 152, 155; *von Maydell*, Geldschuld und Geldwert (1974), S. 325; *K. Schmidt*, in: Staudinger, BGB (1997), Vorbem D55 zu §§ 244 ff.

[210] BGHZ 3, 162, 178; BGHZ 123, 65, 75.

[211] BGHZ 98, 212, 219; *Schiemann*, in: Staudinger, BGB (2005), § 252 Rn. 1.

[212] A.A. *Steindorff*, AcP 158 (1959/1960) 431, 462.

[213] BGHZ 29, 393, 397 f.; BGH VersR 1979, 779; BGHZ 74, 221, 224; BGHZ 100, 36, 49; BGH NJW 2005, 3348; *Rüßmann*, in: jurisPK-BGB (6. Auflage 2012), § 252 Rn. 14.

eignisses.[214] Die enge schadensrechtsdogmatische Verzahnung des § 252 BGB mit § 249 BGB setzt sich auch in geldschuldrechtlicher Hinsicht fort. Die Höhe des erzielbaren Gewinns ist daher an eine fortschreitende Geldwertveränderung anzupassen.[215] Zunächst handelt es sich insofern um eine Geldwertschuld. Erst mit dem Ende des Zeitraums, in dem nach der objektiven Prognose ein Gewinn zu erwarten war, liegt eine Geldsummenschuld vor. Wurde der entgangene Gewinn daher beispielsweise durch einen Nutzungsausfall hervorgerufen, so sind Beginn und Ende des Ausfalls für die Berechnung maßgebend.[216] Mit dem Wiedereintritt der Nutzbarkeit steht der entgangene Gewinn endgültig fest und kann in einer Geldsumme dargestellt werden.

d) Immaterieller Schaden (§ 253 BGB)

Im allgemeinen Schadensrecht eröffnet § 253 Abs. 2 BGB die Ersatzfähigkeit von Nichtvermögensschäden über die gesetzlich gesondert geregelten Fälle (vgl. § 253 Abs. 1 BGB) hinaus. Der zu leistenden „billigen Entschädigung in Geld" kommen nach überwiegender Auffassung[217] zwei sich ergänzende Funktionen zu. Erstens soll ein Ausgleich für erlittene immaterielle Einbußen geschaffen werden (Ausgleichsfunktion), zweitens soll dem Geschädigten Genugtuung gewährt werden (Genugtuungsfunktion). Teilweise wird zudem eine Präventionsfunktion erwogen.[218] Um diesen Zielsetzungen gerecht zu werden, muss die Höhe der Entschädigung eine zwischenzeitliche Geldwertveränderung berücksichtigen und daher nach dem jeweils gegenwärtigen Zeitpunkt berechnet werden.[219] Daher handelt es sich um eine Geldwertschuld.[220]

---

[214] BGH NJW 1964, 661, 662 m.w.N.

[215] OLG Köln TranspR 2009, 34, 35 f. (zu Liegegeldsätzen).

[216] BGH NJW 2002, 2553, 2555; BGH NJW-RR 2009, 715 Rn. 28.

[217] Grundlegend BGHZ 18, 149, 154 ff.; bestätigt in BGHZ 128, 1, 15; BGHZ 128, 117, 120; vgl. dazu *Schiemann*, in: Staudinger, BGB (2005), § 253 Rn. 28 ff. m.w.N. auch zur Gegenauffassung.

[218] BGH VersR 1985, 391, 393; BGHZ 160, 298, 302; BVerfG NJW 2000, 2187, 2188; vgl. zum Streitstand umfassend *Schlobach*, Das Präventionsprinzip im Recht des Schadensersatzes (2004), S. 114 ff. und *Möller*, Das Präventionsprinzip des Schadensrechts (2006), S. 202 ff.

[219] OLG Karlsruhe/Freiburg NJW 1973, 851, 852; KG NZV 2002, 230, 232; KG NZV 2003, 416, 420; OLG Frankfurt NJW-RR 2009, 1684, 1685; OLG München, Urteil vom 24. 9. 2010 – 10 U 2671/10; OLG Brandenburg NJW-RR 2011, 243, 244; OLG Bremen NJW-RR 2012, 92, 93; OLG Hamm, Urteil vom 7. 11. 2012 – 30 U 80/11 (insofern nicht in NJW-RR 2013, 349, 352 abgedruckt); OLG Naumburg, Urteil vom 12. 12. 2013 – 2 U 25/13; *von Maydell*, Geldschuld und Geldwert (1974), S. 326.

[220] OLG Neustadt/Weinstraße NJW 1960, 2058; *Rabel*, Das Recht 27 (1923) 137, 139; *Weber*, ZSR 100 (1981) 165, 177 (zum schweizerischen Recht).

e) Schadensersatzrenten

Einer Anpassung an die sich verändernden Geldwertverhältnisse unterliegen weiterhin ihrer Natur nach Schadensersatzrenten.[221] Es handelt sich daher um Geldwertschulden.[222] Ihre Anpassung erfolgt prozessual nicht analog § 323 ZPO,[223] sondern ist dem Schadensersatz inhärent. Es liegt keine nachträgliche Aufwertung vor.[224] Einen Sonderfall stellen Schmerzensgeldrenten dar. Sie können allgemein nach § 323 ZPO angepasst werden.[225] Auch eine Geldwertveränderung kann auf diesem prozessualen Weg Berücksichtigung finden.[226] Ob es neben § 323 ZPO noch einer Vereinbarung nach dem Vorbild einer Neuverhandlungspflicht nach § 313 Abs. 1 BGB bedarf,[227] erscheint zweifelhaft. Die Rechtsprechung will mit dem prozessualen Weg über § 323 ZPO die Schmerzensgeldrente nicht von vornherein dynamisieren, sondern im Nachhinein verhindern, dass durch eine wesentliche Veränderung der Lebenshaltungskosten eine Entwertung der Rentenzahlung und ihrer Funktionen eintritt.[228] Eine „Dynamisierung" durch eine Preisklausel im ursprünglichen Schadensersatzurteil kann vom Geschädigten nicht verlangt werden.[229] Der Bundesgerichtshof begründet die Anpassungsoption damit, dass „der Geschädigte durch die Zubilligung von Schmerzensgeld in die Lage versetzt werden [soll], sich Erleichterungen und andere Annehmlichkeiten zu verschaffen, die Beschwernisse, die er durch die immaterielle Beeinträchtigung erfährt, lindern. Diese Ausgleichsmöglichkeit kann aber für den Geschädigten gemindert oder gar wertlos werden, wenn der Geldwert in erheblichem Maße sinkt"[230]. Geldschuldrechtlich handelt es sich daher – ungeachtet der verfahrensrechtlichen Umsetzung – bei Schmerzensgeldrenten um Geldwertschulden.[231]

Eine Berücksichtigung von Geldwertveränderungen ist jedoch an quantitative Kriterien gebunden. Nicht jede auch nur geringfügige inflationäre Entwicklung eröffnet den Weg zu einer Anpassung der Schmerzensgeldrente. Die Geldwertveränderung – typischerweise in Gestalt eines Geldwertverlusts – muss einen Umfang angenommen haben, der das Schmerzensgeld seiner Funktion einer

---

[221] BGHZ 79, 187, 194 ff.

[222] *K. Schmidt*, in: Staudinger, BGB (1997), Vorbem D58 zu §§ 244 ff.

[223] BGHZ 79, 187, 192 f.

[224] BGHZ 79, 187, 194.

[225] BGHZ 18, 149, 167; BGH VersR 1976, 967, 969; BGH NJW 2007, 2475 Rn. 6; *Notthoff*, VersR 2003, 966, 970; *Schiemann*, in: Staudinger, BGB (2005), § 253 Rn. 45.

[226] BGH NJW 2007, 2475 Rn. 8; OLG Nürnberg VersR 1992, 623; *Halm/Scheffler*, DAR 2004, 71, 76; a.A. OLG Düsseldorf ZfS 1986, 5.

[227] So *Schiemann*, in: Staudinger, BGB (2005), § 253 Rn. 45.

[228] BGH NJW 2007, 2475 Rn. 8.

[229] BGH NJW 1973, 1653.

[230] BGH NJW 2007, 2475 Rn. 8; insofern zustimmend *Teichmann*, NJW 2007, 2476, 2477.

[231] *K. Schmidt*, in: Staudinger, BGB (1997), Vorbem D58 zu §§ 244 ff.

„billigen Entschädigung" beraubt.[232] Regelmäßig will der Bundesgerichtshof dies erst ab einer Steigerung des Lebenskostenindex von mindestens 25 % anerkennen.[233] Mit der in der Literatur[234] vorgebrachten Kritik an der Höhe dieser prozentualen Hürde erscheint auch auf Grundlage der mehrschichtigen Funktionen des Schmerzensgeldes eine derart markante Abgrenzung zu den Anpassungen von Unterhalts- oder Versorgungsausgleichszahlungen, bei der lediglich eine 10 %-Schranke angenommen wird,[235] kaum begründbar. Zwar weist das Schmerzensgeld nicht nur eine Ausgleichs-, sondern auch eine Genugtuungsfunktion auf, welche seiner Festlegung mit absoluter mathematisch-statistischer Präzision entgegenstehen. Daraus erwächst in der Tat ein tatrichterlicher Ermessensspielraum,[236] der im Unterhalts- und Versorgungsausgleichsrecht nicht in dieser Weise besteht. Andererseits stellt der Schmerzensgeldbetrag nach seiner tatrichterlichen Festlegung ein wirtschaftliches Gut dar, dessen Wert zu erhalten ist.[237]

f) Gesetzliche Haftungshöchstgrenzen

Die Anpassungsfähigkeit von Schadensersatzansprüchen an Veränderungen des Geldwerts erhält eine Beschränkung durch gesetzliche Haftungshöchstgrenzen. Ihre Zielsetzung liegt nicht nur in einem Ausgleich für die häufig zugrunde liegende verschuldensunabhängige Gefährdungshaftung, sondern vor allem in der Ermöglichung der kalkulierbaren Versicherbarkeit des Haftungsrisikos. Bis zum Erreichen dieser nominalen Schwelle liegt unverändert eine Geldwertschuld vor.[238] Der schadensrechtliche Valorismus wird durch nominalistische Haftungsgrenzen durchbrochen, sofern letztere unabhängig von dem Wert des beschädigten Gutes ist. Derartige Anordnungen finden sich beispielhaft in Art. 23 Abs. 3 und 7 CMR, § 431 HGB, § 88 AMG, § 15 UmweltHG, § 8 Abs. 3 Satz 1 BDSG und § 33 Satz 1 GenTG. Sie sind zugleich Ausdruck des geldtheoretischen Nominalismus.

Von den nominalistischen Haftungshöchstgrenzen sind valoristische zu unterscheiden. Diese Haftungshöchstgrenzen bestimmen sich variabel nach dem Wert des beschädigten Gutes. Bis zum 30. 6. 1998 war eine solche in § 430 Abs. 1 und 2 HGB a.F. für die Haftung des Frachtführers enthalten, die im Falle des gänzlichen oder teilweisen Verlustes grundsätzlich auf den „gemeinen Handelswert"[239] beschränkt war.[240] Die Nachfolgeregelung in § 431 HGB ist demgegen-

---

[232] BGH NJW 2007, 2475 Rn. 9.
[233] BGH NJW 2007, 2475 Rn. 11.
[234] *Teichmann*, NJW 2007, 2476, 2477.
[235] BGH NJW 1995, 534, 536 sowie § 10a Abs. 2 Satz 2 VAHRG.
[236] BGH NJW 1973, 1653.
[237] *K. Schmidt*, in: Staudinger, BGB (1997), Vorbem D58 zu §§ 244 ff.
[238] *von Maydell*, Geldschuld und Geldwert (1974), S. 327 f.
[239] Vgl. zur Berechnung RGZ 109, 16, 17 f.
[240] Vgl. zur Entstehungsgeschichte BGHZ 46, 140, 142 f.

über nominalistisch ausgestaltet, da allein auf das Gewicht, nicht aber den Wert des Frachtguts Bezug genommen wird. Auf den „gemeinen Handelswert" stellt hingegen weiterhin § 136 Abs. 1 VVG für die Berechnung des Versicherungswerts bei der Transportversicherung ab. Weiterhin ist die valoristische Haftungshöchstgrenze in § 19 Abs. 5 OLSchVO a.F. durch die Transportrechtsreform von 1998 aufgehoben worden.[241] Ebenfalls seit dem 1.7.1998 nicht mehr in Kraft ist § 85 EVO a.F. Demgegenüber findet sich eine (teilweise) valoristische Haftungshöchstgrenze in § 23.3 ADSp 2003. Jedoch auch das „Dreifache des Betrages, der bei Verlust des Gutes zu zahlen wäre", wird zusätzlich durch eine nominalistische Obergrenze von 100 000 Euro je Schadenfall eingeschränkt. Daher bleibt der Geldwertschuldcharakter auch unter Geltung von § 23.3 ADSp 2003 nur bis zur maximalen Höhe von 100 000 Euro je Schadenfall erhalten.

2. Rückabwicklungsschuldverhältnisse

Die wirksame Ausübung eines vertraglichen oder gesetzlichen Rücktrittsrechts hat die Entstehung eines Rückgewährschuldverhältnisses im Sinne der §§ 346 ff. BGB zur Folge.[242] Gleiches gilt aufgrund von Verweisungsvorschriften für verschiedene Rückgewährpflichten des allgemeinen (§§ 281 Abs. 5, 326 Abs. 4 BGB), des kaufrechtlichen (§§ 439 Abs. 4, 441 Abs. 4 BGB) und des werkvertraglichen Leistungsstörungsrechts (§§ 638 Abs. 4, 645 Abs. 4 BGB).[243] Die Parteien haben primär die erlangten Leistungen in Natur zurückzugewähren (§ 346 Abs. 1 BGB).

a) Rückgewähr der empfangenen Leistungen

Wurde Geld geleistet, so ist zu entscheiden, ob die Rückgewähr einer gegenständlichen Betrachtung unterliegt, d.h. ob beispielsweise die konkret übereigneten Geldzeichen zurückübertragen werden müssen. Wenn in diesem Zusammenhang davon gesprochen wird, bei einer Geldleistung beziehe sich § 346 Abs. 1 BGB auf den „Geldwert"[244] oder auf „Wertverschaffung"[245], dann ist diese Formulierung zumindest missverständlich. Die Terminologie erweckt den Anschein, dass es sich bei dem auf Geldleistung gerichteten Anspruch aus § 346 Abs. 1 BGB um eine Geldwertschuld handele. Dies ist allerdings nicht der Fall; es liegt eine Geldsummenschuld vor.[246] Zum Ausdruck gebracht werden soll lediglich, dass es bei der Rückgewährpflicht nicht darauf ankommt, ob Bar-

---

241 Art. 7 Transportrechtsreformgesetz vom 25.6.1998, BGBl. I S. 1588.

242 Vgl. zur Rechtsnatur BGHZ 174, 290 Rn. 10; *Kaiser*, in: Staudinger, BGB (2012), § 346 Rn. 69.

243 Vgl. im Einzelnen *Kaiser*, in: Staudinger, BGB (2012), § 346 Rn. 61 ff.

244 BGH NJW 2006, 211 Rn. 25.

245 *Kaiser*, in: Staudinger, BGB (2012), § 346 Rn. 75.

246 *K. Schmidt*, in: Staudinger, BGB (1997), Vorbem D47 zu §§ 244 ff.

oder Buchgeld geleistet[247] und welche konkret-gegenständlichen Geldzeichen übereignet wurden. Aus Gründen der terminologischen Klarheit kann daher § 346 Abs. 1 BGB nicht als ein Anspruch auf Verschaffung des Geldwerts kategorisiert werden. Die Rückgewähr von Geld hat schlicht *nicht gegenständlich* zu erfolgen.

b) Subsidiärer Wertersatz

Vorbehaltlich von § 346 Abs. 3 Satz 1 BGB besteht an Stelle des Rückgewähranspruchs in Natur ein Wertersatzanspruch nach § 346 Abs. 2 BGB, soweit die Rückgewähr unmöglich ist (Nr. 1), der empfangene Gegenstand verbraucht, veräußert, belastet, verarbeitet oder umgestaltet ist (Nr. 2) oder er sich verschlechtert hat oder untergegangen ist (Nr. 3). Maßgeblicher Zeitpunkt für die Wertberechnung ist im Fall der Nr. 1 der ursprüngliche Leistungsaustausch,[248] während im Fall der Nr. 2 und 3 auf das Entstehen der Wertersatzpflicht abzustellen ist.[249] Für letzteres spricht die Parallele zum Bereicherungsrecht (§ 818 Abs. 3 BGB) bei nachträglicher Unmöglichkeit der Herausgabe.[250] Der Bereicherungsgläubiger bzw. Rückgewährgläubiger nach § 346 Abs. 2 Nr. 2 oder 3 BGB profitiert bis zum Eintritt der Wertersatzpflicht von den Wertsteigerungen des Anspruchsgegenstands, danach wird der Wert „eingefroren".[251] Die damit entstehende Geldschuld ist eine Geldsummenschuld.[252] Chance und Risiko einer Geldwertveränderung sind auf diese Weise dem Gläubiger des Wertersatzanspruchs zugewiesen.

III. Vertragliche Schuldverhältnisse

1. Kaufpreisanspruch

Der Kaufvertrag verpflichtet den Käufer zur Zahlung des Kaufpreises (§ 433 Abs. 2 Alt. 1 BGB). Diese vertragliche Hauptpflicht ist in Geld zu erbringen,[253] da ansonsten ein Tauschvertrag (§ 480 BGB) vorläge. Bei der Bestimmung der Kaufpreishöhe sind die Parteien auf Grundlage der Privatautonomie frei. Die allgemeinen Grenzen ergeben sich aus §§ 134, 138 BGB. Für bestimmte Güter

---

[247] So auch *Kaiser*, in: Staudinger, BGB (2012), § 346 Rn. 75.

[248] *Annuss*, JA 2006, 184, 187; *Kaiser*, in: Staudinger, BGB (2012), § 346 Rn. 107 m.w.N.

[249] *Kaiser*, in: Staudinger, BGB (2012), § 346 Rn. 168; *Gaier*, in: MünchKomm BGB (6. Auflage 2012), § 346 Rn. 44 m.w.N. zur Gegenauffassung; a.A. etwa *Annuss*, JA 2006, 184, 187.

[250] Vgl. dazu BGHZ 168, 220 Rn. 36 ff.; *Reuter/Martinek*, Ungerechtfertigte Bereicherung (1983), S. 570 ff.; *Martinek/Omlor*, JZ 2008, 413, 415.

[251] Zum Bereicherungsrecht bereits *Martinek/Omlor*, JZ 2008, 413, 415.

[252] *K. Schmidt*, in: Staudinger, BGB (1997), Vorbem D47 zu §§ 244 ff.

[253] Statt aller *H. P. Westermann*, in: MünchKomm BGB (6. Auflage 2012), § 433 Rn. 18; *Beckmann*, in: Staudinger, BGB (2014), § 433 Rn. 75.

des „lebenswichtigen Bedarfs" enthält beispielsweise § 4 WiStG ein besonderes Verbot (im Sinne des § 134 BGB[254]) von unangemessen hohen Preisen. Der Kaufpreis muss daher grundsätzlich nicht einen – wie auch immer zu bestimmenden – „fairen" Wert der Kaufsache wiederspiegeln: *stat pro ratione voluntas*. Maßgeblich ist die Bestimmung der nominalen Kaufpreishöhe durch die Parteien. Kaufpreisschulden sind daher Geldsummenschulden.[255] Vertragliche Ausnahmen hiervon sind nur bei gesonderter Vereinbarung einer Preisklausel möglich, deren Wirksamkeit sich währungsrechtlich nach dem PrKG richtet. Die Geltung des geldschuldrechtlichen Nominalprinzips beruht auf Gewohnheitsrecht und ist vom Willen der Parteien unabhängig. Die noch von Savigny[256] vertretene Gegenauffassung beruht auf einer überkommenen metallistischen Geldlehre. Ausdrücklich begründet er die Maßgeblichkeit des „Courswerthes" damit, dass die Grundlage des Geldes „das edle Metall" sei.[257] Der „Courswerth" sei so zu bestimmen, dass „als unabänderlicher Maßstab der Vergleichung der Werth des edlen Metalls (also des Silbers, wo Silberwährung gilt) zu Grunde zu legen ist"[258]. Mit dem heutigen Verständnis des Geldes als anti-metallistischem bzw. gänzlich entmaterialisiertem Tauschmittel ist diese These nicht zu vereinbaren. Zudem dürfte diese Auslegung kaum mit dem typischen Parteiwillen im Einklang stehen,[259] was im Ansatz auch Savigny konzediert.[260]

2. Darlehensrückzahlungsanspruch

Den Darlehensnehmer trifft – aus dem Darlehensvertrag[261] oder kraft Gesetzes[262] – die Pflicht, „das zur Verfügung gestellte Darlehen" bei Fälligkeit zurückzuzahlen (§ 488 Abs. 1 Satz 2 BGB). Damit stellt die Rückgewährpflicht ein Spiegelbild der Pflicht des Darlehensgebers aus § 488 Abs. 1 Satz 1 BGB dar. Zurückzugewähren ist lediglich der nominale Betrag, nicht aber die mit ihm zu Beginn des Darlehenszeitraums verbundene Kaufkraft.[263] Diese Auslegung steht

---

[254] *Neuhaus*, NZM 2009, 646, 648 m.w.N.

[255] LG Braunschweig NJW 1985, 1169.

[256] *von Savigny*, Das Obligationenrecht als Theil des heutigen Römischen Rechts, Band I (1851), S. 461 f.; vgl. dazu *Kiefner*, in: *Coing/Wilhelm* (Hrsg.), Wissenschaft und Kodifikation des Privatrechts im 19. Jahrhundert, Band V (1980), S. 27, 31 ff.

[257] *von Savigny*, Das Obligationenrecht als Theil des heutigen Römischen Rechts, Band I (1851), S. 462.

[258] *von Savigny*, Das Obligationenrecht als Theil des heutigen Römischen Rechts, Band I (1851), S. 462.

[259] *K. Schmidt*, in: Staudinger, BGB (1997), Vorbem D46 zu §§ 244 ff.

[260] *von Savigny*, Das Obligationenrecht als Theil des heutigen Römischen Rechts, Band I (1851), S. 461.

[261] *Freitag/Mülbert*, in: Staudinger, BGB (2011), § 488 Rn. 165 m.w.N.; wohl auch BGH NJW 1985, 2417, 2418 zu § 607 BGB a.F.

[262] *Mülbert*, WM 2002, 465, 469; *Heermann*, Geld und Geldgeschäfte (2003), § 21 Rn. 10.

[263] *von Maydell*, Geldschuld und Geldwert (1974), S. 211; *Freitag/Mülbert*, in: Staudinger, BGB (2011), § 488 Rn. 167; *K. P. Berger*, in: MünchKomm BGB (6. Auflage 2012), § 488 Rn. 46.

im Einklang mit der Gesetzesbegründung. Der Begriff des Darlehens sollte auf eine „eingeschränkte Bedeutung des Darlehensbetrags reduziert“[264] werden; als Darlehen sei insofern ein „Geldbetrag in derselben Höhe“[265] zu verstehen. Das Risiko der Geldentwertung ist daher dem Darlehensgeber zugewiesen. Die früher zu § 607 BGB a.F. geführte Diskussion, ob sich etwas anderes aus dem Erfordernis der Rückgewähr von Sachen gleicher Güte ableiten lasse[266], ist seit der Schuldrechtsmodernisierung zumindest für das Gelddarlehen obsolet. Die Zuweisung des Inflationsrisikos vermag der Darlehensgeber durch die Festlegung einer adäquaten Zinshöhe wirtschaftlich auszugleichen.[267] Den Parteien ist bei Abschluss des Vertrages die Existenz eines Inflationsrisikos bekannt. Wollen sie es – insbesondere bei längeren Laufzeiten – begrenzen oder ausschließen, so müssen sie gesonderte Maßnahmen zur Wertsicherung treffen. Im darlehensvertraglichen Verhältnis kommen Wertsicherungsklauseln in Betracht, deren Wirksamkeit jedoch das Preisklauselgesetz Grenzen setzt. Die generelle Zulässigkeit von Preisklauseln sieht hingegen die Bereichsausnahme aus § 5 PrKG für den Geldverkehr vor.[268] Bei Verbraucherdarlehensverträgen ist einschränkend § 2 Abs. 1 Satz 2 Nr. 2 PrKG zu beachten, der besondere Anforderungen an die Bestimmtheit der Klausel sowie ihre inhaltliche Ausgestaltung (keine „unangemessene“ Benachteiligung) aufstellt.

3. Dienstvertraglicher Vergütungsanspruch

Der Entgeltanspruch des Dienstleistenden (§ 611 Abs. 1 Halbsatz 2 BGB) besteht üblicherweise in der Zahlung von Geld. Art und Höhe der Vergütung unterliegen grundsätzlich der privatautonomen Gestaltungsfreiheit der Parteien.[269] Nach Maßgabe von §§ 3–5 TVG ergibt sich bei Arbeitsverträgen zwischen beiderseits Tarifgebundenen das Entgelt aus dem anwendbaren Tarifvertrag. Jenseits arbeitsvertraglicher Sonderregelungen[270] sind die Parteien in den allgemeinen Grenzen der §§ 134, 138 BGB frei, einen auf Geld gerichteten Vergütungsanspruch in beliebiger Höhe zu vereinbaren. Unter Beachtung dieses rechtlichen Rahmens bedarf es keines objektivierten Zusammenhangs zwischen dem Wert der Dienstleistung und dem Wert der Gegenleistung. Auf Grundlage des gewohnheitsrechtlich anerkannten geldschuldrechtlichen Nominalprinzips findet daher grundsätzlich eine Anpassung der dienstvertraglichen Vergütung an die Geldwertveränderungen nicht statt. Es liegt eine Geld-

---

264 BT-Drucks. 14/6040, S. 253.
265 BT-Drucks. 14/6040, S. 253.
266 Vgl. stellvertretend *von Maydell*, Geldschuld und Geldwert (1974), S. 211 ff.
267 Ähnlich *Reichert-Facilides*, JZ 1969, 617, 621.
268 Vgl. dazu unten, S. 448 ff.
269 Statt aller *Richardi/Fischinger*, in: Staudinger, BGB (2011), § 611 Rn. 749 f.
270 Vgl. im Einzelnen *Richardi/Fischinger*, in: Staudinger, BGB (2011), § 611 Rn. 758 ff.

summenschuld vor.[271] In der Folge trägt der Dienstleistende grundsätzlich das Inflationsrisiko.

Eine Störung des Äquivalenzinteresses einer Vertragspartei durch eine eingetretene Geldwertveränderung – im Falle von Inflation: des Dienstleistenden – lässt sich auf verschiedenen Wegen ausgleichen. Bei tarifvertraglich geregelten Leistungsentgelten muss eine Anpassung an inflationäre Entwicklungen durch Maßnahmen der Tarifpolitik erfolgen. In einem neuen Tarifvertrag können die Vertragsparteien eine um die Inflationsrate erhöhte Vergütung jeweils festlegen. Den Tarifvertragsparteien steht es alternativ offen, sich zu Verhandlungen über einen Neuabschluss zu verpflichten, sofern die Inflationsrate eine bestimmte Schwelle überschreitet.[272] Schließlich ist konstruktiv ein Indexlohn[273] denkbar, der sich automatisch an die Geldwertveränderungen – ausgedrückt in einem Index – anpasst. Allerdings verstießen solche Indexklauseln in Tarifverträgen gegen § 1 Abs. 1 PrKG.[274] Wegen ihrer unmittelbaren Geltung nach § 4 Abs. 1 Satz 1 TVG greifen auch tarifvertragliche Bestimmungen direkt in eine Geldschuld ein; es bedarf hierzu keiner Individualvereinbarung. Bei nicht tarifvertraglich gebundenen Arbeitnehmern und bei den übrigen Dienstleistenden steht es den Vertragsparteien offen, eine individualvertragliche Entgeltanpassung vorzunehmen. Als *ultima ratio* ist erwogen worden, dem Dienstleistenden bei einer schwerwiegenden Äquivalenzstörung ein außerordentliches Kündigungsrecht aus wichtigem Grund einzuräumen, sofern sich der Dienstberechtigte einer Erhöhung des Entgelts verweigert.[275] Ein solches kann allerdings in Anlehnung an die Rechtsprechung zur Anpassung von Schmerzensgeldrenten[276] frühestens bei einer summierten Inflationsrate von 25 % angenommen werden. Besonderheiten bestehen bei der Beamtenbesoldung, für die verfassungsrechtliche Vorgaben wie etwa der Vorbehalt des Gesetzes – einfachgesetzlich in § 2 Abs. 1 BBesG normiert[277] – zu beachten sind. Materiell-rechtliche Grundlage ist das Alimentationsprinzip aus Art. 33 Abs. 5 GG, das zwar dem Gesetzgeber einen weiten Gestaltungsspielraum gewährt, dennoch aber in Evidenzfällen einer gerichtlichen Kontrolle zugänglich ist.[278]

---

[271] *von Maydell*, Geldschuld und Geldwert (1974), S. 167.

[272] *von Maydell*, Geldschuld und Geldwert (1974), S. 166.

[273] Vgl. dazu *Gescher*, Die Auswirkung von Kaufkraftsicherungsklauseln auf den Geldwert (1968).

[274] A.A. zu § 3 WährG a.F. *Nies*, RdA 1970, 169, 170 f.; vgl. zur Gefahr einer Lohn-Preis-Spirale *Arndt*, Theoretische Grundlagen der Lohnpolitik (1957), S. 266 ff.

[275] *von Maydell*, Geldschuld und Geldwert (1974), S. 170 f.

[276] BGH NJW 2007, 2475 Rn. 11.

[277] Zur Herleitung aus Art. 33 Abs. 5 GG vgl. BVerfGE 81, 363, 386.

[278] BVerfG NVwZ 2012, 357, 359.

4. Werklohnanspruch

Der Besteller wird durch den Werkvertrag zur Entrichtung der vereinbarten Vergütung (§ 631 Abs. 1 BGB), die hilfsweise in der üblichen Taxe bestehen kann (§ 632 Abs. 2 BGB), verpflichtet. Der Begriff der Vergütung umfasst nicht nur Geldleistungen, sondern ist offen auch für andere Formen der Gegenleistung.[279] Die Parteien können auf Grundlage ihrer privatautonomen Gestaltungsfreiheit die Vergütung selbst festlegen; die allgemeinen Grenzen setzen allein §§ 134, 138 BGB. Eine feste Relation zum Wert der Werkleistung muss nicht bestehen. Wird wie zumeist eine Vergütung in Geld vereinbart, so handelt es sich um Geldsummenschulden. Für die Ermittlung der konkreten Vergütung stehen verschiedene Berechnungsmodelle zur Verfügung.[280] Bei einer Abrechnung nach einer Pauschale oder nach festen Stundensätzen trägt der Werkunternehmer vollständig die Chancen und Risiken aus einer zwischenzeitlichen Geldwertänderung. Soll der Werklohn hingegen – zumindest auch – von den tatsächlichen Kosten des Werkunternehmers abhängig gemacht werden, so findet eine Ankopplung an die Preisentwicklung statt. Vom grundsätzlichen Preisklauselverbot ordnet § 1 Abs. 2 Nr. 3 PrKG für derartige Kostenelementeklauseln eine Ausnahme an. Sie kommen häufig in Verträgen über die Errichtung von Bauwerken oder technischen Anlagen vor.[281] Im Umfang der Veränderung der Selbstkosten des Werkunternehmers kann daher vertraglich eine Anpassung des Werklohns an Geldwertänderungen vereinbart werden.

5. Aufwendungsersatzansprüche

Um Geldsummenschulden handelt es sich auch bei Ansprüchen auf Aufwendungsersatz.[282] Dabei kommt es nicht darauf an, ob die Aufwendungen schon unmittelbar in Geld bestanden oder der Wert sonstiger Aufwendungen in Geld umgerechnet wird.[283] Die vom Reichsgericht[284] im Nachgang zu den Inflationsjahren der Weimarer Zeit vertretene Gegenauffassung beruht der Sache nach auf einer Aufwertung aus Billigkeitsgründen. Nach dem Reichsgericht sollten Aufwendungen, die im Jahre 1916 getätigt worden waren, „dem jetzigen [sc. 1928] Geldstand entsprechend“[285] ersetzt werden. Es liege keine Auf-, sondern eine bloße Umwertung vor, um eine „teilweise Aberkennung“ des Aufwendungsersatzanspruchs zu vermeiden.[286] Das Reichsgericht verkennt, dass auch bei

---

[279] *Busche*, in: MünchKomm BGB (6. Auflage 2012), § 631 Rn. 87.

[280] Vgl. im Einzelnen *Busche*, in: MünchKomm BGB (6. Auflage 2012), § 631 Rn. 89 ff.

[281] *Reul*, MittBayNot 2007, 445, 447.

[282] *K. Schmidt*, in: Staudinger, BGB (1997), Vorbem D63 zu §§ 244 ff.; vgl. auch LG Tübingen NJW 1950, 147.

[283] A.A. *von Maydell*, Geldschuld und Geldwert (1974), S. 356 ff.

[284] RGZ 120, 76, 80; RGZ 126, 186, 190.

[285] RGZ 120, 76, 80.

[286] RGZ 120, 76, 80.

einem Wertersatz für nicht in Geld bestehende Aufwendungen der Anspruch bereits mit der Tätigung der Aufwendungen entsteht und ab diesem Zeitpunkt der Höhe nach „eingefroren" ist.[287] Dem Ersatzberechtigten steht es offen, den Ersatzpflichtigen in Verzug zu setzen und Wertverluste als Verzugsschaden zu liquidieren. Etwaigen Unbilligkeiten – insbesondere im Bereich der Geschäftsführung ohne Auftrag (§ 683 Satz 1 BGB) – kann im Einzelfall über § 242 BGB abgeholfen werden.[288]

IV. Handels- und Gesellschaftsrecht

1. Kapitalaufbringung

Die mitgliedschaftlichen Ansprüche von Kapitalgesellschaften auf Erbringung von Einlagen gegen ihre Gesellschafter sind Geldsummenansprüche, sofern nicht eine Sacheinlage vereinbart wurde. Es liegt eine Parallele zu den Mindestkapitalerfordernissen vor, welche ebenfalls nominal gefasst sind und daher bei einem Währungsverfall durch den Gesetzgeber angepasst werden müssten.[289] Für den Einlageanspruch bei Gründung der GmbH zeigt sich diese Einordnung an § 14 Satz 2 GmbHG. Danach richtet sich die Höhe der Einlageforderung gegen den jeweiligen Gesellschafter nach dem Nennbetrag der von ihm übernommenen Geschäftsanteile. Auch bei einer Kapitalerhöhung ist der Nennbetrag der übernommenen Geschäftsanteile maßgeblich (§ 14 Satz 3 GmbHG). Der wirtschaftliche Wert des Geschäftsanteils[290] ist folglich irrelevant für die Einlagepflicht des Gesellschafters. Parallel hierzu gestaltet sich die Rechtslage in Bezug auf die Aktiengesellschaft. Nach § 54 Abs. 1 AktG wird die Einlageverpflichtung der Aktionäre auf den Ausgabebetrag der gezeichneten Aktien begrenzt. Der Ausgabebetrag, der sich aus der Satzung ergibt (§ 23 Abs. 2 Nr. 2 AktG), wird als nominale Geldsumme festgesetzt. Die Aktiengesellschaft trägt das Risiko einer Geldentwertung zwischen der Vereinbarung der Satzung und der Leistung der Einlagen. Bei der Kommanditgesellschaft auf Aktien gelten die aktienrechtlichen Vorgaben entsprechend (§§ 278 Abs. 3, 280 Abs. 1 Satz 2 AktG).

2. Abfindungsansprüche

Beim Ausscheiden eines Gesellschafters aufgrund seines freiwilligen Austritts oder seiner zwangsweisen Ausschließung entstehen Abfindungsansprüche, um ihm einen Ausgleich für den Verlust seiner Mitgliedschaft zu gewähren (vgl.

---

287 BGHZ 5, 197, 199.
288 *K. Schmidt*, in: Staudinger, BGB (1997), Vorbem D63 zu §§ 244 ff. m.w.N.
289 RGZ 119, 170, 171 f.
290 Vgl. zur Unterscheidung BGHZ 116, 359, 368 ff.

§ 738 Abs. 1 Satz 2 BGB, § 140 HGB). Als Ergebnis des vorgelagerten Bewertungsverfahrens steht der auf Geld gerichtete Anspruch auf Auszahlung des Auseinandersetzungsguthabens der Höhe nach fest; bei letzterem handelt es sich um eine Geldsummenschuld der Gesellschaft.[291] Daran ändert die Tatsache nichts, dass sich die Anteilsbewertung nach ihrem Verkehrswert als „wirkliche[m] Wert"[292] richtet.[293] Sobald der Auszahlungsanspruch entstanden und die Bewertung abgeschlossen ist, erfolgt keine Anpassung mehr an Geldwertveränderungen im Allgemeinen oder die Entwicklung des Gesellschaftswerts im Besonderen.[294] Auch der Rückzahlungsanspruch des stillen Gesellschafters aus § 235 Abs. 1 HGB ist in Geld zu berichtigen und stellt – in Parallele zu § 738 BGB[295] – eine Geldsummenschuld des Inhabers des Handelsgeschäfts dar.[296]

3. Auseinandersetzungsguthaben

Im Falle der Auflösung einer Gesellschaft stehen den bisherigen Gesellschaftern Ansprüche auf Auszahlung eines Auseinandersetzungsguthabens zu (vgl. §§ 733 f. BGB, § 155 HGB, § 72 GmbHG, §§ 271, 278 Abs. 2 AktG). Dabei wird nach Abzug der Schulden der Gesellschaft das verbleibende Vermögen an die Gesellschafter nach dem Verhältnis der Kapital- (§ 155 HGB) oder Geschäftsanteile (§ 72 Satz 1 GmbHG), der Anteile am Grundkapital (§ 271 Abs. 2 AktG) oder ihrer Anteile am Gewinn (§ 734 BGB) verteilt. Diese Ansprüche sind grundsätzlich[297] auf Geld gerichtet, nicht auf Herausgabe von einzelnen Vermögensgegenständen der Gesellschaft. Nach Abschluss der etwaig erforderlichen Umsetzung des Vermögens in Geld (vgl. § 70 Satz 1 Halbsatz 1 GmbHG, § 268 Abs. 1 Satz 1 AktG) nimmt die Entwicklung des Geldwerts keinen Einfluss mehr auf die Anspruchshöhe. Es liegen daher Geldsummenschulden der Gesellschaft vor.

---

[291] RGZ 122, 28, 31 f. (zur Genossenschaft); *K. Schmidt*, in: Staudinger, BGB (1997), Vorbem D70 zu §§ 244 ff.; wohl auch *von Maydell*, Geldschuld und Geldwert (1974), S. 305.

[292] BGHZ 9, 157, 168.

[293] *K. Schmidt*, in: Staudinger, BGB (1997), Vorbem D70 zu §§ 244 ff.; ungenau *von Maydell*, Geldschuld und Geldwert (1974), S. 305. Zur Maßgeblichkeit des Verkehrswerts vgl. RGZ 125, 118, 122; BGHZ 9, 157, 170; BGHZ 16, 317, 322; BGHZ 32, 17, 23; BGHZ 116, 359, 365; BGH NZG 2002, 176.

[294] Vgl. zur Einbeziehung von Inflationsrisiken in die Berechnung des Verkehrswerts OLG Köln NZG 1999, 1222, 1226 f.

[295] *K. Schmidt*, in: MünchKomm HGB (3. Auflage 2012), § 235 Rn. 2 m.w.N.

[296] RGZ 126, 386, 393 ff.; *K. Schmidt*, in: Staudinger, BGB (1997), Vorbem D71 zu §§ 244 ff.

[297] Vgl. zur strittigen Frage der Naturalteilung in der Aktiengesellschaft RGZ 62, 56, 58; *Hüffer*, AktG (10. Auflage 2012), § 271 Rn. 4.

V. *Privatversicherungsrecht*

Die auf Geld gerichteten Leistungsansprüche des Versicherten gegen den Versicherer im Rahmen einer Privatversicherung unterliegen in unterschiedlicher Weise den Einflüssen der Geldwertveränderung.[298] Zu unterscheiden ist bei typisierender Betrachtungsweise zwischen Versicherungen, die einen abstrakten Bedarf durch Geldleistung abdecken (Summenversicherung) und solchen, die demgegenüber der Deckung eines konkreten Bedarfs dienen (Schadensversicherung).[299] Im letzteren Fall soll die Versicherung einen entstandenen Schaden ausgleichen und ist damit im Grundsatz an den Wert von bestimmten Gütern gebunden. Die Veränderungen des Geldwerts werden daher valoristisch nachvollzogen, da der zu kompensierende Schaden sich nach den realen Kostenbedingungen bemisst. Hierzu zählen – typischerweise und je nach Ausgestaltung des Vertrages – die Haftpflichtversicherung (vgl. § 100 VVG), die Rechtschutzversicherung (vgl. § 125 VVG), die Transportversicherung (vgl. § 136 VVG), die Gebäudefeuerversicherung und – abhängig von der betroffenen Versicherungsleistung[300] – die Unfall- (vgl. § 178 Abs. 1 VVG) und Krankenversicherung (vgl. § 192 Abs. 1 VVG).

Allerdings bestehen aus Gründen der Kalkulierbarkeit des Risikos und der Prämienhöhe nominal gezogene Grenzen der Versicherungsleistungen. Bei der Haftpflicht-, Rechtsschutz- und Unfallversicherung werden üblicherweise Maximalbeträge vereinbart, welche nominalistisch ausgestaltet sind. Begrenzungen ergeben sich bei den Sachversicherungen aus dem Versicherungswert nach § 88 VVG. Bei der Transportversicherung resultiert diese Grenze aus dem gemeinen Handelswert des transportierten Guts (§ 136 Abs. 1 VVG). Auf diese Weise wird inflationären Entwicklungen Rechnung getragen. Bei der Gebäudefeuerversicherung wird der Versicherungswert als gleitender Neuwert berechnet,[301] der auf diese Weise *eo ipso* Kaufkraftveränderungen reflektiert. Einen Sonderfall stellt schließlich die Krankenversicherung dar.[302] Die Leistungspflicht wird eingeschränkt durch primäre und sekundäre Risikobegrenzungen.[303] Eine nominalistische Beschränkung auf bestimmte Höchstsummen ist in Deutschland bei der privaten Krankenvollversicherung hingegen unüblich. Insgesamt han-

---

[298] Vgl. dazu *Möller*, in: *Roehrbein* (Hrsg.), Rechtsfragen aus der Privat- und Sozialversicherung (1953), S. 117 ff.

[299] *von Maydell*, Geldschuld und Geldwert (1974), S. 255 ff., 262 ff.

[300] Zu pauschal daher *von Maydell*, Geldschuld und Geldwert (1974), S. 263.

[301] Vgl. *Rüffer*, in: *Beckmann/Matusche-Beckmann* (Hrsg.), Versicherungsrechts-Handbuch (2. Auflage 2009), § 32 Rn. 399 ff.

[302] *von Maydell*, Geldschuld und Geldwert (1974), S. 261 f.

[303] *H. Müller*, in: *Beckmann/Matusche-Beckmann* (Hrsg.), Versicherungsrechts-Handbuch (2. Auflage 2009), § 44 Rn. 160 ff.

delt es sich damit zumeist um Geldwertschulden, die teilweise eine nominalistische Begrenzung erhalten.[304]

Bei Versicherungen zur Deckung eines abstrakten Bedarfs entstehen hingegen Geldsummenschulden, die von dem Umfang eines eingetretenen Schadens losgelöst sind.[305] Die Gewährung von Krankenhaustagegeld in der Kranken-[306], Reisekranken-, Autoschutzbrief- oder Unfallversicherung, eine Todesfallleistung in der Lebens- oder Unfallversicherung, die Leistungen der Berufsunfähigkeitsversicherung[307] und Pflegetagegeld in der privaten Pflegeversicherung unterliegen einer nominalen Berechnungsmethode. Es handelt sich um Summenversicherungen.[308] Einschränkend ist aber zu beachten, dass die jeweiligen Pauschalbeträge durch entsprechende Vertragsklauseln einer automatisierten Erhöhung nach festen Prozentsätzen (Dynamisierung) unterliegen können, um einen erwarteten Kaufkraftverlust auszugleichen.[309] Diese kautelarische Ausgestaltung ändert jedoch den Geldsummencharakter der im jeweiligen Einzelfall bestehenden Verbindlichkeit nicht, da es sich nicht um eine Anpassung an die tatsächlichen Inflationsraten handelt und daher kaufkraftbereinigt auch eine faktische Erhöhung des Versicherungsschutzes eintreten kann. Der Anspruch des Versicherungsnehmers selbst unterliegt, sobald er entstanden ist, keinen durch die Geldwertentwicklung bedingten Veränderungen mehr.

VI. Gesetzliche Schuldverhältnisse

1. Geschäftsführung ohne Auftrag

Aus einer Geschäftsführung ohne Auftrag können – in geldschuldrechtlicher Hinsicht – Schadensersatz-, Aufwendungsersatz-, Herausgabe- und Bereicherungsansprüche resultieren. Ihre Einordnung als Geldwert- oder Geldsummenansprüche richtet sich nach den allgemeinen Grundsätzen für die jeweiligen Anspruchskategorien. Bei dem Aufwendungsersatzanspruch des Geschäftsführers aus einer echten berechtigten Geschäftsführung ohne Auftrag nach §§ 683 Satz 1, 670 BGB ergeben sich keine Besonderheiten infolge ihrer Fremdnützigkeit. Diese rechtfertigt es nicht, den Geschäftsherrn bei nicht in Geld bestehenden und daher bewertungsbedürftigen Aufwendungen des Ge-

---

[304] *von Maydell*, Geldschuld und Geldwert (1974), S. 255.

[305] *von Maydell*, Geldschuld und Geldwert (1974), S. 263.

[306] Vgl. OLG Saarbrücken ZfS 2002, 445.

[307] *Hormuth*, in: *Beckmann/Matusche-Beckmann* (Hrsg.), Versicherungsrechts-Handbuch (2. Auflage 2009), § 22 Rn. 9.

[308] BGHZ 52, 350, 353; BGH NJW 1984, 2627; BGHZ 91, 98, 101; BGH NJW-RR 2001, 1467 f.

[309] *Rixecker*, in: *Beckmann/Matusche-Beckmann* (Hrsg.), Versicherungsrechts-Handbuch (2. Auflage 2009), § 46 Rn. 209 ff. zur Berufsunfähigkeitsversicherung.

schäftsführers über den Zeitpunkt der Tätigung der Aufwendungen hinaus mit dem Geldwertrisiko zu belasten. Allenfalls nach § 242 BGB können sich Ausnahmekonstellationen ergeben,[310] in denen anstelle des Wertersatzes ein Sachersatz zu leisten ist.[311]

2. Bereicherungsrecht

a) Überblick

Auf Geld lautende Bereicherungsschulden sind zumeist Geldsummenschulden,[312] nur in bestimmten Ausnahmekonstellationen Geldwertschulden. Dogmatische Grundlegung hierfür ist die Festlegung des originären Gegenstands des Bereicherungsanspruchs.[313] Entgegen der insbesondere von Flume[314] vertretenen vermögensorientierten Auffassung sowie der rein gegenstandsorientierten Meinungsgruppe[315] ist nach Reuter/Martinek[316] zwischen den jeweiligen Kondiktionsarten zu differenzieren. Die Einstufung als Geldwert- oder Geldsummenschuld basiert damit im Ausgangspunkt auf der einschlägigen Anspruchsgrundlage im bereicherungsrechtlichen Kondiktionensystem. Abweichungen können allerdings auf der nachgelagerten Ebene zu beobachten sein, sofern die Herausgabe des Erlangten unmöglich ist und in der Folge nach § 818 Abs. 2 BGB Wertersatz geschuldet wird.

b) Leistungskondiktionen

Die Leistungskondiktion (§§ 812 Abs. 1 Satz 1 Alt. 1, 817 Satz 1 BGB) ist gegenstandsorientiert, so dass bei ihr der Bereicherungsgläubiger primär Herausgabe des geleisteten Gegenstands verlangen kann.[317] Hat der Bereicherungsschuldner Geld erlangt, so trifft ihn eine bereicherungsrechtliche Herausgabepflicht, die – jenseits von §§ 818, 819 BGB – auf die erlangte Summe beschränkt ist. Dabei ist im Ergebnis unerheblich, ob Sach- oder Buchgeld geleistet wurde. Hat der Bereicherungsschuldner Bargeld erlangt, so beschränkt sich seine Rückgewährpflicht gegenständlich auf die übertragenen Geldzeichen (Geldheraus-

---

[310] So ergänzend RGZ 120, 76, 80 f.

[311] OLG Braunschweig MDR 1948, 112, 114; dem folgend *Seiler*, in: MünchKomm BGB (6. Auflage 2012), § 670 Rn. 11.

[312] BGHZ 5, 197, 200; BGHZ 35, 356, 358 f.

[313] Unpräzise daher *Nussbaum*, Das Geld in Theorie und Praxis des deutschen und ausländischen Rechts (1925), S. 147.

[314] *Flume*, in: *Canaris/Heldrich/Hopt/Roxin, et al.* (Hrsg.), 50 Jahre Bundesgerichtshof I (2000), S. 525, 528 ff.

[315] BGH NJW 1995, 53, 55; *Larenz/Canaris*, Lehrbuch des Schuldrechts (13. Auflage 1994), § 67 IV 2.

[316] *Reuter/Martinek*, Ungerechtfertigte Bereicherung (1983), S. 520 ff.

[317] BGH NJW 1995, 53, 55; BGH NJW 2002, 1340, 1341; *Reuter/Martinek*, Ungerechtfertigte Bereicherung (1983), S. 528; *S. Lorenz*, in: Staudinger, BGB (2007), § 818 Rn. 3.

gabeschuld).[318] Erst wenn deren Herausgabe unmöglich ist, erfolgt der Übergang zum Wertersatz nach § 818 Abs. 2 BGB. Sofern Buchgeld geleistet wurde, kommt wegen der ausgeschlossenen Abtretbarkeit der regelmäßig im Kontokorrent stehenden Forderung des Empfängers gegen seine Bank von vornherein allein ein Wertersatzanspruch in Betracht.[319] Es handelt sich daher in beiden Fällen um Geldsummenschulden.[320]

Eine Einbeziehung von Geldwertänderungen erfolgt lediglich in zwei Konstellationen: Erstens kann eine auf konkrete Geldzeichen bezogene Bereicherungsschuld später unmöglich werden, so dass deren objektiver Wert im Zeitpunkt des Eintritts der Unmöglichkeit maßgebend ist.[321] In der Zwischenzeit eingetretene Kaufkraftänderungen sind daher nach § 818 Abs. 2 BGB zu berücksichtigen. Mit Eintritt der Unmöglichkeit gelangt allerdings eine Geldsummenschuld zur Entstehung.[322] Zweitens sind im Fall einer verschärften Haftung des Bereicherungsschuldners nach §§ 818 Abs. 4, 819 BGB i.V.m. §§ 291, 286 BGB eingetretene Geldwertverluste als Verzögerungsschaden liquidierbar.[323]

c) Eingriffskondiktionen

Bei der Eingriffskondiktion (§ 812 Abs. 1 Satz 1 Alt. 2 BGB) sind Elemente der vermögensorientierten und der gegenstandsgebundenen Betrachtungsweisen miteinander zu kombinieren; die Vermögensorientierung wird angereichert mit einer gegenstandsorientierten Mindestbereicherung.[324] Hintergrund hierfür ist die dogmatische Einordnung der Eingriffskondiktion als Rechtsfortwirkungsanspruch.[325] Sofern die Eingriffskondiktion auf die Zahlung von Geld gerichtet ist, stellt sie regelmäßig eine Geldsummenschuld dar. Für die Wertberechnung nach § 818 Abs. 2 BGB ist grundsätzlich auf den Zeitpunkt des Entstehens des Bereicherungsanspruchs abzustellen.[326] Die Geldwertentwicklung ist – jenseits von §§ 818 Abs. 4, 819 Abs. 1 BGB – unerheblich. Die Ableitung aus dem Gedanken der Rechtsfortwirkung vermag eine Geldwertorientierung nicht generell zu

---

[318] OLG Zweibrücken WM 2006, 1102, 1103; *S. Lorenz*, in: Staudinger, BGB (2007), § 818 Rn. 50.

[319] OLG Zweibrücken WM 2006, 1102, 1103; vgl. auch *Omlor*, in: Staudinger, BGB (2012), § 675z Rn. 35 zur Lastschrift.

[320] *Heermann*, Geld und Geldgeschäfte (2003), § 3 Rn. 23; a.A. *Rabel*, Das Recht 27 (1923) 137, 139.

[321] BGHZ 168, 220 Rn. 36 ff.; *Pinger*, MDR 1972, 187, 188; *von Maydell*, Geldschuld und Geldwert (1974), S. 352 f.

[322] *Heermann*, Geld und Geldgeschäfte (2003), § 3 Rn. 23; insofern zutreffend *S. Lorenz*, in: Staudinger, BGB (2007), § 818 Rn. 50.

[323] *K. Schmidt*, in: Staudinger, BGB (1997), Vorbem D50 zu §§ 244 ff.

[324] *Reuter/Martinek*, Ungerechtfertigte Bereicherung (1983), S. 535 ff.

[325] *Reuter/Martinek*, Ungerechtfertigte Bereicherung (1983), S. 536.

[326] RGZ 119, 332, 336; BGHZ 5, 197, 201; *Reuter/Martinek*, Ungerechtfertigte Bereicherung (1983), S. 570 ff.

begründen. Diese dogmatische Fundierung ist zwar bei der Wertberechnung einzubeziehen. Eine unbegrenzte Fortschreibung in die Zukunft ist hingegen nicht stets geboten. Insofern bestehen grundlegende Unterschiede zum Schadensersatzrecht, das der Differenzhypothese verpflichtet ist. Wertersatz nach Bereicherungsrecht und Schadensersatz nach Deliktsrecht sind sowohl in ihren Voraussetzungen als auch ihren Rechtsfolgen nicht deckungsgleich.

Ein Ausnahmefall zu den übrigen Eingriffskondiktionen liegt bei einem Bereicherungsausgleich nach §§ 951 Abs. 1, 812 Abs. 1 Satz 1 Alt. 2 BGB vor. Der Anspruch gewährt eine Kompensation für den durch gesetzlichen Eigentumserwerb nach §§ 946 ff. BGB entstandenen Rechtsverlust.[327] Das Eigentum und der aus ihm folgende Vindikationsanspruch wirken in dem Bereicherungsanspruch fort.[328] Lediglich die dingliche Rechtszuweisung wird durch die §§ 946 ff. BGB zulasten des bisherigen Eigentümers geregelt, nicht aber die Zuweisung des darin verkörperten Wertes. Für die Bewertung maßgeblich ist daher nicht der Zeitpunkt des Eigentumsverlusts,[329] sondern derjenige der Geltendmachung des Bereicherungsanspruchs.[330] Das dem Bereicherungsgläubiger gewährte wirtschaftliche Surrogat seines früheren Eigentums unterläge im Einzelfall einem erheblichen Entwertungsrisiko, wenn ein Inflationsschutz erst unter den engen Voraussetzungen der §§ 818 Abs. 4, 819 BGB eingriffe. Hierfür spricht letztlich auch die Eigentumsgarantie des Art. 14 Abs. 1 GG, welche eine möglichst schonende Ausgestaltung des durch die §§ 946 ff. BGB bewirkten Eigentumsverlusts – in Gestalt einer Inhalts- und Schrankenbestimmung[331] – erfordert. Daher handelt es sich bei dem Anspruch aus §§ 951 Abs. 1, 812 Abs. 1 Satz 1 Alt. 2 BGB um eine Geldwertschuld.[332]

Die aus § 816 Abs. 1 Satz 1, Abs. 2 BGB folgenden Herausgabeansprüche fußen als Spezialfälle der allgemeinen Eingriffskondiktion[333] auf dem Gedanken, einen Ausgleich für einen Rechtsverlust insbesondere durch gutgläubigen Erwerb zu gewähren.[334] Zugleich kommt in ihnen das Surrogationsprinzip zum Tragen, welches dem Bereicherungsgläubiger die vom Verfügenden erlangte Gegenleistung in voller Höhe zuspricht.[335] Besteht die Gegenleistung in

---

[327] *Reuter/Martinek*, Ungerechtfertigte Bereicherung (1983), S. 263.

[328] *Larenz/Canaris*, Lehrbuch des Schuldrechts (13. Auflage 1994), § 69 I 1 b.

[329] RGZ 130, 310, 313; BGHZ 5, 197, 201; BGHZ 10, 171, 180; BGH NJW 1961, 452; *Wilburg*, AcP 163 (1964) 346, 352; *von Maydell*, Geldschuld und Geldwert (1974), S. 351.

[330] *Koppensteiner*, NJW 1971, 588, 591 f.; *Pinger*, MDR 1972, 187, 189; *Ehlke*, WM 1979, 1022, 1030 f.; *Reuter/Martinek*, Ungerechtfertigte Bereicherung (1983), S. 572 ff.

[331] Vgl. grundlegend BVerfGE 58, 300, 330 ff.

[332] *Larenz*, Lehrbuch des Schuldrechts I (14. Auflage 1987), § 13 VI.

[333] *Reuter/Martinek*, Ungerechtfertigte Bereicherung (1983), S. 282.

[334] Vgl. *Omlor*, Verkehrsschutz im Kapitalgesellschaftsrecht (2010), S. 34.

[335] RGZ 88, 351, 359; BGHZ 29, 157, 159 ff.; BGHZ 75, 203, 206; *Wilburg*, AcP 163 (1964) 346, 349; *Reuter/Martinek*, Ungerechtfertigte Bereicherung (1983), S. 321 f.; a.A. *von Caemmerer*, in: *Dölle* (Hrsg.), Festschrift für Ernst Rabel (1954), S. 333, 356; *Larenz*, in: *Ficker* (Hrsg.), Festschrift für Ernst von Caemmerer (1978), S. 209, 228 ff.

Geld, so handelt es sich um eine Geldsummenschuld.[336] Nach der Veräußerung eingetretene Wertveränderungen des Gegenstandes bleiben ohne Einfluss auf die Höhe des Bereicherungsanspruchs. Gegen Geldwertverluste schützt allein die verschärfte Haftung nach §§ 818 Abs. 4, 819 Abs. 1 BGB i.V.m. §§ 291, 286 BGB. Die nominale Fixierung des Bereicherungsanspruchs auf den Veräußerungserlös beruht auf der Rechtsnatur der Ansprüche aus § 816 Abs. 1 Satz 1, Abs. 2 BGB als Sonderfälle der allgemeinen Eingriffskondiktion. Auch die Durchgriffskondiktionen aus §§ 816 Abs. 1 Satz 2, 822 BGB begründen Geldsummenansprüche.[337] Dies gilt ungeachtet ihrer systematischen Einordnung als besondere Ausprägungen der allgemeinen Abschöpfungskondiktion,[338] die sie als Ausnahmetatbestände erscheinen lässt.

3. *Enteignungsentschädigung*

Enteignungen sind nach Art. 14 Abs. 3 Satz 2 GG nur bei Gewährung einer gesetzlich vorgesehenen Entschädigung zulässig. Ihr Ziel ist es, den eingetretenen Vermögensverlust auszugleichen.[339] Dennoch handelt es sich nicht um einen Schadensersatzanspruch, der den Enteigneten nach der Differenzhypothese so zu stellen hätte, als wäre die Enteignung nicht erfolgt.[340] Die Enteignung ist – anders als eine zum Schadensersatz verpflichtende Handlung nach § 823 BGB – rechtmäßig. Zudem legt Art. 14 Abs. 3 Satz 2 GG fest, dass die Höhe der Entschädigung „unter gerechter Abwägung der Interessen der Allgemeinheit und der Beteiligten" zu bestimmen ist. Auf diese Weise werden Wertungsgesichtspunkte einbezogen, die einer schadensrechtlichen Betrachtung nach der Differenzhypothese entgegenstünden. In der Folge orientiert die höchstrichterliche Rechtsprechung die Entschädigung an dem Verkehrswert des entzogenen Eigentums und „nicht an einer hypothetischen Vermögensentwicklung"[341]. Dessen ungeachtet soll die Entschädigung die Beschaffung eines gleichwertigen Objekts ermöglichen.[342]

Um dem Enteigneten möglichst einen „wirklichen Wertausgleich"[343] zu verschaffen, ist für die Entschädigungsberechnung regelmäßig der Zeitpunkt entscheidend, welcher der Auszahlung „möglichst nahe"[344] liegt. Wird die Entschädigung durch Verwaltungsentscheidung festgesetzt, so ist auf den Zeitpunkt der

---

336 *K. Schmidt*, in: Staudinger, BGB (1997), Vorbem D51 zu §§ 244 ff.

337 *K. Schmidt*, in: Staudinger, BGB (1997), Vorbem D51 zu §§ 244 ff.

338 Vgl. dazu *Reuter/Martinek*, Ungerechtfertigte Bereicherung (1983), S. 282, 328 ff., 359 ff.

339 BGHZ 31, 244, 252; BGHZ 39, 198, 199 f.; BGHZ 57, 359, 368.

340 BGHZ 57, 359, 368; *Papier*, in: Maunz/Dürig, GG (2013), Art. 14 Rn. 594.

341 BGHZ 57, 359, 368.

342 BGHZ 11, 156, 162; BGHZ 26, 373, 374; BGHZ 29, 217, 221.

343 BGHZ 39, 198, 200; BGHZ 40, 87, 88; BGHZ 44, 52, 54.

344 BGHZ 25, 225, 230; BGHZ 44, 52, 54.

Zustellung des Entschädigungsfestsetzungsbeschlusses abzustellen.[345] Erfolgte die Besitzeinweisung zu einem früheren Zeitpunkt, dann ist dieser heranzuziehen.[346] Der Zeitpunkt der letzten mündlichen Verhandlung vor Gericht ist hingegen dann maßgeblich, wenn „in Zeiten schwankender Preise“[347] die Verwaltungsbehörde die Entschädigung erheblich zu niedrig festsetzt und der Enteignete genötigt ist, den Rechtsweg zu beschreiten.[348] Das gleiche gilt, wenn die Entschädigung zwar der Höhe nach zutreffend festgesetzt wurde, aber nicht oder nur wesentlich später gezahlt wird; inflationäre Entwicklungen dürfen dem enteignenden Staat nicht zugute kommen.[349] Vor diesem Hintergrund ist die Enteignungsentschädigung als Geldwertanspruch einzustufen.[350]

Eine Geldwertorientierung liegt auch den bürgerlich-rechtlichen Aufopferungsansprüchen[351] aus § 906 Abs. 2 Satz 2 BGB (analog)[352] sowie solchen zum Ausgleich einer fehlenden Abwehrmöglichkeit nach § 907, § 909[353], 910 BGB[354] zugrunde. Der Aufopferungsanspruch bemisst sich nach den Grundsätzen der Enteignungsentschädigung.[355] Daher ist nicht nach der Differenzhypothese ein Schaden zu berechnen, sondern bei wertender Betrachtung die eingetretene Vermögenseinbuße zu bemessen.[356] Hierfür ist grundsätzlich der Zeitpunkt der Zahlung maßgeblich. Geldwertansprüche resultieren darüber hinaus aus einem enteignungsgleichen Eingriff und aus der öffentlich-rechtlichen Aufopferung.[357]

VII. Familienrecht

1. Unterhalt

a) Grundlagen zu gesetzlichen Unterhaltsschulden

Ehegatten sind einander zur Leistung von Familienunterhalt verpflichtet (§ 1360 BGB). Dessen Umfang richtet sich nach den erforderlichen Kosten für die Haushaltsführung, die persönlichen Aufwendungen der Ehegatten und den

---

[345] BGHZ 25, 225, 230; BGHZ 40, 87, 88.
[346] BGHZ 25, 225, 230; BGHZ 44, 52, 54 f.
[347] BGHZ 40, 87, 89.
[348] BGHZ 25, 225, 230 f.
[349] BGHZ 40, 87, 89.
[350] *von Maydell*, Geldschuld und Geldwert (1974), S. 335 ff.; *K. Schmidt*, in: Staudinger, BGB (1997), Vorbem D60 zu §§ 244 ff.
[351] Terminologie nach *Roth*, in: Staudinger, BGB (2009), § 906 Rn. 66, § 907 Rn. 51, § 909 Rn. 64, § 910 Rn. 31; *Rachlitz/Ringshandl*, JuS 2011, 970 ff.
[352] *K. Schmidt*, in: Staudinger, BGB (1997), Vorbem D60 zu §§ 244 ff.
[353] Vgl. BGHZ 72, 289, 292; BGHZ 101, 290, 294; BGHZ 147, 45, 50.
[354] Vgl. BGHZ 157, 33, 47.
[355] BGHZ 147, 45, 53 m.w.N.
[356] BGHZ 147, 45, 53.
[357] *K. Schmidt*, in: Staudinger, BGB (1997), Vorbem D60 zu §§ 244 ff.

Lebensbedarf der gemeinsamen unterhaltsberechtigten Kinder (§ 1360a Abs. 1 BGB). Auch der Unterhalt bei Getrenntleben richtet sich nach den Lebensverhältnissen und den Erwerbs- und Vermögensverhältnissen der Ehegatten; er ist als laufender Unterhalt in Form einer Geldrente zu zahlen (§ 1361 Abs. 1 Satz 1, Abs. 4 Satz 1 BGB). Beim Trennungsunterhalt sind Einkommensänderungen zwischen Trennung und Scheidung einzubeziehen,[358] da sich insofern die Lebensverhältnisse der Ehegatten wandeln. Ebenfalls nach den ehelichen Lebensverhältnissen wird der nacheheliche Unterhalt bemessen (§ 1578 Abs. 1 Satz 1 BGB). Nach der höchstrichterlichen Rechtsprechung wird durch den nachehelichen Unterhalt keine die früheren Lebensverhältnisse perpetuierende Lebensstandardsgarantie angestrebt.[359] Daher soll keine Anknüpfung mehr an den Stichtag der Rechtskraft des Scheidungsurteils erfolgen, so dass spätere Änderungen nur dann berücksichtigungsfähig wären, sofern sie bereits in der Ehe angelegt waren.[360] In der Folge sind auch beim nachehelichen Unterhalt spätere Einkommensänderungen grundsätzlich einzubeziehen. Hierzu zählen insbesondere auch allgemeine Lohnsteigerungen.[361] Schließlich schulden sich Verwandte in gerader Linie (§ 1601 BGB) einen angemessenen Unterhalt zur Abdeckung des gesamten Lebensbedarfs (§ 1610 BGB), der grundsätzlich in Form einer Geldrente zu gewähren ist (§ 1612 Abs. 1 Satz 1 BGB). Zusammenfassend ist vor diesem Hintergrund festzuhalten: Die Ankopplung an die sich ändernden Lebensverhältnisse führt dazu, dass gesetzliche Unterhaltsschulden als Geldwertschulden anzusehen sind.[362]

b) Mindestunterhalt von Minderjährigen

Einen berechnungstechnischen Sonderfall stellt demgegenüber der Mindestunterhalt minderjähriger Kinder nach § 1612a BGB dar. Nachdem das Bundesverfassungsgericht[363] die frühere Regelung wegen Zweifeln an der Normklarheit verworfen hatte, fasste der Gesetzgeber die Vorschrift neu.[364] Nunmehr nimmt § 1612a Abs. 1 Satz 2 und 3 BGB den Kinderfreibetrag aus § 32 Abs. 6 Satz 1 EStG in Bezug. Der Mindestunterhalt wird durch einen Prozentsatz vom doppelten des jeweiligen Kinderfreibetrags festgelegt, so dass zur Anpassung eines Unterhaltstitels an die Preisentwicklung keine Abänderungsklage mehr

---

[358] *Voppel*, in: Staudinger, BGB (2012), § 1361 Rn. 26.

[359] BGHZ 153, 358, 364 f.; BGHZ 171, 206 Rn. 21; BGHZ 175, 182 Rn. 43 f.

[360] BGHZ 175, 182 Rn. 44; a.A. noch BGH NJW 1999, 717, 718.

[361] BGHZ 175, 182 Rn. 46.

[362] OLG Frankfurt FamRZ 1987, 623; OLG Hamm FamRZ 1989, 1331, 1332; LG Düsseldorf, Urteil vom 12. 9. 1974 – 22 T 56/74; *Nussbaum*, Das Geld in Theorie und Praxis des deutschen und ausländischen Rechts (1925), S. 148; *Fögen*, Geld- und Währungsrecht (1969), S. 142; *von Maydell*, Geldschuld und Geldwert (1974), S. 286; *Rau*, MittRhNotK 1988, 187, 200.

[363] BVerfGE 108, 52, 74 ff.

[364] BT-Drucks. 16/1830, S. 14.

notwendig ist.[365] Die dadurch bewirkte Dynamisierung des Mindestunterhalts greift allerdings nicht *ipso iure* ein, sondern beruht auf einem Eingreifen des Gesetzgebers in das EStG. Daher handelt es sich bei einer auf § 1612a BGB gestützten Unterhaltspflicht um eine Geldsummenschuld.

c) Vertragliche Unterhaltsregelungen

Die Auswirkungen von Unterhaltsvereinbarungen auf den geldschuldrechtlichen Charakter der Unterhaltsansprüche ist durch Auslegung nach §§ 133, 157 BGB zu bestimmen.[366] Im Ausgangspunkt ist zu differenzieren, ob eine automatische Anpassung an die Preisentwicklung (Geldwertschuld) oder ein nominaler Festbetrag (Geldsummenschuld) vereinbart wurde. Bei Vereinbarung einer Geldsummenschuld kann eine Dynamisierung lediglich auf vertraglicher Grundlage – Einbeziehung einer Wertsicherungsklausel[367] – oder bei Störung der Geschäftsgrundlage (§ 313 BGB) erfolgen.[368] Zwar ist die gesetzliche Unterhaltspflicht regelmäßig valoristisch ausgestaltet, da sie sich ihrer Natur nach an den jeweiligen Lebensverhältnissen ausrichtet. Allerdings können die Parteien davon, soweit gesetzlich zulässig, abweichen. Diese vertragliche Regelung hat dann Vorrang vor einer Anpassung nach § 313 BGB.[369]

In der Folge kommt es darauf an, ob die Unterhaltsvereinbarung lediglich das gesetzliche Unterhaltsrecht ausgestalten oder eine eigenständige Unterhaltspflicht auf vertraglicher Grundlage begründen soll. Grundsätzlich ist von einer schlichten Ausgestaltung der gesetzlichen Regelungen auszugehen. Für die Annahme einer Unterhaltspflicht auf eigenständiger vertraglicher Grundlage bedarf es besonderer Anhaltspunkte in der Unterhaltsvereinbarung.[370] Namentlich spricht gegen die Begründung eines losgelösten vertraglichen Anspruchs auf nachehelichen Unterhalt ein Alter der Vertragsschließenden, welches eine erneute Eheschließung für wahrscheinlich erscheinen lässt.[371] Ein Indiz für die Eigenständigkeit der vertraglichen Vereinbarung soll hingegen der ausdrückliche Ausschluss des gesetzlichen Unterhaltsrechts in Verbindung mit einer eigenen Regelung sein.[372] Ist danach – wie regelmäßig – lediglich eine Modifizierung des gesetzlichen Unterhaltsrechts von den Parteien gewollt, dann steht eine Anpassung an die geänderten Verhältnisse nach § 313 BGB grundsätzlich offen.[373]

---

[365] *Born*, NJW 2008, 1, 4.

[366] BGH NJW-RR 1988, 866, 867; BGH NJW 2010, 440 Rn. 13; vgl. auch BGH NJW 2012, 1356 Rn. 30 f.

[367] Kritisch zum Nutzen *Rau*, MittRhNotK 1988, 187, 200 m.w.N.

[368] *K. Schmidt*, in: Staudinger, BGB (1997), Vorbem D66 zu §§ 244 ff.

[369] BGH NJW 2010, 440 Rn. 15.

[370] RGZ 166, 378, 381; BGH NJW 1984, 2350, 2351; BGH NJW 2012, 1356 Rn. 19 m.w.N.

[371] BGH NJW 2012, 1356 Rn. 22 zum Unterhaltsvergleich im Alter von 28 Jahren.

[372] *Rau*, MittRhNotK 1988, 187, 189.

[373] BGH NJW 2010, 440 Rn. 14.

Anders stellt sich die Rechtslage hingegen bei einer eigenständigen vertraglichen Regelung dar. Eine Anpassung ist vollständig ausgeschlossen, sofern die Parteien eine „restlose und endgültige Regelung“[374] treffen wollten und damit auch nicht vorhergesehene Änderungen einbezogen haben. Einer solchen Auslegung steht nicht notwendig entgegen, dass der Unterhalt in zukünftigen Raten zu zahlen ist.[375] Beide Seiten übernehmen in einer solchen Konstellation das Risiko, bei Veränderung der Verhältnisse eine Verschlechterung ihrer Rechtsposition gegenüber der gesetzlichen Regelung zu erleiden. Eine restlose und endgültige Regelung liegt beispielsweise vor, wenn in einem Vergleich eine Abfindung vereinbart wird, die nicht als bloße Vorauszahlung (Kapitalisierung) auf zukünftige Unterhaltsansprüche dient, sondern eine eigenständige und abschließende vertragliche Vereinbarung darstellt.[376] Wählt der Unterhaltsberechtigte eine einmalige Abfindung nach § 1585 Abs. 2 BGB, so muss er sich daran umfassend festhalten lassen.[377] In dem Verlangen einer finalen Abfindung liegt zugleich ein Verzicht auf die Berücksichtigung von zukünftigen inflationären Entwicklungen,[378] auch wenn ein drastischer Währungsverfall eintritt.[379]

2. Zugewinnausgleich

a) Grundlagen zur Berechnungsmethode

Wird der Güterstand der Zugewinngemeinschaft nicht durch den Tod eines Ehegatten – insbesondere durch Scheidungsurteil – beendet, erfolgt ein Zugewinnausgleich zwischen den Ehegatten nach Maßgabe von §§ 1373 bis 1390 BGB (vgl. § 1372 BGB). Als Zugewinn definiert § 1373 BGB den Betrag, „um den das Endvermögen eines Ehegatten das Anfangsvermögen übersteigt“. Aus dem Anfangsvermögen im Zeitpunkt der Begründung des Güterstandes werden etwaige Verbindlichkeiten herausgerechnet, wodurch auch ein negativer Saldo entstehen kann (§ 1374 Abs. 3 BGB). Als Endvermögen gilt das Vermögen im Zeitpunkt der Beendigung des Güterstands nach Abzug der Verbindlichkeiten (§ 1375 Abs. 1 Satz 1 BGB). Für die Wertberechnung wird für das Anfangsvermögen auf den Zeitpunkt der Begründung des Güterstandes, für das Endvermögen auf die Beendigung des Güterstandes abgestellt (§ 1376 Abs. 1 und 2 BGB). Alle rechtlich geschützten Positionen mit wirtschaftlichem Wert sind einzubeziehen.[380] Folge dieser Regelung ist es, dass auch Wertsteigerungen für den Zugewinn berücksichtigt werden, welche nicht auf der Arbeitsleistung ei-

---

374 BGHZ 2, 379, 385; BGH NJW 2010, 440 Rn. 15.
375 BGH NJW 2005, 3282, 3283.
376 BGHZ 2, 379, 386; BGH NJW 2005, 3282, 3283.
377 BGHZ 2, 379, 385.
378 BGHZ 79, 187, 193.
379 RGZ 106, 396; RG JW 1925, 350 Nr. 3; OLG Düsseldorf FamRZ 1984, 171, 172 f.
380 BGHZ 82, 149, 150; BGH NJW 2002, 346, 347; BGHZ 146, 64, 68 f.

nes Ehegatten beruhen, sondern „unverdient" eingetreten sind.[381] Nach Abschluss des Berechnungsvorgangs hat der Ehegatte mit dem höheren Zugewinn einen Ausgleich in Höhe der Hälfte des Überschusses zu zahlen (§ 1378 Abs. 1 BGB). Eine alternative Herausgabe von Gegenständen ist – vorbehaltlich familiengerichtlicher Genehmigung (§ 1383 BGB) – ausgeschlossen.[382]

b) Bereinigung um einen scheinbaren Zugewinn

Aus diesen normativen Koordinaten des Zugewinnausgleichs erwächst eine Bewertungsproblematik im Zusammenhang mit Geldwertänderungen während des Bestands der Zugewinngemeinschaft. (Scheinbare) Zugewinne des Vermögens eines Ehegatten können allein auf Kaufkraftänderungen zurückzuführen sein. Ein dem Ehegatten gehörendes Grundstück oder Unternehmen steigert seinen Wert infolge einer Geldentwertung nominell, nicht aber real. Seit der Grundlagenentscheidung BGHZ 61, 385 ist ganz überwiegend anerkannt, dass eine bloß nominelle Wertsteigerung durch einen zwischenzeitlichen Kaufkraftschwund („unechter Zugewinn") kein Zugewinn im Sinne des § 1373 BGB darstellt.[383] Eine solche Inflationsbereinigung erfolgt auch im Rahmen der Auseinandersetzung einer Gütergemeinschaft nach § 1478 BGB[384] und bei der Berechnung des privilegierten Hinzuerwerbs nach § 1374 Abs. 2 BGB[385]. Sie ist gegenstandsunabhängig auch bei Geldvermögen,[386] Anlagegütern,[387] Geldforderungen[388] und Gebrauchsgütern[389] durchzuführen. Beim Zugewinnausgleich soll nur ein „real vorhandener Vermögenszuwachs"[390] berücksichtigt werden. Die durch einen Kaufkraftverlust eingetretene Werterhöhung ist nur eine scheinbare, da sie darauf beruht, dass Anfangs- und Endvermögen mit unterschiedlichen Wertmessern bewertet worden sind.[391] Ließe man eine Einbeziehung von Inflationsgewinnen in den Zugewinn zu, so ergäbe sich letztlich eine

---

[381] BGHZ 157, 379, 387; OLG Düsseldorf NJW 1999, 501, 502.

[382] Statt aller *Thiele*, in: Staudinger, BGB (2007), § 1378 Rn. 2.

[383] BGH WM 1975, 28; BGH FamRZ 1984, 31, 32; OLG Köln FamRZ 1979, 511 (Leitsatz 2); OLG Hamm FamRZ 1984, 275; *von Maydell*, Geldschuld und Geldwert (1974), S. 309; *Reichert-Facilides*, JZ 1974, 483, 486; *von Olshausen*, FamRZ 1983, 765 ff.; *Schwab*, FamRZ 1984, 429, 435 f.; *Gernhuber*, FamRZ 1984, 1053, 1059 ff.; *Muscheler*, FamRZ 1998, 265, 266 f.; *Thiele*, in: Staudinger, BGB (2007), § 1373 Rn. 12 m.w.N.

[384] BGHZ 109, 89, 95.

[385] BGHZ 129, 311, 321; vgl. dazu *Muscheler*, FamRZ 1998, 265.

[386] BGHZ 101, 65, 68; *von Olshausen*, FamRZ 1983, 765, 768; *Thiele*, in: Staudinger, BGB (2007), § 1373 Rn. 18; a.A. *Gernhuber*, FamRZ 1984, 1053, 1060 f.; *ders.*, NJW 1991, 2238, 2240.

[387] *Thiele*, in: Staudinger, BGB (2007), § 1373 Rn. 18.

[388] *von Olshausen*, FamRZ 1983, 765, 768; *K. Schmidt*, in: Staudinger, BGB (1997), Vorbem D73 zu §§ 244 ff.; a.A. *Gernhuber*, NJW 1991, 2238, 2240.

[389] A.A. OLG Hamm FamRZ 1983, 918, 919.

[390] BGHZ 61, 385, 388.

[391] BGHZ 61, 385, 388 und 391; *Thiele*, in: Staudinger, BGB (2007), § 1373 Rn. 12.

systemwidrige Beteiligung des anderen Ehegatten am Anfangsvermögen.[392] Die Dauer der Ehe ist daher unerheblich, so dass eine Kaufkraftbereinigung auch bei vergleichsweise kurzen Zeiträumen vorzunehmen ist.

Vor BGHZ 61, 385 wurden inflationsbedingte „Scheingewinne“ teilweise über § 1381 BGB zu bereinigen versucht.[393] Dieser Ausweg ist jedoch versperrt, da die Anwendbarkeit des § 1381 BGB eine der Berechnung des Zugewinns nachgelagerte Fragestellung darstellt. Auch taugt eine auf Einzelfallgerechtigkeit und Billigkeitserwägungen gestützte Norm nicht zur Lösung einer grundlegenden Strukturproblematik des ehelichen Güterrechts.[394] Die an der Herausnahme von nominalen Inflationsgewinnen geäußerte Kritik[395] gründete auf einer Unvereinbarkeit mit dem Nominalismusprinzip. Allerdings liegt ein solcher Verstoß nicht vor.[396] Es geht nicht um eine valoristische Prägung des (späteren) Ausgleichsanspruchs aus § 1378 Abs. 1 BGB, sondern vorgelagert um eine sich aus Sinn und Zweck des Zugewinnausgleichs ergebende Ermittlungsmethode für die auszugleichende Vermögensdifferenz. Der auf dieser Grundlage errechnete Ausgleichsanspruch ist ein Geldsummenanspruch, da nach Beendigung der Gütergemeinschaft eintretende Geldwertänderungen unberücksichtigt bleiben.

In der praktischen Umsetzung der Vorgabe, Geldwertveränderungen bei der Zugewinnberechnung unberücksichtigt zu lassen, offenbaren sich Herausforderungen. Zwei teilweise unvereinbare Zielsetzungen gelangen zur Kollision: Der Berechnungsmodus soll zum einen generelle und einzelfallunabhängige Gültigkeit haben sowie eine pauschale und damit praktikable Anwendung garantieren. Zum anderen soll möglichst exakt die auf Geldwertänderungen zurückzuführende Wertsteigerung der konkret betroffenen Vermögensgegenstände erfasst werden. Der Bundesgerichtshof[397] hat sich – auf Vorarbeiten von Kohler[398] zurückgehend – für einen Kompromissweg entschieden, der letztlich versucht, beiden Zielsetzungen möglichst optimal Rechnung zu tragen. Hierzu greift er auf den vom Statistischen Bundesamt erstellten Verbraucherpreisindex (VPI) zurück, der aufgrund eines repräsentativen Warenkorbs von sämtlichen Waren und Dienstleistungen berechnet wird, die im jeweiligen Erhebungszeitraum von den Konsumenten häufig erworben werden.[399] Für Zeiträume bis

---

[392] BGHZ 61, 385, 390.

[393] OLG München NJW 1968, 798; KG MDR 1971, 580 (nur bei grober Unbilligkeit); *Reinicke*, NJW 1957, 889, 891.

[394] BGHZ 61, 385, 390 f.

[395] *Mann*, NJW 1974, 1297, 1300.

[396] *von Maydell*, Geldschuld und Geldwert (1974), S. 309; *K. Schmidt*, in: Staudinger, BGB (1997), Vorbem D72 zu §§ 244 ff.

[397] BGHZ 61, 385, 393 f.; BGHZ 101, 65, 67; zustimmend *Gernhuber*, FamRZ 1984, 1053, 1059 f.

[398] *Kohler*, NJW 1963, 225, 229 f.

[399] Vgl. http://www.destatis.de.

2002 sind für die neuen Bundesländer andere statistische Grundlagen heranzuziehen.[400] Auf dieser Grundlage werden Indexzahlen ermittelt, welche die Preisänderungen über eine bestimmte Zeitspanne ausdrücken.[401] Mit Hilfe solcher Indexzahlen werden Anfangs- und Endvermögen inflationsbereinigt. Technisch bedeutet dies, dass das Anfangsvermögen mit dem Indexwert bei Beendigung des Güterstands multipliziert und sodann durch den Indexwert bei Entstehen des Güterstands dividiert wird:

$$\text{Zugewinn} = \text{Endvermögen} - \frac{\text{Anfangsvermögen} * \text{Indexwert Endzeitpunkt}}{\text{Indexwert Anfangszeitpunkt}}$$

Die indexbasierte Berechnungsmethode ist insofern defizitär, als die allgemeine Geldwertentwicklung sämtlicher Konsumgüter für einen fiktiven Haushalt zugrunde gelegt wird. Die durchschnittliche Preissteigerung muss naturgemäß nicht mit der eines bestimmten Gutes übereinstimmen. Zudem lässt der Verbraucherpreisindex unberücksichtigt, ob die Preissteigerungen auf einer realen Wertsteigerung, beispielsweise durch nachhaltige Angebotsverknappung, oder dem generellen Kaufkraftverlust beruhen. Wegen der aus diesen Nachteilen folgenden Pauschalisierung hat Joachim Gernhuber von „grobe[m] Recht“[402] gesprochen, das die höchstrichterliche Rechtsprechung geschaffen habe. Dennoch hat sich die indexbasierte Berechnungsmethode als die beste aller mangelbehafteten Alternativen erwiesen.[403] Ihre hohe Praktikabilität durch die Pauschalisierung kommt ihr dabei maßgeblich zugute. Der Verbraucherpreisindex bietet hierfür eine verlässliche und anerkannte Basis.[404] Rechtssicherheit und Rechtsklarheit werden gefördert. Zudem ist dem Zugewinnausgleich ein pauschalisierender Ansatz strukturell keineswegs fremd.[405]

---

[400] Vgl. *Gutdeutsch*, FamRZ 2003, 1902.
[401] Vgl. *Gutdeutsch*, FamRZ 2003, 1061.
[402] *Gernhuber*, NJW 1991, 2238, 2239.
[403] Ebenso *von Olshausen*, FamRZ 1983, 765, 766 f.; *Gernhuber*, NJW 1991, 2238, 2240: „es gibt keine bessere“; *Muscheler*, FamRZ 1998, 265, 267.
[404] *von Maydell*, Geldschuld und Geldwert (1974), S. 310.
[405] *Thiele*, in: Staudinger, BGB (2007), § 1373 Rn. 15.

VIII. Erbrecht

1. Vermächtnis

a) Überblick

Der schuldrechtliche Vermächtnisanspruch aus § 2174 BGB kann je nach Ausgestaltung des Vermächtnisses einen Geldsummen- oder Geldwertcharakter aufweisen. Entscheidend ist der Gegenstand des Vermächtnisses.[406] Vermacht der Erblasser einen bestimmten Geldbetrag, dann ist grundsätzlich – vorbehaltlich eines abweichenden Willens des Erblassers – von einer Geldsummenschuld auszugehen (Geldsummenvermächtnis). Geldwertveränderungen in der Zeit zwischen der letztwilligen Verfügung und dem Erbfall bzw. der Erfüllung des Vermächtnisanspruchs bleiben unberücksichtigt. Etwas anderes kann sich im Einzelfall nach den Grundsätzen der ergänzenden Testamentsauslegung ergeben.[407] Eine Störung der Geschäftsgrundlage (§ 313 BGB) kommt nicht in Betracht.[408] Gleiches gilt für ein Rentenvermächtnis, dessen einzelne Leistungen in einem konkreten Geldbetrag angegeben sind.[409] Dabei ist es unerheblich, ob das Rentenvermächtnis auf Lebenszeit (Leibrente) oder eine abstrakte Zeitspanne (Zeitrente) gerichtet ist.

b) Stückvermächtnis

Bezieht sich das Vermächtnis auf einen konkreten Gegenstand (Stückvermächtnis) und ist die Verschaffung dieses Gegenstands nicht im Sinne von §§ 2169, 2171 f. BGB ausgeschlossen, dann trägt der Gegenstand die eingetretenen Preisänderungen in sich. Zur typischen Chancen- und Risikostruktur von Stückvermächtnissen, die dem Erblasser zumindest erkennbar ist, gehört es, dass kein fester Anteil am Gesamtwert des Nachlasses oder auch nur ein bestimmtes Maß an Kaufkraft zuerkannt wird. Der wirtschaftliche Wert des Vermächtnisses steht und fällt mit dem wirtschaftlichen Wert des vermachten Gegenstands. Ausnahmen hiervon können sich durch eine ergänzende Testamentsauslegung ergeben. Die Grundsätze sind aber restriktiver als bei einem Geldsummenvermächtnis zu handhaben, da das Vorstellungsbild des Erblassers regelmäßig allein den auserkorenen Gegenstand umfassen dürfte. Kommt dem Stückvermächtnis aber nach dem Willen des letztwillig Verfügenden im Vergleich zur gesamten Erbmasse eine derart hohe wertmäßige Bedeutung zu, dass es den

---

[406] Vgl. zu den einzelnen Vermächtnisarten *Kössinger*, in: *Nieder/Kössinger/Kössinger* (Hrsg.), Handbuch der Testamentsgestaltung (4. Auflage 2011), § 9 Rn. 43 ff.

[407] RGZ 108, 83, 85 f.; BGH NJW 1961, 1915, 1916; *Leipold*, in: MünchKomm BGB (6. Auflage 2013), § 2084 Rn. 116.

[408] BGHZ 37, 233, 241; BGH NJW 1993, 850.

[409] RG LZ 1929, 1406, 1407 f. (Nr. 5); BGH NJW 1993, 850.

Vermächtnisnehmer als wirtschaftlich den Erben zumindest gleichrangig erscheinen lässt, so steht eine ergänzende Testamentsauslegung offen.

c) *Universalvermächtnis*

Der Erblasser kann – in expliziter Abweichung von der Auslegungsregel des § 2087 BGB – den gesamten oder nahezu den gesamten Nachlass einem Vermächtnisnehmer zuwenden, ohne diesen zum Erben einzusetzen.[410] Bei einem solchen Universalvermächtnis ist es sachnotwendig ausgeschlossen, dass eine „Ergänzung" des Vermächtniswerts aus dem restlichen Nachlass erfolgt, sofern ein Kaufkraftschwund eingetreten ist; der Nachlass entspricht nämlich (nahezu) dem Vermächtnisgegenstand. Soweit der Nachlass aus Geld besteht, kommt dem Vermächtnisanspruch eine nominalistische Prägung zu.

d) *Pflichtteilsvermächtnis*

Geldsummenschulden folgen aus der Verfügung eines Pflichtteilsvermächtnisses. Im Fall eines Pflichtteilsvermächtnisses (vgl. § 2304 BGB) wird dem Vermächtnisnehmer, der sinnhafterweise zum Kreis der Pflichtteilsberechtigten zählt, ein Geldbetrag zugewendet, der in seiner Höhe dem Wert seines Pflichtteils entspricht.[411] Als Konsequenz richtet sich die geldschuldrechtliche Einordnung des Vermächtnisanspruchs grundsätzlich nach der Rechtsnatur des Pflichtteilsanspruchs. Dessen Höhe orientiert sich an dem Wert des Nachlasses im Zeitpunkt des Eintritts des Erbfalls (§ 2311 Abs. 1 Satz 1 BGB) und bleibt daher autark gegenüber späteren Geldwertänderungen. Ausnahmen hiervon können sich aus dem Willen des letztwillig Verfügenden ergeben, jedoch bedarf es konkreter Anhaltspunkte, dass über den gesetzlichen Pflichtteil hinausgegangen werden soll.

e) *Quotenvermächtnis*

Von der Berechnung des Pflichtteilsvermächtnisses unterscheidet sich konstruktiv diejenige eines Quotenvermächtnisses. Der Vermächtnisnehmer soll – in Abweichung von der Auslegungsregel des § 2087 Abs. 1 Alt. 2 BGB – den wirtschaftlichen Wert einer Erbeinsetzung zu einer bestimmten Quote erhalten. Daher erfolgt nicht wie bei § 2311 Abs. 1 Satz 1 BGB eine Bewertung zum Stichtag des Todesfalls. Für die Bewertung ist stattdessen der Zeitpunkt der Erfüllung des Vermächtnisanspruchs entscheidend.[412] Daher handelt es sich um

---

[410] *Kössinger*, in: *Nieder/Kössinger/Kössinger* (Hrsg.), Handbuch der Testamentsgestaltung (4. Auflage 2011), § 9 Rn. 48 f. m.w.N.

[411] Vgl. BGH DNotZ 2005, 45, 47 f.

[412] RG JW 1925, 359, 360.

eine Geldwertschuld.[413] Die Erben werden durch das Risiko einer Wertsteigerung nicht unverhältnismäßig belastet, da sie sich erstens im Nachlasswert wiederspiegelt und zweitens die Erben den Erfüllungszeitpunkt selbst wählen können.[414]

2. Pflichtteil

a) Überblick

Der Pflichtteilsanspruch aus § 2303 BGB ist nicht auf die Zahlung eines Geldwerts, sondern einer Geldsumme gerichtet.[415] Die Höhe des Pflichtteilsanspruchs wird – nach Maßgabe der §§ 2311 ff. BGB – durch den Bestand und den Wert des Nachlasses im Zeitpunkt des Erbfalls final festgelegt. Nachträgliche Änderungen des Nachlasswertes haben keinen Einfluss auf die Berechnung des Pflichtteils. Ein allenfalls mittelbarer normativer Anhaltspunkt hierfür ist die Anordnung in § 2311 Abs. 1 Satz 1 BGB, welche für die Bewertung des Nachlasses – und damit wegen § 2303 Abs. 1 Satz 2 BGB auch des Pflichtteils – auf den Todeszeitpunkt abstellt.[416] Entscheidend aber ist die Stellung, die das Gesetz dem Pflichtteilsberechtigten im Vergleich zum Erben zuerkennt.[417] Der Gläubiger des Pflichtteilsanspruchs ist, anders als der Erbe, nicht den Risiken ausgesetzt, die mit Vermögensbesitz verbunden sind.[418] Ebenso wenig dürfen ihm daher die Vorteile einer Erbenstellung einseitig zufließen. Trotz der prozentualen Anknüpfung in § 2302 Abs. 1 Satz 2 BGB gewährt das Pflichtteilsrecht gerade keine wirtschaftliche Teilhabe am Nachlass.[419] *Sedes materiae* ist insofern § 2303 Abs. 1 Satz 2 BGB.

b) Anrechnung lebzeitiger Zuwendungen

In Abweichung von § 2311 Abs. 1 BGB ordnet § 2315 Abs. 1 BGB an, dass sich der Pflichtteilsberechtigte vor dem Erbfall vom Erblasser erhaltene Zuwendungen auf seinen Pflichtteil anrechnen lassen muss, sofern der Erblasser eine entsprechende Anrechnungsanordnung abgegeben hat. Eine doppelte Begünstigung des Pflichtteilsberechtigten soll verhindert werden.[420] Technisch wird dieses Ziel dadurch umgesetzt, dass der Wert der Zuwendung zum Nachlasswert

---

413 BGH NJW 1960, 1759.

414 BGH NJW 1960, 1759.

415 RGZ 104, 195, 196; RGZ 116, 5, 7; RG SeuffArch 81, 214; BGHZ 5, 12, 17 f.; BGHZ 7, 134, 138; *Haas*, in: Staudinger, BGB (2006), § 2303 Rn. 80; a.A. *Eckstein*, Geldschuld und Geldwert im materiellen und internationalen Privatrecht (1932), S. 46.

416 RGZ 116, 5, 7; BGHZ 7, 134, 138.

417 *K. Schmidt*, in: Staudinger, BGB (1997), Vorbem D75 zu §§ 244 ff.

418 BGHZ 7, 134, 138.

419 RGZ 116, 5, 6.

420 *Haas*, in: Staudinger, BGB (2006), § 2315 Rn. 1.

fiktiv hinzugerechnet wird (§ 2315 Abs. 2 Satz 1 BGB).[421] Bei der Bewertung der Zuwendung ist nach § 2315 Abs. 2 Satz 2 BGB auf den Zeitpunkt ihrer Gewährung abzustellen. Wertsteigerungen des Zuwendungsgegenstands nach diesem Zeitpunkt gehen zugunsten, Wertverluste zulasten des Pflichtteilsberechtigten. Keine (reale) Wertveränderung in diesem Sinne ist hingegen eine durch die allgemeinen Geldwertentwicklungen bewirkte.[422] Entsprechend der Grundsätze zur Berechnung des Zugewinns nach § 1373 BGB ist der Kaufkraftschwund des Geldes bei der Wertberechnung zu berücksichtigen.[423] Hierzu wird der Geldwert im Zeitpunkt des Erbfalls als Bewertungsmaßstab auch für die zeitlich vorgelagerte Zuwendung herangezogen.[424] Diese valoristische Betrachtungsweise endet allerdings mit dem Entstehen des Pflichtteilsanspruchs im Zeitpunkt des Erbfalls; danach besteht mit dem endgültigen Pflichtteilsanspruch nur noch eine Geldsummenschuld fort.[425]

c) *Pflichtteilsergänzungsanspruch*

Die inflationsneutrale Berechnungsmethode, welche die Rechtsprechung[426] zum Zugewinnausgleich entwickelt hat, findet auch auf den Pflichtteilsergänzungsanspruch Anwendung.[427] In den Fällen des § 2325 Abs. 2 Satz 2 BGB ist wegen des dort enthaltenen Niederstwertprinzips ein Wertvergleich vorzunehmen, der auf Grundlage eines einheitlichen Wertmessers zu erfolgen hat. Die an der Übertragbarkeit der Grundsätze zu § 1373 BGB geübte Kritik[428] überzeugt nicht. Der Pflichtteilsberechtigte wird keineswegs durch die Einbeziehung der Geldentwertung unangemessen bevorzugt. Zwar ist es zutreffend, dass § 2325 Abs. 2 BGB unmittelbar lediglich den Bewertungszeitpunkt regelt, nicht aber die Übernahme des Inflationsrisikos.[429] Allerdings gilt dies ebenso für §§ 1374 f., 2055 Abs. 2, 2315 BGB. Vor allem aber müssen Friktionen vermieden werden, die durch unterschiedliche Bewertungsmaßstäbe – den jeweiligen Wert des Geldes – ausgelöst würden.[430] In Parallele zu § 2315 Abs. 2 BGB ist für die Wertberechnung nach § 2325 Abs. 2 Satz 2 BGB lediglich der

---

421 Vgl. im Einzelnen *Haas*, in: Staudinger, BGB (2006), § 2315 Rn. 55 f.

422 BGHZ 65, 75, 77 f.; BGH WM 1983, 823, 824; OLG Nürnberg ZEV 2006, 361, 362; *Ebenroth/Bacher*, BB 1990, 2053, 2054 ff., 2061; *Thubauville*, MittRhNotK 1992, 289, 303; *Keim*, MittBayNot 2008, 8, 10; a.A. *Werner*, DNotZ 1978, 66, 80 ff.

423 BGHZ 65, 75, 77; OLG Nürnberg ZEV 2006, 361, 362.

424 BGHZ 65, 75, 78.

425 *K. Schmidt*, in: Staudinger, BGB (1997), Vorbem D76 zu §§ 244 ff.

426 BGHZ 61, 385, 393 f.

427 BGHZ 85, 274, 282; BGH NJW 1992, 2888; BGHZ 125, 395, 397; OLG Schleswig ZEV 2009, 81, 82; *von Olshausen*, in: Staudinger, BGB (2006), § 2325 Rn. 107 m.w.N.; a.A. *von Maydell*, Geldschuld und Geldwert (1974), S. 312, 314 f.; *Pentz*, FamRZ 1997, 724, 725.

428 *Pentz*, FamRZ 1997, 724, 725 f.

429 *K. Schmidt*, in: Staudinger, BGB (1997), Vorbem D77 zu §§ 244 ff.

430 OLG Schleswig ZEV 2009, 81, 82.

Kaufkraftschwund bis zum Zeitpunkt des Erbfalls von Relevanz, da der damit entstandene Pflichtteilsanspruch ein Geldsummenanspruch ist.[431]

3. Ausgleich von Vorempfängen unter Miterben

Bei Eintritt der gesetzlichen Erbfolge ordnen die §§ 2050 ff. BGB eine Ausgleichspflicht für Abkömmlinge an, sofern sie vom Erblasser zu Lebzeiten bestimmte Zuwendungen erhalten haben. Ziel des Ausgleichverfahrens ist es, die zu gesetzlichen Erben berufenen Abkömmlinge wirtschaftlich gleich zu behandeln.[432] Die Abkömmlinge sollen so gestellt werden, als hätten sie die Vorempfänge erst bei der Erbauseinandersetzung erhalten.[433] Für die Wertberechnung ist nach § 2055 Abs. 2 BGB auf den Zeitpunkt des Erhaltens der Zuwendung abzustellen. Als Wertmesser dient Geld,[434] dessen abstrakte Funktion zum Tragen kommt. Ebenso wie bei §§ 1373, 2315 Abs. 2, 2325 Abs. 2 BGB bedarf es eines einheitlichen und konstanten Wertmaßstabs, da ansonsten eine Verzerrung des Berechnungsergebnisses droht. Schon das Reichsgericht hatte, im Einklang mit der Literatur[435], in der Inflationszeit der 1920er Jahre die Geldentwertung in den Miterbenausgleich einbezogen.[436] Die überwiegende Ansicht übernimmt die zum Zugewinnausgleich von der Rechtsprechung[437] entwickelten Grundsätze auch für die Durchführung der Ausgleichung unter Miterben nach § 2055 BGB.[438] Danach liegt der Bewertung des Zuwendungsobjekts zwar der Zeitpunkt der Zuwendung (§ 2055 Abs. 2 BGB) zugrunde, jedoch erfolgt eine Hochrechnung auf den Geldwert im Zeitpunkt der Erbauseinandersetzung.[439] Inflationsmaßstab ist der Verbraucherpreisindex des Statistischen Bundesamtes. Entgegen der Auffassung des Bundesgerichtshofs[440] ist der Kaufkraftverlust nicht nur bis zum Zeitpunkt des Erbfalls, sondern bis zur finalen Auseinandersetzung der Erbengemeinschaft anzusetzen.[441] Grund hierfür ist die – vom Bundesgerichtshof selbst formulierte[442] – *ratio legis* der §§ 2055 ff. BGB, die

---

[431] *K. Schmidt*, in: Staudinger, BGB (1997), Vorbem D77 zu §§ 244 ff.

[432] BGHZ 65, 75, 77; *Nussbaum*, Das Geld in Theorie und Praxis des deutschen und ausländischen Rechts (1925), S. 147.

[433] BGHZ 65, 75, 77.

[434] *Kohler*, NJW 1963, 225 f.

[435] *Nussbaum*, Das Geld in Theorie und Praxis des deutschen und ausländischen Rechts (1925), S. 147.

[436] RGZ 108, 337, 340.

[437] BGHZ 61, 385, 393 f.

[438] BGHZ 65, 75, 77 f.; BGH WM 1975, 1179, 1181; BGHZ 96, 174, 180; OLG Frankfurt, Urteil vom 25.3.2009 – 19 U 126/08; *Kohler*, NJW 1963, 225, 227 ff.; *Ebenroth/Bacher*, BB 1990, 2053, 2054 ff., 2061; a.A. *Werner*, DNotZ 1978, 66, 80 ff.; *Krug*, ZEV 2000, 41, 43.

[439] Berechnungsbeispiele bei *Siebert*, NJOZ 2009, 3099, 3103 f.

[440] BGHZ 96, 174, 181; zuvor bereits *Meincke*, AcP 178 (1978) 45, 59 ff., 68.

[441] *Ann*, in: MünchKomm BGB (6. Auflage 2013), § 2055 Rn. 12.

[442] BGHZ 65, 75, 77.

Abkömmlinge wirtschaftlich zu behandeln, als hätten sie die Vorempfänge im Zeitpunkt der Erbauseinandersetzung erhalten.

Die namentlich von Olaf Werner[443] begründete Gegenauffassung will den Begriff des „Wert[s]" in § 2055 Abs. 2 BGB als tatsächlichen Zustand der Sache im Zuwendungszeitpunkt verstanden wissen. Damit würden – dogmatisch elegant und praktisch simpel – sämtliche Geldwertprobleme umgangen.[444] Allerdings entfernt sich diese Gesetzesauslegung unangemessen weit vom Gesetzeswortlaut: „Wert" und „tatsächlicher Zustand" sind nur schwerlich in eine Wortbedeutungsübereinstimmung zu bringen. Systematisch lässt sich auf eine Wortlautparallele mit §§ 1376 Abs. 1, 2315 Abs. 2, 2325 Abs. 2 BGB verweisen. Auch dort wird „Wert" gleichbedeutend mit „Geldwert" verwendet. Daher stellt § 2055 Abs. 2 BGB eine temporale Wasserscheide für die Chancen- und Risikoverteilung lediglich in Bezug auf reale Sachwertveränderungen dar; Geldwertveränderungen sind mathematisch zu neutralisieren.

D. Zusammenfassung

Geldschulden sind als Wertverschaffungsschulden auf die Übertragung von abstrakter Vermögensmacht ausgerichtet. Der Leistungsgegenstand der Geldschuld folgt aus dem abstrakten Geldbegriff. Daher sind Geldschulden weder Sach- noch Gattungsschulden. Daran ändert der Umstand nichts, dass sich im Fall von Geldstückschulden eine Sachschuld auch auf einzelne Geldstücke beziehen kann. Keine Anwendung auf Geldschulden findet daher § 241 Abs. 1 BGB. Bei Herausgabeansprüchen, die „auf Geld" gerichtet sind, bedarf es einer Differenzierung im Einzelfall: Um Geldschulden handelt es sich nur dann, wenn die Herausgabe wert- und nicht gegenstandsbezogen zu erfolgen hat.

Das deutsche Geldschuldrecht unterliegt dem Grunde nach einer nominalistischen Prägung. Es baut auf dem geldtheoretischen Nominalismus auf, der eine vollständige Abstraktion des Geldwerts vom Substanzwert des Geldzeichens beinhaltet. Nach dem geldschuldrechtlichen Nominalismus werden Geldschulden durch Zahlung ihres Nennwerts erfüllt. Unerheblich ist, welchen Geldwert die entsprechende Geldsumme im Erfüllungszeitpunkt aufweist. Funktionell rechtfertigt sich der Nominalismus vor allem durch seine stabilitätsfördernden Wirkungen. Normativ zeigt sich der geldtheoretische Nominalismus in den Anordnungen eines rekurrenten Anschlusses bei Währungswechseln, aber auch in verschiedenen gesetzlichen Haftungsobergrenzen und in den Kapitalerfordernissen des Kapitalgesellschaftsrechts. Der geldschuldrechtliche Nominalismus hingegen lässt sich nicht auf das positive Gesetzesrecht, sondern der-

[443] *Werner*, DNotZ 1978, 66, 82.
[444] *K. Schmidt*, in: Staudinger, BGB (1997), Vorbem D74 zu §§ 244 ff.

zeit ausschließlich auf seine gewohnheitsrechtliche Anerkennung stützen. Als Konsequenz aus dem Gegenüber von geldschuldrechtlichem Valorismus und Nominalismus ist zwischen Geldwert- und Geldsummenschulden zu unterscheiden; sämtliche Geldschulden können nach dem Einfluss von Geldwertveränderungen auf ihren Schuldinhalt entsprechend kategorisiert werden. Als normativ-systematischer Normalfall erweist sich dabei die Geldsummenschuld.

§ 13 Die Geldschuld im Regelungsgewand von BGB und Europäischem Privatrecht

Das Bürgerliche Gesetzbuch kennt kein kodifikatorisch in sich geschlossenes Allgemeines Geldschuldrecht. Vielmehr sind die einzelnen Regelungen mit geldschuldrechtlichem Bezug über das Allgemeine Schuldrecht der §§ 241 ff. BGB verteilt. Keinesfalls lässt sich eine regelungstechnische Fokussierung auf das sog. BGB-Geldrecht der §§ 244 bis 248 BGB konstatieren. Die Geldschuld findet ihr bürgerlich-rechtliches Regelungsgewand daher insbesondere in den Vorschriften zur Rechtzeitigkeit der Leistung, zum Zahlungsort und zur Übermittlungsgefahr (§§ 269, 270, 300 Abs. 2 BGB), den allgemeinen Verzugsregelungen (§§ 286 ff. BGB) sowie dem Erfüllungsrecht (§§ 362 ff. BGB). Auch dieses Allgemeine Geldschuldrecht blieb im fortschreitenden Prozess der europäischen Integration nicht unberührt vom Europäischen Privatrecht. Aus dem unionalen Sekundärrecht haben namentlich die Zahlungsdiensterichtlinie[445] und die Zahlungsverzugsrichtlinie[446] erheblichen Einfluss auf die Ausgestaltung des Geldschuldrechts ausgeübt.

A. Unmöglichkeit

I. Überblick und Meinungsstand

Nach nahezu allgemeiner Ansicht kann die Erfüllung einer Geldschuld nicht unmöglich werden.[447] § 275 BGB ist in Gänze nicht auf Geldschulden anwendbar. Unter dem alten Schuldrecht wurde die „Unmöglichkeit der Unmöglich-

[445] Richtlinie 2007/64/EG über Zahlungsdienste im Binnenmarkt vom 13.11.2007, ABl. EU Nr. L 319 S. 1 vom 5.12.2007.

[446] Richtlinie 2011/7/EU zur Bekämpfung von Zahlungsverzug im Geschäftsverkehr vom 16.2.2011, ABl. EG Nr. L 248 S. 1 vom 23.2.2011.

[447] RG WarnR 1915 Nr. 278; RGZ 75, 335, 337; RGZ 106, 177, 181; BGHZ 28, 123, 128; BGHZ 63, 132, 139; BGHZ 83, 293, 300; BGHZ 107, 92, 102; OLG Karlsruhe, Urteil vom 2.6.2010 – 7 U 159/09; *K. Schmidt*, JuS 1984, 737, 742; *Medicus*, AcP 188 (1988) 489, 490 f.; *Canaris*, JZ 2001, 499, 519; *Heermann*, Geld und Geldgeschäfte (2003), § 3 Rn. 66 ff.; *Kähler*, AcP 206 (2006) 805, 821 ff.; *Weller/Harms*, WM 2012, 2305, 2306; ungenau BT-Drucks. 14/7052, S. 184; a.A. *Reifner*, Alternatives Wirtschaftsrecht am Beispiel der Verbraucherverschuldung (1979), S. 311 ff.

keit" – häufig erfasst mit der Parömie „Geld hat man zu haben" – normativ in § 279 BGB a.F. verankert.[448] Da diese Vorschrift im Zuge der Schuldrechtsmodernisierung aufgehoben wurde, hatte der Regierungsentwurf zum Schuldrechtsmodernisierungsgesetz eine mittelbare Berücksichtigung der Geldschuld im Wortlaut des § 276 Abs. 1 BGB vorgesehen. Ein anderer Haftungsmaßstab sollte sich danach auch aus der „Natur der Schuld" ergeben können.[449] Dem Bundesrat erschien diese Formulierung als zu offen und auslegungsfähig, so dass er forderte, ausdrücklich eine Ausnahme „bei einer Geldschuld" vorzusehen.[450] Damit konnte er sich im Gesetzgebungsverfahren allerdings nicht durchsetzen. Nach Auffassung der Kommission zur Überarbeitung des Schuldrechts und des Rechtsausschusses des Deutschen Bundestags war ein solcher gesonderter Hinweis entbehrlich. Die früher aus § 279 BGB a.F. abgeleitete Rechtslage ergebe sich nunmehr aus § 276 Abs. 1 Satz 1 BGB, insofern eine verschärfte Haftung aus der Übernahme eines Beschaffungsrisikos resultieren könne.[451] Wer eine Leistung verspreche, übernehme auch das Risiko, sich die zur Erfüllung der Gegenleistung erforderlichen Mittel beschaffen zu können.[452]

II. Analyse und Stellungnahme

Die Erwägungen des Rechtsausschusses zu § 276 Abs. 1 Satz 1 BGB positionieren die Geldschuld zu nahe an der Sachschuld. Ebenso wie schon der verfehlte Hinweis auf § 279 BGB a.F.[453] geht die Gesetzesbegründung von der Vorstellung aus, Geld bestehe aus einer zumindest potentiell abgrenzbaren Menge von einzelnen Stücken. Bei ihr sei es denkbar, dass sie – da endlich – nicht mehr verfügbar sei. Geld aber kennt definitionsgemäß keine solche quantitative Endlichkeit. Leistungsgegenstand der Geldschuld ist Geld im abstrakten Sinne. Geschuldet ist nicht die Verschaffung konkreter Stücke oder auch nur die Verschaffung von Geld „mittlerer Art und Güte" aus einer bestimmten Gattung. Geschuldet ist vielmehr die Verschaffung eines universellen Wertträgers. Überdies entfernte sich die Anwendung des Tatbestandsmerkmals „Beschaffungsrisiko" auf Geldschulden zu sehr von der eigentlichen Wortbedeutung. Zugeschnitten ist die Vorschrift auf Vertragspflichten, nach denen eine Partei Güter

---

[448] RGZ 106, 177, 181; BGHZ 7, 346, 354; BGH WM 1971, 243; BGHZ 83, 293, 300; BGHZ 107, 92, 102; *Isele*, AcP 129 (1928) 129, 177; *Honsell*, in: *Medicus* (Hrsg.), Festschrift für Hermann Lange (1992), S. 509 f.; a.A. *K. Schmidt*, JuS 1984, 737, 742.

[449] BT-Drucks. 14/6040, S. 132; zweifelnd *Canaris*, JZ 2001, 499, 519.

[450] BT-Drucks. 14/6857, S. 12.

[451] BT-Drucks. 14/7052, S. 184; OLG Düsseldorf, Urteil vom 20. 10. 2011 – I-13 U 38/11.

[452] BT-Drucks. 14/7052, S. 184.

[453] Zu Recht ablehnend daher *Medicus*, AcP 188 (1988) 489, 492; *Heermann*, Geld und Geldgeschäfte (2003), § 3 Rn. 67.

oder Dienste von Dritten besorgen muss, über welche sie noch nicht verfügt.[454] Bei Geld kann, muss dies aber nicht der Fall sein. Auch die reichlich konstruiert wirkende Annahme einer Garantie im Sinne des § 276 Abs. 1 Satz 1 BGB eines jeden Geldschuldners, für seine finanzielle Leistungsfähigkeit einzustehen,[455] berücksichtigt nicht hinreichend das Wesen des Geldes. Schließlich lässt sich die Nichtanwendung des Unmöglichkeitsrechts auf die Geldschuld auch reibungslos in das auf Selbstverantwortung aufbauende System des deutschen Privatrechts einfügen: Der von der finanziellen Leistungsfähigkeit des Schuldners unabhängige Bestand einer Geldforderung stellt sich als notwendige „Kehrseite der Vertragsfreiheit"[456] dar. Die rechts- und sozialpolitisch einzuordnende Kritik von Reifner[457] verkennt, dass Freiheit stets mit Verantwortung einhergeht, die sich in einer Marktwirtschaft als unbeschränkte Vermögenshaftung zeigt. Grenzen hierfür sieht unsere Rechtsordnung erst im Zwangsvollstreckungs- und Insolvenzrecht, etwa in Gestalt der Pfändungsgrenzen nach § 850c ZPO und der Restschuldbefreiung nach §§ 286 ff. InsO, vor.

B. Rechtzeitigkeit der Leistung

I. Traditionelle Ansicht: qualifizierte Schickschuld

Die bislang ganz herrschende Ansicht[458] hat die Geldschuld als qualifizierte Schickschuld eingeordnet. Der Schuldner hatte danach seine Leistungshandlung am Leistungsort, seinem Wohnsitz, rechtzeitig vorzunehmen. Die nachfolgende Übermittlung an den Gläubiger erfolgte zwar auf seine Gefahr, §§ 269, 270 BGB. Allerdings wurde für die Rechtzeitigkeit der Leistung nicht auf den Eingang des Geldes beim Empfänger, d.h. den Leistungserfolg, sondern auf die Vornahme der Leistungshandlung abgestellt. Welche Leistungshandlung im Einzelnen geschuldet war, sollte von der Wahl der jeweiligen Zahlungsmethode abhängen. Bei Überweisungen kam es darauf an, dass der Schuldner den

---

[454] *Löwisch/Caspers*, in: Staudinger, BGB (2009), § 276 Rn. 154; vgl. auch *Derleder*, NJW 2011, 113.

[455] *Löwisch/Caspers*, in: Staudinger, BGB (2009), § 276 Rn. 167.

[456] BGHZ 107, 92, 102.

[457] *Reifner*, Alternatives Wirtschaftsrecht am Beispiel der Verbraucherverschuldung (1979), S. 311 ff.; dagegen ausführlich *Medicus*, AcP 188 (1988) 489, 494 ff.; *K. Schmidt*, in: *Martinek/Sellier* (Hrsg.), Staudinger-Symposion (1998), S. 76, 80 f. („naive Weltverbesserung").

[458] Stellvertretend RG Recht 1909 Nr. 2231; RGZ 78, 137, 139 f.; BGH NJW 1959, 1176; BGH NJW 1964, 499; BGHZ 44, 178, 179 f.; BGH NJW 1998, 1302; *Simitis*, AcP 159 (1960) 406, 454; *Helbig*, Die Giroüberweisung, deren Widerruf und Anfechtung nach deutschem und schweizerischem Recht (1970), S. 92 f.; *Heermann*, Geld und Geldgeschäfte (2003), § 3 Rn. 58; *Krafka*, MittBayNot 2011, 459, 461; *Schwab*, NJW 2011, 2833, 2834 ff.; *Weller/Harms*, WM 2012, 2305, 2307; tendenziell auch *Heyers*, JZ 2012, 398, 403.

Überweisungsauftrag seinem Zahlungsdienstleister innerhalb der Leistungszeit übermittelte, so dass er vor Fristablauf zuging; sofern das Zahlungskonto hinreichende Deckung aufwies, erfolgte dann die Zahlung rechtzeitig im Sinne des § 270 BGB.[459] Der Eingang des Zahlungsbetrags auf dem Konto des empfangenden Zahlungsdienstleisters (vgl. §§ 675s Abs. 1 Satz 1 Halbsatz 1, 675t Abs. 1 Satz 1 BGB) und – nachgelagert – auf dem Konto des Zahlungsempfängers selbst waren nicht von Nöten, um den Schuldner vor den Verzugsfolgen im Valutaverhältnis zu bewahren. Einzig für das Deckungsverhältnis zwischen dem Zahler und seinem Zahlungsdienstleister ist der Eingang innerhalb der Ausführungsfrist des § 675s Abs. 1 BGB von Belang. Bei der Scheckzahlung sollte die Absendung des Schecks für die Fristgemäßheit genügen, sofern der Scheck später eingelöst wird.[460] Auch bei der – praktisch seltenen – Übersendung von Bargeld wurde eine rechtzeitige Zahlung angenommen, sofern die Absendung innerhalb der Frist erfolgte.[461]

II. Die Geldschuld als modifizierte Bringschuld

Die traditionelle Einstufung der Geldschuld als qualifizierte Schickschuld ist durch europarechtliche Vorgaben mittlerweile überholt; die Geldschuld ist nunmehr als modifizierte Bringschuld anzusehen. Sekundärrechtlicher Ausgangspunkt ist Art. 3 Abs. 1 lit. b der Zahlungsverzugsrichtlinie[462]. Nach der diesbezüglichen Rechtsprechung des Europäischen Gerichtshofs[463] ist im geschäftlichen Verkehr zwischen Unternehmern hinsichtlich der Rechtzeitigkeit auf den Erhalt des Geldbetrags durch den Gläubiger abzustellen. Maßgeblich ist danach nicht die Vornahme der Leistungshandlung, sondern der Eintritt des Leistungserfolgs;[464] dies folgt auch aus Erwägungsgrund 17 der Zahlungsverzugsrichtlinie. Ungeachtet des begrenzten Anwendungsbereichs der Richtlinie (vgl. Art. 2 Nr. 1 der Richtlinie 2011/7/EU) erscheint zur Wahrung der systematischen Stimmigkeit des nationalen Privatrechts eine vollständige Abkehr von der bisherigen Dogmatik geboten.[465] Das Bedürfnis für eine einheitliche Rege-

---

[459] *Grundmann*, WM 2000, 2269, 2283; *Westphalen*, BB 2000, 157; *Weber*, Recht des Zahlungsverkehrs (4. Auflage 2004), S. 29 ff.

[460] BGHZ 44, 178, 180.

[461] BGHZ 44, 178, 180.

[462] Richtlinie 2011/7/EU zur Bekämpfung von Zahlungsverzug im Geschäftsverkehr vom 16. 11. 2011, ABl. EU Nr. L 48 S. 1 vom 23. 2. 2011. Vgl. zuvor schon Art. 3 Abs. 1 lit. c ii der Richtlinie 2000/35/EG zur Bekämpfung von Zahlungsverzug im Geschäftsverkehr vom 29. 6. 2000, ABl. EG Nr. L 200 S. 35 vom 8. 8. 2000.

[463] EuGH, Urteil vom 3. 4. 2008 – Rs. C-306/06 (*01051 Telecom*), Slg. 2008 S. I-1923, Rn. 21 ff. = NJW 2008, 1935 = WM 2008, 678 = ZIP 2008, 732.

[464] Insofern zustimmend *Schwab*, NJW 2011, 2833 f., 2838.

[465] Im Ergebnis ebenso OLG Saarbrücken NJOZ 2010, 2529, 2530; AG Kassel NZM 2011, 856; *Herresthal*, ZGS 2008, 259, 260 f., 263 ff.; *ders.*, NZM 2011, 833, 837 ff.; *Gsell*, GPR 2008,

lung, die sowohl Verbraucher als auch Unternehmer gleichermaßen erfasst, wird auch von der Gegenauffassung anerkannt.[466] Dem BGB ist eine Differenzierung zwischen Verbrauchern und Unternehmern in Bezug auf die Rechtzeitigkeit einer Leistung fremd.[467] Schon unabhängig von supranationalem Recht hatte der historische Gesetzgeber bei der Schaffung von § 270 BGB nicht beabsichtigt, die Verlust- und Verzögerungsgefahr auf den Gläubiger zu verlagern.[468] Durch § 270 Abs. 4 BGB sollte lediglich verhindert werden, dass über § 29 ZPO ein Gerichtsstand am Wohnsitz des Gläubigers geschaffen wird.[469] Bei Einordnung der Geldschuld als modifizierte Bringschuld bleibt es dabei, dass der entsprechende Gerichtsstand am Wohnort des Schuldners liegt.[470]

Überdies gilt es zu berücksichtigen, dass dem Schuldner die Auswahl des Übermittlungswegs und der etwaig eingeschalteten Hilfspersonen für die Zahlung obliegt, ohne dass der Gläubiger daran mitzuwirken vermag. Sofern sodann Leistungsstörungen oder Verzögerungen auf dem vom Schuldner bestimmten Übermittlungsweg eintreten, ist der Schuldner „näher dran" und hat die Folgen seiner eigenen Risikoabwägung zu tragen. Bei Fehlern der eingeschalteten Hilfsperson ist ein Ausgleich im relativen Schuldverhältnis zwischen Zahler und Hilfsperson (Deckungsverhältnis) zu suchen.[471] Unmittelbare Auswirkungen auf das Valutaverhältnis zwischen Zahler und Empfänger hat eine Pflichtverletzung im Deckungsverhältnis nicht. Bei einer verzögerten Überweisung kann der Schuldner gegen den sendenden Zahlungsdienstleister einen Schadensersatzanspruch aus §§ 280 Abs. 1 und 2, 286 BGB geltend machen, der nach Maßgabe von § 675z Satz 2 bis 5 BGB modifiziert wird.[472] Der Zahler hat sich das Verhalten seines Zahlungsdienstleisters nach § 278 BGB zurechnen zu lassen, da sein Pflichtenkreis erst mit dem Eingang des Zahlbetrags auf dem Konto des empfangenden Zahlungsdienstleisters endet. Eine solche Zu-

165, 169 ff.; *Bittner*, in: Staudinger, BGB (2009), § 270 Rn. 3 f.; *Einsele*, Bank- und Kapitalmarktrecht (2. Auflage 2010), § 6 Rn. 129; *Mayen*, in: *Schimansky/Bunte/Lwowski* (Hrsg.), Bankrechts-Handbuch (4. Auflage 2011), § 49 Rn. 201; *Omlor*, in: Staudinger, BGB (2012), Vorbem 84 zu §§ 675c-676c; *Freitag*, AcP 213 (2013) 128, 166; *Oelsner*, NJW 2013, 2469, 2471; wohl auch *Löwisch/Feldmann*, in: Staudinger, BGB (2009), § 286 Rn. 114; so schon vor Inkrafttreten der Zahlungsverzugsrichtlinie *Schön*, AcP 198 (1998) 401, 442 ff.; *K. Schmidt*, in: *Martinek/Sellier* (Hrsg.), Staudinger-Symposion (1998), S. 76, 83 ff.; *Langenbucher*, Die Risikozuordnung im bargeldlosen Zahlungsverkehr (2001), S. 43 ff.; offen OLG Köln, Urteil vom 12. 3. 2009 – 18 U 101/08; a.A. *Schwab*, NJW 2011, 2833, 2334 ff.; *Nobbe*, in: *Schimansky/Bunte/Lwowski* (Hrsg.), Bankrechts-Handbuch (4. Auflage 2011), § 60 Rn. 260; *Weller/Harms*, WM 2012, 2305, 2307.

466 *Schwab*, NJW 2011, 2833, 2334.

467 *Omlor*, in: Staudinger, BGB (2012), Vorbem 84 zu §§ 675c-676c.

468 Prot. II S. 306.

469 *Langenbucher*, Die Risikozuordnung im bargeldlosen Zahlungsverkehr (2001), S. 44.

470 *Bittner*, in: Staudinger, BGB (2009), § 270 Rn. 2.

471 Vgl. *Bittner*, in: Staudinger, BGB (2009), § 270 Rn. 38.

472 Vgl. dazu *Omlor*, in: Staudinger, BGB (2012), § 675z Rn. 7 ff.

rechnung hat auch der Europäische Gerichtshof anerkannt.[473] Dem sendenden Zahlungsdienstleister wird das Verschulden einer zwischengeschalteten Stelle grundsätzlich zugerechnet (§ 675z Satz 3 BGB). Greift die Verschuldenszurechnung ausnahmsweise nicht ein, kommt ein direkter Schadensersatzanspruch des Zahlers gegen die Zwischenstelle in Betracht (§ 675z Satz 4 BGB). Auf diese rechtstechnische Weise kann ein Schaden aus dem Valutaverhältnis über das Deckungsverhältnis an den Zahlungsdienstleister des Zahlers weitergereicht werden.[474] Ein Schadensersatzanspruch im Valutaverhältnis scheitert aber am fehlenden Verschulden des Schuldners (§ 286 Abs. 4 BGB), sofern er die Leistungshandlung so rechtzeitig vorgenommen hat, dass ein rechtzeitiger Eintritt des Leistungserfolgs zu erwarten war.[475] Einschränkend gilt jedoch, dass sich der Zahler das Verschulden seines Zahlungsdienstleisters und der zwischengeschalteten Stellen nach § 278 BGB zurechnen lassen muss. Ein eigenes Verschulden liegt vor, wenn für den Schuldner erkennbar war, dass der gewählte Zahlungsdienstleister oder Zahlungsweg unzuverlässig ist. Schließlich erscheint die Belastung des Geldschuldners mit dem Verzögerungsrisiko im Valutaverhältnis nicht ungerecht, da im bargeldlosen Zahlungsverkehr durch die deutlich verkürzten Ausführungs- und Wertstellungsfristen aus §§ 675s, 675t BGB zwischen Leistungshandlung und Leistungserfolg typischerweise nur kurze Zeitspannen liegen.

III. Sonderfälle

1. Skontoabreden

Der dispositive gesetzliche Rahmen mit dem Modell der modifizierten Bringschuld ist auch Ausgangspunkt für die Auslegung von vertraglichen Skontoabreden, die einen Teilerlass von Forderungen bei Einhaltung bestimmter Zahlungsfristen vorsehen. Entgegen der zu pauschalen Betrachtungsweise des OLG Stuttgart[476] ist die Parteivereinbarung im Einzelfall durch Auslegung (§§ 133, 157 BGB) daraufhin zu untersuchen, ob die Parteien eine Abweichung vom gesetzlichen Regelfall erzielen wollten. Im Zweifel gilt die gesetzliche Anordnung einer modifizierten Bringschuld.[477] Für eine Abweichung bedarf es hinreichender Anhaltspunkte, die sich entweder aus der Vertragsformulierung oder ei-

---

[473] EuGH, Urteil vom 3.4.2008 – Rs. C-306/06 (*01051 Telecom*), Slg. 2008 S. I-1923, Rn. 30.

[474] *Omlor*, in: Staudinger, BGB (2012), Vorbem 84 zu §§ 675c-676c.

[475] EuGH, Urteil vom 3.4.2008 – Rs. C-306/06 (*01051 Telecom*), Slg. 2008 S. I-1923, Rn. 30; *Schwab*, NJW 2011, 2833, 2838; *Heyers*, JZ 2012, 398, 402.

[476] NJW 2012, 2360, 2362 f.

[477] Ebenso auf Grundlage der qualifizierten Schickschuld OLG Saarbrücken NJW-RR 1998, 1664, 1665.

ner besonderen Interessenlage der Parteien ergeben können. Verwenden die Parteien eine interpretationsoffene Klausel, die von einer „Zahlung innerhalb von zwölf Werktagen nach Rechnungseingang“ spricht, so kann daraus nicht zwangsläufig auf eine vertragliche Abweichung geschlossen werden.[478] Gleiches gilt auch für Rechtzeitigkeitsklauseln in gerichtlichen Vergleichen.[479] Der Begriff der „Zahlung“ kann sowohl auf die Leistungshandlung als auch den Leistungserfolg abzielen. Auch die Interessenlage des Gläubigers, nur bei zeitnaher Erfüllung einen Rabatt gewähren zu wollen, spricht nicht für ein gegenteiliges Ergebnis: Eine Überweisung ohne Drittstaatenbezug (vgl. § 675d Abs. 1 Satz 2 BGB) nimmt nach § 675s Abs. 1 Satz 1 BGB lediglich (etwa[480]) einen Geschäftstag in Anspruch; dabei handelt es sich im Übrigen um eine Höchstfrist, die eine Unterschreitung zulässt.

2. Lastschrift

Eine Verantwortlichkeit des Schuldners für den rechtzeitigen Eintritt des Zahlungserfolgs können die Parteien begründen, sofern sie das Valutaverhältnis um eine Lastschriftabrede ergänzen. Als Nebenabrede zu den Erfüllungsmodalitäten im Valutaverhältnis sieht sie eine Begleichung der Forderung mittels Lastschrift vor.[481] Die Lastschrift stellt als vom Empfänger angestoßene „*Pull*-Zahlung“ eine rückläufige Überweisung dar.[482] Den Gläubiger trifft eine Initiativlast: Er muss selbst die Einziehung des Zahlungsbetrags einleiten und hierfür die erforderlichen Belege vorlegen oder zumindest bereithalten.[483] Daher liegt bei Lastschriftzahlungen keine modifizierte Bringschuld, sondern eine Holschuld vor.[484] Der Schuldner hat alles Erforderliche getan, wenn er die je nach Lastschrifttyp im Vorhinein notwendige Autorisierung erteilt und zum Belastungszeitpunkt für eine hinreichende Deckung auf seinem Konto sorgt. Ab dem 9.7.2012 war auch für die Einzugsermächtigungslastschrift, die zum 1.2.2014 abgeschafft wurde, eine vorherige Autorisierung erforderlich; die frühere Ge-

---

[478] A.A. OLG Stuttgart NJW 2012, 2360, 2362 f.

[479] Offen OLG Nürnberg NJW-RR 2000, 800.

[480] Vgl. zur präzisen Berechnung der Ausführungsfrist *Omlor*, in: Staudinger, BGB (2012), § 675s Rn. 8.

[481] *Weber*, Recht des Zahlungsverkehrs (4. Auflage 2004), S. 162 ff.

[482] BGHZ 69, 82, 84; *Hadding/Häuser*, ZHR 145 (1981) 138, 156; *Rottnauer*, WM 1995, 272; *van Gelder*, WM 2001, Sonderbeilage Nr. 7, S. 2 ff.; *Langenbucher*, Die Risikozuordnung im bargeldlosen Zahlungsverkehr (2001), S. 183 ff.; *Meder*, JZ 2005, 1089.

[483] BGHZ 69, 366; BGH BB 1985, 1022; *Hadding*, WM 1978, 1366, 1379; *Schwarz*, ZIP 1989, 1442 f.

[484] BGH NJW 1984, 871, 872; BGHZ 177, 69 Rn. 24; BGHZ 186, 269 Rn. 26; BVerwG NVwZ 2000, 79, 80; OLG Koblenz NJW-RR 1994, 689, 691; *Hadding*, WM 1978, 1366, 1379; *Ellenberger*, in: *Schimansky/Bunte/Lwowski* (Hrsg.), Bankrechts-Handbuch (4. Auflage 2011), § 58 Rn. 182; *Omlor*, in: Staudinger, BGB (2012), Vorbem 103 zu §§ 675c-676c; a.A. *Schön*, AcP 198 (1998) 401, 446 f.

nehmigungs- wurde durch die Einwilligungstheorie ersetzt.[485] Lässt der Gläubiger dennoch keine Lastschrift durchführen, hat er die Rechtsfolgen des Annahmeverzugs zu tragen.

C. Verzug

I. Schuldnerverzug

1. Allgemeine Voraussetzungen

Der Schuldner einer Geldforderung kann nach § 286 BGB mit seiner Zahlungsverbindlichkeit in Verzug kommen. Sein mangelndes finanzielles Leistungsvermögen hindert zunächst nicht das Bestehen einer Forderung, da § 275 Abs. 1 und 2 BGB nicht anwendbar ist. Aber auch eine Exkulpation (§ 286 Abs. 4 BGB) wegen unverschuldeten Unvermögens ist nach ganz überwiegender Ansicht ausgeschlossen.[486] Unter dem alten Schuldrecht wurde dieses Ergebnis verbreitet aus einer Analogie zu § 279 BGB a.F. hergeleitet.[487] Sofern mit den Gesetzesverfassern[488] bei Geldschulden die Übernahme eines Beschaffungsrisikos im Sinne von § 276 Abs. 1 Satz 1 BGB angenommen wird, müsste hingegen eine Differenzierung vorgenommen werden: Lediglich das typische Risiko der rechtzeitigen Beschaffung würde durch den Schuldner übernommen, nicht aber für von beiden Parteien unvorhersehbare Umstände, die eine Zahlungsverzögerung bewirkten.[489] Käme dem Geldschuldner beispielsweise sein gesamtes Geldvermögen kurz vor dem Zahlungstermin durch Diebstahl oder unbefugten Zugriff auf sein Zahlungskonto abhanden, wäre ein Vertretenmüssen zu verneinen. Demgegenüber müssten die Autoren, die eine Garantie des Geldschuldners im Sinne von § 276 Abs. 1 Satz 1 BGB annehmen wollen,[490] stets ein Vertretenmüssen annehmen, sofern sie nicht eine – erneut konstruiert anmutende – Einschränkung des Garantieinhalts vornehmen wollen.

Das geldrechtlich vorzugswürdige Ergebnis ergibt sich jedoch nicht aus § 276 BGB, sondern folgt aus der Natur des Geldes und der Geldschuld. Ihrem Leistungsgegenstand nach ist die Geldschuld keine Sach- oder Gattungsschuld, bei der Beschaffungsrisiken übernommen werden könnten. Geld im abstrakten Sinne ist – von Extremfällen in politischen oder wirtschaftlichen Krisenzei-

---

485 *Omlor*, NJW 2012, 2150, 2151.

486 BGHZ 36, 344, 345; BGH NJW 1985, 2640 f.; *Honsell*, in: *Medicus* (Hrsg.), Festschrift für Hermann Lange (1992), S. 509, 510; vgl. auch BGHZ 83, 293, 300.

487 Mugdan II S. 537; *K. Schmidt*, in: Staudinger, BGB (1997), Vorbem C32 zu §§ 244 ff.

488 BT-Drucks. 14/7052, S. 184.

489 *Löwisch/Feldmann*, in: Staudinger, BGB (2009), § 286 Rn. 144; ähnlich *Ernst*, in: MünchKomm BGB (6. Auflage 2012), § 286 Rn. 103.

490 *Löwisch/Caspers*, in: Staudinger, BGB (2009), § 276 Rn. 167.

ten abgesehen – als solches stets verfügbar. Daraus leitet sich die Regel ab, dass der Schuldner das individuelle Nichtverfügen über Geld regelmäßig zu vertreten hat. Nur in sehr engen Ausnahmefällen ist eine Exkulpation denkbar, etwa wenn in Krisenzeiten unvorhersehbare staatliche Devisenbeschränkungen eingeführt werden. Auf § 242 BGB muss hierzu nicht zurückgegriffen werden.[491] Bei Verbraucherdarlehensverträgen gelten entgegen einer vereinzelten Minderheitsauffassung[492] keine Erleichterungen für die Rückzahlung der Darlehensvaluta.[493] Der Katalog der verbraucherschützenden Besonderheiten beschränkt sich auf die in §§ 491–505 BGB enthaltenen Anordnungen und bleibt darüber hinaus ohne Auswirkungen auf die allgemeinen geldschuldrechtlichen Regelungen zum Rückzahlungsanspruch aus § 488 Abs. 1 Satz 2 BGB.

2. Sonderfall der Entgeltforderung

Nach § 286 Abs. 3 Satz 1 BGB kommt der Schuldner einer Entgeltforderung spätestens 30 Tage nach Fälligkeit und Zugang einer Rechnung oder gleichwertigen Zahlungsaufstellung in Verzug, ohne dass es hierzu einer Mahnung (§ 286 Abs. 1 BGB) oder deren Entbehrlichkeit (§ 286 Abs. 2 BGB) bedarf. Die Vorschrift geht auf die Vorgabe aus Art. 3 Abs. 3 lit. b der Zahlungsverzugsrichtlinie[494] zurück. Der Entgeltbegriff hingegen ist Art. 1 Abs. 2 der Zahlungsverzugsrichtlinie zu entnehmen und wurde inhaltsgleich auch in § 288 Abs. 2 BGB umgesetzt. Zu fragen ist, ob ein solches Entgelt ausschließlich in der Zahlung von Geld bestehen kann und, wenn ja, ob nur bestimmte Geldforderungen erfasst sind. Die deutschen Gesetzesmaterialien enthalten hierzu widersprüchliche Aussagen.[495] Während die Begründung des Gesetzentwurfes noch proklamierte, § 286 Abs. 3 Satz 1 BGB sei „nicht mehr nur auf Geldforderungen beschränkt, sondern auf alle Forderungen ausgedehnt“[496], wurde später eine Einschränkung auf „Entgeltforderungen aus Verträgen“[497] angenommen. Beide Thesen haben keinen ausdrücklichen Niederschlag im Gesetzestext des § 286 Abs. 3 Satz 1 BGB gefunden; nur bei § 288 Abs. 2 BGB wurde die Einschränkung auf rechtsgeschäftlich begründete Forderungen einbezogen. Der Bundesgerichtshof geht wie selbstverständlich davon aus, dass ein Entgelt – zumindest ein solches im Sinne der §§ 286 Abs. 3 Satz 1, 288 Abs. 2 BGB – ausschließlich in der Zahlung von Geld bestehen könne.[498] In der Tat streitet die Wortlautaus-

---

[491] A.A. *K. Schmidt*, in: Staudinger, BGB (1997), Vorbem C33 zu §§ 244 ff.

[492] *Dubischar*, in: AK-BGB (1980), § 279 a.F. Rn. 6.

[493] *Ernst*, in: MünchKomm BGB (6. Auflage 2012), § 286 Rn. 103.

[494] Richtlinie 2011/7/EU zur Bekämpfung von Zahlungsverzug im Geschäftsverkehr vom 16.2.2011, ABl. EG Nr. L 248 S. 1 vom 23.2.2011.

[495] *Schermaier*, NJW 2004, 2501.

[496] BT-Drucks. 14/6040, S. 147.

[497] BT-Drucks. 14/6857, S. 51.

[498] BGH NJW 2010, 1872 Rn. 22 f.

legung im Lichte der Zahlungsverzugsrichtlinie für ein solches enges Begriffsverständnis. Nicht nur die amtliche Bezeichnung der Richtlinie, sondern auch ihre Erwägungsgründe (z.B. 8, 9, 12, 13, 17) und ihre Art. 1 Abs. 2 und Art. 2 Nr. 4 gehen von der „Zahlung" einer Entgeltforderung aus. „‚Zahlen' tut man mit Geld."[499] Auch die weitere Einschränkung, wonach die Geldforderung als – nicht notwendig synallagmatische – Gegenleistung für eine erbrachte oder noch zu erbringende Leistung des Gläubigers fungieren muss,[500] folgt aus der Zahlungsverzugsrichtlinie. Die Gegenleistung wird mittelbar über das Erfordernis einer Rechnung oder gleichwertigen Zahlungsaufstellung einbezogen.[501]

3. Rechtsfolgen

Der Schuldnerverzug führt nach § 280 Abs. 1 und 2 BGB zu einer Schadensersatzpflicht des Schuldners. Für Geldschulden ordnet § 288 Abs. 1 BGB eine Verzinsung in Höhe von fünf Prozentpunkten *pro anno* über dem jeweiligen Basiszinssatz als Mindestverzögerungsschaden an. Ein darüber hinausgehender Schaden (vgl. § 288 Abs. 4 BGB) kann bei Geldschulden insbesondere aus Nichtanlage des geschuldeten Kapitals[502] und den Kosten einer Kreditaufnahme[503] resultieren. Hierfür ist der Gläubiger darlegungs- und beweisbelastet.[504] Ein Verzögerungsschaden kann sich auch infolge eines während des Verzugs eingetretenen Geldwertverlusts ergeben. Insofern erfolgt allerdings keine pauschale Inflationsindexierung der Geldforderung, sondern es bedarf eines konkreten Schadensnachweises im Einzelfall.

4. Verzugsende

Die bislang herrschende Auffassung hat für die Verzugsbeendigung auch bei Geldschulden schon die Vornahme der Leistungshandlung genügen lassen.[505] Diese Einordnung beruhte auf dem überkommenen Verständnis der Geldschuld als (qualifizierter) Schickschuld. Der Europäische Gerichtshof[506] hat

---

[499] *Schermaier*, NJW 2004, 2501.

[500] BGH NJW 2010, 1872 Rn. 23; *Merle*, ZWE 2003, 231, 235; *Löwisch/Feldmann*, in: Staudinger, BGB (2009), § 286 Rn. 95.

[501] *Schermaier*, NJW 2004, 2501.

[502] BGH VersR 1980, 194; vgl. zur abstrakten Schadensberechnung BGHZ 62, 102, 104 ff.; BGHZ 104, 337, 338 ff.

[503] BGH NJW 1953, 337; BGH WM 1974, 128.

[504] BGH NJW-RR 1991, 1406.

[505] Statt vieler BGHZ 44, 178, 179; BGH NJW 1998, 1302; *K. Schmidt*, in: Staudinger, BGB (1997), Vorbem C34 zu §§ 244 ff.; anders aber *ders.*, in: *Martinek/Sellier* (Hrsg.), Staudinger-Symposion (1998), S. 76, 82 ff.

[506] EuGH, Urteil vom 3.4.2008 – Rs. C-306/06 (*01051 Telecom*), Slg. 2008 S. I-1923, Rn. 21 ff. = NJW 2008, 1935 = WM 2008, 678 = ZIP 2008, 732 zur vorherigen Richtlinienfassung.

Art. 3 Abs. 1 lit. b der Zahlungsverzugsrichtlinie[507] – zutreffend – dergestalt ausgelegt, dass im geschäftlichen Verkehr zwischen Unternehmern hinsichtlich der Rechtzeitigkeit auf den Erhalt des Geldbetrags durch den Gläubiger abzustellen ist. Maßgeblich ist danach nicht die Vornahme der Leistungshandlung, sondern der Eintritt des Leistungserfolgs.[508] Zur Verzugsbeendigung genügt es, wenn entsprechend den Regeln der Bringschuld das geschuldete Geld dem Gläubiger an dessen Wohn- oder Geschäftssitz angeboten wird.[509] Aus dem zentralen Erwägungsgrund 17 der Zahlungsverzugsrichtlinie ist abzuleiten, dass der Zahlungsempfänger tatsächlich über den geschuldeten Geldbetrag verfügen können muss, damit eine Verzugsbeendigung eintritt. Damit besteht kein Gleichlauf mit der Verteilung der Übermittlungs-[510] und Insolvenzgefahr[511] zwischen Schuldner und Gläubiger.

Insbesondere im bargeldlosen Zahlungsverkehr führt dieser Paradigmenwechsel zu einem Hinausschieben des Verzugsendes bei nachträglicher Leistung. Bei einer Überweisung endet der Verzug nicht bereits mit Abgabe des Überweisungsauftrags, deren Zugang beim sendenden Zahlungsdienstleister oder dem Eingang des Zahlbetrags auf dem Konto des empfangenden Zahlungsdienstleisters; erst die Gutschrift auf dem Empfängerkonto, mit der zugleich im Valutaverhältnis Erfüllung eintritt, beendet den Verzug.[512] Überweist der Schuldner jedoch so rechtzeitig, dass unter Zugrundelegung der gesetzlichen Ausführungsfristen (§ 675s BGB) ein fristgemäßer Zahlungseingang zu erwarten ist, so kann es an einem Verschulden nach § 286 Abs. 4 BGB fehlen.[513] Einschränkend gilt jedoch, dass dem Zahler das Verschulden seines Zahlungsdienstleisters und der zwischengeschalteten Stellen nach § 278 BGB zugerechnet wird.

Bei der Zahlung mit Kreditkarte erlangt der Gläubiger eine effektive Zugriffsmöglichkeit auf den Zahlbetrag mit Wirksamwerden des abstrakten Schuldversprechens nach § 780 BGB im Akquisitionsverhältnis.[514] Wegen der zumeist nur monatlichen Abrechnung zwischen Kreditkartenunternehmen und Vertragsunternehmen[515] kann die Verzugsbeendigung nicht erst im Zeit-

---

[507] Richtlinie 2011/7/EU zur Bekämpfung von Zahlungsverzug im Geschäftsverkehr vom 16.2.2011, ABl. EG Nr. L 248 S. 1 vom 23.2.2011.

[508] OLG Jena NJOZ 2012, 481, 482; insofern zustimmend *Schwab*, NJW 2011, 2833 f., 2838.

[509] *Löwisch/Feldmann*, in: Staudinger, BGB (2009), § 286 Rn. 114.

[510] Vgl. unten, S. 333 ff.

[511] Vgl. unten, S. 344 ff.

[512] I.E. ebenso OLG Jena NJOZ 2012, 481, 482; *Gsell*, GPR 2008, 165, 170 f.

[513] EuGH, Urteil vom 3.4.2008 – Rs. C-306/06 (*01051 Telecom*), Slg. 2008 S. I-1923, Rn. 30; *Schwab*, NJW 2011, 2833, 2838.

[514] Vgl. zur Rechtsnatur stellvertretend BGHZ 150, 286; BGHZ 157, 256; *Martinek*, in: *Häuser/Hammen/Hennrichs/Steinbeck*, *et al.* (Hrsg.), Festschrift für Walther Hadding (2004), S. 967 ff. m.w.N.

[515] *Martinek*, in: *Schimansky/Bunte/Lwowski* (Hrsg.), Bankrechts-Handbuch (4. Auflage 2011), § 67 Rn. 4.

punkt der tatsächlichen Verfügbarkeit des Zahlbetrags eintreten. Insofern ergibt sich aus der Abrede der Parteien im Valutaverhältnis über die Verwendung der Kreditkarte eine abweichende Regelung, die von der zugrunde liegenden Bargeldersatzfunktion der Kreditkarte gestützt wird. Die Vorgaben der Zahlungsverzugsrichtlinie stehen nicht entgegen, da sie zum einen nicht für den Geschäftsverkehr mit Verbrauchern gelten (Art. 2 Nr. 1 der Richtlinie 2011/7/EU) und zum anderen nicht grob nachteilig für den Gläubiger wären (Art. 7 Abs. 1 der Richtlinie 2011/7/EU). Hingegen stünde mit der Bargeldersatzfunktion der Kreditkarte nicht im Einklang, bei einer zeitlich versetzten Abrechnung lediglich das Verschulden des Schuldners (§ 286 Abs. 4 BGB) zu verneinen. In Parallele zur Kreditkartenzahlung gestaltet sich die Rechtslage bei Verwendung der Debitkarte im POS-Verfahren und der Geldkarte, welche ebenfalls eine Bargeldersatzfunktion aufweisen. Auch in diesen Fällen liegt der schuldrechtlichen Abrede der Parteien im Valutaverhältnis die Vorstellung zugrunde, dass eine unter Umständen verzögerte Abrechnung im Akquisitionsverhältnis nicht zulasten des Zahlers gehen soll.

Haben sich Gläubiger und Schuldner auf einen Lastschrifteinzug und damit eine Holschuld geeinigt, muss der Gläubiger lediglich für eine hinreichende Kontodeckung sorgen und den Schuldner regelmäßig darüber in Kenntnis setzen. Die Auslegung der Zahlungsverzugsrichtlinie durch den Europäischen Gerichtshof ist insofern nicht einschlägig, da sie die Überweisung betraf.[516] Zudem wäre der Gläubiger für den Nichterhalt des Zahlungsbetrags nicht verantwortlich im Sinne von Art. 3 Abs. 1 lit. b der Zahlungsverzugsrichtlinie. Schließlich kommt es bei der Scheckzahlung auf die Einlösung des Schecks, nicht auf dessen Erhalt durch den Gläubiger an.[517] Eine verzögerte Scheckeinreichung schließt allerdings das Verschulden des Schuldners nach § 286 Abs. 4 BGB aus.[518]

II. Gläubigerverzug

1. Allgemeine Voraussetzungen und Barzahlungsfall

Der Gläubiger einer Geldschuld kommt grundsätzlich nach §§ 293 f. BGB nur dann in Verzug der Annahme, wenn er die ihm – so, wie sie zu bewirken ist – angebotene Zahlung nicht annimmt. Die Geldleistung muss – einer plastischen, aber auch ungenauen Formulierung zufolge – so bereitgestellt werden, dass der Gläubiger „nur noch zuzugreifen braucht“[519]. Die geschuldete Leistung muss insbesondere zur richtigen Zeit und am richtigen Ort angeboten werden.

---

[516] Vgl. EuGH, Urteil vom 3.4.2008 – Rs. C-306/06 (*01051 Telecom*), Slg. 2008 S. I-1923, Rn. 17 = NJW 2008, 1935 = WM 2008, 678 = ZIP 2008, 732.
[517] OLG Jena NJOZ 2012, 481, 482.
[518] OLG Jena NJOZ 2012, 481, 482.
[519] BGHZ 90, 354, 359; ebenso RGZ 109, 324, 328.

Maßgeblich ist der Inhalt des Schuldverhältnisses, ob also eine Hol-, Schick- oder Bringschuld vorliegt. Geld ist, da es sich um eine modifizierte Bringschuld handelt, am Wohn- oder Geschäftssitz des Gläubigers anzubieten. Im Falle einer Barzahlung genügt es nicht, wenn der Schuldner das Geld bei sich trägt; er muss vielmehr durch sein Verhalten zum Ausdruck bringen, dass er mit Zustimmung des Gläubigers das mitgeführte Geld aushändigen wird.[520] Die bloße Erklärung der Leistungsbereitschaft ohne ein tatsächliches Übereignungsangebot genügt nicht.[521]

2. Überweisung

Bei einer Überweisung liegt ein tatsächliches Angebot nicht bereits vor, wenn der Schuldner auf seinem Konto den geschuldeten Betrag bereitstellt.[522] Ebenso wenig wird der Gläubiger in Annahmeverzug versetzt, wenn der Schuldner seinem Zahlungsdienstleister lediglich einen Überweisungsauftrag erteilt hat und der sendende Zahlungsdienstleister den Empfänger darüber informiert.[523] Eine Zugriffsmöglichkeit erwächst dem Zahlungsempfänger damit noch nicht. Ein tatsächliches Angebot liegt jedoch vor, sobald der überwiesene Zahlungsbetrag auf dem Konto des empfangenden Zahlungsdienstleisters eingegangen ist.[524] Unerheblich ist, dass dem Gläubiger daraus nur ein Anspruch auf die Gutschrift und noch keine unmittelbare Verfügungsbefugnis erwächst (§ 675t Abs. 1 BGB). Darin liegt eine Parallele zum tatsächlichen Angebot von Bargeld, bei dem der Gläubiger ebenfalls noch zugreifen muss. Im Falle des Buchgeldtransfers liegt das Zugreifen in der Geltendmachung des Anspruchs auf Zurverfügungstellung aus § 675t Abs. 1 BGB.

3. Kartenzahlung

Haben sich Schuldner und Gläubiger über die Zahlung mit einer Kreditkarte, Debitkarte (im POS-Verfahren) oder Geldkarte geeinigt, so liegt wie bei der Barzahlung eine modifizierte Bringschuld vor. Wegen der Bargeldersatzfunktion dieser Kartenzahlungen sind die Anforderungen an ein tatsächliches Angebot analog zum hypothetischen Barzahlungsfall auszugestalten. Bei der Kredit- und der Debitkarte (im POS-Verfahren) hat der Schuldner die Autorisierung des Zahlungsvorgangs auf dem nach § 675j Abs. 1 Satz 4 BGB vereinbarten Weg anzubieten. Wie bei der Barzahlung genügt es nicht, die Zahlungskarte stillschweigend mitzuführen. Auch eine Übermittlung der Karte selbst versetzt den

[520] RGZ 85, 415, 416.
[521] BGHZ 88, 91, 94.
[522] RGZ 108, 158, 159 f.
[523] RGZ 109, 324, 328.
[524] *Löwisch/Feldmann*, in: Staudinger, BGB (2009), § 294 Rn. 12; *Heyers*, JZ 2012, 398, 402.

Gläubiger noch nicht in die Lage, auf den geschuldeten Geldbetrag zuzugreifen, sofern nicht das sog. Mailorder-Verfahren genutzt wird. Zur Autorisierung mittels Kreditkarte bedarf es bei den Präsenztransaktionen entweder der Unterschrift auf dem Leistungsbeleg („Slip") oder der Eingabe der zugehörigen PIN. Wird die Kreditkarte im Mailorder-Verfahren, z.B. bei Internettransaktionen, eingesetzt, so genügt bereits die Mitteilung der notwendigen Kreditkartendaten (üblicherweise Name des Inhabers, Kartennummer, Ablaufdatum, Prüfziffern). Bei der Zahlung mit Debitkarte im POS-Verfahren ist zur Autorisierung stets die Eingabe der PIN erforderlich.[525] Das Angebot der Autorisierung ermöglicht dem Gläubiger den unmittelbaren Zugriff auf einen Bargeldersatz, der in einem abstrakten Schuldversprechen des Kreditkartenunternehmens besteht.[526] Sofern eine Geldkarte zum Einsatz kommt, gestaltet sich die Rechtslage wegen ihrer – noch gesteigerten – Bargeldersatzfunktion weitgehend parallel. Wegen der antizipierten, generell-abstrakten Generalweisung des Zahlers an den Kartenemittenten[527] ist für das tatsächliche Angebot lediglich zu fordern, dass die Bereitschaft zur Verwendung der mitgeführten Geldkarte – ohne Einhaltung weiterer Sicherheitsvorkehrungen wie etwa PIN-Eingabe – signalisiert wird.

4. Lastschrift

Vereinbaren die Parteien im Valutaverhältnis einen Lastschrifteinzug, so liegt eine Holschuld vor.[528] Der Schuldner einer Holschuld hat in Abweichung zu § 294 BGB kein tatsächliches Angebot vorzunehmen, um seinen Gläubiger in Annahmeverzug zu versetzen. Ausreichend kann vielmehr bereits ein wörtliches Angebot nach § 295 BGB sein.[529] Der Gläubiger muss bei der Lastschrift eine erforderliche Mitwirkungshandlung im Sinne von § 295 Alt. 2 BGB ausführen. Aus Sicht des Schuldners genügt es, wenn er auf seinem Konto eine hinreichende Deckung – durch Guthaben oder einen Kreditrahmen – sicherstellt und die erforderliche Autorisierung erteilt. Im Einzelfall, sofern etwa eine vorherige Einziehung an mangelnder Deckung gescheitert ist, kann nach Treu und Glauben eine Mitteilung an den Gläubiger über die Leistungsbereitschaft geboten sein.

---

[525] *Koch*, in: *Schimansky/Bunte/Lwowski* (Hrsg.), Bankrechts-Handbuch (4. Auflage 2011), § 68 Rn. 3; *Omlor*, in: Staudinger, BGB (2012), Vorbem 206 zu §§ 675c-676c; *Werner*, in: Soergel, BGB (13. Auflage 2012), § 675f Rn. 72.

[526] Vgl. zur Rechtsnatur stellvertretend BGHZ 150, 286; BGHZ 157, 256; *Martinek*, in: *Häuser/Hammen/Hennrichs/Steinbeck, et al.* (Hrsg.), Festschrift für Walther Hadding (2004), S. 967 ff. m.w.N.

[527] *Langenbucher*, Die Risikozuordnung im bargeldlosen Zahlungsverkehr (2001), S. 309 ff.; *Omlor*, in: Staudinger, BGB (2012), Vorbem 226 zu §§ 675c-676c.

[528] Vgl. oben, S. 325 f.

[529] *Ernst*, in: MünchKomm BGB (6. Auflage 2012), § 294 Rn. 2.

D. Übermittlungsgefahr und -kosten

I. Überblick

Sowohl nach der bislang herrschenden Ansicht, welcher zufolge die Geldschuld eine qualifizierte Schickschuld ist, als auch nach der vorzugswürdigen Gegenansicht, die eine modifizierte Bringschuld annimmt, trägt der Schuldner grundsätzlich Kosten und Gefahr der Geldübermittlung an den Gläubiger. Geld „reist"[530] daher auf Kosten und Gefahr des Schuldners. *Sedes materiae* ist § 270 Abs. 1 bis 3 BGB. Der darin enthaltene Rechtssatz lässt sich allerdings auf Grundlage der Bringschuldtheorie schlüssiger in die geldschuldrechtliche Systematik einordnen.[531] Liegen Leistungs- und Erfolgsort am Wohnsitz des Gläubigers, so versteht sich diese Gefahr- und Kostentragung von selbst. Das komplexe Kunstprodukt einer qualifizierten Schickschuld, das in Bezug auf die Transportgefahr Anleihen bei der Bringschuld nehmen musste,[532] wird auf diese Weise obsolet.

II. Anwendungsbereich von § 270 BGB

§ 270 BGB gilt sowohl für Bargeld- als auch Buchgeldzahlungen.[533] Irrelevant ist, ob es sich um Geldsummen- oder Geldwertschulden handelt.[534] Auch die Zahlung des Arbeitslohns ist erfasst.[535] Die Anwendbarkeit des § 270 BGB ist nicht davon abhängig, ob Gläubiger und Schuldner ihren Wohnort bzw. Geschäftssitz innerhalb derselben politischen Gemeinde haben; die Vorschrift gilt sowohl beim Fern- als auch Platzgeschäft.[536]

Streitbehaftet ist demgegenüber, ob § 270 BGB auch für Herausgabeansprüche herangezogen werden kann. In der Diskussion wird nicht selten übersehen, dass in einem ersten Schritt zu klären ist, ob es sich im konkreten Fall überhaupt um eine Geldschuld handelt.[537] Maßgeblich ist dabei, ob der Herausgabeanspruch gegenstands- oder wertbezogen ausgestaltet ist.[538] Nur wertbezogene Herausgabeansprüche stellen Geldschulden dar und können daher

---

[530] BGH NJW 1959, 1176.

[531] Vgl. anschaulich *K. Schmidt*, in: *Martinek/Sellier* (Hrsg.), Staudinger-Symposion (1998), S. 76, 94 f.

[532] Vgl. statt vieler RGZ 78, 137, 140.

[533] Statt aller BAG NZA 1993, 711, 713; *Schön*, AcP 198 (1998) 401, 445; *Heermann*, Geld und Geldgeschäfte (2003), § 3 Rn. 53; *Bittner*, in: Staudinger, BGB (2009), § 270 Rn. 13 ff.

[534] *K. Schmidt*, in: Staudinger, BGB (1997), Vorbem C22 zu §§ 244 ff.

[535] BAGE 29, 40, 45.

[536] RGZ 78, 137, 140 f.; BGH NJW 1959, 1176.

[537] So z.B. *Bittner*, in: Staudinger, BGB (2009), § 270 Rn. 6.

[538] Vgl. oben, S. 261 ff.

prinzipiell § 270 BGB unterfallen. In einem zweiten Schritt ist sodann die Frage zu beantworten, ob sich Abweichungen aus den Besonderheiten des dem Herausgabeanspruch zugrunde liegenden Rechtsverhältnisses ergeben. Die „Natur des Geschäfts“[539], genauer die gesetzliche oder vertragliche Risikoverteilung, kann zum – vollständigen oder partiellen – Ausschluss von § 270 BGB führen. Eine solche Konstellation liegt bei Herausgabeansprüchen im Auftrags- und Geschäftsbesorgungsrecht (§§ 667, 675 Abs. 1, 675u Satz 2 BGB, § 384 Abs. 2 HGB) sowie im Recht der Geschäftsführung ohne Auftrag (§ 681 Satz 2 BGB) typischerweise vor.[540] Allgemein ist der Herausgabepflichtige bei einem unverschuldeten Untergang des Herausgabegegenstands selbst in seinem eigenen Herrschaftsbereich nicht ersatzpflichtig, so dass für die Transportphase nichts anderes gelten kann. Das Vermögen des Schuldners soll nicht belastet werden, auch nicht mit Transportrisiken.[541] Entgegen der überwiegenden Ansicht, die unterscheidungslos eine Anwendbarkeit von § 270 Abs. 1 BGB verneint, ist jedoch eine differenzierende Sichtweise angebracht:[542] Der Gläubiger hat in Abweichung von § 270 Abs. 1 BGB lediglich die Gefahr des zufälligen Untergangs zu tragen.[543] Bei der gesetzlichen Regel des § 270 Abs. 1 BGB bleibt es hingegen, sofern zur Ausführung des Geschäfts erhaltenes Geld bestimmungswidrig verwendet wurde und nach § 667 Alt. 1 BGB zurückzugewähren ist.

Nicht unproblematisch gestaltet sich das Verhältnis von § 270 BGB und § 818 Abs. 3 BGB. Es stellt sich die Frage, ob das Übermittlungsrisiko bei einer auf Bereicherungsrecht gestützten Geldschuld durch die allgemeine geldschuldrechtliche Gefahrtragungsregel des § 270 BGB oder durch den besonderen Entreicherungseinwand des § 818 Abs. 3 BGB zugewiesen wird. Im Kern sollte die Lösung im insofern spezielleren Bereicherungsrecht gesucht werden.[544] Grundsätzlich findet § 270 BGB daher auf bereicherungsrechtliche Geldschulden keine Anwendung.[545] Statt dessen ist hinsichtlich des Transportrisikos auf den Entreicherungseinwand abzustellen. Hierbei gilt es entgegen BGHZ 83, 293 bei der Anwendung des § 818 Abs. 3 BGB zu klären, ob der Bereicherungsschuldner „im Lichte der Rechtsordnung“ noch ungerechtfertigt bereichert ist.[546] Davon

---

[539] RGZ 2, 116, 118; RGZ 23, 96, 103.

[540] RGZ 2, 116, 118; RGZ 23, 96, 103; BGHZ 28, 123, 128; BGHZ 143, 373, 378; BGH NJW 2005, 3709, 3710; AG Frankfurt a.M. NJW 1949, 111, 112; *Coing*, JZ 1970, 245, 246; *K. Schmidt*, in: Staudinger, BGB (1997), Vorbem C22 zu §§ 244 ff.; *Bittner*, in: Staudinger, BGB (2009), § 270 Rn. 6.

[541] BGHZ 28, 123, 128; BGHZ 143, 373, 378.

[542] *Ehmann*, in: Erman, BGB (13. Auflage 2011), § 667 Rn. 8; dem folgend *Martinek*, in: Staudinger, BGB (2006), § 667 Rn. 17.

[543] So auch im Fall von RGZ 2, 116, 118 und RGZ 23, 96, 103.

[544] I.E. ebenso *K. Schmidt*, in: *Martinek/Sellier* (Hrsg.), Staudinger-Symposion (1998), S. 76, 94.

[545] *Sieveking*, MDR 1947, 291, 292; *Bittner*, in: Staudinger, BGB (2009), § 270 Rn. 7.

[546] *Reuter/Martinek*, Ungerechtfertigte Bereicherung (1983), S. 588 ff.

abzugrenzen ist die Rechtslage im Fall einer verschärften Haftung des Bereicherungsschuldners nach §§ 818 Abs. 4, 819 BGB. Zu den allgemeinen Vorschriften im Sinne des § 818 Abs. 4 BGB zählt auch § 270 BGB. In der Folge wird das Übermittlungsrisiko dem Bereicherungsschuldner zugewiesen.[547]

III. Zahlungsort

Der Zahlungsort im Sinne von § 270 BGB ist nicht der Ort der Vornahme der Leistungshandlung, sondern des Eintritts des Leistungserfolgs.[548] Da es sich bei Geldschulden grundsätzlich um modifizierte Bringschulden handelt, ist der Zahlungsort der Wohnort bzw. Geschäftssitz des Gläubigers.[549] Damit fallen Leistungs- und Zahlungsort bei Geldschulden zusammen. Von dieser Grundregel kann sowohl gesetzlich als auch vertraglich abgewichen werden. Auch in Allgemeinen Geschäftsbedingungen ist eine abweichende Vereinbarung des Zahlungsorts zulässig,[550] wobei diese einer Wirksamkeitskontrolle nach § 307 BGB unterliegen. Eine vertragliche Sonderregelung wird getroffen, wenn die Parteien eine Zahlung mittels Lastschrift vereinbaren. Die Geldschuld des Valutaverhältnisses zwischen Zahler und Empfänger wird auf diese Weise zur Holschuld. Gesetzliche Spezialvorschriften zugunsten einer Holschuld finden sich in Art. 28, 29 ScheckG[551] und Art. 38 WG[552]. Eine Sonderregel stellt § 1194 BGB für Grundschulden auf. Bringschulden ordnen § 224 AO für Steuerschulden und Art. 57 Abs. 1 lit. a CISG für den Kaufpreisanspruch[553] an.

IV. Umfang der Kostentragung

Im Fall der Zahlung von Bargeld hat der Schuldner die Kosten der Übermittlung (z.B. mit der Post, einem Kurierdienst oder Sicherheitsunternehmen) sowie das Verlustrisiko, das sich insbesondere durch Diebstahl, Unterschlagung oder schlichtes Abhandenkommen realisieren kann, zu tragen. Tritt ein solcher Verlustfall ein, dann erfolgt keine Erfüllung der Geldschuld, denn bei der Bringschuld liegt der Erfolgsort am Wohn-/Geschäftssitz des Gläubigers. Eine Teil-

---

[547] *K. Schmidt*, in: Staudinger, BGB (1997), Vorbem C22 zu §§ 244 ff.; *Bittner*, in: Staudinger, BGB (2009), § 270 Rn. 7.

[548] *Krüger*, in: MünchKomm BGB (6. Auflage 2012), § 270 Rn. 7.

[549] *Bittner*, in: Staudinger, BGB (2009), § 270 Rn. 2.

[550] BGH NJW-RR 2003, 192, 193 f.

[551] Vgl. *Nobbe*, in: *Schimansky/Bunte/Lwowski* (Hrsg.), Bankrechts-Handbuch (4. Auflage 2011), § 60 Rn. 263.

[552] Vgl. BGHZ 96, 182, 193.

[553] *Mankowski*, in: *Ferrari/Kieninger/Mankowski/Otte, et al.* (Hrsg.), Internationales Vertragsrecht (2. Auflage 2012), Art. 57 CISG Rn. 8; *Magnus*, in: Staudinger, BGB (2013), Art. 57 CISG Rn. 14 m.w.N.

erfüllung bleibt möglich, sofern es nur zu einem teilweisen Verlust des übermittelten Bargeldes kommt; im Rahmen des § 266 BGB werden Geldschulden als teilbar angesehen.[554] Die Kostentragung bei bargeldloser Zahlung umfasst ausschließlich die durch den konkreten Zahlungsvorgang verursachten Kosten, nicht aber allgemeine Teilnahmeentgelte für den bargeldlosen Zahlungsverkehr wie beispielsweise Kontoführungsgebühren.[555] Bei einer Überweisung hat der Schuldner daher das Entgelt des von ihm eingeschalteten Zahlungsdienstleisters (§ 675f Abs. 4 Satz 1 BGB) nicht nur im Deckungs-, sondern auch im Valutaverhältnis zu übernehmen. Auch im Fall von Kartenzahlungen – mit Kredit- oder Debitkarte – fallen dem Zahler und Karteninhaber die Kosten für die Nutzung der Zahlungskarte zur Last. Diese können sich aus einem nutzungsunabhängigen Jahresentgelt und einer transaktionsorientierten Einsatzgebühr (z.B. für Zahlungen in Fremdwährung) zusammensetzen.[556] Besonderheiten gelten, falls die Debitkarte lediglich als Datenträger im elektronischen Lastschriftverfahren zur Verwendung kommt. Für diese Zahlungsart gelten die Regeln über die Einzugsermächtigungslastschrift,[557] die eine Holschuld des Gläubigers begründet.

V. Umfang der Gefahrtragung

1. Grundlagen und Barzahlung

Sachlich umfasst die Gefahrtragung nach § 270 Abs. 1 BGB ausschließlich die Transportgefahr,[558] d.h. bei Barzahlungen den Verlust von Geldzeichen und bei bargeldlosen Zahlungen die nicht erfolgte oder fehlerhafte Ausführung eines Zahlungsvorgangs. Die Reichweite der Gefahrtragung durch den Gläubiger wird allerdings entscheidend in zeitlicher Hinsicht bestimmt. Grundsätzlich endet sie mit der Erfüllung der Geldschuld.[559] Allgemein tritt Erfüllung bei einer Geldschuld ein, wenn der Gläubiger den geschuldeten Betrag endgültig zur freien Verfügung erhalten hat.[560] Bei Barzahlung ist hierzu die Eigentumsübertragung an Geldzeichen mit entsprechendem Nennwert erforderlich. Der Schuldner muss erneut leisten, sofern das Bargeld vor dem Eigentumserwerb durch den Gläubiger untergeht.[561] Das Einwerfen von Bargeld in

---

[554] RGZ 67, 260, 261 zu § 431 BGB.

[555] BAG AP BAT § 36 Nr. 1; BAG AP BetrVG 1972 § 87 Auszahlung Nr. 1; wohl auch BGHZ 185, 359 Rn. 52.

[556] *Omlor*, in: Staudinger, BGB (2012), Vorbem 130 zu §§ 675c-676c.

[557] *Omlor*, in: Staudinger, BGB (2012), Vorbem 214 zu §§ 675c-676c.

[558] *Wiese*, NJW 2006, 1569, 1570; *Krüger*, in: MünchKomm BGB (6. Auflage 2012), § 270 Rn. 12.

[559] *Wiese*, NJW 2006, 1569, 1570 f.; *Krüger*, in: MünchKomm BGB (6. Auflage 2012), § 270 Rn. 13.

[560] BGH NJW 1996, 1207; BGHZ 186, 279 Rn. 22.

[561] RGZ 78, 137, 140.

den Hausbriefkasten kann daher keine Erfüllung und keinen Gefahrübergang bewirken.[562]

2. Überweisung

Erfolgt die Zahlung bargeldlos, so ergeben sich Unterschiede zum Zeitpunkt des Gefahrübergangs bei Bargeldzahlungen. Ein Zusammenfallen von Erfüllung und Gefahrübergang ist bei Überweisungen nicht anzunehmen. Bei Überweisungen tritt Erfüllung nach § 362 Abs. 1 BGB[563] erst mit der Gutschrift auf dem Konto des Empfängers ein, da dieser erst hierdurch die tatsächliche Verfügungsmöglichkeit über den geschuldeten Betrag erhält.[564] Allein die Gutschrift auf dem Konto des Zahlungsdienstleisters des Gläubigers genügt nicht.[565] Die weitgehende Unwiderruflichkeit der Überweisung hat nichts daran geändert, dass der Gläubiger die tatsächliche Verfügungsmöglichkeit erst durch seinen Anspruch *aus* der Gutschrift erlangt.[566] Der Gefahrübergang findet hingegen chronologisch früher statt, nämlich bereits im Zeitpunkt der Gutschrift des Zahlbetrags auf dem Konto des empfangenden Zahlungsdienstleisters (vgl. § 675t Abs. 1 Satz 1 BGB). Dieser Zeitpunkt bildet nicht nur die Schnittstelle zwischen den Pflichtenkreisen der Zahlungsdienstleister des Zahlers und des Empfängers.[567] Zugleich endet mit dem Eingang des Zahlungsbetrags bei dem empfangenden Zahlungsdienstleister auch der Einflussbereich des Zahlers. Abgesehen von den Fällen der Haus- oder Filialüberweisung stehen dem Zahler bei Fehlleistungen nach diesem Zeitpunkt keine rechtlichen Einflussmöglichkeiten mehr offen. Der mit ihm vertraglich verbundene sendende Zahlungsdienstleister hat seine Pflichten mit Bewirken der Gutschrift auf dem Konto des empfangenden Zahlungsdienstleisters erfüllt. Nachfolgende Pflichtverletzungen sind im Inkassoverhältnis zwischen Gläubigerbank und Gläubiger abzuwickeln.

Unerheblich ist insofern, dass nach § 675p Abs. 1 BGB ein Widerruf von Überweisungsaufträgen bereits mit Zugang beim sendenden Zahlungsdienstleister ausgeschlossen ist. Auf die Endgültigkeit der Vermögensbewegung – angenommen bei Eingang der Überweisungsunterlagen bei der Empfängerbank

---

562 AG Köln NJW 2006, 1600.

563 BGH NJW 1996, 1207; OLG Frankfurt NJW 1998, 387; *Dücker*, WM 1999, 1257, 1263; *Gößmann/van Look*, WM 2000, Sonderbeilage Nr. 1, S. 3, 21; a.A. BGHZ 87, 156, 162.

564 BGH WM 1982, 293; BGH NJW 1999, 210; BGHZ 186, 279 Rn. 23; *Helbig*, Die Giroüberweisung, deren Widerruf und Anfechtung nach deutschem und schweizerischem Recht (1970), S. 90; *Bittner*, in: Staudinger, BGB (2009), § 270 Rn. 38; *Olzen*, in: Staudinger, BGB (2011), Vorbem 27 zu §§ 362 ff.; *Omlor*, in: Staudinger, BGB (2012), Vorbem 82 zu §§ 675c-676c.

565 BGHZ 6, 121, 122 f. m.w.N.; *Olzen*, in: Staudinger, BGB (2011), Vorbem 27 zu §§ 362 ff. m.w.N.; a.A. *Mayen*, in: *Schimansky/Bunte/Lwowski* (Hrsg.), Bankrechts-Handbuch (4. Auflage 2011), § 49 Rn. 192; *Werner*, in: *Kümpel/Wittig* (Hrsg.), Bank- und Kapitalmarktrecht (4. Auflage 2011), Rn. 7.340 ff.

566 *Omlor*, in: Staudinger, BGB (2012), Vorbem 82 zu §§ 675c-676c.

567 Vgl. dazu *Omlor*, in: Staudinger, BGB (2012), § 675t Rn. 1.

und Eintritt der Unwiderruflichkeit – kann nicht mehr zurückgegriffen werden.[568] Nach altem Überweisungsrecht vor Inkrafttreten der Zahlungsdiensterichtlinie[569] trat die Unwiderruflichkeit erst mit Erteilung der Gutschrift auf dem Konto des Empfängers ein.[570] Übertragen auf die neue Rechtslage, könnte der Gefahrübergang schon ab Zugang des Zahlungsauftrags bei dem sendenden Zahlungsdienstleister erfolgen. Die Geldschuld würde bei Überweisungen in Bezug auf die Gefahrtragung zur Holschuld umgestaltet.

3. Lastschrift

Das Lastschriftverfahren als klassische „*Pull*-Zahlung", die auf die Initiative des Gläubigers hin eingeleitet wird, begründet keine modifizierte Bringschuld (oder nach bisheriger Rechtslage eine qualifizierte Schickschuld), sondern nach nahezu allgemeiner Auffassung eine Holschuld.[571] Der Schuldner muss lediglich für hinreichende Deckung auf seinem Konto im Zahlungszeitpunkt sorgen und die Lastschrift nach § 675j Abs. 1 BGB autorisieren. Der Leistungsort, an dem der Schuldner die Leistungshandlung vorzunehmen hat, fällt mit dem Erfolgs-/Zahlungsort zusammen, an dem der geschuldete Leistungserfolg eintritt; beide liegen am Wohnsitz des Schuldners. Der Holschuldcharakter hat unmittelbare Auswirkungen auf die Verteilung der Übermittlungsgefahr zwischen Zahler und Empfänger. Im Valutaverhältnis findet der Gefahrübergang statt, sobald der Zahlungsdienstleister des Zahlers die Lastschrift eingelöst und das Konto des Zahlers belastet hat.[572] Der Hintergrund für diesen im Vergleich zur Überweisung vorgelagerten Zeitpunkt liegt in dem Charakter der Lastschrift als „rückläufiger Überweisung"[573]: Bei der Lastschrift obliegt dem Gläubiger die Auswahl der Hilfspersonen, die für die Weiterleitung des Zahlungsbetrags vom Konto des Zahlers über das Interbankenverhältnis zu seinem Zahlungsdienstleister und schließlich auf sein eigenes Konto verantwortlich sind. Auch

---

[568] Anders noch zur früheren Rechtslage *Heermann*, Geld und Geldgeschäfte (2003), § 3 Rn. 57.

[569] Richtlinie 2007/64/EG über Zahlungsdienste im Binnenmarkt vom 13.11.2007, ABl. EU Nr. L 319 S. 1 vom 5.12.2007.

[570] Statt vieler BGHZ 103, 143, 145 f. m.w.N.

[571] BGH NJW 1984, 871, 872; BGHZ 177, 69 Rn. 24; BGHZ 186, 269 Rn. 26; BVerwG NVwZ 2000, 79, 80; OLG Koblenz NJW-RR 1994, 689, 691; *Hadding*, WM 1978, 1366, 1379; *Ellenberger*, in: *Schimansky/Bunte/Lwowski* (Hrsg.), Bankrechts-Handbuch (4. Auflage 2011), § 58 Rn. 182; *Omlor*, in: Staudinger, BGB (2012), Vorbem 103 zu §§ 675c-676c; a.A. *Schön*, AcP 198 (1998) 401, 446 f.

[572] *Ellenberger*, in: *Schimansky/Bunte/Lwowski* (Hrsg.), Bankrechts-Handbuch (4. Auflage 2011), § 58 Rn. 184 m.w.N.

[573] BGHZ 69, 82, 84; *Hadding/Häuser*, ZHR 145 (1981) 138, 156; *Rottnauer*, WM 1995, 272; *van Gelder*, WM 2001, Sonderbeilage Nr. 7, S. 2 ff.; *Langenbucher*, Die Risikozuordnung im bargeldlosen Zahlungsverkehr (2001), S. 183 ff.; *Meder*, JZ 2005, 1089.

bestimmt der Empfänger – im Rahmen der jeweiligen Lastschriftabrede – den Zeitpunkt der Zahlung.

4. Kartenzahlung

Die Zahlung mit Kredit- oder Debitkarte im POS-Verfahren reiht sich systematisch ebenso wie die Überweisung zu den sog. „*Push*-Zahlungen" ein. Der Zahlungsvorgang wird auf Initiative des Zahlers eingeleitet. Der Zahlungsempfänger nimmt die Kreditkartenzahlung an seiner gewerblichen Niederlassung entgegen. Die Parteien streben dabei eine weitgehende Parallelität zur Bargeldzahlung an. Die Risikostruktur des gesamten Zahlungsvorgangs soll an den Barzahlungsfall angeglichen werden. Der Zahlungsempfänger erhält gegenüber dem Kartenemittenten eine gesicherte Rechtsposition, die derjenigen bei einer Barzahlung des Schuldners entspricht (Bargeldersatzfunktion).[574] Die Kreditkartenzahlung stellt ein Bargeldsurrogat dar.[575] Es ist ein Vergleich mit dem hypothetischen Fall einer Bargeldzahlung zu ziehen.

a) Kreditkarte

Auf Grundlage dieser als herrschend einzustufenden Einordnung des Kreditkartenverfahrens bestehen Bedenken gegen die Einordnung einer durch Kreditkarte zu erfüllenden Verbindlichkeit als Holschuld.[576] Der Bundesgerichtshof hat die Frage bislang ausdrücklich offen gelassen.[577] Vorgebracht wird, der Zahlungsempfänger müsse den Leistungsbeleg in eigener Verantwortung an das Kreditkartenunternehmen übermitteln.[578] Dem Karteninhaber sei regelmäßig weder bekannt noch habe er Einfluss darauf, auf welche Weise der „Slip" seinen Weg zum Kartenemittenten nehme. Daher müsse auch der Empfänger das Verlustrisiko für den Leistungsbeleg tragen. Diese Erwägungen treffen durchaus zu, vermögen allerdings eine Einordnung der Geldschuld zwischen Zahler und Empfänger als Holschuld nicht zu rechtfertigen. Der vom Karteninhaber unterzeichnete Leistungsbeleg ist kein Wertpapier, dessen Existenz zugleich das Bestehen der verkörperten Forderung bedingt. Allenfalls für die Abwicklung im Inkassoverhältnis zwischen Karten- und Vertragsunternehmen kann das Vorhandensein des Leistungsbelegs – je nach Ausgestaltung des Akquisitionsvertrags – zwingende Voraussetzung für die Gewährung eines abstrakten Schuld-

---

574 Vgl. *Langenbucher*, Die Risikozuordnung im bargeldlosen Zahlungsverkehr (2001), S. 267 ff.; *Barnert*, WM 2003, 1153, 1154.

575 *Omlor*, in: Staudinger, BGB (2012), Vorbem 181 zu §§ 675c-676c.

576 Befürwortend hingegen *Langenbucher*, Die Risikozuordnung im bargeldlosen Zahlungsverkehr (2001), S. 283; *Bittner*, in: Staudinger, BGB (2009), § 270 Rn. 17; *Krüger*, in: MünchKomm BGB (6. Auflage 2012), § 270 Rn. 11.

577 BGHZ 185, 359 Rn. 52.

578 *Langenbucher*, Die Risikozuordnung im bargeldlosen Zahlungsverkehr (2001), S. 283.

versprechens sein. Letzteres ist regelmäßig aufschiebend bedingt durch eine ordnungsgemäße Belegausstellung.[579] Die Nichteinbeziehung des Schuldners in diese interne Abwicklung kann aber nicht begründen, dass Leistungs- und Erfolgsort im Valutaverhältnis zum Wohnsitz des Schuldners verlagert werden. Die Bargeldersatzfunktion der Kreditkarte fokussiert aus Sicht des Valutaverhältnisses die gesamte Zahlungsabwicklung auf den Zeitpunkt des Karteneinsatzes im Ladenlokal des Vertragsunternehmens bzw. am Ende des per Telefon oder Internet geführten Bestellvorgangs.[580] Das Paradigma der Bargeldersatzfunktion würde unterlaufen, sofern bei Kreditkartenzahlungen eine Holschuld und nicht – wie bei der normalen Bargeldzahlung – eine modifizierte Bringschuld angenommen würde.

b) Debitkarte

Auch bei der Vereinbarung einer Zahlung mit Debitkarte im *Point-of-Sale*-Verfahren (POS-Verfahren) liegt keine Holschuld, sondern wie bei der Bargeldzahlung eine modifizierte Bringschuld vor.[581] Die geldschuldrechtliche Behandlung ist insofern parallel zur Kreditkartenzahlung gelagert, als beide Zahlungsarten eine Bargeldersatzfunktion aufweisen. Das POS-System ist überwiegend nach dem Vorbild der Universalkreditkarte aufgebaut.[582] Das mit dem Einsatz der Debitkarte verbundene Clearingverfahren ist der Autorisierung durch Karteneinsatz und PIN-Eingabe zumeist unmittelbar nachgelagert, so dass die „Freigabe“ an der Ladenkasse erst nach erfolgreicher elektronischer Deckungsanfrage bei dem zuständigen Zahlungsdienstleister erfolgt. Die – aus dem Inkassoverhältnis folgende – Notwendigkeit des Clearingverfahrens begründet aber ebenso wenig wie bei der Kreditkarte einen Holschuldcharakter der Hauptverbindlichkeit. Bargeldersatzfunktion bedeutet, dass Zahler und Empfänger auch in Bezug auf die Übermittlungsgefahr wie in einem hypothetischen Barzahlungsfall behandelt werden. Daher liegt eine modifizierte Bringschuld vor.

c) Geldkarte

Einigen sich Schuldner und Gläubiger im Valutaverhältnis über die Verwendung einer Geldkarte, so kommt ein Zahlungsauthentifizierungsinstrument mit einer noch gesteigerten Bargeldersatzfunktion zum Einsatz. Durch § 675i Abs. 2 Nr. 2 und 3, Abs. 3 BGB wird eine vertragliche Ausgestaltung der Vertragsbe-

---

[579] BGHZ 150, 286, 294 f.

[580] Ähnlich *Schön*, AcP 198 (1998) 401, 445 f.

[581] A.A. *Langenbucher*, Die Risikozuordnung im bargeldlosen Zahlungsverkehr (2001), S. 296 f.

[582] *Omlor*, in: Staudinger, BGB (2012), Vorbem 205 ff. zu §§ 675c-676c.

ziehungen im Deckungsverhältnis eröffnet, welche die Risikostruktur dieser Zahlungskarte noch weiter als bei der Kredit- oder Debitkartenzahlung an den Barzahlungsfall annähert.[583] Die Notwendigkeit für den Zahlungsempfänger, seine Schattensalden bei der bankinternen Börsenevidenzzentrale geltend zu machen, vermag keine Holschuld zu begründen. In Anlehnung an den Barzahlungsfall ist vielmehr von einer modifizierten Bringschuld auszugehen.

VI. Gefahrübergang

1. Unanwendbarkeit von § 243 Abs. 2 BGB

Bei Gattungsschulden vermag der Schuldner die zunächst von ihm getragene Leistungsgefahr nach § 243 Abs. 2 BGB auf den Gläubiger zu transferieren, sofern er „das zur Leistung einer solchen Sache seinerseits Erforderliche getan" hat. Die Voraussetzungen einer solchen Konkretisierung hängen von dem jeweiligen Schuldgegenstand und der Schuldart ab.[584] Der Schuldner muss allgemein mit einer erfüllungstauglichen Sache die geschuldete Leistungshandlung zur richtigen Zeit am richtigen Ort vornehmen, d.h. insoweit „anleisten", dass der Gläubiger nur zuzugreifen braucht, soweit es der Vertrag von ihm verlangt.[585] Bei Geldschulden könnte daher erwogen werden, ob die Bereitstellung einer abgrenzbaren Menge von Geldzeichen eine solche Konkretisierung darstellt. Zwar gilt § 243 Abs. 2 BGB nur für Gattungsschulden, wozu Geldschulden nicht gehören. Simitis[586] hat dementsprechend eine Übertragung des schlichten Rechtsgedankens aus § 243 Abs. 2 BGB auf die Geldschuld erwogen.

Trotz dieser methodischen Extensionsbemühungen ist die Anwendbarkeit von § 243 Abs. 2 BGB auf die Geldschuld abzulehnen.[587] Erstens riefe die Eröffnung der Konzentrationsmöglichkeit in ihren praktischen Auswirkungen eine Ungleichbehandlung zwischen Bar- und Buchgeldzahlungen hervor, die sachlich nicht gerechtfertigt wäre. Bei Buchgeld ist es naturgemäß selten, dass eine erfüllungstaugliche Menge vom restlichen Buchgeld abgesondert wird. Allenfalls bei speziellen Konten für die konkrete Schuld[588] oder einem ansonsten ungenutzten Konto könnte eine Absonderung angenommen werden. Schon die Erteilung eines auf einen bestimmten Betrag gerichteten Zahlungsauftrags wird

---

[583] *Pfeiffer*, NJW 1997, 1036, 1039; *Omlor*, in: Staudinger, BGB (2012), Vorbem 225 f. zu §§ 675c-676c.

[584] *Schiemann*, in: Staudinger, BGB (2009), § 243 Rn. 30.

[585] *Emmerich*, in: MünchKomm BGB (6. Auflage 2012), § 243 Rn. 26.

[586] *Simitis*, AcP 159 (1960) 406, 446 f.; ähnlich LG Lüneburg NJW 1950, 764, 765 f.

[587] OLG Hamburg MDR 1948, 346; *Isele*, AcP 129 (1928) 129, 175; *Falcke*, Geld – Wert oder Sache? (1951), S. 32; *K. Schmidt*, JuS 1984, 737, 742; *Martens*, JuS 2014, 105, 108; a.A. LG Lüneburg NJW 1950, 764, 765 f.; *Rötelmann*, NJW 1950, 782.

[588] LG Lüneburg NJW 1950, 764, 766.

teilweise als hinreichend angesehen.[589] Die Heranziehung von § 243 Abs. 2 BGB im praktischen Schwerpunkt für das Bargeld wäre inkompatibel mit der fortschreitenden Entmaterialisierung des Geldes. Die Versendung von Bargeld auf dem Postweg, wie sie Medicus[590] noch 1966 als potentiellen Anwendungsfall für § 243 Abs. 2 BGB ansah, dürfte heute kaum noch praktische Relevanz aufweisen. Zweitens wird § 243 Abs. 2 BGB für Geldschulden vom spezielleren § 270 BGB verdrängt.[591] Für Ausnahmen hiervon besteht kein Bedürfnis.[592]

2. Analogie zu § 300 Abs. 2 BGB

Im Gegensatz zu § 243 Abs. 2 BGB kann ein vorgelagerter Gefahrübergang nach § 300 Abs. 2 BGB (analog) auch bei der Geldschuld erfolgen.[593] Zwar droht auch hier in der praktischen Anwendung in Teilen eine Ungleichbehandlung von Bar- und Buchgeld. Allerdings besteht für § 300 Abs. 2 BGB neben § 270 BGB ein eigenständiger – wenn auch begrenzter – Anwendungsraum. Da es sich bei Geldschulden weder um Sach- noch um Gattungsschulden handelt, kommt allerdings lediglich eine analoge Anwendung in Betracht.[594] Die Vorverlagerung des Gefahrübergangs im Vergleich zu den allgemeinen Regeln, d.h. regelmäßig zur modifizierten Bringschuld, kann bei einer Aussonderung von Bar- oder Buchgeld von Bedeutung sein. Bietet der Schuldner dem Gläubiger die Übermittlung von Geld (Bar- oder Buchgeld) an und lehnt dieser ab, so geht bereits infolge wörtlichen Angebots (§ 295 BGB) die Leistungsgefahr analog § 300 Abs. 2 BGB auf den Gläubiger über, ohne dass eine Aussonderung notwendig wäre.[595] Gleiches gilt, wenn erforderliche Mitwirkungshandlungen des Gläubigers unterlassen werden (z.B. Mitteilung der Bankverbindung). Ein Gefahrübergang tritt im Übrigen ein, wenn der geschuldete Geldbetrag ausgesondert wurde. Bei Bargeld müssen Geldzeichen in entsprechendem Nennwert separiert werden. Eine Absonderung von Buchgeld ist insbesondere durch Deponierung auf einem Sonderkonto[596] oder durch Erteilung eines Zahlungsauftrags in ent-

---

[589] *K. Schmidt*, in: Staudinger, BGB (1997), Vorbem C36 zu §§ 244 ff. (zu § 300 Abs. 2 BGB).

[590] *Medicus*, JuS 1966, 297, 305.

[591] OLG Hamburg MDR 1948, 346; *Medicus*, JuS 1966, 297, 305.

[592] *K. Schmidt*, in: Staudinger, BGB (1997), Vorbem C10 zu §§ 244 ff.; a.A. *Medicus*, JuS 1966, 297, 305; *Schiemann*, in: Staudinger, BGB (2009), § 243 Rn. 35.

[593] OGHBrZ NJW 1950, 144, 145; *Rötelmann*, NJW 1950, 782, 783; *Falcke*, Geld – Wert oder Sache? (1951), S. 33; *Ernst*, in: *Flume/Schön* (Hrsg.), Gedächtnisschrift für Brigitte Knobbe-Keuk (1997), S. 49, 85; *Heermann*, Geld und Geldgeschäfte (2003), § 3 Rn. 71; *Löwisch/Feldmann*, in: Staudinger, BGB (2009), § 300 Rn. 18; *Ernst*, in: MünchKomm BGB (6. Auflage 2012), § 300 Rn. 4; *Martens*, JuS 2014, 105, 108; a.A. *Isele*, AcP 129 (1928) 129, 176 f.

[594] *K. Schmidt*, in: Staudinger, BGB (1997), Vorbem C10 zu §§ 244 ff.

[595] Allgemein *Löwisch/Feldmann*, in: Staudinger, BGB (2009), § 300 Rn. 17.

[596] LG Lüneburg NJW 1950, 764, 766.

sprechender Höhe[597] möglich. Von § 300 Abs. 2 BGB analog soll auch das Risiko einer Währungsumstellung erfasst sein.[598]

E. Risikotragung jenseits von § 270 BGB

Keine Gefahr im Sinne des § 270 Abs. 1 BGB stellt die Geldentwertung zwischen der Absendung des Geldes und dem Erfüllungseintritt dar. Gleiches gilt für das Risiko der Insolvenz eines für die Geldübermittlung eingeschalteten Zahlungsdienstleisters. In beiden Fällen bedarf es daher einer abweichenden dogmatischen Verortung der Risikotragungsregeln.

I. Geldentwertungsrisiko

Während der Übermittlung des Geldes vom Schuldner an den Gläubiger kann eine Geldentwertung eintreten, die dazu führt, dass bei Geldwertschulden im maßgeblichen Erfüllungszeitpunkt mit der abgesendeten Zahl an Währungseinheiten nicht mehr vollständig erfüllt werden kann. In Zeiten von geringen Inflationsraten und kurzen Ausführungsfristen für bargeldlose Zahlungen (vgl. § 675s BGB) sind solche Szenarien praktisch selten. Anwendungsfälle können aber bei verzögerter Ausführung von bargeldlosen Zahlungsvorgängen, Bargeld- oder Schecksendungen per Post, bedeutenden Zahlungsbeträgen oder hohen Inflationsraten entstehen. Aus der Einstufung der Geldschuld als modifizierter Bringschuld folgt, dass der Schuldner für einen Verlust des Geldes auf dem Transportweg einzustehen hat. Die Geldentwertung ist als teilweiser Verlust anzusehen.[599] Dem Schuldner ist demzufolge das Geldentwertungsrisiko bis zum Eintritt der Erfüllung zugewiesen.[600] Einbußen des Außenwerts des Geldes – im Vergleich zwischen verschiedenen Währungen – sind ebenfalls über § 244 Abs. 2 BGB bis zum Erfüllungszeitpunkt zulasten des Schuldners zu berücksichtigen.[601] Auch ein Währungswechsel während des Übermittlungsvorgangs ist der Risikosphäre des Schuldners zuzurechnen.[602] Der Schuldner, nicht

---

[597] *K. Schmidt*, in: Staudinger, BGB (1997), Vorbem C36 zu §§ 244 ff.

[598] OLG Hamm DRZ 1949, 470 (unmittelbare Anwendung des § 300 Abs. 2 BGB); *Rötelmann*, NJW 1950, 782, 783.

[599] *Bittner*, in: Staudinger, BGB (2009), § 270 Rn. 24; *Krüger*, in: MünchKomm BGB (6. Auflage 2012), § 270 Rn. 14; a.A. *Heermann*, Geld und Geldgeschäfte (2003), § 3 Rn. 62.

[600] LG Mannheim NJW 1960, 823; *K. Schmidt*, in: *Martinek/Sellier* (Hrsg.), Staudinger-Symposion (1998), S. 76, 86 unter Aufgabe von *ders.*, in: Staudinger, BGB (1997), Vorbem C28 zu §§ 244 ff.

[601] LG Mannheim NJW 1960, 823.

[602] OLG Stuttgart NJW 1950, 189 f. mit Anmerkung von *Baner*; *Heermann*, Geld und Geldgeschäfte (2003), § 3 Rn. 63; *Bittner*, in: Staudinger, BGB (2009), § 270 Rn. 24; a.A. OLG

aber der Gläubiger hat infolge des Bringschuldcharakters das Verzögerungsrisiko und damit auch das Geldentwertungsrisiko zu tragen. Mit dem entwerteten Geldbetrag vermag der Schuldner nur noch teilweise zu erfüllen.

II. Insolvenzrisiko

1. Grundlagen

Bei bargeldlosen Zahlungen kann die Insolvenz eines der eingeschalteten Zahlungsdienstleister die Übermittlung des Zahlungsbetrags auf das Empfängerkonto verhindern.[603] Umstritten ist, ob § 270 BGB auch eine Zuweisung dieses Insolvenzrisikos zu entnehmen ist.[604] Vorzugswürdig erscheint es, von § 270 BGB nur solche Gefahren als erfasst anzusehen, die typischerweise mit der Geldübermittlung zusammenhängen, und daher das Insolvenzrisiko nicht als Gefahr in diesem Sinne einzustufen.[605] Das Insolvenzrisiko ist vielmehr nach den Einflusssphären von Gläubiger und Schuldner aufzuteilen.[606]

2. Überweisung

Bei einer Überweisung erfasst der Pflichtenkreis des sendenden Zahlungsdienstleisters auch die Weiterleitung im Interbankenverhältnis und endet erst mit der Gutschrift auf dem Konto des empfangenden Zahlungsdienstleisters im Sinne von § 675t Abs. 1 Satz 1 BGB. Entsprechend ist auch die verschuldensunabhängige Haftung des sendenden Zahlungsdienstleisters aus § 675y BGB in zeitlicher Hinsicht ausgestaltet. Mit Eingang bei der Empfängerbank wird der Zahlungsbetrag in deren Zuständigkeitsbereich überführt.[607] Für chronologisch nachfolgende Fehler haftet sie dem Zahlungsempfänger aus dem Zahlungsdienstevertrag. In Parallele hierzu sind die Verantwortungssphären von Zahler und Zahlungsempfänger ausgestaltet. Bei institutsfremden Überweisungen trägt der Zahler das Insolvenzrisiko des sendenden Zahlungsdienstleisters und der zwi-

---

Düsseldorf NJW 1949, 951 mit Anmerkung von *Fahrtmann*, jeweils m.w.N. zum Streitstand. Vgl. zu kollisionsrechtlichen Problemen *Lüders*, MDR 1948, 384 ff.

[603] Vgl. zur Insolvenz von Zahler oder Zahlungsempfänger *Ott/Vuia*, in: MünchKomm InsO (3. Auflage 2013), § 82 Rn. 17 ff. m.w.N.

[604] Dagegen *K. Schmidt*, in: Staudinger, BGB (1997), Vorbem C27 zu §§ 244 ff. m.w.N. auch zur Gegenauffassung; *Krüger*, in: MünchKomm BGB (6. Auflage 2012), § 270 Rn. 14.

[605] *Krüger*, in: MünchKomm BGB (6. Auflage 2012), § 270 Rn. 14; a.A. *Brechtel*, Die Tilgung von Geldforderungen bei Überweisung, Lastschrift- und Kreditkartenzahlung (2013), S. 55.

[606] Ähnlich *K. Schmidt*, in: Staudinger, BGB (1997), Vorbem C27 zu §§ 244 ff.; a.A. *Brechtel*, Die Tilgung von Geldforderungen bei Überweisung, Lastschrift- und Kreditkartenzahlung (2013), S. 57.

[607] *Omlor*, in: Staudinger, BGB (2012), § 675t Rn. 1.

schengeschalteten Stellen im Interbankenverhältnis,[608] während das Insolvenzrisiko des empfangenden Zahlungsdienstleisters vom Zahlungsempfänger zu übernehmen ist.[609] Ist wie bei institutsinternen Überweisungen nur ein einziger Zahlungsdienstleister in die Ausführung des Zahlungsvorgangs involviert, so ergibt sich der Anspruch des Empfängers auf die Gutschrift ebenfalls aus § 675t Abs. 1 BGB. Der Schuldner hat das Insolvenzrisiko nur bis zum Entstehen dieses Anspruchs zu tragen.[610] Hierfür spricht, dass die Einflusssphären von Zahler und Empfänger einheitlich auch bei institutsinternen Überweisungen nach Maßgabe von § 675t Abs. 1 BGB abgeschichtet werden. Auf dieser Grundlage besteht kein Anlass, Filialüberweisungen nicht wie Hausüberweisungen zu behandeln. Bei Filialüberweisungen findet ebenso wie bei Hausüberweisungen kein Vermögensübergang zwischen verschiedenen Zahlungsdienstleistern statt, so dass sie insofern auch als institutsintern eingestuft werden müssen.[611]

3. Lastschrift

Die Zuweisung des Insolvenzrisikos nach Einflusssphären ist ebenso für die Lastschrift fruchtbar zu machen. Ihrem Wesen als „*Pull*-Zahlung" ist es geschuldet, dass mit erfolgter Kontobelastung durch den Zahlungsdienstleister des Zahlers der Verantwortungsbereich des Zahlungsempfängers eröffnet wird. Die Risikostruktur der Überweisung wird bei der Lastschrift gespiegelt. Der Zahler trägt lediglich das Insolvenzrisiko seines Zahlungsdienstleisters. Der Empfänger hingegen kann bestimmen, welchen Zahlungsdienstleister – und unter Umständen welche Zwischenstellen – er mit dem Lastschrifteinzug betraut.

4. Kartenzahlung

Im Fall der Nutzung einer Zahlungskarte (Kreditkarte, Debitkarte im POS-Verfahren, Geldkarte) ist hinsichtlich der Verantwortungssphären einzubeziehen, dass durch diese „*Push*-Zahlungen" eine modifizierte Bringschuld und keine Holschuld im Valutaverhältnis vereinbart wird. Entsprechend ist auch das Insolvenzrisiko zu verteilen. Der Zahler hat das Risiko des Zusammenbruchs seines Zahlungsdienstleisters sowie aller Zwischenstellen zu tragen, bis der Zahlungsbetrag auf dem Konto des Zahlungsdienstleisters des Vertragsunternehmens eingegangen ist. Ab diesem Zeitpunkt ist – parallel zur Überweisung – das Insolvenzrisiko dem Vertragsunternehmen zugewiesen. Ebenso wie bei den übrigen „*Push*-Zahlungen" vermag auch bei den Kartenzahlungen der Zahler zu entscheiden, welcher Hilfspersonen er sich für die Abwicklung des Zahlungsvorgangs bedient. Ihm steht unter anderem die Wahl zwischen den verschiede-

---

[608] *Canaris*, in: Staub, HGB, Bankvertragsrecht (4. Auflage 2005), Rn. 478.
[609] *Bittner*, in: Staudinger, BGB (2009), § 270 Rn. 21; *Heyers*, JZ 2012, 398, 402.
[610] Ähnlich *Canaris*, in: Staub, HGB, Bankvertragsrecht (4. Auflage 2005), Rn. 478.
[611] BGHZ 10, 319, 322.

nen Kartensystemen (Kredit-, Debit- oder Geldkarte) und zwischen den jeweiligen Anbietern offen. Das Vertragsunternehmen hingegen wählt allein seinen Vertragspartner des Akquisitionsvertrags aus.

F. Erfüllung

Der geldschuldrechtliche Regelungskanon des BGB umfasst als einen Zentralbereich die einzelnen Erfüllungstatbestände der §§ 362 ff. BGB. Spezielle Erfüllungsnormen für die Geldschuld weist das BGB-Erfüllungsrecht nicht auf. Den Besonderheiten der Geldschuld ist jeweils auf Tatbestandsseite Rechnung zu tragen.

I. Erfüllungsrechtliche Gleichstellung von Sach- und Buchgeld: Befreiung der Geldschuld vom Währungsrecht

1. Buchgeld im Wirtschafts- und Rechtsleben

Juristische Stellungnahmen zur Erfüllung von Geldschulden sind nicht erst seit Anbruch des 21. Jahrhunderts notwendig mit der Grundentscheidung konfrontiert, ob und auf welche Weise Buchgeld erfüllungsgeeignet ist. Noch vor wenigen Jahrzehnten wurde die „Materialisierung der Währungseinheit(en)" als Voraussetzung einer Erfüllung von Geldschulden angesehen.[612] Die rechtliche Stellung des Buchgeldes ist jedoch vor dem Hintergrund einer Geschichte des Geldes zu konturieren, welche – nicht stufenartig, sondern überlappend – ihren Anfang im Primitivgeld nahm, sich vom Metallgeld zum Papiergeld weiterentwickelte, um schließlich im vorläufigen Höhepunkt der Entmaterialisierung vom Sach- zum Buchgeld überzugehen. Das Volumen des bargeldlosen Zahlungsverkehrs in Deutschland und Europa ist seit Jahren beständig am wachsen.[613] Nationale Hürden innerhalb Europas sind durch die Einführung des einheitlichen Euro-Zahlungsverkehrsraums (*Single Euro Payments Area* – SEPA)[614] gefallen.[615] Mit der SEPA-Überweisung lassen sich Euro-Beträge im Staatsgebiet der 31 SEPA-Teilnehmerländer innerhalb von einem Geschäftstag

[612] *Gramlich*, Bundesbankgesetz, Währungsgesetz, Münzgesetz (1988), § 1 WährG Rn. 5.

[613] Vgl. oben, S. 42.

[614] Vgl. dazu *Bernett/Haug*, in: *Schimansky/Bunte/Lwowski* (Hrsg.), Bankrechts-Handbuch (4. Auflage 2011), § 51 Rn. 31 ff.; Überblick bei *Omlor*, in: Staudinger, BGB (2012), Vorbem 13 zu §§ 675c-676c.

[615] Vgl. zur Vorgeschichte *Hadding*, in: *Gesellschaft für Rechtspolitik Trier* (Hrsg.), Bitburger Gespräche (1993), S. 41 ff.

transferieren, wie sich aus Art. 69 Abs. 1 der Zahlungsdiensterichtlinie[616] ergibt. Euro-Auslandszahlungen sind kostentechnisch Inlandszahlungen durch Art. 3 Abs. 1 der Verordnung (EG) Nr. 924/2009[617] gleichgestellt. Das ungebrochene Vordringen des Buchgeldes in das Wirtschaftsleben der modernen Volkswirtschaften kann nicht ohne Auswirkungen auf die Erfüllungseignung des Buchgeldes und deren Verortung in den §§ 362 ff. BGB bleiben. Anders als bei Knapp zu Beginn des 20. Jahrhunderts kann Buchgeld inzwischen nicht mehr als „Zahlungsmittel neuer Art“[618] bezeichnet werden.

2. Buchgeld und Erfüllung von Geldschulden

Auf der Grundlage des in dieser Arbeit vertretenen zweigliedrigen Geldbegriffs[619] ist eine weitreichende erfüllungsrechtliche Gleichbehandlung von Sach- und Buchgeld geboten, soweit nicht der gesetzliche Annahmezwang betroffen ist. Ebenso nahm Karl Larenz[620] an, Buchgeld könne von seinem Inhaber genau so wie Bargeld für Zahlungen verwendet werden. Die gesetzlichen Bestimmungen über Geld und Geldschulden seien grundsätzlich auf das Buchgeld „mindestens entsprechend“[621] anzuwenden. Anzulegen ist dabei ein funktionaler Vergleichsmaßstab, der nicht aus dem Blickwinkel des Bargelds Anforderungen an das Buchgeld stellt, die für den maßgeblichen abstrakten Geldbegriff irrelevant sind. Nicht verwiesen werden kann daher auf den Unterschied zwischen abstrakter sachenrechtlicher Zuordnung von Geldzeichen und relativer Forderungsbefugnis bei Buchgeld.[622] Bei einem im Kontokorrent geführten Konto steht dem Inhaber ein jederzeit fälliger Anspruch auf Auskehrung des Giroguthabens zu. Eine Übertragung oder Pfändung des (auch künftigen) Anspruchs auf Auszahlung des Kontoguthabens ist möglich.[623] Infolge des periodischen Rechnungsabschlusses entsteht ein vertragliches abstraktes Saldoanerkenntnis nach §§ 780, 781 BGB, das im Wege der Novation die anerkannte

[616] Richtlinie 2007/64/EG über Zahlungsdienste im Binnenmarkt vom 13.11.2007, ABl. EU Nr. L 319 S. 1 vom 5.12.2007.

[617] Verordnung (EG) Nr. 924/2009 über grenzüberschreitende Zahlungen in der Gemeinschaft vom 16.9.2009, ABl. EU Nr. L 266 S. 11 vom 9.10.2009, geändert durch Art. 17 Nr. 2 der Verordnung (EU) Nr. 260/2012 zur Festlegung der technischen Vorschriften und der Geschäftsanforderungen für Überweisungen und Lastschriften in Euro vom 14.3.2012, ABl. EU Nr. L 94 S. 22 vom 30.3.2012.

[618] *Knapp*, Staatliche Theorie des Geldes (4. Auflage 1923), S. 133.

[619] Vgl. oben, S. 96 ff.

[620] *Larenz*, Lehrbuch des Schuldrechts I (14. Auflage 1987), § 13 I.

[621] *Larenz*, Lehrbuch des Schuldrechts I (14. Auflage 1987), § 13 I.

[622] Ähnlich *Duden*, Der Gestaltwandel des Geldes und seine rechtlichen Folgen (1968), S. 7; a.A. *Olzen*, in: Staudinger, BGB (2011), Vorbem 23 zu §§ 362 ff.

[623] BGHZ 84, 325, 327 ff.; BGHZ 84, 371, 373; BGHZ 135, 140, 142; BGH BKR 2006, 375, 377.

Saldoforderung zum alleinigen Schuldinhalt erhebt.[624] Aus Sicht der funktionsorientierten Geldtheorie ist die Rechtsstellung des Buchgeldinhabers damit hinreichend abgesichert, um als gleichwertiges Erfüllungsmittel neben das Bargeld zu treten. Unerheblich ist weiterhin, dass der Inhaber von Buchgeld das Insolvenzrisiko seines Zahlungsdienstleisters trägt.[625] Zum einen besteht bei Bargeld ein Fälschungs- und Diebstahlsrisiko.[626] Zum anderen ist der Inhaber von Kontoguthaben durch freiwillige und gesetzlich[627] vorgeschriebene Einlagensicherungseinrichtungen bis zu einer nennenswerten Höhe vor Ausfällen geschützt.[628] Buchgeld ist schließlich nicht mit einem gesetzlichen Annahmezwang versehen. Die Vorgaben aus Art. 10 Satz 2, 11 Satz 2 der Verordnung (EG) Nr. 974/98[629] und aus § 14 Abs. 1 Satz 2 BBankG sind auf Buchgeld nicht anwendbar. Eine Annahmepflicht kann aber auch aus Gewohnheitsrecht oder vertraglicher Vereinbarung folgen. Insofern ist das Erfüllungsrecht der §§ 362 ff. BGB gegenüber den währungsrechtlichen Vorgaben autark.[630]

3. Rechtliche Grundlagen

a) Gewohnheitsrecht?

Klärungsbedürftig ist, ob in Deutschland bereits eine gewohnheitsrechtlich begründete Gleichwertigkeit von Bar- und Buchgeld zu Erfüllungszwecken anerkannt ist. Es bedürfte in diesem Fall keiner (ausdrücklichen oder konkludenten) Übereinkunft der Parteien, um Buchgeld beispielsweise als „geschuldete Leistung" einer Geldschuld im Sinne von § 362 Abs. 1 BGB anzusehen. Zu Gewohnheitsrecht werden solche Rechtsregeln, „die nicht von einem Gesetzgeber statuiert sind, bei denen vielmehr die Überzeugung der Mitglieder der Rechtsgemeinschaft von ihrer Geltung unmittelbar in deren Verhalten (Übung, Gewohnheit) zum Ausdruck kommt"[631]. Erforderlich ist danach – im Einklang mit

---

[624] BGHZ 26, 142, 150; BGHZ 50, 277, 279; BGH WM 1975, 556, 557; *Omlor*, in: Staudinger, BGB (2012), § 675f Rn. 16.

[625] *Kratzmann*, Der Staat 35 (1996) 221, 240 („bargeldähnliche Sicherheit"); *Brechtel*, Die Tilgung von Geldforderungen bei Überweisung, Lastschrift- und Kreditkartenzahlung (2013), S. 31.

[626] *Schütz*, AcP 160 (1961) 17, 25.

[627] Richtlinie 94/19/EG über Einlagensicherungssysteme im Hinblick auf die Deckungssumme und die Auszahlungsfrist vom 30. 4. 1994, ABl. EG Nr. L 135 S. 5 vom 31. 5. 1994, geändert durch die Richtlinie 2009/14/EG vom 11. 3. 2009, ABl. EU Nr. L 68 S. 3 vom 13. 3. 2009, umgesetzt durch das Einlagensicherungs- und Anlegerentschädigungsgesetz (EAEG).

[628] *Veit*, Grundriss der Währungspolitik (3. Auflage 1969), S. 208 ff.

[629] Verordnung (EG) Nr. 974/98 über die Einführung des Euro vom 3. 5. 1998, ABl. EG Nr. L 139 S. 1 vom 11. 5. 1998.

[630] I.E. ebenso *Grothe*, Fremdwährungsverbindlichkeiten (1999), S. 45 ff.; ähnlich *Freitag*, AcP 213 (2013) 128, 134.

[631] *Honsell*, in: Staudinger, BGB (2013), Einl 234 zum BGB.

der gemeinrechtlichen Doktrin[632] – eine Überzeugung der Rechtsverbindlichkeit (*opinio iuris*) verbunden mit einer lang anhaltenden, allgemeinen, gleichförmigen Übung (*longa consuetudo*). Das BGB lässt die Bildung von Gewohnheitsrecht in seinem Anwendungsbereich zu.[633]

Keine durchgreifenden Einwände gegen die Annahme von Gewohnheitsrecht können aus dem Umstand hergeleitet werden, dass es an eindeutig erkennbaren Grenzen fehlt, ab oder bis zu welchen Beträgen eine Buchgeld- einer Bargeldzahlung erfüllungsrechtlich gleichgestellt ist. Es liegt in der Natur der Sache, dass Gewohnheitsrecht keine Kodifizierung erfahren hat und daher Detailfragen klärungsbedürftig sind. Für eine gewohnheitsrechtliche Anerkennung lässt sich zudem die historische Entwicklung anführen, die einen steten und über Jahrhunderte andauernden Weg der Entmaterialisierung vom Sach- zum Buchgeld darstellt. Über das SEPA-Projekt hat der Buchgeldeinsatz sowohl auf politischer und gesetzgeberischer Seite als auch bei den maßgeblichen Akteuren der Bankenwirtschaft nicht nur Akzeptanz erfahren, sondern wurde als zahlungstechnischer „Königsweg" auserkoren.[634] Nach Auffassung der EU-Kommission gründen sich moderne Volkswirtschaften auf effiziente und sichere Zahlungsverkehrssysteme.[635] Auch die quantitative Bedeutung des bargeldlosen Zahlungsverkehrs ist erheblich und mit weiter steigender Tendenz versehen.[636]

Andererseits muss stets ergebnisoffen hinterfragt werden, wie weit die Perfektionierung der Entmaterialisierung bereits fortgeschritten ist und ob der in einem bestimmten Gebiet erreichte tatsächliche *status quo* schon die Annahme einer gleichförmigen, allgemeinen Übung auf Basis einer entsprechenden Rechtsüberzeugung rechtfertigt. Gegenwärtig erscheint das Verhalten der Wirtschaftssubjekte noch nicht gleichförmig genug, um die Hürde der gewohnheitsrechtlichen Anerkennung überwinden zu können. Zu unterschiedlich ist die Handhabung von bargeldhaften und bargeldlosen Zahlungen je nach Einzelfall, Wirtschaftszweig und Zahlungsbetrag. Allerdings kann sich dieser empirische Befund mit dem Fortschreiten des Entmaterialisierungsprozesses wandeln. Daher besteht lediglich derzeit in Deutschland kein Gewohnheitsrecht, das die erfüllungsrechtliche Gleichstellung von Bar- und Buchgeld beinhaltet.[637]

---

[632] *Honsell*, in: Staudinger, BGB (2013), Einl 234 zum BGB.

[633] *Honsell*, in: Staudinger, BGB (2013), Einl 235 zum BGB.

[634] Vgl. die Erwägungsgründe 1 bis 4 der Richtlinie 2007/64/EG über Zahlungsdienste im Binnenmarkt vom 13.11.2007, ABl. EU Nr. L 319 S. 1 vom 5.12.2007.

[635] KOM(2005) 603, S. 2.

[636] Vgl. im Einzelnen oben, S. 42.

[637] *Münch*, Das Giralgeld in der Rechtsordnung der Bundesrepublik Deutschland (1990), S. 186 f.; a.A. *Helbig*, Die Giroüberweisung, deren Widerruf und Anfechtung nach deutschem und schweizerischem Recht (1970), S. 88 f.

b) Parteiwillen und Verkehrssitte

Bis zum Entstehen von entsprechendem Gewohnheitsrecht gründet die in dieser Arbeit vertretene erfüllungsrechtliche Gleichstellung von Bar- und Buchgeld auf dem Parteiwillen. Dabei ist es unerheblich, ob eine ausdrückliche Einigung über den Einsatz von Buchgeld vorliegt. Auch eine konkludente Abrede ist hinreichend. Ihr Inhalt speist sich aus dem Parteiwillen (§ 133 BGB) sowie aus Verkehrssitte und Treu und Glauben (§ 157 BGB). Die für die Verkehrssitte erforderliche allgemeine Zustimmung der beteiligten Kreise – Privatpersonen wie Kaufleute – und das Bestehen über einen längeren Zeitraum[638] lassen sich geldgeschichtlich nachverfolgen. Seit der Einführung der Wechselzahlung im 14. Jahrhundert in Deutschland breitete sich die bargeldlose Zahlungsweise zunächst in speziellen Bereichen – z.B. auf Messen – aus. Die Gründung der Hamburgischen Bank im Jahr 1619 legte den Grundstein für die Entwicklung des Giroverkehrs in Deutschland. In den Anfangszeiten des bargeldlosen Zahlungsverkehrs war dieser noch weitgehend auf den kaufmännischen Rechtsverkehr beschränkt. Ein historisch bedeutsamer Schritt für die Ausweitung auf den Zahlungsverkehr mit Privaten stellte die Einführung des Postscheckdienstes im Jahr 1908 dar. Die Post wurde auf diese Weise zum „Wegbereiter des bargeldlosen Zahlungsverkehrs"[639] in Deutschland. Die allgemeine Anerkennung des Buchgeldes als potentiell taugliches Erfüllungsmittel für Geldschulden nach §§ 362 ff. BGB erfolgte damit vor rund einem Jahrhundert. Seither hat sich die Bedeutung des Buchgeldes im Wirtschaftsgeschehen signifikant gesteigert. Das SEPA-Projekt und die EU-Zahlungsdiensterichtlinie haben einen europaweiten Binnenmarkt für bargeldlose Zahlungsdienste geschaffen.

Gegen eine prinzipielle Gleichstellung von Bar- und Buchgeld für die Zwecke der Erfüllung von Geldschulden nach §§ 362 ff. BGB können keine durchgreifenden Gläubigerinteressen vorgebracht werden. Angesichts der bestehenden Einlagensicherungsmechanismen und Eigenkapitalerfordernisse besteht ein überschaubares Insolvenzrisiko,[640] dem beim Bargeld das Fälschungs- und Diebstahlrisiko als Äquivalent gegenübersteht. Mit Konrad Duden lässt sich veranschaulichen, dass der „richtige Bankbetrieb [...] die Deckung des Bankgeldes"[641] ist; es liegt eine „unternehmensrechtliche" Deckung vor. Durch die rechtliche Ausgestaltung des Giroguthabens mit dem periodischen abstrakten Saldoanerkenntnis nach §§ 780, 781 BGB wird die Rechtsposition des Gläubigers funktionell dem Bargeld angeglichen. Der fehlende gesetzliche Annahmezwang führt für den Gläubiger nicht zu nennenswerten Verwendbarkeitseinschränkungen, da die Buchgeldzahlung allgemein anerkannt ist und das Buch-

---

638 BGHZ 111, 110, 112 m.w.N.
639 *Zerres*, Die Wechselplätze (1977), S. 24.
640 I.E. ebenso *Freitag*, AcP 213 (2013) 128, 138.
641 *Duden*, Der Gestaltwandel des Geldes und seine rechtlichen Folgen (1968), S. 10.

geld beim kontoführenden Zahlungsdienstleister durch Auszahlung jederzeit in Bargeld umgewandelt werden kann. Die typisierten Vorteile des Buchgeldes bedürfen ob ihrer Evidenz ebenfalls keiner vertieften Begründung: Buchgeld ist leichter und schneller transportabel sowie sicherer aufzubewahren. Ein Transfer in eine Fremdwährung setzt keine gegenständliche Devisenbeschaffung voraus, sondern erfolgt automatisch durch Umrechnung nach dem maßgeblichen Kurs.

Im Ergebnis bildet daher die vertragliche Einigung der Parteien, die sich bei fehlender ausdrücklicher Vereinbarung der Erfüllungsmethode insbesondere aus der Verkehrssitte (§ 157 BGB) speist, die Grundlage für einen grundsätzlich bestehenden konsensualen Annahmezwang in Bezug auf Buchgeld.[642] Ausnahmen können sich aus den Besonderheiten des jeweiligen Schuldverhältnisses (z.B. bei Geschäften des täglichen Lebens mit Kleinbeträgen) ergeben, wobei der jeweiligen Stand der Technik und der verkehrsüblichen Zahlungsmethoden einzubeziehen ist. Damit ist aber noch nicht entschieden, welcher Erfüllungstatbestand der §§ 362–364 BGB je nach Zahlungsart einschlägig ist. Hierzu ist vor allem zwischen Barzahlung, Überweisung, Lastschrift, Kartenzahlung mit Debit- oder Kreditkarte sowie Scheckzahlung zu unterscheiden. Maßgeblich im Einzelfall ist stets die jeweilige Parteiabrede. Die gleichwertige Erfüllungstauglichkeit des Buchgeldes ist lediglich der Regelfall, sofern es an abweichenden Anhaltspunkten fehlt.

II. Erlöschen durch Leistung (§ 362 Abs. 1 BGB)

1. Barzahlung

Die Barzahlung wird nach überkommener Auffassung als originäre Erfüllungsweise für Geldschulden angesehen.[643] Barzahlung bedeutet, dass dem Gläubiger dauerhaft[644] Eigentum und Besitz an Geldzeichen verschafft wird,[645] deren Nennwert der Schuldhöhe entspricht.[646] Hinreichend ist es, wenn das Eigentum aufgrund gutgläubigen Erwerbs – erleichtert durch § 935 Abs. 2 BGB – erworben wird.[647] Das durch gutgläubigen Erwerb erlangte Eigentum ist vollwertig und entsprechend uneingeschränkt stellt sich die Rechtsmacht des Gläubigers

---

[642] Wohl auch *Duden*, Der Gestaltwandel des Geldes und seine rechtlichen Folgen (1968), S. 8; ebenso mit Einschränkungen *Münch*, Das Giralgeld in der Rechtsordnung der Bundesrepublik Deutschland (1990), S. 184 ff.

[643] Statt vieler BGHZ 98, 24, 29; BGHZ 185, 359 Rn. 29; OLG Köln NJW-RR 1991, 50.

[644] OLG Brandenburg, Urteil vom 19. 2. 2010 – 4 U 149/08.

[645] BGHZ 87, 156, 162 f.; *Wiese*, NJW 2006, 1569, 1570; *Fetzer*, in: MünchKomm BGB (6. Auflage 2012), § 362 Rn. 16.

[646] BGHZ 124, 254, 259; OLG Köln NJW-RR 1991, 50; *Gernhuber*, Die Erfüllung und ihre Surrogate sowie das Erlöschen der Schuldverhältnisse aus anderen Gründen (2. Auflage 1994), § 11 I 2.

[647] *Olzen*, in: Staudinger, BGB (2011), Vorbem 19 zu §§ 362 ff.

dar. Für Zahlungen in Euro-Währung besteht ein gesetzlicher Annahmezwang nach Maßgabe von Art. 10 Satz 2, 11 Satz 2 der Verordnung (EG) Nr. 974/98[648] und § 14 Abs. 1 Satz 2 BBankG. Daraus folgt aber keinesfalls, dass das Privatrecht „keine Regelung" enthalte, wie Geldschulden zu erfüllen sind.[649] Das Währungsrecht gibt lediglich eine grundsätzliche Erfüllungsoption vor, ohne das gesamte privatrechtliche Erfüllungsrecht zu überlagern.

Die Parteien können erfüllungsrechtlich unter Anwendung ihrer privatautonomen Freiheit vereinbaren, dass eine Barzahlung ausgeschlossen ist. Eine solche Vereinbarung liegt insbesondere bei Distanzgeschäften nahe. Der Ausschluss der Barzahlung kann auch auf der Verkehrssitte der relevanten Verkehrskreise (§ 157 BGB) oder auf Handelsbrauch (§ 346 HGB) beruhen.[650] Bei hohen Summen – als grobe Orientierung mag die Grenze von 10 000 Euro nach Art. 3 Abs. 1 der Verordnung (EG) Nr. 1889/2005[651] dienen – oder „bargeldfeindlichen" Geschäftsarten – insbesondere Distanzgeschäften – ist ein Ausschluss aufgrund von Verkehrssitte oder Handelsbrauch regelmäßig anzunehmen.[652] Schließlich kann auch formularvertraglich die Barzahlung ausgeschlossen werden. Eine unangemessene Benachteiligung nach § 307 Abs. 1 BGB liegt dabei beispielsweise nicht vor, wenn der Verwender ausschließlich im Fernabsatz vertreibt und daher ein legitimes Rationalisierungsinteresse vorweisen kann.[653]

2. Überweisung und Lastschrift

a) Meinungsstand und Stellungnahme

Durch Überweisung oder Lastschriftzahlung tritt im Valutaverhältnis regelmäßig Erfüllung nach § 362 Abs. 1 BGB ein.[654] Es liegt keine andere als die geschuldete Leistung vor, so dass keine Leistung an Erfüllungs statt (§ 364 Abs. 1

---

[648] Verordnung (EG) Nr. 974/98 über die Einführung des Euro vom 3.5.1998, ABl. EG Nr. L 139 S. 1 vom 11.5.1998.

[649] So unzutreffend *R. Schmidt*, in: *Isensee/Kirchhof* (Hrsg.), Handbuch des Staatsrechts der Bundesrepublik Deutschland (3. Auflage 2007), § 117 Rn. 17.

[650] *K. Schmidt*, in: Staudinger, BGB (1997), Vorbem C37 zu §§ 244 ff.

[651] Verordnung (EG) Nr. 1889/2005 über die Überwachung von Barmitteln, die in die Gemeinschaft oder aus der Gemeinschaft verbracht werden vom 26.10.2005, ABl. EU Nr. L 309 S. 9 vom 25.11.2005.

[652] Ähnlich *Münch*, Das Giralgeld in der Rechtsordnung der Bundesrepublik Deutschland (1990), S. 185.

[653] BGHZ 185, 359 Rn. 31 ff.

[654] BGH NJW 1996, 1207; BGHZ 162, 349, 352; BGH WM 2008, 1327 Rn. 13; BGH NJW-RR 2011, 1349 Rn. 12; BSG NZS 2004, 374, 375; OLG Karlsruhe NJW 1997, 1587; OLG Frankfurt NJW 1998, 387; OLG Düsseldorf NJW-RR 2006, 660, 661; OLG Nürnberg OLGR 2008, 536 f.; LG Frankfurt a.M. NJW-RR 1994, 305; LG Karlsruhe NJW-RR 2002, 1572; *Simitis*, AcP 159 (1960) 406, 450; *Schütz*, AcP 160 (1961) 17, 25; *Thywissen*, BB 1971, 1347, 1350; *K. Schmidt*, JuS 1984, 737, 743; *Schön*, AcP 198 (1998) 401, 453; *Dücker*, WM 1999, 1257, 1263; *Gößmann/van Look*, WM 2000, Sonderbeilage Nr. 1, S. 3, 21; *Kratzmann*, Das Geld:

BGB) anzunehmen ist.[655] Aus dem Parteiwillen (§§ 133, 157 BGB) folgt, dass die Erlangung von Buchgeld durch Überweisung oder Lastschrift ein originärer Leistungsgegenstand der Geldschuld ist. Barzahlung und unbare Zahlung stellen lediglich unterschiedliche Leistungsmodalitäten für die Geldschuld dar.[656] Dennoch fordert die herrschende Meinung für die erfüllungsrechtliche Gleichstellung von Überweisung und Barzahlung, dass der Gläubiger sein Einverständnis mit der bargeldlosen Zahlung – ausdrücklich oder konkludent – kundgetan hat.[657] Ein stillschweigendes Einverständnis könne typischerweise angenommen werden, wenn der Gläubiger auf Rechnungen, Briefen, seiner Internetpräsenz, in E-Mails oder dergleichen seine Kontodaten offenbart.[658] Auch in der widerspruchslosen Hinnahme von Überweisungen in der Vergangenheit lasse sich ein zukunftsgerichtetes Einverständnis erblicken.[659] Allein das Bestehen eines Zahlungskontos auf Gläubigerseite genüge hingegen – zumindest jenseits des kaufmännischen Verkehrs[660] – nicht.[661] Die überwiegende Gegenansicht verkennt, dass es keinen Rechtssatz dergestalt gibt, dass bei einer Geldschuld originär eine Pflicht zur Barzahlung besteht. Der gesetzliche Annahmezwang des Währungsrechts wird unbesehen zum Inhaltsmaßstab für die privatrechtlichen Erfüllungsregeln erhoben. Es darf nicht übersehen werden, dass der Inhalt der Geldschuld privatautonom durch die Parteien bestimmt wird, nicht aber einseitig durch den währungsrechtlichen Gesetzgeber. Diese Aufladung der §§ 362 ff. BGB durch das Währungsrecht wird weder der regelmäßigen Interessenlage noch dem Willen der Parteien gerecht. Art. 10 Satz 2, 11 Satz 2 der

---

Vertragsobjekt, Rechtskonstrukt und ökonomische Größe (2004), S. 37; *Freitag/Mülbert*, in: Staudinger, BGB (2011), § 488 Rn. 15, 153 (für das Darlehensrecht); *Omlor*, in: Staudinger, BGB (2012), Vorbem 82 zu §§ 675c-676c.; ebenso zum schweizerischen Obligationenrecht *Weber*, ZSR 100 (1981) 165, 172; wohl auch *Falcke*, Geld – Wert oder Sache? (1951), S. 21; *Kratzmann*, Der Staat 35 (1996) 221, 239 f.; offen BGHZ 87, 156, 163; BGH NJW 1999, 210; BAG NZA 1999, 977, 978; OLG Hamm NJW 1987, 70; OLG München NZM 2006, 785; FG Hamburg DStRE 2001, 47, 48.

[655] A.A. RGZ 134, 73, 76; BGH NJW 1953, 897; BGHZ 87, 156, 162; BGHZ 186, 269 Rn. 25; OGHBrZ NJW 1950, 641; OGHBrZ NJW 1950, 907, 908; BayObLGZ 1959, 163, 166; OLG Hamm NJW 1988, 2115 f.; OLG Köln NJW-RR 1991, 50; OLG Köln r+s 1995, 359, 360; differenzierend *Brechtel*, Die Tilgung von Geldforderungen bei Überweisung, Lastschrift- und Kreditkartenzahlung (2013), S. 158 ff. (zur Lastschrift).

[656] *Simitis*, AcP 159 (1960) 406, 449 f.; *Brechtel*, Die Tilgung von Geldforderungen bei Überweisung, Lastschrift- und Kreditkartenzahlung (2013), S. 32 ff.

[657] BGHZ 98, 24, 30; BGHZ 185, 359 Rn. 29; OLG Hamm NJW 1998, 2115 f.; *Fetzer*, in: MünchKomm BGB (6. Auflage 2012), § 362 Rn. 19; *Brechtel*, Die Tilgung von Geldforderungen bei Überweisung, Lastschrift- und Kreditkartenzahlung (2013), S. 60 f.

[658] BGH NJW 1953, 897; BGH NJW-RR 2004, 1281; BGHZ 185, 359 Rn. 29; OGHBrZ NJW 1950, 641; BayObLGZ 1959, 163, 165.

[659] RGZ 99, 257, 258.

[660] OLG Hamm NJW 1988, 2115, 2116.

[661] BGH NJW 1953, 897.

Verordnung (EG) Nr. 974/98[662] und § 14 Abs. 1 Satz 2 BBankG enthalten keine negative Regelung in dem Sinne, dass ein privatrechtlicher Annahmezwang für andere Geldarten als Euro-Bargeld nicht wirksam begründet werden könne.

Die Einordnung der Zahlung durch Überweisung und Lastschrift als Bewirken der geschuldeten Leistung im Sinne von § 362 Abs. 1 BGB hat zur Folge, dass es eines gesonderten Einverständnisses des Gläubigers konstruktiv nicht mehr bedarf.[663] Das Regel-Ausnahme-Verhältnis wird zugunsten des Schuldners umgekehrt.[664] Der Gläubiger muss spätestens mit Vertragsschluss zu erkennen geben, dass er nicht gewillt ist, eine bargeldlose Zahlung zu akzeptieren. Allerdings geht die Freiheit des Schuldners nicht soweit, dass er auf ein schlichtes Sparkonto[665] oder ein anderes als das vom Gläubiger angegebene Konto überweisen dürfte.[666] Daher dürfen sich die Zahlungsdienstleister formularvertraglich nicht die Befugnis vorbehalten, den Zahlungsbetrag auf einem anderen als dem angegebenen Konto gutzuschreiben. Solche Fakulativklauseln sind wegen einer unangemessenen Benachteiligung des Zahlers nach § 307 Abs. 1 BGB unwirksam.[667] Fehlt hingegen eine Angabe zu einem konkreten Konto, so kann der Schuldner zwischen allen ihm bekannten Gläubigerkonten wählen.[668] Eine weite Grenzziehung nimmt allein das Verbot treuwidrigen Verhaltens (§ 242 BGB) vor. Ändert sich die Bankverbindung des Gläubigers, so kommt es darauf an, ob die Zahlung innerhalb einer bestehenden Geschäftsverbindung erfolgt oder nicht.[669] Liegt eine solche vor, so müssen dem Schuldner in besonders herausgehobener Form die neuen Kontodaten offenbart werden.[670] Unterbleibt diese Mitteilung, so liegt eine Pflichtverletzung nach § 241 Abs. 2 BGB vor, die eine Schadensersatzpflicht aus § 280 Abs. 1 BGB nach sich zieht. Schließlich darf der Schuldner nicht eine Überweisung vornehmen, wenn der Gläubiger eine andere Zahlungsmethode, etwa eine Scheckzahlung,[671] verlangt.

---

[662] Verordnung (EG) Nr. 974/98 über die Einführung des Euro vom 3.5.1998, ABl. EG Nr. L 139 S. 1 vom 11.5.1998.

[663] Enger noch *Omlor*, in: Staudinger, BGB (2012), Vorbem 82 zu §§ 675c-676c.

[664] *K. Schmidt*, in: Staudinger, BGB (1997), Vorbem C45 zu §§ 244 ff.; *Heermann*, Geld und Geldgeschäfte (2003), § 3 Rn. 70.

[665] OLG Hamm NJW 1987, 70, allerdings unter – im Ergebnis unschädlicher – Verkennung der erfüllungsrechtlichen Gleichstellung von Sach- und Buchgeld.

[666] BGHZ 98, 24, 30; BGH WM 1985, 826; BGH NJW 1999, 210; BGH NJW-RR 2004, 1281; BGH NJW-RR 2008, 1512, 1513; OLG Karlsruhe NJW-RR 1996, 752.

[667] BGHZ 98, 24, 29.

[668] *Mayen*, in: *Schimansky/Bunte/Lwowski* (Hrsg.), Bankrechts-Handbuch (4. Auflage 2011), § 49 Rn. 188.

[669] *Omlor*, in: Staudinger, BGB (2012), Vorbem 82 zu §§ 675c-676c.

[670] OLG Frankfurt NJW 1998, 387.

[671] OLG Frankfurt VersR 2005, 673.

b) Zeitpunkt der Erfüllung

Der Erfüllungszeitpunkt ist nicht nach dem Ausschluss der Widerruflichkeit des Überweisungsauftrags zu bestimmen.[672] Der Verlust der Einflussmöglichkeiten des Schuldners bedeutet wegen der Beteiligung verschiedener Hilfspersonen bei der Geldübermittlung noch nicht, dass im selben Augenblick auch dem Gläubiger eine erfüllungstaugliche Rechtsposition erwächst. Auch die Gutschrift auf dem Konto des empfangenden Zahlungsdienstleisters genügt noch nicht, um eine Erfüllung zu bewirken.[673] Der damit entstehende Anspruch auf Zurverfügungstellung aus § 675t Abs. 1 BGB gewährt dem Gläubiger noch keinen unmittelbaren Zugriff auf den geschuldeten Geldbetrag, sondern lediglich einen vorgelagerten Anspruch darauf. Erst der Anspruch *aus* der Gutschrift, d.h. die Kontogutschrift selbst, führt zur Erfüllung.[674] Zuvor steht der Geldbetrag dem Gläubiger nicht endgültig zur freien Verfügung.[675]

Im Falle des Lastschrifteinzugs ist hinsichtlich des Erfüllungszeitpunkts zwischen den verschiedenen Lastschriftarten zu differenzieren. Stets kommt es auf die Endgültigkeit der Gutschrift auf dem Gläubigerkonto an. Bei der SEPA-Basis-Lastschrift und dem Einzugsermächtigungsverfahren mit vorheriger Autorisierung[676] steht dem Zahler ein schuldrechtlicher Erstattungsanspruch aus § 675x Abs. 2 BGB in Verbindung mit den jeweiligen Lastschriftbedingungen zu. Erst mit Ablauf von acht Wochen erlischt dieser Anspruch und der Empfänger erlangt eine endgültige Verfügungsmacht über den Zahlungsbetrag. Daher erfolgt die Erfüllung auflösend bedingt (§ 158 Abs. 2 BGB) durch eine Rückbuchung.[677] Demgegenüber bestehen solche Unsicherheiten durch Rückbuchungsansprüche im Abbuchungsauftragsverfahren und bei der SEPA-Fir-

---

[672] Anders noch zur früheren Rechtslage *Heermann*, Geld und Geldgeschäfte (2003), § 3 Rn. 57.

[673] BGHZ 6, 121, 122 f. m.w.N.; *Gernhuber*, Die Erfüllung und ihre Surrogate sowie das Erlöschen der Schuldverhältnisse aus anderen Gründen (2. Auflage 1994), § 11 I 4; *Mayen*, in: *Schimansky/Bunte/Lwowski* (Hrsg.), Bankrechts-Handbuch (4. Auflage 2011), § 49 Rn. 195 f.; *Olzen*, in: Staudinger, BGB (2011), Vorbem 27 zu §§ 362 ff. m.w.N.; *Heyers*, JZ 2012, 398, 401; a.A. *Werner*, in: *Kümpel/Wittig* (Hrsg.), Bank- und Kapitalmarktrecht (4. Auflage 2011), Rn. 7.340 ff.; *Brechtel*, Die Tilgung von Geldforderungen bei Überweisung, Lastschrift- und Kreditkartenzahlung (2013), S. 47 ff.

[674] *Simitis*, AcP 159 (1960) 406, 452; *Mayen*, in: *Schimansky/Bunte/Lwowski* (Hrsg.), Bankrechts-Handbuch (4. Auflage 2011), § 49 Rn. 196; *Heyers*, JZ 2012, 398, 401; *Omlor*, in: Staudinger, BGB (2012), Vorbem 82 zu §§ 675c-676c.

[675] Vgl. BGH NJW 1999, 210; BGH BKR 2008, 514 Rn. 26, jeweils m.w.N.

[676] Vgl. dazu *Omlor*, NJW 2012, 2150, 2151.

[677] BGHZ 186, 269 Rn. 23 f.; *Obermüller/Kuder*, ZIP 2010, 349, 351 f.; *Herresthal*, NZM 2011, 833, 837 (zur SEPA-Basis-Lastschrift); *Omlor*, NJW 2012, 2150, 2152 (zur Einzugsermächtigungslastschrift); zweifelnd *Hadding*, in: *Kindler* (Hrsg.), Festschrift für Uwe Hüffer (2010), S. 273, 291; *Ellenberger*, in: *Schimansky/Bunte/Lwowski* (Hrsg.), Bankrechts-Handbuch (4. Auflage 2011), § 57 Rn. 49; a.A. *Einsele*, Bank- und Kapitalmarktrecht (2. Auflage 2010), § 6 Rn. 300; wohl auch *Lohmann*, Die grenzüberschreitende Lastschrift (2008), S. 221 f.

men-Lastschrift nicht. Erfüllung nach § 362 Abs. 1 BGB tritt daher unbedingt mit Einlösung der Lastschrift, Gutschrift auf dem Empfängerkonto und Ablauf eine zweitägigen Nachdispositionsfrist ein.[678] Wegen § 159 BGB kann der Gläubiger den Schuldner nach einer Erstattung wieder aus der ursprünglichen Verbindlichkeit in Anspruch nehmen.

III. Annahme an Erfüllungs statt (§ 364 Abs. 1 BGB)

Die Überweisung des geschuldeten Geldbetrags auf das vom Gläubiger angegebene oder sonst zulässig ausgewählte Zahlungskonto bewirkt, wie bereits dargelegt wurde,[679] eine Erfüllung durch Bewirken der geschuldeten Leistung nach § 362 Abs. 1 BGB. Ein besonderes Einverständnis des Gläubigers ist im Gegensatz zu § 364 Abs. 1 BGB nicht erforderlich. Ebenfalls nicht anwendbar ist § 364 Abs. 1 BGB, sofern der Schuldner den geschuldeten Betrag auf das Konto eines Dritten überweist.[680] Insofern sind die §§ 362 Abs. 2, 185 BGB heranzuziehen, da die Abweichung vom Schuldinhalt lediglich in der Person des Empfängers begründet liegt.[681] Überweist der Schuldner hingegen auf ein anderes als das angegebene Girokonto des Gläubigers oder zahlt er auf ein schlichtes Sparkonto ein, kann unmittelbar nicht auf §§ 362 Abs. 2, 185 BGB abgestellt werden. Unstreitig dürfte lediglich sein, dass ohne Einverständnis des Gläubigers keine Tilgungswirkung im Valutaverhältnis eintritt.[682] Vorzugswürdig erscheint es, insofern mangels vorrangiger Sonderregelung in den §§ 267, 362 Abs. 2 BGB eine *aliud*-Leistung anzunehmen und daher § 364 Abs. 1 BGB zur Anwendung zu bringen.[683] Die für die Erfüllungswirkung erforderliche Vereinbarung kann auch nachträglich getroffen werden.[684] Auch im Schweigen des Gläubigers kann sich ein Einverständnis erblicken lassen,[685] wobei die Umstände des Einzelfalls zu berücksichtigen sind. Dem Gläubiger ist eine angemessene Prüffrist einzuräumen. In Anlehnung an die zeitlichen Anforderungen an eine Genehmigung von nachträglich autorisierten Einzugsermächtigungslastschriften[686] sollten einem Unternehmer wenigstens zwei und einem Verbraucher wenigstens vier Wochen zur Verfügung stehen.

---

678 *Omlor*, NJW 2012, 2150, 2151 f.; a.A. *Freitag*, AcP 213 (2013) 128, 153 ff. m.w.N.
679 Vgl. oben, S. 352 ff.
680 BGHZ 87, 156, 163; BGH NJW-RR 2011, 1349 Rn. 12.
681 *Olzen*, in: Staudinger, BGB (2011), § 364 Rn. 30 m.w.N.
682 OLG Karlsruhe NJW-RR 1996, 752; OLG Düsseldorf NJW-RR 2006, 660, 661.
683 I.E. ebenso OLG Karlsruhe NJW-RR 1996, 752.
684 *Fetzer*, in: MünchKomm BGB (6. Auflage 2012), § 364 Rn. 2 f.
685 OLG Karlsruhe NJW-RR 1996, 752.
686 Vgl. *Omlor*, in: Staudinger, BGB (2012), Vorbem 109 zu §§ 675c-676c.

IV. Annahme erfüllungshalber (§ 364 Abs. 2 BGB)

1. Scheck, Wechsel und Akkreditiv

Die Einordnung der Zahlung mit Überweisung und Lastschrift als Erfüllung im Sinne von § 362 Abs. 1 BGB ändert nichts daran, dass bei anderen bargeldlosen Zahlungsarten (zunächst) lediglich Leistungen erfüllungshalber vorliegen. Zahlt der Schuldner mit einem Scheck, Wechsel oder Akkreditiv, so wird nach § 364 Abs. 2 BGB im Zweifel nicht an Erfüllungs statt geleistet.[687] Der Gläubiger ist nach Erhalt von Scheck, Wechsel oder Akkreditiv gehalten, aus ihnen Befriedigung seiner Forderung zu suchen; ansonsten kann er nach § 280 Abs. 1 BGB einer Schadensersatzpflicht unterliegen.[688] Mit Einlösung des Schecks und Gutschrifterteilung zugunsten des Scheckberechtigten tritt die endgültige Erfüllung nach § 362 Abs. 1 BGB ein.[689]

2. Kartenzahlung

Auch bei der Zahlung mit Kreditkarte tritt die Erfüllung nicht bereits mit ihrem Einsatz ein. Zunächst handelt es sich lediglich um eine Leistung erfüllungshalber.[690] Normative Grundlage hierfür ist allerdings nicht § 364 Abs. 2 BGB in unmittelbarer Anwendung, da der Karteninhaber keine eigene neue Verbindlichkeit begründet. Statt dessen bringt er durch seinen Zahlungsauftrag eine Verbindlichkeit eines Dritten, nämlich des Kreditkartenunternehmens, gegenüber dem Vertragsunternehmen zum Entstehen. Aus einem dem § 364 Abs. 2 BGB zugrunde liegenden allgemeinen Rechtsgedanken lässt sich aber ableiten, dass durch die Begründung dieser neuen Forderung die alte Forderung des Vertragsunternehmens gegenüber dem Karteninhaber im Zweifel nicht erlischt.[691] Daher findet § 364 Abs. 2 BGB analoge Anwendung bei Kreditkartenzahlun-

---

[687] RGZ 78, 137, 142; BGHZ 44, 178, 179; BGH NJW 1996, 1961; BGH NJW 2000, 3344, 3345; BGH NJW 2002, 1788; BGH NJW-RR 2007, 1118 Rn. 7; *Nobbe*, in: *Schimansky/Bunte/Lwowski* (Hrsg.), Bankrechts-Handbuch (4. Auflage 2011), § 60 Rn. 258.

[688] *Nobbe*, in: *Schimansky/Bunte/Lwowski* (Hrsg.), Bankrechts-Handbuch (4. Auflage 2011), § 60 Rn. 264.

[689] BGHZ 44, 178, 179 f.; BGH NJW 1992, 177, 178; BGHZ 131, 66, 74; BGH NJW-RR 2007, 1118 Rn. 6; OLG Hamm NJW-RR 1995, 363.

[690] LG Düsseldorf NJW-RR 1991, 310; *Zahrnt*, NJW 1972, 1077; *Weller*, Das Kreditkartenverfahren (1985), S. 109 f.; *Hadding*, in: *Hofmann* (Hrsg.), Festschrift für Klemens Pleyer (1986), S. 17, 24; *Nobbe*, in: *Häuser/Hammen/Hennrichs/Steinbeck, et al.* (Hrsg.), Festschrift für Walther Hadding (2004), S. 1007, 1010; *Martinek*, in: *Schimansky/Bunte/Lwowski* (Hrsg.), Bankrechts-Handbuch (4. Auflage 2011), § 71 Rn. 71; a.A. *Brechtel*, Die Tilgung von Geldforderungen bei Überweisung, Lastschrift- und Kreditkartenzahlung (2013), S. 178 ff. (§ 364 Abs. 1 BGB).

[691] *Martinek*, in: *Schimansky/Bunte/Lwowski* (Hrsg.), Bankrechts-Handbuch (4. Auflage 2011), § 71 Rn. 71.

gen.[692] Ebenso wie bei der Kreditkartenzahlung erfolgt auch der Einsatz einer Debitkarte im POS-Verfahren als Leistung erfüllungshalber analog § 364 Abs. 2 BGB.[693] Gleiches gilt für die Geldkarte.[694] Erst mit der Leistung durch das Kartenunternehmen im Akquisitionsverhältnis erlangt das Vertragsunternehmen die nach § 362 Abs. 1 BGB erforderliche endgültige und unmittelbare Verfügungsbefugnis über den geschuldeten Geldbetrag. Die Bargeldersatzfunktion von Kredit-, Debit- und Geldkarte steht der dem eigentlichen Karteneinsatz nachgelagerten Erfüllung daher nicht entgegen.

V. Erlöschen durch Aufrechnung

Geldforderungen können nach § 387 BGB miteinander aufgerechnet werden, da sie gleichartig sind. Die Gleichartigkeit basiert auf dem funktionell-abstrakten Wesen des Geldes, dessen Wert sich antimetallistisch nicht über den Sachwert herleitet und das als materieunabhängiges Tauschmittel dient. Aufgerechnet wird damit abstrakte Vermögensmacht gegen abstrakte Vermögensmacht, nicht Geldzeichen gegen Geldzeichen. Auf dieser geldtheoretischen Grundlage lassen sich die Problemfälle zur Gleichartigkeit im Sinne von § 387 BGB lösen.

1. Geldsummen- und Geldwertschulden

Keine Zweifel bestehen an der Aufrechenbarkeit von Geldsummen- und Geldwertschulden.[695] Beide Forderungen sind gleichartig.[696] Die valoristische Prägung der Geldwertschuld ändert nichts daran, dass ihr Leistungsgegenstand in Geld besteht. Für die Gleichartigkeit ist die Höhe der Schuld irrelevant, allein ihr Inhalt ist entscheidend. Uneingeschränkte Anwendung findet bei der Aufrechnung von Geldsummen- und Geldwertansprüchen die Rückwirkungsan-

---

[692] *Martinek*, in: *Schimansky/Bunte/Lwowski* (Hrsg.), Bankrechts-Handbuch (4. Auflage 2011), § 71 Rn. 71; *Omlor*, in: Staudinger, BGB (2012), Vorbem 188 zu §§ 675c-676c.

[693] *Omlor*, in: Staudinger, BGB (2012), Vorbem 209 zu §§ 675c-676c. Die von *K. Schmidt*, in: Staudinger, BGB (1997), Vorbem C54, C57 zu §§ 244 ff. an dem Abstellen auf § 364 Abs. 2 BGB analog geübte Kritik übersieht die parallele Ausgestaltung von Kreditkarten- und POS-Verfahren.

[694] *Pfeiffer*, NJW 1997, 1036, 1037; a.A. *Koch*, in: *Schimansky/Bunte/Lwowski* (Hrsg.), Bankrechts-Handbuch (4. Auflage 2011), § 68 Rn. 62; wohl auch *Freitag*, AcP 213 (2013) 128, 160.

[695] RGZ 136, 152, 161; BGHZ 27, 123, 123 ff.; *Grunsky*, JuS 1963, 102, 104; *Gernhuber*, Die Erfüllung und ihre Surrogate sowie das Erlöschen der Schuldverhältnisse aus anderen Gründen (2. Auflage 1994), § 12 III 4; *Gursky*, in: Staudinger, BGB (2011), § 387 Rn. 83.

[696] *Grunsky*, JuS 1963, 102, 104; *Gernhuber*, Die Erfüllung und ihre Surrogate sowie das Erlöschen der Schuldverhältnisse aus anderen Gründen (2. Auflage 1994), § 12 III 4; *K. Schmidt*, in: *Böttcher/Hueck/Jähnke* (Hrsg.), Festschrift für Walter Odersky (1996), S. 685, 698 f.; *Gursky*, in: Staudinger, BGB (2011), § 387 Rn. 83; a.A. *Reinicke/Reinicke*, NJW 1959, 361, 365 f.

ordnung aus § 389 BGB.[697] Die Annahme des Bundesgerichtshofs, auf die Forderungshöhe im Zeitpunkt der Aufrechnungserklärung abzustellen,[698] überhöht die – insofern irrelevanten – Unterschiede zwischen Geldsummen- und Geldwertansprüchen. Der inhärenten Dynamisierung von Geldwertansprüchen ist dadurch Rechnung zu tragen, dass die Geldwertforderung nur in der nominalen Höhe durch Aufrechnung erlischt, in der ihr bei Bestehen der Aufrechnungslage die Geldsummenforderung gegenüberstand.[699] Spätere Steigerungen werden davon nicht erfasst. Sinkt hingegen der Betrag der Geldwertforderung zwischen Entstehen der Aufrechnungslage und der Erklärung der Aufrechnung, so kann diese Geldwertforderungen nur noch in der Höhe zur Schuldentilgung verwendet werden, in der sie im Zeitpunkt der Aufrechnungserklärung besteht.[700] Darin liegt kein Verstoß gegen die Rückwirkungsfolge des § 389 BGB, denn es verwirklicht sich das typische Risiko des Geldwertgläubigers.

2. Herausgabeansprüche auf Geld

Bei auf Geld gerichteten Herausgabeansprüchen kommt es darauf an, ob sie gegenstands- oder wertbezogen sind.[701] Wertbezogene Herausgabeansprüche sind stets gleichartig, während die Gleichartigkeit bei gegenstandsbezogenen normbezogen zu beurteilen ist. Eine Ausnahme von dieser Unterscheidung ist bei dem auftrags- und geschäftsbesorgungsrechtlichen Herausgabeanspruch aus § 667 BGB geboten. Zwar ist dieser aufgrund der spezifischen Risikoverteilung gegenstandsbezogen, jedoch reicht diese Schutzfunktion zugunsten des Herausgabepflichtigen nicht soweit, dass sie einer Aufrechnung entgegenstünde. Daher scheitert die Aufrechnung einer Geldforderung mit einem auf Geld gerichteten Herausgabeanspruch aus § 667 BGB nicht an einer fehlenden Gleichartigkeit.[702] Ausnahmen können sich jedoch aus dem besonderen Charakter des Auftrags- oder Geschäftsbesorgungsverhältnisses sowie aus Treu und Glauben ergeben.[703] Auch für den auf die gegenstandsbezogene Heraus-

---

[697] *K. Schmidt*, in: *Böttcher/Hueck/Jähnke* (Hrsg.), Festschrift für Walter Odersky (1996), S. 685, 692.

[698] BGHZ 27, 123, 126.

[699] *K. Schmidt*, in: *Böttcher/Hueck/Jähnke* (Hrsg.), Festschrift für Walter Odersky (1996), S. 685, 699.

[700] *Gernhuber*, Die Erfüllung und ihre Surrogate sowie das Erlöschen der Schuldverhältnisse aus anderen Gründen (2. Auflage 1994), § 12 III 4.

[701] Vgl. dazu oben, S. 261 ff.

[702] Zur Aufrechnung BGHZ 71, 380, 382; BGH NJW 1993, 2041, 2042; BGH NJW 2005, 3709; BGH NZI 2005, 681 f. (implizit); *Martinek*, in: Staudinger, BGB (2006), § 667 Rn. 20; *Gursky*, in: Staudinger, BGB (2011), § 387 Rn. 84 m.w.N.; offen noch BGHZ 14, 342, 346.

[703] RGZ 160, 52, 60; BGHZ 14, 342, 346 f.; BGHZ 71, 380, 383; *Gernhuber*, Die Erfüllung und ihre Surrogate sowie das Erlöschen der Schuldverhältnisse aus anderen Gründen (2. Auflage 1994), § 12 VI 9 c; *Martinek*, in: Staudinger, BGB (2006), § 667 Rn. 20.

gabe von Geldzeichen gerichteten Vindikationsanspruch (§ 985 BGB) ist eine Aufrechenbarkeit mit Geldforderungen anerkannt.[704]

3. *Befreiung von einer Verbindlichkeit*

Geldforderungen und Ansprüche auf Befreiung von einer Verbindlichkeit sind nicht gleichartig.[705] Wird der Befreiungsanspruch allerdings an einen außenstehenden Gläubiger übertragen, so wandelt er sich in einen gleichartigen Zahlungsanspruch um.[706] Die Aufrechnung durch den Befreiungsschuldner soll nach überwiegender Auffassung wegen § 406 BGB auch gegenüber dem Zedenten des Befreiungsanspruchs möglich sein.[707] Keine Umwandlung erfolgt hingegen in Bezug auf den Befreiungsanspruch des Bürgen aus § 775 Abs. 1 BGB, wenn die Zahlungsunfähigkeit des Hauptschuldners feststeht.[708]

G. Zusammenfassung

Sedes materiae des Allgemeinen Geldschuldrechts ist nicht mehr nur das nationalstaatliche Allgemeine Schuldrecht der §§ 241 ff. BGB, sondern auch das Europäische Privatrecht in Gestalt namentlich der Zahlungsdienste- und der Zahlungsverzugsrichtlinie. Infolge der Vorgaben der Zahlungsverzugsrichtlinie sind epochalen Wandlungen in den allgemeinen Lehren der Geldschuld erforderlich geworden: Die Geldschuld ist nicht mehr als qualifizierte Schickschuld, sondern als modifizierte Bringschuld einzuordnen. Das supranational determinierte Zahlungsdiensterecht steckt zudem den rechtlichen Rahmen für die praktisch dominierenden unbaren Zahlungsmethoden ab. Das Allgemeine Geldschuldrecht steht allerdings nicht nur unter dem Eindruck der Europäisierung, sondern zugleich auch des jahrhundertelangen Prozesses der Entmaterialisierung. So haben vorstehende Untersuchungen ergeben, dass Bar- und Buchgeld erfüllungsrechtlich gleich zu behandeln sind. Das Regel-Ausnahme-Verhältnis zugunsten des Bar- und zulasten des Buchgeldes besteht nicht mehr. Auch bedarf es hinsichtlich der Rechtzeitigkeit der Geldleistung, des Zahlungsorts, der

---

704 Vgl. oben, S. 151 f.

705 BGHZ 12, 136, 144; BGHZ 25, 1, 6; BGHZ 47, 157, 166; BGHZ 140, 270, 273 f.; BGH WM 1999, 35, 37; BGH NZI 2005, 624; *Gerhardt*, Der Befreiungsanspruch (1966), S. 72 ff., 78; *Feldmann*, DStR 1991, 222 f.; *Grothe*, Fremdwährungsverbindlichkeiten (1999), S. 582 f.; *Gursky*, in: Staudinger, BGB (2011), § 387 Rn. 84 m.w.N.; a.A. *Trinkl*, NJW 1968, 1077 f.

706 BGHZ 12, 136, 144; BGHZ 35, 317, 325.

707 BGHZ 12, 136, 144 f.; *Gerhardt*, Der Befreiungsanspruch (1966), S. 79 ff., 83; a.A. *von Olshausen*, AcP 182 (1982) 254, 256 ff., 268 f., der stattdessen eine „Einrede der vereitelten Aufrechnungsaussicht" gewähren will.

708 BGHZ 140, 270, 273 ff.; a.A. RGZ 78, 26, 34; RGZ 143, 192, 194.

Verteilung der Übermittlungsgefahr und des Geldentwertungs- und Insolvenzrisikos spezifischer Regeln für jede einzelne bargeldlose Zahlungsart, die den zahlungsverkehrstechnischen Besonderheiten gerecht werden.

§ 14 Geldschuld und Währungswechsel – der Übergang zum Euro

Zwischen dem privaten Geldschuldrecht und dem Währungsrecht bestehen ein Funktionszusammenhang[709] und eine enge Wechselbeziehung[710]. Dem Währungsrecht kommt die Aufgabe zu, die institutionellen Voraussetzungen für die Schaffung und Funktionsfähigkeit des – nach Knapp staatlichen – Geldes zu gewährleisten.[711] Durch einen Währungswechsel wird daher öffentlich-rechtlich in Geldschuldverhältnisse eingegriffen. Auf die bisherige Währung bezogenen Geldschulden droht das Leistungsobjekt verloren zu gehen. Daher sind Überleitungsregeln erforderlich, nach denen sich der rekurrente Anschluss der neuen Währung an die alte nicht nur währungs-, sondern auch geldschuldrechtlich richtet.[712] Der supranational veranlasste Währungswechsel von den nationalen Währungen der teilnehmenden Mitgliedstaaten zum Euro bedurfte einer einheitlichen europäischen Übergangsregelung, um dem Anspruch eines gemeinsamen Währungsraums gerecht zu werden. Die sekundärrechtliche Grundlage für die geldschuldrechtlichen Auswirkungen des Währungswechsels bildeten im Kern die drei Verordnungen (EG) Nr. 1103/97[713], Nr. 974/98[714] und Nr. 2866/98[715]. In Deutschland sind in der Folge drei Einführungsgesetze[716] ergangen, um eine Anpassung der nationalen Rechtsvorschriften vorzunehmen.

---

[709] *K. Schmidt*, in: Staudinger, BGB (1997), Vorbem A48 zu §§ 244 ff.

[710] *von Maydell*, Geldschuld und Geldwert (1974), S. 57.

[711] *von Maydell*, Geldschuld und Geldwert (1974), S. 57 f.

[712] *Nussbaum*, Das Geld in Theorie und Praxis des deutschen und ausländischen Rechts (1925), S. 155.

[713] Verordnung (EG) Nr. 1103/97 über bestimmte Vorschriften im Zusammenhang mit der Einführung des Euro vom 17.6.1997, ABl. EG Nr. L 162 S. 1 vom 19.6.1997.

[714] Verordnung (EG) Nr. 974/98 über die Einführung des Euro vom 3.5.1998, ABl. EG Nr. L 139 S. 1 vom 11.5.1998.

[715] Verordnung (EG) Nr. 2866/98 über die Umrechnungskurse zwischen dem Euro und den Währungen der Mitgliedstaaten, die den Euro einführen vom 31.12.1998, ABl. EG Nr. L 359 S. 1 vom 31.12.1998.

[716] Gesetz zur Einführung des Euro (Euro-Einführungsgesetz) vom 9.6.1998, BGBl. I S. 1242; Gesetz zur Öffnung der Sozial- und Steuerverwaltung für den Euro (Zweites Euro-Einführungsgesetz) vom 24.3.1999, BGBl. I S. 385; Gesetz über die Änderung währungsrechtlicher Vorschriften infolge der Einführung des Euro-Bargeldes (Drittes Euro-Einführungsgesetz) vom 21.12.1999, BGBl. I S. 2402.

A. Europarechtliche Grundlagen

I. Neutralitätsgebot

Der Übergang zur dritten Stufe der Wirtschafts- und Währungsunion wurde sekundärrechtlich im Wesentlichen durch die Verordnungen (EG) Nr. 1103/97 und Nr. 974/98 eingeleitet. Beide Rechtsakte bauen – vereinfacht formuliert – auf der Grundidee auf, zwar eine zwingende und finale Ersetzung der mitgliedstaatlichen Währungen durch den Euro sicherzustellen, dabei aber möglichst behutsam mit bestehenden vertraglichen und gesetzlichen Bestimmungen umzugehen. Der Europäische Gerichtshof hat dieses Leitmotiv als „Neutralität des Übergangs zum Euro“[717] beschrieben. So sollte durch die Verordnung (EG) Nr. 1103/97 unter anderem die Kontinuität von bestehenden Verträgen abgesichert werden. Ihr Erwägungsgrund 7 Satz 1 stuft es als „allgemein anerkannte[n] Rechtsgrundsatz [ein], daß die Einführung einer neuen Währung die Kontinuität von Verträgen und anderen Rechtsinstrumenten nicht berührt“.[718] Dementsprechend schreibt Art. 3 der Verordnung (EG) Nr. 1103/97 umfassend die Vertragskontinuität fest:

> „Die Einführung des Euro bewirkt weder eine Veränderung von Bestimmungen in Rechtsinstrumenten oder eine Schuldbefreiung noch rechtfertigt sie die Nichterfüllung rechtlicher Verpflichtungen, noch gibt sie einer Partei das Recht, ein Rechtsinstrument einseitig zu ändern oder zu beenden.“

Entgegen einer teilweise vertretenen Ansicht[719] handelt es sich dabei um eine rechtsverbindliche Anordnung des Grundsatzes der Vertragskontinuität und nicht lediglich um einen deklaratorischen Programmsatz. Hierfür spricht schon der auf Verbindlichkeit zielende Wortlaut („bewirkt weder ... noch rechtfertigt ... oder gibt ... das Recht“). Die Rückführung auf einen allgemeinen Rechtsgrundsatz in Erwägungsgrund 7 zeigt lediglich die dogmatische Basis der Vorschrift auf, ohne jedoch eine Unverbindlichkeit des Verordnungstextes zu bezwecken.[720] Zwar hätte es der Gemeinschaft an einer umfassenden Rechtssetzungskompetenz für das Zivilrecht gefehlt. Eine solche war aber auch nicht

---

[717] EuGH, Urteil vom 14.9.2004 – Rs. C-19/03 (*Verbraucherzentrale Hamburg/O2*), Slg. 2004 S. I-8183, Rn. 32.

[718] Rechtspolitisch ähnlich bereits *Fischer/Klanten*, ZBB 1996, 1, 3 f.; zweifelnd *Schefold*, WM 1996, Sonderbeilage Nr. 4, S. 2, 14.

[719] *Wisskirchen*, DB 1998, 809, 810; *Clausius*, NJW 1998, 3148, 3150; *Schefold*, ZEuP 1999, 271, 286; *Uhl*, Die Einführung des Euro unter den Gesichtspunkten vertraglicher und geldrechtlicher Kontinuität (2003), S. 121 f.; i.E. wohl auch *H. P. Westermann*, in: *Hadding/Hopt/Schimansky* (Hrsg.), Einführung des Euro in der Bank- und Unternehmenspraxis, Bankdienstleistungen im Internet (1998), S. 3, 22 ff.; a.A. *Schmidt-Räntsch*, ZIP 1998, 2041, 2042.

[720] A.A. *Uhl*, Die Einführung des Euro unter den Gesichtspunkten vertraglicher und geldrechtlicher Kontinuität (2003), S. 121.

erforderlich gewesen. Zwischen dem europäischen Währungsrecht und dem privaten Geldrecht besteht insofern ein enger Funktionszusammenhang.[721] Die effektive und reibungslose Verwirklichung der Währungsunion ohne übermäßige Friktionen in den bestehenden Vertrags- und Wirtschaftsbeziehungen erforderte im Sinne von Art. 308 EG a.F. (Art. 352 AEUV) ein Tätigwerden der Gemeinschaft. Die Gegenauffassung verkennt allerdings auch die Reichweite von Art. 3 der Verordnung (EG) Nr. 1103/97: Die Vertragskontinuität ist durch diese Vorschrift nur insoweit festgeschrieben, als sie sich auf die währungsrechtliche Ersetzung der nationalen Währung durch den Euro bezieht.[722] Nur insofern ist der Rückgriff auf Instrumente des nationalen Zivilrechts, beispielsweise die Störung der Geschäftsgrundlage (§ 313 BGB), europarechtlich gesperrt. Selbst wenn man gegenteilig eine uneingeschränkte Anwendbarkeit von § 313 BGB auf den Währungswechsel zum Euro bejahte, so müssten dessen materielle Voraussetzungen regelmäßig verneint werden.[723]

Die weite Definition des Rechtsinstruments in Art. 1 1. Spiegelstrich der Verordnung (EG) Nr. 1103/97, die auch Rechtsvorschriften, Verwaltungsakte und gerichtliche Entscheidungen einbezieht, bewirkt einen deutlich über die Vertragskontinuität hinausgehenden sachlichen Anwendungsbereich von Art. 3 der Verordnung. Unabhängig davon, ob Geldschulden auf Vertrag oder Gesetz beruhen oder ob sie in einem Vollstreckungstitel enthalten sind, ihr Inhalt wird nur insofern berührt, als an die Stelle der nationalen Währung der Euro (zu einem damals noch festzulegenden Umrechnungskurs) tritt. Aus Gründen der Privatautonomie in ihrer Ausprägung als Vertragsfreiheit sind von dieser gesetzlichen Regel jedoch vertragliche Abweichungen zulässig.[724] Art. 3 Satz 2 der Verordnung (EG) Nr. 1103/97 unterstellt den Grundsatz der Vertragskontinuität im Zuge der Euro-Einführung der Disposition der Parteien.

Die währungsrechtliche Substitution der nationalen Währungen durch den Euro wird durch die Verordnung (EG) Nr. 974/98 angeordnet und ausgestaltet.[725] Nach Art. 3 dieser „Euro-Einführungsverordnung" tritt der Euro zum Umrechnungskurs an die Stelle der Währungen der teilnehmenden Mitgliedstaaten. Die Art. 6 bis 9 der Verordnung (EG) Nr. 974/98 stellen ein Sonderstatut für die Übergangszeit vom 1. 1. 1999 bis 31. 12. 2001 auf. In dieser Zeit bestehen

---

[721] *Schefold*, WM 1996, Sonderbeilage Nr. 4, S. 2, 5.

[722] *Borries/Repplinger-Hach*, NJW 1996, 3111, 3113; *Schneider*, DB 1996, 2477, 2480; *Schmidt-Räntsch*, ZIP 1998, 2041, 2042; *Magnus*, in: Staudinger, BGB (2011), Art. 12 Rom I-VO Rn. 121; so wohl auch *Clausius*, NJW 1998, 3148, 3150 f.; zuvor bereits *Fischer/Klanten*, ZBB 1996, 1, 5.

[723] *H. P. Westermann*, in: *Hadding/Hopt/Schimansky* (Hrsg.), Einführung des Euro in der Bank- und Unternehmenspraxis, Bankdienstleistungen im Internet (1998), S. 3, 24; *Wisskirchen*, DB 1998, 809, 810.

[724] Vgl. Erwägungsgrund 7 Satz 2 der Verordnung (EG) Nr. 1103/97.

[725] *Uhl*, Die Einführung des Euro unter den Gesichtspunkten vertraglicher und geldrechtlicher Kontinuität (2003), S. 122 ff., 125.

die nationalen Währungen als sog. Denominationen des Euro fort.[726] In Gesetzestexten und Verträgen waren Bezugnahmen sowohl auf die bisherige nationale Währung als auch auf Euro zulässig (Art. 6 Abs. 2 der Verordnung (EG) Nr. 974/98). Vorbehaltlich einer abweichenden Vereinbarung wurden Rechtsgeschäfte in der Währung durchgeführt, auf die sie lauteten (Art. 8 Abs. 1 und 2 der Verordnung (EG) Nr. 974/98). Im Zweifel ist bei im Übergangszeitraum abgeschlossenen Rechtsgeschäften von einer Wahl des Euro auszugehen.[727] Der Euro existiert jedoch erst seit dem 1. 1. 2002 als Bargeld und gesetzliches Zahlungsmittel (Art. 9 ff. der Verordnung (EG) Nr. 974/98).

II. Umrechnungsverfahren

Die Verordnung (EG) Nr. 1103/97 enthält auch Vorgaben zu Umrechnung der nationalen Währungen in Euro. Sinn und Zweck der Vorschriften ist es, in alter Währung eingegangene Verpflichtungen inhaltlich unberührt zu lassen.[728] Diese generelle Zielsetzung der Verordnung lässt sich auch Erwägungsgrund 7 entnehmen, der die Vertragskontinuität zum Leitmotiv erhebt. Spezifisch für den Umrechnungsprozess konkretisiert Erwägungsgrund 12 diese Vorgabe und fordert explizit einen „hohen Grad an Genauigkeit bei Umrechnungen". Einzelheiten finden sich in den Art. 4 und 5 der Verordnung (EG) Nr. 1103/97:

„Artikel 4

(1) Die Umrechnungskurse werden als ein Euro, ausgedrückt in den einzelnen nationalen Währungen der teilnehmenden Mitgliedstaaten festgelegt. Sie werden mit sechs signifikanten Stellen festgelegt.
(2) Die Umrechnungskurse werden bei Umrechnungen nicht gerundet oder um eine oder mehrere Stellen gekürzt.
(3) Die Umrechnungskurse werden für Umrechnungen sowohl der Euro-Einheit in nationale Währungseinheiten als auch umgekehrt verwendet. Von den Umrechnungskursen abgeleitete inverse Kurse werden nicht verwendet.
(4) Geldbeträge, die von einer nationalen Währungseinheit in eine andere umgerechnet werden, werden zunächst in einen auf die Euro-Einheit lautenden Geldbetrag umgerechnet, der auf nicht weniger als drei Dezimalstellen gerundet werden darf, und dann in die andere nationale Währungseinheit umgerechnet. Es dürfen keine anderen Berechnungsmethoden verwendet werden, es sei denn, sie führen zu denselben Ergebnissen.

---

[726] *Schefold*, WM 1996, Sonderbeilage Nr. 4, S. 2, 11 f.; *Schmidt-Räntsch*, ZIP 1998, 2041, 2042 f.

[727] *Börner*, DStR 1998, 1606, 1607; differenzierend *Schneider*, DB 1996, 2477, 2481.

[728] EuGH, Urteil vom 14. 9. 2004 – Rs. C-19/03 (*Verbraucherzentrale Hamburg/O2*), Slg. 2004 S. I-8183, Rn. 31.

Artikel 5

Zu zahlende oder zu verbuchende Geldbeträge werden bei einer Rundung, die nach einer Umrechnung in die Euro-Einheit gemäß Artikel 4 erfolgt, auf den nächstliegenden Cent auf- oder abgerundet. Zu zahlende oder zu verbuchende Geldbeträge, die in eine nationale Währungseinheit umgerechnet werden, werden auf die nächstliegende Untereinheit oder, gibt es keine Untereinheit, auf die nächstliegende Einheit oder entsprechend den nationalen Rechtsvorschriften oder Gepflogenheiten auf ein Vielfaches oder einen Bruchteil der Untereinheit oder Einheit der nationalen Währungseinheit auf- oder abgerundet. Führt die Anwendung des Umrechnungskurses zu einem Resultat genau in der Mitte, so wird der Betrag aufgerundet."

In Bezug auf die Rundung von Beträgen im Zuge des Umrechnungsverfahrens enthalten beide Artikel jedoch nur Mindestvorgaben.[729] Die Ausgestaltung wird den nationalen Rechtsordnungen anheim gestellt. Wie sich aus Erwägungsgrund 11 Satz 3 und Art. 4 Abs. 4 Satz 3 der Verordnung ergibt, müssen sich die nationalen Rundungsvorschriften jedoch dem Ziel der Neutralität des Übergangs zum Euro unterordnen. Auswirkungen auf die effektiv zu zahlenden Preise müssen vermieden werden.[730] Virulent wird diese Vorgabe insbesondere bei der Rechnungserstellung auf der Basis von Zwischenbeträgen; dem Europäischen Gerichtshofs lagen die Minutenpreise für Mobilfunkgespräche zur Entscheidung vor. Die deutsche Rechtsprechung hatte den parallel gelagerten Fall zu entscheiden, an welcher Stelle eine Rundung bei der Berechnung einer Kleingartenpacht zu erfolgen hatte, die zuvor 0,05 DM je Quadratmeter betrug.[731] In diesen Fällen darf die Rundung erst bei der Endsumme erfolgen; nur der Gesamtbetrag ist der „zu zahlende oder zu verbuchende Geldbetrag" im Sinne von Art. 5 Satz 1 der Verordnung (EG) Nr. 1103/97.[732]

B. Allgemeines Schuldrecht

I. Grundsatz der Vertragskontinuität

Die rechtsverbindlichen Vorgaben aus Art. 3 Satz 1 der Verordnung (EG) Nr. 1103/97 schränken die Einsetzbarkeit von Instrumenten der mitgliedstaatlichen Zivilrechtsordnungen ein. Allein aus dem Währungswechsel von mitgliedstaatlicher Währung zum Euro dürfen keine zivilrechtlichen Konsequenzen gezogen werden, die sich nicht auf eine bloße Umrechnung beschränken.

---

[729] EuGH, Urteil vom 14. 9. 2004 – Rs. C-19/03 (*Verbraucherzentrale Hamburg/O2*), Slg. 2004 S. I-8183, Rn. 34; *Hartenfels*, WM 1999, Sonderbeilage Nr. 1, S. 3, 23.

[730] EuGH, Urteil vom 14. 9. 2004 – Rs. C-19/03 (*Verbraucherzentrale Hamburg/O2*), Slg. 2004 S. I-8183, Rn. 53.

[731] BGH NZM 2005, 720.

[732] BGH NZM 2005, 720.

Die Erfüllung einer auf DM lautenden Altverbindlichkeit konnte im Zuge der Euro-Einführung nicht unmöglich werden.[733] Grundlage hierfür sind aber nicht in erster Linie die europarechtlichen Übergangsvorschriften, sondern ist die allgemeine Rechtsnatur des Geldes. Über Art. 3 der Verordnung (EG) Nr. 974/98 wird im Knappschen Sinn der rekurrente Anschluss des Euro an die mitgliedstaatlichen Währungen sichergestellt. Auch ein Wegfall der Geschäftsgrundlage kann nicht isoliert auf den Währungswechsel zum Euro gestützt werden.[734] Gleiches gilt für eine Beendigung von Schuldverhältnissen durch Kündigung (§ 314 BGB) oder Rücktritt (§§ 346 ff. BGB). In der Zahlung von Euro statt DM liegt – eine korrekte Umrechnung vorausgesetzt – spätestens ab dem 1.3.2002 eine vollwertige Erfüllung nach Maßgabe der §§ 362 ff. BGB. Ob der Austritt eines Euro-Teilnahmestaates aus der Währungsunion die Geschäftsgrundlage eines Vertrages zwischen einer (währungs-) inländischen und einer (währungs-) ausländischen Vertragspartei berührte, hängt unter anderem davon ab, ob eine entsprechende sekundärrechtliche Vorgabe geschaffen würde.[735]

II. Vertragliche Abweichung

Die Parteien können vom Grundsatz der Vertragskontinuität abweichende Vereinbarungen treffen, wie es Art. 3 Satz 2 der Verordnung (EG) Nr. 1103/97 vorsieht.[736] Eine solche Abrede muss nicht ausdrücklich, sondern kann auch konkludent geschlossen werden.[737] Insofern gelten die Regeln des jeweils anwendbaren nationalen Zivilrechts zur Auslegung von Willenserklärungen und vertraglichen Vereinbarungen. Die Interpretation des privatautonom Gewollten hat jedoch das in Art. 3 der Verordnung (EG) Nr. 1103/97 angelegte Regel-Ausnahme-Verhältnis einzubeziehen. Regelmäßig sollen die bestehenden Verträge unbehelligt von der Euro-Einführung fortbestehen. Nur in durch hinreichende Willensäußerung der Parteien legitimierten Fällen sind Abweichungen hiervon erlaubt. Daher darf der Abweichungswille den Parteien nicht unterstellt wer-

---

733 *Hahn*, Europäische Währungsumstellung und Vertragskontinuität (1999), S. 39; *Uhl*, Die Einführung des Euro unter den Gesichtspunkten vertraglicher und geldrechtlicher Kontinuität (2003), S. 262 f.

734 *Borries/Repplinger-Hach*, NJW 1996, 3111, 3113; *Schmidt-Räntsch*, ZIP 1998, 2041, 2042; *Finkenauer*, in: MünchKomm BGB (6. Auflage 2012), § 313 Rn. 17 Fn. 32 m.w.N.; i.E. ebenso *H. P. Westermann*, in: *Hadding/Hopt/Schimansky* (Hrsg.), Einführung des Euro in der Bank- und Unternehmenspraxis, Bankdienstleistungen im Internet (1998), S. 3, 24; *Hahn*, Europäische Währungsumstellung und Vertragskontinuität (1999), S. 43 ff.

735 *Breckheimer/Zeidler*, BB 2012, 2902, 2903; vgl. darüber hinaus zum anwendbaren Sachrecht und zur Rechtswahl *Diekmann/Bernauer*, NZG 2012, 1172, 1175 ff.

736 Vgl. zu möglichen Motiven *Sandrock*, RIW 1997, Beilage Nr. 1, S. 8.

737 *Schmidt-Räntsch*, ZIP 1998, 2041, 2044; *H. P. Westermann*, in: *Hadding/Hopt/Schimansky* (Hrsg.), Einführung des Euro in der Bank- und Unternehmenspraxis, Bankdienstleistungen im Internet (1998), S. 3, 25.

den, so dass letztlich von einer Willensfiktion gesprochen werden müsste. Allein aus dem Umstand, dass ein langfristiger Vertrag mit in DM zu erfüllenden Vertragspflichten geschlossen wurde, kann daher keine konkludente Vereinbarung abgeleitet werden.[738] Aus einer Gesamtschau des konkreten Vertrages und der Interessenlage der Parteien im Einzelfall muss sich mit hinreichender Deutlichkeit ergeben, dass der Übergang zum Euro Auswirkungen auf den vertraglichen *status quo ante* haben soll.

Fehlt es auch an einer konkludenten Vereinbarung, so kann regelmäßig auch keine Lückenschließung durch ergänzende Vertragsauslegung erfolgen.[739] Nach herrschender Ansicht[740] sperrt die Existenz von dispositivem Gesetzesrecht den Rückgriff auf eine ergänzende Lückenschließung. Zutreffend wird diese Einschränkung des Anwendungsbereichs mit der Ordnungsfunktion des dispositiven Rechts begründet.[741] Eine solche nimmt auch Art. 3 Satz 1 der Verordnung (EG) Nr. 1103/97 wahr, indem sie einen normativen Vorrang der Vertragskontinuität für die Einführung des Euro anordnet. Eine ergänzende Vertragsauslegung kann nur in engen Ausnahmefällen aus Gründen des Einzelfalls vorgenommen werden, sofern ansonsten die Interessenlage des konkreten Vertrages erkennbar verfehlt würde.[742]

III. Aufrechenbarkeit

Verbindlichkeiten in DM und Euro sind uneingeschränkt gleichartig im Sinne des § 387 BGB und damit gegeneinander aufrechenbar.[743] Insofern ist die Unterscheidung zwischen echten und unechten Valutaschulden irrelevant. In der Übergangszeit vom 1.1.1999 bis zum 31.12.2001 ergab sich die Gleichartigkeit aus den ausdrücklichen Vorgaben in Art. 8 Abs. 6 der Verordnung (EG) Nr. 974/98.[744] Seit dem 1.1.2002 ist auf den allgemeineren Art. 2 der Verordnung (EG) Nr. 974/98 zurückzugreifen. Danach findet eine gesetzliche Umrechnung von Altverbindlichkeiten in Euro nach den offiziellen Umrechnungskursen statt; in dieser Höhe erlöschen sodann die aufrechenbaren Forderungen (§ 389 BGB).

---

[738] A.A. *H. P. Westermann*, in: *Hadding/Hopt/Schimansky* (Hrsg.), Einführung des Euro in der Bank- und Unternehmenspraxis, Bankdienstleistungen im Internet (1998), S. 3, 25.

[739] A.A. *H. P. Westermann*, in: *Hadding/Hopt/Schimansky* (Hrsg.), Einführung des Euro in der Bank- und Unternehmenspraxis, Bankdienstleistungen im Internet (1998), S. 3, 25 ff.

[740] Statt vieler BGHZ 40, 91, 103; BGHZ 90, 69, 75; BGHZ 146, 250, 261; *Roth*, in: Staudinger, BGB (2010), § 157 Rn. 23 m.w.N.

[741] Statt vieler *Stoffels*, Gesetzlich nicht geregelte Schuldverträge (2001), S. 91 ff.

[742] BGH NJW-RR 1990, 817, 818 f.

[743] *Schmidt-Räntsch*, ZIP 1998, 2041, 2043.

[744] *Schneider*, DB 1996, 2477, 2482.

C. Wertpapiere (i.w.S.)

Als Wertpapiere nach dem engeren privatrechtlichen Begriffsverständnis waren Scheck und Wechsel, als Wertpapiere im weiteren kapitalmarktrechtlichen Sinn (vgl. § 2 Abs. 1 WpHG) zudem Schuldverschreibungen von der Einführung des Euro betroffen.

I. Schuldverschreibung

1. Überblick

Die Umstellung von Schuldverschreibungen auf Euro ist Regelungsgegenstand von Art. 6 des Euro-Einführungsgesetzes, der entsprechend als Gesetz zur Umstellung von Schuldverschreibungen auf Euro firmiert.[745] Auf der sekundärrechtlichen Grundlage von Art. 8 Abs. 4 1. Spiegelstrich der Verordnung (EG) Nr. 974/98 hatte sich der Bund dafür entschieden, bereits mit Wirkung zum 1.1.1999 seine in Form von Bundesanleihen, Bundesobligationen und Bundesschatzbriefen bestehenden DM-Altschulden auf Euro umzustellen (Art. 6 § 1 Euro-Einführungsgesetz).[746] Die rechtspolitische Motivation resultierte daher, dass auf diese Weise die Handelbarkeit deutscher Schuldtitel auf dem Euro-Kapitalmarkt und somit ihre Stellung auf diesem Markt sichergestellt werden konnte.[747] Für die sonstigen Schuldner von DM-Schuldverschreibungen und Schuldverschreibungen in der Währung eines anderen an der Währungsunion teilnehmenden Mitgliedstaats bestand in der Übergangszeit ein Wahlrecht (Art. 6 §§ 2–4 Euro-Einführungsgesetz), das durch einseitige Erklärung in Form einer Gestaltungserklärung[748] gegenüber dem Gläubiger auszuüben war (Art. 6 § 6 Euro-Einführungsgesetz).[749] Auf diesem Weg konnten auch einzelne Emissionsbedingungen geändert werden, wodurch beispielsweise eine Glättung von Nennbeträgen eröffnet wurde (Art. 6 § 5 Euro-Einführungsgesetz).

2. Besonderheiten bei Briefmarken

Eine Umstellung auf Euro war auch für auf DM lautende Briefmarken geboten. Auf der Grundlage von § 43 Abs. 1 Satz 1 PostG erklärte das Bundesfinanzministerium Anfang 2002 sämtliche Briefmarken, deren Nennwert ausschließlich in DM angegeben war, ab dem 1.7.2002 für ungültig. Bis zum 30.6.2003

---

745 Vgl. im Einzelnen *Hartenfels*, WM 1999, Sonderbeilage Nr. 1, S. 3, 32 ff.

746 Vgl. zum sekundärrechtlichen Wahlrecht der öffentlichen Schuldner *Renger*, WM 1997, 1873, 1876 f.

747 *Dittrich*, NJW 1998, 1269, 1272.

748 *Renger*, WM 1997, 1873, 1878; a.A. *Gruson*, WM 1998, 1474, 1476 („währungsrechtliches Wahlrecht").

749 Vgl. im Einzelnen *Renger*, WM 1997, 1873, 1878 ff.

bot die Deutsche Post AG jedoch an, DM-Briefmarken gegen Euro-Briefmarken nach dem vorgegebenen Umrechnungskurs umzutauschen. Der Bundesgerichtshof[750] hat diese Vorgehensweise gebilligt und ein Umtauschrecht ab dem 1.7.2003 abgelehnt. Da keine gesetzliche oder vertragliche Regelung für den Fall einer hoheitlichen Außerkraftsetzung von Briefmarken existierte, nahm der Bundesgerichtshof eine ergänzende Auslegung des in der Briefmarke verkörperten Leistungsversprechens vor. Zu klären sei danach, was „redliche und verständige Parteien bei Kenntnis der planwidrigen Regelungslücke nach dem Vertragszweck und sachgemäßer Abwägung ihrer beiderseitigen Interessen nach Treu und Glauben (§ 242 BGB) vereinbart hätten"[751]. Redlicherweise müsse von der Vereinbarung eines Umtauschrechts ohne Berechnung von Verwaltungskosten mit einer Ausschlussfrist von einem Jahr ausgegangen werden.[752]

Dieser Vertragsauslegung der höchstrichterlichen Rechtsprechung ist zuzustimmen. Selbst bei einer dogmatischen Einstufung der Briefmarke als Geldsurrogat[753] und nicht als privatrechtliches kleines Inhaberpapier im Sinne von § 807 BGB[754] könnte nicht von einer Parallele zum zeitlich unbegrenzten Umtausch von DM-Bargeld ausgegangen werden. Eine gesetzliche Umtauschpflicht ist nach Maßgabe von Art. 16 der Verordnung (EG) Nr. 974/98 und § 1 Satz 2 DM-Beendigungsgesetz[755] auf Bargeld beschränkt und wird zudem europarechtlich nicht vorgeschrieben. Den teilnehmenden Mitgliedstaaten hätte es europarechtlich offen gestanden, den Umtausch von Bargeld in nationaler Währung zum 31.12.2001 einzustellen. Der Inhaber des (vermeintlichen) Geldsurrogats Briefmarke stünde insofern aus Sicht des supranationalen Währungsrechts keineswegs unangemessen benachteiligt dar. Bei rechtzeitiger und öffentlicher Ankündigung der Umtauschfrist sind auch bei Philatelisten keine unbilligen Nachteile zu befürchten.

II. Scheck und Wechsel

Schecks müssen nach Art. 1 Nr. 2 ScheckG die unbedingte Anweisung zur Zahlung einer bestimmten Geldsumme enthalten. Gleiches gilt sowohl für den gezogenen Wechsel (Tratte) als auch den eigenen Wechsel (Solawechsel) gemäß Art. 1 Nr. 2, 75 Nr. 2 WG. Diese Geldsumme setzt sich aus einem zahlenmäßi-

---

750 BGHZ 164, 286.

751 BGHZ 164, 286 Rn. 26 m.w.N.

752 BGHZ 164, 286 Rn. 27 ff.

753 *Weipert*, Die Rechtsnatur der Briefmarke (1996), S. 37, 40; ebenso unter urheberrechtlichen Gesichtspunkten *Häde*, ZUM 1991, 536 f.; so noch vor der Privatisierung der Bundespost grundlegend *Kohler*, ArchBR 6 (1892) 316, 324 („Analogon des Geldes").

754 BGHZ 164, 286 Rn. 19 ff.; *Andrae*, Die privatrechtliche Natur der Briefmarke (1933), S. 21; *G. Schmidt*, NJW 1998, 200, 202 f.

755 Gesetz vom 16.12.1999, BGBl. I S. 2402.

gen Betrag und einer Währungsangabe zusammen.[756] Schecks[757] können ebenso wie beide Wechseltypen[758] nicht nur auf eine inländische, sondern auch auf eine ausländische Währung lauten. Ohne Währungsangabe ausgestellte Schecks sind unwirksam.[759] Wegen Art. 6 der Verordnung (EG) Nr. 974/98 konnten Schecks und Wechsel bis zum Ende der Übergangszeit am 31. 12. 2001 auch in den nationalen Währungen der an der Währungsunion teilnehmenden Mitgliedstaaten ausgestellt werden. Bis zum 31. 12. 2001 ausgestellte DM-Schecks bzw. DM-Wechsel behalten auch danach ihre Gültigkeit, indem sie nach Art. 14 der Verordnung (EG) Nr. 974/98 als umgerechnete Euro-Schecks bzw. Euro-Wechsel anzusehen sind. Nach dem 1. 1. 2002 in einer durch den Euro ersetzten Währung ausgestellte Schecks sind ebenfalls wirksam, da eine Auslegung der Scheckanweisung möglich ist, den umgerechneten Euro-Betrag auszuzahlen.[760] Entsprechend ist mit einem Wechsel zu verfahren, der nach dem 1. 1. 2002 in einer durch den Euro abgelösten Währung ausgestellt wird.

D. Gesellschafts- und Umwandlungsrecht

I. GmbH-Recht

1. Gesetzesänderungen

Durch Art. 3 § 3 des Gesetzes zur Einführung des Euro (Euro-Einführungsgesetz) vom 9. 6. 1998[761] griff der Gesetzgeber in den normativen *status quo* des GmbH-Gesetzes ein und überführte dieses in das Euro-Zeitalter. Damit entsprach Deutschland zum 1. 1. 1999 den Vorgaben aus Art. 2 bis 4 der Verordnung (EG) Nr. 974/98, ohne von der Übergangsregelung des Art. 6 Abs. 2 der Verordnung Gebrauch zu machen. Zum einen wurde § 86 GmbHG a.F. (nunmehr § 1 EGGmbHG) neu aufgenommen, welcher die Umstellung von Gesellschaften auf den Euro zum Gegenstand hat. Zum anderen passte das Euro-Einführungsgesetz die unmittelbar von dem Währungswechsel betroffenen Vorschriften des GmbH-Gesetzes an die geänderten währungsrechtlichen Rahmenbedingungen an. Dabei wurde jedoch nicht lediglich eine Umrechnung zum sekundärrecht-

---

[756] *Nobbe*, in: *Schimansky/Bunte/Lwowski* (Hrsg.), Bankrechts-Handbuch (4. Auflage 2011), § 60 Rn. 64.

[757] OLG München RIW 2000, 228, 229; *Nobbe*, in: *Schimansky/Bunte/Lwowski* (Hrsg.), Bankrechts-Handbuch (4. Auflage 2011), § 60 Rn. 64.

[758] *Peters*, in: *Schimansky/Bunte/Lwowski* (Hrsg.), Bankrechts-Handbuch (4. Auflage 2011), § 64 Rn. 6; vgl. auch BGHZ 30, 315.

[759] OLG Köln MDR 1984, 944; OLG München RIW 2000, 228, 229.

[760] *Nobbe*, in: *Schimansky/Bunte/Lwowski* (Hrsg.), Bankrechts-Handbuch (4. Auflage 2011), § 60 Rn. 66.

[761] BGBl. I S. 1242.

lich vorgegebenen Kurs nachvollzogen. Am ehesten war dies noch bei der Umrechnung des Mindeststammkapitals (§ 5 Abs. 1 GmbHG), der Mindesteinzahlung (§ 7 Abs. 2 Satz 2 GmbHG) und der Stimmrechte (§ 47 Abs. 2 GmbHG) nach dem vereinfachten Kurs von 2 DM = 1 Euro der Fall. Eine inhaltliche Änderung bei Gelegenheit der Euro-Umstellung nahm der Gesetzgeber jedoch bei der Höhe der Mindeststammeinlage nach § 5 Abs. 1 Halbsatz 2 GmbHG a.F. vor, die von 500 DM auf 100 Euro herabgesetzt wurde.

2. Umstellung der GmbH auf Euro

a) Kontinuität und Anreizsetzung

Von der Euro-Einführung betroffen sind im GmbH-Recht insbesondere die Regelungen zum Stammkapital und zu den Nennbeträgen von Geschäftsanteilen. Den Spagat zwischen bestandsschützender Kontinuität und zukunftsgerichteter Anpassung versucht § 1 EGGmbHG (§ 86 GmbHG a.F.) zu verwirklichen. Auszugehen ist von dem Grundsatz der Kontinuität aus Art. 3 Satz 1 der Verordnung (EG) Nr. 1103/97, der in § 1 Abs. 1 Satz 1 EGGmbHG umgesetzt ist. Danach besteht für vor dem 1. 1. 1999 gegründete Gesellschaften keine Pflicht, ihr auf DM lautendes Stammkapital umzustellen. Seit dem 1. 1. 2002 gelten die DM-Beträge kraft der europarechtlichen Vorgabe aus Art. 14 der Verordnung (EG) Nr. 974/98 als Euro-Beträge. Ist – trotz Gründung und Anmeldung bis zum Jahresende 1998[762] – ihre Eintragung in das Handelsregister im Übergangszeitraum vom 1. 1. 1999 bis zum 31. 12. 2001 erfolgt, so besteht ebenfalls die Befugnis, das Stammkapital weiterhin in DM zu führen (§ 1 Abs. 1 Satz 2 EGGmbHG). In beiden Fällen bleibt das frühere in DM geführte Mindeststammkapital maßgeblich.[763] Dies gilt auch dann, wenn die Gesellschaft eine schlichte Umrechnung ihres Stammkapitals in Euro vornimmt, ohne aber eine Betragsglättung durchzuführen (§ 1 Abs. 1 Satz 3 EGGmbHG). Zwar kann es auf diese Weise durch Rundungserfordernisse zu einem Auseinanderfallen des Stammkapitals und der Summe der Nennbeträge der Geschäftsanteile kommen. Insofern sei mit Harm Peter Westermann[764] auf die römisch-rechtliche Parömie „*minima non curat praetor*" verwiesen. Ein Ausweg liegt darin, das Stammkapital infolge der Umstellung im Wege einer Addition der einzeln umgerechneten Geschäftsanteilsnennbeträge zu ermitteln.[765]

---

[762] Vgl. zu Fehlern und Versäumnissen im Registerverfahren *Zeidler*, NZG 1999, 13 f.

[763] *Steffan/Schmidt*, DB 1998, 709; *Bayer*, in: Lutter/Hommelhoff, GmbHG (18. Auflage 2012), § 1 EGGmbHG Rn. 2.

[764] *H. P. Westermann*, in: *Hadding/Hopt/Schimansky* (Hrsg.), Einführung des Euro in der Bank- und Unternehmenspraxis, Bankdienstleistungen im Internet (1998), S. 3, 35 zur Parallelproblematik in der Aktiengesellschaft.

[765] *Bayer*, in: Lutter/Hommelhoff, GmbHG (18. Auflage 2012), § 1 EGGmbHG Rn. 3.

Im Übergangszeitraum vom 1.1.1999 bis zum 31.12.2001 durften Gesellschaften mit beschränkter Haftung nach § 1 Abs. 2 EGGmbHG weiterhin „in DM“ gegründet werden, sofern auch Anmeldung zum und Eintragung in das Handelsregister vor dem 1.1.2002 erfolgten. Die europarechtliche Zulässigkeit dieser Wahlmöglichkeit folgt aus Art. 6 Abs. 1 Satz 1 der Verordnung (EG) Nr. 974/98, wonach die bisherigen nationalen Währungen im Übergangszeitraum als Denominationen des Euro fortbestehen. Inhaltlich waren die Gründer aber schon seit dem Inkrafttreten der dritten Stufe der Wirtschafts- und Währungsunion zum 1.1.1999 den Anforderungen des auf Euro umgestellten GmbH-Rechts unterworfen.[766] Nach § 1 Abs. 2 Satz 2 EGGmbHG waren die neu berechneten Beträge zum Mindeststammkapital (25 000 Euro nach § 5 Abs. 1 GmbHG) und zum Nennbetrag von Geschäftsanteilen (1 Euro nach § 5 Abs. 2 Satz 1 GmbHG) einzuhalten. Praktische Vorzüge brachte die DM-Alternative daher regelmäßig nicht mit sich.

b) Fehlen einer Umstellungspflicht

Von einer generellen gesetzlichen Umstellungspflicht auf Euro hatte der Gesetzgeber für das GmbH-Recht abgesehen.[767] Statt dessen sollte sukzessive eine Umstellung erfolgen, spätestens sobald die Gesellschaft ab dem 1.1.2002 eine Kapitalmaßnahme durchführt. Eine solche ist durch § 1 Abs. 1 Satz 4 EGGmbHG mit einer Registersperre[768] belegt, sofern nicht zumindest gleichzeitig eine Euro-Umstellung vollzogen wird. Ohne Durchführung einer Kapitalmaßnahme kann eine vor dem 1.1.1999 gegründete und im Handelsregister eingetragene GmbH zeitlich unbegrenzt auf DM-Grundlage fortbestehen; ein Umstellungszwang – etwa durch Analogie zu § 1 Abs. 1 Satz 4 EGGmbHG – ist *de lege lata* nicht begründbar.[769]

Gesetzlich angeordnet sind hingegen nennenswerte verfahrens- und kostenrechtliche Erleichterungen für Euro-Umstellungen. Entgegen § 53 Abs. 2 Satz 1 GmbHG bedürfen die satzungsändernden Umstellungsbeschlüsse zu Stammkapital, Geschäftsanteilen und sonstigen währungsgebundenen Satzungsbestandteilen keiner notariellen Beurkundung und lediglich einer einfachen Mehrheit (§ 1 Abs. 3 Satz 1 EGGmbHG). Auch dürfen in Abweichung von § 53 Abs. 2 Satz 2 GmbHG keine weiteren Erfordernisse an die Umstellungsbeschlüsse gestellt werden.[770] Zudem werden die verfahrensrechtlichen Anforderungen an die zum Handelsregister einzureichenden Unterlagen unter Derogation von § 54 Abs. 1 Satz 2, Abs. 2 GmbHG und § 12 HGB abgesenkt

---

[766] *Schneider*, NJW 1998, 3158, 3160.
[767] *Schneider*, NJW 1998, 3158, 3159.
[768] *Bayer*, in: Lutter/Hommelhoff, GmbHG (18. Auflage 2012), § 1 EGGmbHG Rn. 4.
[769] *Zeidler*, NZG 1999, 13, 14.
[770] *Zeidler*, NZG 1999, 13, 15.

(§ 1 Abs. 3 Satz 2 EGGmbHG, § 45 Abs. 1 Satz 1 EGHGB). Für privilegierte Kapitaländerungen, die zu einer Nennbetragsglättung auf den nächsthöheren oder nächstniedrigeren durch zehn teilbaren Betrag führen, gilt eine Kostenermäßigung (§ 45 Abs. 2 EGHGB).

Aus dem Verzicht auf eine allgemeine gesetzliche Umstellungspflicht folgt letztlich auch, dass die GmbH-Gesellschafter grundsätzlich keiner Zustimmungspflicht zu Umstellungsbeschlüssen aus der gesellschafterlichen Treuepflicht unterliegen.[771] Eine Mitwirkungspflicht des Gesellschafters kommt allgemein nur in Ausnahmefällen in Betracht, sofern sie „mit Rücksicht auf das bestehende Gesellschaftsverhältnis oder auf die bestehenden Rechtsbeziehungen der Gesellschafter untereinander dringend erforderlich ist und die Änderung des Gesellschaftsvertrags dem Gesellschafter unter Berücksichtigung seiner eigenen Belange zumutbar ist“[772]. Vor dem Hintergrund des Bestandsschutzes zugunsten von Altgesellschaften fehlt es solange an einem solchen dringenden Bedürfnis, bis eine Kapitalmaßnahme ansteht und die Registersperre des § 1 Abs. 1 Satz 4 EGGmbHG droht.[773] Insofern ist die Kapitalmaßnahme selbst einer Prüfung anhand der allgemeinen Voraussetzungen für eine Zustimmungspflicht zu unterziehen.

c) Umstellungsmodi

Technisch stehen für die Umstellung des Stammkapitals und der Geschäftsanteile auf Euro vier Varianten zur Verfügung.[774] Erstens kann eine Kapitalerhöhung gegen Einlagen erfolgen, für welche nach § 1 Abs. 3 Satz 3 Halbsatz 1 EGGmbHG die allgemeinen Regeln gelten. Dabei ist eine Aufstockung der Nennbeträge der Geschäftsanteile zulässig.[775] Zweitens können umwandlungsfähige Rücklagen für eine Kapitalerhöhung aus Gesellschaftsmitteln nach §§ 57c ff. GmbHG genutzt werden. Die Gesellschafter haben drittens die Möglichkeit, die beiden Arten der Kapitalerhöhung – gegen Einlagen und aus Gesellschaftsmitteln – miteinander zu kombinieren. Viertens besteht die Option einer Kapitalherabsetzung. Dabei müssen allerdings auf volle Euro lautende Nennbeträge der Geschäftsanteile erzielt[776] und das Mindeststammkapital aus § 5 Abs. 1 GmbHG darf nicht unterschritten werden. Nur bei einer Verbindung mit einer Kapitalerhöhung durch Bareinlagen greifen die Privilegierungen nach

---

[771] *Schneider*, NJW 1998, 3158, 3159; *Zeidler*, NZG 1999, 13, 15; *Bayer*, in: Lutter/Hommelhoff, GmbHG (18. Auflage 2012), § 1 EGGmbHG Rn. 15.

[772] BGHZ 183, 1 Rn. 22; ähnlich BGHZ 44, 40, 41 f.; BGHZ 64, 253, 257.

[773] *Bayer*, in: Lutter/Hommelhoff, GmbHG (18. Auflage 2012), § 1 EGGmbHG Rn. 15.

[774] Vgl. im Einzelnen *Steffan/Schmidt*, DB 1998, 709, 710 f.; *D. Mayer/Weiler*, in: *Brambring/Jerschke* (Hrsg.), Beck'sches Notar-Handbuch (5. Auflage 2009), D. I. Rn. 118e ff.

[775] *Kopp*, MittBayNot 1999, 161, 163; allgemein BGHZ 63, 116, 118 f.; BayObLGZ 1991, 365, 366; OLG Celle NZG 2000, 148, 149.

[776] Zu § 5 Abs. 3 GmbHG a.F. vgl. *Heidinger*, DNotZ 2001, 750, 751 ff.

§ 1 Abs. 3 Satz 3 Halbsatz 2 EGGmbHG, so dass die Gläubigerschutzmechanismen aus § 58 GmbHG dispensiert sind. Bei allen Kapitalumstellungen besteht die praktische Herausforderung, die Beteiligungsquoten der Gesellschafter möglichst unverändert zu belassen.[777]

II. Aktienrecht

1. Gesetzesänderungen

Die gesetzgeberischen Grundentscheidungen zur Umstellung von Aktiengesellschaften auf den Euro zeichnen sich durch vielfache Parallelen zum GmbH-Recht aus. Hiervon ist auch die Regelungstechnik erfasst. Durch Art. 3 §§ 1 f. des Gesetzes zur Einführung des Euro (Euro-Einführungsgesetz) vom 9. 6. 1998[778] wurden sowohl die währungsbezogenen Vorschriften des Aktiengesetzes geändert als auch Überleitungsvorschriften in das EGAktG eingefügt. Im Aktiengesetz erfolgte die Währungsumrechnung grundsätzlich nach dem vereinfachten Kurs von 2 DM = 1 Euro, so dass das Mindestgrundkapital auf 50 000 Euro festgelegt wurde. Wie im GmbH-Recht nutzte der Gesetzgeber die Euro-Umstellung, um den Mindestnennbetrag eines Gesellschaftsanteils zu reduzieren; er wurde von 5 DM auf 1 Euro verringert. Die Änderungen des Aktiengesetzes traten mit der dritten Stufe der Wirtschafts- und Währungsunion zum 1. 1. 1999 in Kraft.

2. Umstellung der Aktiengesellschaft auf Euro

a) Optionstrilogie

Altgesellschaften, die vor dem 1. 1. 1999 in das Handelsregister eingetragen wurden, stehen drei Optionen offen, um den Währungswechsel von der DM zum Euro zu bewältigen:[779] Fortschreiben der DM-Regelungen, Festhalten an der Nennwertaktie und Übergang zur Stückaktie. Ein Umstellungszwang zu einem festen Stichtag gibt es weder im GmbH- noch im Aktienrecht. Vielmehr sehen § 1 Abs. 2 Satz 1, § 2 Satz 1, § 3 Abs. 2 Satz 1 EGAktG einen umfassenden Bestandsschutz zugunsten von Altgesellschaften vor. Die Nennbeträge von Grundkapital und Aktien dürfen unverändert in DM angegeben werden.[780] Der Mindestbetrag des Grundkapitals wird nicht auf 50 000 Euro abgesenkt, sondern bleibt bei 100 000 DM.[781] Seit dem 1. 1. 2002 gelten die DM-Beträge kraft der europarechtlichen Vorgabe aus Art. 14 der Verordnung (EG) Nr. 974/98 als

---

[777] Vgl. die Berechnungsformel bei *Mehler/Birner*, MittBayNot 1999, 269, 270 ff.
[778] BGBl. I S. 1242.
[779] Vgl. im Einzelnen *Ihrig/Streit*, NZG 1998, 201, 202 ff.
[780] *Steffan/Schmidt*, DB 1998, 559, 561.
[781] *Hartenfels*, WM 1999, Sonderbeilage Nr. 1, S. 3, 37.

Euro-Beträge. Die DM-Regelungen in der Satzung können daneben auch insofern fortgeschrieben werden, als eine schlichte Umrechnung in Euro ohne Nennbetragsglättung durchgeführt wird. Bis zum 31.12.2001 war hierzu ein – in Abweichung zu § 179 Abs. 2 AktG – mit einfacher Mehrheit getroffener Beschluss der Hauptversammlung erforderlich (§ 4 Abs. 1 Satz 1 EGAktG). Seit dem 1.1.2002 besteht eine gesetzliche Ermächtigung (§ 1 Abs. 1 Satz 2 EGAktG) des Aufsichtsrats, diese rechnerische Anpassung vorzunehmen. Wegen Art. 14 der Verordnung (EG) Nr. 974/98 handelt es sich um eine schlichte Fassungsänderung der Satzung.[782]

b) Beibehaltung von Nennbetragsaktien

Eine strukturelle Anpassung an die Euro-Einführung vermag die Aktiengesellschaft bei Beibehaltung von Nennbetragsaktien vorzunehmen, indem sie nicht nur eine Umrechnung, sondern zugleich eine Nennbetragsglättung durchführt.[783] Dabei sind die Vorgaben aus § 8 Abs. 2 Satz 1 und 4 AktG zu beachten, so dass stets ein auf volle Euro lautender Nennbetrag erzielt werden muss. Hierzu muss das Grundkapital herauf- oder herabgesetzt werden. Anders als bei der GmbH ist eine Kapitalerhöhung gegen Einlagen wegen § 182 Abs. 1 Satz 4 AktG nicht zielführend, da bei Ausgabe neuer Aktien keine Nennbetragsglättung durchführbar ist.[784] Eine verfahrenstechnische Privilegierung enthält § 4 Abs. 2 und 5 EGAktG. Danach genügt grundsätzlich die einfache Mehrheit für die Beschlussfassung in der Hauptversammlung. Auch darf bei Kapitalerhöhungen aus Gesellschaftsmitteln umfassender auf Rücklagen der Gesellschaft zurückgegriffen werden; jedoch bleibt die Grenze aus § 231 Satz 1 AktG zu beachten.[785] Die Privilegierung greift jedoch nur dann ein, wenn sich die Kapitalmaßnahme auf den für die Euro-Umstellung notwendigen Umfang beschränkt.[786] Die Änderung des Grundkapitals kann in einem solchen Umfang erfolgen, der es erlaubt, anschließend das Grundkapital neu einzuteilen und auf diese Weise den Anforderungen des § 8 Abs. 2 AktG gerecht zu werden. Alternativ lässt es § 4 Abs. 3 Satz 1 Alt. 1 EGAktG zu, den Nennbetrag der einzelnen Aktien anzupassen.[787] Hierzu bedarf es unter Umständen aber der Zustimmung aller betroffenen Aktionäre (§ 4 Abs. 3 Satz 2 EGAktG), wodurch dieses Verfahren bei Publikumsgesellschaften regelmäßig ausgeschlossen erscheint. Bei der Beschlussfassung und der nachfolgenden Handelsregisteran-

---

[782] *Ihrig/Streit*, NZG 1998, 201, 203; *Hartenfels*, WM 1999, Sonderbeilage Nr. 1, S. 3, 37; *Heider*, in: MünchKomm AktG (3. Auflage 2008), § 6 Rn. 52.

[783] *Steffan/Schmidt*, DB 1998, 559, 562 f.

[784] *Heidinger*, DNotZ 2000, 661.

[785] *Heidinger*, DNotZ 2000, 661, 662 f.

[786] OLG Frankfurt NZG 2003, 93 m.w.N.

[787] *Steffan/Schmidt*, DB 1998, 559, 563.

meldung müssen die einzelnen Schritte in die logische Reihenfolge gebracht und transparent dargestellt werden.[788]

c) *Wechsel zur Stückaktie*

Die Aktiengesellschaft kann sich schließlich für eine Abkehr von der Nennbetragsaktie entscheiden, indem sie den vollständigen Wechsel zur Stückaktie vollzieht und damit Nennbetragsglättungen obsolet werden lässt. Diesen Ausweg hatte der Gesetzgeber kurz vor der Euro-Einführung durch den Erlass des Gesetzes über die Zulassung von Stückaktien (StückAG)[789] eröffnet. Die Entscheidung für die Stückaktie stellt nach der Gesetzesbegründung einen „eleganten Weg [dar], die Währungsumstellung mit wenig Aufwand zu bewältigen, weil mangels Nennbetragsangabe eine Umstellung und Glättung von Aktiennennbeträgen entfällt"[790]. Verfahrenstechnische Privilegierungen für den Umstellungsprozess auf die Stückaktie bestehen nicht. § 4 EGAktG schweigt insofern. Die vorzunehmenden Satzungsänderungen[791] unterliegen den allgemeinen Bestimmungen und bedürfen daher einer Kapitalmehrheit von grundsätzlich 75 % nach § 179 Abs. 2 AktG. Unberührt von der Umstellung auf Stückaktien bleibt das Grundkapital. Insofern kann entweder der Bestandsschutz nach § 1 Abs. 2 EGAktG genutzt, eine schlichte Umrechnung vorgenommen oder durch eine Kapitalmaßnahme eine Glättung durchgeführt werden.

III. Genossenschaftsrecht

Die Regelungen zur Euro-Umstellung von eingetragenen Genossenschaften beschränkten sich auf die Einfügung von § 164 GenG a.F. durch Art. 3 § 6 Nr. 2 Euro-Einführungsgesetz.[792] Die inzwischen wegen praktischen Vollzugs der Umstellung aufgehobene Vorschrift[793] lautete:

> „(1) Über die Umstellung der Geschäftsanteile auf Euro beschließt die Generalversammlung abweichend von § 16 Abs. 4 mit einfacher Stimmenmehrheit. Dies gilt auch, wenn mit der Umstellung eine Herabsetzung der Geschäftsanteile verbunden wird, durch die der Betrag der Geschäftsanteile auf volle Euro gestellt wird. Für die Eintragung der Umstellung in das Genossenschaftsregister gilt § 16 Abs. 5 und 6.
> (2) Anmeldungen von Beschlüssen nach Absatz 1 Satz 1 zur Eintragung in das Genossenschaftsregister, die nur die Ersetzung des auf Deutsche Mark lautenden Betrags des Geschäftsanteils durch den zu dem vom Rat der Europäischen Union gemäß Artikel

---

[788] OLG Frankfurt NZG 2001, 612.
[789] Gesetz vom 25.3.1998, BGBl. I S. 590.
[790] BT-Drucks. 13/9573, S. 10; vgl. zu den Vor- und Nachteilen *Steffan/Schmidt*, DB 1998, 559, 566.
[791] Vgl. dazu *Ihrig/Streit*, NZG 1998, 201, 206 f.
[792] Vgl. dazu *Steffan/Schmidt*, DB 1998, 709, 711 f.
[793] BT-Drucks. 16/1025, S. 96.

1091 Abs. 4 Satz 1 des EG-Vertrages unwiderruflich festgelegten Umrechnungskurs ermittelten Betrag in Euro zum Gegenstand haben, bedürfen nicht der in § 157 vorgeschriebenen Form. Artikel 45 Abs. 2 des Einführungsgesetzes zum Handelsgesetzbuch ist entsprechend anzuwenden."

In Parallele zu § 1 Abs. 3 Satz 1 EGGmbHG und § 4 Abs. 1 Satz 1 EGAktG senkte § 164 Abs. 1 Satz 1 GenG a.F. das Abstimmungsquorum für eine schlichte Umstellung der Geschäftsanteile durch Umrechnung in Euro auf die einfache Mehrheit ab. Von dieser Vorschrift waren auch die Änderungen der sonstigen satzungsmäßigen Betragsangaben abgedeckt.[794] Für den Zeitraum seit dem 1. 1. 2002 besteht wegen der europarechtlich angeordneten Fiktion der satzungsmäßigen Bezugnahme auf DM als eine solche auf Euro (Art. 14 der Verordnung (EG) Nr. 974/98) ein Zustimmungsbedürfnis der Generalversammlung nicht mehr. Analog § 4 Abs. 1 Satz 2 EGAktG genügt ein Beschluss des Aufsichtsrats der Genossenschaft, da kein Eingriff in die Satzungshoheit der Generalversammlung erfolgt.[795] Anders als im GmbH- und im Aktienrecht müssen die Beträge der Geschäftsanteile nicht auf volle Euro lauten. Jedoch kann aus praktischen Erwägungen eine Erhöhung oder Herabsetzung der Geschäftsanteile geboten sein.[796] Schließlich griff über den Verweis aus § 164 Abs. 2 Satz 2 GenG a.F. auch das Kostenprivileg aus § 45 Abs. 2 EGHGB ein.

IV. Umwandlungsrecht

Das Umwandlungsrecht sieht in Parallele zum GmbH- und Aktienrecht einen weitreichenden Bestandsschutz zugunsten von Umwandlungen vor, die bis zum 31. 12. 1998 in das Handelsregister eingetragen wurden (§ 318 Abs. 2 UmwG). Regelungstechnisch ist zwischen drei Fallgruppen zu unterscheiden. Wird – wie bei Verschmelzungen zur Aufnahme[797] – ohne Strukturänderung[798] eine Neufestsetzung der Anteilsnennbeträge einer aufnehmenden Kapitalgesellschaft notwendig, so bedarf es keiner Umstellung der bisherigem Recht entsprechenden Nennbetragseinteilung (§ 318 Abs. 2 Satz 1 UmwG). Auf die jeweiligen Überleitungsvorschriften des neuen Rechtsträgers verweist für Umwandlungen zur Neugründung und für Formwechsel in eine Kapitalgesellschaft § 318 Abs. 2 Satz 2 Halbsatz 1 UmwG. Erfasst sind damit § 1 EGGmbHG und §§ 1 ff. EGAktG. Über den durch diese Überleitungsvorschriften gewährten Bestandsschutz hinaus erweitert § 318 Abs. 2 Satz 2 Halbsatz 2 UmwG diesen auf Um-

[794] *Terbrack*, NZG 2000, 1109, 1110.
[795] *Terbrack*, NZG 2000, 1109, 1110.
[796] Vgl. *Terbrack*, NZG 2000, 1109, 1111.
[797] *Heidinger*, in: *Henssler/Strohn* (Hrsg.), Gesellschaftsrecht (2. Auflage 2014), § 318 Rn. 7.
[798] *Steffan/Schmidt*, DB 1998, 709, 713; *Perlitt*, in: *Semler/Stengel* (Hrsg.), UmwG (2012), § 318 Rn. 12.

wandlungen, die bis zum 31.12.1998 zur Eintragung in das Handelsregister angemeldet wurden. Bei einem Formwechsel zwischen Aktiengesellschaft und GmbH von DM- auf Euro-Basis entsteht ein Konflikt mit § 247 UmwG, der eine Kontinuität des Nennkapitals anordnet, und den Teilbarkeitsvorschriften der jeweiligen Rechtsform (§ 8 Abs. 2 AktG, § 5 Abs. 2 Satz 1 GmbHG). Diese Kollision ist dadurch zu umgehen, dass im Zuge des Formwechsels eine anpassende Kapitalmaßnahme durchgeführt wird.[799]

E. Prozessuale Durchsetzung von Geldschulden

Der währungsrechtliche Übergang zum Euro hatte nicht nur materiell-rechtliche Auswirkungen auf den Inhalt der Geldschuld, sondern auch auf deren prozessuale Durchsetzung. Ungeachtet dieser Doppelschichtigkeit in materiell-rechtlicher und prozessualer Hinsicht sind beide Ebenen getrennt voneinander zu betrachten. Relevant wird diese Trennung bereits bei der Frage, wie nach dem 1.1.1999 über die Begründetheit einer in DM-Währung erhobenen Klage zu entscheiden ist. In der Übergangsphase bis zum 31.12.2001 kam es materiell-rechtlich nach Art. 8 Abs. 1 und 2 der Verordnung (EG) Nr. 974/98 darauf an, ob die Verbindlichkeit auf DM oder Euro lautete. Der Gläubiger einer DM-Verbindlichkeit konnte nicht Zahlung von Euro verlangen[800] und der Gläubiger einer Euro-Verbindlichkeit nicht Zahlung von DM, sofern nicht eine abweichende Vereinbarung geschlossen wurde. Es liegt eine Fehlinterpretation des währungsrechtlichen Rahmens vor, wenn insbesondere in der arbeitsrechtlichen Literatur[801] davon ausgegangen wird, dem Gläubiger hätte ein Wahlrecht zwischen DM und Euro in der Übergangszeit zugestanden. Der Verweis darauf, dass sowohl DM als auch Euro „gesetzliche Währung" und damit gleichwertig gewesen seien,[802] verkennt Existenz und Inhalt von Art. 8 Abs. 1 der Verordnung (EG) Nr. 974/98.[803] Ein Wahlrecht gestand Art. 8 Abs. 3 der Verordnung (EG) Nr. 974/98 lediglich dem Schuldner für unbare Zahlungen zu. Die prozessuale Konsequenz einer auf Euro-Zahlung gerichteten Klage aus einer in DM zu erfüllenden Verbindlichkeit war daher grundsätzlich die Abweisung als „derzeit unbegründet".[804]

Erst seit dem 1.1.2002 kann einer auf Euro-Zahlungen gerichteten Klage aus einer DM-Verbindlichkeit stattgegeben werden, da zu diesem Zeitpunkt

---

799 *Heidinger*, NZG 2000, 532 f.

800 *Wisskirchen*, DB 1998, 809; *Ritter*, NJW 1999, 1213, 1214; *Wax*, NJW 2000, 488, 489.

801 *Bauer/Diller*, NZA 1997, 737, 739; *Natzel*, DB 1998, 366, 367 (allerdings für – regelmäßig unbare – Entgeltzahlungen).

802 *Bauer/Diller*, NZA 1997, 737, 739.

803 *Ritter*, NJW 1999, 1213, 1214.

804 *Wax*, NJW 2000, 488, 489.

die vollständige Ersetzung der mitgliedstaatlichen Währungen durch den Euro nach Art. 3 der Verordnung (EG) Nr. 974/98 in Kraft trat. Eine Klageänderung im Sinne des § 263 ZPO von einer Zahlung in DM auf eine Zahlung in Euro war nicht erforderlich.[805] Klageanträge sind als Prozesshandlungen auslegungsfähig.[806] Ein auf DM-Zahlung gerichteter Klageantrag ist seit dem 1.1.2002 als Zahlung von „Euro zum Umrechnungskurs" auszulegen.[807] In die Auslegung ist insofern die normative Wertung des supranationalen Währungsrechts einzubeziehen. Daher besteht keine Vergleichbarkeit mit einem sonstigen prozessualen Wechsel zwischen verschiedenen Währungen, der durchaus als Klageänderung einzustufen ist.[808] Selbst wenn man auch für die Euro-Umstellung eine Klageänderung für erforderlich hielte, wäre regelmäßig eine Sachdienlichkeit nach § 263 Alt. 2 ZPO anzunehmen. Zum einen ist bei der Auslegung des Merkmals der Sachdienlichkeit das vorrangige Sekundärrecht mit seinen Vorgaben zu berücksichtigen, zum anderen ist regelmäßig der bisherige Prozessstoff uneingeschränkt verwendbar.[809]

Von materiell-rechtlichen Erwägungen losgelöst ist hingegen die Vollstreckung aus Zahlungstiteln, die auf eine Zahlung in DM oder Euro lauten. Einschlägig war – vorbehaltlich einer abweichenden Vereinbarung – während des Übergangszeitraums wiederum die Vorgabe aus Art. 8 Abs. 1 der Verordnung (EG) Nr. 974/98. Danach konnte aus DM-Titeln nur Zahlung von DM und aus Euro-Titeln nur Zahlung von Euro vollstreckt werden.[810] Ein Wahlrecht des Gläubigers bestand nicht.[811] Mit Wirkung zum 1.1.2002 griff sodann *ex lege* die Umstellung aller DM-Titel auf Euro.[812] Seither kann auch aus DM-Titeln nur noch die Zahlung von Euro vollstreckt werden.

F. Zusammenfassung

Währungsrecht und Geldschuldrecht stehen in einer funktionellen Wechselbeziehung zueinander. Dieses Verhältnis wirkt sich auch bei einem Währungswechsel und seinen Konsequenzen für bestehende Schuldverhältnisse aus. Die Vollendung der europäischen Währungsunion zeichnete sich paradigmatisch durch die grundsätzliche Anordnung der Vertragskontinuität im unionalen

[805] *Schefold*, WM 1996, Sonderbeilage Nr. 4, S. 2, 12; *Wax*, NJW 2000, 488, 489; a.A. *Ritter*, NJW 1999, 1213, 1215.
[806] BGH NJW-RR 1998, 1005, 1006 m.w.N.
[807] *Wax*, NJW 2000, 488, 489.
[808] Vgl. dazu BGH NJW 1980, 2017, 2018; *K. Schmidt*, NJW 1989, 65, 67.
[809] Vgl. zur prozessökonomischen Betrachtungsweise stellvertretend BGHZ 143, 189, 197 f. m.w.N.
[810] *Wax*, NJW 2000, 488, 489.
[811] *Ritter*, NJW 1999, 1213, 1216; a.A. *Schefold*, WM 1996, Sonderbeilage Nr. 4, S. 2, 12.
[812] *Wax*, NJW 2000, 488, 489.

Währungsrecht aus. Währungsrechtliche Einwirkungen auf das Geldschuldrecht sollten nach Möglichkeit gering gehalten werden. So war auch ein Berufen auf einen Wegfall der Geschäftsgrundlage allein wegen des Währungswechsels sekundärrechtlich versperrt. Einen währungsneutralen Übergang suchten überdies die Spezialvorschriften für Schuldverschreibungen, Scheck und Wechsel zu gewährleisten. Gleiches galt für die Kapitalaufbringungs- und Kapitalerhaltungsregeln des Gesellschaftsrechts und für Umwandlungen unter Beteiligung von Altgesellschaften.

Vierter Teil: Besonderes Geldschuldrecht

Die grundsätzliche Entscheidung zugunsten des Nominalprinzips befreit das Geldschuldrecht nicht von jeglichen valoristischen Einflüssen. Auf der schuldimmanenten Ebene zeigt sich ein solcher im Fall von Geldwertschulden, die allerdings gegenüber den nominalen Geldsummenschulden den normativ-systematischen Ausnahmefall darstellen. Valoristische Elemente können aber auch über eine schuldexterne Ebene einbezogen werden und damit auch solche Geldschulden erfassen, die ihrer Natur nach geldwertautarke Geldsummenschulden sind. Eine derartige Implementierung valoristischer Wertungen kann konzeptionell auf zwei Wegen erfolgen: durch eine präventive Wertsicherungsvereinbarung der Parteien oder durch eine reaktive Aufwertung auf gesetzlicher Grundlage. Die rechtliche Bewältigung dieser valoristischen Implantate ist Gegenstand des Besonderen Geldschuldrechts. Die Einstufung als „Besonderer Teil" rechtfertigt sich durch die Eigenständigkeit der Aufwertungsproblematik in tatsächlicher, rechtsdogmatischer und kodifikatorischer Hinsicht gegenüber den allgemeinen Regeln der Geldschuld. Die Auswirkungen der Geldentwertung auf Geldschulden stellen einen Sonderbereich des Geldschuldrechts dar. Die Gegenüberstellung zum „Allgemeinen Teil" des Geldschuldrechts basiert auf dem beschränkten Anwendungsbereich der Aufwertungsregeln: Entweder knüpfen sie normativ an einer nicht geldschuldspezifischen Regelung an, deren Eingreifen Ausnahmecharakter zukommt (§ 313 BGB), oder sie erfassen – wie das Preisklauselgesetz – lediglich geldschuldrechtliche Parteivereinbarungen, mit denen ein privatautonomes Sonderrecht geschaffen wird.

Das Besondere Geldschuldrecht wird durch die definitorische Suche nach dem geldschuldrechtlich maßgeblichen Geldwert und der Bemessung seiner Änderung eingeleitet; dabei werden auch zivilprozessuale Bezüge hergestellt (§ 15). Darauf aufbauend schließt sich ein Abschnitt zu den Wertsicherungsvereinbarungen an, der seinen Schwerpunkt auf den durch das Preisklauselgesetz verfassten Rechtsrahmen legt (§ 16). Einbezogen werden aber auch die damit zusammenhängenden verfassungsrechtlichen wie rechtspolitischen Diskussionen um die Zulässigkeit und Sinnhaftigkeit von gesetzlichen Beschränkungen für die vertragliche Wertsicherung. Seinen Abschluss findet das Besondere Geldschuldrecht in der Darstellung der gesetzlichen Reaktionsmechanismen auf eine

Geldentwertung (§ 17). Eingegangen wird vor allem auf die individuelle Aufwertung in Gestalt der sog. Geschäftsgrundlagenlösung; ihre Voraussetzungen und Rechtsfolgen werden im Detail beleuchtet.

§ 15 Das Wesen des Geldwerts

Präventive wie reaktive Wertsicherungsmechanismen benötigen einen Orientierungsmaßstab und Anknüpfungspunkt in tatsächlicher Hinsicht: den Wert des Geldes. Sein Inhalt ist essentiell für die rechtliche Bewältigung der Inflation, zugleich aber empirisch komplex zu erfassen und interdisziplinär durchtränkt. Seine Behandlung im nachfolgenden § 15 beansprucht den logischen Vorrang vor der Darstellung des neuen Rechts der Wertsicherungsvereinbarungen (§ 16) und der Aufwertung von Geldsummenschulden (§ 17).

A. Der ökonomische Wertbegriff

Von methodischer Brisanz ist die Frage, wie aus juristischer Perspektive der Begriff des Wertes zu bestimmen ist. Der Wertbegriff ist originär ein wirtschaftlicher, auch wenn er Eingang in zahlreiche Rechtsnormen (z.B. § 818 Abs. 2 BGB, § 920 Abs. 1 ZPO, § 3 Nr. 4 EStG) gefunden hat.[1] Die Wirtschaftswissenschaften stellen auf die Nützlichkeit für die Durchführung der Bedarfsdeckung ab, um den Wert eines Gutes zu ermitteln.[2] Ein Teilaspekt der Bedarfsdeckung ist die Durchführung eines Tausches. In der Eignung des Gutes zu diesem Zweck zeigt sich sein Tauschwert. Dieser ökonomische Wertbegriff lässt sich auch auf Geld übertragen.[3] Der wirtschaftliche Wert eines Gutes kann subjektiv – als Wertschätzung durch Individuen – und objektiv – als generalisierte Eignung für abstrahierte Zwecke – bestimmt werden.[4] Die Implementierung des wirtschaftlichen Wertbegriffs in die rechtswissenschaftliche Dogmatik lässt sich damit erklären und rechtfertigen, dass der Gesetzgeber bestimmte Sachverhaltskonstellationen vorfand, deren begriffliche Erfassung bereits die Volkswirtschaftslehre vorgenommen hatte.[5] Ebenso wie der Geldwert[6] ist auch der Wert selbst

---

[1] Grundlegend *von Maydell*, Geldschuld und Geldwert (1974), S. 16 ff.; ebenso schon *Eckstein*, Geldschuld und Geldwert im materiellen und internationalen Privatrecht (1932), S. 3; dagegen *Liefmann*, Geld und Gold (1916), S. 129 ff.

[2] *Budge*, Lehre vom Geld (1931), S. 54.

[3] *Budge*, Lehre vom Geld (1931), S. 105 ff., 119.

[4] *Budge*, Lehre vom Geld (1931), S. 57 ff.; *von Maydell*, Geldschuld und Geldwert (1974), S. 17, 19.

[5] *von Maydell*, Geldschuld und Geldwert (1974), S. 18.

[6] *K. Schmidt*, in: Staudinger, BGB (1997), Vorbem D1 zu §§ 244 ff.; a.A. *Hammer*, Die

eine ökonomische Tatsache im Recht. Allerdings sind einer solchen Übernahme wirtschaftswissenschaftlicher Terminologie Grenzen gesetzt, die sich aus einer abweichenden Methodik und Zielsetzung des Privatrechts des Geldes ergeben.

B. Negative Begriffsabgrenzung des Geldwerts

I. Substanzwert

Der Geldwert ist nicht deckungsgleich mit dem Substanz- oder Materialwert des Geldes.[7] Allenfalls kann der Substanzwert den Geldwert beeinflussen. Die Loslösung des Geldwerts vom Substanzwert steht in Wechselwirkung mit dem geldtheoretischen Nominalismus, der von einer Abstrahierung des Geldwerts von jeglichem Substanzwert ausgeht. Im Aristotelischen Sinne entstammt das Geld insofern nicht der Natur, sondern dem Gesetz.[8] Spätestens seit der Abkehr vom Metallismus muss eine Ableitung des Geldwerts aus seinem Materialwert als Anachronismus erscheinen. Die Geldgeschichte ist eine Geschichte der Entmaterialisierung.[9] Geld löste sich vom Primitivgeld, ging über zum nominalen Sachgeld, wurde durch – zunächst gedecktes, später ungedecktes – Papiergeld ergänzt und existiert schließlich seit dem Beginn der Neuzeit in immer stärkerem Maße als materiefreies Buchgeld. Nicht deckungsgleich mit dem Ausschluss einer Deduktion des Geldwerts aus dem Substanzwert ist hingegen die Knappsche These[10], dass Geld ein chartales Zahlungsmittel sei. Knapp leugnet nämlich die Existenz eines Geldwerts schlechthin, nicht lediglich seinen antimetallistischen Gehalt.[11] Mit dem im geldrechtlichen Kontext interessierenden Geldwert darf nicht ein davon streng zu trennender Sammlerwert von bestimmten Stü-

---

Hauptprinzipien des Geld- und Währungswesens (1891), S. 12, 14, der die Bedeutung des Nominalprinzips überdehnt und einen eigenständigen Geldwert leugnet. Vgl. ähnlich schon zum Geldbegriff *Gerber*, Geld und Staat (1926), S. 59.

[7] *Walther*, Geldwert in der Geschichte (1912), S. 4 ff.; *Helfferich*, Das Geld (6. Auflage 1923), S. 555; *Peitmann*, Die privatrechtlichen Grundlagen des Geldes (1941), S. 42; *Lütge*, Einführung in die Lehre vom Gelde (1948), S. 41; *Wendt*, Die Lehre vom Geldwert (1948), S. 30 f.; *von Maydell*, Geldschuld und Geldwert (1974), S. 25 f.; *Schmalz*, Die Stabilität des Geldwerts als Problem des Privatrechts (1986), S. 41 ff.; *Weikart*, Geldwert und Eigentumsgarantie (1993), S. 64 f.; *Schäfer*, Der Zins im Bereicherungsrecht (2002), S. 52; anders noch auf metallistischer Grundlage *Hartmann*, Internationale Geldschulden (1882), S. 27 f.; *Klüpfel*, Die Gold- und Silberproduktion und ihr Einfluß auf den Geldwert (1895).

[8] *Liefmann*, Geld und Gold (1916), S. 111 f.; vgl. auch *Helfferich*, Das Geld (6. Auflage 1923), S. 562.

[9] Vgl. ausführlich oben, S. 46 f.

[10] *Knapp*, Staatliche Theorie des Geldes (4. Auflage 1923), S. 20 ff.

[11] Kritisch daher *Liefmann*, Geld und Gold (1916), S. 113 ff.; *von Wieser, in: Elster/Weber/von Wieser* (Hrsg.), Handwörterbuch der Staatswissenschaft, Band IV (4. Auflage 1927), S. 681, 701; *K. Schmidt*, in: *Weber* (Hrsg.), Festschrift für Hugo J. Hahn (1997), S. 81, 88 f.

cken verwechselt werden. Für den Sammler sind die originären Funktionen des Geldes – als Recheneinheit und als Tauschmittel[12] – allenfalls von mittelbarer Bedeutung. Für den Sammlerwert kann, namentlich bei Münzen, der Materialwert von entscheidender Bedeutung sein.

II. Nennwert

Vom Geldwert zu trennen ist der sog. Nennwert des Geldes. Darunter ist bei Bargeld der aufgedruckte oder aufgeprägte Betrag zu verstehen. Der Nennwert des Geldes ist seit der Abkehr vom Metallismus auch von seinem Substanzwert abstrahiert. Der Nennwert korreliert mit der abstrakten Funktion des Geldes als Recheneinheit; er ist seine Existenzvoraussetzung. Geld ohne Nennwert kann nicht als abstrakte Recheneinheit dienen. Zugleich bildet der Nennwert die tatsächliche Grundlage des geldtheoretischen wie geldschuldrechtlichen Nominalismus. Nussbaum spricht in Bezug auf den geldtheoretischen Nominalismus von einer „Numeralität"[13] des Geldes. Das Bundesverwaltungsgericht hat aus dem geldschuldrechtlichen Nominalismus abgeleitet, dass

> „für den Zahlungswert des Geldes nicht sein Substanzwert, sondern sein Nennwert maßgebend [ist]; die Höhe betragsmäßig festgelegter Geldschulden bleibt von der Veränderung des Geldwerts grundsätzlich unberührt. Der Schuldner befreit sich durch Zahlung des Nennwertes der Schuld."[14]

Der Nennwert ist daher kein Wert im wirtschaftlichen Sinn und kann nach allgemeiner Ansicht nicht für die Bestimmung des Geldwerts fruchtbar gemacht werden.[15] Als statische Größe ist er einem Bewertungsvorgang nicht zugänglich. Allerdings kann der Nennwert herangezogen werden, um Änderungen des Geldwerts auf einer Zeitachse sichtbar zu machen. Geldwertverluste werden ermittelt und ausgedrückt, indem der Wert der identischen Menge Geldes, d.h. von Geld mit demselben Nennwert, zu verschiedenen Zeitpunkten verglichen wird.

---

[12] Vgl. oben, S. 55 ff.

[13] *Nussbaum*, Das Geld in Theorie und Praxis des deutschen und ausländischen Rechts (1925), S. 9.

[14] BVerwGE 41, 1, 5.

[15] *Maier*, Das Geld und sein Gebrauch (1913), S. 8 f.; *Wendt*, Die Lehre vom Geldwert (1948), S. 37; *von Maydell*, Geldschuld und Geldwert (1974), S. 20; *Schmalz*, Die Stabilität des Geldwerts als Problem des Privatrechts (1986), S. 40 f.; *Weikart*, Geldwert und Eigentumsgarantie (1993), S. 64; tendenziell auch *Wieacker*, AcP 148 (1943) 57, 72.

III. „Subjektiver" Geldwert

Der geldschuldrechtlich relevante Wert des Geldes ist unabhängig von individuell-persönlichen Einschlägen.[16] Naturgemäß gestaltet sich die persönliche Wertschätzung des Geldes als solchem sowie einer bestimmten Menge Geldes bei jedem Individuum anders. Die identische Geldmenge hat „für den Millionär einen anderen individuellen Wert [...] als für einen Bettler"[17]. Dieser einzelwirtschaftliche Geldwert[18] ist jedoch für das Privatrecht des Geldes ohne Belang. Ihm liegt – ungeachtet der Differenzierung zwischen Geld im abstrakten und konkreten Sinne – das übergreifende Savignysche Verständnis des Geldes als abstrakter Vermögensmacht[19] zugrunde. Abstraktheit liegt insofern nicht nur in Bezug auf universelle Einsetzbarkeit als Tauschmittel für sämtliche Wirtschaftsgüter vor,[20] sondern zeigt sich auch in der Loslösung von individueller Wertschätzung. In einem funktionierenden Markt müssen sowohl der Millionär als auch der Bettler dieselbe Menge Geldes für ein bestimmtes Gut anbieten, um einen Tausch erfolgreich durchführen zu können. Eine dem Nominalprinzip unterliegende Geldschuld ist ebenfalls ungeachtet von subjektiv-individuellen Befindlichkeiten zu tilgen.

IV. Volkswirtschaftliche Kaufkrafttheorien

Für das Privatrecht des Geldes kann nicht auf die volkswirtschaftlichen Erklärungsansätze für Existenz und Umfang der Kaufkraft des Geldes zurückgegriffen werden.[21] Ihre Ziele sind die Darstellung rein ökonomischer Zusammenhänge und die Ableitung wirtschaftstheoretischer Gesetze.[22] So geht die Produktionskostentheorie (u.a. Adam Smith, David Ricardo) davon aus, dass sich der Geldwert wie bei anderen Gütern auch aus den Produktionskosten eines (fiktiven, gerade noch zur Bedarfsdeckung erforderlichen) Grenzbetriebs

---

[16] *Lütge*, Einführung in die Lehre vom Gelde (1948), S. 42; vgl. aus ökonomischer Sicht *Mises*, Theorie des Geldes und der Umlaufmittel (2. Auflage 1924), S. 87; *Weikart*, Geldwert und Eigentumsgarantie (1993), S. 65 f.; *Issing*, Einführung in die Geldpolitik (15. Auflage 2011), S. 192; a.A. *Liefmann*, Geld und Gold (1916), S. 130.

[17] *Lütge*, Einführung in die Lehre vom Gelde (1948), S. 42.

[18] *von Wieser, in: Elster/Weber/von Wieser* (Hrsg.), Handwörterbuch der Staatswissenschaft, Band IV (4. Auflage 1927), S. 681, 695.

[19] *von Savigny*, Das Obligationenrecht als Theil des heutigen Römischen Rechts, Band I (1851), S. 406.

[20] *Eckstein*, Geldschuld und Geldwert im materiellen und internationalen Privatrecht (1932), S. 6 Fn. 17.

[21] *K. Schmidt*, in: Staudinger, BGB (1997), Vorbem D3 zu §§ 244 ff.; vgl. den Überblick bei *Forstmann*, Geld und Kredit (1951), S. 127 f., 156 ff.

[22] *von Maydell*, Geldschuld und Geldwert (1974), S. 18.

ableiten lasse.[23] Ihr wurde durch die Entmaterialisierung des Geldes bis hin zum Buchgeld die tatsächliche Grundlage entzogen.[24] Die Quantitätstheorien nehmen an, dass der Wert des Geldes von der Menge des umlaufenden Geldes mitbeeinflusst wird.[25] Zur Quantitätstheorie ist die Einkommenstheorie (Zwiedineck-Südenhorst, Wicksell, Wieser) hinzugetreten; sie sucht die Einflüsse des Geldes auf die Preisrelation und die Verteilung der Einkommen zu analysieren.[26] Schließlich kann auf die Kreditverfügbarkeit in einer Volkswirtschaft abgestellt werden, um Änderungen des Preisniveaus zu erklären (Kreditmarkttheorie).[27] Für das Geldschuldrecht können diese Geldwerttheorien wegen ihrer allein volkswirtschaftlichen Ausrichtung nicht nutzbar gemacht werden.[28] Ebenfalls ohne Bedeutung für das private Geldrecht sind die ökonomischen Theorien zu den Ursachen der Inflation.[29]

C. Ausprägungen des Geldwerts

I. Binnen- und Außenwert

Die Unterteilung des Geldwerts in einen Binnen- und einen Außenwert stellt nur einen scheinbaren Gegensatz auf. Der Sache nach liegt eine veranschaulichende Gegenüberstellung von zwei Aspekten des Geldwerts vor, der lediglich aus zwei unterschiedlichen Perspektiven betrachtet wird.[30] Der Binnenwert des Geldes ergibt sich aus der internen Betrachtung von Geld einer bestimmten

---

[23] Vgl. den Überblick bei *Budge*, Lehre vom Geld (1931), S. 123 ff.; *Forstmann*, Geld und Kredit (1951), S. 158 ff.; *Andreae*, Geld und Geldschöpfung (1953), S. 85 ff.; *Bohndorf*, Wertsicherungsklauseln (1966), S. 8 f.

[24] Vgl. zur weiteren Kritik *Lütge*, Einführung in die Lehre vom Gelde (1948), S. 46 f.

[25] Vgl. den Überblick bei *Budge*, Lehre vom Geld (1931), S. 131 ff.; *Lütge*, Einführung in die Lehre vom Gelde (1948), S. 49 ff.; *Wendt*, Die Lehre vom Geldwert (1948), S. 51 ff.; *Forstmann*, Geld und Kredit (1951), S. 163 ff.; *Andreae*, Geld und Geldschöpfung (1953), S. 90 ff.; *Bohndorf*, Wertsicherungsklauseln (1966), S. 9 f.; *Issing*, Einführung in die Geldpolitik (15. Auflage 2011), S. 142 ff.

[26] Vgl. den Überblick bei *Elster*, Die Seele des Geldes (1920), S. 164 ff.; *Lütge*, Einführung in die Lehre vom Gelde (1948), S. 55 ff.; *Forstmann*, Geld und Kredit (1951), S. 176 ff.; *Andreae*, Geld und Geldschöpfung (1953), S. 102 ff.

[27] Vgl. den Überblick bei *Issing*, Einführung in die Geldpolitik (15. Auflage 2011), S. 155 ff.

[28] A.A. auf Grundlage der Quantitätstheorie *von Castelberg*, Der Geldwert als Rechtsproblem insbesondere bei Verkehrsgeschäften (1953), S. 47 ff. Fn. 10.

[29] Vgl. dazu *Veit*, Grundriss der Währungspolitik (3. Auflage 1969), S. 53 ff.; *Schneider*, in: *Schlemmer* (Hrsg.), Enteignung durch Inflation? (1972), S. 37 ff.; *van den Adel*, Geldentwertung und monetäre Stabilisierungspolitik (1973), S. 14 ff.; *Weikart*, Geldwert und Eigentumsgarantie (1993), S. 77 ff.; *Issing*, Einführung in die Geldpolitik (15. Auflage 2011), S. 210 ff.

[30] Ähnlich *Wendt*, Die Lehre vom Geldwert (1948), S. 6; *von Maydell*, Geldschuld und Geldwert (1974), S. 28, 30; *Weikart*, Geldwert und Eigentumsgarantie (1993), S. 63.

Währung im eigenen Währungsraum („Währungsinland").[31] Dargestellt wird somit die Stabilität oder Instabilität des Geldes in der Zeit.[32] Demgegenüber existiert ein Außenwert (Valutawert) des Geldes nur unter der logischen Voraussetzung eines weiteren Währungsraums. Der Außenwert kennzeichnet die Wertrelation zwischen der Inlands- und einer Auslandswährung.[33] Außenwert und Kurswert sind nicht identisch, da auch die freie Konvertierbarkeit ein wertbildender Faktor für den Außenwert einer Währung ist.[34] Für das Geldschuldrecht jenseits der Fremdwährungsverbindlichkeiten ist ausschließlich der Binnenwert des Geldes von Bedeutung.

II. Kaufkraft

Die Kaufkraft des Geldes ist mit dem Wert des Geldes eng verwandt, aber nicht deckungsgleich.[35] Daran ändert auch die Tauschmittelfunktion des Geldes nichts.[36] Zwar lässt sich aus wirtschaftswissenschaftlicher Sicht[37] anführen,

---

[31] *Nussbaum*, Das Geld in Theorie und Praxis des deutschen und ausländischen Rechts (1925), S. 59; *Andreae*, Geld und Geldschöpfung (1953), S. 81; *von Maydell*, Geldschuld und Geldwert (1974), S. 28; *Grothe*, Fremdwährungsverbindlichkeiten (1999), S. 79; vgl. auch *Martiny*, in: MünchKomm BGB (5. Auflage 2010), Anhang I zu Art. 9 Rom I-VO Rn. 46.

[32] *Veit*, Grundriss der Währungspolitik (3. Auflage 1969), S. 35.

[33] BVerfGE 97, 350, 371; *Nussbaum*, Das Geld in Theorie und Praxis des deutschen und ausländischen Rechts (1925), S. 60; *Wendt*, Die Lehre vom Geldwert (1948), S. 6; *Fögen*, Geld- und Währungsrecht (1969), S. 44; *Reichert-Facilides*, JZ 1969, 617, 618; *Gramlich*, Bundesbankgesetz, Währungsgesetz, Münzgesetz (1988), § 1 WährG Rn. 8; *Grothe*, Fremdwährungsverbindlichkeiten (1999), S. 79; *Kirchhoff*, Wertsicherungsklauseln für Euro-Verbindlichkeiten (2006), S. 90; *Martiny*, in: MünchKomm BGB (5. Auflage 2010), Anhang I zu Art. 9 Rom I-VO Rn. 49; implizit auch OLG München NJW-RR 1988, 1019, 1020; OLG Frankfurt NJW-RR 1990, 636.

[34] *Reichert-Facilides*, JZ 1969, 617, 618; *von Maydell*, Geldschuld und Geldwert (1974), S. 30; a.A. *Beisse*, WM 1969, Sonderbeilage Nr. 1, S. 4; *Maier-Reimer*, NJW 1985, 2049, 2051; *Veit*, Grundriss der Währungspolitik (3. Auflage 1969), S. 35; *Kirchhof*, in: *Isensee/Lecheler* (Hrsg.), Festschrift für Walter Leisner (1985), S. 635, 645; ungenau BGH WM 1963, 568, 569; vgl. auch OLG Dresden DtZ 1995, 25, 27 f. (zum Verhältnis von DDR-Mark zur DM).

[35] *Forstmann*, Geld und Kredit (1951), S. 130 ff.; *von Maydell*, Geldschuld und Geldwert (1974), S. 31; *Horn*, Geldwertveränderungen, Privatrecht und Wirtschaftsordnung (1975), S. 8; *Schmalz*, Die Stabilität des Geldwerts als Problem des Privatrechts (1986), S. 47, 55; wohl auch *Ebenroth/Bacher*, BB 1990, 2053, 2060; *Köhler*, JZ 2013, 957, 960 („Indikator"); a.A. *Helfferich*, Das Geld (6. Auflage 1923), S. 563; *Mises*, Theorie des Geldes und der Umlaufmittel (2. Auflage 1924), S. 85; *Lütge*, Einführung in die Lehre vom Gelde (1948), S. 41, 43; *Wendt*, Die Lehre vom Geldwert (1948), S. 8; *Andreae*, Geld und Geldschöpfung (1953), S. 84; *Nies*, BB 1966, 455, 457; *Gramlich*, Bundesbankgesetz, Währungsgesetz, Münzgesetz (1988), § 1 WährG Rn. 8; *Kirchhoff*, Wertsicherungsklauseln für Euro-Verbindlichkeiten (2006), S. 91; tendenziell auch *Ertl*, Inflation, Privatrecht und Wertsicherung (1980), S. 18; beiläufig auch *Maier*, Das Geld und sein Gebrauch (1913), S. 7.

[36] A.A. *Veit*, Reale Theorie des Geldes (1966), S. 73; *ders.*, Grundriss der Währungspolitik (3. Auflage 1969), S. 36.

[37] *Keynes*, Vom Gelde (1932), S. 43; *Forstmann*, Geld und Kredit (1951), S. 132; *Veit*, Der

unter Kaufkraft sei die Fähigkeit des Geldes zu verstehen, gegen bestimmte Güter eintauschbar zu sein. Änderungen der Kaufkraft müssen aber nicht notwendig mit einer Änderung des Geldwerts einhergehen, da sich auch allein aus Veränderungen von Gütern und Leistungen Einflüsse auf das Kaufkraftniveau ergeben können.[38] Diese Abgrenzungsnotwendigkeit besteht auch dann, wenn ein engerer Kaufkraftbegriff gewählt wird. Forstmann will nämlich nur die „abstrakte Fähigkeit zum Kauf von Gütern und Dienstleistungen"[39] als Kaufkraft auffassen. Der Geldwert sei hingegen die konkrete Gütermenge, gegen die eine Geldeinheit eingetauscht werden könne.[40] Der Einwand gegen die Tauglichkeit des Kaufkraftbegriffs für die Geldwertbestimmung ist damit aber nicht entkräftet.

D. Berechnung des Geldwerts

I. Die Funktionsdeterminiertheit des Geldwerts

Der für das Geldschuldrecht relevante Geldwert stellt sich als ein objektiver Funktionswert dar.[41] Geld erlangt seinen Wert durch seine Tauglichkeit, seine konkrete Funktion als Tauschmittel (Wertaufbewahrungsmittel, Werttransportmittel, Zahlungsmittel, Kapitalübertragungsmittel) auszuüben. Die Höhe des Wertes wird durch den Grad seiner Eintauschbarkeit bestimmt. Daraus begründet sich auch die deutliche Nähe zum Begriff der Kaufkraft. Eine Substanzwertbestimmung des Geldes setzte sich demgegenüber nicht nur in unüberbrückbaren Widerspruch zum abstrakt-funktionellen Wesen des Geldes, Träger von messbarer Vermögensmacht zu sein. Zugleich ignorierte sie Jahrhunderte der Geldrechtsgeschichte, die durch eine unverkennbare Entmaterialisierung und eine Abkehr vom Metallismus gekennzeichnet sind. Allein die Einstufung des Geldwerts als Funktionswert wird daher dem Wesen des Geldes gerecht. Der Geldwert ist zudem insofern objektiv zu bestimmen, als indi-

---

Wert unseres Geldes (1958), S. 178; *Issing*, Einführung in die Geldpolitik (15. Auflage 2011), S. 192; ähnlich *Liefmann*, Geld und Gold (1916), S. 130; *Ebenroth/Bacher*, BB 1990, 2053, 2060.

[38] *Schmalz*, Die Stabilität des Geldwerts als Problem des Privatrechts (1986), S. 47; vgl. auch *Robertson*, Das Geld (2. Auflage 1935), S. 31 ff.

[39] *Forstmann*, Geld und Kredit (1951), S. 133.

[40] *Forstmann*, Geld und Kredit (1951), S. 134; ebenso *Veit*, Der Wert unseres Geldes (1958), S. 178.

[41] *Helfferich*, Das Geld (6. Auflage 1923), S. 555 ff.; *K. Schmidt*, in: Staudinger, BGB (1997), Vorbem D9 zu §§ 244 ff.; ebenso aus der wirtschaftswissenschaftlichen Literatur *Mises*, Theorie des Geldes und der Umlaufmittel (2. Auflage 1924), S. 87 f.; *von Wieser*, *in: Elster/Weber/von Wieser* (Hrsg.), Handwörterbuch der Staatswissenschaft, Band IV (4. Auflage 1927), S. 681, 701 ff.

viduell-persönliche Einschläge nicht in die Bemessung einfließen dürfen.[42] Der objektive Wert des Geldes knüpft an einem auf dem Markt bestehenden Austauschverhältnis zwischen Geld und den übrigen Gütern an.[43]

II. Änderungen des Geldwerts

1. Bemessungsgrundlage

Der Geldwert kann sich sowohl in seiner Ausprägung als Außenwert gegenüber anderen Währungen als auch als Binnenwert innerhalb desselben Währungsraums im Laufe der Zeit ändern. Für die geldschuldrechtliche Betrachtung sind allein die Schwankungen des Binnenwertes von Belang.[44] Aus privatrechtlicher Perspektive ist auch aus Gründen der Vereinfachung für die Feststellung von Änderungen des Binnenwertes des Geldes auf die Entwicklung der Kaufkraft abzustellen.[45] Die Kaufkraft wiederum wird in einer Marktwirtschaft durch das Preisniveau bestimmt.[46] Die präzise Bestimmung des Preisniveaus und seiner Änderungen stellt sich als komplexe Herausforderung dar. Der Nationalökonom Siegfried Budge stellte ernüchternd fest:

> „Das Preisniveau spottet […] im Grunde jeder exakten statistischen Erfaßbarkeit."[47]

Üblicherweise wird – trotz Bedenken im Detail[48] – auf Indizes zur Bemessung des Preisniveaus rekurriert, welche die allgemeinen Lebenshaltungskosten widerspiegeln.[49] Das Statistische Bundesamt errechnet monatlich den Verbrau-

---

[42] *von Maydell*, Geldschuld und Geldwert (1974), S. 33.

[43] *Mises*, Theorie des Geldes und der Umlaufmittel (2. Auflage 1924), S. 87, 99.

[44] *von Maydell*, Geldschuld und Geldwert (1974), S. 34; *Medicus*, DB 1974, 759.

[45] *von Maydell*, Geldschuld und Geldwert (1974), S. 34; *Schmalz*, Die Stabilität des Geldwerts als Problem des Privatrechts (1986), S. 55 ff.; *K. Schmidt*, in: Staudinger, BGB (1997), Vorbem D9 zu §§ 244 ff.; wohl auch *Medicus*, DB 1974, 759.

[46] *Schmalz*, Die Stabilität des Geldwerts als Problem des Privatrechts (1986), S. 55.

[47] *Budge*, Lehre vom Geld (1931), S. 265; ähnlich *Keynes*, Vom Gelde (1932), S. 77 ff.

[48] *Budge*, Lehre vom Geld (1931), S. 265 f.; *Robertson*, Das Geld (2. Auflage 1935), S. 19 ff.; *Sieber*, Wirtschaft und Recht 1966, 137, 138 f.; *Fögen*, Geld- und Währungsrecht (1969), S. 43 f.; *Irmler*, in: *Schlemmer* (Hrsg.), Enteignung durch Inflation? (1972), S. 23, 30 ff.; *Issing*, Einführung in die Geldpolitik (15. Auflage 2011), S. 194 ff.

[49] BGHZ 75, 279, 286; BGHZ 191, 336 Rn. 16; *Helfferich*, Das Geld (6. Auflage 1923), S. 567 ff.; *Veit*, Der Wert unseres Geldes (1958), S. 180; *Irmler*, in: *Schlemmer* (Hrsg.), Enteignung durch Inflation? (1972), S. 23, 30; *von Maydell*, Geldschuld und Geldwert (1974), S. 34 ff.; *Bettermann*, ZRP 1974, 13, 16; *Schmalz*, Die Stabilität des Geldwerts als Problem des Privatrechts (1986), S. 56 ff.; *Ebenroth/Bacher*, BB 1990, 2053, 2060 f.; *Rasch*, DNotZ 1991, 646, 655; *Weikart*, Geldwert und Eigentumsgarantie (1993), S. 69 ff.; *Issing*, Einführung in die Geldpolitik (15. Auflage 2011), S. 193 f.; vgl. allgemein zur Berechnungsweise *Bortkiewicz*, in: *Elster/Weber/von Wieser* (Hrsg.), Handwörterbuch der Staatswissenschaft, Band IV (4. Auflage 1927), S. 743 ff.

cherpreisindex.[50] Ihm liegt ein sog. Warenkorb von als repräsentativ eingestuften Gütern zugrunde, deren Preisentwicklung einbezogen wird. Die Einzelpreise werden nach Maßgabe der Ausgaben der privaten Haushalte im jeweiligen Zeitraum gewichtet. Als Einzelpreise werden die Endverbraucherpreise einschließlich der Verbrauchssteuern verwendet. Etwa alle fünf Jahre wird der Verbraucherpreisindex an die aktuellen Gewohnheiten der Verbraucher neu angepasst. Seit 1997 berechnet das Statistische Bundesamt zudem den Harmonisierten Verbraucherpreisindex (HVPI) für Deutschland.[51] Damit soll in allen Mitgliedstaaten der Europäischen Union ein vergleichbarer Wert ermittelt werden. Auf Grundlage der HVPI-Ergebnisse in den einzelnen Mitgliedstaaten errechnet Eurostat den HVPI für die gesamte Europäische Union.

2. Formen der Geldwertänderungen

a) Inflation und Deflation

Geldwertänderungen können im Rahmen von inflatorischen und deflatorischen Prozessen erfolgen. Definitorisch offen ist, ob Geldwertverlust und Inflation deckungsgleich verwendet werden können. Teilweise wird verlangt, dass Inflation und Deflation gegenüber einer Geldwertänderung noch zusätzlich das Merkmal des „Pathologischen" aufweisen müssten.[52] Für die Zwecke des Geldschuldrechts erscheint es hingegen zweckdienlich, auf diese Abgrenzungsprobleme zu verzichten und statt dessen in jeder Inflation eine Geldentwertung zu erblicken.[53] Inflation führt danach stets zu einem Anstieg des Preisniveaus. Deflation bedeutet entsprechend einen Anstieg des Geldwerts und damit ein Sinken des Preisniveaus.[54] Seit der Weltwirtschaftskrise ist es allerdings in Europa nicht mehr zu nennenswerten deflationären Entwicklungen gekommen. Daher lässt sich die geldschuldrechtliche Diskussion auf die Auswirkungen der Inflation beschränken.[55]

---

[50] Vgl. beispielhaft *Statistisches Bundesamt*, Fachserie 17, Reihe 7, 12/2013 und http://www.destatis.de sowie zur Berechnungsmethode *Rasch*, DNotZ 1991, 646, 648 ff.

[51] Vgl. http://www.destatis.de; Graphik bei *Issing*, Einführung in die Geldpolitik (15. Auflage 2011), S. 201.

[52] *Lütge*, Einführung in die Lehre vom Gelde (1948), S. 59 f.

[53] *von Maydell*, Geldschuld und Geldwert (1974), S. 36 f.; *K. Schmidt*, in: Staudinger, BGB (1997), Vorbem D16 zu §§ 244 ff.; abweichend aus ökonomischer Sicht *Lukas*, Aufgaben des Geldes (1937), S. 150.

[54] *Issing*, Einführung in die Geldpolitik (15. Auflage 2011), S. 208.

[55] *von Maydell*, Geldschuld und Geldwert (1974), S. 37; *K. Schmidt*, in: Staudinger, BGB (1997), Vorbem D16 zu §§ 244 ff.; tendenziell auch *Reichert-Facilides*, JZ 1969, 617, 618.

b) *Inflationstypen*

Im Laufe der wirtschaftsgeschichtlichen Entwicklung haben sich verschiedene empirische Typen der Inflation herausgebildet. Soweit für das Geldschuldrecht von Belang, lassen sie sich – zurückgehend auf Bernd von Maydell[56] – als drei Gegensatzpaare zusammenfassen.

aa) *Schleichende und galoppierende Inflation*

Erstens kann zwischen der galoppierenden und der schleichenden Inflation unterschieden werden. Abgrenzungskriterium ist die Geschwindigkeit der Geldentwertung in Verbindung mit ihrem quantitativen Ausmaß. Die galoppierende Inflation führt regelmäßig zu einem vollständigen Funktionsverlust des Geldes.[57] In Abgrenzung zum Begriff der Hyperinflation beschreibt die galoppierende Inflation eher den Vorgang, der typischerweise zu einem vollständigen Zusammenbruch der Währung führt, während die Hyperinflation stets mit dieser Folge einhergeht.[58] Die galoppierende Inflation ist häufig auf einen vergleichsweise überschaubaren Zeitraum begrenzt. Die „große Inflation" zu Beginn der 20er Jahre des 20. Jahrhunderts fand dementsprechend innerhalb nur weniger Jahre – im Kern von 1918 bis 1923 – statt.[59] Die schleichende Inflation zeichnet sich hingegen durch eine beständige Geldentwertung in kleinen Schritten aus, die sich über viele Jahrzehnte verteilen können. Eine präzise Abgrenzung dieser einzelnen „Gangarten" der Inflation existiert nicht. In den 1950er Jahren wurde eine schleichende Inflation bei einem jährlichen Preisanstieg von 3 % bis maximal 5 % angenommen; die höheren Inflationsraten der 1970er Jahre zwangen später zu einer Erweiterung dieser Bandbreite.[60] Von Hyperinflation wird allgemein erst ab einer monatlichen Inflationsrate von 50 % gesprochen.[61]

---

[56] *von Maydell*, Geldschuld und Geldwert (1974), S. 37 ff.; teilweise übereinstimmend *Irmler*, in: *Schlemmer* (Hrsg.), Enteignung durch Inflation? (1972), S. 23 ff.

[57] Vgl. zur Entstehung der sog. „Zigarettenwährung" gegen Ende des Zweiten Weltkriegs *Eckhard*, Banken und Versicherungen im 19. und 20. Jahrhundert (1998), S. 36.

[58] Ähnlich *Häde*, WM 2008, 1717, 1720.

[59] Vgl. zur Einordnung *Reichert-Facilides*, JZ 1969, 617 f.

[60] *Holtfrerich*, Die deutsche Inflation 1914–1923 (1980), S. 10; *Weikart*, Geldwert und Eigentumsgarantie (1993), S. 74 f.; *Issing*, Einführung in die Geldpolitik (15. Auflage 2011), S. 202.

[61] *Holtfrerich*, Die deutsche Inflation 1914–1923 (1980), S. 10; *Weikart*, Geldwert und Eigentumsgarantie (1993), S. 74; *Häde*, WM 2008, 1717, 1720; *Issing*, Einführung in die Geldpolitik (15. Auflage 2011), S. 202; für eine Grenze bei 5–6 % Preissteigerung p.a. hingegen *van den Adel*, Geldentwertung und monetäre Stabilisierungspolitik (1973), S. 13 f.

bb) *Offene und zurückgestaute Inflation*

Zweitens stehen sich die offene und die zurückgestaute Inflation gegenüber. Nur bei einem Funktionieren der freien Preisbildung kann es zu einer offenen Inflation kommen, bei der sich die Geldentwertung an einem Anstieg des Preisniveaus ablesen lässt. Vermag sich der Kaufkraftschwund hingegen nicht auf das allgemeine Preisniveau offen auszuwirken, so kommt es zur zurückgestauten oder gestoppten Inflation.[62] Eine solche liegt insbesondere vor, wenn die freie Preisbildung durch staatliche regulatorische Maßnahmen wie einen Preisstopp eingeschränkt oder ausgeschaltet wird. Der Nachfrageüberhang wird auf diese Weise künstlich aufrechterhalten.[63] Wie das Beispiel Deutschlands im Zweiten Weltkrieg zeigt, lässt sich dadurch die Geldentwertung nicht aufhalten; die effektive Kaufkraft zeigt sich auf illegalen Parallelmärkten („Schwarzmarkt").[64] Das Geld erleidet einen teilweisen bis vollständigen Funktionsverlust. Als Tauschmittel wird es durch zusätzliche staatliche Legitimationsausweise (z.B. Berechtigungsscheine) ergänzt. Auf dem Schwarzmarkt verliert das Geld partiell seine Tauschmittelfunktion, insofern ein Naturaltausch anstelle eines Kaufs vollzogen wird. Die offene Inflation kann zusammenfassend als die typische Inflationsform einer krisenfreien Periode, die zurückgestaute als häufige Inflationsform in Krisenzeiten eingestuft werden.

cc) *Relative und absolute Inflation*

Im Anschluss an Dieter Fricke[65] wird drittens die relative von der absoluten Inflation abgegrenzt. Die Differenzierung entstammt dem Umstand, dass der Geldwert nicht nur monokausal durch Veränderungen des allgemeinen Preisniveaus beeinflusst werden kann. Als weiterer Faktor ist die Entwicklung des allgemeinen Lebensstandards ausgemacht worden.[66] Die relative Form der Inflation soll die Geldentwertung durch eine Anhebung des allgemeinen Lebensstandards zum Ausdruck bringen. Berücksichtigt man hingegen allein die Geldwertverluste durch den Preisniveauanstieg, so unterfällt diese Entwicklung dem Begriff der absoluten Inflation.[67] Praktische Relevanz kommt der relativen Inflation bei bestehenden Kapitalvermögen zu. Sie unterliegen allein der relativen, nicht aber der absoluten Inflation, denn Kapitalvermögen werden nicht von den ausgleichenden Wirkungen eines realen Einkommensanstiegs erfasst. Eine

---

62 *Irmler*, in: *Schlemmer* (Hrsg.), Enteignung durch Inflation? (1972), S. 23, 24; *Issing*, Einführung in die Geldpolitik (15. Auflage 2011), S. 204.

63 *Weikart*, Geldwert und Eigentumsgarantie (1993), S. 76 m.w.N.

64 *Holtfrerich*, Die deutsche Inflation 1914–1923 (1980), S. 12.

65 *Fricke*, in: *Andreae/Hansmeyer/Scherhorn* (Hrsg.), Festschrift für Günter Schmölders (1968), S. 47 ff.

66 *Fricke*, in: *Andreae/Hansmeyer/Scherhorn* (Hrsg.), Festschrift für Günter Schmölders (1968), S. 47, 48 f.; *Issing*, Einführung in die Geldpolitik (15. Auflage 2011), S. 203.

67 *Weikart*, Geldwert und Eigentumsgarantie (1993), S. 75.

solche Entwertung von Kapitalvermögen muss nicht mit einem gleichzeitigen Kaufkraftverlust zusammenfallen; daher unterfällt die relative Inflation nicht dem geldschuldrechtlichen Inflationsbegriff.[68]

E. Geldwert und Zivilprozess

Der Änderungen unterworfene Wert des Geldes stellt nicht nur das materielle Zivilrecht, sondern auch das Zivilverfahrensrecht vor Herausforderungen. Ausgangspunkt ist das Erfordernis eines bestimmten Klageantrags, das mit der Bestimmtheit eines vollstreckungsfähigen Titels korrespondiert. Valoristische Einschläge der titulierten Geldschuld stehen dazu zu einem gewissen Grad in einem Spannungsverhältnis, das es aufzulösen gilt.

I. Bestimmtheit des Klageantrags

Der Weg zur Titulierung von Geldschulden durch Klage oder Mahnbescheid führt regelmäßig allein über die Angabe eines bestimmten Zahlungsbetrags. An systematisch prominenter Stelle formuliert § 253 Abs. 2 Nr. 2 ZPO, dass die Klageschrift einen „bestimmten Antrag" enthalten müsse. Noch spezifischer auf Geldschulden zugeschnitten ist seiner Natur nach der Antrag auf Erlass eines Mahnbescheids. Nach § 688 Abs. 1 ZPO hat er auf „Zahlung einer bestimmten Geldsumme" ausgerichtet zu sein. Beide Vorschriften sind *sedes materiae* für den Grundsatz, dass für eine Zahlungsklage und einen Mahnbescheid eine exakte Bezifferung des Geldbetrags erforderlich ist. Dabei wird nicht zwischen Geldwert- und Geldsummenschulden unterschieden; für beide gilt § 253 Abs. 2 Nr. 2 ZPO gleichermaßen.[69] Sinn und Zweck dieses Erfordernisses liegen insbesondere darin, es dem Kläger zu verwehren, das Kostenrisiko ganz oder teilweise auszuschalten.[70] Ausnahmen hiervon sind für unbezifferte Klageanträge, wegen des formalisierten Verfahrens aber nicht für den Mahnbescheidsantrag anerkannt.[71] Die höchstrichterliche Rechtsprechung hat die allgemeine Regel aufgestellt, wonach ein unbezifferter Klageantrag in solchen Fällen zulässig ist, „in denen eine Bezifferung überhaupt nicht möglich oder doch aus besonderen Gründen dem Kläger nicht zuzumuten ist"[72].

---

[68] *K. Schmidt*, in: Staudinger, BGB (1997), Vorbem D17 zu §§ 244 ff.

[69] *K. Schmidt*, in: Staudinger, BGB (1997), Vorbem C66 zu §§ 244 ff.

[70] BGH NJW 1982, 340 f.

[71] Statt aller *Schüler*, in: MünchKomm ZPO (4. Auflage 2012), § 688 Rn. 3 zum Mahnverfahren.

[72] BGH NJW 1970, 281.

Diese offene Formulierung ist in der Tat konkretisierungsbedürftig.[73] Zurückgehend schon auf die reichsgerichtliche Rechtsprechung haben sich im Laufe der Jahrzehnte Fallgruppen herausgebildet, in denen eine höhenmäßig unbestimmte Zahlungsklage in Einschränkung von § 253 Abs. 2 Nr. 2 ZPO zugelassen wird. Paradigmatische Anwendungsfälle sind Schadensersatzforderungen, insbesondere solche auf Zahlung von Schmerzensgeld nach § 253 BGB.[74] Der Kläger muss allerdings die tatsächlichen Grundlagen für die Feststellung der Anspruchshöhe durch das Gericht vorbringen.[75] Zudem erlegt der Bundesgerichtshof dem Kläger auf, eine Größenordnung für sein Zahlungsbegehren in der Klageschrift aufzuzeigen.[76] Allerdings wird das gerichtliche Ermessen durch die Angabe eines Mindestbetrags nach oben nicht begrenzt,[77] anders jedoch bei Verwendung einer Obergrenze.[78] Ein Schmerzensgeldanspruch kann auch durch Teilklage verfolgt werden, sofern nicht die Rechtskraft eines früheren Schmerzensgeldurteils entgegensteht.[79] Neben den Schmerzensgeldansprüchen können auch sonstige Schadensersatzansprüche mit unbeziffertem Klageantrag gerichtlich geltend gemacht werden. Voraussetzung ist, dass die Bezifferung des Zahlungsbetrags entscheidend von der Ausübung richterlichen Ermessens oder richterlicher Schätzung (§ 287 ZPO) abhängt.[80] Dieses Kriterium erfüllen auch die Enteignungsentschädigung nach Art. 14 Abs. 3 Satz 3 und 4 GG,[81] die gerichtliche Leistungsbestimmung nach § 315 Abs. 3 Satz 2 BGB[82] sowie der Ausgleichsanspruch des Handelsvertreters nach § 89b HGB[83].

II. Titulierung und Geldwertänderung

Auf Zahlung eines Geldbetrags gerichtete Leistungsurteile müssen im Titel eindeutig der Höhe nach bestimmt sein.[84] Dieses Erfordernis gilt prozessual unabhängig davon, ob bei materiell-rechtlicher Betrachtung eine Geldwert- oder eine Geldsummenschuld vorlag.[85] Grund hierfür ist die Formalisierung der Zwangsvollstreckung, woraus sich der Grundsatz der Klarheit im Vollstre-

---

[73] *Becker-Eberhard*, in: MünchKomm ZPO (4. Auflage 2013), § 253 Rn. 117.

[74] RGZ 21, 382, 287; RGZ 140, 211, 213; BGHZ 4, 138, 141 f.; BGH NJW 1967, 1420, 1421.

[75] RGZ 140, 211, 213; BGH NJW 1967, 1420, 1421; BGH NJW 2002, 3769.

[76] BGH VersR 1974, 1182, 1183; BGH VersR 1977, 861; BGH NJW 1982, 340; BGH NJW 1983, 332; BGH NJW 2002, 3769; offen noch BGHZ 45, 91, 93; BGH NJW 1970, 281, 282.

[77] BGHZ 132, 341, 350 f.; BGH NJW 2002, 3769.

[78] BGH NJW 1992, 741.

[79] BGH NZV 2004, 240 ff.

[80] RGZ 140, 211, 213; BGHZ 4, 138, 142; BGHZ 45, 91, 92 f.; BGH NJW 1970, 281 f.

[81] BGH JZ 1975, 448 f.

[82] BGH GRUR 2006, 699 Rn. 21.

[83] *K. Schmidt*, in: Staudinger, BGB (1997), Vorbem C64 zu §§ 244 ff.

[84] Vgl. allgemein BGH NJW 1996, 2165, 2166.

[85] BGH NJW 2000, 1413, 1414 f. m.w.N.

ckungsrecht ableitet.[86] Das jeweilige Vollstreckungsorgan muss aus dem Titel einschließlich etwaiger Entscheidungsgründe selbst oder unter Zuhilfenahme von allgemein und leicht zugänglichen Urkunden, auf die der Titel verweist, den genauen Vollstreckungsbetrag ermitteln können.[87] Dem wird die Formulierung nicht gerecht, es sei eine Rente in Höhe der Hälfte der jeweiligen Höchstpension eines bayerischen Notars zu zahlen.[88] Auch die schlichte Angabe einer Obergrenze der Schuldsumme ist nicht ausreichend.[89] Zulässig ist die Bezugnahme auf das Bundesgesetzblatt oder das Grundbuch.[90] Der zu zahlende Geldbetrag kann sich auch aus Besoldungstabellen des Bundes oder der Länder ergeben.[91]

Aus den allgemeinen Grundsätzen zur Bestimmtheit von Vollstreckungstiteln ergibt sich, dass verfahrensrechtlich auch dynamisierte Leistungsurteile zulässig sind, sofern eine Anpassung an die Inflation nach Maßgabe eines bestimmten und allgemein zugänglichen Lebenshaltungskostenindexes vorgesehen ist. Nach anfänglichen Zweifeln[92] hat auch die höchstrichterliche Rechtsprechung diese Vollstreckbarkeit von Wertsicherungsklauseln anerkannt.[93] Eine Vorrangigkeit von § 323 ZPO oder §§ 238 ff. FamFG besteht insofern nicht. Ganz im Gegenteil ist eine Verurteilung mit tenorierter Wertsicherungsklausel rechtsschutzintensiver und prozessökonomischer als ein Verweis auf ein nachgeschaltetes Zweitverfahren. Der in Bezug genommene Preisindex muss allerdings allgemein zugänglich sein.[94] Dies war beim bis 2002 berechneten Lebenshaltungskostenindex des Statistischen Bundesamtes der Fall[95] und ist nunmehr beim (harmonisierten) Verbraucherpreisindex für Deutschland des Statistischen Bundesamtes gegeben.

III. Geldwertänderungen nach Titulierung

1. Abänderungsklage nach § 323 ZPO

Treten bei auf wiederkehrende Geldleistungen gerichteten Urteilen nachträglich Umstände ein, die eine wesentliche Veränderung der der Entscheidung zugrunde liegenden tatsächlichen oder rechtlichen Verhältnisse begründen, so ist eine Änderungsklage nach § 323 ZPO statthaft. Geldwertänderungen stellen

---

86 Vgl. RGZ 81, 299, 303.
87 BGHZ 122, 16, 18; BGH NJW 1995, 1162.
88 BGHZ 22, 54, 57.
89 BGH WM 1971, 165, 166.
90 BGH NJW 1995, 1162 m.w.N.
91 BGH DNotZ 2011, 33 Rn. 16.
92 Offen noch BGH NJW-RR 1989, 318.
93 BGH NJW-RR 2004, 649; BGH NJW-RR 2005, 366.
94 BGH NJW-RR 2005, 366.
95 BGH NJW-RR 2004, 649.

tatsächliche Veränderungen im Sinne von § 323 Abs. 1 Satz 2 ZPO dar.[96] Ob die Veränderung wesentlich ist, wird häufig anhand einer 10 %-Schwelle bestimmt.[97] Allerdings vermag diese feste Grenze nur eine Orientierungsfunktion auszuüben. Im Einzelfall können auch schon Veränderungen von nur rund 5 % genügen.[98] Keine Veränderung in rechtlicher oder tatsächlicher Hinsicht lag hingegen beim Übergang zum Euro – weder bei der Einführung als Buch- noch als Bargeld – vor.[99] Dies folgt europarechtlich zwingend aus den Vorgaben in Art. 3 der Euro-Einführungsverordnung Nr. 974/98[100] in Verbindung mit den in der Verordnung (EG) Nr. 2866/98[101] festgelegten Umrechnungskursen. Eine Abänderung nach § 323 ZPO ist jedoch mangels Rechtsschutzbedürfnisses ausgeschlossen, soweit die geltend gemachte Veränderung bereits durch die Dynamisierung des Leistungsurteils abgedeckt ist.[102]

2. Änderungen durch das FGG-Reformgesetz

Der Anwendungsbereich von § 323 ZPO ist durch das FGG-Reformgesetz[103] deutlich eingeschränkt worden. Die Abänderung von Vergleichen im Sinne von § 794 Abs. 1 Nr. 1 ZPO und notariellen Urkunden unterfällt nunmehr § 323a ZPO. Damit sollte gesetzessystematisch nachvollzogen werden, dass gerichtliche Vergleiche und notarielle Urkunden nicht rechtskraftfähig sind[104] und daher unter erleichterten Bedingungen der Abänderung unterliegen. Die Einschränkungen aus § 323 Abs. 2 bis 4 ZPO gelten insofern nicht.[105] Statt dessen verweist § 323a Abs. 2 ZPO unmittelbar auf das materielle Zivilrecht, insbesondere auf § 313 BGB.[106] Auf diesem Wege können Vergleiche an die Geldwertentwicklung angepasst werden. Familienrechtliche Unterhaltstitel werden infolge des FGG-Reformgesetzes nach §§ 238–240 FamFG abgeändert und sind damit dem Anwendungsbereich der §§ 323a f. ZPO entzogen. Bei Unterhaltsansprüchen werden im Rahmen von § 238 Abs. 1 Satz 2 FamFG geringe Anfor-

---

[96] BGH NJW-RR 1993, 5, 6; OLG Zweibrücken NJW 1994, 527, 528.

[97] Vgl. *Bieder*, FamRZ 2000, 649, 651 ff.; *Gottwald*, in: MünchKomm ZPO (4. Auflage 2013), § 323 Rn. 64.

[98] OLG Hamm NJOZ 2005, 433, 434; kritisch auch BGH NJW 1986, 2054, 2055.

[99] *Gottwald*, in: MünchKomm ZPO (4. Auflage 2013), § 323 Rn. 56.

[100] Verordnung (EG) Nr. 974/98 über die Einführung des Euro vom 3.5.1998, ABl. EG Nr. L 139 S. 1 vom 11.5.1998.

[101] Verordnung (EG) Nr. 2866/98 über die Umrechnungskurse zwischen dem Euro und den Währungen der Mitgliedstaaten, die den Euro einführen vom 31.12.1998, ABl. EG Nr. L 359 S. 1 vom 31.12.1998.

[102] OLG Köln, Urteil vom 18.6.2010 – 4 WF 88/10 (zum parallelen § 238 FamFG).

[103] Gesetz zur Reform des Verfahrens in Familiensachen und in den Angelegenheiten der freiwilligen Gerichtsbarkeit vom 17.12.2008, BGBl. I S. 2586.

[104] *Gottwald*, in: MünchKomm ZPO (4. Auflage 2013), § 323a Rn. 1; vgl. auch BGH NJW 1963, 2076, 2078 f.

[105] BGH NJW 1963, 2076, 2078 f.; BGHZ 85, 64, 73 m.w.N.

[106] BT-Drucks. 16/6308, S. 258.

derungen an die Wesentlichkeit der Veränderung gestellt.[107] Eine Abänderung nach § 238 FamFG ist jedoch ausgeschlossen, soweit sie sich auf Veränderungen stützt, die bereits durch die Dynamisierung des ursprünglichen Titels abgedeckt sind.[108] Diese Einschränkung gilt auch für die von § 239 FamFG erfassten familienrechtlichen Vergleiche. Im Übrigen können diese nach den Grundsätzen über die Störung der Geschäftsgrundlage (§ 239 Abs. 2 FamFG i.V.m. § 313 BGB) an die Inflationsentwicklung angepasst werden.[109]

3. Abgrenzung zu eigenständigen materiell-rechtlichen Ansprüchen

Von der Abänderung eines Vollstreckungstitels zu unterscheiden ist die Geltendmachung eines eigenständigen[110] materiell-rechtlichen Anspruchs aus § 242 BGB bzw. § 313 BGB, der die Aufwertung der titulierten Forderung zum Gegenstand hat. Sein Anwendungsbereich erfasst einmalige Zahlungspflichten, nicht aber wiederkehrende Zahlungen. In der Inflationszeit der 1920er Jahre hatte das Reichsgericht die nachträgliche Geltendmachung der Aufwertungsforderung nicht als durch die Rechtskraft des früheren Leistungsurteils gehindert angesehen.[111] Entgegen der Auffassung des Reichsgerichts[112] handelt es sich bei dem Urteil im Vorprozess nicht um ein bloßes Teilurteil.[113] Die Klage weist einen neuen Streitgegenstand auf[114] und darf sich nur auf den Zeitraum nach der letzten mündlichen Verhandlung in der Tatsacheninstanz beziehen.[115] Auch ein Verzögerungsschaden durch Geldentwertung kann unter diesen beiden Voraussetzungen – und damit bei seiner Nichteinbeziehung in den Vorprozess – ohne Verletzung von Rechtskraftschranken eingeklagt werden.[116] Im Übrigen führt die Rechtskraft eines Zahlungsurteils zu einem „Einfrieren" einer titulierten Geldwertschuld, so dass spätere Geldentwertungen nicht mehr geltend gemacht werden können.[117]

---

[107] OLG Naumburg FamRZ 2011, 754.
[108] OLG Köln, Urteil vom 18.6.2010 – 4 WF 88/10.
[109] OLG Köln FamFR 2012, 536.
[110] RGZ 109, 345, 348.
[111] RGZ 109, 152, 155 f.; RGZ 109, 195, 197 f.; RGZ 109, 345, 347 f.; RGZ 123, 66, 68; ablehnend *Brandis*, JW 1924, 957 f.; *Schlemm*, JW 1924, 958.
[112] RGZ 109, 375, 378.
[113] *K. Schmidt*, in: Staudinger, BGB (1997), Vorbem C70 zu §§ 244 ff.
[114] Implizit auch RGZ 110, 147, 149.
[115] *K. Schmidt*, in: Staudinger, BGB (1997), Vorbem C70 zu §§ 244 ff.
[116] RGZ 113, 53, 55.
[117] *K. Schmidt*, in: Staudinger, BGB (1997), Vorbem C70 zu §§ 244 ff.

F. Zusammenfassung

Der geldschuldrechtlich relevante Geldwert ist ein objektiver Funktionswert, der sich anhand der konkreten Funktion des Geldes als allgemeines Tauschmittel bestimmt. Daher besteht eine enge Verwandtschaft zur Kaufkraft des Geldes, jedoch keine Deckungsgleichheit. Aus Gründen der Vereinfachung darf dennoch für die geldschuldrechtlichen Zwecke zur Bestimmung des Geldwerts auf die Kaufkraft des Geldes zurückgegriffen werden. Gleiches gilt für die synonyme Verwendung von Geldentwertung und Inflation. Rechtliche Relevanz weist vor allem die quantitative Unterscheidung zwischen schleichender und galoppierender Inflation auf. Als Bemessungsgrundlage sind Preisindizes heranzuziehen, welche die Entwicklung der allgemeinen Lebenshaltungskosten wiederspiegeln. Bei der Titulierung von Geldschulden können Wertsicherungsklauseln einbezogen werden, sofern der verwendete Berechnungsmodus hinreichend bestimmt aus dem Tenor hervorgeht. Auf nach einer Titulierung eintretende Geldwertänderungen kann verfahrensrechtlich über §§ 323, 323a ZPO und §§ 238–240 FamFG reagiert werden.

§ 16 Geldentwertung und vertragliche Präventionsmechanismen (Wertsicherungsvereinbarungen)

Die Differenzierung zwischen Geldwert- und Geldsummenschulden erlangt ihre Existenzberechtigung bei den unterschiedlichen Auswirkungen von Geldwertänderungen auf ihren Inhalt. Geldwertschulden passen sich bis zum Zeitpunkt ihrer Erfüllung dem jeweiligen Geldwert und der geltenden Währung an. Ihnen wohnt eine inhärente Indexierung inne. Eine Aufwertung ist daher nicht erforderlich, solange die Geldwertschuld nicht in eine Geldsummenschuld umgewandelt wurde. Die Geldsummenschuld als normativ-systematischem Regelfall der Geldschuld[118] ist hingegen auf einen vom Geldwert abstrahierten nominalen Betrag gerichtet und daher definitionsgemäß von der Kaufkraftentwicklung unabhängig. Das Risiko einer Geldentwertung trägt bei Geldsummenschulden daher grundsätzlich der Gläubiger. Infolge einer inflationären Entwicklung erhält er zwar den gleichen Nominalbetrag, jedoch ein geringeres Maß an daraus folgender Kaufkraft. Die Parteien können jedoch in auf der geschichtlichen Erfahrung basierender Erwartung von zukünftigen inflationären Entwicklungen vertragliche Absicherungsmechanismen (Wertsicherungsvereinbarungen) vorsehen, die in Verwirklichung ihrer privatautonomen Selbstbestimmung gesetzlichen Reaktionsmechanismen grundsätzlich vorgehen. In Deutschland bestehen gesetzliche Beschränkungen der Freiheit der Vertragsparteien, Wertsicherungsvereinbarungen zu treffen.[119]

---

[118] Ähnlich OLG Köln NJW 1960, 388; *Nussbaum*, Das Geld in Theorie und Praxis des deutschen und ausländischen Rechts (1925), S. 80; *Mann*, Das Recht des Geldes (1960), S. 56; *Larenz*, Lehrbuch des Schuldrechts I (14. Auflage 1987), § 13 III („normale Geldschuld“).

[119] Rechtsvergleichend *Inzitari*, RabelsZ 45 (1981) 705, 715 ff.

A. Grundlagen

I. Terminologie

Eine begriffliche Konturierung von Wertsicherungsvereinbarungen hat zunächst eine Abgrenzung zu den gesetzlichen Vorgaben und dem sachlichen Anwendungsbereich des Preisklauselgesetzes vorzunehmen. Eine Definition könnte sich § 1 Abs. 1 PrKG entnehmen lassen, wonach eine Wertsicherungsklausel jede Vereinbarung wäre, die den dort verbotenen Inhalt hat. Eine solche Deduktion aus dem Preisklauselgesetz führte jedoch zu einer sachlich nicht erforderlichen terminologischen Unterwerfung unter die besonderen Zielsetzungen einer Spezialkodifikation. Unerheblich muss allgemein die Zulässigkeit oder Unzulässigkeit der jeweiligen Vereinbarung nach dem Preisklauselgesetz sein. Unklar wäre schon die begriffliche Behandlung der von § 1 Abs. 2 PrKG erfassten Ausnahmefälle. Auch durch die Legalausnahmen in §§ 2–7 PrKG nicht dem Preisklauselgesetz unterworfene Vereinbarungen dürfen nicht aus dem Begriff der Wertsicherungsvereinbarung ausgeschlossen werden.[120] Dennoch ist nicht zu verkennen, dass sich dem Preisklauselgesetz – anders als dem inhaltsarmen § 3 WährG a.F. – durchaus Anhaltspunkte für eine Begriffsbildung entnehmen lassen. Das Preisklauselgesetz ist insofern als Spiegelbild der empirischen Wertsicherungspraxis der vergangenen Jahrzehnte einzustufen; als solches kann es für die vorliegenden Zwecke fruchtbar gemacht werden.

Die Spiegelbildfunktion des Preisklauselgesetzes führt zu einer Differenzierung zwischen zwei Grundtypen von Wertsicherungsvereinbarungen.[121] Beide weisen die Gemeinsamkeit auf, dass sie sich nur auf Geldschulden beziehen, nicht auf das Gesamtvermögen einer Person[122] oder sonstige Forderungen. Für die Zwecke des Geldprivatrechts müssen Abreden, welche nicht den Inhalt von Geldschulden betreffen, unberücksichtigt bleiben. Zur Unterscheidung zwischen den beiden dieser Arbeit zugrunde liegenden Ausprägungen von Wertsicherungsvereinbarungen ist als Kriterium heranzuziehen, ob ausschließlich der Ausgleich von allgemeinen Geldwertveränderungen bezweckt wird. Ist dies der Fall, so handelt es sich um Wertsicherungsvereinbarungen im engeren Sinn.[123] Wird der Inhalt der Geldschuld hingegen nicht allein auf Grund einer generel-

---

[120] I.E. ebenso *Kirchhoff*, Wertsicherungsklauseln für Euro-Verbindlichkeiten (2006), S. 116 zu § 2 PaPkG a.F.

[121] Vgl. darüber hinaus zur Wertsicherung bei Einbeziehung des Außenwerts des Geldes *Zehetner*, Geldwertklauseln im grenzüberschreitenden Wirtschaftsverkehr (1976), S. 99 ff.; *Horn*, in: *Kötz/von Bieberstein* (Hrsg.), Die Anpassung langfristiger Verträge (1984), S. 9, 21 f.

[122] Vgl. zur Abgrenzung *von Maydell*, Geldschuld und Geldwert (1974), S. 369 ff.

[123] *Kollhosser*, Wertsicherungsklauseln im Spannungsfeld zwischen Vertragsfreiheit, Sozialpolitik und Währungspolitik (1985), S. 9. Abweichende Terminologie bei *Bohndorf*, Wertsicherungsklauseln (1966), S. 19 f.; *Gutzwiller*, Vertragliche Abreden zur Sicherung des Geldwerts, insbesondere Gleitklauseln (1972), S. 16.

len Geldwertänderung verändert, dann liegt eine Wertsicherungsvereinbarung im weiteren Sinn vor.[124] Dies ist beispielhaft der Fall bei Leistungsvorbehaltsklauseln gemäß § 1 Abs. 2 Nr. 1 PrKG und Kostenelementklauseln gemäß § 1 Abs. 2 Nr. 3 PrKG.

Für diese Unterteilung nach Anpassungsziel und -grund unerheblich ist der regelungstechnische Weg, der zur Änderung des Betrags einer Geldschuld führt. Wertsicherungsklauseln im engeren Sinn können sowohl eine automatische Anpassung, wie sie § 1 Abs. 1 PrKG vorschwebt („unmittelbar und selbsttätig"), als auch eine Neuverhandlungspflicht vorsehen. Nimmt die Wertsicherungsklausel auf einen Preisindex als Wertmesser Bezug, kann sie auch als Indexklausel bezeichnet werden.[125] Die mit dem Übergang zum früheren Preisangaben- und Preisklauselgesetz und später zum Preisklauselgesetz verbundene Einführung des Begriffs der Preisklausel hat inhaltliche Änderungen bewirkt. Der Begriff der Preisklausel umfasst als Oberbegriff sowohl Wertsicherungsvereinbarungen im engeren als auch im weiteren Sinn. Die neue Terminologie stellt lediglich klar, dass nicht alle davon erfassten Vereinbarungen einen Wertausgleich für die zwischenzeitliche inflationäre Entwicklung, d.h. eine Wertsicherung im engeren Sinn, bezwecken.

II. Regelungstechniken

Der Inhalt von Wertsicherungsklauseln ist durch ihre jeweilige Zielsetzung determiniert. Der Kautelarpraxis verbleibt daher bei ihrer Ausgestaltung jenseits der allgemeinen (§§ 134, 138, 305 ff. BGB) und speziellen (§§ 1 ff. PrKG) Grenzen ein erheblicher Spielraum für die Einzelfallanpassung. Dennoch haben sich drei grundlegende Regelungstechniken herausgebildet, welche sich in sämtlichen Wertsicherungsklauseln im engeren Sinn wiederfinden lassen. Zurückgehend auf von Maydell[126] stehen sich als vertragliche Rechtsfolgentypen die Vertragsbeendigung, die – einseitige oder einvernehmliche – Neufestlegung und die automatische Anpassung des Schuldbetrags gegenüber. Diese unterschiedlichen Regelungstechniken müssen nicht in Reinform, sondern können auch kombiniert vorliegen. Bis zu einem bestimmten Maß an Geldentwertung kann etwa ein Automatismus vereinbart werden und darüber hinaus steht dem Geldgläubiger ein Lösungsrecht zu. Ein Recht zur Vertragsbeendigung kann auch für den Fall vereinbart werden, dass eine einvernehmliche Anpassung scheitert. Das Preisklauselgesetz erfasst lediglich die dritte Gruppe von Wertsicherungsklauseln im engeren Sinn (§ 1 Abs. 1 PrKG: „unmittelbar und selbsttätig").

---

124 Abweichend *Bohndorf*, Wertsicherungsklauseln (1966), S. 24.
125 *Schmalz*, Die Stabilität des Geldwerts als Problem des Privatrechts (1986), S. 189.
126 *von Maydell*, Geldschuld und Geldwert (1974), S. 372.

III. Sicherbare Geldschulden

Hinsichtlich ihrer Beeinflussbarkeit durch Geldwertveränderungen sind Geldschulden in Geldwert- und Geldsummenschulden zu kategorisieren.[127] Geldwertschulden sind mit einem inhärenten Inflationsschutz ausgestattet und bedürfen daher wesensgemäß keiner Wertsicherungsklausel im engeren Sinn. Ihr paradigmatisches Anwendungsfeld liegt bei den gegenüber Geldwertänderungen autarken Geldsummenschulden. Durch die Vereinbarung einer Wertsicherungsklausel wird die ursprüngliche Geldsummenschuld privatautonom in eine Geldwertschuld umgewandelt.[128] Die Wertsicherungsabrede konstituiert in diesen Fällen den Charakter als Geldwertschuld. Die Parteien können allerdings auch Wertsicherungsvereinbarungen treffen, die lediglich deklaratorisch wirken.[129] Dabei ist stets durch Auslegung (§§ 133, 157 BGB) zu klären, in welchem Umfang lediglich bestätigend die Rechtsnatur der Geldschuld niedergelegt oder aber eine Abweichung von dem Normalinhalt der Geldwertschuld bewirkt werden sollte. Soweit die Klausel deklaratorisch wirkt, unterliegt sie zudem nicht den Beschränkungen des Preisklauselgesetzes.[130] Den Parteien könnte beispielhaft daran gelegen sein, einen anderen Wertmesser als den „gesetzlichen" und subsidiär eingreifenden (z.B. einen spezielleren Preisindex) zur Anwendung zu bringen. Soweit die Abweichung vom gesetzlichen Normalfall reicht, soweit erlangt die Wertsicherungsklausel auch bei Geldwertschulden konstitutive Wirkung.

IV. Grundrechtliche Freiheit der Wertsicherung

Die privatautonomen Schutzmaßnahmen von Geldgläubigern gegen die für sie negativen Folgen der Geldentwertung stehen unter dem Schutz verschiedener Grundrechtsverbürgungen im Grundgesetz, in der Charta der Grundrechte sowie in der EMRK. Davon zu trennen ist die klassische Streitfrage, ob der Geldwert über die jeweiligen Gewährleistungen des Eigentums gegen staatliche Eingriffe geschützt ist.[131] Die grundrechtliche Untermauerung der vertraglichen Vereinbarung von Wertsicherungsklauseln schützt nicht das passive, sein Geld haltende Privatrechtssubjekt, sondern das aktive, seine Geldforderungen absi-

---

[127] Vgl. oben, S. 281 ff.

[128] BGHZ 9, 56, 60.

[129] *von Maydell*, Geldschuld und Geldwert (1974), S. 377.

[130] BT-Drucks. 16/4391, S. 28.

[131] Vgl. dazu stellvertretend BVerfGE 97, 350, 370 f.; *Kaiser*, in: *Forsthoff/Weber/Wieacker* (Hrsg.), Festschrift für Ernst Rudolf Huber (1973), S. 237, 246 ff.; *Papier*, AöR 98 (1973) 528 ff.; *ders.*, in: Maunz/Dürig, GG (2013), Art. 14 Rn. 184 ff.; *Wolf*, Lehrbuch des Schuldrechts (1978), § 4 D II k; *Kirchhof*, in: *Isensee/Lecheler* (Hrsg.), Festschrift für Walter Leisner (1985), S. 635, 653; *Weikart*, Geldwert und Eigentumsgarantie (1993), S. 205 ff.; *Lepsius*, JZ 2002, 313, 315 ff.; *Häde*, WM 2008, 1717, 1718 ff.; *Köhler*, JZ 2013, 957, 962 ff.

chernde Pendant. Dieser grundrechtlichen Fundierung kommt eine hervorstechende praktische Bedeutung zu, weil zum einen der Schutz der Währungsverfassung vor Inflation – insbesondere die Zielvorgabe aus Art. 127 Abs. 1 Satz 1 AEUV – und zum anderen der verfassungsrechtliche Schutz des Geldwerts zumindest in der gerichtlichen Kontrolle lückenhaft sind.[132]

Betroffenes Schutzgut ist die Vertragsfreiheit in ihrer Ausprägung als Freiheit zur Geldwertsicherung oder – wenn auch sprachlich zu eng – Indexierungsfreiheit.[133] Als *sedes materiae* im deutschen Verfassungsrecht zeigt sich subsidiär[134] die allgemeine Handlungsfreiheit des Art. 2 Abs. 1 GG, deren sachlicher Schutzbereich auch die privatrechtliche Vertragsfreiheit der Grundrechtsträger umfasst.[135] Der Abschluss von Wertsicherungsvereinbarungen untersteht dem Schutz von Art. 2 Abs. 1 GG.[136] Die Vertragsfreiheit wird allerdings nicht nur im Rahmen der – mit weitreichenden Einschränkungsmöglichkeiten versehenen – allgemeinen Handlungsfreiheit gewährleistet, sondern auch und vor allem durch die spezielleren Freiheitsgrundrechte des Grundgesetzes.[137] Die Absicherung von Geldforderungen gegen Inflationsverluste kann je nach Berufsbild[138] von der Berufsausübungsfreiheit des Art. 12 Abs. 1 GG gedeckt sein. Hierzu muss allerdings die Wertsicherung in hinreichendem Umfang prägend oder zumindest notwendig für die Berufstätigkeit sein. Wenn zudem die Eigentumsgarantie des Art. 14 Abs. 1 GG ein Abwehrrecht gegen staatlich bewirkte Geldentwertung darstellt,[139] dann bildet einen Aspekt hiervon das Ausweichen auf privatrechtliche Schutzmechanismen.[140] Einschränkend ist allerdings zu beachten, dass als Voraussetzung ein staatlicher Eingriff in den Schutzbereich vorliegen muss. Ein solcher ist unter anderem in einer Geldpolitik zu sehen, die entgegen Art. 127 Abs. 1 Satz 2 AEUV die Preisstabilität der Konjunkturpolitik unterordnet.[141]

Die Freiheit zur Wertsicherung erfährt auch eine primärrechtliche Absicherung durch die Charta der Grundrechte. Die Vertragsfreiheit wird als Bestand-

---

[132] Ähnlich *Herrmann*, Währungshoheit, Währungsverfassung und subjektive Rechte (2010), S. 353; einschränkend *Simitis*, in: *Kötz/Reichert-Facilides* (Hrsg.), Inflationsbewältigung im Zivil- und Arbeitsrecht (1976), S. 49, 106.

[133] Zu den Begriffen vgl. *Schüller*, in: *Pfahler/Thuy* (Hrsg.), Festschrift für Egon Görgens (2006), S. 365, 370.

[134] BVerfGE 6, 32, 37 (ständige Rechtsprechung).

[135] BVerfGE 117, 163, 181 m.w.N.

[136] *Schüller*, in: *Pfahler/Thuy* (Hrsg.), Festschrift für Egon Görgens (2006), S. 365, 390.

[137] BVerfGE 117, 163, 181; *Höfling*, Vertragsfreiheit (1991), S. 11 ff.; *Ruffert*, Vorrang der Verfassung und Eigenständigkeit des Privatrechts (2001), S. 288 ff. m.w.N.

[138] Vgl. zur Rechtsfigur und deren Grenzen *Scholz*, in: Maunz/Dürig, GG (2013), Art. 12 Rn. 280 ff.

[139] *Papier*, JuS 1974, 477, 478; *ders.*, in: Maunz/Dürig, GG (2013), Art. 14 Rn. 187.

[140] I.E. ebenso *Reichert-Facilides*, JZ 1974, 483, 488; *Schüller*, in: *Pfahler/Thuy* (Hrsg.), Festschrift für Egon Görgens (2006), S. 365, 390.

[141] Ähnlich *Herrmann*, Währungshoheit, Währungsverfassung und subjektive Rechte (2010), S. 350.

teil der allgemeinen Handlungsfreiheit[142] von Art. 6 der Charta der Grundrechte gewährleistet. Soweit die Wertsicherung der unternehmerischen Tätigkeit zuzurechnen ist, greift vorrangig der Schutz aus Art. 16 der Charta der Grundrechte ein. Zur unternehmerischen Freiheit zählt auch die Vertragsfreiheit, soweit sie für die selbständige berufliche Tätigkeit eingesetzt wird. Schließlich fungiert auch die Eigentumsgarantie des Art. 17 Abs. 1 Satz 1 der Charta der Grundrechte als Abwehrrecht gegen staatliche Maßnahmen mit inflationärer Wirkung. Der Eigentumsbegriff des Art. 17 der Charta der Grundrechte ist weit zu verstehen.[143] Er umfasst nicht nur das Sacheigentum, sondern auch unkörperliche Gegenstände wie private Forderungsrechte.[144] Zugleich ist er nach dem Vorbild von Art. 1 1. Zusatzprotokoll EMRK geschaffen worden.[145] Auch die EMRK ordnet den Geldwert dem sachlichen Schutzbereich ihrer Eigentumsgarantie zu.[146] Die Freiheit zur Wertsicherung unterfällt damit den europäischen Eigentumsgarantien als besondere Ausprägung der Vertragsfreiheit. Offen bleiben kann dabei, welche der drei Eingriffsformen – Entzug von Eigentum, nutzungsregelnde Maßnahme, sonstiger Eingriff – nach der Rechtsprechung des Europäischen Gerichtshofs für Menschenrechte[147] vorläge, da die Rechtfertigungsanforderungen identisch sind.[148]

B. Geschichte der vertraglichen Wertsicherung und gesetzgeberische Motive ihrer Beschränkung

I. Weimarer Zeit

Nach den Erfahrungen der Hyperinflation in der Weimarer Zeit war ein Bewusstsein der Wirtschaftsteilnehmer für einen Schutz vor inflationsbedingten Einbußen geschärft.[149] Zwar hatte die reichsgerichtliche Rechtsprechung

---

142 *Calliess*, in: ders./Ruffert, EUV/AEUV (2011), Art. 6 EU-GRCharta Rn. 12 m.w.N.

143 *Omlor*, in: *Aichberger-Beig/Aspöck/Leupold/Oelkers, et al.* (Hrsg.), Vertrauen und Kontrolle im Privatrecht (2011), S. 303, 321.

144 *Calliess*, in: Calliess/Ruffert, EUV/AEUV (4. Auflage 2011), Art. 17 EU-GRCharta Rn. 5.

145 *Omlor*, in: *Aichberger-Beig/Aspöck/Leupold/Oelkers, et al.* (Hrsg.), Vertrauen und Kontrolle im Privatrecht (2011), S. 303, 321.

146 *Herrmann*, Währungshoheit, Währungsverfassung und subjektive Rechte (2010), S. 345.

147 Vgl. *Fischborn*, Enteignung ohne Entschädigung nach der EMRK (2010), S. 24 ff. m.w.N.

148 *Omlor*, in: *Aichberger-Beig/Aspöck/Leupold/Oelkers, et al.* (Hrsg.), Vertrauen und Kontrolle im Privatrecht (2011), S. 303, 320 f. m.w.N.

149 *Kirchhoff*, Wertsicherungsklauseln für Euro-Verbindlichkeiten (2006), S. 31; vgl. zur Geschichte der Wertsicherung von 1918 bis 1948 *Duden*, Empfehlen sich unter Berücksichtigung der rechtlichen Regeln in anderen europäischen Staaten gesetzliche Bestimmungen über

in nennenswertem Umfang dogmatisches Neuland betreten und auf Grundlage von Treu und Glauben entwertete Geldforderungen aufgewertet. Jedoch fungierte die individuelle Aufwertung wegen Wegfalls der Geschäftsgrundlage lediglich als eine *ultima ratio*, die demzufolge keinen vollständigen Inflationsausgleich leisten durfte. Auch der Gesetzgeber hatte durch die Aufwertungsgesetze zwischen 1925 und 1930 in bestehende Geldschulden korrigierend eingegriffen.[150] Dabei beschränkte sich die Privilegierung jedoch im Wesentlichen auf Hypotheken, Grundschulden sowie die durch sie gesicherten persönlichen Forderungen; selbst diese mussten einen Wertverlust um 75 % des Goldmarkbetrags hinnehmen (§§ 4, 9, 31 Aufwertungsgesetz). Diese Zurückhaltung von Gesetzgeber und Gerichten, den Geldgläubiger *ipso iure* von Kaufkraftverlusten bis zum Erfüllungszeitpunkt zu befreien, beruhte auf der Annahme einer stabilitätsfördernden Wirkung des Nominalprinzips.[151]

II. Gründung der Bundesrepublik

Ein effektiver Schutz vor Inflationsrisiken setzt daher die Schaffung von vertraglichen Präventionsmechanismen voraus. Präventiver Selbstschutz erhält den Wirkungsvorrang vor nachträglichem Fremdschutz. Allerdings bewirkt auch die vertragliche Wertsicherung eine Durchbrechung des geldschuldrechtlichen Nominalismus. Einer ungehinderten Verbreitung von Wertsicherungsklauseln in Verträgen wurde die Gefahr zugeschrieben, durch eine Kettenreaktion mittelbar die Geldwertstabilität zu beeinträchtigen.[152] Die Förderung und Sicherung der Geldwertstabilität stieg damit zu einer zentralen Rechtfertigungssäule der gesetzlichen Regulierung von Wertsicherungsvereinbarungen nach dem Ende des Zweiten Weltkriegs auf. Daneben trat allerdings im Kontext der alliierten Währungsreform von 1948 noch ein weiteres Motiv, das mit der Stabilitätszielsetzung korrespondierte.[153] Der Erfolg der neu geschaffenen Währung, der Deutschen Mark, sollte durch ein Abschneiden von Auswegen – etwa in Gestalt von Dollar-Verbindlichkeit oder auch nur von vertraglichen Indexierungen – abgesichert werden.[154] Das gesetzgeberische Anliegen war es, das Vertrauen der Wirtschaftsteilnehmer in die eigene Währung zu erzwingen, indem Alternativen ausgeschlossen oder begrenzt wurden. Die Gründungsstunde des

---

die Wertsicherung? Soll unter diesem Gesichtspunkt § 3 des Währungsgesetzes aufgehoben oder geändert werden? (1953), S. 8 ff.; *Steiner*, Wertsicherungsklauseln (2003), S. 30 ff.; *Schüller*, in: *Pfahler/Thuy* (Hrsg.), Festschrift für Egon Görgens (2006), S. 365, 377 ff.

[150] Vgl. im Einzelnen unten, S. 458.

[151] Vgl. oben, S. 271 ff.

[152] BT-Drucks. 13/9347, S. 55.

[153] Zu streng abgrenzend *Schmidt-Räntsch*, NJW 1998, 3166.

[154] *Kollhosser*, Wertsicherungsklauseln im Spannungsfeld zwischen Vertragsfreiheit, Sozialpolitik und Währungspolitik (1985), S. 18 ff.; *Schmidt-Räntsch*, NJW 1998, 3166.

grundsätzlichen Indexierungsverbots schlug im Jahre 1948, indem die Westalliierten – als Nachfolgeregelung zum sog. „Mark-gleich-Mark-Gesetz" von 1947[155] – den § 3 in ihr Währungsgesetz aufnahmen:

> „Geldschulden dürfen nur mit Genehmigung der für die Erteilung von Devisengenehmigungen zuständigen Stelle in einer anderen Währung als in Deutscher Mark eingegangen werden. Das gleiche gilt für Geldschulden, deren Betrag in Deutscher Mark durch den Kurs einer solchen anderen Währung oder durch den Preis oder eine Menge von Feingold oder von anderen Gütern oder Leistungen bestimmt werden soll."

Das Fremdwährungsverbot aus § 3 Satz 1 WährG a.F. sollte die Flucht in ausländische Währungen, zuvörderst den US-Dollar, verhindern. Das Indexierungsverbot aus § 3 Satz 2 WährG a.F. zielte auf die innere Stabilität der neuen DM-Währung. Der beide Verbote erfassende Erlaubnisvorbehalt erfuhr in § 3 WährG a.F. keine inhaltliche Konkretisierung. Erst die spätere Genehmigungspraxis der Deutschen Bundesbank[156] und die Anwendung der Vorschrift durch die Zivil- und Verwaltungsgerichte führten zu einer Präzisierung der Vorgaben an eine zulässige Wertsicherungsvereinbarung.

III. Einführung des Euro

Im Zuge der Einführung des Euro zum 1.1.1999 wurde § 3 WährG a.F. aufgehoben.[157] Die übrigen Teilnehmerstaaten der Währungsunion kannten keine vergleichbare Regelung,[158] so dass eine vollständige Abkehr vom Indexierungsverbot erneut in der rechtspolitischen Debatte stand. Noch in der Entwurfsbegründung zum Euro-Einführungsgesetz wurde eine solche Hinwendung zu einer vollständigen Indexierungsfreiheit gefordert:

> „Mit Beginn der dritten Stufe der Währungsunion verliert die DM ihren eigenständigen Charakter. Im Hinblick auf ihre währungspolitische Funktion sind nationale Vorschriften über Wertsicherungsklauseln daher nicht mehr notwendig. Sie sind auch zum Schutz der künftigen Gemeinschaftswährung nicht geeignet. Die Stabilität des Euro wird durch das ESZB für die gesamte Währungsunion sichergestellt. Das System verfügt über die hierfür erforderliche Unabhängigkeit und das notwendige Instrumentarium. § 3 WährG ist deshalb aus währungspolitischen Gründen aufzuheben."[159]

---

[155] Vgl. dazu *Ziehm*, Die Wertsicherungsklausel im deutschen Recht (1966), S. 32 ff.; *Steiner*, Wertsicherungsklauseln (2003), S. 46 ff.; *Kirchhoff*, Wertsicherungsklauseln für Euro-Verbindlichkeiten (2006), S. 53 ff.

[156] Vgl. dazu Mitteilung Nr. 1015/78 der Deutschen Bundesbank vom 9.6.1978, BAnz Nr. 109, kommentiert bei *Dürkes*, Wertsicherungsklauseln (10. Auflage 1992), S. 81 ff.

[157] Art. 9 § 1 des Gesetzes zur Einführung des Euro vom 9.6.1998, BGBl. I S. 1242.

[158] *Schmidt-Räntsch*, NJW 1998, 3166 unter Verweis auf eine interne Untersuchung des Bundesministeriums der Justiz vom 30.7.1997; *Schüller*, in: *Pfahler/Thuy* (Hrsg.), Festschrift für Egon Görgens (2006), S. 365, 384 („deutsche[r] Sonderweg").

[159] BT-Drucks. 13/9347, S. 55.

Im Zuge der Gesetzesberatungen setzte sich jedoch die Auffassung durch, einen regulativen Rahmen für Wertsicherungsvereinbarungen auf nationaler Ebene beizubehalten.[160] Wirtschaftspolitische Zielsetzungen unter Einschluss der Preisstabilität wurden vorgebracht:

> „Das Indexierungsverbot in § 3 Satz 2 WährG hat aber – neben seiner geldpolitischen Funktion zum Schutz der Deutschen Mark – eine aus wirtschaftspolitischer Sicht wichtige preisstabilisierende Funktion. Aus stabilitäts-, preis- und verbraucherpolitischen Gründen besteht ein Interesse daran, auch künftig für das Gebiet der Bundesrepublik Deutschland auf Grenzen für Wertsicherungsklauseln nicht zu verzichten, obwohl ein Indexierungsverbot für das gesamte Euro-Währungsgebiet noch nicht durchsetzbar war und folglich Indexierungs- und Währungsgebiet bis auf weiteres auseinanderfallen. Solche Grenzen tragen – neben anderen Maßnahmen der Ordnungspolitik – zur Erhaltung der Preisstabilität bei. Auch im einheitlichen europäischen Wirtschaftsraum bleibt es für die Wettbewerbsposition der deutschen Wirtschaft wichtig, daß in Deutschland Preisstabilität gewahrt bleibt. Gesichtspunkte des Verbraucherschutzes und der Arbeits- und Sozialpolitik, der Tarifautonomie sowie der Gebührenpolitik unterstützen die Notwendigkeit, Wertsicherungsklauseln weiterhin zu begrenzen. Neben dem rechtlichen Regelungsgehalt bedarf es der Signalwirkung eines grundsätzlichen Indexierungsverbots, um Indexierungswünschen entgegenzutreten."[161]

Regelungstechnisch erfolgte trotz dieser Kontinuitätsvorgaben eine textlich extendierende Neuausrichtung. An die Stelle des legislatorisch knappen § 3 Satz 2 WährG a.F. trat ein kodifikatorisches Duett aus Preisangaben- und Preisklauselgesetz (PaPKG) und darauf basierender Preisklauselverordnung (PrKV). Im Ausgangspunkt verbot § 2 Abs. 1 Satz 1 PaPKG a.F. Indexklausel, indem er anordnete:

> „Der Betrag von Geldschulden darf nicht unmittelbar und selbsttätig durch den Preis oder Wert von anderen Gütern oder Leistungen bestimmt werden, die mit den vereinbarten Gütern oder Leistungen nicht vergleichbar sind."

Das frühere Fremdwährungsverbot aus § 3 Satz 1 WährG a.F. war ersatzlos entfallen und fand sich weder im PaPKG noch in der PrKV wieder.[162] Hinsichtlich des Indexierungsverbots sollte hingegen im Ergebnis eine weitgehende Kontinuität zu § 3 Satz 2 WährG a.F. hergestellt werden.[163] Hierzu wurde die restriktive Rechtsprechung zur Vorgängerregelung in § 2 Abs. 1

---

[160] Für eine einheitliche europäische Regelung hingegen *H. P. Westermann*, in: *Hadding/Hopt/Schimansky* (Hrsg.), Einführung des Euro in der Bank- und Unternehmenspraxis, Bankdienstleistungen im Internet (1998), S. 3, 14. Vgl. allgemein zum Gesetzgebungsverfahren *Steiner*, Wertsicherungsklauseln (2003), S. 89 ff.

[161] BT-Drucks. 13/10334, S. 40 f.

[162] *Heynitz*, MittBayNot 1998, 398, 399; *Schmidt-Räntsch*, NJW 1998, 3166, 3170.

[163] OLG Rostock NZM 2005, 506; *Heynitz*, MittBayNot 1998, 398; *Vogler*, NJW 1999, 1236, 1237; *Kluge*, MittRhNotK 2000, 409, 410.

Satz 1 PaPKG a.F. übernommen,[164] da jede verbotene Indexklausel einen Anpassungsautomatismus („unmittelbar und selbsttätig") enthalten musste. Das Verbot stand unter dem Vorbehalt einer verwaltungsbehördlichen Genehmigung (§ 2 Abs. 1 Satz 2 PaPKG a.F.). Die Genehmigungspraxis der Deutschen Bundesbank wurde in der Preisklauselverordnung reflektiert.[165] Die verwaltungsrechtliche Zuständigkeit für die Genehmigungserteilung ging von der Deutschen Bundesbank auf das Bundeswirtschaftsministerium – genauer: dem nachgeordneten Bundesamt für Wirtschaft und Ausfuhrkontrolle (§ 7 PrKV a.F.)[166] – über.

IV. Systemwechsel zwecks Entbürokratisierung

Einen rechtstechnischen Systemwechsel vollzog das Wertsicherungsrecht mit Inkrafttreten des Preisklauselgesetzes vom 7.9.2007 (PrKG).[167] Das frühere Genehmigungsverfahren wurde vollständig abgeschafft. An dessen Stelle ist ein System von Legalausnahmen getreten, das eine Entbürokratisierung bewirken sollte.[168] Den Betroffenen selbst wurde es überantwortet, die Vereinbarkeit ihrer Wertsicherungsvereinbarungen mit den normativen Vorgaben des Preisklauselgesetzes zu überprüfen. Mit Ausnahme von § 3 Abs. 5 und § 5 der Preisklauselverordnung a.F. sollte es materiell bei den früheren Regelungen bleiben.[169] Eine gesonderte Verordnungsermächtigung für die Exekutive war nicht mehr erforderlich, da sämtliche Legalausnahmen in das Preisklauselgesetz unmittelbar aufgenommen wurden. Als Übergangsvorschrift wurde § 9 PrKG eingefügt.[170]

---

[164] *Vogler*, NJW 1999, 1236, 1237; *Herrmann*, Währungshoheit, Währungsverfassung und subjektive Rechte (2010), S. 358; vgl. BGHZ 14, 306, 308; BGH NJW 1969, 91, 92.

[165] *Kluge*, MittRhNotK 2000, 409, 410; *Herrmann*, Währungshoheit, Währungsverfassung und subjektive Rechte (2010), S. 358.

[166] *Vogler*, NJW 1999, 1236.

[167] BGBl. I S. 2246.

[168] BT-Drucks. 16/4391, S. 26.

[169] BT-Drucks. 16/4391, S. 27.

[170] Vgl. hierzu BGH NJW 2014, 54; OLG Brandenburg NZM 2013, 184.

C. Rechtfertigung des Preisklauselgesetzes

I. Vereinbarkeit mit höherrangigem Recht

1. Grundgesetz

Gegen die einschränkende Regelung in § 3 Satz 2 WährG a.F. wurden jahrzehntelang verfassungsrechtliche Bedenken vorgebracht.[171] Eingriffe in den sachlichen Schutzbereich der Eigentumsgarantie des Art. 14 Abs. 1 GG[172] und verbreitet die (unter anderem) durch Art. 2 Abs. 1 GG geschützte Vertragsfreiheit[173] wurden angenommen. Hinzu traten aus dem Rechtsstaatsprinzip des Art. 20 Abs. 3 GG folgende Bedenken, ob § 3 Satz 2 WährG a.F. dem Bestimmtheitsgrundsatz[174] sowie – wegen der Öffnung für eine behördliche Genehmigung ohne konkrete gesetzgeberische Entscheidungsvorgaben – dem Wesentlichkeitserfordernis genüge.[175] Verbreitet wurde letztlich eine Nichtüberprüfbarkeit der Verfassungsmäßigkeit wegen des Status des Währungsgesetzes als Besatzungsrecht postuliert.[176] Die ganz überwiegende Ansicht[177] gelangte jedoch zumindest im Ergebnis zu einer Verfassungskonformität des § 3 Satz 2 WährG a.F. Eingriffe in den Schutzbereich der beiden Freiheitsgrundrechte unterstellt,

---

[171] Vgl. im Einzelnen die Nachweise bei *Bohndorf*, Wertsicherungsklauseln (1966), S. 77 ff.; *von Maydell*, Geldschuld und Geldwert (1974), S. 398 ff.; *Grothe*, Fremdwährungsverbindlichkeiten (1999), S. 281 ff.; *Gruber*, Geldwertschwankungen und handelsrechtliche Verträge in Deutschland und Frankreich (2002), S. 205 ff.; *Kirchhoff*, Wertsicherungsklauseln für Euro-Verbindlichkeiten (2006), S. 147 ff.; *Herrmann*, Währungshoheit, Währungsverfassung und subjektive Rechte (2010), S. 355 ff.

[172] *Papier*, JuS 1974, 477 f.

[173] *Ziehm*, Die Wertsicherungsklausel im deutschen Recht (1966), S. 90; *Bohndorf*, Wertsicherungsklauseln (1966), S. 79; *Fögen*, Geld- und Währungsrecht (1969), S. 150.

[174] Ablehnend *Papier*, JuS 1974, 477, 481.

[175] *von Maydell*, Geldschuld und Geldwert (1974), S. 401 f.; *Gramlich*, Bundesbankgesetz, Währungsgesetz, Münzgesetz (1988), § 3 WährG Rn. 21; rechtspolitisch kritisch *Duden*, Empfehlen sich unter Berücksichtigung der rechtlichen Regeln in anderen europäischen Staaten gesetzliche Bestimmungen über die Wertsicherung? Soll unter diesem Gesichtspunkt § 3 des Währungsgesetzes aufgehoben oder geändert werden? (1953), S. 52.

[176] BVerwGE 41, 1, 4; *Bohndorf*, Wertsicherungsklauseln (1966), S. 86 f.; für eine dennoch bestehende Kontroll- und Anpassungspflicht des Gesetzgebers *Kollhosser*, Wertsicherungsklauseln im Spannungsfeld zwischen Vertragsfreiheit, Sozialpolitik und Währungspolitik (1985), S. 27 ff.; *Gramlich*, Bundesbankgesetz, Währungsgesetz, Münzgesetz (1988), § 3 WährG Rn. 24.

[177] BVerwGE 41, 1, 4 ff.; *Ziehm*, Die Wertsicherungsklausel im deutschen Recht (1966), S. 90 ff.; *von Maydell*, Geldschuld und Geldwert (1974), S. 402; *Bräutigam*, Die währungsrechtliche Zulässigkeit von Wertsicherungsklauseln (1984), S. 33 ff.; *Grothe*, Fremdwährungsverbindlichkeiten (1999), S. 282; *Kirchhoff*, Wertsicherungsklauseln für Euro-Verbindlichkeiten (2006), S. 147 ff.; *Häde*, DVBl. 2008, 1465, 1469; *Herrmann*, Währungshoheit, Währungsverfassung und subjektive Rechte (2010), S. 356 f.; offen BGHZ 168, 96 Rn. 12; offen *Kollhosser*, Wertsicherungsklauseln im Spannungsfeld zwischen Vertragsfreiheit, Sozialpolitik und Währungspolitik (1985), S. 34 f.

lassen sich diese in der Tat durch die gesetzgeberischen Zielsetzungen rechtfertigen: Eine unkontrollierte Verbreitung von Wertsicherungsklauseln kann inflationsfördernd wirken. Dem Gesetzgeber steht insofern eine Einschätzungsprärogative zu, von der er auch nicht unvertretbar Gebrauch gemacht hatte. Die Verknüpfung von Indexierungsverbot und Geldwertstabilität war und ist in den Wirtschaftswissenschaften verbreitet; ihre Übernahme durch den Gesetzgeber begegnet im Rahmen seines Einschätzungsspielraums keinen durchgreifenden Bedenken.[178] Auch die Angriffe auf Grundlage des Rechtsstaatsprinzips vermochten im Ergebnis nicht durchzugreifen. Inhalt und Umfang des § 3 Satz 2 WährG a.F. ergaben sich aus seiner stabilitätsfördernden Zielsetzung[179] sowie seiner gefestigten Auslegung durch die Zivilgerichte.

Mit dem Übergang vom Verbot mit behördlichem Erlaubnisvorbehalt zum System der Legalausnahmen im Preisklauselgesetz sind die Einwände aus Art. 20 Abs. 3 GG gegenstandslos geworden. Die Genehmigungspraxis der Bundesbank und des Bundeswirtschaftsministeriums ist mit der Einführung von gesetzlichen Ausnahmetatbeständen kodifiziert worden. Der Gesetzgeber hat sich umfangreich geäußert und, soweit es die Materie zuließ,[180] im Detail die Voraussetzungen für die Zulässigkeit von Wertsicherungsvereinbarungen normiert. Etwaige Eingriffe in Freiheitsgrundrechte durch das Preisklauselgesetz lassen sich – in Parallele zu § 3 Satz 2 WährG a.F. – durch die stabilitäts- und verbraucherpolitischen Zielsetzungen des Gesetzgebers[181] rechtfertigen.[182] Das Preisklauselgesetz enthält ein ausgewogenes Zusammenspiel von Verbotsgrundsatz und Legalausnahmen, das den Anforderungen des Verhältnismäßigkeitsprinzips genügt.

2. Europäisches Unionsrecht

a) Verbandskompetenz

Seit der Einführung des Euro in der dritten Stufe der Wirtschafts- und Währungsunion hat sich die öffentlich-rechtliche Debatte um die Vereinbarkeit des deutschen Indexierungsverbots mit höherrangigem Recht auf die supranationale Ebene verlagert. Vielfach wurde angenommen, den Mitgliedstaaten stehe nunmehr keine Kompetenz mehr zu, solche währungsrechtlichen Regelungen zu treffen.[183] Auf einen Verstoß gegen Unionsfreiheiten wie die Kapitalver-

---

[178] *Grothe*, Fremdwährungsverbindlichkeiten (1999), S. 282 f.; *Gruber*, Geldwertschwankungen und handelsrechtliche Verträge in Deutschland und Frankreich (2002), S. 206; *Kirchhoff*, Wertsicherungsklauseln für Euro-Verbindlichkeiten (2006), S. 150.

[179] BVerwGE 41, 1, 5; *Ziehm*, Die Wertsicherungsklausel im deutschen Recht (1966), S. 97.

[180] Vgl. BVerfGE 49, 89, 127.

[181] BT-Drucks. 16/4391, S. 27.

[182] Ebenso *Papier*, JuS 1974, 477, 480 f. zu § 3 WährG a.F.; offen BGH NJW 2014, 52 Rn. 31.

[183] *Grothe*, WM 2002, 22, 24; *Gruber*, Geldwertschwankungen und handelsrechtliche Verträge in Deutschland und Frankreich (2002), S. 336 ff.; *Steiner*, Wertsicherungsklauseln

kehrsfreiheit[184] komme es nicht mehr an.[185] Auch wurde vereinzelt eine einheitliche europäische Regelung gefordert.[186] Die Kompetenzskeptiker übersehen allerdings, dass durch die Einführung des Euro als gemeinschaftlicher Währung keinesfalls eine abschließende Universalkompetenz „Währungsrecht" auf die Union übergegangen ist. Auf Grundlage des Prinzips der begrenzten Einzelermächtigung (Art. 4 Abs. 1, Art. 5 EUV) lässt sich eine solche dem Primärrecht nicht entnehmen. Durch Art. 3 Abs. 1 lit. c AEUV wird die Unionskompetenz für die Währungs*politik* der Euro-Staaten begründet, nicht aber für das Währungs*recht*. Unter den Begriff der Währungspolitik im Sinne des Art. 3 Abs. 1 lit. c AEUV fallen die Aufgabenkataloge des Europäischen Systems der Zentralbanken (Art. 127 ff. AEUV) und die Sonderregeln für den Euroraum (Art. 136 ff. AEUV).[187] Auch die Festlegung auf den Euro als gemeinschaftliche Währung in Art. 3 Abs. 4 EUV und Art. 119 Abs. 2 AEUV zieht nicht pauschal die Verbandskompetenz für das gesamte Währungsrecht auf die supranationale Ebene.[188] Allein die Tatsache, dass das vorrangige Ziel der gemeinsamen Geldpolitik die Sicherstellung von Preisstabilität ist (Art. 127 Abs. 1 Satz 1 AEUV), verschließt es den nationalen Gesetzgebern nicht, jenseits der Geldpolitik ebenfalls stabilitätsfördernde Gesetze zu erlassen.[189] Das unionale Primärrecht statuiert keine Exklusivität des Ziels der Preisstabilität zugunsten der Union, sondern entzieht den Mitgliedstaaten lediglich die Zuständigkeit für die Euro-Geldpolitik. Wertsicherungsrecht zählt aber nicht zur Geldpolitik, sondern allgemein zum Währungsrecht. Art. 4 Abs. 3 UAbs. 3 EUV und Art. 131 AEUV verpflichten die Mitgliedstaaten zudem, die stabilitätsorientierte Geldpolitik der Union zu unterstützen. Einen solchen Akt mitgliedstaatlicher Unterstützungsgesetzgebung stellt das Preisklauselgesetz dar.[190] Schließlich ist die Anordnung in Art. 6 Abs. 1 Satz 3 der Euro-Einführungsverordnung Nr. 974/98[191], das nationale Währungsrecht

(2003), S. 133 ff., 187; *Heermann*, Geld und Geldgeschäfte (2003), § 3 Rn. 112; *Ohler*, JZ 2008, 317, 321; *Schultz*, NZM 2008, 425, 426; *Grundmann*, in: MünchKomm BGB (6. Auflage 2012), § 245 Rn. 71; a.A. OLG Brandenburg NZM 2013, 184, 186; *Vogler*, NJW 1999, 1236, 1237; *Schüller*, in: *Pfahler/Thuy* (Hrsg.), Festschrift für Egon Görgens (2006), S. 365, 386; *Häde*, DVBl. 2008, 1465, 1470 ff.; *Herrmann*, Währungshoheit, Währungsverfassung und subjektive Rechte (2010), S. 360; offen BGH NJW 2014, 52 Rn. 31.

[184] Verneinend *Steiner*, Wertsicherungsklauseln (2003), S. 188 ff., 194.

[185] *Ohler*, JZ 2008, 317, 321.

[186] *Gruber*, Geldwertschwankungen und handelsrechtliche Verträge in Deutschland und Frankreich (2002), S. 326 ff.

[187] *Nettesheim*, in: *Grabitz/Hilf/Nettesheim* (Hrsg.), Das Recht der Europäischen Union (2014), Art. 3 AEUV Rn. 16 f.

[188] Ähnlich *Sandrock*, RIW 1997, Beilage Nr. 1, 6 ff., der von Parallelregelungen ausgeht; a.A. *Kirchhoff*, Wertsicherungsklauseln für Euro-Verbindlichkeiten (2006), S. 79 f.

[189] A.A. *Grundmann*, in: MünchKomm BGB (6. Auflage 2012), § 245 Rn. 71.

[190] *Kirchhoff*, Wertsicherungsklauseln für Euro-Verbindlichkeiten (2006), S. 163 f.

[191] Verordnung (EG) Nr. 974/98 über die Einführung des Euro vom 3.5.1998, ABl. EG Nr. L 139 S. 1 vom 11.5.1998.

der teilnehmenden Mitgliedstaaten bleibe vorbehaltlich der Bestimmungen dieser Verordnung in der Übergangszeit weiter anwendbar, inhaltlich unergiebig und der Umkehrschluss keinesfalls zwingend.[192] Die Union vermag sich zudem durch Sekundärrecht keine Kompetenz zu schaffen, die ihr die Mitgliedstaaten primärrechtlich nicht übertragen haben. Selbst in den Fällen des Art. 352 AEUV liegt eine Aufgabenzuweisung durch Primärrecht vor.

Hinzu tritt entscheidend, dass der Regelungsgegenstand des Preisklauselgesetzes sich nicht im öffentlich-rechtlichen Währungsrecht erschöpft.[193] Neben den stabilitätsschützenden, wirtschaftspolitischen[194] und verbraucherschützenden Zielsetzungen[195] darf nicht verkannt werden, dass das Preisklauselgesetz unmittelbare Vorgaben für das private Geldschuldrecht enthält. Der Sache nach handelt es sich bei Wertsicherungsklauseln um originär privatrechtliche Regelungen mit währungsrechtlichen Bezügen. Eine allgemeine Zuständigkeit auf dem Gebiet des Privatrechts kommt der Union gerade nicht zu. Auch wurde der Weg des Art. 133 AEUV oder Art. 352 AEUV nicht beschritten, um durch Sekundärrecht eine Regelungsabrundung vorzunehmen; hierbei bestünden ernstliche Zweifel an der Erforderlichkeit eines solchen unionalen Tätigwerdens. Zusammenfassend gilt also, dass das Preisklauselgesetz nicht im Konflikt mit der Zuständigkeit der Union steht und mit hinreichender Verbandskompetenz erlassen wurde.

b) Grundrechte

Die unter der Geltung des § 3 WährG a.F. hinsichtlich des deutschen Grundrechtekatalogs diskutierten Wirksamkeitsfragen stellen sich spätestens seit der Euro-Einführung auch im Lichte der unionalen Grundrechtsverbürgungen. Die zuvor durch den Europäischen Gerichtshof richterrechtlich herausgebildeten Grundrechte als „allgemeine Grundsätze" des Unionsrechts (vgl. auch Art. 6 Abs. 3 EUV)[196] sind seit dem Inkrafttreten des Vertrags von Lissabon durch umfangreiche Kodifikationen ergänzt[197] bzw. abgelöst[198] worden. Die Vertragsparteien haben die Charta der Grundrechte in den gleichen Rang wie die Verträge erhoben (Art. 6 Abs. 1 EUV). Dort sind unter anderem das Eigen-

---

[192] Ähnlich *Gruber*, Geldwertschwankungen und handelsrechtliche Verträge in Deutschland und Frankreich (2002), S. 335, abweichend wiederum S. 339.

[193] Offen insofern *Ohler*, JZ 2008, 317, 321; zu eng *Gruber*, Geldwertschwankungen und handelsrechtliche Verträge in Deutschland und Frankreich (2002), S. 329 f.; *Kirchhoff*, Wertsicherungsklauseln für Euro-Verbindlichkeiten (2006), S. 137.

[194] *Häde*, DVBl. 2008, 1465, 1470 f.

[195] BT-Drucks. 16/4391, S. 27.

[196] Nachweise bei EuGH, Urteil vom 27.06.2006 – Rs. C-540/03 (*Parlament/Rat*), Slg. 2006 S. I-5769, Rn. 35.

[197] So z.B. EuGH, Urteil vom 22.11.2005 – Rs. C-144/04 (*Mangold*), Slg. 2005 S. I-9981, Rn. 74 f.

[198] *Löwisch/Rieble*, Tarifvertragsgesetz (3. Auflage 2012), § 1 Rn. 594.

tum (Art. 17 Charta der Grundrechte), die unternehmerische Freiheit (Art. 16 Charta der Grundrechte) und die allgemeine Handlungsfreiheit (Art. 6 Charta der Grundrechte)[199] geschützt. Allerdings bindet die Charta der Grundrechte die Mitgliedstaaten nur dann, sofern sie Unionsrecht durchführen.[200] Ausschließlich im Geltungsbereich des Unionsrechts kann eine solche Bindung bestehen.[201] Da der Union eine exklusive und umfassende Kompetenz zum Währungsrecht fehlt und zudem auch keine sekundärrechtliche Regelung von Indexklauseln existiert, wurde Deutschland bei Erlass des Preisklauselgesetzes nicht zur Durchführung des Unionsrechts tätig; daher besteht insofern keine Bindung an die Unionsgrundrechte. Selbst wenn man wegen der Bezüge zur vergemeinschafteten Währungspolitik eine Bindung annähme, ließe sich kein Verstoß annehmen. Etwaige Eingriffe wären insbesondere durch die gegenläufigen Belange der Preisstabilität (Art. 119 Abs. 2 und 3 AEUV) und des Verbraucherschutzes (Art. 38 Charta der Grundrechte) gerechtfertigt. Dem Gesetzgeber steht eine Einschätzungsprärogative zu.

Die zweite Säule des unionalen Grundrechtsschutzes bildet die EMRK, der die Union auf Grundlage von Art. 6 Abs. 2 Satz 1 EUV beitreten soll. Auch insofern gilt die Einschränkung, dass dieser Beitritt lediglich zu einer Bindung der Union an die Verbürgungen der EMRK führte und die Mitgliedstaaten nur bei der Durchführung des Unionsrechts zu erfassen vermag. Allerdings sind die Mitgliedstaaten einschließlich Deutschlands selbst Vertragsstaaten der EMRK und aus diesem Grund beim Erlass nationaler Rechtsvorschriften unmittelbar an die EMRK gebunden. Als potentiell betroffenes EMRK-Grundrecht kommt das Recht auf Eigentum (Art. 1 1. Zusatzprotokoll EMRK) in Betracht.[202] Ein etwaiger Eingriff wäre aber aus denselben Erwägungen wie solche in Art. 14 Abs. 1 GG gerechtfertigt.

II. Rechtspolitische Einordnung

Beschränkungen der Freiheit zur Wertsicherung unterliegen nicht nur den aus dem Grundgesetz, der Charta der Grundrechte und der EMRK folgenden öffentlich-rechtlichen Grenzen. Die Wurzel des Streits um den früheren § 3 WährG a.F. und das heutige Preisklauselgesetz ist rechtspolitischer Art. Rechtsfertigungsbedürftig sind die Eingriffe in die Vertragsfreiheit nicht

---

199 *Calliess*, in: Calliess/Ruffert, EUV/AEUV (4. Auflage 2011), Art. 6 EU-GRCharta Rn. 12 m.w.N.

200 EuGH, Urteil vom 27.06.2006 – Rs. C-540/03 (*Parlament/Rat*), Slg. 2006 S. I-5769, Rn. 105.

201 EuGH, Urteil vom 18.05.2000 – Rs. C-107/97 (*Rombi und Arkopharma*), Slg. 2000 S. I-3367, Rn. 65.

202 *Herrmann*, Währungshoheit, Währungsverfassung und subjektive Rechte (2010), S. 361.

nur im dogmatischen Licht der Grundrechtsverbürgungen, sondern auch unter dem Scheinwerfer der Rechtspolitik. Über die volkswirtschaftliche und wirtschaftspolitische Sinnhaftigkeit oder Schädlichkeit von Wertsicherungsklauseln herrscht innerhalb der Rechtswissenschaft keine Einigkeit. Der Höhepunkt der Diskussionen liegt mit dem 40. Deutschen Juristentag des Jahres 1953 viele Jahrzehnte zurück. Sowohl der Gutachter Konrad Duden[203] als auch der Referent Ernst von Caemmerer[204] sprachen sich für eine Abschaffung des § 3 WährG a.F. aus.[205] Die höchstrichterliche Rechtsprechung,[206] Teile des Schrifttums,[207] die Deutsche Bundesbank[208] und die Europäische Zentralbank[209] halten dagegen an den gesetzlichen Beschränkungen für Wertsicherungsabreden fest. Der Gesetzgeber hat diese befürwortende Linie seit Einführung des Euro mehrfach bestätigt, indem er § 3 Satz 2 WährG a.F. nicht ersatzlos aufhob, sondern lediglich regelungstechnisch modifiziert schließlich in das Preisklauselgesetz überführte. Die Diskussion um die gesetzlichen Regeln zur Wertsicherung hat infolge der zweifachen Stellungnahmen des Gesetzgebers binnen kurzer Zeit (1999 und 2007) an Lebendigkeit eingebüßt.

Inhaltlich haben sich im Laufe der Jahrzehnte feste Argumentationslinien herausgebildet.[210] Die Kernargumente der Gegner stützen sich auf die ungehinderte Verwirklichung der Vertragsfreiheit[211] und den Gedanken des Selbstschutzes gegen Geldentwertung. Ein auch nur teilweises Verbot von Wertsi-

---

[203] *Duden*, Empfehlen sich unter Berücksichtigung der rechtlichen Regeln in anderen europäischen Staaten gesetzliche Bestimmungen über die Wertsicherung? Soll unter diesem Gesichtspunkt § 3 des Währungsgesetzes aufgehoben oder geändert werden? (1953), S. 46 ff.

[204] Verhandlungen des vierzigsten Deutschen Juristentages II (1954), S. D27.

[205] Ebenso stellvertretend *Bohndorf*, Wertsicherungsklauseln (1966), S. 63 ff.; *Bettermann*, ZRP 1974, 13, 14; *von Arnim*, ZRP 1980, 201, 204 ff.; *Kollhosser*, Wertsicherungsklauseln im Spannungsfeld zwischen Vertragsfreiheit, Sozialpolitik und Währungspolitik (1985), S. 27 ff.; *Schmalz*, Die Stabilität des Geldwerts als Problem des Privatrechts (1986), S. 253 ff., 266; vgl. auch zur abweichenden Rechtslage in der Schweiz *Weber*, ZSR 100 (1981) 165, 180 f. m.w.N.

[206] BVerwGE 41, 1, 5 und 8; BFHE 89, 422, 435 f.

[207] *Fögen*, NJW 1953, 1321 f.; *ders.*, Geld- und Währungsrecht (1969), S. 137 ff.; *Oberhauser*, in: *Schlemmer* (Hrsg.), Enteignung durch Inflation? (1972), S. 137, 143 ff.; *Reuter*, ZHR 137 (1973) 482, 495; *Horn*, Geldwertveränderungen, Privatrecht und Wirtschaftsordnung (1975), S. 32; *K. Schmidt*, ZIP 1983, 639, 641; *Gramlich*, Bundesbankgesetz, Währungsgesetz, Münzgesetz (1988), § 3 WährG Rn. 3, 6; *Fischer/Klanten*, ZBB 1996, 1, 5; *Kratzmann*, Der Staat 35 (1996) 221, 235 f.; tendenziell auch *Issing*, Indexklauseln und Inflation (1973), S. 49; offen *Mann*, Das Recht des Geldes (1960), S. 131.

[208] Monatsbericht April 1971, S. 25.

[209] Nr. 5 der Stellungnahme CON/2004/20 vom 3. 6. 2004; Jahresbericht der Europäischen Zentralbank 2004, S. 113.

[210] Überblick bei *Lubasch*, Die volkswirtschaftlichen Wirkungen von Geldwertsicherungsklauseln (1964), S. 19 ff.; *Bräutigam*, Die währungsrechtliche Zulässigkeit von Wertsicherungsklauseln (1984), S. 42 ff.; *Schmalz*, Die Stabilität des Geldwerts als Problem des Privatrechts (1986), S. 257 ff.; aus österreichischer Perspektive *Ertl*, Inflation, Privatrecht und Wertsicherung (1980), S. 56 ff.

[211] *Duden*, Empfehlen sich unter Berücksichtigung der rechtlichen Regeln in anderen

cherungsklausel führe zu einem Preisanstieg, da die erwartbare Inflation pauschalisiert mit einem Sicherheitszuschlag in die Preise eingerechnet werde.[212] Lediglich der strikte Nominalismus, nicht aber das Nominalprinzip als solches werde aufgegeben, sofern Wertsicherungsklauseln beschränkungslos zugelassen würden.[213] Demgegenüber stützen sich die Befürworter im Wesentlichen auf die stabilitätsfördernde Wirkung des Preisklauselgesetzes.[214] Die ungehinderte Zulassung von Wertsicherungsklauseln katalysiere den allgemeinen Preisanstieg.[215] Zur Verbildlichung wird die sog. „Ölflecktheorie" in Kombination mit der sog. „Schwungradtheorie" herangezogen:[216] Fielen die Beschränkungen des Preisklauselgesetzes weg, so führte dies zu einer ölfleckartigen Ausbreitung von Wertsicherungsklauseln; deren Folge sei eine schwungartige Beschleunigung der Inflation. Letzterer Aspekt wird auch von der Europäischen Zentralbank betont:

> „If the economy were hit by a persistent inflationary shock, in case of widespread indexation, it would be very difficult to reduce the use of indexation clauses once inflation rates have passed a certain threshold."[217]

Neben das Stabilitätsargument trat – vor allem in der Gründungszeit der Bundesrepublik nach Inkrafttreten des Währungsgesetzes – die psychologische Erwägung, der verbreitete Gebrauch von Wertsicherungsklauseln unterlaufe das Vertrauen in die eigene Währung.[218] Seit der Euro-Einführung und der Neukodifizierung des Wertsicherungsrechts stützt sich der deutsche Gesetzgeber schließlich auf den Verbraucherschutz.[219]

Die juristische Stellungnahme steht vor dem Dilemma, dass sie auf ökonomisch-empirische Erkenntnisse angewiesen ist, um das zentrale Konfliktfeld – Inflationsförderung ja oder nein – zu beurteilen. Dennoch lassen sich auch aus

---

europäischen Staaten gesetzliche Bestimmungen über die Wertsicherung? Soll unter diesem Gesichtspunkt § 3 des Währungsgesetzes aufgehoben oder geändert werden? (1953), S. 52.

[212] *Mittelbach*, Wertsicherungsklauseln in Zivil- und Steuerrecht (4. Auflage 1980), S. 20 f.; *Schmalz*, Die Stabilität des Geldwerts als Problem des Privatrechts (1986), S. 258 f.

[213] *Duden*, Empfehlen sich unter Berücksichtigung der rechtlichen Regeln in anderen europäischen Staaten gesetzliche Bestimmungen über die Wertsicherung? Soll unter diesem Gesichtspunkt § 3 des Währungsgesetzes aufgehoben oder geändert werden? (1953), S. 48 ff.; *Schmalz*, Die Stabilität des Geldwerts als Problem des Privatrechts (1986), S. 254.

[214] *Grothe*, WM 2002, 22, 27.

[215] *Häde*, DVBl. 2008, 1465; a.A. *Sieber*, Wirtschaft und Recht 1966, 137, 148 ff.; *Mittelbach*, Wertsicherungsklauseln in Zivil- und Steuerrecht (4. Auflage 1980), S. 20 f.

[216] Vgl. *Stützel*, Das Mark-gleich-Mark-Prinzip und unsere Wirtschaftsordnung (1979), S. 63 f.; ablehnend *Kollhosser*, Wertsicherungsklauseln im Spannungsfeld zwischen Vertragsfreiheit, Sozialpolitik und Währungspolitik (1985), S. 32 f.

[217] Nr. 5 der Stellungnahme CON/2004/20 vom 3. 6. 2004.

[218] BGH WM 1962, 820, 821; BGH NJW 1976, 142; BVerwGE 41, 1, 8; BFHE 89, 422, 436.

[219] BT-Drucks. 16/4391, S. 27; zu eng allerdings *Kirchhoff*, Wertsicherungsklauseln für Euro-Verbindlichkeiten (2006), S. 136 ff., der jegliche währungspolitische Zielsetzung ablehnt.

originär rechtlicher Perspektive überzeugende Gründe für ein Festhalten an den wesentlichen Bestimmungen des Preisklauselgesetzes aufstellen. Das Preisklauselgesetz in seiner geltenden Fassung reduziert zunächst den Verwaltungsaufwand, der das frühere Genehmigungsverfahren nach sich zog. Der Übergang zum System der Legalausnahme vereinfacht die praktische Handhabung, auch wenn die Normbetroffenen – wie bei anderen Rechtsvorschriften auch – Auslegungsrisiken zu tragen haben. Zudem beinhaltet das Preisklauselgesetz einen verhältnismäßigen Ausgleich zwischen dem Allgemeininteresse an einer Aufrechterhaltung des Nominalprinzips und dem Individualinteresse an einer effektiven Wertsicherung. Hierfür sorgen die Ausnahmetatbestände in § 1 Abs. 2 und 3, §§ 3–7 PrKG, die überwiegend Konstellationen abdecken, in welchen bei der gebotenen typisierten Betrachtung erhöhte Geldentwertungsrisiken bestehen. Schließlich besteht, nicht zuletzt wegen der ungeklärten tatsächlichen Auswirkungen einer Freigabe von Wertsicherungsklauseln in Deutschland, das Risiko eines Dammbruchs zugunsten des (abzulehnenden) Valorismus[220] und einer Festigung unumkehrbarer inflationärer Entwicklungen.[221]

D. Sachlicher Anwendungsbereich des Preisklauselgesetzes

I. Positiver Anwendungsbereich: Geldschulden mit Gleitklauseln

Den sachlichen Anwendungsbereich des Preisklauselgesetzes schränkt § 1 Abs. 1 PrKG auf Gleitklauseln ein, die Geldschulden[222] betreffen. Keine Geldschuld liegt insbesondere bei einer in Sachwerten bestehenden Gegenleistung[223] und bei Vereinbarung einer Wahlschuld vor.[224] Auch die vertragliche Vereinbarung einer Geldwertschuld unterfällt § 1 Abs. 1 PrKG, sofern die betroffene Geldschuld ansonsten nominalen Charakters wäre.[225] Die Miterfassung von privatautonom gekorenen Geldwertschulden folgt aus dem weiten Wortlaut des § 1 Abs. 1 PrKG ebenso wie aus dessen inflationshemmender Teleologie. Nicht

---

220 *K. Schmidt*, in: Staudinger, BGB (1997), Vorbem D204 zu §§ 244 ff.

221 *K. Schmidt*, ZIP 1983, 639, 641.

222 Vgl. zum Begriff oben, S. 257 ff.

223 *Mann*, Das Recht des Geldes (1960), S. 100.

224 *Reinicke/Reinicke*, MDR 1953, 387, 388; *Mittelbach*, Wertsicherungsklauseln in Zivil- und Steuerrecht (4. Auflage 1980), S. 31 ff., 35 ff. zu § 3 Satz 2 WährG a.F.; *Kirchhoff*, Wertsicherungsklauseln für Euro-Verbindlichkeiten (2006), S. 173.

225 *Grothe*, Fremdwährungsverbindlichkeiten (1999), S. 256 f. (zu § 3 WährG a.F.); *Kirchhoff*, DNotZ 2007, 913, 915 f.; a.A. zu § 3 WährG a.F. BGHZ 9, 56, 63; BGH NJW 1957, 342, 343.

betroffen ist hingegen die lediglich deklaratorische Feststellung über die bereits ihrer Natur nach bestehenden Einordnung als („geborene") Geldwertschuld.[226]

Die allein Gleitklauseln betreffende Vorschrift des § 1 Abs. 1 PrKG nimmt die ständige Rechtsprechung des Bundesgerichtshofs zu § 3 Satz 2 WährG a.F. auf, welche Leistungsvorbehaltsklauseln als nicht genehmigungsbedürftig einstufte.[227] Das Erfordernis einer unmittelbaren und selbsttätigen, d.h. automatischen, Anpassung der Geldschuldhöhe an externe Maßstäbe grenzt die Gleitklauseln von den – ausdrücklich nochmals durch § 1 Abs. 2 Nr. 1 PrKG ausgeschlossenen – Leistungsvorbehalten ab. Allgemein zeichnet eine Gleitklausel aus, dass bei ihnen „die Höhe der geschuldeten Geldleistung unmittelbar von einer Änderung der vorgesehenen Bezugsgröße abhängt und Änderungen dieser Bezugsgröße zugleich und unbedingt (automatisch), ohne daß es für die Anpassung der Leistungen einer zusätzlichen Tätigkeit der Vertragsteile bedarf, auch zu einer entsprechenden Änderung der Geldleistung führen muß"[228]. Daher ist es für die Zwecke des § 1 Abs. 1 PrKG irrelevant, ob die Wertsicherungsvereinbarung in der Rechtsfolge zu einem stufenlosen Abbilden der Bezugsgröße führt oder Modifikationen vorgenommen wurden. Entscheidend ist der Umstand, dass keine weitere Verhandlung über die Anpassung nötig ist[229] und sich aus der Vereinbarung heraus die Höhe der geschuldeten Geldleistung errechnen lässt.[230] Das Begriffselement des Gleitens beruht auf dem Anpassungsautomatismus, nicht auf dem Umfang der Anpassung.

Eine typische Gleitklausel mit einer abgestuften Anpassungsregelung stellt eine Vereinbarung dar, die vom „heutigen Stand des Lebenshaltungskostenindex" ausgeht und nach der sich „[b]ei mehr als 10 % Steigerung oder Ermäßigung [...] die Miete in entsprechender Relation" ändert.[231] Gleiches gilt für folgenden Zusatz in einer ehevertraglichen Unterhaltsabrede:

> „Sollte sich der vom statistischen Bundesamt in Wiesbaden amtlich festgestellte Preisindex für die Lebenshaltung eines Vier-Personen-Arbeitnehmerhaushalts mit mittlerem Einkommen für den Zeitpunkt des Abschlusses des vorstehenden Ehevertrags auf einer Basis von 1980 gleich 100 künftig um mindestens 10 % nach oben oder nach unten verändern, verändert sich jeweils auch die jährlich zu zahlende Unterhaltsabfindung in

---

[226] Vgl. oben, S. 405.

[227] BGH NJW 1960, 818; BGH WM 1962, 772; BGH WM 1967, 1248, 1249; BGH NJW 1979, 2250; BGH NJW 1986, 932, 933; zustimmend *Fögen*, Geld- und Währungsrecht (1969), S. 151. Überblick zur Rechtsprechung bei *Mittelbach*, Wertsicherungsklauseln in Zivil- und Steuerrecht (4. Auflage 1980), S. 66 ff.; vgl. zum Streitstand in der Literatur *Ziehm*, Die Wertsicherungsklausel im deutschen Recht (1966), S. 170 ff.

[228] BGH NJW 1969, 91, 92; ebenso BayObLGZ 1973, 325, 326 m.w.N.

[229] Instruktiv BGH WM 1968, 1143 f.; ähnlich *Schmidt-Räntsch*, NJW 1998, 3166, 3167; vgl. auch BGH NJW 1975, 44, 45 (insoweit nicht in BGHZ 63, 132 abgedruckt).

[230] OLG Köln NJW 1972, 1375; *Pikart*, WM 1969, 1062, 1065 f.

[231] BGHZ 63, 132.

dem gleichen prozentualen Verhältnis, und zwar vom Beginn des nächsten Kalendermonats an."[232]

Keine Gleitklausel kann angenommen werden, wenn sie interpretationsbedürftig eine „wesentliche Veränderung der gegenwärtigen Verhältnisse" und ein „grobes Mißverhältnis" zwischen Rentenhöhe und späterer Kaufkraft voraussetzt und dem Geldgläubiger lediglich das Recht einräumt, eine „angemessene Erhöhung der Rente zu beanspruchen".[233] Am erforderlichen Automatismus fehlt es ebenfalls, wenn formuliert wird:

> „Soweit die öffentlichen Lasten wie Grundabgaben, Hypothekenzinsen usw. sich innerhalb der Vertragsdauer um mehr als 20 % erhöhen, soll zwischen den Parteien ein angemessener Ausgleich stattfinden, wobei der Stand der Miete von heute als Wertmesser dienen soll."[234]

II. Negativer Anwendungsbereich

1. Leistungsvorbehaltsklauseln

a) Begriff

Negative Begrenzungen des sachlichen Anwendungsbereichs des Preisklauselgesetzes enthält § 1 Abs. 2 PrKG. Von den grundsätzlich unzulässigen Wertsicherungsklauseln ausgenommen werden zunächst die in § 1 Abs. 2 Nr. 1 PrKG legaldefinierten Leistungsvorbehaltsklauseln.[235] Der schlichte Leistungsvorbehalt grenzt sich durch das Fehlen eines Anpassungsautomatismus von der Gleitklausel ab. Auch unter Geltung der Legaldefinition des § 1 Abs. 1 Nr. 1 PrKG kann auf die bisherige Begriffsbestimmung des Bundesgerichtshofs weiterhin zurückgegriffen werden, wonach sich bei Leistungsvorbehalten „eine Änderung der Bezugsgröße [...] nur mittelbar auf die Geldschuld auswirkt, indem sie nur den Anlaß oder die Voraussetzung für die Änderung der Leistung bildet, deren Höhe alsdann auf Grund von Vereinbarungen der Entwicklung der Bezugsgröße angepaßt werden muß"[236].

Aus dem Wortlaut des § 1 Abs. 2 Nr. 1 PrKG leiten sich konkrete Vorgaben ab, die eine Leistungsvorbehaltsklausel im gesetzlichen Sinn zu erfüllen hat. Erstens muss dem Bestimmungsberechtigten ein Ermessenspielraum verbleiben. Das Ausmaß der Anpassung an die Geldentwertung darf hierzu durch die Verein-

---

232 BGH NJW 2007, 2851, 2852; ähnlich das Formulierungsbeispiel bei *Schultz*, NZM 2008, 425, 429.

233 BGH NJW 1970, 2103.

234 BGH NJW 1973, 1498, 1499.

235 Kritisch zur Terminologie *Medicus*, DB 1974, 759, 761.

236 BGH NJW 1969, 91, 92; ebenso BayObLGZ 1973, 325, 326; KG OLGZ 1976, 276, 278; OLG Hamm NJW-RR 1996, 268, 269; *Kirchhoff*, Wertsicherungsklauseln für Euro-Verbindlichkeiten (2006), S. 183.

barung nicht vollständig vorgegeben sein. Dem Gesetz lässt sich nicht entnehmen, in welchem Umfang ein Ermessen gegeben sein muss und ob ein minimales Restermessen ausreicht.[237] Im Ergebnis kommt es darauf nicht mehr an, sofern die Klausel keine automatische Anpassung enthält; denn dann ist sie bereits nach § 1 Abs. 1 PrKG zulässig. Zweitens muss aufgrund des Ermessensspielraums eine Festsetzung der Höhe der Geldschuld nach Billigkeitsgrundsätzen erfolgen. Dabei wird einem der Vertragspartner ein einseitiges Leistungsbestimmungsrecht nach § 315 BGB eingeräumt.[238] Fehlt es an einer entsprechenden Bestimmung, so ist im Zweifel der Geldgläubiger nach § 316 BGB zur Festlegung berufen.[239] Der offene Gesetzeswortlaut erlaubt aber auch eine Leistungsbestimmung durch einen Dritten (z.B. einen Schiedsgutachter).[240] Es ist ausreichend, wenn irgendeiner bestimmungsberechtigten Person ein Ermessen zusteht.

b) Leistungsvorbehalt ohne Ermessen?

Als problematisch erweist sich im Wortlautvergleich von § 1 Abs. 1 und Abs. 2 Nr. 1 PrKG, wie Wertsicherungsvereinbarungen zu behandeln sind, die zwar eine Geltendmachung der Anpassung ohne Automatismus erfordern, aber dennoch inhaltlich keinen Ermessensspielraum für deren Ausgestaltung belassen. Zur Vorgängerregelung in § 2 Abs. 1 Satz 1 PaPkG a.F. und § 1 Nr. 1 PrKV a.F. nahm die überwiegende Ansicht an, dass eine Abgrenzung des Anwendungsbereichs des Gesetzes nach dem Tatbestandsmerkmal „unmittelbar und selbsttätig" in § 2 Abs. 1 Satz 1 PaPkG a.F. durchzuführen sei und daher Klauseln ohne eine solche gleitende Wirkung – unabhängig von einem Ermessen der Parteien – nicht erfasst seien.[241] Die ein Ermessen erwähnende Preisklauselverordnung sei von der Ermächtigungsgrundlage des Preisangaben- und Preisklauselgesetzes insofern nicht gedeckt gewesen.[242] Die Aufnahme der Ausnahmeregelung zu Leistungsvorbehaltsklauseln in das Preisklauselgesetz – ein Gesetz im formellen Sinn – hat diesem Kritikpunkt die Grundlage entzogen. Dennoch unterfallen Wertsicherungsklauseln, die lediglich ein Anpassungsrecht vorsehen, aber keinen Ermessenspielraum aufweisen, weiterhin nicht dem Anwendungsbereich des Preisklauselgesetzes.[243] Hierfür streitet gesetzessystematisch, dass § 1

---

[237] Vgl. zur früheren Rechtslage BGH WM 1976, 385 f.; *Mittelbach*, Wertsicherungsklauseln in Zivil- und Steuerrecht (4. Auflage 1980), S. 70 ff. m.w.N.; *Kirchhoff*, Wertsicherungsklauseln für Euro-Verbindlichkeiten (2006), S. 188.

[238] BGH NJW 2012, 2178 Rn. 19; *Klühs*, ZfIR 2012, 850, 853.

[239] *Mittelbach*, Wertsicherungsklauseln in Zivil- und Steuerrecht (4. Auflage 1980), S. 73.

[240] Zur früheren Rechtslage bereits BGH WM 1968, 617 f.; BGH WM 1968, 985, 986 f.; OLG Hamm NJW-RR 1996, 268, 269.

[241] *Schmidt-Räntsch*, NJW 1998, 3166, 3167; *Kluge*, MittRhNotK 2000, 409, 412 f.; a.A. *Heynitz*, MittBayNot 1998, 398, 400.

[242] *Kluge*, MittRhNotK 2000, 409, 412 f.

[243] Offen *Reul*, MittBayNot 2007, 445, 446 f.

Abs. 2 PrKG keine abschließende Aufzählung der nicht erfassten Klauseltypen enthält. Im Verhältnis zu Absatz 1 kommt Absatz 2 lediglich eine erläuternde Funktion zu.[244] Der Ausschluss von nicht-automatischen Klauseln ohne Ermessensspielraum folgt daher unmittelbar aus § 1 Abs. 1 PrKG, nicht aus § 1 Abs. 2 Nr. 1 PrKG. Es existiert eine dritte Gruppe von Klauseln, die weder § 1 Abs. 1 PrKG noch § 1 Abs. 2 und 3 PrKG zuzuordnen sind. Zudem strebten die Gesetzesverfasser eine weitgehende und auch § 1 PrKG erfassende Kontinuität der materiell-rechtlichen Regelungen an.[245] Die bisherige höchstrichterliche Rechtsprechung, die das Automatismuskriterium fokussierte,[246] sollte kodifiziert werden. Schließlich ist der Verbotstatbestand des § 1 PrKG – wie schon zu § 3 Satz 2 WährG a.F. anerkannt[247] – im Lichte der grundrechtlich geschützten Freiheit zur Wertsicherung eng auszulegen.

c) Beispielsfälle

Soweit es die gesetzliche Kodifizierung in § 1 Abs. 2 Nr. 1 PrKG zulässt, kann für die Abgrenzung von Einzelfällen weiterhin auf die Rechtsprechung zu Leistungsvorbehaltsklauseln unter § 3 Satz 2 WährG a.F.[248] zurückgegriffen werden. Ein typischer Leistungsvorbehalt ist in der Formulierung zu sehen, „[d]er Grundstückseigentümer [sei] berechtigt, nach Ablauf von jeweils 5 Jahren Vertragsdauer eine Neufestsetzung des Erbbauzinses bei der zuständigen Mietpreisbildungsstelle zu beantragen“[249]. Gleiches gilt für die ermessensoffene Bestimmung, „der Pachtzins [werde] neu festgelegt“, sofern sich ein bestimmter Index „erheblich ändern“ sollte.[250] Auch durch eine vertragliche Implementierung von § 315 BGB lässt sich eine Leistungsvorbehaltsklausel konstituieren.[251] Unerheblich ist, ob die Vertragsklausel nähere Vorgaben zum Umfang der Preisanpassung enthält. Allerdings schaden auch ermessenslenkende Angaben nicht. Dem Tatbestand des § 1 Abs. 2 Nr. 1 PrKG können daher auch Klauseln zugeordnet werden, welche zur Orientierung einen Erhöhungsmaßstab (z.B. die allgemeine Mietpreisentwicklung) benennen.[252]

---

[244] BT-Drucks. 16/4391, S. 27.

[245] BT-Drucks. 13/10334, S. 41; BT-Drucks. 16/4391, S. 26 f.

[246] Paradigmatisch BGH WM 1968, 1143 f.; BGH WM 1968, 985, 986; BGH NJW 1969, 91, 92.

[247] BGHZ 14, 306, 308; BVerwGE 41, 1, 6; BAG WM 1970, 1066, 1068.

[248] Überblick bei *Pikart*, WM 1969, 1062, 1064.

[249] BGH WM 1969, 62.

[250] BGH WM 1967, 515, 516.

[251] BGH NJW 2012, 2188 Rn. 19.

[252] BGH WM 1960, 437, 440 zur alten Rechtslage.

2. Spannungsklauseln

a) Begriff und Zielsetzung

Aus dem sachlichen Anwendungsbereich des Preisklauselgesetzes schließt § 1 Abs. 2 Nr. 2 PrKG die dort legaldefinierten Spannungsklauseln aus. Damit wurde die ständige Rechtsprechung des Bundesgerichtshofs zu § 3 Satz 2 WährG a.F. kodifiziert.[253] Diese hatte bereits vor dem Übergang zum Preisklauselgesetz eine Wertsicherungsklausel dann als genehmigungsfrei und generell zulässig eingestuft, wenn „der zum Maßstab der Geldschuld genommene Wertmesser mit der Gegenleistung, für die die [Geldschuld][254] zu entrichten ist, gleichartig, zumindest aber vergleichbar ist“[255]. Bei Spannungsklauseln handelt es sich damit um eine besondere Ausgestaltung einer Gleitklausel.[256] Zweck von Spannungsklauseln ist es, durch eine vertragsimmanente Anpassung der Geldleistungen an die Marktverhältnisse eine Kündigung entbehrlich zu machen und damit stabile Vertragsverhältnisse zu gewährleisten.[257] Spannungsklauseln werden geringere Auswirkungen auf die Inflationsentwicklung zugesprochen, da sie nur auf dem Markt wirken, auf dem die gleichartigen bzw. vergleichbaren Güter und Leistungen konkurrieren.[258] Der durch die Rechtsprechung geprägte Begriff der *Spannungs*klausel ist anfänglich im Schrifttum[259] kritisiert worden. In der Tat erscheint die Bezeichnung als zumindest nicht selbsterklärend; eine Spannung – etwa zwischen einer Rentenzahlung und dem Vergleichsmaßstab – soll durch die Klausel gerade vermieden werden. Der Bundesgerichtshof[260] verwies darauf, dass die Spannung aus der in Zukunft fortbestehenden Beziehung zwischen zwei Geldleistungen resultiere, „die der Schuldner aus im wesentlichen gleichartigen Rechtsgründen wie die vergleichbare Leistung zu erbringen“ habe. Infolge der gesetzlichen Implementierung in § 1 Abs. 2 Nr. 2 PrKG ist die Begrifflichkeit *de lege lata* hinzunehmen.

---

[253] Vgl. zur Entwicklung *Berndt*, Die Wertsicherung in der Unternehmung unter besonderer Berücksichtigung der Währungsgesetzgebung (1960), S. 51 ff. m.w.N.; kritisch *Reinicke/Reinicke*, MDR 1953, 387, 390.

[254] Im Original unrichtig: Gesamtschuld.

[255] BGH NJW 1976, 422; ebenso BGH BB 1952, 88; BGHZ 14, 306, 310; BGH NJW 1974, 273; BGH NJW 1979, 1545, 1546; BGH NJW 1983, 1909, 1910.

[256] *Mittelbach*, Wertsicherungsklauseln in Zivil- und Steuerrecht (4. Auflage 1980), S. 62.

[257] BGHZ 185, 96 Rn. 30.

[258] *Gruber*, Geldwertschwankungen und handelsrechtliche Verträge in Deutschland und Frankreich (2002), S. 217.

[259] *G. und D. Reinicke*, DNotZ 1952, 122 f.; *Ziehm*, Die Wertsicherungsklausel im deutschen Recht (1966), S. 135.

[260] BGHZ 14, 306, 310.

b) Anwendungsfälle

Spannungsklauseln kommen in verschiedenen Rechtsgebieten vor. Ursprünglich waren sie vor allem im Bereich der Verträge mit Versorgungscharakter eingesetzt worden, um Gehalts-, Unterhalts-, Renten- und Pensionsverpflichtungen abzusichern.[261] Häufig wurde als Vergleichsmaßstab eine bestimmte Besoldungsgruppe von Beamten herangezogen.[262] Aber auch die Löhne anderer Berufsgruppen dienten als Anpassungskriterium.[263] Bei solchen Klauseln ist es trotz ihres Wertsicherungscharakters unerheblich, ob im Einzelfall die Erhöhung der in Bezug genommenen Gehälter oder Löhne tatsächlich auf eine allgemeine Geldentwertung zurückzuführen ist.[264] Die Parteien einigen sich aus Vereinfachungsgründen auf einen eindeutigen Vergleichsmaßstab und nehmen damit Abweichungen zur tatsächlichen Inflationsentwicklung bewusst in Kauf. Einzubeziehen in die Berechnung sind auch Weihnachtszuwendungen an Beamte, sofern nichts Abweichendes vereinbart wurde.[265] Im Laufe der Zeit wurden Spannungsklauseln auch jenseits der Versorgungsverträge verwendet und anerkannt. Auch im Erbbau-, Miet- und Pachtrecht können sie eingesetzt werden.[266] Die Miethöhe darf beispielsweise an die Entwicklung der Mieten vergleichbarer Objekte geknüpft werden. Spannungsklauseln können auch mit einem nominalen Mindestbetrag versehen werden, so dass eine Anpassung nur zugunsten des Geldgläubigers erfolgen kann.[267]

c) Gleichartigkeit/Vergleichbarkeit von Leistungen und Gütern

Die abgesicherte Leistung und die als Vergleichsmaßstab in Bezug genommene Leistung müssen gleichartig oder zumindest vergleichbar sein. Hierzu ist auf den Rechtsgrund der jeweiligen Leistung – nicht im technischen Sinne des § 812 Abs. 1 BGB, sondern in tatsächlicher Hinsicht – abzustellen. Rechtsgrund bedeutet hier soviel wie tatsächlicher Umstand, auf dem die Leistung beruht. Sowohl eine Versorgungsrente als auch ein Tarifgehalt sind auf eine Arbeitsleistung zurückzuführen und daher gleichartig.[268] Ohne Relevanz ist es, ob der Versorgungsempfänger früher in einer vergleichbaren Stellung beschäftigt war.[269] Die Mietzahlungen für Gewerbeimmobilien finden ihren Rechts-

---

[261] *Pikart*, WM 1969, 1062, 1065; *Kirchhoff*, Wertsicherungsklauseln für Euro-Verbindlichkeiten (2006), S. 194.

[262] Vgl. die Sachverhalte zu BGH NJW 1971, 835; BAG AP BGB § 242 Ruhegehalt-Beamtenversorgung Nr. 3.

[263] Vgl. die Sachverhalte zu BGH DNotZ 1952, 120; BGH NJW 1974, 273.

[264] BGH WM 1968, 830, 831; BGH NJW 1971, 835.

[265] BGH NJW 1971, 835 f.; BAG AP BGB § 242 Ruhegehalt-Beamtenversorgung Nr. 3.

[266] BGH WM 1960, 437, 439; BGH NJW 1976, 422.

[267] *Ziehm*, Die Wertsicherungsklausel im deutschen Recht (1966), S. 145 m.w.N.

[268] BGHZ 14, 306, 311.

[269] A.A. *Ostermeier*, Die Wertsicherung des Erbbauzinses (1965), S. 61.

grund in einer Gebrauchsüberlassung, so dass die Gleichartigkeit besteht. Eine Vergleichbarkeit ist zu bejahen, sofern der Darlehensgeber vereinbarungsgemäß den Erlös aus einem Aktienverkauf als Darlehensvaluta zur Verfügung stellt und mit dem Kurswert derselben Aktien im Zeitpunkt der Darlehensrückzahlung abgefunden werden soll.[270]

Keine Gleichartigkeit im Sinne des § 1 Abs. 2 Nr. 1 PrKG liegt hingegen vor, wenn für die Miethöhe als Vergleichsmaßstab eine bestimmte Beamtenbesoldung gewählt wird.[271] Gleiches gilt für die Bemessung des Erbbauzinses oder der Entschädigung für den Eigentumsverlust an Immobilien nach dem Gehalt eines bestimmten Beamten.[272] Auch Bezugnahmen auf einen allgemeinen Häuserpreisindex in Bauträgerverträgen stellen keine Spannungsklauseln dar.[273] Ein Grenzfall ist bei einer Verbindung von nach Einheitspreisen berechneten Werklöhnen und auf Zeitbasis berechneten Arbeitslöhnen gegeben.[274] Weder gleichartig noch vergleichbar im Sinne des § 1 Abs. 2 Nr. 2 PrKG sind Bezugnahmen auf den Eigenwert der Leistung bzw. des Gutes selbst. In ein Verhältnis zueinander werden die gleichen Leistungen bzw. Güter gesetzt. In diesem Fall liegt keine Spannungsklausel vor.[275] Statt dessen ist die Klausel bereits nach § 1 Abs. 1 PrKG zulässig, da der Betrag der Geldschuld nicht unter Rekurs auf *andere* Güter oder Leistungen bestimmt wird.[276]

3. Kostenelementeklauseln

Wertsicherungsvereinbarungen können nach § 1 Abs. 2 Nr. 3 PrKG zulässigerweise in der Gestalt von Kostenelementeklauseln geschlossen werden. Ihr Wesensmerkmal ist es, die Höhe der Geldschuld allein nach dem Preis oder Wert von Gütern oder Leistungen zu bestimmen, die unmittelbaren Einfluss auf die Kosten für die Erbringung der vertraglichen Gegenleistung haben – mit anderen Worten: Kostenelementeklauseln sind Selbstkostenklauseln.[277] Das Preisklauselgesetz greift insofern erneut auf die einschränkende Auslegung des § 3 Satz 2 WährG a.F. zurück, der Kostenelementeklauseln keiner Genehmigungspflicht unterwarf.[278] Ähnlich wie Spannungsklauseln dienen sie dem Ziel, die

---

[270] BGH WM 1963, 315, 317.

[271] BGH NJW 1983, 1909, 1910.

[272] BGHZ 14, 306, 311 f.; *Ostermeier*, Die Wertsicherung des Erbbauzinses (1965), S. 61.

[273] *Klühs*, ZfIR 2012, 850, 852.

[274] Für Gleichartigkeit OLG München NZBau 2000, 515, 516; a.A. BGHZ 168, 96 Rn. 14.

[275] *Kluge*, MittRhNotK 2000, 409, 409.

[276] *Kluge*, MittRhNotK 2000, 409, 409 zur früheren Rechtslage.

[277] Missverständlich hingegen *Thomas*, AcP 209 (2009) 84, 89, der auf den Automatismus der Preisanpassung statt auf den Umfang der Selbstkostenänderung abstellt.

[278] Vgl. zur früheren Rechtslage *Fögen*, NJW 1953, 1321, 1323 ff.; *Berndt*, Die Wertsicherung in der Unternehmung unter besonderer Berücksichtigung der Währungsgesetzgebung (1960), S. 54 ff.; *Ziehm*, Die Wertsicherungsklausel im deutschen Recht (1966), S. 146 ff.; *Mit-*

Vertragskontinuität zu sichern, indem sie die Loslösung vom Vertrag aus Wirtschaftlichkeitsgründen und zugleich einen pauschalen Risikozuschlag auf den Ursprungspreis entbehrlich stellen. Letzterer würde einen latenten Preisanstieg hervorrufen.[279] Ihre praktischen Einsatzgebiete sind vor allem in Bau- und Projektverträgen, Energielieferungs-[280] und sonstigen Versorgungsverträgen sowie langfristigen Miet- und Wartungsverträgen über EDV-Anlagen zu sehen.[281]

Der Gesamtpreis darf allerdings nur insoweit auf Grundlage der Wertsicherungsvereinbarung erhöht werden, als das verteuerte Vorprodukt an ihm Anteil hat.[282] Lediglich die effektive Preisveränderung des Kostenelements soll anteilig einberechnet werden. Auch im Wortlaut des § 1 Abs. 2 Nr. 3 PrKG hat diese Begrenzung einen Niederschlag gefunden („insoweit"). Hält die Klausel diese limitierenden Vorgaben nicht ein, so handelt es sich nicht um eine Kostenelementeklausel im gesetzlichen Sinne, so dass sie an § 1 Abs. 1 PrKG zu messen ist.

4. Ermäßigungsklauseln

Erstmaligen Eingang in das Preisklauselgesetz haben Wertsicherungsvereinbarungen gefunden, die lediglich zu einer Verringerung der Geldschuld führen können. Zur Absicherung gegen Geldwertverluste eignen sie sich nicht. Solche (reinen) Ermäßigungsklauseln hat der Gesetzgeber zutreffend als nicht inflationsfördernd eingestuft.[283] Durch ihre Beschränkung auf eine Betragsanpassung nach unten sind sie daher nicht mehr von der *ratio legis* des Preisklauselgesetzes gedeckt. Gäbe es die Sondervorschrift des § 1 Abs. 2 Nr. 4 PrKG nicht, hätte § 1 Abs. 1 PrKG entsprechend teleologisch reduziert werden müssen. Daher kommt § 1 Abs. 2 Nr. 4 PrKG eine klarstellende Funktion zu. Den Normadressaten sollten klare und inhaltlich zugängliche Vorschriften zur Verfügung gestellt werden, um trotz des fehlenden Genehmigungs- und Negativattestverfahrens hinreichende Rechtssicherheit zu gewährleisten.[284]

---

telbach, Wertsicherungsklauseln in Zivil- und Steuerrecht (4. Auflage 1980), S. 58 ff., jeweils m.w.N.

279 *Ziehm*, Die Wertsicherungsklausel im deutschen Recht (1966), S. 151.

280 *Kirchhoff*, Wertsicherungsklauseln für Euro-Verbindlichkeiten (2006), S. 199; vgl. auch BGH WM 1979, 1097.

281 *Ziehm*, Die Wertsicherungsklausel im deutschen Recht (1966), S. 146; *Reul*, MittBayNot 2007, 445, 447. Formulierungsbeispiel mit Berechnungsformel bei *Hilber*, BB 2011, 2691, 2692.

282 BGHZ 168, 96 Rn. 15 (zu § 3 Satz 2 WährG a.F.); *Reul*, MittBayNot 2007, 445, 447; vgl. das Formelbeispiel bei *Schmalz*, Die Stabilität des Geldwerts als Problem des Privatrechts (1986), S. 196 f. und *Kamanabrou*, Vertragliche Anpassungsklauseln (2004), S. 18.

283 BT-Drucks. 16/4391, S. 27.

284 Allgemein BT-Drucks. 16/4391, S. 26 f.

5. Indexmiete

Durch § 1 Abs. 3 Alt. 1 PrKG wird die Stellung der BGB-Regelungen zur Indexmiete als *lex specialis* gegenüber dem Preisklauselgesetz hervorgehoben. Die Indexierung von Mietzahlungsverpflichtungen unterliegt seit der Einführung des Euro einer Privilegierung im Vergleich zu sonstigen – insbesondere langfristigen – Verträgen. Nach § 557b Abs. 1 und 2 BGB darf die Miete für Wohnraum einer Anpassung an die allgemeine Geldwertentwicklung im Jahrestakt unterworfen werden. Als Maßstab sind die Vertragsparteien auf den Preisindex für die Lebenshaltung aller privaten Haushalte in Deutschland des Statistischen Bundesamtes festgelegt; von ihm darf nach oben (vgl. § 557b Abs. 4 BGB) nicht abgewichen werden. Es bestünde ansonsten das Risiko einer doppelten Dynamisierung, da die Wohnraummiete bereits in erheblichem Umfang in die Berechnung des nach § 557b Abs. 1 BGB allein zulässigen Vergleichsindexes eingeht.[285] Anders als nach der Vorgängerregelung in § 10a Abs. 1 Satz 3 MHRG a.F. besteht keine Beschränkung auf langfristige Mietverträge, bei denen entweder der Vermieter für den Zeitraum von 10 Jahren auf eine ordentliche Kündigung verzichtet oder welche auf die Lebenszeit eines Vertragspartners geschlossen wurden.[286] Diese Maßgaben griffen nach § 3 Abs. 1 Nr. 1 lit. a und d PrKG nur dann ein, sofern der Mietvertrag den allgemeinen Regeln des Preisklauselgesetzes unterliegen würde. Rechtspolitisch bestehen Zweifel, ob eine solche Ungleichbehandlung gerechtfertigt ist. Der Mieterschutz taugt nicht als Differenzierungsgrundlage, da die Mieten nicht durchgängig und nicht in ganz Deutschland stärker steigen als die allgemeinen Lebenshaltungskosten.[287] Im Schwerpunkt handelt es sich bei § 557b BGB nicht um eine miet-, sondern um eine preisrechtliche Regelung.[288]

6. Wärmelieferungsverträge

Für Formularverträge über die Versorgung von Endkunden mit Fernwärme besteht ein Sonderrecht für die AGB-Kontrolle in Gestalt einer Rechtsverordnung (Verordnung über Allgemeine Bedingungen für die Versorgung mit Fernwärme, AVBFernwärmeV[289]). Diese Sondervorschriften gelten gemäß § 1 Abs. 1 Satz 1 AVBFernwärmeV ausschließlich für Lieferverträge über Fernwärme, nicht jedoch für sonstige Energielieferverträge (z.B. Erdgas, Strom).[290]

---

[285] *Grothe*, NZM 2002, 54, 57.

[286] Vgl. *Weitemeyer*, NZM 2001, 563, 567 und zur Entstehungsgeschichte *Grothe*, NZM 2002, 54 f.

[287] A.A. *Weitemeyer*, NZM 2001, 563, 567.

[288] *Grothe*, NZM 2002, 54, 56 f.

[289] Verordnung vom 20.6.1980, BGBl. I S. 742.

[290] Vgl. zur AGB-Kontrolle von Preisklauseln in sonstigen Energielieferungsverträgen *Grün/Ostendorf*, BB 2014, 259, 260 ff.

Nach der Rechtsprechung handelt es sich nur dann um Fernwärme, „wenn aus einer nicht im Eigentum des Gebäudeeigentümers stehenden Heizungsanlage von einem Dritten nach unternehmenswirtschaftlichen Gesichtspunkten eigenständig Wärme produziert und an andere geliefert wird“[291]. Mit Ausnahme der von § 1 Abs. 2 und 3 AVBFernwärmeV erfassten Konstellationen verdrängen die Sondervorschriften der Rechtsverordnung eine Prüfung anhand der allgemeinen §§ 307 ff. BGB.[292] Der abschließende Charakter der AVBFernwärmeV zeigt sich allerdings nicht nur im Hinblick auf die inhaltliche Kontrolle von Formularklauseln, sondern auch in Bezug auf Preisanpassungsklauseln. Durch § 1 Abs. 3 Alt. 2 PrKG soll sichergestellt werden, dass Vertragsklauseln zur Preisänderung in Wärmelieferungsverträgen nicht die Vorgaben des Preisklauselgesetzes, sondern allein die AVBFernwärmeV zu beachten haben.[293] Einschlägig ist insofern § 24 Abs. 4 AVBFernwärmeV; inhaltlich schreibt dessen erster Satz vor:

> „Preisänderungsklauseln dürfen nur so ausgestaltet sein, daß sie sowohl die Kostenentwicklung bei Erzeugung und Bereitstellung der Fernwärme durch das Unternehmen als auch die jeweiligen Verhältnisse auf dem Wärmemarkt angemessen berücksichtigen.“

Zugelassen werden soll allein eine an den tatsächlichen Kosten des Versorgers orientierte Preisbemessung.[294] In dieses Preiselement fließen vor allem die relevanten Brennstoffkosten ein, aber auch variable Kostenfaktoren wie staatliche Abgaben und Investitionsaufwendungen.[295] Daneben sind nach § 24 Abs. 4 Satz 1 AVBFernwärmeV zwingend auch die jeweiligen Verhältnisse auf dem Wärmemarkt zu berücksichtigen.[296] Die Preisentwicklung auf dem Markt für Fernwärme soll sich nicht vom restlichen Wärmemarkt abkoppeln.[297] Schließlich stellt § 24 Abs. 4 Satz 2 und 3 AVBFernwärmeV spezifische Anforderungen hinsichtlich der Bestimmtheit der Vertragsklausel auf.

Die Sperrwirkung des § 24 Abs. 4 AVBFernwärmeV gilt sowohl für Preisgleitklauseln als auch für sonstige Wertsicherungsvereinbarungen. Wird ein Leistungsvorbehalt gewählt und dem Versorger ein Ermessensspielraum eingeräumt, unterliegt die einseitige Leistungsbestimmung der Billigkeitskontrolle nach § 315 Abs. 3 BGB.[298] Bei den Preisänderungsklauseln im gesetzlichen Rahmen des § 24 Abs. 4 AVBFernwärmeV handelt es sich der Sache nach um

---

[291] BGH NJW 2006, 1667 Rn. 22 m.w.N.; vgl. zur Entwicklung der Judikatur *Lippert*, CuR 2010, 56, 57.

[292] BGHZ 189, 131 Rn. 24; *Wollschläger/Beermann*, CuR 2010, 62, 66; *Büdenbender/Gromm*, BB 2011, 2883 f., jeweils m.w.N.

[293] BT-Drucks. 16/4391, S. 27; BGHZ 189, 131 Rn. 31.

[294] BGHZ 189, 131 Rn. 33; *Büdenbender/Gromm*, BB 2011, 2883, 2885.

[295] *Wollschläger/Beermann*, CuR 2010, 62 f.; *Büdenbender/Gromm*, BB 2011, 2883, 2885 f.

[296] Vgl. im Einzelnen *Lippert*, CuR 2010, 56, 59 f.; *Wollschläger/Beermann*, CuR 2010, 62, 63 f.

[297] Vgl. zur Bestimmung des relevanten Wärmemarktes *Büdenbender/Gromm*, BB 2011, 2883, 2888 ff. m.w.N.

[298] BGH NJW 2007, 210 Rn. 19 m.w.N.

erweiterte Kostenelementeklauseln im Sinne des § 1 Abs. 2 Nr. 3 PrKG.[299] Aus bereichsspezifischen Gründen hat der Gesetzgeber noch das Marktelement hinzugefügt. Der Vorteil gegenüber einer systematischen Eingliederung der Preisanpassungsklauseln in Wärmelieferungsverträgen in den Katalog der §§ 3 bis 7 PrKG liegt darin, dass damit nicht zugleich die abschließende Regelungswirkung gegenüber den §§ 307 ff. BGB sicherzustellen gewesen wäre.

E. Bereichsausnahmen des Preisklauselgesetzes

Für von § 1 Abs. 1 PrKG grundsätzlich verbotene Preisgleitklauseln normieren die §§ 3 bis 7 PrKG verschiedene Bereichsausnahmen (vgl. § 2 Abs. 1 Satz 1 PrKG). Preisklauseln in langfristigen Verträgen sowie im Geld- und Kapitalverkehr, soweit Verbraucherdarlehensverträge im Sinne von §§ 491, 506 BGB betroffen sind, müssen jedoch noch die weiteren Anforderungen aus § 2 Abs. 2 und 3 PrKG einhalten (§ 2 Abs. 1 Satz 2 PrKG). § 2 PrKG bildet daher gesetzessystematisch einen kurzen „Allgemeinen Teil" für die besonderen Klauseltypen in §§ 3 und 5 PrKG.

I. Langfristige Verträge

1. Allgemeine Voraussetzungen

a) Bestimmtheit

Preisgleitklauseln in langfristigen Verträgen müssen hinreichend bestimmt sein, um dem Verbot des § 1 Abs. 1 PrKG zu entgehen (§ 2 Abs. 1 Satz 2 Nr. 1 PrKG). Dieses formelle Erfordernis weist lediglich mittelbar eine währungsrechtliche und stabilitätspolitische Relevanz auf. Zu inhaltsoffene und daher unbestimmte Preisklauseln tragen die Gefahr einer zusätzlichen inflationsfördernden Wirkung in sich, da sie eine der Höhe nach ausufernde Preisanpassung legitimieren könnten. Vordringlich erscheint zur Inflationsbekämpfung das Merkmal der Begrenzung als solcher, erst nachrangig kommt es aus diesem Blickwinkel auf deren Erkennbarkeit und Klarheit an. Der unmittelbare Hauptzweck liegt daher nicht im Schutz des Geldwerts, sondern des von der Preisklausel betroffenen Geldschuldners. Mit der Aufhebung von § 3 Satz 2 WährG a.F. hat der Gesetzgeber allgemein die Regulierung von Wertsicherungsvereinbarungen im engeren Sinn auch auf Gründe des Verbraucherschutzes gestützt.[300] Einen Anwendungsfall hierzu bildet das Bestimmtheitsgebot des § 2 Abs. 1 Satz 1 und Abs. 2

[299] Ähnlich *Lippert*, CuR 2010, 56, 58 (Kombination von Kostenelemente- und Spannungsklausel); *Wollschläger/Beermann*, CuR 2010, 62 f.

[300] BT-Drucks. 16/4391, S. 27.

PrKG. Allerdings beschränkt sich die Schutzwirkung des Bestimmtheitserfordernisses keinesfalls auf Geldschuldner, die Verbraucher im Sinne des § 13 BGB sind. Sämtliche Geldschuldner sind unabhängig von ihrer Verbraucher- oder Unternehmereigenschaft erfasst, sofern es sich um Preisgleitklauseln in langfristigen Verträgen handelt und kein anderer Ausnahmetatbestand (§ 1 Abs. 2 und 3, §§ 4 bis 7 PrKG) eingreift.

Eine positive Umschreibung des materiellen Gehalts des Bestimmtheitsgebots lässt sich dem Wortlaut des Preisklauselgesetzes nicht entnehmen. Lediglich negativ gibt § 2 Abs. 2 PrKG eine Unbestimmtheit vor, „wenn ein geschuldeter Betrag allgemein von der künftigen Preisentwicklung oder von einem anderen Maßstab abhängen soll, der nicht erkennen lässt, welche Preise oder Werte bestimmend sein sollen". Die Bestimmung knüpft an die deckungsgleiche Vorgängerregelung in § 2 Abs. 1 PrKV a.F. und die Genehmigungspraxis zu § 3 Satz 2 WährG a.F.[301] an. Der allgemeine Vergleichsmaßstab der „künftigen Preisentwicklung" fungiert lediglich als Beispielsfall einer unbestimmten Preisklausel. Generell kommt es bei § 2 Abs. 2 PrKG darauf an, ob die durch die Klausel benannte Bezugsgröße nach ihrem Berechnungsmodus hinreichend klar und deutlich ist. Danach liegt eine Unbestimmtheit insbesondere dann nicht vor, wenn die Klausel einen Preisindex zum alleinigen Maßstab erklärt, der von einem Statistischen Landesamt, vom Statistischen Bundesamt oder dem Statistischen Amt der Europäischen Union verantwortet wird.

Eine Preisklausel, die nicht nach § 2 Abs. 2 PrKG unbestimmt ist, genügt dennoch nicht zwangsläufig dem Bestimmtheitserfordernis aus § 2 Abs. 1 Satz 2 PrKG. Dem Wortlaut des § 2 Abs. 2 PrKG lässt sich keine inhaltliche Exklusivität der dortigen Negativvorgaben entnehmen. Das Fehlen eines klarstellenden Zusatzes, wie er in § 2 Abs. 3 PrKG eingefügt wurde („insbesondere"), rechtfertigt nicht den Umkehrschluss; denn bei § 2 Abs. 3 PrKG handelt es sich um eine positive Formulierung, während die Einschränkung bei § 2 Abs. 2 PrKG von der negativen Fassung umfasst wird. Die Vorschrift deckt lediglich die typischen und praktisch häufigsten Fallkonstellationen einer Unbestimmtheit ab. Unerheblich ist, dass die früheren Genehmigungsleitlinien der Deutschen Bundesbank zu § 3 WährG a.F.[302] kein allgemeines Erfordernis der Bestimmtheit aufgestellt hatten, sondern unter Nr. 2 lit. c lediglich eine dem § 2 Abs. 2 PrKG entsprechende Negativformulierung enthielten. Die Abschaffung des Währungsgesetzes hatte nämlich auch eine Ausweitung der *ratio legis* um den Verbraucherschutz zur Folge. Daher enthält § 2 Abs. 2 PrKG nicht das negative Spiegelbild des Bestimmtheitsbegriffs aus § 2 Abs. 1 Satz 2 PrKG; letztere ist in Anlehnung an § 307 Abs. 1 Satz 2, Abs. 3 Satz 2 BGB auszulegen. Die Un-

---

[301] Vgl. dazu *Mittelbach*, Wertsicherungsklauseln in Zivil- und Steuerrecht (4. Auflage 1980), S. 92.

[302] Vgl. dazu Mitteilung Nr. 1015/78 der Deutschen Bundesbank vom 9. 6. 1978, BAnz Nr. 109, kommentiert bei *Dürkes*, Wertsicherungsklauseln (10. Auflage 1992), S. 81 ff.

bestimmtheit kann somit auch aus Umständen folgen, die nicht allein in der Bezugsgröße wurzeln. Selbst wenn man eine enge Auslegung des Bestimmtheitserfordernisses bevorzugte, läge eine Einbeziehung der AGB-rechtlichen Transparenzkriterien in das ausdrücklich inhaltsoffene Verbot unangemessener Benachteiligung aus § 2 Abs. 1 Satz 2, Abs. 3 PrKG nahe. Allgemein lässt sich zusammenfassend formulieren:[303] Voraussetzungen und Rechtsfolgen der Preisklausel müssen so genau beschrieben werden, dass keine unangemessenen Beurteilungsspielräume verbleiben. Der betroffene Geldschuldner soll ohne fremde Hilfe möglichst klar und eindeutig den Umfang seiner Zahlungsverpflichtung erkennen bzw. berechnen können.

b) Keine unangemessene Benachteiligung

Preisklauseln in langfristigen Verträgen dürfen nicht zu einer unangemessenen Benachteiligung einer Vertragspartei führen (§ 2 Abs. 1 Satz 2 Nr. 1 PrKG). Anders als bei der Klauselkontrolle nach § 307 Abs. 1 BGB muss die benachteiligende Wirkung nicht bei einer bestimmten Vertragspartei – etwa dem Vertragspartner des Verwenders – eintreten. Das Preisklauselgesetz gilt auch für Individualverträge und kennt daher das Gegenüber von Klauselverwender und dessen Vertragspartner nicht. Inhaltlich enthält § 2 Abs. 3 PrKG drei Tatbestände einer Unangemessenheit, die als Regelbeispiele („insbesondere") das Verbot des § 2 Abs. 1 Satz 2 PrKG konkretisieren. Die drei Fallgruppen gehen auf Nr. 2 lit. a und d der früheren Genehmigungsleitlinien der Deutschen Bundesbank zu § 3 WährG a.F.[304] zurück, die teilweise schon in § 2 Abs. 2 PrKV a.F. übernommen worden waren.

Teleologisch kommt dem Verbot der unangemessenen Benachteiligung eine Zwitterstellung zu. An den Regelbeispielen zeigt sich, dass damit sowohl stabilitätspolitische als auch individualschützende Zielsetzungen verbunden sein können. Der Unzulässigkeit von Klauseln, die nur eine Anpassung durch Erhöhung, nicht aber durch Verringerung des Schuldbetrags bewirken können (Mindestklauseln), wohnt ein doppelter Zweck inne: Die Beschränkung auf eine Erhöhung des Schuldbetrags ist der Inflationsbekämpfung abträglich und schneidet den Geldschuldner zugleich von einer Verringerung seiner Verbindlichkeit ab. Primär individualschützend erscheint hingegen das Verbot von Einseitigkeitsklauseln nach § 2 Abs. 3 Nr. 2 PrKG. Zweigeteilt ausgerichtet ist hingegen wiederum der Ausschluss von Klauseln, die zu einer überproportionalen Änderung des Schuldbetrags im Vergleich zur Bezugsgröße führen können (§ 2

---

[303] Vgl. BGH NJW 2004, 1598, 1600 zur AGB-rechtlichen Bestimmtheit von Preisklauseln.

[304] Vgl. dazu Mitteilung Nr. 1015/78 der Deutschen Bundesbank vom 9.6.1978, BAnz Nr. 109; vgl. dazu *Mittelbach*, Wertsicherungsklauseln in Zivil- und Steuerrecht (4. Auflage 1980), S. 91 ff.

Abs. 3 Nr. 3 PrKG). Als Beispielsfall kann – in Anlehnung an den Klammerzusatz aus Nr. 2 lit. c der früheren Genehmigungsleitlinien der Deutschen Bundesbank – die „Gleichsetzung von Indexpunkten mit dem Prozentsatz der Änderung der Geldschuld" dienen (sog. Punkte = Prozent-Regelung).[305]

Wegen der auch individualschützenden Zielsetzung von § 2 Abs. 1 Satz 2, Abs. 3 PrKG kann das Tatbestandsmerkmal der unangemessenen Benachteiligung ungeachtet der dogmatischen Unterschiede in vorsichtiger rechtsgedanklicher Anlehnung an § 307 Abs. 1 Satz 1 BGB ausgefüllt werden. Generalklauselartiger Prüfungsmaßstab ist danach der Grundsatz von Treu und Glauben. Stets bedarf dabei die (auch) stabilitätsschützende *ratio legis* des Preisklauselgesetzes maßgeblicher Berücksichtigung.

2. Gesetzliche Fallgruppen von langfristigen Verträgen

a) Überblick

In nicht vollständiger, aber weitreichender Anlehnung an Nr. 3 lit. a bis c der früheren Genehmigungsleitlinien der Deutschen Bundesbank zu § 3 WährG a.F.[306] befreit § 3 PrKG eine präzise und abschließend[307] aufgezählte Gruppe von Preisklauseln in langfristigen Verträgen vom Verbot des § 1 Abs. 1 PrKG. Grundlegend differenziert § 3 PrKG zwischen einmaligen und wiederkehrenden Geldzahlungen; einmalige Zahlungen sind lediglich von § 3 Abs. 1 Nr. 2 PrKG erfasst, in allen übrigen Fällen stellen wiederkehrende Zahlungen den tatbestandlichen Anknüpfungspunkt dar. Den einzelnen Fallgruppen liegt die generelle gesetzgeberische Intention zugrunde, einen gerechten Ausgleich zwischen dem Allgemeininteresse an stabilen Preisen und dem Individualinteresse an einer Wertsicherung herzustellen.[308] Jeder Unterfall des § 3 PrKG enthält somit eine abstrakt-generelle Abwägungsentscheidung des Gesetzgebers für eine bestimmte Konstellation von Verträgen.

b) Begriff der Langfristigkeit

Das Preisklauselgesetz verzichtet auf eine vorangestellte Legaldefinition der Langfristigkeit eines Vertrages. Statt dessen enthält jeder Ausnahmetatbestand des § 3 PrKG eine eigenständige Auslegung des Begriffs. Ungeachtet dieser Zersplitterung lässt sich eine einheitliche Grundkonzeption der Langfristigkeit exzerpieren, welche alle von § 3 PrKG erfassten Vertragstypen auszeichnet und gegenüber den übrigen Bereichsausnahmen in §§ 4 bis 7 PrKG abgrenzt. Lang-

---

[305] *Hellner/Rousseau*, NZM 2009, 301, 305 mit Berechnungsbeispiel.

[306] Mitteilung Nr. 1015/78 der Deutschen Bundesbank vom 9. 6. 1978, BAnz Nr. 109, kommentiert bei *Dürkes*, Wertsicherungsklauseln (10. Auflage 1992), S. 81 ff.

[307] BT-Drucks. 16/4391, S. 28.

[308] BT-Drucks. 16/4391, S. 27.

fristig sind danach solche Verträge, die entweder mindestens auf 10 Jahre geschlossen werden und vom Geldgläubiger nicht vorzeitig beendet werden können (absoluter Zeitmesser) oder deren Laufzeit durch ein tatsächliches Ereignis bedingt wird (relativer Zeitmesser). Mit einem absoluten Zeitmesser ausgestattet sind die langfristigen Verträge nach § 3 Abs. 1 Nr. 1 lit. d und e, Abs. 1 Nr. 2, Abs. 3 PrKG, wohingegen die übrigen Vertragsgruppen einen relativen Zeitmesser aufweisen. Als tatsächliche Ereignisse kommen der Tod einer bestimmten Person (§ 3 Abs. 1 Nr. 1 lit. a, Abs. 1 Nr. 2, Abs. 2 PrKG), das Erreichen der Erwerbsfähigkeit oder eines bestimmten Ausbildungsziels einer Person (§ 3 Abs. 1 Nr. 1 lit. b, Abs. 2 PrKG) sowie der Beginn der Altersversorgung des Empfängers (§ 3 Abs. 1 Nr. 1 lit. c, Abs. 2 PrKG) zur Verwendung. Diese tatsächlichen Anknüpfungspunkte zeichnen sich durch die Gemeinsamkeit aus, dass sie typischerweise zentrale Wegmarken im Hinblick auf die Sicherstellung der wirtschaftlichen Versorgung eines Menschen darstellen. Hierzu zählt auch der Todesfall, da durch ihn naturgemäß das Versorgungsbedürfnis des Verstorbenen endet, zugleich aber dasjenige von anderen Personen (z.B. Angehörigen) entstehen oder erhöht werden kann. Der Eintritt des Ereignisses entzieht sich typischerweise einer präzisen Vorhersehbarkeit. Normativ gewichtet das Preisklauselgesetz Verträge mit absoluter und relativer Zeitkomponente gleich.

c) Teleologische Grundlagen

Die besondere individuelle Schutzbedürftigkeit des Geldgläubigers, die im Widerstreit mit dem überindividuellen Interesse an einer Stabilität des Geldwerts steht, fußt typisiert auf zwei Säulen. Zum einen sind die Ausnahmetatbestände für Preisklauseln mit relativem Zeitmesser insbesondere auf Verträge mit Versorgungscharakter ausgerichtet, durch welche die wirtschaftliche Existenz des Begünstigten sichergestellt werden soll. Die tatsächlichen Ereignisse, an die in § 3 PrKG angeknüpft wird, hängen praktisch häufig auch mit Änderungen in der Versorgungssituation des Empfängers zusammen. Allerdings begründet der Versorgungszweck keinen Zulässigkeitsgrund jenseits des Preisklauselgesetzes.[309] Zum anderen tritt rechtfertigend der Äquivalenzgedanke auf, dem die Parteien durch die Wertsicherungsvereinbarung Ausdruck verleihen und der von einer Gleichwertigkeit von vertraglicher Leistung und Gegenleistung ausgeht. Danach erscheint es für den Geldgläubiger unzumutbar, unter Umständen über viele Jahre hinweg seine vollwertige Leistung zu erbringen, aber nur eine inflationär verringerte Gegenleistung zu erhalten. Die Gleichwertigkeit von Leistung und Gegenleistung kommt typischerweise vor allem bei Preisklauseln mit abstraktem Zeitmesser zum Tragen. Beide Erklärungsstränge finden auch im Rahmen der individuellen Aufwertung nach § 313 BGB Verwendung.[310]

[309] Ähnlich zu § 3 WährG a.F. BGHZ 14, 306, 312; *Fögen*, NJW 1953, 1321, 1324.
[310] Vgl. unten, S. 476 ff., 491 f.

d) Zulässige Bezugsgrößen

aa) Anbindung an die allgemeinen Lebenshaltungskosten

(1) Taugliche Preisindizes

Das erste Bündel von Preisklauseln nach § 3 Abs. 1 PrKG erhält seine Bezugsgröße ausschließlich aus einem bestimmten Kreis von Preisindizes. Darin liegt die einzige verbindende Klammer, denn andere Elemente der erfassten langfristigen Verträge und der zugehörigen Preisklauseln finden sich auch in § 3 Abs. 2 und 3 PrKG wieder. Als Preisindex kommt nur ein solcher in Betracht, der entweder von einem Statistischen Landesamt oder dem Statistischen Bundesamt für die Gesamtlebenshaltung oder vom Statistischen Amt der Europäischen Union – nach Art. 1 Abs. 3 Satz 3 EUV Rechtsnachfolgerin der im Gesetzestext genannten Europäischen Gemeinschaft – als Verbraucherpreisindex ermittelt wird. Konkret herangezogen werden dürfen danach insbesondere der vom Statistischen Bundesamt berechnete nationale Verbraucherpreisindex (VPI),[311] der Harmonisierte Verbraucherpreisindex für Deutschland (HVPI) und der vom Statistischen Amt der Europäischen Union erstellte Harmonisierte Verbraucherpreisindex für den Euroraum (HVPI). Ausgeschlossen sind hingegen Spezial- oder Teilindizes für einzelne Bereiche wie die Ein- und Ausfuhr von Waren oder die Bauleistungspreise.

(2) Verträge mit wiederkehrenden Zahlungen

Die Verträge mit wiederkehrenden Zahlungen, d.h. mindestens zwei, nach § 3 Abs. 1 Nr. 1 PrKG untergliedern sich in solche mit einem relativen (lit. a bis c) und einem absoluten (lit. d und e) Zeitmesser. Privilegiert werden Preisklauseln in Verträgen mit wiederkehrenden Zahlungen, die auf Lebenszeit des Schuldners, des Gläubigers oder eines Beteiligten zu erbringen sind (§ 3 Abs. 1 Nr. 1 lit. a PrKG). Die Rolle von Schuldner oder Gläubiger ist auf die vertragliche Geldschuld zugeschnitten. Als Beteiligter ist jeder Dritte zu verstehen, der nicht Schuldner oder Gläubiger der Geldforderung ist.[312] Seine „Beteiligung" an dem langfristigen Vertrag beruht allein darauf, dass die Dauer der Zahlungsverpflichtung an seine Lebenszeit gebunden ist. Im Vergleich zur Vorgängerregelung in § 3 Abs. 1 Satz 2 lit. a PrKV a.F. wurde damit der Kreis der in Bezug nehmbaren Personen deutlich erweitert.

Die Dauer der wiederkehrenden Zahlung darf auch bis zum Erreichen der Erwerbsfähigkeit oder eines bestimmten Ausbildungsziels des Empfängers reichen (§ 3 Abs. 1 Nr. 1 lit. b PrKG). Das Preisklauselgesetz kennt keine eigenständige Definition von Erwerbsfähigkeit. Der Begriff ist daher nach seiner Bedeutung

---

[311] *Reul*, MittBayNot 2007, 445, 448.
[312] BT-Drucks. 16/4391, S. 28; *Reul*, MittBayNot 2007, 445, 448.

sowie seiner Stellung im Gesetz auszulegen. Die Erwerbsfähigkeit steht systematisch dem Erreichen eines bestimmten Ausbildungsziels gegenüber. Sie setzt keinen vertraglich konkretisierten Ausbildungsstand voraus, sondern schlicht die gesundheitliche und physische Tauglichkeit des Betroffenen, in den (ersten) Arbeitsmarkt einzutreten. Rechtsgedanklich kann dabei auf den sozialrechtlichen Begriff der Erwerbsfähigkeit zurückgegriffen werden. Im Einklang mit der Rechtsprechung des Bundessozialgerichts[313] bedeutet Erwerbsfähigkeit die Tauglichkeit zu einer Beschäftigung oder Tätigkeit, die Einkünfte (Arbeitsverdienst, Lohn) generiert. Die ausgestaltende Legaldefinition der Erwerbsfähigkeit in § 8 Abs. 1 SGB II kann dabei – wenn auch nicht unbesehen – fruchtbar gemacht werden, auch wenn sie den Verlust einer bereits erlangten Erwerbsfähigkeit aus gesundheitlichen Gründen fokussiert, während § 3 Abs. 1 Nr. 1 lit. b PrKG nur das erstmalige Erlangen der Erwerbsfähigkeit erfasst. Danach gilt als erwerbsfähig, „wer nicht wegen Krankheit oder Behinderung auf absehbare Zeit außerstande ist, unter den üblichen Bedingungen des allgemeinen Arbeitsmarktes mindestens drei Stunden täglich erwerbstätig zu sein". Letztlich können die Parteien in der Klausel abweichende Kriterien vereinbaren, in welchem Umfang die Fähigkeit bestehen muss, einer Erwerbstätigkeit nachzugehen. Jedoch müssen sie sich innerhalb der vom Wortlaut und Gesetzeszweck gesetzten Grenze halten.

Weniger komplex stellt sich die Bestimmung eines bestimmten Ausbildungsziels dar. Beispielhaft kommen jegliche Schulabschlüsse (z.B. Abitur), handwerkliche Berufsqualifikationen (z.B. Gesellen- oder Meisterprüfung) und Hochschulabschlüsse (z.B. Bachelor, Master, Diplom, Staatsexamen) in Betracht. Maßgebliche Person ist der Empfänger der Geldzahlung. Dabei muss es sich nicht um den Geldgläubiger handeln, wie der Wortlautvergleich zu § 3 Abs. 1 Nr. 1 lit. a PrKG zeigt. Abzustellen ist auf die Person, die faktisch die Geldzuwendung erhalten soll. Der Begriff des Empfängers umfasst damit auch den Geldgläubiger, ohne sich jedoch darin zu erschöpfen. Relevant wird diese Erweiterung bei unechten oder ermächtigenden Verträgen zugunsten Dritter; der Dritte erlangt hierbei in Abweichung zu § 328 Abs. 1 BGB keinen eigenständigen Anspruch, sondern im Deckungsverhältnis wird lediglich zu seinen Gunsten eine Empfangszuständigkeit vereinbart.[314]

Die zulässige Preisklausel darf weiterhin wiederkehrende Geldzahlungen bis zum Beginn der Altersversorgung des Empfängers vorsehen (§ 3 Abs. 1 Nr. 1 lit. c PrKG). Dabei kommt es nicht darauf an, auf welcher rechtlichen oder wirtschaftlichen Grundlage die Altersversorgung beruht. Es kann sich insbesondere um eine betriebliche Sozialleistung, um eine private Vorsorge oder um gesetzliche Renten- oder Pensionsleistungen handeln. Zudem lassen sich dem Preis-

---

[313] BSG SozR Nr. 27 zu § 1246 RVO.

[314] *Jagmann*, in: Staudinger, BGB (2009), Vorbem 3 zu §§ 328 ff. m.w.N.

klauselgesetz keine starren Vorgaben entnehmen, ab welchem Lebensalter des Empfängers von einer Altersversorgung gesprochen werden kann. Maßgeblich abzustellen ist auf den Sinn und Zweck der Geldleistungen. Als Empfänger kommen – in Parallele zu § 3 Abs. 1 Nr. 1 lit. b PrKG – sowohl der Geldgläubiger als auch Dritte in Betracht; maßgeblich ist, wer durch die Geldzahlungen tatsächlich begünstigt werden soll.

Zwei Konstellationen mit absoluten Zeitmessern unterfallen dem Tatbestand des § 3 Abs. 1 Nr. 1 PrKG: Verträge, bei denen zwischen Vertragsschluss und letzter Zahlung mindestens 10 Jahre liegen (lit. d), oder die der Geldgläubiger gegen den Willen des Geldschuldners frühestens nach 10 Jahren einseitig beenden kann (lit. e). Nach § 186 BGB gelten für die Fristberechnung die Regelungen der §§ 187 Abs. 1, 188 Abs. 2 Halbsatz 1 BGB. In beiden Fallgruppen können aus Sicht des Äquivalenzgedankens Verwerfungen zulasten des Geldgläubigers drohen. Aber auch Verträge mit Versorgungscharakter können von § 3 Abs. 1 Nr. 1 lit. d PrKG erfasst sein, sofern die Versorgung des Empfängers für einen abstrakt berechneten Zeitraum von mindestens 10 Jahren sichergestellt werden soll. Einen Anwendungsfall des § 3 Abs. 1 Nr. 1 lit. e PrKG stellen Miet- und Pachtverträge dar, sofern sie nicht Wohnraum betreffen.

(3) Verträge mit einmaligen Zahlungen

Einmalige Zahlungen dürfen nur dann über eine Preisklausel nach § 3 Abs. 1 Nr. 2 PrKG abgesichert werden, sofern entweder absolut ihre Endfälligkeit 10 Jahre in der Zukunft liegt oder die Zahlung erst nach dem Tod eines Dritten zu erfolgen hat. Die Fristberechnung erfolgt auf Grundlage von §§ 187 Abs. 1, 188 Abs. 2 Halbsatz 1 BGB. Auf welche rechtstechnische Weise bewirkt wird, dass die Zahlung erst nach dem Tod „zu erfolgen hat“, ist angesichts der preisrechtlichen *ratio legis* unerheblich. Möglich sind sowohl eine aufschiebende Bedingung des schuldrechtlichen Grundgeschäfts, wie dies bei § 2301 Abs. 1 BGB gegeben ist, aber auch ein schlichtes Hinausschieben der Fälligkeit auf einen Zeitpunkt nach dem Tod.[315]

Bestimmte Nachlassverbindlichkeiten aufgrund einer Verfügung von Todes wegen privilegiert § 3 Abs. 1 Nr. 2 lit. a PrKG. Im Vergleich zur Vorgängerregelung in § 3 Abs. 1 Nr. 2 lit. a PrKV a.F. sind nunmehr neben Testamenten auch Erbverträge erfasst.[316] Die Terminologie lehnt sich an § 1937 BGB an. Die Bereichsausnahme beruht auf der als Bestandteil der Erbrechtsgarantie grundrechtlich geschützten Testierfreiheit.[317] Die Regelung gilt nur für Verbindlichkeiten aus der erbrechtlichen Auseinandersetzung, die erst mit dem Erbfall entstehen. Dennoch ist auch das Erfordernis der Langfristigkeit nach § 3 Abs. 1

---

[315] Vgl. zur Abgrenzung BGHZ 8, 23, 31.

[316] BT-Drucks. 16/4391, S. 28; *Reul*, MittBayNot 2007, 445, 448.

[317] Vgl. zu Art. 14 GG BVerfGE 112, 332, 349 m.w.N.

Nr. 2 PrKG a.E. in Gestalt des relativen Zeitmoments – Zahlung nach dem Tod des Beteiligten – nicht stets erfüllt. Als Beteiligter in diesem Sinne kommt nur eine vom Erblasser verschiedene Person in Betracht.[318] Nicht Gegenstand der Bereichsausnahme sind Bestimmungen in Testamenten oder Erbverträgen, durch welche die Höhe des Erbteils an den Wert von anderen Gütern oder Leistungen geknüpft wird.[319] Der Erblasser legt damit nicht den Betrag einer Geldschuld fest, so dass bereits der sachliche Anwendungsbereich des Preisklauselgesetzes nach § 1 Abs. 1 PrKG nicht eröffnet ist.

Der Übernehmer eines Betriebs oder eines sonstigen Sachvermögens darf die in einer einmaligen Zahlung bestehende Abfindung eines Dritten unter den Voraussetzungen des § 3 Abs. 1 Nr. 2 lit. b PrKG mit einer Preisgleitklausel absichern. Der Betrieb fungiert als gesetzlicher Beispielsfall für den Oberbegriff des Sachvermögens. Letzterer ist zwar primär autonom aus seiner Wortbedeutung und dem Regelungskontext des Preisklauselgesetzes auszulegen. Allerdings wird dadurch ein rechtsgedanklicher Rückgriff auf das Begriffsverständnis des Bewertungsgesetzes (BewG) trotz der unterschiedlichen Gesetzeszwecke nicht verschlossen. Nach §§ 31 f. BewG wird unter Sachvermögen das land- und forstwirtschaftliche Vermögen (§ 33 BewG), das Grundvermögen (§ 68 BewG) und das Betriebsvermögen (§ 95 BewG) verstanden. Negativ abzugrenzen davon sind gemäß § 31 Abs. 2 Satz 2 BewG Zahlungsmittel, Geldforderungen, Wertpapiere und Geldschulden. Eine Einschränkung auf unternehmerisch genutztes Sachvermögen, wodurch das Grundvermögen ausgenommen würde, ist trotz der beispielhaften Erwähnung des Betriebs in § 3 Abs. 1 Nr. 2 lit. b PrKG nicht geboten. Schon der Wortlaut („oder eines sonstigen Sachvermögens") streitet für eine weite Auslegung.

bb) Anbindung an die Einkommens- und Rentenentwicklung

Preisklauseln in bestimmten Verträgen, die typischerweise einen Versorgungscharakter aufweisen, lässt § 3 Abs. 2 PrKG zu, sofern sie als Bezugsgröße auf die zukünftige „Einzel- oder Durchschnittsentwicklung von Löhnen, Gehältern, Ruhegehältern oder Renten" zurückgreifen. Soll die Geldschuld an eine bestimmte beamtenrechtliche Besoldungsgruppe oder den Lohn einer einzelnen Beschäftigtengruppe angebunden werden, so handelt es sich um eine Einzelentwicklung im Sinne des Gesetzes. Als relative Zeitmesser aufgegriffen werden die in § 3 Abs. 1 Nr. 1 lit. a bis c PrKG genannten Ereignisse. Maßgebliche Person ist in allen Fällen der Empfänger der Geldleistung, woran sich der prägende Versorgungszweck zeigt. Weichen die in Bezug genommenen Löhne, Gehälter, Ruhegehälter oder Renten von der allgemeinen Entwicklung der Lebenshaltungskos-

---

[318] *Kluge*, MittRhNotK 2000, 409, 419 zur Vorgängerregelung.

[319] I.E. ebenso zur früheren Rechtslage *Dürkes*, Wertsicherungsklauseln (10. Auflage 1992), Rn. D649; *Kluge*, MittRhNotK 2000, 409, 418.

ten ab, so bleibt diese Abkoppelung außen vor; denn die Parteien haben sich aus Gründen der Vereinfachung bewusst für einen unabhängigen Maßstab entschieden.[320] Systematisch vorrangig zu prüfen ist, ob die betroffene Wertsicherungsklausel nicht bereits als Spannungsklausel einzuordnen ist und daher nicht in den sachlichen Anwendungsbereich des Preisklauselgesetzes fällt. Entscheidend kommt es hierzu darauf an, ob die im Verhältnis zueinander stehenden Leistungen gleichartig oder zumindest vergleichbar sind (§ 1 Abs. 2 Nr. 2 PrKG).

cc) Anbindung an eine sektorielle Preisentwicklung

Die Verwendung von speziellen Bezugsgrößen privilegiert auch § 3 Abs. 3 PrKG. Hierzu werden die auf die Entwicklung der allgemeinen Lebenshaltungskosten beschränkten Tatbestände des § 3 Abs. 1 Nr. 1 lit. d und e PrKG ergänzt. Zur Auswahl der Parteien stehen die „Einzel- oder Durchschnittsentwicklung von Preisen oder Werten für Güter oder Leistungen [...], die der Schuldner in seinem Betrieb erzeugt, veräußert oder erbringt" sowie „Einzel- oder Durchschnittsentwicklung von Preisen oder Werten von Grundstücken", sofern „das Schuldverhältnis auf die land- oder forstwirtschaftliche Nutzung beschränkt ist". In der ersten Alternative handelt es sich um eine erweiternde Modifikation von Kostenelementeklauseln, bei der keine unmittelbare Beeinflussung der Kosten der geschuldeten Gegenleistung eintreten muss. In den früheren Genehmigungsleitlinien der Deutschen Bundesbank zu § 3 WährG a.F.[321] wurden beide Klauseltypen gemeinsam unter Nr. 3 lit. c von der Genehmigungspflicht befreit. Die zweite Alternative führt zu einer Bevorzugung von Verträgen, welche eine land- oder forstwirtschaftliche Nutzung zum Gegenstand haben. Damit wird die Vorgängerregelung aus § 3 Abs. 4 PrKV a.F. fortgeführt, welche wiederum auf Nr. 3 lit. e der früheren Genehmigungsleitlinien zurückging.

3. Einzelne Rechtsgeschäftsgruppen

a) Verfügungen von Todes wegen

Durch Verfügungen von Todes wegen können Geldschulden begründet werden, deren vertragliche Wertsicherung dem sachlichen Anwendungsbereich des Preisklauselgesetzes unterfällt. Entscheidend ist zunächst, ob überhaupt eine Geldschuld im Sinne des § 1 Abs. 1 PrKG vorliegt. Die Geldschuld ist auf die Verschaffung von unkörperlicher Vermögensmacht im Sinne des abstrakten Geldbegriffs gerichtet.[322] Daher scheiden geldwertorientierte Festsetzungen

---

[320] BGH NJW 1975, 105.

[321] Mitteilung Nr. 1015/78 der Deutschen Bundesbank vom 9. 6. 1978, BAnz Nr. 109, kommentiert bei *Dürkes*, Wertsicherungsklauseln (10. Auflage 1992), S. 81 ff.

[322] BAGE 97, 150, 152; *Kirchhoff*, Wertsicherungsklauseln für Euro-Verbindlichkeiten (2006), S. 92.

der Höhe des Erbteils aus, da durch sie keine Geldschuld begründet wird.[323] Lediglich der Umfang der gesamthänderischen Rechtsstellung des jeweiligen Erben in der Erbengemeinschaft nach § 2032 Abs. 1 BGB wird nicht durch Prozentangaben, sondern auf andere Weise rechnerisch ermittelt.

Liegt jedoch – zu irgendeinem Zeitpunkt – eine Geldschuld vor, so ist danach zu unterscheiden, ob die Wertsicherung für die Zeitspanne vor oder nach dem Erbfall eingreifen soll.[324] Erbfallschulden, die den Erben „als solchen" treffen (§ 1967 Abs. 2 Alt. 2 BGB), gelangen mit dem Erbfall zur Entstehung. Der Erbfall tritt nach der Legaldefinition aus § 1922 Abs. 1 BGB mit dem Tod des Erblassers ein. Zu den Erbfallschulden zählen nach § 1967 Abs. 2 BGB insbesondere die Verbindlichkeiten aus Vermächtnissen (§§ 2147 ff., 2176 BGB) einschließlich Vorausvermächtnissen[325] und Auflagen (§§ 1940, 2192 ff. BGB). Knüpft der Erblasser die Höhe einer auf Geldzahlung gerichteten Erbfallschuld an eine wertsichernde Bezugsgröße, so berührt diese Vorgabe das Preisklauselgesetz nicht, sofern die Berechnung im Zeitpunkt des Entstehens der Forderung, d.h. bei Eintritt des Erbfalls, erfolgt und damit abgeschlossen ist. Abgesichert werden damit lediglich Geldwertschwankungen für den Zeitraum bis zum Erbfall, in dem eine Geldschuld noch nicht bestand. Dass danach eine Geldsummenschuld entsteht, ist unerheblich, da ihr Schuldbetrag nach dem Eintritt des Erbfalls nicht mehr abgeändert wird. Beispielsweise kann der Erblasser unbehelligt von den Vorgaben des Preisklauselgesetzes bestimmen, dass ein Vermächtnis über 10 000 Euro bis zu seinem Tod entsprechend den Änderungen einer bestimmten beamtenrechtlichen Besoldungsgruppe angepasst wird.[326]

Über den Todeszeitpunkt hinaus wirkende Preisgleitklauseln in Testamenten und Erbverträgen unterfallen hingegen nach § 1 Abs. 1 PrKG dem sachlichen Anwendungsbereich des Preisklauselgesetzes. Der Erblasser schafft eine Wertsicherung für den Zeitraum nach seinem Versterben, indem er die Höhe der mit dem Erbfall entstandenen Geldschuld an eine externe Bezugsgröße bindet. Dem über seinen Nachlass Verfügenden steht es allerdings zunächst offen, die Vorgaben des Preisklauselgesetzes zu umgehen, indem er keine Preisgleitklausel, sondern eine nach § 1 Abs. 2 PrKG freigestellte Variante wählt. Kaum denkbar erscheint zwar die Wahl einer Spannungsklausel, da es an einer Gleichartigkeit

---

[323] I.E. ebenso zur früheren Rechtslage *Berndt*, Die Wertsicherung in der Unternehmung unter besonderer Berücksichtigung der Währungsgesetzgebung (1960), S. 67; *Dürkes*, Wertsicherungsklauseln (10. Auflage 1992), Rn. D649 f.; *K. Schmidt*, in: Staudinger, BGB (1997), Vorbem D305 zu §§ 244 ff.; *Kluge*, MittRhNotK 2000, 409, 418.

[324] *Berndt*, Die Wertsicherung in der Unternehmung unter besonderer Berücksichtigung der Währungsgesetzgebung (1960), S. 67 f.; *Dürkes*, Wertsicherungsklauseln (10. Auflage 1992), Rn. D653 ff.; *K. Schmidt*, in: Staudinger, BGB (1997), Vorbem D305 zu §§ 244 ff.; *Kluge*, MittRhNotK 2000, 409, 418 f.

[325] *Marotzke*, in: Staudinger, BGB (2010), § 1967 Rn. 31.

[326] *Dürkes*, Wertsicherungsklauseln (10. Auflage 1992), Rn. D653.

bzw. Vergleichbarkeit von Leistungen fehlt. Dem erbrechtlich Zugewendeten wohnt infolge der Testierfreiheit kein Rechtsgrund inne, der die Prüfung einer Vergleichbarkeit zuließe. Auch dürfte dem Erblasser typischerweise nicht an einer ausschließlichen Verringerung der Zuwendung gelegen sein, so dass eine Ermäßigungsklausel ausscheidet. Allerdings vermag im Einzelfall eine Leistungsvorbehaltsklausel eine pragmatische Alternative zur Preisgleitklausel darstellen. Das erforderliche Ermessen bei der Leistungsbestimmung muss nicht durch den Erblasser selbst, sondern kann auch durch Dritte ausgeübt werden. Erwägenswert erscheint eine solche Lösung beispielsweise bei Vermächtnissen an Minderjährige zum Lebensunterhalt, über deren Anpassung die Eltern entscheiden.

Wählt der Erblasser hingegen eine Preisgleitklausel im Sinne des § 1 Abs. 1 PrKG, ist er auf eine der Bereichsausnahmen für langfristige Verträge angewiesen und muss korrespondierend die Bestimmtheits- und Angemessenheitsanforderung des § 2 PrKG einhalten. Bei wiederkehrenden Zahlungen, deren Dauer an einen der relativen Zeitmesser des Preisklauselgesetzes gebunden ist, stehen als Bezugsgrößen sowohl die Indizes für die allgemeinen Lebenshaltungskosten (§ 3 Abs. 1 Nr. 1 lit. a bis c PrKG) als auch speziell die Einkommens- und Rentenentwicklung (§ 3 Abs. 2 PrKG) zur Verfügung. Enger sind die Voraussetzungen bei einmaligen Zahlungen. Nach § 3 Abs. 1 Nr. 2 lit. a PrKG müssen entweder 10 Jahre zwischen Erbfall und Endfälligkeit liegen oder die Zahlung darf erst nach dem Tod eines vom Erblasser verschiedenen Dritten zu erfolgen haben.

b) Kaufverträge

Die Wertsicherung der Kaufpreisschuld vollzieht sich nach den allgemeinen Vorschriften für langfristige Verträge. Eine minimale Sonderregelung für Grundstückskaufverträge findet sich lediglich in § 3 Abs. 3 PrKG a.E. Daneben existiert ein Sonderrecht für Energielieferungsverträge, das aber nicht preisrechtlichen, sondern formularvertraglichen Ursprungs ist;[327] ausgenommen sind Wärmelieferungsverträge, die von § 1 Abs. 3 Alt. 2 PrKG i.V.m. §§ 1 ff., 24 Abs. 4 AVBFernwärmeV erfasst werden. Besondere praktische Relevanz kommt einer Wertsicherung erstens bei hohen Kaufpreisen insbesondere von Grundstücken zu, die nicht in einer Summe bezahlt werden, sowie zweitens bei Lieferverträgen, deren Leistungsaustausch langfristig angelegt ist. Die Parteien können zunächst erwägen, auf nicht vom Preisklauselgesetz erfasste Preisklauseln (§ 1 PrKG) auszuweichen. Währungsrechtlich zulässig sind danach schlichte Preisvorbehalte[328] oder die Vereinbarung des jeweiligen Tages- bzw. Listenprei-

[327] Vgl. dazu EuGH, Urteil vom 21.03.2013 – Rs. C-92/11 (*RWE*); BGHZ 182, 41 und 59; *Schöne*, ZIP 2007, 918; *Westphalen*, ZIP 2008, 669; *Büdenbender*, NJW 2009, 3125; *Derleder*, CuR 2010, 92, 96 ff.

[328] *Dürkes*, Wertsicherungsklauseln (10. Auflage 1992), Rn. D102.

ses am Tag der Übergabe.[329] Der Kaufpreis darf nach § 1 Abs. 1 PrKG vom Wert des Kaufgegenstands selbst abhängig gemacht werden, da es sich nicht um ein anderes Gut handelt.[330] Eine Bezugnahme auf den Marktpreis des Kaufgegenstandes allgemein ist hingegen unzulässig,[331] sofern sie in Gestalt einer Preisgleitklausel erfolgt. Die Kaufpreiszahlungen dürfen allerdings an die Entwicklung des Ertragswerts der verkauften Immobilie gekoppelt werden, da es sich insofern um eine Spannungsklausel handelt.[332] An der für Spannungsklauseln nach § 1 Abs. 2 Nr. 2 PrKG erforderlichen Gleichartigkeit bzw. Vergleichbarkeit fehlt es allerdings, wenn der Kaufpreis mit der Entwicklung einer bestimmten Lohn- oder Gehaltsgruppe verbunden werden soll.[333] Der Kaufpreis lässt sich hingegen über Leistungsvorbehaltsklauseln nach Maßgabe von beliebigen Bezugsgrößen sichern. Solange ein hinreichendes Ermessen eingeräumt wird, steht als Bezugsgröße auch ein Baukostenindex oder die Entwicklung der Grundstückspreise allgemein[334] offen. Das Leistungsbestimmungsrecht darf auch einem Schiedsgutachter oder Sachverständigen eingeräumt werden.[335] Bei langfristigen Lieferbeziehungen bieten sich zudem Kostenelementeklauseln an, um eine vertragsimmanente Anpassung des Kaufpreises nach Maßgabe der Selbstkosten des Verkäufers zu ermöglichen.

Soweit der Kaufvertrag nicht von einem gebietsansässigen Unternehmer mit einem Gebietsfremden (§ 6 PrKG) oder für militärische Zwecke (§ 7 PrKG) geschlossen wurde, kann für von § 1 Abs. 1 PrKG erfasste Preisgleitklauseln in Kaufverträgen ausschließlich auf die Bereichsausnahmen für langfristige Verträge zurückgegriffen werden. Einmalige Kaufpreiszahlungen können im Wege einer Preisgleitklausel, die sich an der Entwicklung der allgemeinen Lebenshaltungskosten orientiert, gesichert werden, sofern sie der Abfindung eines Dritten dienen (§ 3 Abs. 1 Nr. 2 lit. b PrKG). Als Dritter kommt nur eine Person in Betracht, die nicht Vertragspartei ist. Der Kaufpreis kann auch in wiederkehrenden Zahlungen zu erbringen sein. Preisklauseln sind hierbei vor allem dann zulässig, wenn sich die Raten- oder Rentenzahlungen über mindestens 10 Jahre erstrecken und als Bezugsgröße die Entwicklung der allgemeinen Lebenshaltungskosten gewählt wird (§ 3 Abs. 1 Nr. 1 lit. d PrKG). Eine Verrentung des Kaufpreises wird zudem unter den Voraussetzungen des § 3 Abs. 1 Nr. 1 lit. a bis c, Abs. 2 PrKG privilegiert. Die Legitimität der Wertsicherung bei Verträgen mit Versorgungscharakter wird von den Bereichsausnahmen des Preisklauselge-

---

329 *K. Schmidt*, in: Staudinger, BGB (1997), Vorbem D271 zu §§ 244 ff.

330 BGH WM 1965, 846, 848; *Dürkes*, Wertsicherungsklauseln (10. Auflage 1992), Rn. D357 (zu § 3 WährG a.F.).

331 *Kluge*, MittRhNotK 2000, 409, 409.

332 BGH NJW 1979, 1888, 1889.

333 BGHZ 14, 306, 311.

334 BGHZ 71, 276, 282.

335 Zur früheren Rechtslage bereits BGH WM 1968, 617 f.; OLG Hamm NJW-RR 1996, 268, 269.

setzes mit relativem Zeitmesser reflektiert; sie begründet aber *de lege lata* keine weitergehenden Erleichterungen über die bestehenden gesetzlichen Regelungen hinaus.[336]

c) *Mietverträge*

Als langfristige Verträge erfasst § 3 PrKG keine Wohnraummietverhältnisse, da insofern nach § 1 Abs. 3 Alt. 1 PrKG ein Vorrang des § 557b BGB besteht. Jenseits dieser Sonderregelung besteht ein Bedürfnis zur Wertsicherung insbesondere in langfristigen Gewerberaummietverträgen.[337] Nicht unter § 1 Abs. 1 PrKG fällt die Vereinbarung einer Staffelmiete,[338] da das Ansteigen der Miete *ab initio* unabhängig von der Entwicklung vertragsexterner Faktoren festgelegt wird. Die Vertragsparteien können vor allem zwischen stets zulässigen Leistungsvorbehalts- oder Spannungsklauseln und den Preisgleitklauseln nach § 3 Abs. 1 Nr. 1 lit. a, d und e PrKG wählen.[339] Um einen solchen Leistungsvorbehalt handelt es sich, wenn dem Vermieter die einseitige Befugnis eingeräumt wird, nach bestimmten Zeitabständen oder Preissteigerungen die Miete gemäß § 315 BGB neu festzusetzen.[340] Als Auslöser einer solchen Neufestsetzung nach billigem Ermessen darf auch ein nicht in § 3 PrKG erwähnter Preisindex herangezogen werden. Als Spannungsklausel anzusehen ist die Vereinbarung, die geschuldete Miete solle sich der jeweiligen Miete für bestimmte gewerbliche Mietobjektive gleicher Art und Lage anpassen.[341] Allerdings ist § 1 Abs. 2 Nr. 2 PrKG nicht mehr anwendbar, sofern der auf diese Weise in Bezug genommene Mietvertrag seinerseits eine nach § 1 Abs. 1 PrKG verbotene Preisgleitklausel enthält.[342] Diese Ausnahme gilt jedoch nach dem System der Legalausnahme nicht, sofern eine der Bereichsausnahmen des § 3 PrKG eingreift.[343] Mangels Gleichartigkeit liegt keine Spannungsklausel vor, wenn als Bezugsmaßstab ein allgemeiner Mietindex mit Durchschnittswerten[344] oder die generelle Entwicklung der Grundstückspreise[345] herangezogen wird.

Jenseits der durch § 1 Abs. 2 PrKG privilegierten Spannungs- und Leistungsvorbehaltsklauseln sind im Gewerberaummietrecht vor allem die Bereichsaus-

---

[336] Vgl. schon BGHZ 14, 306, 312 zu § 3 WährG a.F.

[337] Vgl. zu den einzelnen Klauselvarianten mit Formulierungsbeispielen *Aufderhaar/Jaeger*, NZM 2009, 564; *Usinger*, NZM 2009, 297.

[338] *Neuhaus*, MDR 2010, 848 f.; allgemein auch *Hilber*, BB 2011, 2691.

[339] Ähnlich nach früherer Rechtslage *Dürkes*, Wertsicherungsklauseln (10. Auflage 1992), Rn. D525 ff.

[340] BGH WM 1963, 568, 569; BGH NJW 1973, 1498, 1499 f.

[341] BGH NJW 1983, 1909, 1910.

[342] BGH NJW 1983, 1909, 1910.

[343] Anders noch BGH NJW 1983, 1909, 1910 auf Grundlage des Genehmigungserfordernisses.

[344] *Dürkes*, Wertsicherungsklauseln (10. Auflage 1992), Rn. D544.

[345] *Dürkes*, Wertsicherungsklauseln (10. Auflage 1992), Rn. D554.

nahmen für langfristige Verträge im Sinne des § 3 Abs. 1 Nr. 1 lit. a, d und e, Abs. 2 PrKG von Relevanz. Auf Lebenszeit von Mieter oder Vermieter geschlossene Mietverträge dürfen zulässigerweise mit einer Gleitklausel ausgestattet sein, sofern sie als Bezugsgröße auf einen der Lebenshaltungskosten-/Verbraucherpreisindizes des Statistischen Bundesamtes, eines Statistischen Landesamtes oder des Statistischen Amtes der Europäischen Union zurückgreifen. Wurde der Mietvertrag auf die Lebenszeit des Vermieters geschlossen, darf alternativ auch die Einzel- oder Durchschnittsentwicklung von Löhnen, Gehältern, Ruhegehältern oder Renten als Maßstab herangezogen werden. Kommt im Mietvertrag hingegen ein absoluter Zeitmesser zum Einsatz, dann darf der Mietvertrag gegen den Willen des Geldschuldners auf die Dauer von 10 Jahren nur durch außerordentliche Kündigung beendet werden können. Hierzu ist es erforderlich, dass der Mietvertrag sogleich auf die Dauer von mindestens 10 Jahren geschlossen wird; alternativ kann der Geldgläubiger für diesen Zeitraum auf sein Recht zur ordentlichen Kündigung verzichten oder dem Schuldner die Befugnis einräumen, einseitig den Mietvertrag auf insgesamt 10 Jahre zu verlängern. Letztere Bedingung ist beispielsweise eingehalten, sofern nach einer festen Laufzeit von fünf Jahren eine Verlängerungsoption des Mieters für weitere fünf Jahre besteht.[346] Der Ausschluss der ordentlichen Kündbarkeit oder die Verlängerungsoption müssen formwirksam vereinbart worden sein.[347]

Die Frist beginnt mit Abschluss des Mietvertrages, nicht erst im Zeitpunkt des tatsächlichen Mietbeginns.[348] Die Gegenauffassung setzt sich vollständig über den eindeutigen Wortlaut hinweg, demzufolge „vom Vertragsabschluss [gerechnet]“ wird. Eine teleologische Reduktion lässt sich nicht rechtfertigen. Die Gesetzesmaterialien schweigen zu dieser Frage, was angesichts der Gesetzesformulierung verständlich ist. Die objektive preisrechtliche Zielsetzung nötigt ebenfalls nicht zu einem verzögerten Fristbeginn erst bei Mietbeginn. Das Gesetz nimmt etwaige Verzögerungen der ersten Mietzahlung infolge eines späteren Mietbeginns augenscheinlich in Kauf. Aus Gründen der Beweisvereinfachung und Regelungsklarheit erscheint es durchaus zweckmäßig, für die Fristberechnung auf den förmlichen Vertragsschluss abzustellen. Nicht zu überzeugen vermag der Einwand, „[a]ls Beginn der Vertragsdauer [werde] ... gemeinhin der Zeitpunkt des Mietbeginns [...] verstanden und nicht der Zeitpunkt des Vertragsschlusses“[349]. Selbst eine unterstellte Verkehrsauffassung hinsichtlich dieser Terminologie vermochte die abweichende Vorgabe des § 3 Abs. 1 Nr. 1 lit. d PrKG nicht auszuhebeln.

---

[346] *Neuhaus*, MDR 2010, 848, 849.

[347] OLG Rostock NZM 2005, 506; *Neuhaus*, MDR 2010, 848, 849 und 852.

[348] A.A. *Usinger*, NZM 2009, 297, 298; *Aufderhaar/Jaeger*, NZM 2009, 564, 567; *Neuhaus*, MDR 2010, 848, 850.

[349] *Aufderhaar/Jaeger*, NZM 2009, 564, 567.

II. Erbbaurechtsverträge

1. Überblick und Schrankentrias

Der wertgesicherte Erbbauzins unterliegt rechtlich einer Schrankentrias, die sich aus den währungsrechtlichen Vorgaben des Preisklauselgesetzes, den sachenrechtlichen Anforderungen des § 9 ErbbauRG und der Begrenzung des Erhöhungsanspruchs durch § 9a ErbbauRG zusammensetzt.[350] Seit den Änderungen durch das Sachenrechtsänderungsgesetz[351] zum 1.10.1994 ist eine erhebliche Flexibilisierung des dinglichen Erbbauzinses eingetreten.[352] Nach § 9 Abs. 1 Satz 1 ErbbauRG i.V.m. § 1105 Abs. 1 Satz 1 BGB ist eine automatische Anpassung an veränderte Verhältnisse zulässig. Gefordert wird nur noch die bloße Bestimmbarkeit, nicht mehr die engere Bestimmtheit.[353] Die preisrechtliche Betrachtung hingegen fokussiert jenseits des Sachenrechts allein das Preisklauselgesetz als *sedes materiae*. Danach sind Wertsicherungsklauseln in Erbbaurechtsverträgen nicht generell unzulässig. Eine spezielle Bereichsausnahme enthält § 4 Satz 1 PrKG für Erbbaurechtsbestellungsverträge und Erbbauzinsreallasten mit einer Laufzeit von mindestens 30 Jahren; aufgegriffen wird die Vorgängerregelung aus § 1 Nr. 4 PrKV a.F. Darin liegt aber keine Sperrwirkung gegenüber den allgemeinen Vorschriften der §§ 1 bis 3 PrKG,[354] wie sich aus der Systematik des Preisklauselgesetzes mit seinem System der Legalausnahmen ergibt. Daher können in Erbbaurechtsverträgen auch weiterhin Leistungsvorbehalts- und Spannungsklauseln verwendet werden. Mangels Geldschuld nicht von § 1 Abs. 1 PrKG erfasst und damit stets zulässig ist auch die Vereinbarung einer Sachgegenleistung.[355] Auch die Bereichsausnahmen für langfristige Verträge im Sinne des § 3 PrKG finden uneingeschränkt Anwendung. Die Bedeutung der Sondervorschrift des § 4 Satz 1 PrKG liegt darin, dass aufgrund der langen Laufzeit von 30 Jahren eine Befreiung von den sonstigen Vorgaben des § 3 PrKG – beispielsweise hinsichtlich der zulässigen Bezugsgrößen – erfolgt. Nach § 4 PrKG zulässige Klauseln, die bereits vor dem 1.1.1999 vereinbart wur-

---

[350] Ebenso zur früheren Rechtslage *K. Schmidt*, ZIP 1983, 639, 646; dem folgend *Dürkes*, Wertsicherungsklauseln (10. Auflage 1992), Rn. D371; ähnlich *Ostermeier*, Die Wertsicherung des Erbbauzinses (1965), S. 8 ff., 55 ff.; vgl. auch den Überblick zu § 9a ErbbauRG bei *Kluge*, MittRhNotK 2000, 409, 425 f.

[351] Gesetz zur Änderung sachenrechtlicher Bestimmungen vom 21.9.1994, BGBl. I S. 2457.

[352] Vgl. zur früheren Rechtslage *Ostermeier*, Die Wertsicherung des Erbbauzinses (1965), S. 8 ff.; *Weitnauer*, DNotZ 1957, 295, 297 f.; zur anschließenden Entwicklung *Freckmann*, NZM 1998, 852 f.; *Kluge*, MittRhNotK 2000, 409, 424 f.

[353] BayObLG NJW 1997, 468, 469 f.; *Oefele*, DNotZ 1995, 643, 649; vgl. zur früheren Rechtslage *Winkler*, NJW 1992, 2514, 2517.

[354] OLG Celle NJW-RR 2008, 896, 897; *Kirchhoff*, NVwZ 2011, 138, 141; *Oefele/Winkler*, Handbuch des Erbbaurechts (5. Auflage 2012), Rn. 6.151e.

[355] *Oefele/Winkler*, Handbuch des Erbbaurechts (5. Auflage 2012), Rn. 6.132 m.w.N.

den, sind seitdem dauerhaft wirksam, auch wenn sie zuvor nicht nach § 3 Satz 2 WährG a.F. genehmigt worden waren.[356]

2. Leistungsvorbehalte

Als Leistungsvorbehalt ist die Klausel anzusehen, wonach die Vertragsparteien bei einer bestimmten Steigerung eines festgelegten Preisindexes gegenüber dem Vertragsschluss oder einer späteren Neufestsetzung das Recht haben, eine Überprüfung des Erbbauzinses zu verlangen.[357] Gleiches gilt für die Abrede, wonach bei einer wesentlichen Veränderung der allgemeinen wirtschaftlichen Verhältnisse eine Neufestsetzung des Erbbauzinses durch Konsens zwischen Grundstückseigentümer und Erbbauberechtigtem zu erfolgen hat.[358] Das Leistungsbestimmungsrecht nach billigem Ermessen kann auch einem Dritten, insbesondere einem Schiedsgutachter, zugewiesen werden.[359] Da es bei einem Leistungsvorbehalt an der Bestimmbarkeit im Sinne der § 9 Abs. 1 Satz 1 ErbbauRG i.V.m. § 1105 Abs. 1 Satz 1 BGB fehlt, kann er nicht in eine Erbbauzinsreallast eingebaut werden; statt dessen ist auf eine Erbbauzinserhöhungsvormerkung auszuweichen.[360]

3. Spannungsklauseln

Die für eine Spannungsklausel erforderliche Gleichartigkeit bzw. Vergleichbarkeit liegt vor, wenn der Erbbauzins an den vom Erbbauberechtigten seinerseits erzielten Erbbauzins gekoppelt ist.[361] Auch die vom Erbbauberechtigten erlangte Miete darf als Maßstab eingesetzt werden.[362] Nicht gleichartig oder vergleichbar sind hingegen der Erbbauzins als Nutzungsentschädigung und der Grundstückswert.[363] Wie bei der Miete[364] oder Pacht wäre lediglich eine Anbindung an die Entwicklung des Erbbauzinses für ein konkretes vergleichbares Grundstück von § 1 Abs. 2 Nr. 2 PrKG gedeckt. Ebenfalls keine Vergleichbarkeit ist anzunehmen, wenn der Erbbauzins in Verbindung mit einer bestimmten beamtenrechtlichen Besoldungsgruppe gebracht wird.[365] Eine Klausel mit einer

---

[356] BGHZ 169, 215 = NJW 2007, 509 Rn. 8 zu § 1 Nr. 4 PrKV a.F.

[357] BayObLGZ 1973, 325, 327 f.; *Ostermeier*, Die Wertsicherung des Erbbauzinses (1965), S. 58.

[358] OLG Hamm NJW-RR 1996, 268, 269.

[359] OLG Hamm NJW-RR 1996, 268, 269; *Oefele/Winkler*, Handbuch des Erbbaurechts (5. Auflage 2012), Rn. 6.162.

[360] *Oefele/Winkler*, Handbuch des Erbbaurechts (5. Auflage 2012), Rn. 6.160; ebenso zur früheren Rechtslage KG OLGZ 1976, 278, 277 f.

[361] BGH NJW 1976, 422.

[362] OLG München NJW-RR 1994, 469.

[363] BGH NJW 1979, 1545, 1546; a.A. *Hartmann*, NJW 1976, 403, 405.

[364] BGH NJW 1983, 1909, 1910.

[365] *Ostermeier*, Die Wertsicherung des Erbbauzinses (1965), S. 61.

solchen Bezugsgröße unterliegt den Voraussetzungen aus §§ 2, 3 Abs. 2 PrKG. Keine Spannungs-, sondern eine Leistungsvorbehaltsklausel ist in der Abrede zu sehen, dass die Parteien zur Neufestsetzung des Erbbauzinses verpflichtet sind, sofern sich ein bestimmter Lebenshaltungskostenindex um 10 % verändert hat.[366] Anders als Leistungsvorbehaltsklauseln erfüllen Spannungsklauseln schließlich das Bestimmbarkeitserfordernis der § 9 Abs. 1 Satz 1 ErbbauRG i.V.m. § 1105 Abs. 1 Satz 1 BGB und können daher seit dem 1. 10. 1994 als Inhalt der Erbbauzinsreallast vereinbart werden.[367]

4. Sonderregeln nach Sachenrechtsbereinigungsgesetz

Bei Erbbaurechtsverträgen, die dem Sachenrechtsbereinigungsgesetz (SachenRBerG)[368] unterfallen (vgl. §§ 1 f. SachenRBerG), sind nach § 4 Satz 2 PrKG vorrangig die Vorgaben aus § 46 SachenRBerG als *lex specialis* zu beachten.[369] Im Volltext heißt es dort:

„§ 46 Zinsanpassung an veränderte Verhältnisse

(1) Nutzer und Grundstückseigentümer sind verpflichtet, in den Erbbaurechtsvertrag eine Bestimmung aufzunehmen, die eine Anpassung des Erbbauzinses an veränderte Verhältnisse vorsieht. Die Anpassung kann erstmals nach Ablauf von zehn Jahren seit Bestellung des Erbbaurechts verlangt werden. Bei einer zu Wohnzwecken dienenden Nutzung bestimmt sich die Anpassung nach dem in § 9a des Erbbaurechtsgesetzes bestimmten Maßstab. Bei anderen Nutzungen ist die Anpassung nach

1. den Erzeugerpreisen für gewerbliche Güter bei gewerblicher oder industrieller Nutzung des Grundstücks,
2. den Erzeugerpreisen für landwirtschaftliche Produkte bei land- und forstwirtschaftlicher Bewirtschaftung des Grundstücks oder
3. den Preisen für die allgemeine Lebenshaltung in allen übrigen Fällen vorzunehmen. Weitere Anpassungen des Erbbauzinses können frühestens nach Ablauf von drei Jahren seit der jeweils letzten Anpassung des Erbbauzinses geltend gemacht werden.

(2) Die Anpassung nach Absatz 1 Satz 3 und 4 ist auf den Betrag zu begrenzen, der sich aus der Entwicklung der Grundstückspreise ergibt. Die Begrenzung ist auf der Grundlage der Bodenrichtwerte nach § 196 des Baugesetzbuchs, soweit diese vorliegen, andernfalls in folgender Reihenfolge nach der allgemeinen Entwicklung der Grundstückspreise in dem Land, in dem das Grundstück ganz oder zum größten Teil belegen ist, dem in § 1 bezeichneten Gebiet oder im gesamten Bundesgebiet zu bestimmen. Abweichende Vereinbarungen und Zinsanpassungen sind gegenüber den Inhabern dinglicher Rechte am Erbbaurecht, die einen Anspruch auf Zahlung oder Befriedigung gewähren, unwirksam, es sei denn, daß der Erbbauzins nur als schuldrechtliche Verpflichtung zwischen dem Grundstückseigentümer und dem Nutzer vereinbart wird."

---

[366] A.A. OLG Karlsruhe NJW-RR 2006, 1593.

[367] *Oefele/Winkler*, Handbuch des Erbbaurechts (5. Auflage 2012), Rn. 6.156.

[368] Gesetz zur Sachenrechtsbereinigung im Beitrittsgebiet vom 21. 9. 1994, BGBl. I S. 2457.

[369] *Schmidt-Räntsch*, NJW 1998, 3166, 3169; *Kluge*, MittRhNotK 2000, 409, 412 (jeweils zu § 1 Nr. 4 PrKV a.F.).

III. Geld- und Kapitalverkehr

Um die Wettbewerbsfähigkeit der deutschen Kreditwirtschaft gegenüber Kreditinstituten aus Ländern ohne Restriktionen in Bezug auf die vertragliche Wertsicherung zu gewährleisten,[370] findet sich in § 5 PrKG eine Bereichsausnahme zugunsten des gesamten Geld- und Kapitalverkehrs.[371] Ein Rechtsverkehr in diesem Sinne lässt sich annehmen, wenn über die erfassten Instrumente verfügt wird, so dass es zu einer erstmaligen Begebung oder sekundären Veräußerung und Übertragung kommt.[372] Dabei ist es unerheblich, ob dieser Rechtsverkehr an einer Börse oder einem sonstigen Handelsplatz durchgeführt wird.[373] Der weite sachliche Anwendungsbereich des § 5 PrKG erschließt sich durch die in Bezug genommene Definition des Finanzinstruments in § 1 Abs. 11 KWG:

„Finanzinstrumente im Sinne der Absätze 1 bis 3 und 17 sowie im Sinne des § 2 Absatz 1 und 6 sind

1. Aktien und andere Anteile an in- oder ausländischen juristischen Personen, Personengesellschaften und sonstigen Unternehmen, soweit sie Aktien vergleichbar sind, sowie Zertifikate, die Aktien oder Aktien vergleichbare Anteile vertreten,
2. Vermögensanlagen im Sinne des § 1 Absatz 2 des Vermögensanlagengesetzes mit Ausnahme von Anteilen an einer Genossenschaft im Sinne des § 1 des Genossenschaftsgesetzes,
3. Schuldtitel, insbesondere Genussscheine, Inhaberschuldverschreibungen, Orderschuldverschreibungen und diesen Schuldtiteln vergleichbare Rechte, die ihrer Art nach auf den Kapitalmärkten handelbar sind, mit Ausnahme von Zahlungsinstrumenten, sowie Zertifikate, die diese Schuldtitel vertreten,
4. sonstige Rechte, die zum Erwerb oder zur Veräußerung von Rechten nach den Nummern 1 und 3 berechtigen oder zu einer Barzahlung führen, die in Abhängigkeit von solchen Rechten, von Währungen, Zinssätzen oder anderen Erträgen, von Waren, Indices oder Messgrößen bestimmt wird,
5. Anteile an Investmentvermögen im Sinne des § 1 Absatz 1 des Kapitalanlagegesetzbuchs,
6. Geldmarktinstrumente,
7. Devisen oder Rechnungseinheiten sowie
8. Derivate.

Geldmarktinstrumente sind alle Gattungen von Forderungen, die üblicherweise auf dem Geldmarkt gehandelt werden, mit Ausnahme von Zahlungsinstrumenten. Derivate sind

---

[370] *Gruber*, Geldwertschwankungen und handelsrechtliche Verträge in Deutschland und Frankreich (2002), S. 317; *Steiner*, Wertsicherungsklauseln (2003), S. 118; *Heermann*, Geld und Geldgeschäfte (2003), § 3 Rn. 114 (jeweils zu § 2 Abs. 1 Satz 3 PaPkG a.F.).

[371] Vgl. zur preisrechtlichen Freistellung noch *de lege ferenda* zu § 3 WährG a.F. *Gerke*, Gleitklauseln im Geld- und Kapitalverkehr (1980), insbesondere S. 177 ff.

[372] *Heynitz*, MittBayNot 1998, 398, 402; *Kirchhoff*, Wertsicherungsklauseln für Euro-Verbindlichkeiten (2006), S. 209.

[373] *Heynitz*, MittBayNot 1998, 398, 402.

1. als Kauf, Tausch oder anderweitig ausgestaltete Festgeschäfte oder Optionsgeschäfte, die zeitlich verzögert zu erfüllen sind und deren Wert sich unmittelbar oder mittelbar vom Preis oder Maß eines Basiswertes ableitet (Termingeschäfte) mit Bezug auf die folgenden Basiswerte:
a) Wertpapiere oder Geldmarktinstrumente,
b) Devisen oder Rechnungseinheiten,
c) Zinssätze oder andere Erträge,
d) Indices der Basiswerte des Buchstaben a, b oder c, andere Finanzindices oder Finanzmessgrößen oder
e) Derivate;

2. Termingeschäfte mit Bezug auf Waren, Frachtsätze, Emissionsberechtigungen, Klima- oder andere physikalische Variablen, Inflationsraten oder andere volkswirtschaftliche Variablen oder sonstige Vermögenswerte, Indices oder Messwerte als Basiswerte, sofern sie
a) durch Barausgleich zu erfüllen sind oder einer Vertragspartei das Recht geben, einen Barausgleich zu verlangen, ohne dass dieses Recht durch Ausfall oder ein anderes Beendigungsereignis begründet ist,
b) auf einem organisierten Markt oder in einem multilateralen Handelssystem geschlossen werden oder
c) nach Maßgabe des Artikels 38 Abs. 1 der Verordnung (EG) Nr. 1287/2006 der Kommission vom 10. August 2006 zur Durchführung der Richtlinie 2004/39/EG des Europäischen Parlaments und des Rates betreffend die Aufzeichnungspflichten für Wertpapierfirmen, die Meldung von Geschäften, die Markttransparenz, die Zulassung von Finanzinstrumenten zum Handel und bestimmte Begriffe im Sinne dieser Richtlinie (ABl. EU Nr. L 241 S. 1) Merkmale anderer Derivate aufweisen und nicht kommerziellen Zwecken dienen und nicht die Voraussetzungen des Artikels 38 Abs. 4 dieser Verordnung gegeben sind,
und sofern sie keine Kassageschäfte im Sinne des Artikels 38 Abs. 2 der Verordnung (EG) Nr. 1287/2006 sind;

3. finanzielle Differenzgeschäfte;

4. als Kauf, Tausch oder anderweitig ausgestaltete Festgeschäfte oder Optionsgeschäfte, die zeitlich verzögert zu erfüllen sind und dem Transfer von Kreditrisiken dienen (Kreditderivate);

5. Termingeschäfte mit Bezug auf die in Artikel 39 der Verordnung (EG) Nr. 1287/2006 genannten Basiswerte, sofern sie die Bedingungen der Nummer 2 erfüllen."

Auch Wertsicherungsklauseln in Verbraucherdarlehensverträgen im Sinne von §§ 491 und 506 BGB sind der Bereichsausnahme des § 5 PrKG zuzurechnen.[374] Dies folgte bisher aus § 6 Satz 2 PrKV a.F.[375] und nunmehr aus der eindeutigen Anordnung in § 2 Abs. 1 Satz 2 Nr. 2 PrKG. Ein Wertungswiderspruch zu den verbraucherschützenden Intentionen des Gesetzgebers lässt sich daraus nicht

---

[374] *Kirchhoff*, NVwZ 2011, 138, 141.
[375] Die Bedeutung von Satz 2 verkennt *Steiner*, Wertsicherungsklauseln (2003), S. 120.

ableiten,[376] da der Verbraucherschutz nicht absolut gesetzt wird und über die §§ 491 ff. BGB ein hinreichendes Schutzniveau sichergestellt ist.[377] Zudem unterwirft § 2 Abs. 1 Satz 2 Nr. 2 PrKG Preisgleitklauseln in Verbraucherdarlehensverträgen den restriktiven Anforderungen der Bestimmtheit und Angemessenheit nach § 2 Abs. 2 und 3 PrKG.

IV. Verträge mit Gebietsfremden

Eine ähnliche Teleologie wie die Bereichsausnahme zugunsten des Geld- und Kapitalverkehrs weist diejenige zugunsten des Außenhandels nach § 6 PrKG auf. Die deutsche Exportwirtschaft soll vor Wettbewerbsnachteilen gegenüber ausländischen Konkurrenten geschützt werden, die keinen Restriktionen im Bereich der vertraglichen Wertsicherung unterliegen.[378] Durch § 6 PrKG wird der persönliche Anwendungsbereich des Preisklauselgesetzes konturiert.[379] Entgegen der Einschätzung der Gesetzesbegründung[380] handelt es sich bei § 6 PrKG keinesfalls um eine unveränderte Fortführung der Vorgängerregelung aus § 2 Abs. 1 Satz 4 PaPkG a.F. Die inländische Vertragspartei muss nicht mehr Kaufmann im Sinne der §§ 1 ff. HGB sein, sondern es genügt seine Unternehmerstellung nach § 14 BGB. Schon vor dieser Gesetzesänderung war in der Literatur eine Ausweitung des persönlichen Anwendungsbereichs auf alle gewerblich tätigen Personen unabhängig von ihrer Kaufmannseigenschaft vertreten worden.[381] Die Bezugnahme auf § 14 BGB soll verdeutlichen, dass nur solche Verträge privilegiert sind, die nach ihrer Art dem gewerblichen oder selbständigen beruflichen Betätigungsfeld zuzuordnen sind.[382] Gebietsansässig sind Inländer im Sinne von § 2 Abs. 15 AWG.[383]

---

[376] A.A. *Steiner*, Wertsicherungsklauseln (2003), S. 119.

[377] *Schmidt-Räntsch*, NJW 1998, 3166, 3168.

[378] *Schmidt-Räntsch*, NJW 1998, 3166, 3168; *Gruber*, Geldwertschwankungen und handelsrechtliche Verträge in Deutschland und Frankreich (2002), S. 317.

[379] Vgl. zu § 3 WährG a.F. *Mittelbach*, Wertsicherungsklauseln in Zivil- und Steuerrecht (4. Auflage 1980), S. 29 f.

[380] BT-Drucks. 16/4391, S. 29.

[381] *Schmidt-Räntsch*, NJW 1998, 3166, 3168; *Heynitz*, MittBayNot 1998, 398, 403; *Grothe*, WM 2002, 22, 23; *Gruber*, Geldwertschwankungen und handelsrechtliche Verträge in Deutschland und Frankreich (2002), S. 318; *Steiner*, Wertsicherungsklauseln (2003), S. 121 f.

[382] BT-Drucks. 16/4391, S. 29.

[383] So schon zu § 3 Satz 2 WährG a.F. *Ziehm*, Die Wertsicherungsklausel im deutschen Recht (1966), S. 181.

V. Verträge zur Deckung des Bedarfs der Streitkräfte

Keine Gefahren für die Geldwertstabilität sah der Haushaltsausschuss des Deutschen Bundestages infolge von Wertsicherungsklauseln in Beschaffungsverträgen der Bundeswehr.[384] Vielmehr wirke sich der Produktivitätsfortschritt regelmäßig sogar inflationshemmend aus. Auch würden langfristige Verträge über komplexe Wehrtechnik vielfach auf Selbstkostenbasis geschlossen. Letztlich erscheint die Bereichsausnahme des § 7 PrKG auch wegen der – unter anderem in Art. 87a GG zum Ausdruck kommenden – Staatsaufgabe zur Selbstverteidigung[385] gerechtfertigt. Wegen der umfassenden Schutzrichtung sind auch Zulieferverträge für den Verteidigungsbedarf erfasst; die Streitkräfte selbst müssen nicht Vertragspartner sein.[386]

F. Rechtsfolgen gescheiterter Wertsicherungsabreden

I. Schwebende Wirksamkeit unzulässiger Klauseln nach dem Preisklauselgesetz

Der Wegfall des Genehmigungserfordernisses und damit der Möglichkeit, sich ein Negativattest bei der Genehmigungsstelle einzuholen,[387] schufen das Regelungsbedürfnis für § 8 PrKG. Das System der Legalausnahmen beruht nicht nur auf klaren und handhabbaren Tatbeständen, sondern mutet den betroffenen Wirtschaftsteilnehmern auch zu, das Risiko einer Fehleinschätzung auf sich zu nehmen. Ein Ausgleich wird dadurch geschaffen, dass nach § 8 Satz 1 PrKG die Unwirksamkeit der Preisklausel erst im Zeitpunkt ihrer rechtskräftigen gerichtlichen Feststellung *ex nunc* eintritt.[388] Gegen die Kritik des Bundesrates[389] setzte sich im Gesetzgebungsverfahren die Auffassung durch, die unzulässige Preisklausel für den gesamten Zeitraum bis zur rechtskräftigen gerichtlichen Entscheidung einschließlich des Instanzenzugs als gültig zu behandeln.[390] Die Einschränkung der Entscheidungswirkungen auf die Zukunft deckt sich mit den eindeutigen Gesetzesmaterialien und ist daher als Teil der *lex lata* hinzu-

---

384 BT-Drucks. 16/4391, S. 29.

385 Vgl. *Depenheuer*, in: Maunz/Dürig, GG (2013), Art. 87a Rn. 8.

386 Offen *Hilber*, BB 2011, 2691, 2692.

387 Vgl. dazu *Kirchhoff*, Wertsicherungsklauseln für Euro-Verbindlichkeiten (2006), S. 267 ff.; *Wilsch*, NotBZ 2007, 431, 432.

388 BGH NJW 2014, 52 Rn. 29; OLG Brandenburg NZM 2013, 184, 187; *Klühs*, ZfIR 2012, 850, 853.

389 BR-Drucks. 68/07 (Beschluss), S. 5.

390 *Reul*, MittBayNot 2007, 445, 450.

nehmen.[391] So verbietet sich eine teleologische Reduktion, da der Gesetzeswortlaut nicht vom Willen des Gesetzgebers abweicht. Auch in der Sache lässt sich § 8 Satz 2 PrKG rechtspolitisch rechtfertigen. Zum einen sichert die einschränkende Regelung die grundrechtlich geschützte Indexierungsfreiheit ab, indem sie die Reichweite des Preisklauselgesetzes einschränkt. Auf dieser Linie befand sich auch die allgemeine Ansicht zu § 3 Satz 2 WährG a.F., die dessen enge und beschränkende Auslegung befürwortete.[392] Zum anderen erscheint die Unwirksamkeit der Wertsicherungsvereinbarung für die Zukunft hinreichend abschreckend, um einen Missbrauch unattraktiv werden zu lassen. Gerade in langfristigen Verträgen mit erheblicher Restlaufzeit bestehen nennenswerte Risiken zulasten des Geldgläubigers, so dass von einer abweichenden Vereinbarung, wie sie § 8 Satz 1 Halbsatz 2 PrKG zulässt, häufig auszugehen ist.

Konkret bewirkt § 8 PrKG, dass sich die Höhe der Geldschuld bis zum Eintritt der Rechtskraft nach Maßgabe der unzulässigen Preisklausel berechnet. Daher bildet der Vertrag mit der schwebend wirksamen Wertsicherungsklausel einen Rechtsgrund im Sinne des § 812 Abs. 1 BGB für die inflationsangepassten Geldleistungen. Geleistete Zahlungen können nicht nachträglich zurückverlangt werden.[393] Für den Zeitraum danach wird die Preisklausel als unwirksam behandelt. Damit gelangt aber nicht automatisch der ursprünglich bei Vertragsschluss vereinbarte Geldbetrag zur Anwendung.[394] Vielmehr ist nach den Regeln für fehlerhafte Wertsicherungsklauseln zu bestimmen, wie die entstandene Vertragslücke zu schließen ist.[395] Regelmäßig lässt sich auf eine ergänzende Vertragsauslegung zurückgreifen, die Vorrang vor einem Wegfall der Geschäftsgrundlage hat. Maßgeblich ist, was die Vertragsparteien redlicherweise unter Abwägung ihrer Interessen vereinbart hätten, wenn sie die Unwirksamkeit vorhergesehen hätten.[396] Am Ende muss daher kein vollständiger Verzicht auf eine Wertsicherung stehen. Lediglich die unzulässige Preisklausel kann nicht aufrecht erhalten werden.

---

391 *Gerber*, NZM 2008, 152, 154, der aber in Formularverträgen eine Unwirksamkeit von unzulässigen Preisklauseln nach § 307 Abs. 1 Satz 1 BGB wegen der benachteiligenden Rechtsfolgen aus § 8 PrKG annehmen will. Damit würde, wie *Gerber* (ebenda, S. 155) zugesteht, der Anwendungsbereich des Preisklauselgesetzes entgegen der gesetzlichen Intention erheblich eingeschränkt.

392 Statt aller BGHZ 14, 306, 308; BGH NJW 1962, 1393; BVerwGE 41, 1, 6.

393 *Kirchhoff*, NVwZ 2011, 138, 142.

394 A.A. *Hilber*, BB 2011, 2691, 2692.

395 *Grundmann*, in: MünchKomm BGB (6. Auflage 2012), § 245 Rn. 81.

396 BGHZ 191, 336 Rn. 16 m.w.N.

II. Lückenschließung: ergänzende Vertragsauslegung vor Wegfall der Geschäftsgrundlage

1. Überblick

Das praktische Scheitern einer vertraglichen Wertsicherungskonstruktion kann auf verschiedenen Ursachen beruhen: Eine wirksame Wertsicherungsklausel kann entweder in unzureichendem oder übermäßigem Maß zu einer Anpassung des Geldschuldbetrags führen. Vor allem aber ist der Verstoß gegen das Preisklauselgesetz zu nennen, der die Vorkehrungen der Parteien zur Wertsicherung auszuhebeln droht. Als Auslöser für die Unwirksamkeit einer Wertsicherungsklausel in Formularverträgen kommen auch die §§ 305 ff. BGB in Betracht.[397] Vorrangig ist in allen diesen Fällen eine ergänzende Vertragsauslegung vorzunehmen.[398] Erst wenn diese zu keinem Ergebnis führt, darf auf § 313 BGB zurückgegriffen werden.[399] Ergänzende Auslegung des Vertrages bedeutet, dass an die Regelungen und Wertungen des Vertrages anzuknüpfen ist[400] und diese zu Ende zu denken sind. Die Regelungen und Wertungen des Vertrages dienen als Ausgangspunkt der ergänzenden Vertragsauslegung.[401]

2. Unzulässigkeit nach Preisklauselgesetz

Im Fall eines Verstoßes gegen das Preisklauselgesetz, namentlich § 1 Abs. 1 oder § 2 PrKG, folgt häufig aus dem hypothetischen Parteiwillen, dass die unzulässige Preisklausel durch eine zulässige Alternativgestaltung zu ersetzen ist.[402] Gerade der Wechsel von einer Preisgleitklausel (§ 1 Abs. 1 PrKG) zu einer Leistungsvorbehalts- oder Spannungsklausel (§ 1 Abs. 2 Nr. 1 und 2 PrKG) liegt regelmäßig nahe.[403] Bei Mietverträgen steht auch der Übergang zu einer Staffelmietabrede offen.[404] Besteht eine Pflicht zum Austausch der unzulässigen durch eine zulässige Wertsicherungsklausel, kann sich der Geldschuldner nach Treu

---

[397] Vgl. dazu ausführlich *Kamanabrou*, Vertragliche Anpassungsklauseln (2004), S. 95 ff.; *Thomas*, AcP 209 (2009) 84, 90 ff.; *Hilber*, BB 2011, 2691, 2693 ff.; *Klühs*, ZfIR 2012, 850, 854 ff.

[398] BGH WM 1963, 763, 764 f.; BGH NJW 1967, 830, 831; BGHZ 63, 132, 135; BGH NJW 1976, 892 (Leitsatz) = MDR 1976, 571; BGH NJW 1979, 2250; BGH NJW 1983, 1909, 1910; BGHZ 90, 69, 75; BGHZ 191, 336 Rn. 13; OLG Brandenburg NZM 2013, 184, 188; *Thomas*, AcP 209 (2009) 84, 119 ff. (zur Unwirksamkeit nach §§ 305 ff. BGB).

[399] BGHZ 164, 286, 292; vgl. auch BGH NJW 1974, 273, 274.

[400] BGHZ 81, 135, 141; BGH NJW 2009, 679 Rn. 7; BGH NJW-RR 2013, 494 Rn. 12.

[401] BGH NJW-RR 2013, 494 Rn. 12.

[402] BGHZ 63, 132, 135 f.; BGH NJW 1979, 2150; OLG Brandenburg NZM 2013, 184, 188; *Hartmann*, NJW 1976, 428; *Horn*, AcP 181 (1981) 255, 270; *Finkenauer*, in: MünchKomm BGB (6. Auflage 2012), § 313 Rn. 201; kritisch *Mittelbach*, Wertsicherungsklauseln in Zivil- und Steuerrecht (4. Auflage 1980), S. 107.

[403] Vgl. BGH WM 1976, 385; BGH NJW 1979, 2250 f.

[404] *Aufderhaar/Jaeger*, NZM 2009, 564, 565.

und Glauben nicht auf eine Gesamtnichtigkeit des Vertrages nach § 139 BGB mit der Begründung berufen, er hätte einer anderen Wertsicherungsabrede niemals zugestimmt.[405] Bei Verträgen mit kürzerer Laufzeit liegt im Zweifel der Parteiwille vor, den Vertrag auch ohne wirksame Wertsicherung durchzuführen, so dass nach § 139 BGB keine Gesamtnichtigkeit eintritt.[406]

3. Untauglichkeit der Bezugsgröße

Die von den Parteien ausgewählte Bezugsgröße kann eine übermäßige Anpassung der Geldschuld bewirken und damit über das intendierte Ziel des Inflationsausgleichs hinausreichen. Diese Risikostruktur weisen vor allem Klauseln auf, die keinen Preisindex inkorporieren, welcher die Entwicklung der allgemeinen Lebenshaltungskosten wiederspiegelt. Namentlich hervorzuheben ist die Anbindung an die in § 3 Abs. 2 PrKG genannte Einzel- oder Gesamtentwicklung von Löhnen, Gehältern, Ruhegehältern oder Renten.[407] Grundsätzlich übernehmen die Parteien das Risiko einer abweichenden Entwicklung von Inflation und gewählter Bezugsgröße.[408] Im Einzelfall kann eine solche Loslösung von der allgemeinen Geldwertentwicklung von den Parteien intendiert sein.[409] Durch Auslegung des Vertrages nach §§ 133, 157 BGB ist daher zunächst zu klären, in welchem Umfang eine Wertsicherung angestrebt war.[410] Nur wenn sich daraus eine planwidrige Unvollständigkeit in Bezug auf die Wertsicherung ergibt, darf gerichtlich in das Vertragsgefüge eingegriffen werden. Entgegen der Tendenzen in der früheren höchstrichterlichen Judikatur, unmittelbar die Regeln zum Wegfall der Geschäftsgrundlage anzuwenden,[411] ist vorrangig eine ergänzende Vertragsauslegung vorzunehmen.[412] Erst wenn sich kein hypothetischer Parteiwille feststellen lässt, darf zu § 313 BGB übergegangen werden.[413] Wegen der Absehbarkeit des Auseinanderfallens von allgemeiner Inflation und spezieller Bezugsgröße liegt die Hürde für einen Wegfall der Geschäftsgrundlage allerdings hoch.[414]

Die Untauglichkeit der gewählten Bezugsgröße oder allgemein der vereinbarten Preisklausel kann weiterhin auf einer unzureichenden wertsichernden Wirkung basieren. Auch in diesem Fall muss durch Auslegung des Vertrages in

---

405 BGH NJW 1983, 1909, 1910; *Kirchhoff*, NVwZ 2011, 138, 142.

406 BGH NJW 1974, 2233, 2235 zu einer Vertragslaufzeit von fünf Jahren; ähnlich OLG Brandenburg NZM 2013, 184, 187.

407 *K. Schmidt*, in: Staudinger, BGB (1997), Vorbem D181 f. zu §§ 244 ff.

408 BGH WM 1973, 383, 385.

409 BGH WM 1973, 461, 463.

410 Vgl. auch BAG NZA-RR 2008, 457 Rn. 23 ff.

411 BGH NJW 1974, 273, 274.

412 BGH NJW 2007, 509 Rn. 9 ff.; BGHZ 191, 336 Rn. 13.

413 BGHZ 191, 336 Rn. 19.

414 *Finkenauer*, in: MünchKomm BGB (6. Auflage 2012), § 313 Rn. 200 m.w.N.

Erfahrung gebracht werden, in welchem Umfang die Parteien tatsächlich eine Wertsicherung gewollt haben.[415] Ist eine Anbindung an die allgemeinen Kaufkraftschwankungen intendiert und taugt hierzu der Wertmaßstab entgegen der Erwartungen der Parteien nicht, so bedarf es einer ergänzenden Vertragsauslegung.[416] Als praktischer Hauptanwendungsfall hatten sich zunächst die nach Gründung des Bundesrepublik häufig vereinbarten sog. Roggenklauseln erwiesen. Danach sollte die Höhe der Geldschuld mit der Entwicklung der Roggenpreise verbunden werden, um auf diese Weise die allgemeine Geldwertentwicklung zu erfassen.[417] Der Marktpreis für Roggen erhöhte sich in der Folge aber in deutlich geringerem Umfang als die allgemeinen Lebenshaltungskosten. Geboten war daher eine ergänzende Vertragsauslegung,[418] nachrangig die Prüfung eines Wegfalls der Geschäftsgrundlage. Auch nachträgliche Änderungen der Rechtslage wie etwa die Einführung von § 9a ErbbauRG können eine ergänzende Auslegung der unzureichenden Wertsicherungsvereinbarung rechtfertigen.[419] Schließlich bedarf es auch dann eines Rückgriffs auf eine ergänzende Vertragsauslegung, wenn die in Bezug genommene statistische Größe später wegfällt.[420]

G. Zusammenfassung

Eine Absicherung gegen die Folgen der Geldentwertung für Geldschuldverhältnisse können die Parteien durch präventive Wertsicherungsvereinbarungen treffen. Betroffen sind vor allem Geldsummenschulden; die inhärente Indexierung von Geldwertschulden vermag aber durch Wertsicherungsvereinbarungen auch modifiziert zu werden. Die Parteien machen dabei von ihrer grundrechtlichen Freiheit zur Wertsicherung Gebrauch, die vor allem in den Eigentumsgewährleistungen auf nationaler, supranationaler und internationaler Ebene wurzelt. Wertsicherungsabreden sind jedoch nicht schrankenlos zulässig. Bis 1998 griffen die Restriktionen aus § 3 Satz 2 WährG a.F. in Verbindung mit der Genehmigungspraxis der Deutschen Bundesbank ein. Mit der Euro-Einführung hatte der deutsche Gesetzgeber zunächst eine detailreiche Kodifizierung vorgenommen, um später mit dem Preisklauselgesetz sogar zu einem System der Legalausnahmen überzugehen. Entgegen der Kritik in der Literatur lassen sich diese Beschränkungen auch rechtspolitisch rechtfertigen. Zu verweisen ist im Wesentlichen auf die vertretbare Annahme stabilitätsfördernder Wirkungen

---

415 BGHZ 81, 135, 141; BGH NJW 2007, 509 Rn. 11 ff.
416 BGHZ 191, 336 Rn. 13 m.w.N.
417 Vgl. die Klausel in BGHZ 81, 135, 136.
418 BGH WM 1972, 1442 f.; BGH BB 1984, 694, 695.
419 BGH NJW 2007, 509 Rn. 9.
420 BGH NJW 2009, 679 Rn. 7.

sowie auf die durch die Abkehr vom Genehmigungsverfahren erzielten Verwaltungserleichterungen.

Inhaltlich kodifiziert das Preisklauselgesetz in weitem Umfang die frühere Rechtsprechung des Bundesgerichtshofs zu § 3 Satz 2 WährG a.F. im Zusammenspiel mit den Genehmigungsleitlinien der Deutschen Bundesbank. Systematischer Ausgangspunkt für die Bestimmung des sachlichen Anwendungsbereichs ist § 1 Abs. 1 PrKG, wonach Gleitklauseln für Geldschulden grundsätzlich verboten sind. Ausgenommen werden aber insbesondere Spannungs-, Leistungsvorbehalts- und Kostenelementeklauseln. Hinzu treten die Bereichsausnahmen der §§ 3 bis 7 PrKG, deren praktischer Anwendungsschwerpunkt bei langfristigen Verträgen und dem Geld- und Kapitalverkehr liegen dürfte. Diese Privilegierungen gelten vor allem Preisklauseln in Verträgen mit Versorgungscharakter und Verträgen mit einer langen Bindungsdauer.

Bei einer nach dem Preisklauselgesetz unwirksamen Preisklausel greift keine *ex tunc*-Nichtigkeit nach § 134 BGB ein. Statt dessen gilt die Klausel solange als wirksam, bis der Verstoß gegen das Preisklauselgesetz rechtskräftig festgestellt ist (§ 8 PrKG). Die entstandene Lücke ist vorrangig im Wege ergänzender Vertragsauslegung zu schließen. Auf diese Weise kann die unzulässige Klausel durch eine zulässige ersetzt werden. Erst wenn eine ergänzende Vertragsauslegung unmöglich ist, darf auf § 313 BGB zurückgegriffen werden.

§ 17 Geldentwertung und gesetzliche Reaktionsmechanismen (Aufwertung)

Gegen eine inflationäre Entwertung von Geldsummenschulden kann vertraglich durch Wertsicherungsvereinbarungen vorgesorgt werden. Fehlt jedoch eine solche, so steht lediglich der reagierende Modus offen. Eine Aufwertung kann dann allein auf gesetzlicher Grundlage erfolgen. Zwei Arten von gesetzlichen Aufwertungsbestimmungen sind hierbei voneinander abzugrenzen. Die Aufwertung kann zum einen ohne Ansehung der konkreten Geldschuld bzw. des konkreten Vertragsverhältnisses generalisierend durch ein spezielles Aufwertungsgesetz erfolgen (generelle oder gesetzliche Aufwertung). Zum anderen steht es dem Privatrechtsgesetzgeber offen, abstrakte Regelungen zu erlassen, welche in richterlicher Einzelfallanwendung unter Würdigung der konkreten Geldschuld bzw. des konkreten Vertragsverhältnisses auch zur Aufwertung herangezogen werden können (individuelle oder freie Aufwertung). Praktisch dominierend ist in Deutschland der letztere Weg gewesen, da gesetzliche Indexierungen als inflationsfördernd eingestuft wurden.[421]

A. Generelle Aufwertung durch den Gesetzgeber

Trotz der sublimen Befürchtung von inflationsfördernden Tendenzen lassen sich in der deutschen Geldrechtsgeschichte des 20. Jahrhunderts zwei Epochen ausmachen, in denen der Gesetzgeber spezialgesetzlich in bestehende Geldschulden eingegriffen und eine generelle Aufwertung vorgenommen hat.[422]

---

[421] *Gruber*, Geldwertschwankungen und handelsrechtliche Verträge in Deutschland und Frankreich (2002), S. 122 m.w.N.

[422] Vgl. im Einzelnen *Berndt*, Die Wertsicherung in der Unternehmung unter besonderer Berücksichtigung der Währungsgesetzgebung (1960), S. 12 ff.

I. Aufwertungsgesetze von 1925 bis 1930

Zur Aufarbeitung der „großen Inflation" in der Weimarer Zeit wurde zunächst am 16.7.1925 das „Gesetz über die Aufwertung von Hypotheken und anderen Ansprüchen (Aufwertungsgesetz)"[423] erlassen.[424] In den sachlichen Anwendungsbereich des Aufwertungsgesetzes von 1925 fielen sämtliche Geldforderungen, die vor dem 14.2.1924 in einer nicht mehr gültigen inländischen Währung begründet worden und vom Währungsverfall betroffen waren (§ 1 Abs. 1 Satz 1 Aufwertungsgesetz). Als Berechnungsgrundlage der Aufwertung zogen §§ 2 f. Aufwertungsgesetz den Goldmarkbetrag im Zeitpunkt der Begründung der Geldschuld heran. Der Goldmarkbetrag wurde für vor dem 1.1.1918 erworbene Ansprüche nach dem Nennbetragsverhältnis 1:1, für alle anderen nach Maßgabe der im Anhang zum Aufwertungsgesetz tabellarisch aufgeführten Umrechnungsverhältnisse ermittelt. In der Endphase nach dem 20.11.1923 galt danach ein Umrechnungskurs von 1 : 1 Billion. Der Aufwertungsumfang differierte je nach dem Rechtsgrund des Anspruchs. Hypotheken, Grundschulden sowie die durch sie gesicherte persönliche Forderungen wurden grundsätzlich auf 25 % des Goldmarkbetrags aufgewertet (§§ 4, 9, 31 Aufwertungsgesetz). Für kontokorrentgebundene Forderungen und Bankguthaben war hingegen regelmäßig eine Aufwertung gänzlich ausgeschlossen (§§ 65 f. Aufwertungsgesetz). Das Aufwertungsgesetz wurde am 18.7.1930 durch das „Gesetz über die Fälligkeit und Verzinsung von Aufwertungshypotheken"[425] inhaltlich ergänzt und fortgeführt.

II. Währungsreform nach dem Zweiten Weltkrieg

Die westdeutsche Währungsreform von 1948 führte aufgrund des in zwei Schritten erzielten Umrechnungsverhältnisses von 10 Reichsmark = 0,65 DM zu deutlichen Eingriffen in bestehende Geldschulden. Rechtsgrundlagen waren hierfür das Dritte Gesetz zur Neuordnung des Geldwesens (Umstellungsgesetz)[426] und

---

[423] RGBl. I S. 117.

[424] Vgl. übergreifend *Warneyer/Koppe*, Die neuen Aufwertungsgesetze (1925); *Mügel*, Das gesamte Aufwertungsrecht (5. Auflage 1927); *Schlegelberger/Harmening*, Das Aufwertungsgesetz (5. Auflage 1927); *Mügel*, Kommentar zu den neuen Aufwertungsgesetzen (1930); zu Einzelfragen *Rocke*, Die Rechtsstellung des Hypothekengläubigers beim Auseinanderfall von dinglichem und persönlichem Schuldner nach dem Aufwertungsgesetz vom 16. Juli 1925 (1927); *Hein*, Die Wirkung und die Pfändbarkeit des Rangvorbehaltes im Aufwertungsgesetz (1928); *Singer*, Die Aufwertung von Versicherungsansprüchen nach dem Aufwertungsgesetz (1928).

[425] RGBl. I S. 300.

[426] Vom 27.6.1948, WiGBl. 1948, Beilage Nr. 5, S. 13.

das Vierte Gesetz zur Neuordnung des Geldwesens[427]. Eine individuelle Aufwertung nach § 242 BGB war durch Art. II des sog. „Mark-gleich-Mark-Gesetzes" von 1947[428] ausdrücklich ausgeschlossen worden. Eine generelle Aufwertung fand regelungstechnisch insofern statt, als das Umstellungsgesetz für bestimmte Geldschuldkategorien Ausnahmen von der Abwertung vorsah. An die Stelle der durch das Umstellungsgesetz in einem ersten Schritt bewirkten Abwertung im Verhältnis von 10 Reichsmark = 1 DM trat eine nominaläquivalente Umrechnung im Verhältnis 1:1. Zugrunde lag die Vorschrift des § 18 Abs. 1 Umstellungsgesetz:

> „Sonderregelung für bestimmte Reichsmarkverbindlichkeiten
>
> (1) Folgende Reichsmarkverbindlichkeiten werden in Abweichung von § 16 mit der Wirkung auf Deutsche Mark umgestellt, daß der Schuldner für jede Reichsmark eine Deutsche Mark zu zahlen hat:
> 1. Löhne und Gehälter, Miet- und Pachtzinsen, Altenteile, Renten, Pensionen und andere regelmäßig wiederkehrende Leistungen, die nach dem 20. Juni 1948 fällig geworden sind oder fällig werden,
> 2. Verbindlichkeiten aus Kaufverträgen und Werkverträgen, wenn und soweit die Gegenleistung vor dem 21. Juni 1948 noch nicht bewirkt war,
> 3. Verbindlichkeiten aus der Auseinandersetzung zwischen Gesellschaftern, Miterben, Ehegatten, geschiedenen Ehegatten, Eltern und Kindern, Verbindlichkeiten gegenüber Pflichtteilberechtigten und Vermächtnisnehmern sowie Verbindlichkeiten, die der Übernehmer eines Guts oder eines Vermögens dem anderen Vertragsteil gegenüber zur Abfindung eines Dritten eingegangen ist,
> 4. alle am 19. und 20. Juni 1948 eingegangenen Reichsmarkverbindlichkeiten."

Für die von § 18 Abs. 1 Nr. 2 Umstellungsgesetz erfassten Geldgläubiger ergab sich eine weitere Privilegierung aus der Gewährung eines zeitlich begrenzten Rücktrittsrechts (§ 20 Abs. 1 Umstellungsgesetz). § 21 Umstellungsgesetz sah schließlich ein gesondertes Vertragshilfeverfahren vor, das durch das Gesetz über die richterliche Vertragshilfe (Vertragshilfegesetz) vom 26. 3. 1952[429] abgelöst wurde. Nach § 1 Abs. 1 Vertragshilfegesetz konnte für vor dem Stichtag der Währungsreform begründete Geldverbindlichkeiten eine Stundung oder Herabsetzung richterlich angeordnet werden, „wenn und soweit die fristgemäße oder die volle Leistung dem Schuldner bei gerechter Abwägung der Interessen und der Lage beider Teile nicht zugemutet werden kann". Der Kreis der Verbindlichkeiten, für die Vertragshilfe gewährt werden konnte, wurde im

---

427 Gesetz Nr. 65 vom 4. 10. 1948 (amerikanisches und britisches Kontrollgebiet) bzw. Verordnung Nr. 175 vom 30. 9. 1948 (französisches Kontrollgebiet).

428 Gesetz Nr. 51 vom 1. 7. 1947 (amerikanisches Kontrollgebiet), Bay. GVBl. S. 161; Gesetz Nr. 92 vom 1. 7. 1947 (britisches Kontrollgebiet); Verordnung vom 6. 11. 1947 (französisches Kontrollgebiet).

429 BGBl. I S. 198; vgl. zur Einordnung der Vertragshilfeverordnung von 1939 *Kegel*, Aktuelle Grenzfragen der Geschäftsgrundlage (1949).

Vergleich zu § 21 Umstellungsgesetz deutlich erweitert. Während zuvor eine Beschränkung auf Geldsummenschulden vorgesehen gewesen war, waren nunmehr alle vor dem Währungsstichtag begründeten auf Geld lautenden Verbindlichkeiten erfasst.[430]

B. Individuelle Aufwertung auf gesetzlicher Grundlage

I. Vereinbarkeit mit dem Nominalismusprinzip

Aufwertung von Geldschulden und geldschuldrechtlicher Nominalismus stehen in einer Beziehung des Gegensatzes zueinander. Aus Sicht des geldschuldrechtlichen Nominalismus vermag sich der Schuldner stets durch Zahlung des Nennwerts der Schuld zu befreien.[431] Die Aufwertung – nicht nur die individuelle – lässt demgegenüber eine Erfüllung nach §§ 362 ff. BGB bei einer schlicht nominalen Leistung nicht zu. Infolge der Aufwertung einer Verbindlichkeit ist der Schuldner verpflichtet, einen nominal höheren Geldbetrag an seinen Gläubiger zu zahlen, als ursprünglich geschuldet war. Die frühe reichsgerichtliche Aufwertungsrechtsprechung[432] bemühte daher verschiedene Argumentationsstränge, um den augenscheinlichen Einbruch in die – Anfang des 20. Jahrhunderts allgemein anerkannte – Sphäre des Nominalprinzips zu rechtfertigen. Zum einen stellte das Reichsgericht auf den das gesamte Rechtsleben – und damit auch das Währungs- und Geldschuldrecht – beherrschenden Grundsatz von Treu und Glauben ab. Die Änderung der wirtschaftlichen Verhältnisse lasse ein starres Festhalten am Grundsatz „Mark = Mark“ nicht mehr zu. Der Schuldner könne sich ansonsten in treuwidriger Weise seiner Verbindlichkeit entledigen. Zum anderen verwies das Reichsgericht auf eine Reihe von Gesetzesänderungen des Jahres 1923, die spezialgesetzliche Ausgleichsmaßnahmen für die eingetretene Hyperinflation vorsahen. Danach konnten aufgrund administrativen Akts die Bezüge aus Altenteilsverträgen an den Währungsverfall angepasst werden.[433] Vermögensstrafen und Bußgelder wurden zu Geldwertschulden umgestaltet, deren Höhe sich entsprechend den allgemeinen Lebenshaltungskosten entwickelte.[434] Die Festlegung der Gerichtskosten erfolgte nicht mehr aufgrund summenmäßig fixierter Gebührensätze, sondern unter

---

[430] *Hoffmann*, JR 1952, 222.

[431] BVerwGE 41, 1, 5; vgl. oben, S. 268 ff.

[432] RGZ 107, 78, 88 f.

[433] § 1 des Gesetzes über die anderweitige Festsetzung von Geldbezügen aus Altenteilsverträgen vom 18. 8. 1923, RGBl. I S. 815.

[434] Art. IV des Gesetzes über Vermögensstrafen und Bußen vom 13. 10. 1923, RGBl. I S. 943.

laufender Anpassung an die Inflationsrate.[435] Aus der Gesamtschau mit weiteren gleichgelagerten gesetzlichen Maßnahmen folgerte das Reichsgericht, dass der Gesetzgeber bewusst das Nominalprinzip durchbrochen und eine Aufwertung zugelassen habe.[436]

Im Anschluss daran nimmt die seit Jahrzehnten ganz herrschende Ansicht[437] an, dass der geldschuldrechtliche Nominalismus keine schrankenlose Geltung beanspruchen könne. Es fehle an einer gesetzlichen Grundlage für ein Verbot der individuellen Aufwertung nach den Grundsätzen von Treu und Glauben.[438] In der Tat lässt sich auch aus der gewohnheitsrechtlichen Grundlage des geldschuldrechtlichen Nominalismus kein abweichendes Ergebnis ableiten. Die Reichweite des Nominalismus beruht auf der Vorrangigkeit der Interessen und Ziele, die er zu verwirklichen sucht. Das geldschuldrechtliche Nominalprinzip strebt Rechtssicherheit und -klarheit für Gläubiger und Schuldner von auf Geld gerichteten Verbindlichkeiten an.[439] Die fingierte Gleichwertigkeit einer Währungseinheit im Laufe der Zeit zwischen Begründung und Erfüllung des Schuldverhältnisses reduziert die Inhaltsbestimmung von Geldschulden auf die Festlegung einer festen Anzahl von Währungseinheiten. Streitigkeiten über Vorliegen und Umfang einer Geldentwertung sowie den Maßstab für ihre Berücksichtigung werden vermieden.[440] Das Nominalprinzip lässt sich daneben aber auch durch seine stabilitätsfördernde und inflationshemmende Wirkung rechtfertigen.[441] Beide teleologischen Standpfeiler des Nominalismus müssen allerdings mit dem Gedanken der Funktionsgerechtigkeit in Konkordanz gebracht werden. Nach Dieter Reuter[442] zeigt sich die Funktionsgerechtigkeit sowohl in der Äquivalenz von Leistung und Gegenleistung als auch in einer bestimmten inhärenten Zielsetzung eines Geldschuldverhältnisses (z.B. Bedarfsdeckung). Daher taugt zumindest das Äquivalenzprinzip als Einschränkungsgrundlage

---

[435] Vierte Verordnung zur Erhöhung der Gerichtskosten vom 30.10.1923, RGBl. I S. 1040.

[436] RGZ 107, 78, 90.

[437] BGHZ 61, 31, 38; *Ziehm*, Die Wertsicherungsklausel im deutschen Recht (1966), S. 23 f.; *Fögen*, Geld- und Währungsrecht (1969), S. 141; *Reuter*, ZHR 137 (1973) 482, 495; *von Maydell*, Geldschuld und Geldwert (1974), S. 119; *Horn*, Geldwertveränderungen, Privatrecht und Wirtschaftsordnung (1975), S. 33 ff.; *Ertl*, Inflation, Privatrecht und Wertsicherung (1980), S. 233 ff.; *Gruber*, Geldwertschwankungen und handelsrechtliche Verträge in Deutschland und Frankreich (2002), S. 423 m.w.N.; einschränkend hingegen *Mann*, NJW 1974, 1297, 1298 f.; a.A. *Heck*, AcP 122 (1924) 203, 215.

[438] *von Maydell*, Geldschuld und Geldwert (1974), S. 68; dem folgend *Gruber*, Geldwertschwankungen und handelsrechtliche Verträge in Deutschland und Frankreich (2002), S. 423.

[439] *Reuter*, ZHR 137 (1973) 482, 493.

[440] *Reuter*, ZHR 137 (1973) 482, 493.

[441] BT-Drucks. 16/4391, S. 27 (zu § 1 Abs. 1 PrkKG); *EZB*, Nr. 5 der Stellungnahme CON/2004/20 vom 3.6.2004; BVerwGE 41, 1, 5; *Reuter*, ZHR 137 (1973) 482, 484 ff. m.w.N. auch zur Gegenansicht; *Papier*, JuS 1974, 477, 480; vgl. auch *Fögen*, Geld- und Währungsrecht (1969), S. 140 f.

[442] *Reuter*, ZHR 137 (1973) 482, 493 f.

für den geldschuldrechtlichen Nominalismus. Auch der BGB-Gesetzgeber hat bei der Schaffung des § 313 BGB die individuelle Aufwertung als Unterfall der Äquivalenzstörung ausdrücklich anerkannt.[443]

Die Kollision von Nominalprinzip und Funktionsgerechtigkeit unterliegt einem angemessenen Ausgleich, den bei der individuellen Aufwertung der Richter „in sich selbst“[444] vorzunehmen hat. Der Maßstab, ob und in welchem Umfang eine Aufwertung vorzunehmen ist, ergibt sich allerdings nicht aus einer freihändigen Einzelfallwürdigung. Die materiellen Aufwertungskriterien folgen aus den kodifizierten Tatbestandsvoraussetzungen des § 313 BGB und einem Kanon von Wertungskriterien, in deren Licht die Vorschriften des § 313 BGB auszulegen sind. Das hohe Gewicht von Rechtssicherheit und -klarheit sowie das Allgemeininteresse an einem hohen Stabilitätsniveau des Geldes, welches auch im europäischen Primärrecht verschiedentlich zum Ausdruck kommt (vgl. Art. 3 Abs. 3 UAbs. 1 Satz 2 EUV, Art. 119 Abs. 2 und 3, 127 Abs. 1 Satz 1, 282 Abs. 2 Satz 2 AEUV), gebieten jedoch eine restriktive Handhabung der Aufwertungsbefugnisse.

II. Kanon potentieller Rechtsgrundlagen

Die Suche nach dem geeigneten dogmatischen Weg, um Geldschulden mit geänderten Geldwertverhältnissen in Einklang zu bringen, ist keinesfalls stringent und geradlinig verlaufen. Das Reichsgericht hat anfänglich verschiedene Rechtsgrundlagen und -institute wie die wirtschaftliche Unmöglichkeit und die gemeinrechtliche *clausula rebus sic stantibus* bemüht, um seine Aufwertungsjudikate argumentativ zu fundieren.[445] Auch in der Literatur wurden unterschiedlichste Konzepte verfolgt, die sich von der allgemeinen Rechtsgeschäftslehre und dem Allgemeinen Schuldrecht bis ins Bereicherungsrecht erstreckten.[446] Damit hing zugleich die Suche nach einer normativen Grundlage für das zu Weimarer Zeiten noch neuartige Rechtsinstitut des Wegfalls der Geschäftsgrundlage zusammen,[447] die durch die Kodifizierung in § 313 BGB inzwischen ihren Schlusspunkt gefunden hat.[448]

---

[443] BT-Drucks. 14/6040, S. 174.

[444] *Reuter*, ZHR 137 (1973) 482, 495.

[445] Überblick bei *K. Schmidt*, in: Staudinger, BGB (1997), Vorbem D98 zu §§ 244 ff.

[446] *Schmalz*, Die Stabilität des Geldwerts als Problem des Privatrechts (1986), S. 212; Überblick bei *Gruber*, Geldwertschwankungen und handelsrechtliche Verträge in Deutschland und Frankreich (2002), S. 434 ff.

[447] Vgl. beispielhaft *Kronenberger*, Die Geschäftsgrundlage (1936), S. 35 ff.

[448] Vgl. auch den rechtsvergleichenden Überblick bei *Horn*, in: *Kötz/von Bieberstein* (Hrsg.), Die Anpassung langfristiger Verträge (1984), S. 9, 38 ff.

1. Auslegung

a) Wechselhafte Judikatur

Die Bedenken gegen einen heute auf § 313 BGB gestützten und damit letztlich richterlichen, d.h. staatlichen, Eingriff in die Privatautonomie in Gestalt der Vertragsfreiheit ließen sich rechtstechnisch *a priori* ausschließen oder zumindest einschränken, sofern sich die Aufwertungsentscheidung durch Auslegung letztlich dem Willen der Parteien selbst entnehmen ließe. Namentlich die frühe reichsgerichtliche Aufwertungsrechtsprechung (V. Zivilsenat)[449] hat – wenn auch eher in zweiter Argumentationslinie – teilweise auf die ergänzende Vertragsauslegung und § 157 BGB abgestellt. Zu erforschen sei, ob die Parteien eine vertragliche Wertsicherung eingebaut hätten, wenn sie die spätere Hyperinflation vorhergesehen hätten. In einer früheren Entscheidung[450] hatte das Reichsgericht (VII. Zivilsenat) jedoch die Heranziehung der Grundsätze zur ergänzenden Vertragsauslegung auf Geldentwertungsszenarien prinzipiell abgelehnt. Statt dessen sei es dem Geldschuldner bei fehlender Vereinbarung einer Wertsicherungsklausel nach Treu und Glauben nicht zuzumuten, das Risiko einer Geldentwertung vollständig zu übernehmen. Aus dem tatbestandlichen Kontext der im Jahr 1923 ergangenen Entscheidung folgt, dass dieser Ausschluss nicht nur für die schleichende, sondern auch für die galoppierende Inflation gelten soll. Auch bei einer Währungsänderung ließe sich der späteren Aufwertungsrechtsprechung des Reichsgerichts (II. Zivilsenat)[451] zufolge keine Vertragslücke feststellen, die gerichtlich geschlossen werden könnte. Unmittelbar nach dem Ende des Zweiten Weltkriegs hatte der Bundesgerichtshof noch die Auslegung eines Unterhaltsvergleichs einer Geschäftsgrundlagenprüfung vorgezogen.[452]

b) Regelungslücke und schleichende Inflation

Neben der – die Privatautonomie fördernden – Ergebnisdeduktion aus dem hypothetischen Parteiwillen spräche für eine Lösung der Aufwertungsfrage über die ergänzende Vertragsauslegung, dass letztere nach ganz überwiegender Ansicht systematischen Vorrang vor dem inzwischen in § 313 BGB kodifizierten Wegfall der Geschäftsgrundlage genießt.[453] Andererseits sind die Grenzen der ergänzenden Vertragsauslegung zu beachten. Der Richter darf nicht den (hypothetischen) Parteiwillen durch seine eigenen Wertungen ersetzen; er muss

---

[449] RGZ 107, 78, 92.

[450] RGZ 106, 396, 402 f.; ebenso RGZ 118, 370, 373 f.

[451] RGZ 142, 23, 33 f.

[452] BGHZ 2, 379, 384.

[453] BGHZ 81, 135, 143; BGHZ 90, 69, 74; BGHZ 164, 286 Rn. 24; BGH NJW-RR 2006, 699 Rn. 7; BGHZ 191, 336 Rn. 12 ff., 19; a.A. *Busche*, in: MünchKomm BGB (6. Auflage 2012), § 157 Rn. 35 m.w.N. auch zur Gegenauffassung.

den Vertrag der Parteien „zu Ende denken".[454] Eine Regelungslücke im Sinne einer planwidrigen Unvollständigkeit[455] liegt nur dann vor, wenn die Parteien einen Punkt übersehen oder *ex ante* für nicht regelungsbedürftig gehalten haben, sich letztere Einschätzung *ex post* aber als irrtümlich herausstellt.[456] Für die schleichende Inflation fehlt es insofern am Übersehen eines Regelungsbedürfnisses: Die Nichtaufnahme einer Wertsicherungsklausel deutet darauf hin, dass die Parteien eine Erfüllung unter Beachtung des geldschuldrechtlichen Nominalismus angestrebt haben.[457] Die schleichende Inflation ist ein Phänomen der volkswirtschaftlichen Normalität. Es ist daher typischerweise davon auszugehen, dass sie von den Parteien vorausgesehen wurde.

c) Hypothetischer Parteiwille und Hyperinflation

An dieser Voraussehbarkeit lässt sich allerdings zweifeln, wenn nachträglich eine Hyperinflation zu beobachten ist. Auch die reichsgerichtliche Rechtsprechung hat die ergänzende Vertragsauslegung nur vor dem Hintergrund der „großen Inflation" der Weimarer Zeit erwogen.[458] Hyperinflationen stehen unter den Vorzeichen von wirtschaftlichen, politischen und gesellschaftlichen Krisenzeiten. Gerade bei langfristigen Verträgen erscheint es regelmäßig lebensfern, den Parteien einen derart breiten Erwartungshorizont zu unterstellen.[459] Jedoch bleibt es auch bei nicht in Rechnung gestellten hyperinflationären Entwicklungen bei dem Erfordernis eines gesicherten hypothetischen Parteiwillens. Verbleiben Zweifel, welche von mehreren gleichwertigen Auslegungsergebnissen vorzugswürdig ist, muss eine ergänzende Vertragsauslegung unterbleiben.[460] Die Parteien hätten nämlich eine Wertsicherungsklausel für den Eintritt der Hyperinflation aufnehmen oder davon absehen können; sie hätten eine vollständige oder eine nur teilweise Übertragung des Geldentwertungsrisikos auf den Schuldner vorsehen können. Welche dieser Optionen die Parteien gewählt und wie sie daher die vertragliche Risikoverteilung im Einzelnen ausgestaltet hätten, ist *ex post* nicht aufklärbar.[461] Eine ergänzende Vertragsauslegung führt

---

[454] *Larenz*, Geschäftsgrundlage und Vertragserfüllung (3. Auflage 1963), S. 168; *Busche*, in: MünchKomm BGB (6. Auflage 2012), § 157 Rn. 27.

[455] BGHZ 127, 138, 142.

[456] BGH NJW 2002, 2310.

[457] *Gruber*, Geldwertschwankungen und handelsrechtliche Verträge in Deutschland und Frankreich (2002), S. 435 m.w.N.; vgl. zum Sonderfall einer „Roggenklausel" BGHZ 81, 135, 139 ff.

[458] RGZ 107, 78, 92.

[459] Ähnlich *Gruber*, Geldwertschwankungen und handelsrechtliche Verträge in Deutschland und Frankreich (2002), S. 435 m.w.N.

[460] BGH NJW 2002, 2310, 2311.

[461] RGZ 142, 23, 33; anders bei Vereinbarung einer „Roggenklausel" als Funktionsäquivalent einer Wertsicherungsklausel, vgl. BGHZ 81, 135, 139.

daher regelmäßig weder bei schleichender noch bei galoppierender Inflation zu einer Aufwertung von Geldforderungen.[462]

2. Anfechtung

Die Anfechtung einer Willenserklärung wegen späteren Wertverlusts der vertraglichen Geldleistung setzt voraus, dass ein Anfechtungsgrund gegeben ist.[463] In Betracht gezogen werden können sowohl ein Inhalts- als auch ein Eigenschaftsirrtum.

a) Inhaltsirrtum?

Ein Inhaltsirrtum im Sinne von § 119 Abs. 1 Alt. 1 BGB setzt ein Auseinanderfallen von individuellem Erklärungswillen und objektiv-normativer Erklärungsbedeutung voraus.[464] Letztere bestimmt sich auf Grundlage des gewohnheitsrechtlichen Nominalprinzips und daher in Loslösung von inflationsbedingter Geldentwertung. Auch der Erklärungswille ist regelmäßig nominal ausgestaltet. Zumindest für die Hyperinflation lässt sich daher bereits zweifeln, ob deren späterer Eintritt bei Abgabe der Willenserklärung vom Erklärenden tatsächlich einbezogen worden war.[465] Fehlt es damit an einer solchen Vorstellung des Erklärenden im Abgabezeitpunkt, so kommt eine Divergenz zwischen subjektiv Gewolltem und objektiv Erklärtem nicht in Betracht.

Aber auch unabhängig von den konkreten Vorstellungen des Erklärenden im Zeitpunkt der Abgabe der Willenserklärung stellt ein Irrtum über die zukünftige Geldwertentwicklung keinen Irrtum über den Inhalt einer Willenserklärung dar.[466] Dies gilt selbst auf Grundlage der vom Reichsgericht zunächst vertretenen Lehre vom „erweiterten Inhaltsirrtum",[467] die vor allem der Erfassung des Kalkulationsirrtums diente.[468] Die Äquivalenz von Leistung und Gegenleistung ist nicht Inhalt der auf Vertragsschluss gerichteten Willenserklärung, sondern berührt die Motivebene des Vertragsschließenden.[469] Äquivalenzstö-

---

[462] I.E. ebenso *K. Schmidt*, in: Staudinger, BGB (1997), Vorbem D97 zu §§ 244 ff.; *Gruber*, Geldwertschwankungen und handelsrechtliche Verträge in Deutschland und Frankreich (2002), S. 436 m.w.N.; a.A. zum schweizerischen Zivilrecht *von Castelberg*, Der Geldwert als Rechtsproblem insbesondere bei Verkehrsgeschäften (1953), S. 98 ff.

[463] Verneinend RGZ 112, 329, 332; BGH NJW-RR 2011, 1582 Rn. 24; *Gruber*, Geldwertschwankungen und handelsrechtliche Verträge in Deutschland und Frankreich (2002), S. 445 ff.

[464] *Singer*, in: Staudinger, BGB (2012), § 119 Rn. 38.

[465] Weitergehender *Gruber*, Geldwertschwankungen und handelsrechtliche Verträge in Deutschland und Frankreich (2002), S. 447, der auch die schleichende Inflation einschließt.

[466] *K. Schmidt*, in: Staudinger, BGB (1997), Vorbem D340 zu §§ 244 ff.

[467] RGZ 111, 257, 260 f.

[468] Grundlegend RGZ 64, 266, 268; vgl. dazu *Singer*, in: Staudinger, BGB (2012), § 119 Rn. 51.

[469] RGZ 111, 257, 260.

rungen sind vielmehr als gewachsene Fallgruppe des Wegfalls der Geschäftsgrundlage anerkannt. Der historische Gesetzgeber teilte diese systematische Zuordnung gerade auch in Bezug auf die Geldentwertungskonstellationen.[470] Ebenfalls ein unbeachtlicher Motivirrtum liegt vor, sofern eine bestimmte Entwicklung der Rechtsprechung – namentlich zur Aufwertung von Geldforderungen – nicht vorhergesehen wurde.[471]

b) Eigenschaftsirrtum?

Der Eigenschaftsirrtum des § 119 Abs. 2 BGB vermag ebenfalls nicht als Anfechtungsgrund bei Geldentwertung zu dienen.[472] Die Kaufkraft ist keine verkehrswesentliche Eigenschaft des Geldes im Sinne des § 119 Abs. 2 BGB.[473] Zur Begründung bedarf es keines Rückgriffs auf geldrechtliche Spezifika, sondern lediglich einer Anwendung der allgemein anerkannten Regel[474], dass der Wert einer Sache als solcher nicht zugleich eine ihrer verkehrswesentlichen Eigenschaften darstellt. Hinzu tritt, dass der zukünftige Geldwert schon keine Eigenschaft des Geldes im rechtlich relevanten Erklärungszeitpunkt sein kann. Nur gegenwärtige oder vergangene Umstände vermögen Eigenschaften einer Sache nach § 119 Abs. 2 BGB darzustellen.[475] Bei zukunftsbezogenen Geschäften übernehmen die Parteien bewusst ein Prognoserisiko, dessen sich eine Partei nicht im Wege der Anfechtung einseitig entledigen darf.[476] Mit dem Gedanken der Risikoübernahme hat auch der Bundesgerichtshof[477] einen Rückgriff auf das Anfechtungsrecht abgelehnt, um eine Erhöhung eines im Jahre 1925 vereinbarten Wiederkaufpreises zu erwirken.

3. Sittenwidrigkeit

Auf der Grundlage von § 138 BGB kann keine Aufwertung von Geldschulden vorgenommen werden. Sowohl im Fall des Wuchers nach § 138 Abs. 2 BGB als auch des wucherähnlichen Geschäfts nach § 138 Abs. 1 BGB bedarf es eines objektiven groben Missverhältnisses zwischen Leistung und Gegenleistung, das zu einer Äquivalenzstörung führt.[478] Das Missverhältnis muss im Zeitpunkt

---

[470] BT-Drucks. 14/6040, S. 174.

[471] RGZ 112, 329, 332.

[472] RGZ 111, 257, 259 f.; RGZ 112, 329, 332; BGH NJW-RR 2011, 1582 Rn. 7, 24.

[473] RGZ 111, 257, 260; *von Maydell*, Geldschuld und Geldwert (1974), S. 114.

[474] BGHZ 16, 54, 57; BGH NJW 1988, 2597, 2598; *Armbrüster*, in: MünchKomm BGB (6. Auflage 2012), § 119 Rn. 131; *Singer*, in: Staudinger, BGB (2012), § 119 Rn. 100, jeweils m.w.N.

[475] RGZ 85, 322, 325.

[476] RGZ 85, 322, 325.

[477] BGH NJW-RR 2011, 1582 Rn. 7, 24.

[478] Statt aller *Sack/Fischinger*, in: Staudinger, BGB (2011), § 138 Rn. 272.

des Vertragsschlusses vorliegen.[479] Ein Wandel der Wertverhältnisse begründet nicht rückwirkend die Nichtigkeit des ursprünglichen Rechtsgeschäfts.[480] Bei einer nachträglich einsetzenden Geldentwertung fehlt es notwendig an diesem zeitlichen Erfordernis.[481] Ein Rückgang der Kaufkraft setzt schon begrifflich erst nach dem Abschluss des Vertrages ein, liegt aber nicht schon bei Vertragsschluss vor.

Auch bei Vereinbarung eines langfristigen Wiederkaufrechts kann sich eine Sittenwidrigkeit des ursprünglich festgelegten Wiederkaufpreises nicht aus der späteren Geldentwertung ergeben.[482] Der Wiederkaufvertrag wird nach zutreffender Ansicht bereits zeitgleich mit dem (Erst-)Kaufvertrag abgeschlossen, wenn er auch unter der aufschiebenden Bedingung der Ausübung des Wiederkaufrechts steht.[483] Die *essentialia negotii* einschließlich des Wiederkaufpreises, der im Zweifel mit dem ursprünglichen Kaufpreis identisch ist (§ 456 Abs. 2 BGB), sind bereits in der Ausgangsvereinbarung festgelegt. Die Ausübung des Wiederkaufsrechts durch den Verkäufer führt lediglich zum Bedingungseintritt, nicht aber zu einer inhaltlichen Neugestaltung des Wiederkaufvertrages. Vor diesem Hintergrund ist es ausgeschlossen, den ursprünglich vereinbarten Wiederkaufpreis unter dem Eindruck zwischenzeitlicher Geldentwertung an § 138 BGB zu messen. Statt dessen kann eine Aufwertung des Wiederkaufpreises nach Maßgabe von § 313 BGB durchgeführt werden.

4. Unmöglichkeit

Die nachträgliche Geldentwertung kann in keinem Fall zu einer Unmöglichkeit der Geldleistungspflicht führen. Eine objektive oder subjektive Unmöglichkeit im Sinne von § 275 Abs. 1 BGB scheidet bei Geldschulden aus, da Geld definitionsgemäß keine quantitative Endlichkeit kennt.[484] Ein grobes Missverhältnis zwischen Schuldneraufwand und Gläubigerinteresse nach § 275 Abs. 2 BGB liegt bei einer Geldbewertung ebenfalls nicht vor. Das wirtschaftliche Interesse des Gläubigers am Erhalt einer bestimmten Summe Geldes entwickelt sich regelmäßig parallel zum erforderlichen Schuldneraufwand, der dem jeweiligen Wert des Geldes entspricht. Eine „wirtschaftliche Unmöglichkeit", wie sie vom Reichsgericht[485] teilweise nach dem Ersten Weltkrieg angenommen wurde, un-

---

479 BGHZ 20, 71, 73; BGH NJW 1983, 2692; BGH NJW-RR 1990, 950; BGH NJW 2000, 1254, 1255; BGH NJW 2008, 3426 Rn. 5 ff.

480 BGH WM 1968, 1248.

481 *Gruber*, Geldwertschwankungen und handelsrechtliche Verträge in Deutschland und Frankreich (2002), S. 443 f.

482 A.A. in *obiter dicta* BGH NJW 2011, 515 Rn. 11; BGH NJW-RR 2011, 1582 Rn. 15.

483 BGHZ 29, 107, 110 ff.; BGHZ 58, 78, 80; *H.P. Westermann*, in: MünchKomm BGB (6. Auflage 2012), § 456 Rn. 3.

484 Vgl. oben, S. 319 ff.

485 RGZ 100, 129, 131 f.; RGZ 102, 272, 273.

terfällt nicht den Unmöglichkeitsregeln des § 275 BGB, sondern dem Institut des Wegfalls der Geschäftsgrundlage.[486]

5. Bereicherungsrecht

Das Reichsgericht hat vereinzelt in seiner Aufwertungsrechtsprechung ergänzend bereicherungsrechtliche Erwägungen angestellt.[487] Ohne eine Aufwertung der Geldforderung läge eine ungerechtfertigte Bereicherung des Geldschuldners vor, da er die volle Gegenleistung erhalte, aber nur Geld mit einem gesunkenen Wert leiste. Trotz dieser Hilfserwägung zog das Reichsgericht als eigentliche Rechtsgrundlage für die Aufwertung § 242 BGB und die Grundsätze über den Wegfall der Geschäftsgrundlage heran.[488] In der Tat ließe sich ein Bereicherungsanspruch des Geldgläubigers nicht stimmig begründen. Der Rechtsgrund für das zur Erfüllung einer Verbindlichkeit (*solvendi causa*) Geleistete liegt wirksam in der jeweiligen vertraglichen Abrede. Ob hierfür ein „gerechter" oder objektiv äquivalenter Preis vereinbart wurde, bleibt bei rechtswirksamen Vertragsbeziehungen unbeachtlich. Ansonsten würde das Bereicherungsrecht die privatautonomen Vereinbarungen der Parteien korrigierend unterlaufen. Das Bereicherungsrecht ist kein allgemeines Billigkeitsrecht, das sich mit beliebigen Wertungen ausfüllen ließe.[489] Die Versuche in Frankreich, einen Ausgleichsanspruch für Inflationsnachteile über die *actio de in rem verso* zu begründen,[490] zeigen deren Nichtübertragbarkeit auf die deutsche Bereicherungsrechtsdogmatik.[491]

III. Die Geschäftsgrundlagenlösung

1. Systematisch-teleologischer Vorrang

Die an Gewohnheitsrecht grenzende Verfestigung der Geschäftsgrundlagenlösung nach § 313 BGB für die privatrechtliche Inflationsbewältigung beruht auf einem breiten Fundament an teleologischen und rechtskonstruktiven Vorzügen gegenüber den mit Vertragsauslegung, Anfechtung oder Sittenwidrigkeit operierenden Alternativkonzepten. Der Wegfall der Geschäftsgrundlage kommt dabei in seiner klassischen Rolle als „Mittel des Krisenmanagements"[492] zum

---

486 BT-Drucks. 14/6040, S. 130.

487 RGZ 109, 222, 225.

488 RGZ 109, 222, 225.

489 *Omlor/Spies*, JR 2011, 139, 140 m.w.N.

490 Vgl. dazu *Gruber*, Geldwertschwankungen und handelsrechtliche Verträge in Deutschland und Frankreich (2002), S. 449.

491 Vgl. zur Abkehr der 1. Kommission von der *actio de in rem verso utilis Reuter/Martinek*, Ungerechtfertigte Bereicherung (1983), S. 18 ff.

492 *Brockmeyer*, Das Rechtsinstitut der Geschäftsgrundlage aus der Sicht der ökonomischen Analyse des Rechts (1993), S. 54.

Einsatz. Erstens eröffnet § 313 BGB einen flexiblen Rechtsfolgenapparat, der nach den Charakteristika des jeweiligen Vertrages adjustiert werden kann. Anfechtung (§ 142 Abs. 1 BGB) und Sittenwidrigkeit (§ 138 BGB) bewirken demgegenüber grundsätzlich[493] eine vollständige Nichtigkeit des betroffenen Rechtsgeschäfts; eine schlichte Anpassung des Vertrags ist kaum darstellbar. Die tatsächliche Komplexität und Vielgestaltigkeit der Aufwertungskonstellationen lässt sich allerdings nicht in ein „alles-oder-nichts"-Konzept zwängen.[494] Zweitens greift § 313 BGB schonender als §§ 138, 142 Abs. 1 BGB in das bestehende Vertragsverhältnis ein. Zwar wird der Vertragsinhalt letztlich durch einen Dritten – das Gericht – abgeändert. Dennoch legt § 313 Abs. 1 BGB den Richter auf eine vertragsimmanente Fortentwicklung fest.[495] Der „Geist des Vertrages" ist zu befolgen, um die immanente Vertragsgerechtigkeit zu sichern.[496] Zudem normiert § 313 Abs. 3 Satz 1 BGB einen ausdrücklich Vorrang der Vertragsanpassung vor der Vertragsaufhebung und -rückabwicklung. Die Eingriffsintensität soll möglichst gering gehalten werden. Drittens offenbart die Anwendung von § 313 BGB die Zulassung eines richterlichen Eingriffs in die Vertragsfreiheit der Parteien und verschleiert ihn nicht durch Willensfiktionen bei der „Auslegung" des Vertrages. Die Geschäftsgrundlagenlösung ist daher dem Bedürfnis nach Methodenehrlichkeit geschuldet.[497] Die gesetzliche Individualaufwertung erfolgt durch einen staatlichen Eingriff in das Vertragsgefüge und sollte als solcher auch firmieren. Viertens hat sich seit der „großen Inflation" der Weimarer Zeit eine gefestigte Rechtsprechung herausgebildet, die der Rechtssicherheit und -klarheit zuträglich ist. Die nahezu allgemeine Anerkennung der Geschäftsgrundlagenlösung zeigt sogar Elemente einer gewohnheitsrechtlichen Verfestigung. Auch in anderen europäischen Ländern kommen funktionell vergleichbare Rechtsinstitute zur Inflationsbewältigung zum Einsatz;[498] die Geschäftsgrundlagenlösung spiegelt sich auch in Art. 6.2.3(4b) *Unidroit Principles* 2010 wider.[499] Gerade die von Geldentwertung besonders betroffenen langfristigen Verträge sind auf die Voraussehbarkeit von rechtlichen Rahmenbedingungen angewiesen. Grundlegende Rechtsprechungsänderungen vermögen einen Anpassungsbedarf auszulösen, sofern beispielsweise im Vertrauen auf die bestehende Aufwertungsrechtsprechung eine Wertsicherungsklausel nicht aufgenommen wurde. Zusammenfassend bleiben daher individuelle Aufwertung und Wegfall der Geschäftsgrundlage untrennbar miteinander verbunden.

---

[493] Vgl. zu den Ausnahmen nach Treu und Glauben *Looschelders/Olzen*, in: Staudinger, BGB (2009), § 242 Rn. 432 ff. m.w.N.

[494] Vgl. allgemein *Chiotellis*, Rechtsfolgenbestimmung bei Geschäftsgrundlagenstörungen in Schuldverträgen (1981), S. 65 ff.

[495] *Finkenauer*, in: MünchKomm BGB (6. Auflage 2012), § 313 Rn. 4.

[496] *Larenz*, Geschäftsgrundlage und Vertragserfüllung (3. Auflage 1963), S. 162, 165.

[497] *K. Schmidt*, in: Staudinger, BGB (1997), Vorbem D91 zu §§ 244 ff.

[498] Vgl. zum polnischen Recht *Besiekierska*, WiRO 2009, 328, 329.

[499] Art. 6.2.3 Comment 7 Unidroit Principles 2010.

2. Teleologie der Vertragsanpassung

Grundgedanke der Vertragsanpassung an die Geldentwertung ist sowohl bei schleichender als auch bei galoppierender Inflation die – privatautonome austarierte, nicht objektiv-abstrakt bestimmte[500] – Äquivalenz von Leistung und Gegenleistung.[501] Einer synallagmatischen Verbindung im engen Sinne der §§ 320 ff. BGB bedarf es nicht. Hinreichend ist eine wirtschaftliche Äquivalenzbeziehung.[502] Damit können nicht nur Geldschulden aus gegenseitigen Verträgen aufgewertet werden, sondern auch gesellschaftsrechtlich oder erbrechtlich begründete Geldforderungen sowie Abfindungsansprüche, bei denen es an einer unmittelbaren Gegenleistung fehlt. Soweit allerdings auch kein wirtschaftliches Äquivalenzverhältnis mehr festgestellt werden kann (z.B. bei Bereicherungsansprüchen), verbleibt allein ein dogmatischer Rückgriff auf den Grundsatz von Treu und Glauben (§ 242 BGB). Das Äquivalenzprinzip als Richtschnur einer richterlichen Vertragsanpassung hat auch in Art. 6:111(3b) PECL und Art. 6.2.3(4b) *Unidroit Principles* 2010 internationale Anerkennung gefunden.[503]

Schon die frühere reichsgerichtliche Aufwertungsrechtsprechung sprach einer Partei einen Anspruch auf Vertragsanpassung zu, sofern „der Inhalt der Gegenleistung, wenn er unverändert bliebe, zu ihrer eigenen Leistung wirtschaftlich in einem schlechthin unerträglichen Mißverhältnis stehen würde“[504]. Auf der Basis eines solchen Missverhältnisses von Leistung und Gegenleistung entwickelte sich die Judikatur des Reichsgerichts weiter, sofern Geldschulden aus gegenseitigen Verträgen aufzuwerten waren.[505] Allerdings legte das Reichsgericht zunächst noch eine hohe Hürde an, bevor eine Störung des Äquivalenzverhältnisses angenommen wurde. Nur bei ruinösen Auswirkungen sollte eine Aufwertung erfolgen.[506] Jeder Vertragsteil habe grundsätzlich das Risiko seiner

[500] *Geiler*, in: *Abraham* (Hrsg.), Die Geldentwertung in der Praxis des deutschen Rechtslebens (1923), S. 31, 39; *von Maydell*, Geldschuld und Geldwert (1974), S. 117, 120; allgemein *Larenz*, Geschäftsgrundlage und Vertragserfüllung (3. Auflage 1963), S. 78 f.; *Chiotellis*, Rechtsfolgenbestimmung bei Geschäftsgrundlagenstörungen in Schuldverträgen (1981), S. 18 f.

[501] BT-Drucks. 14/6040, S. 174; BGH NJW-RR 1994, 1433, 1434; BGHZ 191, 336 Rn. 12; *von Maydell*, Geldschuld und Geldwert (1974), S. 116 ff.; *Horn*, Geldwertveränderungen, Privatrecht und Wirtschaftsordnung (1975), S. 16.

[502] *K. Schmidt*, in: Staudinger, BGB (1997), Vorbem D99 f. zu §§ 244 ff.; *Gruber*, Geldwertschwankungen und handelsrechtliche Verträge in Deutschland und Frankreich (2002), S. 608 ff.

[503] *Omlor*, JZ 2013, 967, 974.

[504] RGZ 100, 129, 131.

[505] Statt vieler RGZ 103, 177, 179; RGZ 107, 19, 22; RGZ 107, 183, 186; RGZ 112, 324, 327; RGZ 119, 133, 136; RGZ 120, 292, 295; RGZ 132, 342, 344; RGZ 134, 174, 176; RG SeuffArch 79 Nr. 92.

[506] RGZ 99, 258, 259 f.

unrichtigen Schätzung der zukünftigen Preisentwicklung selbst zu tragen.[507] Erhebliche Preissteigerungen im Großhandel wurden unter dem Gesichtspunkt einer subjektiven Unmöglichkeit behandelt, welche das Reichsgericht – insofern zutreffend – ablehnte.[508] Mit Fortschreiten der Geldentwertung ließ das Reichsgericht auch eine „wesentliche Verschiebung“ im Äquivalenzverhältnis für einen Anpassungsanspruch genügen.[509] Ein Festhalten am geldschuldrechtlichen Nominalismus und am „Mark-gleich-Mark“-Prinzip stufte das Reichsgericht sogar als „Irrglaube“ ein; zu folgen sei einer „geläuterten Auffassung über Geldentwertung und Aufwertung“.[510] Der Sache nach läuteten diese Entscheidungen die Kernphase der reichsgerichtlichen Aufwertungsrechtsprechung ein. Anknüpfend an das Reichsgericht greift auch der Bundesgerichtshof zu Recht auf die Fallgruppe der Äquivalenzstörung bei der Vertragsanpassung an die Geldentwertung zurück.[511]

IV. Verfassungsrechtliche Implikationen

1. Kompetenzabgrenzung zwischen Gesetzgeber und Judikative

Die individuelle Aufwertung ohne spezialgesetzliche Grundlage eröffnet ein staatsrechtliches Konfliktfeld, welches aus der dominierenden Rolle der Rechtsprechung resultiert. Aufgeworfen ist die Frage, ob die Judikative nicht in unzulässiger Weise in verfassungsrechtlich geschützte und vorbehaltene Bereiche der Legislative eindringt, wenn sie ohne konkrete legislative Grundlage in bestehende Geldschulden eingreift und eine Aufwertung vornimmt. Die Diskussion um die staatsrechtliche Kompetenz der Rechtsprechung zur Aufwertung hatte ihren Ursprung in der reichsgerichtlichen Aufwertungsjudikatur gefunden.[512] Schon 1929 bezeichnete Arthur Nussbaum das Verhältnis von Richter und Gesetzgeber als „Grundproblem der Aufwertung“[513]. In der Literatur wurde die Aufwertungsjudikatur als im Einzelfall verwoben gebrandmarkt; das Reichsgericht sei nicht zur Rechtsschöpfung durch prätorischen Akt berufen.[514] Das Rechtsinstitut der Störung bzw. des Wegfalls der Geschäftsgrundlage bildete vor der Schuldrechtsreform von 2002 das Ergebnis richterlicher Rechtsfortbil-

---

507 RGZ 92, 322, 324.

508 RGZ 88, 172, 174 f.

509 RGZ 107, 183, 186.

510 RGZ 112, 324, 326 f.

511 BGHZ 77, 194, 198; BGHZ 91, 32, 36; BGH NJW-RR 1992, 142; BGH NJW-RR 1999, 237; BGH NZM 2001, 988, 989; vgl. auch BGH NVwZ-RR 2006, 808, 810.

512 *Nussbaum*, Die Bilanz der Aufwertungstheorie (1929), S. 9 ff., 40 ff. m.w.N.; *Wieacker*, in: *Posch* (Hrsg.), Festschrift für Walter Wilburg (1965), S. 229, 232 ff.; *Beisse*, WM 1969, Sonderbeilage Nr. 1, S. 13 f.; *Mann*, NJW 1974, 1297, 1298.

513 *Nussbaum*, Die Bilanz der Aufwertungstheorie (1929), S. 40.

514 *Grau*, AcP 122 (1924) 318, 329 ff., 347.

dung auf der Grundlage von § 242 BGB.[515] Erst seit 2002 existiert die Kodifikation in § 313 BGB, in der die frühere Rechtsprechung niedergeschrieben werden sollte.[516] Allerdings verzichtete der Gesetzgeber auch in § 313 BGB auf eine „detaillierte Regelung“[517]. Im Gesetzestext fehlt weiterhin jegliche spezifische Bezugnahme auf Inflationsszenarien oder Aufwertungsmechanismen.

Vor Inkrafttreten des § 313 BGB war die auf den Wegfall der Geschäftsgrundlage und § 242 BGB gestützte Rechtsprechung zur individuellen Aufwertung als Akt der richterlichen Rechtsfortbildung anzuerkennen. Das Bundesverfassungsgericht[518] erkennt die Vereinbarkeit der richterlichen Rechtsfortbildung durch die Fachgerichte mit dem Gewaltenteilungsgrundsatz und Art. 20 Abs. 3 GG an. Die positive Rechtsordnung könne nicht auf Lückenlosigkeit angelegt sein, da hierin ein unerreichbarer Zustand liege. Gefordert sei eine „schöpferische Rechtsfindung“ durch den Fachrichter, die namentlich auch den Bereich des Privatrechts einschließe. Im Einzelnen führte das Bundesverfassungsgericht – aufbauend auf seiner Soraya-Entscheidung[519] – zu Grund und Grenzen der richterlichen Rechtsfortbildung aus:

> „Angesichts des beschleunigten Wandels der gesellschaftlichen Verhältnisse und der begrenzten Reaktionsmöglichkeiten des Gesetzgebers sowie der offenen Formulierung zahlreicher Normen gehört die Anpassung des geltenden Rechts an veränderte Verhältnisse zu den Aufgaben der Dritten Gewalt (vgl. BVerfGE 49, 304 [318]; 82, 6 [12]; 96, 375 [394]; 122, 248 [267]). Der Aufgabe und Befugnis zur „schöpferischen Rechtsfindung und Rechtsfortbildung“ sind mit Rücksicht auf den aus Gründen der Rechtsstaatlichkeit unverzichtbaren Grundsatz der Gesetzesbindung der Rechtsprechung jedoch Grenzen gesetzt (vgl. BVerfGE 34, 269 [288]; 49, 304 [318]; 57, 220 [248]; 74, 129 [152]). Der Richter darf sich nicht dem vom Gesetzgeber festgelegten Sinn und Zweck des Gesetzes entziehen. Er muss die gesetzgeberische Grundentscheidung respektieren und den Willen des Gesetzgebers unter gewandelten Bedingungen möglichst zuverlässig zur Geltung bringen. Er hat hierbei den anerkannten Methoden der Gesetzesauslegung zu folgen (vgl. BVerfGE 84, 212 [226]; 96, 375 [395]). Eine Interpretation, die als richterliche Rechtsfortbildung den klaren Wortlaut des Gesetzes hintanstellt, keinen Widerhall im Gesetz findet und vom Gesetzgeber nicht ausdrücklich oder – bei Vorliegen einer erkennbar planwidrigen Gesetzeslücke – stillschweigend gebilligt wird, greift unzulässig in die Kompetenzen des demokratisch legitimierten Gesetzgebers ein (vgl. BVerfGE 118, 212 [243]).“[520]

---

[515] RGZ 103, 328, 332; BGHZ 25, 390, 392.

[516] BT-Drucks. 14/6040, S. 93, 175.

[517] BT-Drucks. 14/6040, S. 93.

[518] Aus der jüngeren Rechtsprechung BVerfGE 122, 248, 267; BVerfGE 128, 193, 210 m.w.N.

[519] BVerfGE 34, 269, 286 ff.; vgl. zusammenfassend zur Kritik bezüglich des Vorliegens einer Regelungslücke *Sendler*, DVBl. 1988, 828, 833 f. sowie zum entgegenstehenden Willen des Gesetzgebers *Ulber*, EuGRZ 2012, 365, 373.

[520] BVerfGE 128, 193, 210.

Die verfassungsrechtliche Zulässig- und Gebotenheit von richterlicher Rechtsfortbildung kann inzwischen unter Geltung des Grundgesetzes im Grundsatz als allgemeine Ansicht eingeordnet werden.[521] Die Grenzen folgen aus der Gesetzesbindung der Rechtsprechung, so dass sich der Richter nicht über den vom Gesetzgeber vorgegebenen Sinn und Zweck des Gesetzes hinwegzusetzen vermag.[522] Mangels eines Tätigwerdens des Privatrechtsgesetzgebers während der Zeit der „großen Inflation" von 1918 bis 1923 waren die Zivilgerichte daher aufgerufen, die positivrechtliche Lücke zu schließen. Davon zu trennen ist, ob der Gesetzgeber nicht vorrangig in der Pflicht war, zeitnah eine gesetzliche Regelung zu erlassen und die Gesetzeslücke zu schließen. Idealtypisch handelt – Gerhard Husserl[523] zufolge – die Legislative von der Zukunft, die Judikative von der Vergangenheit. In der Weimarer Hyperinflation hat der Gesetzgeber insofern zweifelsohne versagt[524] und sich durch die verspätete Aufwertungsgesetzgebung der Vergangenheit zugewandt. Unterbleibt aber eine solche gesetzgeberische Maßnahme, kann es der Rechtsprechung nicht versagt werden, ihrem verfassungsrechtlichen Auftrag aus Art. 20 Abs. 3 GG nachzukommen und selbst Recht zu schaffen.

Durch die Schaffung von § 313 BGB im Jahr 2002 ist der Gesetzgeber seinem präventiven Gestaltungsauftrag hinsichtlich der individuellen Aufwertung nachgekommen. Das Institut des Wegfalls der Geschäftsgrundlage erfasst nach den insofern eindeutigen Gesetzesmaterialien[525] auch die Geldentwertung als Unterfall der Äquivalenzstörung. Damit wurde nicht nur retrospektivisch die bisherige Rechtsprechung akzeptiert, sondern zugleich auch zukunftsgerichtet der Wegfall der Geschäftsgrundlage als privatrechtliches Reaktionsinstrument für Geldentwertungen installiert. Angesichts der Vielschichtigkeit der Sachverhalte und des Einschätzungsspielraums der Legislative bedurfte es keiner gesonderten regelungstechnischen Erfassung von Geldentwertungskonstellationen aufgrund der schleichenden Inflation; diese lassen sich im Lichte der höchstrichterlichen Rechtsprechung ohne Verwerfungen unter die Tatbestandsmerkmale des § 313 BGB subsumieren. Eine höhere Regelungsdichte war nicht erforderlich, um die empirischen Normalfälle der schleichenden Inflation zu erfassen. Demgegenüber wäre bei einer galoppierenden Inflation bzw. Hyperinflation ungeachtet von § 313 BGB ein weiterer gesetzgeberischer Eingriff ge-

---

[521] Statt aller BVerfGE 49, 304, 318; BVerfGE 65, 182, 190 f.; BVerfGE 96, 375, 394; BVerfGE 128, 193, 210; *Kirchhof*, NJW 1986, 2275 f.; *Herzog/Grzeszick*, in: Maunz/Dürig, GG (2013), Art. 20 Rn. 88; vgl. im Überblick zu den einzelnen Problembereichen *Sendler*, DVBl. 1988, 828 ff. sowie zur Verfassungsrechtsprechung *Ulber*, EuGRZ 2012, 365, 366 ff.

[522] BVerfGE 128, 193, 210.

[523] *Husserl*, Recht und Zeit (1955), S. 52 ff.

[524] Kritisch daher *Nussbaum*, Das Geld in Theorie und Praxis des deutschen und ausländischen Rechts (1925), S. 126 ff.

[525] BT-Drucks. 14/6040, S. 174.

boten, um durch überindividuelle Maßstäbe Rechtssicherheit und -klarheit für die unübersehbare Vielzahl von Einzelfällen zu schaffen.[526]

2. Eingriff in die Vertragsfreiheit

a) Schutzbereich und Eingriff

Die verfassungsrechtliche Komponente der richterlichen Vertragsanpassung beschränkt sich allerdings keinesfalls auf die Gewaltenteilung zwischen Judikative und Legislative. Der Eingriff in das privatautonom festgelegte Vertragsgefüge weist auch eine grundrechtliche Dimension auf. Das Grundgesetz schützt insbesondere[527] in Art. 2 Abs. 1 GG die Vertragsfreiheit als Ausprägung der Privatautonomie. Durch den auf § 313 BGB gestützten Akt der richterlichen Rechtsgestaltung wird (zumindest) in Art. 2 Abs. 1 GG eingegriffen. Keinesfalls liegt darin lediglich eine grundrechtlich irrelevante Rechtsfindung, die sich auf das Nachvollziehen der durch § 313 BGB angeordneten Rechtsfolgen beschränkt. Der Bundesgerichtshof hatte in vereinzelten Entscheidungen die Auffassung vertreten, dass

> „die Anpassung des Vertrages eine Frage nicht der Rechtsgestaltung, sondern der Rechtsfindung ist; auch in diesem Falle schafft das richterliche Urteil nicht die rechtlichen Beziehungen der Parteien neu, sondern es spricht nur aus, welche Umgestaltung die bestehenden Rechtsbeziehungen durch die Veränderung der Umstände nach Treu und Glauben erlitten haben."[528]

Die Herunterstufung der richterlichen Anwendung des § 313 BGB auf einen deklaratorischen Akt der Rechtsfindung statt der konstitutiven Rechtsgestaltung verkennt die Offenheit der Regelung auf Tatbestands- und Rechtsfolgenseite. In beider Hinsicht fließen wertende Elemente in die gerichtliche Entscheidung ein.[529] Regelungstechnisch zeigen sich die Einfallsstellen richterlicher Wertung insbesondere an den Tatbestandsmerkmalen der vertraglichen oder gesetzlichen Risikoverteilung sowie der Unzumutbarkeit (§ 313 Abs. 1 BGB). Der Richter nutzt einen ihm eingeräumten Entscheidungsspielraum aus, indem er die objektiven Vorgaben des Gesetzes konkretisiert und auf den Einzelfall an-

---

[526] Ähnlich vor der Schuldrechtsreform *K. Schmidt*, in: Staudinger, BGB (1997), Vorbem D95 zu §§ 244 ff.

[527] Daneben kann der Schutzbereich der speziellen Freiheitsgrundrechte aus Art. 6 Abs. 1, 9 Abs. 1 und 3, 12 Abs. 1, 14 Abs. 1 GG eröffnet sein, vgl. *Höfling*, Vertragsfreiheit (1991), S. 11 ff.; *Ruffert*, Vorrang der Verfassung und Eigenständigkeit des Privatrechts (2001), S. 288 ff. m.w.N.

[528] BGH NJW 1953, 1585, 1586; ebenso BGH NJW 1959, 2203, 2205; *Mügel*, Das gesamte Aufwertungsrecht (5. Auflage 1927), S. 180; eine solche Beschränkung der Rechtsprechung fordernd *Larenz*, Geschäftsgrundlage und Vertragserfüllung (3. Auflage 1963), S. 132.

[529] Statt vieler *Martinek*, AcP 198 (1998) 329, 366 f.

wendet.[530] Bei von offenen und auslegungsbedürftigen Tatbestandsmerkmalen übervollen Regelungen wie der des § 313 BGB kommt daher dem Richter eine maßgebliche Rolle zu. Daher liegt ein vertragsgestaltender Akt der Judikative vor.[531] Ein solcher greift auch in den Schutzbereich von Art. 2 Abs. 1 GG ein.

b) Rechtfertigung

Der durch die Elfes-Rechtsprechung des Bundesverfassungsgerichts[532] ausgedehnte sachliche Schutzbereich der allgemeinen Handlungsfreiheit korrespondiert mit einer angepassten Höhe der Rechtsfertigungsschwelle: Die gesamte verfassungsgemäße Ordnung, d.h. alle formell und materiell mit der Verfassung im Einklang stehenden Rechtsnormen, beschränkt die Ausübung der allgemeinen Handlungsfreiheit.[533] Teil dieser verfassungsgemäßen Ordnung ist die – formell bedenkenfreie – Vorschrift des § 313 BGB. Der durch § 313 BGB legitimierte Eingriff ist auch von den Anforderungen des Verhältnismäßigkeitsprinzips gedeckt. Die Regelung greift lediglich behutsam im Sinne einer *ultima ratio* in das Vertragsgefüge ein. Der Parteiwille kommt an verschiedenen Stellen zum Tragen: Die vertragliche Risikoverteilung ist tatbestandlich einzubeziehen. Erst bei Unzumutbarkeit des Festhaltens am unveränderten Vertrag darf angepasst werden. Die bestandswahrende Anpassung hat Vorrang vor der Rückabwicklung des Vertrages (vgl. § 313 Abs. 3 Satz 1 BGB). Diese gesetzlichen Vorkehrungen kommen ebenfalls zum Zug, wenn eine individuelle Aufwertung auf § 313 BGB gestützt wird. Daher bestehen aus grundrechtlicher Sicht keine Bedenken gegen eine Vertragsanpassung durch Gerichte, um einer zwischenzeitlichen Geldentwertung Rechnung zu tragen.[534]

---

530 *Gruber*, Geldwertschwankungen und handelsrechtliche Verträge in Deutschland und Frankreich (2002), S. 417.

531 *Lange*, in: Festschrift für Paul Gieseke (1958), S. 21, 53 f.; *Brox*, Die Einschränkung der Irrtumsanfechtung (1960), S. 128 f.; *Gruber*, Geldwertschwankungen und handelsrechtliche Verträge in Deutschland und Frankreich (2002), S. 417.

532 BVerfGE 6, 32, 36 ff.; vgl. auch BVerfGE 80, 137, 152 ff.

533 BVerfGE 80, 137, 152 m.w.N.

534 Im Ergebnis ebenso *Gruber*, Geldwertschwankungen und handelsrechtliche Verträge in Deutschland und Frankreich (2002), S. 417 ff., 422; a.A. *Wieacker*, in: *Posch* (Hrsg.), Festschrift für Walter Wilburg (1965), S. 229, 234 („sozialstaatliche Enteignung des Vertragsgläubigers").

C. Durchführung einer individuellen Aufwertung auf Grundlage von § 313 BGB

I. Wertungsmaßstäbe

Die individuelle Aufwertung auf Grundlage der Geschäftsgrundlagenlösung folgt einem Quartett von Leitlinien, die sich normativ sämtlichst in § 313 BGB verorten lassen. Dennoch handelt es sich zugleich um normübergreifende Wertungskriterien, da sie zum einen – wie das Äquivalenzprinzip – systematisch dem allgemeinen Vertragsrecht entstammen und zum anderen sich als Ausfluss von Treu und Glauben darstellen.[535] Dabei fehlt es zwar an einer gesetzlichen Hierarchie der einzelnen Wertungsmaßstäbe, jedoch kommt dem Äquivalenzgedanken die Rolle eines *primus inter pares* zu; er fungiert als Ausgangs- und Zielpunkt der individuellen Aufwertung.

1. Äquivalenzprinzip

a) Wesen und Reichweite

Bei Geldschulden, die aus Verträgen mit beiderseitigen Leistungspflichten resultieren, greift als zentrales Wertungskriterium für Aufwertungsentscheidungen das vertraglich festgelegte Verhältnis von Leistung und Gegenleistung ein (*justitia commutativa*[536]). Dabei sind sämtliche Leistungselemente und vermögenswerten Vorteile einzubeziehen.[537] Worin Leistung und Gegenleistung zu erkennen sind, ist durch eine funktionale Betrachtung festzulegen.[538] Bei einer Lieferbeziehung zwischen einer Aktiengesellschaft und ihrem Aktionär kann in den Kaufpreis auch der Verzicht auf Dividendenzahlungen eingeflossen sein.[539] Wird die Miete im Falle eines sog. Werkförderungsvertrags durch Inflation entwertet, so müssen für den Bau und die Unterhaltung der Wohnungen gewährte Zuschüsse eingerechnet werden.[540] Im Übrigen genügt ein wirtschaftlicher Vergleich von unmittelbarer vertraglicher Leistung und Gegenleistung. Bei klassischen gegenseitigen Verträgen wie Kauf, Miete und Werkvertrag stehen der Geldforderung die charakteristischen Hauptleistungspflichten des Verkäufers, Vermieters und Werkunternehmers gegenüber. An diesen Vertragstypen hat das

---

[535] Vgl. zur individuellen Aufwertung auf Grundlage von Art. 7 Abs. 1 CISG („Wahrung des guten Glaubens im internationalen Handel") *Omlor*, JZ 2013, 967, 972 ff.

[536] *Reichert-Facilides*, JZ 1974, 483, 485.

[537] *Gruber*, Geldwertschwankungen und handelsrechtliche Verträge in Deutschland und Frankreich (2002), S. 609 ff.

[538] *Chiotellis*, Rechtsfolgenbestimmung bei Geschäftsgrundlagenstörungen in Schuldverträgen (1981), S. 21.

[539] RGZ 101, 167, 169.

[540] BGH NJW 1963, 2125.

Reichsgericht auch seine Aufwertungsrechtsprechung zunächst entwickelt.[541] Aber auch bei Pachtverträgen und Erbbaurechten[542] steht eine Gegenleistung in Gestalt der Gebrauchsüberlassung zur Verfügung. Leibrentenversprechen weisen bei einem Leibrentenkauf[543] ebenfalls eine Austauschbeziehung auf. In vertraglicher Äquivalenz stehen die Rentenzahlungen und die Übertragung oder Belastung eines Gegenstandes.[544]

Auf eine ruinöse Wirkung einer unterlassenen Aufwertung sollte es seit RGZ 103, 177 – richtigerweise – nicht mehr ankommen.[545] Maßgeblich ist das von den Parteien vertraglich festgelegte Wertverhältnis von Leistung und Gegenleistung. Unerheblich ist daher, ob es objektiv um ein „gutes" oder „schlechtes" Geschäft für die von der Geldentwertung betroffene Partei, d.h. zumeist den Geldgläubiger, handelt. Ein für eine Partei wirtschaftlich nachteiliger Vertragsabschluss darf nicht im Wege der Vertragsanpassung an die Inflation neu ausgerichtet und in seinem Gleichgewicht zulasten der anderen Partei verschoben werden. Für die Aufwertung kommt es auf die vertraglich bestimmte Äquivalenz („subjektive Äquivalenz") an. Mit ihr ist das inflationsgeprägte Wertverhältnis zu vergleichen. Die Äquivalenzstörung muss dabei durch die Geldentwertung kausal hervorgerufen worden sein; eine Verursachung allein durch Veränderungen des Marktpreises für das zu leistende Gut bei konstantem Geldwert ist aufwertungsrechtlich unerheblich.[546] Ein Wegfall der Geschäftsgrundlage kann sich jedoch aus jenseits der Geldentwertung liegenden Gründen ergeben.[547]

Die dogmatische Erfassung der Geldentwertung als Äquivalenzstörung hat sich für gegenseitige Verträge ein rechtssicherer und auch im konkreten Einzelfall praktikabler Weg erwiesen. Die Fallgruppe der Äquivalenzstörung beim Wegfall der Geschäftsgrundlage führt dazu, dass das privatautonom bestimmte Vertragsgefüge als Maßstab für das „ob" einer Anpassung dient; bei der eigentlichen Anpassung schreiben sodann die befassten Gerichte den Vertrag fort. Auf diese Weise kann die Ausgestaltung des konkreten Vertrags einbezogen werden. In der Literatur wird teilweise eine Nähe zur ergänzenden Vertragsauslegung angenommen.[548] Allerdings wird der Parteiwille zur Lückenfüllung

---

541 RGZ 103, 177, 179; RGZ 106, 422, 424; RGZ 107, 19, 21.

542 BGH NJW 1974, 1186; BGHZ 191, 336 Rn. 12.

543 *J. Mayer*, in: Staudinger, BGB (2008), Vorbem 53 f. zu §§ 759–671.

544 *Gruber*, Geldwertschwankungen und handelsrechtliche Verträge in Deutschland und Frankreich (2002), S. 614.

545 RGZ 103, 177, 178 f.; ebenso *Simon*, Die Rechtsfolgen der gestörten Vertragsgrundlage (1969), S. 61 f.

546 *von Maydell*, Geldschuld und Geldwert (1974), S. 123.

547 Vgl. *Feißel/Gorn*, BB 2009, 1138, 1140 ff.

548 *De lege ferenda* noch weitergehend *Finkenauer*, in: MünchKomm BGB (6. Auflage 2012), § 313 Rn. 41; a.A. *Oertmann*, Die Geschäftsgrundlage (1921), S. 128 ff.; *Chiotellis*, Rechtsfolgenbestimmung bei Geschäftsgrundlagenstörungen in Schuldverträgen (1981), S. 29 ff.

objektiv-normativ ermittelt und nicht durch Rückgriff auf einen – notwendig fiktiven – hypothetischen Parteiwillen.

b) Sonderfall des Landpachtvertrags

Einen gesetzlichen Anhaltspunkt für die Vertragsanpassung wegen inflationsbedingter Äquivalenzstörung bietet § 593 BGB.[549] Die auf Landpachtverträge (vgl. § 585 Abs. 1 BGB) zugeschnittene Sonderregelung[550] stellt einen Sonderfall der Störung der Geschäftsgrundlage dar.[551] Bei einer nachhaltigen Veränderung der Verhältnisse kann eine Vertragsanpassung verlangt werden, sofern dadurch die gegenseitigen Verpflichtungen in ein grobes Missverhältnis zueinander geraten sind. Zu den Verhältnissen in diesem Sinne zählen insbesondere die wirtschaftlichen Rahmenbedingungen und damit auch die Geldentwertung.[552] Die Äquivalenzstörung als Grund einer Vertragsanpassung hat auf diese Weise gesetzestextliche Anerkennung durch den Privatrechtsgesetzgeber gefunden. Im normativen Rahmen des § 313 Abs. 1 BGB wird das Äquivalenzprinzip insofern angesprochen, als eine schwerwiegende Veränderung der Umstände verlangt wird, die auf den Vertragsschluss Auswirkungen gehabt hätte, wäre sie vorhergesehen worden. Anders als in § 593 Abs. 1 BGB werden Leistung und Gegenleistung nicht ausdrücklich erwähnt. Der Tatbestand des Wegfalls der Geschäftsgrundlage in § 313 BGB musste wegen seines weiteren Anwendungsbereichs offener gefasst werden.

c) Grenzen der Gegenseitigkeit

Je weniger allerdings die Geldleistung mit einer Gegenleistung verknüpft ist, umso schwieriger wird die Herstellung eines auch nur wirtschaftlichen Äquivalenzverhältnisses. Abfindungsansprüche eines ausscheidenden Gesellschafters entwachsen nicht einem synallagmatischen Vertragsverhältnis. Um dennoch nach den Grundsätzen der Äquivalenzstörung eine Aufwertung vornehmen zu können, sah das Reichsgericht die Überlassung des Gesellschaftsanteils des Austretenden an die Mitgesellschafter als wirtschaftliche Gegenleistung an.[553] Diese Beurteilung erscheint aus wirtschaftlicher Perspektive sachgerecht, als § 738 Abs. 1 Satz 1 BGB (i.V.m. §§ 105 Abs. 3, 161 Abs. 2 HGB) die Anwachsung des Gesellschaftsanteils des ausscheidenden Gesellschafters anordnet und die Höhe des Abfindungsanspruchs nach dem wahren Wert seiner Beteiligung zu berechnen ist (§§ 738 Abs. 1 Satz 2, 733 f. BGB). Die Aufwertung von Ausei-

---

[549] Vgl. zur Vorgängernorm *Larenz*, Geschäftsgrundlage und Vertragserfüllung (3. Auflage 1963), S. 176 f.

[550] BGH NJW 1959, 2203, 2204 f.

[551] Ähnlich *Jeinsen*, in: Staudinger, BGB (2013), § 593 Rn. 1, 15.

[552] *Jeinsen*, in: Staudinger, BGB (2013), § 593 Rn. 11.

[553] RGZ 163, 324, 334 f.

nandersetzungsguthaben wurde für die Gesellschaft bürgerlichen Rechts,[554] für die offene Handelsgesellschaft[555] und für die stille Gesellschaft[556] anerkannt.

Bedenklich überdehnt erscheinen demgegenüber Versuche in der reichsgerichtlichen Judikatur, auch die Aufwertung von Geldforderungen, die mit einem testamentarischen Übernahmerecht einhergehen, auf den Äquivalenzgedanken zu stützen.[557] Räumt der Erblasser einem Erben ein Übernahmerecht an einem Grundstück gegen Zahlung einer bestimmten Geldsumme ein, so wirkt es konstruiert, eine Äquivalenz von Geldzahlung und Grundstückseigentum zu bemühen. Insofern ist vorrangig auf eine ergänzende Auslegung des Testaments abzustellen.[558] Nur entfernt am Äquivalenzprinzip orientiert sich zudem der Rückgewähranspruch infolge Rücktritts aus § 346 Abs. 2 BGB. Das Reichsgericht hatte für den Anspruch aus der Wandlung eine Orientierung am wirtschaftlichen Wert des ursprünglich gezahlten Geldes angenommen.[559] Bei dem Rückgewähranspruch aus § 346 Abs. 2 Nr. 2 und 3 BGB ist allerdings zu beachten, dass für die Wertberechnung auf den Zeitpunkt des Entstehens der Wertersatzpflicht abzustellen ist.[560] Erst in diesem Moment entsteht der Geldsummenanspruch. Die Äquivalenz kann daher schon durch vorherige Wertveränderungen beeinträchtigt sein, denn die Geldentwertung vermag erst danach auf den Anspruchsinhalt einzuwirken. Weiterhin hat das Reichsgericht das Äquivalenzprinzip auch versucht fruchtbar zu machen, um eine Aufwertung von Bereicherungsansprüchen zu begründen.[561] Die Äquivalenz müsse zwischen dem erlangten Etwas und der Höhe des auf Geld gerichteten Bereicherungsanspruchs bestehen. Zwar ist der Bereicherungsanspruch seinem Wesen nach durchaus auf die Herausgabe des Erlangten (§§ 812 Abs. 1, 816 Abs. 1 BGB) oder dessen objektiven Wertes (§ 818 Abs. 2 BGB) gerichtet. Allerdings kommt darin keine vertraglich oder sonst privatautonom definierte Ausgeglichenheit von „Leistung und Gegenleistung“ zum Ausdruck, sondern die Grundaufgabe des Bereicherungsrechts, Ausgleich für nach der restlichen Rechtsordnung unberechtigte Vermögensverschiebungen zu schaffen.[562] Soweit das Äquivalenzprinzip somit nicht als Begründungsmuster für die Aufwertung von Geldforderungen taugt, kann allein der Grundsatz von Treu und Glauben (§ 242 BGB) herangezogen werden.

---

[554] RGZ 111, 77, 81 ff.

[555] RG WarnR 1925 Nr. 84.

[556] RGZ 117, 238, 241 ff.

[557] RGZ 108, 83, 85 f.

[558] Insofern zutreffend RGZ 108, 83, 85.

[559] RGZ 108, 279, 281.

[560] *Kaiser*, in: Staudinger, BGB (2012), § 346 Rn. 168; *Gaier*, in: MünchKomm BGB (6. Auflage 2012), § 346 Rn. 44 m.w.N. zur Gegenauffassung.

[561] RGZ 108, 120, 121 f.

[562] Vgl. im Einzelnen je nach Konditionstyp *Reuter/Martinek*, Ungerechtfertigte Bereicherung (1983), S. 39 ff., 75 ff., 232 ff.

2. Vertragliche Risikoverteilung

Nach § 313 Abs. 1 BGB ist die vertragliche Risikoverteilung bei der Entscheidung zu berücksichtigen, ob eine Anpassung des Vertrages zu erfolgen hat. Schon vor der Kodifizierung des Rechtsinstituts war eine Einbeziehung des Vertragsrisikos anerkannt.[563] Danach lösen Umstände, die nach dem Zweck des Vertrages in den Risikobereich einer Partei fallen, grundsätzlich keine Störung und keinen Wegfall der Geschäftsgrundlage aus.[564] Die Übernahme des Geldentwertungsrisikos durch den Geldgläubiger kann sich aus dem Fehlen einer Wertsicherungsklausel ergeben.[565] Im Wege der individuellen Aufwertung durch die Gerichte darf der Geldgläubiger nicht auf einem Umweg die Einfügung einer Wertsicherung in den Vertrag erreichen, die mit Verhandlungen nicht durchsetzbar waren. Zwar schließt das Fehlen einer vertraglichen Wertsicherung die individuelle Aufwertung durch die Gerichte nicht aus. Allerdings sind die Hürden für eine Störung der Geschäftsgrundlage entsprechend zu verorten, um im Ergebnis eine Nivellierung des Fehlens einer vertraglichen Wertsicherung zu verhindern. Die höchstrichterliche Rechtsprechung will eine Vertragsanpassung nur „ausnahmsweise unter besonderen Umständen“[566] vornehmen, um die vertragliche Risikoverteilung nicht auszuhebeln. Zu differenzieren ist zwischen einer schleichenden Inflation, die ein Phänomen volkswirtschaftlicher Normalität darstellt und daher vorhersehbar ist, und der galoppierenden Inflation aus Krisenzeiten, die regelmäßig nicht für die Parteien erwartbar ist. Die galoppierende Inflation stellt stets einen besonderen Umstand dar, der von der – durch eine Nichtaufnahme von Wertsicherungsklauseln ausgedrückten – vertraglichen Risikoverteilung typischerweise nicht erfasst ist. Die schleichende Inflation bedarf hingegen einer Würdigung im Einzelfall, bei der ihr Umfang sowie der Vertragszweck einzubeziehen sind.[567]

Verträgen mit spekulativem Einschlag gewährt die Rechtsprechung traditionell keine[568] oder nur eine eingeschränkte[569] Anpassungsoption nach § 313 BGB. Ein solcher spekulativer Charakter wurde insbesondere bei langfristigen

---

563 BGH NJW 1966, 448 449; BGH NJW 1974, 273, 274 f.; BGH NJW 1977, 2262, 2263; BGH NJW 1978, 2390, 2391; *Geiler*, in: *Abraham* (Hrsg.), Die Geldentwertung in der Praxis des deutschen Rechtslebens (1923), S. 31, 41; *Wieacker*, in: *Posch* (Hrsg.), Festschrift für Walter Wilburg (1965), S. 229, 251; *Fikentscher*, Die Geschäftsgrundlage als Frage des Vertragsrisikos (1971), S. 31 ff.; *Haarmann*, Wegfall der Geschäftsgrundlage bei Dauerrechtsverhältnissen (1979), S. 57 ff.

564 BGH NJW 1978, 2390, 2391; *von Maydell*, Geldschuld und Geldwert (1974), S. 121.

565 BGH NJW 1974, 1186; BGHZ 77, 194, 197 f.

566 BGHZ 77, 194, 197.

567 Generell ablehnend hingegen *Wieacker*, in: *Posch* (Hrsg.), Festschrift für Walter Wilburg (1965), S. 229, 250.

568 RGZ 106, 177, 181 f.; OGHBrZ NJW 1950, 867 f.; ebenso *Simon*, Die Rechtsfolgen der gestörten Vertragsgrundlage (1969), S. 61.

569 Vgl. *Mügel*, Das gesamte Aufwertungsrecht (5. Auflage 1927), S. 233 m.w.N.

Lieferverträgen im Großhandel angenommen.[570] Der Warenverkäufer übernehme bei einer Festpreisabrede das Risiko von auch erheblichen Preissteigerungen am Markt, gegen das sich der Warenkäufer nach Sinn und Zweck des Vertrages absichern wolle. Ein Wegfall der Geschäftsgrundlage ist daher aus Gründen der vertraglichen Risikoverteilung abzulehnen.[571]

3. Zeitmoment

Die zeitliche Ausdehnung eines Vertrages zwischen Abschluss und der Erfüllung der Geldverbindlichkeit ist von Bedeutung für die Reichweite der Vertragsanpassung an die Geldentwertung. Unter dem Gesichtspunkt des in § 313 BGB kodifizierten Prüfungskatalogs ist das Zeitmoment allerdings nur von mittelbarer Relevanz, als es bei der Auslegung einzelner Tatbestandsmerkmale einzubeziehen ist. Normative Angriffspunkte sind das Vorliegen einer Äquivalenzstörung, die vertragliche Risikoverteilung und die Zumutbarkeit des Festhaltens am unveränderten Vertrag. Aus der Natur der Sache folgt, dass sich Leistung und Gegenleistung durch Geldentwertung desto weiter auseinanderentwickeln, je länger die zugrundeliegende Zeitspanne bemessen ist. Die Wahrscheinlichkeit für eine Äquivalenzstörung steigt mit Fortschreiten der Zeit in einer Vertragsbeziehung. Liegen zwischen Vertragsschluss und Warenlieferung nur rund zwei Monate, kann eine Äquivalenzstörung selbst unter den Bedingungen der Hyperinflation zu verneinen sein.[572]

Die vertragliche Risikoverteilung wird entscheidend von der Nichtvereinbarung einer Wertsicherungsklausel mitbestimmt. Welche Schlussfolgerungen daraus zu ziehen sind, ergibt sich aus der Voraussehbarkeit der inflationären Entwicklung.[573] Mit der Vertragsdauer steigt auch das Risiko einer fehlerhaften Zukunftsprognose.[574] Je weiter der Erfüllungszeitpunkt in der Zukunft liegt, umso unsicherer ist die Prognose über den Eintritt und den Umfang einer Geldentwertung. Auch eine Hyperinflation lässt sich kaum vorhersehen, sofern sie 50 Jahre nach Vertragsschluss auftritt. Eine fortschreitende schleichende Inflation im Laufe der nachfolgenden zehn Jahre hingegen ist vorauszusehen und daher nicht nach § 313 BGB zu korrigieren. In die *ex ante*-Sicht der Parteien ist auch einzubeziehen, wie sich die Inflationsentwicklung in den Jahren vor dem Vertragsschluss darstellte. Hohe Inflationsraten dürften die Parteien eher zu einem Nachdenken über eine Wertsicherungsklausel veranlassen, während

---

570 RGZ 88, 172, 175 ff.; *von Maydell*, Geldschuld und Geldwert (1974), S. 121 f.

571 *Larenz*, Geschäftsgrundlage und Vertragserfüllung (3. Auflage 1963), S. 91.

572 RGZ 101, 74, 77.

573 BGH WM 1973, 839; BGH WM 1976, 1034; *Gruber*, Geldwertschwankungen und handelsrechtliche Verträge in Deutschland und Frankreich (2002), S. 642; *Finkenauer*, in: MünchKomm BGB (6. Auflage 2012), § 313 Rn. 186.

574 *Weber*, ZSR 100 (1981) 165, 195; *Oetker*, Das Dauerschuldverhältnis und seine Beendigung (1994), S. 32 m.w.N.

lange Phasen der Geldstabilität ein Unterlassen als nachvollziehbar erscheinen lassen können.[575]

Schließlich spielt das Zeitmoment eine Rolle im Rahmen der Unzumutbarkeit einer unveränderten Fortführung des Vertrages (§ 313 Abs. 1 BGB). Langfristige Verträge zeichnen sich dadurch aus, dass sich die Äquivalenzstörung nicht in einem einmaligen Akt zeigt, sondern dauerhaft die wiederkehrende Leistungserbringung einer Partei belastet.[576] Der Geldentwertung kommt insofern eine additive Wirkung zu,[577] als sich eine beständige Abweichung geringer Quantität auf die gesamte Zeitdauer gerechnet zu einer relevanten Äquivalenzstörung zu summieren vermag. Daher ist die verbleibende Vertragsdauer für die Zumutbarkeit der Vertragsfortführung bedeutsam.[578]

4. Professionalität des Geldgläubigers

Aus der Aufwertungsrechtsprechung lässt sich – wie Georg Gruber[579] herausgearbeitet hat – eine Tendenz zulasten von Kaufleuten und professionellen Wirtschaftsteilnehmern ablesen. Auf die Besonderheiten des kaufmännischen Geschäftsverkehrs sei Rücksicht zu nehmen.[580] Der teleologische Hintergrund dieser unterschiedlichen Behandlung von Kaufleuten und Nicht-Kaufleuten lässt sich zum einen in der typisiert geringeren Schutzbedürftigkeit von Kaufleuten und zum anderen im gesteigerten Bedürfnis nach Rechtssicherheit durch Vertragskontinuität verorten.[581] Professionelle Wirtschaftsteilnehmer sind nicht nur Geldgläubiger in einer einzigen bipolaren Beziehung, sondern sind Schuldner und Gläubiger von Geldforderungen gegenüber einer Vielzahl von Dritten. Vor- und Nachteile der Geldentwertung können somit zu einem Gleichgewicht gebracht werden.[582] Das Gefährdungsprofil von Kaufleuten ist daher ein anderes als dasjenige von Nicht-Kaufleuten. Entsprechend abgestuft ist der Schutz durch eine individuelle Aufwertung auszugestalten. Mit der Professionalität des Wirtschaftsteilnehmers hängt auch die Fähigkeit zusammen, sich durch vertragliche Wertsicherungsmechanismen vor Inflation zu schützen.

---

[575] Ähnlich *Mann*, NJW 1974, 1297, 1299.

[576] *Larenz*, Geschäftsgrundlage und Vertragserfüllung (3. Auflage 1963), S. 90.

[577] *Chiotellis*, Rechtsfolgenbestimmung bei Geschäftsgrundlagenstörungen in Schuldverträgen (1981), S. 146.

[578] BGH NZM 2005, 63, 64; *Simon*, Die Rechtsfolgen der gestörten Vertragsgrundlage (1969), S. 61.

[579] *Gruber*, Geldwertschwankungen und handelsrechtliche Verträge in Deutschland und Frankreich (2002), S. 575 ff.

[580] RGZ 114, 399, 401; RGZ 148, 33, 40.

[581] *Gruber*, Geldwertschwankungen und handelsrechtliche Verträge in Deutschland und Frankreich (2002), S. 586 ff.

[582] *Berndt*, Die Wertsicherung in der Unternehmung unter besonderer Berücksichtigung der Währungsgesetzgebung (1960), S. 95 ff.; *Gruber*, Geldwertschwankungen und handelsrechtliche Verträge in Deutschland und Frankreich (2002), S. 587.

Bei Privatleuten dürften sowohl Kenntnis als auch Verständnis von Wertsicherungsklauseln geringer als bei Kaufleuten ausgeprägt sein. Entsprechend abgestuft sind die Hürden für die Vertragsanpassung wegen Geldentwertung zu fixieren. Schließlich weist der kaufmännische Rechtsverkehr ein gesteigertes Bedürfnis nach Rechtssicherheit und Planbarkeit von Rechtsfolgen auf. Die Verhältnisse des Handelsverkehrs unterscheiden sich vom übrigen Rechtsverkehr dadurch, da sie auf eine schnelle und finale Abwicklung einer großen Vielzahl von ineinandergreifenden Handelsgeschäften ausgerichtet sind.[583] Der II. Zivilsenat des Reichsgerichts wollte für Handelsgeschäfte bis zum August 1922 den geldschuldrechtlichen Nominalismus sogar uneingeschränkt anerkennen und generell keine individuelle Aufwertung vornehmen.[584] Wegen des hohen Ranges der Rechtssicherheit im Handelsverkehr seien die Nachteile der Geldentwertung hinzunehmen.

Die wirtschaftliche Professionalität des Geldgläubigers kann in der Tat bei der Prüfung einer Vertragsanpassung nach § 313 BGB berücksichtigt werden. Hierzu sollte allerdings nicht freihändig und normfern mit allgemeinen Zumutbarkeitserwägungen hantiert werden. Die geringere Schutzbedürftigkeit und die höhere Professionalität von Kaufleuten und ähnlichen Marktteilnehmern ist in die relevanten Tatbestandsmerkmale des § 313 Abs. 1 BGB zu integrieren. Erster Ansatzpunkt ist die Vorhersehbarkeit einer Geldentwertung. Von Wirtschaftsteilnehmern mit einem ausgeprägten Erfahrungshorizont kann eher erwartet werden, dass sie eine schleichende Inflation in ihre Kalkulation einbezogen oder eine sich abzeichnende galoppierende Inflation für möglich gehalten haben. Daneben sind zweitens bei der Frage der Zumutbarkeit schon auf Tatbestandsebene[585] alle Umstände des Einzelfalls zu berücksichtigen.[586] Zu diesen zählt auch die Beherrschbarkeit des Eintritts der Äquivalenzstörung. Kaufleute und andere professionelle Wirtschaftsteilnehmer können unternehmensintern einen Ausgleich dadurch schaffen, dass sie sowohl als Geldschuldner als auch -gläubiger auftreten. Zudem steht ihnen ein Selbstschutz durch Wertsicherungsgeschäfte („*hedging*") offen.[587] Wertsicherung wird somit bei professionellen Marktteilnehmern zu einer in erster Linie privaten Aufgabe, die nur in beschränktem Maße durch staatlich-reaktive Eingriffe in bestehende Schuldverhältnisse ergänzt werden darf.

---

583 RGZ 114, 399, 401.

584 RGZ 115, 198, 200; kritisch *Nussbaum*, Die Bilanz der Aufwertungstheorie (1929), S. 25 f.

585 *Finkenauer*, in: MünchKomm BGB (6. Auflage 2012), § 313 Rn. 77.

586 BGH WM 1964, 1253, 1254; BGH WM 1969, 1019, 1021; BGHZ 121, 378, 393.

587 *Gruber*, Geldwertschwankungen und handelsrechtliche Verträge in Deutschland und Frankreich (2002), S. 594.

II. Prüfungskriterien

Die Schuldrechtsreform des Jahres 2002 hat zu einer Kodifizierung des zentralen Rechtsinstituts zur schuldrechtlichen Erfassung von Inflation geführt. Die bisherige Rechtsprechung zum Wegfall der Geschäftsgrundlage wollte der Gesetzgeber in § 313 BGB niederschreiben, ohne inhaltliche Änderungen zu bewirken.[588] Gesondert anerkannt hat der Gesetzgeber die Zuordnung von Geldwertveränderungen zum Wegfall der Geschäftsgrundlage; in den Gesetzesmaterialien heißt es dazu:

> „Zur Grundlage eines gegenseitigen Vertrags gehört der Gedanke der Gleichwertigkeit (Äquivalenz) von Leistung und Gegenleistung. Durch unvorhergesehene Umstände – z.B. Geldentwertung – kann es zu einer Störung der Äquivalenz kommen."[589]

Auch insofern wurde die bisherige Rechtsprechungspraxis legislativ anerkannt. Die Kodifikation in § 313 BGB hat trotz der Kontinuitätsbestrebungen dazu geführt, dass vorrangig unter den gesetzlichen Tatbestand zu subsumieren ist, nicht aber unter die Formeln der vorkodifikatorischen Judikatur.[590] Tatbestand und Rechtsfolgen des § 313 BGB sind lediglich im Lichte der früheren Rechtsprechung auszulegen. Nach dieser Methode bestimmt sich auch die Anwendung von § 313 BGB auf die Geldentwertungskonstellationen.

1. Anwendungsbereich

a) Arten von Geldschulden

Das Rechtsinstitut des Wegfalls der Geschäftsgrundlage ist auf vertragliche Geldschulden zugeschnitten. Die Kodifizierung in § 313 BGB beschränkt den Anwendungsbereich ihrem eindeutigen Wortlaut nach auf die Geschäftsgrundlage von Verträgen. In der Folge können nur vertragliche Geldschulden auf der Grundlage von § 313 BGB aufgewertet werden. Allerdings genügt es, wenn die vertragliche Grundlage zumindest mittelbar vorhanden ist. In der Folge sind auch gesetzliche Folgeansprüche aus gescheiterten Vertragsverhältnissen nach § 313 BGB aufwertungsfähig. Hierzu zählen der Geldzahlungsanspruch aus Rückgewährschuldverhältnis (§ 346 BGB)[591] ebenso wie der bereicherungsrechtliche Herausgabeanspruch aus *condictio indebiti* (§ 812 Abs. 1 Satz 1 Alt. 1 BGB)[592]. Die dogmatische Basis für diese Erweiterung ist in der objektiven Grundlegung des Wegfalls der Geschäftsgrundlage zu sehen. Der Wegfall

---

[588] BT-Drucks. 14/6040, S. 175; BAGE 109, 294, 301.

[589] BT-Drucks. 14/6040, S. 174.

[590] Zu normfrei insofern für die Definition der Geschäftsgrundlage BGH NJW 2010, 2884 Rn. 14; BGHZ 190, 212 Rn. 21; BGH NJW 2012, 1718 Rn. 26; BGH NJW 2012, 2728 Rn. 16; enger hingegen auf Rechtsfolgenseite BGHZ 191, 139 Rn. 22 ff.

[591] RGZ 108, 279, 281 zur Wandlung.

[592] RGZ 108, 120 ff.

der Geschäftsgrundlage stellt sich nicht als ein besonderer Anwendungsfall der ergänzenden Vertragsauslegung dar.[593] Sie fand vor der Einführung des § 313 BGB ihre dogmatische Grundlage nicht in § 157 BGB, sondern in § 242 BGB.[594] Auch die freie Aufwertung in der Weimarer Zeit stützte sich nach anfänglichen Umwegen allein auf § 242 BGB.[595] Das Gebot von Treu und Glauben aus § 242 BGB findet systematisch auf sämtliche Schuldverhältnisse Anwendung, nicht nur auf vertragliche. Durch die Kodifizierung im Dritten Abschnitt des Zweiten Buches des BGB („Schuldverhältnisse aus Verträgen") sollte die frühere Rechtsprechung inhaltlich nicht angetastet werden.[596] Ausdrücklich heißt es in den Gesetzesmaterialien zur systematischen Stellung von § 313 BGB:

> „Als Regelungsort für die Vorschrift kommt neben § 313 RE auch eine Einfügung im Anschluss an § 242 in Betracht, weil der Wegfall der Geschäftsgrundlage einen besonderen Anwendungsfall dieser Bestimmung bildet und nicht nur für Verträge von Bedeutung ist. Da das Problem der Geschäftsgrundlage in der Regel aber bei Verträgen auftritt, erscheint § 313 RE als geeigneterer Standort."

Die dogmatische Anbindung an § 242 BGB und die Anwendbarkeit auf Verträge als bloßer Regelfall eröffnen ungeachtet der systematischen Stellung des § 313 BGB eine Heranziehung des Rechtsinstituts auf Geldschulden, die nicht – zumindest nicht unmittelbar – eine vertragliche Basis aufweisen. Methodische Grundlage ist entweder ein unmittelbarer Rückgriff auf § 242 BGB, sofern man § 313 BGB als nicht anwendbar ansieht, oder eine speziellere Lückenfüllung durch Analogie zu § 313 BGB. In der Anwendung des Wegfalls der Geschäftsgrundlage lässt sich die Erweiterung um gesetzliche Schuldverhältnisse, die auf vertragliche zurückgehen, mit der Heranziehung eines Äquivalenzverhältnisses im wirtschaftlichen und nicht synallagmatischen Sinn umsetzen. Jedoch sind die Besonderheiten der jeweiligen Anspruchsgrundlage zu berücksichtigen. Eine unbesehene Fortschreibung der vertraglichen Äquivalenz in das Rückabwicklungsregime darf die dortigen Risikotragungsentscheidungen (z.B. § 346 Abs. 2 und 3, § 818 Abs. 2 und 3 BGB) nicht aushebeln.[597]

Geldschulden, die weder unmittelbar noch mittelbar auf eine vertragliche Übereinkunft zurückzuführen sind, können zumindest nicht infolge einer schleichenden Inflation nach § 313 BGB aufgewertet werden. Nur im Falle der

---

[593] *Oertmann*, Die Geschäftsgrundlage (1921), S. 128 ff.; *Chiotellis*, Rechtsfolgenbestimmung bei Geschäftsgrundlagenstörungen in Schuldverträgen (1981), S. 29 ff.; für eine „korrigierende Vertragsauslegung" *Larenz*, Geschäftsgrundlage und Vertragserfüllung (3. Auflage 1963), S. 166.

[594] *Oertmann*, Die Geschäftsgrundlage (1921), S. 136; dem folgend die ständige Rechtsprechung, vgl. stellvertretend RGZ 108, 279, 281; BGH NJW 1951, 836 f.; BGH NJW 1953, 1585; BGH NJW 2001, 1204, 1205 m.w.N.

[595] Vgl. dazu *Mügel*, Das gesamte Aufwertungsrecht (5. Auflage 1927), S. 160 f., 165 ff.

[596] BT-Drucks. 14/6040, S. 175.

[597] *K. Schmidt*, in: Staudinger, BGB (1997), Vorbem D102 zu §§ 244 ff.

Hyperinflation ist eine Aufwertung von gesetzlichen Geldforderungen nach § 242 BGB darstellbar. Die gesetzliche Risikoverteilung ist allerdings einschränkend einzubeziehen. Generell keiner Aufwertung unterliegen gesetzlich festgelegte Nominalbeträge, wie sie insbesondere bei den Mindestkapitalziffern von Kapitalgesellschaften zu finden sind.[598] Zur Aufwertung ist insofern der Gesetzgeber berufen; ihm steht es offen, in kurzen Zeitabständen die Mindestkapitalbeträge zu erhöhen oder gesetzlich zu indexieren. Die gesetzgeberische Entscheidung für eine nominale Summe nimmt in Kauf, dass die Gründer nicht überzeitlich zur Aufbringung desselben Maßes an Kaufkraft gezwungen werden. Die nominale Ausrichtung zeigt sich bei der GmbH an § 14 Satz 2 und 3 GmbHG, bei der Aktiengesellschaft an §§ 54 Abs. 1, 23 Abs. 2 Nr. 2 AktG.

b) Vorrangige Spezialregelungen (Subsidiarität)

aa) Vorrang von vertraglichen Regelungen

Die dogmatische Fundierung der Aufwertung in § 313 BGB implementiert zugleich dessen Grenzen der Anwendbarkeit. Das Rechtsinstitut des Wegfalls der Geschäftsgrundlage ist in weitem Umfang subsidiär zu vorrangigen vertraglichen und gesetzlichen Regelungen.[599] Die Parteien können die Anwendbarkeit von § 313 BGB ausdrücklich oder konkludent ausschließen.[600] Eine konkludente Abbedingung liegt grundsätzlich in einer wirksamen Parteiabrede, die eine aus Parteisicht abschließende Regelung der Folgen einer Geldentwertung enthält.[601] Die vertragliche Risikoverteilung geht einer Korrektur nach § 313 BGB vor,[602] wie sich bereits am Wortlaut des § 313 Abs. 1 BGB zeigt, der die Vertragsanpassung ausdrücklich unter den Vorbehalt der „vertraglichen oder gesetzlichen Risikoverteilung" stellt. Dabei ist es unerheblich, ob die privatautonom vorgesehenen Reaktionsmechanismen bei Geldentwertung in Voraussetzungen und Umfang einer (hypothetischen) gerichtlichen Aufwertung entsprechen. Den Parteien steht es offen, das Geldentwertungsrisiko abweichend zu verteilen.

In auf eine langfristige Zusammenarbeit angelegten Verträgen, wie sie beispielsweise bei komplexen Projektverträgen vorliegen, findet sich in der Kautelarpraxis typischerweise ein Anpassungskonzept für sich ändernde Umstände.[603] Solche Anpassungs- oder Wirtschaftsklauseln können allgemein

---

598 RGZ 119, 170, 171 f.

599 BGH NJW 2013, 2746 Rn. 16; *Haarmann*, Wegfall der Geschäftsgrundlage bei Dauerrechtsverhältnissen (1979), S. 77.

600 *Finkenauer*, in: MünchKomm BGB (6. Auflage 2012), § 313 Rn. 51.

601 RGZ 118, 346, 352; *Schmalz*, Die Stabilität des Geldwerts als Problem des Privatrechts (1986), S. 153; *K. Schmidt*, in: Staudinger, BGB (1997), Vorbem D112 zu §§ 244 ff.

602 So schon *Oertmann*, Die Geschäftsgrundlage (1921), S. 174.

603 Vgl. grundlegend *Horn*, AcP 181 (1981) 255; *Baur*, Vertragliche Anpassungsregeln (1983).

eine Neuverhandlungspflicht bei Eintritt bestimmter Umstände vorsehen.[604] Alternativ beinhalten Wirtschaftsklauseln (mehr oder weniger konkrete) Vorgaben zu einer Vertragsanpassung,[605] die häufig beständig durchzuführen ist (Gleitklausel).[606] Schließlich können Wirtschaftsklauseln auch Leistungsbestimmungsvorbehalte zugunsten einer Partei oder eines Dritten vorsehen.[607] Letztere können sich auch auf den Preis beziehen.[608] Auslösendes Kriterium ist dabei jedoch typischerweise nicht die allgemeine Preisentwicklung, sondern die Veränderung der Preise von benötigten Vorprodukten oder des erworbenen Endprodukts auf dem Markt. Anders als spezielle Preisanpassungsklauseln erfassen die allgemeinen Wirtschafts- oder Härtefallklauseln auf Voraussetzungsseite jede grundlegende Veränderung der wirtschaftlichen, technischen oder rechtlichen Verhältnisse mit Auswirkungen auf den Vertrag.[609] Durch die Vereinbarung einer solchen Wirtschaftsklausel werden *per se* weder eine generelle Aufwertung durch den Gesetzgeber noch eine individuelle Aufwertung auf gesetzlicher Grundlage unanwendbar. Die jeweilige Wirtschaftsklausel ist durch Auslegung auf ihre Reichweite hin zu überprüfen. Beispielsweise kann die Art der getroffenen Preisvereinbarung (z.B. Festpreisabrede) den Anwendungsbereich einer allgemeinen Wirtschaftsklausel beeinflussen.[610] Die Anwendung der gesetzlichen Aufwertungsgrundlagen hat sodann im Lichte des in der Wirtschaftsklausel zum Ausdruck kommenden Parteiwillens zu erfolgen.[611] Im Einzelfall kann diese Auslegung auch zu einem vollständigen Ausschluss von § 313 BGB führen.[612]

Allerdings setzt ein Ausschluss von gerichtlichen Eingriffen zur Aufwertung der Geldforderung voraus, dass die vertragliche Regelung die ihr zugedachte Aufgabe ausführen kann.[613] Erweist sich eine Wertsicherungsklausel im Nachhinein als untauglich[614] oder wegen Verstoßes gegen § 1 Abs. 1 PrKG[615] oder §§ 307 ff. BGB unwirksam, so ist die entstandene Vertragslücke im Wege der ergänzenden Vertragsauslegung zu schließen. Es kommt danach unter Berücksichtigung des objektiven Vertragszwecks darauf an, wie die Parteien die

---

604 *Kamanabrou*, Vertragliche Anpassungsklauseln (2004), S. 31 ff. Formulierungsbeispiel bei *Salje*, NZG 1998, 161.

605 *Salje*, NZG 1998, 161, 163 f.; vgl. auch den Sachverhalt in BGH NJW 2013, 2745.

606 *Horn*, NJW 1985, 1118, 1119.

607 *Horn*, NJW 1985, 1118, 1119; vgl. dazu *Kronke*, AcP 183 (1983) 113.

608 Vgl. zur AGB-rechtlichen Wirksamkeit BGHZ 82, 238, 240 ff.; BGHZ 89, 206, 211; BGH NJW 2010, 993 Rn. 21 ff. m.w.N.

609 Vgl. beispielhaft die Klausel 10.1 im Sachverhalt zu BGH NJW 2013, 2745.

610 BGH NJW 2013, 2745 Rn. 23.

611 *K. Schmidt*, in: Staudinger, BGB (1997), Vorbem D94 zu §§ 244 ff.

612 BGH NJW 2013, 2746 Rn. 16; vgl. allgemein *Finkenauer*, in: MünchKomm BGB (6. Auflage 2012), § 313 Rn. 61 ff.

613 BGHZ 81, 135, 141 ff.; vgl. auch oben, S. 453 ff.

614 BGHZ 81, 135, 141; BGH NJW-RR 2011, 515 Rn. 12, 29.

615 BGHZ 63, 132, 135 (zu § 3 WährG a.F.).

Wertsicherung ausgestaltet hätten, wenn sie die Unwirksamkeit ihrer Wertsicherungsvereinbarung vorausgesehen hätten.[616] Die auf diesem Weg bestimmte Klausel ist mit *ex tunc*-Wirkung anzuwenden.[617] Die Parteien trifft zudem eine Pflicht zur Mitwirkung an der Neugestaltung ihres vertraglichen Wertsicherungsregimes, um eine nach § 1 Abs. 1 PrKG unwirksame Preisklausel durch eine wirksame zu ersetzen.[618] Keine Subsidiarität des Wegfalls der Geschäftsgrundlage besteht hingegen, sobald eine Wertsicherungsklausel ihren Zweck nicht mehr erfüllt und die ergänzende Vertragsauslegung mangels Feststellbarkeit des hypothetischen Parteiwillens zu keinem Ergebnis führt.[619] Dann kommt bis zu diesem Zeitpunkt der vereinbarte Wertsicherungsmechanismus zum Tragen. Mit Wirkung *ex nunc* können die Rechtsfolgen aus § 313 BGB geltend gemacht werden.[620]

bb) Spezielle Vertragsbedingungen im Privatversicherungsrecht

Vertragliche Wertsicherungsregelungen finden sich typischerweise in einer Vielzahl von privatversicherungsrechtlichen Verträgen.[621] Variable Versicherungssummen beinhalten eine automatische Anpassung an die Geldentwertung. Bei der Gebäudeversicherung wird hierzu durch die „Sonderbedingungen für die Gleitende Neuwertversicherung von Wohn-, Geschäfts- und landwirtschaftlichen Gebäuden (SGlN)" der Versicherungswert 1914 zugrunde gelegt. Als Maßstab für die Anpassung des Versicherungswerts 1914 fungiert der Baupreisindex des Statistischen Bundesamtes für Wohngebäude bzw. für das Baugewerbe (§§ 1 Abs. 2, 3 Abs. 2 SGlN).[622] Auch die Versicherungsprämien ändern sich parallel zur gleitenden Versicherungssumme (§ 3 Abs. 1 SGlN). In der Haftpflichtversicherung sieht § 15 der Allgemeinen Versicherungsbedingungen für die Haftpflichtversicherung (AHB) eine jährliche Beitragsanpassung vor. Bemessungsgrundlage ist die Entwicklung der Schadenszahlungen. Damit wird auch die allgemeine Geldentwertung erfasst.[623]

cc) Gesetzliche Spezialregelungen im Sozialrecht

Der Rückgriff auf den Wegfall der Geschäftsgrundlage nach § 313 BGB ist ebenfalls bei Vorliegen speziellerer gesetzlicher Regelungen zum Ausgleich von Geldwertänderungen gesperrt. Die Geldleistungen der gesetzlichen Rentenver-

---

616 BGH WM 1963, 763, 766.

617 BGH NJW 1967, 830, 831.

618 BGH NJW 1967, 830, 831; BGHZ 63, 132, 135.

619 BGHZ 191, 336 Rn. 19.

620 BGHZ 191, 336 Rn. 19.

621 Vgl. ausführlich *von Maydell*, Geldschuld und Geldwert (1974), S. 252 ff., 267 ff. sowie den Überblick bei *K. Schmidt*, in: Staudinger, BGB (1997), Vorbem D113 zu §§ 244 ff. m.w.N.

622 Vgl. zur Berechnung *Armbrüster*, VersR 1997, 931 ff.

623 *von Maydell*, Geldschuld und Geldwert (1974), S. 260.

sicherungen werden jährlich zum 1. 7. angepasst, indem ein neuer Rentenwert berechnet wird (§ 65 SGB VI). Grundlage für den jeweils aktuellen Rentenwert ist nach § 68 Abs. 1 Satz 3 SGB VI die Veränderung der Bruttolöhne und -gehälter und des Beitragssatzes zur allgemeinen Rentenversicherung. Modifiziert wird die Rentenentwicklung durch das jeweilige Zahlenverhältnis von Beitragszahlern zu Rentnern, welches in einem Nachhaltigkeitsfaktor (§ 68 Abs. 4 SGB VI) ausgedrückt wird. Gesetzliche Unfallrenten, die den Jahresarbeitsverdienst als Berechnungsgrundlage aufweisen, werden jährlich parallel zu den Leistungen aus der gesetzlichen Rentenversicherung angepasst (§ 95 SGB VII). Auch die Geldleistungen aus der Grundsicherung für Arbeitssuchende nach SGB II zur Deckung des Lebensbedarfs unterliegen einer jährlichen Überprüfung nach Maßgabe eines Mischindexes. Gemäß § 20 Abs. 5 Satz 1 SGB II i.V.m. § 28a Abs. 2 Satz 1 SGB XII sind die „bundesdurchschnittliche[n] Entwicklung der Preise für regelbedarfsrelevante Güter und Dienstleistungen sowie [die] bundesdurchschnittliche[n] Entwicklung der Nettolöhne und -gehälter je beschäftigten Arbeitnehmer nach der Volkswirtschaftlichen Gesamtrechnung" für die Anpassung heranzuziehen. Damit setzte der Gesetzgeber die Vorgaben des Bundesverfassungsgerichts um, das aus Art. 1 Abs. 1 i.V.m. Art. 20 Abs. 1 GG einen Leistungsanspruch auf Gewährleistung eines menschenwürdigen Existenzminimums ableitet.[624] Dieser Leistungsanspruch umfasse stets den tatsächlichen Bedarf und sei realitätsnah auszugestalten.[625] Hierzu müsse der Gesetzgeber geeignete Vorkehrungen treffen, um Änderungen der wirtschaftlichen Rahmenbedingungen wie insbesondere Preissteigerungen zeitnah zu erfassen.[626]

dd) Gesetzliche Spezialregelung für Betriebsrenten

Eine gesetzliche Sonderregelung zur Aufwertung von Betriebsrenten enthält § 16 BetrAVG. Die Vorschrift konkretisiert die frühere Rechtsprechung des Bundesarbeitsgerichts, die nach § 242 BGB bei einem Preisanstieg von 40 %[627] bzw. 33 %[628] eine Verhandlungspflicht über Anpassungen annahm. Vorgesehen ist in § 16 Abs. 1 BetrAVG dementsprechend kein gesetzlicher Anpassungsautomatismus, sondern lediglich eine Prüfungspflicht des Arbeitgebers, ob und in welchem Umfang eine Anpassung erforderlich ist. Der Arbeitgeber entscheidet alle drei Jahre nach pflichtgemäßem Ermessen, wodurch erhebliche Rechtsunsicherheiten für die Beteiligten entstehen.[629] Der Rhythmus von drei Jahren darf

---

624 BVerfGE 40, 121, 133; BVerfGE 82, 60, 85; BVerfGE 123, 267, 362 f.

625 BVerfGE 125, 175, 224 f.

626 BVerfGE 125, 175, 225; vgl. zu den verfassungsrechtlichen Grundlagen einer Anpassung *Häde*, DÖV 2008, 613, 614 ff.

627 BAGE 40, 146, 158.

628 BAG AP BGB § 242 Ruhegehalt – Geldentwertung Nr. 7.

629 *Pröbstl*, DStR 2012, 1281.

durchbrochen werden, um einen einheitlichen Prüftermin in einem Unternehmen zu ermöglichen.[630] Der Inhalt des pflichtgemäßen Ermessens wird analog § 315 BGB bestimmt und gerichtlich überprüft.[631] Durch § 16 Abs. 1 BetrAVG wird der Versorgungsschuldner grundsätzlich verpflichtet, den realen Wert der Betriebsrente zu erhalten.[632] Die Rechtsprechung geht von einem Äquivalenzverhältnis von Leistung und Gegenleistung bei Rentenbeginn aus, das grundsätzlich durch die Anpassungen dauerhaft aufrechterhalten werden soll.[633] Für den Zeitraum vor dem 1.1.2003 ist nach § 30c Abs. 4 BetrAVG auf den Preisindex für die Lebenshaltung von Vier-Personen-Haushalten von Arbeitern und Angestellten mit mittlerem Einkommen abzustellen.[634] Seit dem 1.1.2003 ist gemäß § 16 Abs. 2 Nr. 1 BetrAVG der Verbraucherpreisindex für Deutschland maßgeblich; damit wurde die frühere Rechtsprechung des Bundesarbeitsgerichts[635] auf neuer statistischer Grundlage kodifiziert.

Gegenläufig ist jedoch die wirtschaftliche Lage des Arbeitgebers zu berücksichtigen (§ 16 Abs. 1 Halbsatz 2 BetrAVG). Als Folge davon kann eine Anpassung vollständig unterbleiben oder nur in einem geringeren Umfang vorgenommen werden. Grundlage ist eine Prognoseentscheidung darüber, ob das Unternehmen übermäßig belastet und seine Wettbewerbsfähigkeit gefährdet würde.[636] Dies ist der Fall, wenn der Arbeitgeber wahrscheinlich nicht in der Lage sein wird, die Mehrkosten aus den Unternehmenserträgen und den verfügbaren Wertzuwächsen des Unternehmensvermögens aufzubringen.[637] Den Arbeitgeber trifft eine umfassende Darlegungs- und Beweislast für die pflichtgemäße Ausübung seines Ermessens.[638] Durch § 16 BetrAVG wird die Anwendbarkeit von § 313 BGB regelmäßig ausgeschlossen. Eine Ausnahme gilt allerdings bei einer planwidrigen Überversorgung des Betriebsrentenempfängers,[639] da insofern § 16 BetrAVG nach seiner Zielsetzung nicht tangiert ist. Der Versorgungsschuldner darf in diesem Fall einseitig und nach pflichtgemäßem Ermessen die Betriebsrente herabsetzen.[640]

---

630 BAG AP BetrAVG § 16 Nr. 71.

631 BAGE 48, 272, 276; BAGE 116, 285 Rn. 12.

632 BAGE 84, 246, 250; BAGE 139, 252 = NZA 2012, 454 Rn. 20.

633 BAG NZA 2012, 454 Rn. 21.

634 BAGE 123, 319 Rn. 13; BAGE 139, 252 = NZA 2012, 454 Rn. 22; vgl. zur Berechnungsweise BAG NZA-RR 2013, 598 Rn. 29.

635 Ständige Rechtsprechung seit BAGE 28, 279, 291.

636 BAGE 129, 292 Rn. 13; BAGE 139, 252 = NZA 2012, 454 Rn. 32 f.; BAG NZA-RR 2013, 598 Rn. 39.

637 BAGE 129, 292 Rn. 13.

638 BAGE 139, 252 = NZA 2012, 454 Rn. 39; BAG NZA-RR 2013, 598 Rn. 56.

639 BAGE 125, 11 Rn. 23 ff.

640 BAGE 125, 11 Rn. 28.

2. Tatbestand

a) Geschäftsgrundlage

§ 313 Abs. 1 BGB spricht von „Umständen, die zur Grundlage des Vertrags geworden sind"; § 313 Abs. 2 BGB erweitert den Tatbestand um die „wesentliche[n] Vorstellungen, die zur Grundlage des Vertrags geworden sind". Beiden Alternativen liegt die tradierte Geschäftsgrundlagendefinition zugrunde, die auf Paul Oertmann[641] zurückgeht. Danach sind Geschäftsgrundlage „die bei Vertragsschluss bestehenden gemeinsamen Vorstellungen beider Parteien oder die dem Geschäftsgegner erkennbaren und von ihm nicht beanstandeten Vorstellungen der einen Vertragspartei von dem Vorhandensein oder dem künftigen Eintritt gewisser Umstände, sofern der Geschäftswille der Parteien auf dieser Vorstellung aufbaut"[642]. Unterschieden wird darauf aufbauend zwischen der objektiven und der subjektiven Geschäftsgrundlage, die in § 313 Abs. 1 und 2 BGB verwurzelt ist. Bei erheblichen Geldentwertungen ist stets die objektive Geschäftsgrundlage betroffen, da es sich entweder um eine Äquivalenz- oder eine Zweckstörung handelt;[643] ein gemeinschaftlicher Irrtum der Parteien im Sinne von § 313 Abs. 2 BGB liegt insofern nicht vor.

Bei Verträgen, die einen – nicht notwendig synallagmatischen[644] – Austausch von Leistung und Gegenleistung beinhalten, gehen die Parteien typischerweise von einem Gleichgewicht beider Leistungen aus (Äquivalenzverhältnis). Dabei handelt es sich nicht um ein objektives, sondern um ein subjektives Gleichgewicht, das von den Parteien privatautonom bestimmt wird.[645] Auch im zukünftigen Zeitpunkt der Vertragsabwicklung und -erfüllung soll diese subjektive Äquivalenz noch fortbestehen. Darin liegt eine regelmäßige Geschäftsgrundlage von gegenseitigen Verträgen.[646] Mittelbar über den Äquivalenzgedanken ist damit auch die Stabilität des Geldwerts zur Geschäftsgrundlage erhoben.[647]

Die Äquivalenzstörung vermag allerdings nicht sämtliche Spielarten der inflationsbedingten und anpassungsbedürftigen Einwirkungen auf Geldschulden abzudecken.[648] Insbesondere bei Verträgen mit Versorgungscharakter fehlt es häufig an einer hinreichend verknüpften Gegenleistung, um ein Gleichwer-

---

641 *Oertmann*, Die Geschäftsgrundlage (1921), S. 37; dem folgend schon RGZ 103, 328, 332.

642 BGHZ 190, 212 Rn. 21 m.w.N.

643 BT-Drucks. 14/6040, S. 174; OLG Nürnberg OLGZ 1977, 75, 77.

644 Zu eng daher *Chiotellis*, Rechtsfolgenbestimmung bei Geschäftsgrundlagenstörungen in Schuldverträgen (1981), S. 21.

645 *Larenz*, Geschäftsgrundlage und Vertragserfüllung (3. Auflage 1963), S. 78 f.; *Chiotellis*, Rechtsfolgenbestimmung bei Geschäftsgrundlagenstörungen in Schuldverträgen (1981), S. 22.

646 BGHZ 191, 336 Rn. 12; *Feißel/Gorn*, BB 2009, 1138, 1139.

647 Ungenau *K. Schmidt*, in: Staudinger, BGB (1997), Vorbem D106 zu §§ 244 ff.

648 *von Maydell*, Geldschuld und Geldwert (1974), S. 149, 168 f.

tigkeitsverhältnis begründen und austarieren zu können. Unterhaltsverträge und sonstige Verträge mit Versorgungscharakter weisen aber einen bestimmten Zweck auf, den beide Parteien teilen: die Existenzsicherung einer Partei.[649] Die Existenz eines solchen gemeinsamen Zwecks ist regelmäßig zu vermuten.[650] Neben der Äquivalenzstörung hat auch die Zweckstörung Anerkennung als Fallgruppe des Wegfalls der Geschäftsgrundlage gefunden.[651] Sie ist *sedes materiae* für die Anpassung eines Teils der Verträge mit Versorgungscharakter,[652] sofern nicht § 16 BetrAVG in Bezug auf Arbeitnehmer die vorrangige Regelung enthält.

b) Schwerwiegende Veränderung

aa) Untauglichkeit einer starren Prozentgrenze

Ein Kernproblem der individuellen Aufwertung von Geldforderungen nach § 313 BGB ist die Grenzziehung zwischen noch hinzunehmender Geldentwertung und einer schwerwiegenden Veränderung, die den Rechtsfolgenapparat des § 313 BGB auslöst. Die Norm selbst belässt einen Auslegungs- und Anwendungsspielraum, da sich ihr ein abstrakter und allgemeingültiger Maßstab in Gestalt eines starren Prozentsatzes nicht entnehmen lässt. In der Folge findet sich in der Entscheidungspraxis der Gerichte eine unüberschaubare Vielfalt von prozentualen Hürden: Das Reichsgericht hielt eine Entwertung des britischen Pfundes um 20 bis 30 % für hinreichend;[653] im Einzelfall könne eine Aufwertung schon bei einem „mäßigen Wertrückgang“ geboten sein.[654] Abgelehnt hat der Bundesgerichtshof hingegen eine Vertragsanpassung bei einem Preisanstieg um 52 %, sofern die Parteien eine Steigerung um 30 % erwartet hatten.[655] Ebenfalls als nicht genügend wurde ein Preisanstieg um knapp 60 %[656] oder um zwei Drittel[657] angesehen. Selbst der Anstieg des Preisniveaus um 75 % sollte im Einzelfall nicht zu einer Anpassung des Erbbauzinses führen.[658] Erst in einem Preisanstieg um 222 % sah die höchstrichterliche Rechtsprechung eine hinreichende Äquivalenzstörung, um einen Erbbauzins anzuheben.[659] In Anlehnung an die arbeitsgerichtliche Rechtsprechung ordnete der Bundesgerichtshof hin-

---

649 RGZ 106, 233, 235.
650 BGHZ 105, 243, 246.
651 BGHZ 105, 243, 245; BAGE 86, 312, 319; BAG NZA-RR 2008, 600 Rn. 19 m.w.N.; *Larenz*, Geschäftsgrundlage und Vertragserfüllung (3. Auflage 1963), S. 91 ff.
652 BGHZ 105, 243, 245 f.; BAG NZA-RR 2008, 600 Rn. 19.
653 RGZ 141, 212, 218.
654 RGZ 147, 286, 291.
655 BGH NJW 1976, 846, 847.
656 BGHZ 191, 336 Rn. 19.
657 BGH NJW 1974, 1186; BGH NJW 1976, 142.
658 BGH WM 1976, 1034.
659 BGHZ 77, 194, 199.

gegen bei Verträgen mit Versorgungscharakter eine allgemeine Preissteigerung um 40 % als eine erhebliche Geldentwertung ein.[660] Erst Recht führte ein Preisanstieg um 286 % zur Annahme einer Grundlagenstörung bei einem Vergleich über Versorgungsansprüche.[661]

Auch in der geldschuldrechtlichen Literatur haben sich keine starren Erheblichkeitsgrenzen durchzusetzen vermocht. Von Maydell stellt allgemein darauf ab, ob die Geldentwertung dazu geführt hat, dass die ursprünglich vereinbarte Summe „keine Gegenleistung im Sinne des Vertrages mehr darstellt“[662]. Darin liegt aber nur eine Umformulierung des Äquivalenzgedankens. Bei den Kali-Abbauverträgen sah von Maydell eine Geldentwertung um zwei Drittel als hinreichend für eine Vertragsbeendigung an.[663] Eine Preissteigerung um 50 % stufte Aristide Chiotellis als formale Grenze für eine rechtserhebliche Äquivalenzstörung ein, sofern es an jeglichen Anhaltspunkten aus dem konkreten Schuldverhältnis fehle.[664] Karsten Schmidt wiederum lehnte starre Erheblichkeitsschwellen ab und erblickte in Prozentzahlen lediglich eine Orientierungshilfe für den Rechtsanwender.[665] Auch das Reichsgericht sah sich letztlich nicht an die „starren Grundsätze des Rechts“ gebunden und rückte die Umstände des Einzelfalls in den Vordergrund.[666]

bb) Kriterien im Fall einer schleichenden Inflation

Vor dem Hintergrund des auf den betroffenen Vertrag und die konkreten Parteien bezogenen Tatbestands von § 313 BGB lässt sich die Erheblichkeit der Äquivalenz- oder Zweckstörung bei schleichender Inflation nicht allein anhand eines isolierten Prozentwertes der Preissteigerung bestimmen. Die quantitative Größe ist stets im Kontext mit qualitativen Kriterien zu bewerten. Zunächst ist das Zeitmoment einzubeziehen.[667] Ein Preisanstieg beispielsweise um 50 % in 30 Jahren erscheint bei Verträgen ohne Versorgungscharakter als rechtlich unerheblich, sofern der Vertragsschluss zeitlich nach den Inflationserfahrungen der Weimarer Zeit und des Zweiten Weltkriegs erfolgte. Fehlt ein Versorgungscharakter, so lässt sich für nach 1945 begründete Geldschulden generell postulieren, dass bei einer durchschnittlichen Einhaltung der Inflationsgrenze

---

660 BGHZ 61, 31, 39.

661 OLG Hamm NJW-RR 1991, 966, 968.

662 *von Maydell*, Geldschuld und Geldwert (1974), S. 124; ähnlich *Schmalz*, Die Stabilität des Geldwerts als Problem des Privatrechts (1986), S. 153 f.

663 *von Maydell*, Geldschuld und Geldwert (1974), S. 157 f.

664 *Chiotellis*, Rechtsfolgenbestimmung bei Geschäftsgrundlagenstörungen in Schuldverträgen (1981), S. 145.

665 *K. Schmidt*, in: Staudinger, BGB (1997), Vorbem D108 zu §§ 244 ff.; ähnlich *Horn*, Geldwertveränderungen, Privatrecht und Wirtschaftsordnung (1975), S. 16.

666 RGZ 147, 286, 290 f.; ebenso *Weber*, ZSR 100 (1981) 165, 183.

667 *Horn*, Geldwertveränderungen, Privatrecht und Wirtschaftsordnung (1975), S. 16.

von 2 % p.a. regelmäßig keine erhebliche Geldentwertung anzunehmen ist.[668] Zumindest dürfte ein solches Maß an Inflation voraussehbar sein.[669] Insofern liegt es nahe, das Geldschuldrecht im Licht der währungsrechtlichen Vorgaben zur Preisstabilität aus Art. 127 Abs. 1 Satz 1, 282 Abs. 2 Satz 2 AEUV auszulegen. Preisstabilität nimmt die Europäische Zentralbank bei einer Inflationsrate von unter, aber nahe 2 % p.a. an.[670] Erst oberhalb der 2 %-Grenze ist eine Einzelfallentscheidung geboten. Neben dem Zeitmoment kommt es auch in der Fallgruppe der Äquivalenzstörung auf die Zwecksetzung des konkreten Vertrages an.[671] Verträge mit Versorgungscharakter erfahren eine schwerwiegende Veränderung ihrer Geschäftsgrundlage schon bei geringerer Preissteigerung als etwa typische Austauschverträge. Eine Zweckerreichung – Sicherung der wirtschaftlichen Existenz – kann bereits bei Inflationsraten im Bereich von 2 % p.a. teilweise ausgeschlossen sein, sofern diese über viele Jahre vorliegen.[672] Schließlich wird das für einen Wegfall der Geschäftsgrundlage notwendige Maß an Geldentwertung durch die übrigen qualitativen Tatbestandsvoraussetzungen des § 313 BGB mitbestimmt. Das Kriterium der schwerwiegenden Veränderung ist im Wertungszusammenhang des gesamten Tatbestands des § 313 BGB auszulegen. Zuvörderst sind die Voraussehbarkeit einer schleichenden bzw. galoppierenden Inflation und die vertragliche Risikoverteilung zu nennen. Nach Jahrzehnten hoher Geldwertstabilität müssen redliche Parteien keine dauerhaft deutlich über 2 % p.a. liegenden Inflationsraten einkalkulieren. Hingegen ist restriktiver zu verfahren, wenn unmittelbar nach einer Hyperinflation auf eine vertragliche Wertsicherung in einem langfristigen Vertrag verzichtet wird.

cc) Sonderfall der Hyperinflation

Anders als bei der schleichenden Inflation führt die Hyperinflation *per definitionem* regelmäßig zu einem rechtserheblichen Wertverlust.[673] Das Geld verliert seine Funktionen als Wertmesser und Tauschmittel vollständig. Der ungeschmälerten Leistung der einen Partei steht eine wirtschaftlich (nahezu) wertlose Gegenleistung der anderen Partei gegenüber. Das subjektive Äquivalenzverhältnis erfährt nicht nur eine Störung, sondern eine Beseitigung. Gleiches gilt für die

---

[668] OLG Hamm NJW-RR 1991, 966, 968; *Schmalz*, Die Stabilität des Geldwerts als Problem des Privatrechts (1986), S. 152; noch weitergehend *Wieacker*, in: *Posch* (Hrsg.), Festschrift für Walter Wilburg (1965), S. 229, 250.

[669] Vgl. BGH NJW 1976, 846, 847.

[670] *EZB*, Jahresbericht 2011, S. 8, 17; vgl. auch *EZB*, Monatsbericht Januar 1999, S. 50.

[671] *von Maydell*, Geldschuld und Geldwert (1974), S. 103, 107 ff.; ähnlich *Oertmann*, Die Geschäftsgrundlage (1921), S. 154 („objektive Interessenlage"); *Horn*, Geldwertveränderungen, Privatrecht und Wirtschaftsordnung (1975), S. 16 f.

[672] OLG Hamm NJW-RR 1991, 966, 968.

[673] *Wieacker*, in: *Posch* (Hrsg.), Festschrift für Walter Wilburg (1965), S. 229, 250; *Horn*, Geldwertveränderungen, Privatrecht und Wirtschaftsordnung (1975), S. 17.

Fälle der Unerreichbarkeit des Vertragszwecks. Eine Existenzsicherung vermag ein Vertrag mit Versorgungscharakter durch Zurverfügungstellung einer wirtschaftlich (nahezu) wertlosen Geldleistung nicht sicherzustellen.

c) Umstände des Einzelfalls und Risikoverteilung

aa) Eckpunkte der Verteilung des Geldentwertungsrisikos

Der Tatbestand des § 313 Abs. 1 BGB erhebt alle Umstände des Einzelfalls einschließlich der vertraglichen oder gesetzlichen Risikoverteilung zu Abwägungsposten für einen Wegfall der Geschäftsgrundlage. Nach der gesetzlichen Risikoverteilung unter Geltung des Nominalprinzips trägt der Geldgläubiger grundsätzlich das Geldentwertungsrisiko.[674] Abschließende vertragliche Regelungen lösen die Subsidiarität des § 313 BGB aus und schließen eine individuelle Anpassung auf gesetzlicher Grundlage aus.[675] Jedoch auch das Fehlen einer Wertsicherungsklausel lässt Rückschlüsse auf die vertragliche Risikoverteilung zu und führt zu einer restriktiven Handhabung der Aufwertungsregeln bei schleichender Inflation. Die privatautonome Ignorierung der Geldentwertung bzw. die verhandlungstechnische Nichtdurchsetzbarkeit einer Wertsicherung darf gerichtlich nicht unbesehen übergangen werden. Keine Risikoübernahme kann allerdings in dem Verzicht auf eine vertragliche Regelung gesehen werden, wenn die bei Vertragsschluss ständige höchstrichterliche Rechtsprechung eine Aufwertung vergleichbarer Geldschulden vornahm und die Parteien darauf vertrauten.[676]

Weiterhin kann eine einvernehmliche und bewusste Risikoübernahme einer Partei erfolgt sein. Anwendungsfälle sind insbesondere Verträge mit spekulativem Einschlag.[677] Hierzu zählen vor allem Projektverträge,[678] denen ein Realisierungs- und Kostenrisiko naturgemäß innewohnt. Aber auch bei langfristigen Lieferverträgen übernimmt der Verkäufer bis zu einem bestimmten Grad das Risiko einer Entwertung seiner in Geld bestehenden Gegenleistung. Ebenfalls können die Beteiligten eine Wertsicherungsklausel vereinbaren, welche die Geldentwertung bewusst nur teilweise abdecken soll. In diesem Fall verbietet sich eine ergänzende Vertragsauslegung an, da keine fehlgeschlagene Wertsicherung vorliegt. Ein Wegfall der Geschäftsgrundlage scheitert daran, dass eine vorrangige und abschließende Risikozuweisung im Vertrag erfolgt ist. Eine ab-

---

[674] *Chiotellis*, Rechtsfolgenbestimmung bei Geschäftsgrundlagenstörungen in Schuldverträgen (1981), S. 142.

[675] Vgl. oben, S. 486 ff.

[676] Vgl. BGH NJW 2011, 515 Rn. 12.

[677] RGZ 88, 172, 175 ff.; RGZ 106, 177, 181 f.; *von Maydell*, Geldschuld und Geldwert (1974), S. 121 f.

[678] Vgl. RGZ 106, 177, 182.

weichende vertragliche Risikoverteilung besteht überdies dann, wenn sich eine Partei am Risiko ihres Vertragspartners beteiligt.[679]

bb) Vorhersehbarkeit als konkludente Risikoübernahme

Einen Anwendungsfall der konkludenten vertraglichen Risikoübernahme beinhaltet das ungeschriebene Tatbestandsmerkmal der Vorhersehbarkeit einer Grundlagenstörung.[680] Ein Wegfall der Geschäftsgrundlage scheidet aus, wenn die Veränderung der Verhältnisse für den nachteilig Betroffenen vorhersehbar war.[681] Dabei kommt es nicht darauf an, ob die Parteien die später eingetretene Geldentwertung tatsächlich erwartet oder für möglich gehalten hatten.[682] Es genügt vielmehr, wenn sie es unter Beachtung der gebotenen Sorgfalt hätten vorhersehen können.[683] Bei Vertragsschluss erklären die Parteien redlicherweise mit, solche Grundlagenrisiken zu übernehmen, welche sie erkannt haben oder ohne grobe Fahrlässigkeit hätten erkennen müssen. Abzustellen ist auf den Wissens- und Erfahrungsstand im Zeitpunkt des Vertragsschlusses. In diese normativierte Perspektive fließt unter anderem die (bei Vertragsschluss) jüngere Inflationsgeschichte mit ein. Nach einer Phase hoher Geldentwertung ist ein Bewusstsein für eine Fortschreibung dieser Entwicklung zu erwarten. Im zeitlichen Nachgang der Hyperinflation der 1920er Jahre konnte eine solche nicht mehr als außerhalb jeglicher Lebenserfahrung eingestuft werden. Die Möglichkeit einer nennenswerten schleichenden Inflation musste nach der Geldentwertung zwischen 1970 und 1982 von sorgfältigen Parteien in Rechnung gestellt werden. Demgegenüber legitimiert eine längere Phase relativer Preisstabilität zumindest das Vertrauen auf ein Ausbleiben einer galoppierenden Inflation. Entsprechend war eine solche bis 1919 nicht vorhersehbar. Teilweise wird davon ausgegangen, eine schleichende Inflation sei stets und eine galoppierende in keinem Fall vorhersehbar.[684] Dem kann in dieser Pauschalität nicht gefolgt werden. Als typisiert vorhersehbar kann im Euroraum lediglich eine inflationäre Entwicklung eingeordnet werden, welche sich durchschnittlich im Rahmen der Stabilitätsdefinition der Europäischen Zentralbank von

---

[679] BGH NJW 1978, 2390, 2392; *Finkenauer*, in: MünchKomm BGB (6. Auflage 2012), § 313 Rn. 71.

[680] BGH NJW 1981, 1668; ebenso auf Grundlage von § 242 BGB bereits *Geiler*, in: *Abraham* (Hrsg.), Die Geldentwertung in der Praxis des deutschen Rechtslebens (1923), S. 31, 41; a.A. *Grau*, AcP 122 (1924) 318, 325.

[681] BGH NJW 1978, 2390, 2391; BGH NJW 2002, 3695, 3698 (insofern nicht in BGHZ 152, 114 abgedruckt); BGH NJW 2011, 515 Rn. 11; BAGE 25, 146, 159; OLG Saarbrücken NJW 2012, 3731, 3733; *Feißel/Gorn*, BB 2009, 1138, 1140.

[682] Ebenso wohl BGH NJW 2002, 3695, 3598; ungenau BGH NJW 1981, 1668 f.

[683] BGH NJW 1978, 2390, 2391; *Finkenauer*, in: MünchKomm BGB (6. Auflage 2012), § 313 Rn. 74.

[684] *Finkenauer*, in: MünchKomm BGB (6. Auflage 2012), § 313 Rn. 74, 186; ähnlich *Reichert-Facilides*, JZ 1969, 617, 621.

unter, aber nahe an 2 % p.a. bewegt.[685] In allen anderen Fällen ist eine Einzelfallbetrachtung angezeigt.

cc) Sonstige Umstände des Einzelfalls

Neben der gesetzlichen oder vertraglichen Risikoverteilung sind sämtliche Umstände des Einzelfalls nach § 313 Abs. 1 BGB einzubeziehen, um ein Überschreiten der Opfergrenze des Geldgläubigers zu bestimmen. Diese allgemeine Öffnungsklausel wird für die Aufwertungsproblematik ausgefüllt durch – teilweise bereits bei der Erheblichkeit der Veränderung zu berücksichtigende – Spezifika des konkreten Vertrages wie der Vertragszweck, die Dauer der vertraglichen Zusammenarbeit und auch der Professionalität der Parteien. Die Abgrenzung zur Zumutbarkeit der unveränderten Vertragsfortführung ist nicht immer trennscharf zu vollziehen. Der Wortlaut von § 313 Abs. 1 Halbsatz 2 BGB deutet vielmehr darauf hin, dass die Umstände des Einzelfalls auch bei der Zumutbarkeitsprüfung zu berücksichtigen sind.

d) Zumutbarkeit

Vor der Schuldrechtsreform wurde – zurückgehend in der Formulierung auf die Rechtsprechung des Obersten Gerichtshofes für die Britische Zone[686] – ein Wegfall der Geschäftsgrundlage nur unter engen Voraussetzungen angenommen: Das Festhalten an dem unveränderten Vertrag müsse „zu einem untragbaren, mit Recht und Gerechtigkeit schlechthin nicht mehr zu vereinbarenden Ergebnis führen“[687]. Der Sache nach handelt es sich um eine Billigkeitsentscheidung des erkennenden Gerichts.[688] In die Zumutbarkeitsentscheidung sind eine Vielzahl von Interessen und Belangen einzustellen. § 313 Abs. 1 Halbsatz 2 BGB bringt dies in seinem Wortlaut dadurch zum Ausdruck, als alle Umstände des Einzelfalls zu würdigen sind. Naheliegender Ausgangspunkt der Abwägung sind die Interessen der Vertragspartner selbst.[689] Sie manifestieren sich vor allem im Vertragszweck, der auch in diesem Tatbestandsmerkmal Berücksichtigung zu finden hat. Entgegen der frühen reichsgerichtlichen Judikatur[690] bedarf es keiner ruinösen Auswirkungen, um eine Unzumutbarkeit zu begründen.[691] Umgekehrt begründet auch die wirtschaftliche Existenzvernichtung allein

---

[685] *Omlor*, JZ 2013, 967, 974; i.E. ähnlich *Chiotellis*, Rechtsfolgenbestimmung bei Geschäftsgrundlagenstörungen in Schuldverträgen (1981), S. 146.

[686] OGHZ 1, 62; vgl. dazu *Larenz*, Geschäftsgrundlage und Vertragserfüllung (3. Auflage 1963), S. 110 ff.

[687] BGHZ 121, 379, 393.

[688] Kritisch *Larenz*, Geschäftsgrundlage und Vertragserfüllung (3. Auflage 1963), S. 118 ff.

[689] *Haarmann*, Wegfall der Geschäftsgrundlage bei Dauerrechtsverhältnissen (1979), S. 66.

[690] RGZ 100, 134, 135; RGZ 102, 272, 273.

[691] RGZ 103, 177, 179 f.

keine Unzumutbarkeit.[692] Vielmehr vermag sie allenfalls in Extremfällen ein Kriterium unter vielen in der Gesamtabwägung zu bilden.

In die Interessenabwägung fließen nicht nur die Individualinteressen der Vertragsparteien ein; zugleich ist das öffentliche Interesse zu berücksichtigen.[693] Der materielle Gehalt des öffentlichen Interesses lässt sich unter Rekurs auf das gesamte objektive Recht[694] einschließlich des Gewohnheitsrechts bestimmen. Gewohnheitsrechtliche Anerkennung hat auch das Nominalprinzip gefunden.[695] Es zählt zu den „tragenden Grundlagen unserer Rechts- und Wirtschaftsordnung“[696]. Der Nominalismus dient zuvörderst der Sicherung der Geldwertstabilität[697] und damit einem Belang der Allgemeinheit in einer Volkswirtschaft. Das Interesse an der möglichst uneingeschränkten Aufrechterhaltung der nominalen Geltung des Geldes steht bei der Aufwertungsentscheidung dem Individualinteresse des Geldgläubigers gegenüber, ein äquivalentes Maß an Kaufkraft von seinem Vertragspartner zu erlangen.

Der Schutz des Nominalprinzips besteht allerdings nicht grenzenlos. Bietet das objektive Recht die Grundlage seiner Einbeziehung als Aspekt des öffentlichen Interesses, so sind ihm auch die Regeln zu seiner Einschränkbarkeit zu entnehmen. Der Gesetzgeber hat in § 1 Abs. 2, §§ 2 ff. PrKG zum Ausdruck gebracht, in welchen Fällen das Nominalprinzip hinter das Individualinteresse an einer Wertsicherung zurücktreten muss bzw. er das Nominalprinzip als nicht tangiert betrachtet. Diese gesetzgeberische Wertung ist in das offene Tatbestandsmerkmal der Zumutbarkeit in § 313 Abs. 1 BGB zu integrieren. Soweit eine vertragliche Wertsicherung nach Maßgabe des Preisklauselgesetzes zulässig gewesen wäre, steht das Nominalprinzip einer Vertragsanpassung wegen Geldentwertung nicht entgegen.[698] Vorzunehmen ist ein Vergleich der über § 313 Abs. 1 BGB begehrten Vertragsanpassung mit einer hypothetischen Wertsicherungsklausel mit identischem Inhalt. Allerdings führt die Implementierung der Wertungen des Preisklauselgesetzes in die individuelle Aufwertung keinesfalls dazu, dass in den Fällen der § 1 Abs. 2, §§ 2 ff. PrKG stets eine Vertragsanpassung vorzunehmen wäre. Lediglich das öffentliche Interesse an der Aufrechterhaltung des Nominalprinzips tritt unter diesen Voraussetzungen regelmäßig in den Hintergrund. Unverändert bleibt es bei den gegenläufigen In-

---

[692] BGH NJW 1978, 2390, 2391 f.; *Chiotellis*, Rechtsfolgenbestimmung bei Geschäftsgrundlagenstörungen in Schuldverträgen (1981), S. 150.

[693] *Haarmann*, Wegfall der Geschäftsgrundlage bei Dauerrechtsverhältnissen (1979), S. 72 ff. m.w.N.

[694] *Haarmann*, Wegfall der Geschäftsgrundlage bei Dauerrechtsverhältnissen (1979), S. 73.

[695] Vgl. oben, S. 280 f.

[696] BGHZ 61, 31, 38 m.w.N.; ähnlich BVerwGE 41, 1, 5; BGH NJW 2011, 515 Rn. 29.

[697] Vgl. oben, S. 271 ff.

[698] *Finkenauer*, in: MünchKomm BGB (6. Auflage 2012), § 313 Rn. 79; ähnlich *Horn*, Geldwertveränderungen, Privatrecht und Wirtschaftsordnung (1975), S. 17 f.

teressen der Vertragsparteien an einer unveränderten Durchführung des Vertrages gegenüber einer Vertragsanpassung oder -beendigung.

3. Rechtsfolgen

a) Vorrang der Vertragsanpassung

aa) Vertragsanpassung und Vertragsfreiheit

Vertragsanpassung geht einer Vertragsbeendigung durch Rücktritt oder Kündigung vor. Seit der Schuldrechtsform ergibt sich dieser Grundsatz positivrechtlich aus § 313 Abs. 3 Satz 1 Halbsatz 1 BGB[699] und ist als Teil der *lex lata* hinzunehmen. Die von Paul Oertmann geforderte „Anerkennung in den Gesetzen“[700] hat die richterliche Vertragsanpassung damit inzwischen erfahren. Schon vor der Kodifizierung hatte dieses Verhältnis von Anpassung und Loslösung überwiegende Anerkennung gefunden.[701] Die Abstufung in der Rechtsfolgenbestimmung beruht auf dem in § 313 Abs. 3 Satz 1 BGB zum Ausdruck kommenden Zumutbarkeitsgedanken[702] und dem Verhältnismäßigkeitsprinzip.[703] Die Anpassung greift typisiert schonender in die Vertragsfreiheit ein als eine Vertragsbeendigung.[704] Sofern der Wegfall der Geschäftsgrundlage als Anwendungsfall der ergänzenden Vertragsauslegung angesehen wird, kann ergänzend auf den hypothetischen Parteiwillen abgestellt werden, der zugleich die Grenzen der Vertragsanpassung aufzeigt.[705] Die bei von Maydell[706] geäußerte Kritik – mangelnde Umsetzbarkeit – an einer gerichtlichen Vertragsanpassung zum Ausgleich einer Geldentwertung ist zum einen präkodifikatorischen Ursprungs; zum anderen trägt ihr die Fassung des § 313 Abs. 3 Satz 1 BGB Rech-

---

[699] BT-Drucks. 14/6040, S. 176; BGHZ 191, 139 Rn. 25.

[700] *Oertmann*, Die Geschäftsgrundlage (1921), S. 169.

[701] Statt vieler RGZ 103, 328, 333 f.; BGH WM 1966, 475, 476; BGHZ 47, 48, 51 f.; BGH NJW 1969, 233, 234; BGH NJW 1993, 1641, 1642; *Mügel*, Das gesamte Aufwertungsrecht (5. Auflage 1927), S. 259 f.; *Kronenberger*, Die Geschäftsgrundlage (1936), S. 57; *Lange*, in: Festschrift für Paul Gieseke (1958), S. 21, 50 f.; *Larenz*, Geschäftsgrundlage und Vertragserfüllung (3. Auflage 1963), S. 172 ff.; *Haarmann*, Wegfall der Geschäftsgrundlage bei Dauerrechtsverhältnissen (1979), S. 83; *Chiotellis*, Rechtsfolgenbestimmung bei Geschäftsgrundlagenstörungen in Schuldverträgen (1981), S. 29 ff., 91 f.; vgl. auch RGZ 109, 28, 29; a.A. *Oertmann*, Die Geschäftsgrundlage (1921), S. 161 ff.; *Geiler*, in: *Abraham* (Hrsg.), Die Geldentwertung in der Praxis des deutschen Rechtslebens (1923), S. 31, 45; für eine Gleichrangigkeit *Finkenauer*, in: MünchKomm BGB (6. Auflage 2012), § 313 Rn. 105.

[702] *Chiotellis*, Rechtsfolgenbestimmung bei Geschäftsgrundlagenstörungen in Schuldverträgen (1981), S. 29 ff. zur früheren Rechtslage.

[703] RGZ 107, 151, 153; *Haarmann*, Wegfall der Geschäftsgrundlage bei Dauerrechtsverhältnissen (1979), S. 83, 88.

[704] BGHZ 191, 139 Rn. 27; OLG Hamburg OGHZ 1990, 65, 69; a.A. *Lange*, in: Festschrift für Paul Gieseke (1958), S. 21, 48 f.

[705] Ähnlich RGZ 100, 129, 131.

[706] *von Maydell*, Geldschuld und Geldwert (1974), S. 127.

nung, die eine Vertragsbeendigung anordnet, sofern eine Vertragsanpassung nicht möglich ist.

bb) Faktische Möglichkeit der Anpassung

Die Subsidiaritätsvoraussetzung der faktischen Möglichkeit einer Vertragsanpassung erlangt in den Geldentwertungsfällen eine lediglich nachrangige Bedeutung. Die praktische Schwierigkeit der gerichtlichen Vertragsanpassung kommt bei einer in Geld bestehenden Leistung und einer über Preisindizes statistisch erfassbaren Inflation nur in vergleichsweise geringem Umfang zum Tragen. Geld ist ein neutraler Wertmittler, abstrakte Recheneinheit und beliebig teilbar. Einem Anheben der zu zahlenden Geldsumme bis zu dem angemessenen Niveau stehen keine praktischen Hindernisse entgegen. Damit soll keinesfalls geleugnet werden, dass sich die Kernfrage um das exakte Maß der Aufwertung dreht.[707] Angesichts des gesetzlich angeordneten Vorrangs der Vertragsanpassung ist die rechtsprechende Gewalt aber dazu legitimiert und aufgerufen, diese komplexe Einzelfallentscheidung nach den in § 313 BGB und dem konkreten Vertrag angelegten Wertungsmaßstäben zu treffen. *Sedes materiae* für die Abgrenzung zwischen Vertragsanpassung und Vertragsauflösung ist daher vor allem das Tatbestandsmerkmal der Unzumutbarkeit in § 313 Abs. 3 Satz 1 BGB, nicht das der Unmöglichkeit.

cc) Reichweite des Anpassungsvorrangs

Vor Inkrafttreten der Vorrangregelung in § 313 Abs. 3 Satz 1 BGB hatte Karl Larenz eine Abgrenzung bei Äquivalenzstörungen danach gefordert, ob ein Vertragspartner schon (teilweise) erfüllt hat oder noch keinerlei Leistungen erbracht wurden.[708] Habe keine Partei auch nur zum Teil erfüllt, so stehe grundsätzlich der benachteiligten Partei ein Rücktrittsrecht offen. Wenn die Äquivalenzstörung eine lediglich vorübergehende sei und der Vertragszweck keine sofortige Abwicklung gebiete, müsse sich der benachteiligte Teil zunächst auf ein Leistungsverweigerungsrecht verweisen lassen. Demgegenüber bestehe regelmäßig ein Vertragsanpassungsrecht, sofern der Geldgläubiger seinerseits schon geleistet habe. In Dauerschuldverhältnissen habe eine Anpassung mit Wirkung für die Zukunft zu erfolgen. Weigere sich der Geldschuldner in einem Dauerschuldverhältnis, der Anpassung zuzustimmen, begründe dies ein Kündigungsrecht beider Seiten. Im Falle einer Zweckvereitelung bestehe regelmäßig ausschließlich ein Anpassungsrecht der benachteiligten Partei, sofern nicht das „ob“ des Vertrages, sondern nur sein Inhalt vom Wegfall der Geschäftsgrundlage betroffen sei.[709]

---

[707] Zutreffend *von Maydell*, Geldschuld und Geldwert (1974), S. 127.
[708] *Larenz*, Geschäftsgrundlage und Vertragserfüllung (3. Auflage 1963), S. 175 f.
[709] *Larenz*, Geschäftsgrundlage und Vertragserfüllung (3. Auflage 1963), S. 173 f.

Die von Larenz vorgebrachten Wertungsgesichtspunkte lassen sich für die Zumutbarkeitsprüfung im Sinne von § 313 Abs. 3 Satz 1 BGB durchaus fruchtbar machen. Allerdings sind eine einseitige Fokussierung auf das tatsächliche Erbringen einer Leistung und ein daraus resultierender Rechtsfolgenautomatismus abzulehnen. Dabei kann es sich nur um einen Abwägungsposten innerhalb der Zumutbarkeitsprüfung handeln. Dem Gesetzeswortlaut lässt sich eine finale Maßgeblichkeit der teilweisen Erfüllung von Vertragspflichten nicht entnehmen. Statt dessen stellt die Vorschrift inhaltsoffen auf die Unzumutbarkeit der Vertragsanpassung ab. Lediglich bei einer beiderseitigen Erfüllung sämtlicher Hauptleistungspflichten folgt aus den vertragstypischen Vorstellungen der Parteien und dem Vertrauensschutz, dass ein Wegfall der Geschäftsgrundlage – unabhängig von der Rechtsfolgenwahl – regelmäßig nicht mehr in Betracht kommt.[710]

Das Zumutbarkeitserfordernis auf Rechtsfolgenseite des § 313 BGB erschließt sich durch die Würdigung aller Umstände des Einzelfalls. Als solche sind abstrakt insbesondere der Vertragstyp[711] und -zweck, der Gedanke des Vertrauensschutzes und der Vertragstreue sowie der objektivierte Parteiwille[712] anzuerkennen. Letzter kommt in der Formulierung der älteren Rechtsprechung zum Ausdruck, die Vertragsanpassung müsse „im recht verstandenen Interesse der Beteiligten“[713] liegen. Die Interessen beider Vertragsparteien sind gegeneinander abzuwägen und angemessen zu berücksichtigen.[714] Für die Geldentwertungskonstellationen folgen daraus einige Grund- bzw. Zweifelsregelungen. Grundlegend gilt, dass die gesetzliche Wertentscheidung in § 313 Abs. 3 Satz 1 BGB zugunsten eines Vorrangs der Vertragsanpassung *de lege lata* anzuerkennen ist. Liegt einem Vertrag ein wirtschaftliches Äquivalenzverhältnis von Leistung und Gegenleistung zugrunde und wurde die Geldleistung noch nicht vollständig erbracht, so ist grundsätzlich eine Vertragsanpassung vorzunehmen. Die Höhe der Geldleistung wird hierzu – in einem vom Vertragstyp und dem Einzelfall abhängenden Maß – an den subjektiv-äquivalenten Wert der Gegenleistung angepasst. Verträge mit Versorgungscharakter, die der Fallgruppe der Zweckstörung zugehören, unterliegen regelmäßig einer Anpassung und keiner Vertragsbeendigung.[715] Der Versorgungszweck des Vertrages schließt naturgemäß eine Einstellung der Geldzahlungen aus. Schwieriger stellt sich die Abgrenzung bei Dauerschuldverhältnissen dar. Dauerschuldverhältnisse weisen

---

710 BGH WM 1962, 625 f.; BGHZ 58, 355, 363; BGHZ 74, 370, 373; BGHZ 131, 209, 216.

711 *Chiotellis*, Rechtsfolgenbestimmung bei Geschäftsgrundlagenstörungen in Schuldverträgen (1981), S. 93 ff.

712 Ähnlich *Larenz*, Geschäftsgrundlage und Vertragserfüllung (3. Auflage 1963), S. 170: „Folge [...], die redlich denkende Parteien verständlicherweise vereinbart hätten“.

713 BGH NJW 1959, 2203.

714 RGZ 100, 129, 133.

715 *Larenz*, Geschäftsgrundlage und Vertragserfüllung (3. Auflage 1963), S. 174.

eine besondere Bindungsintensität auf.[716] Die unveränderte Fortführung des Vertrages kann zu einer potentiell unbegrenzten Vertiefung der Äquivalenzstörung führen, sofern der Leistungsaustausch auf bestehender Basis durchgeführt wird. Dennoch kann nicht generell von einem geringeren Vertrauensschutz in Bezug auf den zukünftigen Fortbestand des Vertrages ausgegangen werden. Das Kündigungsrecht des § 313 Abs. 3 Satz 2 BGB besteht wie das Rücktrittsrecht nur unter den alternativen Voraussetzungen der Unmöglichkeit oder Unzumutbarkeit der Vertragsanpassung. Die Parteien – etwa in einer langfristigen liefervertraglichen Vertragsbeziehung – weisen typischerweise ein erhebliches Interesse an einem auch in Zukunft durchgeführten Leistungsaustausch auf. Darin lag der Grund für die langfristige Bindung durch den Vertrag. Ein Beendigungsrecht erfordert daher entweder die Weigerung des anderen Vertragsteils, einer Anpassung zuzustimmen,[717] oder Besonderheiten des konkreten Vertrags, die eine Vertragsanpassung als nicht sinnhaft erscheinen lassen. Heranzuziehen sind insofern Vertragstyp und -zweck sowie der damit zusammenhängende objektivierte Parteiwille.

dd) Zwischenergebnis

Zusammenfassend bleibt festzuhalten, dass bei einer Zweckstörung, wie sie insbesondere in den Versorgungsfällen vorliegt, regelmäßig nur eine Vertragsanpassung in Betracht kommt. Auch bei einer Äquivalenzstörung beansprucht die Vertragsanpassung grundsätzlich Vorrang vor der Vertragsbeendigung. Bei Dauerschuldverhältnissen ist nach dem objektivierten Parteiwillen, der sich unter anderem aus dem Vertragstyp und -zweck speist, zu differenzieren, wobei grundsätzlich ebenfalls primär eine Vertragsanpassung verlangt werden kann.

b) Nachrangigkeit der Vertragsbeendigung

aa) Unmöglichkeit oder Unzumutbarkeit der Vertragsanpassung

Das Lösungsrecht der benachteiligten Partei aus § 313 Abs. 3 BGB steht unter den alternativen Voraussetzungen der Unmöglichkeit oder Unzumutbarkeit der Vertragsanpassung nach § 313 Abs. 1 BGB. Die Unzumutbarkeit kann sich in Ausnahmefällen auch aus einer ernsthaften und endgültigen Weigerung[718] des anderen Vertragsteils ergeben, eine Vertragsanpassung vorzunehmen.[719] Insofern entsprechen die inhaltlichen Anforderung an die Erklärungen den Vorgaben aus § 323 Abs. 2 Nr. 1 BGB. Allerdings darf die Systematik des § 323

---

[716] *Haarmann*, Wegfall der Geschäftsgrundlage bei Dauerrechtsverhältnissen (1979), S. 124 ff.

[717] *Larenz*, Geschäftsgrundlage und Vertragserfüllung (3. Auflage 1963), S. 176.

[718] RGZ 103, 328, 334: unzweideutige Erklärung.

[719] BGHZ 191, 139 Rn. 24.

Abs. 1 und 2 BGB im Übrigen nicht auf § 313 Abs. 3 BGB übertragen werden. Das Lösungsrecht ist in § 313 Abs. 3 Satz 1 BGB als nachrangig gegenüber der Vertragsanpassung ausgestaltet worden. Der Mechanismus einer vergeblichen Aufforderung als Übergangsmöglichkeit zum Rücktritt fehlt in § 313 Abs. 3 Satz 1 BGB im Gegensatz zu § 323 Abs. 2 Nr. 1 BGB. Daher begründet grundsätzlich allein die unterlassene Mitwirkung des begünstigten Vertragsteils an der Vertragsanpassung keine Unzumutbarkeit und damit kein Recht zur Vertragsbeendigung.[720] Der benachteiligte Geldgläubiger ist angehalten, seinen Anspruch auf Vertragsanpassung gerichtlich durchzusetzen. Hierzu vermag er entweder unmittelbar auf die von ihm für angemessen erachtete angepasste Leistung zu klagen[721] oder aber in einem Zwischenschritt zunächst die angepasste Vertragsfassung zum Gegenstand einer Klage zu machen.[722] Teilweise wird überdies davon ausgegangen, dass aus dem Vertragsanpassungsanspruch auch eine korrespondierende Neuverhandlungspflicht resultiere, deren Verletzung Schadensersatzansprüche nach § 280 Abs. 1 BGB auslösen könne.[723] In der Tat lässt sich ein Anspruch auf Ersatz des Verzögerungsschadens nach §§ 280 Abs. 1 und 2, 286 BGB annehmen, über den allerdings nicht notwendig der gesamte Geldentwertungsschaden liquidiert werden kann. Nur der kausal durch die verzögerte Mitwirkung hervorgerufene Schaden ist ersatzfähig. Der Geldgläubiger ist nach § 249 Abs. 1 BGB so zu stellen, wie er bei rechtzeitiger Mitwirkung des Geldschuldners an der Vertragsanpassung stünde. Nur wenn die Vertragsanpassung zu einer Aufwertung um die gesamte zwischenzeitliche Geldentwertung geführt hätte, ist der Verzögerungsschaden auch entsprechend zu bemessen.

bb) Ausschluss des Lösungsrechts infolge Prozessverhaltens

Eine Ausnahme von der Nachrangigkeit der Vertragsbeendigung vermag sich aus dem Prozessverhalten der anderen Vertragspartei zu ergeben. Hierzu muss der benachteiligte Teil die Lösung vom Vertrag begehren und sich die Verteidigung des anderen Teils auf die Nichterfüllung des Tatbestands und eine Vertragsanpassung beschränken. Schon aus der fehlenden prozessualen Ablehnung einer Vertragsbeendigung lässt sich der objektive Erklärungsgehalt ableiten, mit dem von der Gegenseite vorgeschlagenen Absehen von einer vorrangingen Anpassung einverstanden zu sein.[724] Den anderen Teil trifft in der Folge die Ob-

---

[720] BGHZ 191, 139 Rn. 25; a.A. RGZ 103, 328, 334; BGH NJW 1969, 233, 234; *K. Schmidt*, in: Staudinger, BGB (1997), Vorbem D126 zu §§ 244 ff.

[721] BGHZ 191, 139 Rn. 34.

[722] Vgl. dazu BGH NJW 2006, 2843, 2845.

[723] BGHZ 191, 139 Rn. 33; *Nelle*, Neuverhandlungspflichten (1993), S. 174 ff.; kritisch *Dauner-Lieb/Dötsch*, NJW 2003, 921, 925 f.; ablehnend gegenüber Neuverhandlungspflichten auch *Martinek*, AcP 198 (1998) 329, 363 ff.

[724] BGHZ 191, 139 Rn. 27.

liegenheit, sich gegen sämtliche Rechtsfolgen des § 313 BGB zu verwehren, um sich nicht der vorgeschalteten Anpassungsoption zu begeben. Ein solcher Erklärungswert wohnt dem Prozessverhalten des beklagten Geldschuldners jedoch nur dann inne, wenn im Prozess selbst die Vertragsbeendigung geltend gemacht wird. Wurde zuvor der Rücktritt erklärt und wird klageweise allein Vertragsanpassung begehrt, so darf sich der Beklagte ohne materiell-rechtliche Einbußen in seiner Verteidigung auf die prozessual begehrte Vertragsanpassung beschränken.

cc) Ausübung durch Gestaltungserklärung

Die Lösung vom Vertrag infolge Wegfalls der Geschäftsgrundlage erfolgt nicht kraft Gesetzes und auch nicht auf Grundlage eines richterlichen Eingriffs, sondern allein legitimiert durch den privatautonomen Willen der benachteiligten Partei. Der Rücktritt vom Vertrag infolge Wegfalls der Geschäftsgrundlage bedarf als einseitiges Gestaltungsrecht einer Rücktrittserklärung.[725] Insofern verweist § 313 Abs. 3 Satz 1 BGB auch auf § 349 BGB. Die Rücktrittserklärung muss als empfangsbedürftige Willenserklärung gegenüber dem anderen Teil, d.h. dem Vertragspartner[726], abgegeben werden. Auch im Prozess kann der Rücktritt konkludent erklärt werden und sich durch Auslegung aus einzelnen Prozesshandlungen ergeben.[727] Infolge einer wirksamen Rücktrittserklärung entsteht ein Rückgewährschuldverhältnis, das durch §§ 346 ff. BGB im Einzelnen ausgestaltet wird. Hat der Geldschuldner seine nicht in Geld bestehende Leistung schon erbracht, so ist sie nach § 346 Abs. 1 BGB in Natur oder gemäß § 346 Abs. 2 BGB ihrem Wert nach zurückzugewähren. Bei Dauerschuldverhältnissen erfolgt die Lösung vom Vertrag durch Kündigung (§ 313 Abs. 3 Satz 2 BGB). Die Kündigung lässt anders als der Rücktritt die in der Vergangenheit erbrachten Leistungen unberührt und beendet das Dauerschuldverhältnis lediglich für die Zukunft.

c) Inhalt und Umfang der Anpassung

Ebenso wie auf Tatbestandsseite und hinsichtlich der Wahl zwischen den Rechtsfolgenalternativen weist § 313 BGB auch eine normative Offenheit und Auslegungsbedürftigkeit auf, wenn es den Inhalt der Vertragsanpassung zu bestimmen gilt. Anders als bei der Vertragsbeendigung durch Rücktritt existiert kein detailreiches gesetzliches Regelungsprogramm, das subsumtionsfähige Vorgaben für den konkreten Vertrag enthielte. Dennoch speist sich der materielle Gehalt der Vertragsanpassung normimmanent aus § 313 Abs. 1 BGB. Die

---

[725] BGHZ 133, 316, 327 m.w.N.

[726] *Kaiser*, in: Staudinger, BGB (2012), S. 349 Rn. 21.

[727] *Kaiser*, in: Staudinger, BGB (2012), S. 349 Rn. 25 m.w.N.

Durchführung der Vertragsanpassung ist determiniert durch die dogmatische Einordnung des Rechtsinstituts des Wegfalls der Geschäftsgrundlage. Sofern der Wegfall der Geschäftsgrundlage als gesetzlicher Anwendungsfall der ergänzenden Vertragsauslegung angesehen wird,[728] ist der hypothetische Parteiwille zu ermitteln. Auch auf Grundlage der vorzugswürdigen Larenzschen Einordnung als korrigierende Vertragsauslegung, welche im Lichte der immanenten Vertragsgerechtigkeit den Geist des Vertrages zu Ende denkt,[729] gelangen ähnliche Wertungsgesichtspunkte zur Anwendung. In diese Richtung deutet auch die Rechtsprechung, wenn sie unpräzise die Anpassung „nach den Grundsätzen von Treu und Glauben unter umfassender Abwägung der beiderseitigen Interessen“[730] vornehmen will. Eine inhaltliche Schärfung bringt auch der rechtsgedankliche Rückgriff auf §§ 315 Abs. 3, 319 BGB[731] nicht, da auch dort auf die interpretationsbedürftige Billigkeit verwiesen wird. Überdies unterliegt zwar auch die gerichtliche Leistungsbestimmung der Maxime, das konkrete Schuldverhältnis immanent fortzuschreiben, jedoch ohne die korrigierende Komponente, die für § 313 Abs. 1 BGB von Nöten ist.[732]

Die korrigierende Vertragsauslegung hat sich an den normimmanenten Maßstäben des § 313 Abs. 1 BGB auszurichten. Den Tatbestandskriterien des § 313 Abs. 1 BGB kommt insofern eine Ausstrahlungswirkung auf die Ausgestaltung der Rechtsfolgen zu. Der allgemeine Maßstab folgt aus dem Umfang des Preisanstiegs bzw. der Geldentwertung.[733] Dieser statistische Wert bildet den Rahmen für die Vertragsanpassung. In dem vollständigen Ausgleich der tatsächlichen Geldentwertung ist die Obergrenze der Aufwertung durch Vertragsanpassung zu sehen, um das vertraglich determinierte Äquivalenzgefüge nicht auszuhebeln.[734] Der Äquivalenzgedanke bzw. der Versorgungszweck bilden Grund und Grenze der Vertragsanpassung. Häufig wird ein nur teilweises Nachvollziehen der Preissteigerungen angebracht sein. Ausgangspunkt dieser Einzelfallentscheidung ist der durch die Parteien festgelegte Charakter des konkreten Vertrages. In ihr zeigen sich insbesondere das subjektive Äquivalenzverhältnis und die vertragliche Risikoverteilung. Hinzu tritt die gesetzliche Risikoverteilung, die wegen des Nominalprinzips grundsätzlich dem Geldgläubiger das Geldentwertungsrisiko zuweist. Zu den auf Zumutbarkeitsebene zu berücksichtigenden Umständen des Einzelfalls gehört auch die Professionalität

---

[728] *Finkenauer*, in: MünchKomm BGB (6. Auflage 2012), § 313 Rn. 41 m.w.N.; a.A. *Larenz*, Geschäftsgrundlage und Vertragserfüllung (3. Auflage 1963), S. 166.

[729] *Larenz*, Geschäftsgrundlage und Vertragserfüllung (3. Auflage 1963), S. 162, 165 f.

[730] BGHZ 163, 42, 49.

[731] *K. Schmidt*, in: Staudinger, BGB (1997), Vorbem D127 zu §§ 244 ff. unter Verweis auf BGHZ 122, 32, 44 f.; der Entscheidung lässt sich hingegen kein über den Spezialfall des § 32 Abs. 2 DMBilG hinausgehender Aussagegehalt zur Vertragsanpassung entnehmen.

[732] *Rieble*, in: Staudinger, BGB (2009), § 315 Rn. 308.

[733] BAGE 25, 146, 154 und 166 f.

[734] RGZ 109, 146, 148; *K. Schmidt*, in: Staudinger, BGB (1997), Vorbem D128 zu §§ 244 ff.

des Geldgläubigers und seine daraus folgenden Möglichkeiten, sich eigeninitiativ gegen das Risiko der Geldentwertung zu schützen.

Die einzelnen Wertungsgesichtspunkte sind im Einzelfall zu einem gerechten Ausgleich zu bringen, da sie typischerweise in unterschiedliche Richtungen deuten. Der Äquivalenzgedanke oder der Versorgungszeck eines Vertrages argumentieren naturgemäß zugunsten eines vollständigen Ausgleichs der Geldentwertung. Entgegen steht die gesetzliche Risikoverteilung auf Grundlage des Nominalprinzips, das für eine nur teilweise Berücksichtigung des Kaufkraftverlustes streitet. Das abstrakt nicht zu fassende[735] und im Einzelfall festzulegende konkrete Maß der Anpassung wird innerhalb dieser beiden Pole – Äquivalenz/Versorgungszweck und Nominalismus – durch die Risikoverteilung und Zumutbarkeitserwägungen austariert. Eine generelle Aufteilung des Risikos zu gleichen Teilen, wodurch sich eine pauschalisierte Aufwertung um 50 % ableiten ließe, ist vor diesem Hintergrund abzulehnen,[736] da sie die Besonderheiten des jeweiligen Vertrages ausblendet. Selbst als bloßer Orientierungswert taugt eine solche 50 %-Zweifelsregel nicht, da sie nicht im Einklang mit den Vorgaben aus § 313 Abs. 1 BGB steht und lediglich einer nivellierenden Vereinfachungslogik Vorschub leistete.

d) Auswirkungen auf Sicherungsrechte

Die Vertragsanpassung nach § 313 Abs. 1 BGB kann zugleich den Haftungsumfang von bestellten Sicherheiten beeinflussen. Die Trennlinie verläuft weniger zwischen Personalsicherheiten und dinglichen Sicherheiten als zwischen akzessorischen und nicht-akzessorischen.

aa) Bürgschaft

Die Bürgschaft wird durch § 767 Abs. 1 Satz 1 BGB streng akzessorisch ausgestaltet, da die Haftung des Bürgen sich nach dem jeweiligen Bestand der Hauptverbindlichkeit richtet. Bei einer gesetzlichen Währungsumstellung vollzieht die Bürgenhaftung daher die Umstellung der Hauptschuld nach.[737] Gleiches gilt bei der individuellen Forderungsaufwertung im Wege der Vertragsanpassung nach § 313 Abs. 1 BGB. Der Bürge haftet nach §§ 765, 767 Abs. 1 Satz 1 BGB auch für die aufgewertete Geldschuld.[738] Wegen der Akzessorietät der Bürgschaft wird sie der Sache nach mittelbar ebenfalls angepasst. Ihre akzessorische Natur bewirkt auch, dass – vorbehaltlich abweichender bürgschaftsvertraglicher Vereinbarungen – keine Prüfung der Bürgschaft selbst an den Anfor-

---

735 BAGE 25, 146, 162 f.

736 BAGE 25, 146, 166.

737 *Horn*, in: Staudinger, BGB (2013), Vorbem 144 ff. zu §§ 765–778 m.w.N.

738 *Mügel*, Das gesamte Aufwertungsrecht (5. Auflage 1927), S. 216; *von Maydell*, Geldschuld und Geldwert (1974), S. 218 f.

derungen des § 313 BGB zu erfolgen hat.[739] Die strenge Akzessorietät wird allerdings bei Vereinbarung einer nominalen Obergrenze für die Bürgenhaftung durchbrochen, wie es bei Höchstbetragsbürgschaften der Fall ist. Die Parteien des Bürgschaftsvertrages legen sich auf eine betragsmäßige Grenze fest, über die hinaus keine Haftung des Bürgen bestehen soll.[740] Bezweckt wird damit eine endgültige summenmäßige Beschränkung des Haftungsrisikos.[741] Jenseits der nominellen Haftungsgrenze wird die Akzessorietätsregel des § 767 Abs. 1 Satz 1 BGB außer Kraft gesetzt. In der Folge fällt auch die Grundlage weg, den Bürgen im Gleichlauf zur höhenmäßigen Anpassung der Hauptverbindlichkeit zu belasten. Die Aufwertung der Hauptforderung ändert daher nichts an der nominal begrenzten Haftung des Bürgen bei der Höchstbetragsbürgschaft.[742]

bb) Mobiliarpfandrecht

Das Mobiliarpfandrecht ist ebenso wie die Bürgschaft akzessorisch ausgestaltet. Nach § 1210 Abs. 1 Satz 1 BGB besteht ein Gleichlauf zwischen dem Umfang der gesicherten Hauptverbindlichkeit und der dinglichen Haftung. Daher passt sich die dingliche Haftung einer aufgewerteten Hauptforderung der Höhe nach an.[743] Eine natürliche Grenze findet die Sicherung durch das Mobiliarpfandrecht im Wert des verpfändeten Gegenstands. Eine Pflicht zur Erweiterung der Pfandmasse besteht – vorbehaltlich abweichender schuldrechtlicher Regelungen – nicht. Auch das Sicherungseigentum kennt keine nominelle Haftungshöchstgrenze, sondern passt sich dem Umfang der Hauptverbindlichkeit an, bis der Wert der sicherungsübereigneten Sache erreicht ist.[744] Gleiches gilt im Ergebnis auch für die Vereinbarung eines Eigentumsvorbehalts, da die aufschiebende Bedingung der vollständigen Kaufpreiszahlung (§ 158 Abs. 1 BGB) erst mit vollständiger Erfüllung der aufgewerteten Kaufpreisforderung eintritt.[745]

cc) Hypothek

Trotz ihrer Akzessorietät folgt der Haftungsumfang der Hypothek nicht der Höhe der nach § 313 Abs. 1 BGB aufgewerteten Hauptverbindlichkeit.[746] Grund hierfür ist die nominale Festlegung der Geldsumme, für die eine dingliche Haf-

---

[739] *Mügel*, Das gesamte Aufwertungsrecht (5. Auflage 1927), S. 217; a.A. *Horn*, in: Staudinger, BGB (2013), Vorbem 147 zu §§ 765–778, der ein Vorliegen des Anpassungsgrundes auch in der Person des Bürgen fordert.

[740] BGHZ 151, 374, 380.

[741] BGHZ 151, 374, 381.

[742] *Horn*, in: Staudinger, BGB (2013), Vorbem 147 zu §§ 765–778.

[743] *Mügel*, Das gesamte Aufwertungsrecht (5. Auflage 1927), S. 216; *von Maydell*, Geldschuld und Geldwert (1974), S. 219.

[744] *von Maydell*, Geldschuld und Geldwert (1974), S. 219.

[745] *K. Schmidt*, in: Staudinger, BGB (1997), Vorbem D132 zu §§ 244 ff.

[746] *von Maydell*, Geldschuld und Geldwert (1974), S. 220.

tung begründet werden soll (Bestimmtheitsgrundsatz).[747] Die bestimmte Geldsumme (§ 1113 Abs. 1 BGB) bzw. der Geldbetrag der Forderung (§ 1115 Abs. 1 BGB) begrenzen anders als bei einem Mobiliarpfandrecht die Zugriffbefugnisse des Sicherungsnehmers auf den Pfandrechtsgegenstand. Insofern besteht eine Wertungsparallele zur Höchstbetragsbürgschaft. Der Grundstückseigentümer gibt nicht vollständig sein Grundstück in seinem jeweiligen Wert dem Zugriff des Hypothekengläubigers preis, sondern nur zur Befriedigung bis zu einer nominal bestimmten Geldsumme. Bezweckt ist eine Haftungsbegrenzung, deren Reichweite der Eigentümer und ein etwaiger nachrangiger Gläubiger[748] voraussehen können. Daran ändert auch die Zulassung von Grundpfandrechten in ausländischer Währung durch § 1 der Verordnung über Grundpfandrechte in ausländischer Währung und in Euro (GrPfREuroV)[749] nichts, wodurch die nominale Haftungssumme den Wechselkursschwankungen unterworfen wird. Dabei handelt es sich um eine begrenzte gesetzliche Ausnahme, die nicht auf das Inflationsszenario übertragbar ist.[750] Das für den Sicherungsnehmer durch Geldentwertung entstehende Risiko einer Sicherungslücke und damit eines Forderungsausfalls ist ein wesensimmanentes Charakteristikum der Hypothek. Dem Sicherungsnehmer ist es nicht verwehrt, inflationsangepasste Sicherungsmittel wie z.B. eine Bürgschaft oder ein Mobiliarpfandrecht zu verlangen. Gesetzliche Ausnahmen vom Grundsatz der Bestimmtheit enthielten das Gesetz über wertbeständige Hypotheken vom 23.6.1923[751] und die Verordnung über wertbeständige Rechte vom 16.11.1940[752]. Beide sind zum 31.12.1968 außer Kraft getreten.[753]

dd) Schuldbeitritt, Garantie und Grundschuld

Sedes materiae für die korrespondierende Anpassung einer nicht-akzessorischen Sicherheit ist die schuldrechtliche Sicherungsabrede zwischen Sicherungsgeber und -nehmer. Aus dem Fehlen der Akzessorietät ergibt sich die Grundregel, dass eine Aufwertung der gesicherten Hauptforderung keine automatische Erweiterung des Umfangs der bestellten Sicherheit nach sich zieht. Ausnahmen hiervon können sich durch Auslegung der Sicherungsabrede ergeben.[754] Bei den nicht-akzessorischen Personalsicherheiten Schuldbeitritt und Garantie kann im

---

747 *Kesseler*, MittBayNot 2006, 468, 470; *Wolfsteiner*, in: Staudinger, BGB (2009), Einl 56 zu §§ 1113 ff.

748 BGHZ 35, 22, 24; BGH NJW 2006, 1341 Rn. 12.

749 Verordnung über Grundpfandrechte in ausländischer Währung und in Euro vom 30.10.1997, BGBl. I S. 2683; BGBl. 1998 I S. 4023.

750 BGH NJW 2006, 1341 Rn. 16; *Kesseler*, MittBayNot 2006, 468, 470.

751 RGBl. I S. 407.

752 RGBl. I S. 1521.

753 *Wolfsteiner*, in: Staudinger, BGB (2009), Einl 56 zu §§ 1113 ff.

754 *K. Schmidt*, in: Staudinger, BGB (1997), Vorbem D131 f. zu §§ 244 ff.

Einzelfall aus der Sicherungsabrede folgen, dass eine nominale Erhöhung der Hauptforderung auch auf den Haftungsumfang des Sicherungsgebers durchschlägt. Allerdings bedarf es hierzu regelmäßig konkreter Anhaltspunkte, da die individuelle Aufwertung nach § 313 BGB nur in Ausnahmefällen in Betracht kommt und solche Situationen von den Parteien typischerweise nicht bedacht werden.[755] Anders als Schuldbeitritt und Garantie unterliegt die Grundschuld – ebenso wie die Hypothek – dem Bestimmtheitsgrundsatz. Er dient dem Schutz der nachrangigen Gläubiger[756] und des Sicherungsgebers durch die Klarstellung des genauen Haftungsumfangs. Auch die Grundschuld wird für eine bestimmte Geldsumme (§ 1191 Abs. 1 BGB) bestellt, die in das Grundbuch eingetragen wird (§§ 1192 Abs. 1, 1115 Abs. 1 BGB). Dieser Haftungshöchstbetrag unterliegt uneingeschränkt dem Nominalprinzip, soweit nicht eine gesetzliche Aufwertung angeordnet wird.[757] Eine solche war in § 31 AufwertungsG vorgesehen.[758] Auch unter den Bedingungen der Hyperinflation bleibt der Bestimmtheitsgrundsatz unverändert gültig; zur Aufwertung von Grundschulden sind entweder die Parteien (§ 873 BGB) oder der Gesetzgeber[759] aufgerufen.

4. Ausschluss der individuellen Aufwertung

a) Teilweise oder vollständige Erfüllung

Der Erfüllung einer Geldforderung kommt grundsätzlich eine Zäsurwirkung für eine Aufwertung nach § 313 BGB zu. Eine vollständig nach §§ 362 ff. BGB erfüllte Geldforderung unterliegt für den Zeitraum nach der Erfüllung prinzipiell keiner individuellen Aufwertung.[760] Entsprechend schloss § 13 Abs. 3 Satz 2 UmstG auch eine gesetzliche Aufwertung von zu einem bestimmten Stichtag bereits erloschenen Geldforderungen aus. In davon erfassten Sachverhalten sollte auch eine individuelle Aufwertung unzulässig sein.[761] Anerkannt ist die Zäsurwirkung der Erfüllung vor allem für Austauschverträge mit beiderseits erfüllten Vertragspflichten.[762] Aber auch bei einer nur einseitigen Erfüllung durch den Geldschuldner ändert sich am Ausschluss der Aufwertung nichts. Der Geldzahlung kommt insofern ein Vorleistungscharakter zu. Nimmt der Geldgläubiger zunächst die Geldleistung entgegen und tritt im Zeitraum bis zu seiner eigenen Sach- oder Dienstleistung eine erhebliche Geldentwer-

---

755 A.A. *K. Schmidt*, in: Staudinger, BGB (1997), Vorbem D131 zu §§ 244 ff., der von einer „Quasi-Akzessorietät“ ausgeht.
756 BGHZ 35, 22, 24; BGH NJW 2006, 1341 Rn. 12.
757 *von Maydell*, Geldschuld und Geldwert (1974), S. 221.
758 Vgl. dazu *Mügel*, Das gesamte Aufwertungsrecht (5. Auflage 1927), S. 832 ff.
759 *von Maydell*, Geldschuld und Geldwert (1974), S. 222.
760 *Mügel*, Das gesamte Aufwertungsrecht (5. Auflage 1927), S. 263.
761 OGHBrZ NJW 1950, 867.
762 RGZ 107, 140, 142; BGHZ 131, 209, 216; BGH NJW 2001, 1204, 1206; BAG NZA 1987, 16; *von Maydell*, Geldschuld und Geldwert (1974), S. 133 f.

tung ein, so realisiert sich lediglich ein von ihm übernommenes Risiko.[763] Einen Ausgleich über den Wegfall der Geschäftsgrundlage vermag er nicht zu erlangen. Anders gestaltet sich die Risikoverteilung, sofern der Geldschuldner eine Vorleistung erbringt und sich die Geldentwertung sodann vor der Erfüllung der Geldschuld einstellt. Die finalisierende Wirkung der Erfüllung ist noch nicht eingetreten, so dass eine Vertragsanpassung nach § 313 Abs. 1 BGB weiterhin offen steht.[764]

Die Zäsurwirkung der Erfüllung reicht allerdings nur soweit, wie tatsächlich eine Erfüllung nach §§ 362 ff. BGB eingetreten ist. Nach dem geldschuldrechtlichen Nominalismus erfolgt die Erfüllung ungeachtet der Kaufkraft des Geldes in Höhe des Nennwerts der Geldleistung. Uneingeschränkt bleibt dieser erfüllungsrechtliche Nominalismus allein im Fall der schleichenden Inflation. Eine Aufwertung infolge schleichender Inflation ist ab dem Zeitpunkt der Erfüllung der Geldschuld ausgeschlossen, sofern der Geldgläubiger keinen entgegenstehenden Vorbehalt bei Annahme erklärt hat.[765] Anders kann sich die Erfüllungswirkung einer Geldzahlung allerdings unter den Bedingungen der Hyperinflation darstellen. Eine vollständige Erfüllungswirkung kann einer nominal hinreichenden Geldzahlung abzusprechen sein, sofern bereits im Erfüllungszeitpunkt die vertraglich festgelegte Gleichwertigkeit von Leistung und Gegenleistung erheblich verfehlt wurde.[766] Die Rückwirkung der Aufwertung beruht in diesen Fällen nicht auf einer nach der Erfüllung eingetretenen Geldentwertung, sondern fokussiert ausschließlich den Erfüllungszeitpunkt. Die reichsgerichtliche Aufwertungsjudikatur nahm eine solche rückwirkende Aufwertung bei Vorliegen einer galoppierenden Inflation an.[767] Auf diese Weise privilegiert aufgewertet wurden insbesondere lebenswichtige Geschäfte.[768] Restriktionen sollten aber bei kaufmännischen Umsatzgeschäften gelten.[769] Insofern kommt der allgemeine Wertungsgesichtspunkt der Professionalität des Geldgläubigers erneut zum Tragen.[770] Grundsätzlich unerheblich für die Annahme einer nur unzulänglichen Erfüllungswirkung ist die Tatsache, dass der Geldgläubiger die Zahlung vorbehaltslos angenommen hat; entscheidend ist die objektive Geldwertlage, nicht die subjektive Einschätzung des Geldgläubigers.[771]

---

763 *von Maydell*, Geldschuld und Geldwert (1974), S. 132 f.

764 *von Maydell*, Geldschuld und Geldwert (1974), S. 129 ff.

765 *K. Schmidt*, in: Staudinger, BGB (1997), Vorbem D129 zu §§ 244 ff.

766 *von Maydell*, Geldschuld und Geldwert (1974), S. 133; *K. Schmidt*, in: Staudinger, BGB (1997), Vorbem D129 zu §§ 244 ff.

767 Grundlegend RGZ 114, 399, 403.

768 RGZ 124, 75, 80.

769 RG WarnR 1926 Nr. 127; RGZ 124, 75, 80 m.w.N. aus der Rechtsprechung.

770 Vgl. oben, S. 482 f.

771 RGZ 114, 399, 403.

b) Verzicht und Verwirkung

Der Anspruch auf Vertragsanpassung aus § 313 Abs. 1 BGB ebenso wie die Lösungsrechte aus § 313 Abs. 3 BGB können nach den allgemeinen Regeln durch Verzicht oder Verwirkung ausgeschlossen sein. Zu differenzieren ist zwischen den beiden Grundszenarien einer schleichenden und einer galoppierenden Inflation, denn der Verzichtswille des Geldgläubigers[772] und die Erkennbarkeit seines verwirkbaren Aufwertungsrechts[773] hängen mit dem Ausmaß der Geldentwertung zusammen. Die vorbehaltlose Entgegennahme des nominalen Schuldbetrags stellt insbesondere in Zeiten der schleichenden Inflation keinen Verzicht auf die Geltendmachung von Aufwertungsansprüchen dar, sofern nicht gegenteilige konkrete Anhaltspunkte vorliegen.[774] Selbst während einer galoppierenden Inflation kann von einem regelmäßigen konkludenten Verzicht nicht ausgegangen werden.[775] Handelt es sich bei der nominalen Geldleistung bereits im Erfüllungszeitpunkt objektiv um eine unzulängliche Zahlung, so tritt im Ausnahmefall der Hyperinflation nur eine teilweise Erfüllung ein, auch wenn der Geldgläubiger nicht widerspricht.[776]

Auch die Anforderungen an eine Verwirkung des Aufwertungsrechts durch Zeitablauf nach § 242 BGB dürfen nicht unbesehen bejaht werden. Ein Recht ist nur dann verwirkt, „wenn der Berechtigte [es] längere Zeit hindurch nicht geltend gemacht, obwohl er dazu in der Lage wäre, und der Verpflichtete sich mit Rücksicht auf das gesamte Verhalten des Berechtigten darauf einrichten durfte und eingerichtet hat, daß dieser sein Recht auch in Zukunft nicht geltend machen werde“[777]. Eine solche illoyale Verspätung erfordert danach neben dem Zeitablauf (sog. Zeitmoment) auch das Vorliegen besonderer vertrauensfördernder Umstände (sog. Umstandsmoment).[778] Dabei können Defizite in einem der beiden Elemente durch eine Übererfüllung des anderen Elements teilweise kompensiert werden.[779] Die Kernfrage bei einer Verwirkung von Aufwertungsrechten fokussiert die Erkennbarkeit der zwischenzeitlichen Geldentwertung und ihrer Erheblichkeit im Sinne des § 313 Abs. 1 BGB durch den Geldgläubiger. Eine solche lässt sich bei einer galoppierenden Inflation eher als bei einer schleichenden annehmen, vor allem wenn sich die den Anpassungsanspruch auslösende gesamte Geldentwertung erst im Laufe vieler Jahre summiert.

---

[772] Vgl. dazu RG JW 1926, 1432; BGH NJW 2002, 1044, 1046 m.w.N.
[773] Vgl. dazu BGHZ 146, 217, 222.
[774] A.A. *K. Schmidt*, in: Staudinger, BGB (1997), Vorbem D120 zu §§ 244 ff.
[775] RG JW 1926, 1432.
[776] RGZ 114, 399, 403.
[777] BGHZ 84, 280, 281.
[778] BGH NJW 2006, 219 Rn. 23.
[779] BGHZ 146, 217, 224 f.; BGH NJW 2006, 219 Rn. 23.

III. Einzelne Problemgruppen

1. Langfristige Abbauverträge – das Paradigma der BGH-Judikatur

Die restriktive Rechtsprechung des Bundesgerichtshofs zur individuellen Aufwertung nach § 242 BGB wurde zu wesentlichen Teilen in Entscheidungen zu Kali-Abbauverträgen entwickelt. Um die Jahrhundertwende hatten Grundstückseigentümer mit Bergwerkunternehmen Verträge abgeschlossen, welche ein exklusives Ausbeutungsrecht für bestimmte Stoffe (z.B. Kali) gegen eine Entgeltzahlung (sog. Wartegeld) vorsahen. Die Geldleistungspflichten der Bergwerksunternehmen waren nach dem Ersten Weltkrieg vollständig aufgewertet und nach dem Zweiten Weltkrieg im Verhältnis 1:1 privilegiert umgestellt worden (§ 18 Abs. 1 Nr. 1 UmstG). Dennoch hatte sich infolge schleichender Inflation innerhalb von etwa 60 Jahren eine Entwertung der Geldzahlungen um etwa zwei Drittel eingestellt. Der Bundesgerichtshof sah darin keine erhebliche Störung des Äquivalenzverhältnisses und lehnte daher eine Anpassung ab.[780] Zur Begründung rekurrierte der Bundesgerichtshof vor allem auf stabilitäts-, währungs- und staatsrechtliche Bedenken.[781] Das Nominalprinzip diene dem Schutz der Geldwertstabilität und dürfe nicht durch eine Aufnahme stillschweigender Währungsgleitklauseln ausgehöhlt werden. Eine breit angelegte Aufwertung von Geldforderungen im Falle der schleichenden Inflation stehe aus Gründen der Gewaltenteilung nicht den Gerichten, sondern ausschließlich dem Gesetzgeber zu.

Die BGH-Judikatur zu den Kali-Abbauverträgen beruht auf einer fehlsamen Überhöhung des Nominalprinzips. Schon vor der Einführung des § 313 BGB bestanden keine verfassungsrechtlichen Hindernisse für eine auf § 242 BGB gestützte individuelle Aufwertung. Auch hätte die Aufwertung der Wartegeldansprüche in den Kali-Abbaufällen keineswegs *de facto* zu einer nachträglichen Implementierung von vertraglichen Wertsicherungsklauseln mit einem einschränkungslosen Ausgleich für jegliche inflationäre Tendenzen geführt. Eine Inflationsförderung wäre im Übrigen auch dadurch vermeidbar gewesen, dass die Geldgläubiger auf ein Kündigungsrecht verwiesen worden wären.[782] Die Ablehnung einer Vertragsanpassung in den Kali-Abbaufällen bei einem Kaufkraftverlust um zwei Drittel im Laufe von sechs Jahrzehnten und einer unbestimmten Vertragslaufzeit vermag daher nicht zu überzeugen.[783] In der Ge-

---

780 BGH NJW 1959, 2203, 2204; BGH NJW 1966, 105, 106; vgl. auch BGH RdL 1957, 7.

781 BGH NJW 1959, 2203, 2204; BGH NJW 1966, 105, 106.

782 *von Maydell*, Geldschuld und Geldwert (1974), S. 157.

783 *Reichert-Facilides*, JZ 1969, 617, 620 („Überdehnung des Äquivalenzstörungserfordernisses"); *Simon*, Die Rechtsfolgen der gestörten Vertragsgrundlage (1969), S. 64 f.; *von Maydell*, Geldschuld und Geldwert (1974), S. 158; *Ertl*, Inflation, Privatrecht und Wertsicherung (1980), S. 240 f.

samtbeurteilung hätte neben dem deutlichen Rückgang des Geldwerts auch die unbegrenzte restliche Vertragslaufzeit hinreichend gewichtet werden müssen.

2. Dinglicher Erbbauzins

Bis zum 30.9.1994 unterlag der dingliche Erbbauzins den Anforderungen des strengen Bestimmtheitsgrundsatzes nach § 9 Abs. 2 Satz 1 ErbbauVO a.F.[784] Lediglich auf schuldrechtlicher Ebene konnte eine Anpassung an geänderte wirtschaftliche Verhältnisse vorgesehen[785] und durch Vormerkung gesichert[786] werden. Die Änderung des § 9 Abs. 2 ErbbauVO a.F. durch das Sachenrechtsänderungsgesetz[787] hatte jedoch zur einer Lockerung geführt. Nach dem neu eingefügten § 9 Abs. 2 Satz 2 ErbbauVO a.F. konnte auch eine Verpflichtung zur Anpassung an veränderte Verhältnisse zum Inhalt des Erbbauzinses gemacht werden. Umstritten war in der Folge, ob eine solche Ausgestaltung zu einer automatischen Anpassung führte oder eine modifizierte Einigung und Eintragung im Grundbuch erforderte.[788] Aufgelöst wurde dieser Auslegungsstreit durch den Verzicht auf eine erbbaurechtliche Sonderregelung und den umfassenden Verweis auf die Reallast in § 9 Abs. 1 Satz 1 ErbbauRG, der auf Art. 11a des Euro-Einführungsgesetzes vom 9.6.1998[789] zurückgeht. Der dingliche Inhalt des Erbbauzinses darf sich nach § 9 Abs. 1 Satz 1 ErbbauRG i.V.m. § 1105 Abs. 1 Satz 1 BGB *eo ipso* an veränderte Verhältnisse anpassen, so dass eine Gleitklausel zulässig ist. Der dingliche Erbbauzins muss seit dem 1.10.1994 daher nur noch bestimmbar sein und nicht mehr die engen Voraussetzungen der Bestimmtheit erfüllen.[790] Die Bestimmbarkeit bezieht sich auf den Änderungszeitpunkt und den anzulegenden Wertmaßstab.[791]

Durch die Öffnung des dinglichen Erbbauzinses für automatisch eingreifende Gleitklauseln ist die Notwendigkeit von Anpassungen auf Grundlage von § 313 Abs. 1 BGB nicht entfallen. Dies gilt zuvörderst für vor dem 1.10.1994 begründete Erbbauzinsreallasten, die unter der Geltung des Bestimmtheitsgrundsatzes noch auf eine inhärente Wertsicherung verzichten mussten. Aber auch Erbbauzinsreallasten jüngeren Datums können ohne eine dingliche Wert-

---

[784] Grundlegend BGHZ 22, 220, 222; BGHZ 61, 209, 211; *Knothe*, Das Erbbaurecht (1987), S. 239 f.

[785] BGHZ 22, 220, 222 f.; OLG Zweibrücken MittBayNot 2001, 77; vgl. dazu im Überblick *Knothe*, Das Erbbaurecht (1987), S. 242 ff.

[786] BGHZ 61, 209, 211; OLG Hamm NJW 1963, 1502; OLG Zweibrücken MittBayNot 2001, 77.

[787] Gesetz zur Änderung sachenrechtlicher Bestimmungen vom 21.9.1994, BGBl. I S. 2457.

[788] Vgl. zum Streitstand BayObLG NJW 1997, 468, 469; *Oefele*, DNotZ 1995, 643, 648 ff.; *Wilke*, DNotZ 1995, 654, jeweils m.w.N.

[789] BGBl. I S. 1242.

[790] BayObLG NJW 1997, 468, 469 f.; *Oefele*, DNotZ 1995, 643, 649.

[791] *Oefele*, in: MünchKomm BGB (6. Auflage 2013), § 9 ErbbauRG Rn. 44.

sicherungsklausel vereinbart worden sein. Als dogmatischer Ansatzpunkt für eine Anpassung des Erbbauzinses wegen Wegfalls der Geschäftsgrundlage kommt dabei ausschließlich der schuldrechtliche Bestellungsvertrag, nicht aber die dingliche Rechtsbeziehung zwischen Erbbauberechtigtem und belastetem Grundstückseigentümer in Betracht.[792] Der Anpassungsanspruch aus § 313 Abs. 1 BGB weist im Lichte der Relativität der Schuldverhältnisse die gleichen Restriktionen wie eine schuldrechtliche Wertsicherungsklausel auf.[793] Anspruchsinhaber ist daher grundsätzlich zunächst der Besteller, nicht zwangsläufig hingegen der jeweilige Grundstückseigentümer. Der Grundstückserwerber kann nur dann den Anpassungsanspruch geltend machen, wenn er zugleich in den schuldrechtlichen Bestellungsvertrag eingetreten ist oder ihm die entsprechenden Rechte abgetreten wurden.[794] Demgegenüber greift die dingliche Wertsicherung auf Grundlage von § 9 Abs. 1 Satz 1 ErbbauRG i.V.m. § 1105 Abs. 1 Satz 2 BGB ihrer abstrakten Natur nach stets gegenüber dem jeweiligen Grundstückseigentümer ein.

Die Schwelle für eine schwerwiegende Veränderung der maßgeblichen Verhältnisse konkretisiert die ständige höchstrichterliche Rechtsprechung als einen Kaufkraftschwund um 60 %.[795] Maßstab ist der Äquivalenzgedanke;[796] der Erbbauzins soll eine angemessene Gegenleistung für das Erbbaurecht darstellen.[797] Die Opfergrenze eines Kaufkraftschwundes um 60 % markiert zugleich, in welchem Umfang bei einer typisierten Betrachtungsweise von einer Übernahme des Inflationsrisikos durch die Parteien ausgegangen werden kann.[798] Die Berechnung der Geldentwertung erfasst auch bei späteren Übertragungsvorgängen den gesamten Zeitraum ab der erstmaligen Bestellung des Erbbaurechts.[799] Regelmäßig ist als Berechnungsmaßstab der Mittelwert der Steigerung von Lebenshaltungskosten und Einkommen heranzuziehen.[800] Eine Orientierung der Entwicklung der Grundstückspreise ist in Anlehnung an § 9a Abs. 1

---

[792] BGHZ 96, 371, 375 f.; BGHZ 111, 214, 215; *Oefele/Winkler*, Handbuch des Erbbaurechts (5. Auflage 2012), Rn. 6.238.

[793] BGHZ 96, 371, 377.

[794] BGHZ 96, 371, 377.

[795] BGHZ 90, 227, 229; BGHZ 91, 32, 34 f.; BGHZ 97, 171, 175; BGHZ 111, 214, 216.

[796] BGHZ 191, 336 Rn. 12; ebenso auf Grundlage der ökonomischen Analyse *Brockmeyer*, Das Rechtsinstitut der Geschäftsgrundlage aus der Sicht der ökonomischen Analyse des Rechts (1993), S. 112; auch Rechtssprechungsänderungen als Störung der Geschäftsgrundlage anerkennend *Knothe*, Das Erbbaurecht (1987), S. 254 f.

[797] BGHZ 97, 171, 175; zustimmend *Oefele/Winkler*, Handbuch des Erbbaurechts (5. Auflage 2012), Rn. 6.229; vgl. allgemein *Knothe*, Das Erbbaurecht (1987), S. 236 ff.

[798] BGHZ 94, 257, 259 f.; vgl. unter Anwendung seines Modells vom vollständigen Vertrag dazu *Brockmeyer*, Das Rechtsinstitut der Geschäftsgrundlage aus der Sicht der ökonomischen Analyse des Rechts (1993), S. 110 ff.

[799] BGHZ 96, 371, 375; BGHZ 97, 171, 177; *Oefele/Winkler*, Handbuch des Erbbaurechts (5. Auflage 2012), Rn. 6.235.

[800] BGHZ 119, 220, 222 f.

Satz 3 ErbbauRG grundsätzlich ausgeschlossen. An die Stelle der allgemeinen wirtschaftlichen Verhältnisse tritt jedoch die Entwicklung der Grundstückswerte, sofern letztere in geringerem Umfang als erstere angestiegen sind.[801]

3. Miet- und Leasingverträge

Die Grundsätze zur Anpassung des Erbbauzinses an die Geldentwertung können nicht unbesehen auf Mietverträge übertragen werden.[802] Erbbaurecht und Mietvertrag zeichnen sich typischerweise durch eine unterschiedlich lange zeitliche Bindung der Parteien aus, welche die Opfergrenze des Geldgläubigers entscheidend mitbestimmt. Stets ist ein besonderes Augenmerk auf die Restlaufzeit des Mietvertrages zu legen.[803] Das Mietrecht kennt zudem für langfristige Mietverträge mit einer Laufzeit von über 30 Jahren ein außerordentliches Kündigungsrecht beider Seiten nach Ablauf von 30 Jahren (§ 544 BGB). Dadurch wird das Risiko des Vermieters, eine nicht mehr gleichwertige Gegenleistung entgegennehmen zu müssen, begrenzt. Der Vermieter vermag sich zumindest nach Ablauf von 30 Jahren von dem Vertrag zu lösen. Neben dem Zeitmoment kann auch eine vertragliche Risikoübernahme des Vermieters einer Anwendung der Grundsätze zum Erbbaurecht entgegenstehen. Eine solche liegt grundsätzlich in der Vereinbarung einer Staffelmiete,[804] welche dem von den Parteien erwarteten Anstieg der marktüblichen Mieten für vergleichbare Mietgegenstände abschließend Rechnung tragen soll. Allerdings ist auch bei Vereinbarung einer Staffelmiete eine Vertragsanpassung nach § 313 Abs. 1 BGB keineswegs generell gesperrt. Lediglich die Zumutbarkeitsschwelle wird zulasten des Vermieters verschoben, um der vertraglichen Risikoverteilung gerecht zu werden.

Eine Anwendung der 60 %-Regel aus dem Recht des Erbbauzinses auf den Mietvertrag kann vor dem Hintergrund der aufgezeigten Unterschiede nur im Einzelfall erfolgen, sofern eine Vergleichbarkeit zwischen beiden Konstellationen besteht.[805] Hierfür können die lange vertragliche (Rest-)Bindung der Parteien, die wirtschaftliche Sinnlosigkeit einer Kündigung nach § 544 BGB oder sonstige besondere Kennzeichen des konkreten Vertragsverhältnisses sprechen, die eine dem Erbbaurecht vergleichbare Interessenlage begründen. Zu einem Absenken der Opfergrenze führt ebenfalls der Versorgungscharakter eines Mietvertrages.[806] Auf den Mietvertrag finden letztlich die allgemeinen Voraussetzungen des § 313 Abs. 1 BGB für Austauschverhältnisse Anwendung; fruchtbar zu machen ist der Äquivalenzgedanke.[807] Der entwerteten Geldzahlung

---

801 BGHZ 119, 220, 223.
802 BGH NJW 1976, 142 f.
803 BGH NZM 2002, 659.
804 BGH NZM 2002, 659; BGH NZM 2005, 63, 64.
805 OLG Hamburg OLGZ 1990, 65, 66 f.
806 *K. Schmidt*, in: Staudinger, BGB (1997), Vorbem D137 zu §§ 244 ff.
807 *Kluth/Freigang*, NZM 2006, 41, 44.

steht dabei eine Nutzungsüberlassung gegenüber. Auf Seiten des Vermieters sind sowohl die Investitionskosten als auch die laufenden Instandhaltungskosten (vgl. § 535 Abs. 1 Satz 2 BGB) zu berücksichtigen.[808]

Die Regeln für Mietverträge geltend entsprechend für das Operating-Leasing, bei dem es sich ebenfalls um eine Miete im Sinne der §§ 535 ff. BGB handelt.[809] Im Fall des Finanzierungsleasing ist dessen Charakter als finanzierte Gebrauchsüberlassung eigener Art[810] zu berücksichtigen. Die Leasingraten stellen die Gegenleistung des Leasingnehmers für die Gebrauchsfinanzierung, -überlassung und -belassung des Leasinggegenstandes dar.[811] Bei der Prüfung einer erheblichen Äquivalenzstörung sind diese drei Komponenten einzubeziehen, während der schlichte Mieter sein Entgelt lediglich für die Nutzungsüberlassung leistet. Insbesondere bei langfristigen Leasingverträgen ohne Wertsicherungsklauseln kann daher im Einzelfall eine Anpassung der Leasingraten an die Inflationsentwicklung nach § 313 Abs. 1 BGB geboten sein.

4. Ansprüche mit Versorgungscharakter

Eine Sonderstellung in der Aufwertungsrechtsprechung nehmen Ansprüche ein, die der Sicherstellung der – vollständigen oder teilweisen – materiellen Versorgung des Geldgläubigers dienen sollen. Diesen Verträgen liegt eine spezifische Risikoverteilung zugrunde. Der Geldschuldner akzeptiert den besonderen Versorgungszweck, den beide Parteien gemeinschaftlich verfolgen. Damit übernimmt er auch das immanente Risiko, dass für die Erreichung des Ziels der Existenzsicherung im Laufe der Zeit unterschiedlich hohe nominale Geldbeträge erforderlich sein werden. Anders als das Bundesarbeitsgericht[812] in seiner früheren Rechtsprechung zur Anpassung betrieblicher Ruhegelder angenommen hatte, liegt eine relevante Grundlagenstörung im Sinne des § 313 Abs. 1 BGB nicht erst dann vor, wenn der Versorgungszweck mit den bisherigen nominalen Geldleistungen in keiner Weise mehr erreicht werden könnte. Andererseits rechtfertigt auch nicht bereits jede geringe Abweichung vom ursprünglich anvisierten realen Versorgungsumfang eine Vertragsanpassung. Vor Inkrafttreten der Sonderregel des § 16 BetrAVG hatte das Bundesarbeitsgericht die Erheblichkeitsschwelle bei einer Verteuerung der Lebenshaltungskosten um 40 % angesetzt.[813] Zwar hat diese Rechtsprechung infolge des Inkrafttretens von § 16

---

[808] *von Maydell*, Geldschuld und Geldwert (1974), S. 151 f.

[809] Vgl. stellvertretend *Martinek*, in: *Schimansky/Bunte/Lwowski* (Hrsg.), Bankrechts-Handbuch (4. Auflage 2011), § 101 Rn. 32 m.w.N.

[810] Vgl. zu den Leasingtheorien ausführlich *Martinek*, in: *Martinek/Stoffels/Wimmer-Leonhardt* (Hrsg.), Handbuch des Leasingrechts (2. Auflage 2008), § 4.

[811] *Martinek*, in: *Schimansky/Bunte/Lwowski* (Hrsg.), Bankrechts-Handbuch (4. Auflage 2011), § 101 Rn. 32.

[812] BAGE 17, 120, 124; aufgegeben in BAGE 25, 146, 160 f.

[813] BAGE 25, 146, 158.

BetrAVG an Bedeutung verloren. Zudem entziehen sich die einzelnen Versorgungsrechtsverhältnisse einer pauschalisierenden Betrachtung. Dennoch erscheint es geboten, aus Gründen der Rechtssicherheit und -klarheit einen Orientierungswert („Faustregel") für Verträge mit Versorgungscharakter festzulegen und hierzu die BAG-Judikatur fruchtbar zu machen. Der Sache nach handelt es sich um eine Abmilderung der allgemeinen Erheblichkeitsanforderungen im Lichte der besonderen Zwecksetzung der Parteien. Diese Feinjustierung nach dem Vertragszweck und der damit korrelierenden vertraglichen Risikoverteilung ist auch im Tatbestand des § 313 Abs. 1 BGB angelegt. Es handelt sich um einen typisierbaren Umstand des Einzelfalls. Diese dogmatische Einbettung zeigt aber auch, dass der Orientierungswert nicht zu einem starren Pauschalsatz überhöht werden darf. Stets ist eine umfassende Berücksichtigung des konkreten Vertrages geboten, wobei insbesondere einzubeziehen ist, in welchem Umfang der Versorgungszweck den Vertrag dominiert und prägt oder lediglich am Rande mitschwingt.

Leibrentenverträge weisen nicht notwendigerweise einen Versorgungszweck auf. Fehlt ein solcher, so sind die allgemeinen Regeln zur Äquivalenzstörung heranzuziehen.[814] Häufig wird ein Versorgungszweck allerdings anzunehmen sein, etwa wenn eine Leibrente im Rahmen einer vorweggenommenen Erbfolge vereinbart wird, um dem übertragenden Teil auf Lebenszeit eine Existenzsicherung zukommen zu lassen.[815] Der Anpassung nach § 313 Abs. 1 BGB steht dabei das Erfordernis der nominalen Gleichmäßigkeit der wiederkehrenden Leistung aus einem Leibrentenversprechen nicht entgegen, da es sich um eine gesetzlich legitimierte Durchbrechung des Nominalprinzips handelt.[816] Auch Altenteilsverträge, die der Deckung des Lebensunterhalts dienen, sind nicht vorrangig durch einen Austauschzweck, sondern den Versorgungszweck gekennzeichnet.[817] Klassische Verträge mit Versorgungscharakter stellen weiterhin jegliche Unterhaltsvereinbarungen dar, die eine Rentenzahlung zum Gegenstand haben. Auch in diesen Fällen ist eine Anpassung an die Geldentwertung unter erleichterten Bedingungen geboten.[818] Bei Verträgen mit Versorgungscharakter besteht die Rechtsfolge einer Zweckstörung regelmäßig allein in einer Vertragsanpassung, nicht aber in einer Vertragsauflösung;[819] eine solche wäre dem Versorgungsempfänger nicht zumutbar und liefe dem Vertragszweck zuwider.

---

[814] *von Maydell*, Geldschuld und Geldwert (1974), S. 298; *Chiotellis*, Rechtsfolgenbestimmung bei Geschäftsgrundlagenstörungen in Schuldverträgen (1981), S. 172.

[815] Zu eng daher *Chiotellis*, Rechtsfolgenbestimmung bei Geschäftsgrundlagenstörungen in Schuldverträgen (1981), S. 172.

[816] *J. Mayer*, in: Staudinger, BGB (2008), Vorbem 18 zu §§ 759–761.

[817] *von Maydell*, Geldschuld und Geldwert (1974), S. 146 f.; *Chiotellis*, Rechtsfolgenbestimmung bei Geschäftsgrundlagenstörungen in Schuldverträgen (1981), S. 172 f.

[818] Ähnlich *Chiotellis*, Rechtsfolgenbestimmung bei Geschäftsgrundlagenstörungen in Schuldverträgen (1981), S. 173.

[819] *von Maydell*, Geldschuld und Geldwert (1974), S. 148.

5. Darlehensverträge

Nach der gesetzlichen Risikoverteilung hat der Darlehensgeber grundsätzlich das Geldentwertungsrisiko zu tragen.[820] Bei dem Rückzahlungsanspruch gegen den Darlehensnehmer (§ 488 Abs. 1 Satz 2 BGB) handelt es sich um einen Geldsummenanspruch, dessen Höhe nominal im Vertrag festgelegt ist. Eine Anpassung an die Inflationsentwicklung vermag daher – mangels vertraglicher Wertsicherungsregelung – allein im Wege der individuellen Aufwertung nach § 313 BGB zu erfolgen. Der wirtschaftliche Ausgleich für die Übernahme des Inflationsrisikos ist in der Zinszahlungspflicht des Darlehensnehmers enthalten. Idealtypisch spiegelt die Zinshöhe daneben auch das Rückzahlungsrisiko sowie die Einstandskosten des Darlehensgebers wider.[821] Unterlässt der Darlehensgeber eine adäquate Einbeziehung des Inflationsrisikos (durch Zinsanpassungsklauseln[822]) oder vermag er sie aus Gründen der Marktmacht oder der Wettbewerbssituation nicht durchzusetzen, so darf diese Risikozuweisung nicht vorschnell über § 313 Abs. 1 BGB korrigiert werden.

Bei einer Anpassung der Darlehensrückzahlungsverpflichtung aus § 488 Abs. 1 Satz 2 BGB ist der Äquivalenzgedanke zugrunde zu legen.[823] Zwar stehen nicht die Darlehensüberlassungspflicht des Darlehensgebers und die Rückgewährpflicht des Darlehensnehmers im Gegenseitigkeitsverhältnis. Jedoch besteht ein solches Synallagma zwischen der Zinszahlungspflicht des Darlehensnehmers und der Darlehensüberlassungspflicht des Darlehensgebers.[824] Die Zinszahlung bietet einen Ausgleich für das Geldentwertungsrisiko im Umfang des Darlehensbetrages. Kommt es bei kurzfristigen Darlehensverträgen im Fall der galoppierenden Inflation und bei langfristigen Darlehensverträgen im Fall der schleichenden Inflation zu einer im Sinne des § 313 Abs. 1 BGB erheblichen Geldentwertung, so steht eine Anpassung des Rückzahlungsanspruchs des Darlehensgebers offen. Die wirtschaftliche Verknüpfung allein der Zinszahlung mit dem Inflationsrisiko gebietet es, rechtstechnisch eine Anpassung der Zinshöhe (§ 488 Abs. 1 Satz 2 Alt. 1 BGB) und nicht des Rückzahlungsbetrags (§ 488 Abs. 1 Satz 2 Alt. 2 BGB) vorzunehmen. Im wirtschaftlichen Ergebnis schlägt sich diese Differenzierung nicht nieder; sie ist jedoch auf dem Boden des Äquivalenzgedankens zwingend.

---

820 RGZ 107, 78, 91, das allerdings rechtsirrig auf den Wortlaut von § 607 BGB a.F. abstellt.

821 *Freitag/Mülbert*, in: Staudinger, BGB (2011), § 488 Rn. 187.

822 Vgl. nunmehr restriktiv BGHZ 180, 257 Rn. 29 ff. mit Nachweisen zum Streitstand.

823 *K. Schmidt*, in: Staudinger, BGB (1997), Vorbem D141 zu §§ 244 ff.; vgl. auch BGHZ 180, 257 Rn. 32, 37; a.A. *von Maydell*, Geldschuld und Geldwert (1974), S. 214.

824 BGHZ 180, 257 Rn. 32, 37; *Freitag/Mülbert*, in: Staudinger, BGB (2011), § 488 Rn. 180.

D. Zusammenfassung

Die individuelle Aufwertung, die das Reichsgericht zur Bewältigung der „deutschen Inflation“ noch auf § 242 BGB stützen musste, hat durch die Schuldrechtsreform des Jahres 2002 in § 313 BGB eine kodifikatorische Neuausrichtung erfahren. Der Privatrechtsgesetzgeber hat dabei die Geschäftsgrundlagenlösung ausdrücklich als reaktiven geldschuldrechtlichen Mechanismus zur Bewältigung der Geldentwertung anerkannt. Damit entfallen auch die früheren Bedenken unter dem Gesichtspunkt der Gewaltenteilung zwischen Legislative und Judikative. Der Geschäftsgrundlagenlösung kommt ein systematisch-teleologischer Vorrang vor einer ergänzenden Vertragsauslegung zu, da im Fall der schleichenden Inflation an einer planwidrigen Regelungslücke und bei einer galoppierenden Inflation an einem eindeutigen hypothetischen Parteiwillen zu zweifeln ist. Teleologisch basiert die Geschäftsgrundlagenlösung vor allem auf dem Äquivalenzgedanken, nimmt aber auch die Fallgruppe der Zweckstörung – namentlich bei Verträgen mit Versorgungscharakter – in sich auf. Der Wegfall der Geschäftsgrundlage ist subsidiär zu vorrangigen vertraglichen Abreden, aber auch zu gesetzlichen Spezialvorschriften im Bereich des Sozial- und Arbeitsrechts.

Tatbestandlich brisant erscheint zunächst, ab welchem Maß der Geldentwertung von einer „schwerwiegenden Veränderung“ im Sinne des § 313 Abs. 1 BGB ausgegangen werden kann. Hierzu bedarf es einer Differenzierung zwischen schleichender und galoppierender Inflation; zudem sind die Ausgestaltung des konkreten Vertrags und der Wertungszusammenhang des gesamten Tatbestands des § 313 BGB zu berücksichtigen. Abstrakt-generell lässt sich danach lediglich festhalten, dass im Euroraum regelmäßig bei einer Inflation von bis zu 2 % p.a. keine Grundlagenstörung und im Fall einer Hyperinflation hingegen stets eine solche angenommen werden kann; im Übrigen kommt es auf die Umstände des Einzelfalls und die Risikoverteilung an. In der Rechtsfolge beansprucht die Vertragsanpassung grundsätzlich Vorrang vor der Vertragsbeendigung. Die Zulässigkeit eines richterlichen Eingriffs in den Vertrag im Wege der Vertragsmodifikation ist seit der Schuldrechtsreform als Teil der *lex lata* hinzunehmen. Liegt eine Zweckstörung vor, kommt typischerweise ausschließlich eine Vertragsanpassung in Betracht. Ausnahmen vom Vorrang der Anpassung können sich lediglich bei einer Äquivalenzstörung ergeben. Voraussetzung hierfür ist entweder eine Weigerung des anderen Vertragsteils, einer Vertragsanpassung zuzustimmen, oder die Besonderheiten des jeweiligen Vertrags, die eine Anpassung als vertragszweckwidrig erscheinen lassen.

Die individuelle Aufwertung einer Geldforderung kann Auswirkungen auf für sie bestellte Sicherungsrechte nach sich ziehen. Abzugrenzen sind insofern im Wesentlichen akzessorische und nicht-akzessorische Sicherheiten. Den betragsmäßig unbeschränktesten Zugriff auf den Sicherungsgeber erlaubt dabei die akzessorische Bürgschaft, während das Mobiliarpfandrecht seine natürliche Haftungsgrenze im Wert des Pfandguts findet. Die beiden Grundpfandrechte werden wegen des sachenrechtlichen Bestimmtheitsgrundsatzes mit einer nominalen Haftungshöchstgrenze versehen. Nur in Ausnahmefällen kommt schließlich eine korrespondierende Anpassung des Haftungsumfangs von Schuldbeitritt und Garantie durch Auslegung der Sicherungsabrede in Betracht.

Gesamtergebnis

Erster Teil

1. a) Die Entstehung des Geldes war bedingt und wurde katalysiert durch die Anerkennung von Privateigentum und die Ausbreitung der Arbeitsteilung. Ohne Privateigentum an Waren und – in der ursprünglichen Entwicklungsstufe – an gegenständlichen Geldzeichen kann Geld nicht existieren. Ohne Arbeitsteilung fehlt es an einem Bedürfnis für einen Güteraustausch, der auf Geld als neutralem Mittler aufbaut.

b) Seit den Ursprüngen des Geldes in der Vor- und Frühzeit minimierte sich zudem in einem nicht konstanten Prozess die gegenständliche Substanz des Geldes: Zunächst wurde das primitive Naturgeld – beispielsweise das mikronesische Steingeld aus Aragonit oder das berühmte Muschelgeld – durch handlichere und leichter unterteilbare Materialien ersetzt; gegen Ende des siebten vorchristlichen Jahrhunderts kamen in der Folge die ersten Münzen auf. Der Geldwert der Münzen basierte dabei über Jahrhunderte hinweg auf metallistischer Grundlage. Der Übergang zum nahezu substanzwertlosen Papiergeld setzte in Europa spätestens mit dem Lawschen Papiergeldexperiment zu Beginn des 18. Jahrhunderts ein. Diese Wende in Richtung Antimetallismus wurde in Deutschland mit dem Ende der Golddeckung zu Beginn des Ersten Weltkriegs fortgeschrieben und mit der Aufhebung der Goldkonvertibilität des US-Dollars 1973 („Nixon-Schock") vollendet. Parallel entwickelte sich in Europa seit der ersten Hälfte des 14. Jahrunderts der bargeldlose Zahlungsverkehr, dar seinen Vorläufer im Wechselsystem Italiens des 12. Jahrhunderts fand. Der Giroverkehr nahm in Deutschland seine Anfänge mit der Gründung der Hamburgischen Bank im Jahr 1619. Ab Mitte des 19. Jahrunderte breitete sich das Girowesen in Deutschland durch eine Vielzahl von Postdienstleistungen und das Aufkommen von Sparkassen, Aktien- und Genossenschaftsbanken deutlich aus. Seine derzeit chronologisch letzte Entwicklungsstufe erreichte der bargeldlose Zahlungsverkehr in Europa durch die Errichtung des einheitlichen Euro-Zahlungsverkehrsraums (SEPA). Der moderne Zahlungsverkehr in Europa vollzieht sich somit seit Jahrzehnten ganz überwiegend bargeldlos und damit entmaterialisiert. Die deutsche Privatrechtsordnung hat bislang diese jahrhundertelange Evolution im Tatsächlichen nicht hinreichend rezipiert.

2. Sowohl aus rechtlicher als auch aus volkswirtschaftlicher Perspektive sind die Funktionen des Geldes in konkrete und abstrakte einzuteilen. In seiner abstrakten Funktion kommt Geld als Recheneinheit (Wertmesser, Wertvergleichsmittel, Kosten-/ Preisvergleichsmittel) und in seiner konkreten Funktion als Tauschmittel (Wertaufbewahrungsmittel, Werttransportmittel, Zahlungsmittel, Kapitalübertragungsmittel) zum Einsatz. Sämtliche Nebenfunktionen lassen sich einer dieser beiden Kategorien zuordnen.

3. a) Der (allgemeine) Begriff des Geldes im rechtlichen Sinn ist auf Grundlage der einzelnen normativen Geldbegriffe des Privatrechts, Strafrechts und Öffentlichen Rechts zu bestimmen. Dabei müssen die Funktionen des Geldes Berücksichtigung finden, dürfen aber den juristischen Geldbegriff nicht determinieren. Die Formel *„money is what money does"* erweist sich insofern als nutzlos für die Zwecke des Geldprivatrechts. Weder das Privatrecht noch das Öffentliche Recht oder das Strafrecht kennen einen kodifizierten und zugleich normübergreifenden Geldbegriff. So weisen die verschiedenen bürgerlich-rechtlichen Vorschriften, die „Geld" zum Gegenstand haben, zu unterschiedliche Zielsetzungen auf, um einen tatbestandlichen Gleichlauf begründen zu können: Im Allgemeinen Teil (z.B. § 232 Abs. 1 BGB), im Allgemeinen Schuldrecht (z.B. §§ 249 Abs. 2, 270, 339, 342 BGB), im Besonderen Schuldrecht (z.B. §§ 433 Abs. 2, 488 Abs. 1, 698, 700 BGB) und im Sachenrecht (z.B. §§ 935 Abs. 2, 1113 Abs. 1 BGB) tritt Geld in verschiedenen Erscheinungsformen und im Lichte der jeweiligen normspezifischen Teleologie auf. Gleiches gilt für das öffentliche Recht (z.B. Art. 83 Abs. 1 Satz 2 AEUV, Art. 73 Abs. 1 Nr. 4, 104a Abs. 3 und 4 GG, §§ 40 Abs. 3, 99 BauGB) und das Strafrecht (z.B. §§ 40, 146 ff. StGB).

b) Damit erweist sich die Konturierung eines allgemeinen rechtlichen Geldbegriffs aber keinesfalls als unmöglich oder auch nur untunlich. Aufzustellen ist eine Nominaldefinition des Geldes, um die systematischen Zusammenhänge des Geldprivatrechts herausstellen zu können. Dieser Geldbegriff fungiert als konzeptionelle Klammer, durch welche die Querschnittsmaterie des Geldprivatrechts ihr Gepräge erlangt. Die Untersuchung der normativen Geldbegriffe hat in diesem Sinn gezeigt, dass sowohl den beiden Geldfunktionen als auch den praktischen Rechtsanwendungsbedürfnissen ein zweigliedriger Geldbegriff gerecht wird. Zu unterscheiden ist zwischen Geld im konkreten und im abstrakten Sinn. Geld im abstrakten Sinn liegt dann vor, wenn Geld unabhängig von seiner Verkörperung und einem gesetzlichen Annahmezwang, sondern vielmehr getragen von seinen Funktionen als messbare Vermögensmacht zum Einsatz gelangt. Dazu zählt auch das Buchgeld, das als vollwertiges Geld und nicht als bloßes Geldsurrogat anzuerkennen ist. Geld im konkreten Sinn erfasst demgegenüber das Sach- bzw. Bargeld, das auf einen körperlichen Gegenstand bezogen ist.

c) Die bislang überwiegend fehlende Anerkennung des Buchgeldes als rechtlich gleichwertig gegenüber dem Bargeld gründet sich auf geldgeschichtlich antiquierten Vorstellungen vom Wesen des Geldes. Buchgeld ist ein vom Wirtschaftsverkehr anerkanntes allgemeines Tauschmittel, das die beiden zentralen Geldfunktionen in herausragender Weise erfüllt. Seine Anerkennung durch die Rechtsordnung als gleichwertiges Surrogat des Bargeldes zeigt sich nicht nur paradigmatisch an § 224 Abs. 3 Satz 1 AO, sondern auch an der bargeldanalogen Ausgestaltung bargeldloser Zahlungen durch das BGB-Zahlungsdiensterecht (insbesondere §§ 675i Abs. 2 Satz 1, 675p Abs. 1, 675r BGB). Eines gesetzlichen Annahmezwangs bedarf es nicht; das Geldprivatrecht steht mit dem öffentlich-rechtlichen Währungsrecht nicht in einer Subordinations-, sondern Wechselbeziehung. Schließlich weist das Buchgeld ein bargeldäquivalentes Risiko für den Inhaber auf; an die Stelle des Fälschungsrisikos tritt im Wesentlichen das – durch Einlagensicherungsmechanismen begrenzte – Insolvenzrisiko der Bank.

4. Geld kann in seinen zwei tatsächlichen Erscheinungsformen des Sach- und Buchgeldes vorliegen, die in Bezug auf Entstehung, Übertragung und Untergang eigenen Sonderregelungen unterliegen.

a) Einen paradigmatischen Anwendungsfall des Sachgeldes bilden die Geldzeichen in Gestalt der hoheitlich emittierten Münzen und Geldscheine. Monetisierung und Demonetisierung erfolgen durch staatlichen Hoheitsakt. Eines Inverkehrbringens durch die zuständige Stelle bedarf es für die wirksame Monetisierung nicht, solange die Geldzeichen nur befugt hergestellt worden sind. Eine Demonetisierung tritt unter anderem durch eine Einziehung im Rahmen eines Umtausches durch die Deutsche Bundesbank ein. Auch der Besitzer von Euro-Banknoten hat auf sekundärrechtlicher Grundlage einen Rechtsanspruch gegen die nationalen Notenbanken auf Umtausch beschädigter, aber noch nicht durch tatsächliche Vorgänge demonetisierter Euro-Banknoten. Geldzeichen erfahren schließlich einen ausgeprägten strafrechtlichen Schutz nicht nur durch die allgemeinen Tatbestände des Diebstahls und der Hehlerei, sondern vor allem durch das spezielle Geldzeichenstrafrecht in §§ 146 ff. StGB und § 35 Abs. 1 BBankG.

b) Buchgeld hingegen besteht in einem Guthaben, das zu Zahlungszwecken verwendet werden kann. Seiner Rechtsnatur nach handelt es sich um eine Geldforderung gegen eine Bank. Elektronisches Geld stellt eine Sonderform des Buchgeldes dar. An seiner Entstehung und seinem Untergang als Geld (im abstrakten Sinn) ist der Staat – jenseits der Bankenaufsicht – nicht beteiligt. Buchgeldschöpfung erfolgt ausschließlich zwischen Privaten. Für die Verwaltung und Übertragung von Buchgeld existiert mit den §§ 675c ff. BGB ein Sonderrecht. Gleiches gilt für den strafrechtlichen Schutz von Buchgeld, der mangels Verkörperung des Buchgeldes an den jeweiligen Zugangsinstrumenten anknüpft. Zahlungskarten selbst stellen hingegen kein Geld („Plastikgeld"), sondern lediglich „Schlüssel" zum Buchgeld dar.

5. Die sachenrechtliche Behandlung des Geldes – das Geldsachenrecht – hat wegen der grundlegenden Rolle des Bestimmtheitsgrundsatzes dessen besondere Funktionsgeprägtheit weitgehend auszublenden. Auch der Prozess der Entmaterialisierung vermag sich insofern nicht über die *lex lata* hinwegzusetzen. Geldzeichen sind vertretbare (§ 91 BGB) und verbrauchbare (§ 92 Abs. 1 Alt. 2 BGB) Sachen. Als solche unterliegen sie den §§ 903 ff. BGB, werden also nach §§ 929 ff. BGB zu Eigentum übertragen und nach § 985 BGB gegenständlich vindiziert. Eine Geldwertvindikation ist abzulehnen. Konzessionen an die geldrechtlichen Besonderheiten können nur in eng begrenztem Umfang durch eine entsprechende Normauslegung, z.B. beim Wechseln von Bargeld oder der Aufrechenbarkeit von Geldzeichenvindikations- und Geldzahlungsanspruch, erfolgen. Allerdings kommt es beim Wechseln von Bargeld aus einer Kasse nicht zu einer dinglichen Surrogation, auch wenn am Bargeldbestand zuvor Miteigentum nach §§ 948 Abs. 1, 947 Abs. 1 BGB bestand. Einzelne sachenrechtliche Vorschriften (z.B. § 935 Abs. 2 BGB) können schließlich umgekehrt rechtsgedanklich für bestimmte Zahlungsdienste wie Universalkreditkarten fruchtbar gemacht werden, die sich durch eine Bargeldersatzfunktion auszeichnen.

Zweiter Teil

6. a) Das Geldprivatrecht und das öffentlich-rechtliche Währungsrecht stehen in einer funktionsnotwendigen Wechselbeziehung zueinander. Hiervon ist vor allem das komplexe Zusammenspiel von Geldschuld und Geldwert betroffen. Die Entwicklung des Geldwerts wird maßgeblich von der Ausgestaltung der jeweiligen Währungsverfassung bestimmt. Das Geldprivatrecht steht vor der Herausforderung, auf Geldwertänderungen zu reagieren und Präventionsmechanismen zu installieren.

b) Den definitorischen Nukleus des Währungsrechts bildet der Begriff der Währung. Dieser stellt sich zweigeteilt dar, indem er sowohl die Geldverfassung eines oder mehrerer Staaten, die ein gemeinsames Währungsgebiet formen, als auch die ideelle Recheneinheit eines Geldsystems umfasst. Empirisch lassen sich zwei Grundtypen von Währungssystemen unterscheiden: Metallwährungen, die eine wie auch immer geartete rechtliche Verknüpfung des Geldes mit einem bestimmten Edelmetall aufweisen, und Papierwährungen, denen der metallistische Bezug einschließlich einer Deckung durch die jeweilige Notenbank gänzlich fehlt. Eine Währungsänderung im engeren Sinn, wie sie beispielsweise in der Form eines Währungswechsels bei der

Euro-Einführung vorlag, setzt stets einen staatlichen Eingriff in die Geldverfassung voraus.

7. Die Entstehungsgeschichte des Euro reicht bis in die Zeit nach dem Zweiten Weltkrieg zurück, als erste europäische Verrechnungs- und Währungsabkommen geschlossen wurden. Die 1957 gegründete Europäische Wirtschaftsgemeinschaft wies für den Weg zur Währungsunion zunächst vor allem eine institutionelle Bedeutung auf. Erst 1970 entstand in Gestalt des Werner-Plans eine konturierte politische Vision, die eine Wirtschafts- und Währungsunion als Finalität enthielt. Den letztlich umgesetzten Drei-Stufen-Plan enthielt jedoch erst der 1989 vorgelegte Delors-Bericht. Den maßgeblichen Währungswechsel vollzog die Verordnung (EG) Nr. 974/98, welche die Ersetzung der nationalen Währungen der teilnehmenden Mitgliedstaaten durch den Euro anordnete. Die Verordnung (EG) Nr. 2866/98 vom 31.12.1998 legte die Umrechnungskurse fest und bestimmte somit den rekurrenten Anschluss des Euro an die Vorgängerwährungen. Mit der Einführung des Euro waren einschneidende primärrechtliche Veränderungen verbunden, durch welche die nationalen Währungsverfassungen in ihren Kernbereichen abgelöst oder überlagert wurden; die europäisch-supranationale Währungsverfassung entstand.

8. Die Währungsverfassung des Euroraums beinhaltet sechs materielle Grundprinzipien. Ihrem Wesen als Stabilitätsgemeinschaft trägt das Leitmotiv der Preisstabilität Rechnung. Der Stabilitätsbegriff ist dabei absolut zu verstehen und steht nicht unter dem relativierenden Eindruck der sonstigen Ziele aus Art. 3 Abs. 3 UAbs. 1 EUV. Als Maßstab für die Preisentwicklung ist der Harmonisierte Verbraucherpreisindex (HVPI) heranzuziehen, aus dem sich nach der rechtlich zu billigenden Auffassung der Europäischen Zentralbank eine angestrebte Inflationsrate von unter, aber nahe 2 % ergeben soll. Die übrigen Grundprinzipien – die Verbote monetärer Haushaltsfinanzierung, des bevorrechtigten Zugangs zu Finanzinstituten, einer Haftung der Mitgliedstaaten untereinander oder der Union für einen Mitgliedstaat, das Gebot der Haushaltsdisziplin sowie die Unabhängigkeit der Zentralbanken – dienen zumindest auch dem Ziel der Preisstabilität. Die Staaten im Euroraum sollen den Gesetzes des Marktes unterworfen und auf diese Weise zu einer soliden Haushaltsführung gezwungen werden. Daher ist vom Verbot monetärer Haushaltsfinanzierung nach dessen Sinn und Zweck auch der Erwerb von Staatsanleihen durch die EZB auf dem Sekundärmarkt verboten. Zudem schließt Art. 125 Abs. 1 AEUV („*no bail out*") die Haftung der Union für die Mitgliedstaaten ebenso wie der Mitgliedstaaten untereinander aus. Die Unabhängigkeit der Europäischen Zentralbank und der nationalen Notenbanken stellt eine Einschränkung des Demokratieprinzips dar; ihre Rechtfertigung findet sie formell durch die primärrechtliche Verankerung in Art. 130

Abs. 1, 282 Abs. 3 Satz 3 AEUV und materiell durch das Ziel der Gewährleistung der Preisstabilität. In gewissem Umfang hat die gegenwärtige Finanzkrise jedoch zu einer Perforierung der Währungsverfassung geführt: Nach dem 2012 neu eingefügten Art. 136 Abs. 3 AEUV sind die teilnehmenden Mitgliedstaaten – anders als die Union selbst – nicht an das Verbot monetärer Haushaltsfinanzierung gebunden, soweit ihre Beteiligung am Europäischen Stabilitätsmechanismus betroffen ist.

9. Die sechs währungsverfassungsrechtlichen Grundprinzipien können prinzipiell über die allgemeine Nichtigkeits- und Untätigkeitsklage, aber auch über besondere Klagerechte der Europäischen Zentralbank prozessual vor der supranationalen Gerichtsbarkeit durchgesetzt werden. Der Rechtsschutz gegen die Europäische Zentralbank wird im Ergebnis aber durch deren geldpolitisches Ermessen und den eingeschränkten Kreis der Klageberechtigten nicht unerheblich eingeschränkt. Dies gilt auch dann, wenn entgegen der *Plaumann*-Rechtsprechung des Europäischen Gerichtshofs ein weites Verständnis der individuellen Betroffenheit nach Art. 263 Abs. 4 Var. 2 AEUV angenommen wird. Letztlich kommen allein die nach Art. 263 Abs. 2 AEUV privilegiert Klageberechtigten als Kläger in Betracht. Eine entscheidende Hürde für die Begründetheitsprüfung bildet die Beweisfrage nach der Kausalität der angegriffenen Handlung für das Auftreten von unzureichender Preisstabilität. Am aussichtsreichsten erscheinen daher Klagen, die auf Verstöße gegen das Verbot monetärer Haushaltsfinanzierung oder die Pflicht zur Wahrung der Unabhängigkeit gestützt werden. Aber der Europäischen Zentralbank stehen auch selbst prozessuale Optionen offen, um zum Schutz der Währungsverfassung einzuschreiten. Hierzu kann sie insbesondere als „Hüterin der Währungsverfassung" eine Aufsichtsklage gegen eine nationale Notenbank erheben.

10. Das zentralistische „Herzstück" (EuGH) des Europäischen Systems der Zentralbanken bildet die Europäische Zentralbank. Zwar weist sie nach dem Vorbild der Bank deutscher Länder erhebliche föderale Züge auf, was sich beispielhaft an der personellen Zusammensetzung des EZB-Rats zeigt. Allerdings steht ihr und nicht mehr den nationalen Zentralbanken die exklusive Befugnis zu, die Geldpolitik im Euroraum zu gestalten. Zu den Kernbefugnissen der Europäischen Zentralbank gehören weiterhin die Durchführung von Devisengeschäften, das Halten und Verwalten der offiziellen Währungsreserven sowie die Förderung des Zahlungsverkehrs. Im Zuge der jüngsten Finanz- und Bankenkrise sind auf Grundlage des Einheitlichen Aufsichtsmechanismus (SSM) weitreichende Kompetenzen im Bereich der Bankenaufsicht hinzugetreten. Schließlich wacht sie auch über die Einhaltung der europäischen Währungsverfassung durch die nationalen Zentralbanken. Das Direktorium der Europäischen Zentralbank lässt sich

im Vergleich zum föderalen EZB-Rat als das zentralistische Organ einordnen, dem vor allem Exekutivbefugnisse zukommen. Als transitorisches Organ tritt schließlich noch der Erweiterte Rat hinzu, in dem auch die Mitgliedstaaten außerhalb des Euroraums vertreten sind.

11. Die Deutsche Bundesbank nimmt seit dem 1.1.1999 die Rolle als eine nationale Zentralbank im Europäischen System der Zentralbanken wahr. Ihre originäre Zuständigkeit für die Geldpolitik hat sie verloren; allein ihr Präsident wirkt an der supranationalen Geldpolitik im EZB-Rat mit. Dennoch sind ihr auf der Durchführungsebene nennenswerte Zuständigkeiten verblieben, die den Zahlungsverkehr (TARGET2-Bundesbank), die Mitwirkung an der Bankenaufsicht, die Verwaltung der nationalen Währungsreserven, die Bargeldausgabe sowie die Beteiligung an internationalen Währungseinrichtungen betreffen. Ihre Unabhängigkeit wird nunmehr durch Art. 130 AEUV und Art. 88 GG gewährleistet. Durch beide Vorschriften wird die durch die Unabhängigkeit bewirkte Einschränkung des Demokratieprinzips formell gerechtfertigt.

Dritter Teil

12. Das Allgemeine Geldschuldrecht umfasst diejenigen Rechtsregeln, die Inhalt und Wesen der Geldschuld bestimmen und sie damit von anderen Schuldinhalten abgrenzen. Hinsichtlich des Einflusses des Geldwerts auf den Inhalt der Geldschuld befasst sich das Allgemeine Geldschuldrecht nur mit der einer jeden Geldschuld inhärenten valoristischen oder nominalistischen Prägung, nicht aber mit den – etwa durch Wertsicherungsvereinbarungen oder Aufwertungsakte bewirkten – Eingriffen von Außen; letztere sind dem Besonderen Geldschuldrecht vorbehalten.

a) Geldschulden sind Wertverschaffungsschulden. Ihr Leistungsgegenstand besteht in der Übertragung von gegenstandsbefreiter Vermögensmacht im Sinne des abstrakten Geldbegriffs. Geldschulden können daher keine Gattungsschulden sein, da sie sich nicht über einzelne Gegenstände, die Bestandteil einer Gattung sein könnten, definieren. Daher findet § 243 Abs. 1 BGB keine Anwendung auf die Geldschuld. Der geldfunktionsorientierte Gehalt der Geldschuld verbietet auch ihre Einordnung als Sachschuld. Zwar können sich Sachschulden auf Sachgeld beziehen (Geldstückschuld), jedoch führt dies nicht zum Entstehen einer Geldschuld im technischen Sinn. Gleiches gilt für die echte Geldsortenschuld, die eine Sachschuld darstellt. Auch durch einen Kauf ausländischer Valuta im Inland wird keine Geldschuld begründet. Bei Herausgabeansprüchen liegt eine Geldschuld nur vor, sofern sie wert- und nicht gegenstandsbezogen ausgestaltet sind.

Wertbezogene Herausgabeansprüche finden sich im Bereicherungsrecht – stets bei Eingreifen des § 818 Abs. 2 BGB, regelmäßig bei Ansprüchen aus § 816 Abs. 1 Satz 1, Abs. 2, §§ 951 Abs. 1, 812 Abs. 1 Satz 1 Alt. 2 BGB –, wohingegen die Herausgabeansprüche aus § 667 BGB (i.V.m. §§ 675 Abs. 1, 681 Satz 2 BGB), § 675u Satz 2 BGB und aus §§ 861, 985, 1007 BGB gegenstandsbezogen sind.

b) Das deutsche Geldschuldrecht baut auf dem geldtheoretischen und geldschuldrechtlichen Nominalismus auf. Dem geldtheoretischen Nominalismus zufolge ist der Geldwert vollständig vom Substanzwert des Geldzeichens zu abstrahieren. Im geldtheoretischen Nominalismus zeigt sich die abstrakte Geldfunktion als neutrale Recheneinheit, die kein fixiertes Maß an Kaufkraft repräsentiert („Mark gleich Mark", „Euro gleich Euro"). Der geldschuldrechtliche Nominalismus überträgt diesen Gedanken in das Schuldrecht und besagt, dass Geldschulden von den Veränderungen des Geldwerts unberührt bleiben und durch die Zahlung des Nennwerts der Schuld zu erfüllen sind. Nach der in Deutschland geltenden Spielart des geldschuldrechtlichen Nominalismus sind Durchbrechungen des Grundprinzips durch präventive Wertsicherungsvereinbarungen und reaktive Aufwertungsmaßnahmen zulässig. Rechtspolitisch bzw. funktionell erfährt der Nominalismus seine Rechtfertigung durch stabilitätspolitische Erwägungen, aber auch durch eine mit ihm bewirkte Vereinfachung von Zahlungsvorgängen. Zweifelhaft sind Versuche jüngeren Datums, das Nominalprinzip auf Verbraucherschutzgesichtspunkte zu stützen. Der geldtheoretische Nominalismus hat Niederschlag in einer Reihe von Rechtsvorschriften, etwa zum rekurrenten Anschluss des Euro an die DM oder in nominal bestimmten Haftungshöchstgrenzen, gefunden. Demgegenüber liegt der geldschuldrechtliche Nominalismus zwar einer Vielzahl von Rechtsnormen einschließlich des Preisklauselgesetzes zugrunde, basiert aber letztlich auf seiner gewohnheitsrechtlichen Anerkennung.

c) Geldschulden lassen sich nach ihrer inhärenten valoristischen oder nominalen Prägung in Geldwert- und Geldsummenschulden kategorisieren. Den normativ-systematischen Regelfall stellen Geldsummenschulden dar. Im Einzelnen weisen die Schadensersatzansprüche nach §§ 249 Abs. 2, 251, 253 BGB sowie Schadensersatzrenten einen valoristischen Charakter auf. Der schadensrechtliche Valorismus kann jedoch durch nominal ausgestaltete Haftungshöchstgrenzen durchbrochen werden. Geldschulden aus § 346 Abs. 1 und 2 BGB infolge eines Rücktritts stellen hingegen Geldsummenschulden dar. Auch der Kaufpreis-, Werklohn- und Darlehensrückzahlungsansprüche sind ebenso wie der Entgeltanspruch aus Dienstvertrag nominal ausgestaltet. Gesellschaftsrechtliche Ansprüche auf Einlagenleistung in Geld, zur Abfindung ausscheidender Gesellschafter oder infolge der Auflösung einer Gesellschaft weisen ebenfalls einen nominalen Charakter auf. Im Privatversicherungsrecht ist grundsätzlich zwischen Schadensversicherungen mit valoristischem Einschlag und Summenversicherungen mit nominalem Leistungsumfang zu differenzieren. Bereicherungsrechtliche Geldschulden stellen jenseits der §§ 818 f., 951 BGB Geldsummenschulden dar. Der Anspruch auf Enteignungsentschädigung (vgl. Art. 14 Abs. 3 Satz 2 GG) ist ebenso wie der bürgerlich-rechtliche Aufopferungsanspruch (§ 906 Abs. 2 Satz 2 BGB analog) valoristisch ausgestaltet. Gesetzliche Unterhaltsschulden sind mit Ausnahme des Mindestunterhalts von Minderjährigen wegen des Versorgungszwecks als Geldwertschulden einzuordnen. Geldwertänderungen sind für den Zugewinnausgleich, den Pflichtteilsergänzungsanspruch und die Anrechnung lebzeitiger Empfänge auf den Pflichtteil insofern von Relevanz, als eine allein durch Inflation hervorgerufene scheinbare Wertsteigerung zu neutralisieren ist. Die Einordnung von Vermächtnisansprüchen als Geldwert- oder Geldsummenschuld hängt schließlich von ihrem jeweiligen Leistungsgegenstand ab.

13. Das Regelungsgewand der Geldschuld entspringt dem Allgemeinen Schuldrecht des BGB, in zunehmendem Maße aber auch den sekundärrechtlichen Vorgaben des Europäischen Privatrechts.

a) Auf die Zahlungsverzugsrichtlinie zurückzuführen ist der Abschied von der Einordnung der Geldschuld als qualifizierte Schickschuld und ihre zutreffende Charakterisierung als modifizierte Bringschuld. Dies gilt sowohl für Schuldverhältnisse mit Unternehmer- als auch Verbraucherbeteiligung. Unbillige Härten durch diese Verschärfung für den Geldschuldner werden durch die Exkulpationsmöglichkeit aus § 286 Abs. 4 BGB vermieden. Vertragliche Abweichungen bleiben jedoch möglich, so dass etwa bei einem Lastschrifteinzug eine Holschuld vorliegt. Aus dem grundsätzlichen Bringschuldcharakter der Geldschuld folgt weiterhin, dass der Zahlungsort im Sinne des § 270 BGB am Wohnort bzw. Geschäftssitz des Gläubigers liegt. Zwanglos leitet sich daraus auch ab, dass der Geldschuldner auf seine Kosten und seine Gefahr das Geld auf den Weg zum Gläubiger bringt. Auch das Geldentwertungsrisiko unterfällt dieser allgemeinen Gefahrtragungsregel, da insofern ein teilweiser Verlust anzunehmen ist.

b) Ein Gefahrübergang auf den Geldgläubiger durch Konkretisierung nach § 243 Abs. 2 BGB ist mangels Vorliegens einer Gattungsschuld ausgeschlossen. Auch eine lediglich rechtsgedankliche Anwendung der Vorschrift scheidet aus, da auf diese Weise eine ungerechtfertigte Ungleichbehandlung von Sach- und Buchgeld entstünde und zudem § 270 BGB als *lex specialis* sperrt. Demgegenüber kann analog § 300 Abs. 2 BGB die Leistungsgefahr auf den Geldgläubiger übergehen, sofern der Geldschuldner die Zahlung anbietet, der Gläubiger jedoch die Annahme verweigert (§ 295 BGB). Praxisrelevant ist ein solcher Gefahrübergang überdies, sofern bei einer Buchgeldzahlung der Gläubiger seine Kontodaten nicht bekannt gibt.

c) Der Geldschuldner trägt die Gefahr stets nur zum bis Zeitpunkt der Erfüllung. Diese tritt allgemein ein, sobald der Gläubiger den geschuldeten Betrag endgültig zur freien Verfügung erhalten hat. Bei einer Barzahlung bedarf es hierzu der Eigentumsverschaffung nach §§ 929 ff. BGB. Im Fall einer Überweisung tritt Erfüllung zwar erst mit der Gutschrift auf dem Konto des Empfängers ein; die Gefahr geht aber schon mit dem Eingang auf dem Konto des empfangenden Zahlungsdienstleisters über. Bei einer Lastschrift liegt der Gefahrübergang wegen des Holschuldcharakters schon dann vor, wenn der sendende Zahlungsdienstleister die Lastschrift eingelöst und das Konto des Zahlers belastet hat. Verwendet der Schuldner eine Zahlungskarte, so ist von einer modifizierten Bringschuld auszugehen, wodurch die Gefahrtragung parallel zum Barzahlungsfall ausgestaltet wird (Bargeldersatzfunktion).

d) Geldschulden können nicht unmöglich werden. Grund hierfür war allerdings bis zur Schuldrechtsreform nicht § 279 BGB a.F. und ist heute nicht die Fassung von § 276 Abs. 1 Satz 1 BGB. Vielmehr gründet die „Unmöglichkeit der Unmöglichkeit“ in erster Linie auf der Natur des Geldes als abstraktem Wertträger, der definitionsgemäß keine quantitative Endlichkeit kennt. Darin liegt auch die geldrechtliche Begründung dafür, dass der Verzug des Geldschuldners nicht wegen unverschuldeten Unvermögens ausgeschlossen sein kann.

e) Die Erfüllung von Geldschulden richtet sich nach den §§ 362 ff. BGB. Sowohl Sach- als auch Buchgeld ist – vorbehaltlich abweichender Parteivereinbarung – grundsätzlich erfüllungsrechtlich gleichwertig. Die Grundlage hierfür bildet allerdings bislang nicht eine gewohnheitsrechtliche Anerkennung, die zu einem korrespondierenden Annahmezwang geführt hätte, sondern die über Jahrhunderte gewachsene Verkehrssitte in Zusammenschau mit dem typisierten Parteiwillen. In der Konsequenz dieser erfüllungsrechtlichen Gleichstellung von Sach- und Buchgeld liegt es, nicht nur bei Barzahlung, sondern auch im Fall von Überweisung und Lastschrift ein Bewirken der geschuldeten Leistung nach § 362 Abs. 1 BGB anzunehmen. Gibt der Geldgläubiger nicht spätestens bei Vertragsschluss zu erkennen, dass er nicht zur Entgegennahme von Buchgeld gewillt ist, kann der Geldschuldner (zumindest auch) mit Buchgeld erfüllen; insofern besteht ein Regel-Ausnahme-Verhältnis zugunsten des Geldschuldners. Lediglich bei Zahlungen mit Scheck, Wechsel, Akkreditiv oder einer Zahlungskarte kommt es zunächst nur zu einer Annahme erfüllungshalber nach § 364 Abs. 2 BGB (analog). Geldschulden erlöschen schließlich auch durch Aufrechnung nach § 389 BGB. Die erforderliche Gleichartigkeit besteht auch bei sich gegenüberstehenden Geldsummen- und Geldwertschulden sowie bei wertbezogenen Geldherausgabeansprüchen.

14. Der Währungswechsel von der DM zum Euro konnte nicht ohne Auswirkungen auf die Privatrechtsordnung bleiben. Europarechtlich festgelegt wurde der Grundsatz der Vertragskontinuität: Allein aus dem Währungswechsel dürfen keine zivilrechtlichen Konsequenzen gezogen werden, die sich nicht in einer bloßen Umrechnung erschöpfen. In der Folge sind jegliche einseitigen Vertragslösungsrechte (z.B. Wegfall der Geschäftsgrundlage, Kündigung) gesperrt, sofern sie ausschließlich auf den Währungswechsel gestützt werden. Auch in den gesellschaftsrechtlichen und prozessualen Übergangsregelungen spiegelt sich das grundlegende Ziel einer „Neutralität des Übergangs zum Euro" (EuGH) wieder.

Vierter Teil

15. Das Besondere Geldschuldrecht wendet sich den präventiven Wertsicherungsvereinbarungen und den reaktiven Aufwertungsmaßnahmen zu. Betroffen hiervon sind konstitutiv ausschließlich Geldsummenschulden, da Geldwertschulden bereits über eine inhärente Geldwertanbindung verfügen.

a) Der Wert des Geldes folgt aus dem Grad seiner Fähigkeit, allgemeines Tauschmittel zu sein. Daher handelt es sich um einen objektiven Funktionswert. Unerheblich sind infolge der Abkehr vom Metallismus der Substanzwert und wegen seiner begrenzten Aussagekraft auch der bloße Nennwert. Der rechtlich maßgebliche Geldwert ist zudem von subjektiv-individuellen Einschlägen zu befreien. Für ihn kann wegen der unterschiedlichen Zielsetzungen der Rechts- und Wirtschaftswissenschaften auch nicht auf die diversen volkswirtschaftlichen Kaufkrafttheorien (z.B. Quantitäts-, Einkommens-, Kreditmarkttheorie) zurückgegriffen werden. Kaufkraftniveau und Binnenwert des Geldes sind zudem nicht völlig deckungsgleich; dennoch lässt sich für die Zwecke des Geldschuldrechts aus Vereinfachungsgründen zur Bemessung von Geldwertänderungen auf die Entwicklung der Kaufkraft und damit des allgemeinen Preisniveaus abstellen. Als Bemessungsgrundlage für den Geldwert sind mithin Preisindizes heranzuziehen, die die Entwicklung der allgemeinen Lebenshaltungskosten widerspiegeln (z.B. der Harmonisierte Verbraucherpreisindex).

b) Hinsichtlich der Erscheinungsformen der Geldentwertung kann zwischen der schleichenden und der galoppierenden, der offenen und der zurückgestauten sowie der relativen und der absoluten Inflation unterschieden werden. Aus Sicht des Geldschuldrechts von Relevanz ist vor allem die Abgrenzung von schleichender und galoppierender Inflation nach der

Geschwindigkeit der Geldentwertung. Eine galoppierende Inflation führt regelmäßig zu einem vollständigen Funktionsverlust des Geldes und wird ab einer monatlichen Inflationsrate von rund 50 % angenommen. Die schleichende Inflation hingegen bedeutet eine Geldentwertung über längere Zeiträume und in kleinen Schritten; allgemein anerkannte abstrakte Grenzwerte haben sich nicht durchzusetzen vermocht. Sie variieren zudem je nach betroffenem Währungsraum und den dort geltenden Stabilitätszielen der jeweiligen Notenbank.

16. a) Geldsummenschulden können auf privatautonom-präventivem Weg gegen die Auswirkungen der Geldentwertung abgesichert werden, indem die Parteien Wertsicherungsklauseln vereinbaren. Als Wertsicherungsvereinbarungen im engeren Sinn sind dabei nur solche Abreden aufzufassen, welche ausschließlich den Ausgleich von allgemeinen Geldwertveränderungen bezwecken. Bei Leistungsvorbehalts- und Kostenelementeklauseln ist dies nicht notwendig der Fall. Trotz der grundrechtlichen Absicherung der Freiheit zur Wertsicherung (u.a. durch Art. 14 Abs. 1 GG) bestehen in Deutschland traditionell Restriktionen zum Schutz der Preisstabilität. Seit 2007 befindet sich die Nachfolgeregelung zum früheren § 3 Satz 2 WährG a.F. im Preisklauselgesetz, das einen angemessenen Ausgleich zwischen dem Stabilitätsinteresse der Allgemeinheit und dem Wertsicherungsinteresse des Einzelnen schafft. Entgegen einer verbreiteten Literaturansicht bestehen keine Zweifel an der Verbandskompetenz der Euro-Mitgliedstaaten am Erlass eines solchen nationalen Wertsicherungsrechts; der Union steht keine umfassende und abschließende Kompetenz für das Währungsrecht zu. Die früheren Einwände gegen § 3 Satz 2 WährG a.F. aus Art. 20 Abs. 3 GG, die sich auf das Wesentlichkeitserfordernis und den Bestimmtheitsgrundsatz stützten, sind mit dem Übergang zum System der Legalausnahmen und der Kodifizierung der praktisch bedeutsamsten Fallgruppen obsolet geworden.

b) Der sachliche Anwendungsbereich des Preisklauselgesetzes ist auf automatisch wirkende Gleitklauseln beschränkt (§ 1 Abs. 1 PrKG). Entscheidend sind dabei die Entbehrlichkeit weiterer Verhandlungen und die inhaltliche Vollständigkeit der Anpassungsregelung. Nicht unter das Preisklauselgesetz fallen hingegen Leistungsvorbehaltsklauseln, die eine Ermessensentscheidung nach Billigkeitsgrundsätzen (§ 315 BGB) über die Anpassung der Geldschuld vorsehen. Gleiches gilt für Spannungsklauseln, die eine besondere Ausprägung der Gleitklauseln darstellen. Durch ihre Zulassung sollen Vertragskündigungen zur Anpassung an Marktveränderungen entbehrlich werden. Ob die erforderliche Gleichartigkeit der abgesicherten Leistung und des Vergleichsmaßstabs vorliegt, richtet sich danach, ob deren „Rechtsgrund" in tatsächlicher (nicht bereicherungsrechtlicher) Hinsicht identisch ist. Auch Kostenelementklauseln zur Koppelung des Schuldbetrags an die Entwicklung der Selbstkosten des Geldgläubigers – etwa bei Werkverträgen – sind stets zulässig. Sonderregeln gelten für die Indexmiete (§ 557b BGB) und Wärmelieferungsverträge (§ 24 Abs. 4 AVBFernwärmeV), die daher nicht dem Preisklauselgesetz unterfallen. Gleiches gilt für reine Ermäßigungsklauseln, die ein Deflationsszenario abdecken könnten.

c) Die Bereichsausnahmen des Preisklauselgesetzes basieren auf dem System der Legalausnahme. Eine Genehmigung durch eine Verwaltungsstelle, wie sie noch unter § 3 Satz 2 WährG a.F. erforderlich war, ist nunmehr entbehrlich. Allerdings unterliegen Preisklauseln den Anforderungen des § 2 PrKG, die einen kurzen „Allgemeinen Teil" für sämtliche Bereichsausnahmen nach §§ 3 bis 5 PrKG bilden. Hierzu müssen sie hinreichend bestimmt formuliert sein und dürfen inhaltlich keine unangemessene Benachteiligung einer Vertragspartei bewirken. Eine Privilegierung durch eine Bereichsausnahme erfahren bestimmte langfristige Verträge, Erbbaurechtsverträge mit über 30 Jahren Laufzeit, der gesamte Geld- und Kapitalverkehr, Verträge mit Gebietsfremden sowie solche zur Deckung des Bedarfs der Streitkräfte. Der Schwerpunkt der Regelung liegt teleologisch auf Verträgen mit langer Laufzeit und Verträgen mit Versorgungscharakter. Gründe für deren Privilegierung liegen vor allem in der erhöhten individuellen Schutzbedürftigkeit von Versorgungsempfängern und dem Äquivalenzprinzip, das bei Verträgen über lange Zeiträume mit erhöhter Wahrscheinlichkeit Verwerfungen ausgesetzt ist. Als Zeitmesser für die Langfristigkeit kommt sowohl ein absoluter (Dauer von mindestens 10 Jahren ohne vorzeitiges Beendigungsrecht des Geldgläubigers) als auch ein relativer (tatsächliches Ereignis, z.B. Tod eines Dritten) zum Einsatz.

d) Die Wahl der Bezugsgröße schränkt das Preisklauselgesetz ein und lässt zumeist nur einen Rückgriff auf die „amtlichen" Indizes zu, die von einem Statistischen Landesamt, dem Statistischen Bundesamt oder dem Statistischen Amt der Europäischen Union berechnet werden. Das Anknüpfen an eine sektorielle Preisentwicklung eröffnet § 3 PrKG nur für einzelne Konstellationen, in denen ein bestimmter sachlicher Zusammenhang zwischen der Eigenart des Schuldverhältnisses und der speziellen Bezugsgröße besteht.

e) Hervorzuheben sind einige praktisch wie dogmatisch bedeutsame Rechtsgeschäftsgruppen. Wertsichernde Gestaltungen in Verfügungen von Todes wegen unterfallen nur dann dem sachlichen Anwendungsbereich des Preisklauselgesetzes, wenn die Wertsicherung über den Erbfall hinaus eingreifen soll. Damit scheiden Erbfallschulden (z.B. Vermächtnisse) aus, sofern deren Höhe mit Eintritt des Erbfalls endgültig feststeht und damit Geldsummenschulden bilden. Kaufverträge unterfallen bis auf einige Ausnahmekonstellationen (z.B. im Außenhandel, § 6 PrKG) den allgemeinen Regeln des Preisklauselgesetzes. Für Wohnraummietverhältnisse verdrängt der speziellere § 557b BGB das Preisklauselgesetz (vgl. § 1 Abs. 3 Alt. 1 PrKG). Letzteres ist hingegen *sedes materiae* für Gewerberaummietverträge, in denen auf Leistungsvorbehalts- und Spannungsklauseln sowie bei entsprechender Langfristigkeit auf § 3 Abs. 1 Nr. 1 lit. a, d und e PrKG zurückgegriffen werden kann. Die Wertsicherung des Erbbauzinses hat die Schrankentrias aus § 9 und § 9a ErbbauRG sowie die Vorgaben des Preisklauselgesetzes zu beachten.

f) Der Verstoß gegen das Preisklauselgesetz führt nicht *eo ipso* zur Unwirksamkeit der betroffenen Klausel. Statt dessen tritt eine schwebende Wirksamkeit ein, die erst mit Rechtskraft einer die Unwirksamkeit feststellenden gerichtlichen Entscheidung beendet wird. Darin liegt ein Ausgleich für den Übergang zum System der Legalausnahmen. Bis zur Unwirksamkeit ist der Vertrag nach Maßgabe der unzulässigen Preisklausel durchzuführen; eine Rückabwicklung findet nicht statt. Die Unwirksamkeit einer Wertsicherungsvereinbarung, die im Übrigen auch auf Verstößen gegen §§ 305 ff. BGB beruhen kann, führt häufig nicht zu einem vollständigen Ausfall des vertraglichen Inflationsschutzes. Zuvörderst ist eine ergänzende Vertragsauslegung geboten, die namentlich zu einer Ersetzung der unzulässigen Gleit- durch eine stets zulässige Leistungsvorbehaltsklausel führen kann. Erst bei einem Scheitern der ergänzenden Vertragsauslegung steht ein Rückgriff auf § 313 BGB offen.

17. a) Die rechtliche Bewältigung der Inflation kennt neben der privatautonom-präventiven in Form von Wertsicherungsvereinbarungen auch eine gesetzlich-reaktive Alternative: die Aufwertung von Geldsummenschulden durch oder aufgrund Gesetzes. Eine Aufwertung unmittelbar durch Gesetz stellt dabei den Ausnahmefall in Krisenzeiten dar, die mit einer Hyperinflation einhergehen. Die individuelle Aufwertung auf gesetzlicher Grundlage hingegen kann sowohl im Fall einer schleichenden als auch einer galoppierenden Inflation zum Einsatz kommen. Die verfassungsrechtlichen Bedenken gegen eine individuelle Aufwertung, wie sie das Reichsgericht nach § 242 BGB in der Weimarer Zeit durchgeführt hat, haben spätestens mit der Kodifizierung des Rechtsinstituts des Wegfalls der Geschäftsgrundlage und der dabei erfolgten ausdrücklichen gesetzgeberischen Anerkennung der Aufwertungsjudikatur ihre Grundlage verloren.

b) Zu Recht hat sich nach und nach die sog. Geschäftsgrundlagenlösung gegenüber Versuchen durchgesetzt, die individuelle Aufwertung im Wege der Auslegung des Vertrages oder unter Rückgriff auf das Bereicherungsrecht zu bewerkstelligen. Sowohl tatbestandlich als auch hinsichtlich der flexiblen und bestandsschützenden Rechtsfolgen zeigt sich die Vorzugswürdigkeit des § 313 BGB. Die teleologischen Grundgedanken der individuellen

Aufwertung – das Äquivalenzprinzip und die Verfehlung eines besonderen Versorgungszwecks – lassen sich stimmig in das allgemeine Prüfungsraster des § 313 BGB integrieren. Das Äquivalenzprinzip als Grundgedanke einer richterlichen Vertragsanpassung hat zudem Anerkennung in Art. 6:111(3b) PECL und Art. 6.2.3(4b) *Unidroit Principles* 2010 gefunden; es liegt kein deutscher Sonderweg vor. Die Beschränkung auf die Geschäftsgrundlagenlösung bringt zugleich deren Subsidiarität gegenüber vorrangigen vertraglichen (z.B. Wertsicherungsklausel) wie gesetzlichen Regelungen (z.B. im Privatversicherungs-, Arbeits- und Sozialrecht) mit sich.

c) Zur Geschäftsgrundlage erhoben wird das vertraglich bestimmte Gleichgewicht von Leistung und Gegenleistung. Bei Verträgen mit Versorgungscharakter folgt die Grundlagenstörung additiv oder alternativ aus der Vereitelung des Versorgungszwecks. Ab welchem Maß der Geldentwertung eine tatbestandlich hinreichende Schwere der Störung vorliegt, entzieht sich einer generalisierenden Betrachtung. Eine absolute Untergrenze bildet im Euro-Währungsraum eine Inflationsrate von unter 2 % p.a., die regelmäßig unerheblich ist. Demgegenüber liegt ein rechtserheblicher Wertverlust stets im Fall einer Hyperinflation vor. In den übrigen Einzelfällen gilt es die Umstände des Einzelfalls, insbesondere die gesetzliche und vertragliche Risikoverteilung sowie die Vorhersehbarkeit der eingetretenen Inflation, zu berücksichtigen. Nach der auf dem geldschuldrechtlichen Nominalprinzip beruhenden gesetzlichen Risikoverteilung trägt grundsätzlich der Geldschuldner das Risiko einer Geldentwertung. Allerdings dürfen die Anforderungen auch nicht überspannt werden; als Indiz können die gesetzgeberischen Wertentscheidungen zugunsten einer Wertsicherung aus § 1 Abs. 2, §§ 2 ff. PrKG fruchtbar gemacht werden.

d) Hinsichtlich der Rechtsfolgen ist durch die Schuldrechtsreform der frühere Streit um die Legitimität einer richterlichen Vertragsanpassung obsolet geworden. Nach § 313 Abs. 1 und 3 BGB besteht ein Vorrang der Vertragsanpassung vor der Vertragsbeendigung. Allein eine Unzumutbarkeit der Anpassung vermag in den Aufwertungsfällen unmittelbar zum Lösungsrecht des § 313 Abs. 3 BGB führen. Eine Vertragsanpassung ist insbesondere bei einer Zweckstörung, wie sie in den Versorgungsfällen gegeben ist, geboten. Der Umfang der Vertragsanpassung richtet sich im Ausgangspunkt nach dem Maß der Geldentwertung. Allerdings kann typischerweise kein vollständiger Ausgleich erfolgen, um das Nominalprinzip und seine Zielsetzungen nicht übermäßig zu torpedieren. Letztlich ist eine Einzelfallbetrachtung geboten, die innerhalb der widerstreitenden Pole – Äquivalenz/Versorgungszweck und Nominalismus – nach Maßgabe der Risikoverteilung und der Zumutbarkeit austariert. Schließlich ist eine individuelle Aufwertung ausgeschlossen, sobald und soweit die betroffene Geldschuld erfüllt wurde. Welche Auswirkungen die Aufwertung auf Sicherungsrechte hat, hängt im Wesentlichen mit ihrem akzessorischen oder nicht-akzessorischen Charakter zusammen. Nominal begrenzend wirken zudem die Haftungssummen bei Grundpfandrechten.

e) Einige besondere Problemgruppen von praktischer wie rechtsdogmatischer Relevanz stechen hervor: Eine solche bilden zunächst langfristige Abbauverträge, anhand derer die höchstrichterliche Rechtsprechung zur individuellen Aufwertung in wesentlichen Teilen entwickelt wurde. Die korrespondierende Judikatur des Bundesgerichtshofs ist allerdings als zu restriktiv abzulehnen; sie überhöht die Bedeutung des Nominalprinzips unangemessen. Weiterhin unterliegt der schuldrechtliche Bestellungsvertrag für ein Erbbaurecht der Anpassung nach § 313 Abs. 1 BGB; als Opfergrenze dient ein Kaufkraftschwund um 60 %. Angesichts des außerordentlichen Kündigungsrechts bei langfristigen Mietverträgen aus § 544 BGB und der Möglichkeit von wertsichernden Vereinbarungen (z.B. Staffelmiete) kann die 60 %-Regel aus dem Recht des Erbbauzinses in diesem Bereich nicht pauschal übernommen werden; eine Abwägung im Einzelfall erscheint geboten. Eine Sonderstellung nehmen Ansprüche mit Versorgungscharakter ein, für die im Ergebnis vergleichsweise geringe Schwellen für eine individuelle Aufwertung gelten. Bei Darlehensverträgen schließlich ist restriktiv die gesetzliche Risikoverteilung zulasten des Darlehensgebers zu berücksichtigen, der als Gegenleistung für die Darlehenszinsen grundsätzlich das Geldentwertungsrisko trägt.

Literaturverzeichnis

Achterberg, Erich, Kleine Hamburger Bankgeschichte (1964).

Adams, Bertrand, Haben die Römer „depositum irregulare" und Darlehen unterschieden?, SDHI 28 (1962) 360–371.

Adel, Matthijs van den, Geldentwertung und monetäre Stabilitätspolitik (1973).

Albers, Willi (Hrsg.), Handwörterbuch der Wirtschaftswissenschaft, Band 9 (1982).

Alföldi, Maria Radnöti, Antike Numismatik, Band 1 (1978).

Andersen, Uwe, Das internationale Währungssystem zwischen nationaler Souveränität und supranationaler Integration (1977).

Andrae, Werner, Die privatrechtliche Natur der Briefmarke (1933).

Andreae, Wilhelm, Geld und Geldschöpfung (1953).

Annuss, Georg, Die Folgen des Rücktritts (§§ 346 ff. BGB), JA 2006, S. 184–189.

Armbrüster, Christian, Zur Verantwortung für die Festlegung des bedarfsgerechten Versicherungswertes in der Gebäudeversicherung, VersR 1997, S. 931–938.

Arndt, Erich, Theoretische Grundlagen der Lohnpolitik (1957).

Arnim, Hans Herbert von, Der ausgebeutete Geldwertsparer, ZRP 1980, S. 201–209.

Aschinger, Franz E., Das Währungssystem des Westens (1971).

Ashauer, Günter/Aschhoff, Gunther/Born, Karl Erich/Engels, Wolfram/Klein, Ernst/Kolbeck, Rosemarie/Pohl, Manfred/Treue, Wilhelm/Wolf, Herbert/Zweig, Gerhard (Hrsg.), Deutsche Bankengeschichte III (1983).

Ashauer, Günter/Born, Karl Erich/Engels, Wolfram/Klein, Ernst/Pohl, Manfred/Treue, Wilhelm/Zweig, Gerhard (Hrsg.), Deutsche Bankengeschichte, Band I (1982).

– Deutsche Bankengeschichte, Band II (1982).

Aufderhaar, Henning/Jaeger, Gerold M., Praxisrelevante Probleme beim Umgang mit Preisklauseln im Gewerberaummietrecht, NZM 2009, S. 564–578.

Baier, Helmut, Konsequenzen für das Strafrecht bei Abschaffung des Euroscheckverkehrs, ZRP 2001, S. 454–458.

Bamberger, Heinz-Georg/Roth, Herbert (Hrsg.), Beck'scher Online-Kommentar BGB (Stand: 2013–2014) (zitiert: *Bearbeiter*, in: BeckOK BGB).

Bank für Internationalen Zahlungsausgleich, Achtzehnter Jahresbericht (1948).

Barnert, Thomas, Kreditkartengeschäft und AGB-Kontrolle, WM 2003, S. 1153–1157.

Basedow, Jürgen/Ebke, Werner F./Grunewald, Barbara/Schmidt, Karsten (Hrsg.), Münchener Kommentar zum Handelsgesetzbuch (3. Auflage 2012) (zitiert: *Bearbeiter*, in: MünchKomm HGB).

Bauer, Jobst-Hubertus/Diller, Martin, Der EURO – auch ein arbeitsrechtliches Problem!, NZA 1997, S. 737–741.

Baur, Jürgen F., Vertragliche Anpassungsregeln (1983).

Baur, Jürgen F./Stürner, Rolf, Sachenrecht (18. Auflage 2009).

Beckmann, Roland Michael/Matusche-Beckmann, Annemarie (Hrsg.), Versicherungsrechts-Handbuch (2. Auflage 2009).

Behrends, Okko, Das Problem einer rein etatistischen Rechtsbegründung gestern und heute, NJW 1988, S. 2862–2865.
Beisse, Heinrich, Kaufkraftschwund und Nominalprinzip, WM 1969, Sonderbeilage Nr. 1.
Belke, Rolf, Die Strafzinsen im Kreditgewerbe – ihre Begrenzung aus dem Zinseszinsverbot und ihr Verhältnis zu den gesetzlichen Verzugsfolgen, BB 1968, S. 1219–1228.
Bendixen, Friedrich, Geld und Kapital (3. Auflage 1922).
– Das Wesen des Geldes (4. Auflage 1926).
Bergmann, Jan, Diener dreier Herren? – Der Instanzrichter zwischen BVerfG, EuGH und EGMR, EuR 2006, S. 101–115.
Berndt, Hans, Die Wertsicherung in der Unternehmung unter besonderer Berücksichtigung der Währungsgesetzgebung (1960).
Bettermann, Karl August, Die Geldentwertung als Rechtsproblem, ZRP 1974, S. 13–19.
– Über Inhalt, Grund und Grenzen des Nominalismus, RdA 1975, S. 2–9.
Beutel, Jochen/Vedder, Christoph, Europäischer Verfassungsvertrag (2007).
Beyer, Frank, Geldpolitik in der Römischen Kaiserzeit (1995).
Bieder, Marcus A., Wesentliche Änderung der Verhältnisse bei § 323 I ZPO, FamRZ 2000, S. 649–654.
Blumenwitz, Dieter/Schöbener, Burkhard, Stabilität für Europa (1997).
Bock, Carl, Unter den Kannibalen auf Borneo (1882).
Bohndorf, Michael, Wertsicherungsklauseln, Theorie und Rechtsvergleichung (1966).
Bollenberger, Raimund, Das stellvertretende Commodum (1999).
Bonin, Konrad von, Zentralbanken zwischen funktioneller Unabhängigkeit und politischer Autonomie (1979).
Bork, Reinhard, Die Einlagefähigkeit obligatorischer Nutzungsrechte, ZHR 154 (1990), S. 205–236.
Böhringer, Walter, Auswirkungen des Euro auf den Grundbuchverkehr, DNotZ 1999, S. 692–714.
Börner, Fritjof, Rechnungsstellung und Erfüllung nach der Einführung des Euro, DStR 1998, S. 1606–1609.
Borchardt, Knut, Die Erfahrung mit Inflationen in Deutschland, in: *Schlemmer, Johannes* (Hrsg.), Enteignung durch Inflation? (1972), S. 9–22.
Born, Winfried, Das neue Unterhaltsrecht, NJW 2008, S. 1–8.
Borowski, Martin, Die Nichtigkeitsklage gem. Art. 230 Abs. 4 EGV, EuR 2004, S. 879–910.
Borries, Reimer von/Repplinger-Hach, Renate, Auf dem Weg zur „Euro-Verordnung“, NJW 1996, S. 3111–3117.
Bortkiewicz, Ladislaus von, Geld (Die Messung des Geldwerts), in: *Elster, Ludwig/Weber, Adolf/Wieser, Friedrich* (Hrsg.), Handwörterbuch der Staatswissenschaft, Band IV (4. Auflage 1927), S. 743–752.
Bräutigam, Benedikt, Die währungsrechtliche Zulässigkeit von Wertsicherungsklauseln (1984).
Brambring, Günter/Jerschke, Hans-Ulrich (Hrsg.), Beck'sches Notar-Handbuch (5. Auflage 2009).
Brand, Christian, EC-Kartenmissbrauch und untreuespezifische Auslegung, WM 2008, S. 2194–2201.
Brandes, Helmut, Die Behandlung von Nutzungsüberlassungen im Rahmen einer Betriebsaufspaltung unter Gesichtspunkten des Kapitalersatzes und der Kapitalerhaltung, ZGR 1989, S. 244–254.

Brandi, Oliver/Gieseler, Konrad, Vorschläge der EU-Kommission zur einheitlichen Bankaufsicht in der Eurozone, BB 2012, S. 2646–2650.

Brandis, Gotthard, Rechtskraft des Vorprozeßurteils für den Entwertungsanspruch?, JW 1924, S. 957–958.

Brechtel, Micha, Die Tilgung von Geldforderungen bei Überweisung, Lastschrift- und Kreditkartenzahlung (2013).

Breckheimer, Fabian/Zeidler, Simon-Alexander, Absicherung von Währungs- und Inflationsrisiken in langfristigen Verträgen angesichts der anhaltenden Euro-Krise, BB 2012, S. 2902–2906.

Brockmeyer, Germar, Das Rechtsinstitut der Geschäftsgrundlage aus der Sicht der ökonomischen Analyse des Rechts (1993).

Brosius-Gersdorf, Frauke, Deutsche Bundesbank und Demokratieprinzip (1997).

Brox, Hans, Die Einschränkung der Irrtumsanfechtung (1960).

Büdenbender, Ulrich, Die neue Rechtsprechung des BGH zu Preisanpassungsklauseln in Energielieferungsverträgen, NJW 2009, S. 3125–3132.

Büdenbender, Ulrich/Gromm, Marcel, Wirksamkeit von Preisanpassungsklauseln in Fernwärmelieferungsverträgen – Konsequenzen der BGH-Urteile 2011, BB 2011, S. 2883–2893.

Budge, Siegfried, Lehre vom Geld, Band I, Halbband 1 (1931).

Büschgen, Hans E., Universalbanken oder spezialisierte Banken als Ordnungsalternativen für das Bankgewerbe der Bundesrepublik Deutschland unter besonderer Berücksichtigung der Sammlung und Verwendung von Kapital (1970).

Büsch, Johann Georg, Ein Wort zu seiner Zeit über die Hamburgische Bank (1790).

Büsch, Otto (Hrsg.), Handbuch der preußischen Geschichte, Band II (1992).

Caemmerer, Ernst von, Bereicherung und unerlaubte Handlung, in: *Dölle, Hans* (Hrsg.), Festschrift für Ernst Rabel (1954), S. 333–401.

Calliess, Christian, Kohärenz und Konvergenz beim europäischen Individualrechtsschutz, NJW 2002, S. 3577–3582.

Calliess, Christian/Ruffert, Matthias (Hrsg.), EUV/AEUV, Das Verfassungsrecht der Europäischen Union mit Europäischer Grundrechtecharta (4. Auflage 2011) (zitiert: *Bearbeiter*, in: Calliess/Ruffert, EUV/AEUV).

Canaris, Claus-Wilhelm, Sondertagung Schuldrechtsmodernisierung, JZ 2001, S. 499–528.

Canaris, Claus-Wilhelm/Schilling, Wolfgang/Ulmer, Peter (Hrsg.), Handelsgesetzbuch (4. Auflage 2005) (zitiert: *Bearbeiter*, in: Staub, HGB).

Castelberg, Guido von, Der Geldwert als Rechtsproblem insbesondere bei Verkehrsgeschäften (1953).

Ceyssens, Jan, Teufelskreis zwischen Banken und Staatsfinanzen – Der neue Europäische Bankenaufsichtsmechanismus, NJW 2013, S. 3704–3708.

Chiotellis, Aristide, Rechtsfolgenbestimmung bei Geschäftsgrundlagenstörungen in Schuldverträgen (1981).

Chiusi, Tiziana J., Strukturen des römischen Eigentums im Spiegel rhetorisch-philosophischer Texte Ciceros, in: *Eckl, Andreas/Ludwig, Bernd* (Hrsg.), Was ist Eigentum? (2005), S. 59–72.

Cipolla, Carlo M./Borchardt, Knut (Hrsg.), Europäische Wirtschaftsgeschichte (1983).

Clausius, Kurt, Vertragskontinuität und Anpassungsbedarf, NJW 1998, S. 3148–3152.

Coing, Helmut, Zum Geldherausgabeanspruch gegenüber dem Treuhänder, JZ 1970, S. 245–247.

Crome, Carl, System des deutschen bürgerlichen Rechts, Teil 2 (1902).
Cukierman, Alex, Central bank strategy, credibility, and independence, Theory and evidence (1992).
Czada, Peter/Tolksdorf, Michael/Yenal, Alparslan, Internationale Währungsprobleme (1988).
Däubler, Wolfgang (Hrsg.), Alternativkommentar zum Bürgerlichen Gesetzbuch (1980) (zitiert: *Bearbeiter,* in: AK-BGB).
Dauner-Lieb, Barbara/Dötsch, Wolfgang, Prozessuale Fragen rund um § 313 BGB, NJW 2003, S. 921–927.
Denzel, Markus A., Das System des bargeldlosen Zahlungsverkehrs europäischer Prägung vom Mittelalter bis 1914 (2008).
Depenheuer, Otto (Hrsg.), Eigentum, Ordnungsidee, Zustand, Entwicklungen (2005).
Derleder, Peter, Preisanpassung in Gasversorgungsunternehmen, CuR 2010, S. 92–98.
– Beschaffungsrisiko, Lieferungsengpass und Leistungsfrist, NJW 2011, S. 113–117.
Diehl, Karl, Theoretische Nationalökonomie, Band 3 (1927).
Diekmann, Hans/Bernauer, Carsten, Mögliche Rechtsfolgen für vertragliche Verhältnisse bei einer Währungsumstellung eines Mitgliedstaates der Europäischen Währungsunion, NZG 2012, S. 1172–1178.
Dierdorf, Josef, Neugestaltung der Währungsverfassung, NJW 1998, S. 3145–3148.
Dinov, Stanyo, Europäische Bankenaufsicht im Wandel, EuR 2013, S. 593–609.
Dittert, Daniel, Effektiver Rechtsschutz gegen EG-Verordnungen: Zwischen Fischfangnetzen, Olivenöl und kleinen Landwirten, EuR 2002, S. 708–719.
Dittrich, Alfred, Der Entwurf des Gesetzes zur Einführung des Euro, NJW 1998, S. 1269–1273.
– Das Zweite Euro-Einführungsgesetz, NJW 1999, S. 2015–2016.
– Das Dritte Euro-Einführungsgesetz, NJW 2000, S. 487–488.
Dolzer, Rudolf/Kahl, Wolfgang/Waldhoff, Christian (Hrsg.), Bonner Kommentar zum Grundgesetz (Stand: 2013) (zitiert: *Bearbeiter,* in: Bonner Kommentar zum Grundgesetz).
Dreier, Horst (Hrsg.), Grundgesetz-Kommentar (2. Auflage 2008, 3. Auflage 2013) (zitiert: *Bearbeiter,* in: Dreier, GG).
Dücker, Hans-Gerd von, Erfüllung einer Geldschuld durch Banküberweisung, WM 1999, S. 1257–1263.
Duden, Konrad, Empfehlen sich unter Berücksichtigung der rechtlichen Regeln in anderen europäischen Staaten gesetzliche Bestimmungen über die Wertsicherung? Soll unter diesem Gesichtspunkt § 3 des Währungsgesetzes aufgehoben oder geändert werden? Gutachten für den 40. Deutschen Juristentag (1953).
– Der Gestaltwandel des Geldes und seine rechtlichen Folgen (1968).
Dürkes, Werner, Wertsicherungsklauseln (10. Auflage 1992).
Ebel, Hermann, Die Zueignung von Geldzeichen, JZ 1983, S. 175–183.
Ebenroth, Carsten Thomas/Bacher, Urban, Geldwertänderungen bei Vorempfängen, BB 1990, S. 2053–2062.
Eckstein, Felix, Geldschuld und Geldwert im materiellen und internationalen Privatrecht (1932).
Ehlke, Michael, Zum bereicherungsrechtlichen Wertersatz (§ 818 II BGB), WM 1979, S. 1022–1035.
Eichengreen, Barry J. (Hrsg.), Editor's introduction, in: *ders.,* The Gold Standard in Theory and History (1985), S. 1–35.

– Globalizing Capital (2. Auflage 2008).
Eichler, Hermann, Institutionen des Sachenrechts, Band I (1954).
Einsele, Dorothee, Bank- und Kapitalmarktrecht, Nationale und internationale Bankgeschäfte (2. Auflage 2010).
Ekkenga, Jens, Zur Aktivierungs- und Einlagefähigkeit von Nutzungsrechten nach Handelsbilanz- und Gesellschaftsrecht, ZHR 161 (1997), S. 599–627.
Elster, Karl, Die Seele des Geldes, Grundlagen und Ziele einer allgemeinen Geldtheorie (1920).
– Von der Mark zur Reichsmark (1928).
Emmerich-Fritsche, Angelika, Kritische Thesen zur Legaldefinition des Verwaltungsakts, NVwZ 2006, S. 762–765.
Endler, Jan, Europäische Zentralbank und Preisstabilität, Eine juristische und ökonomische Untersuchung der institutionellen Vorkehrungen des Vertrages von Maastricht zur Gewährleistung der Preisstabilität (1998).
Erb, Volker/Esser, Robert/Franke, Ulrich/Graalmann-Scheerer, Kirsten/Hilger, Hans/Ignor, Alexander (Hrsg.), Die Strafprozessordnung und das Gerichtsverfassungsgesetz (26. Auflage 2010) (zitiert: *Bearbeiter*, in: Löwe-Rosenberg, StPO).
Ernst, Werner/Zinkahn, Willy/Bielenberg, Walter/Krautzberger, Michael (Hrsg.), Kommentar zum Baugesetzbuch (Stand: 2014).
Ernst, Wolfgang, Die Konkretisierung in der Lehre vom Gattungskauf, in: *Flume, Werner/Schön, Wolfgang* (Hrsg.), Gedächtnisschrift für Brigitte Knobbe-Keuk (1997), S. 49–110.
Ertl, Gunter, Inflation, Privatrecht und Wertsicherung (1980).
Europäische Zentralbank, Die Geldpolitik der EZB (2004).
Everling, Ulrich, Lissabon-Vertrag regelt Dauerstreit über Nichtigkeitsklage Privater, EuZW 2010, S. 572–576.
Falck, Bernhard, Das Geld und seine Sonderstellung im Sachenrecht (1960).
Falcke, Dietrich, Geld – Wert oder Sache? (1951).
Feißel, Annette/Gorn, Cornelia, Finanzkrise vs. Pacta sunt servanda – Vertragsanpassung in Krisenzeiten, BB 2009, S. 1138–1145.
Feldmann, Börries von, Die Aufrechnung im BGB und im Steuerrecht, DStR 1991, S. 222–225.
Ferrari, Franco/Kieninger, Eva-Maria/Mankowski, Peter/Otte, Karsten/Saenger, Ingo/Schulze, Götz/Staudinger, Ansgar (Hrsg.), Internationales Vertragsrecht (2. Auflage 2012).
Fikentscher, Wolfgang, Die Geschäftsgrundlage als Frage des Vertragsrisikos (1971).
Fischborn, Iris, Enteignung ohne Entschädigung nach der EMRK (2010).
Fischer, Reinfrid/Klanten, Thomas, Langfristige Bankverträge und die Euro-Währung, ZBB 1996, S. 1–10.
Fleischer, Holger/Goette, Wulf (Hrsg.), Münchener Kommentar zum GmbHG (2010) (zitiert: *Bearbeiter*, in: MünchKomm GmbHG).
Flume, Werner, Die ungerechtfertigte Bereicherung eine Rechtsfigur der Bereicherung, in: *Canaris, Claus-Wilhelm/Heldrich, Andreas/Hopt, Claus J./Roxin, Claus, et al.* (Hrsg.), 50 Jahre Bundesgerichtshof I (2000), S. 525–545.
Focken, Enno, Das Pfandbriefdarlehen, Kreditwesen 1992, S. 886–890.
Fögen, Hermann, Anwendungsbereich und Handhabung des § 3 des Währungsgesetzes, NJW 1953, S. 1321–1326.
– Geld- und Währungsrecht (1969).

– Geld und Scheingeld, JZ 1970, S. 409.
Forstmann, Albrecht, Volkswirtschaftliche Theorie des Geldes, Allgemeine Geldtheorie, Band I (1943).
– Geld und Kredit (1951).
Frank, Wolfgang/Glatzl, Stefan, Das Pfandbriefgesetz, WM 2005, S. 1681–1689.
Frauenfelder, Max, Das Geld als allgemeiner Rechtsbegriff, Eine Untersuchung über das Verhältnis des rechtlichen zum wirtschaftlichen Begriff des Geldes (1938).
Freckmann, Peter, Wertsicherungsklauseln beim Erbbauzins nach dem Euro-Einführungsgesetz und versteigerungsfester Erbbauzins, NZM 1998, S. 852–854.
Freitag, Robert, Die Geldschuld im europäischen Privatrecht, AcP 213 (2013), S. 128–167.
Frenz, Walter/Distelrath, Anna-Maria, Klagegegenstand und Klagebefugnis von Individualnichtigkeitsklagen nach Art. 263 AEUV, NVwZ 2010, S. 162–166.
Fricke, Dieter, Geldentwertung bei konstantem Preisniveau und realem Einkommenswachstum. Das Problem der relativen Inflation, in: *Andreae, C. A./Hansmeyer, K. H./Scherhorn, G.* (Hrsg.), Festschrift für Günter Schmölders (1968), S. 47–62.
Frotz, Gerhard, Der Ersatz in Geld nach § 250 S. 2 BGB, JZ 1963, S. 391–394.
Fülbier, Andreas, Zur Fremdwährung als bewegliche Sache und Ware und zur Geldschuld als Sachschuld, NJW 1990, S. 2797–2799.
Gaettens, Richard, Geschichte der Inflationen, Vom Altertum bis zur Gegenwart (1982).
Gaiser, Anja Sofia, Gerichtliche Kontrolle im Europäischen System der Zentralbanken, EuR 2002, S. 517–539.
Gaitanides, Charlotte, Das Recht der Europäischen Zentralbank, Unabhängigkeit und Kooperation in der Europäischen Währungsunion (2005).
Geerlings, Jörg, Die neue Rolle der Bundesbank im Europäischen System der Zentralbanken, DÖV 2003, S. 322–328.
Gehrlein, Markus, Eigentumsrechte nach einer Geldvermengung, NJW 2010, S. 3543–3545.
Geiger, Hermann, Das Währungsrecht im Binnenmarkt der Europäischen Union (1996).
Geiler, Karl, Geldentwertung und Privatrecht, in: *Abraham, Hans Fritz* (Hrsg.), Die Geldentwertung in der Praxis des deutschen Rechtslebens (1923), S. 31–49.
Geisler, Werner, Der Begriff Geld bei der Geldfälschung, GA 1981, S. 497–517.
Gerber, Hans, Geld und Staat (1926).
Gerber, Wolfgang, Überraschende Regelungen im neuen Preisklauselgesetz, NZM 2008, S. 152–155.
Gerhard, Hans-Jürgen, Ursachen und Folgen der Wandlungen im Währungssystem des Deutschen Reiches 1500–1625, in: *Schremmer, Eckart* (Hrsg.), Geld und Währung vom 16. Jahrhundert bis zur Gegenwart (1993), S. 69–84.
Gerhardt, Walter, Der Befreiungsanspruch (1966).
Gerke, Wolfgang, Gleitklauseln im Geld- und Kapitalverkehr (1980).
Gerloff, Wilhelm, Die Entstehung des Geldes und die Anfänge des Geldwesens (2. Auflage 1943).
– Geld und Gesellschaft (1952).
Gernhuber, Joachim, Geld und Güter beim Zugewinnausgleich, FamRZ 1984, S. 1053–1062.
– Probleme der Zugewinngemeinschaft, NJW 1991, S. 2238–2244.
– Die Erfüllung und ihre Surrogate sowie das Erlöschen der Schuldverhältnisse aus anderen Gründen (2. Auflage 1994).

Gescher, *Antonius*, Die Auswirkung von Kaufkraftsicherungsklauseln auf den Geldwert (1968).

Giesecke, *Walther*, Antikes Geldwesen (1938).

Goette, *Wulf/Habersack*, *Mathias* (Hrsg.), Münchener Kommentar zum Aktiengesetz (3. Auflage 2008) (zitiert: *Bearbeiter*, in: MünchKomm AktG).

Goetze, *Henning*, Die Tätigkeit der nationalen Zentralbanken in der Wirtschafts- und Währungsunion (1999).

Göhlert, *Torsten*, Der Erwerb unterschlagener bzw. gestohlener Sachen vom Nichtberechtigten (2007).

Goldberger, *Josef*, Zur Lehre von der Vermengung des Geldes nach BGB, SeuffBl. 72 (1907), S. 633–636.

Görlitz, *Niklas/Kubicki*, *Philipp*, Rechtsakte „mit schwierigem Charakter", EuZW 2011, S. 248–254.

Gößmann, *Wolfgang/van Look*, *Frank*, Die Banküberweisung nach dem Überweisungsgesetz, WM 2000, Sonderbeilage Nr. 1, S. 3–50.

Grabitz, *Eberhard/Hilf*, *Meinhard/Nettesheim*, *Martin* (Hrsg.), Das Recht der Europäischen Union (Stand: 2014).

Grabowsky, *F. S.*, Ueber die „djawet's" oder heiligen Töpfe der Oloh ngadju (Dajaken) von Süd-Ost-Borneo, Zeitschrift für Ethnologie 17 (1885), S. 121–128.

Graeber, *David*, Schulden (2011).

Gramlich, *Ludwig*, Die Begebung von Geldzeichen, ZfgK 1987, S. 548–554.

– Die ECU – Fremdwährung in der Bundesrepublik? (1988).

Grau, *Walter*, Rechtsprechung oder Gesetzgebung zur Anpassung des Privatrechts an die veränderten Verhältnisse?, AcP 122 (1924), S. 318–363.

Gregorio Merino, *Alberto de*, Legal Developments in the Economic and Monetary Union during the Debt Crisis: The Mechanisms of Financial Assistance, CMLR 49 (2012), S. 1613–1646.

Gröpl, *Christoph*, Schritte zur Europäisierung des Haushaltsrechts, Der Staat 52 (2013), S. 1–25.

Grothe, *Helmut*, Fremdwährungsverbindlichkeiten (1999).

– Der internationale Anwendungsbereich des deutschen Geldwertsicherungsrechts, WM 2002, S. 22–28.

– Überproportional wirkende Indexmieten und § 557b BGB, NZM 2002, S. 54–57.

Gruber, *Georg*, Geldwertschwankungen und handelsrechtliche Verträge in Deutschland und Frankreich, Bestandsaufnahme und Aussichten für das europäische Währungs- und Privatrecht (2002).

Grün, *Anselm/Ostendorf*, *Patrick*, Unwirksamkeit einer Vielzahl von Preisanpassungsklauseln auch in Energieversorgungsverträgen mit Industriekunden? in: BB 2014, S. 259–265.

Grundmann, *Stefan*, Grundsatz- und Praxisprobleme des neuen deutschen Überweisungsrechts, WM 2000, S. 2269–2284.

Grunewald, *Barbara/Maier-Reimer*, *Georg* (Hrsg.), Erman, Bürgerliches Gesetzbuch (13. Auflage 2011) (zitiert: *Bearbeiter*, in: Erman, BGB).

Grunsky, *Wolfgang*, Die Rückwirkung der Aufrechnung, JuS 1963, S. 102–106.

Gruson, *Michael*, Die Einführung des Euro und DM-Auslandsanleihen, WM 1998, S. 1474–1480.

Gsell, *Beate*, Rechtzeitigkeit der Zahlung per Banküberweisung und Verzugsrichtlinie, GPR 2008, S. 165–172.

Gutdeutsch, Werner, Durchlaufender Verbraucherpreisindex in den neuen Bundesländern, FamRZ 2003, S. 1902–1904.
– Ein allgemeiner Verbraucherpreisindex für die Umrechnung des Anfangsvermögens im Zugewinnausgleich, FamRZ 2003, S. 1061–1064.
Gutzwiller, Peter Christoph, Vertragliche Abreden zur Sicherung des Geldwerts, insbesondere Gleitklauseln (1972).
Haarmann, Wilhelm, Wegfall der Geschäftsgrundlage bei Dauerrechtsverhältnissen (1979).
Hachenburg, Max (Begr.)/*Ulmer, Peter* (Hrsg.), Gesetz betreffend die Gesellschaften mit beschränkter Haftung (GmbHG) (8. Auflage 1992) (zitiert: *Bearbeiter*, in: Hachenburg, GmbHG).
Hadding, Walther, Das Lastschriftverfahren in der Rechtsprechung, WM 1978, S. 1366–1380.
– Zahlung mittels Universalkreditkarte, in: *Hofmann, Paul* (Hrsg.), Festschrift für Klemens Pleyer (1986), S. 17–40.
– Zahlungsverkehr in europaweiter Entwicklung, in: *Gesellschaft für Rechtspolitik Trier* (Hrsg.), Bitburger Gespräche, Jahrbuch 1992 (1993), S. 41–50.
– Herkömmliche Einzugsermächtigungslastschrift – Fortbestand nach Umsetzung der EU-Zahlungsdiensterichtlinie oder Wegfall nach europäischem Interbankenabkommen (SEPA-Rulebook)?, in: *Kindler, Peter* (Hrsg.), Festschrift für Uwe Hüffer (2010), S. 273–291.
Hadding, Walther/Häuser, Franz, Rechtsfragen des Giroverhältnisses, ZHR 145 (1981), S. 138–173.
Häde, Ulrich, Banknoten, Münzen und Briefmarken im Urheberrecht, ZUM 1991, S. 536–539.
– Geldzeichen im Recht der Bundesrepublik Deutschland (1991).
– Geldzeichen in Zwangsvollstreckung und Konkurs, KTS 1991, S. 365–378.
– Währungsintegration mit abgestufter Geschwindigkeit, in: *Weber, Albrecht* (Hrsg.), Festschrift für Hugo J. Hahn (1997), S. 141–159.
– Bankenaufsicht und Grundgesetz, JZ 2001, S. 105–114.
– Unabhängigkeit für die ungarische Nationalbank? Zum Status der Zentralbanken von Mitgliedstaaten mit Ausnahmeregelung, EuZW 2005, S. 679–682.
– Zur Abberufung von Vorstandsmitgliedern der Deutschen Bundesbank, WM 2005, S. 205–214.
– Zur rechtlichen Stellung der Europäischen Zentralbank, WM 2006, S. 1605–1613.
– Das Wertsicherungsverbot nach dem Preisklauselgesetz, DVBl. 2008, S. 1465–1473.
– Der verfassungsrechtliche Schutz des Geldwerts, WM 2008, S. 1717–1724.
– Zum verfassungsrechtlichen Anspruch auf Erhöhung öffentlich-rechtlicher Geldleistungen, DÖV 2008, S. 613–621.
– Die Wirtschafts- und Währungsunion im Vertrag von Lissabon, EuR 2009, S. 200–218.
– Haushaltsdisziplin und Solidarität im Zeichen der Finanzkrise, EuZW 2009, S. 399–403.
– Neuere Rechtsprechung zum Umtausch von Banknoten, WM 2010, S. 97–102.
Hagemeister, Hans-Otto, Die neue Bundesanstalt für Finanzdienstleistungsaufsicht, WM 2002, S. 1773–1780.
Hahn, Hugo J., Der Stabilitätspakt für die Europäische Währungsunion, JZ 1997, S. 1133–1141.
Hahn, Hugo J./Häde, Ulrich, Die Zentralbank vor Gericht, ZHR 165 (2001), S. 30–61.

– Währungsrecht (2. Auflage 2010).
Hahn, Marie-Therese, Europäische Währungsumstellung und Vertragskontinuität (1999).
Hahn, Oswald, Die Postbank (1978).
Haller, Gert, Geld – Währung – Europäische Union, in: *Gesellschaft für Rechtspolitik Trier* (Hrsg.), Bitburger Gespräche, Jahrbuch 1992 (1993), S. 1–11.
Halm, Wolfgang E./Scheffler, Petra, Schmerzensgeldrente und Abänderungsklage nach § 323 ZPO, DAR 2004, S. 71–76.
Hammer, Eduard, Die Hauptprinzipien des Geld- und Währungswesens (1891).
Hänsch, Hans-Martin, Gesamtwirtschaftliche Stabilität als Verfassungsprinzip, Die gesamtwirtschaftliche Stabilität der deutschen Wirtschaftsverfassung und die Europäische Währungsunion (2002).
Harlandt, Hans, Die Evolution des Geldes (1989).
Hartenfels, Holger, Euro – Bankrechtliche Aspekte am Morgen der Währungsunion, WM 1999, Sonderbeilage Nr. 1, S. 3–46.
Hartmann, Gustav, Über den rechtlichen Begriff des Geldes und den Inhalt von Geldschulden (1868).
– Internationale Geldschulden (1882).
Hartmann, Helmut, Wertsicherung von Erbbauzins, NJW 1976, S. 403–406.
Hasler, Klaus, Studien zu Wesen und Wert des Geldes in der römischen Kaiserzeit (1980).
Hayek, Friedrich August von (Hrsg.), Carl Menger. Gesammelte Werke I (2. Auflage 1968).
Heck, Philipp, Das Urteil des Reichsgerichts vom 28. November 1923 über die Aufwertung von Hypotheken und die Grenzen der Richtermacht, AcP 122 (1924), S. 203–226.
Heermann, Peter W., Geld und Geldgeschäfte (2003).
Heidinger, Andreas, Die Euroumstellung beim Formwechsel von Kapitalgesellschaften, NZG 2000, S. 532–533.
– Die Euroumstellung der Aktiengesellschaft durch Kapitalherabsetzung, DNotZ 2000, S. 661–663.
– Euro-Umstellung bei der GmbH durch Kapitalschnitt, DNotZ 2001, S. 750–756.
Hein, Gerhard, Die Wirkung und die Pfändbarkeit des Rangvorbehaltes im Aufwertungsgesetz (1928).
Helbig, Claus, Die Giroüberweisung, deren Widerruf und Anfechtung nach deutschem und schweizerischem Recht (1970).
Helfferich, Karl, Das Geld (6. Auflage 1923).
Hellermann, Johannes, Die Europäische Wirtschafts- und Währungsunion als Stabilitätsgemeinschaft und der nationale Stabilitätspakt in der bundesstaatlichen Solidargemeinschaft, EuR 2000, S. 24–41.
Hellmann, Rainer, Für Europa nur ein harter Ecu, in: *Franz, Otmar* (Hrsg.), Die Europäische Zentralbank (1990), S. 284–290.
Hellner, Jan/Rousseau, Marc-André, Preisklauseln in der Legal Due Diligence, NZM 2009, S. 301–310.
Henning, Friedrich-Wilhelm, Die Entwicklung der Aktiv- und der Passivgeschäfte der Banken im 19. Jahrhundert in Deutschland, in: *Coing, Helmut/Wilhelm, Walter* (Hrsg.), Wissenschaft und Kodifikation des Privatrechts im 19. Jahrhundert, Band V (1980), S. 55–76.
– Zahlungsusancen und Nichtmetallgeld im ausgehenden Mittelalter. Ein Beitrag zur Entwicklung von Buch und Papiergeld, in: *Kellenbenz, Hermann* (Hrsg.), Weltwirtschaftliche und währungspolitische Probleme seit dem Ausgang des Mittelalters (1981), S. 39–60.

Henssler, Martin/Strohn, Lutz (Hrsg.), Gesellschaftsrecht (2. Auflage 2014).
Hentschelmann, Kai, Der Stabilitäts- und Wachstumspakt (2009).
– Finanzhilfen im Lichte der No Bailout-Klausel – Eigenverantwortung und Solidarität in der Währungsunion, EuR 2011, S. 282–313.
– Europäische Bankenunion: Wege zu einer einheitlichen Bankenaufsicht, WM 2012, S. 1889–1898.
Herberger, Maximilian/Martinek, Michael/Rüßmann, Helmut/Weth, Stephan (Hrsg.), juris PraxisKommentar BGB (6. Auflage 2012) (zitiert: *Bearbeiter,* in: jurisPK-BGB).
Herresthal, Carsten, Das Ende der Geldschuld als sog. qualifizierte Schickschuld, ZGS 2008, S. 259–266.
– Fälligkeit der Miete unter dem neuen Recht des Zahlungsverkehrs, NZM 2011, S. 833–841.
Herrmann, Christoph, EZB-Programm für die Kapitalmärkte verstößt nicht gegen die Verträge – Erwiderung auf Martin Seidel, EuZW 2010, 521, EuZW 2010, S. 645–646.
– Griechische Tragödie – der währungsverfassungsrechtliche Rahmen für die Rettung, den Austritt oder den Ausschluss von überschuldeten Staaten aus der Eurozone, EuZW 2010, S. 413–418.
– Währungshoheit, Währungsverfassung und subjektive Rechte (2010).
– Individualrechtsschutz gegen Rechtsakte der EU „mit Verordnungscharakter" nach dem Vertrag von Lissabon, NVwZ 2011, S. 1352–1357.
Heun, Werner, Die Europäische Zentralbank in der Europäischen Währungsunion, JZ 1998, S. 866–876.
Heun, Werner/Thiele, Alexander, Verfassungs- und europarechtliche Zulässigkeit von Eurobonds, JZ 2012, S. 973–982.
Heyers, Johannes, Rechtsnatur der Geldschuld und Überweisung – welche Konsequenzen sind aus der Rechtsprechung des EuGH für das nationale Recht zu ziehen?, JZ 2012, S. 398–403.
Heynitz, Jobst von, Zur Euroeinführung – Ein neues deutsches Sonderrecht für Wertsicherungsvereinbarungen, MittBayNot 1998, S. 398–406.
Hilber, Marc, Preisanpassungsklauseln im unternehmerischen Verkehr – Rechtliche Grenzen und Möglichkeiten, BB 2011, S. 2691–2699.
Hirdina, Ralph, Verfassungsrechtliche Aspekte zur Funktion einer reformierten Bundesbank bei der Allfinanzaufsicht, BKR 2001, S. 135–139.
Hoenike, Mark/Szodruch, Alexander, Rechtsrahmen innovativer Zahlungssysteme für Multimediadienste, MMR 2006, S. 519–526.
Hoffmann, Herbert, Was bringt das neue Vertragshilfegesetz?, JR 1952, S. 222–225.
Höfling, Wolfram, Vertragsfreiheit (1991).
Holtfrerich, Carl-Ludwig, Die deutsche Inflation 1914–1923 (1980).
Honsell, Heinrich, Der Verzugsschaden bei der Geldschuld, in: *Medicus, Dieter* (Hrsg.), Festschrift für Hermann Lange (1992), S. 509–521.
Hoppe, Hans-Dieter, Der Rechtsschutz gegen Akte der Währungspolitik (1994).
Horn, Norbert, Geldwertveränderungen, Privatrecht und Wirtschaftsordnung (1975).
– Neuverhandlungspflicht, AcP 181 (1981), S. 255–288.
– Die Anpassung langfristiger Verträge im internationalen Wirtschaftsverkehr, in: *Kötz, Hein/Bieberstein, Wolfgang von* (Hrsg.), Die Anpassung langfristiger Verträge (1984), S. 9–71.
– Vertragsbindung unter veränderten Umständen, NJW 1985, S. 1118–1125.

– Inflationsverluste des Geldgläubigers als Verzugsschaden und Res Judicata in internationalen Schiedsverfahren, SchiedsVZ 2006, S. 17–21.
– Die Reform der Europäischen Währungsunion und die Zukunft des Euro, NJW 2011, S. 1398–1404.
Hüffer, Uwe, Aktiengesetz (10. Auflage 2012) (zitiert: *Hüffer*, AktG).
Hülsmann, Christoph, Gesellschafterabfindung und Unternehmensbewertung nach der Ertragswertmethode im Lichte der Rechtsprechung, ZIP 2001, S. 450–455.
Hultman, Ivar, Die Centralnotenbanken Europas (1912).
Hume, David, Of the Balance of Trade, in: *ders.*, Essays and treatises I (1800), S. 327–347.
Husserl, Gerhard, Recht und Zeit (1955).
Ihrig, Hans-Christoph/Streit, Georg, Aktiengesellschaft und Euro, NZG 1998, S. 201–207.
Immenga, Ulrich/Schwintowski, Hans-Peter, Wertsicherung durch Geldwertschulden, NJW 1983, S. 2841–2844.
Inzitari, Bruno, Geldschulden im Inflationszeitalter, RabelsZ 45 (1981), S. 705–735.
Irmler, Heinrich, Wann spricht man von Inflation?, in: *Schlemmer, Johannes* (Hrsg.), Enteignung durch Inflation? (1972), S. 23–36.
Isele, Hellmut, Geldschuld und bargeldloser Zahlungsverkehr, AcP 129 (1928), S. 129–185.
Isensee, Josef/Kirchhof, Paul (Hrsg.), Handbuch des Staatsrechts der Bundesrepublik Deutschland, Band V (3. Auflage 2007).
Issing, Otmar, Indexklauseln und Inflation (1973).
– Die Unabhängigkeit der Bundesbank, in: *Willms, Manfred/Klatt, Sigurd* (Hrsg.), Festschrift für Fritz Voigt (1975), S. 365–377.
– Einführung in die Geldtheorie (15. Auflage 2011).
Jaksch, Hans Jürgen, Ein einfaches ökonometrisches Modell für die deutsche Hyperinflation von 1923, in: *Feldmann, Gerald D./Holtfrerich, Carl-Ludwig/Ritter, Gerhard A./Witt, Peter-Christian* (Hrsg.), Die deutsche Inflation – eine Zwischenbilanz (1982), S. 107–131.
Janzen, Dietmar, Der neue Artikel 88 Satz 2 des Grundgesetzes, Verfassungsrechtliche Anforderungen an die Übertragung der Währungshoheit auf die Europäische Zentralbank (1996).
Joecks, Wolfgang/Miebach, Klaus (Hrsg.), Münchener Kommentar zum Strafgesetzbuch (2. Auflage 2012) (zitiert: *Bearbeiter*, in: MünchKomm StGB).
Jost, Fritz, Duldung der Zwangsvollstreckung?, JURA 2001, S. 153–155.
Jung, Erich, Das privatrechtliche Wesen des Geldes (1926).
– Zur deutschen Volkskunde, Monatsschrift für das deutsche Volk 1937, S. 65–80.
– Subjektives und objektives Recht, Die neue Rechtsquellenlehre (1939).
Kähler, Lorenz, Zur Entmythisierung der Geldschuld, AcP 206 (2006), S. 805–842.
Kaiser, Joseph H., Mark ist nicht mehr gleich Mark, in: *Forsthoff, Ernst/Weber, Werner/Wieacker, Franz* (Hrsg.), Festschrift für Ernst Rudolf Huber (1973), S. 237–250.
Kamanabrou, Sudabeh, Vertragliche Anpassungsklauseln (2004).
Kapur, Devesh/Lewis, John Prior/Webb, Richard C., The world bank, Its first half century (1997).
Karpf, Alexander/Wagner, Thomas, TARGET2 : das Zahlungsverkehrssystem des Eurosystems, Bank-Archiv 57 (2009), S. 13–17.
Kaser, Max, Das Geld im Sachenrecht, AcP 143 (1937), S. 1–27.
Kegel, Gerhard, Aktuelle Grenzfragen der Geschäftsgrundlage (1949).
Keim, Christopher, Grenzen der Anrechenbarkeit lebzeitiger Zuwendungen auf den Pflichtteil, MittBayNot 2008, S. 8–13.

Kellmann, Christof, Grundsätze der Gewinnhaftung (1969).
Kerber, Markus C./Städter, Stefan, Die EZB in der Krise: Unabhängigkeit und Rechtsbindung als Spannungsverhältnis, EuZW 2011, S. 536–540.
Kesseler, Christian, Die Eintragungsfähigkeit variabler Grundschuldzinsen, MittBayNot 2006, S. 468–471.
Keuk, Brigitte, Vermögensschaden und Interesse (1972).
Keynes, John Maynard, Vom Gelde (1932).
– Allgemeine Theorie der Beschäftigung, des Zinses und des Geldes (11. Auflage Neudruck 2009).
Kiefner, Hans, Geld und Geldschuld in der Privatrechtsdogmatik des 19. Jahrhunderts, in: *Coing, Helmut/Wilhelm, Walter* (Hrsg.), Wissenschaft und Kodifikation des Privatrechts im 19. Jahrhundert, Band V (1980), S. 27–54.
Kirchhof, Ferdinand, Tätigkeitsfelder der Deutschen Bundespost POSTBANK (1990).
Kirchhof, Hans-Peter/Eidenmüller, Horst/Stürner, Rolf (Hrsg.), Münchener Kommentar zur Insolvenzordnung (3. Auflage 2013) (zitiert: *Bearbeiter*, in: MünchKomm InsO).
Kirchhof, Paul, Das Geldeigentum, in: *Isensee, Josef/Lecheler, Helmut* (Hrsg.), Festschrift für Walter Leisner (1985), S. 635–656.
– Richterliche Rechtsfindung, gebunden an „Gesetz und Recht", NJW 1986, S. 2275–2280.
Kirchhoff, Guido, Wertsicherungsklauseln für Euro-Verbindlichkeiten (2006).
– Wertsicherungsklauseln in Verträgen juristischer Personen des öffentlichen Rechts, NVwZ 2011, S. 138–142.
Klein, Eckart, Die verfassungsrechtliche Problematik des ministerialfreien Raumes (1974).
Kluge, Christiane, Wertsicherungsklauseln in der notariellen Praxis, MittRhNotK 2000, S. 409–426.
Klühs, Hannes, Preisanpassungsklauseln in Bauträgerverträgen, ZfIR 2012, S. 850–863.
Klüpfel, Gustav, Die Gold- und Silberproduktion und ihr Einfluß auf den Geldwert (1895).
Kluth, Peter/Freigang, Jan, Wirtschaftliches Risiko und Äquivalenzstörung – Zum Wegfall der Geschäftsgrundlage bei langfristigen Gewerberaummietverträgen, NZM 2006, S. 41–47.
Knapp, Georg Friedrich, Staatliche Theorie des Geldes (4. Auflage 1923).
Knies, Karl, Geld und Credit (1873).
Knobbe-Keuk, Brigitte, Obligatorische Nutzungsrechte als Sacheinlagen in Kapitalgesellschaften?, ZGR 1980, S. 214–224.
Knopp, Lothar, Eurozone in der Dauerkrise – Deutschlands Weg in den Staatsbankrott?, NVwZ 2011, S. 1480–1485.
Knothe, Hans-Georg, Das Erbbaurecht (1987).
Köhler, Michael, Die Wertstabilität des Geldes als Inhalt der Vertragstreue und der Eigentumsgarantie, JZ 2013, S. 957–966.
Koenig, Christian, Institutionelle Überlegungen zum Aufgabenzuwachs beim Europäischen Gerichtshof in der Währungsunion, EuZW 1993, S. 661–666.
Kohler, Josef, Die Briefmarke im Recht, ArchBR 6 (1892), S. 316–345.
Kohler, Rudi, Das Geld als Wertmaßstab beim Erb- und Zugewinnausgleich, NJW 1963, S. 225–230.
Kollenberg, Reiner, Besondere Probleme bei Geld als Angriffsobjekt im Rahmen von Eigentums- und Vermögensdelikten (1978).
Kollhosser, Helmut, Wertsicherungsklauseln im Spannungsfeld zwischen Vertragsfreiheit, Sozialpolitik und Währungspolitik (1985).

Kopp, Beate, Gesellschaftsrechtliche Gestaltungen im Hinblick auf den EURO, MittBayNot 1999, S. 161–166.
Koppensteiner, Hans-Georg, Probleme des bereicherungsrechtlichen Wertersatzes, NJW 1971, S. 588–595.
Kopper, Christopher, Hjalmar Schacht: Aufstieg und Fall von Hitlers mächtigstem Bankier (2006).
Krafka, Alexander, Vertragliche Bestimmungen der Leistungszeit – Fälligkeit, Vorleistung, Verzug und Erfüllbarkeit, MittBayNot 2011, S. 459–463.
Krägenau, Henry/Wetter, Wolfgang, Europäische Wirtschafts- und Währungsunion (1993).
Krämer, G., Das Postbankwesen, Jahrbücher für Nationalökonomie und Statistik 33 (1907), S. 209–240.
Kratzmann, Horst, Über Anmassung und Ohnmacht des Staates im Geldwesen, Der Staat 35 (1996), S. 221–249.
– Das Geld: Vertragsobjekt, Rechtskonstrukt und ökonomische Größe (2004).
– Über die Staatlichkeit (Hoheitlichkeit) des Geldwesens, ZfgK 2013, S. 301–306.
Krauskopf, Bernd, How euro banknotes acquire the properties of money, in: *EZB* (Hrsg.), Liber Amicorum Paolo Zamboni Garavelli (2005), S. 243–256.
Krauskopf, Bernd/Freimuth, Christof, Vorzeitige Abberufung von Vorstandsmitgliedern der Deutschen Bundesbank, WM 2005, S. 1297–1299.
Krauskopf, Bernd/Steven, Christine, The Institutional Framework of the European System of Central Banks: Legal Issues in the Practice of the First Ten Years of its Existence, CML Rev. 46 (2009), S. 1143–1175.
Kronenberger, Hans Joachim, Die Geschäftsgrundlage (1936).
Kronke, Herbert, Zur Funktion und Dogmatik der Leistungsbestimmung nach § 315 BGB, AcP 183 (1983), S. 113–144.
Krüger, Wolfgang/Rauscher, Thomas (Hrsg.), Münchener Kommentar zur Zivilprozessordnung mit Gerichtsverfassungsgesetz und Nebengesetzen (4. Auflage 2012–2013) (zitiert: *Bearbeiter*, in: MünchKomm ZPO).
Krug, Walter, Die Kaufkraftproblematik bei ausgleichungspflichtigen Vorempfängen in der Erbteilung, ZEV 2000, S. 41–45.
Kubary, Jan Stanislaw, Ethnographische Beiträge zur Kenntnis des Karolinen Archipels (1895).
Kube, Hanno, EU-Rechtswidrigkeit einer Refinanzierung des ESM bei der EZB, WM 2013, S. 57–62.
Kube, Hanno/Reimer, Ekkehart, Grenzen des Europäischen Stabilisierungsmechanismus, NJW 2010, S. 1911–1916.
Kümpel, Siegfried, Das währungspolitische Instrumentarium der Deutschen Bundesbank aus rechtlicher Sicht, WM 1992, Sonderbeilage Nr. 1, S. 1–20.
– Rechtliche Aspekte der neuen GeldKarte als elektronische Geldbörse, WM 1997, S. 1037–1042.
Kümpel, Siegfried (Begr.)/Wittig, Arne (Hrsg.), Bank- und Kapitalmarktrecht (4. Auflage 2011) (zitiert: *Kümpel/Wittig*, Bank- und Kapitalmarktrecht).
Lampe, Ortrun, Die Unabhängigkeit der Deutschen Bundesbank (2. Auflage 1971).
Lange, Heinrich, Ausgangspunkte, Wege und Mittel zur Berücksichtigung der Geschäftsgrundlage, in: Festschrift für Paul Gieseke (1958), S. 21–59.
Langenbucher, Katja, Die Risikozuordnung im bargeldlosen Zahlungsverkehr (2001).
Langen, Eugen, Internationale Zahlungsabkommen (1958).

Larenz, Karl, Geschäftsgrundlage und Vertragserfüllung (3. Auflage 1963).
– Zur Bedeutung des „Wertersatzes“ im Bereicherungsrecht, in: *Ficker, Claudius* (Hrsg.), Festschrift für Ernst von Caemmerer (1978), S. 209–230.
– Lehrbuch des Schuldrechts I, Allgemeiner Teil (14. Auflage 1987).
Larenz, Karl/Canaris, Claus-Wilhelm, Lehrbuch des Schuldrechts (13. Auflage 1994).
Larosière, Jacques de, Europäische Währung und Europäische Zentralbank aus französischer Sicht, in: *Franz* (Hrsg.), Die Europäische Zentralbank (1990), S. 51–61.
Laufhütte, Heinrich Wilhelm/Rissing-van Saan, Ruth/Tiedemann, Klaus (Hrsg.), Leipziger Kommentar zum Strafgesetzbuch (12. Auflage 2006–2012) (zitiert: *Bearbeiter*, in: LK-StGB).
Lehmann, Julius/Boesebeck, Ernst (Hrsg.), Kommentar zum Aufwertungsgesetz unter Berücksichtigung des gesamten Aufwertungsrechts (1925).
Lepsius, Oliver, Geld als Schutzgut der Eigentumsgarantie, JZ 2002, S. 313–321.
Liefmann, Robert, Geld und Gold, Ökonomische Theorie des Geldes (1916).
Liesecke, Rudolf, Das Bankguthaben in Gesetzgebung und Rechtsprechung, WM 1975, S. 214–230.
Lippert, Michael, Preisanpassungsklauseln im Recht der gewerblichen Wärmelieferung, CuR 2010, S. 56–61.
Lohmann, Mareike, Die grenzüberschreitende Lastschrift, Rechtsfragen auf dem Weg zu einem europäischen Lastschriftverfahren (2008).
Louis, Jean-Victor, A Legal and Constitutional Approach for Building a Monetary Union, CML Rev. 35 (1998), S. 33–76.
Löwisch, Manfred/Rieble, Volker, Tarifvertragsgesetz (3. Auflage 2012).
Lubasch, Kurt, Die volkswirtschaftlichen Wirkungen von Geldwertsicherungsklauseln (1964).
Lüders, C. H., Das Währungsstatut interzonaler Geldverbindlichkeiten, MDR 1948, S. 384–388.
Lukas, Eduard, Aufgaben des Geldes (1937).
Lütge, Friedrich, Einführung in die Lehre vom Gelde (1948).
Lutter, Marcus/Hommelhoff, Peter (Hrsg.), GmbH-Gesetz (18. Auflage 2012) (zitiert: *Bearbeiter*, in: Lutter/Hommelhoff, GmbHG).
Machlup, Fritz, Die Goldkernwährung (1925).
Maier, Gustav, Das Geld und sein Gebrauch (1913).
Maier-Reimer, Georg, Fremdwährungsverbindlichkeiten, NJW 1985, S. 2049–2055.
Manger-Nestler, Cornelia, Die Rolle der Bundesbank im Gefüge des ESZB, EuR 2008, S. 577–589.
– Par(s) inter pares? Die Bundesbank als nationale Zentralbank im europäischen System der Zentralbanken (2008).
Mangoldt, Hermann von/Klein, Friedrich/Starck, Christian (Hrsg.), Kommentar zum Grundgesetz (6. Auflage 2010) (zitiert: *Bearbeiter*, in: v. Mangoldt/Klein/Starck, GG).
Mann, F. A., Das Recht des Geldes (1960).
– Geld und Scheingeld der Bundesbank, WM 1970, S. 212–213.
– Geldentwertung und Recht, NJW 1974, S. 1297–1302.
Martens, Sebastian A.E., Grundfälle zu Geld und Geldschuld, JuS 2014, S. 105–109.
Martinek, Michael, Die Lehre von den Neuverhandlungspflichten – Bestandsaufnahme, Kritik und Ablehnung, AcP 198 (1998), S. 329–400.

– Vom Forderungskauf zum abstrakten Schuldversprechen – Die Bekehrung der BGH-Rechtsprechung zu Walther Haddings Kreditkartentheorie, in: *Häuser, Franz/ Hammen, Horst/Hennrichs, Joachim/Steinbeck, Anja, et al.* (Hrsg.), Festschrift für Walther Hadding (2004), S. 967–990.

Martinek, Michael/Stoffels, Markus/Wimmer-Leonhardt, Susanne (Hrsg.), Handbuch des Leasingrechts (2. Auflage 2008).

Maunz, Theodor/Dürig, Günter/Herzog, Roman/Scholz, Rupert/Herdegen, Matthias/ Klein, Hans H. (Begr./Hrsg.), Grundgesetz-Kommentar (Stand: 2013) (zitiert: *Bearbeiter*, in: Maunz/Dürig, GG).

Maydell, Bernd von, Geldschuld und Geldwert (1974).

Mayer, Franz C./Heidfeld, Christian, Eurobonds, Schuldentilgungsfonds und Projektbonds – Eine dunkle Bedrohung?, ZRP 2012, 129–133.

Meder, Stephan, Die Erfüllung einer Geldschuld im Einzugsermächtigungsverfahren, JZ 2005, S. 1089–1095.

Meder, Stephan/Grabe, Olaf, PayPal – Die Internet-Währung der Zukunft?, BKR 2005, S. 467–477.

Medicus, Dieter, Die konkretisierte Gattungsschuld, JuS 1966, S. 297–306.

– Privatrechtliche Fragen der Geldentwertung, DB 1974, S. 759–765.

– Ansprüche auf Geld, JuS 1983, S. 897–903.

– „Geld muß man haben“, AcP 188 (1988), S. 489–510.

Mehler, Georg/Birner, Michael, Kapitalumstellung von GmbHs auf Euro durch Kapitalerhöhung von maximal 9,99 Euro, MittBayNot 1999, S. 269–273.

Meier, Gert, Die Europäische Währungsunion als Stabilitätsgemeinschaft und das Grundgesetz, NJW 1996, S. 1027–1030.

Meincke, Jens Peter, Zum Verfahren der Miterbenausgleichung, AcP 178 (1978), S. 45–68.

Merkin, Gerald, Towards a Theory of the German Inflation: Some Preliminary Observations, in: *Feldmann, Gerald D./Holtfrerich, Carl Ludwig/Ritter, Gerhard A./Witt, Peter-Christian* (Hrsg.), Die deutsche Inflation – eine Zwischenbilanz (1982), S. 25–48.

Merle, Werner, Schuldrechtsmodernisierung – Auswirkungen auf die Geltendmachung von Beitragsforderungen, ZWE 2003, S. 231–239.

Meyer, Ingeborg, Geldwertbewußtsein und Münzpolitik (1957).

Mezger, Ernst, Entwicklung von Rechtsprechung und Gesetzgebung auf dem Gebiet der Indexklauseln in Frankreich seit 1958, in: *Kötz, Hein/Reichert-Facilides, Fritz* (Hrsg.), Inflationsbewältigung im Zivil- und Arbeitsrecht, Verhandlungen der Fachgruppe für Zivilrechtsvergleichung anlässlich der deutsch-österreichischen Tagung für Rechtsvergleichung 1975 in München (1976), S. 25–40.

Mises, Ludwig, Theorie des Geldes und der Umlaufmittel (2. Auflage 1924).

Mittelbach, Rolf, Wertsicherungsklauseln in Zivil- und Steuerrecht (4. Auflage 1980).

Möller, Hans, Geldwertschwankungen und Versicherungswesen, in: *Roehrbein, Erich* (Hrsg.), Rechtsfragen aus der Privat- und Sozialversicherung (1953), S. 117–125.

Möller, Reinhard, Das Präventionsprinzip des Schadensrechts (2006).

Mommsen, Theodor, Geschichte des römischen Münzwesens (1860).

Möschel, Wernhard, An der Schwelle zur Europäischen Währungsunion, JZ 1998, S. 217–223.

Mügel, Oskar, Das gesamte Aufwertungsrecht (5. Auflage 1927).

– Kommentar zu den neuen Aufwertungsgesetzen (1930).

Mülbert, Peter O., Die Auswirkungen der Schuldrechtsmodernisierung im Recht des bürgerlichen Darlehensvertrags, WM 2002, S. 465–476.

Müller-Graff, Peter-Christian, Die rechtliche Neujustierung der Wirtschafts- und Währungsunion, ZHR 176 (2012), S. 2–14.
– Das EuGH-Urteil zum Europäischen Stabilitätsmechanismus, RIW 2013, S. 111–118.
Münch, Christof, Das Giralgeld in der Rechtsordnung der Bundesrepublik Deutschland (1990).
Muscheler, Karlheinz, Wertänderungen des privilegierten Erwerbs in der Zugewinngemeinschaft, FamRZ 1998, S. 265–273.
Nasse, Erwin, Das Geld- und Münzwesen, in: *Schönberg, Gustav von* (Hrsg.), Handbuch der politischen Ökonomie, Band 1 (1890), S. 315–378.
Natzel, Ivo, Einführung des EURO – Ein arbeitsrechtliches Problem?, DB 1998, S. 366–370.
Nau, Elisabeth, Epochen der Geldgeschichte (1972).
Nelle, Andreas, Neuverhandlungspflichten, Neuverhandlungen zur Vertragsanpassung und Vertragsergänzung als Gegenstand von Pflichten und Obliegenheiten (1993).
Nestler, Cornelia, Stellung der Bundesbank in der europäischen Integration, WM 2001, S. 2425–2434.
Neuhaus, Kai-Jochen, Mietpreisüberhöhung nach § 4 WiStrG in der gewerblichen Miete, NZM 2009, S. 646–649.
– Indexklauseln in gewerblichen Mietverträgen – Kernprobleme des neuen Preisklauselgesetzes, MDR 2010, S. 848–852.
Nicolaysen, Gert, Rechtsfragen der Währungsunion (1993).
Nieder, Heinrich/Kössinger, Reinhard/Kössinger, Winfried (Hrsg.), Handbuch der Testamentsgestaltung, Grundlagen und Gestaltungsmittel für Verfügungen von Todes wegen und vorbereitende Erbfolgemaßnahmen (4. Auflage 2011).
Nies, Ludwig, Zur Frage der Anpassung von Ruhegeldern an die Kaufkraft durch Richterspruch, BB 1966, S. 455–459.
– Indexklauseln in Tarifverträgen, RdA 1970, S. 169–173.
Nobbe, Gerd, Bereicherungsausgleich bei Zahlungen mittels Universalkreditkarte, in: *Häuser, Franz/Hammen, Horst/Hennrichs, Joachim/Steinbeck, Anja, et al.* (Hrsg.), Festschrift für Walther Hadding (2004), S. 1007–1026.
North, Michael, Das Geld und seine Geschichte (1994).
– Kleine Geschichte des Geldes, vom Mittelalter bis heute (2009).
Notthoff, Martin, Voraussetzungen der Schmerzensgeldzahlung in Form einer Geldrente, VersR 2003, S. 966–971.
Nussbaum, Arthur, Das Geld in Theorie und Praxis des deutschen und ausländischen Rechts (1925).
– Die Bilanz der Aufwertungstheorie (1929).
Oberhauser, Alois, Indexklauseln als Sicherung gegen Inflationsverluste, in: *Schlemmer, Johannes* (Hrsg.), Enteignung durch Inflation? (1972), S. 137–146.
Obermüller, Manfred/Kuder, Karen, SEPA-Lastschriften in der Insolvenz nach dem neuen Recht der Zahlungsdienste, ZIP 2010, S. 349–358.
Oefele, Helmut von, Änderung der Erbbaurechtsverordnung durch das Sachenrechtsänderungsgesetz, DNotZ 1995, S. 643–653.
Oefele, Helmut von/Winkler, Karl, Handbuch des Erbbaurechts (5. Auflage 2012).
Oelsner, Tobias, Auswirkungen des Umsetzungsverzugs bei der Zahlungsverzugsrichtlinie, NJW 2013, S. 2469 – 2474.
Oertmann, Paul, Die Geschäftsgrundlage (1921).
Oetker, Hartmut, Das Dauerschuldverhältnis und seine Beendigung (1994).

Ohler, Christoph, Die fiskalische Integration in der Europäischen Gemeinschaft (1997).
– Die hoheitlichen Grundlagen der Geldordnung, JZ 2008, S. 317–324.
Olshausen, Eberhard von, Zur Aufrechnung gemäß § 406 BGB gegen Geldschuldbefreiungsansprüche nach deren Abtretung an den Drittgläubiger, AcP 182 (1982), S. 254–269.
– Geldwertänderung und Zugewinnausgleich, FamRZ 1983, S. 765–770.
Omlor, Sebastian, Verkehrsschutz im Kapitalgesellschaftsrecht (2010).
– Die Europäische Privatgesellschaft als neue Gesellschaftsrechtsform, in: *Aichberger-Beig, Daphne/Aspöck, Florian/Leupold, Petra/Oelkers, Janine, et al.* (Hrsg.), Vertrauen und Kontrolle im Privatrecht, Jahrbuch Junger Zivilrechtswissenschaftler 2010 (2011), S. 303–333.
– Die neue Einzugsermächtigungslastschrift – Von der Genehmigungs- zur Einwilligungstheorie, NJW 2012, S. 2150–2156.
– Inflationsbewältigung im UN-Kaufrecht, JZ 2013, S. 967–975.
Omlor, Sebastian/Spies, Melanie, „Schematische Lösungen" im Bereicherungsrecht, JR 2011, S. 139–142.
Oppe, Wilfried, Fälschung von Sammlermünzen, MDR 1973, S. 183–185.
Oppermann, Thomas/Classen, Dieter, Die EG vor der Europäischen Union, NJW 1993, S. 5–12.
Ostermeier, Matthias, Die Wertsicherung des Erbbauzinses (1965).
Palm, Ulrich, Preisstabilität in der Europäischen Wirtschafts- und Währungsunion (2000).
– Der Bruch des Stabilitäts- und Wachstumspakts, EuZW 2004, S. 71–75.
Papier, Hans-Jürgen, Eigentumsgarantie und Geldentwertung, AöR 98 (1973), S. 528–567.
– Rechtsprobleme der Inflation, JuS 1974, S. 477–484.
Paulus, Andreas, Gesetzliche Regelungslücken nach Entscheidungen von BVerfG und EuGH, NJW 2011, S. 3686–3690.
Peitmann, Heinrich, Die privatrechtlichen Grundlagen des Geldes (1941).
Pentz, Adolf, Pflichtteilsergänzung bei „gemischten" Schenkungen, FamRZ 1997, S. 724–729.
Pentzlin, Heinz, Hjalmar Schacht: Leben und Wirken einer umstrittenen Persönlichkeit (1980).
– Das Geld (1982).
Petzold, Hans Arno, Was sind „Rechtsakte mit Verordnungscharakter" (Art. 263 Abs. 4 AEUV)? – Zur Entscheidung des EuG in der Rechtssache Inuit, EuR 2012, S. 443–452.
Pfeiffer, Thomas, Die Geldkarte – Ein Problemaufriß, NJW 1997, S. 1036–1039.
Pfennig, Gero, Die Notenausgabe der Deutschen Bundesbank (1971).
Pfleiderer, Otto, Die Reichsbank in der Zeit der großen Inflation, die Stabilisierung der Mark und die Aufwertung von Kapitalforderungen, in: *Deutsche Bundesbank* (Hrsg.), Währung und Wirtschaft in Deutschland 1876–1975 (1976), S. 156–201.
Pick, Albert, Papiergeld (1967).
Picker, Ulrike, Die Naturalrestitution durch den Geschädigten (2003).
Piecha, Sebastian, Die Europäische Gemeinschaftsanleihe, EuZW 2012, S. 532–536.
Pikart, Heinz, Die Rechtsprechung des Bundesgerichtshofs zur Wertsicherungsklausel, WM 1969, S. 1062–1071.
– Die sachenrechtliche Behandlung von Geld und Wertpapieren in der neueren Rechtsprechung, WM 1980, S. 510–520.
Pinger, Winfried, Wertersatz im Bereicherungsrecht, MDR 1972, S. 187–189.
Pohl, Hans (Hrsg.), Europäische Bankengeschichte (1993).

Potacs, Michael, Nationale Zentralbanken in der Wirtschafts- und Währungsunion, EuR 1993, S. 23–40.
Pröbstl, Heike, Die Pflicht zur inflationsausgleichenden Anpassung von Betriebsrenten – Hintergründe, Gestaltungsmöglichkeiten und aktuelle Urteile, DStR 2012, S. 1281–1285.
Prost, Gerhard, Geld und Scheingeld der Bundesbank, WM 1969, S. 786–788.
– Wandlungen im deutschen Notenbankwesen, Stationen auf dem Wege zu einer europäischen Währungsunion (1972).
Pulvermüller, Fritz, Rechtsnatur und Behandlung des privatrechtlichen Geldanspruchs (1974).
Rabel, Ernst, Die Darmstädter Entscheidungen, Das Recht 27 (1923), S. 137–142.
Rachlitz, Richard/Ringshandl, Andreas, Der bürgerlich-rechtliche Aufopferungsanspruch, JuS 2011, S. 970–976.
Rasch, Hans Georg, Wertsicherungsklausel und Preisindex für Lebenshaltung, DNotZ 1991, S. 646–658.
Rau, Rhaban, Unterhaltsvereinbarungen für die Zeit nach Beendigung der Ehe, MittRhNotK 1988, S. 187–204.
Reichert-Facilides, Fritz, Geldwertschwankungen und Privatrecht, JZ 1969, S. 617–623.
– Geldentwertung und Recht, JZ 1974, S. 483–489.
Reichspostministerium (Hrsg.), Denkschrift aus Anlaß des zehnjährigen Bestehens des Postscheckverkehrs 1909–1919 (1919).
Reif, Hans, Die Entwicklung des Chartalismus bei den Nachfolgern G. F. Knapps (1922).
Reifner, Udo, Alternatives Wirtschaftsrecht am Beispiel der Verbraucherverschuldung, Realitätsverleugnung oder soziale Auslegung im Zivilrecht (1979).
Reinhardt, Rudolf, Vom Wesen des Geldes und seiner Einfügung in die Güterordnung des Privatrechts, in: Festschrift für Gustav Boehmer (1954), S. 60–98.
Reinhuber, Nikolaus, Grundbegriffe und internationaler Anwendungsbereich von Währungsrecht (1995).
Reinicke, D., Zum neuen ehelichen Güterrecht, NJW 1957, S. 889–893.
Reinicke, G./Reinicke, D., Wertsicherungsklauseln, MDR 1953, S. 387–391.
– Zur Aufrechnung mit und gegen Schadensersatzforderungen, NJW 1959, S. 361–366.
Rengeling, Hans-Werner/Middeke, Andreas/Gellermann, Martin (Hrsg.), Handbuch des Rechtsschutzes in der Europäischen Union (3. Auflage 2014).
Renger, Reinhard, Die Umstellung von Schuldverschreibungen, WM 1997, S. 1873–1883.
Reul, Adolf, Aufhebung der Genehmigungspflicht bei Wertsicherungsklauseln – Das neue Preisklauselgesetz (PreisklauselG), MittBayNot 2007, S. 445–452.
Reumann, Ute, Die Europäische Zentralbank, Zwischen Selbstbestimmung und vertragsmässiger Zusammenarbeit mit der Gemeinschaft (2001).
Reuter, Dieter, Nominalprinzip und Geldentwertung. Volkswirtschaftliche, sozialpolitische und rechtliche Aspekte einer (teilweisen) Aufgabe des Nominalprinzips, ZHR 137 (1973), S. 482–506.
– Geldschuld und Geldwert, ZHR 140 (1976), S. 73–84.
Reuter, Dieter/Martinek, Michael, Ungerechtfertigte Bereicherung (1983).
Rezori, Alexander, Die Kapitalaufbringung bei der GmbH-Gründung, RNotZ 2011, S. 125–148.
Ritter, Thomas, Prozeßrechtliche Fragen in der Übergangszeit der Europäischen Währungsunion, NJW 1999, S. 1213–1217.
Rittmann, Herbert, Deutsche Geldgeschichte 1484–1914 (1975).

– Deutsche Geldgeschichte seit 1914 (1986).
Rixecker, Roland/Säcker, Franz Jürgen (Hrsg.), Münchener Kommentar zum BGB (5. Auflage 2010, 6. Auflage 2012–2013) (zitiert: *Bearbeiter*, in: MünchKomm BGB).
Robertson, Dennis Holme, Das Geld (2. Auflage 1935).
Rocke, Wilhelm, Die Rechtsstellung des Hypothekengläubigers beim Auseinanderfall von dinglichem und persönlichem Schuldner nach dem Aufwertungsgesetz vom 16. Juli 1925 (1927).
Roth, Paul W., Die Kipper- und Wipper-Zeit in den Habsburgischen Ländern, 1620 bis 1623, in: *Schremmer, Eckart* (Hrsg.), Geld und Währung (1993), S. 85–103.
Rotte, Ralph/Derichs, Sascha, Krise und Ende des europäischen Stabilitäts- und Wachstumspaktes (2005).
Rottnauer, Achim E., Widerspruchsmöglichkeit gegen Einzugsermächtigungslastschriften im Konkurs- und Vergleichsverfahren des Schuldners?, WM 1995, S. 272–280.
Roxin, Claus, Geld als Objekt von Eigentums- und Vermögensdelikten, in: *Geerds, Friedrich/Naucke, Wolfgang* (Hrsg.), Festschrift für Hellmuth Mayer (1966), S. 467–484.
Rudolphi, Hans-Joachim/Horn, Eckhard/Samson, Erich/Wolter, Jürgen (Begr./Hrsg.), Systematischer Kommentar zum Strafgesetzbuch (Stand: 2013) (zitiert: *Bearbeiter*, in: SK-StGB).
Ruffert, Matthias, Vorrang der Verfassung und Eigenständigkeit des Privatrechts (2001).
Sacarcelik, Osman, Europäische Bankenunion: Rechtliche Rahmenbedingungen und Herausforderungen der einheitlichen europäischen Bankenaufsicht, BKR 2013, S. 353–360.
Sachs, Michael (Hrsg.), Grundgesetz (6. Auflage 2011) (zitiert: *Bearbeiter*, in: Sachs, GG).
Salje, Peter, Nationale und internationale Vertragspraxis bei Anpassungsklauseln, NZG 1998, S. 161–167.
Sandrock, Otto, Der Euro und sein Einfluß auf nationale und internationale privatrechtliche Verträge, RIW 1997, Beilage Nr. 1.
Savigny, Friedrich Karl von, Das Obligationenrecht als Theil des heutigen Römischen Rechts, Band I (1851).
Schacht, Hjalmar, Die Stabilisierung der Mark (1927).
Schäfer, Christoph, Der Zins im Bereicherungsrecht (2002).
Schapp, Jan, Zum Wesen des Grundpfandrechts, in: *Köbler, Gerhard* (Hrsg.), Freundesgabe für Alfred Söllner (1990), S. 477–504.
Schefold, Dietrich, Die Europäischen Verordnungen über die Einführung des Euro, WM 1996, Sonderbeilage Nr. 4, S. 2–20.
– Der Einfluß von EG-Währungsrecht auf nationale Zivilrechte, ZEuP 1999, S. 271–293.
Schenke, Wolf-Rüdiger, Formeller oder materieller Verwaltungsaktsbegriff?, NVwZ 1990, S. 1009–1018.
Schermaier, Martin, „Der Schuldner einer Entgeltforderung" und andere neue Rechtsbegriffe, NJW 2004, S. 2501–2503.
Schilcher, Rudolf, Geldfunktionen und Buchgeldschöpfung, Ein Beitrag zur Geldtheorie (1958).
Schimansky, Herbert/Bunte, Hermann-Josef/Lwowski, Hans-Jürgen (Hrsg.), Bankrechts-Handbuch (4. Auflage 2011).
Schlegelberger, Franz/Harmening, Rudolf, Das Aufwertungsgesetz (5. Auflage 1927).
Schlemm, Rechtskraft des Vorprozeßurteils für den Entwertungsanspruch?, JW 1924, S. 958.

Schlichter, Otto/Stich, Rudolf/Driehaus, Hans-Joachim/Paetow, Stefan (Hrsg.), Berliner Kommentar zum Baugesetzbuch (Stand: 2014).
Schlobach, Klaus, Das Präventionsprinzip im Recht des Schadensersatzes (2004).
Schlochauer, Hans-Jürgen, Rechtformen der Europäischen Ordnung, GRUR 1955, S. 213–223.
Schlochauer, Hans-Jürgen/Krüger, Herbert/Mosler, Hermann/Scheuner, Ulrich (Hrsg.), Wörterbuch des Völkerrechts, Band 1 (1960).
Schmalz, Ernst Werner, Die Stabilität des Geldwerts als Problem des Privatrechts (1986).
Schmidhuber, Peter M., Monetäre Integration in der Europäischen Gemeinschaft, in: *Franz, Otmar* (Hrsg.), Die Europäische Zentralbank (1990), S. 110–133.
Schmidt, Gerold, Verstößt die Ausgabe hoheitlicher „Postwertzeichen" gegen Art. 87f GG?, NJW 1998, S. 200–204.
Schmidt, Helmut, Plädoyer für eine Währungsunion mit einem unabhängigen Zentralbanksystem in Europa, in: *Franz, Otmar* (Hrsg.), Die Europäische Zentralbank (1990), S. 101–109.
Schmidt, Karsten, Grundfragen der vertraglichen Wertsicherung, ZIP 1983, S. 639–647.
– Geld und Geldschuld im Privatrecht, JuS 1984, S. 737–747.
– Mahnverfahren für Fremdwährungsforderungen?, NJW 1989, S. 65–69.
– Gleichartigkeit und Rückwirkung bei der Aufrechnung von Geldschulden, in: *Böttcher, Reinhard/Hueck, Götz/Jähnke, Burkhard* (Hrsg.), Festschrift für Walter Odersky (1996), S. 685–701.
– Die „Staatliche Theorie des Geldes": Jahrhundertwerk oder Makulatur?, in: *Weber, Albrecht* (Hrsg.), Festschrift für Hugo J. Hahn (1997), S. 81–92.
– Das Geld im BGB und im Staudinger, in: *Martinek, Michael/Sellier, Patrick L.* (Hrsg.), Staudinger-Symposion (1998), S. 76–86.
Schmidt-Räntsch, Jürgen, Vertragsrechtsfragen der Euro-Einführung, ZIP 1998, S. 2041–2049.
– Wertsicherungsklauseln nach dem Euro-Einführungsgesetz, NJW 1998, S. 3166–3171.
Schnabel, Falk, Telefon-, Geld-, Prepaid-Karte und Sparcard, NStZ 2005, S. 18–22.
Schneider, Helmut, Ursachen der Inflation, in: *Schlemmer, Johannes* (Hrsg.), Enteignung durch Inflation? (1972), S. 37–49.
Schneider, Uwe H., Die Vereinbarung und die Erfüllung von Geldschulden in Euro, DB 1996, S. 2477–2482.
– Die Anpassung des GmbH-Rechts bei Einführung des Euro, NJW 1998, S. 3158–3162.
Scholz, Franz (Hrsg.), Kommentar zum GmbH-Gesetz (11. Auflage 2012).
Schöne, Thomas, Zur Inhaltskontrolle von Preisanpassungsklauseln in Energielieferungsverträgen und zur Kompensation des Rechts auf einseitige Preisanpassung durch ein Sonderkündigungsrecht, ZIP 2007, S. 918–920.
Schönke, Adolf/Schröder, Horst (Begr.)/*Eser, Albin* (Red.), Strafgesetzbuch (29. Auflage 2014) (zitiert: *Bearbeiter*, in: Schönke/Schröder, StGB).
Schön, Wolfgang, Prinzipien des bargeldlosen Zahlungsverkehrs, AcP 198 (1998), S. 401–456.
Schorkopf, Frank, Die Einführung des Euro: der europäische und deutsche Rechtsrahmen, NJW 2001, S. 3734–3743.
Schremmer, Eckart, Über „stabiles Geld". Eine wirtschaftshistorische Sicht, in: *ders.* (Hrsg.), Geld und Währung (1993), S. 9–44.
Schrötter, Friedrich von, Das preußische Münzwesen im 18. Jahrhundert, Band 3: Münzgeschichtlicher Teil (1910).

Schüller, Alfred, Freiheit als Prinzip der Geldwertsicherung – Ordnungsökonomische Überlegungen zum Wandel und zu den Perspektiven von Wertsicherungsklauseln in Deutschland und im Euro-Raum, in: *Pfahler, Thomas/Thuy, Peter* (Hrsg.), Festschrift für Egon Görgens (2006), S. 365–397.

Schultz, Michael, Stolperstein Wertsicherung, NZM 2008, S. 425–429.

Schumpeter, Joseph A., Das Sozialprodukt und die Rechenpfennige, Archiv für Sozialwissenschaft und Sozialpolitik 44 (1917/18), S. 641–715.

Schuppert, Gunnar Folke, Die Erfüllung öffentlicher Aufgaben durch verselbständigte Verwaltungseinheiten, Eine verwaltungswissenschaftliche Untersuchung (1981).

Schurtz, H., Grundriss einer Entstehungsgeschichte des Geldes (1898).

Schuster, Frank D., Die Einführung des Euro und seine zukünftige Rolle im Weltwährungsgefüge (2001).

Schütz, Charlotte, Die Legitimation der Europäischen Zentralbank zur Rechtsetzung, EuR 2001, S. 291–305.

Schütz, Wilhelm, Widerruf bei Zahlungen und Überweisungen, AcP 160 (1961), S. 17–29.

Schwab, Dieter, Neue Rechtsprechung zum Zugewinnausgleich, FamRZ 1984, S. 429–436.

Schwab, Martin, Geldschulden als Bringschulden?, NJW 2011, S. 2833–2838.

Schwander, Adalbert, Die Lehren vom Inhalt der Geldschuld (1937).

Schwarze, Jürgen, Europäisches Verwaltungsrecht, Entstehung und Entwicklung im Rahmen der Europäischen Gemeinschaft (2. Auflage 2005).

Schwarzer, Oskar, Goldwährungssysteme und internationaler Zahlungsverkehr zwischen 1870 und 1914, in: *Schremmer, Eckart* (Hrsg.), Geld und Währung vom 16. Jahrhundert bis zur Gegenwart (1993), S. 191–227.

Schwarz, Günter Christian, Schuldner- und Gläubigerverzug im Lastschriftverfahren, ZIP 1989, S. 1442–1448.

Schwarz, Konrad, Der Postanweisungs- und Postscheckdienst in der deutschen Postgeschichte (1937).

Seidel, Martin, Im Kompetenzkonflikt: Europäisches System der Zentralbanken (ESZB) versus EZB, EuZW 2000, S. 552–554.

– Konstitutionelle Schwächen der Währungsunion, EuR 2000, S. 861–878.

– Der Ankauf nicht markt- und börsengängiger Staatsanleihen, namentlich Griechenlands, durch die Europäische Zentralbank und durch nationale Zentralbanken – rechtlich nur fragwürdig oder Rechtsverstoß?, EuZW 2010, S. 521.

Seiler, Christian, Das Europäische System der Zentralbanken (ESZB) als Verantwortungsverbund: Systemgebundene Aufgabenerfüllung durch eigenständige Kompetenzträger, EuR 2004, S. 52–70.

Selmayr, Martin, Das Recht der Wirtschafts- und Währungsunion, Band 1 (2002).

Semler, Johannes/Stengel, Arndt (Hrsg.), Umwandlungsgesetz (3. Auflage 2012).

Sendler, Horst, Überlegungen zu Richterrecht und richterlicher Rechtsfortbildung, DVBl. 1988, S. 828 – 839.

Sieber, Hugo, Lösung des Inflationsproblems durch Indexierung?, Wirtschaft und Recht 1966, S. 137–158.

Siebert, Holger, Die Struktur des Geschwisterausgleichs für erhaltene Zuwendungen im Erbfall, NJOZ 2009, S. 3099–3109.

Siemens, Georg, Das Zettelbankwesen und der Bankgesetz-Entwurf (1874) (2010).

Siemers, Monika, Struktur ausländischer Bankensysteme, Niederlande (1981).

Sieveking, Heinrich, Zum 300. Jahrestag der Gründung der Hamburger Bank, Zeitschrift des Vereins für Hamburgische Geschichte 23 (1919), S. 52–81.

– Die Hamburger Bank 1619–1875, in: Festschrift für Werner von Melle (1933), S. 21–110.
– Das Bankwesen von Genua und die Bank von S. Giorgio, in: *van Dillen, Johannes G.* (Hrsg.), History of the Principal Public Banks (1964), S. 15–38.
– Die Hamburger Bank, in: *van Dillen, Johannes G.* (Hrsg.), History of the Principal Public Banks (1964), S. 125–160.

Simitis, Spiros, Bemerkungen zur rechtlichen Sonderstellung des Geldes, AcP 159 (1960), S. 406–466.
– Inflationsbekämpfung im Zivil- und Arbeitsrecht, in: *Kötz, Hein/Reichert-Facilides, Fritz* (Hrsg.), Inflationsbewältigung im Zivil- und Arbeitsrecht, Verhandlungen der Fachgruppe für Zivilrechtsvergleichung anlässlich der deutsch-österreichischen Tagung für Rechtsvergleichung 1975 in München (1976), S. 49–122.

Simon, Günter, Die Rechtsfolgen der gestörten Vertragsgrundlage (1969).

Singer, Karl, Die Aufwertung von Versicherungsansprüchen nach dem Aufwertungsgesetz (1928).

Singer, Kurt (Hrsg.), Zur Staatlichen Theorie des Geldes, Ein Briefwechsel 1905–1920 (1958).

Sintenis, Gustav, Die finanz- und wirtschaftspolitischen Kriegsgesetze 1914/16 (2. Auflage 1916).

Smith, Adam, An Inquiry into the Nature and Causes of the Wealth of Nations (1776).

Smits, René, The European Central Bank (1997).

Sodan, Helge, Die funktionelle Unabhängigkeit der Zentralbanken, NJW 1999, S. 1521–1524.

Soergel, Hans-Theodor (Begr.), Bürgerliches Gesetzbuch mit Einführungsgesetz und Nebengesetzen (13. Auflage 2012) (zitiert: *Bearbeiter*, in: Soergel, BGB).

Söllner, Sebastian, Bargeld im Sicherheitsrecht, NJW 2009, S. 3339–3343.

Spies, Melanie, Unternehmergesellschaft (haftungsbeschränkt), Verfassung, Gläubigerschutz, Alternativen (2010).

Sprandel, Rolf, Das mittelalterliche Zahlungssystem (1975).

Sprenger, Bernd, Währungswesen und Währungspolitik in Deutschland von 1834 bis 1875 (1981).
– Das Geld der Deutschen, Geldgeschichte Deutschlands von den Anfängen bis zur Gegenwart (3. Auflage 2002).

Spufford, Peter, Münzverschlechterungen und Inflation im spätmittelalterlichen und frühneuzeitlichen Europa, in: *North, Michael* (Hrsg.), Geldumlauf, Währungssysteme und Zahlungsverkehr in Nordwesteuropa 1300–1800 (1989), S. 109–126.

Stadler, Rainer, Die rechtliche Handlungsspielraum des Europäischen Systems der Zentralbanken (1996).

Starke, Otto-Ernst, Das Gesetz über die Deutsche Bundesbank und seine wichtigsten öffentlich-rechtlichen Probleme, DÖV 1957, S. 606–612.

Staudinger, Julius von (Begr.), Kommentar zum Bürgerlichen Gesetzbuch mit Einführungsgesetz und Nebengesetzen (1997–2014) (zitiert: *Bearbeiter*, in: Staudinger, BGB).

Stebut, Dietrich von, Geld als Zahlungsmittel und Rechtsbegriff, JURA 1982, S. 561–572.

Steffan, Bernhard/Schmidt, Volker, Die Änderungen des Gesellschaftsrechts durch das geplante Gesetz zur Einführung des Euro (EuroEG), DB 1998, S. 559–567.
– Die Auswirkungen der Euro-Einführung bei GmbH, Genossenschaft und Personengesellschaft sowie im Umwandlungsrecht, DB 1998, S. 709–713.

Stein, Friedrich/Jonas, Martin/Berger, Christian (Hrsg.), Kommentar zur Zivilprozessordnung (22. Auflage 2002) (zitiert: *Bearbeiter*, in: Stein/Jonas, ZPO).

Steinbach, Armin, Die Rechtmäßigkeit der Anleihekäufe der Europäischen Zentralbank, NVwZ 2013, S. 918–921.

– Die Beteiligung öffentlicher Gläubiger im Rahmen der europäischen Schuldenkrise, JZ 2013, S. 1148–1152.

Steindorff, Ernst, Abstrakte und konkrete Schadensberechnung, AcP 158 (1959/1960), S. 431–469.

Steiner, Ulrich, Wertsicherungsklauseln (2003).

Stoffels, Markus, Gesetzlich nicht geregelte Schuldverträge (2001).

Streinz, Rudolf/Ohler, Christoph/Herrmann, Christoph, Totgesagte leben länger – oder doch nicht? NJW 2004, S. 1553–1559.

Stumpf, Christoph A., Die auswärtigen Beziehungen der Europäischen Währungsunion, ZaöRV 2003, S. 1075–1087.

Stützel, Wolfgang, Das Mark-gleich-Mark-Prinzip und unsere Wirtschaftsordnung, Über den sogenannten Nominalismus, insbesondere im Schuld- und Steuerrecht (1979).

Suhle, Arthur, Deutsche Münz- und Geldgeschichte von den Anfängen bis zum 15. Jahrhundert (6. Auflage 1973).

Tegebauer, Ingo-Jens, Die Geldkarte (2002).

Terbrack, Christoph, Die Euro-Umstellung bei der eingetragenen Genossenschaft, NZG 2000, S. 1109–1112.

Thomas, Stefan, Preisfreiheit im Recht der Allgemeinen Geschäftsbedingungen, AcP 209 (2009), S. 84–129.

Thubauville, Wilhelm, Die Anrechnung lebzeitiger Leistungen auf Erb- und Pflichtteilsrechte, MittRhNotK 1992, S. 289–308.

Thym, Daniel, Euro-Rettungsschirm: zwischenstaatliche Rechtskonstruktion und verfassungsgerichtliche Kontrolle, EuZW 2011, S. 167–171.

Thywissen, Johann Heinrich, Sind Bankguthaben Geld im Rechtssinne?, BB 1971, S. 1347–1350.

Tietmeyer, Hans, Staatsschulden und Geldwertstabilität im grenzüberschreitenden Vergleich, in: *Hahn, Hugo J.* (Hrsg.), Geldwertstabilität und Staatsschulden (1993), S. 69–87.

Treue, Wilhelm, Das Privatbankwesen im 19. Jahrhundert, in: *Coing, Helmut/Wilhelm, Walter* (Hrsg.), Wissenschaft und Kodifikation des Privatrechts im 19. Jahrhundert, Band V (1980), S. 94–127.

Trinkl, Jürgen, Befreiungsanspruch und Aufrechnung, NJW 1968, S. 1077–1078.

Uhl, Britta, Die Einführung des Euro unter den Gesichtspunkten vertraglicher und geldrechtlicher Kontinuität, Eine Untersuchung des englischen und des deutschen Rechts vor und nach der Schuldrechtsreform 2001/2002 (2003).

Uhlenbruck, Dirk, Die verfassungsmäßige Unabhängigkeit der Deutschen Bundesbank und ihre Grenzen (1968).

Ulber, Daniel, Die Rechtsprechung des Bundesverfassungsgerichts zu Zulässigkeit und Grenzen richterlicher Rechtsfortbildung im Zivilrecht, EuGRZ 2012, S. 365 – 377.

Usinger, Wolfgang, Zulässige und unzulässige Wertsicherungsklauseln in Gewerbemietverträgen, NZM 2009, S. 297–301.

van Dillen, Johannes G., The Bank of Amsterdam, in: *ders.* (Hrsg.), History of the Principal Public Banks (1964), S. 79–123.

van Gelder, Alfons, Die Rechtsprechung des Bundesgerichtshofs zum Lastschriftverkehr, WM 2001, Sonderbeilage Nr. 7, S. 2–19.

Veit, Otto, Der Wert unseres Geldes (1958).

– Reale Theorie des Geldes (1966).
– Grundriss der Währungspolitik (3. Auflage 1969).
Vilar, Pierre, Gold und Geld in der Geschichte (1984).
Visscher, Anton de, Die jüngsten deutschen Währungsgesetze 1924 (1926).
Vogler, Oskar, Indexierungsverbot nach § 2 Preisangaben- und Preisklauselgesetz, NJW 1999, S. 1236–1238.
Wabnitz, Wolfdieter, Der zwischenstaatliche Zahlungsverkehr auf der Grundlage internationaler Zahlungsabkommen (1955).
Wagemann, Ernst, Allgemeine Geldlehre, Band I (1923).
Wagner-Braun, Margarete, Commercial Integration during the Era of the Classic Gold Standard, in: *Denzel, Markus* (Hrsg.), From Commercial Communication to Commercial Integration (2004), S. 249–271.
Wahlig, Bertold, Die Unabhängigkeit der nationalen Zentralbanken als institutionelles Kriterium für den Eintritt in die dritte Stufe der europäischen Währungsunion, in: *Weber, Albrecht* (Hrsg.), Festschrift für Hugo J. Hahn (1997), S. 265–272.
Walker, Francis Amasa, Political Economy (3. Auflage 1892).
Walker, Karl, Das Geld in der Geschichte (1959).
Walter, Norbert, Europäische Währungsintegration und die Reform des Weltwährungssystems, in: *Arbeitsgemeinschaft deutscher wirtschaftswissenschaftlicher Forschungsinstitute e.V.* (Hrsg.), Zur Neuordnung des internationalen Währungssystems (1973), S. 115–136.
Walther, Andreas, Geldwert in der Geschichte (1912).
Wandel, Eckhard, Die Entstehung der Bank deutscher Länder und die deutsche Währungsreform 1948 (1980).
– Banken und Versicherungen im 19. und 20. Jahrhundert (1998).
Warneyer, Otto/Koppe, Fritz, Die neuen Aufwertungsgesetze (1925).
Wax, Peter, Prozessuale Auswirkungen der Währungsumstellung auf den Euro, NJW 2000, S. 488–489.
Weber, Albrecht, Die Reform der Wirtschafts- und Währungsunion in der Finanzkrise, EuZW 2011, S. 935–940.
Weber, Caroline Beatrix, Recht des Zahlungsverkehrs (4. Auflage 2004).
Weber, Martin, Die Kompetenzverteilung im Europäischen System der Zentralbanken bei der Festlegung und Durchführung der Geldpolitik (1995).
– Das Europäische System der Zentralbanken, WM 1998, S. 1465–1473.
Weber, Rolf H., Das Geld in einem sich wandelnden Vermögensrecht, in: ZSR 100 (1981), S. 165–196.
Wegener, Bernhard W., Rechtsstaatliche Vorzüge und Mängel der Verfahren vor den Gemeinschaftsgerichten, EuR 2008, Beiheft 3, S. 45–69.
Weikart, Thomas, Geldwert und Eigentumsgarantie (1993).
Weinbörner, Susanne, Die Stellung der Europäischen Zentralbank (EZB) und der nationalen Zentralbanken in der Wirtschafts- und Währungsunion nach dem Vertrag von Maastricht (1998).
Weipert, Silke, Die Rechtsnatur der Briefmarke (1996).
Weiß, Wolfgang, Kompetenzverteilung in der Währungspolitik und Außenvertretung des Euro, EuR 2002, S. 165–191.
Weitemeyer, Birgit, Das Mieterhöhungsverfahren nach künftigem Recht, NZM 2001, S. 563–572.
Weitnauer, H., Wertsicherungsklauseln beim Erbbauzins, DNotZ 1957, S. 295–300.

Weller, Marc-Philippe/Harms, Charlotte Sophie, Die Kultur der Zahlungstreue im BGB, WM 2012, S. 2305–2314.
Weller, Michael, Das Kreditkartenverfahren (1985).
Wendt, Rudolf, Eigentum und Gesetzgebung (1985).
Wendt, Siegfried, Die Lehre vom Geldwert (1948).
Werner, Olaf, Werterhöhungen als ausgleichspflichtiger Zugewinn und erbrechtlicher Vorempfang, DNotZ 1978, S. 66–87.
Westermann, Harm Peter, Zivilrechtliche Folgen der Einführung des Euro, in: *Hadding, Walther/Hopt, Klaus J./Schimansky, Herbert* (Hrsg.), Einführung des Euro in der Bank- und Unternehmenspraxis, Bankdienstleistungen im Internet, Bankrechtstag 1997 (1998), S. 3–39.
Westermann, Harm Peter/Gursky, Karl-Heinz/Eickmann, Dieter (Hrsg.), Sachenrecht (8. Auflage 2011).
Westermann, Harry, Sachenrecht (5. Auflage 1966).
Westphalen, Friedrich von, Verspätete Überweisung – Einige Bemerkungen zur neuen Rechtslage, BB 2000, S. 157–162.
– Preisanpassungsklauseln in Energielieferungsverträgen mit Normsonderkunden, ZIP 2008, S. 669–675.
Wieacker, Franz, Sachbegriff, Sacheinheit und Sachzuordnung, AcP 148 (1943), S. 57–104.
– Gemeinschaftlicher Irrtum der Vertragspartner und Clausula rebus sic stantibus, in: *Posch, Willibald* (Hrsg.), Festschrift für Walter Wilburg (1965), S. 229–255.
Wiebe, Georg, Zur Geschichte der Preisrevolution des XVI. und XVII. Jahrhunderts (1895).
Wieczorek, Bernhard/Schütze, Rolf A. (Hrsg.), Zivilprozessordnung und Nebengesetze (3. Auflage 1999).
Wieland, Joachim/Engel, Christoph/Danwitz, Thomas von (Hrsg.), Arbeitsmarkt und staatliche Lenkung, VVDStRL 59 (2000).
Wieser, Friedrich von, Theorie des Geldes, in: *Elster, Ludwig/Weber, Adolf/von Wieser, Friedrich* (Hrsg.), Handwörterbuch der Staatswissenschaft, Band IV (4. Auflage 1927), S. 681–717.
Wiese, Volker, Gefährliche Hausbriefkästen, NJW 2006, S. 1569–1571.
Wilburg, Walter, Zusammenspiel der Kräfte im Aufbau des Schuldrechts, AcP 163 (1964), S. 346–379.
Wilhelm, Jan, Kenntniszurechnung kraft Kontovollmacht?, AcP 183 (1983), S. 1–34.
Wilke, Axel, Zur Auslegung des § 9 Abs. 2 ErbbauVO i. d. F. des Sachenrechtsänderungsgesetzes 1994, DNotZ 1995, S. 654–665.
Willwater, Jürgen K., Postscheck und Scheckgesetz (1978).
Wilsch, Harald, Immobiliarrechtliche Aspekte des neuen Preisklauselgesetzes, NotBZ 2007, S. 431–434.
Winkler, Karl, Das Erbbaurecht, NJW 1992, S. 2514–2524.
Wisskirchen, Gerlind, Die Einführung des Euro und ihre Auswirkungen auf privatrechtliche internationale und völkerrechtliche Verträge, DB 1998, S. 809–812.
Wittreck, Fabian, Geld als Instrument der Gerechtigkeit, Die Geldrechtslehre des Hl. Thomas von Aquin in ihrem interkulturellen Kontext (2002).
Wolf, Ernst, Lehrbuch des Schuldrechts, Allgemeiner Teil (1978).
– Lehrbuch des Sachenrechts (2. Auflage 1979).
Wolff, Martin, Das Geld, in: *Ehrenberg, Victor* (Hrsg.), Handbuch des gesamten Handelsrechts, Band 4/1 (1917), S. 563–648.

Wollenzien, Wilhelm, Der Postscheck im Deutschen Reiche, in Österreich und in der Schweiz (1917).
Wollschläger, Stefan/Beermann, Anja, Preisanpassung bei der Versorgung mit Wärme, CuR 2010, S. 62–67.
Zahrnt, Christoph, Die Kreditkarte unter privatrechtlichen Gesichtspunkten, NJW 1972, S. 1077–1081.
Zehetner, Franz, Geldwertklauseln im grenzüberschreitenden Wirtschaftsverkehr (1976).
Zeidler, Finn, Ausgewählte Probleme des neuen § 86 GmbHG, NZG 1999, S. 13–17.
Zeitler, Franz-Christoph, Die Europäische Währungsunion als Stabilitätsgemeinschaft, WM 1995, S. 1609–1616.
Zerres, Michael Peter, Die Wechselplätze, Eine Untersuchung der Organisation und Technik des interregionalen und internationalen Zahlungsverkehrs Deutschlands in der ersten Hälfte des 19. Jahrhunderts (1977).
Ziehm, Holger, Die Wertsicherungsklausel im deutschen Recht (1966).
Zimmermann, Beate, Die nationalen Zentralbanken als Bestandteile des Europäischen Systems der Zentralbanken, Folgen der Integration (2000).

Sachregister

Jus Privatum

Beiträge zum Privatrecht – Alphabetische Übersicht

Ackermann, Thomas: Der Schutz des negativen Interesses. 2007. *Band 122.*
Adolphsen, Jens: Internationale Dopingstrafen. 2003. *Band 78.*
Alexander, Christian: Schadensersatz und Abschöpfung im Lauterkeits- und Kartellrecht. 2010. *Band 147.*
Althammer, Christoph: Steitgegenstand und Interesse. 2012. *Band 168.*
Arnold, Stefan: Vertrag und Verteilung. 2014. *Band 182.*
Assmann, Dorothea: Die Vormerkung (§ 883 BGB). 1998. *Band 29.*
Bachmann, Gregor: Private Ordnung. 2006. *Band 112.*
Barnert, Thomas: Die Gesellschafterklage im dualistischen System des Gesellschaftsrechts. 2003. *Band 82.*
Bayer, Walter: Der Vertrag zugunsten Dritter. 1995. *Band 11.*
Beater, Axel: Nachahmen im Wettbewerb. 1995. *Band 10.*
Bechtold, Stefan: Die Grenzen zwingenden Vertragsrechts. 2010. *Band 149.*
Beckmann, Roland Michael: Nichtigkeit und Personenschutz. 1998. *Band 34.*
Benecke, Martina: Gesetzesumgehung im Zivilrecht. 2004. *Band 94.*
Berger, Christian: Rechtsgeschäftliche Verfügungsbeschränkungen. 1998. *Band 25.*
Berger, Klaus: Der Aufrechnungsvertrag. 1996. *Band 20.*
Bergmann, Andreas: Die Geschäftsführung ohne Auftrag als Subordinationsverhältnis. 2010. *Band 152.*
Binder, Jens-Hinrich: Regulierungsinstrumente und Regulierungsstrategien im Kapitalgesellschaftsrecht. 2012. *Band 162.*
Bitter, Georg: Rechtsträgerschaft für fremde Rechnung. 2006. *Band 107.*
Bittner, Claudia: Europäisches und internationales Betriebsrentenrecht. 2000. *Band 46.*
Bodewig, Theo: Der Rückruf fehlerhafter Produkte. 1999. *Band 36.*
Braun, Johann: Grundfragen der Abänderungsklage. 1994. *Band 4.*
Brinkmann, Moritz: Kreditsicherheiten an beweglichen Sachen und Forderungen. 2011. *Band 156.*
Brors, Christiane: Die Abschaffung der Fürsorgepflicht. 2002. *Band 67.*
Bruns, Alexander: Haftungsbeschränkung und Mindesthaftung. 2003. *Band 74.*
Buchner, Benedikt: Informationelle Selbstbestimmung im Privatrecht. 2006. *Band 114.*
Busche, Jan: Privatautonomie und Kontrahierungszwang. 1999. *Band 40.*
Calliess, Gralf-Peter: Grenzüberschreitende Verbraucherverträge. 2006. *Band 103.*
Casper, Matthias: Der Optionsvertrag. 2005. *Band 98.*
Dauner-Lieb, Barbara: Unternehmen in Sondervermögen. 1998. *Band 35.*
Dethloff, Nina: Europäisierung des Wettbewerbsrechts. 2001. *Band 54.*
Dreier, Thomas: Kompensation und Prävention. 2002. *Band 71.*
Drexl, Josef: Die wirtschaftliche Selbstbestimmung des Verbrauchers. 1998. *Band 31.*
Eberl-Borges, Christina: Die Erbauseinandersetzung. 2000. *Band 45.*
Ebert, Ina: Pönale Elemente im deutschen Privatrecht. 2004. *Band 86.*
Einsele, Dorothee: Wertpapierrecht als Schuldrecht. 1995. *Band 8.*
Ekkenga, Jens: Anlegerschutz, Rechnungslegung und Kapitalmarkt. 1998. *Band 30.*
Ellger, Reinhard: Bereicherung durch Eingriff. 2002. *Band 63.*

Escher-Weingart, Christina: Reform durch Deregulierung im Kapitalgesellschaftsrecht. 2001. *Band 49.*
Fischer, Christian: Topoi verdeckter Rechtsfortbildungen im Zivilrecht. 2007. *Band 123.*
Füller, Jens T.: Eigenständiges Sachenrecht. 2006. *Band 104.*
Gebauer, Martin: Hypothetische Kausalität und Haftungsgrund. 2007. *Band 127.*
Geibel, Stefan J.: Treuhandrecht als Gesellschaftsrecht. 2008. *Band 132.*
Giesen, Richard: Tarifvertragliche Rechtsgestaltung für den Betrieb. 2002. *Band 64.*
Gödicke, Patrick: Formularerklärungen in der Medizin. 2008. *Band 135.*
Götting, Horst-Peter: Persönlichkeitsrechte als Vermögensrechte. 1995. *Band 7.*
Gruber, Urs Peter: Methoden des internationalen Einheitsrechts. 2004. *Band 87.*
Gsell, Beate: Substanzverletzung und Herstellung. 2003. *Band 80.*
Haar, Brigitte: Die Personengesellschaft im Konzern. 2006. *Band 113.*
Habersack, Mathias: Die Mitgliedschaft – subjektives und ‚sonstiges' Recht. 1996. *Band 17.*
Haedicke, Maximilian: Rechtskauf und Rechtsmängelhaftung. 2003. *Band 77.*
Hähnchen, Susanne: Obliegenheiten und Nebenpflichten. 2010. *Band 146.*
Haertlein, Lutz: Exekutionsintervention und Haftung. 2008. *Band 131.*
Hanau, Hans: Der Grundsatz der Verhältnismäßigkeit als Schranke privater Gestaltungsmacht. 2004. *Band 89.*
Hassemer, Michael: Heteronomie und Relativität in Schuldverhältnissen. 2006. *Band 118.*
Hau, Wolfgang: Vertragsanpassung und Anpassungsvertrag. 2003. *Band 83.*
Heermann, Peter W.: Drittfinanzierte Erwerbsgeschäfte. 1998. *Band 24.*
Heinemann, Andreas: Immaterialgüterschutz in der Wettbewerbsordnung. 2002. *Band 65.*
Heinrich, Christian: Formale Freiheit und materielle Gerechtigkeit. 2000. *Band 47.*
Hellwege, Phillip: Allgemeine Geschäftsbedingungen, einseitig gestellte Vertragsbedingungen und die allgemeine Rechtsgeschäftslehre. 2010. *Band 148.*
Helms, Tobias: Gewinnherausgabe als haftungsrechtliches Problem. 2007. *Band 129.*
Henssler, Martin: Risiko als Vertragsgegenstand. 1994. *Band 6.*
Hergenröder, Curt Wolfgang: Zivilprozessuale Grundlagen richterlicher Rechtsfortbildung. 1995. *Band 12.*
Hess, Burkhard: Intertemporales Privatrecht. 1998. *Band 26.*
Hölzle, Gerrit: Verstrickung durch Desinformation. 2012. *Band 164.*
Hofer, Sibylle: Freiheit ohne Grenzen. 2001. *Band 53.*
Huber, Peter: Irrtumsanfechtung und Sachmängelhaftung. 2001. *Band 58.*
Jacobs, Matthias: Der Gegenstand des Feststellungsverfahrens. 2005. *Band 97.*
Jacoby, Florian: Das private Amt. 2007. *Band 117.*
Jakob, Dominique: Schutz der Stiftung. 2006. *Band 111.*
Jänich, Volker: Geistiges Eigentum – eine Komplementärerscheinung zum Sacheigentum? 2002. *Band 66.*
Janda, Constanze: Migranten im Sozialstaat. 2012. *Band 167.*
Jansen, Nils: Die Struktur des Haftungsrechts. 2003. *Band 76.*
Jung, Peter: Der Unternehmergesellschafter als personaler Kern der rechtsfähigen Gesellschaft. 2002. *Band 75.*
Junker, Abbo: Internationales Arbeitsrecht im Konzern. 1992. *Band 2.*
Kähler, Lorenz: Begriff und Rechtfertigung abdingbaren Rechts. 2012. *Band 165.*

Kaiser, Dagmar: Die Rückabwicklung gegenseitiger Verträge wegen Nicht- und Schlechterfüllung nach BGB. 2000. *Band 43.*
Katzenmeier, Christian: Arzthaftung. 2002. *Band 62.*
Kern, Christoph A.: Typizität als Strukturprinzip des Privatrechts. 2013. *Band 170.*
Kindler, Peter: Gesetzliche Zinsansprüche im Zivil- und Handelsrecht. 1996. *Band 16.*
Kleindiek, Detlef: Deliktshaftung und juristische Person. 1997. *Band 22.*
Klimke, Dominik: Die Vertragsübernahme. 2010. *Band 150.*
Kling, Michael: Sprachrisiken im Privatrechtsverkehr. 2008. *Band 140.*
Klöhn, Lars: Das System der aktien- und umwandlungsrechtlichen Abfindungsansprüche. 2009. *Band 143.*
Koch, Jens: Die Patronatserklärung. 2005. *Band 99.*
Koch, Raphael: Mitwirkungsverantwortung im Zivilprozess. 2013. *Band 174.*
Körber, Torsten: Grundfreiheiten und Privatrecht. 2004. *Band 93.*
Kolbe, Sebastian: Mitbestimmung und Demokratieprinzip. 2013. *Band 172.*
Koppenfels-Spies, Katharina von: Die cessio legis. 2004. *Band 106.*
Krause, Rüdiger: Mitarbeit in Unternehmen. 2002. *Band 70.*
Kreße, Bernhard: Die Auktion als Wettbewerbsverfahren. 2014. *Band 176.*
Kroppenberg, Inge: Privatautonomie von Todes wegen. 2008. *Band 130.*
Lakkis, Panajotta: Gestaltungsakte im internationalen Rechtsverkehr. 2007. *Band 128.*
Lehmann, Matthias: Finanzinstrumente. 2009. *Band 145.*
Leistner, Matthias: Richtiger Vertrag und lauterer Wettbewerb. 2007. *Band 119.*
Leuschner, Lars: Das Konzernrecht des Vereins. 2011. *Band 160.*
Lipp, Volker: Freiheit und Fürsorge: Der Mensch als Rechtsperson. 2000. *Band 42.*
Löhnig, Martin: Treuhand. 2006. *Band 109.*
Lohse, Andrea: Unternehmerisches Ermessen. 2005. *Band 100.*
Looschelders, Dirk: Die Mitverantwortlichkeit des Geschädigten im Privatrecht. 1999. *Band 38.*
Luttermann, Claus: Unternehmen, Kapital und Genußrechte. 1998. *Band 32.*
Madaus, Stephan: Der Insolvenzplan. 2011. *Band 157.*
Mäsch, Gerald: Chance und Schaden. 2004. *Band 92.*
Mankowski, Peter: Beseitigungsrechte. Anfechtung, Widerruf und verwandte Institute. 2003. *Band 81.*
Maultzsch, Felix: Streitentscheidung und Normbildung durch den Zivilprozess. 2010. *Band 155.*
McGuire, Mary-Rose: Die Lizenz. 2012. *Band 161.*
Meier, Sonja: Gesamtschulden. 2010. *Band 151.*
Meller-Hannich, Caroline: Verbraucherschutz im Schuldvertragsrecht. 2005. *Band 101.*
Merkt, Hanno: Unternehmenspublizität. 2001. *Band 51.*
Mock, Sebastian: Die Heilung fehlerhafter Rechtsgeschäfte. 2014. *Band 177.*
Möllers, Thomas M.J.: Rechtsgüterschutz im Umwelt- und Haftungsrecht. 1996. *Band 18.*
Möslein, Florian: Dispositives Recht. 2011. *Band 159.*
Muscheler, Karlheinz: Die Haftungsordnung der Testamentsvollstreckung. 1994. *Band 5.*
– Universalsukzession und Vonselbsterwerb. 2002. *Band 68.*
Nietsch, Michael: Freigabeverfahren. 2013. *Band 173.*
Oechsler, Jürgen: Gerechtigkeit im modernen Austauschvertrag. 1997. *Band 21.*
Oetker, Hartmut: Das Dauerschuldverhältnis und seine Beendigung. 1994. *Band 9.*

Ohly, Ansgar: „Volenti non fit iniuria" – Die Einwilligung im Privatrecht. 2002. *Band 73.*
Omlor, Sebastian: Geldprivatrecht. 2014. *Band 184.*
Oppermann, Bernd H.: Unterlassungsanspruch und materielle Gerechtigkeit im Wettbewerbsprozeß. 1993. *Band 3.*
Peifer, Karl-Nikolaus: Individualität im Zivilrecht. 2001. *Band 52.*
Peters, Frank: Der Entzug des Eigentums an beweglichen Sachen durch gutgläubigen Erwerb. 1991. *Band 1.*
Peukert, Alexander: Güterzuordnung als Rechtsprinzip. 2008. *Band 138.*
Piekenbrock, Andreas: Befristung, Verjährung, Verschweigung und Verwirkung. 2006. *Band 102.*
Podszun, Rupprecht: Wirtschaftsordnung durch Zivilgerichte. 2014. *Band 181.*
Preuß, Nicola: Zivilrechtspflege durch externe Funktionsträger. 2005. *Band 96.*
Raab, Thomas: Austauschverträge mit Drittbeteiligung. 1999. *Band 41.*
Rehberg, Markus: Das Rechtfertigungsprinzip. 2014. *Band 178.*
Reiff, Peter: Die Haftungsverfassungen nichtrechtsfähiger unternehmenstragender Verbände. 1996. *Band 19.*
Repgen, Tilman: Die soziale Aufgabe des Privatrechts. 2001. *Band 60.*
Reymann, Christoph: Das Sonderprivatrecht der Handels- und Verbraucherverträge. 2009. *Band 139.*
Röthel, Anne: Normkonkretisierung im Privatrecht. 2004. *Band 91.*
Rohe, Mathias: Netzverträge. 1998. *Band 23.*
Sachsen Gessaphe, Karl August Prinz von: Der Betreuer als gesetzlicher Vertreter für eingeschränkt Selbstbestimmungsfähige. 1999. *Band 39.*
Sack, Rolf: Das Recht am Gewerbebetrieb. 2007. *Band 116.*
Saenger, Ingo: Einstweiliger Rechtsschutz und materiellrechtliche Selbsterfüllung. 1998. *Band 27.*
Sandmann, Bernd: Die Haftung von Arbeitnehmern, Geschäftsführern und leitenden Angestellten. 2001. *Band 50.*
Schäfer, Carsten: Die Lehre vom fehlerhaften Verband. 2002. *Band 69.*
Schaub, Renate: Sponsoring und andere Verträge zur Förderung überindividueller Zwecke. 2008. *Band 136.*
Schinkels, Boris: Normsatzstruktur des IPR. 2007. *Band 124.*
Schmidt, Jessica: Der Vertragsschluss. 2013. *Band 175.*
Schmolke, Klaus U.: Grenzen der Selbstbindung im Privatrecht. 2014. *Band 179.*
Schnorr, Randolf: Die Gemeinschaft nach Bruchteilen (§§ 741 – 758 BGB). 2004. *Band 88.*
Schroeter, Ulrich G.: Ratings – Bonitätsbeurteilungen durch Dritte im System des Finanzmarkt-, Gesellschafts- und Vertragsrechts. 2014. *Band 180.*
Schubel, Christian: Verbandssouveränität und Binnenorganisation der Handelsgesellschaften. 2003. *Band 84.*
Schubert, Claudia: Wiedergutmachung immaterieller Schäden im Privatrecht. 2013. *Band 171.*
Schürnbrand, Jan: Organschaft im Recht der privaten Verbände. 2007. *Band 125.*
Schulze, Götz: Die Naturalobligation. 2008. *Band 134.*
Schur, Wolfgang: Leistung und Sorgfalt. 2001. *Band 61.*
Schwab, Martin: Das Prozeßrecht gesellschaftsinterner Streitigkeiten. 2005. *Band 95.*
Schwarze, Roland: Vorvertragliche Verständigungspflichten. 2001. *Band 57.*
Seiler, Wolfgang: Verbraucherschutz auf elektronischen Märkten. 2006. *Band 108.*

Servatius, Wolfgang: Gläubigereinfluss durch Covenants. 2008. *Band 137.*
Sieker, Susanne: Umgehungsgeschäfte. 2001. *Band 56.*
Sosnitza, Olaf: Besitz und Besitzschutz. 2003. *Band 85.*
Stadler, Astrid: Gestaltungsfreiheit und Verkehrsschutz durch Abstraktion. 1996. *Band 15.*
Stamm, Jürgen: Die Prinzipien und Grundstrukturen des Zwangsvollstreckungsrechts. 2007. *Band 126.*
Stieper, Malte: Rechtfertigung, Rechtsnatur und Disponibilität der Schranken des Urheberrechts. 2009. *Band 144.*
Stoffels, Markus: Gesetzlich nicht geregelte Schuldverhältnisse. 2001. *Band 59.*
Stürner, Michael: Der Grundsatz der Verhältnismäßigkeit im Schuldvertragsrecht. 2010. *Band 153.*
Sutschet, Holger: Garantiehaftung und Verschuldenshaftung im gegenseitigen Vertrag. 2006. *Band 110.*
Taeger, Jürgen: Außervertragliche Haftung für fehlerhafte Computerprogramme. 1995. *Band 13.*
Tamm, Marina: Verbraucherschutzrecht. 2011. *Band 158.*
Thomas, Stefan: Die Haftungsfreistellung von Organmitgliedern. 2010. *Band 154.*
Tillmanns, Kerstin: Strukturfragen des Dienstvertrages. 2007. *Band 121.*
Tröger, Tobias: Arbeitsteilung und Vertrag. 2012. *Band 163.*
Trunk, Alexander: Internationales Insolvenzrecht. 1998. *Band 28.*
Unberath, Hannes: Die Vertragsverletzung. 2007. *Band 120.*
Veil, Rüdiger: Unternehmensverträge. 2003. *Band 79.*
Verse, Dirk A.: Der Gleichbehandlungsgrundsatz im Recht der Kapitalgesellschaften. 2006. *Band 115.*
Wagner, Gerhard: Prozeßverträge. 1998. *Band 33.*
Waltermann, Raimund: Rechtsetzung durch Betriebsvereinbarung zwischen Privatautonomie und Tarifautonomie. 1996. *Band 14.*
Weber, Christoph: Privatautonomie und Außeneinfluß im Gesellschaftsrecht. 2000. *Band 44.*
Weller, Marc-Philippe: Die Vertragstreue. 2009. *Band 142.*
Wendehorst, Christiane: Anspruch und Ausgleich. 1999. *Band 37.*
Wiebe, Andreas: Die elektronische Willenserklärung. 2002. *Band 72.*
Wielsch, Dan: Zugangsregeln. 2008. *Band 133.*
Wilhelmi, Rüdiger: Risikoschutz durch Privatrecht. 2009. *Band 141.*
Wimmer-Leonhardt, Susanne: Konzernhaftungsrecht. 2004. *Band 90.*
Würdinger, Markus: Insolvenzanfechtung im bargeldlosen Zahlungsverkehr. 2012. *Band 169.*
Würthwein, Susanne: Schadensersatz für Verlust der Nutzungsmöglichkeit einer Sache oder für entgangene Gebrauchsvorteile? 2001. *Band 48.*
Zech, Herbert: Information als Schutzgegenstand. 2012. *Band 166.*

Ein Gesamtverzeichnis der Reihe erhalten Sie gerne vom Verlag Mohr Siebeck, Postfach 2040, D–72010 Tübingen.
Aktuelle Informationen im Internet unter www.mohr.de